Konrad Dietzfelbinger

Die Geburt des wahren Selbst im Menschen

Die Botschaft Jesu für unsere Zeit im Lukasevangelium

„Dieser ist gesetzt zum Fall und Aufstehen vieler…
und zu einem Zeichen,
dem widersprochen wird…“

(Lukas 2.34)

vianova
Verlag Via Nova

Konrad Dietzfelbinger

Die Geburt des wahren Selbst im Menschen

Die Botschaft Jesu für unsere Zeit im Lukasevangelium

„Dieser ist gesetzt zum Fall und Aufstehen vieler…
und zu einem Zeichen,
dem widersprochen wird…“
(Lukas 2,34)

vianova
Verlag Via Nova

1. Auflage 2003

Verlag Via Nova, Neißer Straße 9, 36100 Petersberg

Telefon und Fax: (0661) 62973
E-Mail: info@verlag-vianova.de
Internet:
www.verlag-vianova.de
www.transpersonal.com

Satz: typo-service kliem, 97647 Neustädtles
Druck und Verarbeitung: Rindt-Druck, 36037 Fulda

ISBN 3-936486-28-X

Inhaltsverzeichnis

Einführung 15

Wer war Jesus? 15
Christentum – ein spiritueller Weg 19
Lage des modernen Lesers 21
Verhältnis des Christentums zu anderen Religionen 23

Aufbau des Lukas-Evangeliums 25

Sieben Phasen der Wirksamkeit des Geistes 25
Sieben Phasen des spirituellen Weges 26
Der spirituelle Weg: historisch *und* zeitlos 27
Darstellungsmethoden der Evangelisten 28
Vier Evangelien: die Besonderheit des Lukasevangeliums 31

Vorwort des Lukasevangeliums 35

Das Weltbild des Lukasevangeliums 37

Die Bestimmung des Menschen 37
Geisterfüllte Menschen als Helfer zu dieser Bestimmung 39

I. Erster Markstein des Lukasevangeliums: Berührung der irdischen Welt durch die geistige Welt 41

Vorbereitung und Verwirklichung 41

Ankündigung der Geburt Johannes des Täufers 42

Bedingungen und Umstände 43
Das Wesen Johannes des Täufers 44
Reaktionen auf die Ankündigung 47

Ankündigung der Geburt Jesu 48

Empfängnis durch den heiligen Geist 49
Das Wesen Jesu 52
Verwandtschaft zwischen Maria und Elisabeth 53

Elisabeths und Marias Freude 55

Hymne Elisabeths 56
Hymne Marias 57

Zeitlose Bedeutung dieser Vorgänge 59

II. Zweiter Markstein des Lukasevangeliums: Verbindung der geistigen Welt mit der irdischen Welt 63

Geburt Johannes des Täufers 64

Beschneidung 64
Namensgebung 65
Hymnus des Zacharias 67

Geburt Jesu 71

Umstände der Geburt 71
Die Hirten 75
Hymnus des himmlischen Heeres 77

Zeitlose Bedeutung dieser Vorgänge 78

Beschneidung und Namensgebung Jesu 81

Darstellung im Tempel 82
Simeon 83
Simeons Charakterisierung Jesu 87
Ein „Schwert durch die Seele" 88
Hannas Vision 90

Der zwölfjährige Jesus 91

Zeitlose Bedeutung dieser Vorgänge 93

III. Dritter Markstein des Lukasevangeliums: Bewusstwerdung der geistigen Welt in der irdischen Welt 97

Auftreten Johannes des Täufers 99

Die „Stimme des Rufers" 101
Taufe mit Wasser: Umkehr 102
Der „zukünftige Zorn" 102
Johannes der Täufer und Christus 105
Schicksal Johannes des Täufers 107

Auftreten Jesu 108

Jesus der „Gesalbte" 108

Taufe mit Feuer: Erleuchtung 109
Jesus, Sohn Gottes 111
Söhne Gottes und Sohn Gottes 113

Alter und Stammbaum Jesu 113

„30" Jahre alt 114
Der Stammbaum Jesu 115
Jesus, Sohn Josephs 119

Die Versuchungen Jesu 119

Erste Versuchung: Spirituelle Kräfte im Dienst des Besitztriebs 121
Zweite Versuchung: Spirituelle Kräfte im Dienst des Machttriebs 124
Dritte Versuchung: Spirituelle Kräfte im Dienst des Geltungstriebs 126

Wirksamkeit Jesu: Lehre und Predigt 128

Lehre und Predigt Jesu 133
Widerstand gegen Jesus 133
Dämonenaustreibung: Der Dämon in der Synagoge 136
Krankenheilung: Fieber 138
Universalität der göttlichen Kräfte 139

Berufung: Erste Phase des spirituellen Weges der Schüler 140

„Sünde“ 143
„Glaube“ 143
Krankenheilung: Aussatz 144
Krankenheilung: Lähmung 146
Die Schriftgelehrten 149

Wirksamkeit Jesu: „Menschensohn“ und „Wort“ 151

Eigenschaft des Menschensohns: Wiederherstellung der Einheit – „Arzt“ 152
Illustration dieser Eigenschaft 153
Eigenschaft des Menschensohns: Bringer der Liebe – „Bräutigam“ 156
Illustration dieser Eigenschaft 158
Eigenschaft des Menschensohns: schöpferische Freiheit – „Herr über den Sabbat“ 159
Illustration dieser Eigenschaft 161

Organisation: Zweite Phase des spirituellen Weges der Schüler 163

Wirkung Jesu auf das Volk 165

Die Bergpredigt des Lukas-Evangeliums 166

Vier große Gegensätze 167
Verbundenheit des Schülers mit der geistigen Welt 170
Verhältnis des Schülers zu Mitmensch und Umwelt 175
Drei Probleme auf dem spirituellen Weg 177
Übereinstimmung von Innen und Außen 179

Die Kraft des „Wortes“ 182

Heilung durch das „Wort“ 183
Auferweckung durch das „Wort“ 184

Verhältnis von Johannes dem Täufer und Jesus 186

Charakterisierung des Alten durch das Neue 188
Reaktionen auf Johannes den Täufer und Jesus 190
„Sünder“ und „Gerechte“ 192
Frauen 195

Das „Wort“ 196
Das „Wort Gottes“ 196
Das menschliche Wort 197
Reaktionen auf das göttliche Wort 199
Lebensgesetze im Zusammenhang mit dem „Wort“ 201
Das göttliche Wort als die Menschen wahrhaft verbindende Kraft 203

Stillung des Sturmes: Erfahrungen der Schülergemeinschaft 204
Dämonenaustreibung: Die Dämonen an den Gräbern 206
Krankenheilung: Lebensenergien 209

Aussendung der Schüler 212
Regeln für spirituelle Arbeit 213
Reaktionen auf diese Arbeit 214
Die Speisung der 5000: Illustration der Tätigkeit der Schüler 216

Bewusstwerdung: Dritte Phase des spirituellen Weges der Schüler 218

Zeitlose Bedeutung dieser Vorgänge 219

Schicksal des Menschensohns in der irdischen Welt I 220
Aufgabe des Menschen: Nachfolge 223

IV. Vierter Markstein des Lukasevangeliums: Transfiguration 229

Die „Verklärung“ Jesu 230
Dämonenaustreibung: der Dämon „Selbstzwang“ 234
Schicksal des Menschensohns in der irdischen Welt II 237

Versuchungen der Schüler 238
Geltungssucht 238
Kollektive Geltungssucht 239
Machttrieb 240

Die „Wanderung nach Jerusalem“: erster Tag 242

Aussendung der Schüler 245
Gesteigerte Wirksamkeit der Schüler 245
Gericht durch die geistige Welt 249
Rückkehr der 70 250
Freudenhymnus Jesu 252

Zustände des wahren Selbst 255
Der barmherzige Samariter: Einheit der Menschheit 255
Martha und Maria: Tun und Nicht-Tun 258

Beten: Bewusster Umgang mit den Kräften des Geistes 260
Das Vaterunser 261
Voraussetzung des „Betens“: Sehnsucht nach dem Geist 265
Gewissheit der Antwort 266
Spirituelle oder dämonische Kräfte 267
Wachsamkeit gegenüber dämonischen Kräften 271
Was ist Seligkeit? 273

Zeichenfunktion des wahren Selbst 273
Reaktion auf das Zeichen des wahren Selbst 274
Lichtzeichen für andere 276
Reinigung des Außen durch das Innen 277
Entlarvung des Außen durch das Innen 279

Einsichten der Schüler 283
Verborgenes wird offenbar 283
Vertrauen, Treue, Einklang mit dem heiligen Geist 284
Außerhalb irdischer Konflikte 289
Der reiche Kornbauer: Falsches Vertrauen auf irdische Verhältnisse 290
Spirituelles Vertrauen 291
Wachsamkeit 297
Was ist Wachsamkeit? 299

„Feuer“: Wirksamkeit des wahren Selbst 301
Folgen der Arbeit mit „Feuer“ 302
Vorbereitung auf das „Feuer“ 304

Schuld und Gericht 305
Eigenes Urteil 305
Der Tod als Folge der Trennung von Gott 306
Der Feigenbaum: Was ist „Sünde“? 307

Die „Wanderung nach Jerusalem“: zweiter Tag 309
Heilung der verkrümmten Frau: Das religiöse „Über-Ich“ 309

Art des Reiches Gottes I 311

Bedingungen zum Eintritt ins Reich Gottes 312

Situation des Botschafters aus dem Reich Gottes 315
Vollendung in „Jerusalem“ 315
Klage über „Jerusalem“ 316
Heilung des Wassersüchtigen: Das religiöse „Über-Ich“ 318

Art des Reiches Gottes II 318
Das wahre Selbst kennt keinen Geltungstrieb 319
Das wahre Selbst spekuliert nicht auf die Folgen seiner Taten 320
Unterschiedliche Bereitschaft der Menschen zum Leben im Reich Gottes 321

Eigenschaften des Schülers auf dem spirituellen Weg 323
Unbedingte Konsequenz 324
Erfahrungsreife 326
Entschlossenheit 326
„Salz“: spirituelle Dynamik 327

Reaktion der geistigen Welt auf die Umkehr des „Sünders“ 328
Gleichnisse vom Schaf und von der Drachme 329
Gleichnis vom verlorenen Sohn 331
Gleichnis vom Schuldenerlass: bewusste Schuldtilgung 335

Verhältnis von Innen und Außen 339
Irdisches als Voraussetzung für Geistiges 339
Scheinheiligkeit 341
Gesetz und Freiheit 342
Die Ehe 346
Reicher Mann und armer Lazarus: Was du säst, das wirst du ernten 348

Einstellungen des Schülers auf dem spirituellen Weg 351
Verhältnis des Entwickelten zum weniger Entwickelten 351
Umgang der Schüler untereinander 353
Glaube 354
Keine Selbstüberschätzung 355
Dankbarkeit 356

Wie kommt das Reich Gottes? 357
Das Reich Gottes ist durch Vorstellungen nicht fassbar 357
„Kleine Endzeitrede“: Ereignisse beim Kommen des Reiches Gottes 359
Die hartnäckige Witwe: Sehnsucht nach dem Reich Gottes 364

Bedingungen zum Eintritt ins Reich 365
Freiheit von Selbstgerechtigkeit 366
Freiheit von Konditionierung 367
Freiheit vom Besitztrieb 368
Erfüllung dieser Bedingungen 370

Die „Wanderung nach Jerusalem“: dritter Tag 371
Schicksal des Menschensohns in der irdischen Welt III 371

Fruchttragen: Vierte Phase des spirituellen Weges der Schüler 372
Der blinde Bettler: Manifestation des Sohnes Davids 373
Der Oberzöllner Zachäus: Freude über das Heil 374
Gleichnis von den Pfunden: Ernte der spirituellen Arbeit 376

Ankunft vor Jerusalem 379
Einzug in Jerusalem: Strömen der neuen Kräfte 380
Weinen über Jerusalem 382
Reinigung der alten Religion 383

Letzte Auseinandersetzung zwischen geistiger und irdischer Welt 384
Legitimation Jesu 384
Gleichnis von den Weingärtnern: Verhältnis von Jesus zu Vertretern der alten Religion 385
Gleichnis vom Eckstein 387
Die Steuermünze: Verhältnis von geistiger Macht und irdischer Macht 389
Die Sadduzäer: Gesetze der geistigen und der irdischen Welt 392
Rangverhältnis von geistiger und irdischer Welt 395
Charakterisierung der geistlichen Macht 397
Die arme Witwe: Verhältnis zwischen geistiger und irdischer Welt 397
Zeitlose Bedeutung dieser Vorgänge 398

Die Endzeitrede 399
Entwicklung der Menschheit 400
Anlass für die Endzeitrede 403

Beginn der Endzeit 404
Chaotische Situation 405
Lage der Schüler des Geistes 405

Zerstörung des Tempels 407

Wirksamkeit der neuen Kräfte 409
Gesetzmäßigkeit dieser Vorgänge 411
Bewahrung der Empfänglichkeit für die spirituellen Kräfte 412
Abschluss der vierten Phase des spirituellen Weges 413

V. Fünfter Markstein des Lukasevangeliums: Tod und Auferstehung 415

Das Passahfest: Einbettung des Geschehens in die Menschheitsgeschichte 416

Die Situation der Beteiligten 418
Motive des Volkes 418
Motive der Schüler Jesu 419
Motive der geistlichen Führer 419
Motive des Pilatus 423

Das Wesen Jesu 423
Jesus ein sozialer oder politischer Revolutionär, der sich als politischer Messias verstand? 424
Jesus Lehrer einer neuen Ethik? 425
Das wahre Selbst: ein neues Menschentum 425

Das Abendmahl: Jesus und seine Schüler 429
Motive des Judas 430

Das Passahmahl 433
Der Wasserträger 433
Weitergabe spiritueller Kräfte 435
Einsetzung des Abendmahls 437
Verrat des Judas 438

Abschiedsreden Jesu 442
Rangverhältnisse in der irdischen und geistigen Welt 442
Grenzerfahrungen der Schüler 444
Zeit der Verfolgung 446

Auflösung des Selbsterhaltungstriebes 448
Scheitern der Schüler 448
Am Ölberg 449
Gefangennahme Jesu: Stunde der Finsternis 452
Verleugnung des Petrus 454

Der Prozess: Jesus und seine Gegner 456
Rohe Gewalt 457

Die geistlichen Führer 458
Ist Jesus der Messias? 458
Menschensohn und Gottessohn 460
Jesus als Ketzer 461

Die weltlichen Führer 462
Pilatus 462
Geistiger König 463
Herodes 464

Kampf zwischen geistlichen und weltlichen Führern 465
Rationalität der Irrationalität unterlegen 467

Kreuzigung, Tod und Auferstehung 470

Kreuztragen 475
Simon von Cyrene: physische Vitalität 475
Die Äste am grünen Holz 476
Zwei Übeltäter: Aspekte des irdischen Wesens 478

Kreuzigung 479
Selbstverleugnung 480
Versuchungen 481
„König der Juden“ 483
Reue des Übeltäters 484

Tod 485
Tod der alten Ich-Identität 485
Zwei Arten des Sterbens 488
Die Finsternis: Aussetzen der Wirksamkeit des wahren Selbst 489

Zerreißen des Vorhangs im Tempel: unmittelbare Gotteserfahrung wird möglich 490
Beobachter des Geschehens 491

Kreuzabnahme 492

Grablegung 493

Ruhe im Grab 494

Auferstehung 496

Die Erscheinungen Jesu 500

Die Frauen 501
Emmaus 503
Die Schüler 506

Himmelfahrt Jesu und Pfingsten 510

Literatur 515

Einführung

Wer war Jesus?

Auf die Frage, wer Jesus war, sind im Lauf der Zeit unzählige Antworten gegeben worden. Er galt als Revolutionär, als großer ethischer Lehrer, als Vertreter einer frauenfreundlichen Tendenz in einer patriarchalischen Gesellschaft. Manche sahen ihn als psychisch und geistig Kranken, andere glaubten und glauben an ihn als an den Sohn Gottes, zugleich Mensch und Gott. Für sie war er ein Mensch, erfüllt von göttlicher Milde, der große Dulder und Schmerzensmann, aber auch der göttliche Sieger, der den Tod überwand, der Erlöser, der gute Hirte, der im Auftrag Gottes, seines Vaters, freiwillig und stellvertretend für die anderen Menschen den Zorn Gottes auf sich nahm und sie dadurch vom Zorn Gottes erlöste. Die Darstellungen in der Kunst geben diese Auffassungen wieder: das göttliche, unschuldige Kind auf dem Schoß Marias, den milden barmherzigen Hirten, den Gemarterten am Kreuz, den alleredelsten, schönsten Menschen, den cäsarischen Weltenrichter.

Und doch werden all diese Auffassungen, betrachtet man den Text der Evangelien genauer, Jesus nicht gerecht. Bei Lukas heißt es: „Dieser ist gesetzt zum Fall und zum Aufstehen vieler in Israel und zu einem Zeichen, dem widersprochen wird … damit aus vielen Herzen die Gedanken offenbar werden“ (2,34). Daraus geht hervor, dass Jesus vom Evangelisten Lukas – und dieser spricht hier im Sinn auch der anderen Evangelisten – als der große, allgemeingültige Maßstab gesehen wird, an dem jeder Mensch („Israel“ steht hier für die Menschheit) gemessen wird und sich selbst messen kann. Er stellt einen Typus des Menschen dar, einen Prototypen, der die Erfüllung des Menschseins bedeutet. Er ist die Verwirklichung einer Möglichkeit, die in jedem Menschen angelegt ist: die Erfüllung der Bestimmung des Menschen. Wer sich an dieser Möglichkeit orientiert, wird seiner Bestimmung entgegenwachsen – und „aufstehen“. Wer sich nicht an ihr orientiert und andere Maßstäbe für sein Leben wählt, wird seiner Bestimmung nicht entsprechen – und „fallen“.

Lässt sich diese im Menschen angelegte Möglichkeit des Menschseins, durch Jesus verkörpert, charakterisieren? Die Evangelien sind eine Beschreibung dieser Möglichkeit. Sie beschreiben sie anhand der Worte und Taten Jesu. Sie gehört einer spirituellen Dimension an, dem „Reich Gottes“, in dem andere Gesetze herrschen als in der gewöhnlichen Welt. Ein in dieser Dimension lebender Mensch ist frei von den Motiven, die das gewöhnliche Leben bestimmen: frei von Ehrgeiz, Machthunger und Besitzstreben, frei aber auch vom Streben nach möglichst großer Demut, Tugend und Frömmigkeit; frei von idealistischen Zielsetzungen im Bereich von Kunst, Wissenschaft, Religion und Politik, frei aber auch von Hoffnungen auf ein ewiges Leben des sterblichen Menschen im Jenseits.

Ein solcher Mensch ruht in den Kräften und Strukturen der Welt des Geistes, des Reiches Gottes. Er ist erfüllt von diesen Kräften und *ist* Liebe, Kraft, Güte, Freiheit, Gerechtigkeit. Er braucht diese Werte nicht anzustreben. Er braucht sich an kein wissenschaftliches oder dogmatisches Weltbild zu klammern, denn er *erfährt* die spirituelle Welt, deren Teil er ist. Von da aus enthüllen sich ihm auch die Gesetze der vergänglichen Welt.

Diese Möglichkeit des Menschseins, in jedem Menschen angelegt und ihm nur deshalb verborgen, weil er im Allgemeinen ganz seinen ichbezogenen Motiven und Vorstellungen verhaftet ist, wird von Jesus in voller Entfaltung verkörpert. Jesus entfaltet sie im Lauf seines Lebens, und die Evangelien sind Darstellungen dieser Entfaltung.

Jesus als Verkörperung dieses wahren Selbst, das in jedem Menschen auf seine Geburt wartet, provoziert die Auseinandersetzung mit dieser Möglichkeit. Sie möchte bewusst und verwirklicht werden. Aber durch seine zahllosen Voreingenommenheiten erkennt der Mensch sie nicht und bringt in der Auseinandersetzung mit ihr nur diese Voreingenommenheiten zum Vorschein: „...damit aus vielen Herzen die Gedanken offenbar werden.“ Man braucht nur die Jesusbilder so vieler Künstler zu betrachten. Sie bringen genau diese Voreingenommenheiten zum Ausdruck. Göttliche Milde ist nicht weichliches Mitleid, sondern Ausfluss einer gewaltigen spirituellen Kraft, die das wahre Selbst erfüllt und es alle Unvollkommenheiten der Welt durchschauen, verstehen und tragen lässt. Göttliches Dulden ist nicht sklavische Unterwerfung unter das Diktat eines tyrannischen Gottes oder eine moralische Anstrengung, anderen zu vergeben. Das wahre Selbst ist Liebe und kann deshalb keine Vergeltung, Rache oder Aggression empfinden. Diese Liebe ist wie Wasser, das alles ernährt und alles erhält. Göttliches Richten ist kein triumphales Recht-Behalten, Belohnen und Strafen, sondern die Wirkung des spirituellen Gesetzes, das in jedem Menschen angelegt ist. Was mit ihm übereinstimmt, bleibt ewig, was nicht mit ihm übereinstimmt, vergeht. Aufstehen oder Fall. Diese Abwesenheit von allen Motiven und Vorurteilen, die daraus hervorgehende stille, unerschütterliche Ruhe, und die in dieser Ruhe wirkende spirituelle Kraft, Konsequenz und Intelligenz: Das müssten Künstler im Gesicht Jesu zum Ausdruck bringen. Damit hätten sie sein Wesen, das verborgen auch das Wesen jedes Menschen ist, erfasst: das wahre Selbst des Menschen, das gewöhnlich vom kleinen, bescheidenen Ich oder vom stolzen, edlen Ich überlagert und an seiner Bewusstheit und Wirksamkeit gehindert wird.

Was ist das „Reich Gottes“?

Was war und ist das Reich Gottes, das Jesus verkündigte? Auch auf diese Frage sind die unterschiedlichsten Antworten gegeben worden. Das Lukasevangelium antwortet darauf: „Das Reich Gottes ist inwendig in euch“(17,21). Es ist der Zustand des Menschen, der sein wahres Selbst verwirklicht, und der Zustand einer Gemeinschaft von Menschen, die ihr wahres Selbst verwirklichen. Denn das wahre Selbst ist die Abwesenheit aller ichbezogenen Motive und zugleich die Gegenwart der Welt des Geistes, die im Menschen bewusst und wirksam geworden ist. Dieses Bewusstsein umfasst alle Dinge und Wesen. Es erkennt die Struktur der unvergänglichen Welt und ist von ihren Kräften erfüllt. Es erkennt aus dieser Perspektive auch Struktur und Wesen der vergänglichen Welt. Ein Mensch mit einem solchen Bewusstsein kann sagen: „Alles ist mir von meinem Vater (dem Geist) übergeben worden und niemand weiß, wer der Vater ist, als nur der Sohn und wem es der Sohn offenbaren will“(10,22). Es handelt sich bei einem solchen Zustand eines Einzelnen oder einer Gemeinschaft nicht um kurzfristige Ekstasen und Euphorien. Es ist eine strukturelle Gegebenheit. Das wahre Selbst im Menschen, eine ihm normalerweise unbewusste

Realität, hat als Leben und Bewusstsein Gestalt angenommen. Es ist ein Bewusstsein und Sein ohne Ichbezogenheit und Selbsterhaltungstrieb, reiner Vollzug der Gesetze und Kräfte der Welt des Geistes. Es ist die wahre, unbegrenzte Identität des Menschen, im Gegensatz zur begrenzten Ich-Identität, die an Macht-, Geltungs- und Besitztrieb und den Selbsterhaltungstrieb des physischen Körpers geknüpft ist.

Alle sozialen und politischen Verhältnisse, auch die bestorganisierten, bauen auf sterblichen Menschen mit ihren begrenzten Möglichkeiten und Motiven auf. Das Reich Gottes aber ist Ausdruck des wahren Selbst des Menschen und einer entsprechenden Gemeinschaft. Das wahre Selbst bedeutet Abwesenheit jedes Strebens nach Macht, Geltung und Besitz. Deshalb steht das Reich Gottes außerhalb jeder sozialen und politischen Organisation, die auf dem Macht-, Geltungs- und Besitztrieb der Menschen beruht.

Was wollte dann Jesus? Paradoxerweise müsste man sagen, er *wollte* nichts. Denn Wollen ist Artikulierung des Strebens nach Macht, Geltung und Besitz, nach Glück, Sicherheit und Selbstverwirklichung. Das wahre Selbst kennt diese Motive nicht. Es ist gerade durch ihre Abwesenheit charakterisiert. Es ist ein Zustand des Nicht-Wollens in Bezug auf alle denkbaren Ziele des Ich. Das Handeln des wahren Selbst ist der Vollzug einer Notwendigkeit. Es ist Ausdruck einer bewusst erkannten Gesetzmäßigkeit, Ausdruck der Struktur und Kräfte der Welt des Geistes. Daher ist das Handeln Jesu von einer stillen, unwiderstehlichen Folgerichtigkeit. Ein höherer „Wille" hat in ihm Gestalt angenommen und vollzieht sich durch ihn. Deshalb sagt Jesus in Gethsemane: „Vater, nicht mein, sondern dein Wille geschehe!" „Mein" Wille: das Streben nach Macht, Erfolg, Glück und Besitz ist nicht mehr da. Er wurde im Lauf des Lebens aufgelöst und durch den „Willen" des Vaters ersetzt. Der „Wille" des Vaters ist die innere Gesetzmäßigkeit des wahren Selbst, die Jesus in sich zulässt und wirken lässt. Er unterwirft sich keiner Autorität außerhalb seines Wesens, sondern gehorcht seinem innersten Wesen, das mit den Gesetzen der geistigen Welt identisch ist.

Warum wirkte Jesus unter den Menschen? „Ein Feuer auf die Erde zu bringen, bin ich gekommen, und wie sehr wünschte ich, es wäre schon entfacht!" (12,49) Hatte er also doch Motive? Der Zustand des von den gewöhnlichen Motiven bestimmten Menschen ist der Zustand einer Unterdrückung des wahren Selbst, der Zustand eines Ungleichgewichtes. Das Feuer des Geistes im Menschen glimmt nur noch schwach unter der dicken Ascheschicht seiner Ichbezogenheit. Dies ist ein geheimer Schmerz im Menschen, ein Schmerz in der Menschheit, ein geheimer Schmerz im All. Dieser Schmerz ist bestrebt, sich selbst aufzulösen. Das Ungleichgewicht tendiert zum Gleichgewicht, zum Zustand des wahren Selbst, in dem das Feuer des Geistes im Menschen wieder brennt und statt der ichbezogenen Motive das Handeln bestimmt. Die Bestimmung des Menschen, der Menschheit und der Welt ist, aus der Struktur und Kraft der geistigen Welt zu leben. Solange er diese Bestimmung nicht erfüllt, wirkt eine geheime Unruhe und Kraft in ihm in Richtung auf diese Bestimmung.

In Jesus war dieses Ungleichgewicht behoben. In ihm war die Bestimmung des Menschen erfüllt. Aber da er ein Teil der Menschheit war, litt das wahre Selbst in ihm unter dem Ungleichgewicht, in dem sich die anderen Menschen befanden. Es war eine Notwendigkeit, dass das in ihm brennende Feuer das erloschene Feuer des Geistes in anderen Menschen wieder entzündete und ihr wahres Selbst befreite. Kein Ungleichgewicht in der Natur kann sich auf die Dauer halten. Die Spannungen werden eines Tages zur Umwendung der verkehrten Verhältnisse führen. Zu dieser Wiederherstellung des Gleichgewichtes, zur Erfüllung der Bestimmung aller Menschen drängte das Feuer in Jesus. Er wirkte mit diesem Feuer mit. Diese Notwendigkeit vollzog er.

„Des Menschen Sohn ist gekommen, um das Verlorene zu suchen und zu retten" (19,10). Das Verlorene ist das unter der Ichbezogenheit verkümmerte wahre Selbst des Menschen, das unter der Asche fast erstickte Feuer. Ein Mensch, in dem dieses Feuer wieder brennt, wird allein durch seine Gegenwart das Feuer in anderen entfachen können. So sucht sein wahres Selbst das wahre Selbst Anderer unter der Ichbezogenheit, entflammt das Feuer und rettet das Verlorene. Das folgt mit Notwendigkeit aus den Verhältnissen. Wer die Verkehrtheit der gegenwärtigen Verhältnisse erkennt, wird mitwirken, diese Verkehrtheit aufzuheben.

Die Wirkungen Jesu

Jesu Schüler erkannten nach vielen Missverständnissen allmählich Struktur und Kraft des Reiches Gottes und verwirklichten es als ihre wahre Identität. Für sie wurde Jesus Anlass zum Aufstehen. Anlass zum Fall wurde er für seine Gegner. Sie missverstanden das Reich Gottes als Paradies auf Erden, als ideale politische und soziale Verhältnisse. Sie verstanden Jesus daher als Bedrohung ihres theologischen und politischen Besitzstandes und töteten ihn, getrieben von ihren ichbezogenen Motiven.

Jesus entfaltete die wahre Identität des Menschen und löste die Ich-Identität im eigenen Wesen auf. In ihm kam das Feuer des Geistes in die Welt und löste positive und negative Reaktionen aus. Als sein innerer Wandlungsprozess: Abbau der Ich-Identität und Aufbau der wahren, ans Ende gelangt war, kamen auch die Reaktionen der Umwelt an ihren Höhepunkt. In den Schülern war das Feuer entfacht und verankert worden. In den Gegnern hatte es unauslöschlichen Hass hervorgerufen, der zur Tötung Jesu führte.

Auch diese Tötung war notwendiger Teil des Geschehens, und Jesus nahm diese Notwendigkeit hin. Wie hätte er dagegen opponieren können, da doch der Zustand des wahren Selbst durch Abwesenheit von Macht-, Geltungs- und Besitztrieb charakterisiert ist und somit auch durch Abwesenheit jeder Notwendigkeit, eventuelle Besitzstände zu verteidigen? Die Wirklichkeit einer solchen inneren Verfassung zeigt sich auch und vor allem in der lebensbedrohlichen Situation. Das Verhalten Jesu vor seinen Gegnern war kein schwächliches Zurückweichen, kein begeistertes Märtyrertum oder demütige Unterwerfung unter eine höhere Macht. Es folgte aus seiner bewussten Einheit mit dem Reich Gottes, die nicht mehr von irdischen Motiven gestört werden konnte. Hätte Jesus mit Verteidigung auf Gefangennahme und Tötung reagiert, so hätte er im gleichen Augenblick die Einheit mit der geistigen Welt verloren. Aber er blieb in der Einheit – und verteidigte sich nicht.

Gerade, weil er diesen Zustand aufrechterhielt, konnten entscheidende Wirkungen auch auf seine Gegner ausgehen. Wer feindlich auf einen solchen Zustand einwirkt, lässt sich dadurch unwiderruflich auf ihn ein und infiziert sich mit ihm. So prägte die geistige Welt ihre Spuren auch in die Seelen der Gegner ein. Das wahre Selbst des Menschen hatte sich ihnen gezeigt. Es wurde ihnen zum Fall, da sie negativ darauf reagiert hatten. Ab jetzt würde das in ihnen wirkende Bild der wahren Identität immer mehr der Ich-Identität den Boden entziehen. Auf lange Sicht würden sie dadurch ebenfalls zu einer positiven Reaktion, zum Aufstehen des wahren Selbst, kommen können.

So verankerte Jesus die Möglichkeit der Geburt des wahren Selbst im seelischen Organismus der Menschheit. Er entzündete in seinen Schülern, die positiv auf ihn reagierten, das Feuer des Geistes. Er hinterließ in seinen Gegnern, die negativ auf ihn reagierten, die unauslöschlichen Spuren der wahren Identität des Menschen, die auf lange Sicht auch in ihnen das Feuer des Geistes entzünden würden. Damit war ein Prozess in Gang gesetzt, an dessen Ende die Geburt des wahren Selbst in allen Zellen dieses Organismus stehen konnte, die Erfüllung der Bestimmung der gesamten Menschheit. Eine, die zentrale Zelle, funktioniert anders. Sie verankert diese Funktion im gesamten Organismus. Auch wenn ihre physische Existenz vernichtet ist, wirkt ihre neue Struktur als Information weiter, in ihren Freunden und in ihren Gegnern.

Möglich ist dies alles nach den Aussagen des Evangeliums, weil das wahre Selbst Jesu von vornherein auf besondere Weise mit dem Reich Gottes verbunden war. Wie bei Johannes dem Täufer, der „schon von Mutterleib an" „mit dem Heiligen Geist erfüllt" war (1,15), wirkte auch in Jesus von Geburt an der „heilige Geist", die Kraft der geistigen Welt, und wurde er nach einiger Zeit mit dieser Kraft „gesalbt", das heißt, er wurde sich ihrer bewusst und konnte sie bewusst anwenden. Er war der mit den Kräften der göttlichen Welt „Gesalbte", der „Christus", der in diesen Kräften seinen spirituellen Weg gehen und in der Welt als Muster, an dem sich die Geister schieden, wirken konnte.

Christentum – ein spiritueller Weg

Die Durchdringung des Menschen mit dem Geist, dem „Reich Gottes", die Auflösung der alten ichbezogenen Strukturen und die Geburt neuer Strukturen aus dem Geist – das ist Erlösung des Menschen aus der Herrschaft der Materie über den Geist. Erlösung ist daher nichts anderes als der spirituelle Weg. Jeder Mensch, der erlöst werden will – mit anderen Worten: der das wahre Selbst in sich zur Geburt bringen will –, muss einen spirituellen Weg gehen. Erlösung ist kein Eingriff von außen, sondern eine Revolution von innen, ausgelöst und vollzogen durch das „Reich Gottes", das im Menschen zu wirken beginnt. Erlösung der Menschheit ist kein einmaliger von Jesus ausgeführter historischer Akt. Erlösung ist ein stets wiederholter Prozess, die geistig-seelische Gesetzmäßigkeit eines zeitlosen Weges, der immer wieder, von immer wieder anderen Menschen, gegangen werden muss. Wenn Jesus selbst die Erlösung, den spirituellen Weg, vorgelebt hat, so bedeutet das nicht, dass dadurch seine Schüler damals oder die Menschen heute bereits erlöst wären. Sie müssen die Erlösung selbst nachvollziehen, indem sie den von Jesus vorgelebten und geebneten spirituellen Weg gehen.

Der gewöhnliche Mensch, der die Erlösung vollbringen will, kann die dafür erforderlichen Kräfte nicht selbst erzeugen. Er braucht die Hilfestellung anderer, die ihm auf diesem Weg vorangehen. Jesus ging, in besonderer Weise mit der geistigen Welt verbunden und daher mit besonderen spirituellen Kräften ausgestattet, den spirituellen Weg. Dadurch schuf er eine Bahn, auf der ihm andere nachfolgen konnten.

Jede seelische, geistige und stoffliche Tat, die ein Mensch vollbringt, wirkt im seelisch-geistigen Organismus der Menschheit weiter. Alle Menschen sind seelisch-geistig verbunden, weshalb Wirkungen von jedem Einzelnen auf alle anderen ausgehen. Umso mehr ist das der Fall, wenn eine solche Tat – etwa der von Jesus vollbrachte spirituelle Weg – mit Hilfe gewaltiger spiritueller Kräfte vollzogen wird. Auch wurde durch Menschen, die in den Jahrhunderten nach Jesus diesen Weg gingen, dieselbe Bahn immer wieder aktualisiert und von Verschüttungen gereinigt. Wäre es nicht so, wäre sie bald bis zur Unkenntlichkeit entstellt. Das Muster des spirituellen Weges hat sich durch die Jahrhunderte immer von neuem ausgeprägt, abgestimmt auf die jeweiligen Umstände. Es prägt sich auch in der Gegenwart in neuen Formen aus und kann deshalb von jedem dafür Empfänglichen und Bereiten nachvollzogen werden.

Damit ist deutlich, dass Erlösung einerseits selbstständige innere Seelenarbeit bedeutet, andererseits aber auch Abhängigkeit von Kräften, die diese Seelenarbeit ermöglichen und nicht vom Menschen selbst erzeugt werden können. Der spirituelle Weg ist sowohl „Selbsterlösung“ als auch „Erlösung durch andere“. „Selbsterlösung“ ist er, weil der Mensch in eigener Verantwortung und eigenem Entschluss seinen Weg geht. „Erlösung durch andere“ ist er, weil der Mensch ihn nur dadurch gehen kann, dass er sich für die Kräfte des Geistes öffnet und sie ihre Arbeit in sich verrichten lässt.

Lukas selbst spricht in seiner „Apostelgeschichte“ verschiedene Male vom „Weg“ der Christen (zum Beispiel Apg. 19,9: „…indem sie den Weg vor der Menge schmähten“ oder Apg. 24,14: „…gemäß des Weges, den sie eine Sekte nennen“). Dieser „Weg“ ist nicht gleichbedeutend mit systematischen Methoden, durch die der Mensch seine Erlösung, die Geburt des wahren Selbst, in eigener Regie anstrebt. Er ist eine Reihe innerer Zustände, die organisch aufeinander folgen, wenn sich der Mensch für die Kräfte des Geistes öffnet und bewusst mit ihnen arbeitet. Er ist die spontane Reaktion des Menschen auf die Kräfte des Geistes, die als neue Einsichten, Empfindungen, Impulse und Handlungen in ihm wirksam werden und ihn von Grund auf verändern. Seine Eigenleistung dabei ist die bewusste Mitarbeit mit den spirituellen Kräften und die bewusste Einwilligung in die Auflösung der Ichbezogenheit, die dem Geist entgegenwirkt. Aber auch zu dieser Eigenleistung ist er nur fähig, weil die Kräfte des Geistes sie ihm ermöglichen.

Christentum ist somit ein Weg, nicht ein Glaube an geschichtliche Taten eines Gottessohns, die den Menschen ein für allemal erlöst hätten. Wenn die Schüler Jesu an ihn „glaubten“, so bedeutete das, dass sie in ihm einen Menschen erkannten, in dem der Zustand des „Reiches Gottes“, das wahre Selbst, verwirklicht war, dass sie ahnten, dieser Zustand sei auch ihre Bestimmung, und dass sie sich für diese Möglichkeit öffneten. Es bedeutete nicht, dass sie sich von Jesu Tod und Auferstehung erlöst fühlten. Diese Ereignisse lagen ja bei ihren ersten Begegnungen mit Jesus noch in der Zukunft. Glaube war für sie der Beginn des spirituellen Weges, den Jesus ihnen ermöglichte, den sie aber selbst gehen mussten. Und unter welchen Schwierigkeiten und mit welchen „Misserfolgen" sie ihn mitunter gingen, wird im Evangelium des Lukas sehr deutlich. Sie waren nicht von vornherein durch einen Glauben an Heilstatsachen erlöst. Sie mussten ihre Erlösung durch einen problematischen spirituellen Weg, in den Kräften des Erlösers, selbst verwirklichen.

Ebenso wenig ist es heute so, dass der „Glaube" an einen Erlöser und eine vermeintlich vor 2000 Jahren vollzogene Erlösung den Menschen erlösen würde. Glaube im Sinn des Fürwahrhaltens historischer Tatsachen und ihrer Bedeutung für den Menschen ist nicht erlösend. Wenn Glaube für die Erlösung eine Bedeutung hat – und er hat eine eminente Bedeutung für sie –, dann nur im Sinn einer Offenheit für die Möglichkeit und Notwendigkeit des spirituellen Weges.

Glaube ist eine innere Klarheit, dass dem Menschen ein Leben ganz anderer Art bestimmt ist als das, welches er gegenwärtig lebt. Glaube ist außerdem der Mut, sich auf einen solchen spirituellen Weg zu begeben. Er ist die motorische Kraft, die Sehnsucht und Entschlossenheit, die den Schüler auf diesem Weg hält und alle Hindernisse überwinden lässt. Er wird genährt durch das Beispiel und die Kraft Anderer, die diesen Weg gegangen sind und deren neue Eigenschaften das Leben als Bürger des „Reiches Gottes" fassbar darstellen. Das bedeutet Glaube an Jesus: die Ahnung oder Erkenntnis, dass sich in diesem Menschen prototypisch etwas manifestiert hat, was auch die eigene Bestimmung ist. Aus dieser Ahnung ergibt sich die Kraft, den Weg auch zu gehen.

Erlösung im Sinn des Lukasevangeliums ist Wachstum des „Reiches Gottes", die Geburt des wahren Selbst, im Inneren des Menschen, eine vollständige, radikale Neuwerdung, nicht in Form der Bekehrung zu einem „Glauben", sondern durch das Gehen des spirituellen Weges. Erlösung als Weg, als Folge geistig-seelischer Veränderungen, muss schon vor dem Tod beginnen und kann schon vor dem Tod zur Geburt des wahren Selbst führen, weshalb Jesus sagt: „Es sind einige unter denen, die hier stehen, die den Tod nicht schmecken werden, bis sie das Reich Gottes gesehen haben"(9,27). Für Menschen, in denen die Bedingungen zum Eintritt ins Reich Gottes durch den spirituellen Weg erfüllt sind, wird das Reich Gottes schon im Leben sichtbar und erlebbar.

Lage des modernen Lesers

Wenn der Leser des Lukasevangeliums erst einmal erkannt hat, was der Text eigentlich sagt, wird er auch vor der Frage stehen, ob er die Weltsicht des Evangeliums für wahr halten, sie zu der seinen machen und die daraus folgenden Konsequenzen akzeptieren soll.

Je nach Biografie steht der moderne Mensch dabei vor besonderen Schwierigkeiten. Die damaligen Gegner Jesu waren immerhin von der Existenz des „Reiches Gottes", der Dimension des Geistes, überzeugt. Sie lebten vor dem selbstverständlichen Hintergrund des Alten Testaments und erwarteten einen „Gesalbten", einen „Messias" aus dem Reich Gottes. Ihr Problem war nur, ob Jesus dieser „Gesalbte" war und das Reich Gottes verkörperte oder nicht. Manche, die Schüler Jesu, erkannten ihn schrittweise als Verkörperung des wahren Selbst und folgten ihm. Andere erkannten ihn nicht – entweder weil sie wirklich eine andere Vorstellung vom Messias und seinem Reich hatten, oder weil sie die Wahrheit über Jesus durchaus ahnten, sich ihrem Anspruch aber nicht beugen wollten. Das hätte eine Bankrotterklärung ihres bisherigen Lebens und den Verlust ihrer Privilegien bedeutet.

Der heutige materialistische Mensch besitzt diese Überzeugung von einer Dimension des Geistes nicht. Er muss sich zuerst mit der Frage beschäftigen, ob es diese Dimension überhaupt gibt. Doch könnte er sie, vertraut mit wissenschaftlichem Denken, zumindest einmal als Hypothese akzeptieren. Dann wird es ihm nicht schwer fallen, die Aussagen des Evangeliums über diese Dimension und ihre Wirkungen und Ansprüche zu verstehen. Und vielleicht überzeugen ihn ihre gesetzmäßigen, zeitlosen Wirkungen, wie sie im Evangelium beschrieben werden, von ihrer Existenz und der Berechtigung ihrer Ansprüche.

Schwerer als der materialistische Mensch der Gegenwart hat es der kirchlich-religiös erzogene Mensch. Er glaubt zwar an eine höhere Welt, an Gott, an Jesus, an die Auferstehung, an die Erlösung – aber er hat meist nicht darüber nachgedacht, an was er da glaubt. Er hat unhinterfragt Traditionen übernommen. Er liest die Evangelien vor dem Hintergrund dieser Traditionen, und hört schnell auf zu fragen, wenn ihm etwas zu diesem Hintergrund nicht zu passen scheint. Oberflächlich betrachtet scheinen die Aussagen der Evangelien mit der Vorstellung des Gläubigen, dass Gott eine Person und sein „Vater" ist, dass Jesus der leibliche Sohn dieses Vaters ist, der den Sünder durch Tod und Auferstehung erlöst hat, übereinzustimmen.

Aber sie stimmen keineswegs damit überein. Die genaue Lektüre der Evangelien bringt ganz andere Sachverhalte zum Vorschein. Dies zu erkennen, bereitet dem Gläubigen enorme Schwierigkeiten, da die Traditionen so tief verwurzelt sind und die Autorität der Institutionen und Jahrhunderte für sich haben. Der Leser der Evangelien, der nach Wahrheit sucht, wird sich trotzdem umgewöhnen müssen. Sie stellen Jesus, das Reich Gottes und die Wirksamkeit Jesu anders dar, als er es gewohnt ist. Seine Aufgabe ist es, unvoreingenommen zu betrachten, was in den Evangelien eigentlich steht, und dann zu entscheiden, ob er ihren Aussagen folgen will oder nicht.

Der moderne Materialist steht vor der Schwierigkeit, sein materialistisches Weltbild einmal beiseite stellen zu müssen, wenn er die Evangelien verstehen will, der moderne Gläubige vor der Schwierigkeit, seine bisherigen Sehgewohnheiten beiseite zu stellen und neu zu sehen, was in den Evangelien gesagt wird. Beide werden dann prüfen können, ob die evangelischen Aussagen wahr sind. Denn diesen Anspruch erheben die Evangelien: Sie fordern zur Prüfung auf, ob sie wahr sind, ja, als „gute Botschaft" – das ist die Übersetzung von „Evangelium" – erklären sie sogar, dem Menschen einen Weg zur Lösung seiner Schwierigkeiten und zur Lebenserfüllung zu zeigen. Doch besteht diese Lösung nicht in der Errettung durch einen äußeren Erlöser, sondern im Nachvollzug des Weges Jesu. „Wenn jemand mit mir gehen will, verleugne er sich selbst und nehme täglich sein Kreuz auf sich und folge mir nach!“ (9,23) Dabei behaupten die Evangelien keineswegs, die einzigen Schriften zu sein, die diesen Weg beschreiben. Und wenn Jesus im Johannesevangelium sagt: „Niemand kommt zum Vater, außer durch mich“, so meint er damit: Niemand wird das Reich Gottes betreten, außer er befindet sich im selben Zustand wie ich, im Einklang mit meinem Zustand – nämlich der bewussten Entfaltung des wahren Selbst – und geht denselben Weg wie ich. Ich ermögliche ihm Zustand und Weg dadurch, dass ich sie selbst verwirklicht habe.

Verhältnis des Christentums zu anderen Religionen

Viele andere sind diesen Weg schon gegangen, nicht nur im Christentum. Denn ein zeitloses Muster geistig-seelischer Gesetzmäßigkeiten kann sich immer und überall ausdrücken. Jeder solche Ausdruck aber ist zeitgebunden und somit einzigartig. Bestimmte historische Personen oder Gruppen sind Träger der gesetzmäßigen Ereignisse, und diese vollziehen sich unter historisch einzigartigen Umständen. Die Symbole, die die Betreffenden zur Beschreibung ihrer Erfahrungen benützen, sind den historischen Bedingungen angepasst. Die *eine* seelisch-geistige Gesetzmäßigkeit des spirituellen Weges prägt sich historisch in den verschiedenen Religionen aus. Betrachtet man sie ausschließlich mit den Sinnen, von außen, ist es manchmal schwer, wo nicht unmöglich, zu erkennen, dass es sich bei ihren oft sehr verschiedenen Symbolen und historischen Gewändern nur um Hinweise auf ein und dieselbe geistig-seelische Wirklichkeit und Erfahrung handelt.

Wenn z.B. Gautama Buddha erleuchtet wird und leuchtende Strahlen aussendet, die auch andere erleuchten, so scheint das für das Sinnesauge etwas völlig Anderes zu sein als die Verklärung Jesu auf dem Berg. Doch für das geistige Auge, das geistig-seelische Tatsachen im äußeren, empirisch wahrnehmbaren Geschehen erkennt, ist es derselbe Vorgang. Wie bei Gautama Siddharta waren bei Jesus die Gedanken, Empfindungen und Willensimpulse, bei Lukas das „Gewand“ (der Seele) genannt, vom Geist transmutiert, durch und durch erneuert und dynamisiert worden, so dass sein „Gewand“ „strahlend weiß“ wurde. Seine Gedanken, Empfindungen und sein Wille, auch sein neues Bewusstsein, sein „Angesicht“, strahlten die Kräfte des Geistes nach außen. Und wenn der Buddha vom „Nirvana“ spricht, so ist das Symbol für eine Wirklichkeit, einen seelischen Zustand, frei von Trübungen durch ichbezogene Gedanken, Empfindungen und Willensimpulse, im Einklang mit der Welt des Geistes und deren Kräfte und Strahlen widerspiegelnd, ebenso wie das „Reich Gottes“ Jesu symbolisch diese Wirklichkeit beschreibt.

Von außen gesehen handelt es sich um verschiedene Dinge, und immer wieder versuchen Theologen aller Religionen um jeden Preis einen Unterschied zwischen dem von den Symbolen Bezeichneten zu konstatieren, um die Einzigartigkeit ihrer Religion zu betonen. Aber im Hinblick auf ihren ursprünglichen Kern ist keine Religion einzigartig, und die beiden Symbole „Nirvana“ und „Reich Gottes“ bezeichnen, mit dem inneren Auge gesehen, dieselbe geistig-seelische Wirklichkeit und Erfahrung. Es wäre ja auch verwunderlich, wenn Vertreter der einen Menschheit, die sich der höchsten geistigen Wirklichkeit nähern, von ihr durchdrungen werden und von ihr zeugen, völlig unterschiedliche Erfahrungen machen würden. Und das „Tao“ des Laotse zum Beispiel oder das „En-Sof“ der Kabbalisten würden dann wieder andere Erfahrungen beschreiben. Nein, all diese Ausdrücke sind Symbole für ein und dieselbe Erfahrung, ein und dieselbe Wirklichkeit, zu der die Menschheit in ihren verschiedenen Kulturen und Völkern in Beziehung steht.

Und doch gibt es auch in geistig-seelischer Hinsicht Unterschiede zwischen den Religionen. Denn eine geistig-seelische Gesetzmäßigkeit oder Tatsache pflegt sich, je nach Entwicklungszustand des Menschen und der Kultur, in der sie wirksam wird, mehr oder weniger vollständig zu offenbaren. Das Reich Gottes offenbart sich sozusagen Schicht für Schicht, je nach Fassungskraft der Menschen. Zunächst leuchtet der Geist in der religiösen Erfahrung nur auf, später wird er in seiner Fülle manifest. Der spirituelle Weg, den Jesus ging, hatte zum Ziel, den gesamten Menschen, einschließlich seines materiellen Körpers, von den Kräften des Geistes durchdringen und verändern zu lassen. Die „Verklärung“ zeigte, dass Gedanken, Gefühle und Willen, die feineren Aspekte des Menschen, schon vom Geist durchdrungen und durchstrahlt waren. Danach aber begann der letzte Schritt: Auch die Essenz des materiellen Körpers „erstarb“ in den Kräften des Geistes, und es konnte ein neuer, unvergänglicher Geistleib auferstehen. Damit war die gesamte Gestalt des Menschen in den spirituellen Umwandlungsprozess mit einbezogen. Die geistige Welt konnte sich nicht nur in den feinen, sondern auch in den gröberen Aspekten des Menschen, im – veränderten – materiellen Körper offenbaren. Die Tiefe Gottes konnte sich in ihrer ganzen Fülle dem Menschen mitteilen und durch ihn wirksam werden.

Das ist die spezifische Aufgabe des Christentums, dadurch unterscheidet es sich von den Religionen vorher. Es geht weiter als diese und legt die Grundlage für eine Erlösung auch des materiellen Körpers und der Materie überhaupt durch den Geist. Ein neuer Himmel *und* eine neue Erde entstehen. Seit dieser geistig-seelische Impuls durch Jesus in der Welt verankert wurde, haben ihn auch andere Religionen aufgenommen.

So ist die ganze Menschheit in Entwicklung begriffen – immer klarer offenbart sich der Geist in ihr, immer tiefere Schichten des Geistes werden bewusst, je nach Empfänglichkeit eines Menschen oder eines Volkes. Im Lukasevangelium wird, wie in den anderen Evangelien auch, dieser geistig-seelischen Gesetzmäßigkeit einer stufenmäßigen Entwicklung dadurch Rechnung getragen, dass das Geschehen vor den Hintergrund des Alten Testaments gestellt wird. Das Alte Testament mit seinen Propheten präfiguriert in so mancher Gestalt und Ereignisabfolge den spirituellen Weg des Christentums – in symbolischer Form. Aber dieser Weg selbst ist im Alten Testament nur für wenige und nur in vorläufiger Form möglich. Als Möglichkeit für die gesamte Menschheit, wie im Christentum, wird er noch nicht vorgestellt. Sie wird durch die Propheten nur verheißen. Die Erfüllung dieser Möglichkeit, die tatsächliche Geburt des wahren Selbst, wird im Neuen Testament beschrieben. Johannes der Täufer ist der letzte und größte Prophet, in dessen Person die alte Offenbarung noch einmal kulminiert. Sie ist die Grundlage zu einer neuen Offenbarung, welche die alte fortführt und übersteigt.

Aufbau des Lukasevangeliums

Sieben Phasen der Wirksamkeit des Geistes

Der Aufbau des Lukasevangeliums ist durch Marksteine markiert, an denen die Wirksamkeit der Dimension des Geistes unmittelbar anschaulich wird.

Der **erste Markstein** ist, dass die erlösende Kraft der geistigen Welt die irdische Welt *berührt*. Ein Engel, anschaulicher Bote aus der Welt des Geistes, kündigt Maria die Geburt Jesu an, die Geburt des wahren Selbst, das „Sohn des Höchsten" genannt wird (1,32). Diese Berührung durch die erlösende Kraft wird außerdem vorbereitet: Eine Berührung der Welt durch die Kraft der Reue, auch sie eine göttliche Kraft, geht voraus. Das wird im Lukasevangelium durch die Verkündigung der Geburt Johannes des Täufers, des Wegbereiters, dargestellt. Auch hierbei tritt ein Engel, ein Bote aus der göttlichen Welt, auf.

Der **zweite Markstein** des Lukasevangeliums ist, dass sich die erlösende Kraft der geistigen Welt mit der irdischen Welt *verbindet*. Das geschieht bei der Geburt Jesu. Das wahre Selbst des Menschen, verkörpert in Jesus, wird in der irdischen Welt geboren. Die himmlischen Heerscharen begleiten dieses Ereignis mit ihren Gesängen. Der „Himmel „ hat sich geöffnet. Auch diese Verbindung der erlösenden Kraft des Geistes mit der Welt wird vorbereitet: Johannes der Täufer, Verkörperung der göttlichen Kraft der Reue, wird in der irdischen Welt geboren. Die göttliche Kraft der Reue verbindet sich mit der Welt.

Der **dritte Markstein** ist die Taufe Jesu durch den heiligen Geist. Nach seiner Taufe mit dem „Wasser" Johannes des Täufers wird er mit dem „Feuer" des heiligen Geistes getauft. Wieder ist der „Himmel" offen, die Welt des Geistes wird konkret wirksam. Das wahre Selbst, verkörpert in Jesus, hat sich so weit entwickelt, dass die geistige Welt in ihm *bewusst* und wirksam werden kann. Ab jetzt erkennt Jesus bewusst die Ordnung der geistigen Welt und handelt als „Gesalbter" in ihren Kräften.

Der **vierte Markstein** ist die „Verklärung" Jesu. Wieder manifestiert sich die Welt des Geistes unmittelbar und anschaulich. Es zeigen sich die Auswirkungen der Tätigkeit Jesu in der Welt auf ihn selbst: Seine ganze Persönlichkeit – Gedanken, Empfindungen und Willensimpulse, die „Hüllen" des wahren Selbst – ist von den Kräften des Geistes erleuchtet und *verwandelt*. Sein „Gewand" ist strahlend weiß.

Der **fünfte Markstein** ist die Auferstehung Jesu nach der Kreuzigung. „Zwei Männer in blitzendem Gewand" (24,3), Boten der geistigen Welt, berichten davon, dass Jesus die Dimension der irdischen Welt, das „Grab", verlassen habe und in die *Dimension der geistigen Welt eingetreten sei*. Dieser Eintritt ins Reich Gottes, diese Einswerdung des wahren Selbst mit der geistigen Welt, ist möglich geworden, weil in der Kreuzigung die Ichbezogenheit und der Selbsterhaltungstrieb, die Ursache der Verstrickung in die vergängliche Welt und somit auch die Ursache des Todes, durch Jesus überwunden und weil eine neue Ausdrucksmöglichkeit des wahren Selbst, ein „Geistleib", aufgebaut wurde.

Der **sechste Markstein** ist die *„Himmelfahrt"* Jesu. Wieder manifestiert sich konkret anschaulich der „Himmel", und Jesus, das wahre Selbst, verbindet sich endgültig mit der Dimension der geistigen Welt.

Der **siebte Markstein** wird vorwegnehmend in der Rede Jesu über die „Endzeit" dargestellt (Kap. 21). Das wahre Selbst Jesu, eins mit der Dimension des Geistes geworden, wirkt aus dieser Dimension in die irdische Welt hinein und kann von dafür empfänglichen Menschen, seinen Schülern, wahrgenommen und aufgenommen werden. Diese Wirksamkeit des wahren Selbst aus der geistigen Welt heraus wird als *Kommen des Menschensohns* „auf den Wolken des Himmels" veranschaulicht.

Sieben Phasen des spirituellen Weges

So markieren diese sieben Marksteine die Phasen der Wirksamkeit der göttlichen Welt in der irdischen Welt. Gleichzeitig sind damit auch die Phasen des individuellen spirituellen Weges bezeichnet, nicht nur Jesu, sondern auch jedes anderen Menschen, der mit Hilfe der göttlichen Welt das wahre Selbst entfaltet. Was Jesus, die exemplarische Verkörperung des wahren Selbst, als historische Gestalt in der irdischen Welt erlebt, das erlebt auch das wahre Selbst jedes Menschen, der den spirituellen Weg geht, unter jeweils anderen Lebensbedingungen. Dadurch können die anschaulichen, historischen Stationen des Lebensweges Jesu auch zu Bildern für die Phasen des spirituellen Weges jedes Menschen werden. Die äußere, historische Gestalt Jesu und ihre Schicksale verkörpern die innere Entfaltung des wahren Selbst und seine Schicksale.

Die **erste Phase** dieses Weges ist die Verkündigung der Geburt des wahren Selbst in jedem Menschen, der für eine solche Geburt offen ist. Psychologisch betrachtet ist dies die Phase des *Glaubens* auf dem spirituellen Weg: die Offenheit und Empfänglichkeit für eine neue spirituelle Lebensmöglichkeit. Der Mensch reagiert auf die „Verkündigung" der neuen Lebensmöglichkeit mit Offenheit. Voraus geht dieser Offenheit die Reue.

Die **zweite Phase** ist die Geburt des wahren Selbst in jedem Menschen, der, offen für eine neue Lebensmöglichkeit, ernsthaft nach dieser Lebensmöglichkeit strebt. Dadurch verankern sich die Kräfte des Geistes in ihm und beginnen in ihm umzulaufen. Es ist die Phase der *inneren Arbeit* auf der Basis des Glaubens und der Reue, durch die der Mensch die empfangenen Kräfte des Geistes an sich bindet.

Die **dritte Phase** ist die *Bewusstwerdung* der im Menschen umlaufenden Kräfte des Geistes, die dadurch auf neue, weit forderndere Weise wirksam werden. Sie ist zugleich die Begabung des wahren Selbst mit geistigen Kräften, die Taufe mit „Feuer".

Die **vierte Phase** ist die der *neuen Wirksamkeit* der geistigen Kräfte. Vom wahren Selbst ausgehend, erleuchten und verändern sie die Persönlichkeit des Menschen nach Denken, Fühlen und Wollen. Sie „verklären" das „Gewand" seines wahren Selbst, die Persönlichkeit.

Die **fünfte Phase** ist die des Eintritts ins Reich Gottes durch die endgültige Auflösung jeder Ichbezogenheit und des Selbsterhaltungstriebes. Beides wird freiwillig „gekreuzigt", während das wahre Selbst bewusst „aufersteht" und eins mit der Welt des Geistes wird. Es *tritt in die Dimension des Geistes ein*.

In der **sechsten Phase** erlebt es seine „*Himmelfahrt*". Es lebt nun endgültig in der Dimension des Geistes. Und in der **siebten** wirkt es, mit einer neuen Ausdrucksmöglichkeit versehen, zusammen mit dem „*Menschensohn*" von der Dimension des Geistes aus in die irdische hinein.

Der spirituelle Weg: historisch *und* zeitlos

Damit sind die konkreten Erlebnisse Jesu im Lukasevangelium Vorgänge, die zugleich Erlebnisse jedes Menschen auf dem spirituellen Weg sind – als äußere und innere Wirklichkeit. Jesus ist das personifizierte wahre Selbst des Menschen, der Prototyp des wahren Selbst des Menschen. Was er als äußere, historische, und als innere Wirklichkeit erlebt – seine Geburt wird verkündet, er wird geboren, getauft, verklärt, er ersteht auf, fährt zum Himmel und kommt auf den Wolken des Himmels wieder –, erlebt das wahre Selbst jedes Menschen, der den spirituellen Weg geht, ebenfalls zum Teil als äußere, doch immer als innere Wirklichkeit. In den Evangelien sind nämlich historische Personen zugleich Ausdruck und Verkörperung von seelischen und geistigen Kräften und Prinzipien. Beziehungen zwischen Personen sind Ausdruck der Beziehungen zwischen seelischen und geistigen Kräften. Johannes der Täufer zum Beispiel repräsentiert die Kraft der Umkehr, Jesus die Kraft des Geistes, seine Schüler die Bewusstseinsaspekte, die sich der Kraft des Geistes öffnen, die Schriftgelehrten den dogmatischen, zweifelnden, aggressiven Verstand und die Selbstgerechtigkeit, Pilatus die weltliche Macht, die Hohenpriester die geistliche Macht – und die Beziehungen zwischen diesen Personen zeigen, welche gesetzmäßigen Beziehungen zwischen den von ihnen verkörperten Kräften und Prinzipien bestehen.

Die selben Kräfte und Prinzipien und die Beziehungen zwischen ihnen finden sich auch im einzelnen Menschen. In jedem einzelnen Menschen kann die Kraft der Reue, „Johannes der Täufer", zu wirken beginnen, kann die Kraft des Geistes, „Jesus", sprechen, können sich bestimmte Bewusstseinsaspekte, die „Schüler", für die Kraft des Geistes öffnen, können sich die Kräfte des Verstandes, die „Schriftgelehrten", ihr verschließen, kann das Ich als weltliches oder geistliches oberstes Organisationsprinzip – als „Pilatus" oder „Hohepriester" – die Kraft des Geistes bekämpfen. Die gleichen Kräftespiele zwischen Lebensprinzipien vollziehen sich also auf der Ebene eines Volkes, der Menschheit oder des Einzelnen. Wer die Evangelien unter diesem Vorzeichen liest und versteht, wird diese Kräftespiele, die sich auf dem spirituellen Weg – in einer Gemeinschaft oder im Einzelnen – ereignen, nachvollziehen können.

Da es sich um immer gültige Kräftespiele handelt, zeitlose Gesetzmäßigkeiten, können sie immer wieder historische, äußere und innere Wirklichkeit werden. Sie wurden historisch zur Zeit Jesu und drückten sich im Gewand seiner Zeit und des damaligen Palästina aus. Sie nahmen die Färbung der damaligen Kultur und Lebensauffassung an. Sie können aber auch heute historisch werden und dadurch die Färbung der Gegenwart annehmen. Sie können sich unter Menschen des technischen Zeitalters unter den Bedingungen der Massengesellschaft manifestieren. Denn auch unter diesen Bedingungen gibt es Menschen, die wie Johannes der Täufer oder Jesus von der Kraft der Reue oder des Geistes erfüllt sind, Menschen, die bewusst auf diese Kräfte reagieren, sei es positiv, sei es negativ – die Schüler und Gegner Jesu –, und Menschen, die politische (Pilatus) oder geistliche Führung (die Hohenpriester) repräsentieren. Ebenso gibt es unter diesen modernen Bedingungen Einzelne, in denen sich alle auf dem spirituellen Weg wirksamen Kräfte bemerkbar machen und eine spirituelle Entwicklung veranlassen.

Die in den Evangelien geschilderten Ereignisse sind somit keineswegs rein symbolisch aufzufassen. Jesus zum Beispiel ist nicht nur ein Symbol für bestimmte spirituelle Kräfte, ein Mythos ohne geschichtlich fassbaren Hintergrund. Im Gegenteil, die in den Evangelien geschilderten Ereignisse sind häufig konkrete historische, äußere Wirklichkeit. Immer jedoch sind sie Ausdruck innerer Wirklichkeit. Auch innere Wirklichkeit ist geschichtlich, nur nicht direkt empirisch beobachtbar. Ob aber äußere oder innere geschichtliche Wirklichkeit: Äußere oder innere Geschichte ist immer Ausdruck geistig-seelischer Gesetzmäßigkeiten, die sich stets wiederholen können. Sie können sich mehr oder weniger deutlich und in immer wieder neuen Ausprägungen manifestieren. Ihre Manifestation zur Zeit Jesu und ihre Darstellung in den Evangelien kann als besonders deutlich und exemplarisch gelten.

Bildlich dargestellte, zeitlose geistig-seelische Gesetzmäßigkeiten pflegt man als Mythos zu bezeichnen. Da sich in den Evangelien zeitlose geistig-seelische Gesetzmäßigkeiten in Zeit und Raum manifestieren, könnte man sagen: Hier wird Mythos zu Geschichte. Da aber die – im Sinn äußerer oder innerer Wirklichkeit verstandenen – historischen Ereignisse auch exemplarische Bilder für zeitlose geistig-seelische Gesetzmäßigkeiten sind, könnte man sagen: Hier wird Geschichte zu Mythos. Jesus selbst geht den durch die genannten Marksteine bezeichneten spirituellen Weg. Phasenverschoben werden seine Schüler mit den gleichen Aufgaben konfrontiert, erfüllen sie schlecht und recht, oder versagen. Die Gegner Jesu dagegen reagieren von Anfang an mit Hass. Zunächst kommt es zur Gegenüberstellung der unterschiedlichen Kräfte und Dimensionen der Wirklichkeit, wie sie Jesus und seine Schüler einerseits, seine Gegner andererseits verkörpern. Dann steigert sich der Hass der Gegner bis zur Tötung Jesu, während parallel dazu sich die geistige Welt in Jesus immer deutlicher offenbart und als innere Wirklichkeit der Auferstehung über die äußere Wirklichkeit der Tötung triumphiert.

Alle Einzelheiten jedes Evangeliums: Szenen, Gespräche, Gleichnisse, Reden, „Wunder", sind in diese Entwicklung eingeordnet und ihr Ausdruck. Jede Einzelheit steht für ein Geschehen, eine Erfahrung, eine Einsicht des Schülers auf dem spirituellen Weg und befindet sich immer genau an der Stelle, wohin sie im organischen Ablauf der Entwicklung gehört. Die Evangelien sind weder biografische, chronologisch und geografisch genaue Berichte, in die ethische Belehrungen oder theologische Heilslehren eingebettet wären, noch zufällig aneinandergereihte Episoden, notdürftig durch den Rahmen einer Biografie zusammengehalten. Sie zeigen vielmehr einen bis in alle Einzelheiten logischen, organischen Ablauf von äußeren Ereignissen und inneren Erlebnissen auf dem spirituellen Weg. Die Augenblicke im Leben Jesu, in denen die Welt des Geistes von den Evangelisten anschaulich zur Erscheinung gebracht wird, bilden die Marksteine auf diesem Weg. Die Ereignisse dazwischen illustrieren die Schritte in den jeweiligen Phasen.

Darstellungsmethoden der Evangelisten

Die Evangelisten wollen seelisch-geistige Sachverhalte und Gesetzmäßigkeiten zum Ausdruck bringen. Das tun sie teils mittels äußerer historischer Ereignisse, in denen sich diese Sachverhalte manifestieren, teils mittels Bildern. Am einen Ende des Spektrums ihrer Darstellungsmethoden stehen daher historische Schilderungen, am anderen Ende Bilder – was nicht heißt, dass die durch Bilder dargestellten seelisch-geistigen Sachverhalte weniger wirklich wären. Gedanken, Motive und Strebungen sind, auch wenn sie nicht geäußert und daher von Außenstehenden nicht festgestellt werden können, trotzdem historisch. Sie haben ihren Platz in Raum und Zeit und sind vom Erlebenden selbst jedenfalls sehr deutlich wahrzunehmen.

Außerdem sind die Darstellungen der Evangelisten in allen Fällen, auch wo sie das historische Gewand als Darstellungsmittel wählen, keine genauen Protokolle, sondern Zusammenfassungen und Verdichtungen.

Man nehme zum Beispiel ein Gespräch Jesu mit den Schriftgelehrten, etwa über das Rangverhältnis von Christus und David (20,41–44). Sicher hat Jesus, historisch gesehen, viele Gespräche über dieses Thema geführt. Aber in diesem einen Gespräch, das der Evangelist darstellt, sind alle Gespräche über das Thema zusammengefasst. Der Evangelist – oder seine Vorlage – hat den Kerninhalt dieser Gespräche herausgearbeitet und in die knappest-mögliche Form gebracht. Dadurch wird die Struktur der Argumentation und des diskutierten Sachverhaltes unüberbietbar deutlich. Ebenso verfährt ein Dramatiker, der Auseinandersetzungen, welche sich vielleicht über lange Zeit hinziehen, in einer prägnanten Szene verdichtet.

Das „historische" Gespräch bringt nun aber seelisch-geistige Tatsachen zum Ausdruck. Es charakterisiert das Wesen Jesu einerseits, der Schriftgelehrten andererseits. Aus dem Wesen der Schriftgelehrten, die den begrifflichen Verstand verkörpern, folgen ihre spitzfindige Fragestellung und begrenzte Verständnismöglichkeit. Aus dem Wesen Jesu, der die Wahrheit des Geistes vertritt, ergibt sich die spirituelle Perspektive, unter der das Verhältnis zwischen Christus und David erst wirklich verstanden werden kann. Anhand der Gestalten Christus und David stellt Jesus ein zeitloses, immer gültiges Rangverhältnis zwischen der geistigen und den höchsten Aspekten der irdischen Welt exemplarisch dar.

Hier eignen sich also prinzipiell empirisch feststellbare Geschehnisse: Gespräche Jesu mit den Schriftgelehrten, zur Darstellung geistig-seelischer Sachverhalte. Denn diese drücken sich in jenen aus.

Fraglich ist aber schon, ob zum Beispiel die „Reinigung des Tempels" durch Jesus ein protokollierbares, empirisch feststellbares historisches Ereignis war (19,45–46). Es ist unwahrscheinlich, dass Jesus sich auf diese Weise in der damaligen Situation exponiert hätte. Trotzdem kommt eine geistig-seelische Wahrheit in diesem – historischen oder unhistorischen – Gewand zum Ausdruck. Der Evangelist – oder seine Vorlage – wählt ein Bild, das möglicherweise historisch ist, um einen geistig-seelischen Sachverhalt darin darzustellen. Was wird durch dieses Bild demonstriert? Die jüdische Religion – ihr Sinnbild und Inbegriff ist der Tempel – ist zur Beute von Geschäftemachern geworden. Jesus als Verkörperung des vom lebendigen Geist erfüllten wahren Selbst vertreibt die Geschäftemacher, die ihre Religion zur Anhäufung von Besitz missbrauchen, und reinigt die Religion. Das scheinbare, oder mögliche historische Ereignis wird zum Bild für geistig-seelische Sachverhalte.

So reinigt der lebendige Geist in Gestalt Jesu erstens die erstarrte und korrumpierte traditionelle Religion, in die er hineingeboren wird. Zweitens wird der lebendige

Geist die korrumpierte Religion *immer* reinigen, gleichgültig in welcher Gestalt und in welchem geschichtlichen Augenblick er auftritt. Drittens lässt sich diese Reinigung nicht nur auf ein Volk oder die ganze Menschheitsgeschichte beziehen, sondern auch auf jeden Einzelnen, in dem eine neue Spiritualität erwacht und mit alten Glaubensüberzeugungen aufräumt, die nur zur Anhäufung materieller oder seelischer Reichtümer benutzt werden. Das vom Evangelisten verwendete Bild ist vielleicht nicht historisch im Sinn äußerer Wirklichkeit. Aber durchaus historisch im Sinn innerer Wirklichkeit sind die dadurch ausgedrückten geistig-seelischen Sachverhalte, ja sie sind zeitlos und können, als innere Wirklichkeit, immer wieder historisch werden.

Übrigens ist das Bild vom Tempel als Räuberhöhle schon im Alten Testament vorgeprägt (Jer. 7,1–15). Es könnte sein, dass der Evangelist – oder seine Vorlage – aus den Worten des Alten Testaments eine dramatische Szene mit Jesus als Protagonisten geschaffen hat – was einen Einblick in die Entstehungsgeschichte so mancher Erzählung des Neuen Testaments gewähren würde. Vielleicht trat aber Jesus auch – wenn die Szene denn historisch im Sinn einer äußeren Wirklichkeit war – bewusst als Vollstrecker der Worte des Alten Testaments auf.

Die dritte Darstellungsmethode der Evangelisten ist, dass sie Bilder benutzen, die ganz sicher nicht historisch im Sinn einer äußeren Wirklichkeit, ja in der konkreten Sinnenwelt unmöglich sind. Die „Wunder" sind solche Bilder. Wenn Jesus und seine Schüler Brote austeilen, die sich auf wunderbare Weise vermehren und unerschöpflich sind, so handelt es sich um ein Sinnbild für geistig-seelische Sachverhalte. Im Markusevangelium ist in der textlichen Nachbarschaft der „Speisung der 5000" vom „Sauerteig der Pharisäer" die Rede. Der „Sauerteig der Pharisäer" ist eindeutig ein Bild und wird von Jesus selbst erklärt. Die Schüler sollen sich vor dem „Sauerteig der Pharisäer", nämlich vor deren Heuchelei und falscher Lehre, hüten. Schon daraus ergibt sich, dass auch die „Brote" in der Speisungsgeschichte Bilder sein müssen, und zwar für die Wahrheit, die richtige Lehre Jesu. Wenn ein von der Wahrheit erfüllter Mensch diese Wahrheit anderen dafür Empfänglichen mitteilt, so nimmt die Wahrheit dadurch nicht ab, im Gegenteil, sie vermehrt sich. Diese Gesetzmäßigkeit wird in der Erzählung von der Brotvermehrung im Bild ausgedrückt. Das Bild ist nicht historisch im Sinn einer äußeren Wirklichkeit. Es sind keine konkreten Brote ausgeteilt worden, die sich bis ins Unendliche vermehrt hätten. Historisch im Sinn einer inneren Wirklichkeit aber ist die durch das Bild beschriebene geistig-seelische Tatsache, dass die Schüler Jesu eine Wahrheit dafür Empfänglichen mitteilten und die Wahrheit dadurch nicht schwächer wurde, sondern erst recht an Kraft gewann. Und immer, wenn zu einer beliebigen Zeit Menschen eine spirituelle Wahrheit anderen Menschen weitergeben, wird die im Bild der Brotvermehrung dargestellte seelisch-geistige Gesetzmäßigkeit historisch. Sie schlägt sich in der äußeren und inneren Wirklichkeit nieder. Die Gesetzmäßigkeit könnte genauso begrifflich formuliert werden, und häufig treten solche begrifflichen Formulierungen im Evangelium auch auf. Eine andere Möglichkeit aber ist die Darstellung im Bild, das einprägsamer ist als der Begriff.

Wer in Symbolen und Bildern zu denken gelernt hat, wird diese Methoden der Darstellung sofort erkennen und das durch sie Ausgedrückte verstehen. Wenn von

Lukas ein geistig-seelischer Sachverhalt in ein bildliches Geschehen gekleidet wird, das als historisches, in der konkreten Sinnenwelt spielendes Ereignis unmöglich ist, so lässt ein Leser, der in Bildern denkt, diese Unmöglichkeit auf sich beruhen. Es ist ihm klar, dass es sich nicht um Zauberei oder ein Wunder handelt. Das Wunder besteht für ihn in dem geistig-seelischen Sachverhalt selbst, zum Beispiel bei der „Speisung der 5000" in der erstaunlichen Tatsache, dass die Wahrheit durch Mitteilung an Empfängliche nicht geschwächt oder weniger wird, während doch normalerweise, in der Sinnenwelt, ein Vorrat abnimmt, wenn man etwas davon weitergibt. Der Leser erkennt, dass in der geistigen Welt andere Gesetze herrschen als in der Sinnenwelt, und durch die Paradoxie des Bildes wird er umso nachdrücklicher auf die Andersartigkeit der geistigen Welt aufmerksam gemacht.

Der Leser jedoch, der gewohnt ist, Texte als empirische Protokolle zu nehmen, denkt gerade umgekehrt. Für ihn sind nur die äußeren Ereignisse wichtig. Auf Grund dieser Einstellung nimmt er die Erzählungen der Evangelisten, ob äußerlich historisch, scheinbar äußerlich historisch oder sinnbildlich, von vornherein als beobachtbare Ereignisse in der Sinnenwelt, und kommt so zu ganz falschen Schlüssen, ja muss sich mühsam mit der Möglichkeit oder Unmöglichkeit von „Wundern" auseinandersetzen. Er verschließt sich den Zugang zu den geistig-seelischen Tatsachen, deren Ausdruck die Ereignisse und Bilder sind. Nähme er die Einstellung und das literarische Verfahren der Evangelisten zur Kenntnis, wären die Dinge viel einfacher. Die Evangelisten gehen *immer* von inneren, geistig-seelischen Ereignissen aus und sehen äußere Ereignisse als Ausdruck der inneren. Sie benutzen die äußeren Ereignisse zur Darstellung der inneren, und wenn sich innere Ereignisse äußerlich nicht manifestieren oder nur schwer feststellen oder beschreiben lassen, verwenden sie Bilder oder Gleichnisse, die, in der Sinnenwelt möglich oder unmöglich, das Gewünschte zum Ausdruck bringen.

Dadurch machen die Evangelisten klar, dass beides wichtig ist: die geistig-seelischen Tatsachen *und* ihr Ausdruck in der zeiträumlichen, historischen Wirklichkeit. Die geistig-seelischen Tatsachen gelangen ja nur zur Wirkung, wenn sie sich auch in der zeiträumlichen Welt ausdrücken. Das „Wort" muss Fleisch werden. Aber es kann und muss immer wieder Fleisch werden. In Jesus und seiner geschichtlichen Umgebung ist es exemplarisch Fleisch geworden. Es kann und muss zu jeder geschichtlichen Zeit in anderen Menschen und unter anderen Umständen Fleisch werden.

Vier Evangelien: die Besonderheit des Lukasevangeliums

Es ist kein Zufall, dass uns vier Evangelien überliefert sind. Sie entsprechen den vier großen seelischen Fähigkeiten des Menschen: Handeln, Wollen, Fühlen und Denken. Jeder Evangelist stellt den spirituellen Weg dar, betont aber jeweils eine Perspektive. Markus betont die Ebene der Lebensenergien, des Wollens. Sein Evangelium ist das älteste und steht in unmittelbarer Nähe zu den esoterischen Traditionen des Judentums, z. B. der Prophetenschulen. Deshalb enthält sein Evangelium häufig noch Elemente früherer Mysterienschulen, etwa die sogenannten „Schweigegebote", die bei den anderen Evangelisten weniger im Vordergrund stehen. Da sich im Willen des Menschen unbewusst oder bewusst die grundlegenden Vorgänge auf dem spirituellen Weg vollziehen, nämlich die Umwandlung der Lebensenergien und ihre Durchdringung durch die Energien der geistigen Welt, gibt das Markusevangelium die Grundstruktur des spirituellen Weges wieder.

Das Johannesevangelium stellt denselben spirituellen Weg aus der Perspektive des intuitiven Denkens dar. Johannes berichtet, auf der Grundlage der Struktur des spirituellen Weges, ausdrücklich über die Einsichten und Veränderungen des intuitiven Denkens, die sich auf diesem Weg vollziehen. Matthäus hat die Auswirkungen des spirituellen Weges besonders auf die physische Welt, auf das Handeln des Menschen, im Auge. Deshalb betont er die Traditionen des Judentums und die Verankerung der spirituellen Kräfte im „Blut" des Menschen. Lukas schließlich richtet sein Augenmerk auf die Empfindungsseite des spirituellen Weges. Er schildert, auf der Grundlage der von Markus gegebenen Struktur, die Empfindungen des Menschen, die den spirituellen Weg begleiten und sich durch die Einflüsse aus der Welt des Geistes verändern.

Wenn die vier Evangelisten jeweils, abgesehen von einer gemeinsamen Grundstruktur ihrer Evangelien, Inhalte darstellen, die bei den anderen Evangelisten nicht vorkommen, so liegt das an ihrer jeweiligen Perspektive. Der eine schreibt vom „Leben" aus, der andere vom „Denken", der dritte vom „Handeln" und der vierte vom „Empfinden". Sie ergänzen sich auf diese Weise, und erfassen in ihrer Gesamtheit die Ereignisse, die sich auf dem spirituellen Weg in allen vier seelischen Bereichen des Menschen vollziehen. Wenn es scheinbare Widersprüche zwischen verschiedenen Evangelien gibt, so liegt auch dies daran, dass sie verschiedene Seiten ein und desselben Vorgangs darstellen. Markus zum Beispiel berichtet, dass die Verklärung Jesus „nach sechs Tagen" stattfand (9,2), bei Lukas ist die Rede von „etwa acht Tagen nach diesen Reden" (9,28).

Man muss sich hier wieder von der Vorstellung lösen, dass die Evangelisten Geschichtsschreiber gewesen seien, die in der Erscheinungswelt protokollierbare Ereignisse hätten darstellen wollen. Ausdrücke wie „nach sechs Tagen" oder „acht Tage danach" sind vielmehr Redewendungen mit seelisch-geistigem Inhalt. „Sechs" ist im alten Judentum – man kann es im Alten Testament, etwa bei den zwölf Söhnen Jakobs, nachprüfen – die Zahl der Entscheidung, des Gerichts nach längerer Entwicklung. Immer kommt in einer Entwicklung der Zeitpunkt, wo das Alte vom Neuen „gerichtet" und abgelöst wird. Dan ist der sechste Sohn Jakobs, der „Richter". Markus will mit dem Ausdruck „nach sechs Tagen" zeigen, dass die bisherige Entwicklung Jesu jetzt zu Ende ist. „Acht" dagegen ist die Zahl des Durchbruchs zu etwas Neuem. Nach einem Zyklus, versinnbildlicht durch die Zahl Sieben, beginnt mit der Acht ein neuer Zyklus auf einer höheren Ebene. Lukas will sagen, dass mit der „Verklärung" die Tätigkeit Jesu auf einer höheren Ebene neu beginnt. Von der „Verklärung" ab wandert Jesus nach „Jerusalem", der Stadt, die die Religion als Niederschlag der geistigen in der irdischen Welt (und auch die Degeneration der Religion) verkörpert. Das entspricht der allgemeinen Tendenz bei Lukas, den Durchbruch in das Neue und die Überwindung des Alten hervorzuheben, die durch die Gegenwart Jesu stattfinden. Solche polaren Gegensätze sind charakteristisch für Lukas und stehen im Zusammenhang mit der gegensätzlichen Struktur des Empfindungsbereichs. Der Mensch kann himmelhochjauchzend, aber auch zu Tode betrübt sein.

Deshalb stehen in Lukas' Evangelium Freude, Dankbarkeit und Barmherzigkeit als positive Empfindungen, aber auch das bittere Gefühl des Menschen, „Sünder" zu sein, im Vordergrund. So tief der nicht erlöste Mensch in die vergängliche Welt des Diesseits der Lebenden und des Jenseits der Toten gefallen ist, so hoch erhebt sich der erlöste Mensch aus den Verstrickungen. So eng seine Gefangenschaft in der Ichbezogenheit der vergänglichen Welt ist, so weit reicht seine Freiheit im Geist. Je tiefer die Verstrickung im Irdischen, desto größer die Freude, wenn die Qual dieser Verstrickung aufgelöst wird, desto größer aber auch die Finsternis, wenn das Licht der Freiheit erscheint und dennoch nicht darauf reagiert wird.

Das entspricht der polaren Struktur des Empfindungsbereiches. Der Empfindungsbereich ist der Ort der Motive und Beweggründe. Der Mensch kann sich als empfänglich für spirituelle Einflüsse und den spirituellen Weg erweisen, oder sich dagegen verschließen: positiv oder negativ auf die geistige Welt reagieren. Deshalb unterstreicht Lukas immer wieder die radikale Alternative des alten, an die Welt des Diesseits der Lebenden und des Jenseits der Toten gebundenen Seins einerseits, des neuen Seins im „Reich Gottes" andererseits. Beides sind unüberbrückbare Gegensätze. Wer an die Gesetze des Diesseits und Jenseits gebunden ist und sein Heil von der vergänglichen Welt erwartet, hat keinen Zugang zur Welt des göttlichen Geistes, da sein seelischer Zustand einen solchen Zugang ausschließt. Wer aber dem Reich Gottes zustrebt und dessen Gesetzmäßigkeit in sich zulässt, der wird auch sein Leben in der vergänglichen Welt darauf abstimmen können. Sobald die Möglichkeit eines Lebens im Geist aktuell erscheint, verkörpert zum Beispiel durch Jesus, scheiden sich die Geister. Die einen ergreifen diese Möglichkeit und streben einem Leben im Geist zu, die anderen fühlen sich von ihr, wegen ihrer Liebe zur vergänglichen Welt, nur abgestoßen und klammern sich umso intensiver an die vergängliche Welt. Jesus, Prototyp des im Geist lebenden Menschen, ist gesetzt zum „Fall und Aufstehen vieler". Alles oder nichts.

So nachgiebig der die irdische Welt liebende Mensch gegenüber ihren Angeboten ist, so konsequent nimmt der Mensch auf dem spirituellen Weg davon Abschied. Er tut das nicht in Selbstzwang und Askese, auch nicht, indem er sich moralisch zu bessern und dadurch für das Reich des Geistes geeignet zu machen sucht. Moralische Bestrebungen sind zwar notwendig auf dem spirituellen Weg. Sie werden aber zum Hindernis, falls sie nicht spontan der Erfahrung der neuen Lebensmöglichkeit entspringen. Und so gilt auch: Je starrer ein Mensch an seinen moralischen Selbstverbesserungsmethoden und „Erlösungs"techniken festhält, desto weiter entfernt er sich vom Zustand des Reiches Gottes.

Deshalb steht im Lukasevangelium stets das Verhalten zwischen diesen beiden Möglichkeiten im Vordergrund – die Wahl zwischen der vergänglichen Welt und der geistig-göttlichen Welt. Nur wer von der neuen Lebensmöglichkeit erfährt und auch mit der Tat, die aus dieser Erfahrung erwächst, darauf antwortet, wird den Zustand des Reiches Gottes in sich selbst erfahren und ihn, handelnd, im eigenen Wesen befestigen und besiegeln.

Die Gegensätzlichkeit als Thema des Evangeliums zeigt sich außerdem auf der sozialen Ebene, die bei Lukas mehr als bei den anderen Evangelisten zur Sprache kommt. Doch auch das „Soziale" ist bei ihm vor allem Ausdruck geistig-seelischer

Sachverhalte. Es dient zur Demonstration der Beschaffenheit der geistigen Welt und ihrer Wirkungen im Menschen und in der Welt. Immer wieder wird, durch die Wirkungen der geistigen Welt, das sozial Niedrige „erhöht“ und das sozial Hohe „erniedrigt“.

Schließlich entspricht der Empfindungsebene bei Lukas die Tatsache, dass Frauen bei ihm eine größere Rolle spielen als bei den anderen Evangelisten. Man muss nur die Geburtsgeschichten bei Matthäus und bei Lukas vergleichen, um zu entdecken, dass sie bei Lukas aus der Sicht der Frau, bei Matthäus aus der Sicht des Mannes dargestellt werden. Bei Matthäus ist Joseph, bei Lukas Maria die Hauptperson. Vielleicht beruht auch der Umstand, dass nur zwei Evangelisten die Geburtsgeschichten schildern, auf der Tatsache, dass es lediglich zwei Geschlechter gibt, Mann und Frau. Die Frau verkörpert Vorstellungs- und Empfindungsseite – was Lukas näher steht –, der Mann die Willens- und Handlungsseite – Matthäus konzentriert sich auf die Vorgänge in der materiellen Welt, soweit sie Ausdruck geistig-seelischer Tatsachen sind.

Dem besonderen Interesse des Lukas an der Empfindungsseite des spirituellen Weges ist die Einfügung zweier großer Textabschnitte – und mehrerer kleiner – in den von Markus vorgegebenen Rahmen zu verdanken. Die „Kindheitsgeschichten“, der erste große hinzugefügte Abschnitt, beschreiben unter anderem die Rolle der Frau, des Prinzips der Empfänglichkeit für spirituelle Kräfte, das eng mit dem Empfindungsbereich zusammenhängt. Und der zweite große hinzugefügte Abschnitt – die „Wanderung nach Jerusalem“ – zeigt vor allem die empfindungsmäßigen Einstellungen der Schüler auf dem spirituellen Weg, bzw. jener Menschen, die den Weg betont ablehnen. Umgekehrt lässt Lukas ein großes Markusstück – und mehrere kleine – weg, die seiner spezifischen Perspektive nicht entsprechen. Es sind die Passagen bei Markus, bei denen es ausführlich um die Bewusstwerdung des Geistes und die daraus folgenden Konsequenzen geht.

Das Lukasevangelium präsentiert, wie die anderen Evangelien auch, eine bestimmte Lebensmöglichkeit: den spirituellen Weg. Es präsentiert sie auf seine Weise, indem es sich auf die Empfindungen des Menschen konzentriert. Nach Auffassung des Evangelisten ist es keine Lebensmöglichkeit unter vielen anderen, sondern die Lebensmöglichkeit, die dem Menschen und der Menschheit letzten Endes bestimmt ist. Der Mensch lebt gegenwärtig als sterbliche Persönlichkeit, geprägt von Ichbezogenheit und Selbsterhaltungstrieb. Seine Bestimmung aber ist, seine wahre Identität zu entfalten, durch die er unsterblicher Angehöriger der Welt des göttlichen Geistes ist. Will er sie entfalten, so muss er Ichbezogenheit und Selbsterhaltungstrieb bewusst auflösen, und aus seinem wahren Selbst eine neue, unsterbliche Persönlichkeit aufbauen, die dem wahren Selbst Ausdruck gibt.

Jesus ist für Lukas und die anderen Evangelisten der Prototyp des Menschen, der den spirituellen Weg geht, wobei er in besonderer Verbindung mit der Welt des Geistes steht. Jesus repräsentiert nicht die sterbliche Persönlichkeit, sondern, als mit dem Geist „Gesalbter“, das unsterbliche wahre Selbst im Menschen. Dieses wahre Selbst geht den spirituellen Weg, indem es sich von der Bestimmtheit durch Ichbezogenheit und Selbsterhaltungstrieb der sterblichen Persönlichkeit löst, bewusst aus dem Geist lebt und wirkt und so eine neue, unsterbliche Persönlichkeit aufbaut. In besonderer

Weise verbunden mit den Kräften des Geistes, geht Jesus selbst diesen Weg, ermöglicht ihn als exemplarisches wahres Selbst auch anderen Menschen – oder fordert ihren Widerstand heraus.

Diese Lebensmöglichkeit stellt das Lukasevangelium vor seine Leser. Es schildert den gesetzmäßigen Ablauf des spirituellen Weges mit seinen Protagonisten, eingekleidet ins Gewand der Umstände der damaligen Zeit. Aber derselbe Weg mit denselben Gesetzen ist auch in der modernen Welt möglich und, nach Lukas' Auffassung, Bestimmung auch des modernen Menschen. Er muss nur aus den damaligen Zeitverhältnissen und aus den Rollen der damaligen Protagonisten in die moderne Welt übersetzt werden. Die damaligen Protagonisten sind Sinnbilder für Prinzipien, die zu allen Zeiten in immer wieder anderen Protagonisten, oder insgesamt in einem einzelnen Menschen, wirksam werden können. Die Übersetzung in die Begriffe der modernen Welt will das vorliegende Buch leisten.

Vorwort des Lukasevangeliums

1 1 *Da nun schon viele es unternommen haben, eine Erzählung der Ereignisse abzufassen, die sich unter uns zugetragen haben,* ***2*** *wie sie uns diejenigen überliefert haben, die von Anfang an Augenzeugen gewesen sind und Diener des Wortes,* ***3*** *hielt auch ich es für gut, nachdem ich allem von vorn an genau nachgegangen, es der Reihenfolge nach für dich aufzuzeichnen, hochangesehener Theophilus,* ***4*** *damit du die Zuverlässigkeit der Dinge erkennst, über die du unterrichtet worden bist.*

Auch die anderen Evangelisten mögen ihre besonderen Gründe zur Abfassung ihrer Texte gehabt haben, vielleicht auch ihre speziellen Adressaten. Wenn es Präambeln oder Widmungen zu ihren Texten gab, so sind sie jedenfalls den Evangelien nicht beigefügt. Lukas aber hat zu seinem Text eindeutig ein Begleitschreiben verfasst, das als Bestandteil des Textes mit überliefert worden ist. Obwohl es nicht zum eigentlichen Evangelium gehört, lassen sich daraus doch Anhaltspunkte zum besseren Verständnis gewinnen.

Man hat Lukas gerade wegen dieser Vorrede und wegen besonderer historischer Tatsachen, die nur in seinem Evangelium berichtet werden, als den „Historiker" unter den Evangelisten bezeichnet. Wenn ein Historiker einen Bericht schreibt, so wird man hinter seiner Darstellung nichts anderes suchen als eben äußere Tatsachen und eventuell noch ihre Bewertung und Interpretation. Das Evangelium des Lukas aber nimmt historische Tatsachen nur als Ausdruck von geistig-seelischen Sachverhalten. Als dieser Ausdruck sind sie ihm wichtig, nicht als Ereignisse an sich.

Lukas galt auch immer, ebenfalls wegen dieser Vorrede und wegen seines geschliffenen Stils, als der „Schriftsteller" unter den Evangelisten. Wenn er versuchte, die ihm überlieferten Ereignisse möglichst klar und geschmeidig zu schildern, wird man davon ausgehen, dass er das im Dienst der Sache tat und nicht, um selbst zu glänzen.

Seine „Erzählung der Ereignisse" ist also weder ein historischer Bericht noch ein kunstvoller Roman, der die Fähigkeiten des Verfassers ins rechte Licht rücken soll.

Sie ist die an der Wahrheit orientierte künstlerische Vermittlung seelisch-geistiger Sachverhalte, die exemplarisch zur Zeit Jesu in der zeiträumlichen Welt ihren Niederschlag fanden.

Lukas beabsichtigt auch nicht, den von ihm berichteten Tatsachen eine heilsgeschichtliche Deutung zu geben, etwa so, dass Gott seinen Sohn in die Welt schickt, ihn die Sünden der Welt auf sich nehmen und getötet werden lässt, ihn wieder auferweckt und dadurch allen Menschen, die an Jesus glauben, die Erlösung schenkt. Das ist eine Konstruktion, die später in den Text hineingelesen wurde und nirgends von ihm gestützt wird.

Dennoch handelt es sich auch beim Evangelium des Lukas um „Heilsgeschichte", nur in einem anderen als theologischen Sinn, nämlich um spirituelle Erfahrung. Die von Lukas erwähnten „Augenzeugen" haben spirituelle Erfahrungen gemacht. Es ist ihnen ein mit besonderen geistigen Kräften ausgestatteter Mensch begegnet, der den spirituellen Weg vorgelebt hat. In ihm hatte das „Reich Gottes" Gestalt angenommen und näherte sich ihnen. Ein neuer Zustand, eine neue Lebensmöglichkeit begegnete ihnen, und sie begannen, selbst den spirituellen Weg zu gehen, um dieses „Heil" zu verwirklichen. Wenn Jesus durch seine besonderen spirituellen Kräfte heilte und Dämonen austrieb, wenn er selbst so uneigennützig, barmherzig und konsequent war, wie es seine Lehre beschrieb, so erfuhren sie dies als Wirkung des wahren Selbst und fühlten sich gedrängt, ebenso zu werden. Wenn Jesus gekreuzigt wurde, so schien ihnen das zunächst wie ein Untergang. Aber sie lernten, dass das „Reich Gottes" nichts mit dem vergänglichen Körper zu tun hatte, dass es vielmehr in Jesus einen neuen Körper aufbaute und dass dieser vom Tod nicht berührt werden konnte. Dies war ihre große, mühevoll errungene Einsicht: Der spirituelle Weg führt zur Auferstehung des wahren Selbst *und* eines neuen Körpers in der Welt des Geistes, und beide sind vom Tod nicht berührbar. Die Kreuzigung war für die „Augenzeugen" außerdem das Zeichen, dass ein Mensch auf dem spirituellen Weg sich stets die Feindschaft der irdischen Welt zuzieht.

Dies also sind die „Augenzeugen", dies ist das von ihnen Erblickte und Erfahrene. Wenn sie die Kreuzigung erblickt haben, so mögen sie sie mit irdischen Augen gesehen haben. Denn in der Kreuzigung wurde der irdische Leib getötet. Haben sie aber die Auferstehung erblickt, so konnten sie das, weil ihnen die geistigen Augen durch den spirituellen Weg geöffnet worden waren. Mit diesen geistigen Augen sahen sie, dass, was geistig im Menschen und was als wahres Selbst und geistiger Leib vom Geist durchdrungen ist, unsterblich ist.

Und wenn sie dann, wie Lukas sie nennt, „Diener des Wortes" wurden, so heißt das, dass sie selbst den durch die Worte Jesu beschriebenen spirituellen Gesetzmäßigkeiten gehorchten, indem sie den spirituellen Weg gingen, dass sie aber auch ihre Erfahrungen dabei beschreiben und anderen mitteilen konnten. Sie selbst konnten Worte formulieren, die ihren Erfahrungen entsprachen und andere, dafür Empfängliche, zu ähnlichen Erfahrungen anregten.

Lukas war selbst kein solcher Augenzeuge. Er hatte von „Dienern des Wortes" die Vorgänge des spirituellen Weges nur überliefert bekommen. Aber er lebte selbst diesen „Worten" nach. Indem er ihnen gehorchte und sie auch anderen in seinem Evangelium mitteilte, wurde er selbst zu einem „Diener des Wortes".

Er hat alle ihm erreichbaren Berichte gesammelt, geprüft und dann in eine den Stationen und Bedingungen des spirituellen Weges entsprechende Reihenfolge gebracht. Darauf kam es ihm an: Mittels der ihm bekannt gewordenen äußeren Ereignisse und zahlreicher bildlicher und begrifflicher Formulierungen den spirituellen Weg und seine Bedingungen zu beschreiben.

Er wandte sich damit an eine hochgestellte Persönlichkeit, die offenbar schon früher mehr oder weniger genau über die Tätigkeit und das Schicksal Jesu, also dessen Weg und den Weg seiner Schüler, unterrichtet worden war und sich dieser Möglichkeit geöffnet hatte. Vielleicht ist auch der Name Theophilus, der „Gott Liebende", nicht zufällig. Er könnte exemplarisch für jeden aufgeschlossenen Menschen sein, an den sich das Evangelium richtet. Der „Gott Liebende" ist der Mensch, der sich zum „Reich Gottes" hingezogen fühlt, weil das wahre Selbst in ihm sich entfalten möchte. Die Kräfte in ihm, die das „Reich Gottes" lieben, sind das wahre Selbst, das nur noch nicht geboren ist und Gestalt angenommen hat. Aber auf dem spirituellen Weg wird es geboren und nimmt es Gestalt an, und der „Gott Liebende" schlägt diesen Weg ein, gezogen von seiner Liebe zum „Reich Gottes" und in der Kraft dieser Liebe. An solche Menschen wie Theophilus richtet sich das Evangelium, nur solche Menschen verstehen es, nur solche sind seiner würdig, da sie es auch zu verwirklichen suchen.

Dem „Gott Liebenden" erschließen sich durch das Evangelium immer neue Aspekte und Einsichten in den Weg, dessen Grundlinien er schon erfahren hat oder ahnt. Seine eigenen noch vagen Erfahrungen werden ihm bestätigt, seine Ahnungen werden artikuliert und zu Einsichten. Dadurch werden die Dinge, über die er unterrichtet worden ist, immer „zuverlässiger". Hier ist nicht die Zuverlässigkeit gemeint, die entsteht, wenn schon Gehörtes durch neue Details, Zusammenhänge und ähnliche Berichte bestätigt wird. Dies wäre nur eine Bestätigung von Wissen durch äußere Informationen. Im Fall des Theophilus aber handelt es sich um eine Bestätigung eigener Ahnungen durch die Schilderung spiritueller Erfahrungen. Worüber er bisher nur unterrichtet worden war, was ihm aber plausibel erschien, weil es mit seiner innersten Ahnung übereinstimmte, das wird ihm jetzt, da es im Evangelium genau artikuliert wird, bewusster und klarer. Es wird ihm bestätigt.

Das Weltbild des Lukasevangeliums

Das eigentliche Lukasevangelium beginnt mit der Ankündigung zweier Geburten. Zuerst werden Zacharias und Elisabeth die Geburt Johannes des Täufers, dann Maria – und indirekt Joseph – die Geburt Jesu angekündigt.

Die Bestimmung des Menschen

Die Menschheit, die Völker und alle einzelnen Menschen haben eine Bestimmung. Sie tragen eine Anlage in sich, die verwirklicht werden möchte: eine latente Formel gleichsam, ein wahres und ursprüngliches Selbst, das zur Entfaltung drängt. Das entfaltete wahre Selbst und die Gemeinschaft von Menschen, in denen es entfaltet ist, wird im Lukasevangelium als „Reich Gottes“ bezeichnet. Wenn im Evangelium immer wieder die Rede davon ist, dass das Reich Gottes „genaht ist“, so ist damit gemeint, dass die geistige Welt unmittelbar auf Völker und Einzelne einwirkt, um deren spirituelle Anlage zum Wachstum anzuregen. Es ist auch gemeint, dass die Menschen die Möglichkeit haben, auf diese Anregung zu reagieren und das wahre Selbst sich entfalten zu lassen. Sie können, wenn sie bestimmte Voraussetzungen erfüllen, den Zustand des bewussten Lebens in der Welt des Geistes verwirklichen.

Damals wie heute erfüllen Menschheit, Völker und die meisten Einzelnen ihre Bestimmung nicht. Sie leben aus der Welt der Erscheinungen, in der sie mit einem aus Sinneseindrücken, Verstandesoperationen und Erinnerungen aufgebauten Ich verankert sind. Dieses Ich ist, wie die Welt der Erscheinungen überhaupt, auf den Kampf ums Dasein ausgerichtet. Die Welt der Erscheinungen, die sichtbare Welt mit den darauf gerichteten Gedanken, Gefühlen, Strebungen und Handlungen, kann als Diesseits bezeichnet werden.

Im Lauf der Jahrhunderte haben die Menschen die Folgen des Kampfes ums Dasein drastisch erlebt. Sie haben Normen des Zusammenlebens geschaffen, die den Kampf ums Dasein und seine Folgen erträglich machen sollen. Diese Normen bilden das kollektive Über-Ich, die kollektiven Archetypen. Sie wirken wie große, überpersönliche Instanzen, teils zum Nutzen, teils zum Schaden des Einzelnen. Diese Kräfte sind unsichtbar. Sie sind das „Jenseits“ der sichtbaren Welt. Auch sie verdanken ihre Existenz dem Kampf ums Dasein. Vom Jenseits aus wirkt außerdem das „Schicksal“ des Menschen, die Gesamtheit der in ihm aufgehäuften unbewussten Lebenserfahrungen. Dieses Jenseits erlebt der Mensch nach Ablegung des physischen Körpers als konkrete Realität. Es ist somit auch das Reich der Toten. Die bösen „Dämonen“ schließlich, die im Evangelium auftreten, sind unter anderem überpersönliche, kollektive Konzentrationen menschlicher Leidenschaften und Vorstellungen, soweit sie zum Schaden des Einzelnen wirken, oder auch unbewusste Verselbstständigungen bestimmter Gedanken, Empfindungen und Bestrebungen eines Einzelnen, Abspaltungen von seinem bewussten Ich, die ihn zwanghaft beherrschen.

Auch in dieser unsichtbaren Welt der Ideologien und kollektiven Erinnerungen, dem „Jenseits“, liegt die Bestimmung des Menschen nicht, ja sie hindert ihn zumeist, da sie selbst ebenfalls dem Kampf ums Dasein entsprungen ist, an der Erfüllung dieser Bestimmung.

Das ist die Wirklichkeit, von der Lukas ausgeht und die den Rahmen für sein Evangelium abgibt. Die Welt des Geistes, das „Reich Gottes“, ist das Primäre, dämonische Welt und Sinnenwelt – oder Jenseits und Diesseits – sind sekundär, aus der geistigen Welt hervorgegangen. Sie hätten die Aufgabe, Ausdruck für die Strukturen und Kräfte der geistigen Welt zu sein. Doch haben sie sich in ihrer Selbstbehauptung von dieser abgeschnitten. Sie existieren zwar noch aus ihr – denn sie ist der Grund aller Dinge –, stehen aber im Dienst einer eigenen, nicht mit der geistigen Welt übereinstimmenden Gesetzmäßigkeit.

Der Mensch wäre, in Sinnenwelt und dämonische Welt hoffnungslos verstrickt, niemals mehr in der Lage, seine Bestimmung zu erfüllen, gäbe es nicht seitens der geistigen Welt immer wieder Impulse, die in Diesseits und Jenseits hineinwirken.

Sie durchbrechen die Umklammerung des Menschen durch überpersönliche unsichtbare Kräfte und persönliche Interessen und helfen der innersten spirituellen Anlage, sich zu entfalten.

Geisterfüllte Menschen als Helfer zu dieser Bestimmung

Ein Weg, auf dem die Welt des Geistes wirkt, ist, dass sich aus ihr stammende Menschen in der vergänglichen Welt inkarnieren. Sie werden zu Trägern und Organen geistiger Kräfte und Wesen, die über sie in die Menschheit hineinwirken. Johannes der Täufer und Jesus sind Beispiele für solche Menschen, deren besondere Verbindung zur Welt des Geistes Lukas mit der Formel ausdrückt, dass sie von Mutterleib an mit dem Heiligen Geist verbunden sind. Johannes der Täufer ist „von Mutterleib an mit dem Heiligen Geist erfüllt“ (1,15), und Jesus wird der „Sohn des Höchsten“ genannt werden und „in Ewigkeit König über das Haus Jakobs“ sein (1,32–33).

Wenn solche Menschen in der Welt des Diesseits geboren werden und einen Körper annehmen, sind sie kraft dieses Körpers mit der irdischen Welt des Diesseits und Jenseits verbunden und wie gewöhnliche Menschen all deren Einflüssen ausgesetzt. In ihrer besonderen Verbundenheit mit der Welt des Geistes aber haben sie die Möglichkeit, diese Einflüsse zu erkennen und zu überwinden, ja aus der immer stärker in ihnen wirkenden geistigen Welt ein wahres Selbst und einen geistigen Leib entstehen zu lassen, die Ausdruck der geistigen Welt, nicht mehr, wie das begrenzte Ich mit seinem sterblichen Körper, Ausdruck der dämonischen und Sinnenwelt sind. In dieser Überwindung der irdischen Welt, dem Aufbau eines Selbst und eines Körpers, die Ausdruck der geistigen Welt sind, besteht der spirituelle Weg.

Diese Menschen gehen also selbst den spirituellen Weg, zeigen ihn anderen Menschen und vermitteln ihnen die Kraft, ihn ebenfalls zu gehen. Indem sie ihn in ihren besonderen spirituellen Kräften selbst gehen, bilden sie die Bahn, auf der andere ihnen nachfolgen können. Zugleich beschreiben sie Situation und Bedingungen dieses Weges ausführlich, verankern sie im Bewusstsein ihrer Schüler und spornen sie zur Verwirklichung an.

Von Anfang an werden im Lukasevangelium die beiden Dimensionen: Welt des Geistes, „Reich Gottes“, einerseits, und Welt des Diesseits und Jenseits andererseits, einander gegenübergestellt. In eine finstere, leidende, stolze, erlösungsbedürftige Welt bricht das Licht aus der Welt Gottes ein, erhellt die Finsternis und schafft einen Weg zur Wiederherstellung des richtigen Verhältnisses zwischen beiden Welten. Die Selbstbehauptung der diesseitigen und jenseitigen Welt, die sich selbst verabsolutieren und dadurch von der allein lebenschenkenden geistigen Welt abschneiden, wird aufgebrochen. Die Kräfte des Geistes können einstrahlen. Sie ermöglichen dem Menschen, sich aus der Verstrickung in die vergängliche Welt zu befreien, das wahre, spirituelle Selbst sich in den Kräften des Geistes entfalten zu lassen und eine neue Persönlichkeit mit einem neuen Körper aufzubauen, die wieder auf die Gesetze der Geistwelt abgestimmt sind. Dadurch werden dämonische Welt und Sinnenwelt in dem Menschen, der den spirituellen Weg geht, wieder zum Ausdruck der geistigen Welt.

Lukas lässt offen, auf welche Weise in der geistigen Welt selbst solche Impulse vorbereitet und aktiviert werden. Für den modernen Menschen erhebt sich beim Lesen dieser Geschichten ja sogleich die Frage: Wer veranlasst denn diese Ereignisse, die Verkündigung und Geburt Johannes des Täufers und Jesu, wer schickt diese Wesen in die irdische Welt, und wer sendet die Engelboten? Alles vollzieht sich offenbar nach einem großen Plan.

Wenn es eine geistige Welt gibt, so muss sie umfassendes Bewusstsein, Intelligenz, Liebe und Energie sein. Sie muss eine Struktur besitzen, die weit über das Vorstellungsvermögen des zeiträumlichen Menschen hinausreicht. Es muss auch Wesen in der geistigen Welt geben, die nach den Gesetzmäßigkeiten ihrer Welt existieren. Sie müssen außerdem in der Lage sein, in die zeiträumliche Welt hineinzuwirken, um den irdischen Menschen bei der Verwirklichung ihrer wahren Bestimmung, selbst bewusste Bewohner dieser geistigen Welt zu werden, zu helfen.

Es wäre gewiss verfehlt, sich diese Wesen anthropomorph vorzustellen und ihre Existenzweise mit der unseren zu vergleichen. Aber sicher ist es nicht so, dass sie sich zeiträumlich „irgendwo anders" befinden als wir. Ihr Zustand und ihr Lebensbereich dürften vielmehr, modern ausgedrückt, einfach andere Schwingungszustände als die unseren repräsentieren, und daher sind sie gewiss im gleichen „Raum" und in der gleichen „Zeit" anwesend wie wir. Ihr Lebensbereich und sie selbst durchdringen, wie unsichtbare Radiowellen die Atmosphäre, unseren gesamten Lebensbereich.

Für ein Wesen, das bewusst, allbewusst, in der geistigen Welt lebt, muss es eine ungeheure Beschränkung bedeuten, wenn es sich in einen irdischen Mutterleib begibt und einen zeiträumlich begrenzten irdischen Körper annimmt. Trotzdem gibt es nach der Vorstellung der Evangelisten solche Wesen, die, um der Menschheit auf dem Weg ihrer Bestimmung weiterzuhelfen, dieses Opfer auf sich nehmen. In diesem Sinn schreibt Paulus von Jesus, dass dieser sich nicht an seinen gottgleichen Zustand und seine Lebensbedingungen in der geistigen Welt klammerte, sondern „Knechtsgestalt" annahm. Jesus nahm einen irdischen Körper an, um den Menschen den Weg zur geistigen Welt vorzuleben und zu ermöglichen (Phil. 2,6–7, und Röm. 8,3–4).

Das Lukasevangelium schildert, wie die Träger eines Impulses aus dem „Reich Gottes" wirklich das Opfer einer materiellen Geburt in der zeiträumlichen Welt bringen. Denn ein Weg, auf dem sich die irdischen Menschen aus der Verstrickung in die Zeiträumlichkeit lösen können, muss in dieser Zeiträumlichkeit, in der Materie, beginnen. Dazu ist erforderlich, dass der zeiträumliche Mensch frei und bewusst die Lehren über den spirituellen Weg hören und darauf reagieren kann. Das kann er nur, wenn sie ihm auch in der Zeiträumlichkeit entgegengebracht werden.

Deshalb nehmen Johannes und Jesus das Opfer einer Geburt in der Zeiträumlichkeit auf sich und begegnen mittels eines Körpers anderen Menschen mit Körpern in der Körperwelt. Auf diese Weise sind sie in der Lage, den irdischen Menschen deren Situation und Möglichkeiten so zu erklären, dass diese die Erklärungen frei aufnehmen oder ablehnen können. Und sie sind weiter in der Lage, selbst den Körper und die damit verbundenen irdischen Verstrickungen zu überwinden, um durch dieses Beispiel anderen den gleichen Prozess zu ermöglichen.

I.

Erster Markstein des Lukasevangeliums:

Berührung der irdischen Welt durch die geistige Welt

Die Ankündigung zweier Geburten: Johannes des Täufers und Jesu, durch einen Boten aus der Welt des Geistes ist der erste Markstein des Lukasevangeliums. Er bedeutet die Berührung der zeiträumlichen Welt durch die Ewigkeit. Es ist der erste Schein des Lichtes, das sich der Finsternis nähert, der Beginn des Aufbrechens der Selbstbehauptung des Diesseits und Jenseits durch die Liebe, die aus Gott ist, des Aufbrechens der Falschheit und Lüge des Diesseits und Jenseits durch die Wahrheit, die aus Gott ist. Göttliche Liebe und Wahrheit berühren Welt und Menschheit. Aus dieser Berührung entwickelt sich ein ungeheures Drama. Dafür empfängliche Menschen wenden sich dem Licht zu, lassen ihr wahres Selbst in Liebe und Wahrheit wachsen und bauen ein neues Leben in der Zeiträumlichkeit auf, das Liebe und Wahrheit entspricht. Sie arbeiten mit dem Gesetz und der Kraft des Geistes zusammen. Andere Menschen bekämpfen das Licht und verfolgen es bis zum Untergang seines physischen Trägers. Liebe und Wahrheit aber setzen sich der Gewalt und Feindschaft aus, lassen sich verfolgen und „töten", um dennoch wieder aufzuerstehen. Sie hinterlassen in ihren Feinden unaustilgbare Spuren, die auf lange Sicht doch dazu führen, dass auch in den Gegnern das wahre Selbst Spielraum gewinnt und sich von der Bevormundung durch Machttrieb und Unwahrheit löst.

Vorbereitung und Verwirklichung

Die Berührung der Menschheit durch die Welt des Geistes besitzt einen Aspekt der Vorbereitung und einen Aspekt der Verwirklichung. Dem ersten Aspekt entspricht die Ankündigung der Geburt Johannes des Täufers, dem zweiten die Ankündigung der Geburt Jesu. In dieser Zweiteilung drückt sich ein allgemeines Gesetz aus. Jeder Gründer einer Religion, jeder Stifter einer Mysterienschule hat einen Vorläufer. Der Vorläufer verkörpert die spirituelle Tradition, der Verwirklicher den neuen Impuls, der an dieser Tradition anknüpft und sie im Sinn des Neuen verwandelt.

Der Verwirklicher durchläuft zunächst einen vorbereitenden Weg in einer traditionellen Institution, um schließlich seine eigene Mission zu erkennen, sich von der traditionellen Institution zu lösen und die seiner neuen Aufgabe entsprechende Gemeinschaft aufzubauen. Man hat Johannes den Täufer gelegentlich mit den

Essenern in Verbindung gebracht und vermutet, auch Jesus sei zunächst Essener gewesen, habe dann aber seine eigene Gemeinschaft gegründet. Darin käme das Verhältnis von Vorläufer und Erfüller, von Tradition und neuem Impuls deutlich zum Ausdruck.

Als letzter Prophet stellt Johannes die Tradition des Alten Testaments, des Lebens unter dem Gesetz dar, das auf das Leben in spiritueller Freiheit vorbereitet. Diese Entwicklungsstufe kann und muss vom Menschen zu einem bestimmten Zeitpunkt verlassen, eine höhere Stufe muss betreten werden: ein Leben, in dem das Gesetz des Geistes in Freiheit vollzogen wird. Dieses neue Leben, das Neue Testament, verkörpert Jesus.

Solche Übergänge von Vorbereitung zu Verwirklichung gibt es nicht nur in einzelnen Völkern, etwa dem damaligen Israel, sondern sie beziehen sich auch auf die ganze Menschheit und jeden Einzelnen. Jeder einzelne Mensch kann sich nach dem Durchleben einer Zeit, in der er durch äußere Gesetze geleitet wird, auf den spirituellen Weg begeben, auf dem er das geistige Gesetz innerer Freiheit verwirklicht.

Damit ist die Phase der Berührung, die durch die beiden Verkündigungen markiert wird, auch die erste Phase des spirituellen Weges jedes einzelnen Menschen. Was Lukas durch die Ankündigung der Geburten konkreter Gestalten, Johannes des Täufers und Jesu, darstellt, wird zum Bild für Verheißungen von Ereignissen in der Seele eines einzelnen Menschen. Die erste Phase des spirituellen Weges ist daher die Phase, in der der erste Schimmer des Lichtes der Liebe und der Wahrheit am Horizont erscheint und der Schüler sich ihm öffnet: die Phase des Glaubens, verstanden als Empfänglichkeit für göttliche Liebe und Wahrheit. Diese Phase besitzt auch beim Einzelnen zwei Aspekte: den Johannes- und den Jesusaspekt. Der Einzelne kann den spirituellen Weg nur beginnen, wenn er eine Zeit der Vorbereitung durchlaufen hat, eine Zeit der inneren Umkehr, der „Reue", der Einsicht, dass sein Leben in der Zeiträumlichkeit, unter dem Gesetz des Schicksals stehend, nicht seiner eigentlichen Bestimmung entspricht. Er wendet sich daher, nach dieser Vorbereitung, innerlich dem Leben in der Ewigkeit zu, dem wahren Selbst, das in ihm auf seine Geburt wartet. Die Umkehr wird durch Johannes den Täufer repräsentiert, die Zuwendung zur Ewigkeit durch Jesus.

Ankündigung der Geburt Johannes des Täufers

In der Verkündigung der Geburt Johannes des Täufers nähert sich die Welt des Geistes der Menschheit – oder dem Einzelnen – und fordert sie zur Umkehr auf. Auch die innere Umkehr, der Abschied von der Beherrschung durch das Zeiträumliche und die Zuwendung zum Ewigen, ist eine Wirkung göttlicher Kräfte. Daher steht auch Johannes der Täufer, obgleich noch dem alttestamentarischen Gesetz und somit der Zeiträumlichkeit zugehörig, doch schon im Licht der neutestamentarischen Freiheit. Er ist ein noch irdisches Bewusstsein und Sein, aber schon durchstrahlt von der Wirksamkeit des ewigen wahren Selbst. Deshalb heißt es, „mit dem Heiligen Geist wird er erfüllt werden schon von Mutterleib an" (1,15).

Bedingungen und Umstände

***1* 5** *In den Tagen des Herodes, des Königs des jüdischen Landes, war ein Priester mit Namen Zacharias aus der Dienstabteilung des Abia, der hatte ein Weib von den Töchtern Aarons, und ihr Name war Elisabeth.* **6** *Sie waren beide gerecht vor Gott und wandelten in allen Geboten und Satzungen des Herrn untadelig.* **7** *Und sie hatten kein Kind, weil Elisabeth unfruchtbar war, und beide waren schon betagt.*

Die Verheißung eines von der Ewigkeit durchstrahlten zeiträumlichen Bewusstseins und Seins erfolgt unter bestimmten Bedingungen und Umständen, die von Lukas im einzelnen beschrieben werden.

„In den Tagen des Herodes …" ist nicht nur eine Zeitangabe, um die in der Folge geschilderten Ereignisse historisch einzuordnen. Es ist vor allem ein Hinweis auf die Art des Umfeldes, in das Johannes der Täufer hineingeboren werden soll, auf das Wesen der Welt, in der der spirituelle Impuls aus der Geistwelt wirksam werden wird. Immer, zu allen Zeiten, wird ein Impuls aus der Geistwelt in eine Welt eintreten, die vom „römischen Kaiser" (2,1) und von „Herodes, dem König des jüdischen Landes", regiert wird. Der römische Kaiser verkörpert die auf physischer Gewalt beruhende irdische Macht, den diesseitigen Aspekt der Macht, unbeeinflusst von religiösen Traditionen. Herodes indessen, der König des jüdischen Landes, hat Beziehung zur religiösen Tradition. Nur ist er nicht gewillt, diese Tradition als für sich verbindlich anzusehen. Die Macht ist ihm das Entscheidende, die religiöse Tradition nur Verbrämung und Instrument der Macht, eine „Ideologie". Damit verkörpert er die mit dem kollektiven Unbewussten verknüpfte irdische Macht, den jenseitigen Aspekt der Macht.

Johannes der Täufer ist, wie jeder Vorläufer eines spirituellen Impulses, in die religiöse Tradition eingebettet. Das drückt Lukas unter anderem durch die Angabe aus, dass Vater und Mutter des Johannes aus dem Stamm Levi sind. Elisabeth kann ihren Stammbaum bis zu Aaron, dem Bruder Moses und ersten Hohenpriester Israels, zurückführen, Zacharias ebenfalls. Er gehört zu einer von 24 Priesterklassen, die seinerzeit von König David eingeteilt worden waren, und zwar zur 8. (1. Chronik 24,10). Gewiss hat auch diese Einzelheit ihre Bedeutung, denn die Zahl 8 charakterisiert den Durchbruch des Neuen nach sieben Perioden einer vergangenen Entwicklung. Leitet nicht Johannes der Täufer den Durchbruch des Neuen ein?

Lukas weist auf eine weitere Bedingung hin, unter der ein spiritueller Impuls überhaupt nur in der irdischen Welt Fuß fassen kann. Es muss Menschen geben, die auf ihn vorbereitet sind. Insbesondere muss, wenn ein Wesen aus der Geistwelt in einem irdischen Mutterleib empfangen und geboren werden soll, das Elternpaar bestimmten Mindestvoraussetzungen entsprechen. Zacharias und Elisabeth sind „gerecht vor Gott und wandelten in allen Geboten und Satzungen des Herrn untadelig". Heißt das, sie lebten moralisch einwandfrei, wobei sich unter äußerem Wohlverhalten doch böse Gedanken, Empfindungen und Aggressionen verbargen? In diesem Fall wären sie nicht „gerecht vor Gott" gewesen. „Gerecht vor Gott" waren sie nur, wenn sie gerade in ihren tiefsten und geheimsten Gedanken, Empfindungen und Willensimpulsen auf die Welt des Geistes abgestimmt, auf sie „gerichtet" waren.

Zacharias und Elisabeth sind außerdem „betagt“ und „hatten kein Kind, weil Elisabeth unfruchtbar“ war. Es handelt sich hier um Eigenschaften, die dem damaligen Leser aus dem Alten Testament bekannt waren. Abraham zum Beispiel ist 100 Jahre alt und seine Frau Sara 90, als ihm von Gott Isaak, der besondere Sohn im Vergleich zu Ismael, dem gewöhnlichen Sohn der Magd Hagar, verheißen wird (1. Mose 17,16). Bis dahin war Sara unfruchtbar gewesen (1. Mose 16,1). Ganz ähnlich hatte Elkana, der Vater des Propheten Samuel, zwei Frauen: die zweite, Hanna, war wie Abrahams Frau Sara unfruchtbar (1. Sam. 1,5). Und doch verheißt ihr der Priester Eli schließlich einen Sohn, Samuel, der ebenfalls mit besonderen Eigenschaften ausgestattet ist: ein Mensch nämlich, der wie Johannes der Täufer ein „Nasiräer“ ist (1,15). Er ist für sein ganzes Leben Gott geweiht. Kein Schermesser kommt auf sein Haupt, und kein Wein kommt über seine Lippen (1. Sam.11). Eltern besonderer Söhne, die zu Gott in besonderer Beziehung stehen, haben also stets besondere Eigenschaften. Das ist ein schon im Alten Testament bekanntes und immer wieder dargestelltes Gesetz.

Handelt es sich um ein „Wunder“, wenn „betagte“ Eltern und eine „unfruchtbare“ Frau noch ein Kind bekommen? Es handelt sich nicht um ein Wunder. Vielmehr sind „betagt“ und „unfruchtbar“ Bilder für unbedingte Voraussetzungen, die stets vor dem Kommen des Neuen, des Göttlichen, erfüllt sein müssen. Nur Eltern, die viele zeiträumliche Erfahrungen durchlebt und die Begrenztheit und Relativität alles Irdischen erkannt haben, sind geeignet, sich für einen Impuls aus der geistigen Welt zu öffnen und ihm die Möglichkeit des Wirkens zu geben. Solche Eltern müssen also „betagt“ sein. Und nur eine Frau, die in Bezug auf gewöhnliche, irdische Früchte unfruchtbar ist, kann ungewöhnliche, göttliche Früchte hervorbringen. Wenn Elisabeth als unfruchtbar bezeichnet wird, so heißt das, sie kann keine Kinder von gewöhnlicher, irdischer Wesensart hervorbringen. Nur wegen ihrer Unfruchtbarkeit in Bezug auf gewöhnliche, durchschnittliche, irdische Kinder ist Elisabeth geeignet, ein von vornherein mit der göttlichen Welt verbundenes Kind zu gebären. Eltern solcher Kinder *müssen* somit „betagt“ sein, alle irdischen Erfahrungen durchlaufen und von ihnen Abschied genommen haben, und Mütter solcher Kinder *müssen* „unfruchtbar“ sein: Sie müssen kraft ihres Wesens unfähig sein, gewöhnliche irdische Früchte hervorzubringen.

Ähnliches gilt für die Mutter Simsons, das Weib Manoahs (Richter 13). Auch sie ist „unfruchtbar“, gebiert aber doch einen Sohn, der ebenfalls Nasiräer und „ein Gottgeweihter von Mutterschoß an“ ist. Hier wird übrigens noch deutlicher und auf andere Weise der Zusammenhang zwischen Beschaffenheit der Mutter und Beschaffenheit des Sohnes hergestellt. Da der Sohn als Nasiräer keinen Wein trinken wird, muss sich auch die Mutter hüten, Wein zu trinken oder etwas Unreines zu essen (Richter 13,4). Nur so kann sie ein geeignetes Gefäß für das Göttliche sein, das in ihr heranwachsen und geboren werden soll.

Das Wesen Johannes des Täufers

1 8 *Es begab sich aber, als er in der Reihe seiner Abteilung vor Gott Priesterdienst tat,* ***9*** *da wurde er nach dem Brauch des Priesterdienstes durch das Los bestimmt, in*

den Tempel des Herrn zu gehen und zu räuchern. ***10*** *Und die ganze Menge des Volkes*
stand betend draußen zur Stunde des Räucheropfers. ***11*** *Es erschien ihm aber ein*
Engel des Herrn, der zur Rechten des Räucheraltars stand. ***12*** *Und Zacharias*
erschrak, als er ihn sah, und Furcht überfiel ihn. ***13*** *Aber der Engel sprach zu ihm:*
Fürchte dich nicht, Zacharias; denn dein Gebet ist erhört worden, und dein Weib
Elisabeth wird dir einen Sohn gebären, und du sollst ihm den Namen Johannes
geben. ***14*** *Und du wirst voll Freude und Jubel sein, und viele werden sich über seine*
Geburt freuen. ***15*** *Denn er wird groß sein vor dem Herrn, und Wein und starkes*
Getränk wird er nicht trinken, und mit dem Heiligen Geist wird er erfüllt werden
schon von Mutterleib an. ***16*** *Und viele von den Söhnen Israels wird er zu dem Herrn,*
ihrem Gott, zurückbringen: ***17*** *und er wird vor ihm hergehen im Geist und in der*
Kraft des Elia, um die Herzen der Väter zu den Kindern zurückzubringen und die
Ungehorsamen zur Gesinnung der Gerechten, um dem Herrn ein wohlgerüstetes
Volk zu bereiten.

Was bedeutet es, wenn ein Engel erscheint? Soll man sich dabei eine mit irdischen Augen sichtbare Erscheinung vorstellen? Oder eine Erscheinung, die nur mit den Augen des Geistes sichtbar ist? Die Erscheinung ereignet sich im Tempel, während Zacharias sein Räucheropfer darbringt, und der Engel steht zur Rechten des Räucheraltars. Zacharias befindet sich also in einem der gewöhnlichen Verfassung enthobenen Zustand – beim „Opfer“ im „Tempel“. Man kann den äußeren Tempel als Bild für Zacharias’ inneren Tempel ansehen, als Bild für seinen „Seelenraum“, in dem sich die folgenden Ereignisse abspielen. Dann ist der äußere Altar der Altar des Herzens, die Opferstätte, auf der Zacharias sein irdisches Wesen vollständig den Einflüssen des Göttlichen hingibt und „opfert“. Diese Einflüsse treten von „rechts“ (göttliche Einflüsse kommen stets von „rechts“, von der richtigen Seite, nämlich über ein waches Bewusstsein; dämonische Einflüsse von „links“, von der falschen Seite, über das Unbewusste) ins Bewusstsein ein und erzeugen dort eine Einsicht.

Dem Zacharias ist klar, dass diese Einsicht nicht aus seinem eigenen, irdischen Denken, sondern aus einer unirdischen Schicht seines Innern aufgestiegen ist. Der Impuls zu dieser Einsicht stammt aus der göttlichen Welt. Er kann als Engel personifiziert, die Einsicht als Botschaft des Engels beschrieben werden. Aus dem eigenen Innern also, in einem besonders erhobenen Zustand, empfängt Zacharias seine Botschaft. Die geistige Welt wirkt über sein Inneres und manifestiert sich dort den geistigen Augen und Ohren. Gabriel ist der Name jenes Aspektes der göttlichen Kraft, der traditionsgemäß Botschaften übermittelt – Botschaften direkt aus dem Herzen der göttlichen Welt. Deshalb heißt es, es handle sich um „Gabriel, der vor Gott steht“ (1,19).

Der dem Zacharias verheißene Sohn wird nach Wesen und Funktion vom Engel, dem Boten aus der geistigen Welt, genau gekennzeichnet. Im Namen „Johannes“ drücken sich Wesen und Funktion aus. Johannes heißt: „Gott hat Gnade erwiesen“. Durch Johannes manifestiert sich die geistige Welt und leitet einen Prozess der Umwandlung und Erneuerung zunächst Israels und im weiteren der Menschheit ein. Das ist ein Akt der geistigen Welt, aus gnädiger Zuwendung zur Menschheit unternommen. Es ist kein zufälliger, sondern ein genau erwogener Akt. Die Menschen, die ihn ausführen, sind dafür ausgewählt und haben ihre genau umrissene Aufgabe. Deshalb wird vom Engel so großer Wert darauf gelegt, dass der Sohn „Johannes“ heißen soll. Der Name bringt das Wesen und den Auftrag des Johannes vor aller Welt zum Ausdruck. Johannes ist ein geistverbundener Mensch, „groß vor dem Herrn“, und sein Auftrag ist, dem „Herrn ein wohlgerüstetes Volk zu bereiten“: die Menschen auf den durch Jesus gebrachten Impuls vorzubereiten.

Wesen und Auftrag des Johannes zeigen sich in der Tatsache, dass er „von Mutterleib an mit dem Heiligen Geist erfüllt“ ist. Wie lässt sich diese Angabe verstehen? In jeder Empfängnis und jeder Geburt ereignen sich zwei Empfängnisse und Geburten. Einerseits werden der stoffliche Körper und sein Leben gezeugt, empfangen und später geboren. Andererseits tritt das unsterbliche Wesen eines Menschen in die Zeiträumlichkeit ein, verbindet sich mit dem gezeugten und empfangenen stofflichen Körper und wird mit diesem zusammen „geboren“.

Im Normalfall ist das unsterbliche Wesen eines Menschen, das wahre Selbst, das sich mit einem stofflichen Körper verbindet, latent und wie schlafend. Besondere Wesen jedoch wie Johannes der Täufer und Jesus haben schon vor Empfängnis und Geburt, schon vor Eintritt in einen Mutterleib, ein waches, in der geistigen Welt lebendes wahres Selbst. Das wird bei Lukas als „Erfülltsein mit dem heiligen Geist von Mutterleib an“ bezeichnet (1,15). Die Wirksamkeit dieses wahren Selbst wird aber durch die Verbindung mit dem groben irdischen Körper und dem Ich anfangs wie durch ein dickes Kleid blockiert. Es muss eine gewisse Zeit vergehen, ehe sich das wahre Selbst den stofflichen Körper und dessen Ich so gefügig gemacht hat, dass es dem irdischen, an ein stoffliches Gehirn geknüpften Bewusstsein bewusst werden und sich darin ausdrücken kann. Aber Kinder dieser Art sind spirituell frühreif, und es geschieht schon früh, dass sie von besonderer spiritueller Weisheit zeugen.

Um dieser besonderen Situation des „Erfülltseins mit dem heiligen Geist von Mutterleib an“ Rechnung zu tragen und die Wirksamkeit des wahren Selbst, das sich mittels des stofflichen Körpers und Ich ausdrücken will, möglichst wenig zu behindern, bestanden im alten Israel die Nasiräerregeln. Wein und starkes Getränk würden den stofflichen Körper und sein Ich in eine Verfassung bringen, die dem Ausdruck des wahren Selbst erst recht hinderlich wäre. Aus dem gleichen Grund muss das „Gefäß“, der Mutterleib, in dem der stoffliche Körper eines Kindes besonderer Art heranwächst, eine möglichst reine Beschaffenheit aufweisen, weshalb ja die Mutter Simsons ebenfalls keinen Wein und starke Getränke trinken darf. Außerdem braucht der im Mutterleib heranwachsende Keim des wahren Selbst solcher Wesen eine geeignete familiäre Umgebung. Deshalb werden Zacharias und Elisabeth als Eltern für Johannes den Täufer ausgewählt. Sie sind „gerecht vor Gott“.

So stellt die Elternfamilie des Johannes eine Umgebung dar, die dem wahren Selbst des Johannes entspricht und ihm eine Wohnstätte bietet. In dieser in der diesseitigen Welt eingebetteten geistigen Enklave kann Johannes der Täufer als wahres Selbst und als dazugehöriger stofflicher Körper und Ich heranwachsen, stets in Verbindung mit der geistigen Welt und von dieser geführt. Deshalb heißt es: „Denn die Hand des Herrn war mit ihm“ (1,66). Deshalb wird er später auch seine Aufgabe übernehmen können, „viele von den Söhnen Israels zu dem Herrn, ihrem Gott, zurückzubringen“ und „dem Herrn ein wohlgerüstetes Volk zu bereiten“. Diese Formulierungen bei Lukas lehnen sich an den Propheten Maleachi an, bei dem vom Propheten Elia, dem Vorläufer vor dem „Tag des Herrn", gesagt wird, er werde „das Herz der Väter den Söhnen und das Herz der Söhne den Vätern wieder zuwenden" (Mal. 4,6). Johannes der Täufer tritt in die Funktion des Elia ein, er wirkt „im Geist und in der Kraft des Elia" (1,17). Wieder wird dadurch seine Aufgabe als Vorläufer charakterisiert.

Reaktionen auf die Ankündigung

1 18 *Und Zacharias sagte zu dem Engel: Woran soll ich das erkennen? Denn ich bin alt und mein Weib schon betagt.* ***19*** *Da antwortete der Engel und sprach zu ihm: Ich bin Gabriel, der vor Gott steht, und bin gesandt, um mit dir zu reden und dir diese frohe Botschaft zu bringen.* ***20*** *Und siehe, du wirst stumm sein und nicht reden können bis zu dem Tag, wo dies geschehen wird, darum, weil du nicht geglaubt hast meinen Worten, die zu ihrer Zeit in Erfüllung gehen werden.* ***21*** *Und das Volk wartete auf Zacharias; und sie verwunderten sich, dass er so lange im Tempel blieb.* ***22*** *Als er aber herauskam, konnte er nicht zu ihnen reden, und sie merkten, dass er im Tempel eine Erscheinung gesehen hatte. Und er winkte ihnen und blieb stumm.* ***23*** *Und es geschah, als die Tage seines Dienstes vollendet waren, da ging er hinweg in sein Haus.* ***24*** *Nach diesen Tagen aber wurde Elisabeth, sein Weib, schwanger; und sie verbarg sich fünf Monate und sagte:* ***25*** *So hat mir der Herr getan in den Tagen, in denen er darauf geachtet hat, meine Schmach unter den Menschen hinwegzunehmen.*

Zacharias reagiert auf die Ankündigung Gabriels mit Zweifel. Wie immer, wenn in den Evangelien Vater und Mutter als Paar auftreten, repräsentiert der Vater das aktive, zeugende Willensprinzip, die Mutter das passive, empfangende Wahrnehmungsprinzip. Das aktive Prinzip kann sich in diesem Fall der Botschaft des Engels nicht völlig öffnen. Es erfährt zwar einen geistigen Impuls – Zacharias erfährt ihn im eigenen Innern als Vision oder Ahnung der kommenden Ereignisse – kann sich ihm aber nicht, noch nicht, völlig hingeben. Der menschliche Wille ist den Impulsen aus der göttlichen Welt gegenüber meist zunächst „ungläubig", da er so stark von seiner eigenen Selbstbehauptung durchdrungen ist. Deshalb wird Zacharias „stumm": Er kann nicht aus diesem Impuls handeln und ihn umsetzen. „Sprechen" heißt hier, einen Impuls in die Tat umzusetzen, so wie ein Gedanke ins Wort umgesetzt wird. Dazu ist Zacharias wegen seiner fehlenden Offenheit noch nicht in der Lage. Die Reaktion des Engels auf Zacharias' Zweifel ist mithin keine Strafmaßnahme. Das „Stummwerden" ist einfach die Wirkung einer Ursache. Weil sich der hartnäckige Wille nicht völlig für den göttlichen Impuls öffnen kann, kann er ihn auch nicht „sprechend" in die Tat umsetzen. Der Zweifel blockiert seine Handlungsfähigkeit, der Zweifel macht ihn „stumm".

Nachdem Zacharias die Verheißung durch Gabriel empfangen hat, geht er aus dem Tempel in sein Haus, und nach einigen Tagen wird Elisabeth schwanger. Sie empfängt nach den biologischen Gesetzen vom Vater den Keim eines stofflichen Körpers, Basis für ein künftiges Ich. Gleichzeitig aber verlässt ein waches wahres Selbst,

Johannes der Täufer, die geistige Welt freiwillig, legt seinen geistigen Leib ab und verbindet sich mit dem neuen stofflichen Körper. Es tritt in einen Mutterleib ein, ohne dadurch prinzipiell die Verbindung zur geistigen Welt zu verlieren.

Elisabeth empfängt den biologischen Samen des Zacharias und zugleich das damit verbundene wahre Selbst des Johannes. Embryo und Selbst entwickeln sich im Mutterleib, fünf Monate lang (fünf ist die Zahl der für den Geist empfänglichen Seele), „verborgen vor den Menschen“. Elisabeth schirmt das aus der geistigen Welt gekommene, sich entwickelnde Leben, das wahre Selbst des Johannes, und sich selbst während einer Periode vor der irdischen Welt ab, um ihm ungestörte Entfaltungsmöglichkeit zu bieten. Sie weiß, dass sich nicht nur ein stofflicher Körper für ein zukünftiges Ich in ihrem Leib entwickelt, sondern, damit verbunden, ein mit der Geistwelt in besonderer Beziehung stehendes Wesen. Die „Schmach“ der Unfruchtbarkeit ist von ihr genommen. Deshalb singt sie mit Rachel, der Frau Jakobs, die sich in derselben Situation der „Unfruchtbarkeit“ und „Schmach“ befand (1. Mose 30,23), das Lob Gottes.

Ankündigung der Geburt Jesu

1 26 *Im sechsten Monat aber wurde der Engel Gabriel von Gott in eine Stadt Galiläas namens Nazareth gesandt* ***27*** *zu einer Jungfrau, die verlobt war mit einem Mann namens Joseph aus dem Haus Davids; und der Name der Jungfrau war Maria.* ***28*** *Und er kam zu ihr herein und sprach: Sei gegrüßt, du Begnadete! Der Herr ist mit dir.* ***29*** *Sie aber erschrak über das Wort und sann darüber nach, was das für ein Gruß sei.* ***30*** *Da sprach der Engel zu ihr: Fürchte dich nicht, Maria! denn du hast Gnade bei Gott gefunden.*

Nach der Verkündigung der Geburt Johannes des Täufers wird die Geburt Jesu aus der Welt des Geistes heraus angekündigt: nach der Verkündigung der Geburt des Vorläufers die Verkündigung der Geburt des Verwirklichers. Es wird die Geburt des vollkommenen wahren Selbst des Menschen angekündigt. Diese Verkündigung ist der zweite Aspekt des ersten großen Marksteins im Lukasevangelium.

Der Engel Gabriel, der von Gott gesandt ist und Maria erscheint, ist wie bei Zacharias keine äußerlich sichtbare, fotografierbare Erscheinung. Er ist eine Kraft, die aus der geistigen Welt stammt und insbesondere die Aufgabe hat, der Menschheit Inhalte der göttlichen Welt und bevorstehende Impulse aus der göttlichen Welt anzukündigen. Andere Kräfte Gottes, „Engel“, haben andere Aufgaben, z. B. Michael den Schutz der geistigen Welt vor ihr feindlichen Tendenzen und die Zerstörung solcher Tendenzen. Derartige Kräfte der geistigen Welt können *im* Menschen wirksam und bewusst werden, wenn er eine besondere Empfänglichkeit dafür besitzt. Und Zacharias und Maria besitzen diese Empfänglichkeit, ist doch Zacharias „gerecht vor Gott“ und Maria eine „Begnadete“. Sie „hat Gnade bei Gott gefunden“. Sie besitzt eine seelische und körperliche Beschaffenheit, die sie geeignet macht, Gefäß für göttliche Kräfte, ja für höchste Wesen der göttlichen Welt zu sein. Wird eine göttliche Kraft, die Inhalte der geistigen Welt überträgt, im Menschen bewusst, so kann er sie als „Engel“ personifizieren und wie eine äußere Realität erleben, die sich an seine Sinne richtet. In Wirklichkeit richtet sie sich an seinen inneren, geistigen Sinn.

Wird eine göttliche Botenkraft, ein Engel, in der Seele eines Menschen wirksam, so übersteigt das seine gewöhnliche Fassungskraft. Deshalb wird Maria durch das Wort Gabriels erschüttert und „erschrickt“, so wie Zacharias erschrocken war. Doch von den göttlichen Kräften selbst, dem Engel, gestärkt, fasst sie sich wieder. Sie erkennt, dass es sich hier um einen Ruf aus der göttlichen Welt handelt, der ihrem wahren Wesen entspricht und daher nichts Furchtbares ist.

Empfängnis durch den heiligen Geist

1 31 *Und siehe, du wirst schwanger werden und einen Sohn gebären; und du sollst ihm den Namen Jesus geben.* ***32*** *Dieser wird groß sein und Sohn des Höchsten genannt werden, und Gott der Herr wird ihm den Thron seines Vaters David geben,* ***33*** *und er wird König sein über das Haus Jakob in Ewigkeit, und seines Königtums wird kein Ende sein.* ***34*** *Maria aber sagte zu dem Engel: Wie soll das zugehen, da ich von keinem Mann weiß?* ***35*** *Und der Engel antwortete und sprach zu ihr: Der heilige Geist wird über dich kommen und die Kraft des Höchsten wird dich überschatten.* ***36*** *Und siehe, Elisabeth, deine Verwandte, auch sie erwartet einen Sohn in ihrem Alter; und dies ist der sechste Monat für sie, die unfruchtbar hieß.* ***37*** *Denn „kein Wort, das von Gott kommt, wird kraftlos sein“.* ***38*** *Maria aber sprach: Siehe, ich bin des Herrn Magd; mir geschehe nach deinem Wort! Und der Engel schied von ihr.*

Ähnlich wie im Fall Johannes des Täufers handelt es sich im Fall Jesu um zwei Empfängnisse und *zwei* Geburten. Empfangen wird einerseits der Same zu einem stofflichen Körper mit einem künftigen Ich, die beide sterblich sind, andererseits tritt gleichzeitig der Keim eines unsterblichen Wesens, des wahren Selbst Jesu, in die zeiträumliche Welt ein, wird von der dem Geist zugewandten Seele der Eltern „empfangen“ und verbindet sich mit dem irdischen Samen. Ebenso bei der Geburt: Einerseits verlässt das Kind den Mutterleib und tritt in die Welt hinaus, andererseits tritt das damit verbundene wahre Selbst mit hinaus ins Dasein der Zeiträumlichkeit. Stets bleibt aber, bei Empfängnis und Geburt, das wahre Selbst Jesu, anders als das schlafende wahre Selbst der gewöhnlichen Menschen, in unmittelbarer Verbindung mit der geistigen Welt, in der es bis dahin wach gelebt hatte. Es hatte sich ja *freiwillig* aus dieser geistigen Welt in die Zeiträumlichkeit hinabbegeben und zu diesem Zweck seinen unsterblichen Leib abgelegt, um eine „Knechtsgestalt“, einen sterblichen irdischen Leib, anzunehmen. Bei diesem „Hinabsteigen“ und der Verbindung mit dem irdischen Leib blieb jedoch die Verbindung des wahren Selbst mit der geistigen Welt erhalten. Auch von Jesus lässt sich sagen, dass er wie Johannes der Täufer von Mutterleib an mit dem heiligen Geist erfüllt war. Die Kräfte aus der geistigen Welt durchströmten sein wahres Selbst und begabten es mit besonderen Möglichkeiten. Nur waren sein kindlicher stofflicher Körper und sein Ich zunächst noch nicht so weit entwickelt, dass sie das wahre Selbst bewusst erfahren und ihm Ausdruck geben konnten. Aber sehr bald schon sollte sich das wahre Selbst als besondere Weisheit dieses Kindes bemerkbar machen.

Da das wahre Selbst Jesu auch durch die Verbindung mit einem stofflichen Körper und dem dazugehörigen Ich niemals vom Stromkreis der geistigen Welt abgeschnitten werden konnte, standen Jesus von vornherein die geistigen Kräfte zur Verfügung, mittels deren er die Vorherrschaft des stofflichen Körpers und Ich, die gewöhnlich das wahre Selbst zur Latenz verurteilen, zu brechen vermochte. So konnte das wahre Selbst auch im stofflichen Körper und Ich im Lauf der Zeit kraftvoll wirksam werden, stofflichen Körper und Ich verwandeln und einen geistigen Leib aufbauen, der wieder Ausdruck des wahren Selbst war. Damit erfüllte Jesus die Aufgabe, deretwegen er einen stofflichen Körper angenommen hatte.

Maria begreift den Sachverhalt der doppelten Empfängnis und Geburt nicht. Der Engel spricht von Empfängnis und Geburt des geistigen Menschen in ihr. Sie aber meint, er spreche von Empfängnis und Geburt des stofflichen Menschen. Und da sie bis dahin keinen Mann „gekannt" hat, fragt sie den Engel verwundert: „Wie soll das zugehen, da ich von keinem Mann weiß?" In dieser Frage kommt die Unwissenheit zum Ausdruck, die im Menschen in Bezug auf das Verhältnis von geistiger und irdischer Welt gewöhnlich herrscht.

Maria versteht nicht, dass der Engel von der Geburt des wahren Selbst Jesu, nicht von der seines stofflichen Körpers spricht. Aber gerade durch dieses Unverständnis Marias macht Lukas klar, was der Engel meint: eben nicht die Empfängnis eines stofflichen Samens. Der Engel antwortet auf den Einwand Marias sinngemäß: „Du irrst dich. Ich spreche nicht von der Geburt eines stofflichen Körpers aus stofflichem Samen. Ich spreche von der Geburt eines wahren Selbst, von der Tatsache, dass sich ein wahres Selbst mit dem stofflichen Samen verbinden und mit ihm ins Dasein treten wird. Diese Empfängnis und Geburt werden durch den heiligen Geist, die Kraft des Höchsten, möglich." Die „Kraft des Höchsten" bringt den Keim des wahren Selbst Jesu in den Leib Marias, wo er sich mit dem irdischen Samen Josephs verbindet.

Wenn Lukas von Maria schreibt, sie sei eine „Jungfrau" gewesen, „die verlobt war mit einem Mann namens Joseph", so soll auch dies darauf hinweisen, dass der Engel nicht eine irdische, biologische Empfängnis verkündet. Eine solche wäre unter den genannten Umständen vorerst nicht möglich. Ein Verlöbnis, eine noch nicht eingegangene Ehe, schließt bei den strengen jüdischen Ehegesetzen und bei der moralischen Integrität Marias und Josephs, die durch die Charakterisierung Marias im Folgenden noch unterstrichen wird, eine körperliche Verbindung kategorisch aus. Also, das will Lukas sagen, ist hier die Rede von einer Empfängnis anderer Art, einer geistigen Empfängnis des wahren Selbst durch die „Kraft des Höchsten", nicht von der Empfängnis eines irdischen Samens durch die Kraft eines Mannes.

Die Kennzeichnung Marias als „Jungfrau" hat noch eine andere Bedeutung. Eine Frau, die wie ein Gefäß ein in engster Verbindung mit der geistigen Welt stehendes wahres Selbst in sich aufnehmen und ihm Wohnung bieten soll, muss eine „Jungfrau" sein auch in dem Sinn, dass ihre Seele frei ist von einer Hingabe an irdische Impulse: Impulse der Leidenschaften, der irdischen Wünsche und Interessen. Wie Elisabeth „unfruchtbar" war in dem Sinn, dass sie keine gewöhnlichen irdischen „Früchte" hervorbringen konnte, so ist Maria „Jungfrau" in dem Sinn, dass sie sich als Seele keiner irdischen Kraft hingibt, sondern allein der „Kraft des Höchsten" geöffnet ist. Nur dann kann die „Kraft des Höchsten" sie „überschatten", denn nur dann ist der Weg für diese Kraft frei. Lukas lehnt sich hier an den Propheten Jesaja an: „Darum wird euch der Herr selbst ein Zeichen geben: Siehe, das junge Weib (die Jungfrau) ist schwanger und gebiert einen Sohn, und sie gibt ihm den Namen Immanuel" (Jes. 7,14).

Durch die Kraft des Höchsten wird in die von allen irdischen Einflüssen freie Seele Marias, der „Jungfrau", der Keim des wahren Selbst Jesu eingesenkt werden. Das wahre Selbst Jesu wird in das dafür empfängliche Gefäß der Seele Marias eintreten. Das ist die geistige Zeugung, die der Engel Gabriel ankündigt. Daneben wird natürlich auch eine biologische Zeugung durch den Samen Josephs erfolgen. Es gibt mehrere sehr alte Übersetzungen und Handschriften des Lukasevangeliums, in denen ausdrücklich von einer Zeugung durch Joseph die Rede ist. Diese biologische Empfängnis des Samens für den stofflichen Körper widerspricht ja in keiner Weise der geistigen Empfängnis des geistigen Wesens Jesu. Es sind parallele Akte, aufeinander bezogen und miteinander verbunden. Was spricht dagegen, dass Joseph und Maria nach der Verkündigung formell geheiratet haben, so dass eine legale biologische Zeugung erfolgte?

Versteht man, wie Maria (Vers 34), diese Tatsache der zweifachen Empfängnis bzw. Geburt nicht, und erkennt nicht, dass der Engel tatsächlich nur von der Empfängnis und Geburt des wahren Selbst spricht, so kommt es zum Missverständnis der „unbefleckten Empfängnis", d.h. der Vorstellung, in Maria habe der heilige Geist, die „Kraft des Höchsten", einen stofflichen Körper gezeugt und sie sei in biologischem Sinn Jungfrau geblieben. Genau das aber ist ein Missverständnis, dem Lukas unbedingt vorbeugen will. Er beugt ihm erstens vor, indem er Maria gerade diesem Missverständnis erliegen lässt – sie meint, der Engel spreche von einer biologischen Empfängnis –, um es dann vom Engel unmittelbar aufklären zu lassen. Er beugt ihm zweitens vor, indem er vor der Ankündigung der geistigen Empfängnis und Geburt durch den Engel Gabriel ausdrücklich den Umstand betont, dass Maria mit Joseph nur verlobt und Jungfrau im biologischen Sinne war. Denn diese beiden Tatsachen schließen eine biologische Empfängnis aus. Dadurch macht Lukas unmissverständlich klar, dass der Engel von einer geistigen Empfängnis des wahren Selbst Jesu durch die dafür empfängliche Seele Marias spricht.

Versteht man aber diese Tatsache der zweifachen Empfängnis bzw. Geburt nicht und versteht auch die Methode des Lukas nicht, die geistige Empfängnis von der biologischen abzugrenzen, so nimmt man die dem Missverständnis vorbeugenden Aussagen des Evangeliums gerade als Beweise für ein „Wunder". Dann glaubt man, Lukas habe sagen wollen, dass wirklich der heilige Geist eine biologische Zeugung vollbracht habe. Man glaubt, Lukas habe dies dadurch unterstrichen, dass Maria mit Joseph nur verlobt und Jungfrau war, ebenso durch den Ausspruch der Maria: „Ich weiß von keinem Mann." Aber, wie gezeigt: Durch diesen Ausspruch weist Lukas im Gegenteil auf das Missverständnis Marias hin, und auch durch die Tatsache der Verlobung und Jungfräulichkeit Marias will er zum Ausdruck bringen, dass die Botschaft des Engels sich auf die Empfängnis und Geburt des wahren Selbst bezieht, nicht auf die biologische Empfängnis des stofflichen

Samens für einen stofflichen Körper. Weit entfernt davon, ein Dogma von der unbefleckten irdischen Empfängnis Marias zu begründen, kennzeichnet das Lukasevangelium, eine grundlegende Urkunde des Christentums, eben dieses Dogma als Missverständnis und zeigt, dass es sich um eine unbefleckte spirituelle Empfängnis handelt.

Das Wesen Jesu

Das geistige Wesen, das sich in Marias Mutterleib mit dem von Joseph gezeugten stofflichen Körper verbinden wird, hat die entscheidende Aufgabe im Rahmen des großen spirituellen Impulses, der am Anfang des Christentums steht. Es ist im Vergleich zu Johannes dem Vorbereiter der Verwirklicher. Es wird „Sohn des Höchsten" genannt werden, von Gott den „Thron seines Vaters David" erhalten, „König sein über das Haus Jakob in Ewigkeit", und „seines Königtums wird kein Ende sein". All diese Bezeichnungen und Ankündigungen sind im Alten Testament vorgeprägt. „Söhne des Höchsten" nennt Psalm 82 (Vers 6) Wesen mit besonderer Beziehung zu Gott, seien es Menschen, seien es „Götter". Jeder Mensch ist – als wahres Selbst – als Ebenbild Gottes geschaffen (1. Mose 1,26: „Lasst uns Menschen machen nach unserem Bilde"). Doch ist dieses Ebenbild Gottes, das wahre Selbst, die eigentliche Identität des Menschen, unwirksam und verborgen, überlagert und bis zur Unkenntlichkeit unterdrückt von einer irdischen Identität des Ich, die sich aus den Erfahrungen des Menschen mit der irdischen Welt aufbaut und durch Selbstbehauptung bestimmt ist. Es ist die Identität des „Menschen aus Erde" mit einem „Lebensodem", wie ihn auch das Tier hat (1. Mose 2,7). Demgegenüber ist die wahre Identität des Menschen eine geistige Kräftestruktur, die den Kräftestrukturen der geistigen Welt entspricht. Diese individuelle geistige Kräftestruktur des Menschen, das Ebenbild Gottes, ist aus der kosmischen geistigen Kräftestruktur, aus Gott, hervorgegangen, von Gott „gezeugt", und daher Gottes Sohn, Sohn des Höchsten. Später, wenn Lukas den Stammbaum Jesu darstellt, führt er ihn bis auf Adam zurück, und Adam wird als „Sohn Gottes" bezeichnet (Luk. 3,38).

Wie Adam ist prinzipiell jeder Mensch ein Sohn Gottes. Aktuell sind es die allermeisten Menschen nicht. Doch der Mensch kann es wieder werden, wenn er seine begrenzte irdische Ich-Identität auflöst und die wahre, unbegrenzte, geistige Identität zum Vorschein kommen lässt. In Jesus ist diese geistige Identität von vornherein, von Mutterleib an, tätig, ist er doch ein Wesen, das wach in der geistigen Welt lebte, bevor es sich in einen irdischen Mutterleib begab. Es ist nur eine Frage kurzer Zeit, bis diese wahre Identität Jesu die Decke, die der irdische stoffliche Körper mit dem Ich über sie gelegt hat, durchstößt und in aller Herrlichkeit zum Vorschein kommt. Deshalb heißt es, Jesus wird ein „Sohn des Höchsten" genannt werden, und zwar einer, der „groß vor dem Herrn" ist. Denn auch unter den „Söhnen des Höchsten" gibt es „Rangunterschiede", so wie Jesus z.B. (Lukas 7,28) von den „Kleinsten im Himmelreich" spricht. Die „Söhne des Höchsten" besitzen zwar alle eine entfaltete geistige Kräftestruktur, eine entfaltete geistige Identität, haben aber in unterschiedlichem Maß, je nach ihrer Fassungskraft, an der Kräftestruktur der geistigen Welt teil und können daher unterschiedlich große Wirkungen vollbringen.

Jesus wird außerdem den „Thron seines Vaters David" erhalten. In ihm fließt das Blut König Davids, da Joseph aus dem Haus Davids stammt. Jesus repräsentiert die besten irdischen Kräfte seines Volkes. Er ist zur irdischen Herrschaft in der Lage. Und doch erweist sich später, dass sein Auftrag nicht ist, diese irdische Herrschaft anzutreten, sondern ein geistiges Königreich zu errichten, in dem die Gesetze der geistigen Welt gelten. Sein Auftrag ist nicht nur, in seiner Person das individuelle irdische Ich durch ein individuelles geistiges Selbst zu ersetzen. Er wird auch das kollektive irdische Ich eines ganzen Volkes, ja im weiteren der Menschheit, durch ein kollektives geistiges Selbst des Volkes bzw. der Menschheit ablösen, woraus sich dann auch neue irdische soziale Strukturen ergeben. In diesem Sinn wird er „König sein über das Haus Jakobs in Ewigkeit", und „seines Königtums wird kein Ende sein". Denn kein irdisches Königtum kann ewig sein, nur ein geistiges.

Es ist die Funktion Jesu, unter allen Söhnen Gottes, den bewusst im „Himmelreich" Lebenden, der erste zu sein, der die wahre Identität des Menschen mit größter Deutlichkeit und Kraft abbildet, so dass alle anderen Söhne Gottes ihre wahre Identität mit diesem Muster zur Deckung bringen können. Auf diese Funktion und diese Ewigkeit des Königtums Jesu weisen schon verschiedene Stellen im Alten Testament hin, etwa 2. Samuel 7,12, oder Daniel 7,14. Bereits die alten Propheten wussten, dass eine Zeit kommen würde, wo das vergängliche irdische Ich der Völker und der Menschheit vergehen und durch ein unvergängliches geistiges Selbst, kulminierend im geistigen Königtum Jesu, abgelöst werden würde.

Die Ersetzung der Vorherrschaft des Irdischen durch die Vorherrschaft des Geistigen ist die Erlösung des Menschen aus seiner Verstrickung in die vergängliche irdische Welt. Der geistige König der Söhne des Höchsten löst für sich selbst diese Verstrickung auf der Grundlage der Kräfte, die ihm durch seine geistige Identität zufließen. Dadurch ermöglicht er, da er als geistiger König exemplarisch die geistige Kräftestruktur des wahren Selbst darstellt und die aller anderen umfasst, allen anderen Menschen ebenfalls die Wiedererrichtung ihrer wahren geistigen Identität. Sie müssen nur ihrerseits die irdische Ich-Identität zugunsten ihres wahren Selbst auflösen. Damit ist Jesus der Erlöser, und zu Recht wird ihm der Name „Jesus" – die griechische Form des hebräischen Jehoschua – gegeben, was bedeutet: „Gott erlöst". Der Name drückt dem Erlöser das Siegel auf, das sein Wesen und seine Funktion kennzeichnet. Es ist wesentlich, dass dieses Siegel auch vor aller Welt in Erscheinung tritt. Deshalb legt der Engel so großen Wert darauf, dass Maria ihren Sohn Jesus nennt.

Verwandtschaft zwischen Maria und Elisabeth

Der Engel macht Maria darauf aufmerksam, dass nicht nur sie „Gnade bei Gott gefunden" hat. Auch ihre Verwandte Elisabeth, obwohl alt und bisher unfruchtbar, ist schwanger geworden. Er verknüpft auf diese Weise die zwei Aspekte des Impulses aus der göttlichen Welt, den der Vorbereitung und den der Verwirklichung, und weist noch einmal darauf hin, dass es sich um geistige Vorgänge handelt, die in die irdische Welt hineinwirken, dort verankert werden und dann bestimmte Ereignisse auslösen. Sie sind das „Wort, das von Gott kommt" und „nicht kraftlos ist". Ein „Wort" ist

Struktur und Kraft; ein Wort Gottes ist geistige Struktur und Kraft, die sich nach ihren Gesetzen entfalten und unwiderstehlich sind. Der Ausdruck lehnt sich an das Alte Testament an: Ebenso wie Sara, „alt“ und „unfruchtbar“, noch einen besonderen Sohn gebar, weil nichts „unmöglich für den Herrn“ ist (1. Mose 18,14), so gebären auch Elisabeth und Maria besondere Söhne, die im Rahmen des geistigen Impulses besondere Aufträge haben.

Beide sind miteinander „verwandt“. Das bezieht sich nicht nur auf ihre Blutsverwandtschaft. Es weist vor allem auf eine Verwandtschaft der geistigen und seelischen Beschaffenheit hin. Denn beide Frauen sind Gefäße zum Empfang besonderer Wesen und somit besondere Werkzeuge für den neuen geistigen Impuls. Auch ihr Verhältnis ist das der Vorbereitung zur Verwirklichung. Elisabeth ist die „alte Frau“, die Seele, die alles Irdische durchlebt und sich dadurch für etwas bereit gemacht hat, das das Neue, Unirdische einleitet. Aus ihr wird der Vorbereiter Johannes geboren. Maria dagegen ist die junge Frau, Empfängerin und Trägerin des Neuen, Unirdischen, das das Alte ablöst. Auch die Angabe, dass Jesus sechs Monate nach Johannes gezeugt und geboren wird, dass also beider Entwicklung immer sechs Monate auseinanderliegt, ist sehr sinnvoll und entspricht ebenfalls dem Verhältnis Vorbereitung zu Verwirklichung. Denn nach sechs Tagen Schöpfung „ruhte“ Gott, wie es in der Genesis heißt. Sechs Tage Arbeit sind notwendig, damit am siebten die Erfüllung, die Frucht der Vorbereitung, kommen kann. Denn die „Ruhe“ Gottes am Sabbat ist nicht die Ruhe des Nichtstuns, sondern der Durchdringung und Heiligung alles Geschaffenen mit göttlichen Kräften.

Dem Verhältnis von Vorbereitung zur Verwirklichung, des Alten zum Neuen, entspricht weiter der Umstand, dass die Geburt Johannes des Täufers Zacharias, dem Mann, und die Geburt Jesu Maria, der Frau, angekündigt wird. Das Alte ist das zur Reife gediehene Irdische, von dem es Abschied zu nehmen gilt. Das Aktive, Männliche leitet den Abschied ein und bereitet dem Neuen den Weg. Deshalb wendet sich der Engel Gabriel zuerst an den Mann, der das Willenselement darstellt. Das Neue dagegen ist der junge geistige Impuls. Der Engel erscheint jetzt der jungen Frau, Maria, dem empfänglichen Weiblichen. Und während das Alte in seinem Willensaspekt, Zacharias, dem vorbereitenden Impuls sogar bis zu einem gewissen Grad Widerstand leistet, wird das Neue von Maria, der Empfänglichkeit für das Neue, bereitwillig angenommen. Sie sagt: „Siehe, ich bin des Herrn Magd. Mir geschehe nach deinem Wort!“ Sie willigt in das Geschehen ein, das von der geistigen Welt veranlasst und durchgeführt wird. Sie stellt sich als Gefäß zur Verfügung.

Dass Joseph bei Lukas – anders als bei Matthäus, wo er der Ansprechpartner des Engels ist – kaum in Erscheinung tritt, hat seinen guten Grund. Lukas legt den Akzent auf die Empfänglichkeit, die weibliche Seite des Geschehens. Joseph repräsentiert den „Willen des Mannes“, das zeugende Prinzip, das für die Entstehung des stofflichen Körpers Jesu verantwortlich ist. Es kann und muss bestimmte irdische Hindernisse wegräumem, damit sich das geistige Prinzip entfalten kann. In dieser Funktion tritt es bei Matthäus in den Vordergrund. Bei Lukas aber wird betont, dass es für das Wachstum des Neuen, des geistigen Prinzips, unmittelbar nichts tun kann. Deshalb tritt Joseph zurück, während Maria, das empfangende Prinzip, das in ihr heranwachsende neue irdische und geistige Leben umhegt und pflegt.

Elisabeths und Marias Freude

***1 39** Maria aber machte sich in diesen Tagen auf und wanderte eilends nach dem Bergland in eine Stadt Judas **40** und trat in das Haus des Zacharias und begrüßte Elisabeth. **41** Und es begab sich, als Elisabeth den Gruß der Maria hörte, da hüpfte das Kind in ihrem Leib, …*

Wenn ein Impuls aus der geistigen Welt in die irdische einbricht und in ihr verankert wird, herrscht Freude bei allen Wesen, die sich nach Erlösung sehnen. Es ist nicht die Freude dessen, dem ein irdischer Wunsch erfüllt wird, oder gar die Freude dessen, der darüber frohlockt, dass die „gerechte Strafe" seine Gegner ereilt. Es ist die Freude des Menschen, dem eine schwere Bürde abgenommen wird. Seine wahre Identität, bisher von seiner Ich-Identität unterdrückt, atmet befreit auf. Endlich kann sie sich entfalten, endlich fließen ihr ungehindert Kräfte zu, in denen sie wachsen und sich verwirklichen kann. Endlich fließen auch ihre eigenen Kräfte ungehindert. Diese Freude ist vergleichbar der des Gefangenen, der endlich seine Fesseln abstreift, aus der Dunkelheit ins Licht hinaustritt, eine sonnendurchstrahlte, neue Welt wahrnimmt und in diesen neuen Erfahrungen aufblüht.

Es ist aber auch eine Freude des wahren Selbst an sich selbst. Wie die Lebensfreude des irdischen Menschen keinen besonderen Anlass braucht und Ausdruck eines freien Flusses, ja Überflusses von Kräften ist, so ist auch die Freude, die das frei gewordene wahre Selbst empfindet, reine „Lebensfreude", Selbstgefühl und Regsamkeit geistiger Kraft.

Die ganze Welt wird einst ein solches Freudenmeer sein. Sie wird aus ihrer geistigen Wurzel, der göttlichen Welt, welche Fülle und Freude ist, leben. Jetzt liegen Depression und Dumpfheit über der sich in Schmerzen windenden Welt. Nur gelegentlich bricht ein Freudenstrahl aus der göttlichen Welt in sie ein, während sie sich sonst mit sehr flüchtigen Freuden trösten muss, und immer weiß, dass erfreuliche Zustände doch wieder von unerfreulichen abgelöst werden. Dann aber wird alles Irdische wieder zum Ausdruck des Geistigen geworden sein.

Verbunden mit einer solchen Freude ist Dankbarkeit. Denn der sich Freuende spürt, dass ihm die Freude nicht aufgrund eigener Leistung zuteil wird. Sie fließt ihm als Kraftstrom aus der geistigen Welt zu, an der er jetzt Anteil hat, mit der er jetzt mitwirkt. Deshalb ist er von Dankbarkeit gegenüber Gott erfüllt, der nicht nur die irdischen Lasten entfernt hat, sondern auch die Kräfte sendet, in denen sich das wahre Selbst entfaltet. Gott ist ja selbst dieser Kraftstrom aus der geistigen Welt. Diese Dankbarkeit äußert sich spontan in Lob- und Preishymnen an Gott, der im Innern des Menschen als Quelle des Lebens und der Kraft wirkt, als wahres Selbst, der aber auch außerhalb des Menschen Quelle allen Lebens und aller Kraft ist.

Diese mit einem Erlösungsimpuls aus der geistigen Welt verbundene Freude, Dankbarkeit und Ehrfurcht schildert Lukas immer wieder. Als der Engel Gabriel dem Zacharias die Geburt Johannes des Täufers ankündigt, spricht er davon, dass Zacharias „voll Freude und Jubel" sein und dass auch viele andere sich über diese Geburt freuen werden (1,14). Damit bezieht sich der Engel nicht auf die gewöhnliche Freude der Menschen über die Geburt eines Kindes. Er spricht vielmehr von der Freude darüber, dass dieses neue Leben ein geisterfülltes Leben sein wird, durch das „viele zu Gott zurückgebracht werden“ (1,16).

Solche Freude bricht auch auf, als sich Maria und Elisabeth begegnen. Es ist eine Begegnung der Trägerinnen des zweifachen erlösenden Impulses – die eine Frau ist „Gefäß“ für den Vorbereiter, die andere für den Verwirklicher. Und in dieser Begegnung der „Gefäße“ begegnen sich auch die „Keime“ des zweifachen Impulses selbst.

Auch darin drückt sich ein spirituelles Gesetz aus. Die beiden Aspekte des erlösenden Impulses treten zwar nacheinander in die Zeiträumlichkeit ein. Aber sie sind in der geistigen Welt von vornherein miteinander verbunden und aufeinander abgestimmt. Entsprechend nehmen vorbereitender und verwirklichender Aspekt auch in der Zeiträumlichkeit von Anfang an miteinander Kontakt auf. Sobald der verwirklichende Aspekt, Jesus, sich mit dem Keim seines Stoffkörpers verbindet, sucht er die Begegnung mit dem vorbereitenden Aspekt, Johannes dem Täufer, der sich „sechs Monate“ früher – dem symbolischen Ausdruck für die Vorläuferschaft – mit seinem Stoffkörper verbunden hat. Deshalb „eilt“ Maria, um Elisabeth zu besuchen.

Und beide Aspekte *können* den Kontakt miteinander herstellen, weil nicht nur sie selbst, sondern auch die „Gefäße“, in denen sie heranwachsen, miteinander „verwandt“ sind.

Wenn sich Vorbereitung und Verwirklichung begegnen, sei es auf der Ebene der Trägerinnen der geistigen Wesen, sei es auf der Ebene der geistigen Wesen selbst, erfolgt ein Energieaustausch und eine Steigerung der Energie, wie wenn sich zwei elektrische Ströme begegnen. Diese Energiesteigerung äußert sich als Freude. Es freut sich der Vorbereiter über den Verwirklicher. Er freut sich darüber, dass er Wegbereiter für das Ziel der Erlösung und in diesem Geschehen Mitwirkender ist. Deshalb hüpft das Kind Johannes der Täufer im Leib Elisabeths, als es mit der höheren Kraft des Kindes Jesus im Leib Marias konfrontiert wird. Und es freut sich das „Gefäß“ Elisabeth, als es mit dem „höheren Gefäß“ Maria konfrontiert wird.

Hymne Elisabeths

1 41 *… und Elisabeth wurde mit dem Heiligen Geist erfüllt*

42 *und brach mit lauter Stimme in die Worte aus: Gesegnet bist du unter den Frauen, und gesegnet ist die Frucht deines Leibes.*

43 *Und woher wird mir dies zuteil, dass die Mutter meines Herrn zu mir kommt?*

44 *Denn siehe, als der Klang deines Grußes in mein Ohr drang, hüpfte das Kind mit Frohlocken in meinem Leib.*

45 *Und selig ist die, welche geglaubt hat, dass sich erfüllen wird, was vom Herrn zu ihr geredet worden ist.*

Erfüllt von den Kräften des Geistes singt Elisabeth den ersten Freuden-, Dank- und Lobeshymnus des Lukasevangeliums. Sie erkennt, welche Funktion Maria hat: Gefäß für etwas Heiliges zu sein. Das Gefäß selbst ist ebenfalls heilig, umso mehr, als es sich ohne Vorbehalt für seine Aufgabe zur Verfügung stellt. Maria ist „selig“. Sie befindet sich in einem Zustand der Offenheit für das geistige Wesen, das in ihr

Wohnung nimmt, sich mit dem in ihr von Joseph gezeugten irdischen Körper verbindet und mit diesem heranwächst. Elisabeth erkennt das, ist von Freude erfüllt und gibt ihr in einem Hymnus Ausdruck. Sie freut sich über ihre eigene Funktion, als Trägerin des Vorbereitungsaspektes Mitwirkende im Erlösungsgeschehen zu sein. Sie freut sich noch mehr über die Tatsache, dass die andere Mitwirkende im Erlösungsgeschehen, die Trägerin des Verwirklichungsaspektes, mit ihr Verbindung aufnimmt. Ist das eine Freude des Stolzes? Darüber, dass sie Mitwirkende sein darf und mit einer noch „wichtigeren" Mitwirkenden zusammentrifft? Das wäre eine sehr irdische Freude. Nein, durch die Begegnung der beiden Aspekte erfährt Elisabeth einen Zuwachs an Kraft. Sie wird mit einem noch höheren Kraftstrom verbunden als dem, der in ihr in Gestalt des Geistwesens Johannes fließt. Diese Kraftsteigerung in ihr ist Freude, die Vorwegnahme eines Zustandes der Erlösung, der Entfaltung des Geistes in allen Menschen und in der Welt. Sie weiß: Es wird sich „erfüllen, was vom Herrn" zu Maria geredet ist.

Hymne Marias

1 ***46*** *Und Maria sprach: Meine Seele erhebt den Herrn,*
47 *und mein Geist „frohlockt über Gott, meinen Heiland",*
48 *dass er „hingesehen hat auf die Niedrigkeit seiner Magd"; denn siehe, von jetzt an werden mich seligpreisen die Geschlechter.*
49 *Denn Großes hat mir der Mächtige getan, und „heilig ist sein Name",*
50 *und „seine Barmherzigkeit währt von Geschlecht zu Geschlecht über die, welche ihn fürchten".*
51 *Er hat Macht geübt mit seinem Arm; „er hat zerstreut, die hochmütig sind" in ihres Herzens Sinn;*
52 *er hat Gewaltige von den Thronen gestoßen und Niedrige erhöht.*
54 *Er hat sich Israels, seines Knechtes, angenommen, zu gedenken der Barmherzigkeit,*
55 *wie er geredet hat zu unsern Vätern, gegenüber Abraham und seiner Nachkommenschaft in Ewigkeit.*
56 *Maria aber blieb gegen drei Monate bei ihr und kehrte [dann] nach Hause zurück.*

Auch Maria erlebt durch die Begegnung mit Elisabeth eine Kräftesteigerung, eine intensive Freude, die sich in Dankbarkeit und Lob äußert. Der von ihr gesprochene Hymnus beschreibt die Merkmale der Erlösung: Erlösung bedeutet eine fundamentale Umwälzung aller Verhältnisse. Was vorher dominierte – das Irdische –, wird jetzt an die richtige Stelle gerückt. Das Geistige steht wieder an erster Stelle und drückt sich durch das Irdische aus.

Zu Beginn des Hymnus spricht Maria von sich selbst und erkennt frohlockend, dass durch den Erlöser dieses Verhältnis auch für sie selbst wieder in Ordnung gebracht wird. Der Erlöser setzt neue Maßstäbe. Was in den Augen der Welt niedrig erschien, das wahre Selbst Marias, zeigt sich jetzt als das Höchste. Und was in den Augen der Welt als Mangel erschien – ihre Unfruchtbarkeit in Bezug auf irdische

„Früchte“ –, das stellt sich jetzt als Voraussetzung für Fruchtbarkeit in ganz anderem und höherem Sinn heraus. Maria ist als wahres, geistiges Selbst Gefäß für das wahre, geistige Selbst des Erlösers, der in diesem Gefäß heranwachsen kann. Darin liegt die höchste Würde, die einem Menschen zuteil werden kann.

Über diese Umwertung aller Werte, diese Richtigstellung der Verhältnisse, freut sich Maria. Es ist auch bei ihr, wie bei Elisabeth, nicht die Freude des Stolzes, als irdischer Mensch großer Aufgaben gewürdigt zu werden. Es ist vielmehr die selbstverständliche Äußerung eines Zustandes: Was bisher als niedrig galt und unterdrückt wurde, obwohl es das Hohe ist, das gewinnt jetzt Kraft und kann sich entfalten. Das wahre Selbst zeigt seine Lebensfreude. Und umso stärker ist diese Freude, als das wahre Selbst nicht für sich existiert, sondern für die Welt da ist und Früchte bringt. Das wahre Selbst Marias ist der Mutterschoß für das wahre Selbst des Erlösers.

Erlösung ist aber die Wiederherstellung des richtigen Verhältnisses von geistiger und irdischer Welt nicht nur für den Einzelnen, sondern auch für die Völker und die ganze Menschheit. Deshalb geht Maria jetzt auf die politischen und sozialen Verhältnisse ein. Man könnte hier den Hymnus leicht missverstehen und meinen, Lukas verstehe unter Erlösung in erster Linie soziale und politische Gerechtigkeit. Gott „zerstreut, die hochmütig sind in ihres Herzens Sinn“, erfüllt „Hungrige mit Gütern“ und schickt „Reiche leer hinweg“. Bedeutet aber „Erlösung“ für Lukas wirklich, dass ein Volk von Fremdherrschaft und Klassenherrschaft befreit wird? Gehörte Lukas, oder Maria, der Unterschicht an, und ist Marias Hymnus die visionäre Kompensation der bisherigen Erniedrigung, Unterdrückung und Armut? Der Wunschtraum einer schlecht Weggekommenen?

Oder sehnt sich Maria eher nach moralischer als nach sozialer Gerechtigkeit? Der moralisch Gute, „Gerechte“ und Fromme ist friedliebend und kämpft nicht um Ehre, Macht und Besitz. Deshalb wird er vom nach Ehre, Macht und Besitz Strebenden unterdrückt und vom Platz an der Sonne verdrängt. Er tröstet sich mit der Hoffnung, dass die Guten doch belohnt werden, sei es schon im Diesseits bei einem Umsturz der sozialen Verhältnisse, sei es später im Himmel. Die Bösen aber werden bestraft, indem Gott sie vielleicht schon im Diesseits ihrer irdischen Güter beraubt oder später in die Hölle wirft.

Wäre jedoch ein solches Ressentiment, das in der Fantasie an anderen für ihr Wohlleben und ihre Bosheit Rache nimmt, des Frommen, der Gott liebt, würdig? Wäre ein solches Kompensationsdenken Marias, die ein Gefäß des Heiligen Geistes ist, würdig?

Nein, der Hymnus ist kein Preislied auf sozialen Umsturz, weder als reale Kompensation für die sozial Schwachen, Erniedrigten und Armen, noch als moralische Kompensation für die Guten, bei der sie endlich ihren gerechten Lohn und die Bösen ihre gerechte Strafe bekommen. Der Hymnus beschreibt Vorgänge und Merkmale der spirituellen Erlösung. Bei dieser Erlösung wird die Anmaßung der irdischen Welt, das wesentliche Dasein und der absolute Wert zu sein, außer Kraft gesetzt, und die geistige Welt als die eigentliche Welt, von der das Dasein und der Wert der irdischen abhängen, in ihre Rechte wieder eingesetzt. Die geistige Welt ist das nach irdischen Maßstäben Niedrige und Arme. Aber nach spirituellen Maßstäben ist sie das Vornehme, Herrschende und Reiche. Wird sie entwickelt und ernährt, so wird auch das Irdische, wenn es sich ihr fügt, entwickelt und ernährt. Wenn dagegen nur das Irdische entwickelt und ernährt wird, bleibt das Geistige unberücksichtigt und verkümmert, wodurch auf lange Sicht auch das Irdische seine Kraft verliert.

Für den Vorgang der spirituellen Erlösung also benützt der Hymnus dem Bereich des Sozialen entnommene Bilder. Dem ohnmächtigen, armen und gefangenen wahren Selbst ergeht es, wenn es aus seiner Gefangenschaft im Irdischen befreit und in der geistigen Welt bewusst und wirksam wird, so, wie analog ein Ohnmächtiger, Armer und Gefangener in dieser irdischen Welt empfinden mag, wenn er plötzlich mächtig, reich und frei wird.

Wenn aber in den einzelnen Menschen das Missverhältnis zwischen irdischer und geistiger Welt beseitigt ist, werden auf lange Sicht auch die sozialen Verhältnisse in Ordnung kommen. Insofern sind die im Hymnus geschilderten Vorgänge doch nicht nur Bilder für eine spirituelle Revolution. Sie beschreiben auch reale Verhältnisse als Folgen einer spirituellen Revolution. Gott ist nicht eine die Bösen strafende und die Guten belohnende Instanz im Himmel, noch weniger die in sozialen Revolutionen wirkende Triebkraft. Wenn sich aber in vielen Einzelnen eine spirituelle Revolution vollzieht, werden sich auch, ohne Gewaltanwendung, fundamental neue soziale Verhältnisse ergeben. Über diese geistige Gesetzmäßigkeit, die Gott selbst ist, freut sich das wahre Selbst in Maria.

In ihrem Lobgesang bettet sie das Geschehen schließlich in die Menschheitsentwicklung ein. Die gesamte Menschheitsentwicklung hat zum Ziel die Erlösung, die Wiederherstellung des richtigen Verhältnisses zwischen geistiger und irdischer Welt. Deshalb gedenkt Gott „Abrahams und seiner Nachkommenschaft in Ewigkeit".

Abraham und seine Nachkommenschaft, das ganze Volk Israel, „Gottes Knecht", stehen hier für die Menschen, in denen das wahre Selbst geboren wird. Dieses wahre Selbst ist der „Knecht" Gottes, es orientiert sich an den Gesetzen der geistigen Welt, die auch seine eigenen Gesetze sind. Die ganze Menschheitsentwicklung läuft darauf hinaus, dass einst alle Menschen ihr wahres Selbst entfaltet haben, zum „Volk Israel" gehören und in Ewigkeit leben. Das ist ein weiterer Grund für den Lobpreis der geistigen Welt durch Maria.

Der Kontakt zwischen den beiden Aspekten des neuen geistigen Impulses: der Vorbereitung und der Verwirklichung, die sich beide noch im Keimzustand befinden, dauert „drei Monate". Solange bleibt Maria bei Elisabeth. Äußerlich gesehen sind das die drei Monate, die noch bis zur Geburt Johannes des Täufers verbleiben. Innerlich gesehen ist es die Zeit, in der sich der vorbereitende und der verwirklichende Aspekt des neuen Impulses aufeinander abstimmen: im Wollen, Fühlen und Denken. Nach erfolgter Abstimmung kann, was bisher als Keim herangewachsen war, ins Leben treten. Es kann geboren werden.

Zeitlose Bedeutung dieser Vorgänge

Was hülfe es dem heutigen Menschen, wenn eine Verkörperung geistverbundener Wesen: Johannes des Täufers und Jesu, nur einmal, vor 2000 Jahren, stattgefunden hätte? Soll er glauben, sie hätten ein für alle Mal die Menschen erlöst? Erlösung ist nur dadurch möglich, dass der Mensch selbst einen spirituellen Weg geht und sich dabei radikal verändert. Ein Glaube daran, dass dieser Weg vor 2000 Jahren vorgelebt und nachgelebt wurde, kann dabei wenig helfen. Es muss auch heute vorkommen können, dass sich ein spiritueller Impuls in der irdischen Welt verankert, dass sich geistverbundene Wesen in irdischen Körpern inkarnieren und durch einen Mutterleib geboren werden. Nur unter dieser Voraussetzung kann auch der heutige Mensch einen spirituellen Weg gehen.

Da das Neue Testament anhand exemplarischer historischer Vorgänge spirituelle Gesetze beschreibt, können seine Schilderungen tatsächlich auch auf die Gegenwart und jede Zukunft übertragen werden. Auch heute können sich geistverbundene Wesen in irdischen Körpern inkarnieren. Man kennt solche Vorgänge aus der jüngsten Vergangenheit: Es gab Vorläufer neuer spiritueller Schulen, um die sich, wie um Johannes den Täufer, Schüler scharten, und es gab Gründer solcher spiritueller Schulen, um die sich, wie um Jesus, Schüler versammelten.

Noch direkter und gegenwartsnäher aber lässt sich der im Neuen Testament geschilderte geistige Impuls verstehen, wenn man die Vorgänge auf einen einzelnen Menschen bezieht. Das ist möglich, weil geistig-seelische Gesetze auf allen Ebenen gelten. Die Schicksale der historischen Gestalten des Evangeliums werden dann zu Bildern für die Schicksale der Seelenkräfte jedes einzelnen Menschen, der sich auf einen spirituellen Weg vorbereitet und ihn geht.

Die meisten Menschen stehen auf einer Entwicklungsstufe, in der sie nichts von ihrer eigentlichen Lebensbestimmung ahnen. Sie gehen in der irdischen Welt und ihren Wünschen nach Erfolg, Macht und Reichtum auf. Ihr wahres Selbst ist völlig latent. Es schläft.

In einem anderen Entwicklungszustand befinden sich Menschen, in denen sich das wahre Selbst als Ahnung bemerkbar macht, dass der Mensch eine Bestimmung hat, die über das Leben in der irdischen Welt hinausgeht. Das Lebensziel solcher Menschen ist nicht, in der Welt voranzukommen, sondern ein Leben zu führen, das ihrer innersten Ahnung annähernd Ausdruck verleiht. Die traditionelle Religion gibt ihrer Ahnung Ziel und Inhalt. Sie gehen noch nicht den spirituellen Weg, bereiten sich aber durch ihren religiösen Glauben und durch ein rechtschaffenes Leben darauf vor – sei es bewusst, sei es unbewusst.

„Zacharias“ versinnbildlicht den Willen eines solchen Menschen zu einer konsequenten Lebensführung, die sich lebendig und undogmatisch an einer traditionellen Religion orientiert. Ein derartiger Mensch sieht außerdem die Wirklichkeit anders als einer, der ganz in seinen Interessen und Wünschen aufgeht. Sein Gefühl zeigt ihm die Relativität dieser Interessen und Wünsche im Vergleich zu dem von ihm erahnten Lebensziel. Sinnbild für diese Empfindung ist „Elisabeth“. „Zacharias“ und „Elisabeth“, Wille und Empfindung, Haupt und Herz dieses Menschen sind von einer aus dem wahren Selbst aufsteigenden Ahnung berührt. Das wahre Selbst macht sich wie aus der Ferne in ihm bemerkbar und gibt Wille und Empfindung neue Perspektiven.

Nimmt ein solcher Zustand bleibend Gestalt an, so kann es geschehen, dass wie ein Blitz aus dem wahren Selbst, aus den Tiefenschichten der Seele, die Hoffnung, ja die Gewissheit emporschießt, dass ein Leben möglich ist, welches sich endgültig von allen vergänglichen Interessen und Zielen abwendet, um sich von Impulsen aus der Welt des Geistes durchdringen zu lassen. Diese blitzartige Gewissheit und Vision eines Lebens, das sich neuen Erfahrungen öffnet, ist eine Botschaft des wahren Selbst, das von der geistigen Welt intensiv berührt wird. Die Berührung teilt sich dem Bewusstsein mit. Das ist die Verheißung der Geburt Johannes des Täufers durch den Engel Gabriel. „Johannes der Täufer" selbst ist Bild für den aus Wille und Empfindung entstehenden Seelenzustand, ein ethisches Verhalten, das ein neues spirituelles Leben vorbereitet und fördert.

Zeugung und Empfängnis Johannes des Täufers durch Zacharias und Elisabeth sind somit Bilder für das Entstehen einer zur Umkehr bereiten, „reuigen" irdischen Seele aus einem konsequenten, auf die geistige Welt abgestimmten Willen (Zacharias) und einer damit verbundenen neuen Empfindung (Elisabeth). Eine reuige irdische Seele – versinnbildlicht durch Johannes den Täufer – ist Voraussetzung und Vorbereitung für eine spirituelle Seele, ein bewusstes wahres Selbst, das innig mit der geistigen Welt verbunden ist.

Der Wille des Menschen auf dieser Entwicklungsstufe – Zacharias – sperrt sich zunächst gegen diese Reue und totale Lebensumkehr. Zu sehr ist dieser Mensch gewöhnt, sein Heil und seine Erlösung allein schon von der Erfüllung des „Gesetzes", dem treuen Glauben an die Dogmen seiner Religion zu erwarten. Zacharias aber versinnbildlicht den Willen eines Menschen, der sich schließlich trotzdem von der überkommenen alttestamentarischen Unfreiheit löst und am Weg zur Freiheit mitarbeitet. Doch vorläufig wird er „stumm". Der Zweifel hindert ihn am „Sprechen", an der Mitarbeit bei den kommenden Ereignissen.

Die Empfindung des Menschen auf dieser Entwicklungsstufe andererseits – Elisabeth – ist „betagt". Er hat unzählige schmerzliche Erfahrungen mit der Vergänglichkeit der Welt gemacht und ist zu der Einsicht gelangt, dass diese Welt in ihren materiellen wie immateriellen Aspekten seiner innersten Sehnsucht keine Erfüllung bietet. Deshalb ist er „unfruchtbar", was irdische „Früchte" betrifft. Er kann sich unmöglich mehr mit den Zielen dieser zeiträumlichen Welt identifizieren. Aufgeschlossen aber ist er für einen höheren Sinn in allem Geschehen. Er weiß, dass neue Möglichkeiten in ihm auf Verwirklichung warten, und gibt der „reuigen" Seele – „Johannes dem Täufer" – Raum, diese neuen Möglichkeiten zu erkennen und durch ein neues ethisches Verhalten vorzubereiten.

So ist die erste Stufe der menschlichen Entwicklung ein unreflektiertes Aufgehen in der vergänglichen irdischen Welt. Das wahre, mit der geistigen Welt in Verbindung stehende geistige Selbst ist vollkommen latent. Die zweite Stufe ist das Entstehen eines „reuigen" Bewusstseins und eines entsprechenden ethischen Lebens, hervorgerufen durch eine aus dem wahren Selbst aufsteigende Ahnung. Diese Stufe ist die Vorbereitung des spirituellen Weges, die Vorbereitung auf ein spirituelles Bewusstsein und Leben. Sie wird versinnbildlicht durch Zacharias und Elisabeth, geläutertes Haupt und Herz eines Menschen, und durch den daraus hervorgehenden Johannes den Täufer: bewusste Lebensumkehr. Der Mensch stimmt sich ethisch auf eine kommende neue Existenz im Einklang mit der geistigen Welt ab.

Zu dieser neuen Existenz führt der spirituelle Weg, die dritte Stufe der menschlichen Entwicklung. Wenn das wahre Selbst aufgrund der vorbereitenden Lebensführung mehr Spielraum erhält, entstehen im Menschen Offenheit und Empfänglichkeit für die geistige Welt. Das ist der Beginn des spirituellen Weges. Das Herz orientiert sich nicht mehr nur ahnend und fromm an der geistigen Welt wie „Elisabeth", sondern wird von dieser Welt erfasst und durchdrungen. Es hat kein primäres Interesse mehr für die zeiträumliche Welt und lässt sich in keiner Weise von ihr beeinflussen. Dieser Zustand des Herzens wird durch „Maria" versinnbildlicht. Sie ist offen für geistig Neues, aber verschlossen für irdisch Altes. Das ist ihre „Jungfräulichkeit". Deshalb kann sich der seelischen Wahrnehmung eines solchen Menschen wie ein Blitz aus der geistigen Welt – Gabriel – die Gewissheit mitteilen, dass ein neues Bewusstsein und Sein, das wahre Selbst, in ihm geboren werden wird. „Maria" aber glaubt noch, dass dieses neue Bewusstsein und Sein aus dem irdischen Willen gezeugt werden müsste – weshalb sie zweifelt und betont: Ich weiß von keinem Mann. Denn sie ist frei von Einflüssen des irdischen Willens. Doch aus der geistigen Welt steigt die Einsicht in ihr auf, dass der neue, spirituelle Seelenzustand aus dem „heiligen Geist" entstehen wird. Das ist die Richtigstellung durch den Engel Gabriel.

Das wahre Selbst, das bisher nur wie aus der Ferne auf „Elisabeth", das geläuterte Herz, gewirkt hatte, wird jetzt unmittelbar im dafür offenen Herzen, „Maria", wirksam und nimmt darin Wohnung. „Jesus" entsteht in diesem Menschen.

Auch der Zustand der Vorbereitung auf den spirituellen Weg und dessen Beginn „begegnen" sich in einem solchen Menschen. Der Keim der spirituellen Seele – Jesus – begegnet dem schon weiter entwickelten Keim der „reuigen" irdischen Seele – Johannes dem Täufer. Ebenso begegnen sich die „Gefäße" dieser Zustände: das empfindende, dem Geist jungfräulich geöffnete Herz – „Maria" – begegnet dem empfindenden, sich am Geist orientierenden und auf ihn vorbereitenden Herzen – „Elisabeth". Beide Zustände des Herzens, der ethische und der spirituelle, gehen ineinander über. Und gewiss wird in diesem Menschen auch die Freude über das Erlösungsgeschehen im eigenen Wesen entstehen, die das Herz in seinen zwei Zuständen – „Elisabeth" und „Maria" – zwei Lobgesänge anstimmen lässt. Wenn die Verheißung Gabriels in seinem Herzen erklingt, wenn sein Herz von den Impulsen der göttlichen Welt berührt wird, wird es von Kräften erfüllt, die nicht aus der Zeiträumlichkeit stammen. Es wird wie Maria in einen Zustand der unirdischen Seligkeit und Freude enthoben. Und auch der einzelne Mensch wird, von den sich nähernden Geistkräften berührt, erahnen und schließlich wie in einem Hymnus verkünden, was Erlösung eigentlich bedeutet: die Wiederherstellung des ursprünglichen Verhältnisses zwischen Geist, Seele und Körper auch im eigenen Wesen.

Damit sind, durch den ersten Markstein des Evangeliums, die erste Phase des spirituellen Weges und die ihr vorausgehende Vorbereitung, charakterisiert. Jesus wird verheißen: Welt und Mensch werden durch den Impuls aus der göttlichen Welt berührt und öffnen sich ihm. Es ist die Phase der Empfänglichkeit, des „Glaubens" im Sinn von Offenheit für diesen Impuls. Diesem Glauben geht eine totale Lebensumkehr voraus. Auch sie wird durch den göttlichen Impuls ermöglicht. Johannes wird verheißen: Welt und Mensch werden durch den göttlichen Impuls zur ethischen Umkehr gerufen.

II.

Zweiter Markstein des Lukasevangeliums:

Verbindung der geistigen Welt mit der irdischen Welt

Der zweite Markstein des Evangeliums, Geburt und Beschneidung Jesu und die ihr vorausgehende Geburt und Beschneidung Johannes des Täufers, beschreibt die zweite Phase der Wirksamkeit des Geistes in der Welt. Nach der Berührung von Welt und Mensch durch den Impuls aus der göttlichen Welt erfolgt die Verbindung dieses Impulses mit Welt und Mensch. Auf den spirituellen Weg des Einzelnen übertragen heißt das, dass der Schüler in die zweite Phase dieses Weges eintritt. Die Geburten von Johannes dem Täufer und Jesus werden zum Bild für Ereignisse im Seelenraum des einzelnen Schülers. Sein wahres Selbst und eine ethische Lebensführung, die dessen Entwicklung fördert, werden in ihm „geboren". Was bisher als Anlage latent in ihm geschlummert hatte, wird wirksam und bemerkbar. Die spirituellen Kräfte – Jesus – arbeiten jetzt in ihm und nehmen zu. Vorbereitet und begleitet wird diese Arbeit durch die Mitwirkung seines irdischen Ich. Es macht wie Johannes der Täufer die Wege für das wahre Selbst recht.

Geburt bedeutet, dass das im Mutterleib Herangewachsene in die Welt hinaustritt, sich mit ihr verbindet und in ihr verankert. Wenn ein geistverbundenes Wesen wie Johannes oder Jesus in die irdische Welt hinaustritt, tut es das in einem irdischen Körper. Es hat seinen geistigen Leib abgelegt und freiwillig „Knechtsgestalt" angenommen, um in dieser Gestalt den Menschen nahe zu sein und ihnen den spirituellen Impuls zu bringen. Das setzt aber voraus, dass das wahre Selbst dieses Wesens die gesamte irdische Persönlichkeit – Ich und Körper – als brauchbares Werkzeug benutzen kann. Die irdische Persönlichkeit muss ganz frei von Ichbezogenheit werden. Sie muss sich den Impulsen des wahren Selbst vollständig hingeben. Das bedeutet, dass sie in keiner Weise mehr von irdischen Interessen geleitet wird. Diese Notwendigkeit des Freiwerdens der irdischen Persönlichkeit von Ichbezogenheit wird symbolisch durch die „Beschneidung" dargestellt.

Die Verbindung des spirituellen Impulses mit der Welt bedeutet weiterhin, dass er von vornherein für die Menschen fassbar und sichtbar gemacht wird. Er wirkt nicht nur in der Welt, sondern wird von Anfang an auch als spiritueller Impuls charakterisiert und in seiner Art beschrieben, damit die Menschen wissen und begreifen, was sich unter ihnen ereignet. Diese öffentliche Charakterisierung des spirituellen Impulses wird durch die „Namensgebung" versinnbildlicht.

Daher schildert Lukas im Folgenden, entsprechend den beiden Aspekten Vorbereitung und Verwirklichung, die Geburt Johannes des Täufers und Jesu sowie beider Beschneidung und Namensgebung.

Geburt Johannes des Täufers

1 57 *Für Elisabeth aber erfüllte sich die Zeit, dass sie gebären sollte, und sie gebar*
einen Sohn. ***58*** *Und ihre Nachbarn und Verwandten hörten, dass der Herr seine*
Barmherzigkeit an ihr groß gemacht hatte, und freuten sich mit ihr. ***59*** *Und es begab*
sich am achten Tag, dass sie kamen, um das Kindlein zu beschneiden; und sie wollten
es nach dem Namen seines Vaters Zacharias nennen. ***60*** *Da begann seine Mutter und*
sagte: Nein, sondern er soll Johannes heißen. ***61*** *Und sie sagten zu ihr: Es ist*
niemand in deiner Verwandtschaft, der diesen Namen trägt. ***62*** *Sie winkten aber*
seinem Vater, wie er wolle, dass er heißen sollte. ***63*** *Und er forderte ein Schreib-*
täfelchen und schrieb die Worte: Johannes ist sein Name. Und sie verwunderten sich
alle. ***64*** *Sofort aber tat sich sein Mund auf und seine Zunge (löste sich), und er redete*
und pries Gott. ***65*** *Und es kam Furcht über alle, die in ihrer Nähe wohnten, und*
durch das ganze Bergland von Judäa hin wurden alle diese Dinge erzählt. ***66*** *Und*
alle, die es hörten, nahmen es sich zu Herzen und sagten: Was wird wohl aus diesem
Kindlein werden? Denn die Hand des Herrn war mit ihm.

Johannes der Täufer wird geboren. Das geistverbundene Wesen, das sich schon im Mutterleib mit dem Keim eines sterblichen Körpers und Ich verbunden hatte, tritt nun mit diesem sterblichen Körper und dem darin angelegten Ich in die Welt der Erscheinungen hinaus. Damit wird der vorbereitende Aspekt des spirituellen Impulses, verkörpert durch Johannes, fest in der irdischen Welt verankert und beginnt in ihr zu arbeiten. Er arbeitet in den Menschen als Ruf zur Umkehr und zur ethischen Vorbereitung auf die bewusste Erfahrung des spirituellen Impulses.

Beschneidung

Am 8. Tag findet die „Beschneidung" statt. Das ist ein sehr tiefsinniger jüdischer Brauch. Denn jeder Mensch tritt nicht nur mit einem irdischen Körper und einer Anlage zu einem Ich in die Welt, das die organisierende Zentrale des irdischen Lebens und Träger des Denkens, Empfindens und Wollens ist. Mit diesem Körper und seinem Ich ist auch ein wahres Selbst verbunden, mit dem der Mensch der Welt des Geistes angehört. Doch ist dieses wahre Selbst, eben weil der irdische Körper und sein Ich meist völlig von irdischen Kräften bestimmt sind, im Allgemeinen unwirksam und latent und bleibt es auch das ganze Leben über.

Die Aufgabe des Menschen wäre jedoch, das wahre Selbst in den göttlichen Kräften sich entfalten zu lassen. Voraussetzung dafür wäre, dass er von seinen ichbezogenen Interessen und der Bestimmtheit durch irdische Kräfte frei würde. Dadurch könnte die gesamte Persönlichkeit ein empfängliches Gefäß für die Impulse aus dem wahren Selbst werden und diese als gutes Instrument umsetzen. Symbol für die

Beseitigung der Ichbezogenheit ist die Beschneidung. Sie zeigt die wesentliche Voraussetzung, die der Mensch in seinem Leben schaffen müsste, um seine eigentliche Lebensaufgabe zu erfüllen. Das männliche Glied ist seit alters Symbol für die Schöpfungskraft des Menschen, auch der heiligen Schöpfungskraft des wahren Selbst. Über dem Glied aber liegt die Vorhaut, Symbol der ichbezogenen Persönlichkeit, die das wahre Selbst an seiner Funktion hindert. Diese behindernde Haut wird beschnitten oder eingeschnitten, zum Zeichen, dass, wer das Ziel des Lebens erreichen will, seine Ichbezogenheit beschneiden muss. Das göttliche Gesetz der Zehn Gebote beschneidet, im Alten Testament von außen her, die Ichbezogenheit. Deshalb kann die Beschneidung zum Zeichen für den Alten Bund werden, den Gott mit Abraham schließt (1. Mose 17,10–14). Das Gesetz beschneidet die Ichbezogenheit und ermöglicht so eine vorläufige Verbindung Gottes mit dem Menschen. Es beendet das „Heidentum", das Aufgehen des Menschen in der irdischen Welt, und macht ihn zu einem Angehörigen „Israels", zu einem Knecht Gottes. („Israel" bedeutet „Knecht Gottes".)

Auch an Johannes wird die Beschneidung vollzogen. Denn auch er wird, wenn er seine Lebensaufgabe erfüllen soll, die Voraussetzung dafür schaffen müssen. Bei ihm besteht zwar von Mutterleib an eine wirksame Beziehung zwischen dem wahren Selbst und der Welt des Geistes. Das wahre Selbst ist prinzipiell wach und handlungsfähig. Aber der stoffliche Körper, den er freiwillig annimmt, und die damit gekoppelten Anlagen eines sich absolut setzenden Ich legen sich wie eine „Haut" über das wahre Selbst, so dass es sich vorläufig nicht manifestieren kann. Diese „Haut", diese Ichbezogenheit, muss zuerst beschnitten werden, damit das wahre Selbst sich der Persönlichkeit wie eines Gefäßes und Instrumentes bedienen kann.

Die Beschneidung erfolgt übrigens traditionsgemäß am 8. Tag nach der Geburt. 8 ist die Zahl des Durchbruchs von etwas Neuem nach einem vollständigen Entwicklungszyklus, der durch die Zahl 7 versinnbildlicht wird. Wenn sich die Persönlichkeit mit ihrem Körper und ihrem Ich in der irdischen Welt bis zur verantwortlichen Reife entwickelt hat, ist der Zeitpunkt gekommen, wo sie vom Gesetz des Alten Bundes in ihrer Ichbezogenheit beschnitten und zum „Knecht Gottes" werden kann. Sie wird dann, in einer neuen Entwicklung, zum Gefäß und Instrument für das wahre Selbst. Diese neue Entwicklung wird durch die „Beschneidung am 8. Tag" ermöglicht. Das Ritual weist vorwegnehmend auf diese Vorgänge hin.

Namensgebung

Nach der Beschneidung des Johannes wird ihm ein Name gegeben. Der Name eines Dinges oder Lebewesens ist bei den Alten die Formel, in der sich konzentriert sein Wesen ausdrückt, seine besondere Lebensaufgabe, sein besonderes Lebensziel, das all seine Lebensäußerungen prägt. Wer ein Ding oder Lebewesen benennt, erkennt dessen Eigenschaften und macht sie sich dadurch bewusst. Wenn Adam im Paradies jedem Geschöpf einen Namen gibt (1. Mose 2,19–20), so heißt das, dass ihm das Wesen jedes Geschöpfes bewusst wird und er es durch einen Begriff fassbar und mitteilbar macht. Der Name eines Geschöpfes ist ursprünglich genauer Ausdruck und Widerspiegelung seines Wesens im Gedanken und in der Sprache.

Eigentlich müsste der Mensch am 8. Tag nach der Geburt, am Tag, der den Durchbruch des Neuen symbolisiert, den Namen bekommen, der seinem wahren Selbst und dessen besonderen Eigenschaften entspricht. Dann enthielte sein Name die Verheißung und den Ansporn, die besondere Lebensaufgabe, die sich aus den Eigenschaften seines wahren Selbst ergibt, zu erfüllen. Meist aber erhält das Neugeborene, im Widerspruch zur Symbolik der Beschneidung, einen Namen, der den Wünschen oder zufälligen Vorlieben der Eltern entspricht. Er bezeichnet die von den Eltern gewünschten Eigenschaften der irdischen Persönlichkeit des Kindes und weist nicht die geringste Beziehung zum wahren Selbst des Kindes auf.

Bei Johannes dem Täufer aber wird von Lukas ausdrücklich betont, dass in seinem Fall das wahre Selbst Vorrang vor der zeiträumlichen Persönlichkeit besitzt. Die irdische Persönlichkeit, biologisch vom Vater gezeugt, müsste traditionell einen Namen bekommen, in der sich ihre Herkunft aus dem irdischen Blut der Geschlechterfolge ausdrückt. Deshalb wollen „sie“, die Nachbarn und Verwandten, Vertreter der blutsmäßigen und zeiträumlichen Verhältnisse, das Neugeborene nach seinem Vater „Zacharias“ nennen. Doch in Johannes dominiert das geistige wahre Selbst über die irdische Verfassung. Struktur und Funktion seines besonderen wahren Selbst müssen in seinem Namen zum Ausdruck kommen: „Gott hat Gnade erwiesen“. Die besondere Aufgabe des geistverbundenen Wesens Johannes ist, spirituelle Kräfte besonderer Art in die Menschheit einfließen zu lassen. Sie sollen die Menschen zur Umkehr und Vorbereitung auf den Empfang erlösender spiritueller Kräfte bewegen. Diese Möglichkeit zur Umkehr und zur Vorbereitung auf den Empfang erlösender Kräfte ist „Gnade“, von Gott erwiesen. Die schon mit der geistigen Welt verbundenen Eltern des Neugeborenen, Elisabeth und Zacharias, legen Wert darauf, dass das Kind den Namen erhält, der seinem geistigen Wesen und Auftrag entspricht.

Wenn ein spiritueller Impuls in die Welt hinaustritt, ist wichtig, dass er einen Namen besitzt, und dass es der richtige Name ist. Denn durch den Namen werden die Menschen darüber informiert, dass überhaupt ein solcher Impuls zu ihnen kommt, worin er besteht und was er ihnen bringt. Auf diese Weise können sie sich bewusst mit dem Impuls auseinandersetzen. Der Name, irdische Formel für einen spirituellen Inhalt, wirkt wie eine Transformationsstation für diesen Inhalt in der irdischen Welt.

Umso entscheidender ist, dass Übereinstimmung zwischen dem Wesen des Namensträgers und dem Namen besteht. Existiert diese Übereinstimmung, wirkt der Impuls, das Wesen des Namensträgers, mit gesteigerter Kraft. Existiert sie dagegen nicht, etwa derart, dass der Name etwas vorspiegelt, was dem von ihm bezeichneten Wesen nicht entspricht, so wird der Gegensatz zwischen Wirkung des Namens und Wirkung des Wesens verheerende Folgen haben.

Der Name Johannes, „Gott hat Gnade erwiesen“, beschreibt einen bestimmten Aspekt des Wirkens der geistigen Welt in der irdischen Welt. Er verankert diesen Aspekt durch Gedanken und Sprache im Bewusstsein der Menschen, als wäre er das Siegel des Absenders auf einem Brief. Dadurch werden die Menschen auf diesen Aspekt aufmerksam, können prüfen, ob hinter dem Namen die Wirklichkeit steckt, die er bezeichnet, und fühlen sich aufgefordert, sich mit dieser Wirklichkeit auseinanderzusetzen. Sie können sich für die reinigenden, läuternden spirituellen Kräfte der Umkehr und Vorbereitung auf die Erlösung öffnen. Gott hat Gnade erwiesen.

In diesem Sinn hat noch jede spirituelle Bruderschaft, jede Mysterienschule und jede Religion, die einen neuen spirituellen Impuls zur Menschheit brachte, ihr Wesen durch besondere Namen oder Symbole zum Ausdruck gebracht, um sich in der irdischen Welt zu verankern und den Menschen die Möglichkeit der bewussten Auseinandersetzung mit ihr zu geben.

Zacharias hatte seinerzeit der Verkündigung des „Engels", der Stimme aus der geistigen Welt, die ihm den vorbereitenden spirituellen Impuls verheißen hatte, nicht glauben wollen. Zu unwahrscheinlich war ihm, dem irdischen Willen, eine solche Möglichkeit erschienen. Durch diesen Zweifel hatte er sich vom Strom der geistigen Kräfte im eigenen Wesen abgeschnitten und konnte daher auch nicht mit ihnen mitwirken und ihnen Ausdruck verleihen. Er konnte nicht „sprechen". Jetzt aber kommt ihm die „Sprache" wieder: Er tut den Willen der geistigen Welt kund. Er unterstellt sich dem Willen der geistigen Welt und wirkt mit ihren Erfordernissen und Gesetzen mit. Er lehnt die Namensgebung durch irdische Kräfte, bezogen auf die irdische Persönlichkeit des Kindes, ab und erwirkt die Namensgebung, die den Gesetzen der geistigen Welt entspricht. Denn er erkennt, wie wichtig es ist, dass diese Gesetze in der irdischen Welt wirksam werden. Damit steht er wieder im Stromkreis der geistigen Kräfte, kann sie aufnehmen und ihnen Ausdruck verleihen: Er kann wieder „sprechen".

Die Menschen der irdischen Welt geraten angesichts dieser Vorgänge in „Furcht", wie es dem begrenzten irdischen Bewusstsein immer geschieht, wenn es mit der über seinen Horizont hinausreichenden spirituellen Dimension konfrontiert wird. Es ahnt die Mächtigkeit dieser Dimension und die Tatsache, dass es sich selbst von dieser Dimension abgeschnitten hat, dadurch in einem auf Dauer unhaltbaren Mangelzustand lebt und sich irgendwann wieder, freiwillig oder unfreiwillig, dieser Dimension wird fügen müssen.

Doch die Menschen dieser Geschichte verschließen sich trotzdem nicht den Wirkungen der göttlichen Dimension. Sie „nehmen es sich zu Herzen". Sie stehen den Vorgängen offen gegenüber und fühlen sich mit dem Kind und mit den Wirkungen, die einst von ihm ausgehen werden, verbunden. Sie sind bereit, ihre Mangelexistenz mit Hilfe der geistigen Welt aufheben zu lassen. Wie, das wissen sie noch nicht, weshalb sie fragen: „Was wird wohl aus diesem Kindlein werden?"

Hymnus des Zacharias

1 67 *Und sein Vater Zacharias wurde mit dem Heiligen Geist erfüllt und sprach aus Eingebung:*

68 *„Gepriesen sei der Herr, der Gott Israels"; denn er hat sich seines Volkes angenommen und ihm Erlösung bereitet*

69 *und hat uns aufgerichtet ein Horn des Heils in dem Haus Davids, seines Knechtes,*

70 *wie er geredet hat durch den Mund seiner heiligen, von Ewigkeit her ausgesandten Propheten:*

71 *Errettung von unsern Feinden und aus der Hand aller, die uns hassen,*

72 Barmherzigkeit zu erweisen unsern Vätern und zu gedenken seines heiligen Bundes,
73 des Eides, den er Abraham, unserem Vater, geschworen hat, uns zu verleihen,
74 dass wir, erlöst aus der Hand unsrer Feinde, ohne Furcht ihm dienen
75 in Heiligkeit und Gerechtigkeit vor ihm alle unsre Tage.
76 Aber auch du, Kindlein, wirst ein Prophet des Höchsten genannt werden; denn du wirst vor dem Herrn hergehen, seine Wege zu bereiten,
77 um Erkenntnis des Heils zu geben seinem Volk in Vergebung ihrer Sünden,
78 wegen der mitleidsvollen Barmherzigkeit unsres Gottes, womit auf uns strahlen wird der Aufgang aus der Höhe,
79 zu leuchten denen, die in Finsternis und Todesschatten sitzen, zu leiten unsre Füße auf den Weg des Friedens.
80 Das Kindlein aber wuchs und wurde stark im Geist und war in der Einöde bis zum Tag seines Auftretens vor Israel.

Zacharias, der seine „Sprache" wiedergefunden hat, spricht anlässlich der Beschneidung des Johannes einen Hymnus. Die geistige Welt beseelt ihn und bewirkt Erkenntnis der geistigen Gesetze in ihm. Er spricht diese Erkenntnis aus. Wie Maria schildert er in seinem Hymnus die Merkmale der Erlösung.

Auch für ihn ist „Erlösung" ein menschheitlicher Vorgang: ein Einbruch der Ewigkeit in die Zeit, durch den eine Umwertung aller Werte und eine Umwälzung aller Verhältnisse erfolgt. Wo jetzt das Streben nach Ehre, Macht und Reichtum im Vordergrund steht und alles aus dieser Perspektive beurteilt wird, da wird einst das Leben aus der Welt des Geistes, das ein gewaltiges Strömen geistiger Kräfte nach den Gesetzen der geistigen Welt ist, dominieren. Konflikt, Leid, Tod und Unterdrückung, Folgen des Strebens nach Macht, Erfolg und Reichtum, werden verschwunden sein und einer bewussten, kraftvollen Mitarbeit des Menschen mit den Gesetzen der geistigen Welt Platz machen. Dieser Umschwung der Verhältnisse, diese Beseitigung des fundamentalen Ungleichgewichts zwischen geistiger und irdischer Welt ist unvermeidlich, von Ewigkeit her angelegt. Denn eine Entfernung des Menschen von den Gesetzen und Kräften der geistigen Welt ruft unweigerlich Spannung hervor, die ihn, nach dem Durchleben der schrecklichen Folgen dieser Entfernung, mit Macht zur geistigen Welt zurückzieht.

Deshalb ist in diesem Hymnus die Rede davon, dass die Propheten Gottes „von Ewigkeit her ausgesandt" sind. Sie verkörpern die Stimme der Ewigkeit in der Zeit und den Ruf zurück in die Ewigkeit. Der Bund des „Volkes Israel" mit dem „Gott Israels" hat die Erlösung des Volkes zum Ziel und ist exemplarisch für den Bund der ganzen Menschheit mit Gott, soweit sie das Ebenbild Gottes ist. Er ist die Bestätigung der Tatsache, dass die geistige Welt immer wieder die irdische Welt berührt und sich mit ihr verbindet. Sie lässt nicht nach, das Ebenbild Gottes im Menschen zu rufen, wie sehr es sich auch von seinem Ursprung entfernt haben mag.

Auf Grund dieser unverbrüchlichen Verankerung der geistigen in der irdischen Welt treten in der Menschheitsgeschichte immer wieder geistverbundene Menschen auf, die den Geist im Irdischen vertreten und den Erlösungsprozess befördern. Ein solcher Mensch war Abraham, der Glaubende, Beispiel für alle, die sich für die Impulse aus der Ewigkeit öffnen. Ein anderer Mensch dieser Art war David, der Zuversichtliche, Beispiel für alle, die, von Kräften der geistigen Welt angeregt, in starkem Vertrauen auf sie durchs Leben gehen und sich ihre Verbindung zur ihr trotz aller Fehler und Rückschläge bewahren. Im Haus Davids aber wird ein „Horn des Heils“ aufgerichtet: Die zahllosen Menschen, die im Lauf der Geschichte wie Abraham an die geistige Welt geglaubt und wie David um die geistige Welt gekämpft haben, bilden im Organismus Menschheit den Boden, auf dem die Stärke des Heils, das „Horn“, errichtet werden kann. Geistverbundene Menschen wie Jesus, in denen die geistige Welt in Vollkommenheit wirkt, können unter diesen von langer Hand her geschaffenen Voraussetzungen auftreten und, selbst erlöst, anderen bei ihrer Erlösung behilflich sein. Damit wird Jesus, das „Horn des Heils“, zum Beispiel für alle, die, von erlösenden Kräften erfüllt, anderen bei ihrer Erlösung behilflich sind.

Erlösung ist: Errettung von den Feinden. Die Umwertung aller Werte bedeutet, dass die Dominanz des Macht- und Erfolgsstrebens – das sind die Feinde – über das Leben aus der Ewigkeit aufgehoben wird. Das wahre Selbst kann aufatmen, ja seine „Feinde“, die Energien des irdischen Menschen, werden auf lange Sicht dem Geist dienstbar. Sie werden in den geistig-seelischen Haushalt integriert und finden dort ihren richtigen Platz.

Erlösung ist: Der geistigen Welt ohne Furcht in Heiligkeit und Gerechtigkeit dienen zu können. Das wahre Selbst, aus dem Griff der irdischen Energien befreit, muss angesichts der Übermacht der irdischen Verhältnisse kein Schattendasein mehr führen, sondern kann sich verwirklichen. Es verwirklicht die Gesetze der geistigen Welt, die auch die seinen sind, und ist dadurch frei. Denn frei ist ein Wesen, das nach den ihm eingeschriebenen Gesetzen leben kann. Das nach seinen Gesetzen, die auch die der geistigen Welt sind, lebende wahre Selbst ist heilig – heil –, weil es im Einklang mit der geistigen Welt steht, und gerecht, weil es aus den Gesetzen der geistigen Welt lebt. Dies alles wird möglich, weil sich Gott, die geistige Welt, den Menschen immer wieder zuwendet, entsprechend dem „Eid“, den er Abraham geschworen hat: entsprechend der unauflöslichen Verankerung der geistigen in der irdischen Welt.

Erlösung bedeutet nicht, dass das irdische Ich vor den Feinden errettet und heilig und gerecht wird. Wenn das irdische Ich, von den Folgen seines Macht-, Erfolgs- und Glückstrebens zermürbt, nach Barmherzigkeit und Erlösung verlangt, gibt es sich vielleicht sehr bescheiden und gehorsam. Aber damit ist die Dominanz des Irdischen über das Geistige noch nicht aufgehoben. Sie besteht fort, das fundamentale Ungleichgewicht zwischen geistiger und irdischer Welt besteht fort. Es wird erst aufgehoben, wenn das wahre Selbst sich frei entfalten kann, was voraussetzt, dass das irdische Ich zurücktritt. Dann wird es aber auch möglich, dass das geläuterte irdische Ich, von den Kräften des wahren Selbst durchdrungen, dessen Ausdrucksorgan wird. Und das bedeutet auch Erlösung für das irdische Ich. Es steht dann wieder an der richtigen Stelle im Allgeschehen.

Im zweiten Teil des Hymnus wird, im Rahmen des großen Geschehens der Menschheitserlösung, die Rolle Johannes des Täufers charakterisiert und die Erlösung, für die er Wegbereiter ist, ausführlicher inhaltlich bestimmt. Johannes der Täufer gehört in die Reihe der Propheten, die „von Ewigkeit her“ von der geistigen

Welt ausgesandt wurden, um die Menschen auf die Erlösung vorzubereiten. Er steht in der Tradition des Elia, der, nach Maleachi (3,1), vor dem Herrn, vor Gott selbst, einhergeht, um dessen Wege zu bereiten. Gott aber, verkörpert in Jesus, erweckt nach der Vorbereitung der Propheten das wahre Selbst im Menschen, ermöglicht ihm seine Reifung und Entfaltung, und führt es bis zur bewussten Auferstehung in der geistigen Welt: zur Erlösung.

Erlösung ist: „Erkenntnis des Heils". Wer den spirituellen Weg geht, vor dessen Bewusstsein stellt sich, aus den tiefsten Schichten seines Wesens heraufkommend, die Einsicht, was das Heil für ihn ist: die Geburt seines wahren Selbst. Denn damit erfüllt er die in ihm angelegte Bestimmung.

Erlösung ist: „Vergebung der Sünden wegen der mitleidsvollen Barmherzigkeit unseres Gottes". Wenn ein neues Bewusstsein aus dem wahren Selbst entsteht, so ist damit die Kraft verbunden, die Selbstbehauptung des von Angst und irdischem Streben erfüllten Ich zu erkennen. Die Art dieses Ich tritt spontan vors Bewusstsein. Und der Betreffende erkennt, dass das Streben des Ich angesichts der Fülle der geistigen Welt nichtig ist. In dieser Erkenntnis löst sich die Ichbezogenheit allmählich auf. Die Sonderung von der geistigen Welt, die „Sünde", löst sich in den Kräften der geistigen Welt, in der „Barmherzigkeit Gottes", allmählich auf.

Erlösung ist: Erhellung der Existenz durch das Licht der geistigen Welt. Denen, „die in Finsternis und Todesschatten sitzen", leuchtet ein Licht aus der Höhe. Wenn dem Menschen auf dem spirituellen Weg sein Ziel, das „Heil", bewusst geworden und in diesem Bewusstsein die Sonderung von Gott prinzipiell aufgehoben ist, werden ihm die Gesetze und Kräfte der geistigen Welt bewusst. Das Licht der geistigen Welt strahlt in ihm auf. Zugleich wird ihm, im Kontrast dazu, die Situation des irdischen Menschen bewusst. Dessen von der Erscheinungswelt geprägtes Bewusstsein ist im Vergleich zum von der geistigen Welt geprägten Bewusstsein Finsternis. Während das wahre Selbst, selbst ewig, im Leben der Ewigkeit aufgeht, ist das irdische Ich dem Tod unterworfen.

Erlösung ist schließlich: Auf dem „Weg des Friedens" gehen. Wenn der Mensch den Impulsen seines irdischen Macht-, Erfolgs- und Glücksstrebens folgt, werden wegen der unterschiedlichen individuellen und kollektiven Interessen überall Kampf und Konflikt herrschen. Der Friede, den er als irdisches Ich aus Angst vor den Folgen seines Verhaltens zu Stande bringt, wird immer nur ein labiles Gleichgewicht zwischen unterschiedlichen Interessen sein. Die Ursachen der Konflikte sind nicht behoben, so dass bei der kleinsten Verschiebung des Gleichgewichts sofort neue Konflikte ausbrechen. Nein, der „Weg des Friedens", auf den der Geist die Füße des Menschen leitet, ist der Weg der Preisgabe der irdischen Interessen und der Entfaltung des wahren Selbst, das in den Kräften und Gesetzen der geistigen Welt lebt. Im „Reich Gottes" gibt es keine unterschiedlichen Interessen, nur erkennende Übernahme der vom Geist gestellten Aufgaben, wie in einem Orchester, wo jede Stimme das Ganze und die Parts aller übrigen Stimmen kennt, getreulich ihren Part spielt und so zum Gelingen des Ganzen beiträgt. Das folgt aus der Erkenntnis, aus der Aufhebung der Sonderung von Gott und aus der Erleuchtung auf dem spirituellen Weg.

Geburt Jesu

Sechs Monate nachdem Johannes, der Vorläuferaspekt des spirituellen Impulses, geboren ist, wird Jesus, der Verwirklichungsaspekt des spirituellen Impulses, geboren. Er wird wie Johannes beschnitten und erhält einen Namen. Zusätzlich berichtet der Evangelist von der „Darstellung" Jesu im Tempel.

Jesu Geburt entspricht der zweiten Phase des spirituellen Weges, die Geburt Johannes des Täufers der Vorbereitung dieser Phase. Der Verwirklichungsaspekt des spirituellen Impulses, der zunächst die Menschheit nur berührt hat, tritt jetzt in die Welt hinaus und verbindet sich mit ihr. Bezogen auf die Seelenebene des einzelnen Menschen bedeutet das, dass die spirituellen Kräfte in ihm umzulaufen und zu arbeiten beginnen. Sie verändern ihn, sofern er bewusst mitarbeitet. Seine Mitarbeit ist die Vorbereitung und Voraussetzung für die Verwirklichung des wahren Selbst. Die Geburt Jesu versinnbildlicht den Beginn der Arbeit der göttlichen Welt in der irdischen Welt, die Geburt Johannes des Täufers die Mitarbeit des geläuterten irdischen Menschen. Ohne diese Mitarbeit wäre die Arbeit des Geistes vergeblich. Umgekehrt wird die irdische Mitarbeit nur durch den spirituellen Impuls möglich.

So treten Johannes der Täufer und Jesus in die Welt hinaus und verbinden sich mit ihr, zeitlich getrennt durch „sechs Monate". Denn Johannes der Täufer stellt die irdische Entwicklung dar, die nach sechs Perioden in die siebte mündet, die Heiligung durch die göttliche Welt. So heiligt auch in der Schöpfungsgeschichte Gott nach sechs „Tagen", sechs Entwicklungsperioden, sein Werk am siebten Tag.

Umstände der Geburt

2 ***1*** *Es begab sich aber in jenen Tagen, dass vom Kaiser Augustus ein Befehl erging,*
dass der ganze Erdkreis sich einschätzen lassen sollte. ***2*** *Diese Schätzung war die*
erste und geschah, als Quirinius Statthalter in Syrien war. ***3*** *Und es machten sich*
alle auf, um sich einschätzen zu lassen, ein jeder in seine Stadt. ***4*** *Aber auch Joseph*
ging von Galiläa aus der Stadt Nazareth hinauf nach Judäa in die Stadt Davids, wel-
che Bethlehem heißt, weil er aus dem Haus und Geschlecht Davids war, ***5*** *um sich*
mit Maria, seiner Verlobten, die schwanger war, einschätzen zu lassen. ***6*** *Es begab*
sich aber, während sie dort waren, da vollendeten sich die Tage, dass sie gebären
sollte. ***7*** *Und sie gebar ihren ersten Sohn und wickelte ihn in Windeln und legte ihn*
in eine Krippe, weil sie in der Herberge keinen Platz fanden.

Auch die von Lukas erzählte Geschichte der Geburt Jesu ist eine exemplarische Geschichte, die zeigt, unter welchen Bedingungen ein Erlöser aus der geistigen Welt in der irdischen Welt immer geboren wird und auf welche Weise für die erlösenden Kräfte empfängliche Menschen in der irdischen Welt auf eine solche „Geburt" im eigenen Wesen immer reagieren.

Mag sein, dass manche Umstände dieser Geburt tatsächlich historisch waren – wesentlich ist, zu erkennen, welche immer gültigen geistig-seelischen Tatsachen Lukas durch diese Umstände und durch andere Einzelheiten ausdrückt. So ist z. B. die scheinbar ausschließlich historische Angabe, dass Kaiser Augustus den Erdkreis regiert und speziell Quirinius als Statthalter des römischen Kaisers in Syrien herrscht, eine Aussage über den Zustand der Welt, in die der Erlöser eintritt. Man könnte meinen, Lukas habe mit dieser Angabe die Geburt Jesu datieren wollen. Wäre dies vor allem seine Absicht gewesen, so hätte er genauere Jahreszahlen nennen können. Ihm liegt aber daran zu zeigen, dass der Erlöser zu einer Zeit kommt, ja kommen muss, da die irdischen Mächte, hier repräsentiert durch den römischen Kaiser, die absolute Alleinherrschaft innehaben. Auch das jüdische Volk, in dem der Erlöser aus der geistigen Welt geboren werden soll, steht unter der Herrschaft der irdischen Mächte. Macht, Erfolg, Reichtum, Gewalt herrschen, sogar in dem Volk, das als „Israel“, als „Knecht Gottes“, der geistigen Welt Ausdruck geben sollte. Die richtige Ordnung der Dinge, in der das Geistige über das Irdische herrschen und das Irdische Ausdruck des Geistes sein müsste, ist weltweit ins genaue Gegenteil verkehrt. Das Irdische dominiert und lässt das Geistige nicht zur Geltung kommen. Eine solche Situation fordert einen Erlöser, es muss einfach ein Umschwung kommen, nachdem die Verkehrung bis zum Extrem gediehen ist.

Andererseits wird deutlich, welche gewaltige Aufgabe vor dem Erlöser steht: einen Umschwung aller Verhältnisse einzuleiten, um die richtige Ordnung der Dinge wiederherzustellen. Die Art der irdischen Macht wird durch die Volkszählung charakterisiert, die Vermögensschätzung zu Steuerzwecken, die von Quirinius angeordnet wird, nachdem Judäa dem römischen Reich als neue Provinz einverleibt ist. Die irdische Macht möchte nichts dem Zufall überlassen. Sie will alle ihr zur Verfügung stehenden Ressourcen feststellen, kontrollieren und ihren Zwecken dienstbar machen. Ihr Wesen ist die totale rationale Erfassung sämtlicher Möglichkeiten, und Steuerung dieser Möglichkeiten.

Den denkbar größten Kontrast dazu bildet das Wesen des Erlösers und der Erlösung. In der geistigen Welt ist Freiheit. Die geistigen Gesetze sind nicht von außen auferlegt. Sie sind die innere Struktur des Geistes und der Wesen der geistigen Welt selbst. Und sie entfalten sich spontan, ohne Berechnung und Planung. Jedes Geistwesen lässt dem anderen Geistwesen die Freiheit der Selbstentfaltung, und jedes ist von der selbstverständlichen Sicherheit erfüllt, dass sich in dieser Entfaltung das Wesen der geistigen Welt und ihre Ordnung manifestieren wird. Das ist Erlösung, und in einen solchen inneren Zustand gelangt der Mensch, in dem die Kräfte der erlösenden geistigen Welt wirksam werden. Statt Angst um die eigene Existenz und der daraus folgenden Berechnung und Manipulation anderer – wodurch allgemeine Uniformität und Erstarrung im Zwang entstehen – bildet sich ein erkennendes Vertrauen in die Wirksamkeit der geistigen Gesetze im eigenen Wesen und im Wesen anderer heraus. Es kann vertrauensvoll zugelassen werden, dass sich das eigene und das andere Wesen in Freiheit nach der ihnen innewohnenden Gesetzmäßigkeit entfalten.

Der Erlöser wird auch immer in „Bethlehem“ geboren, nicht in „Jerusalem“. „Bethlehem“ bedeutet „Haus des Brotes“ und ist Symbol für das lebende Brot, die Kräfte der geistigen Welt. Es ist der „kleinste unter den Gauen Judas“ (Micha 5,2), der unscheinbarste Ort im Land im Vergleich zum mächtigen Jerusalem. „Jerusalem“ heißt zwar „Stadt des Friedens“. Doch ist es mittlerweile zur Hochburg der allen neuen spirituellen Impulsen feindlichen alten Religion, der traditionellen religiösen Macht der Hohepriester und Schriftgelehrten geworden. In „Jerusalem“ wird der Erlöser stets als Gotteslästerer und Ketzer hingerichtet. An einem solchen Ort der irdisch-religiösen Größe und Macht besteht keine Lebensmöglichkeit für den Erlöser. Deshalb wird er im „Haus des Brotes“, an der für irdische Augen unscheinbaren Quelle geistiger Kräfte, geboren. Es kann sich um einen Ort in der äußeren Wirklichkeit handeln, an dem geeignete Voraussetzungen für die Geburt des Erlösers bestehen. Es kann auch ein Ort in der Seele eines einzelnen Menschen sein, an dem das wahre Selbst erstmals zur Wirksamkeit gelangt.

Bethlehem ist außerdem die Geburtsstadt Davids, des Königs, der das selbstständige, an der geistigen Welt orientierte irdische Ich repräsentiert. Jesus wird also in derselben Stadt wie David geboren, ja er ist „aus dem Haus und Geschlecht Davids“. Er ist dem Blut nach Nachkomme Davids. Damit verkörpert der Erlöser auch die an der geistigen Welt orientierten Ich-Kräfte des Volkes „Israel“, des „Knechtes Gottes“. Er ist blutsmäßig und seiner räumlichen Herkunft nach Erbe dieser Kräfte. Jeder Erlöser knüpft in ähnlicher Weise an den lebendigen religiösen Traditionen seines Volkes an. Er besitzt auch als Ich innere Selbstständigkeit und königliche Kraft, um seine Aufgaben so zu erfüllen, wie es ihm sein an der geistigen Welt orientiertes Gewissen eingibt. Und als in „Bethlehem“ Geborener wird er stets durch geistiges Brot, durch Nahrung aus der Welt des Geistes, gestärkt werden und kann es anderen mitteilen.

Es spricht nichts dagegen, dass Jesus wirklich, historisch, in Bethlehem geboren wurde. Wenn an anderer Stelle des Evangeliums gesagt wird, er stamme aus Nazareth, so lässt sich dies damit erklären, dass seine Familie in Nazareth wohnte und er dort aufwuchs. Lukas hätte dann durch die Erwähnung der Tatsache der Bethlehem-Geburt zusätzlich den spirituellen Sachverhalt angedeutet, dass der Erlöser niemals aus der Sphäre der etablierten negativen religiösen Macht (Jerusalem) kommt, sondern immer die Verkörperung der positiven religiösen Traditionen seines Volkes ist.

Man hat aber die Geschichtlichkeit der Bethlehem-Geburt bezweifelt und behauptet, Lukas habe sie wider besseres Wissen nur eingefügt, um für „seinen“ Erlöser die Autorität der Propheten zu mobilisieren. Wenn der Prophet Micha die Geburt des „Herrschers in Israel“, dessen „Ursprung in der Vorzeit, in unvordenklichen Tagen“ ist, für Bethlehem voraussagt, so braucht man Jesus nur in Bethlehem geboren werden lassen, um ihn einmal mehr als Messias auszuweisen. Ein solches Vorgehen aber würde der Wahrheitsliebe des Lukas kein gutes Zeugnis ausstellen.

Diese Spekulation erübrigt sich, wenn man erkennt, dass die Erwähnung Bethlehems als Geburtsort des Messias sowohl bei den Propheten als auch bei Lukas eine spirituelle Tatsache ins Bewusstsein ruft, wobei die Geschichtlichkeit dieser Tatsache sekundär ist. Micha wusste, dass der Erlöser nicht in „Jerusalem“, sondern nur im „Haus des Brotes“ geboren werden konnte und dass er die „Davids-Eigenschaften“ besitzen würde. Dasselbe wusste Lukas. Und wenn er sich auf Micha bezogen haben sollte, so deshalb, weil ihm die Aussage Michas die Bestätigung seiner eigenen spirituellen Aussage war.

Auch braucht es keineswegs so zu sein, wie ebenfalls behauptet worden ist, dass der Prophet und Lukas gerade Bethlehem als fiktiven Geburtsort des Erlösers ansetzten, um einen Angriff gegen die herrschende Priesterschaft in Jerusalem zu führen. Es reicht aus, „Bethlehem“ als Ort lebendiger Religiosität in Israel zu erkennen, und „Jerusalem“ als die Zitadelle der erstarrten religiösen Macht. Dann versteht man, warum der Erlöser in „Bethlehem“ geboren werden muss. Lukas stellt einen spirituellen Sachverhalt dar und führt keinen Angriff im Dienst theologischer Interessen.

Wie Vers 8 zeigt, ist überdies Nacht, als der Erlöser geboren wird. Es herrscht Finsternis auf der Erde: Finsternis im Vergleich zum Licht der geistigen Welt. Denn das Denken der Menschen ist von Vorurteilen und Illusionen erfüllt, die das Licht der Erkenntnis der geistigen Welt ausschließen.

Was wissen sie denn vom Sinn von Schmerz, Krankheit und Enttäuschung, vom Sinn von Glück und Genuss? Im Hinblick auf das Geheimnis von Leben und Tod, auf die Bedeutung der Schöpfung, auf die eigentliche Bedeutung auch aller irdischen Ereignisse tappen sie im Dunkeln. Erlösung aber ist Erkenntnis, Bewusstwerdung der geistigen Welt, Erhellung des Bewusstseins, Auflösung der verfinsternden Vorurteile und Illusionen. Der Erlöser bringt das Licht der Einsicht, er *ist* das Licht der Einsicht. In diesem Licht können die Menschen allmählich erkennen, was der Sinn ihres eigenen Daseins und der ganzen Schöpfung ist.

Dabei ist sich die irdische Schöpfung ihrer Finsternis gar nicht bewusst. Sie hält sie im Gegenteil für „Aufgeklärtheit“. Die Menschen konzentrieren sich auf ihre Geschäfte, Interessen und Diskussionen und erwarten sich davon ihr Glück. Da ist keine „Herberge“ für etwas Neues, das alles Gewohnte aus den Angeln heben würde, und der Erlöser, das Neue aus der geistigen Welt, muss mit einer „Krippe“ vorlieb nehmen. Die irdischen Menschen sind viel zu sehr mit sich selbst beschäftigt, um dem Erlöser Raum im Bewusstsein zu geben, geschweige denn, ihn gastfreundlich zu empfangen. Deshalb bekommt er keine „Wiege“, sondern eine „Futterkrippe“. Er wird abgedrängt an den Rand des Bewusstseins.

Lukas waren an dieser Stelle sicher die Worte aus Jesaja 1,3 gegenwärtig, wo vom abgefallenen Volk Israel die Rede ist und im Gegensatz dazu gesagt wird: „Der Ochse kennt seinen Meister, und der Esel die Krippe seines Herrn.“ Von seinem eigenen Volk, von den „Seinen“, wird der Erlöser nicht gekannt und nicht empfangen. Nur die Allergeringsten und Verachtetsten, niedrig wie die „Tiere“, bieten ihm Platz. Ochse und Esel auf den vielen künstlerischen Darstellungen der Geburt Jesu sind nicht direkt aus Lukas bezogen. Sie stammen aus Jesaja. Sie symbolisieren auch nicht so sehr die „animalischen“ Eigenschaften Begierde und Hartnäckigkeit, in deren Mitte der Erlöser geboren wird, sondern heben, wie sich aus Jesaja ergibt, den Gegensatz zwischen der Kreatur und dem menschlichen Bewusstsein hervor. Das menschliche Bewusstsein geht in seiner Ichbezogenheit eigene Wege und gibt dem Erlöser keinen Raum. Die Kreatur dagegen weiß immerhin, zu wem sie gehört.

Der Erlöser wird außerdem in „Windeln gewickelt“. Wie ein Wesen sich mit einem stofflichen Körper umkleidet, um überhaupt in der irdischen Welt Fuß fassen und in ihr wirken zu können, so treten erlösende Impulse, wenn sie in der Welt erscheinen, nicht klar erkennbar auf, sondern „eingewickelt“ in die Formen der irdischen Welt. Anders können sie sich vorläufig nicht manifestieren. Das ist einerseits ein Schutz für das Neue, andererseits aber auch ein Hindernis. Wenn ein Geistwesen heranwächst, muss es sich aus dieser stofflichen Hülle, diesen „Windeln“, allmählich „herauswickeln“ und befreien.

Die Hirten

2 8 *Und es waren Hirten in derselben Gegend auf dem Feld, die hielten Nachtwache*
über ihre Herde. ***9*** *Da trat ein Engel des Herrn zu ihnen, und Lichtglanz des Herrn*
umleuchtete sie, und sie fürchteten sich sehr. ***10*** *Und der Engel sprach zu ihnen:*
Fürchtet euch nicht! Denn siehe, ich verkündige euch große Freude, die allem Volk
widerfahren wird; ***11*** *denn euch ist heute der Heiland geboren, welcher der Christus*
ist, der Herr, in der Stadt Davids. ***12*** *Und das sei euch das Zeichen: Ihr werdet ein*
Kind finden, in Windeln gewickelt und in einer Krippe liegend. ***13*** *Und auf einmal war*
bei dem Engel die Menge des himmlischen Heeres, die lobten Gott und sprachen:
14 *Ehre sei Gott in den Höhen und Friede auf Erden unter den Menschen, an*
denen Gott Wohlgefallen hat.
15 *Und es begab sich, als die Engel von ihnen gen Himmel gefahren waren, da*
sprachen die Hirten zueinander: Lasst uns doch nach Bethlehem hingehen und diese
Sache sehen, die geschehen ist und die der Herr uns kundgetan hat. ***16*** *Und sie gin-*
gen eilends und fanden Maria und Joseph, und das Kind in der Krippe liegend. ***17*** *Als*
sie es aber gesehen hatten, machten sie das Wort kund, das ihnen über dieses Kind ge-
sagt worden war. ***18*** *Und alle, die es hörten, verwunderten sich über das, was ihnen*
von den Hirten gesagt wurde. ***19*** *Maria aber behielt alle diese Worte und erwog sie in*
ihrem Herzen. ***20*** *Und die Hirten kehrten zurück und priesen und lobten Gott für al-*
les, was sie gehört und gesehen hatten, wie es ihnen gesagt worden war.

Es gibt Kräfte in der irdischen Welt, die bemerken, dass und wann die Geburt eines Erlösers stattfindet, und unverzüglich darauf reagieren. Diese Kräfte werden bei Lukas als „Hirten“ angedeutet. Nicht den Priestern, nicht den Mächtigen, Angesehenen, Reichen und Gelehrten wird die Geburt Jesu verkündigt, sondern den „Hirten“. Sie verkörpern jedoch in dieser Geschichte weniger einen Beruf als eine seelische Beschaffenheit und Einstellung. Ein Hirte ist Hüter des ihm Anvertrauten. Als Hüter will er es nicht beherrschen, nicht ausbeuten, nicht manipulieren. Er will es fördern – und nicht für eigene Interessen, sondern zum Wohl des ihm Anvertrauten. Solche Beschaffenheit und Einstellung gibt es auch unter Priestern, Mächtigen, Reichen und Gelehrten. Dann gehören diese ebenfalls zu den „Hirten“.

Die „Hirten“ sind auf Grund ihrer Beschaffenheit und Einstellung offen für neue spirituelle Impulse. Ein spiritueller Impuls tritt nicht im eigenen Interesse auf. Er hat das Wohl des Menschen zum Ziel, die Förderung der Bestimmung des Menschen, die „Erlösung“ des wahren Selbst aus der Gefangenschaft in den Interessen der irdischen Welt und die Begleitung und Unterstützung des Menschen, der den spirituellen Weg betritt. Der spirituelle Impuls ist der Beschaffenheit des „Hirten“ wahlverwandt. Und deshalb erreicht die „Hirten“, aus ihrem eigenen Innern oder auf dem Weg über ihr eigenes Innere, der „Engel des Herrn“ und seine Botschaft. Die Kraft des Geistes, „Gabriel“, der vor Gott steht, erweckt in ihnen das Bewusstsein, dass etwas Neues in die Welt getreten ist.

Wie immer, wenn geistige Kräfte in einem Menschen wirksam werden, wird auch das Innere der Hirten durch diesen Einbruch der Ewigkeit in die Zeit gewaltig erschüttert. Die Dimension der geistigen Welt ist im Vergleich zur irdischen Welt Licht und Kraft, der „Lichtglanz des Herrn“. Wenn Kräfte dieser Art sich in einem dafür empfänglichen Menschen bemerkbar machen, stoßen sie das ganze bisherige Wertgefüge um. Daher die „Furcht“, die die Hirten ergreift. Doch allmählich stellt sich das Bewusstsein auf diesen Einbruch der Ewigkeit ein, es wird von den Kräften der geistigen Welt, dem „Engel“, durchdrungen und erhoben. Es muss sich nicht mehr „fürchten“. Und es erkennt jetzt, was im Anzug ist: eine Umwertung aller Werte, die die ganze Welt erfassen wird, und eine daraus erfolgende Umgestaltung aller Verhältnisse. Das Geistige wird aus seiner Latenz befreit werden, das Irdische wird wieder die ihm gebührende Stelle einnehmen: Schale zu sein, die dem Kern Ausdruck gibt.

Das ist Erlösung, und das ist Freude, Lebensfreude des wahren Selbst, das frei zu atmen und zu leben beginnt. Verkörperung dieses wahren Selbst ist Jesus, der Heiland, der die zerbrochene Einheit zwischen Geistigem und Irdischem wieder „heilt“. Er wird die Kräfte der geistigen Welt bewusst empfangen und austeilen können. Er wird der „Christus“ sein, der mit dem „Öl“ der geistigen Welt „Gesalbte“. Sein irdischer Körper und sein Ich aber sind aus den besten irdischen Kräften aufgebaut, die ihm, kraft seiner Geburt im „auserwählten Volk“ und seiner Abstammung von David, vererbt wurden. Dieses Wesen, dem Geist nach Sohn der geistigen Welt, dem Fleisch nach Sohn Davids, ist der Erlöser. Von ihm gehen die Umwertung aller Werte und die Umgestaltung aller Verhältnisse aus.

Wie lässt sich so ein Erlöser in der irdischen Welt entdecken?

Die Hirten bekommen ein „Zeichen“ vom Engel. Die geistige Welt im eigenen Wesen erweckt in ihnen die Einsicht, dass der Erlöser in die gewöhnlichen Formen der irdischen Welt, die „Windeln“, eingewickelt ist und dass er, nach irdischen Maßstäben, aus „armseligen“ Verhältnissen kommt und in einer „Krippe“ liegt.

Ein Mensch mit irdischen, *diesseitigen* Maßstäben erwartet die Erlösung von der Macht, vom Erfolg und vom Reichtum, vom Glanz der Gelehrsamkeit oder Beredsamkeit, vom Tribunen, der Abschaffung aller Ungleichheit und Armut und Errichtung des allgemeinen Wohlstands und Glücks verspricht. Aber so kommt der Erlöser nicht. Er ist der Umwerter aller irdischen Werte, und findet daher im Gefüge dieser irdischen Werte keine Herberge. Nur die Hirten, Menschen, die mit geistigen Augen zu sehen beginnen, erkennen diesen Sachverhalt und suchen den Erlöser nicht in der Sphäre irdischer Größe.

Ein Mensch mit irdischen, *jenseitigen* Maßstäben erwartet, dass der Erlöser als Wundertäter oder als Erscheinung in himmlischem Glanz kommt, auf wunderbare Weise für irdische Augen sichtbar, vielleicht auch als großer Magier, durch spektakuläre Taten als Gesandter der „geistigen Welt“ ausgewiesen. Aber das Zeichen für den Erlöser widerspricht auch dieser Erwartung. Der Erlöser kommt „in Windeln gewickelt“. Er tritt in den gewohnten irdischen Formen auf, nicht anders als andere Menschen. Nur Menschen mit geistigen Augen, die „Hirten“, sehen hinter dieser Hülle das Geistwesen. Ein nicht in den gewohnten irdischen Formen kommender Mensch wäre nicht der Erlöser.

Nachdem sich die geistige Welt den Hirten als Einbruch des Lichtes der Ewigkeit ins irdische Bewusstsein und als Einsicht in das Wesen des Erlösers kundgetan hat, öffnet sich ihr Bewusstsein plötzlich für eine andere Dimension. Die gesamte geistige Welt, die „Menge des himmlischen Heeres“ offenbart sich ihnen. Die Struktur der geistigen Welt, die Hierarchie der Geistwesen zeigt sich ihnen, und es zeigt sich ihnen die „Aktivität“ dieser geistigen Welt und der Geistwesen.

Hymnus des himmlischen Heeres

Diese „Aktivität“ kommt in den Worten der geistigen Hierarchien zum Ausdruck. Denn ihr Sein und Wirken – ihr „Sprechen“ – sind und bezwecken nichts anderes als die Verwirklichung der in der geistigen Welt angelegten Potenziale und Gesetze. Sie anerkennen die Werte der geistigen Welt und geben ihnen immer herrlicheren Ausdruck. Das heißt: „Ehre sei Gott in den Höhen.“ Gott ehren ist kein brausender Gesang vor einer über alles irdische Maß hinausgehenden Majestät, noch weniger ein begeistertes Lippenbekenntnis, nach dem alles doch beim Alten bliebe. Gott ehren heißt, das Ebenbild Gottes, das der Mensch der Anlage nach ist, zu entfalten. Das ist Anerkennung der Werte des Geistes und Vollzug der Potenziale der geistigen Welt, die im Menschen wirksam werden wollen.

An Menschen, die Gott auf diese Weise ehren, hat er sein „Wohlgefallen“. In ihnen wirkt die Kraft der geistigen Welt, erlöst sie und führt sie zu einem neuen Frieden, während sie auf Menschen, die sich gegen sie sperren, zerbrechend wirkt. An ihnen hat Gott kein Wohlgefallen. Sie rufen durch ihren Widerstand gegen die geistigen Kräfte selbst den „Zorn Gottes“, nämlich „zornige“ Wirkungen dieser Kräfte auf. Der Friede, der unter den Menschen auf Erden herrschen wird, welche Gott die Ehre geben, ist kein irdischer Friede. Ein solcher Friede ist doch nur ein vorübergehender Ausgleich unterschiedlicher irdischer Interessen. Der Friede, der aus der Erlösung stammt, hat die „Ehre Gottes“ zur Voraussetzung: die Anerkennung der Werte des Geistes. Dann kann sich das wahre Selbst, die vom Geist durchdrungene Seele, entfalten, und dann ist wahrer, nie endender Friede eine natürliche Gegebenheit. Denn was sollte noch Unzufriedenheit im Menschen hervorrufen können, wenn er frei, in Übereinstimmung mit den Gesetzen seines wahren Selbst, lebt? Und was sollte Konflikte unter Menschen hervorrufen können, wenn sie alle in den Gesetzen der geistigen Welt, die die Gesetze des wahren Selbst sind, eins sind?

Die Worte des himmlischen Heeres drücken genau die richtige Ordnung der Dinge aus. Die geistige Welt in den Höhen vollzieht die Gesetze der geistigen Welt. Und wenn die Menschen auf der Erde diese Gesetze ebenfalls anerkennen und verwirklichen, wird Friede unter ihnen herrschen. Sie werden das Ebenbild Gottes, das sie der Anlage nach sind, entfalten. Auf dieses Ziel der Menschheitsentwicklung, diese Erlösung, weisen die himmlischen Heerscharen hin.

Nachdem die „Hirten“, die für die geistige Welt empfänglichen Menschen, den Einbruch der geistigen Welt in ihr Bewusstsein erlebt, die Eigenschaften des Erlösers erkannt und das Ziel der Erlösung erfasst haben, brechen sie nach Bethlehem auf, dem „Haus des Brotes“, dem geistigen Quell, aus dem die Erlösung kommt. Sie erkennen den Erlöser daran, dass er einerseits keinen Platz in der gewohnten Welt findet, andererseits kein mit Wundertaten prunkender Charismatiker ist. Sie erkennen auch seine „Eltern“, erkennen also, dass er sowohl dem Fleisch als auch dem Geist nach in einem dazu geeigneten „Gefäß“ geboren wird, sich völlig den Gesetzen der irdischen Welt fügt und ihnen aussetzt.

Nachdem sie dies alles erfahren haben, gehen sie dazu über, ihre Erfahrungen weiterzugeben und dadurch in sich zu befestigen. Sie loben Gott für alles, was sie gesehen und gehört haben. Dabei treffen sie auf Menschen, die hören können und die Bedeutsamkeit des Gehörten zumindest erahnen. Die Hörenden verwundern sich über die Gewalt dieses Geschehens. Maria aber staunt nicht nur. Sie findet auch einen Zugang zu diesen Ereignissen. Sie lässt das Gehörte ruhig in sich wirken: Sie „erwog es in ihrem Herzen". Das ist ihre Art, sich seelisch-geistigen Gesetzmäßigkeiten zu nähern. Sie versucht nicht, sie zu beweisen und sich denkend ihrer zu bemächtigen. Einem solchen Vorgehen würden sie sich entziehen. Maria stellt sie statt dessen vor das empfängliche Herz, wo das wahre Selbst wirkt, und lässt still zu, dass sie sich dem Bewusstsein enthüllen. Sie umkreist sie immer von neuem in ruhiger Sehnsucht, sie zu verstehen. Daher wird auch der Augenblick kommen, wo sie sich dem Verständnis freiwillig mitteilen.

Zeitlose Bedeutung dieser Vorgänge

Dies alles hat sich vor 2000 Jahren ereignet. Immer gültige geistig-seelische Gesetzmäßigkeiten haben sich vor 2000 Jahren ausgedrückt und sind historisch geworden. Sie können sich aber auch in der Gegenwart ausdrücken und historisch werden. Die Ereignisse von vor 2000 Jahren sind exemplarisch für ähnliche Ereignisse zu allen Zeiten. Immer kann, auch in der Gegenwart, ein neuer, junger Impuls aus der geistigen Welt, verkörpert in einem Erlöser-„Kind", in die irdische Welt einbrechen und sich darin verankern. Immer kann und wird diesem Ereignis ein vorbereitender Impuls vorausgehen, personifiziert in einem Vorläufer. Die Umstände, unter denen sich so etwas heute ereignet, sind die nämlichen wie damals. Auch heute herrscht der „Kaiser", die irdische Welt mit ihrem Streben nach Macht, Erfolg und Besitz, fast unumschränkt. Auch heute versucht die irdische Macht, wie bei der damaligen „Volkszählung", jedes Lebensgebiet bis ins Einzelne zu regeln. Der Erlöser aber zeigt Spontaneität. Nur so kann sich das wahre Selbst in den Gesetzen der geistigen Welt entfalten.

Auch heute werden Erlöser in „Bethlehem", dem „Haus des Brotes", geboren. Denn nur in einer Gemeinschaft lebendiger Seelen kann ein Erlöser heranwachsen. Er wird in die Finsternis der Unwissenheit über geistig-seelische Tatsachen und der daraus folgenden chaotischen Verhältnisse hineingeboren. Irdischen Augen ist er verborgen, denn er macht kein Aufsehen und wirkt in der Stille. Nur geistige Augen erkennen seine Größe und sein ruhiges Wachstum. Irdische Augen lassen sich von Erfolg und Faszination blenden. Sie erkennen nicht, dass der Erlöser sich in unauffälligen, konventionellen Formen kundtut.

Auch heute gibt es „Hirten", die Hüter des Lebendigen, die Rücksichtsvollen und Achtsamen, die innerlich auf das erlösende Neue warten. Sie werden von den geistigen Kräften – den Engeln – im Innern angerufen und hören. Sie entdecken das erlösende Neue, verkörpert in anderen Menschen. Denn sie sehen mit geistigen Augen und durchschauen alle falschen irdischen Erlösungserwartungen. Sie sind auch bereit, Gott die Ehre zu geben: ihre bisherigen Werte umzuwerten und ihr Leben neu im Sinn der geistig-seelischen Gesetze zu gestalten. Dadurch entsteht wirklicher Friede auf Erden. Das ist etwas Anderes, als die Geburt eines Erlösers zu feiern, der vor 2000 Jahren geboren wurde und auf dessen Erlösung man sich glaubend verlässt. So etwas hindert nur daran, das erlösende Neue in der Gegenwart zu erkennen und zu verwirklichen.

Immer gültige geistig-seelische Gesetzmäßigkeiten drücken sich nicht nur in äußeren Gestalten und ihren Beziehungen, sondern auch im Seelenraum eines einzelnen Menschen aus. Alle Ereignisse der Geburt Johannes des Täufers und Jesu lassen sich auch auf einen einzelnen Menschen beziehen. So gesehen, gewinnen die Geschehnisse vor 2000 Jahren noch weit aktuellere Bedeutung. Sie können von jedem Menschen im eigenen Wesen erlebt werden.

Wenn Johannes der Täufer in einem Menschen geboren wird, so bedeutet das, dass in diesem Menschen, veranlasst durch das in ihm erwachende wahre Selbst, ungewöhnliche Gedanken und Empfindungen aufsteigen. Er fragt sich: Was soll eigentlich das ganze Leben? Ist das irdische Leben mit Macht, Erfolg und Reichtum alles? Ist es das, was ich eigentlich will? Ich muss, wenn ich meine Bestimmung erfüllen will, meine Wertmaßstäbe ändern und darf nicht mehr so leben wie bisher. Das ist die „Buße", zu der Johannes der Täufer im Innern des Menschen aufruft. Das bisherige Leben entspricht nicht der Bestimmung des Menschen, darum „bereut" er. Johannes ist Vorbereiter in vierfachem Sinn: Die Gedanken wenden sich einem neuen Leben zu und werden von der Aussicht auf dieses neue Leben erhellt, ebenso die Gefühle, drittens die Strebungen und viertens das Handeln. Dem entsprechen die vier Lichter auf dem Adventskranz. Eins nach dem andern werden Denken, Fühlen, Streben und Handeln eines Menschen, in dem Johannes der Täufer wirkt und der auf die Ankunft Jesu im eigenen Wesen wartet, durch Kräfte aus dem wahren Wesen angezündet. Ein solcher Brauch fordert den Menschen auf, das zu verwirklichen, was in ihm angelegt ist.

Jesus im Menschen aber ist das „Kind", das geboren wird, eine neue Spontaneität und Unschuld, der zaghafte Keim aus der geistigen Welt, die im Menschen als wahres Selbst auf Entfaltung wartet. Es kann nur geboren werden und sich entfalten, wenn vorher, im Sinn des Johannes, eine radikale Auseinandersetzung mit der irdischen Welt im Äußeren und im Innern geführt und die Relativität dieser irdischen Welt im Licht des Neuen erkannt wurde. Dann können neue Kräfte und ein neues Bewusstsein inmitten der irdischen Gewohnheiten dieses Menschen, inmitten seines Sicherheitsstrebens und seiner Planungswut (Augustus), im „Haus des Brotes", dem Quell spiritueller Kräfte im Herzen, und in der Nacht des alten Bewusstseins und Seins geboren werden, als leise, zaghafte Stimme vielleicht, die unter den vielen irdischen Interessen und Sorgen kaum eine Herberge findet und sich sehr unbeholfen, wie in „Windeln", artikuliert.

Von welchen „Eltern" wird Jesus im Menschen geboren? Seine Mutter ist Maria, sein geistiger Vater der heilige Geist, sein irdischer Vater Joseph. Die Mutter des spirituellen Lebens ist ein reines Herz: Maria. Nur ein reines, für den Geist empfängliches Herz kann Jesus, das wahre Selbst, zur Welt bringen. Wenn die Seele sich von Leidenschaften und Ängsten, vom Streben nach Reichtum, Macht, Erfolg und Vergnügen, von Illusionen und Dogmen beeinflussen lässt, ist sie keine reine „Jungfrau“. Sie ist dann ein Wesen, das sich mit jedermann einlässt. Macht sie sich aber frei von den vielen Dingen und Interessen, die um sie werben und sie in Besitz nehmen wollen, wird sie zu einer reinen Jungfrau, einer Maria. Sie wird ruhig, ruht in sich, und kann sich für Einflüsse aus der Welt des Geistes, aus dem Reich Gottes, öffnen. Dann empfängt sie den heiligen Geist, spirituelle Kräfte aus der Welt des Geistes. Maria ist, im Vergleich zu Elisabeth, eine höhere Oktave des Seelenlebens. Elisabeth ist das für ethische Prinzipien empfängliche Herz, Maria das für spirituelle Impulse empfängliche Herz. Entsprechend wird aus Elisabeth Johannes der Vorläufer, aus Maria Jesus der Verwirklicher geboren.

Der heilige Geist ist der eigentliche Vater des wahren Selbst, das aus Maria geboren wird. Joseph dagegen ist der Ziehvater, der Pflegevater des wahren Selbst. Er verkörpert die klare Einsicht im Einzelnen, wie der irdische Wille die Geburt des wahren Selbst ermöglichen und sein Wachstum fördern kann. Ein solcher Wille will nichts, als was dem Wachstum des wahren Selbst dient. Er ist die höhere Oktave von Zacharias, dem geläuterten Willen, der sich an ethischen Prinzipien orientiert. Er schützt Maria, die reine Seele, und das Kind vor der Feindschaft der irdischen Welt, indem er die der Entwicklung des wahren Selbst feindlichen Tendenzen in und außerhalb des Menschen erkennt – Zweifel, Ichbezogenheit und Angst – und sie abweist. Joseph ist aber tatsächlich nur der Pflegevater des wahren Selbst. Auch ein völlig an spirituellen Prinzipien orientierter irdischer Wille kann das neue spirituelle Leben nicht erzeugen. Er kann es nur schützen und geleiten. „Gezeugt“ wird es durch den Heiligen Geist.

Die „Hirten“ verkörpern diejenigen irdischen Fähigkeiten und Kräfte im Einzelnen, die die neue Lebensmöglichkeit ahnen und von ihr berührt werden. Sie gehen, überwältigt von den Kräften aus der geistigen Welt, dieser neuen Lebensmöglichkeit nach und wenden sich ihr zu, so wie sich die Hirten dem Kind in Bethlehem zuwenden.

Der Weihnachtsbaum ist Symbol dafür, dass der ganze Mensch – der Baum – nach der entsprechenden Vorbereitung vom erlösenden inneren Licht entzündet werden kann. Alle Funktionen und Eigenschaften erstrahlen in einem neuen Licht. Das wahre Selbst tritt ins Dasein. Die Geschenke, die man sich an Weihnachten zu machen pflegt, können Bilder dafür sein, dass sich Menschen in diesem neuen Zustand gegenseitig mitteilen, was sie sind und innerlich besitzen. Aber äußere Symbole sind nur Hilfsmittel zur Verwirklichung innerer Vorgänge. Die inneren Vorgänge sind an keine bestimmte Zeit gebunden. Das erlösende Neue kann sich zu jeder Jahreszeit im Menschen manifestieren. Die Geburt Johannes des Täufers, die Geburt Jesu, die Beiträge Zacharias’, Elisabeths, Josephs, Marias und der Hirten zu diesem Geschehen – all dies ist zeitunabhängig, unabhängig von Jahreszeiten, unabhängig von Jahreszahlen. Weihnachten in diesem Sinn ist keine Erinnerung an eine vor 2000 Jahren von einem Erlöser den Menschen ohne ihr Zutun „servierte“ Erlösung. Es ist der Hinweis auf die Erlösung, die in jedem Menschen angelegt ist und von ihm selbst, mit Hilfe der Kräfte aus der geistigen Welt, verwirklicht werden muss. Weihnachten in diesem Sinn ist kein Kinderfest, das davon lebt, dass sich Erwachsene in eine heile Kindheit zurücksehnen. Weihnachten heißt, dass der

Mensch endlich erwachsen wird. Das Erwachsensein des wahren Selbst beginnt. Und Weihnachten in diesem Sinn ist kein Familienfest. Die Flucht vor der rauen Wirklichkeit in den intimen Kreis der Familie, ins Verwandtschaftliche, in die Gruppe überhaupt, hört auf, wenn der Mensch – auf der Grundlage der Gesetze der geistigen Welt – verantwortlicher Weltbürger wird. Weihnachten ist ein Menschheitsfest, Beginn der Verwirklichung des wahren Selbst, aus der wirklicher Friede auf Erden entsteht.

Beschneidung und Namensgebung Jesu

2 21 *Und als acht Tage vollendet waren, nach denen man ihn beschneiden musste, da wurde ihm der Name Jesus gegeben, der von dem Engel genannt worden war, ehe er im Mutterleib empfangen wurde.* ***22*** *Und als die Tage ihrer Reinigung nach dem Gesetz des Mose vollendet waren, brachten sie ihn nach Jerusalem, um ihn dem Herrn darzustellen –*
23 *wie im Gesetz des Herrn geschrieben steht:*
„Alle männliche Erstgeburt soll dem Herrn geheiligt heißen" –
24 *und um ein Opfer zu bringen nach der Bestimmung im Gesetz des Herrn: „ein Paar Turteltauben oder zwei junge Tauben".*

Auch Jesus wird beschnitten und erhält einen Namen. Hier gilt das gleiche wie bei der Beschneidung und Namensgebung Johannes des Täufers. Die Beschneidung erfolgt am achten Tag nach der Geburt. Der achte Tag versinnbildlicht den Durchbruch zu etwas Neuem nach einer abgeschlossenen Entwicklung von sieben Perioden. Es wird damit zum Ausdruck gebracht, dass das Neugeborene, jedes Neugeborene, nach der Entfaltung des irdischen Ich einst vor der Aufgabe stehen wird, das wahre, geistige Selbst durch die Hülle des irdischen Wesens hindurchbrechen und ans Licht treten zu lassen. Voraussetzung dafür ist, dass das Ich, das als Hülle das wahre Selbst umgibt, „beschnitten" und dem wahren Selbst untergeordnet wird. Nur so kann sich das wahre Selbst entfalten.

Jesus ist überdies ein besonderer Mensch, ein geistverbundener Mensch, der in den Stromkreis der geistigen Welt eingebettet ist und daraus lebt – anders als gewöhnliche Menschen, bei denen das wahre Selbst noch unwirksam ist. Auf diese besondere Beschaffenheit Jesu wird angespielt durch die Bemerkung, dass der Engel seinen Namen nannte, bevor Jesus im Mutterleib empfangen wurde. Vor der biologischen Empfängnis war Jesus als Geistwesen bewusst in der geistigen Welt zu Hause gewesen. Er inkarniert mit einer besonderen Aufgabe in der zeiträumlichen Welt. Wesen und Aufgabe Jesu werden durch seinen Namen ausgedrückt: Jehoschua – „Gott erlöst". Die Aufgabe Jesu wird sein, allen Menschen, deren wahres Selbst sich aus der Knechtschaft des irdischen Wesens lösen will, bei diesem Prozess behilflich zu sein: ihnen bei ihrer Erlösung zu helfen.

Die Namensgebung ist ein weiterer Aspekt der Verankerung des durch Jesus verkörperten spirituellen Impulses in der irdischen Welt. Wesen und Aufgabe dieses Impulses werden wie eine Formel in die Sprache der zeiträumlichen Welt geprägt. Damit schafft er sich gleichsam einen Brückenkopf in der Gedanken- und Bewusstseinswelt der Zeiträumlichkeit. Von da aus kann er mit um so größerer Kraft in der Zeiträumlichkeit wirken. Er wird erkennbar für das Bewusstsein des irdischen Menschen. Dieses kann sich damit auseinandersetzen und positiv oder negativ darauf reagieren.

Wenn sich ein Impuls aus der geistigen Welt mit einem irdischen Körper verbindet und sich so in der Zeiträumlichkeit verankert, ist der irdische Körper und das in ihn eingetretene Geistwesen notwendig allen irdischen Gesetzen unterworfen, denen ein irdischer Mensch gewöhnlich unterworfen ist. Er wird in eine Kultur, eine religiöse und politische Tradition, eine blutsmäßige Gemeinschaft hineingeboren. Auch dies sind „Windeln", die das Kind umhüllen. Sie sind vorläufig ein Schutz für das sich entwickelnde Neue, können aber später zum Hindernis werden, das überwunden werden muss, so wie Jesus später die starre Gesetzlichkeit seiner Umgebung überwindet.

Beschneidung und Darstellung im Tempel sind solche traditionellen rituellen Vorschriften, denen sich die Eltern Jesu auf Grund ihrer Religionszugehörigkeit willig fügen. Aber wie jedes Ritual, so haben auch diese Regeln eine spirituelle Bedeutung.

Die Mutter eines Neugeborenen gilt die sieben Tage bis zur Beschneidung des Kindes als „unrein" und muss sich 33 Tage danach durch bestimmte Opfer im Tempel reinigen (3. Mose 12). Außerdem begeben sich die Eltern Jesu in den Tempel zu Jerusalem, den Mittelpunkt der jüdischen Religion, um Jesus Gott als „männliche Erstgeburt" darzustellen (2. Mose 13,2).

Das sind Sinnbilder für geistig-seelische Sachverhalte. Die Mutter hat ein irdisches Kind geboren. Es wäre aber die Aufgabe des Menschen, „heilig" zu sein und göttliche Kinder hervorzubringen. „Kind" kann dabei jedes beliebige Werk sein, das der Mensch vollbringt. Jede „Geburt" eines ausschließlich irdischen Werkes, das ohne Heiligung durch die Welt des Geistes geschieht, entspricht nicht der Bestimmung des Menschen, macht ihn daher unrein und verlangt eine intensive Reinigung in den Kräften der geistigen Welt. Die Periode der Unreinheit dauert 7 Tage. Aber ab dem 8. Tag, dem Tag der Beschneidung des Neugeborenen, der symbolischen Beseitigung der irdischen Ichbezogenheit, tritt die Mutter ebenfalls in einen Prozess der Reinigung und Heiligung ein. Er dauert 33 Tage. Auch 33 ist eine besondere Zahl. Sie bezieht sich auf einen vollständigen Zyklus, der alle Stationen einer Entwicklung in der Zeiträumlichkeit durchläuft. Am Ende dieser Periode ist die Reinigung und Heiligung vollzogen und wird durch ein Tieropfer abgeschlossen, das noch einmal demonstriert, dass alles Tierhafte am Menschen den Kräften des Geistes zur Verwandlung übergeben wird.

Darstellung im Tempel

Die „Darstellung" Jesu im Tempel ist ein weiteres Symbol für geistig-seelische Sachverhalte. Das Ritual geht auf den Auszug Israels aus Ägypten zurück und wird durch ihn begründet (2. Mose 13). Jede „männliche Erstgeburt" ist dem Herrn heilig und muss daher dem Herrn „präsentiert", dargestellt, werden. Denn nur wenn die „männliche Erstgeburt" Gott geweiht wird, kann der „Auszug aus Ägypten" stattfinden. Die „männliche Erstgeburt" ist Symbol für das Ich des Menschen, das sich als erstes

„Werk“ dieses Menschen aus seinen unbewussten Anlagen in der Kindheit herausbildet. Dieses Ich soll nicht in der irdischen Welt aufgehen und sich von der geistigen eigenwillig distanzieren, sondern sich dem Dienst an den Gesetzen des Geistes weihen. Das ist die Aufgabe des Menschen, jedes Menschen, und die Geburt eines Kindes, vor allem des ersten männlichen Kindes, erinnert ihn daran. Nur wenn das Ich, die „männliche Erstgeburt“, Gott geweiht wird, kann der Mensch seine Gebundenheit an die irdische Welt – „Ägypten“ – verlassen und sich auf den Weg in die geistige Welt – das „Gelobte Land“ – machen. Durch das Ritual der Darstellung ihres Erstgeborenen wird den Eltern Jesu ihre eigene Lebensaufgabe bewusst, und das Kind, als Ich, wird wie in einer Taufe den Kräften des Geistes unterstellt und mit ihnen verbunden.

Die Geburt eines Kindes wurde somit den Juden zum Anlass, sich durch rituelle Praxis die grundsätzliche Situation des Menschen immer wieder bewusst zu machen und seine eigentliche Bestimmung zu fördern. Die Eltern Jesu vollziehen diese rituelle Praxis ebenfalls. Denn Jesus als irdisches Wesen ist „Fleisch“ und nicht „Geist“, weshalb die allgemein-jüdischen Reinigungsvorschriften auch für ihn und seine Mutter gelten.

Das nun folgende Geschehen aber bezieht sich auf das Geistwesen, das, an den irdischen Körper Jesu gebunden, ebenfalls dem Herrn „dargestellt“ und geweiht wird.

Simeon

***2 25** Und siehe, es war in Jerusalem ein Mann namens Simeon, und dieser Mann war gerecht und gottesfürchtig und wartete auf den Trost Israels, und der heilige Geist war auf ihm. **26** Und er hatte vom heiligen Geist die Zusage empfangen, dass er den Tod nicht sehen werde, bevor er den Gesalbten des Herrn gesehen hätte. **27** Und er kam, erfüllt vom Geist, in den Tempel…*

Was ist der „heilige Geist“?

Immer wieder ist in den Geschichten des Lukasevangeliums, die von der Verankerung eines aus der Ewigkeit kommenden erlösenden Impulses in der Zeitlichkeit berichten, vom „heiligen Geist“ die Rede. Das ist gar nicht anders möglich. Denn ein erlösender Impuls aus der geistigen Welt ist notwendig von der Wirksamkeit des heiligen Geistes begleitet. Johannes und Jesus, die als Wesen aus der Ewigkeit den erlösenden Impuls in die Zeitlichkeit bringen, sind schon vor der Empfängnis im Mutterleib vom heiligen Geist erfüllt (1,15). Auch die „Gefäße“, in denen sie als irdische Persönlichkeiten und als Geistwesen heranwachsen, werden vom heiligen Geist erfüllt: Maria in einer Weise, dass aus ihr der „Sohn des Höchsten“ hervorgehen kann (1,35), Elisabeth in der Weise, dass sie erkennt, was in Maria als „Frucht ihres Leibes“ heranwächst (1,42). In der Kraft des heiligen Geistes rühmt Elisabeth Maria als Mutter des Erlösers, und vom heiligen Geist inspiriert singt Maria ihren Hymnus auf die Erlösung. Auch Zacharias, Vater des Johannes, wird vom heiligen Geist erfüllt und erkennt dadurch das Wesen der Erlösung, des Vorläufers und des Verwirklichers der Erlösung. Ebenso ruht jetzt auf Simeon der heilige Geist (2,25) und weissagt Hanna als Prophetin über die Erlösung Israels (2,38).

Was ist dieser „heilige Geist"? Er ist eine Kraft aus der geistigen Welt, die bestimmte Wirkungen hervorbringt. Wenn sich die geistige Welt öffnet und einen erlösenden Impuls in die Zeitlichkeit sendet, muss sich auch die Kraft des heiligen Geistes mit in die Zeitlichkeit einsenken. Gott der Vater ist die schöpferische Ordnung der geistigen Welt, ihr Fundament, ihr treibendes Entwicklungsprinzip, ihre innerste Struktur, ihre „Intelligenz", die sich schrittweise offenbaren will. Der heilige Geist ist die Kraft der geistigen Welt, mittels welcher sich der Vater, die innerste Struktur, offenbart. Und das Ergebnis des Zusammenwirkens von Struktur und Kraft ist Bewusstsein, Licht, Erkenntnis: der Sohn. Aus zeugendem göttlichem Willen und empfangender göttlicher Kraft wird das göttliche Licht geboren.

Weisheit und Erkenntnis sind die Wirkungen, die der heilige Geist als Kraft aus der geistigen Welt im Menschen hervorruft. Das zeigt sich im Verhalten von Elisabeth, Maria, Zacharias, Simeon und Hanna: In ihnen allen werden, wenn sie vom heiligen Geist erfüllt sind, Erkenntnisse wach, die sich auf die geistige Welt und deren Wirksamkeit in der Zeitlichkeit beziehen. Ihr wahres Selbst wird vom heiligen Geist berührt. Die Folge ist eine Wirksamkeit dieses wahren Selbst. Es tut sich kund und erweist sich zugleich als Organ, welches die geistige Welt und ihre Wirksamkeit erkennt. Elisabeth erkennt das in Maria heranwachsende Geistwesen, den „Herrn", und Maria selbst als „Gefäß" für dieses Geistwesen. Maria erkennt ihre eigene Aufgabe für die geistige Welt und die Gesetzmäßigkeit der Erlösung: die „Umwertung aller Werte" und die Umkehrung aller Verhältnisse. Zacharias erkennt ebenfalls diese Gesetzmäßigkeit der Erlösung.

Immer ist die Wirksamkeit des heiligen Geistes auch von höchster Freude begleitet, bedeutet doch die Aktivierung des wahren Selbst seine Befreiung von den Fesseln der irdischen Welt, den Fesseln der Nicht-Erkenntnis und Nicht-Wirksamkeit. Das wahre Selbst fühlt sich nun von göttlichem Leben erfüllt, und dieser Zustand des Durchströmtseins von göttlicher Energie ist seine Freude.

Die Wirkung des heiligen Geistes ist etwas anderes als ein unverstandenes Nachreden oder Nachschreiben von Eingebungen aus den jenseitigen Bereichen der Wirklichkeit. Sie besteht darin, dass das wahre Selbst als selbstständiges Erkenntnisorgan tätig wird, das die Struktur der geistigen Wirklichkeit bewusst erschaut, ermächtigt dazu von der in ihm wirkenden Kraft des heiligen Geistes. Nur eine solche selbstständige, vom heiligen Geist ermöglichte Erkenntnistätigkeit des wahren Selbst ist eingebettet in den erlösenden Impuls aus der geistigen Welt und ist selbst Erlösung.

Simeons Vision

Bisher befand sich „Israel" – Chiffre für die religiöse und ethische Menschheit – im alttestamentarischen Stadium, dem Stadium der durch das äußere Gesetz vollzogenen Vorbereitung auf das „Heil". Bisher war das „Heil", der Eintritt ins Stadium der Freiheit im inneren Gesetz des wahren Selbst, noch nicht möglich. Jetzt aber wird der Erlöser geboren: Das prototypische wahre Selbst des Menschen tritt in der Menschheitsentwicklung zu Tage. Die Freiheit im inneren Gesetz wird möglich. Das ist ein entscheidender Augenblick in der Entwicklung der Menschheit.

Simeon hatte auf den „Trost Israels", auf diesen entscheidenden Augenblick gewartet. Er wusste durch den heiligen Geist mit Sicherheit, dass dieser Augenblick kommen würde. Er wusste außerdem, dass er selbst als Einzelner oder als Angehöriger seiner Generation diesen Augenblick erleben würde. Der heilige Geist hatte es ihm zugesagt: Simeon spürte intuitiv, dass der große Umschwung in der Menschheitsentwicklung, das Zu-Tage-Treten des exemplarischen wahren Selbst, unmittelbar bevorstand. Er würde erleben, dass das, was bisher nur Ahnung und Prophetie gewesen war, Wirklichkeit werden würde.

Noch vor dem Tod würde er den „Gesalbten des Herrn" sehen. Man kann das so auffassen, dass er sich bewusst war, in der langen bisherigen Geschlechterkette dasjenige Glied zu bilden, das zeitgleich mit dem Eintritt des wahren Selbst in die Menschheitsentwicklung lebte. Man kann es auch so auffassen, dass er sich in der Kette der Reinkarnationen seines eigenen wahren Selbst als diejenige Persönlichkeit erkannte, die in den Strom der Befreiung eintreten würde. Alle bisher mit dem wahren Selbst Simeons verbundenen Inkarnationen hatten vorbereitende Aufgaben gehabt. Diese jetzt lebende Persönlichkeit aber konnte wirklich mit dem Erlösungsprozess beginnen. Objektiv wurde das möglich, weil Jesus, das Muster des wahren Selbst, sich zu diesem Zeitpunkt offenbarte, und subjektiv, weil die gegenwärtig lebende Persönlichkeit, Simeon, nach den vielen Vorläuferinkarnationen endlich die Reife besaß, mit dem Erlösungsprozess zu beginnen. So ist es stets: Wenn ein umfassender erlösender Impuls in der Menschheit wirksam wird, inkarnieren, neben den eigentlichen Trägern des vorbereitenden und verwirklichenden Aspektes, auch Menschen, die für den spirituellen Impuls besonders empfänglich sind. Sie haben eine besondere Affinität zu dessen Trägern. In ihrer spirituellen Entwicklung ist der Augenblick gekommen, wo sie mit dem Erlöser zusammentreffen *müssen*. Ein solcher Mensch ist Simeon. Die Szene im Tempel demonstriert, dass die objektive spirituelle Entwicklung der Menschheit – das Muster des wahren Selbst tritt in Erscheinung – mit der subjektiven spirituellen Entwicklung einiger Einzelner zusammenfällt.

Hymnus Simeons

2 27 *Und als die Eltern das Kindlein Jesus hereinbrachten, um mit ihm nach der Gewohnheit des Gesetzes zu tun,* ***28*** *da nahm er es auf die Arme und pries Gott und sprach:*

> ***29*** *Jetzt lässt du deinen Knecht, o Herr, nach deinem Wort in Frieden dahingehen;*
> ***30*** *denn meine Augen haben dein Heil gesehen,*
> ***31*** *das du im Angesicht aller Völker bereitet hast,*
> ***32*** *ein Licht zur Erleuchtung der Heiden und zur Verherrlichung deines Volkes Israel.*

Der von Simeon lang ersehnte Zeitpunkt ist gekommen. Er trifft mit dem Träger des erlösenden Impulses zusammen und erkennt, in der Kraft des heiligen Geistes empfänglich für die Dimension der geistigen Welt, dass ihm der erlösende Menschheitsimpuls in Gestalt des Kindes im Tempel begegnet. Und diese Begegnung erfüllt ihn mit höchster Freude. Denn er weiß, dass jetzt für ihn und die Welt das Heil seinen Anfang nimmt. Nach dem Alten Testament tritt das Neue Testament in Kraft.

Setzt man voraus, dass sich Simeon als Glied in einer Geschlechterkette sieht, so freut er sich darüber, dass für ihn, seine Generation und die nachfolgenden Generationen jetzt endlich die Möglichkeit der Erlösung gekommen ist. Setzt man voraus, dass er sich als Glied in einer Reinkarnationskette sieht, so freut er sich, dass er jetzt, in diesem Augenblick, in den Strom der Befreiung eintritt, und mit ihm prinzipiell die ganze Menschheit. Aber in beiden Fällen kann er in Frieden sterben, weil er weiß: Jetzt, in diesem Augenblick, hat meine Erlösung, die bisher nur vorbereitet worden war, begonnen. In der Begegnung mit dem exemplarischen wahren Selbst des Menschen ist mein wahres Selbst, bisher latent, wach geworden und wird niemals mehr latent werden. Der Tod meiner sterblichen Persönlichkeit ist demgegenüber ein Nichts.

Diese Freude und dieser Friede entstehen in Simeon bei seiner Begegnung mit dem Erlöserkind. Und sie beziehen sich nicht nur auf seine eigene Erlösung. Simeon weiß, dass in dem aktuellen erlösenden Impuls auch die Erlösung der gesamten Menschheit angebahnt ist. Auf lange Sicht wird sich mit Hilfe der geistigen Welt die wahre Identität jedes Menschen und somit der ganzen Menschheit entfalten. Die ganze Menschheit wird sich wieder im Einklang mit der Struktur der geistigen Welt befinden. Das gegenwärtige Missverhältnis zwischen irdischer und geistiger Welt, irdischer Persönlichkeit und wahrem Selbst wird beseitigt sein. Das Irdische wird, verwandelt, Ausdruck des Ewigen sein. Die ganze Welt und Menschheit wird den Frieden dieses Zustandes, der der eigentlichen Bestimmung des Menschen entspricht, erfahren.

Diese Vision zeigt sich Simeon in seiner Begegnung mit dem Erlöser, und er gibt ihr mit den Worten Ausdruck, dass Gott alle „Heiden“ erleuchten und sein „Volk“ Israel“ verherrlichen wird. In jeder Entwicklung, auch der spirituellen, gibt es Pioniere, die bewusst und aktiv einen Schritt vorwärtsgehen, und ihnen Folgende, welche diesen Schritt nachvollziehen. Das „Volk Israel“ stellt jene Menschen dar, die in ihrer Entwicklung so weit gekommen sind, dass sie einen neuen Schritt gehen können, den entscheidenden Schritt von einem Leben unter dem äußern Gesetz zu einem geisterfüllten Leben. Sie sind so weit, dass sie die Führung ihres Lebens, die bisher die irdische Persönlichkeit innehatte, an ihre wahre Identität, ihr wahres Selbst übergeben können. Sie sind, wie das historische Volk Israel, Gegenstand einer besonderen Bemühung der geistigen Welt und haben daher auch die Pflicht, bewusst und aktiv auf diese Bemühung zu reagieren.

Die „Heiden“ dagegen sind jene Menschen, die ihr Augenmerk auf die Entwicklung der irdischen Persönlichkeit legen, um alle Möglichkeiten des irdischen Lebens auszuschöpfen. Letzten Endes werden aber auch sie in die große Wiederherstellung des Gleichgewichtes zwischen geistiger und irdischer Welt miteinbezogen. Das geschieht dann, wenn Pioniere der Menschheitsentwicklung den Weg in diese Zukunft gebahnt haben, wodurch es den „Heiden“ möglich ist, ebenfalls ihre wahre Identität zu entfalten. Sie haben dann die besondere Aufgabe, die irdische Persönlichkeit der spirituellen Entwicklung dienstbar zu machen und alle irdischen Gegebenheiten mit dieser Entwicklung in Einklang zu bringen.

Die Erlösung der Menschheit, die Simeon, erfüllt vom Heiligen Geist, visionär erschaut, bezieht sich also sowohl auf die Pioniere, das „Volk Israel“, als auch auf die ihnen Folgenden, die „Heiden“. Die Pioniere werden „verherrlicht“, insofern sich ihr wahres Selbst in den Kräften des Geistes zur Herrlichkeit des Einklangs mit der geistigen Welt entfaltet. Die ihnen nachfolgenden „Heiden“ werden „erleuchtet“: Das Licht der Wahrheit, die Kraft des heiligen Geistes erfüllt ihr wahres Selbst und führt es ebenfalls zum Einklang mit der geistigen Welt, während sie alle Möglichkeiten der irdischen Welt: Philosophie, Kunst und Wissenschaft, auf die geistige Welt abstimmen.

Simeons Charakterisierung Jesu

2 33 *Und sein Vater und sein Mutter verwunderten sich über das, was über ihn gesagt wurde.* ***34*** *Und Simeon segnete sie und sprach zu Maria, seiner Mutter: Siehe, dieser ist gesetzt zum Fall und zum Aufstehen vieler in Israel und zu einem Zeichen, dem widersprochen wird –* ***35*** *aber auch dir selbst wird ein Schwert durch die Seele dringen –, damit aus vielen Herzen die Gedanken offenbar werden.*

Doch weiß Simeon auch, dass Erlösung und spirituelle Entwicklung keineswegs Gratisgeschenke der geistigen Welt sind, die dem Menschen ohne Risiko und ohne sein Zutun zuteil werden. Auch ein Glaube, durch bestimmte Ereignisse vor 2000 Jahren erlöst zu sein, reicht keineswegs aus, in den Zustand der Erlöstheit, welcher Bewusstheit des wahren Selbst und Schweigen der irdischen Interessen ist, zu gelangen. Deshalb betont Lukas die Radikalität der Erlösungsaufgabe und die schroffe Alternative: Erfüllung oder Verfehlung, Aufstehen oder Fall.

Jesus ist der Prototyp des wahren Selbst, der Spiegel, in dem sich alle anderen Menschen wiedererkennen, das Muster, an dem sie sich messen können. Denn in diesem Prototyp wird ihnen ihre eigene, in ihnen selbst angelegte Bestimmung vor Augen gestellt. Vor diesem Spiegel können sie sich fragen, ob und inwieweit sie dieser Bestimmung genügen oder genügen wollen.

Wenn ihnen dieses „Zeichen", dieser Prototyp des wahren Menschen, vor Augen gestellt wird, wird ihnen ihre eigene Situation und Aufgabe bewusst: Die „Gedanken ihres Herzens werden ihnen offenbar". Vor diesem Maßstab erkennen sie, auf welches Ziel ihre Gedanken gerichtet sind – auf das Ziel der Verwirklichung ihres wahren Selbst oder ihrer irdischen Interessen – und wie diese Ziele und damit ihre Gedanken zu bewerten sind. Die Verwirklichung des wahren Selbst entspricht der Bestimmung des Menschen und führt zum Einklang mit der geistigen Welt. Die Verwirklichung der irdischen Interessen ohne Rücksicht auf das wahre Selbst widerspricht der Bestimmung des Menschen und bringt Disharmonie mit der geistigen Welt.

Damit führt das Auftreten eines Erlösers zu einer radikalen Scheidung der Menschen, je nach ihrer Entscheidung. Scheidung und Entscheidung sind besonders gravierend bei den Pionieren der spirituellen Entwicklung der Menschheit, dem „Volk Israel". Das „Volk Israel" steht für jene Menschen, die ihre irdische Persönlichkeit, ihr Ich, unter dem Einfluss äußerer – religiöser oder ethischer – Gesetze zu einem Gipfelpunkt der Entwicklung geführt haben –, aber mit einem ihnen selbst noch verborgenen Ziel: dass dieses Ich fähig werde, die Bestimmung des Menschen zu erkennen und sich dem Prozess der Entfaltung der wahren Identität bewusst zur Verfügung zu stellen. Es kommt in der Entwicklung solcher Menschen der Augenblick, wo sie bemerken, dass ihr Ich nicht der Endzweck der menschlichen Entwicklung ist. Es soll ihnen nur die Möglichkeit bieten, mit Bewusstsein den spirituellen Weg zu gehen und das eigentliche Ziel der menschlichen Entwicklung zu erfüllen.

Das ist eine für das Ich sehr schmerzliche Erkenntnis. Seine „Errungenschaften" sind nicht das Höchste, ja müssen einer neuen Entwicklung zur Verfügung gestellt werden. Das Ich muss seine Überzeugung, das Höchste zu sein, preisgeben, einschließlich seiner Überzeugung, durch eigene Leistungen selbst erlöst werden zu können. Eben vor diesem Problem standen die Juden in den Tagen Jesu. Sie wurden durch Jesus vor die eigentliche Aufgabe des Menschen gestellt. Sie mussten erkennen, dass das Alte, das Ich, das sie bis an die Schwelle des Neuen geführt hatte, preisgegeben und umgewandelt werden musste, wenn das Neue, das wahre Selbst, kommen sollte. Viele erkannten und akzeptierten ihre Aufgabe. Für sie führte das Auftreten Jesu zu einem „Aufstehen", einer Befreiung des wahren Selbst und einer Unterordnung des Ich.

Viele erkannten diese Aufgabe nicht oder wollten sie nicht erkennen und klammerten sich an das Alte: den Glauben, durch Erfüllung äußerer Gesetze allein erlöst werden zu können. Sie hielten bei ihrer Konfrontation mit der eigentlichen Aufgabe des Menschen erst recht an ihrer ichbezogenen Selbstgerechtigkeit fest. Das aber bedeutete eine noch tiefere Verstrickung in die irdische Welt des äußeren Gesetzes und des Dogmas. Damit führte das Auftreten Jesu, Prototyp des wahren Selbst, zu einem „Fall" vieler in Israel, zu einem noch tieferen Versinken in die irdische Welt.

Mit dem Auftreten Jesu wurde dieser Prototyp des wahren Selbst unlösbar in Welt und Menschheit verankert. Er wirkt seitdem als Maßstab, eingerammt wie ein Pfahl ins Bewusste oder Unbewusste der Menschen, unübersehbar, unentrinnbar. Dieser Maßstab wird durch alle Menschen, die ihrerseits das wahre Selbst entfalten, fortwährend belebt und neu aktiviert. Auf diese Weise wirkt er äußerlich fort – durch das Beispiel dieser Menschen – und innerlich durch seine im seelischen Organismus Menschheit weiterwirkende Information. Doch wirkt er nicht nur als Maßstab, sondern auch als Aufforderung zu seiner Verwirklichung. Ja er gibt zugleich die Kraft zu dieser Verwirklichung, falls er deutlich erkannt und akzeptiert wird. Damit gilt und wirkt der Prototyp des wahren Selbst des Menschen und der Menschheit auch heute und steht vor jedem Menschen – zum Aufstehen oder zum Fall. Mag er auch vielfach verfälscht worden sein, mag Jesus zum gutmütigen Hirten, zum gequälten Schmerzensmann, zum genialen Jüngling, zum triumphierenden Sieger, zum sanften Erlöser gemacht worden sein, mag das unbewusst in den Menschen wirkende Bild des wahren Selbst auf ideologische Übermenschen jeder Art projiziert worden sein – die geistige Kraftlinienstruktur, die Information, die mit dem Auftreten Jesu und vieler seiner Nachfolger im äußeren Leben der Menschen und im inneren Organismus Menschheit verankert wurde und wirksam geworden ist: das unverfälschte Bild des wahren Menschen, des freien Menschen, frei und stark in den Gesetzen des Geistes, wirkt doch weiter.

Ein „Schwert durch die Seele"

Diese Erkenntnis, in der Kraft des heiligen Geistes gewonnen, teilt Simeon Maria im Besonderen mit. Denn sie ist diejenige, die ihrer inneren Beschaffenheit nach fähig ist, zu verstehen. Sie hat ein Herz, das ebenfalls für den heiligen Geist empfänglich ist. Sonst hätte sie nicht das „Gefäß“ für den Erlöser sein können. Und trotzdem wird auch sie, gerade sie, mit dem Maßstab und der Aufforderung des wahren Selbst konfrontiert werden. Es wird ihr ein „Schwert durch die Seele dringen“. Man kann diese Worte so verstehen, dass Maria einst der Schmerz über den Tod ihres Sohnes wie ein Schwert durch die Seele schneiden würde. Aber sie beziehen sich vor allem – das zeigt der Zusammenhang – auf die große Scheidung, die durch die Seele der Menschheit und die Seele jedes Einzelnen gehen wird, weil Jesus das Urbild des wahren Selbst darstellt und es in der Welt verankert.

Wenn Jesus später seine Mutter und seine Brüder nicht empfängt und sagt: „Meine Mutter und meine Brüder sind die, welche das Wort Gottes hören und tun“ (8, 20–21), wird klar, was mit dem Schwert gemeint ist, das durch die Seele Marias dringt. Obwohl Gefäß für den spirituellen Impuls, der in ihr heranwuchs, ist sie dennoch eine irdische Seele, sei es auch die reinste, dem spirituellen Impuls liebend hingegebene Seele. In dieser Liebe ist, wie in jeder irdischen Liebe, ein Moment des Besitzenwollens enthalten. Maria wünscht in ihrer mütterlichen Fürsorge, die den Sohn vor Übeln bewahren will, ihr Sohn möge sich schonen, er möge bei ihr bleiben, er möge auf ihre Liebe Rücksicht nehmen und den Weg, den ihm das innere Gesetz vorschreibt, nicht gehen. So gerechtfertigt diese Ansprüche und Erwartungen nach irdischen Maßstäben auch sind: Das wahre Selbst fordert vom Menschen, auch diese Erwartungen und Ansprüche der spirituellen Bestimmung des Menschen unterzuordnen. Unter Umständen durchkreuzt das spirituell Notwendige auch die höchsten irdischen Bestrebungen und Gefühle.

Die Mutterliebe Marias wird durch das Schwert der Notwendigkeit durchkreuzt werden, dass ihr Sohn seiner spirituellen Berufung folgt. Maria steht vor der Aufgabe, darin einzuwilligen. Wenn sie darin einwilligt, überwindet sie ihre Besitzansprüche und entfaltet auch ihr eigenes wahres Selbst. Denn dieses ist Einklang mit den Gesetzen der geistigen Welt, Einwilligung in den Vollzug dieser Gesetze in der Menschheit und im eigenen Wesen.

Jesus als Verkörperung der spirituellen Notwendigkeit muss seiner Mutter einen äußersten Schmerz zufügen. Das Göttliche, das sie für sich behalten und für das sie nach ihrer Weise sorgen zu können glaubte, trennt sich von ihr, geht den ihm bestimmten Weg und lässt eine blutende Wunde zurück.

Solange sie nicht begreift, warum das notwendig ist, und deshalb nicht einwilligen kann, muss ihr sein Verhalten als äußerste Härte erscheinen. Sobald sie aber begreift und einwilligt, weiß sie, dass Jesus nicht aus Rücksichtslosigkeit so handelt, sondern weil es seine, ihre, und die Bestimmung aller Menschen so fordert. In diesem Begreifen auf der Grundlage ihres wahren Selbst entlässt sie ihn aus dem Gefängnis ihrer Erwartungen an ihn und lässt ihn frei. Die ihrem irdischen Wesen dadurch zugefügte Wunde mag noch lange bluten – aber Maria wird dadurch auch selbst von ihren Erwartungen an ihn frei. Sie wird frei für die bewusste Erfahrung des spirituellen Impulses. Dann wird sie auch den tiefen Frieden erleben, der aus der Einheit ihres wahren Selbst mit der Welt des Geistes entsteht.

Auf dieser Grundlage wird ein neues, weit tieferes Einvernehmen zwischen den beiden möglich sein als auf der Grundlage irdischer Mutter- und Sohnesliebe – das Einvernehmen zweier Menschen, die gemeinsam erkennen, was die Entfaltung des wahren Selbst und seine Wirksamkeit für die Menschheit von ihnen verlangen. Verwurzelt in der geistigen Welt, und erkennend, dass ihr Sohn darin verwurzelt ist, wird Maria immer deutlicher erkennen, dass der Verlust ihres Sohnes an seine Aufgabe in Wirklichkeit ein Verlust nur für ihr irdisches Wesen war.

Das wahre Selbst kann das wahre Selbst eines anderen Menschen niemals verlieren, wenn sich beide erst einmal begegnet sind und einander erkannt haben. Voraussetzung für diese Begegnung ist aber, dass jeder seine irdischen Erwartungen an den anderen loslässt, dadurch den andern freilässt und selbst vom andern frei wird – frei für ein Leben aus der eigentlichen Identität. So bedeutet der irdische Verlust des anderen – falls erkennend darin eingewilligt wird – in Wirklichkeit erst, dass man den anderen gewinnt – als freien Mitmenschen auf der Grundlage der geistigen Gesetze. Der Schmerz des irdischen Verlustes ist Voraussetzung für das Glück und den Frieden eines geistigen Gewinns. Und dieser Gewinn ist dauerhaft und unzerstörbar, während die irdische Bindung an den anderen doch einmal enden muss. In dieser Erfahrung schließt sich auch die blutende Wunde, die dem irdischen Wesen zugefügt worden war.

Hannas Vision

2 36 *Und es war eine Prophetin Hanna, eine Tochter Phanuels aus dem Stamm*
Asser, die war hochbetagt, nachdem sie nach ihrer Jungfrauschaft [nur] sieben
Jahre mit ihrem Mann gelebt hatte, ***37*** *und war Witwe bis zum Alter von 84 Jahren;*
die wich nicht vom Tempel und diente Gott mit Fasten und Beten Tag und Nacht. ***38***
Und zu eben dieser Stunde trat sie hinzu und pries Gott und redete von ihm zu
allen, die auf die Erlösung Israels warteten. ***39*** *Und nachdem sie alles nach dem*
Gesetz des Herrn vollbracht hatten, kehrten sie zurück nach Galiläa in ihre Stadt
Nazareth.

Wie Simeon erkennt auch die Prophetin Hanna, als Prophetin vom heiligen Geist erfüllt, im Tempel das Wesen und die Aufgabe des Kindes, das Träger des erlösenden Impulses ist. Sie erkennt, dass der Zeitpunkt gekommen ist, da Warten in aktuelles Erleben übergeht. Die Menschen hatten sich durch Religion und Ethik jahrhundertelang auf ihre eigentliche Lebensaufgabe vorbereitet. Die Entwickeltsten unter ihnen sind jetzt reif geworden, das wahre Menschentum zu erkennen und bewusst zu entfalten. Als derart reife Seele erkennt Hanna Jesus als den Erlöser, als das Muster des wahren Selbst des Menschen, das wahre Menschentum, das im Bewusstsein vieler plötzlich zu Tage tritt.

Auch sie wird wie Simeon als ein Gott dienender Mensch charakterisiert. Nur bei einer konsequenten religiös-ethischen Lebensführung kann das Ich so weit heranreifen, dass es, geläutert, mit Hilfe des heiligen Geistes das wahre Selbst als Anlage im Menschen erkennt, um ihm bei der Entfaltung behilflich zu sein. Dass Hanna ein solcher Mensch ist, wird durch die Angaben versinnbildlicht, die Lukas über sie macht. Sie hat „sieben Jahre" mit ihrem Mann gelebt. Sieben ist die Zahl der Vollständigkeit einer Entwicklung. Hanna ist eine Seele, die alle Möglichkeiten der irdischen Welt – das Leben mit dem „Mann" – durchlaufen hat. Seitdem ist sie „Witwe". „Witwe" bedeutet nicht nur, dass eine Frau ihren Mann verloren hat, sondern ist auch traditionelles Symbol dafür, dass eine Seele, ob weiblich oder männlich, im schmerzlichen Bewusstsein lebt, vom Geist, ihrem eigentlichen „Mann", getrennt zu sein. Bis zum Alter von „84 Jahren" leidet Hanna unter diesem Zustand. Auch „84" ist eine symbolische Zahl: sieben mal zwölf. In allen Aspekten – zwölf – der irdischen Welt wendet sich Hanna von dieser ab und allen Aspekten – zwölf – der geistigen zu. Ab- und Hinwendung werden in jeder Hinsicht vollzogen (zwölf), und sind vollständig und radikal (sieben). Deshalb wird es Hanna jetzt möglich, den Erlöser zu erkennen, und nimmt die Erlösung auch in ihr ihren Anfang.

Simeon und Hanna, das Männliche und das Weibliche, Wille und Empfindung: Die dem heiligen Geist des Erlösungsimpulses geöffneten Menschen, männlich und weiblich, erkennen den Erlöser, das Wesen der Erlösung, und dass jetzt der Zeitpunkt der Erlösung gekommen ist. Alle menschlichen Möglichkeiten und Kräfte sind in das Geschehen miteinbezogen, erkennen und geben ihre Erkenntnis anderen weiter.

Der zwölfjährige Jesus

2 40 *Das Kindlein aber wuchs und wurde stark, indem es mit Weisheit erfüllt wurde,*
und die Gnade Gottes war auf ihm. ***41*** *Und seine Eltern zogen jährlich am Passah-*
fest nach Jerusalem. ***42*** *Und als er zwölf Jahre alt geworden war, gingen sie nach der*
Gewohnheit des Festes hinauf. ***43*** *Und als sie die Tage vollendet hatten und wieder*
heimkehrten, blieb der Knabe Jesus in Jerusalem; und seine Eltern wussten es nicht.
44 *Weil sie aber meinten, er sei unter der Reisegesellschaft, zogen sie eine Tagereise*
weit und suchten ihn unter den Verwandten und Bekannten. ***45*** *Und da sie ihn nicht*
fanden, kehrten sie nach Jerusalem zurück und suchten ihn. ***46*** *Und es begab sich,*
nach drei Tagen fanden sie ihn im Tempel, wie er mitten unter den Lehrern saß, ihnen
zuhörte und sie fragte. ***47*** *Es erstaunten aber alle, die ihn hörten, über seine Einsicht*
und seine Antworten. ***48*** *Und als sie ihn sahen, wurden sie bestürzt, und seine Mut-*
ter sagte zu ihm: Kind, warum hast du uns das getan? Siehe, dein Vater und ich su-
chen dich mit Schmerzen. ***49*** *Und er sprach zu ihnen: Warum habt ihr mich gesucht?*
Wusstet ihr nicht, dass ich sein muss in dem, was meines Vaters ist? ***50*** *Und sie ver-*
standen das Wort nicht, das er zu ihnen sagte.

Das wahre Selbst des Erlösers, das sich mit einer irdischen Persönlichkeit verbunden hat, braucht eine gewisse Zeit, um die Eigengesetzlichkeit dieser Persönlichkeit zu durchbrechen und sie sich zu einem geeigneten Instrument umzuschaffen. Erst dann können die in diesem Selbst angelegten Strukturen und Funktionen dem an die irdische Persönlichkeit gebundenen Sinnenbewusstsein bewusst werden und sich durch sie ausdrücken. Und später wird dann dieses Geistwesen, dieses wahre Selbst, in einer unmittelbaren Begegnung mit der geistigen Welt die Kraft empfangen, um als „Gesalbter" seine Aufgabe zu erfüllen.

Das Entwicklungsstadium, in dem die irdische Persönlichkeit zu einem willigen Werkzeug für das in ihr wohnende wahre Selbst geworden, dieses aber noch nicht bewusst mit der Kraft des Geistes erfüllt, noch nicht zum „Sohn des Höchsten" geworden ist, wird durch die Geschichte vom 12jährigen Jesus im Tempel dargestellt.

Auch in diesem Stadium kommen schon die wesentlichen Eigenschaften und Fähigkeiten des Erlösers zum Ausdruck, aber nur erst angedeutet und noch nicht mit der unwiderstehlichen Kraft ausgestattet, die erst die unmittelbare Begegnung mit der geistigen Welt verleiht. Dass aber dieses Stadium auch schon eine gewisse Vollendung darstellt, wird durch das Alter von 12 Jahren versinnbildlicht. Die Seele Jesu hat sich ihre irdische Persönlichkeit und damit die Welt der Sinneswahrnehmungen in jeder Hinsicht – das drückt die Zahl 12 aus – botmäßig gemacht. Und wie in der Jugend eines Menschen schon alle späteren Eigenschaften und Aufgaben in zarten Konturen vorgebildet sind, so werden die Eigenschaften Jesu als Erlöser in dieser Geschichte wie mit feinen Pastellfarben gemalt. Sie fasst das Vorhergehende zusammen und bildet den Übergang und Auftakt zum Folgenden: zum verantwortlichen Auftreten des Erlösers und seines Vorläufers in der Öffentlichkeit, in der Vollmacht der geistigen Kräfte.

Als künftiger Erlöser betritt der Knabe Jesus den Tempel in Jerusalem anlässlich des Passahfestes. Denn das Passahfest, gefeiert als Sinnbild des Auszugs aus Ägypten, ist das Fest der Erlösung der eigentlichen Identität des Menschen aus der Gefangenschaft in der Sinnenwelt – Ägypten. Zugleich zeigt dieser Zug der Erzählung, dass Jesus als Prototyp des neuen, aus der Freiheit des Geistes lebenden Menschen trotzdem an der religiösen Tradition anknüpft. Denn das mosaische Gesetz war das Gefäß, in dem das Neue, das Leben aus dem Geist, vorbereitet wurde. Das Neue schien daher immer auch schon durch dieses Gefäß hindurch.

Der Knabe Jesus setzt sich nun, wie es Jesus auch später stets tun wird, mit den Schriftgelehrten auseinander. Er hört ihnen zu und fragt sie, er gibt seinerseits erhellende Antworten auf die Fragen der Lehrer. Er lebt aus dem Geist, mit dem er schon vor Empfängnis im Mutterleib verbunden war, und sieht Lehren, Rituale, Traditionen und Vorschriften der Religion unter der Perspektive des lebendigen Geistes. Er erkennt und erläutert daher ihren ursprünglichen Sinn, der in der Vorbereitung auf ein Leben im Geist besteht, und kann verdeutlichen, wo das Gefäß fälschlicherweise schon für den Inhalt, die Vorbereitung für die Verwirklichung genommen wird und dadurch ihre Funktion verliert.

Damit ist auch Jesu Wirkung umrissen, die im Vorhergehenden so betont worden war. Als Erlöser ist er „gesetzt zum Fall und zum Aufstehen vieler in Israel". Er repräsentiert die geistige Welt, „das, was seines Vaters, des Geistes, ist". Er steht im Gegensatz zu allen, die die irdische Welt als das Entscheidende ansehen und Religion und Überlieferung irdischen Zielen dienstbar machen. Er ist ein „Zeichen der geistigen Welt, dem widersprochen wird" von allen, die nur aus der irdischen Perspektive leben und sie um jeden Preis beibehalten wollen. Er zeigt durch seine Existenz, dass die Gesetze der geistigen Welt die irdischen Interessen wie ein Schwert durchschneiden.

Darum illustriert diese Geschichte auch speziell die Aussage Simeons, dass Maria „ein Schwert durch die Seele dringen" wird. Auch verwandtschaftliche Beziehungen, auch Sohnespflichten gegen die Eltern und Mutter- und Vaterliebe, die doch alle der irdischen Welt angehören und Bindungen zwischen irdischen Wesen bedeuten, sind sekundär gegenüber der Bestimmung des Menschen, in der geistigen Welt zu leben, sekundär gegenüber seinen Beziehungen als wahres Selbst zur geistigen Welt und zu anderen Menschen. Diese Bestimmung des Menschen, in dem zu sein, was seines Vaters ist, verkörpert Jesus exemplarisch, und damit dringt ein Schwert durch die Seele seiner Eltern. Sie suchen ihn „mit Schmerzen", sie erleben, dass die Forderungen der geistigen Welt die Interessen der irdischen Welt, auch die berechtigtsten und schönsten, durchkreuzen können. Dies wird ihnen durch das Verhalten des Erlösers, ihres leiblichen Sohnes, deutlich.

Doch ist der Erlöser, die geistige Welt, als wahres Selbst auch *in* ihnen, wie in jedem Menschen. So verstanden, kommt ihnen der Anspruch der geistigen Welt aus ihrem eigenen Innern entgegen, als Notwendigkeit, ihre Bestimmung zu erfüllen. Dieser innere Ruf stellt sie vor die Forderung, die Gesetze der geistigen Welt an erste Stelle zu setzen und alle anderen Interessen und Bindungen dem unterzuordnen, unter Umständen auch aufzugeben. So ist der äußere Erlöser Bild für den inneren Erlöser jedes Menschen. Der innere Erlöser stößt dem irdischen Menschen ein Schwert durch die Seele. Nicht leicht aber versteht das ein Mensch, und noch weniger leicht willigt er darin ein, dass das Schwert des Geistes ihm durch die Seele dringt. Nur schwer willigt er darin ein, dass seine eigentliche Bestimmung die ist, in der Welt des Geistes zu leben, und dass dies Konsequenzen für sein irdisches Leben hat. Deshalb heißt es, dass die Eltern Jesu das Wort nicht verstanden, das er zu ihnen sagte.

Aus der Tatsache, dass die geistige Welt das Primäre ist und die irdische Welt das ihr Nachgeordnete, ergibt sich nicht, dass die Belange und Pflichten der irdischen Welt keine Beachtung verdienten. Sie haben an ihrer Stelle ihre Berechtigung. Dem gibt diese Geschichte Ausdruck, indem sie erzählt, dass Jesus seinen Eltern „untertan" ist, soweit seine Pflichten nicht mit seiner höchsten Bestimmung kollidieren. Und wenn der Zeitpunkt gekommen ist, wo die Forderungen dieser Bestimmung aktuell werden, wird er sich gewiss nicht lieblos und hart von seinen irdischen Sohnespflichten lösen. Umgekehrt werden seine Eltern, ihre eigene Bestimmung erkennend, auch die ihres Sohnes erkennen und ihn frei lassen. Denn Jesu Mutter „behielt diese Worte in ihrem Herzen". Deren Sinn wird ihr zu gegebener Zeit einleuchten.

Zeitlose Bedeutung dieser Vorgänge

Auch Beschneidung, Namensgebung, Reinigung der Mutter und Darstellung des Erstgeborenen im Tempel sind spirituelle Gesetzmäßigkeiten, die nicht nur in den Beziehungen zwischen konkreten Personen wirken, sondern auch in einem einzelnen Menschen auf dem spirituellen Weg. Wenn in der zweiten Phase dieses Weges das wahre Selbst in ihm geboren wird, in die Welt hinaustritt und darin zu wirken beginnt, erkennt er, dass auf lange Sicht jede Ichbezogenheit beseitigt werden muss. Sie ist ja das große Hindernis für die Entfaltung des wahren Selbst. Die „Beschneidung" ist Sinnbild für diese Beseitigung der Ichbezogenheit. Sie muss sowohl zugunsten einer ethischen, auf das spirituelle Leben vorbereitenden Lebensführung erfolgen (das ist die Beschneidung Johannes des Täufers) als auch zugunsten der spirituellen Entwicklung (die Beschneidung Jesu).

Es wird dem Menschen in der zweiten Phase des spirituellen Weges auch bewusst, dass neue Kräfte in ihm zu wirken beginnen: ein ethischer Impuls, die Aufforderung zur Umkehr, und ein spiritueller Impuls, die Aufforderung zu einem Leben aus den Gesetzen und Kräften des Geistes. Beide Impulse kann er sich aus seinen gewöhnlichen Anlagen nicht erklären. Sie kommen aus einer unirdischen Dimension der Ewigkeit. Deshalb erfährt er sie als „Gott hat Gnade erwiesen" und als „Gott erlöst". Er erfährt ihre Wirkung, noch nicht sie selbst. Aber die Wirkung wird ihm bewusst. Das wird durch die „Namensgebung" versinnbildlicht.

In dieser Lage reinigt er auch sein Herz, in dem der spirituelle Impuls auftritt und das ihn ermöglicht hat: Maria reinigt sich. Und er weiht sein Ich vollkommen der Aufgabe des spirituellen Weges, die vor ihm liegt. Das ist die Darstellung des Erstgeborenen im Tempel. Dabei steigt Friede in ihm auf. Denn er weiß, dass er jetzt, in der Begegnung mit dem wahren Menschentum, nach so langer Zeit der Vorbereitung in den Prozess der Erfüllung eintritt: „Simeon" – der Name bedeutet „Erfüllung" – wird in ihm wirksam. Zugleich durchströmt ihn eine neue Freude über diese Gnade: „Hanna" in ihm preist Gott („Hanna" heißt „Gnade").

Auch im Einzelnen wird das Zeichen errichtet, dem widersprochen wird. Auch das in ihm wirkende wahre Selbst ist ihm gesetzt zum Aufstehen und zum Fall. Wie er reagieren wird, zum Aufstehen oder zum Fall, wird sich in den späteren, insbesondere in der fünften Phase des spirituellen Weges zeigen. Vor allem wird ihm wie Maria ein Schwert durch die Seele dringen. Denn sein Herz, das die Wirksamkeit des spirituellen Impulses ermöglicht hat, ist trotzdem ein Aspekt seines irdischen Wesens, sei es auch der reinste. Im Herzen freut er sich über die neuen Erfahrungen, die in ihm wach werden. Er möchte sie behalten, er liebt sie, er freut sich ihrer. Er möchte die spirituellen Kräfte, die in ihm geboren werden, nicht freilassen, ganz wie eine Mutter ihren Sohn nicht freilassen will. Und doch muss er erkennen, dass er sie nicht behalten, nicht nach seinen eigenen Vorstellungen und Wünschen mit ihnen umgehen darf. Täte er es, könnten sie sich nicht weiterentwickeln und ihre Aufgabe nicht erfüllen. Deshalb durchkreuzt das Schwert des Geistes, aus dem wahren Selbst kommend, die besitzergreifende Liebe, mit der er die neuen spirituellen Kräfte umfangen und hegen und pflegen will. Nur so werden sie frei und können in ihm auf ihre Weise wirken, wie er es als Ich vielleicht ganz und gar nicht will. Die sublimste irdische Liebe, die Liebe des Irdischen zum Geist, wird dadurch verwundet. Aber erst so wird der Geist frei und wird dann auch die irdische Liebe verändern und durchdringen, damit sie zu seinem Instrument wird, statt ihn als Instrument zu benützen. Der Einzelne kann diese Notwendigkeit erkennen und in sie einwilligen. Dann wird er auch erfahren, dass ihm die spirituellen Kräfte ganz andere Räume, Ewigkeitsräume, öffnen. Sie geleiten ihn zur Auferstehung, während er, wollte er sie für sich behalten, doch immer der alte Mensch bliebe, wenn auch von sublimster Liebe erfüllt.

Der heranwachsende Jesus im Tempel versinnbildlicht diesen Vorgang. Er muss sein in dem, was seines Vaters, des Geistes, ist. Der Geist lässt sich auch durch die Liebe des Irdischen zu ihm seine Freiheit nicht rauben. Das kommt schließlich auch dem Irdischen zugute. Wie in einer hellen Ahnung nimmt das jugendliche wahre Selbst seine spätere Aufgabe, die Auseinandersetzung mit dem dogmatischen Verstand, den „Schriftgelehrten“ und „Pharisäern“, und seine bewusste Verbundenheit mit der Welt des Geistes vorweg.

Damit ist im Lukasevangelium die Darstellung der zweiten Phase der Wirksamkeit des Geistes in der irdischen Welt abgeschlossen. In dieser Phase verbinden sich, nachdem der spirituelle Impuls in seinem vorbereitenden und verwirklichenden Aspekt die Menschheit und den Einzelnen berührt hat, beide Aspekte mit der Menschheit und dem Einzelnen. Johannes und Jesus werden geboren. Auf den spirituellen Weg des Einzelnen bezogen bedeutet dies, dass eine neue Ethik und eine neue, spirituelle Lebensmöglichkeit im Menschen zu arbeiten und umzulaufen beginnen.

Sie arbeiten und wachsen gemeinsam, immer durch „sechs Monate“, den „Zwischenraum“ zwischen Vorbereitung und Verwirklichung, getrennt. Das wahre Selbst, Jesus, wächst, ernährt von den Kräften der geistigen Welt, bis zum Alter von „zwölf“ Jahren, zur Schwelle zwischen Kindheit und Erwachsensein. Die Kindheit ist damit abgeschlossen. Aber es könnte nicht wachsen und wirken, würde nicht die geläuterte irdische Persönlichkeit, Johannes der Täufer, mitarbeiten und die Wege rechtmachen. Sie muss sich so verhalten, dass dem spirituellen Impuls auch Raum gegeben wird. Der Mensch als irdische Persönlichkeit muss sein Denken, Fühlen, Streben und Handeln so verändern und sein Leben so gestalten, dass der spirituelle Impuls in ihm Wohnung nehmen und arbeiten kann. Das ist seine Eigenleistung auf dem spirituellen Weg. Aber auch sie wird durch den spirituellen Impuls ermöglicht, und ihre Richtung wird durch die Welt des Geistes vorgegeben. Daher ist auch Johannes der Täufer von Mutterleib an mit dem Geist verbunden.

III.

Dritter Markstein des Lukasevangeliums:

Bewusstwerdung der geistigen Welt in der irdischen Welt

Der dritte große Markstein des Lukasevangeliums ist der Beginn des öffentlichen Auftretens Jesu, vorbereitet durch das öffentliche Auftreten Johannes des Täufers. Der Beginn des öffentlichen Auftretens Jesu wird durch die Wassertaufe am Jordan markiert, sowie durch seine „Salbung", die Feuertaufe, die unmittelbar danach erfolgt. Jesus wird mit den Kräften des heiligen Geistes „gesalbt", er wird zum „Christus", zum Gesalbten. Auch dabei tritt, wie an den beiden vorhergehenden Marksteinen, die Dimension der göttlichen Welt ausdrücklich in Erscheinung. Der Himmel öffnet sich, und der Geist Gottes in Gestalt einer Taube steigt auf Jesus herab.

Dieser dritte Markstein des Evangeliums leitet die dritte Phase der Wirksamkeit der erlösenden Kraft Gottes ein. Sie hatte die irdische Welt berührt – die Ankündigung der Geburten Johannes des Täufers und Jesu – und sich dann fest mit ihr verbunden – die Geburten selbst. Jetzt aber sind Johannes der Täufer und Jesus erwachsen geworden. Jesus, Urbild des wahren Selbst, ist so stark geworden, dass er als Träger der kosmischen Geistkräfte fungieren kann. Er kann diese Geistkräfte bewusst empfangen und selbstständig und bewusst als ihr Übermittler in der irdischen Welt wirken. Ein Mensch, Jesus, von Mutterleib an verbunden mit den Kräften des Geistes, wird von ihnen „gesalbt", wird dadurch zum bewussten individuellen Geistwesen und wirkt selbstständig, doch stets im Einklang mit den Kräften des kosmischen Geistes, in der irdischen Welt. Vorbereitet wird auch diese Wirksamkeit wieder durch den Vorläufer, Johannes den Täufer. Auch Johannes der Täufer, Urbild des ethischen Ich, ist mittlerweile erwachsen und sich seiner vorbereitenden Aufgabe bewusst geworden.

Sobald die Kraft des heiligen Geistes in einem Menschen wirksam und bewusst wird, ruft sie in weit stärkerem und bewussterem Maß als vorher die „dämonischen" Kräfte der Ichbezogenheit auf den Plan. Er muss sich mit ihnen auseinandergesetzt und sie an ihren Platz verwiesen haben, bevor er wirklich mit seiner Aufgabe beginnen kann. Die Versuchungen Jesu schildern diese Auseinandersetzung.

Jetzt, in dieser dritten Phase der Wirksamkeit der erlösenden Kraft Gottes, zeigt sich erst deutlich, was von Simeon angekündigt worden war. Die bewusst wirkende, im Einklang mit der kosmischen Geistkraft stehende und aus ihr schöpfende Erlöserkraft wird den Menschen zu einem Aufstehen oder einem Fall. Die erlösenden

Kräfte, verkörpert durch Jesus, der zum Christus geworden ist, ziehen das ihnen Gleichgeartete in anderen Menschen an: das wahre Selbst, das latent unter den ichbezogenen Eigenschaften schlummert, sich aber nach einem Leben im Geist sehnt. Daher gewinnt Jesus Schüler, Menschen, deren wahres Selbst auf das wahre Selbst „Jesus“ reagiert. Zudem heilt er und treibt Dämonen aus. Die Kräfte des Geistes beseitigen Störungen und Unordnung in der irdischen Persönlichkeit der Menschen. Das ist eine Voraussetzung zum „Aufstehen“ des wahren Selbst, zur Entwicklung der Menschen in Richtung ihrer wahren Bestimmung.

Andererseits rufen die Kräfte des Geistes erbitterten Widerstand hervor. Die ichbezogenen Kräfte: Besitztrieb, Ehrgeiz und Herrschsucht, wollen sich behaupten und weiterhin die erste Stelle einnehmen. Daher die Gegnerschaft gegen Jesus in Teilen des Volkes und vor allem bei Pharisäern und Schriftgelehrten, die den eigentlichen Gegensatz zu seinen Schülern darstellen. Sie verkörpern eine dogmatische Bewusstseinshaltung, die selbstgerechte Überzeugung, durch die traditionelle Religion schon erlöst zu sein. Dadurch verschließen sie sich gegen die erlösenden Kräfte. Das bedeutet eine noch tiefere Verstrickung in die Ichbezogenheit, einen „Fall“.

Dieselben gesetzmäßigen Wirkungen ereignen sich auch im Seelenraum des einzelnen Menschen, der einen spirituellen Weg geht. Ankündigung der Geburten Johannes des Täufers und Jesu, diese Geburten selbst, und das Erwachsenwerden beider Gestalten bis zur doppelten Taufe Jesu werden zu Bildern für die Phasen des spirituellen Weges. Die Kräfte des Geistes hatten den Schüler in der ersten Phase des Weges berührt, er hatte sich ihnen geöffnet. Das war die Phase des Glaubens. In der zweiten Phase hatten sie sich mit ihm verbunden und waren in ihm in Umlauf gekommen: die Phase der inneren Arbeit. Jetzt, in der dritten Phase, werden sie ihm bewusst. Das wahre Selbst, unterstützt durch Johannes den Täufer, der mit dem Wasser der Reue tauft, wird mit dem Feuer des heiligen Geistes getauft: Der Geist senkt sich auf diesen Menschen herab und wirkt fortan im wahren Selbst dieses Menschen. Es wird erwachsen, selbstständig, sich der geistigen Kräfte und seiner selbst bewusst. Es wird von den geistigen Kräften gesalbt und wird somit zum „Christus“, zum Gesalbten *im* Menschen. Deshalb kann zum Beispiel Paulus vom „Christus in mir“ sprechen (Gal. 2,20).

In dieser Phase auf dem spirituellen Weg treten dem Schüler gesetzmäßig auch die dämonischen Kräfte des Jenseits, die in seinem Wesen sind, vors Bewusstsein. Er muss sich mit Besitztrieb, Ehrgeiz und Herrschsucht intensiv auseinandersetzen. Zugleich wirken aber die erlösenden Kräfte in ihm mit neuer Stärke. Sie schaffen, sofern er es zulässt, Ordnung in seiner irdischen Persönlichkeit: Sie heilen Krankheiten und treiben Dämonen aus. Sie arbeiten jetzt mit seinen für den Geist empfänglichen irdischen Bewusstseinskräften, den „Schülern“, zusammen. Andererseits erfährt er die Gegnerschaft der beharrenden diesseitigen Kräfte seiner Natur, sowie seines klügelnden, selbstgerechten Verstandes – der „Pharisäer und Schriftgelehrten“ im eigenen Wesen.

Ein wesentlicher Aspekt in dieser dritten Phase der Wirksamkeit der erlösenden Kräfte in der irdischen Welt – nun wieder auf der Ebene aufeinander bezogener Personen gesehen – ist, dass sie Menschen zu Schülern berufen, die von da an ebenfalls mit dem spirituellen Weg beginnen. Während sich also Jesus, Urbild des wahren Selbst, in der dritten Phase seines Weges befindet, umgibt er sich mit Schülern, die, phasenverschoben und nach Maßgabe ihrer schwächeren Kräfte, ebenfalls den spirituellen Weg gehen. Sie treten, während Jesus die dritte Phase durchläuft, in die erste und zweite Phase ihres Weges ein. An ihnen wird noch einmal deutlich, was Berührung durch die Kräfte des Geistes und Verbindung mit den Kräften des Geistes für den Einzelnen heißt.

Dem entspricht, dass sich auch Johannes der Täufer, Urbild des ethischen Ich, des vorbereitenden Aspektes des Erlösungsimpulses, in einer dritten Phase seiner Entwicklung befindet. Er ist „erwachsen" geworden, die Kräfte, die zur Lebensumkehr rufen, haben in der Menschheit eine solche Macht und Selbstständigkeit erreicht, dass sie nun öffentlich werden und andere Menschen auf den spirituellen Weg vorbereiten können. Diese Wirksamkeit der zur Lebensumkehr rufenden, erwachsen gewordenen ethischen Kräfte und die erste Reaktion von Menschen darauf, schildert Lukas als Auftreten Johannes des Täufers.

Auftreten Johannes des Täufers

3 1 *Im fünfzehnten Jahr der Regierung des Kaisers Tiberius aber, als Pontius Pilatus*
Statthalter von Judäa war und Herodes Fürst von Galiläa, sein Bruder Philippus
aber Fürst der Landschaft Ituräa und Trachonitis und Lysanias Fürst von Abilene, **2**
unter dem Hohenpriester Hannas und Kajaphas, da erging das Wort Gottes an Jo-
hannes, den Sohn des Zacharias, in der Wüste. **3** *Und er begab sich in die ganze*
Landschaft am Jordan und predigte, man solle sich taufen lassen auf Grund der
Buße zur Vergebung der Sünden, **4** *wie im Buch der Reden des Propheten Jesaja ge-*
schrieben steht: (Es erschallt) „die Stimme des Rufers in der Wüste: Bereitet den
Weg des Herrn, macht seine Straßen gerade! **5** *Jedes Tal soll ausgefüllt und jeder*
Berg und Hügel niedrig gemacht werden, und das Krumme soll zu geraden Wegen
und die rauen sollen zu ebenen Wegen werden, **6** *und alles Fleisch soll das Heil Got-*
tes sehen."

Die zu allen Zeiten der Weltgeschichte wirksame Kraft der Lebensumkehr manifestierte sich vor knapp 2000 Jahren in Johannes dem Täufer. Sie trat damals unter bestimmten historischen Bedingungen auf und wurde selbst historisch. Lukas kennzeichnet diese historischen Bedingungen. Die weltliche, rein diesseitige Macht wird repräsentiert vom römischen Kaiser. Judäa ist römische Provinz unter Pontius Pilatus. Weitere Gebiete Palästinas stehen unter der Herrschaft von Rom abhängiger Fürsten, insbesondere Galiläa unter Herodes, der ebenfalls die weltliche, aber sich der traditionellen Religion bedienende Herrschaft verkörpert. Die geistliche Macht ist verkörpert durch die Hohenpriester Hannas und Kajaphas.

Es ist das 15. Jahr der Regierung des Kaisers Tiberius, das Jahr 29 unserer Zeitrechnung, in dem der spirituelle Impuls an die Öffentlichkeit tritt. Nach seiner Entwicklung und Reifung im Verborgenen beginnt er offen zu wirken – und selbstverständlich zunächst mit seinem vorbereitenden Aspekt: An Johannes den Täufer ergeht „das Wort Gottes“. Das heißt, sein Auftrag wird ihm bewusst. Nachdem die Kraft der Reue und Buße, „Johannes der Täufer“, die Menschheit berührt und sich mit ihr verbunden hatte, wird sie nun in dafür prädisponierten Menschen und damit auch in der Menschheit bewusst und wirksam. Die Zeit der öffentlichen Wirksamkeit für Johannes den Täufer ist gekommen.

Lukas erwähnt die historischen politischen und geistlichen Machthaber nicht nur, weil er die geschichtlichen Umstände des Wirkens Johannes des Täufers und Jesu angeben möchte. Er erwähnt sie auch und in erster Linie, weil sich an ihnen bestimmte Gesetzmäßigkeiten illustrieren lassen. Gerade unter den Bedingungen der Aufspaltung der Macht in weltliche und geistliche Herrschaft, der Aufspaltung der weltlichen Herrschaft in eine römische, rein „diesseitige“ (Tiberius) und eine jüdische, ideologisch und „jenseitig“ geprägte (Herodes), der gegenseitigen Abhängigkeit der geistlichen und politischen Macht sowie der Fremdherrschaft, unter der sich das Volk der Juden befindet, lässt sich besser als bei monolithischen Machtstrukturen zeigen, wie die verschiedenen Aspekte der Macht auf den spirituellen Impuls reagieren. Das ganze evangelische Geschehen, das sich von jetzt an öffentlich abspielt, bewegt sich in diesem Rahmen politischer und geistlicher Macht, der hier zu Anfang der öffentlichen Wirksamkeit des spirituellen Impulses skizziert wird.

Wie wird Johannes, Verkörperung des erwachsen gewordenen, vorbereitenden Aspekts des spirituellen Impulses, bei Lukas dargestellt? Anders als bei Markus, der Vorlage des Lukas, fehlen die Attribute des Propheten Elia: der lederne Gürtel, das Gewand aus Kamelhaar usw. Aber Johannes tritt doch als Prophet auf, insofern er mit den Worten des Propheten Jesaja spricht. Er ist die „Stimme eines Rufers in der Wüste“, und fordert die Menschen zur Buße auf, die die „Vergebung der Sünden“ bedeutet und durch die „Taufe“ besiegelt wird.

Die Menschen, an die er sich wendet, stehen vor der Möglichkeit des spirituellen Weges, zu dem einige von ihnen später von Jesus berufen werden. Johannes des Täufers Worte beschreiben die Vorbereitung auf den spirituellen Weg. Was aber ist die Wüste, in der Johannes die Stimme erhebt? Die Wüste ist nicht nur eine öde geografische Landschaft, sondern auch eine sozial, psychisch und spirituell öde Landschaft. Im Vergleich zur fruchtbaren Landschaft eines sinnvollen, erfüllten Lebens ist das irdische Leben eine Wüste. Es ist eine Wüste wegen seiner dauernden Konflikte, wegen Unterdrückung, Unsicherheit, Ungerechtigkeit und Stagnation. Es ist eine Wüste auch trotz vieler geglückter Bemühungen um Harmonie, Freiheit, Sicherheit und Gerechtigkeit und trotz unleugbarer technischer und sozialer Fortschritte. Denn es ist nicht an den immer gültigen Gesetzen der Welt des Geistes orientiert. Ein Mensch, in dem die Ahnung aufsteigt, dass seine Bestimmung ist, aus den Gesetzen und Kräften des Geistes zu leben, entdeckt, dass diese irdische Welt tatsächlich eine „Wüste“ ist, unfruchtbares Land, ohne tragfähigen Sinn und ohne erfüllende Kraft. Ein nur vom Streben nach Glück, Sicherheit, Macht, Ehre, Besitz und Vermeidung von Angst erfülltes Leben erscheint ihm unfruchtbar. Diese Erkenntnis ist immer die Voraussetzung, dass die „Stimme des Rufers in der Wüste“ erklingt.

Die „Stimme des Rufers“

Die „Stimme des Rufers in der Wüste“ ist die in einem solchen Menschen aufsteigende Einsicht, dass alles Vergängliche, ob nach irdischen Maßstäben negativ oder positiv, ohne Sinngebung durch die geistige Welt nichtig ist.

Aus dieser Einsicht folgt die weitere: Wenn die Dinge so liegen, ist es notwendig, ein Leben zu führen, durch das man seine Bestimmung erfüllt. Wer das begreift, wird sein Leben so gestalten, dass es zum Weg für die erlösenden Kräfte der Ewigkeit wird. Er wird alle Hindernisse, die diesen Kräften im Wege stehen, aufzulösen suchen. Die krummen Straßen der Korruption und List macht er zu geraden Straßen der Sachlichkeit und Ehrlichkeit. Die Täler der Depression und Angst füllt er auf, indem er seine ichbezogenen Erwartungen preisgibt. So beseitigt er die Ursache der deprimierenden Enttäuschungen. Die Hügel und Berge des Fortschrittsoptimismus trägt er ab. Die rauen Wege der Gewalt glättet er zu ebenen Wegen der Mitmenschlichkeit und des Vertrauens. Diese Neugestaltung des Lebens ist ihm nicht Selbstzweck. Sie ergibt sich notwendig aus seiner Einsicht in die Bestimmung des Menschen. Er vollbringt sie, um dem „Herrn den Weg zu bereiten“, das heißt, den Gesetzen und Kräften des wahren Selbst freie Bahn zu schaffen. Dann wird eines Tages auch die irdische Welt – „alles Fleisch“ –, durchdrungen und verändert von den Kräften des wahren Selbst, das „Heil Gottes sehen“. Sie wird ihrer Bestimmung, Ausdruck der geistigen Welt zu sein, genügen und bewusst deren Gesetze und Kräfte erfahren und verwirklichen.

Johannes der Täufer verkörpert die Stimme des Rufers in der Wüste, die auch schon vom Propheten Jesaja verkörpert wurde. Die Stimme Johannes des Täufers und aller Propheten vor ihm ist dieselbe Stimme. Wenn sie zur Buße ruft, so ist das nichts anderes als die Einsicht und der Entschluss eines Menschen, sein Leben neu zu gestalten, so dass es zur Bahn für die Kräfte des wahren Selbst wird. Buße ist weiter der tätige Versuch, das Leben so zu ordnen, dass es den neuen Möglichkeiten Raum gewährt. Es müssen entsprechend den Gesetzen und Kräften des Geistes neue Denk- und Verhaltensweisen aufgebaut werden, die das Leben völlig umgestalten, sei es innerlich, sei es äußerlich. Also eine Abkehr vom Alten und eine tätige Zuwendung zum Neuen – eine „Umkehr“. Genau das beschreiben die von Johannes zitierten Sätze aus Jesaja.

Wird diese „Buße“ auf Grund der Einsicht in den Unwert des Alten und den Wert des Neuen aktiv vollzogen, so führt das zur „Vergebung der Sünden“. „Sünde“ ist Trennung, „Sonderung“ von Gott, vom Gesetz und den Kräften des Geistes. Handelt ein Mensch auf Grund seiner Hinwendung zum Reich des Geistes wieder aus dem Gesetz und den Kräften des Reiches Gottes, so hebt er dadurch die Sünde, die „Sonderung“ auf, und seine Taten stehen im Einklang mit dem Gesetz des Geistes. Er ist innerlich wieder eins mit dem Reich Gottes, empfindet das als große Freude und Glück und handelt entsprechend. Das göttliche Gesetz wirkt wieder in ihm, die Kräfte des Reiches Gottes durchströmen ihn wieder. Leere und Sinnlosigkeit des alten Lebens sind verschwunden. Das ist „Sündenvergebung“. Die „Buße“, die innere Umkehr und Zuwendung zum Reich des Geistes, ist Voraussetzung dafür.

Es handelt sich um einen Ursache-Wirkungs-Zusammenhang in der Seele. Die Buße als seelischer Zustand ist die Ursache. Aus ihr ergibt sich als Wirkung, als neuer seelischer Zustand, die Einheit mit der göttlichen Welt – Sündenvergebung. Kein Priester erteilt hier Absolution. Auch der Betreffende erteilt sich nicht selbst Absolution. Er erfährt die Wieder-Einswerdung mit dem Reich des Geistes nicht als Ergebnis eigener Leistung, sondern als unerwartetes Geschenk der geistigen Welt, die sich ihm wieder nähert, obwohl er sich von ihr „gesondert" hatte. Weder Buße noch Sündenvergebung kann er „machen". Sie werden ihm ermöglicht durch die in ihm wirkenden Kräfte der geistigen Welt. Aber verwirklichen muss er diese Möglichkeit selbst.

Taufe mit Wasser: Umkehr

Das „Wasser", mit dem Johannes der Täufer tauft, ist eine geistige Kraft, die den Menschen zur Einsicht in seinen von Gott getrennten Zustand, in die Sinnlosigkeit seines Lebens, befähigt und zur Umkehr, zur Neuordnung seines Lebens drängt. Das Jordanwasser ist nur Symbol für diese geistige Kraft. Wäre es nicht so, was sollte dann mit dem „Feuer" gemeint sein, mit dem später Jesus tauft? (3,16) Es kann ja kein physisches Feuer sein. Eine geistige Kraft, ein läuterndes und reinigendes „Wasser", durchströmt den Menschen, der zum Reich Gottes umkehrt, und stellt die Einheit mit diesem Reich wieder her.

Das physische Jordanwasser kann zum rituellen Symbol für diesen Vorgang werden, und die physische Taufe des Johannes zum Ritual, durch das ein innerer Vorgang sinnfällig gemacht wird. Dadurch wird er bewusst und bestätigt. Das Ritual an sich würde gar nichts bedeuten, wenn sich der innere Vorgang nicht vollzöge. Doch leicht verführt ein solches Ritual zur Illusion, durch diesen Akt würden Umkehr oder Sündenvergebung tatsächlich bewirkt. Aber nichts wäre weniger wahr. Nur der innere Vollzug, ungeplant, unbeabsichtigt, aus der spontanen Einsicht in die Sinnlosigkeit eines von Gott getrennten Lebens geboren, kann zur Sündenvergebung führen, zur Erfülltheit mit den Kräften des Geistes und später zum bewussten Erleben dieser Kräfte. „Alles Fleisch soll das Heil Gottes sehen."

Der „zukünftige Zorn"

3 *7 Er sprach nun zu der Volksmenge, die hinausging, um sich von ihm taufen zu lassen: Ihr Natterngezücht, wer hat euch unterwiesen, dass ihr dem zukünftigen Zorn entrinnen werdet?* ***8*** *Bringt darum Früchte, die der Buße gemäß sind, und fangt nicht an, bei euch selber zu sagen: Wir haben Abraham zum Vater. Denn ich sage euch: Gott vermag dem Abraham aus diesen Steinen Kinder zu erwecken.* ***9*** *Schon ist aber auch die Axt den Bäumen an die Wurzel gelegt. Jeder Baum nun, der nicht gute Frucht bringt, wird umgehauen und ins Feuer geworfen.*

10 *Und die Volksmenge fragte ihn: Was sollen wir nun tun?* ***11*** *Er antwortete und sprach zu ihnen: Wer zwei Röcke hat, gebe (einen) dem, der keinen hat; und wer Speise hat, tue ebenso!* ***12*** *Es kamen aber auch Zöllner, um sich taufen zu lassen, und sagten zu ihm: Meister, was sollen wir tun?* ***13*** *Er sprach zu ihnen: Fordert nicht mehr, als was euch verordnet ist!* ***14*** *Es fragten ihn aber auch Soldaten: Und was sollen wir tun? Und er sprach zu ihnen: Begeht gegen niemand Gewalttat noch Erpressung und begnügt euch mit eurem Sold!*

Was geschieht mit einem Menschen, der in der Sonderung von Gott verharrt und in Ichbezogenheit sein eigenes Leben und das anderer in Unordnung bringt? Der Gewalt, List und Betrug gegen andere anwendet, um seine Interessen zu verfolgen wie ein „Natterngezücht"? Ein solcher Mensch verfällt dem „zukünftigen Zorn". Er ruft selbst Gewalt, List und Betrug, die Reaktionen der von ihm geschändeten Menschen und der vergewaltigten Natur, gegen sich auf und wird von ihnen vernichtet. Das ist der „Zorn Gottes": die Reaktion der geistigen und natürlichen Gesetze, gegen die der Mensch in seiner Bosheit verstößt – nicht eine von einem anthropomorphen Gott verhängte Strafe.

Ein Mensch, der diese Zusammenhänge ahnt, bekommt es vielleicht mit der Angst zu tun und versucht, eilends seine Haut zu retten. Er fragt sich: Was muss ich tun, um diesem zukünftigen Zorn zu entrinnen? Ich muss Buße tun, ich muss mich mit Johannes dem Täufer, sei es dem „äußeren" Bußprediger, sei es dem Bußruf in meinem Innern, gutstellen. Ich muss meine Bosheit einschränken und meine Interessen weniger rücksichtslos verfolgen. Möglicherweise hilft mir auch ein Ritual der Taufe. So wird das „Natterngezücht", die List, Angst und Gewalt im Menschen, reagieren. Aus Furcht um den Verlust seines Besitzstandes und aus Angst vor Unglück wendet er Bußtechniken an, um dem künftigen Zorn zu entrinnen.

Aber Johannes ist unbestechlich. Er macht klar: Das sind nur Ausflüchte. Buße sind ehrliche Handlungen, nicht Manöver aus Angst vor Unglück. Wer nicht aus wirklicher Betroffenheit zu Taten, zu „Früchten der Buße" übergeht, wird dem künftigen Zorn nicht entrinnen. In jedem Menschen können diese Ausweichtendenzen vorhanden sein. Johannes spricht sie an und demaskiert sie.

Auch eine andere Selbsttäuschung lauert in jedem Menschen: das selbstgerechte Vertrauen auf Zugehörigkeit zu einer religiösen Tradition, die scheinbar die Verbindung mit Gott verbürgt. Die Juden fühlten sich dem Blut nach mit Abraham verbunden, stammten sie doch alle von ihm ab. Und da Abraham einen Bund mit Gott gemacht hatte und selbst ein Gerechter war, zogen sie aus der Tatsache, dass sein Blut auch in ihnen floss, den Schluss, sie seien automatisch ebenfalls mit Gott verbunden. Aber eine solche Blutsbeschaffenheit verbürgt die Verbindung mit Gott keineswegs. Kinder Abrahams zu sein, ist eine irdische Eigenschaft, nicht mehr. Verlasst euch nicht auf eure Blutsverwandtschaft mit Abraham, ruft Johannes der Täufer den Juden zu. Verlasst euch nicht auf Rituale und Dogmen der äußeren Religion. Verbinden mit Gott, dem Geist, kann euch nur die innere Religion, die Entfaltung des wahren Selbst, das selbst aus dem Geist ist. Und Johannes wählt ein Gleichnis: Auch die Steine, das Allerirdischste, könnten mit Hilfe Gottes zu Kindern Abrahams werden. Denn sie sind irdisch wie ihr, und die Kindschaft Abrahams ist eine irdische Eigenschaft. Aber von den Steinen werdet ihr doch nicht annehmen, dass sie sich spirituell mit Gott verbinden könnten! Genau so wenig, wie das die Steine können, könnt ihr es bloß auf Grund der äußeren Religion und eurer Blutsbeschaffenheit.

Wesentlich ist demgegenüber, dass durch die Buße eine wirkliche Verbindung zu Gott hergestellt wird. Eine spirituelle Kraft aus dem „Reich Gottes" muss den Menschen durchdringen und ihn zu Taten veranlassen, die Einheit mit Gott, Sündenvergebung, bewirken. Keine religiöse Tradition, der der Mensch kraft Herkunft angehört, bietet schon die Sicherheit der Verbindung mit Gott. Sie kann höchstens einen guten Ausgangspunkt bieten. Wer aber auf seine gute Ausgangsbasis vertraut, ohne mehr, bei dem wird sich nichts ändern. Er wird zu denen gehören, die keine guten Früchte bringen. Er entwickelt keinen neuen Zustand der Seele und kein neues, daraus folgendes Leben. Das alte Leben und seine Folgen werden ihn zerstören, das Abgeschnitten-Sein vom „Reich Gottes" wird ihn verkümmern lassen. Die Axt ist schon an die Wurzel des Baumes gelegt. Der Prozess der Zerstörung hat bereits begonnen.

Wer aber tatsächlich zur Umkehr bereit ist, wird sich fragen, worin konkret die Buße, die Neugestaltung des Lebens besteht, die der Entfaltung des wahren Selbst Raum schafft und dem „Herrn" den Weg bereitet. Er wird von dem äußeren oder inneren Johannes die Antwort hören, je nach seinen Lebensumständen. Jeder verfügt über inneren und äußeren Besitz, der über das für ihn Lebensnotwendige hinausgeht. Das ist mit dem zweiten „Rock" und den „Speisen" gemeint, die ein Mensch anderen schenken kann. Er kann sich von seinem Hang nach Besitz lösen und seine Fähigkeiten und Güter auch für Andere einsetzen. Dann wird er bemerken, dass diese neue Lebensführung Raum für Einflüsse aus dem wahren Selbst schafft.

So mancher ist in einer Position, in der er als Vorgesetzter, Erzieher, Lehrer oder Arbeitgeber von anderen Leistungen fordern darf. Wenn ihm an einer neuen Lebensordnung gelegen ist, wird er bemerken, dass er seine Forderungen nach der Leistungsfähigkeit und den Voraussetzungen des Anderen bemessen muss, nicht danach, auf welche Weise er selbst am meisten profitiert – sei es materiell, sei es an Prestige. Die Zöllner galten damals als besonders große „Sünder", weil sie für die verhasste Besatzungsmacht Steuern einzogen und sich selbst dabei noch bereicherten. Sie stehen hier für alle, die berechtigte Forderungen erheben können und in Versuchung sind, ihren eigenen Vorteil zu mehren, statt auf den Anderen und die Sache Rücksicht zu nehmen. Wer dieser Versuchung widersteht und seine Forderungen am Wohl des Anderen orientiert, wird erleben, wie sich neue Räume in ihm öffnen, da Habgier und Prestigedenken, die sonst seine Forderungen bestimmten, den Platz geräumt haben.

Die „Soldaten" schließlich stehen für alle, die in irgendeiner Hinsicht Macht haben, sei es, dass sie die Ordnung aufrechterhalten, sei es, dass sie andere oder eine Sache schützen müssen. Sie stehen immer in Versuchung, ihre Macht durch Erpressung und Gewalt zur Stärkung des eigenen Einflusses und Vergrößerung ihres Besitzes zu missbrauchen, ihrem Übermut und Machttrieb die Zügel schießen zu lassen und Andere zu quälen. So jemand schneidet sich mit Sicherheit von Einflüssen aus dem eigenen Innern ab, die Ruhe und Lebensfreude bringen. Wenn er aber versucht, den Lebenssinn zu erkennen, eine sich daraus ergebende gerechte irdische Ordnung aufzubauen, und dabei Mittel anwendet, die der Sache und dem Wohl aller Beteiligten angemessen sind, entstehen Freiräume für neue Entwicklungen.

Man könnte die Johannes fragenden Gruppen den gesellschaftlichen Bereichen Wirtschaft, Verwaltung und Militär zuordnen und annehmen, dass hier von einem besonderen Berufsethos die Rede sei. Und gewiss wird sich eine neue Lebensordnung auch im Berufsethos eines Menschen niederschlagen. Aber die drei Gruppen sind auch Beispiele für Positionen, die jeder Mensch anderen gegenüber einnimmt und die er zum eigenen Vorteil ausnützen könnte.

Johannes gibt keine bloßen Verhaltensregeln zur Hebung des moralischen Standards von Individuum und Gesellschaft. Er wendet sich an Hörer, die eingesehen haben, dass sie vom Reich des Geistes abgeschnitten sind. Aus dieser Einsicht heraus, nicht aus dem Drang, besser zu werden oder alles richtig zu machen, fragen sie den äußeren Johannes den Täufer oder ihre innere Johannes-Stimme. Und sie erkennen – das sind die Antworten Johannes des Täufers –, dass ihr Hang, nur zum eigenen Vorteil zu handeln, durch Großzügigkeit, Sachlichkeit und Rücksicht ersetzt werden muss. Denn dann können die Kräfte des wahren Selbst, die zu Umkehr und Buße gerufen haben, auch wirken, eine neue Lebensführung veranlassen und so den ganzen Menschen wieder in Einklang mit den Gesetzen und Kräften des Geistes bringen.

Johannes der Täufer und Christus

3 15 *Da aber das Volk in Erwartung stand und alle sich in ihren Herzen über*
Johannes Gedanken machten, ob er vielleicht der Christus sei, ***16*** *begann Johannes*
und sprach zu allen: Ich taufe euch mit Wasser; es kommt aber der, welcher stärker
ist als ich, und ich bin nicht würdig, ihm den Riemen seiner Schuhe zu lösen. Er wird
euch mit heiligem Geist und mit Feuer taufen. ***17*** *Er hat die Wurfschaufel in seiner*
Hand, um seine Tenne zu fegen und den Weizen in seine Scheune zu sammeln; die
Spreu aber wird er mit unauslöschlichem Feuer verbrennen.

Ein Mensch, in dem Johannes der Täufer als innere Stimme und Beunruhigung positiv wirksam wird, reagiert mit innerer Umkehr und Buße. Aber er fragt sich auch, was es mit dieser in ihm wirkenden Kraft auf sich hat. Er bemerkt, dass die Kraft der „Buße", die ihm Distanz zu seinem bisherigen Leben erlaubt, nicht selbst aus diesem Leben stammen kann. Sonst könnte sie ihm dieses Leben nicht in einem neuen Licht zeigen. Ist aber diese Kraft der Buße schon die Kraft der Erlösung, die ein neues spirituelles Leben bringt? Er ahnt die Möglichkeit des neuen Lebens aus dem Geist, er ahnt, dass eine Kraft aus der Welt des Geistes dieses neue Leben in ihm erwecken und aufbauen kann. Er lernt aber allmählich, dass die Kraft der Buße noch nicht diese Kraft der vollständigen Lebenserneuerung ist, obwohl beide Kräfte aus der Welt des Geistes stammen. Seine Frage, seine innere Prüfung der Kraft der Buße zeigt ihm, dass diese Kraft noch nicht der Gesalbte, noch nicht der erwartete und erahnte Christus ist.

Ebenso fragt das Volk im Evangelium den äußeren Johannes den Täufer, ob er schon der Christus sei. Es spürt, dass ihm in Johannes dem Täufer eine Kraft aus der geistigen Welt entgegentritt, ahnt und erwartet aber eine erlösende, vollständig erneuernde Kraft aus der geistigen Welt, den Gesalbten, und versucht sich über den Charakter der von Johannes dem Täufer verkörperten geistigen Kraft klar zu werden.

Und Johannes der Täufer, der äußere oder innere, antwortet. Auf dem spirituellen Weg sind zwei große Kräfte wirksam, die deutlich voneinander zu unterscheiden sind. Die Kraft der Vorbereitung der Erneuerung, und die Kraft dieser Erneuerung selbst. Die erste Kraft ist die des reinigenden und läuternden „Wassers". Sie wendet sich, obwohl sie aus der geistigen Welt stammt, an die dafür empfängliche irdische

Persönlichkeit, fordert sie auf, ihre Lage einzusehen, zu erkennen, dass das Irdische nicht das Primäre ist, und eine Umkehr zu vollziehen, durch die sie dem wahren Selbst Raum zur Entwicklung gibt. Die zweite Kraft ist die des „Feuers", des Geistes selbst, der das wahre Selbst entwickelt und alles Irdische, das dessen Wachstum behindert, verbrennt. Das „Feuer" versinnbildlicht das neue geistige Leben selbst. Beide Kräfte stammen aus der geistigen Welt. Aber die erste wirkt auf den irdischen Menschen ein, die zweite auf den geistigen. Und dies macht den gewaltigen Rangunterschied zwischen ihnen aus. Deshalb sagt Johannes der Täufer, Urbild der ethischen Erneuerung, von Jesus, Urbild der spirituellen Erneuerung, dieser sei stärker als er, und er, Johannes, sei nicht würdig, ihm die Schuhriemen zu lösen. Johannes verkörpert den an der geistigen Welt orientierten irdischen Menschen, Jesus den aus der geistigen Welt lebenden geistigen Menschen.

Johannes der Täufer ist auch der letzte Prophet des Alten Testaments. Denn das Alte Testament beschreibt die Vorbereitung des irdischen Menschen auf das Kommen des geistigen Menschen. Es beschreibt, wie sich ein Volk durch ein äußeres Gesetz – das von der geistigen Welt gegeben wird – seiner Beschaffenheit bewusst wird, erkennt, dass das irdische Leben nicht die Bestimmung des Menschen ist, und der Entwicklung eines geistigen Lebens den Weg bereitet. Die Propheten sind die Verkünder und Vollstrecker dieses „Alten Bundes" mit Gott, weisen aber immer schon auf den „Neuen Bund" voraus, für den der alte Voraussetzung ist. Der Neue Bund ersetzt das äußere Gesetz des irdischen Menschen durch das innere Gesetz des geistigen Menschen. Das innere Gesetz des geistigen Menschen ist die Struktur des wahren Selbst. Die Erfüllung dieses inneren Gesetzes bedeutet Freiheit. Das Neue Testament, der Christus, ist die Freiheit für den geistigen Menschen, das Alte Testament, die Propheten, das Gesetz für den irdischen Menschen. Mit Hilfe des äußeren Gesetzes wird schließlich die Freiheit im inneren Gesetz möglich.

In Johannes dem Täufer ist das Alte Testament zu seinem Höhepunkt gekommen. In ihm wird es noch einmal rekapituliert, um dann für das Neue Testament, für den Christus, Platz zu machen. Damit wird es nicht überflüssig. Jeder Mensch, der den spirituellen Weg betreten will, muss ein Stadium der Buße und Umkehr durchleben. Ist aber dieses Stadium durchlebt, kann dieser Mensch in den Strom der geistigen Kräfte aufgenommen werden, die den geistigen Menschen erwecken. So wird das Gesetz durch die Freiheit abgelöst.

Wieder betont Lukas hier die in einem spirituellen Impuls auftretenden Gegensätze. Ein spiritueller Impuls hat immer zwei Seiten: Aufbau des Neuen, was Freude bedeutet, und Abbruch des Alten, womit Schmerz verbunden ist. Diese beiden Seiten zeigen sich schon bei der Vorbereitung dieses Impulses, erst recht bei der Verwirklichung. Ein Mensch, der die Früchte der Buße bringt und sein irdisches Leben neu ordnet, wird von Johannes mit einem guten Baum verglichen. Er wird leben, auch als irdische Persönlichkeit. Denn als solche dient er dem neuen, geistigen Menschen und empfängt von ihm Lebenssinn und Lebenskraft. Eine irdische Persönlichkeit dagegen, die ihr altes ichbezogenes Leben weiterführt wie bisher, gibt den geistigen Kräften keinen Raum, ja schneidet sich selbst von ihnen ab und wird an den Folgen ihrer Taten und an ihrer Sinnleere zu Grunde gehen. Sie wird wie ein schlechter Baum abgehauen (3,9).

Derselbe Gegensatz wird im Stadium der Verwirklichung des spirituellen Impulses wirksam. Der „Weizen“ ist das wahre Selbst des Menschen, der geistige Mensch, der das Licht des Geistes empfängt und darin zum Wachstum gelangt. Der „Gesalbte“, das vom Geist durchdrungene Muster des wahren Selbst, wird das wahre Selbst aller Menschen, die positiv auf ihn reagieren, sammeln und in die Welt des Geistes versammeln. Dieses wahre Selbst und die in ihm wirksame Struktur der geistigen Welt brechen als der Keim des Neuen durch alle Hüllen des alten Ich hindurch, unwiderstehlich. Und das alte, geläuterte Ich geht bis zu einem gewissen Grad in die Frucht ein. Wo aber das Neue sich nicht entwickelt hat, da sind nur die Hüllen, die Spreu, die ichbezogene irdische Persönlichkeit. Und sie wird im Feuer des Geistes vergehen. Sie ist ja sterblich, sie entspricht in ihrer Struktur nicht der Struktur der geistigen Welt. Sie hat ein Eigenleben geführt und ihre Kräfte nicht dem Wachstum des wahren Selbst zur Verfügung gestellt. Daher konnten ihre Kräfte auch nicht im neuen geistigen Menschen aufgehen. Diese Spreu wird durch die Wurfschaufel des Geistes von der Tenne gefegt.

Damit wird, auf wieder andere Weise, die Aussage des Simeon im Tempel wiederholt, der davon spricht, dass der Christus „zum Fall und Aufstehen vieler“ gesetzt ist. Dem entspricht, dass Johannes der Täufer als Vorläufer einerseits zur Umkehr und Buße mahnt, andererseits dem Volk „die frohe Botschaft“ verkündigt. Er weist auf die Möglichkeit hin, die durch das Kommen des Christus für jeden dafür empfänglichen Menschen eröffnet wird. Jeder Mensch kann aus der geistigen Welt Lebenssinn und Lebenskraft empfangen und dadurch als geistiger Mensch erwachen.

Schicksal Johannes des Täufers

3 18 *Indem er nun noch viele andre Mahnungen gab, verkündigte er dem Volk frohe Botschaft.* ***19*** *Der Fürst Herodes aber, der von ihm zurechtgewiesen wurde wegen Herodias, der Frau seines Bruders, und wegen all des Bösen, das Herodes getan hatte,* ***20*** *fügte zu allem noch dies hinzu: Er ließ den Johannes ins Gefängnis einschließen.*

Das Schicksal Johannes des Täufers ist das Schicksal jedes Menschen, der inmitten der irdischen Welt die Wahrheit der geistigen Welt verkörpert. Die von ihm vertretene Ordnung der geistigen Welt steht im Gegensatz zur Ordnung der irdischen Welt, in der das Recht des Stärkeren gilt und jeder nur seine persönlichen Interessen verfolgt. Daher muss es notwendig zu Konflikten kommen. Die irdische Welt wird sich durch die geistige Ordnung in ihren Gewohnheiten gestört fühlen, ahnen, dass sie keine absolute Daseinsberechtigung besitzt, und sich empören. Sie wird den Repräsentanten der geistigen Ordnung verfolgen und unschädlich zu machen suchen.

Das gilt, gleichgültig, auf welcher Ebene der Repräsentant der geistigen Welt arbeitet: auf der Ebene der Taufe mit Wasser oder der der Taufe mit Feuer.

Johannes weist als Prophet, der die Ordnung des Geistes vertritt, Herodes, die Verkörperung der religiös verbrämten irdischen Macht, zurecht. Herodes hatte, von Leidenschaft übermannt, Herodias, die Frau seines Bruders, zur Frau genommen und sich Übergriffe als Herrscher zu Schulden kommen lassen. Er verwahrt sich gegen die Vorwürfe Johannes des Täufers, lässt ihn ins Gefängnis werfen und später töten (9,9).

So etwas kann immer auch im einzelnen Menschen geschehen, der innerlich von der Kraft Johannes des Täufers berührt wird. Der Herodes in ihm hatte bisher seinen Leidenschaften und seiner Herrschsucht ohne Rücksicht auf Rechte Anderer und die Ordnung der geistigen Welt gedient. Da melden sich Gewissen und Vernunft – der innere Johannes der Täufer – und stellen ihm vor Augen, dass sein Verhalten nicht mit seinen innersten Maßstäben – der auch in ihm angelegten Ordnung der geistigen Welt – übereinstimmt. Aber er ist nicht bereit, auf Leidenschaft und Macht zu verzichten, obwohl sie ihn und andere über kurz oder lang zerstören werden, und überhaupt seine irdischen Gewohnheiten in Frage stellen zu lassen. Daher verdrängt er die Stimme des Gewissens, den inneren Johannes den Täufer, so wie der historische Herodes den historischen Johannes ins Gefängnis einschließen lässt. Und später bringt er mit innerer Gewalt diese Stimme ganz zum Schweigen, so wie Herodes Johannes tötet.

Auf seiner Ebene präfiguriert Johannes der Täufer das Schicksal Jesu. Auch Jesus wird später von den Mächten der irdischen Welt, die sich von ihm als dem Repräsentanten der geistigen Welt herausgefordert und in Frage gestellt fühlen, gefangen genommen und getötet.

Auftreten Jesu

3 21 *Es begab sich aber, als alles Volk sich taufen ließ und auch Jesus getauft worden war und betete, da tat sich der Himmel auf* ***22*** *und der heilige Geist schwebte in leiblicher Gestalt wie eine Taube auf ihn herab, und aus dem Himmel erscholl eine Stimme: „Du bist mein geliebter Sohn, an dir habe ich Wohlgefallen gefunden."*

Johannes der Täufer war der letzte und größte Prophet des Alten Testaments, der Vorläufer des Neuen Testaments. Wer aber ist Jesus? Was ist der Christus, den das Volk mit so großer Sehnsucht erwartet? Die Frage wird durch die obige Szene des Evangeliums beantwortet.

Jesus der „Gesalbte"

„Christus" heißt der „Gesalbte". Es ist der griechische Ausdruck für Moschiach – in griechischer Lautgebung „Messias" –, was im Hebräischen ebenfalls „Gesalbter" bedeutet. Die Salbung hat ihre Vorbilder im Alten Testament, wo Menschen, zum Beispiel David oder Saul, von einem Propheten zum König, andre zum Priester „gesalbt" werden. Auch Gott selbst kann einen Menschen salben. In Psalm 89,21 heißt es: „Ich habe meinen Knecht David gefunden, mit meinem heiligen Öl ihn gesalbt." Die Salbung geschieht mit Öl. Sie ist ein Ritual oder ein Bild, durch das äußerlich ein innerer geistig-seelischer Vorgang symbolisiert wird. Der Prophet übermittelt als

Träger göttlicher Kräfte einem Menschen diese Kräfte – versinnbildlicht durch das Öl – und macht ihn dadurch zum Priester oder König. Oder Gott selbst schenkt seine Kräfte – das „heilige Öl" – unmittelbar. Es sind Kräfte geistiger Art, die dem damit Begabten Erkenntnis der geistigen Welt vermitteln, so dass er, als Priester oder König, sein Volk bewusst nach den Gesetzen der geistigen Welt führen kann. Jeder Mensch kann prinzipiell eine solche „Salbung" erleben. Kräfte göttlicher Art, anders als irdische Verstandes- und Bewusstseinskräfte, erleuchten dann sein Bewusstsein, und Erkenntnis der göttlichen Welt wird ihm zuteil.

Aber tatsächlich wird nur der Mensch eine solche „Salbung" erleben, der schon eine Empfänglichkeit dafür besitzt. Es muss eine Verbindungsmöglichkeit zur geistigen Welt in ihm vorhanden oder entwickelt sein, ein Aufnahmevermögen für diese Kräfte. Jesus war schon, bevor er in Mutterleib kam, mit der geistigen Welt verbunden und für sie geöffnet, so dass er, nachdem dieses Aufnahmevermögen in ihm herangewachsen war, die geistigen Kräfte empfangen konnte. Mit ihrem Empfang sind Konsequenzen und Pflichten verbunden. Sie werden dem Betreffenden geschenkt, damit er als „König" oder „Priester" wirklich im Sinn der geistigen Gesetze wirkt, die ihm durch die „Salbung" bewusst geworden sind. Tut er es nicht, erzeugt er Konflikte im eigenen Wesen. Denn dann entspricht die Struktur seiner Handlungen und Motive nicht der Struktur der geistigen Welt, die durch ihn wirken möchte. Er muss also bereit sein, auch als irdische Persönlichkeit mit diesen Kräften zusammenzuwirken, was bedeutet, dass er all seine Ichbezogenheit in Denken, Fühlen, Wollen und Handeln aufgibt und ein Denken, Fühlen, Wollen und Handeln aufbaut, das der Struktur der göttlichen Gesetze entspricht. Mit anderen Worten: Er muss den spirituellen Weg, den er in innerer Umkehr begonnen hat, konsequent in den spirituellen Kräften weitergehen. Und er muss es für andere Menschen tun, in der Weise, dass er durch seinen eigenen Weg anderen ermöglicht, diesen Weg ebenfalls zu finden und zu gehen. Das ist die „Führung", die er als gesalbter „König" oder „Priester" dem Volk schuldig ist.

Taufe mit Feuer: Erleuchtung

Die Salbung ist nichts anderes als die Taufe mit dem „heiligen Geist", mit dem Feuer des Geistes. Nachdem Jesus von Johannes mit dem Wasser der Buße getauft ist, erlebt er auch die Taufe mit dem Feuer des heiligen Geistes. Die Taufe mit Wasser symbolisiert, dass er seine Persönlichkeit von aller Ichbezogenheit gereinigt hat. Sie symbolisiert auch, dass Jesus an die Tradition des Alten Testaments anknüpft, die ja nichts anderes bedeutet als die Reinigung des irdischen Menschen durch das äußere „Gesetz", das ihm seine Ichbezogenheit bewusst macht und die Möglichkeit der Läuterung zeigt. Das Alte Testament ist in seiner Gesamtheit die Beschreibung der Taufe mit Wasser und ihrer Konsequenzen. Es schildert die Vorbereitung auf die Taufe mit Feuer, die Inhalt des Neuen Testaments ist. Analog dazu ist Johannes, der mit Wasser tauft, der letzte und größte Prophet des Alten Bundes, damit aber auch schon Verkünder des Neuen Bundes, und Jesus, der mit Feuer tauft, der Begründer des Neuen Bundes.

Durch die Taufe mit dem Feuer des heiligen Geistes, der „Salbung" mit dem „heiligen Öl" Gottes, wird der Mensch Jesus zum „Gesalbten", zum „Christus". Als

Christus ist er Träger göttlicher Kräfte. Sie erleuchten seine unsterbliche Seele, sein wahres Selbst. Das wahre Selbst wird zum geist-erfüllten Selbst, zum Geist-Selbst. Als Gesalbter steht Jesus daher jetzt vor den Konsequenzen und Pflichten, die aus der Begabung mit diesen Kräften folgen: einerseits sich auch als irdische Ich-Persönlichkeit gänzlich von ihnen verwandeln zu lassen, so dass er in Denken, Fühlen, Wollen und Handeln der Struktur der geistigen Welt entspricht, andererseits diese Kräfte als „König“ und „Priester“ anderen weiterzugeben, damit auch sie diesen Weg der Verwandlung gehen können.

Wenn Jesus von Johannes mit Wasser und unmittelbar darauf von der geistigen Welt mit dem Feuer des Geistes getauft wird, so wird dadurch außerdem ausgedrückt, dass sich auch in der dritten Phase der Wirksamkeit des spirituellen Impulses der vorbereitende Aspekt und der verwirklichende Aspekt dieses Impulses innig miteinander verbinden und zusammenarbeiten. Johannes dem Täufer wird – in der dritten Phase des spirituellen Impulses – sein Auftrag, Vorbereiter der Erlösung zu sein, bewusst. Jesus wird, ebenfalls in der dritten Phase des spirituellen Impulses, seine Aufgabe, Verwirklicher der Erlösung zu sein, bewusst. Nach der Gefangensetzung Johannes des Täufers übernimmt Jesus beide Aufgaben: Vorbereitung und Verwirklichung, Aufruf zur Buße und Aufruf zur spirituellen Erneuerung.

Dasselbe gilt für jeden einzelnen Menschen, der in die dritte Phase des spirituellen Weges eintritt. Seine irdische Persönlichkeit mit ihrem Ich wird geläutert und vollzieht bewusst eine Umkehr und Reinigung ihres gesamten Wesens und Lebens, befähigt dazu durch den inneren Johannes den Täufer. Auf dieser Grundlage kann der spirituelle Mensch, das wahre Selbst, bewusst und wirksam werden. Und wenn das nach der Taufe mit Feuer geist-erfüllte wahre Selbst wirksam wird, zieht es, wie Jesus, Menschen an, die auf die von ihm ausgehenden spirituellen Kräfte reagieren und damit in die erste Phase des spirituellen Weges eintreten.

Jesus ist nicht der einzige Mensch, der mit dem Feuer des Heiligen Geistes „gesalbt“ wurde. So manche Gestalt des Alten Testaments empfing das „heilige Öl“ Gottes und wurde zum Gesalbten. Und auch andere Religionen berichten von „Erleuchteten“, deren Bewusstsein in der Erkenntnis der geistigen Welt erstrahlte. Sie waren mit dem heiligen Geist begabt worden. Es gibt nur einen graduellen Unterschied zwischen solchen Menschen. Teils sind sie schon von Mutterleib an mit der geistigen Welt verbunden, teils nicht. Und ihre Empfänglichkeit für die spirituellen Kräfte ist unterschiedlich groß, je nach ihrem Entwicklungszustand. Jesus war ein Mensch, in dem die Kräfte des heiligen Geistes in ihrer ganzen Fülle Wohnung nahmen.

Lukas schildert in Bildern, wie dieser Vorgang der „Salbung“, die Taufe mit dem heiligen Geist, konkret vor sich geht. Es handelt sich um ein geistig-seelisches Geschehen: Geistige Kräfte, Erkenntniskräfte, erleuchten die unsterbliche Seele, das wahre Selbst, eines Menschen. In diesem Licht erkennt er die geistige Welt. Für Sinnenaugen ist dieses Geschehen unsichtbar. Es spielt sich in einer anderen Dimension als der Raumzeit ab. Daher sind, um es zu beschreiben, Bilder erforderlich. Und welches Bild wäre geeigneter, um die geistige Welt, die in ihrer Schwingung hoch über der irdischen steht, zu beschreiben, als „Himmel“? „Himmel“ ist die unendliche Weite, so wie die geistige Welt unendlich und ewig ist.

Jesus „betet“, das heißt, er öffnet sein Sein und Bewusstsein, sein wahres Selbst, für den Geist der Wahrheit. Umgekehrt öffnet sich der „Himmel“. Es findet eine Begegnung zwischen dem Bewusstsein Jesu und der Welt des Geistes statt. Diese gießt ihre Kräfte ins Bewusstsein des Empfangenden und erleuchtet es. Es wird eins mit den Strukturen und Kräften des unendlichen, ewigen Geistes, wird von ihnen durchdrungen und durchdringt sie seinerseits. Es wird zum Geist-Selbst.

Für den heiligen Geist werden in der Bibel verschiedene Bilder gebraucht. Kap. 3,16 hatte ihn Lukas als „Feuer“ bezeichnet, in der Offenbarung des Johannes wird er mit einem Adler verglichen, und hier, bei der Erleuchtung Jesu, erscheint er in „leiblicher Gestalt wie eine Taube“. Auch dies ist ein Bild, mit Sinnenaugen nicht wahrnehmbar. Dennoch ist es kein willkürliches Bild des Evangelisten, sondern ein Bild, das bestimmte Eigenschaften dieses Geistes anschaulich macht. Das erleuchtete Bewusstsein erlebt diese Eigenschaften so konkret, wie das irdische Bewusstsein analoge Eigenschaften in der irdischen Welt erlebt. Deshalb der Ausdruck „leibliche Gestalt“.

Die für den heiligen Geist gewählten Bilder beziehen sich auf verschiedene Aspekte dieser Kraft. Als „Feuer“ ist der heilige Geist Energie, die das darauf Abgestimmte mit Dynamik erfüllt und das nicht darauf Abgestimmte „verzehrt“, so wie die „Spreu“ mit „unauslöschlichem Feuer“ verbrannt wird (3,17). Als Vogel repräsentiert er das flüchtige Element Luft, das Pneuma, den Atem Gottes, der allen Dingen Leben schenkt. Als Adler im Besonderen versinnbildlicht er die alles durchdringende Kraft der Erkenntnis, das Sonnenauge der Wahrheit, die jede Unwahrheit auflöst, als Taube hingegen die bewahrende Kraft der Wahrheit, welche Übereinstimmung mit der Ordnung der geistigen Welt bedeutet. Wer sich in Übereinstimmung mit der geistigen Welt befindet, ist von allem Unfrieden und Kampf erlöst. Er lebt in einem unerschütterlichen, starken Frieden, in Harmonie mit dem All. Er bringt anderen, die für eine solche Verfassung empfänglich sind, ebenfalls diesen Frieden.

Jesus erlebt bei seiner Begegnung mit dem heiligen Geist diesen Aspekt des großen, allumfassenden, in der Geistordnung gegründeten Friedens. Und seine Mission ist unter anderem dadurch gekennzeichnet, dass er diesen Frieden in der Menschheit verankert und als der im Alten Testament vorausgesagte Friedefürst wirkt (Jes. 9,5). Dem widerspricht nicht, dass er zu einem „Fall“ vieler sein wird. Denn ohne das Verbrennen der Spreu, die Auflösung aller faulen irdischen Friedenskompromisse, kann kein in der Geistordnung gegründeter Friede entstehen.

Jesus, Sohn Gottes

Wenn sich die Kräfte des Geistes mit dem wahren Selbst eines Menschen verbinden, wenn er mit diesen Kräften „gesalbt“ wird, wenn sie ihm bewusst werden und ihm dadurch die Welt des Geistes bewusst wird, wird er zu einem Geist-Selbst, zu einem „Sohn Gottes“. In diesem Sinn heißt es bei Jesaja: „Siehe da …, mein Erwählter, an dem meine Seele Wohlgefallen hat. Ich habe meinen Geist auf ihn gelegt, dass er die Wahrheit unter die Völker hinaustrage“ (Jes. 42,1). Auf diese Stelle aus dem Alten Testament bezieht sich Lukas in 3,22, ebenso auf eine Stelle aus Psalm 2 (Vers 7): „Mein Sohn bist du, heute habe ich dich gezeugt.“ Andere alte Manuskripte des

Lukasevangeliums zitieren tatsächlich: „… heute habe ich dich gezeugt." Denn wenn der Geist Gottes im wahren Selbst eines Menschen Wohnung nimmt und ihm bewusst wird, erhält es eine neue Qualität. Das Geist-Selbst wird gezeugt.

Dieser Mensch ist fortan dreifach: Er besteht erstens aus dem irdischen Menschen, der Ich-Persönlichkeit, der sterblichen Seele mit ihrem Körper, zweitens aus der unsterblichen Seele, seiner wahren Identität, und drittens aus dem Geist, der diese unsterbliche Seele durchdringt und zu einer Geist-Seele, einem Geist-Selbst, macht. Die Ich-Persönlichkeit wurde von zwei Eltern auf biologische Art gezeugt. Das wahre Selbst wurde vom heiligen Geist in eine reine, irdische Seele – Maria – eingesenkt, also „gezeugt". Ebenso wird auch das Geist-Selbst von „Vater" und „Mutter" erzeugt: Der „Vater" ist das geistige Gesetz, die geistige Struktur, die dem All zu Grunde liegt, die „Mutter" ist die geistige Kraft, die das All erhält. Der „Vater" erscheint in der bei Lukas beschriebenen Szene als „Stimme", die „Mutter" als der heilige Geist in Gestalt einer Taube. Gott „spricht", er legt seinen Gedanken, sein schöpferisches Gesetz, in das von der göttlichen Kraft – der „Mutter" – erfüllte Bewusstsein, das wahre Selbst, eines Menschen. Dadurch wird sich das wahre Selbst der geistigen Welt bewusst, sie wirkt nun in ihm. Es wird zum Geist-Selbst, zum „Sohn" des „Vaters" und der „Mutter". Anders ausgedrückt: Aus dem kosmischen Geist und der kosmischen Energie entsteht der individuelle Geist, der von nun an bewusst aus der „Wahrheit" lebt und sie „unter die Völker hinausträgt". Damit ist Jesus „Sohn Gottes" geworden, wie es in Kap. 1,35 angekündigt worden war.

Man hat sich immer die Frage gestellt: Welches Verhältnis besteht zwischen dem Menschen und dem Gott in Jesus Christus? Ist Jesus Christus beides zugleich? Aus dem Vorhergehenden fällt Licht auf diese Frage.

Als irdisches Wesen, als irdische Ich-Persönlichkeit mit einem Körper, von biologischen Eltern als biologisches Wesen gezeugt, ist jeder Mensch, auch Jesus, nur irdischer Mensch, im Grund nur ein höheres Tier, ein „unwahrer" Mensch, eine „Knechtsgestalt". Als wahres Selbst ist jeder Mensch prinzipiell Menschensohn, nur in der Regel nicht aktuell, da das wahre Selbst in den meisten Menschen „schläft". Jesus ist es aber auch aktuell, da der „wahre" Mensch, der Menschensohn, in ihm wach und wirksam ist. Als vom Geist erleuchtetes wahres Selbst, als Geistseele, individuelles Geist-Selbst, ist Jesus schließlich der Christus, ist er Gottessohn.

In Jesus war das wahre Selbst – wie in Johannes dem Täufer –, schon von Mutterleib an, ja schon vorher, wirksam. Er hatte ja bewusst in der geistigen Welt gelebt, dann aber freiwillig „Knechtsgestalt" – eine irdische Ich-Persönlichkeit mit ihrem Körper – angenommen. Er war von Anfang an Menschensohn, wahrer Mensch. Die „Knechtsgestalt" hinderte das wahre Selbst nur vorübergehend an seiner Wirksamkeit, so wie ein dichter Schleier ein Wesen daran hindert, seine Glieder zu gebrauchen. Aber vorhanden und prinzipiell aktionsfähig war dieses wahre Selbst Jesu, außerdem verbunden mit der geistigen Welt und von ihr genährt. Es schüttelte im Lauf der Zeit die Herrschaft der Knechtsgestalt ab. Die Taufe mit „Wasser" versinnbildlicht diesen Vorgang.

Wenn das wahre Selbst die Herrschaft der „Knechtsgestalt" abgeschüttelt hat, können sich der „Vater" – der kosmische Geist – und die „Mutter" – die kosmische Energie – ins wahre Selbst einsenken, es mit göttlichen Kräften durchstrahlen und sich der geistigen Welt bewusst werden lassen. Die Taufe mit „Feuer“ ist dieses Ereignis. In diesem Augenblick wird das Geist-Selbst als „Sohn Gottes“ gezeugt. Es wird sich seiner selbst, seines göttlichen Ursprungs und der göttlichen Welt bewusst und kann daher auch die Gesetze und Kräfte der göttlichen Welt verwirklichen – vorläufig noch mittels der irdischen Ich-Persönlichkeit und ihres Körpers.

Jetzt ist Jesus als Geist-Selbst auf der einen Seite bewusst verbunden mit der göttlichen Welt und in sie eingebettet, auf der anderen Seite verbunden mit dem irdischen Ich, das allmählich zum immer besseren Ausdrucks- und Handlungsinstrument des Geist-Selbst werden soll. Als Jesus ist daher dieser Mensch irdischer, unwahrer Mensch (Ich und Körper) und göttlicher, wahrer Mensch (wahres Selbst), als Christus Gottes Sohn (geist-erfülltes wahres Selbst).

Söhne Gottes und Sohn Gottes

Verwirrung ist auch immer entstanden, weil man mit „Sohn Gottes“ verschiedene Gegebenheiten bezeichnet hat. Ebenso, wie man von vielen gesalbten Menschen – z. B. Königen und Priestern des Alten Testaments – sprechen kann, aber nur von einer einzigen Kraft der Salbung – dem göttlichen Feuer –, so kann man von vielen „Söhnen Gottes“ sprechen, wenn man die von der göttlichen Wahrheit erleuchteten Menschen meint, muss aber von einem einzigen Sohn Gottes sprechen, sofern man sich auf das Licht des Geistes, die Wahrheit selbst, bezieht.

„Söhne Gottes“ sind alle Menschen, in denen durch die zeugende Wirksamkeit des „Vaters“ und die empfangende Wirksamkeit der „Mutter“ die individuelle Geistseele, das erleuchtete wahre Selbst, wach und wirksam geworden ist. Es sind die „Gerechten“, von denen in der „Weisheit Salomos“ die Rede ist, die die „Erkenntnis Gottes“ besitzen (Weisheit 2,13), und aus dieser Erkenntnis heraus handeln und leben. Sie sind „Abbilder Gottes“, Söhne Gottes (Weisheit 2,18). „Denn Gott hat den Menschen zur Unvergänglichkeit geschaffen und ihn zum Abbild seines eigensten Wesens gemacht“ (Weisheit 2,23). „Sohn Gottes“ in einem allgemeineren Sinn aber ist die Erkenntnis Gottes als solche, die unvergängliche Wahrheit, das Licht, gezeugt von der göttlichen Ordnung, dem „Vater“, und empfangen in der Kraft des heiligen Geistes, der „Mutter“. In diesem Sinn kann es nur einen „Sohn Gottes“ geben, die bewusste Erkenntnis Gottes als solche, das Licht der Wahrheit.

Dieses eine Licht der Wahrheit, dieser „eingeborene Sohn Gottes“, erfüllt alle Gottessöhne, alle Erleuchteten. Sie sind wie Strahlen der einen Sonne. In Jesus strahlt diese Sonne in Vollkommenheit. Er verkörpert daher das Licht der Wahrheit, den „eingeborenen Sohn Gottes“ in besonderer Weise. In diesem Sinn lässt sich sagen, er sei der „eingeborene Sohn Gottes“.

Alter und Stammbaum Jesu

3 23 *Und er, Jesus, war, als er auftrat, etwa dreißig Jahre alt und war, wie man*
annahm, ein Sohn des Joseph, der [war ein Sohn] des Eli, ***24*** *der des Matthat, der*
des Levi, der des Melchi, der des Jannai, der des Joseph, ***25*** *der des Mattathias, der*

des Amos, der des Nahum, der des Hesli, der des Naggai, ***26*** *der des Maath, der des Mattathias, der des Semein, der des Josech, der des Joda,* ***27*** *der des Johanan, der des Resa, der des Serubbabel, der des Sealthiel, der des Neri,* ***28*** *der des Melchi, der des Addi, der des Kosam, der des Elmadam, der des Er,* ***29*** *der des Jesus, der des Elieser, der des Jorim, der des Matthat, der des Levi,* ***30*** *der des Simeon, der des Juda, der des Joseph, der des Jonam, der des Eljakim,* ***31*** *der des Melea, der des Menna, der des Mattatha, der des Nathan, der des David,* ***32*** *der des Isai, der des Jobed, der des Boas, der des Sala, der des Nahason,* ***33*** *der des Amminadab, der des Admin, der des Arni, der des Hezron, der des Perez, der des Juda,* ***34*** *der des Jakob, der des Isaak, der des Abraham, der des Tharah, der des Nahor,* ***35*** *der des Serug, der des Regu, der des Peleg, der des Heber, der des Selah,* ***36*** *der des Kainam, der des Arpachsad, der des Sem, der des Noah, der des Lamech,* ***37*** *der des Methusalah, der des Henoch, der des Jared, der des Mahalaleel, der des Kenan,* ***38*** *der des Enos, der des Seth, der des Adam, der Gottes.*

In der „Salbung“, der Begabung durch den Heiligen Geist, ist Jesus mit „Feuer“ getauft, zum „Gesalbten“ und „Sohn Gottes“ geworden. Vater und Mutter, Gesetz und Kraft der geistigen Welt, haben sich innigst mit einem Menschen verbunden. Damit kann das göttliche Wort, das Licht der Wahrheit, die öffentliche Wirksamkeit beginnen, für die es sich in Jesus inkarniert hat, für die es „Fleisch geworden“ ist. Jesus ist zu diesem Zeitpunkt 30 Jahre alt. Mit 12 Jahren hatte sich seinem irdischen Verstand alle Weisheit der geistigen Welt geöffnet, soweit sie in Traditionen überliefert war. Alle Aspekte dieser Weisheit – 12 ist die Zahl der Vollständigkeit – standen ihm zu Gebote, und er war in der Lage, sich mit den Weisen und Schriftgelehrten seiner Tage auseinanderzusetzen.

„30“ Jahre alt

Auch 30 ist eine symbolische Zahl. Mag sein, dass Jesus zu Beginn seines öffentlichen Auftretens wirklich 30 Jahre alt war – dann wird diese zeiträumliche Tatsache auch zum Symbol für einen geistig-seelischen Sachverhalt. War er aber in biologischer Hinsicht nicht 30 Jahre, so war er es doch geistig-seelisch. Zum Beispiel war Joseph in Ägypten ebenfalls dreißig Jahre alt, „als er vor den Pharao, den König von Ägypten, trat“ (1. Mose 41,46), als er also mit seiner Wirksamkeit in der irdischen Welt – dafür steht Ägypten – begann. Und „David war dreißig Jahre alt, als er König wurde“. Das wird in 2. Sam. 5,4 ausdrücklich festgestellt. Die Drei ist die Zahl der Einheit zwischen Geist, Seele und Körper, oder, anders ausgedrückt, zwischen Geist-Selbst, wahrem Selbst und Ich-Persönlichkeit. Es ist die Zahl der Verwirklichung der geistig-seelischen Impulse in der materiellen Welt. Die Drei mit einer Null, die Dreißig, kennzeichnet dieses Prinzip in dynamischer Wirksamkeit. Wenn Jesus mit 30 Jahren seine öffentliche Wirksamkeit beginnt, so heißt das, dass er die Einheit zwischen Geist-Selbst, wahrem Selbst und Ich-Persönlichkeit verwirklicht hat, bis in den Körper hinein reif und gerüstet für seine Aufgabe ist, und über die dynamische Kraft dafür verfügt. In diesem Sinn wird auch die Zahl der Heldenschar, die David diente, mit „30“ beziffert: Die Dreißig drückt starkes, dynamisches, im Einklang mit Geist und Seele befindliches Wirken aus.

Der Stammbaum Jesu

An dieser Stelle des Evangeliums führt Lukas den Stammbaum Jesu an. Es war die Rede von der göttlichen Sohnschaft Jesu gewesen: Er ist durch den Heiligen Geist zum Sohn Gottes geworden. Da liegt es nahe, auch von seiner irdischen Sohnschaft zu sprechen und sie zu charakterisieren. Über diesen „Stammbaum" ist viel gerätselt worden, vor allem deshalb, weil Matthäus (Matth. 1,1–17) bis zu David hinauf einen ganz anderen Stammbaum bringt. Man hat diesen Widerspruch auf verschiedene Weise aufzulösen versucht. Denn hier schienen eindeutig zeiträumliche Fakten – eine biologische, blutsmäßige Abstammung – dargestellt zu werden. Jesus konnte väterlicherseits – und Stammbäume bezogen sich bei den Juden immer auf die Vaterlinie – nur einen Vater, Großvater usw. haben. Wenn Matthäus und Lukas verschiedene Stammbäume nannten, so musste der historische Wahrheitsgehalt der Evangelien zumindest in diesem Punkt angezweifelt werden. Mochte dieser Aspekt auch sekundär sein – wenn Matthäus und Lukas in diesem Punkt schlecht „recherchiert" hatten, so war wohl auch in anderen, wichtigeren Punkten Vorsicht angebracht.

Ein Lösungsvorschlag bestand darin, anzunehmen, dass trotz der jüdischen Vaterstammlinie hier ausnahmsweise einer der Evangelisten den Stammbaum von Jesu Mutter dargestellt hatte und dies auf Grund von Abschreibfehlern oder törichter redaktioneller Eingriffe im Text verdunkelt worden war. Ein anderer Lösungsversuch sprach von zwei Jesusknaben, deren einer der nathanischen Linie, der andere der salomonischen Linie entstammte (Salomon und Nathan waren Söhne Davids). Nachdem der eine Jesusknabe im Alter von 12 Jahren gestorben war, ging nach dieser Erklärung seine Seele in den anderen Jesusknaben über und vermischte sich mit dessen Seele, so dass beide Erbteile, das nathanische, priesterliche, und das salomonische, königliche, sich in Jesus vereinigten.

Vielleicht ist aber noch eine andere Lösung möglich, die ebenfalls darauf hinausläuft, dass in Jesus die Priester- und die Königseigenschaften seines Volkes erblich vereinigt waren, ohne dass man indessen der problematischen Hypothese der beiden Jesusknaben bedürfte.

Es werden ja im Evangelium immer wieder historische oder scheinbar historische Angaben gemacht, die auf geistig-seelische Sachverhalte hinweisen sollen. Wenn nun in diesem Sinn die Stammbäume gar nicht historisch oder nicht rein historisch wären, sondern geistig-seelische Entwicklungen und Stufen eines Volkes darstellten, an denen Jesus als Erbe Anteil erhält und die in Jesus kulminieren?

Beide Stammbäume wären dann Konstruktionen der Evangelisten mit bestimmten Demonstrationsabsichten. Matthäus konstruiert seinen Stammbaum, um zu zeigen, dass sich im irdischen Menschen Jesus *alle* Entwicklungen des Volkes von Abraham an, vor allem die Entwicklungen der Königseigenschaften des Volkes, summieren. Lukas konstruiert seinen Stammbaum, um zu zeigen, dass sich im irdischen Menschen Jesus *alle* Entwicklungen der Priestereigenschaften des Volkes, ja der Menschheit, summieren.

Ein Argument für diese Hypothese einer Konstruktion liegt in der Tatsache, dass Matthäus seinen „Stammbaum" ausdrücklich in 3x14 = 42 Glieder einteilt. Von Abraham bis Jesus sind es 42 Geschlechter: 14 von Abraham bis David, 14 von

David bis zur babylonischen Gefangenschaft und 14 von der babylonischen Gefangenschaft bis Jesus (Matth. 1,17). Lukas macht explizit keine solchen Angaben. Aber man kann nachzählen: Bei ihm sind es von Jesus bis David 42 Geschlechter, von David bis Abraham 14, von Abraham bis Gott 21, die Hälfte von 42.

Die Zahl 42 spielt schon im Alten Testament eine Rolle. Sie taucht etwa auf, wenn eine lange Reise gemacht wird, die alle wesentlichen Punkte einer vorgegebenen Route berührt. Am Ende einer solchen Reise sind 42 Stationen durchlaufen. Das Musterbeispiel hierfür sind die 42 Stationen des Volkes Israel auf seiner Reise durch die Wüste, nach dem Auszug aus Ägypten bis zum Einzug ins Gelobte Land. 4. Mose 33, 1–49, werden all diese Stationen aufgezählt.

Bei einer Anzahl Orten wird erzählt, was dort passiert ist. An einem Ort „Mara" („Bitterquell") zum Beispiel findet das Volk nur bitteres, nicht trinkbares Wasser. Mose aber macht es süß und genießbar. Am nächsten Ort, „Elim", lagert sich das Volk an gutem Wasser. Denn es fließen dort 12 Quellen und wachsen 70 Palmbäume. Und so geht es weiter. Diesen wenigen Angaben lässt sich schon entnehmen, dass die Stationen mit ihren symbolischen Namen, Eigenschaften und Zahlen für Entwicklungen geistig-seelischer Art stehen. Der „Zug durch die Wüste" ist der spirituelle Weg, der aus der Verstrickung in die irdische Welt – Ägypten – herausführt und in die bewusste Erfahrung der geistigen Welt – des Gelobten Landes – hineinführt. Auf diesem „Zug durch die Wüste" hat das Volk die irdischen Quellen und Speisen verlassen, ist aber noch nicht im Land, wo Milch und Honig fließt, also in dem Bereich, wo bewusst geistige Speise und Trank aufgenommen werden. Es ist auf seinen Glauben an das Ziel angewiesen, und immer wieder wird dieser Glaube hart auf die Probe gestellt. Als „Bitteres Wasser", „Mara", wird die Notwendigkeit der Preisgabe irdischer Illusionen auf dem Weg empfunden. Aber Mose zeigt, dass die Enttäuschung in Wirklichkeit süß ist, denn sie setzt die Wahrheit frei. Und in „Elim" stillt das Volk seinen Durst nach geistigen Gütern schon an 12 Quellen, den 12 Aspekten der geistigen Welt, und nimmt die Früchte von 70 „Palmen" zu sich: Es erfährt eine Überfülle (dafür ist 70 das Sinnbild) an Hoffnung und Frieden, wofür die Palmen stehen.

So gibt jede der 42 Stationen eine besondere Erfahrung auf dem spirituellen Weg wieder. Und es müssen in der Vorbereitungsphase – bis zum Eintritt ins Gelobte Land – 42 solcher Erfahrungen gemacht werden. Man kann daran denken, dass sich diese Erfahrungen auf sieben entscheidende Aspekte, jeweils im Denken, Fühlen und Wollen des Menschen beziehen, was 21 Stationen wären, wobei jede Erfahrung eine positive und negative Seite hätte: 42. Würde man die Bedeutung der jeweils angegebenen Namen und Orte kennen, so würde sich mit Sicherheit zeigen, dass jeder Name – wie im Fall „Bitterwasser" – auch die spezielle, an dem „Ort" gemachte Erfahrung charakterisiert.

Dieselbe Zahl 42 tritt nun auch bei den „Stammbäumen" des Matthäus und Lukas auf. Sollte es sich also ebenfalls um Entwicklungsstationen eines Volkes handeln, nur nicht in der Symbolik einer Reise, sondern einer Geschlechterkette? Die angegebenen Personen müssten dann keineswegs immer die eine von der anderen abstammen. Sie würden Entwicklungsphasen und -stadien verkörpern. Man stelle sich die Kette der mittelalterlichen deutschen Kaiser vor. Es stammt nicht immer einer vom andern ab. Aber jeder einzelne repräsentiert eine geschichtliche Phase, in der die Menschen bestimmte politische Erfahrungen machen. Man stelle sich weiter vor, ein Matthäus vergleichbarer Schriftsteller würde nun 42 dieser Kaiser auswählen, um die Gesamtheit der politischen Entwicklung der Deutschen darzustellen. Und er würde diese 42 in Form eines Stammbaums aufzählen, um zu zeigen, dass die politischen Entwicklungsphasen eine aus der anderen folgen, und dass die letzte in der Reihe alle Eigenschaften der vorhergehenden in sich vereinigt.

Man stelle sich weiter die Kette der Päpste vor. Auch sie repräsentieren jeder einzelne eine geschichtliche Phase, in der nun aber nicht die politischen, sondern die religiösen Erfahrungen der Menschen im Vordergrund stehen. Ein Lukas vergleichbarer Schriftsteller würde dann, für den gleichen Zeitraum wie der an den politischen Verhältnissen interessierte Schriftsteller, eine Anzahl Päpste auswählen, die für bestimmte religiöse Entwicklungen repräsentativ wären.

Je nach Einteilungsgesichtspunkt können sich also andere Einteilungen und Anzahlen von Entwicklungsphasen ergeben. Darum lässt sich verstehen, warum der „Stammbaum" bei Matthäus nur 28 Glieder von David bis Jesus aufweist, bei Lukas dagegen 42 Glieder. Es waren bei beiden verschiedene Einteilungsgesichtspunkte maßgebend. (Kaiser und Päpste sind hier nur zur Verdeutlichung des Prinzips erwähnt worden. Selbstverständlich können die Könige und Priester Israels nur ganz entfernt mit ihnen verglichen werden.)

Bei Matthäus stehen die Könige im Vordergrund, was auf die Entwicklung der „männlichen" Seite des Volkes hinweist. Von Abraham bis Jesus wird die Gesamtheit dieser Entwicklung in 42 Phasen, die durch die Personen versinnbildlicht sind, geschildert. Es ist die Willensseite des Menschen, die aktive Seite, die den Willen Gottes verwirklicht. Mit Abraham beginnt das jüdische Volk, er repräsentiert sein aktives Prinzip.

Matthäus beginnt seinen Stammbaum nicht ohne Grund bei Abraham. Er schildert in seinem Evangelium die spezielle Aufgabe des jüdischen Volkes, dessen Stammvater Abraham ist. Die Aufgabe ist der Aufbau eines im Körper verankerten verantwortlichen Ich. Matthäus kommt es darauf an, zu zeigen, dass das Ich dieses Volkes nach 42 Durchgängen durch verschiedene Bedingungen in Jesus Gestalt annimmt. Die bei Matthäus im Vordergrund stehenden „Könige" sind Repräsentanten der Willensseite dieses Ich. Jeder verkörpert eine bestimmte Erfahrung dieses Ich. Der eine ist Gott treu und erfüllt seine Aufgabe, der andere fällt von Gott ab, der dritte wird wegen seines Unglaubens vom Aussatz geschlagen usw. Mit seinem „Stammbaum" will Matthäus sagen: Jesus als irdischer Mensch ist der Erbe der vom Volk seit Abraham, seit seinen Anfängen, gemachten politischen Erfahrungen: insgesamt „42", also alle unter dem politischen Gesichtspunkt im Mentalen, Emotionalen und Vitalen überhaupt möglichen Erfahrungen. In Jesus summieren sich diese Erfahrungen der „männlichen" Willensseite des Volkes. Und wie fließen diese Erfahrungen von Epoche zu Epoche? Auf biologischem Weg: indem Angehörige der einen Epoche ihre Erfahrungen den Angehörigen der nächsten Epoche vererben. Aber dabei ist es gleichgültig, *wie* viele Glieder eine Epoche enthält und ob die das Erbgut weitergebenden Menschen Männer oder Frauen sind – nur dass der Chronist immer *einen* Mann als Repräsentanten einer Epoche nimmt.

Lukas dagegen schildert mit seinem „Stammbaum“ die Entwicklung der „weiblichen“ Seite des Volkes, seiner Hingabefähigkeit und seiner Empfänglichkeit für den Ruf Gottes. David ist nicht nur König, sondern auch Priester. Er verkörpert in besonderem Maße die Empfänglichkeit des Menschen, wie sie etwa in den ihm zugeschriebenen Psalmen sichtbar wird. Die Psalmen stellen den Kampf des Menschen um Offenheit für die Impulse aus der geistigen Welt dar. Immer wieder wird diese Offenheit verschlossen, immer wieder aufgeschlossen. Davids Sohn Nathan verkörpert die Priesterseite Davids, Salomo die Königsseite. Deshalb führt der „Stammbaum“ des Lukas auf Nathan, nicht auf Salomo zurück. Von Jesus bis zu David sind es bei Lukas, rückwärts gelesen, 42 Entwicklungsphasen: die Gesamtheit der Entwicklung der Empfindungsseite des Menschen, der auf den Willen Gottes hört. Männliche bzw. weibliche Seite entsprechen auch dem Umstand, dass der „Stammbaum“ des Matthäus von oben nach unten, der des Lukas von unten nach oben verläuft. Das Männliche, Aktive, geht von der Ursache zur Wirkung. Es setzt seine Impulse und erzeugt Folgen. Das Weibliche, Passive dagegen geht von der Wirkung zur Ursache. Es öffnet sich für die Impulse und gibt sich ihnen hin.

Wüsste man, wofür die einzelnen Namen des lukanischen „Stammbaumes“ stehen, so hätte man die Entwicklung der weiblichen, der Priesterseite des Volkes in allen Einzelheiten dargestellt: ihre Verselbstständigung oder ihren Gehorsam gegenüber Gott, ihren Stolz, ihre Hingabe unter verschiedenen Bedingungen. Die jeweils sieben Hauptprinzipien des menschlichen Denkens, Fühlens und Wollens wären der Reihe nach in diese religiöse Entwicklung einbezogen, jeweils in ihrem aktiven und passiven Aspekt, so wie es im Zug Israels durch die Wüste präfiguriert ist: „42“.

Lukas führt die „Abstammung“ Jesu weiter von David auf Abraham und dann, anders als Matthäus, bis zu Gott zurück. Von David zurück bis Abraham sind es 14 „Geschlechter“ und von Abraham bis Gott 21. Auch diese Rückführung des „Stammbaums“ bis auf Gott passt zur besonderen Orientierung des Lukasevangeliums. Matthäus schildert den Aufbau des irdischen Körpers mit seinem Ich in einem bestimmten Volk. So eine Schilderung ist nur sinnvoll, wenn mit dem Stammvater des Volkes, dem Samen, begonnen wird, der sich durch die Generationen hin entfaltet. Lukas dagegen bringt die Entwicklung der Empfindungsseite des Volkes, jener Eigenschaften, die – bei einer religiösen Einstellung – immer direkt von Gott genährt werden und sich auf ihn beziehen. (Das biologisch unmöglich hohe Alter der Patriarchen von Abraham bis Gott, wie es im Alten Testament angegeben wird (1. Mose 5 und 1. Mose 11), weist ebenfalls darauf hin, dass es sich nicht um einzelne Menschen, sondern um Vertreter ganzer Epochen handelt.)

All diese „77“ religiösen Erfahrungen auf der Reise des Volkes und der Menschheit durch die Zeit, diese Erfahrungen der Hingabe und des Hörens nach oben oder des Sich-Verschließens gegen oben, sammeln sich als Erbe in Jesus. In Jesus sind sie gegenwärtig. Indem Lukas bis auf Gott zurückgeht, macht er deutlich, dass auch der irdische Mensch Jesus letzten Endes aus der geistigen Welt stammt. Jesus ist nicht nur „Sohn Gottes“ kraft seiner Salbung mit dem Feuer des Heiligen Geistes, sondern steht, wie alle Menschen, auch indirekt, über den Strom des „Blutes“, mit Gott in Beziehung.

Fasst man die „Stammbäume“ bei Matthäus und Lukas als historisch nachweisbare Geschlechterfolgen auf, ergeben sich schwer lösbare Widersprüche. Nimmt man sie aber als zwei Konstruktionen, die mit Hilfe historischer Persönlichkeiten historische Epochen abbilden, einerseits unter politischem, andererseits unter religiösem Vorzeichen, dann zeigt sich, dass sie auf eine wesentliche Tatsache hinweisen:

Am Aufbau eines irdischen Menschen wirken immer alle Kräfte der irdischen Welt, besonders seines Volkes mit. Sie wirken aus grauer Vergangenheit bis zur Gegenwart. Im irdischen Menschen Jesus aber summieren sich die besten Kräfte seines Volkes und der Menschheit. Es sind einerseits die besten Willens- und körperlichen Kräfte, also „Königskräfte“, die alle denkbaren Entwicklungen durchlaufen haben. Das zeigt Matthäus durch seine 42 Geschlechter von Abraham an. Es sind andererseits die besten Empfindungskräfte des Volkes Jesu und der Menschheit, also „Priesterkräfte“, die alle denkbaren Erfahrungen gemacht haben. Das zeigt Lukas mit seinen 42 Geschlechtern zurück bis David und durch die weitere Rückführung bis auf Gott.

Insofern widersprechen sich Matthäus und Lukas nicht nur nicht. Sie ergänzen einander sogar.

Jesus, Sohn Josephs

Vor der Darstellung seines „Stammbaums“ formuliert Lukas, dass Jesus, „wie man annahm“, ein Sohn Josephs gewesen sei. Die irdische Sohnschaft Jesu ist aus Joseph und Maria. Man nimmt gewöhnlich an, dass dies die eigentliche Sohnschaft Jesu sei. Aber, das will Lukas mit seiner Formulierung zum Ausdruck bringen, das ist wirklich nur eine Annahme. Die eigentliche Sohnschaft Jesu ist aus Gott, dem Vater und aus dem heiligen Geist, der Mutter. Denn Jesus, das wahre Selbst, lebte bereits vor seiner Geburt in der Welt des Vaters und besaß dort eine göttliche Gestalt. Er legte freiwillig, wie Paulus sagt, diese göttliche Gestalt ab und nahm „Knechtsgestalt“, eine irdische Persönlichkeit, an, weil nur so sein Erlösungswerk vollbracht werden konnte. Dieser irdische Mensch Jesus, die „Knechtsgestalt“, wurde, wie alle irdischen Menschen, allmählich durch unzählige Generationen hin aufgebaut und zwar derart, dass er sämtliche irdischen Kräfte seines Volkes assimilierte: ein vollentwickeltes Ich, das alle denkbaren – 42 – Willenserfahrungen in sich enthielt (nach Matthäus) und alle denkbaren – 42 plus 14 plus 21 – Empfindungserfahrungen durchlaufen hatte (nach Lukas).

Die Versuchungen Jesu

*4 **1** Jesus aber kehrte voll des heiligen Geistes vom Jordan zurück und wurde während vierzig Tagen, vom Geist geleitet, in der Wüste umhergetrieben **2** und vom Teufel versucht. …*

Der Taufe mit dem heiligen Geist folgt mit Notwendigkeit die Versuchung durch den „Teufel“. Die Taufe mit Feuer bedeutet, dass dem Menschen der Geist im wahren Selbst, in seiner spirituellen Seele, bewusst wird. Er erkennt, dass sein Leben in größeren Zusammenhängen steht als denen des gewöhnlichen Alltags. Damit erfährt er seine „Gottessohnschaft“. Er erlebt, dass seine wahre Identität in der Welt des Geistes verwurzelt ist und dass er als individuelles geistiges Wesen dem kosmischen Geist in dessen Vater- und Mutteraspekt entstammt.

Aber vor diesem neu bewusst werdenden Hintergrund der geistigen Welt zeigt sich, im Kontrast dazu, das irdische, sich selbst behauptende Ich um so deutlicher. Das Prinzip der Ichbezogenheit, das die ganze irdische Natur und auch den irdischen Menschen durchdringt, ist der „Teufel“. Er „versucht“ den sich größerer Zusammenhänge bewusst werdenden Menschen, der nun beginnen will, aus diesen Zusammenhängen auch zu leben. Sobald der Mensch aus den geistigen Gesetzmäßigkeiten heraus leben will, treten ihm die Kräfte der irdischen Welt erst recht entgegen und versuchen, ihn in den alten Geleisen zu halten. Der „Teufel“ knüpft dabei an den neuen spirituellen Kräften des Betreffenden an und versucht, sie der Ichbezogenheit – sich selbst – dienstbar zu machen .

Ein „Sohn Gottes“ befindet sich nach der Taufe mit „Feuer“ zunächst in einem Zwischenzustand. In der geistigen Welt ist er noch nicht fest verankert, und gegen die Einflüsse der irdischen Welt ist er keineswegs immun. Er besitzt ja einen irdischen Körper und ein irdisches Ich, die ihre Ansprüche an ihn stellen. Ihnen muss er sich bewusst aussetzen, sie erkennen und in ihre Schranken weisen. Nur dadurch kann ihm seine wahre Identität klar bewusst werden, gewinnt sie Kontur und erwirbt er sich die Fähigkeit, in einer neu gewonnenen Sicherheit auch im Sinn dieser wahren Identität zu handeln. Daher steht die Auseinandersetzung zwischen Geist-Selbst und Ichbezogenheit immer am Beginn der öffentlichen Tätigkeit eines „Sohnes Gottes“. Was Jesus erlebt, erlebt jeder, dem seine wahre Identität bewusst wird und dessen unwahre Identität sich dadurch bedroht fühlt. Sie möchte – der „Teufel“ möchte – den Menschen wieder an die irdische Welt binden, gerade auch mit den neuen spirituellen Möglichkeiten. Sie sollen der irdischen Welt unterworfen werden. Im Evangelium durchlebt und besteht Jesus die Versuchungen durch die unwahre Identität exemplarisch.

Lukas stellt zunächst diese innere Lage des sich bewusst werdenden wahren Selbst, des Sohnes Gottes, dar. Der Sohn Gottes ist „voll des heiligen Geistes“, voll neuer Lebensmöglichkeiten, die ihm die geistige Welt schenkt. Er empfindet dieses ungeheure spirituelle Potenzial in sich. Doch wie soll er es anwenden? Wie soll er sich zur irdischen Welt stellen? „Vom Geist geleitet“, setzt er sich mit der irdischen Welt auseinander. Er sehnt sich nach einer Heimat für sein wahres Selbst und nach Entfaltungsmöglichkeiten für seine spirituellen Kräfte. Bietet ihm die irdische Welt diese Heimat und diese Entfaltungsmöglichkeiten? In seiner Sehnsucht danach wird er im Geist durch die ganze irdische Welt getrieben. Und es zeigt sich, dass für sein Wesen, das Geist ist, die irdische Welt eine „Wüste“ ist. Sie bietet ihm keine Heimat und Entfaltungsmöglichkeiten. Das Irdische ist, sei es auch voller Schönheit, von Vergänglichkeit und Ichbezogenheit geprägt, während der Geist unvergänglich und die Liebe ist. Er findet in der irdischen Welt keine Entsprechung. Jesus irrt 40 Tage in der irdischen Welt umher, und 40 Tage lang erlebt er nichts als Wüste, so wie das Volk Israel 40 Jahre lang durch die Wüste ziehen musste. 40 ist die Zahl der Materie in ihrer Gesamtheit und Vielgestaltigkeit. Alle Varianten des Irdischen durchsucht eine solche vom Geist berührte und erfüllte Seele, um eine Wohnung für sich zu finden. Aber immer wieder erkennt sie, dass jede Variante „Wüste" ist und ihr keine Wohnung bietet. Man muss somit nicht unbedingt annehmen, dass Jesus wirkliche 40 Tage in einer wirklichen Wüste umherirrte. Die Erzählung ist vor allem Bild für einen geistig-seelischen, inneren Vorgang. Dem entspricht auch der griechische Urtext. Wörtlich übersetzt, lautet er: „Und Jesus wurde *im Geist* in der Wüste umhergeführt."

Die Wüste steigert die Sehnsucht des wahren Selbst nach Verwirklichung und Erfüllung aufs Höchste. Und wenn diese Sehnsucht nirgendwo in der irdischen Welt Befriedigung findet, läuft es Gefahr, Ersatzbefriedigungen zu suchen. Die Versuchungen sind nichts anderes als Angebote für Ersatzbefriedigungen. Sie werden immer verlockender, je größer die Sehnsucht des wahren Selbst durch die anhaltende Wüstenerfahrung wird. Träger dieser Angebote ist der „Teufel", das Prinzip der Ichbezogenheit. Anknüpfungspunkt ist dem Teufel die Sehnsucht des wahren Selbst nach Erfüllung in der geistigen Welt. Diese Sehnsucht ist der „Hunger" Jesu in der Wüste. Der Teufel versucht der Sehnsucht des wahren Selbst Erfüllung in der irdischen Welt zu bieten. Er tut es, indem er den Besitztrieb, den Machttrieb und den Geltungstrieb des irdischen Ich mobilisiert.

Immer sind die Versuchungen selbst und die Art und Weise, wie Jesus sie abwehrt, im Alten Testament vorgebildet, beim Zug des Volkes Israel durch die Wüste.

Erste Versuchung:
Spirituelle Kräfte im Dienst des Besitztriebs

***4 2** … Und er aß in jenen Tagen nichts. Und als sie zu Ende waren, hungerte ihn. **3** Der Teufel aber sagte zu ihm: Bist du Gottes Sohn, so gebiete diesem Stein, dass er Brot werde! **4** Und Jesus antwortete ihm: Es steht geschrieben:*
„Nicht vom Brot allein wird der Mensch leben."

Man pflegt diese Szene so zu interpretieren, als habe Jesus in der wirklichen Wüste tatsächlich Hunger gelitten und sei aufgefordert worden, seine Fähigkeiten als Gottessohn zur Verwandlung wirklicher Steine in wirkliches Brot einzusetzen – also seine Wunderkräfte zum eigenen Vorteil zu gebrauchen, was nach den geistigen Gesetzen nicht erlaubt ist. Aber es geht hier nicht um wirkliche Steine und wirkliches Brot. Es handelt sich um Bilder.

Die Vorlage im Alten Testament für diese Szene lautet: „(Gott) ließ dich hungern und speiste dich dann mit Manna, das du und deine Väter nicht gekannt hatten, um dir kundzutun, dass der Mensch nicht vom Brot allein lebt, sondern von allem, was das Wort des Herrn schafft" (5. Mose 8,3). „Manna" – das ist das geistige Brot, all das, „was das Wort des Herrn schafft". Und was ist geistiges Brot? Was ist Nahrung, die den Hunger des wahren Selbst stillen könnte? Es ist Lebenssinn. Wenn ein Mensch die ganze Welt als Wüste und sein Leben als sinnleer empfindet, hungert er nach Lebenssinn. Und wenn er einen überzeugenden Lebenssinn findet, ist das geistig-seelische Nahrung für ihn. Sein Hunger wird gestillt, er weiß jetzt, wozu er lebt, und kann seine Kräfte für den gefundenen Sinn einsetzen.

Das wahre Selbst ist in Jesus wach geworden. Er sieht sich in der irdischen Welt um – und erfährt sie als Wüste. Nichts gibt es in der irdischen Welt, was seinen Hunger nach Sinn – nach Erfüllung und Gründung durch spirituelle Kraft und Ordnung – stillen könnte. Da nähert sich diesem nach Lebenssinn hungernden Selbst der Teufel – die Personifizierung der Ichbezogenheit – und sagt: „Du als wahres Selbst bist doch fähig, der irdischen Welt aus eigener Machtvollkommenheit einen Sinn zu geben! Bist du nicht Gottes Sohn? Gib doch deinem Leben, dir selbst und der Welt schöpferisch einen Sinn! Verwandle die Sinnlosigkeit, die Armut, die Unterdrückung, die Konflikte, mit einem Wort, die ‚Steine', in Wohlstand, Freiheit und Frieden, also in ‚Brot'!" Die „Steine" sind hier Bild für die Sinnlosigkeit alles Irdischen an sich – ohne spirituelle Perspektive –, das „Brot" ist Bild für einen aus Frieden, Freiheit und Wohlstand (also auch wirklichem Brot!) bestehenden irdischen Lebenssinn.

Der so hungernde und versuchte Mensch könnte antworten: „Ja. Ich gebe der irdischen Welt ihren Sinn. Ich gebe dem irdischen Menschen seinen Sinn. So schaffe ich mir meine Nahrung selbst. Ich habe ja schöpferische Möglichkeiten. Ich mache aus ‚Steinen' ‚Brot'! Damit ist mein spiritueller Hunger gestillt."

Die erste Versuchung ist eigentlich zweifach. Erstens soll der nach spirituellen Werten hungernde Mensch veranlasst werden, die Sinnlosigkeit der irdischen Welt in Sinn umzuwandeln. Er soll in Wohlstand und Glück, in der Entfaltung aller irdischen Möglichkeiten den Lebenssinn sehen. Er wird dazu verführt, alles von der Beseitigung der Armut, der materiellen und psychischen Not, der sozialen Ungleichheit und Ungerechtigkeit zu erwarten. Und wer könnte gegen solche Ziele etwas einwenden? Zweitens soll aber der Mensch diesen relativen irdischen Lebenssinn als das absolute Ziel sehen, durch das er seine spirituelle Bestimmung erfüllt. Erliegt er dieser Versuchung, verrät er seine spirituelle Bestimmung.

Jesus wehrt diese Versuchung ab, indem er sich auf das in der Überlieferung beschriebene Gesetz der geistigen Welt besinnt und es dem Versucher als Erkenntnis entgegenhält. Lukas lässt Jesus einen Teil der Stelle aus dem Alten Testament zitieren, in dem dieses geistige Gesetz, das allein den Hunger nach Sinn stillen kann, verankert ist. „Nicht vom Brot allein wird der Mensch leben." „Manna", das ist das geistige Brot, all das, „was das Wort des Herrn schafft". Jesus erkennt, dass der Hunger, die Sehnsucht des wahren Selbst nach geistiger Speise und Kraft, nach wirklichem Lebenssinn, nur durch geistige Speise und Kraft, das Manna, gestillt werden kann. Der spirituelle Hunger wird nicht dadurch gestillt, dass die Sinnlosigkeit alles Irdischen (die „Steine") in spirituellen Sinn („Brot") umgefälscht wird. Jesus erkennt außerdem, dass Lebenssinn nicht vom Menschen gegeben werden kann, ja vom Menschen gar nicht gegeben zu werden braucht. Denn der Lebenssinn ist schon da. Er ist das Gesetz und die Kraft der göttlichen Welt, alles, „was das Wort des Herrn schafft". Der Mensch braucht dieses Manna nur zu sich zu nehmen. Wenn er seine Ichbezogenheit preisgibt, wenn er trotz des verzweifelten Hungers in der „Wüste" der irdischen Welt der Versuchung widersteht, Ersatznahrung zu schaffen, und weiter darauf vertraut, dass sich ihm der wahre Lebenssinn zeigt, wird sich ihm dieser Sinn erschließen.

In dieser Erkenntnis und Einstellung löst Jesus die Illusion, dass die irdische Welt das Entscheidende sei, auf und macht einen deutlichen Unterschied zwischen der irdischen und der geistigen Nahrung. Auch die irdische Nahrung ist notwendig für den irdischen Menschen. Aber die geistige Nahrung, für den geistigen Menschen, ist entscheidend. Von der irdischen Welt ist die Stillung des geistigen Hungers nicht zu erwarten. Doch wenn das wahre Selbst den eigentlichen Lebenssinn erkennt und dieses „Manna“ zu sich nimmt, erhält dadurch auch die irdische Welt ihren Sinn. Der Mensch lebt *auch* vom irdischen Brot, nur nicht vom irdischen Brot allein; ja nicht einmal in der Hauptsache vom irdischen Brot.

Dass es sich bei dieser ersten Versuchung um den Zusammenhang zwischen dem absoluten Sinn der göttlichen und dem relativen Sinn beziehungsweise der Sinnlosigkeit der irdischen Welt handelt, geht aus dem Gesamtzitat aus dem Alten Testament hervor. Es ist dort vom „Manna“, dem geistigen Brot und absoluten Lebenssinn im Gegensatz zum irdischen Brot, dem relativen Lebenssinn die Rede. Und wie würde auch die Antwort Jesu, mit der er die Versuchung abwehrt: „Der Mensch lebt nicht vom Brot allein“, zu der gewöhnlichen Interpretation dieser Szene passen? Sie bezieht sich ja gar nicht auf die angebliche Versuchung, Wunderkräfte zum eigenen Vorteil anzuwenden. Nein, die Versuchung steht im Zusammenhang mit den irdischen und geistigen Speisen, mit der Frage, welche Speise zur Nahrung des geistigen Menschen, des wahren Selbst, dienen kann, und mit der Möglichkeit, dass der schöpferische Mensch, dessen wahres Selbst wach geworden ist, selbst als Sinngeber auftritt, statt den ewigen Sinn zu erkennen und aus ihm zu leben. Das vollständige Zitat aus dem Alten Testament (5. Mose 8,3) bestätigt diesen Zusammenhang. Eine Irritation könnte sich nur daraus ergeben, dass in dem Zitat aus dem Alten Testament der relative irdische Lebenssinn („Brot“) und der spirituelle Lebenssinn („Manna“) verglichen werden, während im Neuen Testament zunächst von der Sinnlosigkeit der irdischen Welt (dem „Stein“) und dem relativen irdischen Lebenssinn (dem „Brot“) die Rede ist; und erst dann – durch die Antwort Jesu – darauf hingewiesen wird, dass der irdische Lebenssinn tatsächlich relativ ist und der spirituelle Hunger durch diese Ersatznahrung nicht gestillt werden kann.

Der „Teufel“, die personifizierte Ichbezogenheit, nimmt in dieser Versuchung die Gestalt des Besitztriebs an, des ichbezogenen Hungers nach Lebenssinn durch Wohlstand und Glück, das „Brot“, und der Anmaßung des Menschen, sich seinen Lebenssinn selbst geben zu können. Dieser Besitztrieb in der Seele des Menschen unterschiebt sich listig dem spirituellen Hunger des wahren Selbst und täuscht dem Menschen vor, der spirituelle Hunger könne durch das „Brot“ der irdischen Welt, durch Lebensstandard und Konsum, gestillt werden. Er lenkt den spirituellen Hunger auf irdische Ziele um und bedient sich seiner zu seinen eigenen Zwecken. Es ist sehr schwer, diesen Betrug zu durchschauen. Die irdische Not anderer Menschen zu lindern, aus Liebe zur Erde und zur Menschheit der Erde und der Menschheit Wohlstand, Frieden und Glück zu bringen: Was für edle Ziele! Und der Mensch als autonomer Sinngeber! Durch die ganze Weltgeschichte hin bis zur Gegenwart sind gerade die von Liebe zur Menschheit erfüllten Menschen dieser Versuchung erlegen. Aber irdischer Wohlstand, Frieden und Glück sind, so relativ sinnvoll diese Ziele auch sein mögen, nicht die Bestimmung des Menschen. „Nicht vom Brot allein wird der Mensch leben.“

Zweite Versuchung:
Spirituelle Kräfte im Dienst des Machttriebs

*4 **5** Dann führte er ihn empor und zeigte ihm alle Reiche des Erdkreises in einem Augenblick. **6** Und der Teufel sagte zu ihm: Dir will ich alle diese ihre Macht und Herrlichkeit geben; denn mir ist sie übergeben, und ich gebe sie, wem ich will. **8** Und Jesus antwortete und sprach zu ihm: Es steht geschrieben:*

„Du sollst den Herrn, deinen Gott, anbeten und ihm allein dienen."

Auch die zweite Versuchung ist im Alten Testament vorgebildet. 5. Mose 8,7–19 warnt Gott das Volk Israel davor, sich zu überheben. „Denn der Herr, dein Gott, bringt dich in ein schönes Land … ein Land, wo du nicht kümmerlich dich nährst … Und wenn du dich dann satt gegessen hast, so sollst du den Herrn, deinen Gott, loben für das schöne Land, das er dir gegeben hat. Hüte dich alsdann, des Herrn, deines Gottes, zu vergessen … dass nicht dein Herz sich alsdann überhebe … und dass du nicht bei dir selber sprechest: Meine Kraft und die Stärke meiner Hand hat mir diesen Reichtum erworben … Doch wenn du des Herrn, deines Gottes, vergissest, und anderen Göttern nachgehst, ihnen dienst und sie anbetest, so beteure ich euch heute, dass ihr zugrundegehen werdet."

Das wahre Selbst besitzt die Fähigkeit, sich der Ordnung des „Reiches Gottes" bewusst zu werden und ihr zu dienen. Das ist seine Sehnsucht in der Wüste der irdischen Welt: Seine Vision des Reiches Gottes zu verwirklichen. Erweckt und stimuliert durch die „Salbung" mit Feuer, spürt es die in ihm schlummernden Gestaltungsmöglichkeiten. Es ist zur Ausübung gewaltiger Macht im Dienst der göttlichen Ordnung berufen. Aber es sieht vorerst in der Wüste der irdischen Welt keine Möglichkeit für seinen spirituellen Gestaltungswillen.

Da nähert sich diesem nach spiritueller Gestaltung hungernden Selbst der Teufel, die personifizierte Ichbezogenheit, und sagt: „Sieh doch *mein* Reich, ‚alle Reiche des Erdkreises'. Wenn du mich anbetest, soll das alles dein sein. Und: Erwirb dir diesen Reichtum aus eigener Kraft, mit der Stärke eigener Hand. Als Gottessohn besitzt du diese Fähigkeiten. Wenn du, Sohn Gottes, deine spirituellen Kräfte mir, der Ichbezogenheit, dienstbar machst, wirst du als Ich alle Herrlichkeiten der Welt gewinnen und ihnen deine eigene Ordnung aufprägen können."

Und der Mensch könnte antworten: „Ich sehe tatsächlich, welche ungeheuren Möglichkeiten meinem Gestaltungswillen auf der Erde gegeben sind. Ich werde diese Möglichkeiten wahrnehmen und aus eigener Kraft meine Ordnungsvorstellungen verwirklichen."

Die Versuchung besteht erstens darin, dass der Mensch in seinem irdischen Machttrieb vergisst, dass das Reich Gottes, nach dem er sich sehnt, ein Land ist, in das Gott ihn bringt, wie es im Alten Testament heißt. Es ist ein spirituelles Land, kein geografisches oder politisches Reich. Der nach spiritueller Gestaltung hungernde Mensch wird veranlasst, seine spirituelle Vision vom Reich Gottes auf ein irdisches Imperium zu projizieren und dieser Vorstellung seine spirituellen Kräfte dienstbar zu machen. Er könnte einen irdischen Gottesstaat anstreben oder eine ideologisch untermauerte irdische Ordnung: ein Friedensreich, in dem die Ausbeutung einer

Klasse durch eine andere beseitigt ist, ein Reich, in dem die „beste" Rasse herrscht, einen Staat, in dem Sicherheit und Wohlstand für alle gewährleistet sind. Würde das wahre Selbst eine solche Ersatzordnung als die Bestimmung des Menschen ansehen, hätte es die göttliche Ordnung verraten (und damit auch menschenwürdige politische und soziale Verhältnisse, die sich aus der göttlichen Ordnung ergeben können).

Die Versuchung besteht zweitens darin, dass der Mensch glaubt, sich diese Macht und Herrlichkeit aus eigener Kraft erwerben zu können. Das Ich würde sich in diesem Fall das wahre Selbst unterwerfen und seine eigenen Kräfte dadurch ungeheuer steigern. Ein solcher Mensch würde sich als Gottmensch fühlen, der niemandem Rechenschaft schuldig ist, oder zumindest als Stellvertreter Gottes, als mächtiges Vollzugsorgan der „Vorsehung".

Die Versuchung besteht drittens darin, dass die Sehnsucht des wahren Selbst nach Verwirklichung der göttlichen Ordnung vom Ich aufgenommen und ungeduldig forciert wird. Die göttliche Ordnung ist Freiheit und kann sich nur in Freiheit entfalten. Aber gerade der Mensch, der etwas von ihr erahnt, ist auf Grund seiner Ichbezogenheit immer versucht, sie anderen ungeduldig und gewaltsam aufzudrängen.

Jesus wehrt diese Versuchung ab, indem er dem Teufel auch diesmal eine Stelle aus der Überlieferung der Schrift entgegenhält. Er zitiert 5. Mose 8,19, ins Positive gewendet: „Du sollst des Herrn, deines Gottes, nicht vergessen, ihn anbeten und ihm allein dienen." Er erkennt: Die Sehnsucht des wahren Selbst kann nur dadurch gestillt werden, dass es am Reich Gottes, das nicht von dieser Welt ist, mitarbeitet. Und die Art, wie es mitarbeitet, kann nicht darin bestehen, dass es seine Vorstellungen verabsolutiert oder die Entwicklung ungeduldig forciert. Das wahre Selbst wird seine ihm von Gott gegebene spirituelle Kraft im Sinn der spirituellen Gesetze anwenden und nur, indem es anderen dient. Die Gesetze des Reiches Gottes sind ja auch die Gesetze des wahren Selbst, seine innere Struktur. Denn aus Gott ist es hervorgegangen und ist selbst Geist.

Der Teufel wirkt bei dieser Versuchung als Machttrieb. Er unterschiebt der Gottesreichsvision des wahren Selbst die Vision von einem irdischen Imperium, setzt den ichbezogenen Machtwillen an die Stelle des spirituellen Gestaltungswillens und forciert diesen ungeduldig. So bedient sich der irdische Machtwille der spirituellen Kräfte.

Sehr schwer ist auch dieser Betrug zu durchschauen. Denn das Bedürfnis des wahren Selbst nach Verwirklichung des Reiches Gottes wird durch die Machtentfaltung des Ich scheinbar gestillt. Und sollte nicht die Majestät des Reiches Gottes auch im Irdischen zum Ausdruck kommen? Sollten nicht alle irdischen Kräfte an diesem Ziel mitwirken? Wesentlich ist aber, dass der Mensch der in ihm angelegten Ordnung des Geistes dient. Dann folgt daraus auch eine neue Ordnung der irdischen Verhältnisse. Wenn er die Ordnung des Geistes erkennt und mit ihr mitwirkt, wird er Dinge und Menschen nicht nach seinen eigenen Vorstellungen und gewaltsam manipulieren.

Er wird den in ihm selbst und in anderen angelegten Strukturen des Geistes dienen. Diese werden sich zu ihrer Zeit entfalten und Menschen und Dinge von innen her, in Freiheit, zu der ihnen bestimmten Ordnung führen.

Das wahre Selbst hat an der Gesamtordnung der Welt des Geistes und der irdischen Welt teil. Darin liegt seine Selbstverwirklichung und Macht. Und verwirklicht es sich auf diese Weise, ist seine Sehnsucht gestillt: Es wird selbst zu der Ordnung der Dinge und trägt sie dadurch.

Dritte Versuchung: Spirituelle Kräfte im Dienst des Geltungstriebs

***4 9** Darauf führte er ihn nach Jerusalem, stellte ihn auf die Zinne des Tempels und sagte zu ihm: bist du Gottes Sohn, so stürze dich von hier hinab! **10** denn es steht geschrieben:*
„Er wird seinen Engeln deinethalben Befehl geben, dich zu bewahren,
***11** und sie werden dich auf Händen tragen, damit du deinen Fuß nicht etwa an einen Stein stoßest.“*
***12** Da antwortete Jesus und sprach zu ihm: Es ist gesagt:*
„Du sollst den Herrn, deinen Gott, nicht versuchen.“
***13** Und nachdem der Teufel alle Versuchungen vollendet hatte, stand er von ihm ab bis zu gelegener Zeit.*

Die dritte Versuchung geht vom Geltungstrieb des Menschen aus. Das wahre Selbst irrt durch die Wüste der irdischen Welt und sehnt sich nach der Gewissheit, in allen Gefahren von Gott geführt zu werden. Es weiß, dass seine Bestimmung ist, eins mit den göttlichen Kräften zu sein. Selbst geführt, wird es dann auch andere führen können. Diese Sehnsucht des wahren Selbst nutzt der „Teufel“, jetzt in Gestalt des Geltungstriebes, aus. Er suggeriert dem Menschen, es gebe eine Möglichkeit, sich Gewissheit zu verschaffen: Gewissheit, von Gott geführt zu werden, Gewissheit, sich im Einklang mit der Welt des Geistes zu befinden. Er sagt zum Menschen: „Du bist doch der Auserwählte Gottes. Du giltst doch alles bei Gott und den Menschen. Du kannst es dir selbst bestätigen. Stelle Gott auf die Probe, stürze dich in eine riskante Situation, und du wirst sehen, er hilft dir. Du wirst außerdem sehen: Auch die Menschen werden dich dann als den Erwählten Gottes anerkennen.“

Darum führt der Teufel Jesus auf die Zinne des Tempels in Jerusalem, den Punkt, der höchsten geistlichen Rang versinnbildlicht, und macht so Jesus seine überragende Stellung als „Sohn Gottes“ bewusst. Und dann sagt er zu ihm: „Stürze dich von hier hinab, und du wirst sehen: Du bist der Sohn Gottes, und Gott wird nicht zulassen, dass dir ein Haar gekrümmt wird. Teste Gott.“

Jesus könnte sich tatsächlich sagen: Da ich der Auserwählte und Sohn Gottes bin, mit besonderen Fähigkeiten ausgestattet und mit einer besonderen Aufgabe für die Welt betraut, wird Gott mir immer zur Seite stehen, gleichgültig, in welche Gefahren und Abgründe ich mich bei diesem Werk stürze.

Es ist aber ein Unterschied, ob jemand alles in seiner eigenen Macht Stehende tut und dabei darauf vertraut, dass Gott ihm beistehen wird, oder ob er riskante Manöver, deren Auswirkungen er nicht überschauen kann, durchführt und damit rechnet, dass Gott ihm schon helfen wird, weil er, der Auserwählte, besonderen Kredit bei Gott besitzt.

Hier treibt der Teufel die List auf die Spitze. Der Geltungstrieb bedient sich sogar eines Arguments aus der „Schrift“. Die Worte von Vers 10 und 11 stehen in Psalm 91,11 und 12. Der Psalm handelt von der „Zuversicht“ des Gerechten. „Du hast“, sagt der Teufel zu Jesus, „sogar die heilige Überlieferung auf deiner Seite.“ Der Sohn Gottes könnte also auch die Überlieferung zur Legitimierung eines Versuchs benützen, sich Gewissheit über die Hilfe Gottes zu verschaffen. Auf diese Weise schleicht sich der Teufel in Gestalt des Geltungstriebs ein und benutzt die Sehnsucht des wahren Selbst nach Einheit mit Gott, um dem Ich Anerkennung zu besorgen.

Jesus wehrt diese Versuchung ab, indem er sich auf einen Zusammenhang besinnt, der ebenfalls in der „Schrift“ dargestellt ist, und in dieser Erkenntnis die Verlockung des Geltungstriebes durchschaut. Er sagt: „Du sollst Gott, deinen Herrn, nicht versuchen.“ Man könnte diesen Satz missverstehen, als wolle Jesus zum Teufel sagen, dieser solle ihn, Jesus, nicht versuchen. Aber Jesus ist nicht Gott der Herr, auch nicht für den Teufel. Mit diesem Satz hält Jesus vielmehr dem Teufel ein Gebot entgegen, das für alle Menschen, auch für ihn, Jesus, selbst gilt: Stelle Gott, den Herrn, nicht auf die Probe! Dieser Satz aus dem Alten Testament (5. Mose 6,16) wird dort noch ergänzt: „Halten sollt ihr die Gebote des Herrn, eures Gottes … und du sollst tun, was recht und gut ist vor den Augen des Herrn“ (5. Mose 6,17–18). Daraus ergibt sich, wie sich der Mensch in dieser Versuchung richtig verhält: Das wahre Selbst soll die Gesetze der geistigen Welt erkennen und danach handeln. Tut es dies, wird die geistige Welt ihm auch helfen. Das muss ihm genügen. Der Mensch soll weder in falscher Zuversicht auf seine „Beziehungen“ zu Gott riskante Manöver durchführen, noch sich Beweise für seine besonderen „Beziehungen“ zu Gott verschaffen wollen.

Viele Menschen glauben in gefährlichen Situationen, gerade ihnen könne nichts passieren. Die „Vorsehung“ wache über ihnen. Und alles, was ihnen begegnet, wird ihnen zum Zeichen, dass sie der Auserwählte Gottes seien. Sie sind abhängig von ihrer „geistigen Führung“, von ihrem Wunsch, durch alle Fährnisse hindurchgelotst und bei ihrer inneren Entwicklung von Gott geleitet zu werden. Sie haben das Gefühl der Einheit mit Gott und dem Schicksal, und sind doch nur mit dem Teufel eins, der sie an ihrer größten Schwäche, der Eitelkeit, packt. Aber: Du sollst deinen Herrn nicht provozieren. Vertraue nicht in Selbstüberschätzung und Größenwahn auf die Hilfe und Kraft Gottes. Vertraue nicht blind darauf, dass du überall einen Ausweg findest und dass dir das Schicksal in die Hände spielt. Die dritte Versuchung ist die am schwersten zu durchschauende. Denn hier gibt es weder Kontrolle durch den Verstand noch durch die Wirklichkeit. Das Gefühl schwelgt in Selbstliebe.

Geführt von geistigen Kräften wird der Mensch nur, wenn er allen Eigendünkel preisgibt. Nur dann fließen ihm die Kräfte des Geistes zu, nur dann erkennt er, falls das wahre Selbst bewusst zu werden beginnt, auch die Gesetzmäßigkeiten der geistigen Welt und kann danach handeln.

Bevor dieses Bewusstsein allmählich in ihm wach wird, gibt es nur *eine* Haltung für ihn: seine Begrenztheit einzusehen und nach bestem Wissen und Gewissen zu handeln. Er verlässt sich weder auf Zeichen noch auf Engel oder Geister. Das wäre nur Einbildung und der eitle Glaube, auserwählt zu sein.

In jedem Menschen treten diese drei Versuchungen immer auch im gewöhnlichen Leben auf. Sie treten aber mit besonderer Kraft und Heimtücke auf, sobald das wahre Selbst, vom Geist berührt, sich bemerkbar macht. Denn das noch schwache, in der „Wüste" der Welt nach wirklichem Sinn, wirklicher Ordnung des Lebens und wirklicher Gewissheit der Einheit mit Gott hungernde wahre Selbst steht dann in Gefahr, seine neuen Möglichkeiten auf die irdische Welt zu projizieren. Es erwartet sein geistiges Wachstum von irdischer „Nahrung", seine geistige schöpferische Freiheit von irdischer Macht, und seine Einheit mit der geistigen Welt von der Anerkennung durch die irdische und die göttliche Welt. Es kann diese Gefahren nur bestehen, wenn es sich auf sein eigenes geistiges Wesen besinnt und die Traditionen anruft, die seine wahren Eigenschaften beschreiben. Dann wird es erkennen, wann und wie sich Besitztrieb, Machttrieb und Geltungstrieb der irdischen Welt insgeheim seiner Sehnsüchte zu bedienen und seiner Kräfte zu bemächtigen suchen und sie auf die irdische Welt umlenken.

Jesus zeigt exemplarisch, wie diese Gefahren zu bestehen sind. Jeder Mensch, ja die Menschheit, in der das wahre Selbst, der innere Jesus, um Gestalt- und Bewusstwerdung ringt, kann aus diesem Beispiel die Maßstäbe beziehen, wie der innere Kampf mit dem Versucher vor sich gehen muss. Es ist ein Kampf, der immer wieder von neuem geführt werden muss und erst zu Ende ist, wenn sich die Ichbezogenheit in Gestalt des Besitz-, Macht- und Geltungstriebes vollständig aufgelöst hat und die ganze Persönlichkeit des Menschen von der Kraft des Geistes durchdrungen ist. Deshalb heißt es bei Lukas, dass der Teufel „zu gelegener Zeit" wieder auf Jesus zutrat: zu gelegener Zeit, das heißt in Momenten, in denen sich die irdische Welt in besonderer Weise als „Wüste" bemerkbar machte.

Anhand dieser Erzählung lässt sich gut beobachten, wie so manche Geschichte des Neuen Testaments entstanden ist (Lukas hat sie in diesem Fall wohl nur vorgefunden und nicht selbst gestaltet). Subtile Vorgänge in der Seele des Menschen – das wahre Selbst personifiziert durch Jesus, die Ichbezogenheit durch den Teufel – werden in ein dramatisches, anschauliches Geschehen umgesetzt. Das erfolgt durch Rückgriff auf das Alte Testament, in dem alle drei Versuchungen bereits vorgebildet sind: die durch den „Besitztrieb" (5. Mose 8,3), die durch den „Machttrieb" (5. Mose 8,7–19) und die durch den „Geltungstrieb" (5. Mose 6,16–18). Doch dann werden diese Vorlagen weiter ausgestaltet. Es ist eine große künstlerische Leistung, diese Vorgänge im Seelenraum in plastische Bilder umzusetzen, die die Struktur der für den Sinnenmenschen unsichtbaren seelisch-geistigen Ereignisse dem Sinnenauge anschaulich machen.

Wirksamkeit Jesu: Lehre und Predigt

4 14 *Da kehrte Jesus in der Kraft des Geistes nach Galiläa zurück; und die Kunde*
von ihm verbreitete sich in der ganzen umliegenden Landschaft. ***15*** *Und er lehrte in*
ihren Synagogen, von allen gepriesen. ***16*** *Und er kam nach Nazareth, wo er erzogen*
worden war, und ging nach seiner Gewohnheit am Sabbattag in die Synagoge und

stand auf, um vorzulesen. ***17*** *Und es wurde ihm das Buch des Propheten Jesaja gegeben; und als er das Buch auftat, fand er die Stelle, wo geschrieben stand:*

18 *„Der Geist des Herrn ruht auf mir, weil er mich gesalbt hat; er hat mich gesandt, den Armen frohe Botschaft zu bringen, den Gefangenen Befreiung zu verkündigen und den Blinden das Augenlicht", „die Zerschlagenen zu befreien und zu entlassen",* ***19*** *„ein angenehmes Jahr des Herrn zu verkündigen."*

20 *Und als er das Buch zugetan hatte, gab er es dem Diener wieder und setzte sich, und aller Augen in der Synagoge waren auf ihn gerichtet.* ***21*** *Er begann aber damit, ihnen zu sagen: Heute ist dieses Schriftwort erfüllt vor euren Ohren.*

Die dritte Phase der Wirksamkeit des Geistes in der Welt oder im Einzelnen ist immer auch durch Versuchungen charakterisiert. Der Geist senkt sich auf Menschen, die mit dem Geist in Berührung gekommen sind und ihn in sich haben arbeiten lassen, herab und erweckt das wahre Selbst, die geistverbundene Seele, zum Bewusstsein. Das heißt, Jesus – oder ein Schüler auf dem spirituellen Weg in der dritten Phase – wird sich seiner wahren Identität als „Sohn Gottes" und seiner Verbindung mit der Welt des Geistes bewusst. Er wird sich seiner Aufgabe als „Sohn Gottes" bewusst, nämlich die empfangene Kraft des Geistes nach der Ordnung des Geistes umzusetzen. Zugleich festigt er dieses neue Bewusstsein und Sein, indem er sich auf spiritueller Grundlage mit den irdischen Tendenzen, dem „Teufel" im eigenen Wesen auseinandersetzt und erkennend davon distanziert. Dadurch ist er in der Lage, in sich und „in der Kraft des Geistes" gefasst vor die Welt zu treten.

Ganz bewusst stellt Lukas eine Parallele zum ersten Auftreten Johannes des Täufers her. Auch dessen Aufgabe hatte er zu Beginn der öffentlichen Wirksamkeit charakterisiert, und zwar ebenfalls durch ein Zitat aus dem Propheten Jesaja (40,3–5). Das dortige Zitat hatte ausdrücklich die Vorbereitung auf die Erlösung beschrieben. Das Jesaja-Zitat beim ersten Auftreten Jesu beschreibt dagegen die Verwirklichung der Erlösung. Auch in der dritten Phase der Wirksamkeit des Geistes in der Welt arbeiten somit der vorbereitende Aspekt und der verwirklichende Aspekt zusammen, sei es weltweit, sei es im einzelnen Menschen, in dem der innere „Johannes der Täufer" konkrete Schritte zur Umkehr und Neugestaltung des Lebens veranlasst, während der innere „Jesus", bewusst geworden, seine erlösende Tätigkeit beginnt. Diese besteht zunächst in der Heilung der irdischen Persönlichkeit und ihrer Befreiung aus irdischen Zwängen.

Der Beginn der Tätigkeit Jesu wird von Lukas nach Nazareth verlegt, „wo er erzogen worden war". Aus dem Folgenden ergibt sich, dass er vorher schon in Kapernaum gewesen sein muss (4,23), ja nach Vers 14 und 15 war er überhaupt schon sehr intensiv im ganzen Land Galiläa tätig gewesen. Trotzdem stellt Lukas eine Begebenheit in Nazareth an den Anfang der öffentlichen Wirksamkeit Jesu, und das auf Grund der inneren Logik des spirituellen Weges. Diese Begebenheit gibt ihm nämlich Gelegenheit zu zeigen, dass eine solche geistige Wirksamkeit in der „Vaterstadt" beginnt, das heißt im Rahmen der körperlichen, blutsmäßigen und engeren sozialen Beziehungen des Wahrheitsbringers, um sich von da aus in „Galiläa", den emotionalen Bereichen, auszubreiten und bis nach „Jerusalem" in Judäa, den mentalen Bereichen des Volkes, die „Hauptstadt", zu gelangen. Ortsangaben bezeichnen im Evangelium immer auch innere Zustände. Das Wirken Jesu in der Außenwelt oder das Wirken des inneren Jesus in einem Menschen beginnt im Körper, im „Blut", um dann in den Gefühls- und schließlich Gedankenbereich vorzudringen.

Was ist die Aufgabe Jesu, wie sie mit den Worten aus Jesaja dargestellt wird?

Sie ist fünffach: Den Armen frohe Botschaft zu bringen, den Gefangenen Befreiung zu verkündigen, den Blinden das Augenlicht zu geben, die Zerschlagenen zu befreien und ein angenehmes Jahr des Herrn auszurufen.

Der Wortlaut legt nahe, Jesus als Sozial-Revolutionär oder zumindest Anwalt der sozial Schwachen und Heiler der Kranken aufzufassen. Könnte man die Angaben bei Jesaja so verstehen? Jesus bringt den „Armen" frohe Botschaft. Welche Botschaft? Dass sie selbst zu Reichtum gelangen werden? Wäre das die Botschaft eines spirituellen Lehrers? Oder verkündigt er ihnen, er werde sie von Unterdrückung und Ausbeutung durch die Reichen befreien, so dass ihnen auch wirklich zukommt, was sie sich erarbeitet haben? Zweitens bringt Jesus den Gefangenen Befreiung. Das könnte unter sozialem Vorzeichen nur bedeuten, dass zu unrecht Gefangene oder längst Reuige freigelassen werden. Die Zerschlagenen könnte man als die durchs Schicksal oder soziale Verhältnisse in Elend Geratenen auffassen. Blinde gewinnen ihr Augenlicht wieder: Das würde heißen, dass Jesus als Heiler physischer Krankheiten auftritt, wobei Blindheit auch für alle anderen Arten von Krankheit stünde. „Das angenehme Jahr des Herrn" spielt auf eine im Alten Testament verankerte jüdische Tradition an. Jedes 50. Jahr sollte eine Entzerrung der sozialen und Besitzverhältnisse vorgenommen werden. Wer einmal Schulden hat, gerät leicht, trotz aller Bemühungen, in noch größere Schulden, und wer einmal im Gefängnis war, wird nur schwer wieder resozialisiert. In den sozialen und ökonomischen Verhältnissen liegt eine fatale Eigendynamik, die verzerrte Relationen noch weiter verzerrt. Deshalb bedarf es von Zeit zu Zeit eines bewussten Eingriffs, um solche Verzerrungen wieder rückgängig zu machen. Es ist kein Zufall, dass gerade das 50. Jahr ein solches „angenehmes Jahr" ist. Denn 7 x 7 = 49. Die Zahl ist Symbol für den Abschluss aller „zeitlichen" Verhältnisse, und mit 50 beginnt ein neuer Äon. Einzelheiten zu dieser Tradition finden sich 3. Mose 25,9–10.

Man könnte Lukas also so verstehen, als wolle er Jesus als Anwalt der sozial Schwachen darstellen. Und gewiss sind Krankheit und soziale Ungerechtigkeit Ausdruck dessen, dass Welt und Menschheit prinzipiell im Argen liegen. Aber physische Gesundheit und soziale Gerechtigkeit sind auf Dauer nur möglich, wenn sich der Mensch in Denken, Fühlen, Wollen und dann auch im Handeln wieder nach der Ordnung der geistigen Welt richtet. Gesundheitsmaßnahmen und soziale Revolution oder Evolution mögen kurzfristige Erleichterungen bringen, können aber dem Übel nicht prinzipiell abhelfen.

Doch können die Übel sozialer Verhältnisse und die physischen Krankheiten, weil sie Folgen spiritueller Unordnung sind, zu Bildern für die Übel geistiger Knechtschaft und Krankheit werden. Das Leid, das der Mensch durch soziale Übel und durch Krankheiten erfährt, kann Bild und Geschmack des Leides sein, das er auf Grund seiner Abschließung von der geistigen Welt erlebt. Es ist sicher so, dass Lukas und seine Leser mit den scheinbar konkreten Schilderungen sozialer Übel und Krankheiten unwillkürlich auch die geistigen Übel und Krankheiten assoziierten. Denn diese Einstellung war im Alten Testament vorgeprägt. Da heißt es zum Beispiel, gerade bei Jesaja, aus dem Jesus zitiert: „Man führe es vor, das blinde Volk, das doch Augen hat" (Jes. 43,8) oder „Meines Volkes Wächter sind alle blind, sie merken nichts" (Jes. 56,10) oder „Ich habe dich zum Licht der Völker gemacht, blinde Augen aufzutun" (Jes. 42,6). Hier ist unter Blindheit immer Verblendung, spirituelle Unwissenheit in Bezug auf die „Gebote des Herrn", die Gesetze der geistigen Welt, zu verstehen. Und Jesu Aufgabe ist, dieses „Licht der Völker" zu sein, um „blinde Augen aufzutun": um den in Unwissenheit befindlichen Menschen die Wahrheit über ihre Existenz zu bringen und sie diese Wahrheit selbst erkennen zu lassen.

Mit den „Armen" sind analog jene Menschen gemeint, die „arm" an spirituellem Lebenssinn sind. Sie empfinden irdische Ziele: Macht, Erfolg, Besitz, als unzulänglich, haben aber auch noch keinen spirituellen Sinn ihres Lebens gefunden und entbehren ihn, wie ein Armer den Reichtum entbehrt.

Unter den „Gefangenen" sind Menschen zu verstehen, deren wahres Selbst in irdischen Bestrebungen und Verstrickungen gefangen ist. Sie leben, wie die Israeliten im Land Ägypten, in einer ihnen nicht gemäßen Umgebung, und sehnen sich nach der Freiheit, die ein Leben im Geist bedeutet. In diesem Sinn ruft Jesaja aus: „Stehe auf, Jerusalem, du Gefangene!" (Jes. 52,2)

Die Zerschlagenen sind, spirituell verstanden, jene Menschen, die vom Schicksal innerlich zerschlagen sind und sich aus eigener Kraft nicht mehr zu einem Zustand erheben können, in dem der spirituelle Weg gegangen werden könnte.

Diesen „Armen", „Gefangenen" und „Zerschlagenen" bringt Jesus das Licht und die Kraft der Wahrheit. Der an spirituellem Lebenssinn Arme kann sich für die Schätze der Erkenntnis des Geistes öffnen und an Lebenssinn reich werden, der in den Verstrickungen der irdischen Welt Gefangene kann sich in der Kraft der Wahrheit davon befreien und der Zerschlagene neuen Mut fassen. Und alle im Lauf der Zeiten aufgehäuften Schuldzuweisungen und Schuldgefühle können auf diese Weise beglichen oder annulliert werden. Im 50. Jahr, nachdem die Verzerrungen der zwischenmenschlichen Beziehungen auf ihren Höhepunkt gelangt sind, erschallt am „Versöhnungstag" die „Posaune". Die mächtige Stimme der Wahrheit erklingt in den Herzen der Menschen, gibt ihnen Bewusstsein von ihrer Situation, und Kraft, alle zwischenmenschlichen Konflikte und Disharmonien aufzulösen, um neue zwischenmenschliche Verhältnisse nach den Gesetzen der geistigen Welt aufzubauen. Verkünder dieses „Halljahres" ist Jesus, der Bringer der Wahrheit, und wer ihr folgt, wird mit seinen Mitmenschen in Frieden und Harmonie leben können.

Wo aber neue an der geistigen Welt orientierte zwischenmenschliche Verhältnisse herrschen, da folgt daraus auf lange Sicht auch Heilung der sozialen Übel und Krankheiten. Denn dann sind Machttrieb, Geltungstrieb und Besitztrieb als Ursachen der Unterdrückung und Krankheiten weggefallen. Dass im Alten Testament und bei Lukas die sozialen und körperlichen Übel als Bilder für die spirituellen und psychischen Übel, ja als ihr Ausdruck, genommen werden, heißt also keineswegs, dass der spirituelle Weg sich nur im geistig-seelischen Bereich vollzieht, ohne Konsequenzen für die physische Welt zu haben. Im Gegenteil: Er muss und wird sich in der physischen Welt auswirken. Es geht auf dem spirituellen Weg nicht ausschließlich um Entfaltung der spirituellen und psychischen Möglichkeiten des Menschen. Nein, diese Entfaltung muss und wird sich auch physisch dokumentieren. Anders bliebe der spirituelle Weg eine theoretische, blasse Angelegenheit.

Nur wird in den Evangelien und im Alten Testament stets auch klargestellt: Eine Veränderung des physischen Gesundheitszustandes und des Sozialen muss immer vom Geistig-Seelischen ausgehen. Hier liegt die Wurzel des Übels. Jede Hoffnung, unmittelbare dauerhafte soziale und gesundheitliche Veränderungen zu Stande zu bringen, ohne dass sich der geistig-seelische Zustand der Menschen ändert, muss scheitern. Auch ändern geänderte soziale und gesundheitliche Verhältnisse den Menschen nicht prinzipiell. Ein neues soziales System und eine neue Medizin werden höchstens Verhaltensweisen, nicht aber die Natur des Menschen ändern. Daher muss der Anfang mit einer radikalen Veränderung des geistig-seelischen Menschen gemacht werden: dadurch, dass er sich selbst und seine Situation in der Kraft der Wahrheit erkennt. Diese Erkenntnis wird dann auf lange Sicht auch die sozialen und gesundheitlichen Verhältnisse verändern.

Dass einst ein Mensch auftreten würde, in dem das wahre Selbst in Vollkommenheit bewusst und wirksam sein würde, war schon das Wissen der Propheten des Alten Testaments gewesen. Auch in ihnen war, wie in jedem Menschen, das wahre Selbst angelegt, das den Menschen erst zum wahren Menschen macht und zu einer eigentlich menschlichen Gestaltung seiner sozialen und gesundheitlichen Verhältnisse befähigt. Es war aber erst keimhaft angelegt. Doch sie wussten, dass in der Entwicklung der Menschheit die Zeit dieser vollen Entfaltung kommen und dass ein Mensch auftreten würde, in dem die Möglichkeit einer vollkommenen menschlichen Existenz Wirklichkeit werden würde. Sie kannten diese Gesetzmäßigkeit, war sie doch in ihnen selbst wie in jedem Menschen wirksam. Und deshalb konnten sie mit Gewissheit voraussagen, dass einst in einem Menschen das wahre Selbst des Menschen vollkommen verwirklicht sein würde. Damit wäre die Möglichkeit dieser Verwirklichung auch für alle anderen Menschen eröffnet.

Jesus seinerseits wusste, dass in ihm die Vorbereitung verwirklicht, der Keim zu voller Reife gediehen war. Deshalb kann Lukas ihn sagen lassen: „Heute ist dieses Schriftwort erfüllt vor euren Ohren." Der Zeitpunkt in der Entwicklung der Menschheit war da, auf den die Propheten vorausgewiesen hatten. Das dem Menschen und der Menschheit eingeschriebene Gesetz, ihre Bestimmung, Ebenbild Gottes zu sein, war in einem Menschen erfüllt. Die Ordnung und Kraft der geistigen Welt verwirklichte sich konkret, sichtbar und hörbar in der Welt der Erscheinungen. Von jetzt an war der Maßstab für menschliches Sein, der bis dahin nur verborgen gegolten hatte, enthüllt und als offenbares Zeichen für alle Menschen aufgerichtet. Sie mussten sich nun nicht mehr nur an einer undeutlichen Ahnung, die aus dem wahren Selbst in ihrem Innern aufstieg, orientieren, sondern hatten es als eine sichtbare und hörbare Struktur vor Augen und Ohren. Und zugleich stand ihnen die Kraft der Verwirklichung zur Verfügung, da *ein* Mensch alle der Verwirklichung im Wege stehenden Hindernisse beseitigt hatte: Jesus hatte in der Kraft des Geistes die Versuchungen des „Teufels“ bestanden. Was dieser *eine* Mensch getan hatte, schuf die Möglichkeit des Nachvollzugs für alle anderen Menschen.

Damit sind vom Evangelisten Identität und Aufgabe Jesu als Muster des wahren Selbst umrissen. Zugleich werden die Mittel, mit denen er diese Aufgabe zu Beginn seiner Wirksamkeit erfüllt, charakterisiert: Lehre und Predigt.

Lehre und Predigt Jesu

Jesus lehrt eine neue seelische Verfassung des Menschen, aus der dann auch neue gesellschaftliche und gesundheitliche Verhältnisse folgen. Er spricht vom „Geist des Herrn“, einer Dimension der Wirklichkeit, die sich von den irdischen Erfahrungen des Menschen fundamental unterscheidet. In ihr ist Fülle des Lebens im Vergleich zum Mangel an spirituellem Lebenssinn in der irdischen Welt. In ihr ist Freiheit, da der Mensch hier sein innerstes Wesen verwirklichen kann, das in der irdischen Welt im Griff der Illusionen und Leidenschaften gefangen liegt. In ihr ist Erkenntnis Gottes, ein neues Bewusstsein, während in der irdischen Welt die Menschen blind für die geistige Welt umhertappen. In ihr ist Ganzheit und Heil. Der geheilte Mensch wirkt nach den Gesetzen der göttlichen Welt, die seinem innersten Wesen eingeschrieben sind. Dadurch entfaltet er dieses Wesen und die Gesetze der göttlichen Welt, im Einklang mit allen anderen Menschen, die dieselben Gesetze, je nach ihrer Stellung im All, vollziehen. Darum gibt es keine zwischenmenschlichen Konflikte mehr, die alle Harmonie und die individuelle Ganzheit des Menschen „zerschlagen“, und es gibt keine „Schulden“ des Einen beim Andern mehr. Ein schuldenfreier Zustand, ein „angenehmes Jahr des Herrn“ wird ausgerufen.

Dieser „Geist des Herrn“ ruht auf Jesus, und Jesus weiß um die aus dem „Geist des Herrn“ folgenden zwischenmenschlichen und körperlichen Zustände. Von ihnen berichtet er seinen Hörern. Das ist seine „Lehre“, und darauf beruht die „Gewalt“ seiner Rede. Aus ihm strömen Fülle des Lebens, Freiheit, Erkenntnis, Gesundheit und Ganzheit hervor, im Gegensatz zu Mangel, Gefangenschaft, Blindheit und Zerschlagenheit. In seiner „Lehre“ kommen die Ordnung und Eigenschaften der geistigen Welt zum Ausdruck, in seiner „Predigt“ die Kräfte der geistigen Welt.

Widerstand gegen Jesus

4 22 *Und alle gaben ihm Zeugnis und verwunderten sich über die Worte voll Anmut,*
die aus seinem Mund kamen und sagten: Ist dieser nicht der Sohn Josephs? ***23*** *Und*
er sprach zu ihnen: Jedenfalls werdet ihr mir dieses Sprichwort sagen: Arzt, heile
dich selbst! So große Dinge in Kapernaum geschehen sind, wie wir gehört haben,
[so große] tue auch hier in deiner Vaterstadt! ***24*** *Er sprach aber: Wahrlich, ich sage*
euch: kein Prophet ist gut aufgenommen in seiner Vaterstadt. ***25*** *Der Wahrheit*
gemäß aber sage ich euch: Viele Witwen waren in den Tagen des Elia in Israel, als
der Himmel drei Jahre und sechs Monate lang verschlossen war und eine große
Hungersnot über das ganze Land kam; ***26*** *und zu keiner von ihnen wurde Elia ge-*
sandt, sondern nur zu einer Witwe nach Sarepta in Sidonien. ***27*** *Und viele Aussätzi-*

ge waren in Israel zur Zeit des Propheten Elisa; und keiner von ihnen wurde rein, sondern nur der Syrer Naëman. ***28*** *Da wurden alle in der Synagoge, als sie dies hörten, voll Zorn* ***29*** *und standen auf, stießen ihn zur Stadt hinaus und führten ihn bis zum Abhang des Berges, auf dem ihre Stadt gebaut war, um ihn hinabzustürzen.* ***30*** *Er aber schritt mitten durch sie hindurch und ging hinweg.*

Mit der Offenbarung der eigentlichen Identität des Menschen vor aller Augen und Ohren, die zur Offenbarung dieser Identität auch in allen anderen Menschen anregt und auffordert, werden auch die Kräfte der Beharrung provoziert, die sich der Verwirklichung dieser Identität widersetzen. In allen Phasen der Wirksamkeit Jesu treten Gegenkräfte auf, immer wieder auf einer neuen Ebene. Jetzt, zu Beginn seiner Wirksamkeit, wirken sie auf der untersten, der materiellen Ebene, der Ebene des Körpers und der Biologie. Es sind die Kräfte von „Blut und Boden", die sich gegen das Ansinnen wehren, nicht die zentralen Leitprinzipien des menschlichen Lebens sein zu sollen. (Später werden es Empfindungs- und Verstandeskräfte sein.)

Die Verse 22–30 schildern diesen Widerstand der elementaren Beharrungskräfte der irdischen Welt gegen den Anspruch der geistigen Welt. Sie schildern die Methoden dieses Widerstandes, der sich bis zum Versuch steigert, die Kräfte der geistigen Welt überhaupt zu beseitigen. Sie kleiden das in eine dramatische Auseinandersetzung zwischen Jesus und seinen Zuhörern in Nazareth, Jesu Vaterstadt.

Es sieht in der Darstellung des Lukas so aus, als provoziere Jesus seine Zuhörer bewusst und versetze sie in solchen Zorn, dass sie ihn schließlich umbringen wollen. Hätte er sich nicht mäßigen können? Musste er seinen Bewunderern verletzende Wahrheiten ins Gesicht schleudern, wo er doch wissen konnte, welche Aggressionen er damit weckte? Niemand hört gern, wie beschränkt er ist. Niemand wird gern mit anderen, fähigeren und wertvolleren Menschen verglichen. Würde man diese Szene realistisch nehmen, so würde sie dem Taktgefühl und der Weisheit Jesu kein gutes Zeugnis ausstellen. Welchen Grund hatte er, so schonungslos die Schwächen der Zuhörer bloßzulegen? Wollte er zeigen, wie falsch und oberflächlich ihre Bewunderung war?

Es handelt sich hier aber nicht um die realistische Schilderung einer eskalierenden Auseinandersetzung, sondern um die Darstellung des gesetzmäßigen Gegensatzes zwischen erneuernden geistigen und beharrenden irdischen Kräften, gekleidet in eine dramatische Szene.

Wenn spirituelle Kräfte in die Welt eindringen, müssen sie im materiellen Gewand kommen. Wenn ein Geistwesen in der Welt wirken will, muss es sich in einem materiellen Körper inkarnieren. Damit ist der Gegensatz zwischen Spirituellem und Materiellem gesetzt. Wenn das Spirituelle erscheint, betont das Materielle, durch den Gegensatz zum Spirituellen dazu herausgefordert, die eigene Art umso mehr. Es ist, wie wenn ein Fremdkörper in einen Organismus eindringt. Dadurch wird sich der Organismus seiner Eigenart erst „bewusst" und mobilisiert alle Abwehrkräfte gegen diesen Fremdkörper.

In Jesus manifestiert sich die Ordnung des Geistes. Zu Beginn seines öffentlichen Auftretens verdeutlicht er, dass diese Ordnung des Geistes alle irdischen Verhältnisse umwerten wird. Das sind „die Worte der Anmut", die Jesus spricht: die Verheißung der neuen Wirklichkeit des Geistes. Dieser spirituelle Impuls aber ist ein Fremdkörper im materiellen Organismus eines Einzelnen, einer Gruppe oder eines Volkes. Alles Materielle: Blut und Biologie, Gruppe und Tradition, Lokales und Heimatliches empört sich gegen das Spirituelle als etwas ihm Fremdes. Diese Trägheit des Körpers, der Biologie und der irdischen Verhältnisse und Gewohnheiten ist ungeheuer stark. Das Materielle widersetzt sich beharrlich jeder Veränderung.

Das Mittel des Widerstandes ist, dass sich das Materielle auf die materielle Hülle des Spirituellen konzentriert und das Spirituelle dadurch zu ersticken versucht. Ist nicht Jesus, Verkörperung des spirituellen Impulses, in Bezug auf seine materielle Hülle vom gleichen Blut, der gleichen Herkunft, der gleichen Tradition und aus der gleichen Heimat wie alle seine Hörer? Ist er nicht „Sohn des Joseph", unseresgleichen, einer von uns, genauso irdisch-materiell wie wir? Dadurch, dass Jesus auf dieses Materielle reduziert wird, lässt sich das Spirituelle entwerten und unwirksam machen. Es wird als Anmaßung empfunden und abgelehnt.

Dies ist die Methode, wie die Materie in ihrer Dumpfheit das Spirituelle unschädlich zu machen versucht. Sie sieht betont nur die materielle Hülle des Spirituellen, weiß, da sie von genau gleicher Beschaffenheit ist, nur allzu gut, was von dieser Hülle zu erwarten wäre – nämlich nichts Neues –, und entzieht sich so dem Anspruch des spirituellen Impulses, der wie ein anmaßlicher Fremdkörper erlebt wird.

Die Leute aus Nazareth sagen zwar höhnisch zu Jesus (Jesus legt ihnen diese Worte in den Mund und charakterisiert sie dadurch): „Arzt, heile dich selbst!" Das heißt im Zusammenhang mit dem Folgenden: Du, spirituelle Heilkraft, hast andere Städte geheilt. Heile nun auch deine eigene Stadt. Doch Jesus muss ihnen antworten: Ihr selbst macht das unmöglich. Denn ihr selbst stellt ausschließlich eure äußere Verwandtschaft mit mir in den Vordergrund und wisst, weil ihr euch selbst kennt, nur zu gut, was von einem mit euch Verwandten zu erwarten wäre. Deshalb öffnet ihr euch der spirituellen Heilkraft, dem Arzt, nicht und könnt nicht geheilt werden. In einem wieder anderen Bild ausgedrückt: „Kein Prophet ist gut aufgenommen in seiner Vaterstadt."

Andere dagegen, so fährt Jesus fort, nicht äußerlich mit mir Verwandte können diese Verwandtschaft nicht zum Vorwand nehmen, meine spirituelle Heilkraft abzulehnen. Sie haben zu ihrem Vorteil dieses Mittel, die spirituelle Heilkraft unschädlich zu machen, nicht. Darum kann sich ihre Empfänglichkeit für die Heilkraft entfalten und kann diese Heilkraft wirken. Jesus bringt zwei Beispiele für diese Gesetzmäßigkeit. Elia konnte seinerzeit in seinem eigenen Volk nichts ausrichten, und nur einer Bewohnerin Sidons helfen. Ebenso konnte Elisa keinen israelitischen Aussätzigen heilen, nur einen syrischen.

Wenn nun alle Mittel der Abwehr des spirituellen Fremdkörpers seitens des materiellen Organismus versagen und der spirituelle Fremdkörper, Jesus, dieses Verhalten entlarvt, steigt der Hass – die abstoßende Kraft des Organismus – so sehr, dass der Fremdkörper unweigerlich ausgestoßen wird. Jesu Hörer wollen ihn vom Abhang des Berges, an dem die Stadt gebaut war, hinabstürzen. Er aber „schritt mitten durch sie hindurch". Das Spirituelle ist vom Materiellen nicht festzuhalten, nur die materielle Hülle des Spirituellen wäre es. Das Spirituelle hat seine eigene Schwingung und Freiheit, vollkommen verschieden vom Materiellen und unfassbar. Es kann sein, dass sich das auch äußerlich sichtbar auswirkt: Dass ein Mensch wie Jesus, sobald er die in ihm wirkende Spiritualität offenbart, eine solche Hoheit und Macht ausstrahlt, dass alle Verfolger wie blind und ohnmächtig werden.

Zu allen Zeiten der Geschichte hatten es spirituelle Impulse gerade am Anfang ungeheuer schwer, die dichte Decke von Gewohnheiten, Traditionen, biologischen Vorprägungen und Gruppenbindungen, die wie ein zäher Filz die Menschen zusammenzuhalten pflegt, zu durchbrechen. Die Dumpfheit des Blutes und der Gewohnheiten sucht jeden Funken neuer Spiritualität zu ersticken. Und immer finden sich Argumente, den Bringer solcher Spiritualität durch Hinweise auf seine Herkunft, Klassen-, Rassen-, Berufs- und Geschlechtszugehörigkeit mundtot zu machen. Er ist doch einer von uns, unzulänglich wie wir: Sollen wir uns von ihm etwas sagen lassen?

Dämonenaustreibung: Der Dämon in der Synagoge

4 31 *Und er kam hinab nach Kapernaum, einer Stadt in Galiläa, und lehrte sie am*
Sabbat. ***32*** *Und sie erstaunten über seine Lehre, denn seine Rede war voll Gewalt.*
33 *Und in der Synagoge war ein Mensch, der von einem Geist, einem unreinen Dä-*
mon, besessen war. Und er schrie mit lauter Stimme: ***34*** *Ach, was haben wir mit dir*
zu schaffen, Jesus von Nazareth? Bist du gekommen, uns zu verderben? Ich weiß,
wer du bist: der Heilige Gottes! ***35*** *Und Jesus bedrohte ihn und sprach: Verstumme*
und fahre aus von ihm! Da riss ihn der Dämon in die Mitte und fuhr von ihm, ohne
ihm Schaden zu tun. ***36*** *Und Staunen kam über alle, und sie redeten untereinander*
und sagten: Was ist das für eine Rede? Er gebietet ja den unreinen Geistern mit Ge-
walt und Macht, und sie fahren aus. ***37*** *Und die Kunde von ihm verbreitete sich in*
jeden Ort der umliegenden Landschaft.

Lehre und Predigt Jesu werden im Volk wirksam. Der Mangel an Lebenssinn wird beseitigt, die Gefangenschaft aufgebrochen, die Blindheit geheilt, das Unheil in Heil gewendet. Die Lehre, Darstellung der Ordnung des Reiches Gottes, und die Predigt, Vermittlung der Kraft des Reiches Gottes, führen zu „Heilungen“ und „Dämonenaustreibungen“.

Was sind Dämonen? Es sind verselbstständigte Leidenschaften oder fixe Ideen im Menschen, die ein Eigenleben gewonnen haben und ihn „besitzen“. Er selbst erzeugt sie, als Individuum oder als Kollektiv. Als Abspaltungen seines Ich oder des Ich seiner Gruppe haben sie eine eigene Individualität, die sich jedoch, da unbewusst, der Kontrolle des bewussten Ich des Einzelnen oder der Gruppe entzieht. Sie bedienen sich, wie das gewöhnliche Ich, des Körpers, insbesondere der Stimme des „Besessenen“, um sich auszudrücken. Aber immer ist der „Besessene“ selbst es, als Individuum oder als Kollektiv, der sie mit seinen seelischen Kräften ernährt. Ideologien und Wahnvorstellungen zum Beispiel sind Dämonen. Ein fanatischer Ideologe ist nicht mehr Herr seiner selbst, Opfer einer ihn ununterbrochen quälenden und antreibenden fixen Idee: eines individuellen oder kollektiven Dämons.

Dämonen hausen in den unbewussten seelischen Schichten, im „Jenseits“ des Menschen. Sie nehmen eine Zwischenstellung zwischen der Welt des göttlichen

Geistes und dem bewussten Ich ein. Denn ihre Wurzel ist zweifach. Einerseits wird zum Beispiel eine Ideologie von der tiefsten Sehnsucht des Menschen nach Lebenserfüllung gespeist: von der Sehnsucht nach Gerechtigkeit, Freiheit, Einheit, Glück, die aus dem wahren Selbst stammt. Andererseits vermischt sich diese Sehnsucht mit „jenseitigen" Kräften: dem verselbstständigten Geltungstrieb, Machttrieb und Besitztrieb. Daher das Gewaltsame solcher Ideologien, das Fanatische.

Erfährt aber ein Mensch von der Welt des Geistes, in der Freiheit, Einheit und Liebe ohne Geltungs-, Besitz- und Machtstreben herrschen, und wird diese Welt in ihm erweckt, kann er die Dämonen erkennen und überwinden. Er wird durch Kräfte aus der Geistwelt gestärkt. Die unbewussten Abspaltungen seines Ich, die ihn aus den Tiefen seiner Seele gequält haben, werden ihm bewusst. Die eigenen seelischen Energien oder die der Gruppe, denen er hilflos ausgeliefert war, werden wieder der Herrschaft seines Ich unterstellt. So treiben die Kräfte des Geistes in ihm, angeregt durch die Welt des Geistes, die Dämonen aus. Er wird frei.

Weil die Dämonen im Zwischenbereich zwischen dem wahren Selbst – dessen Sehnsucht sie sich dienstbar machen – und dem bewussten Ich leben, wird erklärlich, warum sie in dieser Erzählung erkennen, wer Jesus ist: der „Heilige Gottes", der „Sohn Gottes", der „Gesalbte". Gerade wenn in einem Menschen das wahre Selbst, das mit dem „Heiligen" und dem „Sohn Gottes" korrespondiert, wach wird, werden die dämonischen Kräfte irritiert. Sie stehen – im Unbewussten – in unmittelbarem Kontakt mit dem wahren Selbst und „erkennen" es daher auch – ebenso wie sie von ihm „erkannt" werden. Werden die tiefsten spirituellen Seelenschichten eines Menschen, sein wahres Selbst, wirksam, so werden ihm auf dieser Grundlage auch die „jenseitigen", dämonischen Schichten, etwa Größenwahn, fanatischer Machttrieb und Besitzgier bewusst und deren Macht gebrochen. Umgekehrt erkennen die dämonischen Kräfte im wahren Selbst den Stärkeren, den „Gesalbten", den „Sohn Gottes".

Der Dämon, der von Jesus zu Beginn seiner Wirksamkeit „ausgetrieben" wird, ist ein Dämon im religiösen Bereich. Dämonen werden durch das Umfeld charakterisiert, in dem sich die von ihnen Besessenen aufhalten. In dieser Erzählung befindet sich der Besessene in einer Synagoge, einem religiösen Umfeld. Man kann sich leicht vorstellen, welcher psychische Komplex durch diesen Dämon versinnbildlicht wird. Religion hat ursprünglich das Ziel, im Menschen das wahre Selbst, das Ebenbild Gottes, zu wecken und es wieder mit seinem Ursprung, mit Gott, zu verbinden. Das setzt voraus, dass jede Ichbezogenheit, die ja das Hindernis dieser Verbindung ist, schwindet: jeder Geltungs-, Macht- und Besitztrieb. Gerade aber diese jenseitig-dämonischen Kräfte im Menschen bedienen sich gern der ursprünglichen Religion und machen ihn zu einem Fanatiker, der das Reich Gottes mit Gewalt in sich oder in der Welt herstellen will. Er fühlt sich als Auserwählter – Geltungstrieb –, reißt die Symbole der ursprünglichen Religion an sich und verdinglicht sie zu Dogmen, durch die er glaubt, seinem Leben Sinn geben zu können – Besitztrieb – und zwingt sich selbst und andere zu einer strengen Befolgung dieser Dogmen – Machttrieb. Diese fundamentalistische Veräußerlichung der Religion ist der unreine Dämon, von dem der Mann in der Synagoge besessen ist. Die Kraft, die den Dämon nährt, ist die Sehnsucht des Menschen nach Wiederverbindung mit der göttlichen Welt. Aber die Sehnsucht wird durch Ichbezogenheit korrumpiert und nach außen, auf das Diesseits oder das Jenseits – eine Vorstellung vom Leben nach dem Tod – projiziert, während doch die göttliche Welt nur innen, vom wahren Selbst, erfahren werden kann.

Durch die Kräfte aus der göttlichen Welt – dem äußeren Jesus – kann das wahre Selbst so gestärkt werden, dass es den Dämon „austreibt", sei es auch, dass dieser noch einmal seine Macht ausspielt und den Menschen „in die Mitte (der Synagoge)" reißt.

Das wahre Selbst macht den Menschen frei. Es ist seine eigentliche Identität. Wird sie wirksam, kommt er zu sich. Dadurch wird auch seine irdische Selbstständigkeit, sein verantwortliches Ich, gestärkt. Er kommt zur Ruhe, kann auf einer neuen spirituellen Basis erkennen, was ihn quält und unfrei macht und wird auf diese Weise, mit Hilfe der in ihm wirkenden spirituellen Kräfte, frei von Ausbeutung und Unterdrückung durch Ideologien und Wahnvorstellungen. Das sind die im Evangelium geschilderten Dämonenaustreibungen. Es sind Heilungen psychotischer Zustände.

Übertragen auf einen Einzelnen besagt diese Erzählung, dass der „innere Jesus" in ihm, das wahre Selbst, angeregt und gestärkt durch spirituelle Kräfte von außen, einen unbewußten psychotischen Komplex beseitigt. Das „Volk" in dieser Erzählung versinnbildlicht seine gewöhnlichen Eigenschaften. Das wahre Selbst befreit ihn von psychotischen Einflüssen, die hier als religiöser Fundamentalismus auftreten.

Krankenheilung: Fieber

4 38 *Nachdem er sich aber aus der Synagoge aufgemacht hatte, ging er in das Haus des Simon. Die Schwiegermutter des Simon aber war mit einem starken Fieber behaftet, und sie baten ihn für sie.* ***39*** *Und er trat ihr zu Häupten und bedrohte das Fieber, und es verließ sie. Da stand sie sofort auf und diente ihnen.*

Durch die Kräfte der göttlichen Welt können die Dämonen in einem Menschen „ausgetrieben" werden. Durch die Ordnung der göttlichen Welt andererseits kann die mentale, emotionale, willensmäßige und dann auch physische Unordnung in einem Menschen beseitigt werden. Das sind die im Evangelium berichteten Krankenheilungen. Solange ein Mensch nichts kennt als die irdische Welt und ihre Interessen, sucht er Befriedigung auf dieser Ebene. Da er endgültige Befriedigung aber nur dadurch finden kann, dass sein wahres Selbst wirksam und bewusst wird – wodurch er sich erst selbst verwirklicht –, muss eine nachhaltige Befriedigung auf der irdischen Ebene immer ausbleiben. Er eilt dort zwangsläufig von Enttäuschung zu Enttäuschung, was mentale, emotionale und willensmäßige Störungen und in der Folge auch physische Krankheiten hervorruft.

Wird ihm aber eine neue Lebensperspektive gezeigt, so kann er erkennen, dass seine eigentliche Bestimmung in der göttlichen Welt liegt, die mit seinen tiefsten Seelenschichten korrespondiert. Dadurch wird das wahre Selbst, die tief in ihm angelegte Ordnung seines wahren Selbst wirksam und wirkt ordnend auf die Persönlichkeit, das Ich mit seinem Körper, ein. Er wird mental, emotional und unter Umständen auch körperlich gesunden.

Die Unordnung, die im Leben eines Menschen dadurch entstehen kann, dass er sich ausschließlich auf die irdische Ebene konzentriert, wird im Evangelium durch drei typische Bilder versinnbildlicht. Jesus heilt zu Beginn seiner Tätigkeit drei Krankheiten: Fieber, Aussatz und Lähmung.

Die erste Heilung, die des „Fiebers", schildert der Evangelist in der Szene mit der Schwiegermutter des Petrus. Ein Mensch ohne verlässliche Lebensperspektive kann in hektische Unrast geraten. Unaufhörlich ändert er und sucht nach Neuem, weil das Alte seine tiefste Sehnsucht nicht befriedigen kann. Eine ganze Zeit und Gesellschaft kann von dieser hektischen Unrast ergriffen sein, weil ihr die Sinnleere ihres Lebens unerträglich geworden ist. Das ist „Fieber". Erfährt aber ein Mensch – oder eine Gesellschaft – von einer dem Menschen als Ebenbild Gottes entsprechenden Lebensperspektive, wird er zur Ruhe kommen und aufatmen können. Die Suche ist an ein Ziel gelangt, und alle irdischen Interessen und Belange, die vorher die Hauptsache zu sein schienen, können jetzt relativiert werden. Wohlstand, Unterhaltung, Wissen sind nicht mehr die Hauptsache – und der Mensch kann, in einer sinnvollen inneren Ordnung ruhend, ruhig auch für die irdischen Bedürfnisse seiner Seele und seines Körpers sorgen.

Dass Jesus gerade die Schwiegermutter des Simon Petrus vom Fieber heilt, ist kein Zufall. Simon Petrus vertritt, wie sich später zeigen wird, im Schülerkreis Jesu das Willenselement. Mit diesem Willenselement also steht die Fiebererkrankung im Zusammenhang. Der Mensch, vom Mangel an Lebenssinn gequält, weiß nicht, wohin mit seinen Willenskräften und gerät in blinden Aktionismus. Das wahre Selbst des Menschen aber, von Jesus repräsentiert, kann wach werden, dem Menschen wahren Lebenssinn schenken und Aktionismus und Erregung „bedrohen". Da verlässt die Kranke das „Fieber".

Jesus steht dabei „zu Häupten" der Kranken. Denn die Einsicht in die Lehre vom Reich Gottes, vom eigentlichen Lebenssinn, ist eine Funktion des Hauptes. Und vom Haupt gehen die Willensimpulse aus, die die Nerven des Menschen in fiebrige Erregung versetzen, jetzt aber durch die neue Einsicht beruhigt werden. Der Wille des Menschen dient fortan der neuen Lebensperspektive. Die Schwiegermutter des Petrus „dient" Jesus und seinen Schülern.

Jede Heilung einer Krankheit muss vom wahren Selbst des Kranken ausgehen. Er kann zwar von außen gestärkt werden, muss aber die eigentliche Arbeit – Erkenntnis des Lebenssinns und Neuordnung des Lebens – selbst vollbringen. Andernfalls hält die Heilung nicht vor, oder der Betreffende wird vom Heiler abhängig. Auf den Einzelnen bezogen, versinnbildlicht die Schwiegermutter des Petrus als Angehörige des Volkes einen bestimmten Aspekt der irdischen Persönlichkeit. Die Willensfunktionen, die durch Nervosität und Reizbarkeit erkrankt sind, werden durch die Kräfte des wahren Selbst, die der Persönlichkeit Lebenssinn vermitteln, beruhigt.

Universalität der göttlichen Kräfte

4 40 *Als aber die Sonne unterging, brachten alle, die Kranke hatten mit mancherlei*
Leiden, sie zu ihm; und er legte jedem von ihnen die Hände auf und heilte sie. **41** *Es*
fuhren aber auch Dämonen von vielen aus, indem sie schrien: Du bist der Sohn Gottes! Und er bedrohte sie und ließ sie nicht reden, weil sie wussten, dass er der Christus sei.

42 Als es aber Tag geworden war, ging er hinaus und begab sich an einen einsamen Ort; und die Volksmenge suchte ihn und kam zu ihm, und sie wollten ihn zurückhalten, damit er nicht von ihnen wegginge. 43 Er jedoch sprach zu ihnen: Auch den anderen Städten muss ich das Evangelium vom Reich Gottes verkündigen; denn dazu bin ich gesandt. 44 Und er predigte in den Synagogen des jüdischen Landes.

Kräfte und Inhalte der göttlichen Welt, durch Predigt und Lehre Jesu vermittelt, vollbringen Dämonenaustreibungen und Heilungen. Sie beschränken sich dabei nicht auf einige wenige, Einzelne, Städte oder Landschaften, sondern sind für alle da. Die Menschen in ihrer Ichbezogenheit möchten sie gern allein für sich oder ihre Gruppe monopolisieren. Das aber ist unmöglich. Die göttlichen Kräfte sind universell. Allen „Städten" muss die Botschaft vom Reich Gottes verkündigt werden. Alle Menschen, ungeachtet ihrer Konfession, Rasse, Klasse und Geschlechts, können von der Fülle, Freiheit und Einheit der geistigen Welt, des „Reiches Gottes", erreicht werden.

Jesus lässt die Dämonen nicht reden, „weil sie wussten, dass er der Christus sei". Der Mensch, dem sich die Geistkräfte nähern, soll sie bewusst erkennen. Das ist das Ziel des spirituellen Weges. Er soll sie nicht auf dem Weg über das Unbewusste erkennen, unter Umgehung seines bewussten Ich. Deshalb verbietet Jesus den Dämonen, Anteilen des Unbewussten, zu verkünden, wer er ist. Der spirituelle Weg ist ein Bewusstwerdungsprozess, an dessen Ende die Bewusstwerdung des wahren Selbst steht. Würde das wahre Selbst auf anderen Wegen, etwa über Träume oder Techniken zur Aktivierung des Unbewussten, bewusst, so wären das Schleichwege, und umso gefährlicher, als sich dabei die unbewussten Komplexe, die Dämonen, die doch gerade aufgelöst werden sollen, erst recht wieder etablieren könnten.

Wenn sich Jesus an einen einsamen Ort zurückzieht, so bedeutet das, dass die geistigen Kräfte in ihm nur leben und zunehmen können, wenn er in intensiver Verbindung mit der göttlichen Welt bleibt und sich zeitweise jeder Aktivität enthält. Das ist ein Gesetz der Wirksamkeit dieser Kräfte im Menschen. Er muss den Rhythmus von Ruhe und Aktivität beachten. Stiller Empfang der geistigen Kräfte muss mit ihrer tätigen Umsetzung abwechseln. Nur so bleibt er ihr gutes „Werkzeug". Mit „Sonnenuntergang" gibt Jesus die spirituellen Kräfte für andere aus. Mit „Sonnenaufgang" nimmt er sie in der Einsamkeit, der geistigen Sonne zugewendet, auf. Solche „Zeitangaben" sind nicht etwa nur Zeitangaben, sondern versinnbildlichen seelisch-geistige Zusammenhänge. „Sonnenaufgang" ist der Aufstieg und Aufbau der göttlichen Kräfte im Menschen, „Sonnenuntergang" ihr Ausströmen und Abfließen für andere.

Berufung: Erste Phase des spirituellen Weges der Schüler

5 1 Es begab sich aber, als das Volk sich zu ihm drängte und das Wort Gottes hörte, während er am See von Gennesaret stand, 2 da sah er zwei Schiffe am Ufer des Sees liegen; die Fischer jedoch waren aus ihnen ausgestiegen und wuschen die Netze. 3 Da stieg er in eins der Schiffe, das Simon gehörte, und bat ihn, ein wenig vom Land wegzufahren. Darauf setzte er sich und lehrte die Volksmenge vom Schiff aus.

4 *Als er aber aufgehört hatte zu reden, sprach er zu Simon: Fahre hinaus auf die Höhe und werft eure Netze zum Fang aus!* ***5*** *Und Simon antwortete und sagte: Meister, wir haben die ganze Nacht hindurch gearbeitet und nichts gefangen; doch auf dein Wort will ich die Netze auswerfen.* ***6*** *Und als sie dies getan hatten, fingen sie eine große Menge Fische; ihre Netze aber wollten zerreißen.* ***7*** *Und sie winkten den Gefährten im andern Schiff, sie möchten kommen und ihnen helfen; und sie kamen, und sie füllten beide Schiffe, so dass sie zu sinken drohten.* ***8*** *Als Simon Petrus das sah, warf er sich zu den Knien Jesu nieder und sprach: Geh von mir hinaus, denn ich bin ein sündiger Mensch, o Herr!* ***9*** *Denn Schrecken umfing ihn und alle, die bei ihm waren, wegen des Fischfanges, den sie getan hatten,* ***10*** *ebenso aber auch Jakobus und Johannes, die Söhne des Zebedäus, die Simons Genossen waren. Und Jesus sprach zu Simon: Fürchte dich nicht! Von nun an wirst du Menschen fangen.* ***11*** *Und sie brachten die Schiffe ans Land, verließen alles und folgten ihm nach.*

Wenn ein mit besonderen Geistkräften begabter Mensch, ein „Gesalbter", ein Christus, seine öffentliche Wirksamkeit beginnt, wird er immer Angehörige des Volkes heilen und Dämonen austreiben. Zugleich wird er aus den Angehörigen des Volkes auch immer Schüler um sich sammeln, Menschen, die sich bewusst den Kräften aus der geistigen Welt öffnen. Sie gehen dann, wie der Gesalbte selbst und von ihm angeleitet, in diesen Kräften einen spirituellen Weg. Auf einen Einzelnen bezogen bedeutet das: Wenn die Kräfte aus der geistigen Welt in ihm zu wirken beginnen, befreien sie seine irdische Persönlichkeit, versinnbildlicht durch das „Volk", nicht nur von fixen Ideen und Leidenschaften – den Dämonen – und von mentaler und emotionaler Unordnung – den Krankheiten –, sondern wenden sich auch an die bewusste Einsicht und Entschlussfähigkeit der Persönlichkeit. Diese Eigenschaften entsprechen den Schülern Jesu, die sich ja in bewusster Einsicht zu einem spirituellen Weg entschließen.

Für Jesu Schüler beginnt nun die erste Phase des spirituellen Weges: die der Empfänglichkeit und Offenheit für die Kräfte aus der Welt des Geistes, die Phase des „Glaubens". Auf sie wirkt die Tatsache, dass Jesus selbst einen spirituellen Weg geht, derart, dass sie ihrerseits, phasenverschoben, damit beginnen. Es besteht von jetzt an eine unauflösliche Verbindung und „verschobene" Parallelführung zwischen Meister und Schülern. In dem Maß, wie der Meister fortschreitet, schreiten auch die Schüler, auf ihrer Stufe, fort. In dem Maß, wie die Schüler fortschreiten, kann auch der Meister weitergehen. Denn seine Arbeit mit den Schülern weckt in ihm neue Kräfte und Möglichkeiten. Das ist eine Gesetzmäßigkeit, die zu allen Zeiten gilt, wenn ein Mensch den spirituellen Weg geht. Immer wird er zu gegebener Zeit Schüler finden, und immer wird sein eigenes Weitergehen auch davon abhängen, wie seine Schüler weitergehen.

Lukas verbindet die Berufung der Schüler durch den Meister mit einem wunderbaren Fischfang. Fasst man diese Erzählung wirklich als „Wunder" auf, nämlich als Ereignis in der Sinnenwelt, das deren Gesetze durchbricht, so würden die Schüler durch diese magischen Fähigkeiten des Wundermannes Jesu so beeindruckt gewesen sein, dass sie nicht umhin konnten, sich ihm anzuschließen. Das Motiv ihrer Schülerschaft wäre die Überzeugung gewesen, Jesus sei ein Wundermann, daher der Sohn Gottes, und diesem Sohn Gottes müsse man als der höchsten Autorität nachfolgen. Ein heutiger Realist könnte dann einwenden: Sehr geschickt haben die Autoren der Evangelien sich selbst und andere betrogen, indem sie Jesus mit Wunderkräften ausstatteten und ihm dadurch die Autorität des Gottessohnes unterschoben, dem unbedingt nachzufolgen sei. Und der heutige Gläubige müsste, falls sein Glaube von solchen „Wundern" abhängt, ständig auf der Hut sein, um sich seinen Wunderglauben von dem Realisten nicht anfechten zu lassen.

Aber es geht hier gar nicht um ein „Wunder" im Sinn einer Durchbrechung der Naturgesetze. Es handelt sich um die bildhafte Darstellung seelisch-geistiger Erfahrungen, die immer auftreten, wenn sich Menschen für die Kräfte der geistigen Welt empfänglich zeigen. Es war zur Zeit der Abfassung der Evangelien eine gebräuchliche Methode, seelisch-geistige Erfahrungen in Bilder zu kleiden. Nimmt man diese Bilder als reale Ereignisse in der Sinnenwelt, versperrt man sich den Zugang zu den inneren Erfahrungen, auf die sie hinweisen.

Alle Menschen sind „Fischer". Sie suchen im Meer des Lebens nach sinnvollen Erfahrungen, die sie innerlich weiterbringen und ihnen Kraft schenken. Solche Erfahrungen sind die „Fische", die sie im Netz ihres Bewusstseins fangen. Aber Simon hat „die ganze Nacht" gefischt und nichts gefangen. Er hat mit einem nicht vom Geist erhellten, dunklen Nacht-Bewusstsein in die Welt hineingeblickt und nur Sinnleere entdeckt. Denn gibt es, vom Standpunkt des Sinnenbewusstseins aus, irgend etwas im Leben, das bleibenden Sinn hätte? Alles, was entsteht, geht wieder zu Grunde, einschließlich des Menschen. Jeder Wunscherfüllung folgt eine Enttäuschung, jeder Freude ein Schmerz, jeder Geburt ein Tod. Darin mögen zwar augenblickliche Reize liegen, aber kein Sinn. Alles ist Zufall – das ist das letzte Resümee dieses materialistischen Nacht-Bewusstseins.

Bricht aber die geistige Welt in ein irdisches Bewusstsein ein, so wird es hell darin. Und jetzt blickt es mit anderen Augen in die Welt: Simon wirft auf das Wort, auf den Impuls des Geistes hin noch einmal sein Netz aus. Jetzt sieht er alle Geschehnisse in der Welt und im Leben in neuer Perspektive. Jede Enttäuschung, jeder Schmerz ist sinnvoll, denn sie bedeuten eine Chance, dass das wahre Selbst wach wird. Auch jede Wunsch-Erfüllung und Freude sind sinnvoll, sind sie doch ein – wenn auch vergänglicher – Hinweis auf die Möglichkeit dauerhafter Erfüllung und Freude in der geistigen Welt.

Sogar der Tod ist sinnvoll. Er macht jedem nicht aus dem Geist entstandenen Leben ein Ende und macht dadurch den Weg für das wahre Selbst frei, das aus dem unvergänglichen Geist lebt. Der Sinn des menschlichen Lebens ist die Entfaltung der Bestimmung des Menschen, die Entfaltung seines wahren geistigen Selbst. Alle Ereignisse im Leben und in der Welt dienen letzten Endes diesem Ziel, der Bewusstwerdung des wahren Selbst, und sind, so aufgefasst, ebenfalls sinnvoll.

Sobald ein vom Geist erhelltes Bewusstsein das Meer des Lebens durchforscht, zieht es unzählige Sinnerfahrungen – „Fische" – an sich. Der Geist, selbst die Fülle und der unvergängliche Sinn, verleiht allen vergänglichen Dingen und Ereignissen, die ohne ihn nichtig wären, ihren Sinn. Das ganze vergängliche Leben wird einem solchen Menschen zum Gleichnis für die Ewigkeit. Eine Fülle von Sinnerfahrungen tritt an die Stelle der Erfahrung: Alles ist eitel. Diese plötzliche Sinnerfüllung auch des vergänglichen Lebens, wenn der Geist ein Bewusstsein erhellt, ist ganz gewiss auch ein Wunder, aber eines, das sich immer und überall ereignen und von jedem erfahren werden kann. Es ist vom Evangelisten nicht erfunden worden, um Jesus als Wundertäter vorzuführen. Es ist die notwendige Folge dessen, dass Jesus, Verkörperung des geist-erfüllten wahren Selbst, in einem Menschen wirksam wird und dessen Bewusstsein erhellt.

„Sünde“

Folgerichtig ist denn auch die Reaktion des Simon Petrus und seiner Gefährten. Denn wenn die Fülle des Geistes ins Bewusstsein eines Menschen einbricht und ihm Leben und Welt in neuer Perspektive zeigt, wird ihm auch sein eigenes Wesen neu beleuchtet. Da stellt sich heraus, dass er als irdischer Mensch ein „sündiger Mensch“ ist, nämlich durch und durch dem Irdischen verhaftet und aus vergänglichen Elementen aufgebaut. Er ist sündig nicht nur als „schlechter“ Mensch, der gegen die Moral- und bürgerlichen Gesetze verstößt, sondern sündig auch als „guter“ Mensch, der alle Moral- und bürgerlichen Gesetze einhält. Sowohl als schlechter als auch als guter Mensch ist er vergänglich und vom unvergänglichen Geist abgesondert, „sündig“. Die Fülle und Helligkeit des Geistes, die in ihn einbrechen und seine wahre Identität wecken, machen ihm deutlich, dass seine Ich-Identität Mangel und Dunkelheit ist. Gleichzeitig bemerkt er, dass er als dieser dunkle, sündige Mensch kein geeignetes Gefäß für den Geist ist, der in ihn eingedrungen ist. Und deshalb ruft Simon: „Gehe hinaus von mir!“ Er erkennt nur allzu klar, dass er dem Geist keine würdige Wohnstätte bietet und dass er existenziell „sündig“ ist. Diese Spannung hält er nicht aus. Der Schrecken darüber, dass die Fülle des Geistes sein gewohntes Leben erschüttert, seine bisherigen Vorstellungen und Erfahrungen umwertet und ihm Leben und Welt in einem neuen, sinnvollen Licht zeigt, umfängt ihn und seine Gefährten.

So ist es nicht die göttliche Übermacht des Wundertäters, die den Fischern ihre Ohnmacht bewusst macht und sie in Schrecken versetzt. Es ist die innere Erfahrung der Fülle des Geistes, der mit ungeheurer Gewalt alles mit neuem Sinn erfüllt, so dass dem irdischen Menschen die Dunkelheit der eigenen Seele klar wird und er sich unfähig fühlt, die Fülle der auf ihn einstürmenden Sinnerfahrungen zu verarbeiten.

„Glaube“

Immer ist es so, dass bei der ersten, erschütternden Begegnung mit dem Geist der Mensch vom Gefühl seiner totalen Unzulänglichkeit und der Ohnmacht, die neuen Eindrücke zu verarbeiten, überwältigt wird. Aber der Geist wirkt sofort auch wohltätig und stärkend, so dass der Mensch den anfänglichen Schrecken überwinden kann. Daher sagt Jesus zu Simon: „Fürchte dich nicht!“ Und eine solche Begegnung hinterlässt einen so unauslöschlichen Eindruck, sie öffnet den Menschen so nachhaltig für weitere Eindrücke, dass er, gestärkt und beruhigt, nicht anders kann, als von nun an sein ganzes Leben dieser neuen Zielsetzung und Sinngebung zu weihen. Die

Betreffenden verlassen alle alten Gewohnheiten und Vorstellungen und geben sich der neuen Lebensperspektive hin. Das heißt, Jesus nachfolgen: der Perspektive, die die Begegnung mit dem Geist eröffnet, zu folgen. Das ist Glauben: Offenheit für eine neue Lebensperspektive. Glauben ist nicht, für wahr zu halten, dass Jesus Wunder im Sinn einer Durchbrechung der Naturgesetze vollbracht und sich dadurch als höchste göttliche Autorität ausgewiesen hat. Glauben im Sinn des Evangeliums ist die Ausrichtung des ganzen Lebens auf ein neues Ziel, weil dieses neue Ziel in einer Begegnung mit dem Geist ahnungsweise erfahren wurde.

Diese neue Lebensperspektive bedeutet überdies nicht nur, dass auf lange Sicht das wahre Selbst bis zur Einswerdung mit der geistigen Welt entfaltet wird. Immer, wenn sich das wahre Selbst in einem Menschen entfaltet, wird er auch andere für den Geist empfängliche Menschen anziehen und ihnen dieselbe Entfaltung ermöglichen. Wie Jesus selbst in den Kräften des Geistes den spirituellen Weg bis zur vollständigen Entfaltung des wahren Selbst geht, für den Geist empfängliche Menschen aus der Lebenssee „fischt" und anzieht, um ihnen das Gehen des spirituellen Weges zu ermöglichen, so werden auch seine Schüler in dem Maß, wie sich das wahre Selbst in ihnen entfaltet, andere Menschen anziehen – „Menschenfischer" werden – und ihnen das Gehen des spirituellen Weges ermöglichen. Waren sie vor ihrer Begegnung mit dem Geist nur „Fischer" gewesen – der äußere Beruf ist Sinnbild für eine innere Eigenschaft –, die versuchten, sinnhafte Erfahrungen aus der Lebenssee zu gewinnen, so werden sie nach ihrer Begegnung mit dem Geist „Menschenfischer" sein können, die andere Menschen aus der Lebenssee ziehen, um mit ihnen den spirituellen Weg zu gehen.

Wenn sich Jesus mit dem Schiff ein Stück vom Land entfernt und vom See aus lehrt, so ist das eine Andeutung dafür, dass seine Lehre aus einer anderen Dimension der Wirklichkeit stammt als jener, der die Menschen am Land angehören. Jesus spricht vom „See" aus, was Symbol für das auf die geistige Welt gerichtete Seelenleben ist. In seiner Seele herrschen keine irdischen Emotionen, Vorstellungen und Interessen. In seiner Seele leben die Kräfte des Geistes. Sie gibt er den auf dem Land Zuhörenden, den noch von irdischen Emotionen, Vorstellungen und Interessen Bestimmten weiter.

Wenn dann Jesus mit Simon und dessen Gefährten an Bord des Schiffes weiter zum „Fischfang" hinausfährt, so ist das Schiff Sinnbild für eine besondere Gemeinschaft, die Jesus mit den anderen bildet. Zwei Schiffe werden erwähnt, weil jede spirituelle Gemeinde die Tendenz hat, neue Gemeinden hervorzubringen. Jesus und die Schüler fahren gemeinsam über die Bewegtheiten des Lebens hinweg und „schwimmen" darauf, ohne von ihnen verschlungen zu werden. Denn sie besitzen eine andere Lebensgrundlage: die Orientierung auf die geistige Welt. Von dieser Grundlage aus wird das Bewusstsein Simons erhellt, so dass er das ganze irdische Leben in neuer Perspektive sehen und Sinnerfahrungen daraus beziehen kann.

Krankenheilung: Aussatz

5 12 *Und es begab sich, als er in einer der Städte war, siehe, da war ein Mann voll Aussatz. Als der Jesus sah, warf er sich aufs Angesicht nieder und bat ihn: Herr,* *wenn du willst, kannst du mich rein machen.* ***13*** *Da streckte er die Hand aus, rührte ihn an und sprach: Ich will es, werde rein! Und alsbald wich der Aussatz von ihm.* ***14*** *Und er gebot ihm, es niemandem zu sagen, sondern [, sprach er,] geh hin, zeige dich dem Priester und opfere für deine Reinigung, wie Mose befohlen hat, ihnen zum Zeugnis!* ***15*** *Aber die Rede über ihn breitete sich noch mehr aus; und eine große Volksmenge kam zusammen, um ihn zu hören und von ihren Krankheiten geheilt zu werden.* ***16*** *Er jedoch zog sich in einsame Gegenden zurück und verweilte im Gebet.*

Jesus hatte die Schwiegermutter des Petrus vom „Fieber" geheilt: Die Inhalte und Kräfte der geistigen Welt, übertragen durch Lehre und Predigt, hatten eine Seele von hektischer Unrast, entstanden durch Fehlen einer sicheren Lebensorientierung, befreit. „Fieber" ist die Reaktion des Willens auf dieses Fehlen. Wenn Emotionen und Mentalität darauf reagieren, ergeben sich andere „Krankheiten": Aussatz und Lähmung. Die Heilung dieser „Krankheiten" wird von Lukas im Folgenden geschildert.

Aussatz ist eine Erkrankung der Haut auf Grund gestörter Stoffwechselprozesse. Die Haut ist die Grenze des Menschen zur Umwelt, und eine Erkrankung der „Haut" Bild für ein gestörtes Verhältnis zum Mitmenschen. Es ist das Verhältnis der Isolation und Vereinzelung, dem durch die Quarantäne, die über Aussätzige wegen der Ansteckungsgefahr verhängt wird, noch sinnfälliger Ausdruck verliehen wird. Wenn ein Mensch mangels einer verlässlichen Lebensperspektive nur noch an seinem eigenen Fortkommen interessiert ist, betrachtet er andere als Instrumente zu seinen Zwecken oder als Ware. Sein Verhältnis zu anderen wird durch Unehrlichkeit, Unzuverlässigkeit, Übervorteilung und Korruption bestimmt sein. Er traut anderen nicht über den Weg, und ihm selbst wird man mit Misstrauen begegnen. So wird die Grenze zwischen Mensch und Mensch, die Sphäre des Austausches von Empfindungen, die „Haut", unrein und faul, „aussätzig". Allmählich werden dann auch Lebensfreude, Fröhlichkeit, spontane Geselligkeit und Mitmenschlichkeit absterben. Sympathie, Hilfsbereitschaft, Mitfreude und Mitleid fließen nicht mehr zwischen ihm und anderen. Die Grenze zwischen ihm und anderen ist undurchlässig, die Haut ist „hart" geworden. Das ist „Aussatz".

Wenn sich viele so verhalten, entsteht eine Gesellschaft der isolierten Individuen, in denen die Liebe für andere erkaltet ist, nur noch der eigene Vorteil gesucht wird und keine gemeinsame Lebensfreude mehr möglich ist. Das ist gesellschaftlicher „Aussatz". Organisierte Geselligkeitsveranstaltungen, die das Verlorene ersetzen sollen, können über die tatsächliche Krankheit nicht hinwegtäuschen.

Entdeckt aber ein von diesem „Aussatz" befallener Mensch die neue, durch Jesus verkörperte Lebensperspektive, kann er sich ihr öffnen. Einheitsstiftende Kräfte fließen ihm zu, er kann Fäulnis, Kälte und Isolation, den „Aussatz", überwinden. In diesem Sinn „sieht" der Aussätzige in der Erzählung des Lukas Jesus, die neue Lebensperspektive, und öffnet sich ihr. Er bittet sie um Heilung. Und die durch Jesus verkörperten Kräfte wirken in ihm, er lässt sie in sich wirken. Die in ihm sich abzeichnende neue Lebensperspektive ist stärker als die Isolationstendenz und macht ihn zu einem Menschen, der, auf neuen geistigen Grundlagen, seinen Mitmenschen vertrauensvoll, achtungsvoll und offen begegnen kann. Der Fluss und Austausch von Gefühlen ist wieder möglich.

Wesentlich ist in diesem Zustand, dass der Geheilte auch die mit seinen neuen Fähigkeiten verbundenen Pflichten übernimmt und sich ohne Aufhebens in das soziale Gefüge einordnet, das jetzt, durch seine neue Lebensperspektive, einen neuen Sinn für ihn erhalten hat. Diese Einordnung wird durch die Regel versinnbildlicht, die damals galt, wenn ein Mensch von physischem Aussatz geheilt wurde. Er musste sich den Priestern zeigen, und sich von ihnen die Bestätigung geben lassen, dass er wieder fähig war, inmitten der Gesellschaft zu leben.

Was aber bedeutet das Gebot, „es niemandem zu sagen“? Wäre es nicht angebracht, dass der Geheilte andern Kranken von dieser Möglichkeit, gesund zu werden, berichtet? Wäre das nicht auch im Sinn Jesu, der wünschen muss, dass sich die neue Lebensperspektive so weit wie möglich ausbreitet? Gemeint ist mit diesem Gebot, dass der Geheilte die neue Lebensmöglichkeit tatsächlich auch verwirklicht und sie nicht, vielleicht in übergroßer Freude und Begeisterung, anderen, möglicherweise falschen Adressaten aufdrängt. Dadurch würde er die empfangenen Kräfte wirkungslos verpuffen lassen und abreagieren, ja unter Umständen auch negative Gegenreaktionen provozieren. Statt dessen soll er konsequent und still sein Leben ändern. Nur dann ist gewährleistet, dass nicht von neuem „Aussatz“ auftritt.

Krankenheilung: Lähmung

5 ***17*** *Und es begab sich an einem der Tage, dass er lehrte; und es saßen Pharisäer*
und Gesetzeslehrer da, die aus allen Ortschaften von Galiläa und Judäa und von Je-
rusalem gekommen waren. Und die Kraft des Herrn [in ihm] war darauf gerichtet,
zu heilen. ***18*** *Und siehe, da trugen Männer auf einem Bett einen Menschen, der ge-*
lähmt war, und suchten ihn hineinzubringen und vor ihn hinzulegen. ***19*** *Und da sie*
wegen des Volkes keinen Weg fanden, wo sie ihn hineinbringen könnten, stiegen sie
auf das Haus und ließen ihn samt dem Bett durch das Ziegeldach hinab in die Mitte
vor Jesus hin. ***20*** *Und als er ihren Glauben sah, sprach er: Mensch, deine Sünden*
sind dir vergeben! ***21*** *Da fingen die Schriftgelehrten und die Pharisäer an, sich dar-*
über Gedanken zu machen, und sagten: Wer ist dieser, der [solche] Lästerungen re-
det? Wer kann Sünden vergeben außer Gott allein? ***22*** *Als aber Jesus ihre Gedanken*
merkte, begann er und sprach zu ihnen: Was macht ihr euch da für Gedanken in
euren Herzen? ***23*** *Was ist leichter, zu sagen: Deine Sünden sind dir vergeben, oder*
zu sagen: Steh auf und geh umher? ***24*** *Damit ihr aber wisst, dass der Sohn des Men-*
schen Macht hat, auf Erden Sünden zu vergeben – sprach er zu dem Gelähmten: Ich
sage dir: Steh auf, hebe dein Bett auf und geh in dein Haus! ***25*** *und sofort stand er*
vor ihren Augen auf, hob [das Bett] auf, worauf er gelegen hatte, ging hinweg in sein
Haus und pries Gott. ***26*** *Und Staunen ergriff alle, und sie priesen Gott und wurden*
voll Furcht und sagten: Wir haben heute unglaubliche Dinge gesehen.

An der dritten Heilung, die Jesus in diesem Anfangsstadium seiner Wirksamkeit vollzieht, wird besonders deutlich, dass sich die Heilungen primär auf seelisch-geistige Zustände beziehen, deren Wirkung und Symptome die körperlichen Störungen in der Regel nur sind.

Die Kräfte aus der Welt des Geistes sind stets „darauf gerichtet, zu heilen", wie es in Vers 17 heißt. Das geist-erfüllte wahre Selbst ist eine Art strukturiertes Kraftfeld, das auch auf die irdische Persönlichkeit, das Ich mit seinem Körper, einwirkt. Es möchte diese Persönlichkeit in eine Verfassung bringen, die der Bestimmung des Menschen entspricht und deshalb „Gesundheit" ist. Dieses geistige Kraftfeld strebt unablässig nach adäquatem Ausdruck. Es korrigiert auf lange Sicht alles, was von ihm abweicht und holt es gleichsam zur „Gesundheit" zurück – vorausgesetzt, der Mensch lässt seine Wirksamkeit zu.

Genau dieser Vorgang wird durch die Worte geschildert: „Und als er ihren Glauben sah, sprach er: Mensch, deine Sünden sind dir vergeben." Voraussetzung für die Wirksamkeit der spirituellen Kräfte ist, dass der Mensch sie in sich einlässt und in sich wirken lässt: dass er die neue Lebensperspektive, die aus der geistigen Welt zu ihm kommt, auch akzeptiert. Nichts anderes ist der „Glaube". Er ist die Offenheit für die Kräfte der geistigen Welt und ein Einlassen und Wirkenlassen dieser Kräfte, so dass die Ordnung der geistigen Welt die Unordnung der Persönlichkeit – und dann auch die ihres Körpers – auflösen kann. Der Gelähmte und seine Gefährten beweisen diese Offenheit für die Kräfte des Geistes. Das ist ihr Glaube. Und da auf Grund dieser Offenheit das Kraftfeld des Geistes im Kranken belebt wird, wird die Unordnung in seiner irdischen Persönlichkeit aufgelöst. Nichts anderes ist die „Vergebung der Sünden". Die Unordnung der Persönlichkeit bedeutet Sonderung von der geistigen Welt, „Sünde". Wirkt aber in der Persönlichkeit wieder das Kraftfeld des Geistes, so ist ihre Ordnung der Ordnung des Geistes kongruent. Die Sonderung ist aufgehoben, die Einheit mit der geistigen Welt ist wiederhergestellt, die „Sünden sind vergeben".

Dies ist zugleich „Gesundung". Denn Einheit mit der geistigen Welt bedeutet, dass die Unordnung der Persönlichkeit, die Krankheit, durch Ordnung ersetzt wird. In dieser Geschichte besteht die seelische Unordnung in einer Lähmung. Lähmung kann die Auswirkung eines übersteigerten Intellektualismus sein, einer Verkopftheit, die auftritt, wenn einem Menschen die spirituelle Lebensperspektive fehlt. Er regelt alles zweckhaft, jede Tätigkeit wird bürokratisiert. In seiner neurotischen Ichbezogenheit baut er sich ein Sicherheitssystem, in dem sein Recht und Besitzstand gegen Recht und Besitzstand anderer verteidigt werden. Das gilt auch für seine Weltanschauung. Er grenzt sie unaufhörlich gegen die der anderen ab: Das ist mentale „Lähmung". Denn jetzt bewegt er sich keinen Schritt mehr vor und zurück.

Wenn sich viele Menschen und Gruppen so verhalten, entsteht gesellschaftliche Lähmung. Die Gesellschaft zerfällt in geschlossene Lager, institutionell und weltanschaulich. Keiner weicht auch nur einen Millimeter zurück, keiner hat Verständnis für die Position des anderen: Political Correctness, Immobilismus. Jede Bewegung und Entwicklung ist unmöglich geworden.

So eine neurotische Lähmung kann nur geheilt werden, wenn sich der Kranke für die Heilkräfte des wahren Selbst, für eine neue Lebensperspektive, öffnet. Doch tritt bei dieser Krankheit eine besondere Komplikation auf: Der Zugang zum wahren Selbst ist versperrt. Man versteht diesen Sachverhalt am besten, wenn man die Geschichte als Bild für Vorgänge in einem einzelnen Menschen sieht. Er selbst ist das „Haus“, in dessen Mitte Jesus gegenwärtig ist. Die Mitte des Menschen ist das Herz. Im Herzen wirkt in besonderer Weise das wahre Selbst und durch dessen Vermittlung das Kraftfeld des Geistes. Vom Herzen gehen die Heilkräfte des Geistes aus.

Aber in diesem Fall ist die Mitte so dicht vom „Volk“ umlagert, dass die Krankheit nicht vors Forum des Herzens gelangen kann. Das „Volk“ versinnbildlicht die Eigenschaften der irdischen Persönlichkeit: Gewohnheiten, Interessen, Wünsche und Gedanken. Sie versperren den Weg zur Heilung durch Kräfte aus dem spirituellen Kern des Menschen. Jede Einflußnahme des wahren Selbst auf die Denkweise des Kranken scheitert daran, dass Gewohnheiten, Interessen, Wünsche und Gedanken der Persönlichkeit so zahlreich und stark sind.

Da gibt es nur die Möglichkeit, dass all diese blockierenden Eigenschaften der Persönlichkeit umgangen und zunächst eine direkte Verbindung zwischen der Krankheit und dem Bewusstsein im Haupt hergestellt wird. Deshalb wird in der Geschichte das „Dach“, Sinnbild für das Haupt, geöffnet, und der Gelähmte durch das „Dach“ in die Mitte des Hauses hinabgelassen. Der Glaube öffnet das Bewusstsein im Haupt und ermöglicht die bewusste Einsicht in die Art der Krankheit. So werden alle irdischen Interessen und Wünsche, die das Herz umlagern und die Störung nicht vor die im Herzen wirkenden Heilkräfte des wahren Selbst gelangen lassen, umgangen. Ist dann die Krankheit als solche erkannt und bewusst geworden, kann sie dem wahren Selbst und dessen Heilkräften überstellt werden. In der Folge kann dann unter Umständen auch eine körperliche, sichtbare Lähmung verschwinden.

Die Szene beschreibt die Heilung einer Neurose, durch Angst erzeugter, unbewusster Zwangsvorstellungen, die das freie Handeln lähmen. Die Krankheit kann nicht vor das heilende Forum des wahren Selbst im Herzen, im Zentrum des Menschen gelangen, weil Gewohnheiten, Interessen, Wünsche und Gedanken den Zugang zu diesem Zentrum blockieren. Daher muss diese Blockade umgangen werden. Die Zwangsvorstellungen müssen zunächst im Haupt, im Denken, bewusst werden. Diese Bewusstwerdung ist nur möglich, wenn überhaupt Glaube an eine Heilungsmöglichkeit und Offenheit für diese Möglichkeit besteht. Wer diesen Glauben nicht hat, wird nicht einmal die Bewusstwerdung zulassen.

Aber auch diese Bewusstwerdung ist nur Voraussetzung für die Heilung der Neurose, nicht die Heilung selbst. Diese kann, nach der Bewusstwerdung im Denken, ausschließlich durch spirituelle Kräfte bewirkt werden. Die Unordnung der Krankheit muss vor das wahre Selbst im Zentrum des Menschen gestellt und von dessen Ordnung beseitigt werden. Fehlt dieser Vorgang, oder fehlen die heilenden spirituellen Kräfte, nützt die Bewusstwerdung wenig. Nur die heilenden Kräfte aus dem spirituellen Kern des Menschen sind in der Lage, die Zwangsvorstellungen und die ihnen zugrundeliegenden Ängste aufzulösen, die irdischen Lebenskräfte wieder frei fließen zu lassen und so die neurotische Lähmung zu beseitigen.

Die erste Heilung Jesu bezog sich auf eine mit dem Willen zusammenhängende seelische Unordnung – das „Fieber“ –, die zweite auf eine durch das Gefühl verursachte seelische Unordnung – den „Aussatz" – und diese dritte auf eine mentale seelische Störung – die „Lähmung": Der Verstand hat sich in unbewussten Zwangsvorstellungen verhärtet. Damit zeigen die drei Heilungen Jesu in diesem Anfangsstadium seiner Wirksamkeit, wie die geistigen Inhalte und Kräfte, falls Glaube vorhanden ist, den gesamten Bereich der Unordnung auch der irdischen Persönlichkeit zu einer Ordnung zurückführen können, die von der Ordnung des Geistes inspiriert ist. Das gilt für den einzelnen Menschen wie für eine ganze Gesellschaft. Das wahre Selbst, die vom Geist erfüllte Seele, die wahre Identität des Menschen wird wirksam – „Jesus, der Gesalbte". Bestimmte Aspekte des irdischen Bewusstseins, die „Schüler", orientieren sich auf diese Wirksamkeit und gehen einen spirituellen Weg. Aber auch die mentalen, emotionalen und Willensaspekte der irdischen Persönlichkeit, das „Volk", werden von der Wirksamkeit des wahren Selbst in Form der „Heilungen" und „Dämonenaustreibungen" erreicht. Bezogen auf eine ganze Gesellschaft heißt das, dass auch die große Zahl der Menschen, die keinen spirituellen Weg gehen können oder wollen, neuen Lebenssinn und neue Lebenskraft gewinnen kann. Dadurch schwindet die Ichbezogenheit in ihrem Alltag, und alle Belange ihres persönlichen und gesellschaftlichen Lebens fügen sich einer neuen Ordnung.

Die Schriftgelehrten

In der Erzählung vom „Gelähmten" tauchen zum ersten Mal im Evangelium die Pharisäer und Gesetzeslehrer auf, die von nun an ununterbrochen die Tätigkeit Jesu begleiten. Jesus versinnbildlicht das lebendige Wirken des Geistes. In ihm lebt das „Reich Gottes".

Die Pharisäer und Gesetzeslehrer dagegen vertreten das äußere Gesetz, die Konvention und das Dogma. Sie führen ein nicht von lebendigen Geistkräften, sondern von moralischen Grundsätzen, mächtigen Traditionen und Glaubensüberzeugungen bestimmtes Leben. Ein Mensch, in dem die Geistkräfte lebendig sind, muss den Schriftgelehrten notwendig ein Dorn im Auge sein. Denn er legt keine Schablonen an Menschen und Situationen an. Er sieht Welt und Menschen in jedem Augenblick neu und handelt unvoreingenommen in Übereinstimmung mit der geistigen Welt. Den Schriftgelehrten aber ist der Blick auf die Fülle der Wirklichkeit durch Dogmen verstellt. Sie gehen schematisch, nach ihren Gesetzesregeln, an sie heran. Sie können auf die immer neuen, überraschenden Herausforderungen der Wirklichkeit nicht spontan reagieren.

Der Pharisäer und Gesetzeslehrer ist aber nicht nur eine soziologische, sondern auch eine psychologische Kategorie. Jeder Mensch hat den Gesetzeslehrer in sich: als Tendenz seines Verstandes, nach Schablonen einzuordnen und zu urteilen. In jedem Menschen, der den spirituellen Weg geht, findet eine ständige Auseinandersetzung zwischen den lebendigen, unvoreingenommenen, spontanen Geistkräften und den dogmatischen, pharisäerhaften Einwendungen des konventionellen Verstandes statt.

Die Gesetzeslehrer stoßen sich in dieser Erzählung an der Aussage Jesu: „Mensch, deine Sünden sind dir vergeben." Denn nach ihrem Dogma kann nur Gott Sünden vergeben. Und dieses Dogma ist ja wahr. Nur Gott kann Sünden vergeben.

Der Mensch, der die Einheit mit der göttlichen Welt verloren hat, der in der „Sonderung" und „Sünde" lebt, kann diese Einheit nicht aus eigener Kraft wiederherstellen. Ebenso wenig können es andere Menschen aus ihren irdischen Kräften für ihn tun. Die Einheit kann nur von der göttlichen Welt wiederhergestellt werden, nur dadurch, dass göttliche Kräfte von diesem Menschen empfangen und in ihm wirksam werden.

Ein Dogma ist die begriffliche Fassung und Verdinglichung einer lebendigen religiösen Erfahrung. Die Gesetzesgelehrten verstehen nicht mehr, welche religiöse Erfahrung hinter ihrem Dogma, dass nur Gott Sünden vergeben kann, steht. Sie stellen sich unter Gott eine außerhalb des Menschen tätige, persönliche oder abstrakte Kraft vor. Jesus jedoch zeigt ihnen, dass Gott eine lebendige, im Menschen und durch Menschen wirksame Kraft ist. Wenn diese Kraft aus dem wahren Selbst, durch den „inneren Jesus" verkörpert, wirkt und der Mensch sich ihr öffnet, beseitigt sie die Trennung zwischen ihm und dem Reich Gottes: die Sünde. Es ist auch möglich, dass ein äußerer Jesus auftritt, selbst wieder eins geworden mit Gott. Dann wirkt die Kraft Gottes durch ihn auf andere, dafür empfängliche Menschen und regt das wahre Selbst, den „inneren Jesus", in ihnen an. Das hat ebenfalls die „Sündenvergebung" zur Folge.

Eine „Lästerung" wäre es in der Tat, wenn ein Mensch oder eine Institution, in denen die göttlichen Kräfte nicht wirken und die nicht eins mit dem Reich Gottes sind, behaupteten, sie könnten Sünden vergeben. Sie würden ja ihr unzulängliches Ich an die Stelle Gottes, der im wahren Selbst wirkt, setzen. In diesem Fall würden tatsächlich keine Sünden vergeben werden. Denn Sündenvergebung ist eine nachweisbare Realität. Ein Mensch, dem „Sünden vergeben" worden sind, lebt aus anderen Kräften und in einem anderen Zustand als vorher. Er lebt im Zustand der Einheit mit Gott. Sagt aber ein Mensch oder eine Institution, in denen die göttlichen Kräfte nicht wirken, zu anderen Menschen, ihnen seien die Sünden vergeben, so werden nur Illusionen erzeugt, keine verlässlichen Realitäten.

Jesus jedoch ist ein Mensch, der nicht nur sagt: Dir sind die Sünden vergeben. Er vermittelt auch wirklich die Kraft, die die Einheit mit Gott wiederherstellt. Das wird in der Erzählung dadurch belegt, dass die Sündenvergebung mit der Heilung des Gelähmten gekoppelt ist. Denn eine tatsächliche Sündenvergebung ist zwar unsichtbar, hat aber sichtbare Wirkungen. Und von der sichtbaren Wirkung kann auf die Realität der unsichtbaren Ursache geschlossen werden. Die göttliche Kraft, das wahre Selbst, „Jesus", stellt die Einheit des Menschen mit Gott wieder her. Das ist die, unsichtbare, Sündenvergebung. Aus dieser realen Ursache folgt die Beseitigung der Lähmung, die sichtbare, das heißt erfahrbare Wirkung. In einem Menschen, der die Sonderung von der göttlichen Welt aufgehoben hat und wieder in Einheit mit ihr lebt, fließen die Lebensströme von neuem. Jede Lähmung ist beseitigt.

Jesus „sagt" also nicht nur, dir sind deine Sünden vergeben. Wenn er es sagt, ist das Ausdruck eines realen Geschehens. Und wenn er sagt, stehe auf, so ist auch dies Ausdruck einer realen Kraftübertragung, die sich als nachweisbare Erfahrung vollzieht. Der skeptische Verstand, der Gesetzeslehrer in jedem Menschen, kann an den Wirkungen ablesen, was das wahre Selbst im Menschen verursacht. Durch die Beseitigung der Lähmung, die sich „vor seinen Augen" vollzieht, muss er sich davon überzeugen lassen, dass das vom Geist erfüllte wahre Selbst, und Jesus als Verkörperung des wahren Selbst, tatsächlich Sünden vergeben kann.

Der Gelähmte reagiert, wie es dem Sachverhalt angemessen ist. Er geht „in sein Haus“ und preist Gott. Er erkennt, welche Kräfte in ihm wirksam geworden sind, er weiß, dass sie aus dem wahren Selbst, aus dem Reich Gottes, gekommen sind, und gibt Gott die Ehre. Er bleibt außerdem in seinem Haus: Er ändert sein eigenes Leben konsequent im Sinn der neuen Lebensperspektive und reagiert die empfangenen Kräfte nicht dadurch ab, dass er seine inneren Erlebnisse blindlings Menschen mitteilt, die dafür kein Verständnis haben. Ebenso angemessen verhalten sich alle Zeugen der Szene. Sie preisen Gott.

Wirksamkeit Jesu: „Menschensohn“ und „Wort“

Jesus entfaltet jetzt als Mensch, auf dem der „Geist des Herrn“ ruht, als geist-erfülltes wahres Selbst, gesteigerte Wirksamkeit. Seine Eigenschaften als wahres Selbst, als „Menschensohn“, treten deutlich in den Vordergrund. Lehre und Predigt wirken als göttliches „Wort“ auf einer höheren Oktave und mit größerer Kraft. Die Bergpredigt und besondere Wirkungen des „Wortes“ sind Ausdruck dieser gesteigerten Wirksamkeit Jesu. In der Erzählung vom Gelähmten spricht Jesus von sich zum ersten Mal als vom „Sohn des Menschen“.

Der Ausdruck ist aus dem Alten Testament bekannt. Vor allem der Prophet Hesekiel wird von Gott als „Menschensohn“ angesprochen, und auch bei Daniel erscheint ein Menschensohn „auf den Wolken des Himmels“. Es handelt sich um einen wahren Menschen, einen Sohn des ursprünglichen Menschen, wie er von Gott „gezeugt“ wurde. Er ist die wahre Identität des Menschen, das wahre Selbst.

Der gegenwärtige Mensch ist kein wahrer Mensch mehr. Er ist es nur noch potenziell, da er immerhin die Anlage zum Menschensohn in sich trägt. Gegenwärtig ist er von Gott getrennt, „sündig“, unauflöslich in die vergängliche Welt verstrickt, eine sterbliche Seele. Er hat ein begrenztes, aus den vergänglichen Erscheinungen abgeleitetes Ich, eine unwahre, sterbliche Identität, entwickelt. Seine wahre, unsterbliche Identität aber ist sein momentan latentes wahres Selbst. Er kann zum Sohn des ursprünglichen Menschen werden, wenn er sich seiner wahren Identität erinnert und einen Weg geht, auf dem sie wieder wirksam wird.

Jesus ist der Prototyp dieses Menschensohns. Aber jeder, der seine wahre Identität wiederfindet, wird ebenfalls zum Menschensohn. Am Beispiel des Propheten Hesekiel, einem Menschensohn des Alten Testaments, lässt sich gut ablesen, wie ein Mensch wieder zum Menschensohn wird. Dem Propheten Hesekiel erscheint Gott, die Ordnung und Kraft der göttlichen Welt, und fordert ihn auf: „Menschensohn, stelle dich auf deine Füße, ich will mit dir reden.“ „Und als er zu mir redete“ – so heißt es im Text weiter –, „kam Geist in mich und stellte mich auf meine Füße und ich hörte den, der zu mir redete“ (Hes. 2,1–2). Der Mensch wird wieder zum Menschensohn, wenn Gott ihn berührt, sich mit ihm verbindet und in ihm wirksam und bewusst wird. Dann kommt Geist in ihn, stellt ihn auf seine Füße und lässt ihn Gott hören. Gott spricht zum Menschen aus dem wahren Selbst. Lässt der Mensch diese Impulse aus der geistigen Welt zu, so kommt Geist in ihn. Kommt Geist in ihn, richtet sich seine wahre Identität, die bisher latent war, auf und wird selbstständig. Sie stellt sich auf die Füße. Und dann kann er hören, was die geistige Welt ihm sagt, und kann wie Hesekiel oder Jesus seinen geistigen Auftrag erfüllen. Er gehört zu denen in „Israel", denen Jesus „zum Aufstehen" gesetzt ist.

Die nun folgenden drei Erzählungen vom Gastmahl Jesu und seiner Schüler mit dem Zöllner Levi, vom Essen und Trinken der Schüler Jesu, statt zu fasten, und vom Ährenausreißen der Schüler am Sabbat beziehen sich alle auf Eigenschaften des Menschensohns. Sie werden jeweils den Eigenschaften der Schriftgelehrten und Pharisäer gegenübergestellt, so dass die einen die anderen verdeutlichen.

Man könnte kurz zusammengefasst sagen: Jesus verkörpert eine neue Religion, nämlich die Verwirklichung der Verbindung des wahren Selbst mit Gott (religio = Wiederverbindung) in innerer Freiheit, während die Schriftgelehrten die alte Religion der Vorbereitung verkörpern, bei der es um die Einhaltung von äußeren Gesetzen geht. Diese Vorbereitung ist zwar wichtig. Wer sie aber, wie die Schriftgelehrten und Pharisäer, als das Endziel ansieht, versäumt die Hauptsache: die Verwirklichung.

Man könnte auch sagen: Jesus repräsentiert einen bestimmten Entwicklungszustand des Menschen, die Schriftgelehrten einen anderen. Solange der Mensch noch nicht zu innerer Freiheit, zum selbstständigen Leben aus den Gesetzen seines wahren Selbst, fähig ist, muss er sich noch von äußeren Gesetzen leiten lassen, die ihn, vorbereitend, an die Grenze des Zustandes innerer Freiheit führen. Verharrt er im Zustand der Vorbereitung, so bleibt er darin, auch wenn er formell einen spirituellen Weg geht. Er wird dann diesen Weg doch als äußeres Gesetz auffassen. Befindet er sich aber in einem Zustand innerer Freiheit, so wird er äußere Gesetze, die der Vorbereitung auf den spirituellen Weg gedient haben, zugleich als die Gesetze seines wahren Selbst auffassen und in innerer Freiheit leben.

Eigenschaft des Menschensohns: Wiederherstellung der Einheit – „Arzt"

Jeder Menschensohn, nicht nur Jesus, hat „Macht, Sünden auf Erden zu vergeben". In ihm wirken die Kräfte des Geistes, überwinden seine eigene Trennung von Gott und stellen die Einheit wieder her. Und durch die von ihm übermittelten Kräfte kann das wahre Selbst in anderen Menschen angeregt werden, ebenfalls aus der Latenz erwachen, den Geist in sich aufnehmen, sich auf die Füße stellen, hören und Gottes Auftrag erfüllen, bis dieser Mensch wieder in vollkommener Einheit mit Gott, ohne Sünde, lebt.

Das ist das erste Vermögen des Menschensohns: Sünden auf Erden zu vergeben und die Einheit mit Gott wiederherzustellen. Er offenbart diese Eigenschaft im Kontrast zu den Vorstellungen der Gesetzesgelehrten. Wie die Erzählung vom „Gelähmten" lehrt, sind diese nicht in der Lage, zu verstehen, dass Sündenvergebung ein Kräftespiel im Innern des Menschen ist, eine reale Veränderung des bisherigen

Zustandes. Für sie ist es eine Sache des Glaubens an die Macht Gottes. Denn sie *erleben* die Wiederherstellung der Einheit des wahren Selbst mit Gott nicht. Ja es zeigt sich sogar, dass sie die Wiederherstellung nicht einmal *wollen*, sei es bei anderen, sei es bei sich selbst. Sie sind davon überzeugt, sie schon zu besitzen und die einzigen zu sein, die sie verdienen. Diese Selbstgerechtigkeit wird in der nun folgenden Erzählung von der Berufung des Levi noch einmal dargestellt – in Gegenüberstellung zur Eigenschaft des Menschensohns.

Illustration dieser Eigenschaft

5 27 *Und danach ging er aus und sah einen Zöllner mit Namen Levi an der*
Zollstätte sitzen und sprach zu ihm: Folge mir nach! ***28*** *Da verließ er alles, stand*
auf und folgte ihm nach. ***29*** *Und Levi veranstaltete für ihn ein großes Mahl in*
seinem Haus; und es war eine große Schar von Zöllnern und andern da, die mit
ihnen zu Tisch saßen. ***30*** *Da murrten die Pharisäer und ihre Schriftgelehrten gegen*
seine Schüler und sagten: Warum esst und trinkt ihr mit den Zöllnern und Sündern?
31 *Und Jesus antwortete und sprach zu ihnen: Nicht die Gesunden bedürfen des*
Arztes, sondern die Kranken; ***32*** *ich bin nicht gekommen, Gerechte zu berufen,*
sondern Sünder zur Buße.

Levi ist ein Zöllner, einer, der mit der Besatzungsmacht kollaboriert und daher in den Augen der gesetzestreuen Juden ein hartgesottener Sünder ist. Er verstößt nicht nur gegen das Gebot, keinen anderen Herrn als Gott über sich anzuerkennen – dagegen verstoßen in der politischen Praxis die frommen Juden notgedrungen auch –, sondern dient auch diesem fremden Herrn aktiv als Steuereinnehmer. Und zusätzlich stehen Zöllner in dem Ruf, sich auch noch über Gebühr zu bereichern.

Levi aber gehört zu den Sündern, die Jesus zur Buße ruft (5,32) und die diesem Ruf folgen. Denn er „verlässt alles", „steht auf", und „folgt ihm nach".

Buße ist: Alle bisherigen Lebensgewohnheiten und -einstellungen verlassen, „aufstehen", sich auf seine Aufgabe als Menschensohn besinnen, und der neuen Lebensmöglichkeit auch nachfolgen. So wird ein Mensch zum Schüler der neuen, von Jesus verkörperten Religion der inneren Freiheit. So wird er von Jesus als dem „Arzt", vom wahren Selbst, das selbst mit Gott in Verbindung steht, „geheilt". Der Bruch zwischen Mensch und Gott wird geheilt.

Nicht geheilt werden aber können die Schriftgelehrten und Pharisäer, die sich in Selbstgerechtigkeit verhärtet haben. Sie sind zwar gerecht insofern, als sie die zur Vorbereitung auf die innere Freiheit notwendigen äußeren Gesetze erfüllen. Aber weil sie glauben, durch diese Erfüllung schon erlöst zu sein, können sie sich nicht weiterentwickeln. Sie können nicht erkennen, dass der Mensch als irdischer Mensch trotz aller frommen Gesetzestreue existenziell ein Sünder ist, solange er seiner Bestimmung nicht genügt. Er ist von Gott getrennt und also existenziell „krank". Deshalb bedarf er des Arztes und muss Buße tun, auch als frommer Gesetzestreuer, nicht nur als Gesetzesbrecher. Er muss sein Leben in neuem Licht sehen lernen, alle alte Gesetzesgerechtigkeit verlassen, aufstehen und der neuen Lebensmöglichkeit folgen.

Der springende Punkt ist, dass die Vorbereitung zwar wichtig ist. Aber sie kann zu einem Hindernis werden, wenn sie als das Endziel betrachtet wird. Umgekehrt kann ein Mensch trotz fehlender Vorbereitung den Ruf des Geistes erfahren. Er kann ihn hören, obwohl er ein moralischer Sünder ist. Er kann *trotz* seiner Unmoral offen für die neue Lebensmöglichkeit sein, während die Schriftgelehrten *trotz* ihrer Moral nicht offen dafür sind. Es geht in dieser Erzählung um existenzielle Sünde. Der moralisch gute irdische Mensch, der Gerechte, ist trotzdem ein existenzieller Sünder, da er von Gott getrennt ist und seine Bestimmung nicht verwirklicht. Er ist ebenso ein existenzieller Sünder wie der moralisch schlechte irdische Mensch, der Ungerechte (der Sünder im moralischen Sinn), der gleichfalls von Gott getrennt ist.

Beide, der moralisch gute wie der moralisch schlechte Mensch, der Schriftgelehrte wie der Zöllner, können nur gerettet und geheilt werden, wenn sie erkennen, dass sie Sünder im Sinn einer existenziellen Trennung von Gott sind. Erkennt dies der moralische Sünder, der Gesetzesbrecher, so kann er sich auf den spirituellen Weg begeben, auch ohne dass er sich durch Einhaltung der Gesetze darauf vorbereitet hat. Er kann und wird die Vorbereitung nachholen. Wer „aufsteht" und der neuen Lebensmöglichkeit nachfolgt, wird fortan ein moralisch einwandfreies Leben führen, geleitet durch die inneren Gesetze des wahren Selbst.

Die Erzählung demonstriert also nicht, dass die Vorbereitung überflüssig wäre, und dass der spirituelle Impuls sich gerade den Gesetzesbrechern zuwendet. Sie demonstriert nur, dass auch der Gesetzesbrecher, der moralische Sünder, trotz fehlender Vorbereitung vom spirituellen Ruf getroffen und seiner existenziellen Sünde bewusst werden kann. Niemand wird aus dieser Möglichkeit den Schluss ziehen, dann lieber überhaupt auf die Vorbereitung zu verzichten und künftig als Gesetzesbrecher zu leben. Denn mit einer solchen Einstellung würde er den Ruf des spirituellen Impulses mit Sicherheit überhören. Andererseits demonstriert die Erzählung, dass die Vorbereitung keine Garantie dafür bietet, dass der Mensch einen spirituellen Ruf vernimmt. Mit der Einstellung der Schriftgelehrten, die sich auf Grund ihrer Gesetzestreue schon für erlöst halten, wird der Ruf aus der geistigen Welt ganz gewiss ebenfalls nicht gehört.

Dass die Schriftgelehrten nicht geheilt werden können, drückt Jesus ironisch aus: Die Gerechten bedürfen des Arztes nicht. Die wirklich Gerechten, nämlich die, die schon im Einklang mit der göttlichen Welt stehen, bedürfen des Arztes tatsächlich nicht. Aber die noch im Stadium der Vorbereitung befindlichen irdischen Menschen sind eben nicht gerecht, auch wenn sie die äußeren Gebote bis aufs i-Tüpfelchen erfüllen. Wenn sie sich trotzdem für gerecht halten und des Arztes nicht zu bedürfen glauben, kann der Arzt nicht heilen.

Wie verhalten sich der Stifter und die Schüler der neuen Religion zu Menschen der alten Gesetzesreligion, die eine Offenheit für die neue besitzen? Sie werden sich über die Forderung der alten Religion, streng zwischen Gesetzestreuen und Gesetzesbrechern zu unterscheiden, hinwegsetzen, weil für sie die Ebene der Vorbereitung verlassen und eine neue Ebene betreten ist: die Ebene der Offenheit für das Leben als wahres Selbst, gleichgültig, ob moralische Vorarbeit geleistet worden ist oder nicht. Deshalb das gemeinsame Festmahl, das herrliche Freuden- und Dankesmahl, das

Jesus und seine Schüler mit allen halten, die den Weg zur neuen Lebensmöglichkeit gefunden haben. Sie genießen die Gemeinschaft auf der Ebene des neuen Lebens, vor der alle Unterschiede auf der Ebene des alten Lebens verschwinden.

Damit ist nicht gesagt, dass Jesus und seine Schüler ein Faible für Sünder im Sinn von Gesetzesbrechern gehabt hätten. Nichts wäre weniger wahr. Es ist nicht so, dass der gütige Jesus besonderes Mitleid mit unmoralischen Menschen gehabt hätte. Es ist auch nicht so, dass sich der Unmoralische als solcher besonders auf die Liebe und das Mitleid Jesu verlassen könnte, ja seine Schlechtigkeit noch betonen müsste, um desto sicherer die Aufmerksamkeit des erlösenden Gottessohns auf sich zu ziehen.

Es wird in dieser Erzählung statt dessen gesagt, dass *nur*, wenn der Mensch, ob unmoralisch oder moralisch, Buße tut, Jesus und seine Schüler sich mit ihm an einen Tisch setzen. Nur wenn und weil ein Mensch alles Alte verlässt, „aufsteht" und sich aus irdischer Schwäche und Selbstmitleid erhebt, weil die neue Lebensmöglichkeit in ihm wirksam wird, *kann* sich Jesus, das wahre Selbst, mit ihm an einen Tisch setzen. Nur dann stehen beide auf einer neuen Ebene, und *dann* ist es gleichgültig, welcher Art das Vorleben war.

Wie verhalten sich aber die Schriftgelehrten und Pharisäer zu den Schülern Jesu, den Anhängern der neuen Religion der inneren Freiheit? Sie können, in ihrer Selbstgerechtigkeit auf der Ebene des Gesetzes hängenbleibend, die innere Verfassung Jesu, seiner bisherigen Schüler und der aus den Kreisen der moralischen Sünder neu hinzugekommenen nicht verstehen. Deshalb können sie auch deren Gemeinschaft nicht verstehen. Sie müssen sie auf ihrer Ebene der Gesetzesreligion missverstehen, wo ein unüberbrückbarer Gegensatz zwischen den Gesetzestreuen und den Gesetzesbrechern besteht. Aus dieser Perspektive ist eine Gemeinschaft von Gesetzestreuen, als die die Pharisäer Jesus und seine Schüler doch immerhin ansehen, und Gesetzesbrechern wie Levi unmöglich. Diesen Verstoß gegen die Forderung der Gesetzesreligion werfen die Pharisäer und Schriftgelehrten Jesus und seinen Schülern vor, ohne zu erkennen, dass hier ein Geschehen auf ganz anderer, neuer Ebene vorliegt.

Jesus selbst begründet seine Gemeinschaft mit den moralischen Sündern, indem er darauf verweist, dass es sich um Sünder handelt, die für die neue Lebensmöglichkeit offen sind. Er ist gekommen, allen Menschen, ob Gesetzestreuen oder Gesetzesbrechern, das Bewusstsein zu vermitteln, dass sie in existenzieller Hinsicht Sünder sind. Auf diese Weise ruft er sie zur Buße, kann sie heilen und der richtige Arzt für sie sein. Doch Menschen, die selbstgerecht darauf beharren, schon erlöst zu sein, kann er weder zur Buße rufen noch heilen. Solchen „Gerechten" kann und will er kein Arzt sein.

Die Eigenschaften des Menschensohns kann zu gegebener Zeit jeder Mensch in sich selbst erleben. Er kann ja sein wahres Selbst erleben, den Zustand des „Reiches Gottes". Er kann insbesondere erleben, wie dieses wahre Selbst als „Arzt" seine unwahre Identität, seine existenzielle Sünde, auflöst und sich als wahre Identität geltend macht.

In diesem Zustand erlebt er die Einheit mit der Welt des Geistes. Die Trennung, die vom begrenzten Ich verursacht worden war, ist aufgehoben, der damit zusammenhängende Zustand des Leidens und der Sterblichkeit prinzipiell überwunden. Jetzt kann er mit allen anderen, die ebenfalls die Einheit mit der Welt des Geistes erleben, „ein großes Mahl in seinem Haus“ halten, ein Freuden- und Dankesmahl, bei dem die spirituellen Kräfte aufgenommen werden.

Überflüssig ist jetzt das moralische Streben nach Einheit und das Scheitern bei diesem Streben, so notwendig diese Erfahrungen waren. Denn jetzt *ist* er in der Einheit, und sein Leben fließt ohne moralische Anstrengung aus der in ihm wirkenden Ordnung der geistigen Welt. Vom Zustand der Erfüllung aus werden Wert und Unwert des Zustandes der Vorbereitung erkannt.

Eigenschaft des Menschensohns: Bringer der Liebe – „Bräutigam“

5 33 *Sie aber sagten zu ihm: Die Schüler des Johannes fasten häufig und verrichten Gebete, ebenso auch die der Pharisäer; die deinigen dagegen essen und trinken.* ***34*** *Da sprach Jesus zu ihnen: Könnt ihr etwa die Hochzeitsleute zum Fasten bringen, während der Bräutigam bei ihnen ist?* ***35*** *Doch es werden Tage kommen, und dann, wenn der Bräutigam von ihnen genommen sein wird, werden sie fasten in jenen Tagen.*

Eine zweite Eigenschaft des Menschensohns ist, dass er die Fülle der göttlichen Liebe austeilt. Diese Eigenschaft macht ihn zum „Bräutigam“, in dessen Gegenwart die Hochzeitsgäste aus dem Vollen der göttlichen Liebe schöpfen. Auch diese Eigenschaft und ihre Wirkungen stehen im Gegensatz zu den Eigenschaften der Gesetzeslehrer und Pharisäer, ja werden durch diesen Gegensatz erst klar erkennbar.

Die Pharisäer sowie die Schüler Johannes des Täufers repräsentieren die Vorbereitung auf den spirituellen Weg. Ein Mensch, der sich auf den spirituellen Weg vorbereitet, wird bestimmte Rituale befolgen, Regeln einhalten und ein Gemeinschaftsleben pflegen, das der Läuterung seiner irdischen Persönlichkeit dient, ihn zur Beherrschung seiner Leidenschaften befähigt und so zu einem guten „Gefäß“ macht, das eines Tages die Fülle des Geistes in sich empfangen kann. Er lebt wie die Schriftgelehrten in einer Religion der Vorbereitung durch äußere Gesetze, um einst zur Religion der Erfüllung durch innere Freiheit zu gelangen.

Fasten ist ein Teil des der Vorbereitung dienenden Regelsystems. Es handelt sich um zeitweisen bewussten Verzicht auf Essen und Trinken. Man beachtet bestimmte Ernährungsregeln, weil sie die irdische Persönlichkeit in eine Verfassung bringen sollen, in der sich das wahre Selbst besser entfalten kann.

Im neuen Leben der inneren Freiheit aber orientiert sich das Verhalten nicht mehr an äußeren Regeln. Da verwirklicht sich das wahre Selbst, und da ergibt sich das Verhalten auch der irdischen Persönlichkeit spontan aus dem Leben des wahren Selbst. Sein Inneres sagt dann dem Menschen, wie das äußere Leben gestaltet werden muss. Das Äußere dient zwanglos dem Inneren, es fließt zwanglos aus dem inneren Zustand. Zu viel Essen und Trinken ist dann einfach unmöglich, weil der Betreffende spürt, dass ein Zuviel seinem inneren Zustand unzuträglich ist. Er braucht kein äußeres Gebot, um sich einzuschränken. Und auch *welche* Speisen ihm zuträglich sind, wird er an den Wirkungen der Speisen auf seine innere Befindlichkeit selbst erfahren. Er wird seine Diät auf Grund eigener Erfahrungen regeln.

Dabei ist „Essen und Trinken“ nur ein Aspekt der Energieaufnahme im Leben. Auch im Bereich kultureller „Genüsse“ gilt der Unterschied zwischen freier und unfreier Nahrungsaufnahme. Wer sich auf den spirituellen Weg vorbereitet, wird bewusst eine Auswahl zwischen kulturellen „Genüssen“ treffen und sich dabei an bestimmte äußere Regeln halten. Ein Schüler auf dem Weg jedoch, der aus innerer Freiheit zu leben lernt, wird spontan wissen, welche kulturellen Erzeugnisse seiner neuen Seelenverfassung guttun und welche ihr schaden.

Das Bild mit den Hochzeitsleuten und dem Bräutigam weist auf dieses neue Leben hin, wo alles Äußere aus dem Inneren folgt. Aber es zeigt sich noch mehr. Wenn Schüler und Meister sich auf der neuen, spirituellen Ebene begegnen, wird ein ganz anderes Essen und Trinken möglich, nämlich spirituelles Essen und Trinken, Aufnahme göttlicher Kräfte, Austausch göttlicher Liebe. Bei solchem Essen und Trinken wird das „Fasten“, eine Regelung der Nahrungsaufnahme nach äußeren Gesetzen, vollends absurd. Essen und Trinken auf dieser Ebene haben mit Vorbereitung nichts mehr zu tun, nur noch mit der Freude der Verwirklichung. Wenn der Bräutigam da ist, der „Liebe-Bringer“, können die Hochzeitsleute, seine Schüler, unmöglich „fasten“. Sie feiern die Hochzeit zwischen dem Feuer des Geistes und ihrem wahren Selbst. Das Feuer des Geistes dringt in ihr wahres Selbst ein und erleuchtet es, so wie seinerzeit das Feuer des Geistes nach der Taufe im Jordan ins wahre Selbst Jesu eindrang und ihn zum Christus machte. Als Bräutigam, als Christus, als Licht des Geistes, kann er dieses Licht nun anderen bringen. Er bringt sich selbst, das Licht des Geistes, zur Braut, zum wahren Selbst seiner Schüler. Von dieser Liebe wird alle Absichtlichkeit und ängstliche Orientierung an Regeln weggeschwemmt.

Wenn aber der Bräutigam nicht mehr da ist und die Schüler, ohne schon selbst die göttlichen Kräfte der Liebe freisetzen zu können, wieder auf sich selbst gestellt sind, werden sie notgedrungen „fasten“ müssen. Sie werden sich dann wieder auf der Ebene der Vorbereitung befinden und werden innerlich arbeiten müssen, bis ein neuer spiritueller Impuls kommt, der alle äußere Regelung hinwegfegt.

Den neuen Zustand spiritueller Verwirklichung, die daraus hervorgehende freie Art der Nahrungsaufnahme, und vor allem die Aufnahme spiritueller „Speisen“ in diesem Zustand, die Aufnahme und Weitergabe göttlicher Liebe in der Gemeinschaft Jesu und seiner Schüler, können die Schriftgelehrten und Pharisäer nicht verstehen. Sie befinden sich ja, wie auch Johannes der Täufer und seine Schüler, im Stadium der Vorbereitung, wo es sehr sinnvoll ist, dass sie mit ihren Schülern „fasten“, wo aber die Möglichkeit, frei göttliche Energien aufzunehmen und umzusetzen, noch nicht gegeben ist.

Auch diese Eigenschaft des Menschensohns, Bringer der göttlichen Liebe zu sein, kann jeder Mensch zu gegebener Zeit selbst erleben. Wenn das wahre Selbst in ihm von den Kräften göttlicher Liebe erfüllt und erleuchtet wird, feiert es Hochzeit mit dem „Bräutigam“, dem Geist. Das ist das „Aufstehen“ seiner wahren Identität. Er erlebt die Liebe als Zustand des „Reiches Gottes“. Damit hat er den Zustand der Vorbereitung verlassen und ist in den der Erfüllung eingetreten. Die Regelung der Nahrungsaufnahme nach äußeren Gesetzen wird jetzt überflüssig. Aber es ist keineswegs gleichgültig, was, wieviel und wie er jetzt isst und trinkt. Es wird nur sein bisheriger äußerer Kompass durch einen inneren ersetzt. Seine Nahrungsaufnahme – ob materiell oder immateriell – orientiert sich an seinem inneren Zustand.

Illustration dieser Eigenschaft

5 36 *Er sagte aber auch ein Gleichnis zu ihnen: Niemand reißt ein Stück von einem neuen Kleid ab und setzt es auf ein altes Kleid; sonst wird er nicht nur das neue zerreißen, sondern auch zu dem alten wird das Stück vom neuen nicht passen.* **37** *Und niemand füllt neuen Wein in alte Schläuche; sonst wird der neue Wein die Schläuche zerreißen, und er selbst wird verschüttet werden, und die Schläuche werden zu Grunde gehen.* **38** *Sondern neuen Wein soll man in neue Schläuche füllen.* **39** *Und niemand, der alten getrunken hat, will neuen; denn er sagt: Der alte ist gut.*

Wenn die Zeit der Erfüllung da ist und die innere Religion lebendig wird, wird sie Formen ausbilden, die Ausdruck ihrer Inhalte sind. Wenn ihre Anhänger auf dem spirituellen Weg zur unmittelbaren Erfahrung der Fülle des Geistes gelangen, wird ihre Lebensführung spontan ganz anders sein als vorher. Sie werden frei sein von äußeren Gesetzen, da die inneren Gesetze des wahren Selbst in ihnen wirken. Entsprechend werden sich die Lebensformen der ganzen Gemeinschaft gestalten: Die Schüler werden zu einem freien Bund selbstständiger Menschen werden, während sie bisher durch die Autorität von Hierarchien oder Gesetzen – notwendig im Stadium der Vorbereitung – zusammengehalten wurden. Alte Rituale äußerer Gottesverehrung, Opferriten, Gebetsrituale, Fasten und dergleichen werden durch neue Rituale, die den neuen Erfahrungen und Lebensmöglichkeiten Ausdruck geben, ersetzt. Ein „neues Kleid" für das wahre Selbst entsteht, entsprechend der Erfahrung der Fülle des Geistes.

Es hätte keinen Sinn, Teile der neuen Religionsformen in die alten Formen zu integrieren. Was hätte es für einen Sinn, Strukturen freien Gemeinschaftslebens den alten Autoritätsstrukturen aufzupfropfen und so eine Mischung alter und neuer Formen zu erzeugen? Man würde so nur das gesamte neue „Kleid", den auf die Erfahrung der Fülle und Freiheit abgestimmten Formorganismus, zerstückeln, indem man ein Element herausnimmt, und hätte doch nichts gewonnen. Denn was könnten Anhänger der alten Religion, die, ihrem Entwicklungsstadium entsprechend, Autorität und äußere Gesetze brauchen, mit Formen freien Gemeinschaftslebens anfangen? Das Stück vom neuen Kleid, vom Formorganismus der Freiheitsreligion, würde zum alten Kleid, zum Formorganismus der Gesetzesreligion, nicht passen. Wenn also innerhalb einer Gesetzesreligion eine neue Religion des Geistes entsteht, ist Trennung beider Formen die einzig sinnvolle Lösung. Alle, die ihrer inneren Entwicklung nach zur Religion der Vorbereitung gehören, können sich in deren Formen weiterentwickeln. Wer aber zur Erfahrung der Fülle des Geistes durchbricht oder sich ihr nähert, braucht andere Formen des Gemeinschaftslebens. Ein Zusammengehen beider Formen wäre für beide Teile schädlich. Es würde nichts dabei herauskommen.

Ein anderer Aspekt dieser Notwendigkeit wird durch das Bild vom Wein und den Schläuchen ausgedrückt. Dabei wird weniger das Verhältnis der alten und neuen Form thematisiert, als das Verhältnis des neuen Inhalts zur alten oder neuen Form.

Der neue „Wein“ sind die unmittelbar erfahrenen Kräfte des Geistes. Sie brauchen entsprechende Formen, in denen sie sich ausdrücken können, und werden solche Formen auch ausbilden. Würden Menschen die Erfahrung der Fülle des Geistes innerhalb der alten Organisationsstrukturen auszudrücken versuchen, würden sie diese Strukturen sprengen – und hätten dabei versäumt, neue, den neuen Erfahrungen entsprechende Formen auszubilden. Das hätte zur Folge, dass sich die neuen Erfahrungen, da ihnen entsprechende Formen fehlten, nur verzerrt ausdrücken könnten oder verkümmern müssten. Der „Wein“ würde verderben. Ein Merkmal der neuen Gemeinschaft könnte z. B. sein, dass ihre Menschen nicht mehr in klösterlicher Abgeschiedenheit leben, wo sie die der Vorbereitung dienenden Regeln befolgen, sondern jeder an seinem Platz in der Gesellschaft, wo er verantwortlich auf der Grundlage seiner selbstständigen spirituellen Erfahrung seine sozialen Aufgaben erfüllt. Dann wäre der neue „Wein“ in ihm entsprechenden neuen „Schläuchen“ gut aufgehoben.

Aber nur allzu viele Menschen fühlen sich in ihrer alten, traditionellen, der Vorbereitung auf die selbstständige Erfahrung des Geistes dienenden Religion wohl. Sie sehnen sich nicht nach neuen Inhalten und entsprechenden neuen Formen. Über sie klagt Jesus in Vers 39: „Und niemand, der alten (Wein) getrunken hat, will neuen, denn er sagt: Der alte ist gut.“ Wie sehr wünschte sich Jesus, der Menschensohn, dass Menschen nach der Vorbereitung einer traditionellen Religion in die Erfüllung einer spirituellen Religion eintreten und den neuen Wein des Geistes trinken würden, um selbst Söhne des Menschen zu werden! „Aber niemand, der den alten getrunken hat, will neuen!“

Dies ist eine der wenigen Stellen des Evangeliums, wo der Leser einen Blick ins Innere des Botschafters aus der Welt des Geistes werfen kann. Es zeigt sich ihm, wie sehr sich der Menschensohn, in der Dimension des Geistes lebend, danach sehnt, dass auch alle anderen Menschen in der gleichen Dimension leben und mit ihm und untereinander Gemeinschaft haben. Die spirituelle Kraft des Menschensohns zieht andere Menschen an und regt sie an, ebenfalls in der spirituellen Dimension zu leben. Und dennoch muss er fortwährend erleben, dass die Gegenkräfte, die Pharisäer und Schriftgelehrten in ihnen, stärker sind als die neue Möglichkeit, deren Verwirklichung doch ihre Bestimmung wäre. Diese Diskrepanz „schmerzt“. Denn das spirituelle Leben in Jesus fühlt sich dadurch zurückgestoßen, es kann sich nicht so verströmen, wie es bei größerer Empfänglichkeit der anderen möglich wäre. Auch wirkt der Schmerz um die anderen mit: Welches Glück könnten sie erleben, wenn sie ihrer Bestimmung folgten und nicht so am Althergebrachten hingen!

Eigenschaft des Menschensohns: schöpferische Freiheit – „Herr über den Sabbat“

6 1 *Es begab sich aber, dass er an einem Sabbat durch die Saaten wanderte; und*
seine Schüler rissen Ähren ab, zerrieben sie mit den Händen und aßen sie. ***2*** *Da sag-*
ten etliche von den Pharisäern zu ihnen: Warum tut ihr, was am Sabbat nicht erlaubt
ist? ***3*** *Und Jesus antwortete und sprach zu ihnen: Habt ihr [denn] das auch gar nicht*

gelesen, was David tat, als ihn und seine Begleiter hungerte? **4** *Wie er in das Haus Gottes hineinging und die Schaubrote nahm und aß, die niemand essen darf als die Priester allein, und auch seinen Begleitern davon gab?* **5** *Und er sprach zu ihnen: Der Sohn des Menschen ist Herr auch über den Sabbat.*

Die dritte Eigenschaft des Menschensohns ist schöpferische Freiheit. Er ist „Herr über den Sabbat". Der irdische Sabbattag war bei den Juden Zeichen für den geistigen Sabbattag, für den siebten Tag der Schöpfung, die Periode in der Entwicklung von Welt und Menschheit, in der alles Geschaffene geheiligt werden würde. Alles Geschaffene würde, vom Geist Gottes durchdrungen, diesem Geist Ausdruck geben. Der irdische Sabbat sollte außerdem der Vorbereitung auf den geistigen Sabbat dienen. Damit war der irdische Sabbat schon symbolische Vorwegnahme des Zustandes der Fülle. Keine irdische Arbeit im Dienst irdischer Interessen war erlaubt. Der Mensch sollte sich ganz auf die künftige Wirklichkeit der Einheit mit Gott ausrichten. Indem er seinen irdischen Interessen nach zur Ruhe kam, sollte er die Wirksamkeit der Kräfte des Geistes in sich zulassen. Diesem Vorbereitungs- und Zeichencharakter des irdischen Sabbats dienten im Judentum unzählige Gebote und Verbote. Nicht die kleinste Arbeit war gestattet, nicht einmal das Ausreiben von Körnern aus den Ähren des Feldes.

Der Menschensohn aber, in dem das wahre Selbst vollkommene Wirklichkeit geworden ist, ist in den Zustand der Erfüllung eingetreten. In ihm hat der geistige Sabbat Gestalt angenommen: das bewusste Leben aus den Gesetzen und Kräften des Geistes. Daher braucht er die vorbereitenden Regelungen des irdischen Sabbats nicht mehr. Er besitzt zwar noch eine irdische Persönlichkeit und lebt in irdischen Verhältnissen. Doch lässt er jetzt seine irdischen Bedürfnisse nicht mehr von äußeren Gesetzen und Traditionen regeln – die im Zustand der Vorbereitung durchaus ihren Sinn hatten. Er geht von seinen inneren Erfahrungen aus und macht ihnen die äußere Welt dienstbar. Er „heiligt" so die irdische Welt. Er gibt ihr erst ihren Sinn.

Ebenso orientieren sich die Schüler Jesu, was die Gestaltung ihres irdischen Lebens betrifft, nicht mehr an äußeren Gesetzen. Dazu ist ja der irdische Sabbat da: Vorbereitung und Dienst für den geistigen Sabbat zu sein. In welchen Formen diese Vorbereitung und dieser Dienst geschieht, das entscheidet im Zustand der Fülle der Menschensohn, das wahre Selbst, frei und individuell, an Hand der dem wahren Selbst eingeschriebenen geistigen Ordnung. Somit ist der Menschensohn, frei im geistigen Sabbat lebend, Herr über die Regelungen des irdischen Sabbats.

Den Pharisäern, die im Stadium der Vorbereitung durch äußere Gesetze leben, erklärt Jesus, Prototyp des wahren Selbst, was Freiheit im inneren, individuellen Geistgesetz bedeutet. Und er beruft sich dabei auf David, der sich über die allgemeinen äußeren Gesetze hinwegsetzte, als sie seinem Leben nicht förderlich waren. David war auf dem Weg zum Zustand des Menschensohns gewesen und hatte die daraus folgende Freiheit verwirklicht. Die Regelungen des irdischen Sabbats und überhaupt aller Rituale erhielten ihre Gestalt und ihren Sinn vom Leben des wahren Selbst her.

Jeder Mensch kann den Menschensohn, seine wahre Identität, zu gegebener Zeit in sich erleben. Dann erlebt er auch die Freiheit des geistigen Sabbats, die schöpferische Mitarbeit mit den Kräften und Entwicklungen der geistigen Welt. Er feiert den geistigen Sabbat, indem er all seine Lebensäußerungen von den spirituellen Kräften durchdringen lässt und dadurch heiligt. Die äußeren Sabbatgebote werden sozusagen durch die inneren, durch die Struktur des wahren Selbst, „kassiert".

Illustration dieser Eigenschaft

6 6 *Es begab sich aber an einem anderen Sabbat, dass er in die Synagoge ging und lehrte; und daselbst war ein Mensch, dessen rechte Hand erstorben war.* *7 Die Schriftgelehrten und die Pharisäer aber gaben acht auf ihn, ob er am Sabbat heilen würde, damit sie eine Anklage wider ihn finden könnten.* ***8*** *Doch er wusste ihre Gedanken. Er sagte aber zu dem Mann, der die erstorbene Hand hatte: Steh auf und stelle dich in die Mitte! Und er stand auf und stellte sich dahin.* ***9*** *Da sprach Jesus zu ihnen: Ich frage euch: Ist es erlaubt, am Sabbat Gutes zu tun oder Böses zu tun, ein Menschenleben zu retten oder zu verderben?* ***10*** *Und indem er sie alle ringsumher ansah, sagte er zu ihm: Strecke deine Hand aus! Der aber tat es, und seine Hand wurde wiederhergestellt.* ***11*** *Da wurden sie voll sinnloser Wut und unterredeten sich miteinander, was sie Jesus wohl antun könnten.*

Der Gegensatz zwischen schöpferischer Freiheit des Menschensohns und dogmatischer Starre der Schriftgelehrten wird in der folgenden Erzählung veranschaulicht. Der Menschensohn, der in und aus den Gesetzen der geistigen Welt lebt, ist frei in Bezug auf die irdischen Sabbatregelungen, frei gegenüber den Gesetzen, die im Stadium der Vorbereitung des Menschen auf den spirituellen Weg gelten. Er hinterfragt zum Beispiel die Regelung, dass am Sabbat nicht geheilt werden dürfe. Und die Schriftgelehrten lauern darauf, dass Jesus diese Regel durchbricht, wodurch sie ihn wegen Verletzung der Sabbatgebote anklagen könnten.

Die Regel hat zwar ihren guten Sinn. Denn auch ärztliche Tätigkeit ist Arbeit und kann der Ausrichtung des Menschen auf Gott, die Sinn des Sabbats ist, hinderlich sein. Aber wenn eine Regel zu starr und auch in Einzelfällen, für die andere Gesichtspunkte gelten müssten, befolgt wird, wird ihr Sinn in sein Gegenteil verkehrt. Das Verbot des Heilens am Sabbat hat den Sinn, dem Menschen eine besondere Ausrichtung auf Gott, auf das Gute, das spirituelle Leben, zu ermöglichen, damit das irdische Leben geheiligt wird. Wird das Verbot verabsolutiert, so kann es geschehen, dass das irdische Leben gerade vernichtet wird, was dem Sinn der Regel widerspräche. Diesen Gegensatz stellt Jesus in aller Schärfe mit seiner Frage heraus, was am Sabbat erlaubt ist: Ein Menschenleben zu retten oder es zu verderben. Eine starre Anwendung der Regel würde ein Menschenleben verderben. In diesem Fall muss sie außer Kraft gesetzt werden, damit ihr Sinn, Menschenleben zu retten, erfüllt wird. Dies ist der eigentliche Inhalt der Erzählung. Der Sabbat dient dem Gottesdienst. Aber ist es Gottesdienst, wenn Gutes verhindert und Böses gefördert wird? Der Menschensohn ist frei gegenüber dem äußeren Gesetz. An Hand des inneren Gesetzes, das in ihm wirksam ist, kann er beurteilen, wann eine Ausnahme vom äußeren Gesetz gemacht werden darf und muss. So rettet er am Sabbat Leben und dient daher der eigentlichen Funktion dieses Tages, während er, bei starrer Anwendung der Sabbatregeln, die Funktion pervertieren würde.

Damit stellt Jesus die dogmatische Starre der Pharisäer bloß. Man könnte das als bewusste Provokation empfinden. Doch geht es Lukas um die Darstellung einer Gesetzmäßigkeit. Die lebendige Kraft des Geistes muss, wenn sie in einem Menschen anwesend ist, notwendig Leben retten, notwendig im Einzelfall Regeln, die dem entgegenstehen, außer Kraft setzen und dadurch notwendig mit dem Dogma in Konflikt geraten. Das gilt für die Auseinandersetzung des äußeren Jesus mit den Schriftgelehrten seiner Zeit, das gilt ebenso für alle ähnlichen Auseinandersetzungen zu jeder Zeit, und das gilt auch für die Auseinandersetzung des wahren Selbst, des „inneren Jesus", im einzelnen Menschen mit dessen starren dogmatischen Gewohnheiten. Die Pharisäer im Menschen klammern sich an Traditionen, die möglicherweise schon nicht mehr lebensfördernd sind, und behaupten sich gegen das spontane Leben des wahren Selbst, das nicht anders kann, als Leben zu fördern. Es ist verständlich, dass die lebensfeindlichen, starren Gewohnheiten in „sinnlose Wut" geraten, wenn das spontane Leben aus dem Geist „vor ihren Augen" sinnleer gewordene Regeln durchbricht.

Umso mehr geraten die Schriftgelehrten in Wut, als die Krankheit, die Jesus vor ihren Augen heilt, gerade auch die ihre ist. Er führt ihnen ihre eigene Krankheit und deren Heilung vor Augen – und gegen diese Einsicht und Möglichkeit der Heilung sperren sie sich erst recht. Was ist ihre Krankheit? Ihre „rechte Hand" ist erstorben, und zwar in der Synagoge, im Bereich der Religion.

Auch diese Krankheit ist Bild für eine Krankheit der Seele. Die rechte Hand ist das Instrument des aktiven Handelns, während die linke traditionell als die empfangende Hand gilt. Wenn die rechte Hand erstorben ist, so heißt das, dass das Handlungsleben des Menschen tot und in Gewohnheiten erstarrt ist. Es reagiert nicht mehr flexibel auf Situationen. Und wenn das in der Synagoge geschieht, so heißt das, dass diese Erstarrung in Gewohnheiten sich gerade auf religiöses Handeln bezieht. Das Handeln schöpft seine Kräfte nicht mehr aus der lebendigen Verbindung mit dem Geist. Wer sein religiöses Leben und Handeln von starren Gesetzen abhängig macht, wird erleben, dass er nicht mehr situations- und menschengerecht handeln kann und mehr Schaden anrichtet als Nutzen stiftet.

Ursache dieses erstarrten Handlungslebens ist, dass der Mensch, selbstgerecht auf seinen Traditionen beharrend, die Verbindung zu Gott verloren hat. Wäre Gott in ihm, so wären auch Erkenntnis des Notwendigen und Flexibilität in ihm. Er würde situations- und menschengerecht handeln. Diesem Zusammenhang wird schon im Alten Testament Ausdruck gegeben: „Vergesse ich deiner, Jerusalem, so müsse meine Rechte verdorren" , heißt es in Psalm 137,5, wobei Jerusalem für die göttliche Welt steht. Der Mensch, der „Jerusalem", die geistige Welt, vergisst, wird die Erfahrung machen, dass ihm keine spirituellen Kräfte mehr zufließen. Sein Handlungsleben wird keine neuen Impulse erhalten und in Gewohnheiten erstarren.

Jesus heilt die erstarrte Hand. Die Kräfte des Geistes lösen, wenn der Mensch sie in sich zulässt, alle Starre des Handlungslebens auf. Damit führt Jesus den Schriftgelehrten vor Augen, wie ihr eigener Zustand beschaffen ist und wie sie geheilt werden könnten. Gerade dies jedoch steigert ihre Wut noch. Und jeder in Gewohnheiten erstarrte Mensch wird das nachvollziehen können. Er erlebt an sich selbst, wie sehr er jeden Impuls aus dem eigenen Innern, der ihm seinen Zustand vor Augen führt und den Weg der Heilung eröffnet, angstvoll ablehnt und wütend darüber wird.

Damit hat Lukas in drei kurzen Erzählungen die spirituelle Erfüllung im Vergleich zur Vorbereitung charakterisiert. Im Stadium der Verwirklichung wird die Vorbereitung zweitrangig. Sie ist zwar notwendig und keineswegs überflüssig. Hält man sie aber für die Hauptsache, wird sie zum Hindernis. Die Geschichte vom Zöllner Levi zeigt, dass der Mensch, wenn das wahre Selbst in ihm auflebt, endlich in der Einheit mit Gott aufatmen kann. Das wahre Selbst hat, als „Arzt", die existenzielle Trennung zwischen Mensch und Gott, die existenzielle Sünde, aufgehoben. Demgegenüber ist die Zeit der Vorbereitung durch dauernde – notwendige – Anstrengung gekennzeichnet. Die einen glauben dabei, durch Gesetzestreue die Einheit schon erreicht zu haben, die anderen, moralische Sünder, sehen sich als gescheitert an. Doch können sie aufatmen, wenn das wahre Selbst in ihnen auflebt und auch ihre irdische Persönlichkeit in die neue Einheit mit Gott miteinbezieht.

Bei der Geschichte vom Fasten geht es um das ungehinderte Strömen der göttlichen Energien, der Liebe. Es wird möglich, sobald der Geist, der „Bräutigam", das wahre Selbst mit der Fülle dieser Energien speist. Wer diese Fülle, auch als Persönlichkeit, erlebt, lässt zugleich die peinlich genaue Rationierung der irdischen Energien, das „Fasten", das im Stadium der Vorbereitung sinnvoll ist, hinter sich.

Wenn das wahre Selbst im Menschen Geltung erlangt, wird drittens das äußere Gesetz durch verantwortungsbewusste Freiheit, die äußere durch eine innere Ordnung ersetzt. Das wahre Selbst ist „Herr über den Sabbat". Es wirkt frei und schöpferisch im Einklang mit der Ordnung der göttlichen Welt, während im Stadium der Vorbereitung der Mensch seine Handlungen penibel durch äußere Gesetze regeln musste.

Das sind die Eigenschaften des Menschensohns: Einheit mit der geistigen Welt, Verströmen ihrer Liebeskräfte und Freiheit im inneren Gesetz. Die Schüler des Menschensohns haben schon in der ersten Phase ihrer spirituellen Entwicklung an diesen Eigenschaften Anteil. Im Vergleich zu den Pharisäern, die, im Zustand der Vorbereitung, nach äußeren Gesetzen leben und sich an ihnen festklammern, auch wenn sie zur Freiheit durchdringen könnten, bewegen sich die Schüler Jesu in der spirituellen Atmosphäre der Einheit mit den göttlichen Kräften, der gegenseitigen Liebe und Menschenliebe und der verantwortungsbewussten Freiheit des wahren Selbst.

Organisation: Zweite Phase des spirituellen Weges der Schüler

6 12 *Es begab sich aber in diesen Tagen, dass er hinausging auf den Berg, um zu beten, und er verharrte die Nacht hindurch im Gebet zu Gott.* ***13*** *Und als es Tag geworden war, rief er seine Schüler herzu und erwählte aus ihnen zwölf, die er auch Apos-*

tel nannte: ***14*** *Simon, den er auch Petrus nannte, und dessen Bruder Andreas, und Jakobus und Johannes und Philippus und Bartholomäus* ***15*** *und Matthäus und Thomas und Jakobus, den Sohn des Alphäus, und Simon, genannt Eiferer,* ***16*** *und Judas, den Sohn des Jakobus, und Judas Ischarioth, der zum Verräter wurde.*

Während sich Jesus noch in der dritten Phase seines spirituellen Weges befindet und machtvoll als Menschensohn, aus der Fülle des Geistes lebendes wahres Selbst, auftritt, beginnen seine Schüler mit der zweiten Phase ihrer spirituellen Entwicklung. Es geht nach der Berührung durch den spirituellen Impuls um ihre Bindung mit diesem Impuls. Die geistigen Kräfte laufen in den Schülern Jesu um und arbeiten in ihnen, ja die Schüler arbeiten mit ihnen für andere, wodurch diese Kräfte weiter in ihnen wachsen. All das geschieht immer in völligem Einklang und parallel zur Wirksamkeit des vollkommenen wahren Selbst, Jesus, das ja die Kräfte für die Schüler zur Verfügung stellt und stets den Hintergrund für ihre Entwicklung bildet.

Diese zweite Phase des spirituellen Weges der Schüler beginnt folgerichtig damit, dass sie „organisiert" werden. Ihre jeweiligen spirituellen Eigenschaften, die sich in der ersten Phase allmählich herausgebildet haben, werden geordnet und aufeinander bezogen, so dass sie um so stärker nach außen wirken können. Selbstverständlich ist es Jesus selbst, die Verkörperung der Ordnung des Geistes, der diese Organisation seiner Schüler vornimmt. Woher sonst könnte die Ordnung der Schülergemeinschaft stammen, wenn nicht aus der Ordnung des Reiches Gottes? Keine irdischen Zwecke: Erfolg, Herrschaft oder Erwerb von Reichtümern können hier in Frage kommen.

Um sich der Ordnung des Reiches Gottes zu vergewissern und sie in der Gemeinschaft seiner Schüler zu verankern, zieht sich Jesus von den vielen Menschen zurück und geht „auf den Berg", um zu beten. „Berg" ist Symbol für einen erhabenen inneren Zustand, in dem der Mensch Gott begegnen, „beten" kann. Beten ist nichts anderes, als dass das wahre Selbst bewusst die Verbindung mit Gott sucht. Das Ebenbild Gottes, von Gott gezeugt, öffnet sich dem Vater, dem göttlichen Geist, wird eins mit ihm und empfängt seine Kräfte. Das geschieht in der „Nacht", nämlich im Zustand der Ruhe und Empfänglichkeit der Seele, während „Tag" die Tätigkeit der Seele versinnbildlicht.

In seiner Verbindung mit dem Geist auf dem „Berg" vergegenwärtigt sich Jesus die Ordnung des Geistes, wählt zwölf seiner Schüler aus und gibt ihnen, entsprechend dieser Ordnung, ihre besonderen Aufgaben. Die Zahl zwölf ist nicht zufällig. Sie repräsentiert die Vollständigkeit, die Gesamtheit der Hauptaspekte eines Ganzen. Nach den Vorstellungen der Astrologie bezeichnen die zwölf „Häuser" die hauptsächlichen Bereiche der Erscheinungswelt, und die zwölf Tierkreiszeichen alle Haupttypen von Mensch, Tier, Pflanze oder Mineral in der irdischen Welt. Wenn Jesus als der Christus, Verkörperung des geist-erfüllten wahren Selbst, auf dem Berg, dem Ort des Geistes, zwölf Schüler auswählt, so heißt das, dass er seine Schüler nach den zwölf Hauptaspekten der geistigen Welt einteilt. Er selbst, Jesus, verkörpert als der Christus das Ganze der geistigen Welt, die sich nun in zwölf ihn umringenden Facetten, zwölf Eigenschaften der geistigen Welt bricht, wodurch die Intensität der von ihm ausgehenden Wirksamkeit gewaltig gesteigert wird. Der

Geist wird gleichsam auf zwölf besonderen Bahnen in die Menschheit ausgegossen, und erreicht auf jeder Bahn die speziell für diesen Aspekt empfänglichen Menschen.

Die Schüler Jesu wirken von nun an nicht mehr nur als irdische Persönlichkeiten, sondern auch als spirituelle Wesen. Das wird dadurch ausgedrückt, dass zum Beispiel Simon einen neuen Namen erhält. Er heißt jetzt „Petrus“, der Fels, was seine spirituelle Identität kennzeichnet. Er verkörpert den grundlegenden, den Willensaspekt der geistigen Welt, den Anfang, die Stärke der Wirksamkeit des Geistes – man könnte sagen, das spirituelle Tierkreiszeichen „Widder“. An dieses Grundprinzip reihen sich die nächsten elf Prinzipien an. Auch alle anderen Schüler Jesu außerhalb der Zwölf sind diesen zwölf Hauptaspekten zuzuordnen. Sie bilden keine amorphe Masse, sondern sind eine strukturierte Gemeinschaft, je nach ihren Eigenschaften und Fähigkeiten.

Die Vorgehensweise Jesu auf der äußeren Ebene hat ihre Entsprechung im Innern des Einzelmenschen. Die Schüler Jesu stellen jene Kräfte im irdischen Menschen dar, die bewusst am spirituellen Weg beteiligt sind. In einem bestimmten Augenblick auf dem spirituellen Weg gruppieren sich diese Kräfte um den vom wahren Selbst ausgehenden geistigen Impuls, den inneren Jesus. Alle zwölf Aspekte des Bewusstseins werden von ihm durchdrungen und setzen ihn in der ganzen Persönlichkeit um.

Der spirituelle Weg führt nicht allein zur Entfaltung des wahren Selbst derer, die ihn gehen. Wenn sie ihn gehen, werden auch andere Menschen von dieser Möglichkeit angesprochen und können sich ebenfalls dazu entschließen. Ja wer den spirituellen Weg nur für sich allein geht, wird bald wieder in Ichbezogenheit erstarren. Nur wenn die in ihm wirksam werdenden Kräfte des Geistes auch umgesetzt und anderen dienstbar gemacht werden, kann sich seine eigene Entwicklung fortsetzen. Denn nur durch spirituelle Arbeit für andere strömen die spirituellen Kräfte im Schüler. Deshalb nennt Jesus seine Schüler „Apostel“, Botschafter des Geistes. Ihre Aufgabe ist es, die in ihnen frei werdenden Kräfte des Geistes für andere umzusetzen.

Wirkung Jesu auf das Volk

6 17 *Und er stieg mit ihnen hinab und stellte sich auf einen ebenen Platz und [mit ihm] eine große Schar seiner Schüler und eine große Menge Volkes aus dem ganzen jüdischen Land und aus Jerusalem und von der Meeresküste von Tyrus und Sidon,* ***18*** *die gekommen waren, um ihn zu hören und von ihren Krankheiten geheilt zu werden; und die von unreinen Geistern Geplagten wurden geheilt.* ***19*** *Und alles Volk suchte ihn anzurühren; denn eine Kraft ging von ihm aus und heilte alle.*

Jesus hat Position und Funktion seiner Schüler, die bewusst den spirituellen Weg gehen, geordnet. Nun wird zu Beginn der zweiten Phase des spirituellen Weges seiner Schüler in einem großen Bild gezeigt, welche Wirkungen Jesus in den Menschen hervorruft, die mit den geistigen Kräften in Berührung kommen, ohne indessen bewusst einen spirituellen Weg zu gehen. Diese Menschen des „Volkes“ entsprechen den mentalen, emotionalen und vitalen Schichten der einzelnen Persönlichkeit. Es handelt sich hier um Einwirkungen nicht von Geist auf Geist, wie auf dem „Berg“, sondern von Geist auf irdische Persönlichkeit. Deshalb steigt Jesus mit seinen Schülern vom Berg „hinab“, auf die Ebene der irdischen Verhältnisse. Hier steht er nun, Verkörperung des geist-erfüllten wahren Selbst, umgeben von einer großen Schar seiner Schüler, die die zwölf Hauptaspekte der geistigen Welt darstellen und die Kräfte des Geistes weitergeben. Sie wiederum werden umringt von einer großen Menge Volk aus dem ganzen Land. Und was bisher Jesus allein getan hatte, das wird nun von der ihn umgebenden Gemeinschaft seiner Schüler verstärkt. Jesus lehrt und predigt, und die von ihm ausgehenden Kräfte werden durch seine Schüler in zwölf Strömen weitergegeben und dadurch vervielfacht.

Menschen jeder Art erfahren dadurch von der neuen Lebensperspektive und schöpfen neue Hoffnung. Daraus ergeben sich Heilungen ihrer seelischen Unordnung und Befreiung von der Gefangenschaft in Ideologien und Dogmensystemen. Die geistige Kraft ist unerschöpflich. Wer mit ihr in Berührung kommt, wird geheilt. Sie stellt die eigentliche Ordnung des Seins dar und löst jede Disharmonie auf.

Solche Vorgänge sind nicht beschränkt auf die Tage Jesu. Immer wenn ein auf besondere Weise mit dem Geist verbundener Mensch in der Welt auftritt, bilden sich derartige Strukturen heraus, spirituelle Gemeinschaften und Schulen, die ihrerseits gewaltige Wirkungen in ihrer Umwelt auslösen können.

Die Bergpredigt des Lukas-Evangeliums

6 20 *Und er erhob seine Augen auf seine Schüler und sprach:*

Folgerichtig steht an dieser Stelle des Evangeliums die Bergpredigt. Denn sie beschreibt die Eigenschaften und Verhaltensweisen des Schülers in der zweiten Phase des spirituellen Weges, in der die spirituellen Kräfte in ihm umzulaufen beginnen und er sie für andere umsetzt.

In manchen Bibelausgaben wird diese bei Lukas überlieferte Predigt im Gegensatz zur „Bergpredigt“ bei Matthäus als „Feldpredigt“ bezeichnet, weil sie an die Szene anschließt, in der sich Jesus und seine Schüler auf einem ebenen Platz mit vielen Menschen befinden. Doch werden diese Szene und die Predigt sehr deutlich durch die Worte getrennt: „Und er erhob seine Augen auf seine Schüler und sprach …“ Aus dieser Formulierung geht hervor, dass sich die Predigt Jesu auf spirituelle Sachverhalte bezieht, auf ein höheres Niveau, auf dem sich Menschen bewusst dem spirituellen Impuls öffnen, nicht mehr, wie in der Szene vorher, auf die Ebene des „Volkes“, der Entwicklung der irdischen Persönlichkeit. Immer, wenn in den Evangelien Wendungen wie „er erhob die Augen“, oder „sie blickten auf“, benutzt werden, wird damit zum Ausdruck gebracht, dass das Bewusstsein sich zum Geist, zu einer höheren als der irdischen Dimension erhebt. Jesus erhebt seine Augen zum Geist, zum wahren Selbst, in seinen Schülern. Insofern ist es geboten, auch im Fall des Lukas von einer „Bergpredigt“ zu sprechen.

Die ganze Bergpredigt ist ausdrücklich an die Schüler gerichtet, an diejenigen Menschen, die einen spirituellen Weg gehen. Sie muss daher von der spirituellen Dimension her verstanden werden. Wenn man dies außer Acht lässt und sie auf die ichbezogene irdische Persönlichkeit anwendet, entstehen die größten Missverständnisse. Dass sie nur von der spirituellen Dimension her verstanden werden muss und kann, wird übrigens nicht nur durch den einleitenden Satz, sondern auch durch Hinweise im Text selbst mehrmals bestätigt.

Die Bergpredigt ist ein organisch gegliedertes Ganzes. Aber es ist nicht anzunehmen, dass Jesus sie in einem Zug seinen Schülern vorgetragen hat. Vielmehr ist sie die konzentrierte Beschreibung der Zustände, Lebensweisen und Erfahrungen eines Schülers auf dem spirituellen Weg. Jesus wird diese Aspekte des Weges mit seinen Schülern immer wieder und bis ins Einzelne besprochen und ihnen erklärt haben. Damit ist die Bergpredigt ein Leitfaden, an dem jeder Schüler sein Leben und sein Selbstverständnis ausrichten und durch den er seine Abweichungen vom Weg erkennen kann. In allen spirituellen Gemeinschaften der Geschichte hat es solche „Leitfäden“ gegeben, etwa in Form der vier edlen Wahrheiten und des achtfachen Pfades des Buddha oder der Goldenen Verse des Pythagoras. Keinesfalls ist die Bergpredigt ein Kompendium moralischer Anleitungen und Forderungen an die irdische Persönlichkeit, die sich um Frömmigkeit bemüht.

Vier große Gegensätze

***6 20** Selig seid ihr Armen; denn euch gehört das Reich Gottes.*
***21** Selig seid ihr, die ihr jetzt hungert; denn ihr werdet gesättigt werden.*
Selig seid ihr, die ihr jetzt weint, denn ihr werdet lachen.
***22** Selig seid ihr, wenn euch die Menschen hassen und wenn sie euch ausschließen und schmähen und euren Namen als einen bösen ächten um des Sohnes des Menschen willen.*
***23** Freut euch an jenem Tag und frohlockt; denn siehe, euer Lohn wird groß sein im Himmel. Denn ebenso taten ihre Väter den Propheten.*
***24** Doch wehe euch, ihr Reichen; denn ihr habt euren Trost dahin.*
***25** Wehe euch, die ihr jetzt satt seid; denn ihr werdet hungern.*
Wehe euch, die ihr jetzt lacht; denn ihr werdet trauern und weinen.
***26** Wehe, wenn alle Menschen gut von euch reden; denn ebenso taten ihre Väter den falschen Propheten.*

Die Bergpredigt des Lukas beginnt mit vier großen Gegensätzen, ganz in Übereinstimmung mit dem Charakter des Lukas-Evangeliums, in dem der Kontrast zwischen dem irdischen Menschen und dem spirituellen Menschen eine so große Rolle spielt. Vier Seligpreisungen stehen vier Weherufen gegenüber. Scheinbar sind es Gegenüberstellungen von irdischen Zuständen: Arm gegen Reich, Weinen gegen Lachen usw. Aber aus den Begriffen: „Selig“ und „Wehe“ und dem ganzen Zusammenhang geht hervor, dass es sich um den Gegensatz zwischen den Zuständen des Schülers auf dem spirituellen Weg und denen des irdischen Menschen handelt: zwischen den Zuständen des Menschen, der nach Einheit mit der geistigen Welt strebt und denen des Menschen, der alles von der irdischen Welt erwartet. Die Gegensätze befinden sich damit zugleich im Innern jedes spirituellen Schülers, ist er doch selbst auch ein irdischer, in die irdische Welt verstrickter Mensch.

Das „Jetzt" bezieht sich immer auf das Leben in der irdischen Welt, das „Künftig" auf das Leben im Reich Gottes. Es werden also nicht Zustände vor und nach dem Tod verglichen, sondern Zustände vor und nach dem Eingehen ins Reich Gottes. Und dieses Eingehen ist jederzeit möglich.

Vier Gegensätze sind es. Sie bilden eine Gesamtheit. Denn sie beschreiben die Gegensätze zwischen spirituellem und irdischem Menschen auf vier Ebenen, auf denen sich das gesamte Dasein des Menschen abspielt: auf der Ebene der Materie, auf der Ebene der Lebensvorgänge, auf der der Empfindungen und auf der eigentlich menschlichen Ebene – der des Urteilens und Denkens.

„Selig seid ihr Armen; denn euch gehört das Reich Gottes."

Sind hier die materiell Armen gemeint, und ist die Bergpredigt ein Plädoyer für materielle Armut? Sicher nicht. Ein materiell Armer sehnt sich vielleicht umso mehr nach materiellem Reichtum und schließt sich dadurch vom Reich Gottes gerade aus. Wie immer im Lukas-Evangelium ist hier von Armut im spirituellen Sinn die Rede.

Der Schüler auf dem spirituellen Weg ist noch nicht am Ziel. Er weiß sich arm an spiritueller Erfahrung und sehnt sich nach ihr, wie sich ein materiell Armer nach Reichtum sehnt. So wird er frei von irdischen Interessen, mag er auch, materiell gesehen, reich sein. Denn all seine Hingabe gehört der geistigen Welt. In dieser Hingabe gehört ihm das Reich Gottes. Das ist seine Seligkeit, seine Erlöstheit.

„Doch wehe euch, ihr Reichen; denn ihr habt euren Trost dahin."

Wer sich an irdischen Besitz klammert, gehört zu den „Reichen", mag er auch de facto wenig besitzen. Der irdische Mensch kann nicht anders, als sich nach irdischem Besitz zu sehnen. Der Sinn des Lebens besteht für ihn in der Liebe zum irdischen Leben. Aber alles Irdische ist vergänglich. Und der irdische Mensch wird alles verlieren, was er an Irdischem besitzt, spätestens im Tod. Er steht unvermeidlich vor Ausweglosigkeit und Sinnleere, er hat „seinen Trost dahin".

Der eine löst sich von irdischem Besitz und hat insofern „nichts", empfängt dafür aber im Reich des Geistes alles. Der andere hat im irdischen Reich „alles", steht aber letzten Endes mit leeren Händen da.

„Selig seid ihr, die ihr jetzt hungert; denn ihr werdet gesättigt werden."

Die Lebensenergie des spirituellen Schülers ist ganz auf die geistige Welt gerichtet und verlangt nach ihr wie ein Dürstender nach Wasser. Das ist der „Hunger", die Sehnsucht des Schülers, der sich in der irdischen Welt wie in einer unfruchtbaren Wüste fühlt. Dieser Hunger aber wird gestillt werden, denn die Sehnsucht des wahren Selbst wird durch die Kräfte aus der geistigen Welt beantwortet werden. Diese Antwort aus der geistigen Welt und das Eingehen des Schülers ins Reich Gottes ist Seligkeit, Erlöstheit.

„Wehe euch, die ihr jetzt satt seid; denn ihr werdet hungern."

Im Gegensatz dazu stehen dem irdischen Menschen alle Energien der irdischen Welt zur Verfügung, und er sättigt sich an Lust und Leid. Wird aber durch Schicksalsschläge oder durch den Tod der Strom zwischen seinen Wünschen und den sie sättigenden irdischen Energien unterbrochen, wird der große Hunger beginnen.

Der eine löst sich von den Strömen des irdischen Lebens und sehnt sich nach denen des geistigen. Weil er sich von den irdischen Lebensströmen löst, wird er von den geistigen mit Sicherheit gesättigt werden. Der andere hält sich an die Ströme des irdischen Lebens und wird von ihnen gesättigt, wird aber einst vor der Situation stehen, dass ihn diese Ströme nicht mehr erreichen.

„Selig seid ihr, die jetzt weinen; denn ihr werdet lachen."

Die Seele des spirituellen Schülers ist einsam in der irdischen Welt. Sie trauert, weil sie für ihre Empfindungen der spirituellen Freude, Ruhe und Liebe in der irdischen Welt keinen Ort und keine Gefährten findet. Aber in der geistigen Welt wird sie ihren Ort und ihre Gefährten finden und von Liebe, Ruhe und Freude erfüllt sein. Das ist ihre Seligkeit. Sie wird „lachen".

„Wehe euch, die ihr jetzt lacht; denn ihr werdet trauern und weinen."

Die irdische Seele aber, die an den Vergnügungen der irdischen Welt ihre Freude findet, hat Geselligkeit und Anlass zu vergänglicher Freude im Überfluss. Doch diese Möglichkeiten werden durch Krankheit, Enttäuschung, Unglück und am rigorosesten durch den Tod immer wieder zunichte gemacht. Dann wird die irdische Seele einsam sein und trauern.

Der eine ist einsam in der irdischen Welt, weil sie den Bedürfnissen seines wahren Selbst nicht entspricht, wird aber in der geistigen Welt die unvergängliche Freude der Einheit, die Seligkeit und Erlöstheit erfahren. Der andere lebt jetzt im Einklang mit der irdischen Welt und ist von ihren Freuden erfüllt, wird aber erleben müssen, dass diese Freuden ein Ende nehmen. Dann wird er allein sein.

„Selig seid ihr, wenn euch die Menschen hassen und wenn sie euch ausschließen und schmähen und euren Namen als einen bösen achten um des Sohnes des Menschen willen…"

Die Werte des Schülers auf dem spirituellen Weg sind andere als die des irdischen Menschen. Er richtet sich auf die unvergänglichen Eigenschaften des Menschensohns, während der irdische Mensch mehr oder weniger kurzfristigen Zielen nachstrebt. Der irdische Mensch beurteilt den Anhänger des Menschensohns von seiner Warte aus und spürt, dass sein eigener Lebensstil im Gegensatz dazu steht. Deshalb schließt er den Anhänger des Menschensohns aus seiner Gemeinschaft aus, ächtet ihn und schmäht seinen Namen, verleumdet ihn womöglich und hasst ihn, weil er nicht seinesgleichen ist. Dieses Verhalten ihm gegenüber wird der Schüler, der die Eigenschaften des Menschensohns in sich wachsen lässt, gewiss nicht als Seligkeit empfinden. Selig und erlöst ist er aber trotzdem, weil er Werte in sich trägt, die unvergänglich sind und seiner wahren Identität, dem Menschensohn, entsprechen. Das ist sein größter Lohn im Himmel: Er lebt in Übereinstimmung mit sich und mit der Welt des Geistes und erlebt diese Übereinstimmung als unvergängliche Harmonie. Er kann sich zu seinem Trost mit den Propheten der Vergangenheit vergleichen, die ebenfalls den Hass der irdischen Menschen auf sich zogen, weil sie den Eigenschaften des Menschensohns treu blieben.

„Wehe, wenn alle Menschen gut von euch reden…“

Wenn irdische Menschen gut über andere reden, so kann es sich bei diesen anderen ebenfalls nur um irdische Menschen handeln, deren Lebensziele nicht den Eigenschaften des Menschensohns entsprechen. Sie sind den falschen Propheten vergleichbar, die den irdischen Menschen nach dem Mund reden und nicht die Werte des unvergänglichen Geistes verkörpern. Was wird mit solchen Menschen geschehen, die in der Gemeinschaft der irdischen Menschen wohlgelitten sind und ihr Leben so einrichten, dass dieser Zustand um jeden Preis aufrechterhalten bleibt? Die Eigenschaften und Werte des Geistes, des wahren Selbst in ihnen, entwickeln sich nicht. Das wahre Selbst bleibt weiter latent, der Betreffende verfehlt seine Bestimmung. Er geht nicht ins Reich Gottes ein.

Der eine entwickelt die Eigenschaften des Menschensohns und zieht sich dadurch Isolation und Hass zu. Aber weil er sein unvergängliches wahres Selbst entwickelt, erfüllt er seine Bestimmung und geht zu gegebener Zeit ins Reich des Geistes ein. Der andere entwickelt nur die vergänglichen Eigenschaften des irdischen Menschen. Dadurch lebt er zwar im Einklang mit der Gemeinschaft der irdischen Menschen, verfehlt aber seine Bestimmung. Sein wahres Selbst bleibt latent, er geht nicht ins Reich Gottes ein.

Durch die vier Seligpreisungen und Weherufe am Anfang der Bergpredigt des Lukas sind der Zustand eines Schülers auf dem spirituellen Weg, der sich auf die unvergängliche Welt des Geistes richtet, und der des irdischen Menschen, der sich auf die vergängliche Welt konzentriert, charakterisiert, und zwar auf vier Ebenen. Gegensätzlicher könnten keine zwei Zustände sein. Was dem Einen wert ist, ist dem Anderen unwert. Was der Eine festhält, lässt der Andere los. Wo bei dem Einen zuerst Verlust ist, ist nachher Gewinn, während bei dem Andern zuerst Gewinn ist, sich aber später Verlust einstellt. Ein Schüler, der sich diese Verhältnisse klarmacht – und zu diesem Zweck sind die Seligpreisungen und Weherufe von Jesus ausgesprochen –, wird in seiner Treue zur geistigen Welt und in seiner Preisgabe der irdischen Verstrickungen bestärkt werden. Er wird die dunklen Räume des Irdischen verlassen wollen, um in die hellen Räume des Geistes einzutreten.

Verbundenheit des Schülers mit der geistigen Welt

6* *27 *Euch aber, die ihr zuhört, sage ich: Liebt eure Feinde; tut Gutes denen, die euch*
hassen; ***28*** *segnet die, welche euch fluchen; bittet für die, welche euch beleidigen!* ***29***
Dem, der dich auf den Backen schlägt, biete auch den andern dar, und dem, der dir
den Mantel nimmt, verweigere auch den Rock nicht! ***30*** *Jedem, der dich bittet, gib,*
und von dem, der dir das Deine nimmt, fordere es nicht zurück! ***31*** *Und wie ihr wollt,*
dass euch die Leute tun, ebenso sollt auch ihr ihnen tun. ***32*** *Und wenn ihr die liebt,*
die euch lieben, was für einen Dank habt ihr? Denn auch die Sünder lieben die, welche sie lieben. ***33*** *Und wenn ihr denen Gutes tut, die euch Gutes tun, was für einen*
Dank habt ihr? Auch die Sünder tun dasselbe. ***34*** *Und wenn ihr denen leiht, von*
denen ihr zurückzuerhalten hofft, was für einen Dank habt ihr? Auch die Sünder leihen den Sündern, damit sie das gleiche zurückerhalten. ***35*** *Vielmehr liebt eure Fein-*

de und tut Gutes und leiht, ohne etwas zurückzuerwarten. Dann wird euer Lohn groß sein, und ihr werdet Söhne des Höchsten sein; denn er ist gütig gegen die Undankbaren und Bösen. ***36*** *Seid barmherzig, wie euer Vater barmherzig ist!*

Die Bergpredigt beschreibt weiter, wie der Schüler auf dem spirituellen Weg im Zustand der Verbindung mit der geistigen Welt lebt und ihn aufrechterhält. Kaum ein Abschnitt des Evangeliums hat so viele Missverständnisse hervorgerufen wie dieser. Was soll man z.B. mit der Forderung anfangen: Dem, der dich auf den Backen schlägt, biete auch den anderen dar? Wenn der irdische Mensch so etwas zu verwirklichen sucht, wird er zu einem heuchlerischen Duckmäuser oder lebensuntüchtigen frommen Lamm. Man hat aus dieser und ähnlichen Forderungen der Bergpredigt tatsächlich das religiöse Ideal des Heiligen und „guten" Menschen abgeleitet, der niemandem etwas zuleide tut, seine Leidenschaften, wenn er überhaupt noch welche besitzt, zähmt und sich brav den „Geboten Gottes" unterwirft. Dagegen haben sich andere empört. Sie haben dieses Frömmigkeitsideal als Sklavenmoral, von Priestern zur Aufrechterhaltung ihrer Herrschaft erfunden, gekennzeichnet und ihm das Recht der Natur auf Leidenschaft und Selbstbehauptung entgegengestellt. Angesichts des „Guten", des Frömmigkeitsideals, haben sie leidenschaftlich für das „Böse" plädiert: für den Kampf, und für den Willen zu herrschen. „Gut" und „Böse" wurden dabei umdefiniert. Für den Frommen sind die natürlichen Leidenschaften und spontanen Energien das „Böse", das bekämpft und unterdrückt werden muss. Für den Anwalt des „Willens zur Macht" ist eben dieses „Böse" in Wirklichkeit das „Gute", das es zu fördern gilt. Das „Gute", das Frömmigkeitsideal, ist für ihn wenn nicht das „Böse", so doch das „Schlechte".

Wie wird das Frömmigkeitsideal, das vielfach aus der Bergpredigt abgeleitet wird, von seinen Befürwortern begründet? Mit dem „Willen Gottes". Gott wolle den Menschen fromm und brav, nicht leidenschaftlich und kämpferisch. Umgekehrt begründen die Vertreter des „Willens zur Macht" ihr Ideal mit dem „Willen der Natur". Die Natur wolle den Menschen leidenschaftlich und kämpferisch, nicht fromm und friedlich.

Zu diesen gegensätzlichen Positionen, die sich gegenseitig bedingen, kann es nur kommen, wenn man die Bergpredigt auf den irdischen Menschen bezieht. Sie bezieht sich aber auf den spirituellen Menschen – Jesus erhob seine Augen! –, auf eine Dimension, die dem Irdischen, ob „Frömmigkeit" oder „Willen zur Macht", inkommensurabel ist. Das beweist zum Beispiel Vers 35, an dessen Ende es heißt: „Ihr werdet Söhne des Höchsten sein; denn er ist gütig gegen die Undankbaren und Bösen." Die Güte des „Höchsten" ist der Sonne vergleichbar. Die Sonne strahlt unerschöpflich Wärme und Licht – Güte – aus. Es kümmert sie nicht, wie die Wesen sind, über die sie scheint – ob gut oder böse. Allen gibt sie ihre Kraft, sie kann nicht anders. Sie ist Wärme und Licht, sie ist Güte. Ebenso ist der Höchste – Gott – nicht der „Gott der Frommen", der die „Guten" belohnt und die „Bösen" bestraft, sondern unerschöpfliche, produktive Kraft und Weisheit: Güte. Er ist genau so wenig „Wille zur Macht" und der „Gott der Bösen", der die „Bösen" belohnt und die „Guten" bestraft. Er *ist* Liebe im Sinn der Förderung allen Lebens. Er ist Geist, Einheit, Liebe und Freiheit, jenseits aller irdischen Frömmigkeit und

Bosheit. Er ermöglicht sowohl Frömmigkeit als auch Bosheit, sowohl den Guten als auch den Bösen.

Die Verse dieses Abschnitts der Bergpredigt schildern den Menschen, der aus dem Geist lebt. Er ist wie die Sonne, die ist wie sie ist und keinen Unterschied zwischen Gut und Böse macht. Und Vers 35 begründet diese Art des Seins. Wer aus dem Geist lebt, wird „Sohn des Höchsten" werden. Das bezieht sich nicht auf den irdischen Menschen, lebe er im Sinn des Frömmigkeitsideals oder im Sinn des Willens zur Macht. Der Mensch hat nicht primär die Aufgabe, seine irdischen Eigenschaften weiterzuentwickeln, in die eine oder in die gegensätzliche Richtung. Seine Aufgabe und Bestimmung ist die Entfaltung des spirituellen Menschen, der als Anlage in ihm schlummert, die Entfaltung des Ebenbildes Gottes. Wenn er es entfaltet, wird er „Sohn des Höchsten", wahres Selbst, das in bewusster Einheit mit der Ordnung des Alls lebt, unerschöpflich die Kräfte göttlicher Liebe ausstrahlt und sich nach seinem eigenen inneren Gesetz entwickelt, das auch das Gesetz des Geistes ist. Darin besteht seine Freiheit.

In dieser Perspektive sollen, so will es der Evangelist, die Verse 27–36 betrachtet werden. Sie beschreiben einen Zustand der Helligkeit und Absichtslosigkeit, der sich im Schüler allmählich entwickelt. Sie geben außerdem Hinweise darauf, wie dieser Zustand der Einheit mit dem Geist aufrechterhalten wird. Wenn ein Schüler z. B. seinen Feind hasst, wird der Hass die Heiterkeit, Klarheit und Kraft, die aus der Einheit mit dem Geist folgen, zerstören. Der Schüler wird also darauf achten, dass er im Zustand der Einheit mit dem Geist verbleibt und seinen Feind nicht hasst. Hasst er seinen Feind, so kann er das nur im Zustand des irdischen Menschen tun, der eben die liebt, die ihn lieben, und hasst, die ihn hassen. Auf diesen Zustand spielt Vers 32 an: Die „Sünder", das heißt die irdischen, von Gott getrennten Menschen, lieben, von denen sie geliebt werden – aber was ist das für eine ichbezogene, beschränkte Liebe! –, und hassen, von denen sie gehasst werden. Der Schüler jedoch, dessen wahres Selbst im Einklang mit dem Geist lebt, verhält sich wie der Geist selbst: Hass ist ihm nicht möglich, und seine Liebe umfasst alle, ob Freund oder Feind, denn sie ist nicht interessengebunden wie die des irdischen Menschen.

Ebenso wird ein Mensch im Einklang mit dem Geist notwendig Gutes tun. Der Geist tut nichts anderes als Gutes. Er fördert alles, was selbst zum Geist hinstrebt, und korrigiert alles, was das Streben zum Geist behindert. Denn der Geist ist das Grundgesetz des Alls und seiner Entwicklung, das Grundgesetz auch des Menschen und seiner Entwicklung. Der irdische Mensch dagegen – der „Sünder" – (Vers 33) tut Gutes nur denen, die auch ihm Gutes tun. Das ist nichts anderes als ein Handel. Und allen, die ihm Böses tun, vergilt er mit Bösem. Der geistige Mensch aber, das wahre Selbst, kann nicht mit Bösem vergelten. Er ist ja selbst das Gute. Vergilt ein Schüler auf dem spirituellen Weg Böses mit Bösem, so ist es der irdische Mensch in ihm, der so handelt. Der Schüler verliert dann im gleichen Augenblick den Zustand der Heiterkeit, Freiheit und Großmut, der die Einheit mit dem Geist kennzeichnet. Er wird also darauf achten, diesen Zustand beizubehalten.

Vers 34 beschreibt das Verhalten des irdischen Menschen in Bezug auf „Verleihen" von Gütern. Dieser leiht nur, um das Verliehene, vielleicht noch mit Zinsen, zurückzuerhalten. Der spirituelle Mensch dagegen ist großzügig und schenkt und leiht aus seiner Fülle, ohne etwas zurückzuerwarten. Denn die Erwartung wäre ein Schatten, der die Helligkeit und Klarheit seines Zustandes im Einklang mit dem Geist trüben würde. Sollte er die Seligkeit dieses Zustandes durch solche Trübungen beeinträchtigen lassen? Außerdem wird seine innere Harmonie von ihm ausstrahlen, gleichgültig, ob die Menschen ihm wohlgesonnen sind oder ihn verfluchen: Er wird sie „segnen". Denn würde er auf einen Fluch mit einem Gegenfluch antworten, so fiele er damit in den Zustand des irdischen Menschen, des „Sünders" zurück, und verlöre durch Disharmonie den seligen Zustand des Einklangs mit dem Geist, der Harmonie ist. Und schließlich wird er aus den gleichen Gründen auf Beleidigungen nicht seinerseits mit Beleidigungen reagieren, wie es der irdische Mensch tut, sondern Beleidigern wie Bewunderern seine guten Wünsche zukommen lassen.

Auf fünffache Weise wird also das wahre Selbst des Schülers aus seinem Zustand der Einheit mit dem Geist leben und dabei vermeiden, in den Zustand des irdischen, vom Geist getrennten Menschen zurückzufallen. Es wird wie die Sonne nicht anders können, als fördernde Liebe für alle auszustrahlen, Gutes im Sinn einer Hilfe für alles, was zum Geist strebt, zu tun, großmütig aus seiner Fülle zu schenken, ohne etwas zurückzuerwarten, Eintracht zu stiften und Wohlwollen zu verbreiten, gleichgültig, wie disharmonisch und beleidigend man ihm begegnet. Das sind fünf neue Eigenschaften der Seele, die aus dem Zustand der Einheit mit dem Geist folgen. Entwickeln sie sich im Schüler, wird er zum „Sohn des Höchsten", der die nämlichen Eigenschaften besitzt. Denn der irdische Mensch, von Gott getrennt, ist kein Sohn des Höchsten. Der Schüler unterstützt diese Entwicklung, nicht um fromm und brav zu sein, sondern weil ihm die Erfahrung zeigt, dass diese Eigenschaften seinem innersten, spirituellen Wesen entsprechen und höchstes Glück bedeuten. Wenn er im Einklang mit seinem wahren Selbst ist, ist er auch im Einklang mit dem Geist.

Die beiden Sprüche in Vers 29 schildern den Schüler, der sich durch Vergeltungs- und Rachsucht nicht aus dem Zustand der Einheit mit Gott herausreißen lässt. „Dem, der dich auf den Backen schlägt, biete auch den anderen dar." Das ist keine Verhaltensanweisung für den irdischen Menschen zu besonderer Frömmigkeit. Es ist ein aus der irdischen Welt genommenes Bild, durch das eine spirituelle Haltung beschrieben wird. Reagiere nicht mit Hass und Verteidigung, wenn dich jemand angreift – „auf den Backen schlägt". Bleibe in der Heiterkeit, Ruhe und Güte, die das wahre Selbst charakterisieren. Biete dem anderen weiterhin all deine spirituelle Heiterkeit, Ruhe und Güte, „den anderen Backen", dar. Panzere und verhärte dich nicht. Denn sobald du dich panzerst, sobald du deine „Backe" schützt, sind Heiterkeit, Ruhe und Güte dahin. Bleibe also offen bei allen Angriffen. Das gilt für die spirituelle Ebene. Da aber der Schüler zugleich auf der irdischen Ebene lebt, bleibt es ihm unbenommen, ja hat er vielleicht sogar die Pflicht, Angreifer zurechtzuweisen. Nur ist entscheidend, dass er es nicht aus Rachsucht tut und dass seine Offenheit auf der spirituellen Ebene dabei nicht schwindet.

Ein Beispiel für ein solches Verhalten ist die im Johannes-Evangelium geschilderte Reaktion Jesu auf den Schlag, den ihm ein Diener des Hohenpriesters versetzt.

Ohne aus der Ruhe und Offenheit, die der Einklang mit dem Geist gewährt, herauszufallen – ohne in innere Abwehrhaltung überzugehen –, weist Jesus den Diener zurecht (Joh. 18,22–23).

Ähnliches drückt der Spruch aus: „Dem, der dir den Mantel nimmt, verweigere auch den Rock nicht." Es geht nicht darum, auf der Ebene des irdischen Lebens alles mit sich geschehen zu lassen. Der Spruch beschreibt mittels eines Bildes aus der irdischen Welt einen Zustand auf der spirituellen Ebene. Lasse dich nicht, meint der Spruch, dadurch, dass jemand deine Güte ausnützt – „dir den Mantel nimmt" –, aus dem Zustand des Einklangs mit dem Geist reißen und verschließe dich nicht. Denn wenn du dich verschließt, zerstörst du den Zustand der Einheit mit dem Geist. Verharre also, gleichgültig, was dir geschieht, in diesem Zustand. Lass, gleichgültig was dir geschieht, deine Güte weiter wirken und verweigere sie nicht. Verweigere also auch den „Rock" nicht. Wenn du in diesem spirituellen Zustand verbleibst, kannst du auch, ohne in die auf der irdischen Ebene übliche Rachsucht und Verteidigungshaltung zu verfallen, sachlich das tun, was den Erfordernissen des irdischen Lebens entspricht. Dann kannst du deinen irdischen Mantel verteidigen und deinen irdischen Rock verweigern.

Beide Sprüche sind Gleichnisse, die gerade durch ihre Paradoxie wirken. Sie sagen: Verhalte dich als Schüler auf dem spirituellen Weg innerlich so, wie jemand in der irdischen Welt, der, wenn man ihn auf den einen Backen schlägt, auch den anderen hinhält, oder wie jemand in der irdischen Welt, der, wenn man ihm den Mantel nimmt, auch den Rock gibt. Der Leser stutzt: So ein Verhalten ist doch in der irdischen Welt unmöglich! Ja, sagen die Gleichnisse, aber in der geistigen Welt verhält man sich so, ganz anders als in der irdischen!

Noch zwei weitere, ähnliche Aspekte des Zustands der Einheit mit dem Geist beschreibt die Bergpredigt in diesem Abschnitt. „Jedem, der dich bittet, gib…" (Vers 30). Die geistigen Kräfte, die dem Schüler in diesem Zustand zuströmen, müssen weiterströmen. Nur so bleibt er im Zustand der Einheit mit dem Geist. Der Bittende ist der für spirituelle Kräfte Empfängliche, und ihm wird der von spirituellen Kräften Erfüllte selbstverständlich und spontan geben. Das ist seine Grundhaltung. Andererseits wird er dem, der ihn nicht bittet, nicht geben können, auch wenn es ihn schmerzt. Wo Empfänglichkeit für die Kräfte des Geistes fehlt, also nicht darum gebeten wird, kann der von diesen Kräften Erfüllte nicht geben. Seine Grundhaltung jedoch bleibt davon unberührt.

Sie hat überdies ihre Berechtigung auch auf der irdischen Ebene. Auch irdische Güter dürfen nicht zurückgehalten werden, wenn sie anderen dienen können und diese zu Recht darum bitten. Nur so fließen Güter und Kräfte und kommen allen zugute. Andernfalls verhärtet sich der Besitzer in seinem Besitz, wird abhängig von ihm oder benutzt ihn zur Herrschaft über andere. Das wird ihm seine Lebensfreude und das Vertrauen anderer Menschen rauben. Er muss wissen, ob er diese Folgen in Kauf nehmen will.

„…und von dem, der das Deine nimmt, fordere es nicht zurück" (Vers 30). Wenn ein Unwürdiger Lehre und Predigt eines mit dem Geist verbundenen Menschen aufnimmt und sie zum eigenen Vorteil verwendet, wird der Lehrer keine Rechenschaft von ihm fordern. Warum sollte er gegen den „Dieb“ vorgehen? Seine spirituellen Einsichten und Kräfte sind unerschöpflich. Das schließt nicht aus, dass er in Sachlichkeit auf der irdischen Ebene Plagiate verhindert.

Charakteristisch für den Zustand der Einheit mit dem Geist ist, die geistigen Kräfte strömen zu lassen – sie an Bedürftige auszuteilen und sie nicht zurückzuholen, wenn Unwürdige sich ihrer bedienen. Der Unwürdige wird zu seiner Zeit die Folgen seiner Handlungsweise erfahren.

Dies sind die Eigenschaften, die den Zustand der Einheit mit dem Geist kennzeichnen. Und ein Schüler, der sich in der Einheit befindet, kann nicht anders, als diese Eigenschaften zu entwickeln. Damit ist er Teilhaber an der geistigen Welt selbst, „Sohn des Höchsten“, und wirkt mit den gesetzmäßigen Strömungen der geistigen Welt mit. Die Formulierungen der Bergpredigt erinnern ihn an diese Bestimmung und lassen ihn darauf achten, stets in diesem Zustand der Seligkeit zu verbleiben. Vers 36 fasst all diese Eigenschaften noch einmal in einer Formel zusammen: „Seid barmherzig, wie euer Vater barmherzig ist.“ Wendet euch allen Geschöpfen verständnisvoll zu – das ist Barmherzigkeit. Der Schüler wird, wenn er in der Ordnung und den Kräften der geistigen Welt lebt, nicht anders können, als sich allen Geschöpfen liebend, gebend, erkennend, Frieden stiftend und Freude bringend zuzuwenden. Er wendet sich ihnen zu, so wie sich der Geist selbst, der „Vater“, ihnen zuwendet. Damit befindet er sich im Einklang mit dem Vater.

Vers 31 ist die Goldene Regel, die sich in allen Religionen und Philosophien der Welt findet. Dieser Vers richtet sich ausnahmsweise nicht speziell an den Schüler auf dem spirituellen Weg, sondern auch an den irdischen Menschen. Erfüllt der irdische Mensch die Regel, so ist das eine notwendige Vorbereitung auf den spirituellen Weg. Und da der Schüler auf dem Weg gleichzeitig ein irdischer Mensch ist, ist die Erfüllung dieser Regel eine notwendige Bedingung dafür, dass er auf seinem Weg vorankommt. Es liegt im Interesse des irdischen Menschen, die berechtigten Interessen anderer Menschen zu beachten. Er wird sich am wohlsten fühlen und gerät auch in die für den spirituellen Weg günstigste Verfassung, wenn er sich im Sinn dieser Regel verhält.

Möchte er von anderen geachtet sein? Ja. Also achte er auch andere. Möchte er, dass andere ihm Sympathie und Vertrauen entgegenbringen? Ja. Also bringe er auch anderen Sympathie und Vertrauen entgegen. Möchte er von anderen ehrlich informiert sein? Ja. Also informiere er auch andere ehrlich.

Und möchte er von anderen seines Besitzes beraubt und von ihnen betrogen werden? Nein. Also beraube er auch andere nicht ihres Besitzes. Möchte er von anderen beleidigt und verleumdet werden? Nein. Also beleidige und verleumde er andere nicht. Möchte er von anderen manipuliert werden? Nein. Also manipuliere er andere nicht. Möchte er von anderen bekrittelt werden? Nein. Also bekrittle er andere nicht.

Verhältnis des Schülers zu Mitmensch und Umwelt

6 37 *Und richtet nicht, so werdet ihr nicht gerichtet werden, und verurteilt nicht, so werdet ihr nicht verurteilt werden; sprecht frei, so werdet ihr freigesprochen werden.*

38 Gebt, so wird euch gegeben werden; ein gutes, vollgedrücktes, gerütteltes, überfließendes Maß wird man in euren Schoß geben. Denn mit welchem Maß ihr messt, mit dem wird euch wieder gemessen werden.

Nachdem Jesus in der Bergpredigt den Zustand der Einheit mit dem Geist und die daraus folgenden Eigenschaften beschrieben hat, bezieht er sich auf das Verhältnis des Menschen zu Mitmensch und Umwelt. Dieses Verhältnis steht unter dem Gesetz: Mit welchem Maß ihr messt, mit dem wird euch wieder gemessen werden. Ist das Maß, das der Mensch an die Umwelt anlegt, Kritik und Forderung an andere, so wird er selbst mit Kritik und Forderungen konfrontiert werden. Ist das Maß der Freispruch anderer, wird er selbst freigesprochen werden. Ist es Förderung anderer, wird er selbst gefördert werden. Die drei Lebensgesetze folgen einer Entwicklung: von gegenseitiger Verstrickung über Befreiung zu gegenseitiger Förderung.

Kein spirituelles Wachstum ist möglich, solange der Mensch anderen Menschen in Ichbezogenheit gegenübertritt. Wenn er spirituell wachsen will, muss er seine Ichbezogenheit verlieren. Verliert er seine Ichbezogenheit, können alle Fähigkeiten, die bisher im Dienst des Ich standen, zum Ausdruck des wahren Selbst werden.

Was ist die Ursache des Richtens, der Kritik? Es sind die Erwartungen, die jemand in seiner Ichbezogenheit an sich selbst, an andere Menschen und an Situationen richtet. Menschen und Situationen sollen so sein, dass sie seinen Interessen und Idealen entsprechen. Wenn sie ihnen nicht entsprechen, gerät er in Zorn und kritisiert. Warum hat er Erwartungen? Teils weil sich die Wünsche und Vorstellungen seines Ich durchsetzen möchten, teils weil er, die Vollkommenheit des wahren Selbst ahnend, die Unvollkommenheit seines Ich spürt. Deshalb will er, dass die Vollkommenheit als Ideal von anderen und ihm selbst verwirklicht wird.

Seine Erwartungen sind die Schablonen, die er an sich selbst und andere anlegt. Aber genau dadurch richtet er sich selbst. Denn indem er sich mit seinen Schablonen identifiziert, zwingt er sich selbst in sie hinein. Mit dem Maß, mit dem er misst, wird er selbst gemessen. Außerdem werden ihn die anderen an seinen eigenen Schablonen messen. Sie werden verlangen, dass er selbst erfüllt, was er von ihnen erwartet. So entsteht durch Kritik ein Netz gegenseitiger Verstrickungen. Und der Kritiker, in seinen eigenen Maßstäben und der Kritik der Reagierenden gefangen, kann nicht mehr sehen, wie die Wirklichkeit ist. Er sieht sie nur noch durch Schablonen, alles andere entgeht ihm. Er kann außerdem, verstrickt in den Kampf der gegenseitigen Erwartungen, die spirituellen Impulse, die in ihm wirken möchten, nicht wahrnehmen. Damit entgehen ihm auch die Wirkungen des Geistes in anderen Menschen und in der Welt.

Die einzige Möglichkeit, dieser Verstrickung zu entkommen, ist, andere Menschen und Situationen freizulassen – freizusprechen. Wer die Schablonen loslässt, an denen er andere misst, befreit sich selbst von dem Zwang, den die Schablonen auf ihn ausüben. Wer andere freispricht, wird selbst freigesprochen. Und da die bisher Kritisierten spüren, dass er keine Maßstäbe mehr an sie anlegt, entfällt ihre Reaktion, seine eigenen Maßstäbe an ihn anzulegen. Auch von ihrer Seite wird er freigesprochen. Das Netz der gegenseitigen Erwartungen und Kritik löst sich auf. Dadurch wird es möglich, dass der Betreffende die Realität sieht, wie sie ist, ohne Schablonenvorurteile. Es wird auch möglich, dass in ihm wirkende spirituelle Impulse sein Bewusstsein erreichen. Dadurch kann er sehen, welche Möglichkeiten spirituellen Wachstums andere Menschen haben, und inwieweit sie durch falsche Reaktionen oder Belastungen an ihrer Entfaltung gehindert werden. So kann er wirklich helfen.

Und wie hilft er? Durch Geben. Nicht durch Geben wohlfeiler Ratschläge. Das wären nur wieder Schablonen, in die er den anderen presst. Eine Gabe ist nur nützlich, wenn sie unter der Voraussetzung erfolgt, dass der andere freigelassen wird, sie anzunehmen und weiter seinen eigenen Weg zu gehen. Daher ist die Gabe, die der nicht mehr Erwartende, Freilassende, gibt, vor allem sein eigenes Wesen, soweit das wahre Selbst darin schon wirksam geworden ist. Er gibt seine Ruhe, seine Lebensfreude, seine Erkenntnis, seine Liebe, seine Freiheit und Kraft, allein schon dadurch, dass er da ist, und ohne auf Wirkungen abzuzielen. So kann der andere seine Probleme besser lösen. Und die vielleicht im anderen entstehende Ruhe, Lebensfreude, Erkenntnis, Liebe, Freiheit und Kraft wird zum Geber zurückkommen. Der Geber wird erfahren, dass das von ihm – allein durch seine Existenz – Ausgesäte als vollgedrücktes, überfließendes Maß der Frucht zu ihm zurückkommt.

Kritik und Verurteilung kommen als Kritik und Verurteilung zum Kritiker zurück und binden Kritiker und Kritisierten so fest aneinander, dass sie kaum noch atmen können. Die einzige Lösung dieses Zustandes ist Freisprechen des anderen, was bedeutet, dass der Freisprechende selbst freigesprochen wird. Dann wird Geben spiritueller Kräfte möglich, die vervielfacht zum Geber zurückkommen. So entsteht ein gemeinsames, freies Leben in der Einheit mit dem Geist, die besondere Freundschaft unter Schülern auf dem spirituellen Weg, und die Bruderschaft aller Menschen, soweit sie nach der Einheit mit dem Geist streben.

Die moderne Psychologie hat viele dieser Zusammenhänge erkannt und wendet sie auf das irdische Zusammenleben der Menschen an. Die Bergpredigt aber ist spirituelle Psychologie. Psychologische Gesetzmäßigkeiten erhalten hier ihre Bedeutung stets aus der Perspektive des spirituellen Weges – der Überwindung der irdischen Ichbezogenheit durch das wahre Selbst. Nur eine solche Psychologie hilft dem Menschen, seine Bestimmung zu erfüllen.

Drei Probleme auf dem spirituellen Weg

6 39 *Er sagte ihnen aber auch ein Gleichnis: Kann etwa ein Blinder einen Blinden führen? Werden nicht beide in eine Grube fallen?* ***40*** *Ein Schüler ist nicht über dem Meister; jeder aber, wenn er ganz vollendet ist, wird wie sein Meister sein.* ***41*** *Was siehst du aber den Splitter in deines Bruders Auge, des Balkens jedoch in deinem eigenen Auge wirst du nicht gewahr?* ***42*** *Wie kannst du zu deinem Bruder sagen: „Bruder, halt, ich will den Splitter, der in deinem Auge ist, herausziehen“, wenn du selber den Balken in deinem Auge nicht siehst? Du Heuchler, ziehe zuerst den Balken aus deinem Auge, und dann magst du zusehen, dass du den Splitter herausziehst, der in deines Bruders Auge ist.*

Jesus spricht zu seinen Schülern von drei großen Problemen, vor die sich jeder Schüler auf dem spirituellen Weg auf Grund der Tendenzen seines irdischen Wesens gestellt sieht. Sie beziehen sich auf das Verhältnis des Schülers zu anderen Menschen, zum Meister der Schülergemeinschaft und zum Mitschüler. Stets ist der Hintergrund „Ein-sicht“ als wesentlicher Aspekt des spirituellen Weges, weshalb Jesus Bilder aus der Welt des Sehens bevorzugt.

Viele irdische Menschen führen ihresgleichen in der irdischen Welt, teils gut, teils schlecht. Problematisch wird es aber, wenn irdische Menschen, die blind für die geistige Welt sind, beanspruchen, andere zu dieser Welt führen zu können. Wie soll ein für die geistige Welt Blinder anderen helfen, ihre Bestimmung zu erfüllen und in der geistigen Welt sehend zu werden? Solange der geistig blinde Führer nicht erkennt, dass er blind ist, so lange wird sich das Auge des Geistes, das den Geist sieht, nicht in ihm öffnen. Und damit wird er mit seiner Gefolgschaft „in die Grube fallen“. Er wird nicht in die geistige Welt, das Reich Gottes, gelangen. Er wird entweder in der irdischen Welt verbleiben und darin seine Bestimmung verfehlen, oder in eine dämonisch-jenseitige Welt geraten – weil ihm das Unterscheidungsvermögen für dämonisch-jenseitig und geistig-göttlich fehlt – und dort untergehen. Nur wer in der geistigen Welt sehend geworden ist, kann das Licht des Geistes anderen zeigen, so dass sie sich selbst an diesem Licht orientieren können.

Darin besteht die Aufgabe eines spirituellen Schülers für andere: ihnen das Licht zu zeigen, und sei es allein durch die Art seiner Existenz, damit sie sich einmal von diesem Licht selbstständig führen lassen können. So „führt“ er andere. Er kann es nur, wenn ihm selbst das Auge für die geistige Welt geöffnet worden ist. Das ist der Sinn dieses Gleichnisses: Jeder Schüler achte darauf, dass er wirklich sehend geworden ist. Anders kann er das Licht des Geistes anderen nicht zeigen und würde, wenn er doch die Führung beanspruchte, als Blinder Blinde mit sich in die Grube reißen.

Im Verhältnis zu seinem Meister, der ihm in den Kräften des Geistes auf dem Weg vorangeht, steht der Schüler immer in Gefahr, zu glauben, er wisse besser als dieser, wie der spirituelle Weg aussehe und gegangen werden müsse. Oder er richtet sich auf einem einmal erreichten Niveau ein und bildet sich ein, das Ziel schon erreicht zu haben. Damit gibt er innerlich den Schülerstatus auf und betrachtet sich selbst als Meister. Dabei bemerkt er nicht, dass gerade diese Einstellung die größte Ferne zum Ziel der Einheit mit dem Geist beweist. Er weiß noch nicht, dass Erfahrungen eintreten können, die das bisher erreichte Niveau als sehr niedrig kennzeichnen.

Überwindet er aber diese Illusion und lässt sich vom Licht des Geistes belehren und korrigieren, so wird sich ihm allmählich das Auge des Geistes öffnen und er wird in der Welt des Geistes sehend werden. Der Schüler, der dann wirklich zum Meister geworden ist, wird erkennen, dass die Wahrheit, in der er nun lebt, für ihn und seinen bisherigen Meister dieselbe ist. Er ist vollendet, in die Wahrheit eingegangen und als irdisches Ich im wahren Selbst aufgegangen. Damit ist er dem Meister gleich, und der Meister ist ihm gleich.

Das Verhältnis des Schülers zu seinen Mitschülern leidet schwer unter dem Hang, statt an sich selbst zu arbeiten und sich zu ändern, andere zu bearbeiten und zu verändern. Deshalb ruft Jesus durch das Gleichnis vom Splitter im Auge des andern und dem Balken im eigenen Auge seinen Schülern zu: Konzentriert euch auf die Erkenntnis der eigenen Schwächen und auf die Arbeit an euch selbst. Beobachtet nicht ständig die Schwächen anderer und kritisiert sie nicht ständig.

Es geht hier vor allem um die Schwäche der Voreingenommenheit, nicht so sehr um Fehler überhaupt. Würden Fehler überhaupt gemeint sein, so würde das Bild vom Splitter und Balken gerade im Auge nicht gut passen. Das Auge ist Bild für das erkennende Bewusstsein. Ein Splitter in diesem „Auge“ ist ein Vorurteil, das die Klarheit des Auges trübt – sei es des irdischen Erkenntnisvermögens in der Wahrnehmung der irdischen Realitäten, sei es des geistigen Erkenntnisvermögens in der Wahrnehmung der geistigen Welt.

So stark ist die Neigung des Menschen, eigene Fehler zu übersehen und nur die der anderen zu sehen, dass schon das kleinste Vorurteil im Auge des Bruders bemerkt und kritisiert wird, während zugleich das größte Vorurteil im eigenen Auge, der Balken, nicht wahrgenommen wird. Ja oft wird gerade die Wahrnehmung der fremden Schwäche als Vorwand benutzt, die eigene, größere Schwäche nicht wahrnehmen zu müssen. Die Schwäche des anderen ist eine willkommene Ablenkung von der eigenen. Das liegt daran, dass es tatsächlich schwer und unangenehm ist, die eigenen Schwächen zu entdecken. Das Auge sieht sich selbst nicht, das Bewusstsein ist in der Regel nach außen, nicht zu sich selbst gewendet – wie sollte es seine eigenen Trübungen entdecken? Und ist es nicht leichter, andere zu operieren, als sich selbst einer schmerzhaften Operation zu unterziehen? Doch gerade diesen Ablenkungsmechanismus in sich selbst zu erkennen, ist notwendig auf dem spirituellen Weg. Die Aufmerksamkeit des Schülers wird sich mehr und mehr nach innen richten, auch wenn es schwer und unangenehm ist.

Ist aber das eigene Vorurteil erkannt und korrigiert, und die Sicht des irdischen oder geistigen Auges klar geworden, so kann der Bruder, mit aller Vorsicht, dem Bruder helfen, seinerseits sein Vorurteil zu erkennen und zu beseitigen.

Übereinstimmung von Innen und Außen

6 43 *Denn es gibt keinen guten Baum, der faule Frucht bringt, und wiederum keinen*
faulen Baum, der gute Frucht bringt. ***44*** *Denn jeder Baum wird an seiner Frucht er-*
kannt; von Dornen sammelt man ja keine Feigen, und von einem Dornbusch schnei-
det man keine Traube. ***45*** *Der gute Mensch bringt aus dem guten Schatz seines Her-*
zens das Gute hervor, und der böse bringt aus dem bösen [Schatz seines Herzens]
das Böse hervor. Denn wovon sein Herz voll ist, davon redet sein Mund. ***46*** *Was*
nennt ihr mich aber: Herr, Herr! und tut nicht, was ich sage? ***47*** *Jeder, der zu mir*
kommt und meine Worte hört und sie tut – ich will euch zeigen, wem er gleich ist. ***48***
Er ist gleich einem Menschen, der beim Bau eines Hauses tief grub und die Grund-
mauer auf dem Felsen errichtete. Als aber eine Flut kam, stieß der Wasserstrom an
jenes Haus, und er vermochte es nicht zu erschüttern, weil es gut gebaut war. ***49*** *Wer*
aber hört und nicht tut, ist gleich einem Menschen, der ein Haus ohne Grundmauer
auf das Erdreich baute; und der Wasserstrom stieß daran, und alsbald stürzte es zu-
sammen, und der Einsturz jenes Hauses war groß.

Die Bergpredigt endet, indem sie mit Nachdruck auf das Verhältnis zwischen Innen und Außen des Menschen hinweist. Erstens ist es die Aufgabe des Schülers auf dem spirituellen Weg, an den äußeren Wirkungen zu erkennen, aus welchem inneren Geist ein Mensch lebt. Zweitens ist es seine Aufgabe, dafür zu sorgen, dass sein eigenes äußeres Verhalten seinem inneren spirituellen Zustand entspricht.

Damit schließt sich der Kreis. Die Bergpredigt begann mit den spirituellen Voraussetzungen und Gesetzmäßigkeiten des Weges und stellte sie in vier großen Gegensätzen, den Seligpreisungen im Kontrast zu den Weherufen, dar. Sie fuhr fort mit der Beschreibung, wie der Schüler auf dem Weg die spirituellen Kräfte in sich wirken lässt. Sie betont am Schluss die Notwendigkeit für den Schüler, seinen spirituellen Zustand dadurch zu befestigen, dass er ihn auch im Handeln und im Sprechen ausdrückt.

Eine Aufgabe des Schülers auf dem spirituellen Weg ist, die Geister unterscheiden zu lernen. Wie ist das möglich, da doch der „böse" Mensch – das ist der irdische Mensch, der allein aus ichbezogenen Motiven der Herrsch-, Ehr- und Gewinnsucht lebt – sehr wohl den Eindruck zu erwecken versteht, gut zu sein, während der „gute" Mensch – das ist der spirituelle Mensch, in dem das wahre Gute, Gott, Gestalt annimmt und bewusst wird – auf andere durchaus so wirken kann, als lebe er nicht nach den Maßstäben der konventionellen Ethik und Moral, sei also nicht „gut"? Jesus und seine Schüler wirken ja tatsächlich so auf die Schriftgelehrten und Pharisäer.

Wie also lässt sich erkennen, was die wahre Natur eines Menschen ist? Am Verhalten unmittelbar lässt es sich nicht erkennen, wohl aber an den langfristigen Auswirkungen seines Verhaltens, an seinen „Früchten". Das Innere, die Natur des „bösen" Menschen, wird sich auf lange Sicht an seinen Früchten zeigen. Wenn er behauptet, der Sinn des Daseins liege im irdischen Glück und Erfolg und entsprechend handelt, ist seine Natur sehr leicht an ihren Früchten zu erkennen. Denn er wird überall Schaden anrichten. Schwieriger ist es, seine Natur zu erkennen, wenn er behauptet, aus der spirituellen Wahrheit zu leben und zu sprechen, in Wirklichkeit aber die Sehnsucht anderer nach der Wahrheit nur ausnützt. Doch auch in diesem Fall werden die von ihm hervorgebrachten Früchte schlecht sein. Sein Leben und das Leben anderer Menschen, die ihm gefolgt sind, werden leer und leerer werden. Sie werden an spiritueller Enttäuschung leiden. Es werden Chaos und Unordnung, Desorientierung und psychische Probleme entstehen.

Auch die Natur des „guten" Menschen wird sich auf lange Sicht an seinen Früchten zeigen. Seine Wirkungen sind zwar zunächst womöglich Kampf und Unruhe – Kampf der Menschen gegen ihn, Kampf der Menschen untereinander um die Wahrheit. Das Verhalten der Gegner Jesu demonstriert diese Möglichkeit. Aber schließlich wird sich doch herausstellen, dass sein Leben und seine Worte vom wahren Grund und Sinn des Daseins gezeugt haben und dass jeder, der sich daran orientiert, innere Ordnung und Ruhe findet.

Es zeigt sich hier wieder, dass die Bergpredigt an Schüler auf dem spirituellen Weg gerichtet ist, nicht an den irdischen Menschen allgemein. Denn nur ein Mensch, der seine Bestimmung zumindest ahnt, kann zwischen dem „guten" und dem „bösen“ Menschen unterscheiden. Wer noch nichts vom spirituellen Sinn des Daseins spürt, hat keinen Maßstab, um beurteilen zu können, ob ein Mensch das Bewusstsein für diesen Sinn fördert – der „gute“ Mensch – oder es betäubt – der „böse“ Mensch. Beurteilen kann das nur der Mensch, der in sich schon einen „spirituellen“ Kompass besitzt. Nur er kann feststellen, ob Früchte „gut“ oder „schlecht“ und somit auch der Erzeuger der Früchte „gut“ oder „böse“ ist. Aus der irdischen Welt bezogene Maßstäbe taugen hier nichts, wie sich am Urteil der Pharisäer und Schriftgelehrten über Jesus und seine Schüler erweist. In diesem Punkt kann sich der Mensch nur auf seinen inneren, „spirituellen“ Kompass verlassen.

Letzten Endes aber entspricht immer das Äußere, die Wirkung, dem Inneren, der Ursache, mag ein Mensch sein Inneres noch so sehr hinter Fassaden verbergen. Das Herz des „guten“ Menschen ist von der Ordnung und den Kräften des Geistes erfüllt. Davon spricht und daraus handelt er. Es besteht tendenziell Übereinstimmung zwischen seinen Handlungen und seinem Herzen. Die Wirkungen seiner Handlungen sind „gute Früchte“. Das Herz des „bösen“ Menschen dagegen ist von Ichbezogenheit erfüllt. Wenn er ihr mit Worten und Taten Ausdruck gibt, zeigt sie sich unmittelbar. Spricht er aber heuchlerisch von Wahrheit und Nächstenliebe, so lässt sich am Klang der Stimme und an seinem ganzen Verhalten, vielleicht an winzigen Einzelheiten, erkennen, dass seine Worte nur Mittel zu ichbezogenen Zwecken sind. Aber ob das erkannt wird oder nicht: Die Früchte seines Sprechens und Handelns werden „böse“ sein.

Übereinstimmung zwischen Innen und Außen, zwischen Gesinnung und Sprechen bzw. Handeln beim Schüler auf dem spirituellen Weg ist keine Selbstverständlichkeit. Es scheint zwar nach Vers 45 so zu sein, als entspräche das Äußere, Worte und Taten, ganz von selbst dem Inneren. Wäre es so, bräuchte sich der Schüler auf dem Weg keine besondere Mühe zu geben, etwas Erkanntes im Leben auch umzusetzen. Was sich in ihm als spirituelle Einsicht entwickelt hätte, würde sich von selbst in Worten und Taten ausdrücken.

Es ist zwar tatsächlich so, dass das Innere prinzipiell die Tendenz hat, sich im Äußeren auszudrücken. Vers 45 beschreibt diese prinzipielle Tendenz. Doch kann es dem Schüler auf dem spirituellen Weg auch sehr schwer fallen, äußerlich auszudrücken, was ihn innerlich bewegt. Die ganze alte „Form“ des Schülers, seine Gewohnheiten und Lebensumstände, widerspricht womöglich den neuen Bewusstseinsinhalten. Das ist ein großes Hindernis bei der Umsetzung des Inneren ins Äußere. Auch die Angst kann eine Rolle spielen. Denn die ganze Umwelt des Schülers stellt sich vielleicht gegen das von ihm Erkannte. Dann vermeidet er es lieber, ihm Ausdruck zu geben, aus Furcht vor Isolation und Spott.

Entscheidend ist, dass er diese Hindernisse allmählich überwindet und seine neuen Gesinnungen und Erkenntnisse auch *lebt*. Andernfalls bleiben die neuen Bewusstseinsinhalte schwach und folgenlos. Es hat wenig Sinn, Jesus „Herr, Herr!“ zu nennen und nicht zu tun, was er sagt. Das heißt, es hat wenig Sinn, die neue spirituelle Lebensperspektive nur zu erkennen oder anzuerkennen. Das ist zwar schon viel. Ein neuer Horizont zeigt sich, womit dem Schüler auch neue Kräfte des Mutes und der Hoffnung zufließen. Er *kann* also auf diesen Horizont zuschreiten. Aber nun muss er es auch *tun*. Er muss die neue Lebensperspektive auch verwirklichen. Er muss tun, was „Jesus", das wahre Selbst in ihm, sagt.

Das Gleichnis von den beiden Häuserbauern zeigt sehr klar, warum die Verwirklichung der neuen Lebensperspektive notwendig ist. Gesinnung und Einsichten müssen durch Taten im praktischen Leben umgesetzt werden. Dadurch erhalten sie selbst Festigkeit, wie ein Haus mit festen Mauern, und stehen auf dem felsenfesten Grund der spirituellen Ordnung der Welt.

Werden Gesinnungen und Einsichten der neuen Lebensperspektive nicht im praktischen Leben ausgedrückt, so bekommt die neue Lebensperspektive keine Festigkeit. Sie fließt nicht in die Handlungen des Menschen ein. Das Haus des neuen Lebens hat keine soliden Mauern. Vielmehr wird dann die Ordnung des alten Lebens beibehalten. Sie aber beruht auf der Ordnung der vergänglichen Welt, sie steht auf lockerem „Erdreich". Es besteht keine Übereinstimmung zwischen der äußeren Ordnung des Lebens und der neuen inneren Ordnung. Wenn ein solcher Mensch in Schwierigkeiten kommt und seine Gesinnung angegriffen wird – wenn die „Flut kommt" –, wird er zu schwach sein, um den Angriffen zu widerstehen. Und die Angreifer werden in seinem Handlungsleben und seiner Lebensorganisation genügend Angriffsflächen finden.

Deshalb sagt die Bergpredigt mit diesem einprägsamen Gleichnis am Schluss: Alle Einsichten, alle Eigenschaften des neuen Seelenzustandes, die in den vorangehenden Versen geschildert werden, dürfen auf dem spirituellen Weg nicht nur Inhalte des Bewusstseins bleiben. Sie müssen sich im Leben bewähren und umgesetzt werden. Dadurch erhalten sie Festigkeit, sind wirklich in der Ordnung des Geistes gegründet und können von den Fluten der irdischen Ereignisse nicht mehr weggeschwemmt werden.

Die Kraft des „Wortes"

Zwei Erzählungen, die der Bergpredigt folgen, demonstrieren, wie das Äußere durch die Kraft des Wortes, durch die Impulse aus dem Inneren, mit dem Inneren in Einklang gebracht werden kann.

Im Stadium gesteigerter Wirksamkeit des wahren Selbst, das als Menschensohn auftritt, gewinnt auch sein „Wort" gesteigerte Kraft. Wenn Jesus der Gesalbte, das Muster des geist-erfüllten wahren Selbst, spricht, verwandelt das spirituelle Innere das irdische Äußere. Keine äußere Unordnung kann dem Wort des Menschensohns widerstehen, ja sogar ein völlig ausgebrannter Mensch kann durch sein Wort wieder lebendig werden und „aufstehen" – falls Offenheit für dieses Wort gegeben ist.

Jesus ist der „gute Mensch" in Vollkommenheit. In seinem Herzen wirkt das wahre Selbst, voll entfaltet. Darum kann aus dem guten Schatz seines Herzens auch nur das Gute hervorgehen. Sein Herz ist voll der Ordnung und Kraft des Geistes. Davon redet sein Mund, und seine Worte haben entsprechende Wirkungen. Dieser Mensch bringt gute Früchte hervor.

Heilung durch das „Wort“

*7 **1** Nachdem er vor den Ohren des Volkes alle seine Aussprüche beendet hatte,*
*ging er hinein nach Kapernaum. **2** Der Knecht eines Hauptmanns aber, der diesem*
*wert war, lag krank und war am Sterben. **3** Da er aber von Jesus gehört hatte,*
sandte er Älteste der Juden zu ihm und ließ ihn bitten, dass er kommen und seinen
*Knecht retten möchte. **4** Sie aber kamen zu Jesus, baten ihn angelegentlich und*
*sagten: Er verdient es, dass du ihm dies gewährst; **5** denn er hat unser Volk lieb,*
*und er ist es, der uns die Synagoge gebaut hat. **6** Da ging Jesus mit ihnen hin. Als*
er aber nicht mehr fern von dem Haus war, schickte der Hauptmann Freunde und
ließ ihm sagen: Herr, bemühe dich nicht; denn ich bin nicht wert, dass du unter
mein Dach kommst. 7 Daher hielt ich auch mich nicht für würdig, selber zu dir zu
*kommen; sondern sprich nur ein Wort, so wird mein Knecht geheilt werden. **8** Denn*
auch ich bin ein Mensch, der unter Vorgesetzten steht, und unter mir habe ich
Soldaten; und sage ich zu diesem: Geh! so geht er; und zu einem andern: Komm!
*so kommt er; und zu meinem Knecht: Tue das! so tut er's. **9** Als aber Jesus dies*
hörte, verwunderte er sich über ihn und wandte sich um und sprach zu dem Volk,
das ihm nachfolgte: Ich sage euch: Selbst in Israel habe ich so großen Glauben
*nicht gefunden. **10** Und als die Abgesandten in das Haus zurückkamen, fanden sie*
den Knecht gesund.

Der Knecht des römischen Hauptmanns wird durch das Wort Jesu geheilt. Dass es hier speziell um das „Wort“ geht, zeigt die Passage, wo der Hauptmann von den Wirkungen seines eigenen Wortes auf der irdischen Ebene erzählt. Wenn er als irdische Autorität zu einem Soldaten sagt: „Geh!“, so geht der Soldat, und zu einem Knecht: „Tue das“, so tut es der Knecht. Genauso unwiderstehlich ist das Wort Jesu, das von der Ordnung und Kraft des Geistes autorisiert ist.

Es sieht so aus, als wolle Lukas von einer wunderbaren „Fernheilung“ berichten, derart, dass das konkrete Wort Jesu in der Zeiträumlichkeit alle Distanzen überwinde. Doch geht die Erzählung von dem Sachverhalt aus, dass Menschen nicht nur in der Zeiträumlichkeit, sondern auch in nicht zeiträumlichen Dimensionen miteinander verbunden sind. Die gesamte Menschheit ist ein großer geistig-seelischer Organismus. Dessen Zellen, die Menschen, sind nicht nur äußerlich, über die in Zeit und Raum wirkende konkrete Sprache, miteinander verbunden. Sie stehen auch über geistig-seelische Schwingungen untereinander in Kontakt. Was einer denkt, fühlt und will, teilt sich, ohne dass er es aussprechen müsste, allen anderen mit, vorausgesetzt, sie sind für gerade diese Gedanken, Gefühle und Strebungen empfänglich. Das gilt auch da, wo das spirituelle „Wort“ in einem Menschen und durch ihn wirkt. Das „Wort“ sind Impulse aus dem wahren Selbst Jesu oder irgendeines anderen Menschen. Sie wirken als geistig-seelische Schwingungen auf Empfängliche im Organismus Menschheit ein, ohne durch Zeit und Raum beschränkt zu sein, ohne der Zeit und des Raumes als Medien zu bedürfen. Wenn ein Mensch als irdische Persönlichkeit krank ist, so können diese Impulse aus dem wahren Selbst anderer Menschen sein eigenes wahres Selbst stärken, und bewirken, dass die Ordnung seines wahren Selbst die Unordnung seiner Persönlichkeit beseitigt. Er muss nicht einmal davon wissen. Diesen Vorgang illustriert die Geschichte von der Heilung des römischen Knechtes durch Jesus.

Das Innere, das „Wort“, versieht das Äußere, die irdische Persönlichkeit und ihren Körper, auch wenn sie „sterbenskrank“ geworden sein sollten, mit neuer Kraft und heilt sie. Auch wenn ein Mensch, weil ihm jeder Lebenssinn fehlt, sich nur noch durchs Leben schleppt und keine Energien mehr besitzt: Die Impulse aus dem wahren Selbst aller spirituell wach Gewordenen können sein wahres Selbst erwecken, seiner Persönlichkeit neuen Lebenssinn geben und ihr Mut zusprechen.

Weil in dieser Erzählung die Wirkung des spirituellen Inneren auf das Äußere, ja das Alleräußerste, das Materielle, demonstriert werden soll, ist vom Knecht eines *römischen* Hauptmanns die Rede. Die Römer verkörpern das Materielle. Die Juden sind als „Volk Gottes“ der Welt des Geistes näher und verkörpern das Religiöse, die Vorbereitung auf die spirituelle Erfahrung. Der römische Hauptmann und sein Knecht aber gehören zum Materiellen. Man könnte sie, auf einen Einzelnen bezogen, als das Ich und den Körper der Persönlichkeit, der dem Ich dient, auffassen. Bis ins Materielle, bis in den Körper, dringen die Impulse des Inneren, die Worte Jesu, durch und verändern es, damit Übereinstimmung zwischen Innen und Außen herrsche. Davon berichtet die Erzählung.

Voraussetzung für die Heilung ist jedoch, dass eine Offenheit der irdischen Persönlichkeit für die spirituellen Kräfte besteht, dass „geglaubt“ wird. Der römische Hauptmann hält sich zwar nicht für würdig, mit dem Spirituellen in Kontakt zu kommen. Aber das Materielle – der Römer – ist in diesem Fall schon mit dem Religiösen – den Juden – in Berührung gekommen und steht ihm aufgeschlossen gegenüber. Der Hauptmann hat den Juden eine Synagoge gebaut, stellt also seine Kräfte der religiös-ethischen Entwicklung zur Verfügung. Und auch dem Spirituellen gegenüber ist er empfänglich. Trotzdem ist er sich der großen Kluft, die zwischen der irdischen und der geistigen Welt besteht, klar bewusst. Aber vielleicht gerade deshalb traut er den spirituellen Kräften, den Worten Jesu, das Höchste zu. Gerade die scheinbar nur im Äußeren lebenden Menschen, die Materialisten und Atheisten, sind, frei von dogmatischen Erwägungen und behindernden Gottesbildern, oft für spirituelle Impulse empfänglicher als Menschen, denen sich spirituelle Impulse durch eine dicke Schicht religiöser Traditionen oder gar Vorurteile nähern müssen. Die Sehnsucht der Atheisten nach dem Geist glüht unter Umständen viel stärker als die der Gläubigen, die sich schon nahe am Ziel wähnen. Deshalb spricht Jesus: „Selbst in Israel habe ich so großen Glauben nicht gefunden.“ Spirituelle Einsichten und Impulse können in einem Menschen sogar auftreten und sein ganzes Leben verändern, ohne dass der Betreffende überhaupt ahnt, dass es sich um solche Impulse handelt. Denn niemand braucht eine bestimmte „Konfession“ oder „Religionszugehörigkeit“, um Wirkungen aus seinem wahren Selbst zu erleben.

Auferweckung durch das „Wort“

7 11 *Und es begab sich bald darauf, dass er nach einer Stadt namens Nain ging; und*
mit ihm zogen seine Schüler und viel Volk. ***12*** *Wie er sich aber dem Stadttor näherte,*
siehe, da wurde ein Toter herausgetragen, der einzige Sohn seiner Mutter, und sie

war eine Witwe; und viel Volk aus der Stadt war mit ihr. ***13*** *Und als der Herr sie sah, fühlte er Erbarmen mit ihr und sprach zu ihr: Weine nicht!* ***14*** *Und er trat hinzu und rührte den Sarg an; die Träger aber standen still. Und er sprach: Jüngling, ich sage dir, steh auf!* ***15*** *Und der Tote setzte sich auf und fing an zu reden; und er gab ihn seiner Mutter.* ***16*** *Furcht aber ergriff alle, und sie priesen Gott und sagten: Ein großer Prophet ist unter uns aufgestanden, und Gott hat sich seines Volkes angenommen.* ***17*** *Und diese Rede über ihn verbreitete sich im ganzen jüdischen Land und in der ganzen Umgegend.*

Sogar wenn die seelischen Kräfte völlig versiegt sind und ein Mensch vor dem Nichts steht, können ihm die aus dem wahren Selbst zufließenden Kräfte des „Wortes" neues seelisches Leben einflößen. Das zeigt Lukas durch die Geschichte des Jünglings von Nain, der von Jesus vom Tod auferweckt wird. Es ist immer wieder versucht worden, diese Totenauferweckung dadurch zu erklären, dass der Jüngling nur scheintot gewesen sei. Eine Totenauferweckung schien doch ein allzu unmögliches Wunder. Jesus habe nur die Seele des Jünglings, die den Körper schon verlassen hatte, wieder zurückgeholt. Aber solcher Erklärungsversuche bedarf es nicht, wenn man erkennt, dass hier ein ganz anderes Wunder beschrieben wird: die Erweckung eines Menschen aus dem Zustand des seelischen Todes zu neuem Leben durch Einflößen neuer Lebenskraft und neuen Lebenssinns. Wer sich der Möglichkeit eines Lebens aus dem Geist öffnet, erhält eine neue Lebensgrundlage und Lebensperspektive.

Die Erzählung hat ihr Vorbild im Alten Testament, wo der Prophet Elia den Sohn einer Witwe vom Tod auferweckt. „Witwe" ist das traditionelle Bild für eine Seele, die den Geist, ihren „Mann" und „Bräutigam", verloren hat. Ihr „Sohn", ihr Ich-Bewusstsein, kann deshalb keinen Sinn im Leben mehr finden. Denn welchen Sinn sollte ein Leben haben, das der spirituellen Grundlage ermangelt? Im Alten Testament ist der Sohn der Witwe wegen ihrer „Schuld", nämlich der Trennung der Seele von Gott, gestorben (1. Kön. 17,18). Der Prophet Elia, Repräsentant der geistigen Welt, gibt ihm, indem er den „Herrn", die Kräfte der geistigen Welt anruft, das Leben zurück.

Im Neuen Testament wird über die Ursache des Todes keine Angabe gemacht, und Jesus, ebenfalls Repräsentant der geistigen Welt, erweckt den Jüngling vom Tod. So kann das verzweifelte, „tote" Ich-Bewusstsein jedes Menschen, dessen Seele Gott verloren hat und eine „Witwe" ist, durch die Kräfte des Geistes wieder mit Leben erfüllt werden. Jesus sagt zu dem Jüngling: „Steh auf!" Das total resignierte, wie tot darniederliegende Bewusstsein kann durch das wahre Selbst mit einer neuen Perspektive erfüllt werden und wieder „aufstehen".

So etwas ist nicht nur bei einem Einzelnen, sondern für eine ganze Kultur möglich, die spürt, jedes spirituelle Leben verloren zu haben. Voraussetzung ist nur, dass sich ihre Menschen den spirituellen Möglichkeiten, die im wahren Selbst angelegt sind, öffnen.

Und alle, die Augenzeugen eines solchen „Wunders" sind, werden von Furcht ergriffen, da ihnen die rettende Kraft, die aus der geistigen Welt einströmt, rätselhaft erscheint. Die Wirksamkeit dieser Kraft widerspricht allen Gesetzen der irdischen

Natur. Die Leute könnten über diesen Vorgang auch lachen oder ihn gar nicht bemerken. Aber in der Erzählung bei Lukas wird die neue Möglichkeit akzeptiert, die Ursache begriffen und Gott als Urheber gepriesen, der „sich seines Volkes angenommen" hat.

Verhältnis von Johannes dem Täufer und Jesus

*7 **18** Und dem Johannes berichteten seine Schüler über dies alles. Da rief Johannes zwei seiner Schüler zu sich, **19** sandte sie zum Herrn und ließ ihm sagen: Bist du es, der da kommen soll, oder sollen wir auf einen andern warten? **20** Die Männer aber kamen zu ihm und sagten: Johannes der Täufer hat uns zu dir gesandt und lässt dir sagen: Bist du es, der da kommen soll, oder sollen wir auf einen andern warten? **21** In jener Stunde heilte er viele von Krankheiten und Qualen und bösen Geistern, und vielen Blinden schenkte er das Augenlicht. **22** Und er antwortete und sprach zu ihnen: Geht hin und berichtet dem Johannes, was ihr gesehen und gehört habt: „Blinde werden sehend", Lahme gehen, Aussätzige werden rein, und Taube hören, Tote werden auferweckt, „Armen wird die frohe Botschaft gebracht"; **23** und selig ist, wer an mir keinen Anstoß nimmt.*

Die Erzählung vom Jüngling von Nain ist die Einleitung zu Passagen, in denen das Verhältnis von Johannes dem Täufer und Jesus thematisiert wird. Nicht umsonst ist die Erzählung so getreulich dem Alten Testament nachgebildet, in dem der Prophet Elia – und später Elisa (2. Kön. 4,32–37) – den Sohn einer „Witwe" vom Tod auferwecken. Denn auch Propheten, Vertreter der Periode des Gesetzes, die auf eine Zeit der Freiheit vorausweisen, können „vom Tod auferwecken". Schon die Verheißung der Erfüllung bringt neuen Lebenssinn und -mut für einen aus Mangel an Lebenssinn seelisch erstorbenen Menschen. Deshalb wird in der Erzählung vom Jüngling von Nain auch die Meinung des Volkes betont: „Ein großer Prophet ist unter uns aufgestanden." Das Volk ist der Meinung, diese Totenauferweckung geschehe noch unter dem Zeichen des Prophetentums.

Auch Johannes der Täufer, selbst der letzte und größte Prophet der alttestamentarischen Periode, erwägt diese Möglichkeit. Es könnte sein, dass Jesus nur ein Prophet ist, noch nicht der verheißene Gesalbte und Verwirklicher selbst. Deshalb lässt er Jesus aus dem Gefängnis fragen: Bist du noch ein Prophet wie Elia und Elisa, oder der Gesalbte? Gehörst du noch zur alten oder schon zur neuen Zeit? Lebst du noch unter dem Gesetz oder bist du frei und bringst die Freiheit?

Beide Aspekte des spirituellen Impulses: der vorbereitende und der verwirklichende, hatten von Anfang an zusammengewirkt. Sie hatten die Menschen berührt und sich dann fest mit ihnen verbunden. Sie wirken auch in der dritten Phase dieses Impulses zusammen: Sie werden in den Menschen bewusst. Wie sie in dieser Phase zusammenwirken, das beschreibt Lukas in den Fragen Johannes des Täufers aus dem Gefängnis und in der Charakterisierung Johannes des Täufers durch Jesus.

In der dritten Phase der Wirksamkeit der beiden Aspekte des spirituellen Impulses setzt sich das alte Denken, das die neue Zeit erwartet hat, mit dem Neuen auseinander. Es *muss* sich damit auseinandersetzen, denn in dieser dritten Phase ist Bewusstheit das leitende Prinzip. Jetzt zählt nicht mehr nur intuitives Wissen. Bei der Taufe am Jordan hatte Johannes der Täufer das Wesen und die Aufgabe Jesu sehr wohl erkannt. Aber jetzt muss anhand feststellbarer Kriterien mit einem nüchternen, realistischen Bewusstsein geprüft werden, ob das, was die Seele an bisher unbekannten Kräften und Möglichkeiten erlebt, wirklich neue Kräfte und erlösende Möglichkeiten sind.

Also fragt Johannes, der größte Mensch der alten Zeit, nach dem Wesen und der Aufgabe Jesu, der Verkörperung der neuen Zeit. So fragt auch jeder einzelne Mensch auf dem spirituellen Weg nach dem Wesen der Erlebnisse, die sich in Folge der Wirkung des wahren Selbst in ihm bemerkbar gemacht haben.

In den ersten beiden Phasen des Weges hatte er intuitiv „gespürt“, dass es der richtige Weg für ihn ist. Die Berührung und Verbindung mit den neuen Kräften geschah mit Selbstverständlichkeit. Aber dann kommt ein Zeitpunkt, muss ein Zeitpunkt kommen, wo der Schüler auch bewusst fragt, ob der Weg, den er eingeschlagen hat, seiner tiefsten Sehnsucht und seiner höchsten Bestimmung entspricht. Er wird verantwortungsbewusst prüfen, ob die Wirkungen, die er in sich erlebt, auch tatsächlich Wirkungen aus dem wahren Selbst sind.

Das alte Bewusstsein steht fragend vor dem Neuen. Es erwägt, ob die neuen spirituellen Erfahrungen nicht doch Ausfluss der alten Möglichkeiten sind. Und es bekommt die Antwort, die Jesus bei Lukas in Form von Zitaten aus dem Alten Testament gibt. Die Fülle und unwiderstehliche Kraft des wahren Selbst drückt sich in seinen Wirkungen aus. Es zeugt von sich selbst durch seine Wirkungen und kann auf diese Weise das alte Bewusstsein überzeugen. Der Prophet Jesaja hatte vorausgesagt, dass das Neue in Fülle und unwiderstehlicher Kraft kommen würde. „Geistig Blinde“ werden sehend und schauen Gott, in spiritueller Hinsicht „Gelähmte“ fangen an, sich in den Kräften des Geistes zu bewegen, von Gott und Mensch Isolierte – „Aussätzige“ – gewinnen wieder Kontakt zur Umwelt, „geistig Taube“ hören die Stimme Gottes, in innerer Leere Erstorbene werden zu neuem Leben erweckt, und die an Lebenssinn „Armen“ empfangen die Botschaft von der neuen Lebensperspektive. Dies alles sind die Wirkungen des wahren Selbst. Der Einzelne erlebt sie im Innern als Fähigkeit, Welt und Mensch neu zu sehen, mit den Kräften des Geistes mitzuwirken, neue Kontakte zu Welt und Mensch zu knüpfen und den Willen Gottes zu vernehmen. Er erlebt sie als spirituelle Kraft, die neues Leben, und als Sinn, der neue Lebensfülle ermöglicht. Das sind die Kriterien der neuen Zeit. Die alte Zeit hätte diese Wirkungen nicht hervorbringen können. Anhand dieser Kriterien kann Johannes der Täufer, das alte, dem Neuen aufgeschlossene und es erwartende Bewusstsein, erkennen, ob und dass das Neue gekommen ist. Der Einzelne kann an Hand der Erlebnisse im eigenen Wesen prüfen, ob er sich auf dem richtigen Weg befindet.

Das verantwortungsbewusste Denken des irdischen Menschen prüft genau, was sich auf dem spirituellen Weg im Wesen des Schülers ereignet. Das ist sogar seine Pflicht, die Pflicht Johannes des Täufers, der den irdischen Menschen in seinem höchsten, dem ethischen, Aspekt verkörpert.

Aber das kritische Denken kann auch gar nicht anders, als prüfen, wenn neue Phänomene im Wesen des Schülers auftreten. Es muss notgedrungen untersuchen, was da eindringt. Ist es ein gefährlicher Fremdkörper, nur eine Variation des Alten, oder das lang erwartete und vorbereitete Neue? Es reibt sich an allem ihm Fremden. Deshalb spricht Jesus vom „Anstoß nehmen". Das kritisch prüfende alte Denken stößt auf das Neue und nimmt „Anstoß" daran, weil es unfähig ist, das Neue unmittelbar zu erkennen. Es ist irdisch, das Neue ist spirituell. Beide sind aus verschiedenen Dimensionen.

Doch die Wirkungen des Neuen, des wahren Selbst, auf die irdische Ebene kann das irdische Denken erkennen. Und wenn es sie erkennt, verliert es die Furcht vor der Fremdartigkeit des Neuen, erkennt, dass es das lang Erwartete und Vorbereitete ist, und ergibt sich ihm. Dann nimmt es keinen Anstoß mehr. Ein solcher Mensch gelangt zur Harmonie mit seinem wahren Selbst, was Seligkeit bedeutet.

Charakterisierung des Alten durch das Neue

*7 **24** Als aber die Boten des Johannes hinweggegangen waren, fing er an, zur Volksmenge von Johannes zu reden: Was zu schauen seid ihr in die Wüste hinausgegangen? Ein Rohr, das vom Wind bewegt wird? **25** Oder was zu sehen seid ihr hinausgegangen? Einen Menschen, der mit weichen Kleidern angetan ist? Siehe, die in herrlicher Kleidung und Üppigkeit leben, sind in den Königspalästen. **26** Oder was zu sehen seid ihr hinausgegangen? Einen Propheten? Ja, ich sage euch: sogar mehr als einen Propheten. **27** Dieser ist's, über den geschrieben steht:*

„Siehe, ich sende meinen Boten vor deinem Angesicht her, der deinen Weg vor dir bereiten wird."

***28** Ich sage euch: Unter denen, die von Frauen geboren sind, ist kein größerer Prophet als Johannes. Doch der Kleinste im Reich Gottes ist größer als er.*

Lukas hat gezeigt, wie sich das für das Neue geöffnete alte Bewusstsein, versinnbildlicht durch Johannes den Täufer, fragend dem Neuen nähert, da es radikal anders ist als dieses. Es vergewissert sich an Hand bestimmter Kriterien, dass das Neue wirklich gekommen ist. Jetzt geht Lukas dazu über, umgekehrt das alte Bewusstsein durch das neue charakterisieren zu lassen.

Jesus charakterisiert Johannes. Johannes ist kein „Rohr, das vom Wind bewegt wird". Die Umkehr, die Abwendung von den Bindungen an Irdisches und Hinwendung zum Spirituellen, ist kein schwächlicher Entschluss, geboren aus Enttäuschung über das Scheitern irdischer Bestrebungen. Sie ist eine Notwendigkeit, die aus Erfahrung hervorgeht. Ein Mensch wie Johannes der Täufer hat die Erfahrung gemacht, dass alle irdischen Errungenschaften keine Erfüllung bieten und der Bestimmung des Menschen nicht entsprechen. Er weiß, dass nur ein auf der Ordnung der geistigen Welt aufgebautes Leben sinnvoll ist und auch den irdischen Belangen Sinn gibt. Deshalb löst er sich von den Bindungen an Vergängliches und stimmt sein Leben auf das Unvergängliche ab.

Das gibt seinem Handeln Unbeirrbarkeit, Konsequenz und Stärke. Er ändert nicht bei jedem Wind die Richtung und passt Worte und Taten nicht unaufhörlich der

Mode an. Er ist weder käuflich noch abhängig vom Beifall seiner Anhänger und kann daher auch unpopuläre Entscheidungen treffen.

Sein Verhalten ist leicht zu verwechseln mit Fanatismus, Engstirnigkeit oder Pedanterie. Der Fanatiker schaut nicht rechts noch links, weil er von einer fixen Idee besessen ist, der Engstirnige, weil er keine Fantasie besitzt, der Pedant, weil er Angst vor Verantwortung hat und unsicher ist. Johannes der Täufer aber ist unbeugsam, weil ihn eine innere Notwendigkeit leitet.

Auch die Kraft Johannes des Täufers im einzelnen Menschen ist unbeugsam. Sie entspringt nicht flüchtiger Verzweiflung – Not lehrt beten! –, nicht der Angst vor der Welt oder Flucht in eine Ideologie. Sie entspringt der Erfahrung, dass nur der spirituelle Weg eine sinnvolle Lebensperspektive ist und dass er konsequent vorbereitet werden muss. Deshalb ist ein solcher Mensch nicht von Lob und Tadel abhängig, nicht käuflich, und hat Durchhaltevermögen. Er wird nicht nach kurzer Zeit oder bei zu großen Widerständen wieder aufgeben.

Johannes der Täufer trägt auch keine „weichen Kleider" und lebt nicht „in den Königspalästen". Da seine Erfahrungen an der Ordnung der geistigen Welt anknüpfen, unterscheidet er sich von allen, die nur irdische Interessen verfolgen. Er liegt deshalb nicht im Mainstream und hat keinen Zugang zu den „Königspalästen". Im Gegenteil: Er hat wenig Freunde und muss Armut und Verachtung in Kauf nehmen. Aber er arbeitet lieber, statt zu genießen. Er trägt „Arbeitskleider", da sein Leben rau und anstrengend ist. Es ist von Konflikten erfüllt, denen er nicht ausweichen kann. Er umgibt sich nicht mit Luxus, trägt keine „weichen Kleider". Das wäre seiner Arbeit nur hinderlich.

Ebenso verhält sich mit Notwendigkeit ein Mensch, in dem Johannes der Täufer wach wird und seine Stimme erhebt, jeder Mensch, der, durch die geistige Welt gerufen, unwidersprechlich erlebt, dass die irdische Welt, ohne Bezug auf die geistige, keine Erfüllung bietet. Nur eine radikale Hinwendung zu spirituellen Zielen hat noch Sinn für ihn.

Johannes ist ein „Prophet", eine Kraft, ein Mensch, der erkennt, was die Bestimmung des Menschen ist, von dieser spricht und den Weg zu ihrer Erfüllung beschreibt. Ja er ist „mehr als ein Prophet": Er ist unmittelbar mit der Erfüllung verbunden. Er ist schon umflossen vom Glanz der Freiheit des Geistes, der „Bote" des Lichtes. Er hat schon in dieses Licht hineingeblickt und verkündet es. Er arbeitet, damit das wahre Selbst „aufstehen" kann.

Deshalb ist Johannes der größte Prophet unter allen Propheten, auf den Schultern aller Vorläufer der alttestamentarischen Epoche stehend. Er stellt die direkte Verbindung mit der neuen Epoche her, der größte von einer irdischen Frau geborene irdische Mensch. Und dennoch ein irdischer Mensch. Er gehört noch zur irdischen Welt, obwohl er unmittelbar an der Grenze zur göttlichen Welt steht und deren Wirkungen erkennen kann. Diese Fähigkeit des Johannesbewusstseins, die Wirkungen des neuen spirituellen Impulses zu erkennen, war in Vers 22 beschrieben worden.

In die göttliche Welt, das Reich Gottes, eintreten und darin leben kann nur das im Menschen, was von vornherein nicht der irdischen Welt angehört: das wahre Selbst. Es ist größer als alles Irdische. Wenn schon der Vorbereiter, die Kraft der Umkehr, derart stark, unbeirrbar und sachlich ist wie Johannes der Täufer, wie stark muss dann erst der Verwirklicher sein! Jesus ist nicht der milde gute Hirte, sondern der überaus Starke. Das wahre Selbst ist ungeheuer stark, stärker als alles Irdische. Wie sonst könnte es alles „Fieber“, allen „Aussatz“, alle „Lähmung“ heilen! Wie sonst könnte es die gewalttätigen „Dämonen“, die fixen Ideen, die verselbstständigten Leidenschaften, die fanatischen Ideologien, die wie Geißeln in der Menschheit wüten, vertreiben! Wie sonst könnte es die geistig Blinden sehend, die geistig Tauben hörend, die geistig Lahmen gehend machen, die Sinnleere durch Sinn und den geistigen Tod durch Leben ersetzen!

Diese Stärke des wahren Selbst beruht darauf, dass es einer anderen Dimension als das Irdische angehört. Jedes wahre Selbst, auch das „geringste“, ist qualitativ anders als das irdische Wesen des Menschen. Es ist geistig-göttlich, als solches dem Reich Gottes zugehörig und allem Irdischen enthoben. Auch der höchst entwickelte irdische Mensch kann die Grenze zum Reich Gottes nicht überschreiten. Er ist sterblich, während das wahre Selbst unsterblich ist.

Johannes ist die höchste Funktion des irdischen Menschen, ein Bewusstsein und eine Kraft, die unverzichtbar sind, wenn das wahre Selbst erwachen und in der göttlichen Welt leben soll. Der Mensch muss sich bewusst der Herrschaft durch das Irdische entziehen, um dem göttlichen Selbst Raum zu geben. Dieses bewusste Sich-Entziehen ist Johannes der Täufer. Aber das wahre Selbst ist größer als er.

Reaktionen auf Johannes den Täufer und Jesus

__7 29__ Und alles Volk, das zuhörte, und die Zöllner haben Gott recht gegeben, indem
sie sich mit der Taufe des Johannes taufen ließen. __30__ Die Pharisäer aber und die Ge-
setzeskundigen haben den Ratschluss Gottes über sie selber verworfen, indem sie
sich von ihm nicht taufen ließen.
__31__ Wem soll ich nun die Menschen dieses Geschlechts vergleichen, und wem sind
sie gleich? __32__ Sie sind Kindern gleich, die am Markt sitzen und einander zurufen:

Wir haben euch aufgespielt,
und ihr habt nicht getanzt;
wir haben Klagelieder gesungen,
und ihr habt nicht geweint.

__33__ Denn Johannes der Täufer ist gekommen, der aß nicht Brot und trank nicht
Wein: da sagt ihr: er hat einen Dämon. __34__ Der Sohn des Menschen ist gekommen,
der ißt und trinkt; da sagt ihr: Siehe, ein Schlemmer und Zecher, Freund mit Zöllnern
und Sündern! __35__ Und die Weisheit ist von allen ihren Kindern gerechtfertigt worden.

Ein Mensch, in dem „Johannes der Täufer“ wirkt, wird sich seiner Trennung von Gott, seiner existenziellen „Sünde“ bewusst. Er gehört zu dem Volk, das auf Johannes hört, und zu den „Zöllnern“. Er weiß, dass er nicht nur mit seinen verborgenen „moralisch schlechten“, sondern auch mit seinen offenbaren „moralisch guten“ Eigenschaften der irdischen Welt angehört und existenziell von der göttlichen Welt getrennt ist. Er kann als irdischer Mensch das Reich Gottes nicht betreten. Nur das wahre Selbst kann es. Die Pharisäer und Gesetzeskundigen aber halten sich auf Grund ihrer „moralisch guten“ Eigenschaften für „gerecht“, für schon mit dem Reich Gottes verbunden. Ihnen fehlt das Bewusstsein der Trennung von Gott. Und deshalb lassen sie sich nicht mit dem „Wasser der Buße“ taufen. Sie entschließen sich nicht zur Umkehr, sie verhalten sich nicht so, dass das wahre Selbst, das der göttlichen Welt zugehört, Raum gewinnt und im Reich Gottes leben kann.

Damit geben die „moralisch Schlechten“ Gott Recht, die „moralisch Guten“ nicht.

Gott Recht geben, oder „den Ratschluss Gottes annehmen“, heißt, die spirituelle Lebensperspektive und die daraus folgenden Konsequenzen anzunehmen. Die „Taufe mit Wasser“ versinnbildlicht diese Konsequenzen. Wer die Kraft der Buße, von Johannes vermittelt und durch ihn verkörpert, in sich wirken lässt, wird sich seiner Trennung von Gott bewusst und kehrt sich von seinen irdischen Interessen ab, damit das wahre Selbst, die spirituelle Lebensmöglichkeit, Raum in ihm findet. Dann kann er auch mit „Feuer“ getauft werden. Die Kraft des Geistes, des neuen Lebens, wird sich in ihm verwirklichen.

Die „moralisch Schlechten“, die „Zöllner,“ geben Gott Recht und nehmen den Ratschluss Gottes an. Sie reagieren auf den Ruf von Johannes dem Täufer und Jesus im eigenen Innern. Sie nehmen die Hilfe, die Kräfte der Botschafter aus dem Reich Gottes an. Die Pharisäer aber, die „moralisch Guten“ und Selbstgerechten, werden sich ihrer Trennung vom Reich Gottes nicht bewusst, erkennen daher auch die Hilfe nicht, die ihnen das Reich Gottes in Gestalt Johannes’ und Jesu reicht und nehmen sie nicht an. Damit verwerfen sie den Ratschluss Gottes über sich. Sie verwerfen die Verwirklichung ihrer Bestimmung.

Die Gesetzeskundigen, die „Menschen dieses blinden Geschlechts“ – der Pharisäerzustand in jedem Menschen – werden von Jesus noch weiter charakterisiert. Sie sind weder für die Taufe mit Wasser, noch für die Taufe mit Feuer offen, weder für Johannes noch für Jesus. Sie haben auch immer ihre guten Argumente zur Ablehnung. Johannes lehnen sie ab, weil er mit seinen Schülern fastet. Das Fasten in Bezug auf Brot und Wein, das für Johannes charakteristisch ist, ist ein Bild für den Zustand der Vorbereitung. „Fasten“ ist die aus dem Bewusstsein der Gottesferne entstehende Abkehr von irdischen Interessen und ein Ausdruck der Buße. Die Pharisäer aber legen diese Praxis als zwanghafte Askese, als „Dämon“, aus, und haben so einen Grund, Johannes abzulehnen. Jesus hingegen lehnen sie ab, weil er ihrer Meinung nach die Freude übertreibt. Das „Schlemmen“ in Brot und Wein, das sie Jesus vorwerfen, ist ein Bild für die aus der Erfahrung der spirituellen Fülle hervorgehende strahlende Freude. Sie macht sich gerade bei den „moralisch Schlechten“, den „Zöllnern und Sündern“, bemerkbar, die die Einheit mit Gott wieder erleben. Diese Freude kann offenbar nur bei den moralischen „Sündern“, den „moralisch Schlechten“ entstehen, denn nur sie erleben auch den Schmerz der existenziellen Sünde, den Schmerz der Trennung von Gott. Die Pharisäer, die „moralisch Guten“, sind wegen ihrer Selbstgerechtigkeit nicht fähig, zu erkennen, dass sie trotz ihrer „moralischen Güte“ doch existenziell von Gott getrennt und existenzielle Sünder sind. Darum erleben sie auch den Schmerz dieser Trennung nicht, und nicht die Freude, wenn die Trennung aufgehoben und der Schmerz beseitigt wird.

Auf die Pharisäer ist tatsächlich das zitierte Sprichwort anwendbar. Wenn man ihnen Freudenlieder singt, tanzen sie nicht mit, und stimmt man Klagelieder an, weinen sie nicht. Weder befinden sie sich auf dem spirituellen Weg und erleben die damit verbundene Freude, noch bereiten sie sich darauf vor und erleben die damit verbundenen Schwierigkeiten. In ihrer Selbstgerechtigkeit sind sie weder für das neue spirituelle Leben zugänglich, für das Jesus steht, noch für die Aufforderung zur Buße, die von Johannes ausgeht.

Die „Sünder“, die „moralisch Schlechten“ dagegen tun beides. Sie nehmen Johannes, die innere Umkehr, an, und zugleich Jesus, die Freude der spirituellen Verwirklichung. Damit „geben sie der Weisheit Gottes“ Recht, die ihnen in Johannes und Jesus die Möglichkeit der Vorbereitung und der Verwirklichung bietet, und erweisen sich als „Kinder der Weisheit“: als Ebenbilder Gottes, die durch Vorbereitung und Verwirklichung sowohl die moralische als auch die existenzielle „Sünde“ auflösen und wieder die Einheit mit Gott erleben. *Nur* das „Kind der Weisheit“, das im Menschen verborgene Ebenbild Gottes, ist dazu in der Lage und „weise“ genug, um sich so zu verhalten. Das „Kind der Selbstgerechtigkeit“ aber, der Pharisäer und Gesetzeskundige im Menschen, verharrt in seiner Trennung von Gott, ohne diesen Zustand überhaupt zu bemerken. Eben die Selbstgerechtigkeit, die die Trennung verursacht, verhindert deren Bewusstwerdung und Aufhebung.

„Sünder“ und „Gerechte“

7 36 *Es bat ihn aber einer der Pharisäer, mit ihm zu essen. Und er ging in das Haus des Pharisäers und setzte sich zu Tisch.* ***37*** *Und siehe, eine Frau in der Stadt, die eine Sünderin war, hatte vernommen, dass er im Haus des Pharisäers zu Tisch war, brachte eine Alabasterflasche voll Salbe* ***38*** *und trat hinten zu seinen Füßen, weinte und fing an, seine Füße mit ihren Tränen zu benetzen, und trocknete sie mit den Haaren ihres Hauptes, küsste seine Füße und salbte sie mit der Salbe.* ***39*** *Als der Pharisäer, der ihn eingeladen hatte, das sah, sagte er bei sich selbst: Wenn dieser ein Prophet wäre, wüsste er, wer es ist und was für eine Frau, die ihn anrührt, dass sie [nämlich] eine Sünderin ist.* ***40*** *Und Jesus begann und sprach zu ihm: Simon, ich habe dir etwas zu sagen. Er erwiderte: Meister, sprich!* ***41*** *Ein Geldverleiher hatte zwei Schuldner. Der eine war fünfhundert Denare schuldig, der andere fünfzig.* ***42*** *Da sie nicht bezahlen konnten, schenkte er es beiden. Welcher von ihnen wird ihn nun am meisten lieben?* ***43*** *Simon antwortete und sagte: Ich denke, der, dem er das meiste geschenkt hat. Da sprach er zu ihm: Du hast recht geurteilt.* ***44*** *Und indem er sich zu der Frau hinwandte, sprach er zu Simon: Siehst du diese Frau? Ich bin in dein Haus gekommen: Wasser für die Füße hast du mir nicht gegeben; sie aber hat, seit sie hereingekommen ist, nicht aufgehört, meine Füße zu küssen.* ***46*** *Mit Öl hast du mein Haupt nicht gesalbt; sie aber hat mit Salbe meine Füße gesalbt.* ***47*** *Deshalb sage ich dir: Ihre vielen Sünden sind ihr vergeben, denn sie hat viel geliebt; wem aber wenig vergeben wird, der liebt wenig.* ***48*** *Er sprach aber zu ihr: Deine Sünden sind dir vergeben.* ***49*** *Da fingen die Tischgenossen an, bei sich selbst zu sagen: Wer ist dieser, der sogar Sünden vergibt!* ***50*** *Er sprach aber zu der Frau: Dein Glaube hat dich gerettet; geh hin in Frieden!*

Lukas führt das Thema des Verhältnisses zwischen moralisch schlechten und moralisch guten Menschen fort. Die Geschichte von der Sünderin und dem Pharisäer handelt von dem Unterschied zwischen dem moralisch schlechten und dem moralisch guten Menschen, was die Offenheit für Impulse aus dem wahren Selbst betrifft. Sie beschreibt, wie die Erschütterung über moralische Sünde dazu führen kann, dass einem Menschen seine Trennung von Gott, seine existenzielle Sünde, bewusst wird, und wie er, erschüttert über seine existenzielle Sünde, dankbar erlebt, dass ihn trotzdem, ohne sein Zutun, die erlösende Kraft Gottes erreicht und wieder mit Gott vereinigt. Dagegen wird der moralisch Gute, der selbstgerecht an seine Einheit mit Gott glaubt, nicht erschüttert, bemerkt seine existenzielle Sünde nicht und bleibt deshalb gegenüber der erlösenden Kraft des Geistes gleichgültig.

Die Sünderin in der Geschichte ist durch ihr unmoralisches Verhalten weit vom Gesetz Gottes abgewichen, fühlt aber schmerzlich die tiefe Kluft, die sich dadurch zwischen ihr und Gott aufgetan hat. Deshalb steht sie dem Retter offen, der die Kluft überbrücken kann. Wie stark sie die Kluft fühlt und wie sehnsüchtig sie den Retter erwartet, zeigt sich an der Dankbarkeit und Liebe, die sie ihm entgegenbringt. Der Pharisäer aber glaubt, im Einklang mit dem Gesetz Gottes zu ein, fühlt keine Kluft zwischen sich und Gott und meint, eines Retters, der die Kluft überbrückt, nicht zu bedürfen.

Jesus, die Kraft des wahren Selbst, die die Kluft zwischen Mensch und Gott überbrücken kann, weilt zu Gast bei einem Pharisäer. Auch einem Pharisäer kann die Kraft der Rettung, der Ruf aus dem wahren Selbst, begegnen, ja er kann sie zu sich einladen, er kann sich mit ihr bewusst auseinandersetzen. Doch erkennt er nicht, dass es sich um die Kraft der Rettung handelt, glaubt er sich doch bereits gerettet. Deshalb behandelt der Pharisäer Jesus überaus herablassend, geradezu abweisend. Er reicht ihm kein Wasser zum Füße-Waschen, was schon ein Gebot der Höflichkeit wäre. Er gibt Jesus keinen Freundschaftskuss und salbt ihm nicht das Haupt, was Ausdruck seiner Freude und Achtung vor dem Gast gewesen wäre.

Die Sünderin jedoch benetzt die Füße Jesu mit Tränen der Reue und trocknet sie mit ihren Haaren. Ihre ganze Hingabe gilt Jesus, den sie als möglichen Retter erkennt. Im Gefühl ihrer Sünde wagt sie es nicht einmal, Jesus den Freundschaftskuss zu geben und küsst nur seine Füße. In allergrößter Bescheidenheit naht sie sich ihm. Und auch das Haupt wagt sie ihm nicht zu salben, nur die Füße. Das Köstlichste, was sie hat, die „Salbe“, all ihre Liebe, schenkt sie ihm. Während der Pharisäer nicht einmal Höflichkeit, Gastfreundschaft und Achtung für Jesus übrig hat, naht sich ihm die Sünderin mit der ganzen Hingabe, Demut und Liebe ihrer Seele.

Simon schätzt Jesus auch noch aus einem anderen Grund falsch ein. Er hat gehört, Jesus sei ein Prophet, und meint aus Jesu Verhalten schließen zu können, Jesus sei doch keiner. Nach seiner Auffassung würde sich ein Prophet niemals von einer Sünderin anrühren lassen – er würde ja „unrein“ dadurch.

Aber Jesus macht Simon dessen Fehleinschätzung klar und öffnet ihm die Augen für die Bedeutung des gesamten Geschehens, für die der Pharisäer vorher blind gewesen war. Er tut es mit Hilfe eines Gleichnisses, und der Pharisäer versteht es. Wem viele Schulden erlassen werden, der wird den Gläubiger mehr lieben als einer, dem wenig Schulden erlassen werden. Das Gleichnis bezieht sich auf Gott als den „Gläubiger“ und den Pharisäer und die Sünderin als Schuldner. Der Sünderin werden vom Retter, dem Gesandten Gottes, viele Schulden vergeben, und daher ist ihre Dankbarkeit und Liebe groß. Das zeigt sich an ihrer Hingabe, Demut und Dienstbereitschaft. Dem Pharisäer aber – der nur wenig Schulden hat – werden vom Retter auch nur wenig Schulden vergeben, und daher ist seine Dankbarkeit und Liebe klein. Das zeigt sich an der Nachlässigkeit, mit der Simon als Gastgeber Jesus behandelt.

Der Satz: „Ihre vielen Sünden sind ihr vergeben, denn sie hat viel geliebt“, wird häufig missverstanden. Im griechischen Urtext heißt es, „ihr werden ihre Sünden vergeben, ihre vielen, denn sie hat viel geliebt“. Das „denn“ stellt keinen Zusammenhang zwischen Liebe und Sündenvergebung her, etwa derart: Wer voller Liebe ist, dem wird wegen seiner großen Liebesfähigkeit vergeben, gleichgültig, wie „sündig“ diese Liebe auch sein mag.

Das „denn“ erklärt vielmehr nur die Worte „ihre vielen“. Weil sie viele Männer geliebt hat, deshalb hat sie viele Sünden, und deshalb müssen ihr viele Sünden vergeben werden. Der weitere Gedankengang ist dann: Da ihr viele – weil sie viele Männer geliebt hat – Sünden vergeben werden, ist ihre Dankbarkeit und Liebe für den Retter groß, liebt sie ihn also „viel“. Dem Pharisäer dagegen werden wenig Sünden vergeben – er hat einfach wenige –, weshalb er keine Dankbarkeit und Liebe für den Retter empfindet und ihn wenig liebt.

Jesus sagt zum Pharisäer: Ihre vielen Sünden – denn sie hat viele Männer geliebt – sind ihr vergeben. Deswegen erweist sie mir große Liebe. Dir sind nur wenige Sünden vergeben, denn du hast nur wenige Sünden. Deshalb erweist du mir kleine Liebe. Das ist der Sinn dieser Geschichte. Wen große Lasten drücken, der ist ungeheuer erleichtert, wenn ihm die neue spirituelle Lebensperspektive die Möglichkeit eröffnet, alle Lasten abzuwerfen. Er ist der rettenden spirituellen Kraft umso dankbarer und schenkt sich ihr umso intensiver, je größer die Schuldenlast war. Wen dagegen kaum eine Last drückt und wer mit sich sehr zufrieden ist, wird der rettenden Kraft, wenn er sich für sie aus irgendwelchen Gründen interessiert – so wie Simon sie zu sich einlädt –, wenig Anteilnahme und Dankbarkeit entgegenbringen.

Nur wenn ein Mensch für die rettende Kraft offen ist, hat diese die Möglichkeit, zu wirken. Davon spricht das Ende der Geschichte. Der „Glaube“ rettet die Sünderin. Die erschütternde Erkenntnis, dass sie von Gott getrennt ist, macht sie bereit, die spirituellen Kräfte in sich wirken zu lassen. Sie verbinden den Menschen wieder mit Gott, und wenn er wieder aus Gott und der göttlichen Ordnung lebt, lösen sich die Trennung von Gott und all ihre Folgen auf: Die Sünden werden vergeben. Natürlich braucht die Erschütterung über moralische Sünde nicht zur Bewusstwerdung der existenziellen Sünde und Erschütterung über sie zu führen. Es gibt viele Fälle, wo die Erschütterung über moralische Sünde nur die Wirkung hat, dass der moralisch schlechte Mensch zu einem moralisch guten Menschen, zu einem Frommen, werden will. Er ist dann „zerknirscht“ und „bekehrt“ sich. Damit verbleibt er aber in der irdischen Dimension. Die Sünderin dagegen wird erschüttert, weil sie sich moralisch sündig fühlt, und noch mehr, weil sie ihre existenzielle Sünde erkennt. Dadurch ist sie bereit, sich der göttlichen Dimension zuzuwenden.

Wie schon in der Erzählung vom Gelähmten meinen die Augenzeugen dieser Vorgänge zurecht, nur Gott könne Sünden vergeben, und scheinen Jesus, der sagt: Deine Sünden sind dir vergeben, deshalb zu tadeln. Sie erkennen nicht, dass in einem Menschen, der mit Gott eins geworden ist, Gott wirkt. So ein Mensch kann dazu beitragen, dass auch in anderen Menschen Gott wirkt und die Einheit des Menschen mit Gott wiederherstellt. Für den Einzelnen bedeutet das: Gott wirkt durch seine Kraft. Sie kann das wahre Selbst erwecken und erfüllen. Das wahre Selbst kann dann bewirken, dass auch die irdische Persönlichkeit in eine Verfassung gelangt, in der sie zum Diener für das wahre Selbst wird. Die Einheit mit Gott ist auch für sie wiederhergestellt. So vergibt Gott Sünden.

Frauen

8 1 *Und es begab sich bald darauf, dass er Städte und Dörfer durchwanderte, indem er predigte und das Evangelium vom Reich Gottes verkündigte, und die Zwölf begleiteten ihn* ***2*** *und einige Frauen, die von bösen Geistern und Krankheiten geheilt worden waren: Maria, genannt die aus Magdala, aus der sieben Dämonen ausgefahren waren,* ***3*** *und Johannes, die Frau des Chusa, eines Beamten des Herodes, und Susanna und viele andre, die mit ihrem Vermögen für sie sorgten.*

Die Erzählung von der Sünderin und dem Pharisäer gibt dem Evangelisten den Anlass, zu erwähnen, dass viele Frauen Jesus folgen, die von bösen Geistern und Krankheiten geheilt worden waren. Ein immer gültiges Lebensgesetz zeigt sich in der historischen Wirklichkeit: Wer von der Last seiner Schulden gegenüber Gott durch die in ihm wirkende Kraft Gottes befreit wird, ist dankbar, folgt dieser Kraft und gibt ihr alles, was sie zu ihrer Wirksamkeit benötigt. So folgen diese Frauen Jesus als der Verkörperung der göttlichen Kraft und unterstützen ihn und seine Gemeinschaft mit ihrem Vermögen. Damit ist vordergründig sicher ihr finanzielles Vermögen gemeint. Aber dieses ist wiederum Ausdruck ihrer grenzenlosen Dankbarkeit und Liebe der rettenden Kraft gegenüber. Das eigentliche Vermögen, mit dem sie diese Kraft unterstützen, sind ihre Hingabe, Treue und Dienstbereitschaft, so wie es von der Sünderin in der vorhergehenden Erzählung geschildert wird.

Sieben Dämonen sind von Maria aus Magdala ausgefahren. Die spirituelle Kraft des wahren Selbst in ihr hat siebenfach gewirkt und siebenfache Unfreiheit beseitigt. Es ist möglich, dass sich in dieser Angabe sehr alte Traditionen widerspiegeln. In deren Symbolik führte der spirituelle Weg durch sieben Sphären der Läuterung, oft mit den sieben Planetensphären gleichgesetzt. Jeder Planet vertrat eine den Menschen knechtende Kraft, einen „Dämon“. Von diesen knechtenden Kräften musste sich der Mensch schrittweise befreien, indem er die Dämonen „erkannte“ und Eigenschaften entwickelte, die stärker waren als die Dämonen. Das wahre Selbst schenkte ihm die Kraft dazu.

„Mond“ war die knechtende Kraft der Hingabe an die veränderliche irdische Welt. Gewann der Mensch in der unveränderlichen Welt des Geistes Stetigkeit, war er frei von diesem Dämon. „Merkur“ stand für die knechtende Kraft des irdische Zwecke verfolgenden Verstandes. Diese Knechtschaft ersetzte der Mensch durch die Freiheit eines an den Zusammenhängen der Welt des Geistes orientierten Verstandes. An die Stelle der „Venus", der knechtenden Kraft der irdischen Liebesleidenschaft, trat die niemals besitzergreifende spirituelle Liebe. „Sonne" verkörperte Hochmut und Machtgier des Ich. Diese Eigenschaften wurden durch die Sachlichkeit und Dienstbereitschaft des wahren Selbst überwunden. „Mars", der aggressive Zorn, wurde durch unerschütterlichen spirituellen Mut ersetzt, „Jupiter", die Sucht nach Reichtum und Größe, durch die Fülle der spirituellen Erfahrungen, „Saturn", der Neid, die Unfähigkeit des Menschen, seinen Platz in der Struktur der Welt zu akzeptieren, durch Einwilligung in die Stellung im All, die sich durch das eigene Wesen von selbst ergibt.

Nach Vertreibung der sieben Dämonen konnte die geläuterte Seele, das wach gewordene wahre Selbst, in einem achten Schritt den Geist empfangen und zu ganz neuen Ufern aufbrechen.

In jeder spirituellen Gemeinschaft, nicht nur in der Jesu und seiner Schüler, werden Frauen mit ihrer besonderen Hingabe und Einfühlsamkeit die Arbeit der Gemeinschaft unterstützen. Überall dort, wo sie, sei es in Männern, sei es in Frauen, eine spirituelle Entwicklung oder Bedürftigkeit bemerken, werden sie durch Verständnis, Hingabe und Ermutigung helfen. Und in jedem einzelnen Menschen, ob Mann oder Frau, fördern die speziell weiblichen Aspekte, Ausgeglichenheit, Ruhe und Sanftmut, die spirituelle Entwicklung.

Das „Wort"

Lukas greift das Thema des „Wortes" wieder auf: das Hören und Tun des Wortes Gottes, das Aufnehmen der Ordnung und Kraft des Geistes und ihre Umsetzung durch entsprechendes Handeln.

Das „Wort Gottes"

Was ist das „Wort Gottes"? Ist es die Bibel? Sind es die Worte, die der Pfarrer sonntags von der Kanzel spricht? Jesus verkörpert das vollkommene wahre Selbst des Menschen. Wenn er als äußerer Mensch spricht, so sind seine Worte Lehre oder Predigt, Impulse aus der göttlichen Welt, die, eingekleidet in irdische Formen, die Ordnung und Kraft der geistigen Welt enthalten und vermitteln. Die Lehre bewirkt im dafür empfänglichen Schüler Einsicht in die Ordnung der geistigen Welt, die Predigt die Kraft, diese Ordnung auch zu verwirklichen.

Wird Jesus als Personifizierung des wahren Selbst jedes Menschen gesehen, als innerer Jesus, so sind sein Wort die Impulse, die von diesem wahren Selbst zum irdischen Bewusstsein des dafür empfänglichen Menschen ausgehen und dort Erkenntnis, nämlich „Licht", und Kraft, nämlich „Leben" bewirken. In diesem Sinn ist im Prolog des Johannesevangeliums vom Wort die Rede, das das Licht der Menschen wird und Leben zeugt. Denn die Impulse aus dem wahren Selbst, das „Wort", werden im dafür empfänglichen Bewusstsein des Menschen zu Erkenntnis, „Licht", und zu Kraft, „Leben".

Kosmisch gesehen sind das göttliche Wort die Impulse, die vom „Vater", von der göttlichen Intelligenz, und vom „heiligen Geist", der göttlichen Kraft im All, der „Mutter", ausgehen. Göttliche Intelligenz und Kraft sind unsichtbare Kraftlinienstrukturen, die jedem Geschöpf und der ganzen Natur zu Grunde liegen und in ihnen „sprechen". Sie ermöglichen Entstehung und Existenz aller Dinge und Wesen und treiben deren Entwicklung voran. Wenn Gott „spricht", wenn die göttlichen, das All durchziehenden Kraftlinien wirken, entstehen die Welt und ihre Geschöpfe. Was bedeutet: „Gott sprach: Es werde Licht, und es wurde Licht?" Hat da ein gewaltiges Wesen ins finstere Weltall hineingesprochen, und es wurde hell darin? Nein, es kann nur bedeuten: Durch die in der göttlichen Kraft, den „Wassern", wirkende göttliche Intelligenz entstand Bewusstsein, „Licht". Die weiteren in der Genesis von Gott gesprochenen Worte sind Beschreibungen des Vorgangs, dass die göttlichen Kraftlinien die Formen aller Geschöpfe und Naturphänomene bewirken, nicht von außen, sondern von innen her, ähnlich wie sich aus den Geninformationen einer Pflanze allmählich die erwachsene Pflanze entfaltet.

Könnte das göttliche Wort unmittelbar und ungestört „sprechen", so würden alle Geschöpfe und Dinge sein reiner Ausdruck sein und es ihrerseits durch ihre Eigenschaften „aussprechen". Doch wirkt in Geschöpfen und Dingen ein eigenwilliges Prinzip, die Ichbezogenheit, das sie veranlasst, eigene Wege zu gehen. Dieses Prinzip verfälscht das göttliche Wort, so dass Geschöpfe und Dinge nicht zu seinem reinen Ausdruck werden. Das physikalische Licht zum Beispiel ist sicher nur ein sehr schwacher Ausdruck des göttlichen Wortes, das sprach: „Es werde Licht!" Auch der irdische Mensch in seiner Ichbezogenheit ist kein reiner Ausdruck der in ihm wirkenden göttlichen Kraftlinien, des wahren Selbst. Die vom wahren Selbst ausgehenden Impulse versuchen aber diesen verfälschten Ausdruck unaufhörlich zu korrigieren. Die Auflösung aller irdischen Formen, der Tod als die ganze irdische Welt durchdringendes Phänomen, ist letzten Endes die Folge der Korrekturen durch das göttliche Wort. Es schafft also nicht nur, sondern löst auch wieder auf, was seiner Struktur nicht entspricht. Es versucht andererseits unaufhörlich, sich im irdischen Menschen Gehör zu verschaffen und ihn zu Reaktionen zu veranlassen, durch die die irdische Form doch zum Ausdruck des wahren Selbst wird. Dann wird das göttliche Wort im Menschen tatsächlich zu Erkenntnis – Licht – und zu Kraft – Leben.

Das menschliche Wort

Auch das menschlich-irdische Wort ist eine Konfiguration von Kräften – Lauten und Klängen –, durch die sich Eigenschaften des Menschen offenbaren, wie sich durch das göttliche Wort Eigenschaften Gottes offenbaren. Darin liegt die Analogie zwischen göttlichem und menschlichem Wort. Im Vergleich zum göttlichen Wort ist aber das menschliche Wort schwach und matt. Das göttliche Wort ist wie eine magnetische Kraftlinie, die sich mit der ihr entsprechenden materiellen Form umkleidet und somit unmittelbar Formen erschafft. Das menschliche Wort vermag nur mittelbar Schöpfungen hervorzubringen, indem es den Hörer zu Tätigkeiten veranlasst.

Trotzdem besitzt auch das menschliche Wort unterschiedliche Qualitäten, je nach seiner Übereinstimmung mit Ordnung und Kraft der göttlichen Welt. Wenn Jesus als äußerer Mensch äußerlich hörbare Worte spricht, so sind diese, da Jesus aus dem wahren Selbst lebt, Impulse aus dem wahren Selbst, eingekleidet in äußere Formen der Lehre und Predigt, und entsprechen daher der Ordnung und Kraft der geistigen Welt. Sie sind nicht diese Ordnung und Kraft selbst, sind aber geeignet, andere darauf hinzuweisen. Wenn gewöhnliche Menschen sprechen, sind ihre Worte im Allgemeinen Impulse aus der irdischen, ichbezogenen Persönlichkeit. Sie vermitteln daher auch nur die Ordnung und Kraft der irdischen, vergänglichen Welt.

Dasselbe gilt für die schriftliche Niederlegung von Worten. Wenn irdisch orientierte Menschen Bücher verfassen, bringen sie nur irdische Vorstellungen zum Ausdruck. Verfassen aber die Schüler Jesu eine Schrift, ein Evangelium, so ist sie eine analoge Darstellung der göttlichen Lebensgesetze und -kräfte, der Phasen des spirituellen Weges, der Verhältnisse, die sich ergeben, wenn die göttliche Ordnung und Kraft in die irdische Welt einbrechen und Menschen so oder so darauf reagieren. So ein Evangelium ist zwar nicht schriftlich niedergelegtes göttliches Wort, aber analog zum göttlichen Wort, zur Ordnung und Kraft der geistigen Welt, gestaltet. Es bedient sich irdischer Bilder und Worte, um auf geistig-seelische Sachverhalte hinzuweisen.

Die meisten Menschen können das göttliche Wort weder in seiner unmittelbaren Wirkung aus dem wahren Selbst im Innern noch in seiner mittelbaren Wirkung, eingekleidet in irdisch-menschliche Worte, hören. Denn ein solches Hören setzt voraus, dass jemand wenigstens bis zu einem gewissen Grad auf die Welt des Geistes ausgerichtet ist. Wenn er völlig konform mit der irdischen Ordnung lebt, entsprechen seine „Ohren", sein Bewusstsein, auch ganz der irdischen Ordnung. Er kann dann nur Impulse aus der irdischen Welt „hören". Ein Mensch aber, in dem das Ebenbild Gottes, sei es auch nur minimal, wirksam ist, hat einen Hauch der göttlichen Weisheit, des göttlichen Wortes, in sich. Wenn er sein Leben darauf ausrichtet, werden seine geistigen Ohren dafür empfänglich werden. Er wird das „Wort hören". Er muss aber sein Leben auch wirklich auf die göttliche Weisheit ausrichten. Deshalb appelliert Jesus so dringend an seine Zuhörer: „Wer Ohren hat zu hören, der höre!" (8,8) Wer ein dem Ebenbild Gottes entsprechendes, für das göttliche Wort empfängliches Bewusstsein besitzt, wer „Ohren hat", der benutze dieses Bewusstsein auch und öffne es durch eine entsprechende Lebensführung für das göttliche Wort.

Verhält er sich dem irdischen Leben konform, wird er das göttliche Wort nicht vernehmen. Vernimmt er aber das göttliche Wort und richtet sich auf die Ordnung des göttlichen Lebens aus, das im Gegensatz zum irdischen Leben steht, so wird er erleben, dass die göttliche Ordnung die bisherige Ordnung seines Lebens sprengt. Er wird einen spirituellen Weg gehen, auf dem sich das Ebenbild Gottes in ihm, gerufen und ermuntert vom kosmischen göttlichen Wort, entfaltet, so dass alles, was nicht dem Ebenbild Gottes entspricht, neu ausgerichtet wird.

Er hört dann das göttliche Wort überall im Leben und in der Welt. Denn es ist als göttliche schöpferische Weisheit und Kraft überall am Werk: in seiner und in der Entwicklung anderer Menschen, in Situationen, in die er gerät, in großen schicksalsmäßigen Zusammenhängen, die sein Leben umfassen. Er wird aber vor diesem Hintergrund auch deutlich unterscheiden lernen, wo die Ichbezogenheit des irdischen

Lebens in ihm spricht. Er wird außerdem hören, wenn andere Menschen, wie etwa Jesus, mit irdischen Worten das göttliche Wort beschreiben. Und er wird entdecken, in welcher Weise das göttliche Wort in den irdischen Worten der Heiligen Schrift indirekt, im Gleichnis, zum Ausdruck kommt. Ein Evangelium wie das des Lukas kann in Menschen, in denen sich die Ohren für das göttliche Wort öffnen wollen, diese Öffnung begünstigen, ja sie vielleicht auslösen. Und es kann, wo diese Ohren schon offen sind und im Leben das göttliche Wort hören, dem Hörer das Gehörte bestätigen.

Reaktionen auf das göttliche Wort

8 4 *Als aber viel Volk zusammenkam und die Leute aus allen Städten zu ihm hinzogen, sprach er in einem Gleichnis:* ***5*** *Der Sämann ging aus, um seinen Samen zu säen. Und indem er säte, fiel etliches auf den Weg und wurde zertreten, und die Vögel des Himmels fraßen es auf.* ***6*** *Andres fiel auf den Felsen; und als es aufging, verdorrte es, weil es keine Feuchtigkeit hatte.* ***7*** *Andres fiel mitten unter die Dornen, und die Dornen, die mit aufwuchsen, erstickten es.* ***8*** *Noch andres fiel auf den guten Boden und wuchs auf und trug hundertfältige Frucht. Als er das sagte, rief er: Wer Ohren hat, zu hören, der höre!*

9 *Seine Schüler aber fragten ihn, was dieses Gleichnis bedeute.* ***10*** *Da sprach er: Euch ist es gegeben, die Geheimnisse des Reiches Gottes zu erkennen, den übrigen aber in Gleichnissen, damit „sie mit sehenden Augen nicht sehen und mit hörenden Ohren nicht verstehen".* ***11*** *Das Gleichnis aber bedeutet dies: Der Same ist das Wort Gottes.* ***12*** *Die auf dem Weg aber sind die, welche es gehört haben; danach kommt der Teufel und nimmt das Wort von ihrem Herzen weg, damit sie nicht glauben und gerettet werden.* ***13*** *Die aber auf dem Felsen sind die, welche das Wort, wenn sie es hören, mit Freuden aufnehmen; und diese haben keine Wurzel, sie, die nur für den Augenblick glauben und im Augenblick der Versuchung abfallen.* ***14*** *Was aber unter die Dornen fiel, das sind die, welche es gehört haben; und sie werden in ihrem Wandel von Sorgen und Reichtum und Genüssen des Lebens erstickt und bringen die Frucht nicht zur Reife.* ***15*** *Das in dem guten Boden aber sind die, welche in einem feinen und guten Herzen das Wort, das sie gehört haben, behalten und Frucht tragen in Beharrlichkeit.*

Das von Jesus vorgetragene Gleichnis vom Sämann schildert Reaktionen von Menschen, die bis zu einem gewissen Grad für das Wort des Geistes offen sind und es schon teilweise in sich aufgenommen haben. Ihr Bewusstsein, ihre „Ohren", sind für die direkten Impulse des göttlichen Wortes im Herzen geöffnet, die der Sämann, Gott selbst, sät, oder für die indirekten Impulse des göttlichen Wortes, die über irdische Worte anderer Menschen an ihr Ohr dringen, um das wahre Selbst im Herzen anzuregen. Auch dann ist der Sämann Gott selbst, wenngleich über einen von Gott erfüllten Menschen oder dessen Schriften wirkend.

Das Wort Gottes beginnt also im Herzen eines Menschen zu wirken. Jetzt aber kommt der „Teufel", der Zweifel des ichbezogenen Verstandes, und entfernt die Impulse des göttlichen Wortes wieder aus dem Herzen. Er sagt zum Beispiel: Eine göttliche Welt gibt es nicht, sie ist nur Erfindung des Menschen, der mit seiner unvollkommenen Welt nicht zurechtkommt. Oder er sagt: Die neue Lebensmöglichkeit, die sich so verheißungsvoll in dir bemerkbar macht, ist nur Fantasie. Und damit zerstört er die Offenheit des Hörers für diese Lebensmöglichkeit. Er zerstört den „Glauben", und verhindert, dass dieser Mensch der neuen Lebensrichtung folgt und aus dem Strudel der Hoffnungslosigkeit gerettet wird.

In der zweiten Szene des Gleichnisses reagiert der Hörer zunächst mit großer Begeisterung auf die ihm vom wahren Selbst im Herzen gezeigten neuen Aussichten. Aber er bleibt doch zu sehr in alten Gewohnheiten hängen und ändert sein Leben nicht. Das göttliche Wort kann daher keine festen Wurzeln in seinem Leben schlagen, und wenn Angriffe kommen, wenn es gilt, zum einmal eingeschlagenen Weg zu stehen, ist so jemand nicht stark genug und wird der neuen Lebensmöglichkeit untreu. Er ist wie der Mann aus der Bergpredigt, der sein Haus ohne feste Grundmauern auf lockeres Erdreich baute.

Drittens ist möglich, dass sich ein Mensch von den Sorgen, der Hektik und den Vergnügungen des Lebens so gefangennehmen lässt, dass diese Einflüsse die ursprüngliche Offenheit für ein neues Leben wieder ersticken.

Ein Mensch aber mit einem feinen Herzen, das sensibel auf die Wirkungen des göttlichen Wortes reagiert, und mit einem guten Herzen, das aufrichtig auf das göttliche Wort antwortet, bewahrt das Empfangene, ohne sich von intellektuellen Zweifeln irritieren zu lassen, lässt es in sich Wurzel schlagen, indem er beharrlich das ganze Leben davon durchdringen lässt, und trägt Frucht. Das göttliche Wort in ihm, die Impulse aus dem Ebenbild Gottes, entfaltet sich, und aufmerksam achtet er darauf, dass weder Mühsal noch Genuss das Wachstum behindern.

Wer das göttliche Wort hören kann, erfährt die „Geheimnisse des Reiches Gottes" (8,10). Ihm enthüllen sich die göttliche Kraft und Weisheit, die das ganze All durchziehen und alle Geschöpfe zur Verwirklichung ihres wahren Wesens antreiben. Ihm enthüllen sich in den Formen der Natur und ihrer Geschöpfe, seien sie auch durch Ichbezogenheit verzerrt, die Eigenschaften Gottes, der sich durch seine Geschöpfe ausspricht. Es enthüllen sich ihm auch, je nach Entwicklungsstand der betrachteten Geschöpfe, immer herrlichere Eigenschaften Gottes. Denn Gott ist unendlich vielschichtig. Immer neue und tiefere Schichten seines Wesens kommen dadurch zum Vorschein, dass sie sich sukzessive immer komplexere Ausdrucksformen erbauen. Diese Geheimnisse kann der Mensch unmittelbar erkennen, falls er ein dafür entwickeltes Bewusstsein besitzt: „Ohren, die hören können". Die Schüler Jesu sind solche Menschen.

Und falls sie noch nicht unmittelbar erkennen können, können sie es mittelbar, durch Gleichnisse. Sie sind wenigstens in der Lage, ein Gleichnis als solches zu erkennen und sich von ihm auf das Verglichene hinweisen zu lassen. Auch das setzt schon offene Ohren für die Geheimnisse des Reiches Gottes voraus. Wer nicht fähig ist, geistige Gesetzmäßigkeiten wenigstens zu ahnen, wird auch nicht fähig sein, eine dem Geistigen analoge irdische Tatsache als Bild, Zeichen und Symbol für das Bezeichnete zu erkennen und sich durch das Symbol zum Symbolisierten führen zu lassen. Er wird das Bild als buchstäbliche Tatsache nehmen.

Wenn im Gleichnis Jesu z. B. vom Teufel die Rede ist, wird er sich ein äußerlich sichtbares Wesen vorstellen. Er wird nicht erkennen, dass es sich in Wirklichkeit um die Personifizierung und Verbildlichung einer Kraft handelt, die in ihm selbst wirksam ist: um den ichbezogenen irdischen Verstand, der alles Göttliche in Frage stellt. Er wird auch nicht erkennen, dass die sogenannten Wunder der Bibel Bilder für seelisch-geistige Sachverhalte sind, etwa die Blindenheilungen Jesu Bilder für die Öffnung des geistigen Gesichtssinns. Er hat Augen, die die äußeren Bilder sehen, sieht aber die inneren Tatsachen nicht, deren Ausdruck und Gleichnis die äußeren Bilder sind. Er hat Ohren, die die äußerlich hörbaren Worte wahrnehmen, nicht aber die inneren Tatsachen, deren Ausdruck und Gleichnis die hörbaren Worte sind. So werden ihm die Gleichnisse zu einem zusätzlichen Hindernis, das mit ihnen Bezeichnete zu sehen und zu hören.

Auf diesen Vorgang weist der Satz in Vers 10 hin: „den übrigen aber (ist es) in Gleichnissen (gegeben), damit ‚sie mit sehenden Augen nicht sehen und mit hörenden Ohren nicht verstehen'." Es handelt sich um ein Zitat aus Jesaja, Kap. 6, 9–10. Gott befiehlt dort dem Propheten Jesaja: „Geh und sprich zu diesem Volk: Hört immerfort, doch versteht nicht, und seht immerfort, doch erkennt nicht! Verstocke das Herz dieses Volkes, mache taub seine Ohren und blind seine Augen, dass es mit seinen Augen nicht sehe und mit seinen Ohren nicht höre, dass nicht sein Herz einsichtig werde und man es wieder heile." Soll man annehmen, dass Gott seinen Propheten ausschickt, um die Heilung seines Volkes zu verhindern? Das wäre ja gerade das Gegenteil seiner sonst immer bekundeten Absicht. Nein, hier werden die Voraussicht und der „grimmige Schmerz Gottes" darüber dargestellt, dass das Volk sich nicht heilen *lässt*. Gott sendet seinen Propheten aus, *damit* sich das Schmerzliche herausstelle: dass viele Hörer gerade auf Grund der Worte des Propheten Missverständnisse aufbauen, die ihnen das Verständnis der geistigen Welt erst recht verschließen. Über diese voraussehbare, gesetzmäßige Folge der Aussendung des Propheten klagt Gott: „Geh hin und predige. Ach, du wirst sehen, deine Worte werden der Anlass sein, dass sich die Herzen dieses Volkes verstocken, statt sich zu öffnen."

Lebensgesetze im Zusammenhang mit dem „Wort"

8 16 *Niemand aber, der ein Licht angezündet hat, bedeckt es mit einem Gefäß oder stellt es unter ein Bett, sondern er stellt es auf einen Leuchter, damit die Hereinkommenden das Licht sehen.* ***17*** *Denn nichts ist verborgen, was nicht offenbar werden wird, und nichts geheim, was nicht bekannt werden und an den Tag kommen wird.* ***18*** *Gebt nun acht, wie ihr hört! Denn wer hat, dem wird gegeben werden, und wer nicht hat, dem wird auch das genommen werden, was er zu haben meint.*

Wer die „Geheimnisse des Reiches" erkennt, direkt oder mittels Gleichnissen, in dem ist „ein Licht angezündet". Sein Bewusstsein ist erhellt, er erkennt, z. B. durch das Gleichnis vom Sämann, mittels eines analogen Sachverhalts in der Natur einen geistig-seelischen Sachverhalt. Dieses Licht der Einsicht lässt er leuchten. Er kann, durch seine Worte oder durch sein Leben, anderen seine Erkenntnisse mitteilen. Denn die „Hereinkommenden" sind jene Menschen, die vom Äußeren ins Innere treten, von der äußeren Tatsächlichkeit der Dinge zum Sinn der Dinge vordringen. Sie haben schon Augen, die das Licht sehen können. Jesus will mit diesem Gleichnis – wieder einem Gleichnis! – sagen: In wem das Licht der Erkenntnis angezündet ist, der halte es nicht ängstlich zurück, sondern lasse es für andere leuchten, damit auch in ihnen dieses Licht entzündet werde.

Vielleicht werden in den Hereinkommenden auch dadurch, dass sie vom Licht getroffen werden, erst Augen entwickelt. Wie sich das biologische Auge als Organ am natürlichen Licht entwickelt hat, so kann sich auch das geistige Auge am Licht der von anderen übermittelten Einsichten in geistige Tatsachen entwickeln. Denn jeder Mensch trägt eine Anlage für dieses geistige Sehorgan in sich. Er ist als Ebenbild Gottes prinzipiell für das geistige Licht empfänglich.

Die Entwicklung solcher geistigen Wahrnehmungsorgane ist möglich, weil einerseits der Mensch die Anlage dafür in sich trägt, und andererseits das Reich Gottes nach Bewusstwerdung in seinen Geschöpfen strebt. Die Eigenschaften Gottes wollen, eine nach der anderen, im Menschen bewusst werden. Das „Streben" des Ebenbildes Gottes im Menschen nach Geburt, Selbst-Bewusstwerdung und Selbstausdruck ruft im Menschen die Wahrnehmungsorgane für die Eigenschaften Gottes hervor. So kommt alles Verborgene an den Tag, die Geheimnisse des Reiches Gottes werden enthüllt, sie zeigen sich dem spirituellen Bewusstsein des Menschen.

Alle Form ist nur dazu da, bestimmten Inhalten der Welt Ausdruck zu geben und zugleich Träger des Bewusstseins zu sein, das diese Inhalte wahrnimmt. Der mineralische Kristall entfaltet, getrieben von den physikalisch-chemischen Gesetzen der Natur, seine Struktur, um diesen Gesetzen Ausdruck zu verleihen und sie mit einem, zwar noch sehr dumpfen, „Bewusstsein" wahrzunehmen. Die Pflanze entfaltet, getrieben durch das Leben im Kosmos, ihren Organismus, um dem Leben des Kosmos Ausdruck zu verleihen und es mit einem schon weniger dumpfen Bewusstsein wahrzunehmen. Das Tier entwickelt, veranlasst von im Kosmos vorhandenen Kräften der Wahrnehmung und Motivation, seinen beweglichen Körper, um selbst Wahrnehmung und Motivation zu besitzen und diese Kräfte der Natur mehr oder weniger bewusst zu empfinden. Der Mensch entwickelt zusätzlich, getrieben von einer in der Natur angelegten Tendenz zum Denken, ein Gehirn, um der Fähigkeit des Denkens Ausdruck zu geben und das „Denken" der Natur, mit dem sie ihre Strukturen und Geschöpfe aufbaut, mit klarem Bewusstsein zu erkennen.

Und so geht es weiter. Der für das Wort aus dem wahren Selbst empfängliche irdische Mensch entwickelt ein immer besseres Verständnis für dieses Wort. Und der spirituelle Mensch, das Ebenbild Gottes, entwickelt, getroffen vom Ruf des göttlichen Wortes, geistige Ohren und Augen, ein spirituelles Denken, um sich des Geistes, der göttlichen Intelligenz und Kraft, bewusst zu werden und ihm Ausdruck zu geben. Alle Religionen der Welt, ursprünglich Impulse aus der Welt des Geistes, arbeiten am spirituellen Bewusstsein des Menschen, um ihm die Erfahrung immer tieferer Schichten und Eigenschaften Gottes zu ermöglichen. Keine Eigenschaft der Natur und Gottes wird geheim bleiben, alle werden den Geschöpfen offenbar werden.

Gebt nun acht, wie ihr hört, fährt Jesus fort. Gebt acht, mit welchen Organen ihr hört, welches Bewusstsein ihr entwickelt. Ihr habt ein Sinnenbewusstsein, mit dem ihr Sinneswahrnehmungen aus der irdischen Welt empfangt. Dazu gehört auch der rationale Verstand, der die Sinneseindrücke wertet, ordnet und euch zielgerichtetes Handeln ermöglicht. Dieses Bewusstsein wird aber nur die naturgesetzmäßigen Zusammenhänge der irdischen Welt erkennen und sich darauf einstellen können. Je mehr es benutzt wird, desto mehr wird es sich entwickeln, und desto weniger werden andere, ebenfalls in euch veranlagte Bewusstseinsarten zur Wirkung kommen.

Ihr habt aber, als irdische Wesen, auch die Anlage zu einem Bewusstsein in euch, das die Impulse aus dem wahren Selbst, das göttliche Wort, verstehen und das Handeln vernünftig darauf ausrichten kann. Es ist das Bewusstsein, das durch Johannes den Täufer verkörpert wird. Doch vor allem habt ihr als spirituelle Wesen die Anlage zu einem spirituellen, intuitiven Bewusstsein, einem wahren Selbst. Ihr könnt „Ohren" entwickeln, die unmittelbar das „Wort Gottes", Lebenszusammenhänge und -eindrücke aus der geistigen Welt, hören. Gebt also darauf acht, dass sich vor allem diese Bewusstseinsart, diese „Ohren" entwickeln. Wenn sie sich entwickeln, hört ihr das Wort Gottes, sei es mit dem irdischen, sei es mit dem spirituellen Bewusstsein, immer besser und könnt euer Handeln darauf einstellen. Das Sinnenbewusstsein kann dann in den Bereichen, in denen es zuständig ist, weiter seine Funktionen ausüben. Rückt ihr es dagegen an erste Stelle, so unterdrückt ihr das spirituelle Bewusstsein und verfehlt eure Bestimmung.

Ansätze zu einem Organ, die sich betätigen, entwickeln sich zu diesem Organ. Was tätig ist, entwickelt sich. Wer für das „Wort Gottes", die spirituellen Lebenszusammenhänge, empfänglich ist, auf sie „hört" und seine Einsichten tätig umsetzt, in dem entwickeln sich die geistigen Ohren. Wer solche Ansätze hat und betätigt, dem wird gegeben werden. Denn sie werden sich entwickeln, und immer neue Erkenntnisse werden ihm zuteil werden. Wer aber solche Ansätze hat und nicht betätigt, dem werden auch diese nur rudimentären „Ohren" noch genommen werden. Sie werden verkümmern, wie jedes Organ, das untätig bleibt, verkümmert. Also, das ist die Schlussfolgerung Jesu, entwickelt das rudimentäre spirituelle Bewusstsein, das ihr habt, durch Tätigkeit dieses Bewusstseins. Reagiert auf spirituelle Impulse, empfangt sie und setzt sie in Handeln um. Tut ihr das nicht, so werden auch die Ansätze zu einem spirituellen Bewusstsein verkümmern und ihr werdet Sklaven eures rationalen Verstandes werden.

Das göttliche Wort als die Menschen wahrhaft verbindende Kraft

8 19 *Es kamen aber zu ihm seine Mutter und seine Brüder, und sie konnten des Volkes wegen nicht zu ihm gelangen.* ***20*** *Da wurde ihm berichtet: Deine Mutter und deine Brüder stehen draußen und wollen dich sehen.* ***21*** *Er aber antwortete und sprach zu ihnen: Meine Mutter und meine Brüder sind die, welche das Wort Gottes hören und tun.*

Auch die Blutsverwandtschaft ist für einen das „Wort" hörenden Menschen sekundär geworden – was nicht ausschließt, dass er seinen Blutsverwandten mit Liebe begegnet. Aber primär sind sein spirituelles Wesen und die daraus folgenden Aufgaben. Primär sind für ihn auch seine Geistesverwandten, alle Menschen, die ebenfalls aus den Quellen des Geistes zu leben versuchen: die „das Wort Gottes hören und tun“. Jesus ist mit Aufgaben befasst, die aus seinem spirituellen Wesen folgen. Er heilt und lehrt. Deshalb können seine Blutsverwandten nicht zu ihm vordringen. Alle aus blutsverwandtschaftlichen Beziehungen folgenden Pflichten und Ansprüche reichen nicht an die spirituellen Aufgaben des Menschen heran. Sie liegen auf einer anderen Ebene.

Es ist die Bestimmung des Menschen, über die Bestimmtheit durch seine Biologie und damit auch seine blutsverwandtschaftlichen Abhängigkeiten hinauszuwachsen und als Ebenbild Gottes, als spiritueller Mensch, aus dem göttlichen Wort zu leben. Die daraus entstehende Geistesverwandtschaft zu ähnlichen Menschen ist daher jene Art zwischenmenschlicher Beziehung, die dem wahren Wesen des Menschen entspricht. Sie ist eine harmonische Einheit im Geist, in Freiheit und Liebe, da alle Mitglieder dieser Gemeinschaft aus demselben göttlichen Wort, das Einheit, Freiheit und Liebe ist, leben. Eine solche Geistesverwandtschaft ist unaufhebbar und ewig in der Ordnung und Kraft des Geistes verankert, während Blutsverwandtschaft als Beziehung zwischen irdischen Menschen niemals sicheren Halt gewährt und stets von Konflikten und Verlusten bedroht ist. Dass sich für Menschen auf dem spirituellen Weg auch eine neue Ebene zwischenmenschlicher Beziehungen ergibt, die über der alten Ebene blutsverwandtschaftlicher Bindungen liegt, ohne diese notwendigerweise aufheben zu müssen – das ist die Aussage dieser Auseinandersetzung Jesu mit Mutter und Brüdern.

Stillung des Sturmes: Erfahrungen der Schülergemeinschaft

8 22 *Es begab sich aber eines Tages, da stieg er in ein Schiff samt seinen Schülern; und er sagte zu ihnen: Lasst uns ans jenseitige Ufer des Sees fahren! Und sie fuhren ab.* ***23*** *Als sie aber auf der Fahrt waren, schlief er ein. Und es kam ein Windsturm auf den See herab, und das Schiff wurde voll Wasser, und sie standen in Gefahr.* ***24*** *Da traten sie hinzu, weckten ihn auf und sagten: Meister, Meister, wir gehen unter! Nachdem er aber erwacht war, bedrohte er den Wind und die Wogen des Wassers, und sie legten sich, und es trat Windstille ein.* ***25*** *Da sprach er zu ihnen: Wo ist euer Glaube? Sie aber fürchteten und verwunderten sich und sagten zueinander: Wer ist doch dieser, dass er sogar den Winden gebietet und dem Wasser und sie ihm gehorsam sind?*

Die Geschichte von der „Stillung des Seesturmes“ schildert die Erfahrung einer Schülergruppe auf dem spirituellen Weg. Jesus hatte eine Gruppe Schüler um sich geschart und ihnen, entsprechend der zwölffachen Ordnung des Geistes, Aufgaben zugewiesen. Sie befinden sich gerade in der zweiten Phase ihres spirituellen Weges. Ihre Aufgabe ist jetzt, die im Glauben aufgenommenen spirituellen Kräfte auch umzusetzen und mit ihnen zu arbeiten. Ihr Verhältnis zu diesen Kräften, deren Quelle durch Jesus personifiziert wird, ist Thema der Erzählung.

Die Schüler bilden eine spirituelle Gemeinschaft. Das „Schiff" ist Bild für diese Gemeinschaft. Es vergegenwärtigt ihre gemeinsame Bewusstseinsgrundlage. Ihr Bewusstsein ist für die spirituellen Impulse offen und reagiert darauf. Mit Jesus, der Quelle der spirituellen Kraft, bilden sie ein „Kraftfeld", das aus der Ordnung und Kraft des Geistes unterhalten wird. Auf dieser Grundlage können sie über den „See" ans jenseitige Ufer fahren. Sie überqueren den See des Lebens, die Leidenschaften, Wünsche und Bewegtheiten der irdischen Seele. Das Schiff ist in Fahrt, die Schüler sind in ihrem „Kraftfeld", dem Schiff, unterwegs, und dieses spirituelle Kraftfeld trägt sie über die Wogen der irdischen Leidenschaften und Wünsche hinweg.

Gewöhnlich ist die spirituelle Kraft, personifiziert durch Jesus, in ihrer Mitte und in jedem Einzelnen von ihnen „wach". Das heißt, sie spüren diese Kraft, sie werden durch sie auf dem Weg weitergeführt und gestärkt. Es herrscht Eintracht unter ihnen, weil sie alle aus dieser selben Kraft leben. Aber es können Zeiten kommen, da diese Kraft sich zurückzieht und „schläft". Das geschieht immer dann, wenn Schüler sich allzusehr an das selbstverständliche Gleichmaß ihres Weges gewöhnt haben und selbstzufrieden geworden sind. Sie haben den Weg gefunden, und ihre Sehnsucht nach spiritueller Entwicklung, an deren Ende der Eintritt ins Reich Gottes steht, ist schwächer geworden. Daher spüren sie die Kraft nicht mehr. Für sie „schläft" sie.

Gerade zu solchen Zeiten des „Schlafens" der spirituellen Kraft treten Stürme auf. Es entsteht Disharmonie in der Gruppe, weil die verbindende spirituelle Kraft fehlt. Divergierende Vorstellungen über den spirituellen Weg prallen aufeinander, unterschiedliche Einstellungen der Gruppenmitglieder zur gesellschaftlichen Umwelt führen dazu, dass Störungen von außen her erfolgen. Ob von innen oder außen: Solche „Stürme" wühlen die Seele der Schüler auf. Leidenschaften, gegenseitige Vorwürfe und Verzweiflung dringen wie wilde Wogen auf das „Schiff" ein. Die gemeinsame Bewusstseinsgrundlage der Schüler droht zerstört zu werden.

Da erfasst wilde Angst die Schüler: Angst um die Existenz ihres gemeinsamen Unternehmens, Angst vor einem Scheitern ihrer spirituellen Zielsetzungen. Sie könnten jetzt versuchen, organisatorische Maßnahmen gegen das Chaos zu ergreifen, sich selbst zu disziplinieren, geschlossen gegen Gefahren von außen aufzutreten. Aber dadurch würden sie den Sturm gerade nicht stillen, sondern das Chaos nur noch größer machen. Die einzig sinnvolle Möglichkeit in dieser Lage ist, dass sie die spirituelle Kraft in ihrer Mitte, im eigenen Wesen, wieder „wecken".

Den Schülern Jesu wird durch den Sturm bewusst, dass sie aus eigenen, irdischen Kräften den Weg nicht gehen könnten und in ihren Leidenschaften und Ängsten untergehen würden. Der Sturm facht ihre Sehnsucht nach den spirituellen Kräften wieder an, die in ihnen „eingeschlafen" waren. Ihre Sehnsucht nach dem spirituellen Ziel, ihre Angst, es zu verfehlen, und ihre Erkenntnis, aus eigener Kraft nur Chaos zu erzeugen, wirken derart, dass die spirituelle Kraft wieder aktiviert, in ihr Bewusstsein gezogen und gespürt wird. Sie „wecken" Jesus.

Sofort wirkt die spirituelle Kraft in ihrer Mitte. Divergierende Meinungen werden als unwesentlich erkannt, Störungen von außen als Faktoren begriffen, die die spirituelle Entwicklung der Gemeinschaft nicht wirklich beeinträchtigen können. So entsteht wieder, auf einer spirituellen Grundlage, Einheit unter den Schülern, es entstehen neue Zuversicht, Freude und Liebe, und Ängste, Erregung und hektische Betriebsamkeit weichen. Der Sturm ist gestillt, die Wogen sind geglättet, das Schiff ist sicher und auf sicherem Kurs.

Und alle Schüler wundern sich, ja staunen und „fürchten" sich. Denn alle erkennen in dieser Situation: Die neue Einheit und Zuversicht sind nicht den eigenen Bemühungen und Leistungen zu verdanken. Diese waren doch hoffnungslos unzureichend. Einheit und Zuversicht sind aus einer Dimension entstanden, die menschlichen Absichten unzugänglich und unverfügbar ist. Sie ist dermaßen unwiderstehlich und mächtig, dass sie dem schwachen irdischen Menschen „furchtbar" erscheint.

Wenn Jesus den Mangel an Glauben bei seinen Schülern anspricht: „Wo ist euer Glaube?", so meint er: Ihr habt noch zu viel Angst. Ihr habt zum wahren Selbst, auch wenn es „schläft", noch zu wenig Vertrauen. Ihr habt euch im Sturm durch Angst überwältigen lassen, statt die ruhige Zuversicht zu haben, dass das wahre Selbst immer bei euch ist. Euch selbst und eurer Gemeinschaft kann in spiritueller Hinsicht nichts geschehen. Eure Furcht, als Schüler unterzugehen, als Schülergemeinschaft unterzugehen, ist Mangel an Vertrauen in die Wirksamkeit des wahren Selbst, auch wenn es einmal nicht spürbar, also „eingeschlafen" sein sollte. Schüler mit ruhiger Zuversicht hätten auch im schlimmsten Sturm diese Zuversicht nicht verloren und hätten, ohne in Panik zu geraten, in ihrer Sehnsucht nach der Macht und Ordnung des Geistes die Quelle des Geistes wieder in sich geweckt.

Diese Darstellung eines noch unvollkommenen Verhältnisses zu den spirituellen Kräften ist zeitlos und gilt für jede spirituelle Schülergruppe, die sich in der zweiten Phase ihres Weges befindet.

Dämonenaustreibung: Die Dämonen an den Gräbern

8 26 *Und sie fuhren nach der Landschaft der Gergesener, die Galiläa gegenüberliegt.* ***27*** *Als er aber ans Land gestiegen war, kam ihm ein Mann aus der Stadt entgegen, der Dämonen hatte und seit langer Zeit keine Kleider anzog und in keinem Haus blieb, sondern in den Grüften.* ***28*** *Als dieser Jesus sah, schrie er auf, warf sich vor ihm nieder und sprach mit lauter Stimme: Was habe ich mit dir zu schaffen, Jesus, du Sohn Gottes, des Höchsten? Ich bitte dich, peinige mich nicht!* ***29*** *Er hatte nämlich dem unreinen Geist geboten, aus dem Menschen auszufahren. Jener hatte ihn nämlich seit langer Zeit mit sich fortgerissen, und er wurde in Ketten und Fußfesseln geschlossen und verwahrt; und er zerriss die Fesseln und wurde von dem Dämon in die Einöde getrieben.* ***30*** *Und Jesus fragte ihn: Was ist dein Name? Er antwortete: Legion. Denn viele Dämonen waren in ihn gefahren.* ***31*** *Und sie baten ihn, er möchte ihnen nicht befehlen, in die Unterwelt zu fahren.* ***32*** *Es war aber dort eine Herde von vielen Schweinen auf dem Berg zur Weide; und sie baten ihn, er möchte ihnen erlauben, in diese zu fahren. Und er erlaubte es ihnen:* ***33*** *Da fuhren die Dämonen aus dem Menschen aus und fuhren in die Schweine. Und die Herde stürzte sich den Abhang hinunter in den See und ertrank.*

34 *Als aber die Hirten sahen, was geschehen war, flohen sie und verkündigten es in der Stadt und auf dem Land.* ***35*** *Da gingen die Leute hinaus, um zu sehen, was geschehen war. Und sie kamen zu Jesus und fanden den Menschen, von dem die Dämo-*

nen ausgefahren waren, bekleidet und vernünftig zu den Füßen Jesu sitzen; und sie fürchteten sich. ***36*** *Die aber, welche es gesehen hatten, erzählten ihnen, wie der Besessene gesund geworden war.* ***37*** *Und die ganze Menge aus der umliegenden Landschaft der Gergesener bat ihn, von ihnen wegzugehen; denn große Furcht hatte sie ergriffen. Da stieg er in ein Schiff und kehrte zurück.* ***38*** *Der Mann aber, von dem die Dämonen ausgefahren waren, bat ihn, dass er bei ihm bleiben dürfe. Doch er entließ ihn und sagte:* ***39*** *Kehre zurück in dein Haus und erzähle, was Gott dir Großes getan hat! Und er ging aus und verkündigte in der ganzen Stadt, was Jesus ihm Großes getan hatte.*

In der ersten Phase des Weges der Schüler hatte Jesus einen „Dämon“ ausgetrieben. Der Leitung der Vernunft entglittene und verselbstständigte mentale und emotionale Bereiche der irdischen Persönlichkeit, der Dämon in der Synagoge, waren durch das wahre Selbst wieder der Herrschaft der Vernunft unterstellt worden. Der vom Dämon religiöser Zwanghaftigkeit Besessene war frei geworden. Jetzt, in der zweiten Phase des Weges der Schüler, beziehen sich die Dämonenaustreibungen Jesu auf das Triebleben der irdischen Persönlichkeit. Denn je stärker die durch Jesus personifizierten spirituellen Kräfte im Menschen wirken, in desto tiefere Schichten der Seele dringen sie ein und befreien sie von fremden Zwängen. Gergesa liegt Galiläa gegenüber. Es ist eine Stadt, die ihren heidnisch-archaischen Charakter bewahrt hat. Sie ist nicht durch die religiöse und kulturelle Entwicklung Judäas und Galiläas gegangen. In der menschlichen Seele entspricht Gergesa, am „jenseitigen Ufer“ des Sees gelegen, einem archaischen, unheimlichen Bereich, in den jetzt Jesus, die spirituelle Kraft, auf ihrem Weg durch die irdische Welt vordringt.

Dort lebt ein von einem Dämon Besessener. Die Art des Dämons wird wieder durch den Aufenthaltsort und die Gewohnheiten des Besessenen charakterisiert. Dieser lebt in den „Grüften“ und Gräbern, also dort, wo sich durch Süchte und Triebe an die irdische Welt gebundene, das Jenseits bewohnende Tote aufhalten. Er bleibt in keinem „Haus“, hat keinen Wohnort im Bereich des vernünftigen Bewusstseins, der Gesittung und sozialen und kulturellen Ordnung, wozu auch die Angabe stimmt, dass er nackt ist und keine Kleider trägt. Er gehorcht nur seinen Trieben.

In jedem Menschen gibt es verdrängte Triebe, die der Vernunft und bewussten Steuerung durch das Ich nicht gehorchen. Sie sind unzählige – der Name des Dämons ist „Legion“: entfesselte sexuelle Triebe und Perversionen, Triebe der Macht, Ehrsucht und Habsucht, Aggressionen bis hin zu Selbstvernichtung und Mordlust, rasende Rachsucht, Eifersucht und Gier und viele andere. Je schwächer die sozialen Bindungen des Einzelnen und seine Verankerung in Traditionen werden, desto ungestümer drängen diese Triebe ans Tageslicht. Ja, ganze Gesellschaften können durch den Zusammenbruch traditioneller Wertsysteme zum Opfer solcher bisher gebändigten Energien werden, die sich dann gegenseitig bis zum kollektiven Wahnsinn stimulieren. Den Einzelnen überfluten Triebenergien, die Triebenergien vieler einzelner summieren sich zu kollektiven Energien, und diese nähren und steigern rückwirkend wieder die individuellen Dämonen. Der Besessene befindet sich nicht nur im Griff der eigenen entfesselten Triebe, sondern zusätzlich im Griff kollektiver Mächte, die sein Triebpotenzial unaufhörlich anreizen.

Kein noch so starkes Ich vermag diese Energien aus dem Unbewussten, sind sie einmal entfesselt, zu zähmen. Sie zerreissen alle „Fesseln", die Vernunft oder Willen ihnen auferlegen könnten.

Das ist eine Parallele zur Erzählung von der Stillung des Seesturms. Denn auch dort zeigt sich, dass das gewöhnliche Ichbewusstsein der Schüler für die Bändigung der elementaren seelischen Gewalten zu schwach ist. Die einzige Kraft, die dieser Dämonen Herr werden kann, ist die Kraft des wahren Selbst, verkörpert durch Jesus. Denn der Geist ist der Urgrund alles Seins, während das bewusste Ich nur wie eine Insel im Ozean der unbewussten Lebensenergien ist. Vom Urgrund alles Seins geht die schöpferische Ordnung aus, die ursprünglich auch die dämonischen und Triebkräfte der irdischen Persönlichkeit geordnet und ihnen ihre Funktionen zugewiesen hatte. Erst die Empörung dieser Kräfte gegen den Urgrund des Geistes konnte zu einem Zustand führen, wo sie durch Vernunft und Kultur mühsam gebändigt werden müssen und diese Fesseln doch immer wieder abzuwerfen drohen. Nur vom Urgrund des Geistes aus können sie endgültig zur Ordnung zurückgeholt werden. Das geschieht dadurch, dass ihre anmaßende Herrschaft über den Menschen durch die Kraft des wahren Selbst gebrochen wird.

Auch in dieser Erzählung zeigt sich, dass die Triebenergien, in den unbewussten Tiefenschichten des Menschen wurzelnd, bei ihrer Begegnung mit dem wahren Selbst dieses sofort als solches erkennen, während das bewusste Ich des Menschen in seiner Beschränkung auf die Sinnenwelt dazu vorerst nicht in der Lage ist. Der Dämon erkennt Jesus sogleich als den „Sohn des Höchsten". Er weiß, dass er dieser spirituellen Kraft weichen muss. Die kollektiven Energien, die sich in dem Besessenen eingenistet haben und nicht in seinen seelischen Haushalt integriert werden können, sehen sich zum Rückzug gezwungen.

Aus dem Menschenreich, dem Reich der Vernunft, die durch die Kraft des wahren Selbst wieder erstarkt, müssen sie weichen. Aber sie hoffen, im Tierreich, dem Reich der Instinkte, noch eine Ausdrucksmöglichkeit zu finden. In der „Unterwelt", im Jenseits, haben sie diese Ausdrucksmöglichkeit nicht, da ihnen dort die Körper von Menschen oder Tieren fehlen, die sie in Besitz nehmen könnten. Daher wählen sie sich Schweine als ihre zukünftigen Wirte. Ihr Wesen entspricht dem nach traditioneller Vorstellung unreinsten Tier, dem Schwein. Und sie bitten Jesus, sie in die Schweine fahren zu lassen.

Doch wie die zügellosen kollektiven Energien in einem Menschen die vernünftige Ordnung außer Kraft gesetzt und sich an Stelle der Vernunft gesetzt haben, so setzen sie in den Schweinen die Leitung durch die Instinkte außer Kraft. Die Instinkte lenken das unvernünftige Tier so, dass es seine Aufgabe im großen Lebensganzen erfüllen kann. Aber die Dämonen, entfesselte Triebkräfte ohne jede Ordnung, zerstören im von ihnen besessenen Tier diese Instinktinstanz und setzen sich an ihre Stelle. Das Tier wird zum Instrument für ihre ungezügelten, chaotischen Impulse, die sich in keine sinnvolle Ordnung einfügen. Das zeigt sich im Verhalten der Schweineherde, in die die Dämonen fahren. Die Schweine verlieren jede instinktive Ordnung, die ihr Leben garantieren würde, und werden zur Beute der chaotischen Triebkräfte, die sie mit sich in den „See" reißen. „See" ist Sinnbild für die Unterwelt, für das große Reservoir aller animalischen Emotionen und Triebe, in das auch nach dem Tod von Menschen und Tieren ihre Energien wieder eingehen. Die Dämonen graben sich ihr eigenes Grab, indem sie ihre Wirtstiere ins chaotische Reservoir der Triebkräfte hineinreißen und dort vernichten.

Ein größerer Gegensatz lässt sich nicht denken: Auf der einen Seite ungeordnete, chaotische Triebkräfte, die jede individuelle Ordnung, sei sie instinktgeprägt, sei sie vernunftgeprägt, auflösen, um die Geschöpfe mit sich in den Abgrund zu reißen, auf der andern das wahre Selbst, das die Ordnung des Geistes repräsentiert, aber auch die Ordnung des vernünftigen Ich und die Ordnung der Instinkte ermöglicht. Es ist wesentlich aufbauend. Und es erweist sich, dass die aufbauenden Kräfte im Kosmos stärker sind als die niederreißenden. Mit Hilfe des in ihm wirkenden wahren Selbst ist der Besessene frei geworden von den ihn beherrschenden kollektiven, dämonischen Triebenergien. Man findet ihn „bekleidet“: Er lebt gesittet und im Gefüge sinnvoller sozialer Konventionen, und „vernünftig“: Er ist fähig, als Ich seinen Trieben zu gebieten und ihnen die richtigen Funktionen im Haushalt des Lebens anzuweisen. So sitzt er „zu Füßen Jesu“: Er hält sich dicht an das wahre Selbst und verehrt es, von dem er weiß, dass es ihn aus der Knechtschaft der Dämonen befreit hat.

Wie die Schüler Jesu in der vorhergehenden Erzählung von Furcht vor der Gewalt der spirituellen Kräfte ergriffen sind – diese können einen Sturm stillen, auf den das vernünftige Ich keinen Einfluss hat –, so fürchten die Einwohner Gergesas die Macht der Spiritualität. Sie sind selbst noch nicht bereit, dieser Spiritualität im eigenen Wesen Eingang zu gewähren, weshalb sie Jesus bitten, ihr Land wieder zu verlassen. Der Geheilte aber wird von Jesus aufgefordert, in seinem Land von der Macht der spirituellen Kräfte des wahren Selbst zu zeugen. Seine Aufgabe ist es noch nicht, unter Anleitung von Jesus einen spirituellen Weg zu gehen, worum er Jesus bittet, sondern nur, durch Illustration der Wirksamkeit des wahren Selbst seine Landsleute auf einen solchen vorzubereiten.

Somit erweist sich, dass die Kraft des Geistes fähig ist, auch in die tiefsten und geheimsten Seelenschichten des Menschen vorzudringen und dort die Gewalt sich verselbstständigender Triebe und chaotischer Energien zu brechen. Solche untergeordneten Triebe zerstören jede Gesittung und jedes vernünftige soziale Zusammenleben. Aber nach der Vertreibung der Dämonen, nach der Befreiung der Menschen von der Tyrannei der ungezügelten Triebe, wird diese Gesittung wieder möglich – und zwar unter neuem Vorzeichen: unter dem Vorzeichen der Ordnung und Kraft des Geistes: „zu Füßen Jesu“.

Krankenheilung: Lebensenergien

8 40 *Als aber Jesus zurückkam, empfing ihn das Volk; denn sie warteten alle auf ihn.*
41 *Und siehe, es kam ein Mann namens Jairus, und dieser war Vorsteher der Synago-*
ge. Und er warf sich Jesus zu Füßen und bat ihn, in sein Haus zu kommen; ***42*** *denn*
er hatte eine einzige Tochter von etwa zwölf Jahren, und diese lag im Sterben. Wäh-
rend er aber hinging, umdrängte ihn die Volksmenge. ***43*** *Und eine Frau, die seit*
zwölf Jahren an Blutfluss litt und all ihr Gut an die Ärzte gewendet hatte und von
niemandem hatte geheilt werden können, ***44*** *trat von hinten hinzu und rührte die*
Quaste seines Kleides an; und sofort kam ihr Blutfluss zum Stillstand. ***45*** *Und Jesus*

sprach: Wer hat mich angerührt? Als aber alle es verneinten, sagte Petrus: Meister, die Volksmenge drückt und drängt dich. ***46*** *Doch Jesus sprach: Es hat mich jemand angerührt; denn ich habe gespürt, dass eine Kraft von mir ausgegangen ist.* ***47*** *Als aber die Frau sah, dass sie nicht verborgen bleiben konnte, kam sie zitternd, warf sich vor ihm nieder und erzählte ihm vor dem ganzen Volk, aus welchem Grund sie ihn angerührt habe und wie sie sofort geheilt worden sei.* ***48*** *Er aber sprach zu ihr: Meine Tochter, dein Glaube hat dich gerettet; gehe hin in Frieden!*

49 *Während er noch redete, kam jemand von den Leuten des Vorstehers der Synagoge und sagte: Deine Tochter ist gestorben; bemühe den Meister nicht mehr!* ***50*** *Als Jesus das hörte, antwortete er ihm: Fürchte dich nicht! glaube nur, und sie wird gerettet werden.* ***51*** *Als er aber in das Haus kam, ließ er niemand mit sich hineingehen als Petrus und Johannes und Jakobus und den Vater des Kindes und die Mutter.* ***52*** *Sie weinten aber alle und klagten um sie. Er jedoch sprach: Weint nicht! sie ist nicht gestorben, sondern sie schläft.* ***53*** *Und sie verlachten ihn, weil sie wussten, dass sie gestorben war.* ***54*** *Er aber ergriff ihre Hand und rief: Kind, steh auf!* ***55*** *Da kehrte ihr Geist wieder, und sie stand sofort auf; und er befahl, ihr zu essen zu geben.* ***56*** *Und ihre Eltern erstaunten; er aber gebot ihnen, niemandem zu sagen, was geschehen war.*

Auch Heilungen vollzieht Jesus in dieser zweiten Phase des Weges seiner Schüler. Diese Heilungen beziehen sich jetzt auf die Lebensenergien der Persönlichkeit. Während sich Jesus zur Tochter des Jairus begibt, die im „Sterben“ liegt – ihr Lebensinhalt ist ihr verloren gegangen – berührt ihn eine Frau mit „Blutfluss“. Blut ist nichts anderes als die Lebensenergie selbst, die durch den Körper pulst. Diese Frau aber besitzt keinen inneren Halt, der ihr erlaubte, ihre Lebensenergie sinnvoll und vernünftig einzusetzen. Hätte sie einen Lebenssinn, so wäre sie Herrin über ihre Energien und würde diese ihrem Lebenssinn dienstbar machen. Aber sie ist „außengeleitet“, abhängig von unzähligen Umwelteinflüssen. Sie wird zur Beute von Außenreizen und muss ohnmächtig zusehen, wie ihr die Lebensenergien von Institutionen und kollektiven Strömungen entzogen werden – 12 Jahre lang. 12 ist die Zahl der Vollständigkeit. An alle nur denkbaren Bereiche und Instanzen der Außenwelt – Politik, Arbeit, Unterhaltung, Freizeit, Konsum usw. – hat sie in ihrer Schwachheit ihre Lebenskräfte verloren, diesen zum Nutzen, ihr selbst zum Schaden. Und keine der Instanzen, die behaupten, „Lebenssinn“ und Halt zu vermitteln, konnte ihr helfen, weder Ärzte noch Seelenärzte, weder Vertreter traditioneller Religionen noch Ideologen. Sie gehören in der Regel selbst zu jenen, die den Menschen von außen leiten wollen.

Wie kann eine solche Seele inneren Halt gewinnen? Man liest diese Geschichte am besten als Vorgang in einem einzelnen Menschen. Wie kann er inneren Halt gewinnen? Nur dadurch, dass er dem wahren Selbst, seiner eigentlichen Identität, begegnet. Wird ihm diese auch nur ahnungsweise bewusst, so kommt er zur Ruhe, kann erkennen, wo seine Energien sinnvoll eingesetzt werden können, und kann sie auch entsprechend einsetzen. Dabei genügt es zunächst schon, dass er seinem wahren Selbst nur indirekt begegnet. Zum Beispiel können ihm sprechende Träume aus dem Unbewussten Impulse des wahren Selbst mitteilen. Wesentlich ist nur, dass in ihm selbst eine Offenheit für sein wahres Selbst, für die geistige Welt vorhanden ist: ein „Glaube“ an den „inneren“ Jesus. Kommt er durch diese Offenheit mit der geistigen

Welt in Berührung, und sei es auch nur mit den „Kleidern" Jesu, mit den „Hüllen" des Geistes – etwa den Traumsymbolen –, so strömen schon Kräfte des Geistes in ihn ein und vermitteln ihm Selbstständigkeit. Er gewinnt Halt auf der Basis seines wahren Selbst.

Durch die Berührung mit den „Hüllen" des Geistes tritt er aber, wie durch eine Art Stromkreis, mit dem Zentrum des geist-erfüllten wahren Selbst in Verbindung. Über diesen Stromkreis „sucht" der Ausgießer der Kraft den Empfänger der Kraft, bis dieser gefunden ist. Jetzt kann eine direkte Begegnung zwischen dem wahren Selbst und dem Kranken stattfinden. Jesus, das wahre Selbst, hat bemerkt, dass ein Kraftfluss von ihm ausgegangen, dass eine Verbindung zwischen ihm und der Empfängerin hergestellt ist, und entlang dieser Verbindung sucht er die Frau. Aber nur wenn wirklich eine Offenheit für den Geist in einer Seele vorhanden ist, ein „Glaube", kommt ein solcher Kontakt zu Stande. Die vielen anderen Menschen, die Jesus umdrängen und ihn zufällig berühren, lösen keinen Kraftfluss aus und stellen keine Verbindung mit ihm her. Wem zum Beispiel ohne Offenheit für den Geist ein symbolischer Traum zuteil wird, wird diesen Traum nicht verstehen und die von ihm ausgehende Kraft nicht bemerken.

Trotzdem ist ein Zugang zum wahren Selbst etwa über Träume und Symbole nicht die richtige Art der Annäherung. Es ist eine Annäherung von „hinten", über das Unbewusste. Der Weg von vorne verläuft über das Bewusstsein, das direkt aufnimmt, was ihm vom wahren Selbst zugetragen wird. Das ist die freie, selbstständige Art des Empfangens, die dem Geist angemessene Art. Denn auch der Geist ist frei und selbstständig. Ein für das wahre Selbst offenes Bewusstsein wird Schritt für Schritt die Offenbarungen und Kräfte des Geistes aus dem wahren Selbst empfangen.

Es ist verständlich, dass die an „Blutfluss" leidende Frau den verborgenen Weg wählt, besteht doch ihre Krankheit gerade in ihrer Unselbstständigkeit, so dass sie nicht wagt oder gar nicht in der Lage ist, die Kräfte des Geistes bewusst und frei zu erwarten. Sie nähert sich ihnen auf dem Weg über das Unbewusste. Und doch kann der Geist nicht anders, als frei und selbstständig zu wirken und die sich ihm Nähernden frei und selbstständig zu machen. Das aber geschieht mit der Frau in dieser Erzählung. Sie kann und muss schließlich aus ihrer Verborgenheit heraustreten und dem Geist offen gegenübertreten. Auch dies ist ein Aspekt ihrer Heilung.

Während die blutflüssige Frau eine Persönlichkeit versinnbildlicht, die, ohne inneren Halt und unselbstständig, ihre Lebensenergien unkontrolliert verliert, stellt die Tochter des Jairus eine Persönlichkeit dar, die ihren Lebensinhalt endgültig verloren hat. Sie hat alle 12 Bereiche der irdischen Wirklichkeit durchlaufen – sie ist 12 Jahre alt – und nirgends wirklichen, tragfähigen Lebenssinn gefunden. Alle Bereiche des irdischen Lebens erscheinen ihr sinnlos. Sie ist innerlich leer und wie „tot". Neues Leben kann ihr nur vom Geist, dem vom Geist erfüllten wahren Selbst, eingeflößt werden. Und so treten Jesus als Verkörperung des wahren Selbst und Petrus und Johannes und Jakobus als die hauptsächlichen Aspekte des mit dem wahren Selbst zusammenwirkenden irdischen Bewusstseins: Wille (Petrus), Gefühl (Johannes) und Verstand (Jakobus) mit den Eltern des Mädchens zu diesem hin und erwecken die „Schlafende". Denn in Wirklichkeit ist dieses Bewusstsein nicht gestorben, sondern nur nicht wach für die geistige Welt. Die Wachheit aber kommt zu Stande, wenn das wahre, geistige Selbst in eine Seele eintritt und sie zum selbstständigen Leben im Geist befähigt. Eine solche Seele richtet sich, durch den Geist dazu gekräftigt, auf und übernimmt aufs neue und unter neuen Vorzeichen ihre Pflichten in der Welt. Für diese Pflichten wird sie durch „Essen“ gestärkt. Sie begibt sich wieder in den Stoffwechselkreislauf des irdischen Lebens.

Jairus stellt als „Vater“ des Mädchens den Willen dieser Persönlichkeit dar. Er ist, wie die blutflüssige Frau, vom Glauben an „Jesus“ erfüllt, also offen für die geistigen Heilkräfte aus dem wahren Selbst. Im Unterschied zu ihr nähert er sich dem Geist aber direkt und bittet direkt um Hilfe. Hier handelt ein bewusster Wille mit Selbstständigkeit, der keiner Umwege übers Unbewusste bedarf.

Damit ist Jairus zusammen mit seiner Tochter das Bild für eine Persönlichkeit, die allen irdischen Lebensinhalt eingebüßt hat, sich aber mit selbstständigem Willen an die Quelle des Geistes wendet, aus der neues, unirdisches Leben sprudelt. Jairus wird aber auch als „Vorsteher der Synagoge“ vorgestellt. Damit bezeichnet er, im Zusammenhang mit seiner selbstständigen Zuwendung zum Geist, diejenigen Vertreter der jüdischen Tradition, die sich bewusst geworden sind, dass diese Tradition ihre Funktion erfüllt hat und nach „12 Jahren“ kein spirituelles Leben mehr in sich besitzt. Doch haben sie noch so viel Kraft, dass sie sich offen an den neuen spirituellen Impuls wenden. Er flößt der Seele des Volkes neues Leben ein.

Wie schon früher, gebietet auch hier Jesus wieder, nichts von dem Geschehenen weiterzusagen. Der Mensch, in dem spirituelle Kräfte aus dem wahren Selbst wirksam werden und ihn mit neuen Lebensenergien versehen, muss diese Kräfte ihr Werk still im eigenen Wesen verrichten lassen. Er darf sie nicht nach außen abreagieren, indem er von seinen inneren Erlebnissen vor unverständigen Außenstehenden spricht. Dadurch würde er seine neuen Kräfte schwächen und eventuell negative Reaktionen hervorrufen, die sie ihrer Wirkung berauben würden. Deshalb das Verbot Jesu.

Beide Erzählungen sind kunstvoll ineinander verschränkt. Die eine Persönlichkeit verliert ununterbrochen ihre Seelenenergie. Die von ihr aufgerufenen Kräfte aus dem wahren Selbst schenken ihr Selbstständigkeit und Halt. Die andere Persönlichkeit hat ihren Seeleninhalt verloren. Die Kräfte aus dem wahren Selbst schenken ihr neuen, lebendigen Seeleninhalt. Auf dem Weg zum Neuaufbau des Seeleninhalts: unterwegs zu Jairus, gebietet der Geist – in der Begegnung mit der blutflüssigen Frau – dem Abbau der Seelenenergie Einhalt.

Aussendung der Schüler

9 1 *Er rief aber die Zwölf zusammen und gab ihnen Macht und Gewalt über alle Dä-*
monen und zur Heilung von Krankheiten; ***2*** *und er sandte sie aus, das Reich Gottes*
zu predigen und zu heilen. ***3*** *Und er sprach zu ihnen: Nehmt nichts mit auf den Weg,*
weder Stab noch Tasche noch Brot noch Geld, noch soll einer zwei Röcke haben. ***4***
Und in dem Haus, in das ihr hineingeht, da bleibt und von da zieht weiter! ***5*** *Und wo*

immer sie euch nicht aufnehmen, zieht aus jener Stadt weiter und schüttelt den Staub von euren Füßen, zum Zeugnis wider sie!

Der Kraftstrom des Geistes in Jesus ist in dieser zweiten Phase des spirituellen Weges seiner Schüler so stark und seine Verbindung zu den Schülern als den zwölf Aspekten dieses Kraftstroms so wirksam geworden, dass sie selbst als Träger dieses Geistes ausgesandt werden können, um Dämonen auszutreiben, zu heilen und die Lehre vom „Reich Gottes“ zu verkünden. Vorher waren sie noch – auf dem Schiff – damit beschäftigt gewesen, die Kräfte des Geistes in ihrer Mitte aufzurufen und zu befestigen. Jetzt sind sie so weit, dass sie sie weitergeben können.

Regeln für spirituelle Arbeit

Auf welche Weise geben sie sie weiter?

Jesus nennt die Regeln dafür. Aber wie soll man es verstehen, dass die Schüler keinen Stab, keine Tasche, kein Brot und Geld und keinen zweiten Rock mit auf den Weg nehmen sollen? Bei Markus dürfen sie wenigstens noch einen Stab mitnehmen und Sandalen anziehen! Würde man eine solche Stelle wörtlich nehmen, so würde sich Jesus von Evangelium zu Evangelium widersprechen und offensichtliche Absurditäten verlangen. Warum sollten sich die Schüler beim Wandern nicht auf einen Stab stützen, warum nicht wenigstens einen Mundvorrat mitnehmen? So würden sie doch ihren Gastgebern nicht allzu lästig fallen! Oder sollen sie gerade die Mildtätigkeit ihrer Gastgeber herausfordern? Warum wird dann Kap. 8,3 erzählt, die Frauen sorgten mit ihrem Vermögen für sie? Nein, diese Aussagen über Stab, Brot, Tasche und Rock sind als Gleichnisse zu nehmen. Und sie gelten nicht nur für damals, wo man zu Fuß und zu Pferd reiste, sondern auch für andere Zeiten mit schnelleren Verkehrsmitteln.

Wenn das wahre Selbst von seinen Schülern verlangt, auf ihrer Wanderung durch die Welt keinen Stab zu benützen, so heißt das, sie sollen sich nicht auf ihre irdischen Vorzüge verlassen. Seid nicht so selbstsicher, vertraut nicht auf euer gewandtes Auftreten und eure geschliffene Rhetorik, meint Jesus, sondern lasst all das beiseite. Stützt euch auf die spirituelle Kraft in eurem Herzen. Versucht auch nicht, spirituelle Kräfte und Fähigkeiten – „Brot“ und „Geld“ – zu sammeln und in eurem Gedächtnis – „eurer Tasche“ – aufzubewahren, um immer einen möglichst großen Vorrat für euch selbst und andere dabei zu haben. Löst euch von diesem Vorratsdenken. Die spirituellen Kräfte und Fähigkeiten werden da sein, wenn sie benötigt werden, und immer neu und aktuell strömen. Tretet auch immer als dieselben auf, mit dem selben Verhalten. Wenn das äußere Verhalten eurem Innern entspricht, wird es immer lebendig bleiben und nicht verschleißen. Ihr braucht keinen „zweiten Rock“, kein Ersatz-Verhalten, das beim Publikum wirken soll, wenn ihr mit dem gewohnten nicht mehr anzukommen glaubt.

Hier handelt es sich um Gleichnisse, die durch Paradoxie wirken. Wenn ihr in der irdischen Welt eine Reise macht, erklärt Jesus seinen Schülern, nehmt ihr natürlich einen Stab zur Hand, verseht euch mit Vorräten und einem Ersatzrock. Aber im Bereich spiritueller Arbeit wäre so etwas kontraproduktiv. Da dürft ihr euch nicht auf etwas außerhalb von euch stützen, sondern seid nur ihr selbst. Da dürft ihr keine Vorräte sammeln, sondern könnt immer aus dem Vollen schöpfen. Da könnt ihr darauf vertrauen, dass euer äußeres Verhalten immer lebendig bleibt, weil es aus dem lebendigen Inneren folgt. Da müsst ihr euch also verhalten wie ein Reisender, der paradoxerweise keinen Stab, keine Vorräte und keinen zweiten Rock mitnimmt.

Wenn sich die Schüler andererseits ganz auf ihre spirituelle Arbeit konzentrieren und sich an deren Regeln halten, werden ihnen die äußeren Mittel ihrer Arbeit keine Probleme bereiten. Sie brauchen natürlich einen Wanderstab und Reisevorräte und -kleidung. Aber wenn die spirituelle Arbeit primär ist, werden ihnen die Umstände die äußeren Mittel zuspielen.

Mit der Aussendung der Schüler durch Jesus in die Städte ist nicht gemeint, dass die Schüler missionieren sollten. Jeder kann an dem sozialen Ort, den er auf seiner Lebenswanderschaft berührt, die geistigen Kräfte, die in ihm in Umlauf gekommen sind, wirken lassen. Sie wirken von sich aus und brauchen nicht forciert zu werden. Nur dann bleibt der Hörer oder Empfänger frei und kann sie nach seiner Empfänglichkeit aufnehmen. Sie können in ihm die „Dämonen" austreiben und „Krankheiten" heilen.

Dem entsprechen die weiteren Regeln. Wenn ein Schüler sich einem anderen Menschen zuwendet, so wende er sich ihm voll und ausschließlich zu und denke nicht schon an den nächsten. Nur dann wird die vom Schüler ausgehende geistige Kraft die Ruhe haben, die sie zu ihrer Wirksamkeit braucht. Ist das Gespräch oder der Kontakt zu Ende, ist immer noch Zeit, an die nächste Begegnung zu denken. Also immer nur Konzentration auf *ein* „Haus", und wenn die Arbeit dort verrichtet ist, weitergehen zum nächsten. Andernfalls entsteht nur Konfusion. Zeigt sich aber, dass bei Menschen, denen der Schüler begegnet, keine Empfänglichkeit für die geistigen Kräfte da ist, wäre es ganz unsinnig, dennoch auf Kontakt und Vermittlung dieser Kräfte beharren zu wollen. Der Schüler braucht diese „Stadt" nicht einmal körperlich zu verlassen. Sie verschließt sich selbst gegenüber dem Geist und wird deshalb auch der befreienden und heilenden Wirkung des Geistes nicht teilhaftig werden können. Aber der Schüler wird den „Staub" des irdischen Lebens – Korruption, Vergnügungssucht und Herrschsucht –, der sich an seine Füße geheftet hat, abschütteln und damit bekunden, wie diese „Stadt" beschaffen ist. Diese ganz unabsichtliche Bekundung ist das „Zeugnis wider sie".

In diesem Sinn ziehen die Schüler Jesu, die Schüler des Geistes, die Straße ihres Lebens, nicht auf ihr Ich und Wissen gestützt, sondern aus den Kräften des Geistes lebend und sie ohne persönliche Ambitionen ausbreitend. Sie tun eins nach dem andern, innerlich stets voll beteiligt, und wo keine Empfänglichkeit bei den Mitmenschen zu spüren ist, da ziehen sie sich ohne Aufhebens zurück. Diese Regeln folgen aus der Ordnung der geistigen Welt selbst. Der Geist wirkt spontan, frei und konzentriert. Er lässt andere ebenfalls frei.

Reaktionen auf diese Arbeit

9 *7 Der Fürst Herodes aber hörte alles, was geschah; und er war ratlos, weil von etlichen gesagt wurde, Johannes sei von den Toten auferweckt worden,* ***8*** *von etlichen aber, Elia sei erschienen, von andern aber, einer der alten Propheten sei auferstan-*

den. ***9*** *Da sagte Herodes: Den Johannes habe ich enthaupten lassen; wer ist aber dieser, über den ich solche Dinge höre? Und er suchte ihn zu sehen.*

10 *Und die Apostel kehrten zurück und erzählten ihm alles, was sie getan hatten.*

Je mehr die Kräfte des Geistes in der irdischen Welt wirken, desto aufmerksamer wird diese Welt auf sie. Sie sind ihr zwar wesensfremd, aber sie wird ihre Wirkungen bemerken. Bemerkt sie sie, wird sie nach ihrem Wesen fragen. Seinerzeit hatte Johannes der Täufer so nach dem Wesen der geistigen Kräfte gefragt. Auch ihm war die Macht der von Jesus ausgehenden spirituellen Bewegung aufgefallen, und er wollte genau wissen, ob es sich um eine noch der alten Prophetenzeit angehörige Bewegung oder um die neue Zeit der Erfüllung der Verheißungen handelte. Jetzt ist es Herodes, Vertreter der weltlichen, die religiöse Tradition benutzende Macht, der die Frage nach der Identität Jesu, nach der Herkunft der sich mächtig ausbreitenden neuen spirituellen Bewegung stellt.

Herodes, dem irdischen Leben zugehörig, kann die Identität Jesu nicht erkennen. Die geistige Welt bleibt ihm verschlossen. Höchstens irdische Kräfte, die auf die geistige Welt hinweisen – „Propheten" –, sind ihm zugänglich. Deshalb lässt Herodes vor seinem Bewusstsein drei Möglichkeiten vorüberziehen: Jesus könnte der wiederauferstandene Johannes der Täufer sein, der wiedererschienene Elia, oder ein anderer der großen Propheten. Herodes scheint aber doch einen qualitativen Unterschied zwischen einem Propheten und Jesus zu ahnen. Denn mit Johannes dem Täufer will er Jesus nicht identifizieren. Offensichtlich ist Jesus größer als der von Herodes inzwischen enthauptete Täufer. Das irdische Bewusstsein ist angezogen von der Macht der neuen spirituellen Bewegung, rätselt über ihre Herkunft, ahnt ihre Bedeutung und beschäftigt sich näher damit. Herodes möchte Jesus sehen.

Übrigens ist seine Erwägung, ob der enthauptete Johannes in Jesus von den Toten auferweckt sei, gar nicht so abwegig. Denn Jesus hat inzwischen die Funktion Johannes des Täufers übernommen. Bis jetzt hatten der vorbereitende und der verwirklichende Aspekt des spirituellen Impulses zusammengearbeitet. Nun aber beseitigt Herodes, Verkörperung des irdischen Machtwillens, für seinen Teil endgültig die Stimme des Rufers in der Wüste. Er ertötet die Aufforderung zu ethischem Verhalten. Aber ethische Prinzipien bleiben für die Schüler Jesu und das Volk weiterhin gültig. Nur werden ihre Forderungen jetzt vom wahren Selbst mit übernommen. Der verwirklichende Aspekt des spirituellen Impulses ist so stark geworden, dass der vorbereitende Aspekt in ihm aufgehen kann. Ethisches Verhalten folgt für den Schüler aus dem Ruf des wahren Selbst und ist eine Selbstverständlichkeit für ihn geworden.

Es ist kein Zufall, dass die Fragen des Fürsten Herodes von Lukas genau zwischen die Aussendung der Schüler durch Jesus und ihre Rückkehr, sowie den Bericht über ihre Taten, gestellt werden. Denn in der zweiten Phase des spirituellen Weges, in der sich die Schüler Jesu derzeit befinden, geht es um die Umsetzung der spirituellen Kräfte durch Arbeit für andere. Doch diese Umsetzung leitet zur dritten Phase des spirituellen Weges hin: zur Bewusstwerdung dieser Kräfte. Daher ruft die Arbeit der Schüler Fragen in ihrer Umgebung hervor. Die spirituellen Kräfte berühren das irdische Bewusstsein immer stärker und faszinieren es. Auf einen Einzelnen bezogen heißt das: Je stärker die spirituellen Kräfte im Schüler umlaufen, desto mehr drängen sie darauf, vom Bewusstsein auch erkannt zu werden. Sie wollen über die Schwelle des Bewusstsein treten, sie wollen bewusst werden. Somit drängt die zweite Phase des spirituellen Weges mit Macht zur dritten Phase hin: der Bewusstwerdung der spirituellen Kräfte im Schüler.

Die Speisung der 5000: Illustration der Tätigkeit der Schüler

9 10 *Und er nahm sie mit sich und zog sich abseits in eine Stadt namens Bethsaida*
zurück. ***11*** *Als aber die Volksmenge es gewahr wurde, folgte sie ihm nach; und er ließ*
sie zu sich und redete zu ihnen vom Reich Gottes, und die, welche der Heilung be-
durften, machte er gesund. ***12*** *Aber der Tag fing an, sich zu neigen. Da traten die*
Zwölf herzu und sagten zu ihm: Entlass das Volk, damit sie in die Dörfer und Gehöfte
ringsumher gehen und einkehren und Speise finden; denn hier sind wir an einem
öden Ort. ***13*** *Doch er sprach zu ihnen: Gebt ihr ihnen zu essen! Sie aber sagten: Wir*
haben nicht mehr als fünf Brote und zwei Fische; es sei denn, dass wir hingehen und
für all dieses Volk Speise kaufen sollen. ***14*** *Es waren nämlich etwa fünftausend Män-*
ner. Er sprach aber zu seinen Schülern: Lasst sie sich lagern in Gruppen etwa zu je
fünfzig! ***15*** *Und sie taten so und ließen alle sich lagern.* ***16*** *Da nahm er die fünf Brote*
und die zwei Fische, blickte zum Himmel auf, sprach das Dankgebet darüber, brach
sie und gab sie den Schülern, sie dem Volk vorzulegen. ***17*** *Und sie aßen und wurden*
alle satt. Und es wurde aufgehoben, was ihnen an Brocken übrigblieb, zwölf Körbe
[voll].

Die „Speisung der 5000“ ist nichts anderes als die bildliche Darstellung der Aussendung der Schüler Jesu und ihrer Wirksamkeit. Die von Lukas verwendeten Bilder schildern die dabei auftretenden geistig-seelischen, äußerlich nicht sichtbaren Vorgänge.

Jesus fordert seine Schüler auf: Gebt *ihr* den Hungernden zu essen. Das entspricht der Aussendung. Geht hinaus zu den für den Geist Empfänglichen und gebt ihnen Seelennahrung in Form von Einsichten und Kräften. Denn nichts anderes sind die Brote und die Fische: geistige Einsichten und Kräfte. Durch die Brote wird die Lehre des Geistes, die spirituelle Seelennahrung, versinnbildlicht. Fünf Brote sind es, eben Seelennahrung, da 5 traditionell die Zahl der Seele ist. Werden nicht durch die Lehre des Geistes neue Gedanken über den Sinn des menschlichen Daseins wachgerufen, neue Empfindungen der Freude und Hingabe, die diese Einsichten begleiten, neue Strebungen zur Verwirklichung dieses Sinns, neue dementsprechende Handlungen und insgesamt ein neues Bewusstsein, das als fünftes Element diese vier Faktoren umfasst? Die zwei Fische dagegen symbolisieren die Kräfte des Geistes, die einerseits eine unauslöschliche Hoffnung auf die neue Lebensmöglichkeit wecken, andererseits die Bereitschaft hervorrufen, diese Lebensmöglichkeit auch zu verwirklichen.

Und unerschöpflich sind diese Inhalte und Kräfte in der Tat, ja sie vermehren sich noch, je mehr sie ausgeteilt werden. Eine Hoffnung – „Fisch“ für die Seele –, einem anderen Menschen mitgeteilt, wird dadurch beim Geber nicht schwächer, im Gegenteil, sie wird stärker. Und eine Einsicht über neue Lebensmöglichkeiten, einem anderen Menschen vermittelt, kann bei ihm die nämliche Einsicht hervorrufen. Die Einsicht – „Brot“ für die Seele – erschöpft sich durch die Austeilung nicht, im Gegenteil, sie bleibt beim Geber erhalten, „vermehrt“ sich beim Empfänger und stärkt dadurch dieselbe Einsicht beim Geber wieder. Am Ende dieser Übertragungs- und Reaktionsvorgänge bleiben „12 Körbe“ mit Brotbrocken übrig. Die geistige Lehre wird in all ihren Aspekten – 12 ist die Zahl der Vollständigkeit – aufgenommen, und alle möglichen positiven Reaktionen der Empfänger sind zu verzeichnen.

Die von Jesus ausgesandten Schüler teilen also diese unerschöpflichen geistigen Vorräte und Energien aus, stets in Verbindung mit ihrer Quelle, dem wahren Selbst: Jesus. Denn nur aus dem wahren Selbst, niemals aus dem Ich, können sie Einsicht und Kraft beziehen, um sie dann weiterzugeben. Das wahre Selbst, Jesus, steht seinerseits mit der geistigen Welt in Verbindung. Jesus ist der Gesalbte, der Christus. Daher blickt Jesus, Brote und Fische haltend, zum „Himmel“ auf, deshalb dankt er dem Himmel für dessen Gaben. Das wahre Selbst weiß, dass es die geistigen Gaben, die seine Schüler austeilen werden, nicht selbst erzeugt hat. Sie sind ihm selbst und seinen Schülern von der geistigen Welt geschenkt worden. Schließlich „bricht“ Jesus die Gaben. Erfahrungen mit der geistigen Welt können den hungernden Seelen nicht direkt mitgeteilt werden. Sie müssen erst in Sprache und Worte gefasst, gedanklich und begrifflich gegliedert oder in Gleichnisse und Bilder transformiert werden, um einem dem Geist noch nicht unmittelbar geöffneten Bewusstsein zugänglich zu sein. Jesus als der eigentliche Austeiler der geistigen Gaben „bricht“ diese also zuerst. Er bringt sie in eine für die Hungernden fassliche Form.

So können sie seine Schüler ans „Volk“, die 5000 Männer, weitergeben. 5000: Es sind die Unzähligen – 1000 –, die der Seele nach – 5 – für die Speisen des Geistes empfänglich sind. Und wenn sie sich in 100 Gruppen zu jeweils 50 Mann lagern sollen, so heißt das symbolisch, dass die 1, die den Geist repräsentiert, bei dem ganzen Geschehen die Führung hat. Jede Seelengruppe – 50 – steht unter der Leitung der 1, die, wenn sie auf der Ebene der Formen wirkt, als „100“ auftritt. Auch die seelische Empfänglichkeit für den Geist ist schon Folge der Wirksamkeit des Geistes, der im Menschen die Aufnahme geistiger Seelennahrung steuert.

Nicht von ungefähr findet diese Speisung in „Bethsaida“ statt, was „Haus des Fischfangs“ bedeutet. Denn sind die Schüler nicht inzwischen „Menschenfischer“ geworden, wie ihnen Jesus seinerzeit vorausgesagt hatte? Sie können alle Menschen, deren Seelen nach dem Geist hungern, sättigen und somit aus der See des irdischen Lebens fischen.

Die Erzählung von der Speisung der 5000 ist kein „Wunder“ in dem Sinn, dass physikalisch-chemische Gesetzmäßigkeiten durch diese Ereignisse durchbrochen worden wären. Sie ist die Darstellung von Vorgängen, die sich immer wieder ereignen können, wo ein neuer geistiger Impuls in die irdische Welt einstrahlt und Schüler findet, die die Energien dieses Impulses bewusst in sich aufnehmen, umsetzen und anderen dafür Empfänglichen weitergeben. Tun sie das mit immer größerer Intensität, so kommt der Augenblick, wo die in ihnen umlaufenden Energien des Geistes ins Bewusstsein durchbrechen und ihnen die geistige Welt bewusst wird. Daher steht am Ende der zweiten Phase des spirituellen Weges der Schüler und am Beginn ihrer dritten die Bewusstwerdung der geistigen Kräfte in ihnen.

Bewusstwerdung: Dritte Phase des spirituellen Weges der Schüler

***9 18** Und es begab sich, als er für sich allein betete, waren die Schüler bei ihm, und*
*er fragte sie: Für wen hält mich die Volksmenge? **19** Da antworteten sie und sagten:*
Für Johannes den Täufer, andere für Elia, noch andre [meinen], einer der alten Pro-
*pheten sei auferstanden. **20** Darauf sagte er zu ihnen: Ihr aber, für wen haltet ihr*
mich? Da antwortete Petrus und sprach: Für den Gesalbten Gottes.

Johannes der Täufer, das auf die geistige Welt gerichtete irdische Ich-Bewusstsein, hatte nach der Identität Jesu gefragt. Diesem Bewusstsein war eine Antwort zuteil geworden. Es war in der Lage, aus den Wirkungen des wahren Selbst, den Taten Jesu, auf das vom Geist erfüllte wahre Selbst, Jesus, den Christus, zu schließen. Und wenn es sich nicht am Geist als dem ganz anderen „ärgerte“ und Anstoß nahm, sondern sich ganz dem Geist hingab, konnte es „selig“ werden. Es konnte von freudiger Gewissheit erfüllt werden, dass der Geist existierte. Unmittelbar aber konnte es den Geist nicht erfahren.

Auch Herodes, ein auf die irdische Welt gerichtetes Ich-Bewusstsein, hatte nach der Identität Jesu gefragt. Ihm war keine Antwort zuteil geworden. Es konnte aus den Taten der Schüler des Geistes nur schließen, dass Jesus möglicherweise ein Prophet war.

Jetzt aber fragt weder das auf die geistige noch das auf die irdische Welt gerichtete Bewusstsein nach der Identität Jesu, sondern das auf die geistige Welt gerichtete Bewusstsein – die Schüler Jesu – wird umgekehrt vom Geist befragt. Es geht ein Anstoß zur Erkenntnis vom wahren Selbst, von Jesus, zu seinen Schülern aus. Und diese sind durch ihre Arbeit mit den Energien des Geistes nach Bewusstsein und Sein so verwandelt, dass sie jetzt selbstständig erkennen können. Sie können unterscheiden. Das auf die irdische Welt gerichtete Bewusstsein, das „Volk“ und Herodes, nehmen das wahre Selbst nur indirekt, mittels seiner Impulse, wahr. Deshalb können sie den eigentlichen Charakter des wahren Selbst nicht erkennen und halten Jesus für einen Propheten. In den Schülern aber ist das wahre Selbst durch ihre spirituelle Arbeit für andere so weit herangereift, dass der heilige Geist es erleuchten kann. Diese Erleuchtung wirkt sich auf ihr Ich-Bewusstsein so aus, dass es selbstständig erkennt, was das wahre Selbst wirklich ist. Jesus fragt die Schüler: „Für wen haltet ihr mich?“ Und vom heiligen Geist gedrängt, dem sich das geläuterte Ich-Bewusstsein öffnet, bricht in Petrus als dem Wortführer der Schüler die selbstständige Erkenntnis durch: „Du bist der Gesalbte Gottes.“ Es zeigt sich ihm die Identität Jesu, die wahre Identität des Menschen als Ebenbild Gottes. Sie stammt aus der Dimension der geistigen Welt, sie gehört nicht, wie die Propheten, der irdischen Welt an. Und dieses Ebenbild Gottes, das wahre Selbst, trägt die Kräfte des Geistes und wird von ihnen durchströmt. Es ist der mit den Kräften des Geistes „Gesalbte“.

Man versteht diese Auseinandersetzung zwischen Jesus und seinen Schülern wiederum am besten, wenn man sie als Prozess in einem einzelnen Menschen betrachtet. Auf dem spirituellen Weg des Schülers kommt der Augenblick, wo der heilige Geist das wahre Selbst erhellt und auch das Ich-Bewusstsein zu selbstständiger Einsicht befähigt. Das Ich-Bewusstsein bemerkt nun Kräfte und Gesetze im Menschen, die nicht aus der irdischen Welt stammen können, weder aus dem Diesseits noch dem Jenseits. Es sind die Kräfte und Gesetze des wahren Selbst, der eigentlichen Identität des Menschen. Und es bemerkt zugleich, dass dieses wahre Selbst jetzt mit dem heiligen Geist erfüllt ist, dass es der „Gesalbte“ ist. Der Christus, der Gesalbte, ist im Schüler erwacht und macht sich auch für dessen Ich-Bewusstsein bemerkbar.

Zurück zur Begegnung Jesu mit seinen Schülern als äußeren Personen: Ihre Erkenntnis, dass Jesus das Ebenbild Gottes, das wahre Selbst, ja als Christus das geisterfüllte wahre Selbst verkörpert, ist nur möglich, weil das wahre Selbst in ihnen ebenfalls vom heiligen Geist erfüllt worden ist. Indem ihnen ihr eigenes wahres Wesen, der innere Christus, bewusst wird, wird ihnen das in Jesus verkörperte wahre Wesen des Menschen, der äußere Christus, bewusst. Oder umgekehrt: Indem ihnen das in Jesus verkörperte wahre Wesen des Menschen bewusst wird, wird ihnen ihr eigenes wahres Wesen bewusst. Ursache und Wirkung sind hier austauschbar.

Dieser Vorgang entspricht genau der dritten Phase des spirituellen Weges Jesu, die mit der „Salbung“ Jesu nach der Taufe am Jordan begann. Am dritten Markstein des Werdeganges Jesu wurden ihm, durch die Wirkung des „Vaters“ und des heiligen Geistes, die spirituellen Kräfte im eigenen Wesen bewusst. Seine Aufgabe wurde ihm bewusst. Bewusst „gesalbt“ mit spirituellen Kräften, konnte er von jetzt an öffentlich in der Welt wirken.

Zeitlose Bedeutung dieser Vorgänge

Was hat sich, bezogen auf einen einzelnen Menschen auf dem spirituellen Weg, in der zweiten Phase des Weges der Schüler Jesu ereignet?

Das für den spirituellen Impuls aus dem wahren Selbst – Jesus – geöffnete Ich-Bewusstsein dieses Menschen – die „Schüler“ – wird „geordnet“. Die Fähigkeiten des Wollens, Fühlens und Denkens, jeweils verbunden mit den vier im Menschen wirksamen Energien (mentalen, emotionalen, vitalen und motorischen Energien), insgesamt also 12 Aspekte, 12 Schüler, werden dem spirituellen Impuls unterstellt und fest mit ihm verbunden. Dadurch wird diesem Menschen – in Form der Bergpredigt – die Art der neuen Lebensperspektive in verschiedenster Hinsicht einsichtig. Auch andere Bewusstseinskräfte: Sensibilität und Hingabe – die weiblichen „Schülerinnen“ – stellen sich dem spirituellen Impuls zur Verfügung. Der Mensch gewinnt überdies mittels der Wirkungen des wahren Selbst Einblick in geheimnisvolle Gesetzmäßigkeiten des Reiches Gottes (Kap. 8,4–21) und erwirbt sich trotz großer Turbulenzen im eigenen Innern (Seesturm) ein neues, vertrauensvolles Verhältnis zum Reich des Geistes. Er wird jetzt dazu befähigt, die Kräfte des Geistes unter Anleitung des wahren Selbst auch auszuteilen, sei es bei Krankenheilungen (Tochter des Jairus), sei es in Lehre und Predigt (Aussendung, Speisung der 5000). Immer intensiver gelangen dadurch die Kräfte des Geistes in ihm in Umlauf.

Zugleich entstehen in seiner Persönlichkeit durch den spirituellen Impuls aus dem wahren Selbst eine neue Ordnung (Krankheiten werden geheilt) und Freiheit (Dämonen werden ausgetrieben). Bis in den materiellen Körper hinein (Knecht des römischen Hauptmanns) wird durch die Kraft des „Wortes“ aus dem wahren Selbst eine neue Ordnung aufgebaut, ja ein völlig erstorbenes Ich-Bewusstsein lebt durch neue Sinngebung wieder auf (Jüngling zu Nain). Die Persönlichkeit wird überdies von zügellosen Trieben befreit und gewinnt ihre Vernunft zurück. Die Lebensenergien, die Halt und Inhalt verloren hatten, bekommen neuen Halt und Inhalt (blutflüssige Frau und Tochter des Jairus).

Aber der dogmatisch-religiös gebundene Verstand – die „Pharisäer“ – schweigt auch in dieser Phase des Weges nicht und stellt sich selbstgerecht dem Gefühl dieses Menschen, durch eine tiefe Kluft von Gott getrennt zu sein, gegenüber (Simon und die „Sünderin“).

Schließlich wird, dieser Phase entsprechend, dreimal nach dem Wesen des spirituellen Impulses gefragt. Zuerst fragt Johannes der Täufer als Verkörperung der Kräfte der Umkehr, danach Herodes als Verkörperung der die Religion instrumentalisierenden Leidenschaften, und schließlich reagiert das dem Geist geöffnete Bewusstsein – die „Schüler“ – und erkennt das wahre Selbst. Es wird ihnen bewusst.

Von jetzt an erhält der spirituelle Weg der Schüler, die in die dritte Phase eingetreten sind, eine neue Qualität. Einerseits werden die Wirkungen ihres wahren Selbst stärker. Es ist ihnen ja, in der Begegnung mit dem „Gesalbten“, bewusst geworden. Andererseits rufen diese Wirkungen gerade den Widerstand der Eigenschaften ihres irdischen Ich und der „dämonischen“ Kräfte im eigenen Wesen besonders hervor. Das entspricht wieder der dritten Phase des Weges Jesu. Auch er wurde, gerade nachdem er mit den Kräften des Geistes „gesalbt“ worden war, umso intensiver mit dem „Teufel“ im eigenen Wesen konfrontiert. Im Licht des wahren Wesens bringt das falsche Wesen seine Dunkelheit erst richtig zur Geltung. Beide Entwicklungen werden in der dritten Phase des spirituellen Weges auch der Schüler Jesu einprägsam geschildert werden.

Schicksal des Menschensohns in der irdischen Welt I

9 21 *Er aber gebot ihnen mit strengem Befehl, dies niemandem zu sagen,* ***22*** *indem er sprach: Der Sohn des Menschen muss viel leiden und verworfen werden von den Ältesten und Hohenpriestern und Schriftgelehrten und getötet werden, und am dritten Tag [muss er] auferweckt werden.*

Nachdem den Schülern die innerste Grundlage des Menschen, das wahre, geistige Selbst, bewusst geworden ist, kann Jesus, Verkörperung dieses wahren Selbst, zu ihnen von den Geheimnissen der Menschheitsentwicklung und der Religion sprechen. Jetzt muss er aber auch davon sprechen. Denn aus der Bewusstwerdung des wahren Selbst folgen auch die Bewusstwerdung der Stellung dieses wahren Selbst in der irdischen Welt und die Bewusstwerdung seiner Bestimmung. Und da alle Religion nichts anderes ist als Offenbarung dieser Geheimnisse und des Weges, der zu ihrer Bewusstwerdung führt, sind die Worte Jesu auch der zentrale Kern jeder Religion, speziell der Religion des Christentums.

Jesus beginnt damit, seinen Schülern das Schicksal des Menschensohns in der irdischen Welt darzustellen. Es ist nicht nur das Schicksal Jesu, sondern das Schicksal jedes „Ebenbildes Gottes", jedes Sohnes des Menschen, jedes wahren Selbst in der irdischen Welt. Dieses Schicksal, durch Jesus präfiguriert, ist totale Ablehnung, ja Tötung durch die irdischen Mächte. Denn kein größerer Gegensatz existiert als der zwischen dem göttlichen Geist und dem Prinzip der irdischen Ichbezogenheit, die sich in Eigenwilligkeit gegen den Geist empört und absolut setzt.

Das Prinzip der irdischen Ichbezogenheit wird in den Evangelien durch die Ältesten, Hohenpriester und Schriftgelehrten verkörpert – also nicht so sehr durch politische als durch religiös-dogmatische Mächte. Denn gerade in der religiösen Dogmatik, im Haften an eigenen Vorstellungen über Erlösung und Gerechtigkeit, manifestiert sich die Abkehr des Menschen vom göttlichen Geist am deutlichsten. Im irdischen Menschen wirken zwei große Aspekte des Prinzips der Ichbezogenheit. Einerseits das bewusste, sich absolut setzende Ich, das sich von anderen Ich abgrenzt und sich mit ihnen so oder so arrangiert. Es wird von den politischen Instanzen – dem Kaiser oder König – verkörpert. Andererseits die in den unbewussten seelischen Tiefenschichten wurzelnden „dämonischen" Mächte – Fanatismus und Dogmatismus religiöser und ideologischer Führungsgruppen.

Kommt nun der göttliche Geist in die Welt, so fühlen sich „dämonische" Mächte und Ich bedroht. Sie empfinden, dass sie durch sich selbst keine Daseinsberechtigung haben. Daher die unerbittliche Feindschaft der Ichbezogenheit gegenüber der göttlichen Liebe, Freiheit und Einheit. Daher der mörderische Kampf der Ichbezogenheit gegen den göttlichen Geist.

So wird der in der irdischen Welt erscheinende Geist immer viel leiden müssen und verworfen, ja „getötet" werden. Er kann sich auf der Bühne eines Volkes in einem Menschen wie Jesus verkörpern. Alle irdischen Institutionen, besonders die religiös-dogmatischen, die sich in ihrem Besitzstand bedroht fühlen, werden dann diesen Menschen bekämpfen. Der selbe Kampf findet aber auch in jedem einzelnen Menschen als Bühne statt, in dem sich das Ebenbild Gottes wieder entfalten möchte und auf die „dämonischen" Tendenzen im Unbewussten und im Ich stößt. Diese werden alles versuchen, den Geist unschädlich zu machen – ihn zu verdrängen, ihn zu bezweifeln, ihn zu leugnen, mit anderen Worten: ihn zu „töten".

Was aber bedeutet es, dass des Menschen Sohn am dritten Tag auferweckt wird? Wenn sich das Ebenbild Gottes im Menschen entfaltet und sich seiner selbst bewusst wird, so ist das bereits eine Auferweckung: eine Auferweckung der unsterblichen Seele. Denn das wahre Selbst hat sich dann von aller Verdrängung, Bezweiflung und Leugnung durch die irdischen Tendenzen befreit. Es hat den „Tod" der Latenz und Unwirksamkeit überwunden.

Aber „Auferweckung" geht noch weiter. Der persönliche Träger des Geistes, die irdische Persönlichkeit, wird im Fall Jesu getötet. Wenn sich aber in einem Menschen das Ebenbild Gottes, das Urbild des Menschen entfaltet, prägt es auch die Persönlichkeit dieses Menschen neu. Einem solchen Menschen kommen neue Gedanken, Empfindungen und Bestrebungen aus der geistigen Welt, und schließlich auch die körperliche Fähigkeit, diese Einflüsse aus der geistigen Welt umzusetzen. Es entsteht allmählich eine neue, nach Denken, Fühlen und Wollen aus der geistigen Welt lebende Persönlichkeit, die auch mit neuen physischen Fähigkeiten, einem „geistigen Leib“, ausgestattet ist. Sie ersetzt die alte, von Ichbezogenheit durchdrungene irdische Persönlichkeit samt ihrem irdischen Körper. Wenn dann die irdische Persönlichkeit stirbt – und sie wird sterben, da sie ein Produkt der vergänglichen Welt ist –, bleibt diese, aus der geistigen Welt lebende Persönlichkeit mit ihrem Geistleib erhalten. Denn sie ist aus der Ewigkeit aufgebaut – wie könnte sie sterben?

Diese Manifestation einer unsterblichen Persönlichkeit mit einem geistigen Leib ist die Auferweckung, von der Jesus spricht. Es ist die Auferweckung des „Leibes“. Sie geschieht nach drei Tagen. Zuerst löst sich die neue Persönlichkeit endgültig von allen irdischen Einflüssen – erster Tag. Dann wird ein Stadium der Ruhe durchlaufen – zweiter Tag. Und schließlich durchdringen die Impulse des kosmischen Geistes die neu aufgebaute Persönlichkeit völlig – dritter Tag. Der Tod der irdischen Persönlichkeit kann dieser Geistpersönlichkeit mit ihrem Geistleib nichts mehr anhaben. Sie hat den Tod überwunden. Jesus ist ein Mensch, der aus dem erwachten „Ebenbild Gottes“ in sich eine neue, unsichtbare Geistpersönlichkeit mit geistigem Leib noch während seines Lebens aufgebaut hatte. Als seine irdische, sichtbare Persönlichkeit starb, erstand diese Geistpersönlichkeit mit geistigem Leib unsterblich auf.

Das ist die zweite Aufgabe, deretwegen Jesus in die Welt kam. Erstens erweckte der Geist das wahre Selbst, die unsterbliche Seele. Das ist die Erleuchtung, die Auferstehung der Seele. Zweitens baute diese erleuchtete Seele mit den Kräften des Geistes eine neue, unsterbliche Persönlichkeit bis ins Physische hinein auf. Das ist die Auferstehung des Leibes. Sie kann schon während des Lebens geschehen, manifestiert sich aber erst nach dem Tod des irdischen Leibes in voller Deutlichkeit.

Die Worte Jesu über den Menschensohn, sein Schicksal in der irdischen Welt und seine Bestimmung werden eingeleitet von dem strengen Gebot des Meisters an seine Schüler, vor anderen Menschen über diese Zusammenhänge zu schweigen. Warum? Jesus ist dabei, den Prozess des Abbaus der irdischen Ich-Persönlichkeit und des Aufbaus der Geist-Persönlichkeit zu vollziehen. Er tut es in den besonderen Kräften des Geistes, mit denen er „gesalbt“ ist. Das ist nichts anderes als der spirituelle Weg, den er geht. Seine Schüler, geistig-seelisch eng mit ihm verbunden, sind in diesen Prozess mit einbezogen. Sie gehen, in seinen Kräften, mit ihm den spirituellen Weg.

Während dieser Prozess vonstatten geht, darf nicht darüber „gesprochen“ werden. Er muss sich, ohne von den irdischen Kräften gestört werden zu können, im Innern des Menschen vollziehen. Es muss eine vollkommene Trennung zwischen den seelisch-geistigen Prozessen im Innern und der irdischen Umwelt im Äußern aufrechterhalten werden. Wäre es nicht so, könnten die ichbezogenen Gedanken, Gefühle und Bestrebungen der Ich-Persönlichkeit, die bei diesem Prozess ja abgebaut werden sollen, immer wieder von außen her bestärkt werden. Und die neu entstehenden Gedanken, Empfindungen und Bestrebungen der Geist-Persönlichkeit könnten, bei einer Vermischung mit irdischen Einflüssen von außen, von diesen immer wieder für irdische Zwecke missbraucht werden.

Deshalb muss strengstens darauf geachtet werden, dass eine solche Vermischung nicht erfolgt: dass sich dieser doppelte Prozess im Menschen ungestört vollziehen kann und nichts davon in die äußere, irdische Welt hineingetragen wird – dass nicht darüber „gesprochen" wird.

Ist der Prozess jedoch einmal beendet, sind die Strukturen und Kräfte der Ich-Persönlichkeit überwunden und ist die Geist-Persönlichkeit, fest mit dem Reich des Geistes verbunden, auferstanden, so besteht diese Gefahr der Störung von außen nicht mehr. Dann hat die auferstandene Geist-Persönlichkeit im Gegenteil die Pflicht, in die Welt hinein zu „sprechen" und in die irdische Welt hineinzuwirken.

Wie sich herausstellen wird, verstehen die Schüler nicht, was Jesus ihnen sagt. Noch zwei Mal erklärt er ihnen im Folgenden die Vorgänge, insgesamt also drei Mal. Und beim zweiten und dritten Mal heißt es ausdrücklich: „Sie verstanden dieses Wort nicht" (9,45 und 18,34). Bis zur Auferstehung Jesu, ja selbst noch danach, verstehen sie nicht. Denn sie sind „unverständig und trägen Herzens" (24,25).

Was können sie nicht verstehen? Dass das wahre Selbst und eine neue Geistpersönlichkeit auferweckt werden, nicht die irdische Ichpersönlichkeit; dass das Reich Gottes, zu dem das wahre Selbst auferweckt wird, ein Zustand des wahren Selbst und einer spirituellen Gemeinschaft ist, nicht eine Vervollkommnung des irdischen Menschen und der irdischen Gesellschaft; dass im Gegenteil die Auferweckung des wahren Selbst den Untergang der Ichbezogenheit, und die Entstehung des Reiches Gottes auf lange Sicht den Untergang aller ichbezogenen gesellschaftlichen und politischen Strukturen bedeutet; dass aber vorläufig das wahre Selbst auf seinem Weg zur Auferweckung viel leiden und verworfen werden und der Körper, in dem es lebt, getötet werden muss. Denn die irdischen Mächte fühlen sich in ihrer Ichbezogenheit vom wahren Selbst bedroht und glauben es zu töten, indem sie seinen Körper töten.

Warum können die Schüler Jesu nicht verstehen? Weil sie in der Illusion befangen sind, ihre Ichpersönlichkeit werde auf dem spirituellen Weg zu Glanz und Macht erhoben werden. Sie glauben, dass Jesus ein irdisches Friedensreich mit ihnen als Machthabern errichten und dass er seine Feinde, statt von ihnen getötet zu werden, machtvoll in ihre Schranken weisen werde.

Jesus hat die Auferweckung des wahren Selbst mit einem Geistleib noch nicht selbst erlebt. Erst wenn er sie selbst erlebt hat, werden seine Schüler wie er, durch seine Kraft gestärkt, in der Lage sein, sie ebenfalls zu erleben. Sie werden im wahren Selbst so gestärkt sein, dass sie die Ichbezogenheit im eigenen Wesen auflösen lassen und die Verfolgung von außen ertragen können. Erst wenn Jesus die Auferweckung des wahren Selbst mit einem Geistleib vollbracht hat, werden sie die Kraft haben, die Angst vor diesen Vorgängen zu überwinden und die Illusionen aufzulösen, die sich ihr Ich ständig über den spirituellen Weg macht. Erst dann können sie selbst ebenfalls die Auferweckung des wahren Selbst erleben und durch eigenes Erleben begreifen, was das bedeutet.

Aufgabe des Menschen: Nachfolge

9 ***23*** *Er sprach aber zu allen: Wenn jemand mit mir gehen will, verleugne er sich selbst und nehme täglich sein Kreuz auf sich und folge mir nach!* ***24*** *Wer sein Leben retten will, der wird es verlieren; wer aber sein Leben verliert um meinetwillen, der* *wird es retten. **25** Denn was nützt es dem Menschen, wenn er die ganze Welt gewinnt, sich selbst aber ins [ewige] Verderben bringt oder an sich selbst die Strafe leidet? **26** Denn wer sich meiner und meiner Worte schämt, dessen wird sich der Sohn des Menschen schämen, wenn er kommen wird in seiner Herrlichkeit und in der [Herrlichkeit] des Vaters und der heiligen Engel. **27** Ich sage euch aber der Wahrheit gemäß: Es sind einige unter denen, die hier stehen, die den Tod nicht schmecken werden, bis sie das Reich Gottes gesehen haben.*

Über die subjektiven Erfahrungen auf dem spirituellen Weg darf, während sie erlebt werden, nicht zu Außenstehenden gesprochen werden. Das würde Störungen verursachen. Aber allgemein-philosophisch kann man über Ziel, Schritte und Bedingungen des Weges informieren. Das tut nun Jesus, indem er „zu allen" spricht. Er erklärt die Bedingungen, die jemand erfüllen muss, der den spirituellen Weg geht.

„Wenn jemand mit mir gehen will, verleugne er sich selbst und nehme täglich sein Kreuz auf sich und folge mir nach." Jesus sagt: Wenn jemand wie ich seine Bestimmung als Mensch erfüllen will, nämlich den Tod überwinden, als Ebenbild Gottes und als Geistpersönlichkeit auferstehen will, dann muss er drei Bedingungen erfüllen.

Erstens muss er sich selbst verleugnen. Das bedeutet: Der Schüler auf dem spirituellen Weg muss, vom Ebenbild Gottes im eigenen Wesen dazu gedrängt, die Hindernisse auflösen, die der Entfaltung dieses Ebenbildes im Weg stehen. All seine ichbezogenen Verhaltensweisen und schließlich auch der Selbsterhaltungstrieb müssen sich im wahren Selbst, in der Einheit mit der geistigen Welt, auflösen.

Zweitens muss der Schüler auf dem spirituellen Weg täglich sein Kreuz auf sich nehmen. Damit ist nicht nur gemeint, dass er alle Schicksalsschläge und Verdrießlichkeiten geduldig annimmt, die den irdischen Menschen für gewöhnlich bedrängen. Im Schüler beginnt das Ebenbild Gottes zu wachsen. Daraus ergeben sich, weil dieses Ebenbild Gottes völlig anderen Gesetzen folgt als die irdische Welt, Unverständnis, Hass und Verfolgung durch die irdische Welt. Das ist das besondere „Kreuz", das ein Schüler auf dem spirituellen Weg täglich auf sich nimmt.

Drittens muss er Jesus nachfolgen. Aus eigener Kraft kann er weder sein Ich verleugnen noch sein tägliches Kreuz auf sich nehmen. Er kann dies nur in den Spuren des „Gesalbten" tun. Alle Menschen sind geistig-seelisch wie Zellen eines großen Organismus miteinander verbunden. Wenn ein Mensch, wie Jesus, einen Weg zur Auferstehung des wahren Selbst und der ihm entsprechenden Geistpersönlichkeit bahnt, wird diese Bahn allen anderen Menschen, den „Zellen" des Organismus Menschheit, eröffnet. In den Geistkräften des Gesalbten, der diese Kräfte in die Welt bringt, können sie ebenfalls den Weg des Gesalbten gehen. Sie können Jesus nachfolgen. Sie können das Ebenbild Gottes und die ihm entsprechende Geistpersönlichkeit auferwecken, zugleich ihr Ich verleugnen und ihr tägliches Kreuz auf sich nehmen. Das ist die Rolle des Gesalbten als Erlöser. Er erweckt nicht wie durch ein Wunder Gläubige vom Tod und erlöst sie dadurch. Er ermöglicht ihnen vielmehr, in seinen Kräften einen spirituellen Weg zu gehen, durch den sie selbst die Ursache des Todes überwinden. Das ist Erlösung vom Tod.

Dem entspricht, dass die Erklärungen Jesu über den spirituellen Weg genau das wiederholen, was er selbst erfährt und erfahren wird. Er verleugnet sich selbst: das heißt, er gibt alle ichbezogenen Tendenzen seines irdischen Wesens preis. Er nimmt sein „Kreuz“ auf sich, nämlich die Verfolgung und Tötung durch die Ältesten, Hohenpriester und Schriftgelehrten. Und er wird auferweckt: Das wahre Selbst in ihm wird bewusst und mittels einer Geistpersönlichkeit wirksam. Sein Weg ist identisch mit dem Weg derer, die ihm nachfolgen. Umgekehrt: Der Weg derer, die ihm nachfolgen, ist identisch mit seinem Weg. Was er in den Kräften des Geistes vollbringt, vollbringen sie ebenfalls in den Kräften des Geistes, zu denen er ihnen den Zugang eröffnet.

Jesus erklärt weiter die Notwendigkeit des spirituellen Weges. Dieser ist die Verwirklichung der Bestimmung des Menschen. Erfüllt der Mensch seine Bestimmung, so wird er wieder bewusst eins mit der ewigen Geistwelt, aus der er als Ebenbild Gottes hervorgegangen ist, und lebt selbst ewig. Erfüllt er diese Bestimmung nicht, so bleibt er von der Geistwelt getrennt und dem Tod unterworfen. „Wer sein Leben retten will, der wird es verlieren; wer aber sein Leben verliert um meinetwillen, der wird es retten.“

Sein Leben retten wollen, heißt, das Leben der Ichbezogenheit und Empörung gegen die geistige Welt behaupten wollen um jeden Preis. Dadurch bleibt aber die Kluft zwischen dem Ich und der Welt des Geistes bestehen. Denn das Ich schafft durch seine Selbstverabsolutierung und Selbstherrlichkeit diese Kluft immer aufs Neue. Eines Tages wird es, von diesem dauernden Kampf gegen die geistigen Gesetze und um die eigene Existenz erschöpft, sterben. *Sein* Leben verlieren um meinetwillen ist das gegenteilige Verhalten. Der Mensch erkennt, dass das ichbezogene Denken, Fühlen, Wollen und Handeln der in ihm angelegten geistigen Ordnung widerspricht. Er löst die Ichbezogenheit prozessmäßig auf, wodurch die Kluft zwischen ihm und der geistigen Ordnung verschwindet. Das wahre Selbst beginnt wieder aufzuleben, eins mit der geistigen Ordnung, und eine ihm entsprechende Geistpersönlichkeit aufzubauen, die sein vollkommener Ausdruck ist. Sie kann nicht mehr sterben, der Mensch rettet sein wahres Leben, seine Unsterblichkeit.

Wesentlich sind dabei die Worte „um meinetwillen“. Der Mensch kann seine Ichbezogenheit auch für einen Meister, eine Ideologie, ein Ideal, ein Volk und einen Glauben aufgeben. Er kann sein Leben um eigener Vorstellungen willen und um fremder Einflüsse willen verlieren. Aber dadurch rettet er sein wahres Leben nicht. Im Gegenteil: Er wird dann zum willenlosen Opfer *seines* Meisters, *seiner* Ideologie, *seines* Ideals, *seines* Volkes oder *seines* Glaubens. Er gerät in Abhängigkeit von äußeren Instanzen oder ihn beherrschenden „Dämonen“. Seine Bestimmung erfüllt er nur, wenn er sein Leben „*um meinetwillen*“ verliert, das heißt um „Jesu“ willen, der das wahre Selbst jedes Menschen verkörpert. Nur wer seine Ichbezogenheit um seines wahren Selbst, *seiner eigentlichen Identität* willen verliert, wird diese wahre Identität und damit das wahre Leben retten. Er wird das Ebenbild Gottes in sich entfalten und somit seine eigentliche Freiheit gewinnen. Auch einen Märtyrertod für Jesus zu erleiden, wäre eine Preisgabe der Ichbezogenheit für eine äußere Instanz, nicht für das Ebenbild Gottes im eigenen Wesen. Ein solcher Märtyrer hätte nicht das eigentliche Leben, nicht das unsterbliche Ebenbild Gottes gerettet.

Jesus appelliert sogar an das Nutzendenken des Menschen, um seinen Worten Nachdruck zu verleihen. „Was nützt es dem Menschen, wenn er die ganze Welt gewinnt, sich selbst aber ins Verderben bringt?"

Es liegt im wohlverstandenen Interesse des Menschen, sein wahres Leben zu retten, nämlich das wahre Wesen und die entsprechende Geistpersönlichkeit zu entfalten. Es nützt ihm aber nichts, sein Ich-Leben zu retten, selbst wenn er die ganze Welt gewönne. Das eigenwillige Ich ist bestrebt, die Welt zu gewinnen, das ist sein innerster Drang. Es will herrschen, gelten, besitzen. Aber genau das ist es, was die Kluft zur geistigen Welt aufreißt und aufrechterhält. Genau das ist es, was den Menschen sterblich macht und ihm den Tod, das Verderben, bringt. Ja es bringt ihm noch zusätzlich „Strafe". Denn durch die Taten zur Weltgewinnung, durch Macht-, Geltungs- und Besitzstreben, ruft er Widerstände anderer Menschen auf. Wenn alle die Welt gewinnen wollen, muss es notwendig Konflikte geben. Die Folgen sind ständiger Kampf, unvermeidliche Niederlagen und Hass, ganz abgesehen von dem inneren Zustand eines solchen Welteroberers. Er muss ja unaufhörlich besorgt sein, seinen Besitzstand zu wahren, und Angst vor Gegnern haben. Das ist wahrlich eine „Strafe, die er an sich selbst leidet". Es liegt also gar nicht im Interesse des Menschen, *sein* Leben zu retten, selbst wenn er dadurch die ganze Welt gewönne.

Wäre jemand nur auf sich gestellt, fiele es ihm vielleicht nicht schwer, der Stimme des Ebenbildes Gottes zu folgen und sein Leben zu verlieren, um die wahre Identität zu entfalten. Er würde erkennen, dass der entscheidende Wert das Ebenbild Gottes ist, die Unsterblichkeit, während das Streben nach Macht, Geltung und Besitz im Vergleich dazu Unwert ist. Er würde sich dem entscheidenden Wert zuwenden können. Doch lebt jeder Mensch unter anderen Menschen, in einer Welt, deren höchste Werte eben Macht, Geltung und Besitz sind. Und er orientiert sich nur allzusehr am Urteil der anderen. Das ist eins der größten Hindernisse auf dem spirituellen Weg, vielleicht das größte: die Abhängigkeit des Menschen von der Meinung der anderen. Er schämt sich seiner eigenen Einsichten, Wertungen und Handlungen, wenn sie den Wertungen der Umwelt widersprechen, und unterlässt daher das, was seinem höchsten Interesse entspräche.

Jesus spricht dieses Hindernis an: „Wer sich meiner und meiner Worte schämt." Wer nicht zum Ebenbild Gottes im eigenen Wesen und zu den Wirkungen, den „Worten", steht, die von ihm ausgehen – wer sich so verhält, weil er das Urteil der Welt, ihren Spott und ihre Verfolgung fürchtet, der wird auch nicht die Kraft des Geistes empfangen. Denn der Geist kann nur dann zu ihm stehen und wird sich seiner nicht „schämen", wenn der Betreffende seinerseits zum Ebenbild Gottes steht. Nur eine kompromisslose Hinwendung zum als richtig erkannten Weg und den geistigen Kräften, die ihn ermöglichen, gibt diesen Kräften die Möglichkeit, den Schüler auf seinem Weg zu unterstützen. Wer sich aber aus Schwäche und Angst vor der Meinung der irdischen Welt von den Werten der göttlichen Welt abwendet und sich ihrer „schämt", dem kann sich die göttliche Welt auch nicht zuwenden und ihm ihre Kraft zur Verfügung stellen. Sie wird sich seiner „schämen".

Das gilt schon, solange die irdische Welt triumphiert und ihre Werte die geltenden Werte sind. Das gilt aber auch, wenn einmal die irdischen Werte außer Kraft gesetzt und als Unwerte entlarvt sind. Dann wird auch der Mensch, der sich an sie gehalten hat, in seinem Unwert entlarvt sein. Die göttlichen Werte werden ihre Geltung manifestieren. Der Menschensohn wird in seiner Herrlichkeit, in der Herrlichkeit des „Vaters", das heißt der geistigen Welt, und in der Herrlichkeit der „Engel", der Wesen der geistigen Welt, offenbar sein. Dann wird aber keine Brücke zu jenen Menschen bestehen, die diese göttlichen Werte verleugnet haben. Der Menschensohn wird sich ihrer „schämen".

Wann wird das sein? Wann werden die Werte der göttlichen Welt in all ihrer Herrlichkeit offenbar sein und überall gelten, während die Werte der irdischen Welt als Unwerte entlarvt sind? Wann wird das Reich Gottes, die Geltung der Werte der göttlichen Welt: Einheit, Freiheit und Liebe, gekommen sein und gesehen werden können? Es wird gekommen sein, wenn Jesus seinen Weg zu Ende gegangen ist und in den Kräften des Geistes die Ichbezogenheit der irdischen Welt: Macht-, Geltungs- und Besitzstreben überwunden hat. Dann sind die Werte der irdischen Welt überwunden und die Werte der göttlichen Welt an ihre Stelle gesetzt. Die irdischen Werte sind in *einem* Menschen, in Jesus, überwunden. An dieser einen Stelle im Menschheitsorganismus wird das Reich Gottes gekommen und werden die neuen Werte verwirklicht sein. Im Bewusstsein Jesu wird die Herrlichkeit des Ebenbildes Gottes, die Herrlichkeit des Vaters und seiner Engel verwirklicht sein, das Reich Gottes auf die Erde gebracht sein. Aber auch alle, die wie er einen Weg zur Entfaltung des Ebenbildes Gottes gehen, werden wie er das Reich Gottes in ihrem Wesen verwirklichen und sich seiner bewusst werden: es sehen.

Einige Hörer Jesu, denen er im Augenblick diese Tatbestände erklärt, werden noch vor ihrem physischen Tod zu diesem Zustand gelangt sein. Auch in ihrem Wesen wird sich das Ebenbild Gottes bewusst zeigen und ihnen die Herrlichkeit Gottes und des Menschensohns offenbaren. Sie sehen noch vor ihrem physischen Tod das Reich Gottes. Ihre „Naherwartung" ist somit vollkommen berechtigt. Denn die Wiederkunft des Menschensohns besteht in der Bewusstwerdung des Ebenbildes Gottes im Menschen, womit dem Betreffenden zugleich die geistige Welt, die Herrlichkeit des auferstandenen Menschensohns, des Vaters und seiner Engel bewusst wird. Für ihn manifestiert sich die absolute Geltung der göttlichen Werte, das Reich Gottes.

Immer wieder hat es seit diesen Erklärungen Jesu Menschen gegeben, in denen sich die Wiederkunft des Menschensohns vollzog. Sie hat sich in einzelnen Menschen, in der ganzen Menschheitsgeschichte bis zur Gegenwart, vollzogen. Niemand braucht, um die Wiederkunft des Menschensohns zu erleben, auf einen Jüngsten Tag in unendlich weiter Zukunft zu warten. Jeder kann, wenn er den spirituellen Weg geht, diese Wiederkunft noch vor seinem physischen Tod erleben.

Eine andere Sache ist die Wiederkunft des Menschensohns nicht nur für einzelne Menschen, sondern für die ganze Menschheit. Kommt einmal ein Zeitpunkt, wo für die ganze Menschheit die irdischen Werte als Unwerte entlarvt und die geistigen Werte bewusst und offenbar werden? Wo das Reich Gottes für die ganze Menschheit kommt und gesehen wird? Dieser Zeitpunkt hängt davon ab, wie viele Menschen, enttäuscht von den irdischen Werten, erschöpft vom Kampf um deren Verwirklichung, ihr eigentliches Interesse erkennen: die Werte der göttlichen Welt zu verwirklichen, wodurch der Tod überwunden und das Leben im unsterblichen Ebenbild Gottes gerettet wird.

Die Aufgabe des Menschensohns ist es, die alte Ichpersönlichkeit in den Kräften des Geistes zu verlieren, um das wahre Leben, eine neue unsterbliche Geistpersönlichkeit, aufzubauen: und zwar nicht nur für sich selbst, sondern auch, um diesen Prozess allen anderen Menschen zu ermöglichen. Welche Folgen dieser Prozess hat, wird durch die Erzählung von der „Verklärung Jesu" illustriert. Sie zeigt in einer Art Momentaufnahme, in welcher Verfassung sich die neue Geistpersönlichkeit Jesu in diesem Stadium seiner Wirksamkeit befindet. Und sie demonstriert den Schülern Jesu konkret, was Jesus mit der Auferstehung am dritten Tag meint.

IV.

Vierter Markstein des Lukas-Evangeliums:

Transfiguration

Die „Verklärung" Jesu – richtiger übersetzt: die „Verherrlichung", die „Transfiguration" Jesu – ist der vierte Markstein des Lukas-Evangeliums. Sie bedeutet die vierte Phase der Wirksamkeit des spirituellen Impulses in der Welt und zugleich den Eintritt Jesu in die vierte Phase des spirituellen Weges. Dass es sich um eine entscheidende Wegmarke handelt, geht wiederum daraus hervor, dass die Welt des Geistes, als „Licht" und „Stimme", unmittelbar in Erscheinung tritt und dass Jesus dabei in unmittelbarer Beziehung zur Geistwelt steht.

Die erste Phase der Wirksamkeit des spirituellen Impulses in der Welt war, dass er die Welt *berührte*: die Ankündigung der Geburt Johannes des Täufers und Jesu; die zweite Phase, dass er sich fest mit der Welt *verband*: die Geburt Johannes des Täufers und Jesu; die dritte, dass er in einem Menschen, Jesus, *bewusst* wurde, wodurch dieser Mensch, und damit die Menschheit, vom Geist „gesalbt" wurde. Die Kräfte des Geistes wurden in diesen Menschen, und damit in die Menschheit, eingegossen. Sie wirkten jetzt heilend und befreiend in der Menschheit.

Die vierte Phase ist, dass diese Kräfte die ganze Welt *verändern* und positive oder negative Reaktionen herausfordern. Die positiven Reaktionen kommen als Früchte zum Geber der Kräfte zurück, die negativen als Widerstand, der in der fünften Phase zum „Kreuz" führt. Die vierte Phase ist also eine Phase der verändernden, transfigurierenden Wirksamkeit des spirituellen Impulses.

Dieselben Phasen weist der spirituelle Weg in einem einzelnen Menschen auf. Nach der Phase der Berührung durch den spirituellen Impuls, der auf eine empfängliche, „glaubende" Seele trifft, kommt eine Phase der Umsetzung und Befestigung der Geistkräfte im eigenen Wesen – eine Phase der Seelenarbeit; dann eine Phase der Bewusstwerdung dieser Kräfte, woraus sich besondere Folgen – die Versuchungen – ergeben, und viertens die Phase einer neuen Lebensführung aus den spirituellen Kräften. Diese Lebensführung wird vom geist-erfüllten wahren Selbst, nicht mehr von der Ichbezogenheit bestimmt und verändert Denken, Fühlen und Wollen des Menschen zu einer neuen Persönlichkeit.

Johannes des Täufer ist in dieser vierten Phase scheinbar nicht mehr wirksam. Er ist von Herodes enthauptet worden. Die Stimme des Gewissens ist von der die religiöse Tradition zynisch missbrauchenden politischen Macht zum Schweigen gebracht worden. Aber Johannes der Täufer *ist* schon auferweckt worden. Der vorbereitende Aspekt des spirituellen Impulses ist im verwirklichenden Aspekt aufgegangen und wirkt darin fort.

Es besteht immer ein Zusammenhang zwischen der Entwicklung des Meisters und der seiner Schüler. Die Entwicklung des Meisters ist von der seiner Schüler abhängig, und umgekehrt. Wenn die Schüler Fortschritte machen, ermöglicht das dem Meister, die nächste Phase des spirituellen Weges in ihnen zu stimulieren, wodurch neue Kräfte in ihm selbst aktiviert werden. Und nur, wenn im Meister bestimmte Phasen der Entwicklung stattgefunden haben, kann er den ihm nachfolgenden Schülern auf ihrem Weg weiterhelfen. Bis jetzt hatte Jesus, in der dritten Phase seines spirituellen Weges stehend, seine Schüler berufen (die erste Phase ihres spirituellen Weges), sie organisiert und ausgesandt (ihre zweite Phase), und zu ihrer dritten Phase, der Bewusstwerdung des wahren Selbst, geführt.

Die dritte Phase der Schüler steht nun wieder in besonderer Beziehung zur vierten Phase des Meisters. Deshalb folgt auf die Erkenntnis des Petrus die Verklärung Jesu.

Die „Verklärung" Jesu

9 28 *Es begab sich aber etwa acht Tage nach diesen Reden, da nahm er Petrus und Johannes und Jakobus mit sich und stieg auf den Berg, um zu beten.* ***29*** *Und während er betete, veränderte sich das Aussehen seines Angesichtes, und sein Gewand wurde strahlend weiß.* ***30*** *Und siehe, zwei Männer redeten mit ihm – es waren Mose und Elia –* ***31*** *die erschienen in Lichtglanz und redeten von seinem Lebensausgang, den er in Jerusalem vollenden sollte.* ***32*** *Petrus aber und seine Gefährten waren vom Schlaf überwältigt. Als sie jedoch erwachten, sahen sie seinen Lichtglanz und die zwei Männer, die bei ihm standen.* ***33*** *Und es begab sich, als diese von ihm schieden, da sagte Petrus zu Jesus: Meister, es ist gut, dass wir hier sind, und wir wollen drei Hütten machen, dir eine und Mose eine und Elia eine; und er wusste nicht, was er sagte.* ***34*** *Während er so redete, kam eine Wolke und überschattete sie. Sie fürchteten sich aber, als sie in die Wolke hineinkamen.* ***35*** *Und eine Stimme erscholl aus der Wolke, die sprach: „Dies ist mein auserwählter Sohn, auf ihn hört!"* ***36*** *Und während die Stimme erscholl, fand es sich, dass Jesus allein war. Und sie schwiegen und teilten in jenen Tagen niemandem etwas von dem mit, was sie gesehen hatten.*

Die Schüler Jesu sind jetzt, nach der Bewusstwerdung ihres wahren Selbst, in der Lage, geistig zu „schauen". Sie verfügen über ein, wenn auch noch sehr unentwickeltes, Bewusstsein für die geistige Welt und die Vorgänge darin. Daher können sie erkennen, was sich bei ihrem „Meister" in der vierten Phase des spirituellen Weges ereignet. Jesus nimmt die drei Häupter der Schülerschar mit sich: Petrus, der für den vom spirituellen Impuls geläuterten, bewussten Willen steht, Johannes, Verkörperung der vom spirituellen Impuls durchdrungenen bewussten Empfindung, und Jakobus, den vom spirituellen Impuls erhellten bewussten Verstand. Und diese drei Schüler, in der dritten Phase ihres Weges befindlich, lernen nun, in der geistigen Welt bewusst zu schauen.

Das Ereignis findet „acht Tage" nach der Erkenntnis des Petrus und den Erklärungen Jesu über den spirituellen Weg statt. Das ist nicht primär eine Zeitangabe, sondern besagt, dass die Schüler, im Rahmen ihrer Bewusstwerdung, eine in sich abgeschlossene siebenstufige Entwicklung hinter sich haben, in der die Erklärungen Jesu in ihnen gewirkt und sie auf die konkrete Schau der erläuterten Tatsachen vorbereitet haben. Der „achte Tag“, der erste Tag nach einem in sich abgeschlossenen Schöpfungszyklus, bezeichnet den Durchbruch auf eine neue Ebene, auf der sich neue Möglichkeiten eröffnen: Möglichkeiten der Schau in die geistige Welt.

Aber auch Jesus selbst hat sich auf dieses Ereignis vorbereitet. Er nimmt seine Schüler mit auf einen „Berg“, Symbol für den Ort des Geistes, führt sie also in die Dimension der geistigen Welt, und er „betet“: Er steht als „Gesalbter“ in engster Verbindung zur geistigen Welt und ihren Kräften und verbindet sich jetzt bewusst mit ihnen. Er erhebt sein Bewusstsein und Sein zu ihnen.

Da zeigt sich im Licht dieser geistigen Dimension, wie Bewusstsein und Persönlichkeit Jesu in diesem Stadium seines Weges tatsächlich beschaffen sind. Es zeigt sich, was seine heilende und befreiende Tätigkeit für andere rückwirkend in ihm selbst bewirkt hat: wie ihn seine Tätigkeit in der dritten Phase des Weges, seine Arbeit mit den Schülern und für andere, in die vierte Phase des Weges, die Phase der Verherrlichung des ganzen Wesens durch die geistigen Kräfte, erhoben hat.

Das „Angesicht“ Jesu ist Bild für sein Bewusstsein, das „Gewand“ Bild für seine Persönlichkeit in ihren drei bisher veränderten Aspekten. (Der materielle Körper als vierter Aspekt der Persönlichkeit ist in dieser Phase der Entwicklung noch nicht entscheidend verändert.) Denken, Fühlen und Wollen umgeben die Seele, das wahre Selbst, wie Hüllen, wie ein „Gewand“. Jesu Persönlichkeit aber ist „strahlend weiß“ geworden. Die Gesamtheit seiner Gedanken, Empfindungen und Strebungen ist hell wie das Licht des Geistes geworden, da sie auf dem spirituellen Weg vom wahren Selbst, das vom Geist „gesalbt“ ist, aufgebaut wurden und jetzt aus ihm leben.

Die gewöhnliche Ich-Persönlichkeit des Menschen als Gesamtheit seiner Gedanken, Gefühle und Strebungen (und des materiellen Körpers) ist dunkel: Gedanken, Gefühle und Strebungen (und der materielle Körper) sind von Ichbezogenheit durchsetzt, weshalb sie für das Licht des Geistes nicht offen sein können. Sie sind lediglich für Eindrücke der Sinnenwelt zugänglich, und daher vergänglich wie diese Eindrücke. Eine vom Licht der Geistwelt erhellte Geistpersönlichkeit dagegen ist in ihrer Struktur auf diese ewige Geistwelt abgestimmt – den Gedanken, Empfindungen und Strebungen nach – und unsterblich. (Einen unsterblichen Geistleib als vierten Aspekt der Geistpersönlichkeit besitzt Jesus in diesem Stadium seines Weges noch nicht.)

Ein solches Geistbewusstsein, umkleidet von einer Geistpersönlichkeit, die sein Ausdruck ist, ist sich der Strukturen und Wesen der geistigen Welt bewusst. Dass Mose und Elia als Wesen der geistigen Welt mit Jesus reden, und zwar über seinen „Lebensausgang in Jerusalem“, zeigt, dass Jesu Sendung und Aufgabe von der geistigen Welt her bestimmt und in sie eingebettet sind. Moses Grab wurde nicht gefunden (5. Mose 34,6) – eine Andeutung dafür, dass sein wahres Selbst und seine Persönlichkeit sich der irdischen Welt entzogen hatten und bewusst in der Welt des Geistes leben. Mose ist der Repräsentant des „Alten Bundes“, der „Gesetzgeber“, der durch das äußere Gesetz die Menschen auf den spirituellen Weg vorbereitet. Am Ende des „alten Bundes“ aber steht Elia, Verkörperung des Bewusstseins, dass das äußere Gesetz nur Bild für das dem wahren Selbst eingeschriebene innere Gesetz ist. Elia „fuhr zum Himmel auf“ (2. Kön.2,11) – ein Bild dafür, dass er mit einem bewussten wahren Selbst und einer Geistpersönlichkeit die irdische Welt verlassen hatte. Er ist derjenige, der den Weg für den neuen Bund recht macht und den Übergang vom äußeren Gesetz zum inneren, dem wahren Selbst eingeschriebenen Gesetz markiert: eine Präfiguration Johannes des Täufers.

Wenn diese beiden Wesen bei Jesus, dem Gesalbten stehen, so zeigt das, dass dessen Aufgabe von langer Hand von der geistigen Welt aus vorbereitet wurde und eine ununterbrochene Kette von Botschaftern aus der Welt des Geistes existiert – auch dass eine immer weitergehendere Offenbarung der geistigen Welt in der irdischen Welt erfolgt. Zuerst das äußere Gesetz – Mose –, das dem Menschen überhaupt seinen Zustand in der irdischen Welt bewusst macht und eine Entwicklung in Richtung auf die Bestimmung des Menschen in Gang setzt. Dann die Hoffnung auf Freiheit auf der Basis des inneren Gesetzes – Elia –, die Erkenntnis, dass ein wahres Selbst existiert und sich einst manifestieren wird, ein wahres Selbst, dessen innere Struktur durch das äußere Gesetz nur abgebildet wird. Und schließlich der Gesalbte selbst, die Krönung und Erfüllung des Entwicklungsweges des Menschen und der Menschheit: das wahre, geist-erfüllte Selbst, das sich nach seiner inneren Gesetzmäßigkeit, die auch die Gesetzmäßigkeit der geistigen Welt ist, entfaltet und daher Freiheit ist. So sind Mose und Elia nur denkbar im Hinblick auf den Gesalbten, und dieser nicht denkbar ohne die Vorbereitung durch Mose und Elia.

Damit ist die „Verklärung Jesu“ nicht nur Demonstration der Beschaffenheit seines Bewusstseins und Seins, Demonstration der Geistpersönlichkeit im Aufbau, die einst, nach dem Tod des physischen Körpers, für die Ewigkeit auferstehen wird. Sie ist auch Darstellung der Tatsache, dass dieser Vorgang die Bestimmung des Menschen und der Menschheit ist – von der geistigen Welt her vorbereitet und ermöglicht. Und wenn die Drei über den „Lebensausgang“ Jesu in Jerusalem reden, so wird auf diese Weise gezeigt, dass die geistige Welt den Prozess, in dem Jesus derzeit steht, begleitet bis zum Ende: dem endgültigen Untergang der ichbezogenen Persönlichkeit und der endgültigen Auferstehung des wahren Selbst mit seiner Geistpersönlichkeit, einschließlich eines Geistleibs.

„Petrus aber und seine Gefährten waren vom Schlaf überwältigt.“ Sie befinden sich zunächst im Zustand des irdischen Sinnenbewusstseins. Ein solches Bewusstsein sieht in einem Menschen wie Jesus keine vom Licht des Geistes durchdrungenen Gedanken, Empfindungen und Strebungen. Es sieht auch nicht die Strukturen und Wesen der geistigen Welt. Ein solcher Mensch „schläft“ in Bezug auf die geistige Welt, mag er auch für die Sinnenwelt hellwach sein. Doch jetzt „erwachen“ Petrus und seine Gefährten. Ihr Bewusstsein für die geistige Welt öffnet sich. Und nur ein solches Bewusstsein ist im Stande, die Geistpersönlichkeit Jesu und die Wesen der geistigen Welt in ihrem Glanz zu schauen. Auch ein solches Bewusstsein ist schon bis zu einem gewissen Grad vom Licht des Geistes durchdrungen und kann als „Auge“ des Geistes dessen Welt wahrnehmen. Trotzdem ist es, wenn es zum ersten Mal in die Bereiche des Geistes hineinblickt, noch orientierungslos. Es kann das, was ihm begegnet, nicht richtig einschätzen und nicht die richtigen Schlussfolgerungen daraus ziehen. Daher die Bemerkung über Petrus: „Er wusste nicht, was er sagte.“

Petrus möchte nämlich im Anblick der drei geistigen Wesen, welche drei Entwicklungszustände des Menschen bzw. der Menschheit darstellen, drei neue Kulte gründen. Der Vorschlag, „Hütten zu machen“, geht auf 2. Mose, Kap. 24 und 25 zurück, wie überhaupt die Verklärung Jesu auf dem Berg in vielem dem dort erzählten alttestamentarischen Bericht nachgebildet ist. Mose erhält von Gott den Auftrag, ihm „ein Heiligtum zu machen, dass ich mitten unter ihnen wohne“ (2. Mose 25,8). Und Mose errichtet die „Stiftshütte“, Symbol für die Gegenwart Gottes im Volk Israel. Später wird aus der Stiftshütte der von Salomo erbaute Tempel. Damit ist ein Kult gestiftet, der der besonderen Verbindung Gottes mit den Menschen in diesem Stadium ihrer Entwicklung Ausdruck gibt. Sie sollen äußere Gesetze, Rituale und Opfervorschriften als Vorbereitung auf einen späteren spirituellen Weg erfüllen.

Aber Petrus täuscht sich in zweierlei Hinsicht. Erstens ist das Stadium der Vorbereitung – Mose – und des Übergangs – Elia – inzwischen vorbei. Das Prophetenstadium des äußeren Gesetzes, in dem es sinnvoll und notwendig war, den Menschen äußere Rituale, Gesetze und Kulte zu geben, weil ihr Bewusstsein im Allgemeinen noch nicht reif war, das innere, geistige Gesetz des wahren Selbst zu erkennen, ist zu Ende. Und zweitens ist Jesus Repräsentant der Erfüllung. Er verkörpert die Freiheit auf der Grundlage des dem wahren Selbst eingeschriebenen göttlichen Gesetzes. Er lässt sich nicht dem alttestamentarischen Stadium zuordnen, denn er ist qualitativ etwas anderes als Mose und Elia. Im Augenblick der Erfüllung bedarf es keiner äußeren Kulte und „Hütten“ mehr. Der Mensch wird selbst zur „Stiftshütte“ und zum Tempel Gottes. Jesus ist ein solcher Tempel, in dem das Ebenbild Gottes und damit auch der „Vater“ wohnt. Denn er und der Vater sind eins. Die ab jetzt geltende Religion ist die der Freiheit auf der Grundlage innerer, bewusst erkannter geistiger Gesetze. Wenn es dabei vielleicht doch noch äußere Tempel oder Gotteshäuser gibt, so nur noch zur Unterstützung der Entwicklung dieser inneren Freiheit, nicht mehr als absolute Notwendigkeit. Prinzipiell sind „Gleichnisse“ ab dem Augenblick der Erfüllung nicht mehr notwendig. Denn jetzt schaut der Mensch unmittelbar in die Welt des Geistes und braucht keine Zeichen mehr, die darauf hinweisen.

Die Szene erfährt noch eine Steigerung. Nachdem der Zustand Jesu als Geistpersönlichkeit und seine Einbettung in die Strukturen der geistigen Welt dargestellt sind, wird die geistige Welt selbst aktiv, um die Tätigkeit Jesu in der Welt zu verankern. Es kommt eine „Wolke“, ganz wie in dem Bericht des Alten Testaments über den Aufenthalt Moses auf dem Berg Sinai. Die Wolke ist Bild für eine Konzentration der Kräfte der geistigen Welt. Man kann von einem besonderen „Kraftfeld“ oder „Strahlungsfeld“ sprechen, das sich rund um Jesus und seine Schüler bildet. Die Schüler, die in dieses „Kraftfeld“, diese göttliche Wirksamkeit hineingeraten,

„fürchten" sich. Denn nicht nur ihr irdisches Bewusstsein, auch ihr sich gerade erst bildendes Geistbewusstsein ist im Vergleich zur Macht dieser göttlichen Kräftekonzentration noch sehr unentwickelt. Sie spüren ihre Schwäche und Ohnmacht angesichts dieser Herrlichkeit Gottes, sie „fürchten" sich.

Ist die „Wolke" eine Kräftekonzentration der geistigen Welt, so die „Stimme" deren Struktur, das schöpferische „Wort", das von ihr ausgeht und allem Dasein Struktur und Entwicklung verleiht. Die Stelle nimmt Bezug auf die Taufe Jesu. Damals sagte die „Stimme": „Du bist mein geliebter Sohn, heute habe ich dich gezeugt." In Jesus wurde die geistige Welt bewusst, das Ebenbild Gottes, das herangewachsene wahre Selbst, wurde vom Geist Gottes erfüllt und als Sohn Gottes geboren, der sein Leben vom „Vater" erhielt. Jetzt, bei der „Verklärung", ist der Sohn Gottes „erwachsen" geworden. Aus dem geist-erfüllten wahren Selbst ist durch seine Tätigkeit in der Welt eine Geistpersönlichkeit herangewachsen, die Welt und Menschheit radikal verändern wird. Auf diese große Veränderung bezieht sich die „Stimme" Gottes, wenn sie sagt: „Dies ist mein auserwählter Sohn, auf ihn hört!" Damals auf dem Sinai war Mose beauftragt worden, den Menschen das äußere Gesetz zu bringen. Jetzt wird Jesus von Gott als „Sohn" bestätigt, als Muster des geist-erfüllten wahren Selbst, dazu auserwählt, dieses Muster durch sein Leben der Menschheit zu zeigen. Und nicht nur zu zeigen, sondern durch die von seiner Existenz ausgehende Kraft das schlummernde wahre Selbst in anderen Menschen zu wecken und diese ebenfalls zu einem spirituellen Weg aufzufordern und zu befähigen. Gott schenkt der Menschheit dieses lebendige Muster, damit sich die Menschen danach richten, im eigenen Wesen das Ebenbild Gottes wiedererwecken und so ihre Bestimmung erfüllen. Dieser Impuls der geistigen Welt richtet sich nicht nur an die Herzen der Schüler Jesu, sondern aller Menschen: „auf ihn hört", sagt die „Stimme" aus der Wolke.

Die Schüler aber, die im geistigen Wachzustand all dies geschaut und gehört haben, „schweigen" darüber. Würden sie darüber „sprechen", das heißt ihre neuen Erfahrungen und Vermögen der irdischen Welt preisgeben, so würden sie sie auf eine Ebene hinunterziehen, die nicht dem „Berg" entspricht. Sie würden sie dadurch schwächen und ihrer Wirksamkeit im eigenen Wesen berauben.

Dämonenaustreibung: der Dämon „Selbstzwang"

9* 37** *Es begab sich aber tags darauf, als sie von dem Berg hinabgingen, da kam ihm viel Volk entgegen.* ***38 *Und siehe, ein Mann aus dem Volk rief: Meister, ich bitte dich, nimm dich meines Sohnes an, denn er ist mein einziger!* ***39*** *Und siehe, ein Geist ergreift ihn, und auf einmal schreit er, und er reißt ihn hin und her, so dass er schäumt, und lässt kaum einmal davon ab, ihn zu quälen.* ***40*** *Und ich habe deine Schüler gebeten, dass sie ihn austreiben möchten, und sie vermochten es nicht.* ***41*** *Da antwortete Jesus und sprach: O du ungläubiges und verkehrtes Geschlecht, wie lange soll ich bei euch sein und euch ertragen? Bringe deinen Sohn hierher!* ***42*** *Aber noch während er herbeikam, riss und zerrte ihn der Dämon herum. Da bedrohte Jesus den unreinen Geist und heilte den Knaben und gab ihn seinem Vater wieder.* ***43*** *Es erstaunten aber alle über die große Macht Gottes…*

In der dritten Phase des spirituellen Weges der Schüler Jesu steht im Vordergrund ihre Aufgabe, das wahre Selbst sich entfalten zu lassen, während das Ich, die irdische Persönlichkeit, lernt, sich diesem wahren Selbst völlig hinzugeben und sein Ausdruck und Instrument zu sein. Das ist nur dadurch möglich, dass das wahre Selbst den Schülern bewusst geworden ist. Denn nur dadurch kann ihnen, im Kontrast dazu, auch die Ichbezogenheit ihres Wesens in aller Radikalität bewusst werden. Und die Bewusstwerdung der Ichbezogenheit in den Kräften des Geistes ist die einzige Möglichkeit, diese Ichbezogenheit allmählich aufzulösen.

Parallel zu dieser spirituellen Auseinandersetzung der Schüler mit ihrer Ichbezogenheit schildert Lukas einen Fall dämonischer Besessenheit. Der Besessene ist der „einzige Sohn" eines Mannes aus dem Volk. „Sohn" ist in der traditionellen Symbolik die Essenz des Vaters, die aus diesem heraustritt, sei es als konkreter Nachfahre, sei es, bezogen auf einen Einzelnen, als dessen bewusstes Ich, das aus dem Hintergrund des Unbewussten hervortritt. Aus dieser Angabe des Evangelisten, „einziger Sohn", lässt sich schließen, dass die Erzählung Ichproblematik aufgreift.

Geht man weiter davon aus, dass die im Evangelium geschilderten Krankheiten und Besessenheiten der Menschen aus dem Volk auf ihrer Ebene stets die Ebene widerspiegeln, auf der die Schüler derzeit spirituell arbeiten, so muss es sich hier um einen Dämon handeln, der speziell mit der Ichproblematik der Persönlichkeit zu tun hat. Er könnte eine Abspaltung des Ich sein, derart, dass das Ich sich selbst zwingt, eine bestimmte Seelenverfassung zu verwirklichen. Das Ichideal dieses Menschen verselbstständigt sich und übt einen ungeheuren Zwang auf ihn aus. Er versucht, sein Ich – mit dem Ich – gewaltsam in einen diesem Ichideal entsprechenden Zustand zu bringen. Sein Streben ist umso wütender und fanatischer, als er insgeheim weiß, dass sein Ich das Ziel unmöglich erreichen kann, und deshalb von berechtigter Angst vor dem Scheitern gequält wird. In dieser Angst verdoppelt er seine Anstrengungen, die Angst steigert sich – ein wahrer Teufelskreis.

Der Dämon „Selbstzwang" lässt nicht zu, dass das Ich, der „einzige Sohn" des Bittstellers, vernünftig denkt, fühlt und handelt. Es wird in diese und jene Richtung gezerrt und gequält, wie ein manisch Depressiver, dessen Zustand zwischen Euphorie und Depression abwechselt. Einmal ist der Mensch, von diesem Dämon gehetzt, optimistisch, sein Ichideal erreichen zu können, und jubelt über scheinbare Fortschritte. Ein anderes Mal, wenn all seine Errungenschaften gähnender innerer Leere weichen, quält er sich mit Selbstanklagen und pessimistischen Gedanken.

Warum können die Schüler Jesu gerade diesen Dämon nicht austreiben? Sie hatten doch, von Jesus ausgesandt, bisher Dämonen austreiben können!

Bei den bisherigen Dämonen hatte es sich, der ersten und zweiten Phase des Weges der Schüler entsprechend, um Verselbstständigungen von Vorstellungen, Emotionen und Strebungen oder um ungezügelte Triebenergien gehandelt. Sie lassen sich von Bewusstseinskräften, die dem Geist geöffnet sind, austreiben. Jetzt aber sind die Schüler in der dritten Phase ihres Weges. Ihre Aufgabe besteht darin, nachdem ihnen ihr wahres Selbst bewusst geworden ist, sich auch der Eigenschaften und Funktionen gerade ihres Ich bewusst zu werden. Sie müssen sich mit den dem wahren Selbst widerstreitenden Tendenzen des Ich im eigenen Wesen auseinandersetzen.

In dieser Lage begegnen sie dem „Dämon“ Selbstzwang. Seine Art ist: Das Ich zwingt sich selbst – immer vergeblich –, ein bestimmtes Ichideal zu verwirklichen. Die Schüler, selbst mit dem Problem des Ich beschäftigt, sind nicht im Stande, anderen Kraft und Einsicht zu vermitteln, diese dämonische Verkrampfung des Ich zu korrigieren. Sie glauben zu wenig, das heißt, ihre eigene Offenheit zum wahren Selbst, aus dem allein heilende Kräfte fließen könnten, ist momentan nicht gegeben. Darauf bezieht sich Jesu Vorwurf: „O du ungläubiges und verkehrtes Geschlecht!“

Auf einen einzelnen Menschen bezogen bedeutet diese Erzählung: Wo Teile des Ich Opfer des Dämons Selbstzwang werden, da haben andere Teile des Ich (die „Schüler“), die sich schon dem wahren Selbst geöffnet haben, einen schweren Stand. Wie sollen die bewussten Anteile des Ich (die „Schüler“) Art und Funktion des Ich erkennen, wenn diese vom Dämon Selbstzwang beeinträchtigt sind? Ihre eigene Offenheit zum wahren Selbst ist derzeit in Frage gestellt – ihr Glaube ist schwach –, weshalb ihre Kraft, den Dämon Selbstzwang zu erkennen und zu überwinden, nicht ausreicht. Nur ein absolutes Vertrauen in das wahre Selbst könnte dieses veranlassen, in dieser prekären Situation zu wirken und den Dämon auszutreiben.

Jesus, Repräsentant des wahren Selbst, löst den Drang des Ich-Bewusstseins, ein bestimmtes Ichideal erreichen zu wollen, auf. Der Schüler in der dritten Phase des Weges, der sich den Impulsen aus dem wahren Selbst hingibt, wird erleben, dass sie stärker sind als die dämonische Tendenz des Ich, sich selbst forciert in eine ideale Verfassung zu bringen. Das Ich kann wieder aufatmen, der dämonische Selbstzwang ist verschwunden. Es kann sich auf seine Aufgabe besinnen und vernünftig die Tätigkeiten verrichten, für die es bestimmt ist. Es wird seinem „Vater“, der Gesamtorganisation dieses Menschen, wiedergegeben.

Kein stärkerer Kontrast ist denkbar als der zwischen dem Zustand Jesu, der in der „Verklärung“ geschildert wird, und dem Zustand des vom Dämon Besessenen. Auf der einen Seite die totale Hingabe aller Gedanken, Gefühle und Strebungen, zusamt dem Ich-Bewusstsein, an die geistige Welt, wodurch alle Ichbezogenheit aufgelöst und die ganze Persönlichkeit zur Geist-Persönlichkeit transfiguriert wird, durchstrahlt von den Kräften des Geistes. Auf der anderen Seite der dämonische Versuch, mit Gedanken, Gefühlen und Strebungen samt dem Ich-Bewusstsein, das Heft selbst in die Hand zu nehmen und sich selbst in eine ideale Verfassung hineinzuzwingen. Das führt nur zu unerträglicher Verkrampfung, zur höchsten Steigerung der im irdischen Menschen ohnehin wirkenden Abgrenzung von der geistigen Welt und Empörung gegen sie. Man hat die Symptome der Besessenheit dieses Knaben mit der „Fallsucht“, der Epilepsie, in Verbindung gebracht. Und tatsächlich führt die Empörung des Ich gegen die geistige Welt auf der psychischen Ebene zu intensivster Verkrampfung. Sie kann sich zeitweise in explosiven Anfällen lösen, wobei – wie vom Epileptiker bekannt – blitzartig die geistige Welt ins Bewusstsein eintreten und wieder verschwinden kann. Eine endgültige Lösung dieser Verkrampfung kann nur vom wahren Selbst ausgehen, das, wenn sich der Mensch dessen Impulsen hingibt, alle Ichbezogenheit allmählich auflöst und Gedanken, Gefühle, Strebungen und Ich-Bewusstsein transfiguriert.

Schicksal des Menschensohns in der irdischen Welt II

***9 43** … Während sich aber alle verwunderten über alles, was er tat, sprach er zu seinen Schülern: **44** Fasst ihr zu Ohren diese Worte, nämlich: Der Sohn des Menschen muss ausgeliefert werden in die Hände der Menschen! **45** Sie aber verstanden dieses Wort nicht, und es war vor ihnen verborgen, damit sie es nicht begriffen; und sie fürchteten sich, ihn über dieses Wort zu fragen.*

Zum zweiten Mal versucht Jesus seinen Schülern das Schicksal des Menschensohns zu erklären. „Fasst ihr zu Ohren diese Worte!“ Die Aufgabe der Schüler in der dritten Phase des spirituellen Weges ist Wachstum des spirituellen Bewusstseins und, vor diesem Hintergrund, intensive Bewusstwerdung der Ichbezogenheit des irdischen Menschen. Es war ihnen zu Beginn dieser Phase ihr wahres Selbst bewusst geworden, das wahre Selbst des Menschen, das ihnen auch in Jesus als dem „Gesalbten“ begegnete. Aus dieser Bewusstwerdung müsste allmählich auch die Einsicht erwachsen, welches Schicksal das wahre Selbst des Menschen in der irdischen Welt erwartet.

Daher schildert Jesus von neuem die Konsequenzen, die sich aus der Bewusstwerdung und dem Wirksamwerden des wahren Selbst in der irdischen Welt ergeben. Da die irdische Welt von völlig anderen Werten bestimmt ist als die geistige Welt, muss sie der geistigen Welt feindlich gesinnt sein. Wenn der Sohn des Menschen aus dem wahren Selbst lebt und anderen dieses Leben zeigt und ermöglicht, muss er daher zwangsläufig in die Hände der irdischen Menschen ausgeliefert werden. Und all seine Schüler, die in seiner Kraft aus dem wahren Selbst zu leben versuchen, werden dieses Schicksal teilen müssen.

Kein Wunder, dass sie dieses Wort nicht verstehen. Sind doch in ihnen die Werte der irdischen Welt: Macht, Ehre und Besitz, noch wirksam, obwohl sie sich bereits auf dem spirituellen Weg befinden. Sie glauben, Auferstehung bedeute eine Verherrlichung ihrer Ichpersönlichkeit. Sie glauben, das Reich Gottes sei eine ideale irdische Gesellschaft mit Jesus als König und ihnen als seinen Helfern. Sie glauben, Jesus werde all seine Feinde niederschmettern. Wie sollte ihnen daher das von Jesus vorausgesagte gerade Gegenteil dieser Vorstellungen keine Angst einjagen!

Und diese Angst blockiert ihr Erkenntnisvermögen. Sie lässt ihre Einsicht in den von Jesus geschilderten Zusammenhang nicht zu. Der Sinn des Wortes Jesu war vor ihnen verborgen. Sie fürchten sich erst recht, diesem Zusammenhang zwischen Leben aus dem wahren Selbst und Bedrohung des irdischen Ich nachzuforschen und Jesus zu fragen. Die Stelle zeigt klar, in welchem inneren Zwiespalt zwischen geistigen Impulsen und irdischen Strebungen sich die Schüler in dieser Phase ihres Weges befinden. Die Impulse aus dem wahren Selbst regen ihr Denken dazu an, Einsicht in den Zusammenhang zwischen der Art des wahren Selbst und dem Schicksal des wahren Selbst zu gewinnen. Doch wird ihr Denken durch die aus den irdischen Strebungen folgende Angst daran gehindert, sich dieser Einsicht zu öffnen. Es ist so, als wolle die Angst nicht, dass sie begreifen. Daher die Formulierung: „Es war vor ihnen verborgen, damit sie es nicht begriffen.“ Die Angst verbarg die Wahrheit vor ihnen, damit sie sie nicht begriffen.

Solange Jesus noch nicht selbst die Auferstehung des wahren Selbst vorgelebt, die Ichbezogenheit, die stets Illusionen erzeugt, noch nicht in den Kräften des Geistes vollkommen aufgelöst und den Hass der Feinde und die Tötung durch sie noch nicht vollbewusst ertragen hat, sind die Schüler erst recht nicht dazu in der Lage. Darum sind sie von ungeheurer Angst erfüllt, müssen ihre Illusionen, schon als Selbstschutz, aufrechterhalten und können unmöglich verstehen.

Versuchungen der Schüler

Geltungssucht

9 46 *Es stieg aber ein Gedanke in ihnen auf, wer wohl der Größte unter ihnen wäre.*
47 *Da aber Jesus den Gedanken ihres Herzens kannte, nahm er ein Kind, stellte es*
neben sich ***48*** *und sprach zu ihnen: Wer dieses Kind um meines Namens willen aufnimmt, der nimmt den auf, der mich gesandt hat. Denn wer der Kleinste unter euch allen ist, der ist groß.*

Sogleich schildert Lukas auch eine Quelle ihrer Angst: das Geltungsstreben. Es steigt der Gedanke in ihnen auf, wer wohl der Größte unter ihnen sei. Auch dies ist typisch für die dritte Phase des spirituellen Weges. Wenn das wahre Selbst bewusst wird und sich dieses Bewusstsein zu entfalten beginnt, melden sich die Tendenzen des Ich um so stärker. Sie schieben sich betont in den Vordergrund, weil sie sich von den Kräften des Geistes bedroht fühlen. Vorher lebte der Mensch selbstverständlich und gewohnheitsmäßig in diesen Tendenzen. Er hatte nicht den inneren Abstand zu ihnen, um sie zu bemerken. Jetzt aber wird ihm die Ordnung des Geistes bewusst, er gewinnt eine neue Bewusstseinsgrundlage. Im Kontrast dazu erscheinen die Kräfte des irdischen Menschen, treten vor sein Bewusstsein und können in ihrer Art erkannt werden. Genau dasselbe hatte Jesus zu Beginn der dritten Phase seines Weges in Gestalt der Versuchungen in der Wüste erlebt.

Jesus, die in den Schülern aus dem wahren Selbst aufsteigende Erkenntnis, erklärt ihnen angesichts der gesteigerten Wirksamkeit des Geltungstriebes, was in der geistigen Welt an die Stelle des Geltungstriebes tritt: das reine Sein des geistigen Menschen, der in der Einheit mit der Welt des Geistes lebt. Er ist voraussetzungslos aus sich selbst, bedarf daher keiner Anerkennung von außen und verschenkt seine Kraft an alle anderen.

Das Gegenteil des Geltungstriebes in der irdischen Welt sind Bescheidenheit und Demut, ebenfalls irdische Eigenschaften – und schöne Eigenschaften, wenn sie echt und nicht nur verkapptes Geltungsstreben sind. Aber in der geistigen Welt bedeutet die Abwesenheit des Geltungstriebes weit mehr als nur Bescheidenheit. Da treten neue Kräfte und Werte an die Stelle der alten. Das wahre Selbst ist reine Funktion: Abwesenheit alles An-sich-Denkens und sich in den Vordergrund-Stellens. Das ist vollkommene Sachlichkeit, die nur tut, was der Augenblick erfordert und keine ichbezogenen Ansprüche und Erwartungen an die Umwelt stellt. In Bezug auf die irdischen Werte der Ehre und des Ruhms ist das wirklich das Kleinste: nicht der geringste Geltungsanspruch. In Bezug auf die Werte in der Welt des Geistes ist es aber das Größte: Einheit mit der Ordnung des Geistes. Es ist wirkliche Stärke, Unabhängigkeit von allen Bedürfnissen nach Anerkennung, Ruhen im Strom der geistigen Kräfte, Mitbewegen in diesem Strom.

Diesen Zustand illustriert Jesus durch ein „Kind". Das Kind besitzt noch der geistigen Welt analoge Eigenschaften. Im Vergleich zum Erwachsenen ist es unbefangen und nicht berechnend, spontan und absichtslos. Es lebt in der Gegenwart und handelt nach dem ersten Eindruck. Der Erwachsene dagegen urteilt nach den Erfahrungen der Vergangenheit, die ihm verfestigte Maßstäbe liefern, und denkt daran, wie er die Gegenwart der Zukunft dienstbar machen könnte. Das Kind zeigt sich, wie es ist, der Erwachsene verstellt sich gerne. Er manipuliert berechnend Dinge und Menschen. So kann das „Kind" zum Gleichnis für den geistigen Menschen werden, der spontan aus dem wahren Selbst lebt. Es ist im Vergleich zum Erwachsenen klein an Ehrgeiz und Berechnung.

Wenn Jesus sagt: „Wer dieses Kind um meines Namens willen aufnimmt", so heißt das nicht, dass er Menschen auffordert, Kinder um seinetwillen zu adoptieren. Es ist wieder als Gleichnis zu verstehen und heißt: Macht euch das Wesen des Kindes, so weit es die Eigenschaften des wahren Selbst versinnbildlicht – also um meines Namens willen, um des wahren Selbst willen – zu eigen. Nehmt dieses Wesen ganz in euch auf. Wenn ihr das tut, nehmt ihr mich, das Vorbild des wahren Selbst, in euch auf. Und damit nehmt ihr „den auf, der mich gesandt hat": den „Vater", den Geist.

Kollektive Geltungssucht

9 49 *Johannes aber begann und sprach: Meister, wir sahen einen, der in deinem Namen Dämonen austrieb, und wir wehrten es ihm; denn er hält sich nicht zu uns.*
50 *Jesus aber sprach zu ihm: Wehrt es nicht! denn wer nicht wider euch ist, der ist für euch.*

Der Geltungstrieb kann sich individuell, aber auch kollektiv äußern. Der kollektive Geltungstrieb fordert, die eigene spirituelle Gemeinschaft solle die bedeutendste und alleinseligmachende sein.

Die spirituelle Gemeinschaft der Schüler Jesu wirkt aus der Kraft der geistigen Welt. Im „Namen Jesu" haben die Schüler „Dämonen" ausgetrieben und anderen Menschen zu innerer Freiheit verholfen. Im „Namen Jesu" heißt, in der Ordnung und Kraft der geistigen Welt, des wahren Selbst, für das Jesus steht. Auch andere spirituelle Gemeinschaften und Einzelne wirken in diesem Sinn im „Namen Jesu" und treiben auf dieser Grundlage „Dämonen" aus. So war es zur Zeit Jesu, so ist es zu allen Zeiten.

Wenn sie im Namen des wahren Selbst, im „Namen Jesu", wirken, brauchen sie äußerlich den Namen Jesu oder des Christentums gar nicht auf ihre Fahnen zu schreiben. Wesentlich ist, dass sie aus den Kräften des Geistes arbeiten, gleichgültig, unter welchem äußeren religiösen oder philosophischen Etikett sie auftreten.

Müssen diese Gemeinschaften äußerlich alle zusammengehen? Jesus verneint es. Warum soll es auf der Welt nicht mehrere spirituelle Gemeinschaften mit unterschiedlicher Organisation und Bezeichnung geben, solange sie nur auf derselben spirituellen Grundlage und mit dem selben spirituellen Ziel – im „Namen des wahren Selbst“ – arbeiten? Solange sie aus und in der Kraft und Ordnung des Geistes wirken und nicht gegen sie, arbeiten sie für das Reich Gottes.

Es wäre unvernünftig, zu verlangen, es solle nur eine einzige spirituelle Gemeinschaft auf der Welt geben, oder zu behaupten, diese oder jene sei die einzig legitime. Der Geltungstrieb mit seinem Abgrenzungs- und Konkurrenzdenken ist bei der spirituellen Arbeit für die Menschheit fehl am Platz. Die Vielfalt der Gemeinschaften, ihrer Arbeitsmethoden, Organisationsformen und kulturellen Voraussetzungen, hat ihre Berechtigung. Entscheidend ist nur, ob eine Gemeinschaft wirklich im „Namen Jesu“, nämlich in unmittelbarer oder mittelbarer Verbindung mit der geistigen Welt, arbeitet.

Es ist kein Zufall, dass gerade der Schüler Johannes diese Frage aufwirft. Denn er stellt den Empfindungsaspekt des Bewusstseins dar. Und die Wurzel des Geltungsstrebens liegt in der Empfindung, im Gefühl, etwas darstellen zu müssen, weniger im Verstand und im Willen.

Machttrieb

9 51 *Es begab sich aber, als sich die Tage vollendeten, dass er in den Himmel emporgehoben werden sollte, da richtete er sein Angesicht nach Jerusalem, um dorthin zu*
reisen. ***52*** *Und er sandte Boten vor sich her. Und sie gingen hin und kamen in ein*
Dorf der Samariter, um ihm Herberge zu bereiten. ***53*** *Und sie nahmen ihn nicht auf,*
weil sein Angesicht nach Jerusalem gerichtet war. ***54*** *Als das die Schüler Jakobus*
und Johannes sahen, sagten sie: Herr, willst du, dass wir Feuer vom Himmel fallen
und sie verzehren heißen? ***55*** *Er aber wandte sich und bedrohte sie.* ***56*** *Und sie be-*
gaben sich in ein anderes Dorf.

Der Geltungstrieb kann sich zum Fanatismus steigern, zum Größenwahn, der nichts mehr neben sich gelten lässt und sich als Maß aller Dinge aufspielt. Verbindet er sich noch mit dem Machttrieb, der Sucht, als Richter und Henker anderer Menschen aufzutreten, kann es zu vernichtenden Wirkungen kommen. Dass auch diese Möglichkeiten im spirituellen Schüler stecken, zeigt die Erzählung, in der Johannes und Jakobus in kollektivem Machtwahn Andersdenkende vernichten wollen. In Johannes hat sich der Geltungstrieb in Gestalt des Größenwahns in den Vordergrund gedrängt, und in Jakobus, welcher den Verstandesaspekt der Schüler repräsentiert, der vom dogmatischen Verstand gesteuerte Machtwahn.

Der prinzipielle Gegensatz zwischen „Rechtgläubigen“ und Andersdenkenden wird in dieser Erzählung durch den konkreten Gegensatz zwischen Juden und Samaritern dargestellt. Die rechtgläubigen Juden pflegten Gott in Jerusalem anzubeten. Die Samariter, die zwar aus der jüdischen Tradition lebten, aber auch „heidnische“ Vorstellungen übernommen hatten, beteten Gott auf ihren „Bergen“ an und hatten ein eigenes Heiligtum auf einem Berg. Jesus, der sein „Angesicht nach Jerusalem gerichtet" hatte, lehnen sie nun als Juden ab und nehmen ihn nicht in ihrer Gemeinschaft auf. Auf diese Ablehnung reagieren Johannes und Jakobus mit Vernichtungsabsichten.

Was steckt hinter einer so heftigen Reaktion? Was steckt hinter dem kollektiven Größen- und Machtwahn, die eigene spirituelle Gemeinschaft sei die einzig gültige und habe das Recht, ja die Pflicht, andere, vom „rechten Glauben" abweichende Gemeinschaften zu vernichten?

Die Schüler fühlen sich selbst in Frage gestellt. Der Andersdenkende ist eine Gefahr für ihre eigene „Glaubensgrundlage", für die Kraft und die Ordnung, die sie bisher auf dem spirituellen Weg aufgebaut zu haben meinen. Wie schwach muss aber eine solche Glaubensgrundlage sein, dass sie sich von anderen Überzeugungen gefährdet sieht und sich so fanatisch verteidigen muss! Was für ein Lebenshalt ist das, der andere Überzeugungen und daraus entspringende Ablehnung nicht erträgt! Ein Mensch mit fanatischem Geltungs- und Machtstreben weiß insgeheim, dass er ein Nichts ist, dass in ihm das Nichts ist. Nur deshalb muss er sich Anerkennung von anderen oder Überlegenheit über andere um jeden Preis sichern, nur deshalb muss er sich ein Dogma anschaffen, an dem er sich in seiner Schwäche festhalten kann. Sein Ich bläht sich zu solchen Dimensionen auf, um das Gefühl des Nichts zu kompensieren. Und wenn scheinbarer Halt und scheinbare Wahrheit in Frage gestellt werden, droht die Wahrheit des Nichts aufzutauchen. Das ruft Todesangst hervor. Diese Wahrheit darf daher auf keinen Fall ans Licht kommen. Daher muss der Andersdenkende bekämpft, am besten ausgelöscht werden. Damit wäre die Gefahr der Infragestellung beseitigt.

Entfaltet sich aber das wahre Selbst, so tritt Wirklichkeit an die Stelle des Nichts, der Angst und der Ich-Aufblähung. Spirituelle Kraft, die in die Tiefen der Unendlichkeit Gottes hinabreicht und von dort unaufhörlich heraufsprudelt, tritt an die Stelle der Minderwertigkeitsgefühle, die vom Geltungsstreben unaufhörlich kompensiert werden müssen. Die unerschütterliche spirituelle Quelle, die allem Dasein und aller Entwicklung zu Grunde liegt, tritt an die Stelle der Ohnmacht, die vom Machtstreben ständig kompensiert werden muss.

Deshalb weist Jesus seine Schüler nachdrücklich in ihre Schranken: „Er bedrohte sie." Er macht ihnen klar, dass sie als spirituelle Schüler Kinder des Geistes Gottes und nicht mehr ihren irdischen Trieben unterworfen sind. Das Ausleben dieser irdischen Triebe ist keinem Menschen erlaubt, vor allem nicht Schülern auf dem spirituellen Weg. Die spirituelle Wirklichkeit muss sich der Schüler nicht wie ein „Rechtgläubiger" unaufhörlich einreden. Sie ist einfach da, bloßes Sein. Sie kann nicht herausgefordert und in Frage gestellt werden, denn sie liegt in einer anderen Dimension als die Dogmen und Glaubensüberzeugungen, die dem Ich Halt bieten sollen. Sie ist Ruhe und Kraft. Darum kann unmöglich Vergeltung von ihr ausgehen. Im Gegenteil: Das wahre Selbst erkennt die Gefährdung des anderen Menschen, der Halt im Dogma sucht. Es erkennt die Angst im anderen vor dem Nichts und das daraus entspringende Geltungs- und Machtstreben. Und es strömt zu dem anderen hinüber, um auch in ihm das wahre Selbst zu erwecken, die wahre Identität. In anderen Text-Überlieferungen fügt daher Jesus seiner „Bedrohung" der Schüler noch hinzu:

„Ihr wisst nicht, was Geistes Kind ihr seid. Denn der Sohn des Menschen ist nicht gekommen, Menschenleben zu verderben, sondern zu retten." Das wahre Selbst, der Menschensohn, rettet Menschenleben. Es erweckt in anderen Menschen das wahre Leben, das wahre Selbst, und befreit sie von den Krücken ihrer dogmatischen Überzeugungen.

Die Verfolgung und Vernichtung Andersdenkender ist nicht im Sinn der Bestimmung des Menschen. Jesus, das wahre Selbst, verbietet eine solche Verfolgung, mag sie auch formell in seinem Namen geschehen. Jede Vernichtung von „Ketzern" oder Andersgläubigen entspringt dem Geltungs- und Machtstreben und der Angst um den eigenen Glaubenshalt oder Besitzstand. Wer sich davon hinreißen lässt, beweist, dass er nicht aus dem wahren Selbst, nicht im Namen Jesu handelt.

Das „Feuer vom Himmel regnen lassen" ist eine Anspielung auf eine Erzählung im Alten Testament, wo der Prophet Elia auf samarische Hauptleute und ihre Truppen Feuer vom Himmel fallen und sie verzehren lässt. Die Schüler Jesu beziehen sich auf diese Erzählung und legitimieren damit ihre Absicht. Genau so haben in der Menschheitsgeschichte stets Eiferer ihre Vernichtungszüge aus den heiligen Schriften zu legitimieren versucht. Aber die Schüler Jesu und vergleichbare religiöse Eiferer überschätzen sich. Sie sind keine Propheten wie Elia. Und sie interpretieren die heiligen Schriften nach ihrer eigenen Mentalität, nicht nach dem eigentlichen Gehalt der Schriften. Sie verstehen zum Beispiel die Angabe nicht, dass der Prophet Elia in der Erzählung des Alten Testaments „oben auf dem Berg" saß (2. Kön. 1,9). Elia handelt aus der geistigen Welt heraus – das besagt die Anspielung auf den „Berg" –, seine Aktivitäten sind geistiger Art, und wenn dort die Hauptleute mit ihren Truppen durch „Feuer" vernichtet werden, so sind darunter keine konkreten Menschen zu verstehen, sondern „samarische" Seelenkräfte in jedem Menschen. Das „Feuer" des Geistes, von Elia aufgerufen, vernichtet die „heidnischen", irdischen Strebungen im Menschen, zum Beispiel Geltungs- und Machttrieb. Das ist die Aufgabe: In sich selbst das „heidnische", irdische, dogmatische Denken vom wahren Selbst, dem Geist, vernichten zu lassen, nicht Andersdenkende umzubringen.

Die „Wanderung nach Jerusalem": erster Tag

Ab Kapitel 9, Vers 51 wird von Lukas in die ursprüngliche Markus-Vorlage ein neuer Text eingeschoben, der die Ereignisse in der dritten und vierten Phase des spirituellen Weges der Schüler näher erläutert und dabei weiter ausholt, als es Markus getan hatte. Dieser Einschub knüpft an Kap. 9, Vers 21 an, wo Jesus von seinem Schicksal spricht, das ihm die Hohenpriester und Schriftgelehrten bereiten würden, und seine Auferstehung voraussagt, sowie an Kap. 9, Vers 31, wo vom „Lebensausgang" Jesu die Rede ist, den er in „Jerusalem" vollenden sollte.

Der Abschnitt endet Kap. 19, Vers 44, bildet aber in der Komposition des Lukas-Evangeliums keine in sich geschlossene Einheit, sondern wird immer wieder durch

Teile der ursprünglichen Markus-Vorlage unterbrochen. Er besteht aus zahlreichen Gleichnissen und Reden Jesu, seltener aus Berichten über Taten Jesu, und entspricht Erfahrungen, die ein Schüler in der dritten und vierten Phase seines spirituellen Weges macht.

Der Einschub beginnt mit Jesu Wanderung nach „Jerusalem", an deren Ende er in den „Himmel emporgehoben werden sollte" (9,51), was die Vollendung seiner Tage bedeutet. Er vollendet seine Aufgabe des Aufbaus einer unsterblichen Geistpersönlichkeit, die sich bei der Auferstehung und der Auffahrt in den „Himmel" manifestiert. Wenn Jesus „sein Angesicht nach Jerusalem" richtet, so heißt das nicht primär, dass er äußerlich in die geografisch lokalisierbare Stadt Jerusalem reisen will. „Jerusalem" ist nämlich ein Symbol, und zwar mit zwei Bedeutungen.

Erstens Symbol für den Tempel Gottes. Er ist die Repräsentanz des Reiches Gottes in der irdischen Welt. Jesus richtet sich auf das Reich Gottes und die spirituelle Wanderung dorthin, mit dem Ziel, schließlich bewusst darin einzugehen und „aufzuerstehen". Diese innere Ausrichtung ist ja der Grund, weshalb die „Samariter", die in „heidnischen Gebräuchen" befangen sind, Jesus nicht aufnehmen. Zweitens ist „Jerusalem" auch Symbol für die Degeneration des Tempels Gottes. Es ist der Ort der Dogmatiker und Gesetzeslehrer, die durch ihre Dogmatik und Selbstgerechtigkeit den lebendigen Geist erstickt haben und die Religion, die ein Weg zur Erfahrung des Geistes sein sollte, zum Instrument ihrer Interessen herabgewürdigt haben. In diesem Bewusstsein und Sein befangen, können sie den in Jesus wirkenden lebendigen Geist unmöglich akzeptieren. Sie müssen ihn als Gefahr für sich und ihre Position empfinden. Darum töten sie Jesus in „Jerusalem". Wenn Jesus „sein Angesicht nach Jerusalem" richtet, so bedeutet das auch, dass er sich innerlich auf die Hinrichtung in Jerusalem einstellt.

Die Wanderung nach „Jerusalem" in seinen zwei Bedeutungen ist der spirituelle Weg, insbesondere die dritte und vierte Phase: die Ausrichtung auf das Reich Gottes einerseits, das tägliche Kreuz der Verfolgung und Ablehnung andererseits. Wer den spirituellen Weg geht, folgt Jesus nach, der diesen Weg als „Gesalbter" für alle Menschen bahnt.

Der erste „Tag", der erste Abschnitt der „Wanderung nach Jerusalem", bringt vor allem Lehren Jesu und Ereignisse, die sich auf die Lösung eines Schülers auf dem spirituellen Weg von Bindungen an die irdische Welt beziehen.

9 57 *Und als sie wanderten, sagte einer auf dem Weg zu ihm: Ich will dir nachfolgen, wohin du auch gehst.* ***58*** *Und Jesus sprach zu ihm: Die Füchse haben Gruben und die Vögel Nester; der Sohn des Menschen dagegen hat nicht, wo er sein Haupt hinlegen kann.* ***59*** *Er sprach aber zu einem andern: Folge mir nach! Der antwortete: Erlaube mir, zuvor hinzugehen und meinen Vater zu begraben.* ***60*** *Da sprach er zu ihm: Lass die Toten ihre Toten begraben; du aber geh hin und verkündige das Reich Gottes!* ***61*** *Es sagte aber auch ein andrer: Ich will dir nachfolgen, Herr; zuvor jedoch erlaube mir, von denen, die in meinem Haus sind, Abschied zu nehmen.* ***62*** *Da sprach Jesus zu ihm: Niemand, der seine Hand an den Pflug legt und zurückblickt, ist tauglich für das Reich Gottes.*

Wer sich unmittelbar auf das Reich Gottes, auf „Jerusalem", ausrichtet, findet keinen Halt und keine Geborgenheit in irdischen Verhältnissen mehr. Darüber muss sich jeder, der diesen Weg einschlägt, sei es Jesus selbst als Muster des wahren Selbst, sei es ein spiritueller Schüler in seiner Nachfolge, im Klaren sein. Der Schüler erfährt diese Heimatlosigkeit allein schon deshalb, weil er, sobald sich die Ewigkeit in ihm abzuzeichnen beginnt, im Vergleich dazu die Unzuverlässigkeit und Brüchigkeit aller irdischen Beziehungen erkennt. Er erfährt sie erst recht deshalb, weil die irdischen Werte im Gegensatz zu denen der geistigen Welt stehen und die Vertreter der irdischen Werte den auf das Reich Gottes orientierten Menschen hassen und verfolgen.

Wer den Werten der irdischen Welt dient, seien es die „bösen" des „Willens zur Macht", seien es die „guten" der moralischen Vervollkommnung, ist in der irdischen Welt und ihren Wertsystemen zu Hause. Er hat entweder in der diesseitigen Sphäre der Erde seine Heimat, wie die Füchse ihre Gruben, oder in der jenseitigen Sphäre, wie die Vögel ihre Nester. Aber das wahre Selbst, der Schüler auf dem spirituellen Weg, hat wie Jesus im irdischen Bereich keine Verankerung, weder im Diesseits noch im Jenseits. Mit dieser Heimatlosigkeit in den Wertsystemen der irdischen Welt muss der Schüler auf dem spirituellen Weg rechnen. Er muss bewusst seine Heimat in den spirituellen Grundlagen suchen, die in ihm wachsen. Tut er das nicht, wird ihn das Bedürfnis nach Geborgenheit wieder in die irdische Welt zurückziehen.

Wer das Reich Gottes betreten will, darf sich, so fährt Jesus fort, außerdem von den Pflichten der irdischen Welt, und seien es die heiligsten, nicht mehr vereinnahmen lassen. Wenn der Schüler den Ruf des wahren Selbst hört, muss er ihm sofort und entschieden folgen – sonst bleibt der Ruf folgenlos. Und wenn er ihm gefolgt ist, muss er zusehen, dass irdische Zwänge und Pflichten nicht wieder Macht über ihn erhalten.

Diese Notwendigkeit auf dem spirituellen Weg drückt Lukas wieder durch Gleichnisse aus, die gerade durch ihre Paradoxie wirken. Im ersten Gleichnis sagt Jesus zum Schüler: Wenn du ins Reich des Geistes gelangen willst, so verhalte dich wie ein Reisender, der sich so nach seinem Ziel sehnt, dass er vor der Abreise nicht einmal mehr seinen Vater begräbt. Wer in der irdischen Welt so handelt, der würde gegen die Pietät verstoßen. Die übergroße Sehnsucht nach dem Reiseziel würde diesen Verstoß nicht rechtfertigen. Aber, und darin liegt das Paradoxe, in der geistigen Welt muss man sich so radikal verhalten. Da muss der Ruf aus der geistigen Welt so dringend sein, dass man sich innerlich von allen Verstrickungen und aller Anhänglichkeit an die irdische Welt löst – und zwar sofort. Da muss man sich vom geistig Toten lösen. Von der geistigen Welt aus gesehen sind das Heiligste der irdischen Welt und die reinste irdische Liebe geistig tot. Der Schüler aber ist geistig lebendig geworden. Jesus sagt zu ihm: Für die geistig Toten ist die Beschäftigung mit geistig Totem das Höchste. Lass sie. Beschäftige du dich mit geistig Lebendigem. Denn du gehörst zu den geistig Lebendigen.

Im zweiten Gleichnis sagt Jesus zum Schüler: Wenn du ins Reich des Geistes gelangen willst, so verhalte dich wie ein Reisender, der sich so nach dem Ziel sehnt, dass er sich beim Aufbruch nicht einmal mehr von seiner Familie verabschiedet. In der irdischen Welt würde so ein Verhalten jeder guten Sitte Hohn sprechen. In der geistigen Welt aber muss man so handeln. Wer dort „die Hand an den Pflug legt", darf sich von seinen zwischenmenschlichen Beziehungen nicht wieder absorbieren lassen! Er darf sein von den Kräften des Reiches Gottes erfülltes Bewusstsein und Sein nicht wieder von den alten Beziehungen vereinnahmen lassen. Jesus sagt zum Schüler: Achte darauf, dass du deine Verbindung zur geistigen Welt primär stellst und nicht durch Rücksichten auf zwischenmenschliche Beziehungen wieder zerstören lässt. Selbstverständlich wirst du auf dem spirituellen Weg solche Rücksichten nehmen. Aber sie werden dich nicht fesseln und deine spirituelle Ausrichtung unmöglich machen.

Würde ein Schüler die beiden Szenen wörtlich nehmen und radikal jede Erfüllung irdischer Pflichten und Rücksicht auf zwischenmenschliche Beziehungen abschneiden, so wäre das spiritueller Egoismus. Er würde egoistisch sein spirituelles Ziel an erste Stelle setzen und seine irdischen Aufgaben ablehnen, sobald sie seinem Ziel hinderlich zu sein scheinen. Das wäre Hartherzigkeit und gewiss der spirituellen Entwicklung nicht förderlich. Der Schüler würde in seinem spirituellen Egoismus die Aussprüche Jesu als Forderungen und Regeln, die ihn auf seinem Weg weiterbringen sollen, missverstehen. Der spirituelle Weg ist aber kein Ziel, das sich das Ich des Schülers steckt. Es ist eine aus dem wahren Selbst aufsteigende neue Wirklichkeit, die konträr zu jedem Egoismus steht. Es sind Erfahrungen einer neuen Einheit, Freiheit und Liebe, die allen Egoismus auflösen. Diese neue Wirklichkeit ruft den Schüler. Und dabei gilt: Schiebe das Leben aus der neuen Wirklichkeit nicht auf. Und wenn du aus ihr lebst, lebe konsequent aus ihr und lass dich nicht wieder in die alten Lebensmuster und -werte hineinziehen. Handelst du so, werden Einheit, Liebe und Freiheit auch dein irdisches Leben durchdringen und kannst du deine Pflichten und zwischenmenschlichen Beziehungen unter neuem Vorzeichen leben.

Aussendung der Schüler

Gesteigerte Wirksamkeit der Schüler

10 ***1*** *Danach aber bestimmte der Herr siebzig andre und sandte sie zu zweien vor*
sich her in alle Städte und Orte, wohin er selbst kommen wollte. ***2*** *Und er sprach zu*
ihnen: Die Ernte ist groß, aber der Arbeiter sind wenige. Bittet daher den Herrn der
Ernte, dass er Arbeiter in seine Ernte sende! ***3*** *Geht hin! Siehe, ich sende euch wie*
Lämmer mitten unter die Wölfe. ***4*** *Tragt keinen Beutel, keine Tasche, keine Schuhe,*
und auf dem Weg grüßt niemand! ***5*** *Wo ihr aber in ein Haus eintretet, da sprecht zu-*
erst: Friede diesem Haus! ***6*** *Und wenn dort ein Sohn des Friedens ist, wird euer*
Friedensgruß auf ihm ruhen; wenn aber nicht, wird er zu euch zurückkehren. ***7*** *In*
eben diesem Haus aber bleibt und esst und trinkt, was ihr von ihnen bekommt; denn
der Arbeiter ist seines Lohnes wert. Geht nicht aus einem Haus weg in das andre! ***8***
Und wo ihr in eine Stadt kommt und sie euch aufnehmen, da esst, was euch vorge-
setzt wird, ***9*** *und heilt die Kranken, die darin sind, und sagt ihnen: Das Reich Gottes*
ist zu euch genaht! ***10*** *Wo ihr aber in eine Stadt kommt und sie euch nicht aufnehmen,*

da geht auf ihre Straßen hinaus und sprecht: ***11*** *Auch den Staub, der sich von eurer Stadt uns an die Füße gesetzt hat, wischen wir [zum Zeichen] wider euch ab; doch das sollt ihr wissen, dass das Reich Gottes genaht ist.* ***12*** *Ich sage euch: Es wird Sodom an jenem Tag erträglicher ergehn als dieser Stadt.*

13 *Wehe dir, Chorazin! Wehe dir, Bethsaida! Denn wenn in Tyrus und Sidon die machtvollen Taten geschehen wären, die bei euch geschehen sind, so hätten sie längst in Sack und Asche sitzend Buße getan.* ***14*** *Ja, Tyrus und Sidon wird es im Gericht erträglicher ergehen als euch.* ***15*** *Und du, Kapernaum, wirst du „bis zum Himmel erhoben werden? Bis zum Totenreich wirst du hinuntergestoßen werden“.* ***16*** *Wer euch hört, der hört mich, und wer euch verwirft, der verwirft mich: Wer aber mich verwirft, der verwirft den, der mich gesandt hat.*

70 Schüler werden von Jesus ausgesandt, um anderen Menschen von der Nähe des Reiches Gottes zu berichten und die „Ernte“ einzuholen. Im Vergleich zu der Kap. 9, 1–10 erzählten Aussendung von 12 Schülern liegt hier eine Steigerung und Wirksamkeit auf einer höheren Ebene vor. Damals ging es um die Umsetzung der geistigen Kräfte, an deren Ende die Bewusstwerdung des wahren Selbst stand. Jetzt aber ist in den Schülern ein spirituelles Bewusstsein entstanden, wodurch sie über ganz andere Kräfte verfügen. Dem entspricht die Zahl 70. Es ist die Zahl umfassender, sich auf alle Gliederungen des irdischen Lebens erstreckender Wirksamkeit. (Andere Handschriften des Lukasevangeliums haben hier die Zahl 72, was noch deutlicher auf diesen Sachverhalt hinweist. Denn im traditionellen Judentum bezeichnete die 72 alle möglichen Teile einer gegliederten Gesamtheit. Zum Beispiel bestand die ganze Menschheit aus „72“ Völkern, und es gab insgesamt „72“ Sprachen.)

Die Aussendung der 70 ist dem Alten Testament nachgebildet, wo 70 Älteste mit Mose auf den „Berg“ steigen, um dort Gott aus der Ferne zu schauen (2. Mose 24,1).

Die Aufgabe der Schüler des Geistes in der Welt ist, die „Ernte“ einzuholen. Was ist diese „Ernte“? Es ist die Verbindung aller für die geistige Welt empfänglichen und reifen Menschen mit der geistigen Welt. Unzählige Menschen besitzen zu allen Zeiten und an allen Orten die Möglichkeit für einen spirituellen Weg, der sie unmittelbar mit der geistigen Welt verbindet. Aber den meisten ist diese Möglichkeit nicht bewusst, und sie wird durch die soziale Umwelt nicht gefördert und bestärkt. Treffen sie jedoch auf Menschen, die diese Möglichkeit bewusst verwirklichen, so kann sie ihnen ebenfalls bewusst werden. Sie können, bestärkt durch solche Vorbilder, bewusst innerlich an sich arbeiten und selbst den spirituellen Weg gehen, der sie mit dem Reich Gottes verbindet. Je mehr „Arbeiter“, Schüler auf dem spirituellen Weg, sich in der Welt befinden, desto mehr Menschen mit Empfänglichkeit für diesen Weg können „angesprochen“ und mit dem geistigen Potenzial im eigenen Wesen konfrontiert werden.

Die „Ernte“ einer Zeitperiode hängt daher auch von der Anzahl Schüler ab, die ihre Verantwortung für andere Menschen erkennen. Deshalb sollen die Schüler Jesu den „Herrn der Ernte“, den Geist selbst, der sowohl die Empfänglichkeit für den Geist verursacht, als auch die Verbindung zwischen Empfängern und Gebern herstellt, bitten, möglichst viele solcher Geber zu erwecken.

Wenn Jesus seine Schüler aussendet, so bedeutet das nicht unbedingt, dass sie sich wirklich auf Reisen begeben. Es ist vor allem gemeint, dass sie auf ihrer „Lebensreise" die spirituellen Kräfte, die sie empfangen haben, weitergeben. Die Bedingungen, unter denen die Schüler diese Aufgabe erfüllen müssen, sind hart. Denn sie arbeiten in der irdischen Welt, deren Werte denen der geistigen feindlich sind, so dass mit Verfolgung und Hass gerechnet werden muss. Nicht nur ziehen die arbeitenden Schüler selbst wegen ihres Bewusstseins und Seins Hass und Verfolgung auf sich, sondern die Vertreter der irdischen Werte befürchten, dass für den Geist Empfängliche ihrem Einflussbereich entzogen werden. Sie versuchen alles, dieses Einbringen der „Ernte" des Geistes zu verhindern. Sie verhalten sich wie „Wölfe" gegenüber den „Lämmern". Ihr „Wille zur Macht" wütet gegen die Schüler, die allein aus der Liebe und Freiheit des Geistes zu leben und zu handeln bestrebt sind.

Die Regeln der spirituellen Erntearbeit der 70 entsprechen denen bei der Aussendung der 12. Sie werden zunächst durch drei paradoxe Gleichnisse versinnbildlicht. Auf einer gewöhnlichen Reise ist die Mitnahme von Vorräten in Taschen und Beuteln sehr angebracht. Bei der spirituellen Arbeit jedoch ist Vorratsdenken hinderlich. Im Gedächtnis esoterisches Wissen anzuhäufen, um aus diesem Reservoir zu schöpfen, würde das freie Strömen der spirituellen Kräfte nur stören. Trotzdem muss der Schüler, der anderen von der geistigen Welt berichtet, natürlich über spirituelles Wissen verfügen. Gemeint ist nur, dass er sich nicht auf sein Gedächtnis verlässt, sondern spontan aus eigenem spirituellen Erleben spricht.

Auf einer gewöhnlichen Reise sind außerdem Schuhe notwendig, Schutz und Fassung für die Füße, die sonst schnell beschädigt würden. Auf einer spirituellen Reise aber ist es hinderlich, sich auf eine äußere Fassung, etwa organisatorische Vorkehrungen, zu verlassen. Da ergibt sich die Fassung von innen her. Das innere Gesetz des wahren Selbst bestimmt den Verlauf der äußeren Arbeit. Das schließt nicht aus, dass der Arbeiter seine Arbeit in geeigneter Weise plant und organisiert. Wichtig ist nur, dass ihm die spirituelle Arbeit nicht bloßes Programm ist, sondern mit Selbstverständlichkeit aus seinem Innersten, aus dem wahren Selbst, hervorgeht.

Nicht einmal „grüßen" soll der Schüler unterwegs bei seiner spirituellen Arbeit. Auf einer gewöhnlichen Wanderung grüßt man natürlich Bekannte, die einem begegnen und unterhält sich vielleicht ein Weilchen mit ihnen. Bei der spirituellen Arbeit aber schaut man nicht rechts noch links, ist unbeirrt seinem Ziel zugewandt und lässt sich durch persönliche Beziehungen nicht ablenken. Eine solche innere Einstellung ist Voraussetzung für den Erfolg spiritueller Arbeit. Sie ist möglich, auch wenn der Schüler alles zur Kenntnis nimmt, was ihm unterwegs begegnet, und seine Bekannten grüßt.

Trifft ein Erntearbeiter auf einen Menschen, der für den Geist empfänglich ist, und ergibt sich ein engerer Kontakt zu ihm – der Schüler „tritt in ein Haus ein" –, so wird der Schüler durch Wort und Verhalten von der Kraft der geistigen Welt, die sich in ihm entfaltet, berichten. Er sagt: „Friede diesem Haus!" Er überträgt dem andern – vielleicht ohne wirklich zu sprechen, nur durch sein Wesen – die spirituelle Kraft des Friedens, der die Einheit mit dem Geist ist. Ist im Gegenüber die Möglichkeit, den Frieden des Geistes zu empfangen, vorhanden, so wird sie durch den Friedensgruß gefördert und verstärkt werden. Ist sie nicht vorhanden oder ist die Ablehnung stärker, so wird die Kraft des Friedens keine Wirkung tun können. Der Schüler wird dann ruhig zulassen, dass der Kontakt durch den anderen abgebrochen wird, doch selbst in der Kraft des Friedens verharren.

So ist völlige Freiheit gewahrt. Der Schüler bleibt bei sich und ruht in sich. Er eifert nicht, will nicht überzeugen und missionieren. Es hat sich ohne sein Zutun ein Kontakt ergeben. Und auch das Ergebnis des Kontaktes, ob positiv oder negativ, hängt nicht vom Schüler und seinem Missionseifer, sondern nur von den sachlichen Gegebenheiten ab: Empfänglichkeit für den Frieden oder Ablehnung.

Von irgendetwas muss der Schüler, der für die „Ernte“ arbeitet, leben. Es gibt die Möglichkeit, dass er von einem Beruf lebt und seine Tätigkeit im „Erntefeld“ aus seinen beruflichen Einkünften bestreitet. Das ist die beste Lösung, da beide Seiten, der den Frieden Empfangende und der den Frieden Gebende, auf diese Weise unabhängig bleiben. Unter Umständen ist der Schüler aber durch seine Tätigkeit im „Erntefeld“ zeitlich voll beansprucht, so dass er sich den Lebensunterhalt nicht anderweitig verdienen kann. Dann wird ihm sein „Lohn“ in Form von Zuwendungen zuteil, die ihm die den Frieden Empfangenden freiwillig überlassen. Wenn sie wirklich „Söhne des Friedens“ sind, werden sie diese Zuwendungen, dankbar für das Empfangene, gerne leisten und darauf vertrauen, dass die Gebenden nicht mehr annehmen, als sie wirklich brauchen. Und die Gebenden werden tatsächlich, wenn sie ebenfalls Söhne des Friedens sind, nicht mehr annehmen. So wäre auf Grund des gegenseitigen Vertrauens und der inneren Beschaffenheit beider Seiten Unabhängigkeit gewährleistet. Ein Beispiel für eine solche Regelung bietet das Lukas-Evangelium selbst, Kap. 8, 2–3, wo von Jesus geheilte Frauen aus ihrem Vermögen für seinen Unterhalt und den seiner Schüler sorgen.

Freilich besteht die Möglichkeit, dass sich Menschen als Erntearbeiter nur ausgeben. Ohne innerlich dazu legitimiert zu sein, treten sie als „Söhne des Friedens“ auf und machen daraus eine Einnahmequelle. Trotz dieser Möglichkeit besteht aber auch die andere: dass wirklich „Söhne des Friedens“ auf „Söhne des Friedens“ treffen. Und dann ist der „Arbeiter seines Lohnes wert“.

Auch sollen die Schüler nicht „von einem Haus weg in das andere“ gehen. Wenn sich ein Kontakt zwischen „Söhnen des Friedens“ und den Schülern ergeben hat, braucht dieser Kontakt Zeit zur Entwicklung und Reife. Erst wenn eine Aufgabe erfüllt ist, hat es Sinn, zur nächsten überzugehen. Flüchtige Arbeit ist im Bereich des Geistes eine Unmöglichkeit. Deshalb die Warnung Jesu an die Schüler, nicht vorschnell von einem Haus weg in das andere zu gehen.

Wie das Verhältnis zum Einzelnen, zum „Haus“, ist auch das Verhältnis der Schüler zu einem Kollektiv, einer „Stadt“. Ergibt sich ein Kontakt auf der Ebene der Ausrichtung auf das „Reich Gottes“ und werden die Schüler vom Kollektiv „aufgenommen“, dann werden die Empfangenden durch die Kräfte des Geistes, die durch Wort und Verhalten von den „Arbeitern“ ausstrahlen, zum spirituellen Weg gerufen. Sie können durch diese Kräfte „geheilt“ werden und erfahren so, dass das „Reich Gottes genaht“ ist. In Dankbarkeit werden sie den Schülern das für ihren Lebensunterhalt Notwendige zukommen lassen.

Ergibt sich jedoch kein Kontakt, so werden sich die Schüler, ohne sich hartnäckig aufzudrängen, wieder zurückziehen. Aber sie werden dabei vor sich selbst und vor ihren Hörern – „auf ihren Straßen" – deutlich machen, was geschehen ist. In der „Stadt" dieser Menschen hat sich der Bodensatz des Unrechts, der Habgier, der Heuchelei und des Ehrgeizes, der ganze „Staub" des irdischen Lebens, an ihre Füße geheftet. Von all dem befreien sie sich bewusst. Das zeigt den Bewohnern, wie sie selbst innerlich beschaffen sind – es geschieht „zum Zeichen wider euch". Und auch ihnen sagen die Schüler noch einmal, wie den Hörern, die positiv reagiert haben, was die Bestimmung des Menschen wäre: „Das Reich Gottes hat sich genaht." Das ist kein eiferndes Fäusteschütteln aus Rache für einen Misserfolg. Es ist eine sachliche Feststellung, die dem Bewusstwerden der Realitäten dient.

Wer aber *weiß*, was die Bestimmung des Menschen ist, und trotzdem keinen Versuch macht, sie zu erfüllen, wer trotzdem im Bewusstsein und Sein der irdischen Welt verharrt, der wird „an jenem Tag", wenn die Ordnung des Geistes sich in der Menschheit machtvoll manifestiert, durch diese Ordnung schmerzhaft korrigiert werden. Es wird einer solchen Stadt schlechter ergehen als Sodom.

Gericht durch die geistige Welt

Jesus vergleicht eine Stadt des Altertums, Sodom, mit den Städten seiner Gegenwart.

Warum wird es Sodom „an jenem Tag" erträglicher gehen als „dieser Stadt", die die Schüler Jesu abgelehnt hat? Sodom stand noch unter dem Gesetz des Alten Testaments. Es wird an „jenem Tag", wenn alle Rechnungen beglichen werden, nur wegen seiner Übertretungen dieses Gesetzes „bestraft" werden. Die Städte der Gegenwart Jesu aber sind mit der Freiheit des Neuen Testaments konfrontiert worden. Sie *wissen* vom „Reich Gottes" und von der Bestimmung des Menschen. In Jesus und seinen Schülern sind sie unmittelbar dem „Ebenbild Gottes" begegnet. Das ist ein weit höherer Anspruch und Maßstab als der des alttestamentarischen Gesetzes. Sie hätten bei größerer Empfänglichkeit auch weit größere Kräfte empfangen können, um diesem Anspruch zu genügen. Da sie aber nicht reagiert, da sie ihre höchste Bestimmung, als Ebenbild Gottes zu leben, nicht erfüllt haben, wird ihr Sturz umso größer sein.

Jesus vergleicht auch heidnische Städte seiner eigenen Zeit mit jüdischen Städten, in denen er aufgetreten ist. Er ist nach den Worten Simeons „gesetzt zum Fall und zum Aufstehen vieler in Israel" (2,34). In Jesus zeigt sich der wahre Mensch, das Ebenbild Gottes, in voller Deutlichkeit. Von ihm geht der Ruf und Anspruch an alle Menschen aus, ihrerseits dieses Ebenbild Gottes im eigenen Wesen zu entwickeln. Ja nicht nur der Anspruch, sondern auch die Kraft für diese Entwicklung geht von ihm aus. Er und seine Schüler hatten diese Kräfte in Chorazin, Bethsaida, Kapernaum und vielen andern jüdischen Städten freigesetzt. Aber in ihrer Selbstgerechtigkeit haben diese Städte nicht positiv reagiert. Je deutlicher der Anspruch sich zeigte, je größer die Kraft war, die ihnen zur Erfüllung dieses Anspruchs angeboten wurde, desto mehr verfestigten sie sich in ihrer Selbstgerechtigkeit und Einbildung, auserwählt, „bis in den Himmel erhoben" zu sein. (Jesus spielt auf eine Stelle bei Jesaja an (Kap. 14,13–15), wo sich der König von Babel einbildet, „bis in den Himmel erhoben“ zu sein, aber bald darauf ins Totenreich hinabgestürzt wird.) Sie hätten in der Kraft des Geistes zunächst „Buße“ tun und sich von ihrer Selbstgerechtigkeit und Einbildung lösen müssen, um dann das Ebenbild Gottes in sich zu entfalten, „aufzustehen“ und somit ihrer Bestimmung zu genügen. Je größer aber ihre Verfestigung in Selbstgerechtigkeit und Illusion war, desto schmerzhafter wird die Auflösung dieser Verfestigung, der „Fall“, an jenem Tag des Gerichts sein. Kapernaum „wird bis ins Totenreich hinabgestoßen werden“. Wenn der Keim des Ebenbildes Gottes nicht entfaltet wurde, bleiben Bewusstsein und Sein in der Vergänglichkeit des Irdischen haften, im „Totenreich“. Tyrus und Sidon aber, die Heidenstädte, hätten, konfrontiert mit dem Anspruch des Ebenbildes Gottes und den entsprechenden Kräften, „Buße getan“ und hätten sich auf den spirituellen Weg begeben.

An Hand dieser konkreten Beispiele schildert Lukas zeitlose Gesetzmäßigkeiten. Denn seitdem sich der wahre Mensch in Jesus exemplarisch manifestiert hat, wirkt er in der Menschheit, im „kollektiven Unbewussten“ jedes Menschen, als Ruf, Anspruch und Kraft. Jeder Mensch ist prinzipiell aufgefordert, diesen Anspruch zu erfüllen. Immer gibt es auch „Erntearbeiter“ wie damals die Schüler Jesu, die von außen her den im Innern des Menschen gelegenen Keim des wahren Selbst beleben und stärken können. Die Menschen aber reagieren unterschiedlich auf diese Möglichkeit, wie die von Jesus genannten Städte. Scheinbar unempfängliche Menschen, vergleichbar Tyrus und Sidon, reagieren positiv, „tun Buße“ und „stehen auf“. Andere, vergleichbar Bethsaida, Chorazin und Kapernaum, in denen große Empfänglichkeit vorhanden ist und denen auch viele geistige Kräfte angeboten werden, bleiben dennoch ihrer Selbstgerechtigkeit und Illusion verhaftet und erfüllen den Anspruch des Ebenbildes Gottes nicht. Sie „fallen“ zurück in die Dunkelheit eines nur dem Irdischen zugewandten Bewusstsein und Seins.

Ob aber ein Hörer die Schüler Jesu annimmt oder verwirft: Immer nimmt er damit den Geist Gottes selbst an oder verwirft ihn. Denn Jesus und seine Schüler wirken aus dem Geist Gottes. Der Geist Gottes fließt von oben nach unten: aus der Welt des Geistes zum mit dem Geist Gesalbten, und vom Gesalbten zu dessen Schülern. Also ist es der Geist selbst, auf den die Hörer reagieren, sei es positiv empfangend, sei es negativ verwerfend. Indem sie positiv reagieren, erfüllen sie ihre Bestimmung als Menschen. Indem sie negativ reagieren, bleiben sie der irdischen Ordnung verhaftet und werden einst erleben, dass diese Bindung schmerzhaft aufgelöst wird und sie selbst ins Nichts „fallen“, da nichts Ewiges in ihnen bewusst und wirksam geworden ist.

Rückkehr der 70

10 *17 Die Siebzig aber kehrten mit Freuden zurück und sagten: Herr, auch die*
Dämonen sind uns untertan kraft deines Namens. ***18*** *Da sprach er zu ihnen: Ich sah*
den Satan wie einen Blitz vom Himmel fallen. ***19*** *Siehe, ich habe euch die Macht ge-*
geben, auf Schlangen und Skorpione zu treten, und [Macht] über alle Gewalt des
Feindes; und er wird euch keinen Schaden zufügen. ***20*** *Doch nicht darüber freut*
euch, dass die Geister euch untertan sind; freut euch vielmehr, dass eure Namen in
den Himmeln aufgeschrieben sind.

Die 70 kehren zurück und berichten über das Ergebnis ihrer Tätigkeit als Erntearbeiter. Entscheidend ist ihre Erfahrung, dass den geistigen Kräften, die in ihnen wirksam sind, sogar die „Dämonen“ untertan sind. Die geistige Welt, angedeutet durch den „Namen“ Jesu, das Wesen Jesu, liegt allem Dasein zu Grunde und erhält es – auch wenn sich Teile des Daseins gegen den Geist empören. Nichts ist mächtiger als der göttliche Geist. Und da er in den Schülern Jesu in dieser Phase ihrer Entwicklung eine gewisse Stärke erreicht hat, müssen ihm die verselbstständigten fixen Ideen und Leidenschaften, die individuellen oder kollektiven „Dämonen“, weichen und sich ihm fügen. Die unbewussten Energien der Persönlichkeit werden der Ordnung des Geistes dienstbar, während sie sich vorher verselbstständigt und das Ich des Menschen versklavt hatten.

Der „Satan“ ist die Verkörperung der dämonischen Tendenz im Menschen, sich gegen die Ordnung des Geistes zu empören und zu verselbstständigen. Er ist der Herr und die Quintessenz aller „Dämonen“. Wie eine Faust im Genick kann er einzelne, aber auch ganze Gruppen und Völker, ja die Menschheit, im zwingenden Griff der Wahnvorstellung halten, selbst alles zu vermögen. Er befindet sich im unsichtbaren, dem Menschen unbewussten Jenseits, im „Himmel“ der irdischen Welt. Das unsichtbare Jenseits, der „Himmel“ der irdischen Welt, ist der Aufenthaltsort aller unbewussten individuellen und kollektiven Wahnvorstellungen und Wahnempfindungen der Menschen – der Aufenthaltsort des „Satans“.

Wenn aber im Einzelnen, oder in ganzen Gruppen und Völkern, ja der Menschheit, eine Schar von „70“ Schülern des Geistes wirkt und alle für den Geist Empfänglichen in die geistige Ordnung mit einbezieht, so wird diese immer mehr verstärkt. Es kann der Augenblick kommen, wo die geistigen Kräfte so mächtig werden, dass der „Satan“ aus dem „Himmel“ vertrieben wird. Er kann sich im individuellen oder kollektiven Unbewussten der Menschen nicht mehr halten. Wie eine elektrische Ladung in der Atmosphäre, die einer mächtigeren Ladung weichen muss, verlässt der „Satan“ gleich einem Blitz das Unbewusste der Menschen, den irdischen „Himmel“, das Jenseits. Der „Satan“, Verkörperung der individuellen oder kollektiven Wahnvorstellungen, fällt aus dem Unbewussten, dem Jenseits, heraus und wird bewusst. Er wird im Diesseits, vom bewussten Ich des Menschen, erkannt und kann dadurch unschädlich gemacht werden. Die unbewussten Wahnvorstellungen des Einzelnen und der Menschheit, selbst alles zu vermögen, werden aufgelöst. Und an ihre Stelle tritt die bewusste Wahrheit, die wahren Vorstellungen des Menschen über seine Bestimmung und den Weg dorthin. So wird er frei. Dies ist es, was Jesus in dem Augenblick innerlich schaut, als durch seine und die Arbeit seiner Schüler die geistigen Kräfte in der Welt eine Stärke erreichen, der das Satanische nicht mehr gewachsen ist. Die unbewussten Wahnvorstellungen werden vors Forum des Bewusstseins gezwungen, wo sie erkannt und dadurch aufgelöst werden können.

So gibt Jesus, das wahre, geist-erfüllte Selbst, dem Menschen die Macht, „Schlangen“ und „Skorpione“ zu zertreten, Wahnvorstellungen und fixe Ideen aufzulösen und „alle Gewalt des Feindes“, die Konzentration dieser Wahnvorstellungen und Energien, zu brechen. Wenn so etwas von einem Schüler auf dem spirituellen Weg erlebt wird, ist wahrhaftig Grund zur Freude. Endlich ist die Entwicklung des wahren Selbst so weit gediehen, dass der „Satan“, der wie eine Dunkelheit, wie eine Verkrampfung im Unbewussten wirkte, vom „Himmel“ der Seele vertrieben werden kann. Helligkeit herrscht dann wieder in der Seele. Sie fühlt sich sich selbst wiedergegeben, frei und selbstständig im Geist, gelöst und empfänglich für die Wahrheit. Ihr „Name“ ist in den „Himmeln“ der geistigen Welt „aufgeschrieben“. Ihr Wesen ist, als wahres Selbst, wieder eins mit der Struktur der geistigen Welt und dieser Struktur eingeprägt, während umgekehrt auch diese Struktur in sie eingeprägt ist.

Der Schüler ist in diesem Stadium seiner Entwicklung fähig, die Herrschaft der satanisch-dämonischen Wahnvorstellungen zu brechen, und der Bestimmung des Menschen, eins mit der geistigen Welt zu sein, zu entsprechen. Beides ist Grund zur Freude. Aber er sollte vorsichtig sein. Freut er sich über seine Fähigkeit und Macht, so könnte das Dämonische in ihm, der Macht- und Geltungstrieb, wieder aufleben und Satan erneut Macht über ihn gewinnen. Deshalb macht Jesus seine Schüler auf die Ursache aufmerksam, aus der ihre Macht über Satan entspringt. Es ist die Tatsache, dass sie eins mit der geistigen Welt, dass ihre „Namen“, ihr wahres Selbst, in den „Himmeln“ der geistigen Welt aufgeschrieben sind. Aus den Kräften der geistigen Welt, auf die weder der Satan in ihnen noch ihr bewusstes Ich Zugriff haben, entsteht ihre Macht. Wenn sie sich ausschließlich über die Tatsache ihrer Einheit mit der geistigen Welt freuen, bleibt ihnen bewusst, dass allein der Geist es ist, der in ihnen ihre Taten bewirkt, und die Gefahr ist beseitigt, dass sie stolz auf ihre Taten und Fähigkeiten werden.

Freudenhymnus Jesu

10 ***21*** *In eben dieser Stunde sprach er frohlockend, erfüllt vom heiligen Geist: Ich preise dich, Vater, Herr des Himmels und der Erde, dass du dies vor Weisen und Verständigen verborgen und es Unmündigen geoffenbart hast. Ja, Vater, denn so ist es wohlgefällig gewesen vor dir.* ***22*** *Alles ist mir von meinem Vater übergeben worden, und niemand weiß, wer der Sohn ist, als nur der Vater, und wer der Vater ist, [weiß niemand] als nur der Sohn und wem es der Sohn offenbaren will.* ***23*** *Und er wandte sich zu den Schülern im Besonderen und sprach: Selig sind die Augen, die sehen, was ihr seht;* ***24*** *denn ich sage euch: Viele Propheten und Könige haben gewünscht, zu sehen, was ihr seht, und haben es nicht gesehen, und zu hören, was ihr hört, und haben es nicht gehört.*

In dem Augenblick, wo die Kräfte aus der Welt des Geistes die Macht der Dämonen brechen und sich selbst im „Himmel“ des Jenseits ausbreiten, entsteht nicht nur in den Schülern Jesu, sondern auch in diesem selbst „Freude“. Die Kräfte des Geistes werden frei und können atmen, wo sie sonst unterdrückt worden waren. Dieser Zustand ist schon Freude, ist ein Aufstrahlen des heiligen Geistes in der Welt, ist neues Leben und Lebensgefühl des wahren Selbst. Den Schülern und Jesus wird dieser neue Zustand bewusst, der einen Höhepunkt ihrer Wirksamkeit darstellt, und Jesus schildert ihn in einem Freudenhymnus. Am Anfang des Lukas-Evangeliums hatten Maria, Zacharias und Simeon, ebenfalls erfüllt vom heiligen Geist, Freudenhymnen angestimmt. Sie hatten innerlich erlebt, dass geistige Kräfte in Gestalt

Johannes des Täufers und Jesu in die irdische Welt kamen und eine Umwertung aller Werte bewirken würden.

Was damals noch Zukunft war, ist nun Gegenwart geworden. Jesus, vollkommenes wahres Selbst des Menschen, verursacht machtvoll Aufstehen oder Fall vieler in Israel, und die Ordnung der geistigen Welt vertreibt „Satan", die Ordnung der irdischen Welt, in einer großen Umwertung aller Werte.

Jesus preist den „Vater", die Ordnung und Kraft des Geistes, die Jenseits und Diesseits, Himmel und Erde der vergänglichen Welt, umfasst. Er preist ihn auch deshalb, weil die Umwertung aller Werte den „Weisen und Verständigen" verborgen, den „Unmündigen" aber geoffenbart ist. Maria hatte diese Umwertung seinerzeit durch gegensätzliche Bilder beschrieben: die Niedrigen werden erhöht und die Hohen erniedrigt werden. Jesus spricht von einem weiteren Gegensatz: Den Weisen der irdischen Welt bleibt die neue Ordnung verborgen, den Unmündigen wird sie offenbart.

Die „Weisen und Verständigen" sind jene Menschen, die im stolzen Vertrauen auf ihren Verstand und ihre Kraft glauben, alles wissen und regeln zu können, und sich gerade dadurch den Einflüssen aus dem wahren Selbst verschließen. Die „Unmündigen" dagegen wissen wie die Kinder, dass sie nicht alles wissen und regeln können. Sie erkennen die Grenzen des irdischen Verstandes und sind bereit, dort auf seine Betätigung zu verzichten, wo er nicht zuständig ist. Sie lassen andere Arten und Organe der Erkenntnis zu, die sich nur entfalten können, wenn sich der forschende Verstand ihnen unterordnet.

Warum aber ist es Grund zur Freude und zum Preis Gottes, dass die Ordnung des Geistes und die von ihr bewirkte Umwertung aller Werte den „Weisen" verborgen und den „Unmündigen" offenbart ist? Ist es Schadenfreude, dass die stolzen irdischen Geistesgrößen in der Erkenntnis der geistigen Welt scheitern müssen? Nein, die Freude, die von Jesus erlebt wird, entsteht aus der Erfahrung der Klarheit und Helligkeit, die sein Bewusstsein durchziehen, wenn es vom heiligen Geist erfüllt und erleuchtet ist. Eine Erleuchtung, eine Offenbarung der geistigen Ordnung ereignet sich in Jesus. Im Kontrast dazu wird ihm die Unzulänglichkeit des irdischen, klügelnden Verstandes klar. Und er empfindet: Wie herrlich, dass dieser dunkle Verstand die hellen Räume der geistigen Welt nicht betreten, ja nicht einmal an sich ziehen kann, um sie auch noch zu verdunkeln! Wie herrlich, dass es eine andere Art der Erkenntnis gibt, die ich jetzt in ihrer Helligkeit erlebe, in der sich mir die hellen Räume des Geistes unmittelbar zeigen, in denen ich mich frei bewegen kann! Wie herrlich, dass die Macht des dunklen Verstandes, auf den sich die Weisen und Verständigen stützen, jetzt gebrochen ist, während das vom Geist erleuchtete Bewusstsein, das nur jenen Unmündigen zuteil wird, endlich in seine Rechte eintritt! Das ist die richtige Rangordnung: Die geistige Welt umfasst und ordnet die irdische, und entsprechend umfasst und ordnet das vom Geist erleuchtete Bewusstsein den irdischen Verstand, der für irdische Dinge zuständig ist. So ist es „wohlgefällig" vor dem „Vater", dem Geist, denn diese Ordnung ist die im Geist, dem Urgrund der Dinge, angelegte Ordnung.

Auch der Inhalt dieser Erkenntnis, dieses erleuchteten Bewusstseins, wird von Jesus näher beschrieben. Sie richtet sich auf den „Vater", die geistige Welt. Der

„Vater“ ist die schöpferische Ordnung der geistigen Welt, der Urquell, aus dem alles Dasein hervorgeht und in Bewegung gehalten wird, um einst Bewusstsein von diesem Urquell zu gewinnen und bewusst nach der schöpferischen Ordnung des Geistes zu leben. Der „Vater“ hat dem „Sohn“ alles übergeben. Der „Sohn“ ist das Bewusstsein von der ursprünglichen schöpferischen Ordnung des Geistes, das „Licht“, das alle aus dem Urquell hervorgehenden „Söhne Gottes“, die Ebenbilder Gottes, erleuchtet. Diesem „Sohn“, dem erleuchteten Bewusstsein, ist alle Macht über die Dämonen, aber auch die Erkenntnis des Vaters übergeben worden. Denn das erleuchtete Bewusstsein erkennt die Ordnung des Geistes und vermag aus ihr die Entwicklung aller Wesen und Dinge bewusst mit zu gestalten. Nur die ursprüngliche schöpferische Ordnung selbst, die im erleuchteten Bewusstsein erkannt wird und Inhalt dieses Bewusstseins ist, weiß von diesem Bewusstsein, ist sie doch seine Grundlage: Nur der „Vater“ weiß, wer der „Sohn“ ist. Und nur dieses Bewusstsein, in dem sich die ursprüngliche schöpferische Ordnung offenbart, weiß, wer der „Vater“ ist.

Ebenso, wie der „Vater“ und der „Sohn“ im Menschen sind, als Grundlage seines wahren Selbst und als Bewusstsein dieses wahren Selbst, vollzieht sich auch die gegenseitige Durchdringung von „Vater“ und „Sohn“ im Menschen. In Jesus ist diese Durchdringung, diese gegenseitige Bewusstwerdung von „Vater“ und „Sohn“, Tatsache geworden. In ihm ist der „Sohn“, das erleuchtete Bewusstsein, der „Gesalbte“, vollkommen in Erscheinung getreten. Er kann daher in anderen dafür empfänglichen Menschen den „Sohn“ erwecken: Auch in anderen Menschen kann das wahre Selbst bewusst werden und ein nicht vom irdischen Verstand abhängiges erleuchtetes Bewusstsein entstehen. Es wird dann ebenfalls den „Vater“, die Grundlage und den Quell des wahren Selbst, erkennen. Deshalb sagt Jesus: Jeder, wem es der „Sohn“ offenbaren will, weiß, wer der Vater ist.

Jesus beschreibt hier keine verbalen Mitteilungen, die auf geheimnisvolle Weise vom Vater zu ihm und von ihm zu anderen Menschen übertragen würden. Er beschreibt vielmehr Bewusstseinsvorgänge. Der Urquell alles Seins, der „Vater“, wird im wahren Selbst, seinem Ebenbild und Sohn, bewusst. Das erleuchtete wahre Selbst *eines* Menschen kann eine ebensolche Bewusstwerdung in anderen Menschen anregen, so dass sich in ihnen der gleiche Vorgang der Erkenntnis Gottes abspielt. Und das ist nicht auf die Zeit Jesu beschränkt, sondern ist zu allen Zeiten möglich, da der Urquell alles Seins ständig wirksam ist und das wahre Selbst des Menschen stets der Erleuchtung teilhaftig werden kann. Behilflich sind ihm dabei alle „Söhne“ des Vaters, die, wie Jesus, im Organismus der Menschheit als Erleuchtete durch die Zeiten hin weiterwirken.

Die Schüler Jesu sind im Besonderen Menschen, denen die geistigen Augen geöffnet worden sind. Ihr Bewusstsein ist vom Geist erleuchtet. Deshalb sind sie „selig“. Sie erleben eine Weltenstunde, in der sich in besonderer Weise die Erleuchtung des wahren Selbst vieler Menschen vollzieht. Das Ebenbild Gottes, die wahre Identität des Menschen offenbart sich in ihnen.

Viele vor ihnen haben diese Möglichkeit geahnt und sich danach gesehnt, dass sie in ihnen Wirklichkeit werde. „Propheten“ wussten, dass sie einst Wirklichkeit werden würde, „Könige“ waren sich ihrer bewusst. Mit diesen Propheten und Königen sind die geistig entwickeltsten Menschen der alttestamentarischen Epoche gemeint.

Aber die gesamte Menschheit war in dieser Epoche noch nicht so weit, dass die Möglichkeit der Erleuchtung des wahren Selbst vollständig Wirklichkeit werden konnte. In Jesus ist sie vollständig Wirklichkeit geworden. Seitdem ist das Muster des wahren Menschen im Bewusstsein der Menschheit verankert. Jedem kann daher die Erleuchtung und das Wirksamwerden des wahren Selbst zuteil werden.

Die Zeit der Vorbereitung, die unter dem Gesetz stand, ist vorbei. Jetzt ist die Zeit der Erfüllung gekommen, in der die Freiheit des wahren Selbst gilt. Deshalb sind die Schüler Jesu glücklicher als alle Menschen der Zeit der Vorbereitung. Denn sie leben in der Zeit der Erfüllung, der Freiheit. Der Kleinste im Reich Gottes ist größer als der größte Prophet und König der Gesetzeszeit.

Zustände des wahren Selbst

Erfahrungen eines Menschen, in dem das Reich Gottes als Ordnung und Kraft wirksam wird, werden im Gleichnis vom „barmherzigen Samariter" und in der Erzählung von „Martha und Maria" näher beschrieben.

Der barmherzige Samariter: Einheit der Menschheit

10 ***25*** *Und siehe, ein Gesetzeskundiger trat auf, ihn zu versuchen, und sagte: Meis-*
ter, was muss ich tun, damit ich das ewige Leben ererbe? ***26*** *Er aber sprach zu ihm:*
Was steht im Gesetz geschrieben? Wie liest du? ***27*** *Darauf antwortete er und sagte:*
„Du sollst den Herrn, deinen Gott, lieben aus deinem ganzen Herzen und mit deiner
ganzen Seele und mit deiner ganzen Kraft und mit deinem ganzen Denken" und
„deinen Nächsten wie dich selbst."
28 *Da sprach er zu ihm: Du hast recht geantwortet; tue das, so wirst du leben!*
29 *Der aber wollte sich rechtfertigen und sagte zu Jesus: und wer ist mein Nächs-*
ter? ***30*** *Jesus erwiderte und sprach: Ein Mensch ging von Jerusalem nach Jericho*
hinab und fiel Räubern in die Hände; die zogen ihn aus und schlugen ihn und gingen
davon und ließen ihn halbtot liegen. ***31*** *Zufällig aber ging ein Priester jene Straße*
hinab; und er sah ihn und ging vorüber. ***32*** *Ebenso kam auch ein Levit an den Ort,*
sah ihn und ging vorüber. ***33*** *Ein Samariter aber, der unterwegs war, kam in seine*
Nähe, und als er ihn sah, hatte er Erbarmen mit ihm ***34*** *und trat hinzu, verband seine*
Wunden, indem er Öl und Wein darauf goss, hob ihn auf sein Tier, brachte ihn in eine
Herberge und pflegte ihn. ***35*** *Und am folgenden Tag nahm er zwei Denare heraus,*
gab sie dem Wirt und sagte: Pflege ihn! und was du mehr aufwenden wirst, will ich
dir bezahlen, wenn ich wiederkomme. ***36*** *Welcher von diesen dreien, dünkt dich, sei*
der Nächste dessen gewesen, der den Räubern in die Hände gefallen war? ***37*** *Er*
aber sagte: Der, welcher ihm die Barmherzigkeit erwiesen hat. Da sprach Jesus zu
ihm: Geh auch du hin, tue desgleichen!

Auch in der Periode der Vorbereitung, in der der Mensch unter der Herrschaft des äußeren Gesetzes stand, galt schon, dass im Zentrum seines Lebens Gott und der Nächste stehen sollte. Diese Regel trat den allermeisten Menschen noch als Forderung von außen gegenüber, die sie mit gutem Willen und allen Kräften ihres Ich zu erfüllen trachteten – als äußeres Gesetz. Mit dem Ich versuchten sie das Gesetz zu befolgen, nur mit dem Ich konnten sie das Gesetz verstehen. Daher war auch Gott, der Geber des Gesetzes, eine äußere Autorität für den Menschen, auf welche sich dieser mit allen Aspekten seines Ich: seinem Gefühl – dem Herzen –, seinem Bewusstsein – der Seele –, seiner Energie und seinem Denken richtete. Diese Ausrichtung war die seinem Ich mögliche Liebe zu Gott.

Der „Nächste" aber war ihm der Volksgenosse – so wird im Alten Testament ausdrücklich formuliert (3. Mose 19,18). Jeder Angehörige seines eigenen Volkes – was im Judentum bedeutete, jeder Angehörige seiner Religion – war ihm der „Nächste". Wer nicht zur eigenen Gruppe gehörte, zum Beispiel schon ein Samariter, ja sogar ein jüdischer „Sünder", der gegen die Gesetze der jüdischen Religion verstieß, war kein „Nächster".

Nur in Bezug auf den Angehörigen der eigenen Gruppe galt das Gebot der Nächstenliebe: Liebe deinen Nächsten wie dich selbst. Alle anderen waren von dieser Liebe ausgeschlossen. Und das „wie dich selbst" bedeutete: Du bist als Angehöriger deines Volkes nicht mehr und nicht weniger als jeder andere Angehörige des Volkes. Was du dir selbst Gutes tun würdest, das tue auch allen anderen Angehörigen deines Volkes. Denn für sie bist du der Nächste und sie sind für dich die Nächsten. Ein frommer Jude würde für einen anderen frommen Juden ebenso viel tun, wie der Samariter im Gleichnis für den unter die Räuber Gefallenen. Er würde ihn pflegen und für seine Gesundung sorgen, wie wenn der andere die eigene Person wäre.

Im Zustand, in dem das Reich Gottes als Ordnung und Kraft in einem Menschen wirksam wird, gilt demgegenüber das innere Gesetz, die Freiheit. Die Ordnung und Kraft des Geistes sind auch die Ordnung und Kraft des wahren Selbst. Der Mensch ist dann wieder zum Ebenbild Gottes geworden, und sein Zustand *ist* Gottesliebe, da das wahre Selbst die Ordnung und Kraft des Geistes *ist*. Er muss sich nicht mehr Mühe geben, ein äußeres Liebesgesetz zu erfüllen, und Gott ist keine äußere Autorität mehr für ihn. Als wahres Selbst ist er in Gott, die geistige Welt, eingebettet wie eine Zelle in ihren Organismus, mit Gott verbunden wie eine Rebe mit ihrem Weinstock. Die Kraft Gottes fließt wie der Saft des Weinstocks in ihn ein, und er antwortet, indem er dieselbe Kraft freisetzt. Das ist seine Liebe zu Gott, die mit erneuertem Gefühl, erleuchtetem Bewusstsein, geläutertem Willen und erhelltem Denken spontan und selbstverständlich gelebt wird.

Der „Nächste" aber ist für ihn ein Mensch, in dem das Ebenbild Gottes lebt, das wahre Selbst. Prinzipiell sind das alle Menschen für ihn, da in allen Menschen das wahre Selbst als Anlage vorhanden ist. Aktuell sind es jene Menschen, in denen das wahre Selbst wieder lebensbestimmend werden will. Der Nächste ist also nicht mehr das Mitglied der eigenen Gruppe, die biologisch oder religiös oder kulturell definiert ist. Der Nächste ist jeder Mensch. In jedem Menschen ist das wahre Selbst angelegt, und im wahren Selbst, das die Ordnung und Kraft des Geistes ist, existiert kein prinzipieller Unterschied zwischen Mensch und Mensch. Jedes wahre Selbst ist eine Rebe am selben Weinstock des Geistes. Aus dieser Tatsache ergibt sich die prinzipielle Verbundenheit aller Menschen im Geist. Jeder ist jedem der Nächste.

Es ist selbstverständlich, dass jedes wahre Selbst, weil mit jedem anderen verbunden, das andere liebt wie sich selbst – ist es doch eins mit jedem anderen wahren Selbst. Und es wird jeden anderen Menschen als Träger des wahren Selbst pflegen und für seine Gesundung sorgen, wenn er „unter die Räuber gefallen ist". Das kann eine wirkliche physische Notsituation sein, das kann aber auch bedeuten, dass das wahre Selbst unter die „Räuber" der irdischen Interessen, Leidenschaften und dämonischen Einflüsse gefallen und auf den Tod verwundet ist.

Das ist die Botschaft dieses Gleichnisses. Man ist daran gewöhnt, es vor allem als Aufforderung zur Barmherzigkeit zu lesen. Und das ist es außerdem. Aber entscheidend ist, dass sich der Kreis der Menschen, in dem das Gebot der Barmherzigkeit gilt, beim Übergang von der Zeit des Gesetzes zur Zeit der Freiheit, von der Zeit des Ich zur Zeit des wahren Selbst, erweitert hat. Nach dem alttestamentarischen Gesetz war der Nächste der Angehörige der eigenen Gruppe. Nach der Freiheit des Evangeliums ist der Nächste jeder Angehörige der Menschheit als Träger des wahren Selbst, des Ebenbildes Gottes.

Das Gleichnis erschließt seinen Sinn nur, wenn man davon ausgeht, dass es sich bei dem unter die Räuber Gefallenen weder speziell um einen Juden noch speziell um einen Samariter handelt, sondern einfach um einen „Menschen", wie es auch ausdrücklich formuliert wird: „Ein Mensch fiel Räubern in die Hände." Der Priester sieht: Es handelt sich um keinen Juden, keinen Angehörigen meiner eigenen Gruppe. Da sagt er: Der geht mich nichts an, und geht vorbei. Der Levit sieht: Es handelt sich um keinen Juden, keinen Angehörigen meiner eigenen Gruppe. Deshalb sagt er sich: Der geht mich nichts an, und geht vorbei. Wäre es ausdrücklich ein Jude gewesen: Sowohl Priester als auch Levit hätten sich an die Definition des „Nächsten" im Sinn des Alten Testaments erinnert und Barmherzigkeit geübt, wie es gegenüber diesem Nächsten ihre Pflicht war.

Der Samariter dagegen wendet sich dem „Menschen" zu, obwohl der nicht ausdrücklich ein Samariter ist: einfach weil dieser „Mensch" Träger des Ebenbildes Gottes ist. Der Samariter hat die neue Zeit begriffen. Er wird von Jesus als ein so Begreifender dargestellt. Er erkennt, dass Barmherzigkeit jedem Menschen als Ebenbild Gottes zuteil werden muss. Denn jeder Mensch ist jedem Menschen der „Nächste". Nicht der Jude ist dem jüdischen Priester, nicht der Jude dem jüdischen Leviten, nicht der Samariter dem Samariter der Nächste. Der Priester weiß das noch nicht, auch nicht der Levit, wohl aber der Samariter. Und das ist eine zweite Botschaft des Gleichnisses: Gerade die Frömmsten – Priester und Levit – sind in ihrer dogmatischen Enge nicht fähig, die Freiheit des wahren Selbst zu begreifen und danach zu handeln. Die nicht so Rechtgläubigen aber – der Samariter – besitzen die Fähigkeit, sich für die umfassende Liebe aus dem Geist zu öffnen und sie jedem „Menschen" zukommen zu lassen.

Wenn in dem Gleichnis der Gesetzeskundige sich „rechtfertigen" will und Jesus fragt: „Wer ist mein Nächster", so zielt diese Frage genau auf diese unterschiedliche Definition des „Nächsten" in der alttestamentarischen und in der neutestamentarischen Epoche. Die Definition geht entweder von biologischen, religiösen und kulturellen Merkmalen oder von spirituellen aus. Der Gesetzeskundige möchte Jesus in eine Diskussion über die üblichen, bis dahin gültigen und teils strittigen Kriterien für den „Nächsten“ verstricken. Jesus aber weist darauf hin, dass die Definition nur von einem spirituellen Kriterium abhängig sein kann, das alle bisherigen außer Kraft setzt.

Damit löst sich eine weitere Schwierigkeit. Man hat Lukas speziell im Zusammenhang mit diesem Gleichnis vorgeworfen, nicht einmal logisch sein zu können. Die Frage des Schriftgelehrten, wer sein Nächster sei, beantworte Jesus durch den Hinweis auf den Hilfsbedürftigen. Die spätere Antwort des Schriftgelehrten beziehe sich dagegen auf den Helfer. Einmal scheint der Nächste der Hilfsbedürftige zu sein, das andere Mal der Helfer. Doch geht es in diesem Gleichnis nicht primär um die Tugend der Barmherzigkeit. Sie wird vorausgesetzt. Es geht darum, auf welchen Kreis von Menschen sie sich beziehen soll. So gesehen löst sich der obige scheinbare Widerspruch. Wenn unter dem „Nächsten“ entweder der Angehörige der eigenen Gruppe oder der Mensch als Mitglied der ganzen Menschheit verstanden wird, so ist es gleichgültig, ob es sich um den Helfer oder den Hilfsbedürftigen handelt. Der Helfer ist ebenso ein Mitglied der Gruppe oder der Menschheit wie der Hilfsbedürftige. Sie sind einander der Nächste im Sinn des jeweiligen Definitionskriteriums. Und wenn Jesus am Schluss den Gesetzeskundigen auffordert: „Geh auch du hin, tue desgleichen!“ so bezieht sich das nicht auf barmherziges Handeln an sich, sondern Jesus sagt damit: Beschränke dein barmherziges Handeln nicht, wie bisher, auf die eigene Gruppe, sondern richte es auf die ganze Menschheit!

Jesus markiert den Übergang von der Zeit des Ich zu der des wahren Selbst, des äußeren Gesetzes zum inneren Gesetz der Freiheit, der alttestamentarischen zur neutestamentarischen Epoche. Aber dieser Übergang findet nicht nur damals, sondern seitdem ununterbrochen statt. Immer wieder verlassen Menschen, ob Juden oder nicht, die alttestamentarische Epoche, um in die neutestamentarische einzutreten. Und viele Menschen und Gruppen der Menschheit verharren hartnäckig in der alttestamentarischen Phase, mögen sie sich auch Christen nennen. Wie schwer ist es, Ausländer, Andersgläubige, Andersrassige, Andersgeschlechtliche, Angehörige einer anderen sozialen Klasse, einer anderen Stadt, eines anderen Ortes so zu lieben wie sich selbst! Den Angehörigen der eigenen Gruppe: ja, das ist möglich, ihm kann man Opfer bringen, ihm lässt sich Barmherzigkeit erweisen. Mit ihm kann sich das Ich identifizieren, das sich aus den Eigenschaften des Blutes, der Religion, der sozialen Gruppe usw. zusammensetzt. Aber alle Menschen lieben, das kann nur das wahre Selbst. Denn in ihm hört alle Gebundenheit an Kultur, Rasse, Volk, Lokalität auf.

Martha und Maria: Tun und Nicht-Tun

10 38 *Es begab sich aber, als sie weiterzogen, da ging er in ein Dorf; und eine Frau*
namens Martha nahm ihn in ihr Haus auf. ***39*** *Und diese hatte eine Schwester na-*
mens Maria, die setzte sich zu den Füßen des Herrn und hörte seiner Rede zu. ***40***
Martha dagegen machte sich viel zu schaffen mit der Bedienung. Sie trat aber hinzu
und sagte: Herr, achtest du nicht darauf, dass meine Schwester die Bedienung mir
allein überlassen hat? Sage ihr nun, dass sie mir helfen soll! ***41*** *Doch der Herr ant-*

wortete und sprach zu ihr: Martha, Martha, du machst dir Sorgen und Unruhe um viele Dinge. ***42*** *Weniges aber ist not; Maria nämlich hat das gutes Teil erwählt, und das soll nicht von ihr genommen werden.*

Man hat diese Erzählung häufig so interpretiert, als würde hier die vita contemplativa (ein Leben der Besinnung) der vita activa (einem Leben der Tat) gegenübergestellt, und der vita contemplativa würde von Jesus der Vorzug gegeben. Andere Ausleger, die vom Wert des Handelns für die geistige Welt durchdrungen waren, haben sich gegen diese Interpretation verwahrt und die Wichtigkeit der Aktivität Marthas für das „Reich Gottes" gegenüber der „unfruchtbaren", bloß aufnehmenden Passivität Marias hervorgehoben. Das war nun allerdings mit dem Wortlaut der Erzählung schwer in Einklang zu bringen.

Aber es geht in der Geschichte gar nicht um die Frage, ob das aktive oder das kontemplative Leben an sich vorzuziehen sei. Es geht um die Frage, auf welche Weise ein Schüler auf dem spirituellen Weg mit seinem Ich auf Impulse aus dem wahren Selbst angemessen reagiert. Beide, Maria wie Martha, sind Schülerinnen auf dem spirituellen Weg, die sich im Umkreis Jesu, des wahren Selbst, aufhalten. Sie sind vom Impuls aus dem wahren Selbst berührt. Martha greift ihn auf und arbeitet geschäftig für das Wohl des wahren Selbst, so wie sie dieses Wohl versteht. Sie will ihrem wahren Selbst dienen. Aber ihr Ich nimmt die Dinge in die eigenen Hände. Sie reagiert den spirituellen Impuls durch Eifer ab. Genau das wird durch die Worte der Erzählung beschrieben. Das nach den eigenen Vorstellungen dem wahren Selbst dienende Ich muss sich immer Sorgen machen. Denn es weiß nicht, ob es richtig handelt und ob es genügend tut. Dadurch steigert sich sein Eifer noch. Es schielt auch immer auf andere, ob diese es richtig machen und genau so viel tun wie es selbst. Ja Martha fordert Jesus sogar auf, Maria auf ihre, Marthas, Vorstellungen zu verpflichten.

Damit aber wird das Ich dem spirituellen Impuls und seiner „Absicht" nicht gerecht. Die „Absicht" des spirituellen Impulses ist, den Menschen zu *verändern*. Das kann nur dadurch geschehen, dass der Mensch, sein Ich, darauf hört, was ihm das wahre Selbst sagen will, versteht, was es ihm sagt, und sich verändern *lässt*. Dies aber tut Maria. Sie wird der „Absicht" des spirituellen Impulses gerecht.

Dies ist mithin die Botschaft der Erzählung. Es gibt an einer bestimmten Stelle auf dem spirituellen Weg zwei Arten der Reaktion auf den spirituellen Impuls. Martha greift ihn wohl auf, reagiert ihn aber durch Aktivimus ab und bleibt dadurch, wie sie ist. Ihr Ich wird zum Diener des Impulses, aber nach seinen eigenen Vorstellungen. So wird es der „Absicht" des Impulses nicht gerecht und erfüllt seine Bestimmung nicht. Maria jedoch öffnet sich dem spirituellen Impuls, hört, versteht, lässt sich verändern und erwählt damit das „gute Teil". Sie wird der „Absicht" des Impulses gerecht und erfüllt ihre Bestimmung.

Wenn ein Mensch sich wie Maria verhält, wird sich übrigens auch sein Handeln verändern. Die Erzählung schildert diese Folge nicht, sie konzentriert sich auf die Notwendigkeit der Offenheit für den spirituellen Impuls und seine Veränderungsabsicht. Aber wenn sich ein Ich durch den spirituellen Impuls verändern lässt, werden ganz neue Wirkungen von diesem Menschen ausgehen, im Einklang mit der Ordnung des Geistes, nicht im Sinn der Vorstellungen des Ich. Das Handeln dieses Menschen wird ein Nicht-Tun sein, ein absichtsloses Tun. Es steht im Dienst des Gesetzes des wahren Selbst und vollbringt dieses Gesetz, nicht seine eigenen Vorstellungen. Das Ich wird, verändert, zu einem wirklichen Diener des wahren Selbst werden. Nicht ob Handeln im Dienst des wahren Selbst notwendig ist oder nicht, ist die Frage. Es ist keine Frage, dass ein Schüler auf dem Weg für das wahre Selbst handelt und ihm dient. Es geht vielmehr um die Art dieses Dienens: Aktivismus oder Nicht-Tun, laute Abreaktion oder stille Reaktion im Einklang mit der Ordnung des Geistes. Die laute Abreaktion kann sowohl in einer forcierten meditativen Besinnung als auch in geschäftigem Aktivismus bestehen. Und die stille Reaktion wird sich nicht auf meditative Besinnung beschränken, sondern auch ein unprätentiöses Handeln mit einschließen.

Die Erzählung stellt zwei mögliche Verhaltensweisen eines Schülers auf dem spirituellen Weg einander gegenüber: ein falsches Dienen, und ein richtiges Dienen in Beziehung auf das wahre Selbst. Es betont den Unterschied zwischen beiden Verhaltensweisen durch den Gegensatz zwischen „viel“ und „wenig“. Martha macht sich Sorgen um „viele Dinge“. Aber „wenig“, ja nur eines ist notwendig: das Stillwerden des Ich, die Offenheit für den spirituellen Impuls, die Ruhe und das Zuhören, woraus auch ein neues Handeln folgt. Nach irdischen Maßstäben ist so etwas „wenig“, nach spirituellen aber ist es das „gute Teil“. Das wird durch andere Handschriften des Lukasevangeliums noch betont, wo es statt „Weniges ist not“, heißt: „Eins ist not“. Nicht „viel“, sondern „eins“. Nicht Ausrichtung auf die irdische Vielheit, sondern Ausrichtung auf die Einheit mit dem Geist.

Beten: Bewusster Umgang mit den Kräften des Geistes

11 1 *Und es begab sich, dass er an einem Ort betete; und als er aufgehört hatte, sagte einer seiner Schüler zu ihm: Herr, lehre uns beten, wie auch Johannes seine Schüler gelehrt hat.*

Auf dem spirituellen Weg geht es darum, dass sich der Schüler bewusst für die Kräfte aus dem wahren Selbst, die auch die Kräfte der Welt des Geistes sind, öffnet und diese Kräfte nach der Ordnung des Geistes im eigenen Wesen und in der Welt wirken lässt. Diese Möglichkeiten, ihre Verwirklichung und Verfehlung, sind Thema der folgenden Passagen des Evangeliums.

Johannes der Täufer und Jesus können beten. Sie stehen in einer besonderen Beziehung zur geistigen Welt und sind in der Lage, bewusst deren Kräfte aufzunehmen, um sie bewusst dem Ziel zuzuwenden, dem die Kräfte des Geistes dienen sollen. Denn nichts anderes ist „beten“: bewusste Aufnahme und Anwendung der geistigen Kräfte für das ihnen entsprechende Ziel. Deshalb kann nicht jeder Mensch von vornherein beten. Die ichbezogene Persönlichkeit kann keine geistigen Kräfte aufnehmen und anwenden. Wenn sie „betet“, läuft das darauf hinaus, dass sie aus irdischen Motiven mit irdischen Kräften – nämlich den irdischen Gottesbildern – in Verbindung tritt und sie für Ziele irdischer Art einsetzt. Der erste Lernschritt, der getan werden muss, ist somit schon der, dass der Mensch Unterscheidung gewinnt. Nur das wahre Selbst kann mit geistigen Kräften in Verbindung treten, nicht das Ich in seiner irdischen Motivation. Im weiteren muss dann das wahre Selbst lernen, wie es mit den spirituellen Kräften erstens in Verbindung tritt, zweitens mit ihnen umgeht und drittens zu welchem Ziel es sie anwendet. Das ist das Erlernen des Betens. In dem Gebet, das Jesus seinen Schülern gibt, sind diese drei Aspekte enthalten. Es beschreibt nicht nur das Ziel des Betens, sondern gibt auch Anleitung, wie der Mensch mit den Kräften des Geistes in Verbindung tritt und sie anwendet.

Es sind zwei spirituelle „Ziele" des Betens möglich, entsprechend der Entwicklungsphase, in der sich ein Mensch befindet: ein Ziel, das dem vorbereitenden Stadium, und eines, das dem Stadium der Verwirklichung des spirituellen Impulses entspricht. Lukas schildert die Art des Betens der Johannes-Schüler nicht. Aber Johannes der Täufer verkörpert den vorbereitenden Aspekt des spirituellen Impulses, die Taufe mit „Wasser". Entsprechend können die Schüler des Johannes, berührt von dem spirituellen Impuls des „Vaters", nur darum gebetet haben, dass in ihnen die „Wege des Geistes" recht gemacht würden: dass der „Vater", der Geist, in ihnen die Ichbezogenheit auflösen möge. Ihr Beten war eine Ausrichtung auf die Welt des Geistes mit dem Ziel, umzukehren und das eigene Wesen läutern zu lassen. In der Erkenntnis, dass die ichbezogene Persönlichkeit sich nicht mit dem Vater verbinden kann, beteten sie um das Schweigen der Ichbezogenheit.

Das zweite spirituelle „Ziel" des Betens entspricht dem Stadium der Verwirklichung. Es ist das „Ziel" des Betens der Schüler Jesu. Lange Zeit hatte Johannes der Täufer als Ruf, die Wege recht zu machen, ihre innere Entwicklung begleitet, und das Beten um Schweigen der Ichbezogenheit bleibt als Voraussetzung für das Beten auch der Schüler Jesu notwendig. Aber wenn das wahre Selbst wach geworden ist, müssen die Schüler lernen, unmittelbar aus dem verwirklichenden Aspekt des spirituellen Impulses zu leben. Und jetzt können sie darum beten, dass sie mit dem heiligen Geist, mit „Feuer", getauft werden: dass ihnen – das heißt ihrem wahren Selbst – die Kräfte des Geistes unmittelbar auch in ihrem verwirklichenden Aspekt geschenkt werden.

Das Vaterunser

11 *2 Da sprach er zu ihnen: Wenn ihr betet, so sprecht:*
Vater,
dein Name werde geheiligt.
Dein Reich komme.
3 Gib uns täglich unser tägliches Brot.
4 Und vergib uns unsre Sünden,
denn auch wir vergeben jedem, der gegen uns in Schuld ist.
Und führe uns nicht in Versuchung.

Dem verwirklichenden Aspekt des spirituellen Impulses entspricht die Zielsetzung des ganzen Gebetes, das Jesus seine Schüler lehrt.

Das richtige In-Verbindung-Treten mit den Kräften des Geistes wird durch die Anrede „Vater“ dargestellt. Wer ist denn der Vater, und wer ist der Sohn, der mit dem Vater in Verbindung tritt? Der Vater ist der kosmische Geist selbst, die allesdurchdringende schöpferische Intelligenz, Kraft und Liebe. Aus ihm geht der „Sohn“ hervor, der individuelle Geist, das geist-erfüllte wahre Selbst jedes Menschen, das Ebenbild Gottes. Die Beziehung zwischen „Vater“ und „Sohn“ ist wie die zwischen Organismus und Zelle, zwischen Weinstock und Rebe. Das Ebenbild Gottes ist eingebettet in die Welt des Geistes, spiegelt, wie die Zelle ihren Organismus, diese Welt wider und gibt ihr Ausdruck.

Nur das wahre Selbst also kann sich betend an den „Vater“ wenden, das heißt, sich bewusst der geistigen Welt öffnen, aus der es bis dahin unbewusst gelebt hat. Die ichbezogene Persönlichkeit dagegen schafft sich Gottesbilder. Sie stellt sich den „Vater“ nach Art eines Menschen vor, der ihr die höchste Autorität ist. Sie tritt ihm wie ein Kind seinem irdischen Vater gegenüber. Der Vater gibt Strafe oder Gnade. Auf der Grundlage dieser Vorstellung bittet das Kind den Vater um Verzeihung. Es bittet um bestimmte Gaben oder gibt sich seiner Gnade anheim. Aber damit bleibt der Mensch der irdischen Welt und seinen irdischen Vorstellungen verhaftet, während es beim Beten gerade darauf ankommt, Bezug zur Welt des Geistes zu gewinnen. Diesen Bezug gewinnt nur das wahre Selbst, das selbst dieser Welt des Vaters entstammt. Es gewinnt ihn auch nur, wenn die Ichbezogenheit schweigt.

Die erste Bitte des Gebetes lautet: „Dein Name werde geheiligt.“

Der „Name“ Gottes steht für das Wesen Gottes, für die Ordnung der geistigen Welt. Diese Ordnung ist, da sie *vor* jeder diesseitigen und jenseitigen Weltentwicklung liegt, unantastbar. In diesem Sinn bräuchte kein Mensch darum zu beten, dass sie heilig gehalten werde. Aber sie wird in der irdischen Welt des Diesseits und Jenseits beschmutzt und verdunkelt dadurch, dass die Geschöpfe darin, vor allem der Mensch, ihre eigenen Interessen in den Vordergrund stellen. Diese Entheiligung des „Namens“ Gottes muss rückgängig gemacht werden, und um dieses Ziel betet das wahre Selbst, das selbst Opfer dieser Entheiligung ist. Es ist sich bewusst geworden, selbst die Ordnung des Geistes, selbst der Name, das Wesen Gottes, zu sein und trotzdem durch die Interessen des Ich entheiligt zu sein. Es hat erkannt, nicht mehr in der Lage zu sein, den Namen Gottes hell erstrahlen zu lassen und auszudrücken. Deshalb sehnt es sich nach Heiligung. Es sehnt sich auch nach Heiligung des Namens Gottes in jedem anderen wahren Selbst. Diese Sehnsucht ist seine erste Bitte. Die göttliche Ordnung, die durch Fehlentwicklung der Geschöpfe ununterbrochen entheiligt und verdunkelt wird, soll wieder hergestellt, „geheiligt“ werden.

Ein Aspekt der Entheiligung des Namens Gottes in der irdischen Welt ist, dass das irdische Ich sich des Namens Gottes zu seinen eigenen Zwecken bedient. Es verfälscht den Begriff „Gott“ oder „Vater“ und stellt sich „Gott“ als anthropomorph, als Wesen mit den höchsten irdischen Tugenden vor. Auch die Aufhebung dieser Verfälschung ist ein Teil der Heiligung des „Namens“ Gottes. „Gott“ ist die allumfassende, alles durchdringende und alles seiner Bestimmung entgegendrängende Weisheit, Kraft und Liebe. Sie drängt auch den Menschen seiner Bestimmung entgegen. Um diese Erfüllung seiner eigenen Bestimmung, um diese Heiligung des Namens Gottes, betet das wahre Selbst.

Die zweite Bitte lautet: „Dein Reich komme.“ Das wahre Selbst betet nicht nur darum, dass es in der Ordnung der geistigen Welt erleuchtet, sondern dass es auch von den Kräften der geistigen Welt erfüllt werde und ihr Ausdruck gebe. Das „Reich Gottes“ komme. Die Kräfte der geistigen Welt mögen im Leben des Menschen wirksam werden, so dass all seine Handlungen nichts anderes bewirken, als die Verwirklichung der Ordnung des Geistes. Die Kräfte der geistigen Welt mögen alle dämonischen Kräfte und alle Kräfte der Ichbezogenheit überwinden, neu richten und damit zu Energien machen, die der Ordnung des Geistes dienstbar sind. Und das geschehe nicht nur im wahren Selbst des Beters, sondern im wahren Selbst aller Menschen. Dann wird das Reich des selbstherrlichen Ich und der Dämonen zerstört und durch das Reich des Geistes ersetzt sein.

Bei Lukas fehlt die aus dem Matthäus-Evangelium bekannte dritte Bitte des Vaterunsers: „Dein Wille geschehe.“ Für ihn folgt die Verwirklichung des Willens Gottes mit Selbstverständlichkeit aus der Wirksamkeit der Ordnung und Kraft der geistigen Welt.

Wenn Ordnung und Kraft Gottes im wahren Selbst wirksam werden, verändert sich auch die Ich-Persönlichkeit des Menschen grundlegend. Sie wird allmählich, durch die Impulse aus dem wahren Selbst, zur Geist-Persönlichkeit, die den Willen Gottes vollzieht. Diese neue Geist-Persönlichkeit ist Ausdrucksorgan der geistigen Ordnung und Kraft und vollzieht sie bewusst. Sie besitzt, wie auch die alte Ich-Persönlichkeit, vier Aspekte: Denken, Empfinden, Wollen und Handeln. Alle vier alten Aspekte werden auf dem spirituellen Weg durch die Einflüsse aus dem wahren Selbst verwandelt. Auf den Verwandlungsprozeß in den ersten drei Aspekten beziehen sich die letzten drei Bitten bei Lukas.

Der Schüler bedarf auf dem spirituellen Weg neuer Erkenntnisse und Einsichten, um auf die alltäglichen Situationen so reagieren zu können, wie es das wahre Selbst in ihm verlangt. Diese Einsichten, täglich neu, sind das tägliche „Brot“, um das Jesus seine Schüler bitten heißt: das Manna, mit dessen Hilfe der Schüler sich selbst und andere erkennt und der Entfaltung seines wahren Selbst und des Geistes in der Menschheit zu dienen vermag. Die Kräfte des Geistes verändern auf diese Weise allmählich das Gedankenleben des Schülers.

Die neue, der Ordnung des Geistes entsprechende Persönlichkeit entwickelt, neben dem neuen Gedankenleben, auch ein neues Empfindungsleben. Der Aufbau dieses neuen Empfindungslebens ist Gegenstand der nächsten Bitte: „Vergib uns unsere Sünden.“ Der Schüler bittet darum, dass der Geist seine ichbezogenen Empfindungen auflöse und durch neue Empfindungen ersetze. Denn gerade diese alten Empfindungen – die Leidenschaften, Begierden und Wünsche – verursachen die Abtrennung von Gott, die „Sünde“, ja sie sind diese Abtrennung. Wird diese Abtrennung aufgelöst, so entsteht Einheit des Menschen mit der geistigen Welt, und umfassende Liebe und Barmherzigkeit können durch ihn hindurchströmen. Auch die Folgen dieser ichbezogenen Empfindungen – Verstrickungen in Konflikte und Abhängigkeiten – verlieren dann ihre Wirkungen. Der Schüler kann anders, gelassen, mit ihnen umgehen und verstrickt sich durch negative Gegenreaktionen nicht immer noch tiefer. So werden ihm seine „Sünden vergeben“.

Wenn die Kräfte aus dem wahren Selbst ein neues Gedanken- und Empfindungsleben aufbauen, entsteht eine klare, wache Ruhe im Schüler. Diese Ruhe würde sofort zerstört werden, wenn er böse auf andere reagierte, die ihn ungerecht behandeln. Würde er sich in solchen Fällen aggressiv verhalten, wäre es mit der klaren Ruhe in ihm vorbei. Deshalb vergebe „er jedem, der gegen ihn in Schuld ist" und löse jeden Impuls zur Vergeltung schon im Entstehen auf. Dadurch bleibt er in der Einheit mit dem wahren Selbst des Andern. „Dem, der dich auf den Backen schlägt, biete auch den andern dar, und dem, der dir den Mantel nimmt, verweigere auch den Rock nicht!" (6,29)

Die ichbezogenen Empfindungen, die zu ichbezogenen Handlungen gegenüber anderen führen, lässt also der Schüler von den Kräften des Geistes auflösen. So empfängt er Vergebung durch den Geist. Und Verletzungen, die ihm andere durch ihre Ichbezogenheit zufügen, löst er auf, indem er nicht in Ichbezogenheit reagiert. Er vergibt selbst. Die Vergebung durch den Geist schafft in ihm einen Zustand der gelassenen Kraft. Dieser Zustand macht es ihm leichter, selbst zu vergeben. Und wenn er selbst vergibt, schafft er wiederum bessere Möglichkeiten für den Geist, ihm Kraft zu schenken. Auf diese Weise bedingen und verstärken seine eigene Vergebung und die ihm vom Geist im Innern geschenkte Vergebung einander. Durch beides bleiben die neuen Empfindungen des Schülers in gelassener Ruhe.

Schließlich entwickelt der Schüler auf dem spirituellen Weg auch ein neues Willensleben, in Übereinstimmung mit dem wahren Selbst und dem neuen Gedanken- und Empfindungsleben. Er empfängt große geistige Gaben: neue Erkenntnisse und Empfindungen. Diese Gaben führen ihn in Versuchung, sie in Ichbezogenheit anzuwenden. Als Jesus damals am Jordan den Geist empfangen hatte, wurde gerade dadurch seine Ichbezogenheit, der Teufel, auf den Plan gerufen. Die Ichbezogenheit wollte sich die spirituellen Gaben des „Gesalbten" dienstbar machen. Ebenso fühlt sich die Ichbezogenheit im Schüler, der Teufel, durch die Gegenwart des Geistes und dessen Gaben erst recht herausgefordert. Das ist keine Versuchung durch den Geist. Der Geist versucht nie, den Schüler vom Weg seiner Bestimmung abzubringen. Er stärkt ihn vielmehr, auf diesem Weg zu bleiben. Deshalb steht ja im Text auch nicht: „Und versuche uns nicht." Es steht da: „Und führe uns nicht in Versuchung." Die Gegenwart des Geistes im Schüler *will* nicht, dass dessen Ichbezogenheit auf den Plan trete. Aber eine *Wirkung* dieser Gegenwart kann sein, dass die Ichbezogenheit erst recht auf den Plan tritt. Und dass diese Wirkung möglichst nicht eintrete, darum bittet der Schüler den „Vater". Er sagt: „Vater, durch deine Gaben, die du mir zu deiner Verherrlichung schenkst, könntest du mich in Versuchung führen, sie zu meiner eigenen Verherrlichung zu missbrauchen. Verhindere, dass das geschieht."

Die aus dem Matthäus-Evangelium bekannte siebte Bitte: „Und erlöse uns von dem Bösen", fehlt bei Lukas, wohl deshalb, weil sich die Erlösung aus den Verstrickungen in die materielle Welt, die durch ein ichbezogenes Handeln entstehen, selbstverständlich ergibt, wenn Denken, Empfinden und Wollen der Persönlichkeit verändert werden.

Das ganze Gebet, das Jesus seinen Schülern gibt, läuft darauf hinaus, dass stets die geistige Welt, die als Ebenbild Gottes in ihnen gegenwärtig ist, die Ehre erhält, niemals das irdische Ich. In den ersten beiden (drei) Bitten verbindet sich das wahre Selbst mit der Ordnung und den Kräften der geistigen Welt, um sich an ihnen zu orientieren und in ihnen zu wachsen. Aus diesen Kräften entsteht dann nach Gedanken, Empfindungen, Strebungen und Handlungen eine neue Persönlichkeit, die in Übereinstimmung mit der geistigen Welt lebt. Die „Verklärung" Jesu zeigt eine solche nach Denken, Empfinden und Wollen veränderte Persönlichkeit. Die letzten drei (vier) Bitten beziehen sich auf die Entstehung dieser neuen Persönlichkeit.

Es ist bemerkenswert, dass das Gebet nicht in Ich-, sondern in Wir-Form gegeben ist. Wenn sich ein Schüler seine Beziehung zur geistigen Welt und seine spirituelle Bestimmung bewusst macht, so ist ihm klar, dass er dabei mit allen anderen Menschen verbunden ist, die sich wie er auf das Reich Gottes und seine Wirkungen im Menschen besinnen. Auch dies trägt dazu bei, dass die Ichbezogenheit aufgelöst wird.

Voraussetzung des „Betens": Sehnsucht nach dem Geist

11 ***5*** *Und er sprach zu ihnen: Wer unter euch hätte einen Freund und ginge zu ihm um Mitternacht und sagte zu ihm: Freund, leihe mir drei Brote,* ***6*** *denn ein Freund von mir ist auf der Reise zu mir gekommen, und ich habe ihm nichts vorzusetzen;* ***7*** *und jener würde von innen antworten und sagen: Mach mir keine Mühe! Die Tür ist schon verschlossen, und meine Kinder sind mit mir im Bett; ich kann nicht aufstehen und dir geben.* ***8*** *Ich sage euch: Wenn er auch nicht deswegen aufstehen und ihm geben wird, weil er sein Freund ist, so wird er doch um seiner Unverschämtheit willen aufstehen und ihm geben, so viel er bedarf.*

Jesus schildert eine Voraussetzung des „Betens", ohne die keine bewusste Verbindung zwischen dem wahren Selbst und der geistigen Welt zu Stande kommt. Es ist die Notwendigkeit intensiver Sehnsucht des wahren Selbst nach dem Geist. Das Gleichnis von dem „unverschämt Bittenden", der zu ungünstigster Zeit Hilfe von seinem Freund verlangt, spricht von dieser Notwendigkeit.

Es gibt Augenblicke im Leben des Schülers, wo er bemerkt, dass er der geistigen Kräfte bedarf, um auf spirituelle Bedürfnisse anderer – seiner „Freunde" – zu antworten. Trotzdem sprudelt der Quell dieser Kräfte nicht, der Schüler fühlt sich von der geistigen Welt wie abgeschnitten. Da gibt es nur die Möglichkeit, dass er alle in der Tiefe des wahren Selbst wurzelnde Sehnsucht nach Verbindung sprechen lässt, dass er sie gleichsam mobilisiert. Anderen Menschen, Wahrheitssuchern, seinen „Freunden", muss geholfen werden. Sie brauchen die richtige Antwort, das richtige Verständnis, die richtige Ermunterung. Wenn sich der Schüler im Bewusstsein, dass hier unbedingt etwas geschehen muss, für die spirituelle Quelle im Innern öffnet, kann er darauf vertrauen, dass eine Stärkung kommt. Diese Intensität der Sehnsucht wird in dem Gleichnis als „Unverschämtheit" des Bittenden dargestellt. Gemeint ist nicht eine Anstrengung des Ich, eine Bestürmung des „Vaters" als göttlicher Person durch ein in Not geratenes Ich. Das wäre wieder die irdische Ebene. Eine Verbindung zwischen dem „Sohn" als Ebenbild Gottes und dem „Vater" als dem Geist kann nur auf der Ebene der geistigen Welt zu Stande kommen. Das Gleichnis zeigt ja auch sehr deutlich, dass sich das wahre Selbst nicht ichbezogen nach Nahrung für sich selbst, sondern nach Seelennahrung für einen anderen sehnt.

Die näheren Umstände des Gleichnisses beschreiben bildhaft die Beziehung zwischen wahrem Selbst und geistiger Welt. Dem Schüler begegnet ein reisender „Freund", unterwegs auf der Suche nach Wahrheit und Lebenssinn. Der Ankömmling braucht geistige Nahrung. Der Schüler weiß: Dies ist der Augenblick, da ich über die richtige Antwort auf die Fragen des Suchers, über Verständnis für ihn und über die Kraft verfügen müsste, ihm Hoffnung zu geben. Das sind die drei „Brote" des Gleichnisses. Aber wie soll ich ihm helfen, wenn ich selbst nichts habe? Der Schüler fühlt sich innerlich wie tot, ohne Licht in der dunklen Mitternacht, ohne Seelennahrung. Er kann sich nur an den Geist im eigenen Wesen wenden – „beten". Zunächst spürt er: Die geistige Welt ist zwar da. Aber es gelingt ihm noch nicht, die geistigen Kräfte ins Bewusstsein aufzunehmen. Die „Tür ist verschlossen", es ist offenbar keine günstige Stunde für die geistigen Kräfte, wirksam zu werden, sie verweigern sich scheinbar und sind mit anderen Dingen „beschäftigt". Und trotzdem sagt das Gleichnis zu dem Schüler: Lass trotz der scheinbaren Ungunst der Stunde und trotz der scheinbaren Verweigerung des Geistes nicht nach, den Kontakt zu suchen und deine Sehnsucht strömen zu lassen. Es wird eine Stärkung kommen, und du wirst die Gaben des Geistes, die drei „Brote", für den Andern erhalten.

Gewissheit der Antwort

11 9 *Und ich sage euch: Bittet, so wird euch gegeben werden; sucht, so werdet ihr finden, klopft an, so wird euch aufgetan werden!* ***10*** *Denn jeder, der bittet, empfängt; und wer sucht, der findet, und wer anklopft, dem wird aufgetan werden.* ***11*** *Wo ist unter euch ein Vater, der, wenn ihn sein Sohn um einen Fisch bittet, ihm statt des Fisches eine Schlange gäbe,* ***12*** *oder auch, wenn er um ein Ei bittet, ihm einen Skorpion gäbe?* ***13*** *Wenn nun ihr, die ihr [doch] böse seid, euren Kindern gute Gaben zu geben wisst, wie viel mehr wird der Vater im Himmel den heiligen Geist denen geben, die ihn bitten!*

Es kommt also mit Sicherheit eine Stärkung. Bittet, so wird euch gegeben werden, klopft an, so wird euch aufgetan werden. Der Schüler kann sich deshalb so sicher sein, weil es sich hier um eine naturwissenschaftliche Gesetzmäßigkeit handelt. Eine Sehnsucht des wahren Selbst, ein vom wahren Selbst ausgehender Ruf nach Verbindung mit dem Geist ist wie eine magnetische Anziehung, auf die gesetzmäßig eine Antwort aus dem Reich des Geistes kommen muss. Wenn es oft nicht diesen Anschein hat, so deshalb, weil das Bewusstsein des Schülers noch so sehr durch Ichbezogenheit getrübt ist, dass er die Antwort aus der Welt des Geistes nicht bemerkt.

Ruft das wahre Selbst nach der Verbindung mit der geistigen Welt, so wird eine Antwort kommen, ob bemerkt oder nicht, die dem Wachstum des wahren Selbst und seiner Wirksamkeit in der Welt förderlich ist. Das ist ein charakteristisches Merkmal des „Betens" im Sinn einer Aufnahme spiritueller Kräfte. Der „Vater im Himmel", der Geist selbst, wird dem Beter die Kraft schenken, die zu seiner Entwicklung und Wirksamkeit notwendig ist, je nach den gegebenen Möglichkeiten. Der Schüler wird den heiligen Geist empfangen, nämlich Erkenntnis, und Energie, diese Erkenntnis auch umzusetzen. Denn es besteht eine unverbrüchliche Beziehung zwischen wahrem Selbst und geistiger Welt, zwischen „Sohn“ und „Vater“, zwischen Zelle und Organismus. Es ist unmöglich, dass das wahre Selbst aus der Welt des Geistes Kräfte erhält, die seiner Entwicklung nicht förderlich sind. Es ist ja selbst geistig und von derselben Struktur wie die geistige Welt. Seine Bedürfnisse sind dieselben wie die der geistigen Welt. Daher *müssen* von ihm aufgerufene Kräfte aus der Welt des Geistes ihm auch dienlich sein.

Das wird von Jesus gleichnishaft angedeutet, indem er sagt, dass auch in der irdischen Welt kein Vater seinem Sohn eine Schlange statt eines Fisches und einen Skorpion statt eines Eies gäbe. Auch in der irdischen Welt besteht zwischen Sohn und Vater, obwohl beide in ihrer Ichbezogenheit im Vergleich zur geistigen Welt „böse“ sind, ein Verhältnis der Verwandtschaft, ja Wesensgleichheit. Aus diesem Grund wird jeder Vater, falls er nicht pervertiert ist, seinen Sohn lieben und ihm das geben, was ihm förderlich ist. Umso mehr gilt dieses Gesetz in der geistigen Welt, wo Vater und Sohn einander nicht als sich selbst behauptende Ichwesen gegenüberstehen, sondern der Sohn im Vater aufgeht und der Vater sich im Sohn ausdrückt. Mag es dem Schüler auf dem spirituellen Weg auch manchmal so scheinen, als bekäme er aus der geistigen Welt Antworten in Form von Erfahrungen, die ihn völlig aus der Bahn werfen oder seinen Erwartungen von spiritueller Entwicklung total widersprechen: als bekäme er einen Skorpion statt eines Eies oder eine Schlange statt eines Fisches – solche Erfahrungen können, da sie aus der geistigen Welt kommen, nur läuternd sein und dem wahren Selbst den Weg zu seiner Entwicklung freilegen.

Spirituelle oder dämonische Kräfte

11 14 *Und er trieb einen Dämon aus, der stumm war. Es begab sich aber, nachdem der Dämon ausgefahren war, da redete der Stumme. Und die Volksmenge verwunderte sich.* ***15*** *Etliche von ihnen sagten jedoch: Durch Beelzebul, den Herrscher der Dämonen, treibt er die Dämonen aus.* ***16*** *Andre aber versuchten ihn und forderten von ihm ein Zeichen vom Himmel.* ***17*** *Er jedoch sprach, da er ihre Gedanken wusste, zu ihnen: Jedes Reich, das mit sich selbst entzweit ist, wird verwüstet, und ein Haus fällt über das andre.* ***18*** *Wenn aber sogar der Satan mit sich selbst entzweit ist, wie kann sein Reich bestehen? Ihr sagt ja, ich treibe die Dämonen durch Beelzebul aus.* ***19*** *Wenn aber ich die Dämonen durch Beelzebul austreibe, durch wen treiben eure Söhne sie aus? Deshalb werden sie eure Richter sein.* ***20*** *Wenn ich dagegen durch den Finger Gottes die Dämonen austreibe, so ist ja das Reich Gottes zu euch gekommen.* ***21*** *Wenn der Starke bewaffnet seinen Hof bewacht, bleibt sein Besitztum in Frieden.* ***22*** *Doch wenn ein Stärkerer als er über ihn kommt und ihn überwindet, nimmt er ihm seine Waffenrüstung, auf die er sich verließ, und verteilt seine Beute.* ***23*** *Wer nicht mit mir ist, der ist wider mich, und wer nicht mit mir sammelt, der zerstreut.*

Sowohl spirituelle Kräfte aus der Welt des Geistes als auch dämonische Kräfte aus dem Jenseits können Wirkungen haben, die über das dem rationalen Verstand Begreifbare hinausgehen. Aber die Wirkungen dämonischer Kräfte sind, obgleich aufsehenerregend, der spirituellen Bestimmung des Menschen gewiss nicht förderlich. Wie kann man beide Arten von Kräften bei anderen oder im eigenen Wesen unterscheiden?

Das wahre Selbst kann bewusst, zum Beispiel durch „Beten", Kräfte aus der geistigen Welt freisetzen, durch die „Dämonen" ausgetrieben werden. Individuelle oder kollektive Wahnvorstellungen werden durch die Ordnung des Geistes vertrieben.

Auch das irdische Ich kann in konzentrierter Selbstbehauptung „beten", beschwören und Kräfte dämonischer Art aufrufen. Es kann in seinem Wahn, auserwähltes Werkzeug der „Vorsehung" zu sein, mit dämonischen Energien aus dem Jenseits in Verbindung treten und sie anwenden. Es kann sich kollektiver Wahnvorstellungen der Menschen – der Dämonen – bedienen, um mit unwiderstehlicher „Ausstrahlung" andere zu beherrschen. Es verrichtet unter Umständen „Wunder" – sei es, dass es Menschen von Krankheiten „heilt", sei es, dass es sie zu Höchstleistungen befähigt. Auch im Namen „Beelzebuls", des Herrschers der Dämonen: des Prinzips und der Konzentration irdischer Ichbezogenheit, kann also ein Mensch Kräfte entwickeln, durch welche Unordnung in Einzelnen oder im Kollektiv beseitigt und durch scheinbare Ordnung ersetzt wird: durch die Ordnung der Wahnvorstellungen.

Einige Zeugen einer Dämonenaustreibung durch Jesus behaupten, Jesus sei im Bund mit Beelzebul und treibe dadurch Dämonen aus. Das wirft die Frage auf: Wie lässt sich unterscheiden, durch welche Kräfte ein Mensch dämonische Unfreiheit beseitigt? Beseitigt er sie durch geistige oder dämonische Kräfte? Einige Umstehende schlagen als Unterscheidungskriterium vor: ein „Zeichen vom Himmel". Sie verlangen ein „Zeichen vom Himmel" von Jesus, aus dem sich beweisen ließe, dass er wirklich mit geistigen Kräften arbeitet. Sie verlangen ein „Wunder" von ihm. Durch ein „Zeichen vom Himmel" soll Jesus sich von Gott als einer legitimieren lassen, der mit Hilfe geistiger Kräfte Dämonen austreibt.

Welcher Art müsste dieses „Wunder" sein, um dem Verstand zeigen zu können, dass Jesus wirklich mit geistigen, nicht mit dämonischen Kräften arbeitet? Der Verstandesmensch möchte beurteilen können, ob eine esoterische Bewegung aus dem Geist oder aus der dämonischen Welt ist, ob es sich um eine wahrhaft spirituelle Institution oder um eine „Sekte" handelt. Er möchte Kriterien haben, die ihm Sicherheit über den Charakter einer esoterischen Bewegung geben.

Einmal angenommen, Jesus würde ein solches „Wunder", ein solches „Zeichen vom Himmel" vollbringen. Einmal angenommen, er würde seinen „Vater" veranlassen, den Himmel zu öffnen und eine übernatürliche Erscheinung hervorzurufen, die Jesus als „Gottessohn" auswiese. Oder auch angenommen, der Führer einer beliebigen esoterischen Gruppe würde „Wunder" in Form von Materialisierungen oder übernatürlichen Erscheinungen vollbringen. Wie würden die Menschen reagieren? Hartnäckige Rationalisten würden doch immer behaupten, hier werde mit, vorläufig undurchschaubaren, „natürlichen" Mitteln gearbeitet, Hypnose, Kollektivsuggestion, oder es stecke überhaupt Betrug hinter der Sache. Andere würden an die Übernatürlichkeit der „Phänomene" glauben. Aber dieser Glaube wäre nur dadurch begründet, dass ihr Verstand an seine Grenzen gelangt ist. Es wäre ein Für-wahr-Halten, weil keine rationale Erklärung möglich ist.

Was hätte ein solcher Glaube für Kraft? Was würde er bewirken? Die Unterwerfung unter eine Autorität, die Verehrung einer Autorität. Wenn sich Gläubige unter dieser Voraussetzung verändern und zum Beispiel, weil die Autorität dazu aufruft, ihre Ichbezogenheit preisgeben, so tun sie es um einer äußeren Instanz willen, nicht „um meinetwillen“, nicht um ihrer wahren Identität willen. So werden sie unfrei, statt die Freiheit ihres wahren Selbst zu gewinnen.

Und würden sie in diesem Glauben endgültig wissen können, aus welcher Quelle die „Phänomene“ stammen? Sie könnten nur wissen, dass es sich um „übernatürliche“ Phänomene handelt. Die entscheidende Frage aber, ob sie aus dämonischen oder spirituellen Bereichen veranlasst sind, müsste weiter offen bleiben. Der Verstand ist ein für das Diesseits geschaffenes Instrument und kann nicht ergründen, ob „übernatürliche“ Kräfte aus dem Jenseits oder der geistigen Welt stammen. Der Glaube, der darauf beruht, dass der Verstand an seine Grenzen gelangt, kann es ebenso wenig. Die Gläubigen würden trotz des „Zeichens vom Himmel“ stets in Ungewissheit verbleiben, ob sie sich dämonischen oder spirituellen Kräften anvertraut haben.

Gewissheit in dieser Frage lässt sich nur mit Hilfe der spirituellen Wahrnehmung des wahren Selbst und des von ihm erleuchteten und von Wahnvorstellungen gereinigten Verstandes gewinnen. Der Mensch muss sich hier auf seine Erfahrungen verlassen – Erfahrungen mit dem wahren Selbst und der dämonischen Ichbezogenheit im eigenen Wesen, wodurch er allmählich die Wirkungen des einen von denen der anderen unterscheiden lernt. Er wird dann auch an den Früchten erkennen, aus welchen Kräften eine esoterische Bewegung arbeitet. Aber die Beurteilung: was sind gute, was sind schlechte Früchte, wird ebenfalls davon abhängen, inwieweit sich sein wahres Selbst und seine Vernunft entwickelt haben.

Jesus gibt kein „Zeichen vom Himmel“. Würde er es tun und „übernatürliche Phänomene“ hervorbringen, um sich zu legitimieren, so könnte er doch keine Gewissheit erzeugen, dass er mit Gott im Bund steht. Denn „übernatürliche Phänomene“ kann auch ein mit dämonischen Kräften arbeitender Magier hervorbringen. Und Jesus würde sich durch so ein Verhalten auf die Ebene des irdischen Verstandes hinabbegeben. Er würde auf eine Provokation mit „Zeichen“ als Argumenten antworten. Er würde sich verteidigen und Gott zum Knecht seiner Verteidigung machen.

Deshalb lebt und handelt Jesus nur aus seinem wahren Selbst und im Einklang mit ihm. Er geht auf die Provokation der Zeichenforderer nicht ein. Er verweist nur auf seine Taten und die Ergebnisse seiner Taten. Das sind, für einen dafür offenen Menschen, erfahrbare Realitäten. Jesus hat durch spirituelle Kräfte einen Dämon ausgetrieben. Ergebnis ist, dass der „Stumme“ wieder „redet“. Es ist ihm die „Sprache“ wiedergegeben, das „Wort“, das, wodurch der Mensch erst zum Menschen wird und wodurch er Zugang zum Reich des Geistes gewinnen kann. Das „Wort“, die Vernunft ist dem Menschen wiedergegeben, die Fähigkeit, selbstständig zu erkennen und zu urteilen. Er ist von dem Dämon, der „Stummheit“ ist, befreit: von Wahnvorstellungen individueller oder kollektiver Art, die ihn seines selbstständigen Denkens, seiner „Sprache“, beraubt haben.

Und das ist das Unterscheidungskriterium, ob ein Mensch mit spirituellen oder dämonischen Kräften arbeitet. Es sind die Früchte, die dieser Mensch hervorbringt. Die Kräfte des Geistes stellen im dafür empfänglichen Menschen die Freiheit des Denkens und Urteilens, die Selbstständigkeit der Vernunft wieder her, die Sprache der Vernunft, die durch Ideologie und Dogma verstummt war. Dämonische Kräfte können unmöglich die Sprache der Vernunft wiederherstellen. Vernunft im Sinn einer Offenheit für die Sprache des Geistes und Wahnvorstellung schließen einander aus.

Deshalb argumentiert Jesus: Wenn dämonische Kräfte Vernunft wieder herstellen würden, hätten sie ihr eigenes Reich zerstört. Der Satan wird doch aber sein eigenes Reich unmöglich zerstören wollen. Also habe ich, der ich die Vernunft des Besessenen wieder hergestellt habe, nicht aus den Kräften des Satans gewirkt.

Es kann manchmal den Anschein haben, als ob auch „Beelzebul", die Konzentration der Ichbezogenheit, Dämonen austriebe. Solche Kräfte können durchaus „Heilungen" oder außergewöhnliche Leistungen bewirken. Aber sie werden niemals „Vernunft" und selbstständige Sprache wieder herstellen. Es wird nur eine Ideologie die andere austreiben. Eine Sucht kann die andere, eine Wahnvorstellung die andere vertreiben. So mag der Eindruck entstehen, als sei Satan mit sich selbst entzweit. Aber in Wirklichkeit steckt Satan hinter jeder Ideologie, auch hinter einander widerstreitenden. Satan ist Ideologie an sich, Wahnvorstellung an sich, gleichgültig, welchen Inhalt sie hat. Es wird daher Satans Reich nicht zerstört, auch wenn zahlreiche Ideologien zum Beispiel in einem Volk um die Vorherrschaft streiten. Dabei bleibt das Volk doch immer im Griff von Kräften der jenseitigen Welt, unmündig, der Sprache der Vernunft beraubt und unfrei.

Auch ein einzelner Mensch kann sich die Frage stellen, ob eine im eigenen Wesen neu sich bildende Ordnung aus dem wahren Selbst oder aus den dämonischen Kräften seiner Ichbezogenheit hervorgeht. Es könnte ja sein, dass er neue Kräfte in sich verspürt und dass diese Kräfte ihm ermöglichen, die bisherige Unordnung seines Lebens zu beseitigen, also einen „Dämon" aus seinem Wesen zu vertreiben. Auch hier kann nur Erfahrung die Entscheidung bringen. Wenn er eines Tages bemerkt, dass die neue „Ordnung" nur eine neue Wahnvorstellung an die Stelle einer alten gesetzt hat, so weiß er, dass er weiterhin im Griff der dämonischen Welt ist. Erkennt er aber, dass Freiheit und selbstständiges Denken, eine selbstständige „Sprache", orientiert an der Welt des Geistes, in ihn eingezogen sind, so weiß er, dass geistige Kräfte aus seinem wahren Selbst in ihm gewirkt haben. Dann hat, wie Jesus sagt, der „Finger Gottes" die Dämonen ausgetrieben. Das „Reich Gottes" ist zu dem Betreffenden gekommen und hat seine Wirkungen in der Welt des Ich gezeigt.

Noch einmal unterstreicht Jesus die Tatsache, dass sich die Entscheidung, durch welche Kräfte Dämonen ausgetrieben werden, nur durch Erfahrung ergeben kann. Er fragt jetzt umgekehrt, durch wen seine Gegner die Dämonen austreiben. „Durch wen treiben eure Söhne sie aus?" „Eure Söhne" bedeutet: euresgleichen. Durch wen also treiben euresgleichen die Dämonen aus? Es wird sich herausstellen, durch wen sie es tun, je nach dem Ergebnis. Und das Ergebnis wird ihre Behauptung bestätigen oder Lügen strafen. Es wird „euer Richter" sein und darüber urteilen, wes Geistes Kind ihr seid und aus welchen Kräften ihr Dämonen austreibt: in des Satans oder in Gottes Namen.

Jetzt, mit Jesus, ist tatsächlich das Reich Gottes gekommen. Die Ordnung und Kräfte der geistigen Welt haben sich durch ihn und seine Schüler in der irdischen Welt manifestiert und die dämonischen Wahnvorstellungen so mancher Menschen beseitigt. Der Satan ist wie ein Blitz vom „Himmel“ des individuellen und kollektiven Unbewussten gefallen. Bis dahin waren das Reich des Satans und sein Besitztum „in Frieden“. Die Menschen befanden sich fest im Griff der Ideologien und Dogmen, und mit allen Waffen der List und der Gewalt hatte der „Starke“ darüber gewacht, dass niemand diesem Griff entkam. Mit Jesus und seinen Schülern aber ist ein „Stärkerer“ gekommen, der diese Wahnvorstellungen in ihrer List und Gewalt entlarvt und ihnen ihre Beute entreißt. Die Menschen, die bisher unfreie Opfer der „Dämonen“ waren, individuell und kollektiv, werden nun freie Bürger des Reiches Gottes.

Jesus ist der Prototyp der wahren Identität des Menschen. Diese wahre Identität wirkt in der Menschheit und im einzelnen Menschen als Bedürfnis nach Wahrheit und innerer Freiheit. Wenn ideologische Systeme zusammenbrechen, so ist das nicht nur Folge ihrer langfristigen Funktionsunfähigkeit, sondern auch der zunehmenden Fähigkeit der Menschen, Betrug und Manipulation durch dämonische Wahnvorstellungen zu durchschauen. Das wahre Selbst in ihnen lässt sich nicht mehr betrügen und manipulieren. So kann allmählich aus Erkenntnis eine neue Ordnung in Völkern und im Einzelnen entstehen, die der wahren Identität des Menschen entspricht.

Wer nicht mit dieser wahren Identität mitwirkt und ihre Entfaltung nicht befördert, gehört weiterhin zur Welt der dämonischen Ichbezogenheit und arbeitet gegen die Bestimmung der Menschheit. Wer nicht im Sinn dieser wahren Identität zu leben versucht und nicht mit allen anderen gemeinsame Sache macht, die es versuchen, der sammelt nicht unter dem Vorzeichen der Bestimmung des Menschen. Er führt nicht zur Einheit mit dem Geist, in dem alle Menschen als wahres Selbst eins sind, sondern zerstreut. Er belässt sich selbst und andere im Griff ihrer kollektiven oder individuellen Wahnvorstellungen, die in ihrer Unterschiedlichkeit die Menschen stets voneinander trennen, ja einzelne und Gruppen als Feinde gegeneinander hetzen. Darauf reagieren die Menschen dann wieder ideologisch. Sie versuchen, Einzelne und Völker durch Zwang gleichzuschalten, um endlich gewaltsam alle Unterschiede einzuebnen und die Welt zu befrieden.

Doch wer aus der wahren Identität des Menschen zu leben versucht, wird alle anderen Menschen frei diese Identität verwirklichen lassen. Denn der Geist ist frei. Dann wird sich ergeben, dass sich alle Menschen in dieser Freiheit und Einheit des Geistes finden werden, trotz unzähliger individueller Unterschiede.

Wachsamkeit gegenüber dämonischen Kräften

***11* 24** *Wenn der unreine Geist aus dem Menschen ausgefahren ist, durchzieht er was-*
serlose Orte und sucht eine Ruhestätte. Und findet er keine, so sagt er: Ich will in
mein Haus zurückkehren, aus dem ich weggegangen bin. **25** *Und wenn er kommt, fin-*
det er es gesäubert und geschmückt. **26** *Dann geht er hin und nimmt sieben andre*

Geister mit, die schlimmer sind als er, und sie ziehen ein und wohnen dort, und es wird nachher mit jenem Menschen schlimmer als vorher.

Gerade wenn die aus dem wahren Selbst aufsteigende neue Ordnung die alte Unordnung der Wahnvorstellungen beseitigt hat, muss der Mensch äußerst wachsam sein. Der „Dämon", die kollektive Wahnvorstellung, hat den Betreffenden verlassen, ist aber als Konzentration mentaler und emotionaler Energien in der Menschheit noch wirksam. Denn viele andre Menschen beleben diese Wahnvorstellung ununterbrochen. Der Dämon sucht sich Andere, die er in Besitz nehmen kann. Findet er aber keine solche „Ruhestätte" auf seinem Weg durch „wasserlose Orte", durch Bereiche nämlich, wo Menschen sich ihm nicht öffnen, so belagert er den Menschen, den er verlassen hat, von neuem. Wenn dieser Mensch die Ordnung des Geistes inzwischen im eigenen Wesen nicht befestigt und es unterlassen hat, ihr durch Taten Ausdruck zu geben und sein ganzes Leben entsprechend zu gestalten, steht das „Haus", sein Wesen, leer und von neuem für die ursprüngliche Wahnvorstellung offen. Ja im Gefühl innerer Leere zieht er diese sogar an und „schmückt sich" für den alten Gast. Er heißt ihn gern willkommen. Und der alte Gast kann wieder einziehen.

Jetzt aber ist die Ich-Vernunft dieses Menschen, da sie sich einmal für den wahren Lebenssinn geöffnet und ihn wieder verloren hatte, noch verwirrter und geschwächter als vorher. Und die dämonischen Kräfte haben leichtes Spiel. Es können weitere, ganz neue Wahnvorstellungen in diesem Menschen Fuß fassen: sieben andere Geister, die schlimmer sind „als der erste". Und damit ist er in einer fast ausweglosen Situation.

Er war zum Beispiel fanatischer Anhänger eines Gerechtigkeitsideals gewesen, das er durch eine neue gesellschaftliche Ordnung verwirklichen zu können glaubte. Das war eine kollektive Wahnidee, ein Dämon, der ihn in Besitz genommen hatte. Sein innerstes Wesen, sein wahres Selbst, hatte ihm aber gesagt, er müsse Gerechtigkeit erst im eigenen Leben verwirklichen, in Übereinstimmung mit den Gesetzen des wahren Selbst. Damit wäre in einem Teil der Welt, nämlich in ihm selbst, Gerechtigkeit verwirklicht, und zwar in einem Teil, auf den er wirklich Einfluss hatte. Durch diese Erkenntnis war der kollektive Dämon vertrieben worden.

Aber jetzt versäumte es dieser Mensch, seine Erkenntnis im eigenen Leben auch umzusetzen, und so wurde sie schwächer und schwächer und ging ihm schließlich wieder verloren. Sein Wesen stand leer, und war dadurch umso empfänglicher für die alte fixe Idee. Sie zog wieder in ihn ein, er schöpfte wieder Hoffnung, allein durch gesellschaftliche Veränderung Gerechtigkeit verwirklichen zu können. Und jetzt wurde diese Hoffnung übermächtig, und neue, schlimmere, sieben Dämonen zogen in ihn ein: Größenwahn, anarchistische Gewaltbereitschaft, schrankenlose Schwarz-Weiß-Malerei, paranoide Verfolgungsangst, Bedürfnis nach absoluter Geborgenheit bei einem Führer, Entschuldigung jeglichen Verbrechens im Dienst der Ideologie, allgemeiner Realitätsverlust. Ein Bild der Zerrüttung. Deshalb ist es so wichtig, dass ein Mensch, der eine Einsicht über den wahren Lebenssinn gewinnt, seine Erkenntnis auch in die Tat umsetzt, um so einen neuen Bewohner, das wahre Selbst, in sein „Haus", sein Wesen, einziehen zu lassen. Dann findet kein Dämon in ihm eine Wohnstätte mehr.

Was ist Seligkeit?

11 27 Und es begab sich, als er dies sagte, da erhob eine Frau aus dem Volk die Stimme und sprach zu ihm: Selig der Leib, der dich getragen hat, und die Brüste, an denen du dich genährt hast! 28 Er aber sprach: Selig sind vielmehr die, welche das Wort Gottes hören und bewahren.

Das wahre Selbst, verkörpert durch Jesus, lebt aus der Ordnung und Kraft der geistigen Welt. Daher erkennt es die Ordnung der geistigen Welt und damit auch die Unordnung und das Wesen der dämonischen Welt. Es verfügt außerdem über Kräfte aus der geistigen Welt, die alle dämonische Unordnung beseitigen. Diese alles erhellende Klarheit und alles überwindende geistige Kraft des wahren Selbst werden zum Anlass für eine Seligpreisung, die die Ausführungen Jesu über das „Beten" und die Beschaffenheit der dämonischen Welt wie ein starker Akzent abschließt.

Eine Frau preist die Mutter Jesu selig, da aus ihr ein solcher Mensch hervorgegangen sei. Sie preist das irdische Gefäß selig, in dem Jesus, das Muster des geistigen Menschen, entstanden ist. Aber Jesus korrigiert sie und verweist auf den Unterschied zwischen dem Irdischen und dem Geistigen. Das Irdische hat tatsächlich eine Funktion für das Geistige, und es gibt viele Menschen, die wie die Mutter Jesu mit ihren irdischen Kräften zur Entwicklung spiritueller Impulse in der irdischen Welt beitragen. Sie verehren spirituelle Führer oder Bewegungen, sie sind ihnen behilflich, sie glauben an sie, sie opfern sich im Dienst für sie auf. Aber obwohl sie der „Leib" sind, der den spirituellen Impuls trägt, und die „Brüste", an denen dessen irdische Form genährt wird, bleiben sie selbst doch die alten, irdischen Menschen. Eine solche Einstellung zum spirituellen Impuls macht nicht selig.

Selig sind vielmehr die, die sich vom spirituellen Impuls verwandeln lassen. Entscheidend ist, ob sich der Mensch *verändert*. Wenn er das versäumt, wird er trotz aller Aufopferung, Dienstbarkeit und Verehrung nicht selig.

Seine eigentliche Aufgabe ist, das Wort Gottes zu hören und zu bewahren. Das Wort Gottes hören, bedeutet, sich für die Erkenntnis und Kraft aus der göttlichen Welt zu öffnen, wodurch sich das Ebenbild Gottes entfaltet und der Mensch von aller Ichbezogenheit befreit wird. Das Wort Gottes bewahren, heißt, aus dieser Erkenntnis und Kraft zu leben, wodurch das Ebenbild Gottes zu wirken beginnt und die ganze Ich-Persönlichkeit verwandelt. Das „Gewand" eines solchen Menschen wird hell wie das „Gewand" Jesu bei der „Verklärung" auf dem Berg. Dann ist der Mensch wirklich zu einem Nachfolger Jesu geworden, lebt wie dieser aus der Ordnung und Kraft der göttlichen Welt und wirkt entsprechend. Das ist Seligkeit.

Zeichenfunktion des wahren Selbst

Die folgenden Verse des Lukasevangeliums stehen unter dem Motto des „Zeichens". Wenn das Zeichen des wahren Selbst in der Menschheit errichtet ist, wird dadurch deutlich, was das unwahre Selbst ist. Aus der Erkenntnis der göttlichen Welt, die sich in Jesus als „Zeichen" überall sichtbar manifestiert, folgt die Möglichkeit, die Art der dämonischen, jenseitigen Welt zu erkennen und ihre Macht zu brechen. Es folgt weiter die Möglichkeit daraus, die Art der irdischen, diesseitigen Welt zu erkennen und ihre Macht zu brechen.

Reaktion auf das Zeichen des wahren Selbst

11* *29 *Als aber die Volksmenge sich herzudrängte, fing er an, zu sagen: Dieses Geschlecht ist ein böses Geschlecht; es begehrt ein Zeichen, und ein Zeichen wird ihm nicht gegeben werden als nur das Zeichen des Jona.* ***30*** *Denn wie Jona den Niniviten ein Zeichen war, so wird es auch der Sohn des Menschen diesem Geschlecht sein.* ***31*** *Die Königin von Süden wird im Gericht mit den Männern dieses Geschlechtes auftreten und sie verurteilen; denn sie kam von den Enden der Erde, um die Weisheit Salomos zu hören, und siehe, hier ist mehr als Salomo.* ***32*** *Die Männer von Ninive werden im Gericht mit diesem Geschlecht auftreten und es verurteilen; denn sie taten Buße auf die Predigt des Jona hin, und siehe, hier ist mehr als Jona.*

Die Pharisäer und Schriftgelehrten hatten von Jesus ein „Zeichen vom Himmel" gefordert, um sich einen Beweis für den göttlichen Ursprung des Wirkens Jesu zu verschaffen (11,16). Sie wünschten sich die Demonstration übernatürlicher Fähigkeiten. Aber solche Demonstrationen wären eher der Beweis, dass nicht aus spirituellen Quellen gearbeitet wird. Denn mit ihnen begibt sich der „Wundertäter" auf die Ebene des irdischen Verstandes und dessen Forderung nach „Beweisen". Und der rationale Verstand, zuständig für die diesseitige Welt, ist doch nicht in der Lage, zu unterscheiden, ob übernatürliche Kräfte aus spiritueller oder dämonischer Quelle stammen. Jesus verweigert daher diesem „bösen Geschlecht" ausdrücklich ein solches „Zeichen vom Himmel".

Das „Zeichen" einer wirklich spirituellen Bewegung ist nichts Spektakuläres. Es ist das wahre Selbst. Es ist die Qualität der Menschen dieser Bewegung, die Qualität des Meisters und der Schüler. Es ist die Realität des Lebens dieser Menschen, die verändernde Wirksamkeit der Ordnung und Kraft des Geistes in ihnen und das Ergebnis dieser Wirksamkeit: die Austreibung von Dämonen, die Wiederherstellung der Freiheit des Urteilens und Empfindens – so wie der „Stumme" wieder „reden" kann und die Sprache der Vernunft zurückerhält –, und die Heilung von Krankheiten, nämlich eine neue Ordnung im inneren und äußeren Leben. Durch dieses Zeichen wird klar, aus welcher Kraft Jesus arbeitet. Aber es wird noch mehr klar. Jesus verheißt dem „bösen Geschlecht" das Zeichen des Menschensohnes. Es wird vor dem „bösen Geschlecht" aufgericht werden und sich offenbaren. Es wird sich gegen das „böse Geschlecht" richten, es entlarven und verurteilen. Vor dem „Zeichen" des wahren Selbst und seiner Wirkungen wird die Beschaffenheit des „bösen Geschlechtes", des unwahren Selbst, sichtbar und erkennbar werden.

Das „böse Geschlecht" ist die in Machtinteressen erstarrte herrschende Priester- und Gelehrtenkaste, weil sie die Beherrschten an der Entfaltung des wahren Lebens hindert. Böse ist auch der Dogmatiker in jeder einzelnen Persönlichkeit, weil er sie an der Entfaltung eines spontanen Lebens aus dem wahren Selbst hindert. Er ist insbesondere böse, wenn er sich auf traditionelle Symbole der göttlichen Welt beruft und sich als einziger Interpret dieser Symbole ausgibt, um unter dieser Decke doch die eigenen Machtinteressen zu verfolgen. Denn die Gesetzeskundigen und Pharisäer der Juden legitimierten ihre Stellung mit dem von Gott auf dem Sinai gegebenen Gesetz, mit einem besonderen Verhältnis zu Gott, mit dem besonderen Wert ihrer Religion. Gerade diese Einstellung aber macht besonders selbstgerecht, hochmütig und halsstarrig, weshalb Impulse aus dem wahren Selbst kaum eine Chance haben, dagegen etwas auszurichten, sei es in einem Volk, sei es in einem Einzelnen.

Die Qualität eines Menschen auf dem spirituellen Weg kann auf drei Ebenen liegen, je nach Entwicklungszustand. Der Prophet Jona stellt die Qualität der irdischen Persönlichkeit dar, die sich, wie Johannes der Täufer, vom Irdischen ab- und dem Göttlichen zuwendet. Salomo stellt die Qualität der von der Weisheit Gottes erfüllten irdischen Persönlichkeit dar. Er verkörpert die Ich-Vernunft, die sich vom wahren Selbst hat verwandeln und durchdringen lassen. Und Jesus ist das Muster des wahren Selbst, das nach Simeon „gesetzt ist zum Fall und zum Aufstehen vieler in Israel". Er ist der Verwirklicher des spirituellen Impulses, der Prophet Jona und Salomo sind die Vorbereitung darauf.

Jona war den Einwohnern Ninives, den „Heiden", ein Zeichen. Er war der dem Gesetz Gottes gehorsame Mensch, der Prophet, der auf den spirituellen Weg durch das äußere Gesetz vorbereitete. Und die Niniviten reagierten positiv auf dieses Zeichen. Sie erkannten an diesem Maßstab ihren eigenen Zustand der Verhaftung in irdischen Leidenschaften, taten Buße und wandten sich dem Gesetz Gottes zu. Ebenso, fährt Jesus fort, war Salomo den Menschen seiner Zeit ein Zeichen. Er war der von der Weisheit Gottes erfüllte irdische Mensch, und jedermann konnte sich mit Blick auf dieses Zeichen entscheiden, ob er sich seinerseits für die Weisheit öffnen oder in der Torheit des allein das Irdische bedenkenden Verstandes verharren wollte. Die Königin von Saba reagierte positiv auf dieses Zeichen. Sie „kam von den Enden der Erde", um die göttliche Weisheit zu hören.

Jetzt aber kommt Jesus zu den Menschen seiner Zeit, ebenfalls ein Zeichen. Er ist der frei aus dem Gesetz der geistigen Welt lebende Mensch, das wahre Selbst, das sein inneres Gesetz frei entfaltet. Das ist mehr als der dem äußeren göttlichen Gesetz folgende irdische Mensch, mehr als der von der göttlichen Weisheit erfüllte irdische Mensch. Und trotzdem verweigern die Zeitgenossen Jesu die positive Reaktion auf ihn. Sie sind keine „Heiden", wie die Bewohner Ninives und die Königin von Saba, sondern mit dem göttlichen Gesetz Verbundene. Man sollte von ihnen erwarten, dass sie, die sich so lange auf den spirituellen Weg vorbereitet haben, jetzt, wo er sich vor ihnen öffnet, ihn auch sofort betreten. Aber gerade die lange Vorbereitung führt dazu, dass sie die Vorbereitung, das Leben nach dem äußeren Gesetz, zur Hauptsache machen, sich hartnäckig an das Gesetz klammern und den Schritt in die Freiheit nicht tun. Ja sie tun nicht einmal Buße wie die Niniviten und hören nicht auf die göttliche Weisheit wie die Königin von Saba.

Wenn einst das Endgericht kommt – und dieses Gericht findet alle Tage statt –, an dem das Innere aller Menschen offenbar werden wird, werden die Bewohner Ninives und die Königin von Saba ein lebendiger Vorwurf für dieses „böse Geschlecht" sein.

Denn sie hatten positiv auf die Möglichkeiten reagiert, die ihnen von Jona bzw. Salomo vor Augen gestellt wurden. Das „böse Geschlecht“ dagegen hatte die ihnen gebotene Möglichkeit des wahren Menschen ignoriert, ja bekämpft, obwohl sie bessere Voraussetzungen für eine positive Reaktion gehabt hätten als die Niniviten und die Königin von Saba, und die Möglichkeit eines spirituellen Lebens, das „Zeichen“ Jesus, sich noch weit machtvoller vor sie gestellt hatte.

Lichtzeichen für andere

11 33 *Niemand zündet ein Licht an und stellt es in ein Versteck, auch nicht unter den Scheffel, sondern auf den Leuchter, damit die Hereinkommenden den Schein sehen.*
34 *Das Licht des Leibes ist dein Auge. Wenn dein Auge lauter ist, so ist auch dein ganzer Leib voll Licht; wenn es aber böse ist, so ist auch dein Leib finster.* ***35*** *Sieh*
nun zu, ob das Licht, das in dir ist, nicht etwa Finsternis sei! ***36*** *Wenn nun dein gan-*
zer Leib voll Licht ist und gar keinen finstern Teil an sich hat, wird er ganz [so] voll Licht sein, wie wenn das Licht dich mit seinem Strahl beleuchtet.

Das Zeichen „Jesus“, der Prototyp des wahren Menschen, ist ein Licht, das in der Menschheit für alle strahlt. An diesem Zeichen können sich alle orientieren, die auf der Suche nach Wahrheit und nach Erfüllung ihrer Bestimmung sind. Denn es führt ihnen die Wahrheit und die Bestimmung des Menschen vor Augen. Nicht nur Jesus, auch jeder andere Mensch, der sich dieser Bestimmung nähert, kann ein solches Lichtzeichen für andere werden. Voraussetzung ist, dass er, wie Jesus, tatsächlich aus dem wahren Selbst lebt und wirkt und sich nicht versteckt. Sonst würden die anderen Menschen, die Hereinkommenden, die sich der Wahrheit nähern, das Licht des wahren Selbst nicht sehen. Und er muss sich dessen bewusst sein, dass es nicht auf sein eigenes Licht, seinen irdischen Intellekt, Gefühlsreichtum und sozialen Einsatz, ankommt. Würde er vor allem dieses eigene Licht strahlen lassen, so würde er das wahre Licht an seiner Wirksamkeit hindern. Nur wenn er als Ich nicht leuchten will, kann das wahre Selbst, unabhängig von Absichten des Ich, leuchten.

Es ist entscheidend, dass er sich dieses Unterschiedes zwischen echtem und falschem, ichbezogenem Licht, das im Grund Dunkelheit ist, bewusst ist. Denn das falsche Licht macht ihn selbst finster, während das echte Licht sein ganzes Wesen erleuchtet, wodurch er seinerseits zum Lichtzeichen für andere werden kann.

Dein Auge ist das Licht des Leibes. Das Auge führt dem Leib das Licht zu. Es zeigt dem Leib mittels des Lichtes die Eigenschaften der Welt, und so kann sich der Leib, der handelnde Mensch, in der Umwelt orientieren und darin ausdrücken.

Dein Auge ist auch dein Bewusstsein, deine Fähigkeit, zu erkennen. Dein Leib ist deine Fähigkeit zu handeln. Schon auf der Ebene der irdischen Welt gilt: Wenn dein Bewusstsein lauter ist, nicht durch Interessen, Vorurteile und Illusionen getrübt, wirst du lauter wahr-nehmen und die Welt so sehen, wie sie ist. Deine Gedanken werden von dieser richtigen Wahrnehmung erhellt, deine Gefühle geklärt und dein Wille geleitet werden. Deine ganze Ich-Persönlichkeit wird auf Grund ihres lauteren Bewusstseins hell sein. Blickst du umgekehrt mit einem von Projektionen und Erwartungen verstellten Wahrnehmungsorgan in die Welt, so wird dir dieses Organ eine falsche Welt vorführen und all deine Gedanken, Gefühle und Strebungen verderben und verfinstern.

Umso mehr gilt dieses Gesetz auf der spirituellen Ebene. Wenn ein Bewusstseins-Auge, das sich dem Licht der göttlichen Welt öffnen und es der Persönlichkeit zuführen will, lauter ist, frei von jeder Ichbezogenheit, von jeder Haftung an Sinneseindrücken und Dogmen, wird es die ganze Ich-Persönlichkeit „voll Licht" machen. Es wird ihre Gedanken durch die göttliche Weisheit erleuchten, ihre Gefühle klar wie Kristall machen und ihren Willen so läutern, dass er nur noch die Ordnung der geistigen Welt vollziehen möchte. Es wird eine Geistpersönlichkeit entstehen, die durch und durch leuchtet. Sie leuchtet von innen, nichts Dunkles ist mehr in ihr. Sie wird aber auch „von außen" beleuchtet, wie von der geistigen Sonne, wie „wenn das Licht dich mit seinem Strahl beleuchtet". Denn das Licht der Erkenntnis Gottes ist in ihr, und mit diesem Licht ist sie in die sie umgebende Lichtfülle der geistigen Welt eingebettet.

Wenn aber ein Bewusstseins-Auge sich dem Licht der göttlichen Welt verschließt, ist es ein „böses Auge". Es ist nur von Ichbezogenheit und Finsternis erfüllt. Ein solches Bewusstsein macht die ganze Ich-Persönlichkeit finster. Ihre Gedanken werden nur die Zwecke des Ich bedenken, ihre Gefühle voll Leidenschaft und Begierden sein, und ihr Wille nur den Interessen des Ich dienen.

Der Unterschied zwischen dem Menschen mit bösem Auge und finsterem Leib einerseits, mit lauterem Auge und lichtem Leib andererseits ist der zwischen dem „bösen Geschlecht" und dem von Jesus verkörperten wahren Selbst. Derselbe Unterschied macht sich in jedem einzelnen Menschen und jedem Schüler auf dem spirituellen Weg bemerkbar. Deshalb achte jeder Mensch schon im gewöhnlichen Leben darauf, dass er mit lauterem, ungetrübtem Bewusstseins-Auge in die Welt blicke und seine Persönlichkeit dadurch in eine ehrliche und offene Verfassung bringe. Deshalb achte jeder Schüler auf dem spirituellen Weg darauf, dass sein auf die geistige Welt gerichtetes Bewusstseins-Auge frei von jeder Ichbezogenheit sei, damit seine ganze Persönlichkeit vom Licht des Geistes erhellt werde. Er achte insbesondere darauf, dass er sich nicht täuscht. Denn es ist leicht möglich, dass er Illusionen, Schwärmerei und Aktivismus für lichte Gedanken, Gefühle und Strebungen hält, während sie doch in Wirklichkeit nur Finsternis sind und das Licht des Geistes verdunkeln.

Reinigung des Außen durch das Innen

11 37 *Während er aber redete, bat ihn ein Pharisäer, bei ihm zu Mittag zu essen. Da ging er hinein und setzte sich zu Tisch.* ***38*** *Der Pharisäer aber verwunderte sich, als er sah, dass er sich vor der Mahlzeit nicht zuerst gewaschen hatte.* ***39*** *Da sprach der Herr zu ihm: Nun, ihr Pharisäer, ihr reinigt die Außenseite des Bechers und der Schüssel, euer Inneres aber ist voll Raub und Bosheit.* ***40*** *Ihr Toren! Hat nicht der, welcher das Äußere schuf, auch das Innere geschaffen?* ***41*** *Doch gebt das, was darin ist, als Almosen – und siehe, alles ist euch rein.*

Jesus hat die ausschlaggebende Rolle des Bewusstseins, des „Auges", für jede innere Entwicklung festgestellt und die Notwendigkeit unterstrichen, dass dieses Bewusstsein als Erkenntnisorgan ungetrübt von Vorurteilen und Ichbezogenheit sei. Ein weiterer Defekt des an Äußerlichkeiten orientierten Menschen, des „Pharisäers", ist dessen Tendenz, den äußeren Habitus zu reinigen und dadurch die Reinigung des Innern zu versäumen. Anlass für Jesus, diesen Defekt anzusprechen, ist das strikte Ritual des Waschens vor dem Essen. Jesus zieht die Kritik eines Pharisäers auf sich, weil er sich vor dem Essen nicht wäscht. Gewiss plädiert Jesus durch sein Handeln nicht für unhygienisches Verhalten. Er demonstriert vielmehr gleichnishaft – und vielleicht ist die ganze Szene überhaupt ein Gleichnis –, dass die Einhaltung nur des äußeren Rituals ohne entsprechende innere Haltung keinen Wert hat. Jeder Mensch möchte sich entwickeln. Aber er investiert seine Entwicklungsenergie nur allzu oft in ein bloß äußerliches Verhalten, während sich doch das Innere, das wahre Selbst entwickeln sollte. Vielleicht besteht dieses äußerliche Verhalten darin, dass er sich streng an Konventionen und Rituale hält, weil er glaubt, dadurch ein anständiger, ja frommer Mensch zu werden. Vielleicht besteht es darin, dass er zwar versucht, wirklich sein Inneres zu ändern, es aber doch von außen her tut, nämlich willentlich und absichtlich mit Hilfe von Psychotechniken. Auch dann würde er innerlich nicht den geringsten Fortschritt machen. Wie auch immer: Es genügt nicht, die „Außenseite des Bechers und der Schüssel" zu reinigen.

Wesentlicher ist die Reinigung der Innenseite. Und dies geschieht nur dadurch, dass der Mensch seine innersten Motive vors Tribunal des wahren Selbst stellt. Dann entdeckt er, welcher „Raub und Bosheit" in seinem Innern ist. Im Schmerz dieser Entdeckung verlieren diese „bösen" Motive an Kraft, und die Möglichkeiten des wahren Selbst kommen zum Vorschein. Dann, wenn das Innere allmählich rein wird, wird ihm auch das äußere Verhalten entsprechen. Die Reinigung muss also von innen nach außen erfolgen, und die Quelle der Reinigung muss das wahre Selbst sein – anders bleibt der Mensch im Äußerlichen stecken, vergisst die Reinigung des Innern und begnügt sich mit der Illusion, als anständiger oder „positiver" Mensch schon ein reiner und guter Mensch zu sein.

Jesus geißelt diese Torheit. Und er begründet die Notwendigkeit der Reinigung des Innern. Die Reinigung des Äußeren, des Leibes selbst und des äußeren Verhaltens, ist zwar wichtig. Denn Gott hat das Äußere geschaffen, und es ist Pflicht des Menschen, es zu pflegen und zu reinigen. Aber Gott hat auch das Innere, die Seele, geschaffen. Deshalb ist es erst recht Pflicht des Menschen, sie zu pflegen und zu reinigen, bis sie dem Ebenbild Gottes entspricht. Denkt also daran, ruft Jesus den Pharisäern zu, Gott die Ehre zu geben und euer Herz zu pflegen und zu reinigen! Dann wird auch das Äußere rein.

Die Pflege des Herzens läuft darauf hinaus, „das, was darin ist, als Almosen" zu geben. Unter „Almosen" versteht Jesus also „das, was darin ist", und zunächst keine äußeren Mittel, Geld, Kleidung und dergleichen. Und Almosengeben ist dementsprechend kein vorsätzliches, wohltätiges Verhalten, das doch wieder nur äußerlich wäre, sondern eine Eigenschaft des wahren Selbst. Das wahre Selbst kann nicht anders, als alles, was in ihm ist, all seine Liebe und Barmherzigkeit, zu verschenken. Das ist „Almosen-Geben". Aus einem solchen inneren Zustand wird auch zwanglos äußere Wohltätigkeit hervorgehen. Und wenn jemand so verfährt, wird sein Inneres gereinigt. Selbstsucht, Raub und Bosheit haben keinen Platz mehr darin, wenn alle Energien im Dienst der spirituellen Entwicklung der Menschheit stehen. Dadurch wird dann auch das Äußere gereinigt. Denn welches Verhalten könnte reiner sein als eines, welches im Einklang mit dem wahren Selbst nur das Wohl des wahren Selbst anderer Menschen bewirkt?

Entlarvung des Außen durch das Innen

11 ***42*** *Aber wehe euch Pharisäern, dass ihr die Minze und die Raute und jegliches Gartengewächs verzehntet und das Recht und die Liebe zu Gott außer acht lasst. Vielmehr sollte man diese Dinge tun und jene nicht unterlassen.* ***43*** *Wehe euch Pharisäern, dass ihr den Vorsitz in den Synagogen und die Begrüßung auf den Märkten liebt.* ***44*** *Wehe euch, dass ihr wie die unkenntlichen Grabstätten seid, über die die Leute hingehen, ohne es zu wissen.*

45 *Da antwortete einer der Gesetzeskundigen und sagte zu ihm: Meister, indem du dies sagst, beschimpfst du auch uns.* ***46*** *Er aber sprach: Wehe auch euch Gesetzeskundigen, dass ihr die Menschen belastet mit schwer zu tragenden Lasten, und ihr selbst rührt die Lasten mit keinem Finger an.* ***47*** *Wehe euch, dass ihr die Grabmäler der Propheten baut, eure Väter aber haben sie getötet.* ***48*** *Demnach legt ihr Zeugnis ab für die Taten eurer Väter und habt gleichfalls Wohlgefallen daran; denn sie haben sie getötet, ihr aber baut [Grabmäler für sie].* ***49*** *Deshalb hat auch die Weisheit Gottes gesagt: Ich will zu ihnen Propheten und Apostel senden, und etliche von ihnen werden sie töten und verfolgen,* ***50*** *damit das Blut aller Propheten, das seit Erschaffung der Welt vergossen worden ist, von diesem Geschlecht gefordert wird,* ***51*** *vom Blut Abels an bis zum Blut des Zacharias, der zwischen dem Altar und dem [Tempel-]Haus umkam. Ja, ich sage euch: Es wird von diesem Geschlecht gefordert werden.* ***52*** *Wehe euch Gesetzeskundigen, dass ihr den Schlüssel der Erkenntnis weggenommen habt; ihr selbst seid nicht hineingekommen, und die, welche hinein wollten, habt ihr daran verhindert.* ***53*** *Und als er von dort weggegangen war, fingen die Schriftgelehrten und die Pharisäer an, ihm scharf nachzustellen und ihn über mehrere Dinge auszufragen,* ***54*** *indem sie ihm auflauerten, um etwas aus seinem Mund zu erhaschen.*

Ein dreifaches „Wehe“ ruft Jesus über die Pharisäer aus, ein dreifaches „Wehe“ auch über die Gesetzeskundigen, die Vertreter der herrschenden theokratischen Klasse. Die „Gesetzeskundigen“ sind die Ideologen der damaligen Zeit, die Pharisäer die theokratischen Politiker. Auf den Einzelnen bezogen heißt das: Das aus dem Geist lebende wahre Selbst charakterisiert und entlarvt durch seine dynamische Gegenwart im Einzelnen, als „Zeichen“, die dogmatischen und manipulativen Tendenzen. Jeder, der diese Entlarvung im Text des Lukas-Evangeliums zur Kenntnis nimmt, wird dadurch leichter zur Klarheit über die Verhältnisse in seiner eigenen Außen- und Innenwelt kommen.

Warum „Wehe“? Die herrschende Klasse wird wegen ihrer Art und ihres Handelns bestraft werden. Von wem? Und wann? Man könnte an eine Revolution denken, die ihr die Quittung für ihre Fehler ausstellt. Und so etwas ist in der Geschichte auch immer wieder geschehen, nur dass dann meist eine andere herrschende Klasse mit ähnlichen Eigenschaften die alte ersetzt hat. Die herrschende Klasse wird aber jedenfalls die Folgen ihrer Verhärtung und ihrer Taten erleben müssen. Denn Gewalt ruft Gewalt auf, Bosheit Bosheit, Lüge die Lüge.

Doch mit den Weherufen weist Jesus noch auf ein anderes „Gericht" hin. Alles, was sich in Ichbezogenheit vom Leben des Geistes abschneidet und in sich selbst verhärtet, muss eines Tages untergehen. Denn aus sich selbst hat es kein Leben. Wenn daher die Folgen der Missstände vielleicht noch nicht von außen kommen, so kommen sie mit Sicherheit von innen. Es werden sich Müdigkeit, Depression, Enttäuschung und Verzweiflung einstellen, da keine neuen Impulse aus der Welt des Geistes ins Leben der herrschenden Klasse einströmen können.

Die sechs Weherufe charakterisieren sechs typische, zeitlose, üble Eigenschaften der ideologisch oder religiös herrschenden Klasse. Die erste ist, dass die Herrschenden im Kleinen pedantisch bürokratisch sind und alles bis ins Einzelne juristisch regeln und manipulieren. Die Pharisäer der damaligen Zeit sind, anders als die anderer Zeiten, sogar in Bezug auf ihre eigene Steuerpraxis sehr genau. Sie versteuern selbst die Ernte ihrer Hausgärten und halten sich etwas darauf zugute, glauben sie doch, dadurch ihre Pflichten gegenüber Gott – das Alte Testament schreibt die Verzehntung dieser Ernte vor – perfekt zu erfüllen. Fehlende Korruption im Kleinen ist gewiss kein kleines Verdienst. Doch im Großen lassen die Herrschenden jede Gerechtigkeit und die Liebe zu Gott, aus der sich erst ergeben würde, was Gerechtigkeit ist, außer Acht. Im Großen sind sie korrupt. Sie halten eine Struktur der Gesellschaft aufrecht, bei der die Herrschenden die Beherrschten wirtschaftlich ausbeuten und politisch unmündig halten. Das ist nicht Recht. Die Aufgabe der Herrschenden wäre es, das Recht aller Mitglieder der Gesellschaft zu sichern und aus „Liebe zu Gott" zu herrschen: Nämlich so, dass sie der spirituellen Entwicklung aller Menschen in ihrem Herrschaftsbereich dienen. Das bedeutet, sie müssten den Staat so organisieren, dass oberstes Ziel das Streben aller Menschen nach einem sinnerfüllten Leben sein könnte, und alle materiellen und kulturellen Einrichtungen diesem Ziel untergeordnet wären. Wenn die Politiker sich nach diesen Leitlinien richteten, würden sie ganz selbstverständlich auch den Alltag so regeln, dass den Menschen nicht der Lebensatem abgeschnitten würde. Die Herrschenden würden „diese Dinge tun": aus Achtung vor der Würde des Menschen, die dem wahren Selbst entspringt, die Gesellschaft im Großen ordnen – und „jene nicht unterlassen": auch Vorsorge im Kleinen für die Dinge des Alltags treffen, aber im Dienst des primären Ziels.

Die zweite üble Eigenschaft der Politiker ist ihr Geltungsstreben. Statt dass sie sich als Diener der Menschen betrachten und sachlich-unauffällig ihre Arbeit tun, schieben sie sich überall in den Vordergrund und lassen sich bewundern, ob sie respektable Leistungen aufzuweisen haben oder nicht. Sie suchen den „Vorsitz in den Synagogen" und lieben es, „auf den Märkten" begrüßt zu werden.

Die dritte Eigenschaft ist, dass sie innerlich hohl und tot sind wie Gräber. Es fehlt ihnen an der „Liebe zu Gott" und an der daraus folgenden Rechtlichkeit. Kommt es nur darauf an, Macht und Prestige zu gewinnen und zu behalten und immer noch reicher zu werden? Entscheidend ist doch, was mit der Macht, dem Prestige und dem Reichtum getan wird. Aber die Herrschenden kennen den Sinn des menschlichen Lebens nicht und stehen in keiner Beziehung zur geistigen Welt. Woher sollten sie sinnvolle Politikinhalte beziehen?

Die Formulierung: „dass ihr wie die unkenntlichen Grabstätten seid, über die die Leute hingehen, ohne es zu wissen“ enthält noch weitere Kritik. Ein Grab zu berühren, den Tod zu berühren, machte im alten Judentum „unrein“. Der Tod färbte auf das Leben ab und beeinträchtigte es. Die Herrschenden verstehen es, durch schönen Schein und durch schöne Worte ihren inneren Tod „unkenntlich“ zu machen. Jeder Mensch, der mit ihnen in Berührung kommt – und das sind alle in ihrem Machtbereich Befindlichen – wird durch die Berührung mit ihrem inneren Tod angesteckt. Die Hohlheit der Herrschenden überträgt sich wie ein Virus auf die von ihnen Abhängigen, bis sich allgemeine Hoffnungslosigkeit in der Gesellschaft breitmacht. Dabei wäre es die Aufgabe der Herrschenden, selbst sinnvolle Lebensinhalte zu haben und anderen zu vermitteln.

Die vierte üble Eigenschaft der herrschenden Klasse, ob sie aus Pharisäern oder Gesetzeskundigen, aus Politikern oder ihren wissenschaftlichen Beratern besteht, ist ihre Tendenz, es sich selbst auf Kosten anderer gutgehen zu lassen. Anderen bürden sie die Lasten der kollektiven Lebensbewältigung auf, ohne sich selbst im geringsten daran zu beteiligen. Hat der Reichtum der herrschenden Klasse einmal einen bestimmten Umfang erreicht, lassen sich mit seiner Hilfe die Armen immer noch mehr ausbeuten, und deren Arbeitsergebnisse vergrößern den Reichtum auf der anderen Seite. Die Schere zwischen Reich und Arm klafft weiter und weiter auseinander.

Die fünfte üble Eigenschaft ist, dass die Herrschenden die „Propheten“ stets als Gefahr für ihre Macht betrachtet und verfolgt und getötet – oder auf subtilere Weise mundtot gemacht haben. Die Propheten sind jene Menschen, die dem Recht dienen wollen und Gott lieben, die die Würde des Menschen achten und wissen, was die Bestimmung des Menschen ist, die die Ordnung der geistigen Welt kennen und bestrebt sind, ihr Geltung zu verschaffen. Eine besonders subtile Weise des Mundtot-Machens besteht darin, den Propheten der Vergangenheit „Grabmäler“ zu errichten. Nach ihrem Tod also, wenn sie die aktuellen Umstände nicht mehr geißeln und keinen „Schaden“ mehr anrichten können, werden sie scheinbar rehabilitiert. Damit aber „begräbt“ und tötet man sie erst recht. Denn man erstickt durch die Vermarktung ihrer Lehren und das Pathos, mit denen man über sie spricht, die Sprengkraft ihrer Gedanken.

Dass man keineswegs beabsichtigt, ihre Ideen wirklich zu ehren und ernst zu nehmen, zeigt sich, sobald aktuell ein „Prophet“ auftritt, dessen Worte die gegenwärtigen Missstände aufdecken. Ein solcher Prophet ist gefährlich und muss beseitigt werden, so wie auch die damaligen Herrschenden den Priester Zacharias umbrachten. Aber, so spricht die „Weisheit Gottes“, oder anders ausgedrückt, es ist ein unverrückbares Lebensgesetz, dass die Folgen eines solchen Handelns auf die Täter zurückfallen. Das „Blut der Propheten“ wird „von diesem Geschlecht gefordert werden“. Mord ist zerstörerisch nicht nur für den Ermordeten, sondern auch für den Mörder. Er tötet durch den Mord etwas Lebendiges im eigenen Wesen. So führt ein Jahrhunderte lang praktiziertes zerstörerisches Verhalten der herrschenden Klasse zu ihrer eigenen Degeneration. Sie verhärtet sich immer mehr und wird immer uneinsichtiger gegenüber den Propheten. Das ist seit Erschaffung der Welt die Folge der Tötung der Propheten, die unaufhörlich auf die herrschenden Klassen zurückfällt: Degeneration ihrer Fähigkeiten und ihrer Lebensqualität. Das eigene Blut der Herrschenden wird als Kompensation für das Blut der Propheten von ihnen gefordert.

Die sechste Eigenschaft der herrschenden ideologischen oder religiösen Klasse ist die schlimmste, die alle anderen nach sich zieht.

Die religiösen Führer haben den „Schlüssel der Erkenntnis" weggenommen. Mit dem „Schlüssel der Erkenntnis" kann gemeint sein: die Erkenntnis, *wie* man ins Reich Gottes kommt. Es kann aber auch gemeint sein: Der „Schlüssel", der das Reich Gottes „aufschließt", *ist* die Erkenntnis, die Bewusstwerdung dieses Reiches. Beide Aspekte dieses „Schlüssels" haben die Gesetzeskundigen weggenommen. Sie wissen nicht mehr, was Religion ist.

Sie haben erstens die Erkenntnis des Weges verloren, der zum Eintritt ins Reich Gottes führt. Religion ist die Wiederverbindung des wahren Selbst mit der geistigen Welt. Religion ist ein spiritueller Weg, auf dem das dem Menschen unbewusste Ebenbild Gottes im eigenen Wesen allmählich bewusst und wirksam wird, wodurch auch die geistige Welt in ihm bewusst und wirksam wird. Damit ist die zerbrochene Einheit zwischen Mensch und Gott wiederhergestellt.

Die religiösen Führer haben zweitens die unmittelbare Erkenntnis der geistigen Welt verloren. Sie haben aus der Religion, die nicht nur ein spiritueller Weg der Erkenntnis, sondern auch die Erkenntnis selbst ist, einen dogmatischen Glauben und ein Ritual gemacht, durch die der Mensch die Wiederverbindung mit Gott nur scheinbar findet. So haben sie den Schlüssel der Bewusstwerdung, der Erkenntnis Gottes durch das wahre Selbst, die die Tür zur geistigen Welt öffnet, weggenommen, und kommen auch selbst nicht hinein, sind sie doch nur Verwalter des Dogmas und des Rituals. Aber noch schlimmer: Sie monopolisieren das scheinbare Wissen, was Religion sei, und gestehen es niemand anderem zu. Sie machen ihre Definition von Religion zur alleingültigen. Wenn jemand den Weg der Erkenntnis sucht und ahnt, blockieren sie ihn, indem sie behaupten, allein zu wissen, wie dieser Weg aussieht: Er bestehe in der Annahme eines dogmatischen Glaubens und dem Vollzug der entsprechenden Rituale. Damit verhindern sie alle, die den eigentlichen Weg finden könnten, am Finden und am Eintritt in die Welt des Geistes.

Wie sollten unter solchen Umständen sinnvolle Inhalte des politischen und gesellschaftlichen Lebens gefunden werden? Ist doch das Tor, durch das solche Inhalte aus der geistigen Welt zum Menschen fließen könnten, verschlossen! Ist es da ein Wunder, dass nur Macht, Prestige und Reichtum als politische und gesellschaftliche Ziele zählen, dass allenthalben Ausbeutung, Eigendünkel und Sinnleere herrschen, dass die Reichen von den Armen leben und jeder, der auf Möglichkeiten der Sinnfindung aufmerksam macht, verfolgt wird?

Ist es ein Wunder, dass sich auch der Einzelne Macht, Prestige und Besitz als oberste Lebensziele setzt, dass sich Sinnleere in ihm ausbreitet, dass er sich unaufhörlich zu Höchstleistungen zwingt und über seine Verhältnisse lebt, dass er warnende Stimmen in der eigenen Brust oder Ahnungen von einem sinnvolleren Leben – die „Propheten" in sich – immer wieder abreagiert (ihnen „Grabmäler" errichtet) oder sie verfolgt und tötet? Deshalb verfolgen jetzt auch die Schriftgelehrten und Pharisäer Jesus, der den Lebenssinn überhaupt verkörpert, und versuchen, ihn bei „unkorrekten", den herrschenden Konventionen nicht entsprechenden Äußerungen zu ertappen, um ihm einen Strick daraus zu drehen.

Einsichten der Schüler

12 1 Als sich unterdessen die Zehntausende des Volkes versammelt hatten, so dass sie einander traten, fing er an, zuerst zu seinen Schülern zu sagen: Hütet euch vor dem Sauerteig, das heißt, vor der Heuchelei der Pharisäer! 2 Nichts aber ist verhüllt, was nicht enthüllt werden wird, auch [nichts] verborgen, was nicht bekannt werden wird. 3 Deswegen wird alles, was ihr im Dunkeln gesagt habt, im Licht gehört werden, und was ihr in den Kammern ins Ohr geredet habt, wird auf den Dächern gepredigt werden.

Wieder hat sich der Einflussbereich der Lehre und Predigt vom Reich Gottes vergrößert. Es ist die Rede von den „Zehntausenden des Volkes", den Unzähligen, die jetzt von der Kraft des Geistes erreicht werden. Die Verse bis 13,9 sind eine andere Art Bergpredigt Jesu im Rahmen der eingeschobenen „Wanderung nach Jerusalem". Sie enthält zahlreiche Aussagen über den spirituellen Weg und Gesetze der geistigen Welt, und richtet sich teils an die Schüler Jesu, teils an das Volk.

Verborgenes wird offenbar

Die Rede knüpft an die vorhergehende Auseinandersetzung mit den Gesetzeskundigen und Pharisäern an und fasst zusammen: Ihr, Schüler, hütet euch vor der Heuchelei der Pharisäer, die alles Leben wie gärender Sauerteig durchdringt. Unwahrhaftigkeit, Scheinheiligkeit und Korruption – wenn solche Übel eine Gesellschaft durchsetzen, ist kein Vertrauen, keine Ruhe, keine Sicherheit mehr möglich. Die Menschen werden aufgeregt, ängstlich oder zynisch. Es gibt nur noch die Möglichkeit, dass Einzelne, wie die Schüler Jesu, bewusst durch alle Unordnung, Verwirrung und Gärung hindurch die Wahrheit suchen und ehrlich auf ihr eigenes Innerstes und die geistige Welt hören. Dann wird der Tag kommen, wo trotz aller Unwahrhaftigkeit und Lüge die Wahrheit, die bisher verhüllt war, enthüllt wird, und die bisher verborgene Ordnung und Kraft des Geistes überall bekannt werden. Denn jede Diskrepanz und Spannung hat die Tendenz in sich, sich selbst aufzulösen.

Diese Tendenz wirkt von zwei Seiten, von der irdischen und von der göttlichen Seite her. Was die irdische Seite betrifft, so sind Lüge und Heuchelei, das absichtliche Verbergen der realen, üblen Verhältnisse, anstrengend. Unlautere Motive verbergen zu müssen, ist anstrengend, und irgendwann werden die Heuchler keine Kraft und Lust zu dieser Anstrengung mehr haben. Was die spirituelle Seite betrifft, so werden die Ordnung und Kraft der göttlichen Welt, je stärker der spirituelle Impuls auf das wahre Selbst der Menschen einwirkt, umso heftiger ans Licht drängen, nämlich ins Bewusstsein der Menschen eintreten wollen. Die Wahrheit des wahren Selbst wird eines Tages offenbar und bekannt werden. Dadurch werden aber auch die Augen von immer mehr Menschen für die Falschheit der Herrschenden geöffnet werden. Ja in den Herrschenden selbst wird, abgesehen davon, dass Lüge und Verstellung anstrengend sind, der Druck ihres wahren Selbst auf ihre Verheimlichungsstrategien zunehmen, so dass sie irgendwann selbst die Wahrheit eingestehen werden – vor sich selbst und vor anderen.

Dann ist die Zeit gekommen, wo die Schüler das, was sie unter dem Druck der politischen und sozialen Verhältnisse nur heimlich hatten weitersagen können, von den Dächern predigen werden. Denn dieser Druck wird teils durch die Erschöpfung der Unterdrücker, teils durch die Macht des zur Freiheit strebenden wahren Selbst aufgelöst sein. Die Wahrheit vom Reich des Geistes, die bisher nur hinter vorgehaltener Hand verkündet werden konnte, wird dann in aller Öffentlichkeit verbreitet werden.

Vertrauen, Treue, Einklang mit dem heiligen Geist

***12** **4** Ich sage aber euch, meinen Freunden: Fürchtet euch nicht vor denen, die den*
*Leib töten und nachher nichts Weiteres tun können! **5** Ich will euch aber zeigen, wen*
ihr fürchten sollt: Fürchtet den, der, nachdem er getötet hat, Macht besitzt, in die
*Hölle zu werfen! ja, ich sage euch: Den fürchtet! **6** Verkauft man nicht fünf Sperlinge*
*für zehn Pfennige? und nicht einer von ihnen ist vor Gott vergessen. **7** Aber auch die*
Haare eures Hauptes sind alle gezählt. Fürchtet euch nicht! Ihr seid mehr wert als
viele Sperlinge.

***8** Ich sage euch aber: Wer immer sich zu mir bekennt vor den Menschen, zu dem*
*wird sich auch der Sohn des Menschen bekennen vor den Engeln Gottes. **9** Wer mich*
aber verleugnet vor den Menschen, der wird verleugnet werden vor den Engeln
Gottes.

***10** Und wer immer ein Wort wider den Sohn des Menschen sagt, dem wird ver-*
geben werden; dem aber, der wider den heiligen Geist lästert, wird nicht vergeben
*werden. **11** Wenn sie euch aber vor die Synagogen und die Obrigkeiten und die*
Machthaber führen, so sorgt euch nicht darum, wie oder womit ihr euch verteidigen
*oder was ihr sagen sollt! **12** Denn der heilige Geist wird euch zu eben der Stunde*
lehren, was ihr sagen sollt.

Jesus erläutert seinen Schülern, seinen „Freunden“, einige Tatsachen, die auf dem spirituellen Weg gut bedacht werden müssen.

Der Schüler auf dem spirituellen Weg befindet sich stets zwischen den beiden Polen der irdischen und der göttlichen Welt. Er muss in allen Situationen den Charakter der Einen und der Anderen erkennen und dann seine Wahl treffen. Drei Gegensätze muss er durchleben. Der erste ist der zwischen Furcht und Vertrauen:

Furcht vor den Gefahren der irdischen Welt, Vertrauen in die Verlässlichkeit der geistigen Welt.

Er muss zunächst lernen, was an der irdischen Welt eigentlich zu fürchten ist. Seine Sehnsucht ist, dass sich sein wahres Selbst entfalte, bewusst werde und sich in der geistigen Welt als geistiges Wesen ausdrücke. Das ist die Bestimmung des Menschen. Wenn es daher an der irdischen Welt etwas zu fürchten gibt, so ist es dies, dass sie ihn veranlasst, diese Bestimmung zu verfehlen.

Der Schüler fürchtet, weil er sich im Gegensatz zum Wertesystem der irdischen Welt befindet, dass er von den Mächtigen der irdischen, diesseitigen Welt getötet werden könnte. Aber damit würde doch nur der Leib getötet, und das wahre Selbst bliebe unangetastet. Der leibliche Tod kann dem wahren Selbst und der Bestimmung des Menschen nicht schaden. Insofern ist also die Furcht vor dem leiblichen Tod unbegründet.

Doch es ist einer da, der mächtiger ist als die irdischen, diesseitigen Machthaber: der Satan, die jenseitige Konzentration aller mentalen, empfindungs- und willensmäßigen Ichbezogenheit der Menschheit. Diese Ichbezogenheit wirkt in jedem Menschen, auch im Schüler. Und sie besitzt die Macht, das wahre Selbst zu „töten", den seelischen Tod herbeizuführen. Lässt sich jemand völlig von diesem Mächtigen gefangennehmen und sein Leben ausschließlich vom Macht-, Geltungs- und Besitztrieb bestimmen, so werden Ansätze zu einem Leben aus dem Geist abgewürgt und unterdrückt. Das wahre Selbst wird unwirksam und „stirbt". Schon vor dem leiblichen Tod befindet sich ein solcher Mensch in der „Hölle". Er verfehlt seine Bestimmung. Er wird von seinen Trieben gehetzt, muss sich unaufhörlich verteidigen und lebt in ständiger Angst vor seinen Gegnern. Nach dem leiblichen Tod aber wird er sich erst recht in der „Hölle", im Nichts des Jenseits befinden. Denn alles Diesseitige löst sich dort auf, und etwas Ewiges, Bleibendes, das Bewusstsein von einer geistigen Welt, hatte sich bei diesem Menschen im Leben nicht entwickelt. Das ist die „Hölle" der völligen Dunkelheit und Leere.

Zurecht also fürchte der Schüler den, der die Entfaltung seines wahren Selbst behindert: den, der Macht besitzt, den Menschen in die Hölle zu werfen, nachdem er das wahre Selbst „getötet" hat.

Andererseits braucht sich kein Schüler zu fürchten. Denn wer seiner Bestimmung folgt, wird in immer besseren Einklang mit der göttlichen Welt gelangen und sich dem Griff des Mächtigen, der in die Hölle werfen kann, entziehen. Er ist vor Gott „nicht vergessen". Die Welt des Geistes umgibt ihn und fördert sein wahres Selbst. Sie durchdringt ihn von allen Seiten. Nichts bleibt von den göttlichen Kräften unberührt und unberücksichtigt: „Die Haare eures Hauptes sind alle gezählt." Der auf die geistige Welt orientierte Schüler kann darauf vertrauen, dass ihn ihre Ordnung und Kraft umgeben. Alles Lebendige geht aus der geistigen Welt hervor und wird in seiner Entwicklung von ihr gefördert, sogar das kleinste und unbedeutendste Lebewesen, sogar der Sperling. Sollte da nicht auch der Mensch von ihr bewahrt und gefördert werden, der Mensch, in dem sich die geistige Welt erstmals einen Organismus aufgebaut hat, der fähig ist, den Geist zu erkennen und aus ihm zu leben?

Furcht vor der zerstörerischen Macht der Ichbezogenheit, Vertrauen in die aufbauende Macht des Geistes: zwischen diesen Polen vollzieht sich der spirituelle Weg des

Schülers. Im Vertrauen auf den Geist wird er sich keiner lähmenden Furcht vor dem „Satan" (vor der zerstörerischen Kraft in und außerhalb von sich) überlassen. Er wird sich nur bewusst vor der Gefahr hüten, die ihm von dieser Seite droht. Das meint Jesus mit seiner betonten Aufforderung: „Den fürchtet!"

Die Stellung des Schülers zwischen der irdischen und der göttlichen Welt ist auch Thema des zweiten Gegensatzes in dieser Rede Jesu. Es ist schwer für den Schüler, sich vor den Menschen zu seinem Weg zu bekennen. Denn er muss nicht nur Angriffe auf den Leib befürchten, sondern auch Spott und Entzug der Anerkennung durch andere. Überwindet er aber diese Angst und bekennt sich zum wahren Selbst, das in ihm wirksam werden will, so wird sich das wahre Selbst als in der ganzen Menschheit wirkendes Prinzip auch zu ihm „bekennen". Das vollkommene wahre Selbst des Menschen wird als Ordnung und Kraft des Geistes das wahre Selbst des Schülers umgeben und stärken und die Hilfe der ganzen geistigen Welt – die „Engel Gottes" – in Bewegung setzen.

In der Treue zum wahren Selbst kann der Schüler daher grenzenlose Sicherheit erfahren, die Sicherheit des Eingebettetseins in die unveränderliche Ordnung der geistigen Welt. Im Gegensatz dazu ist die Anerkennung durch die Menschen eine höchst unzuverlässige Stütze. Wer aber wegen dieser Stütze und aus Furcht davor, sie zu verlieren, das wahre Selbst, das in ihm wirksam werden will, verleugnet und verdrängt, der wird auch nicht auf die Hilfe dieses in der ganzen Menschheit wirkenden Prinzips und der geistigen Welt rechnen können. Er wird von den „Engeln Gottes" und ihrer Kraft abgeschnitten werden.

Anlässlich der Verleugnung des Menschensohnes bringt Lukas eine Aussage Jesu über Wirkungen eines Angriffs auf den Menschensohn, eines „Wortes wider den Menschensohn", im Vergleich zu den Wirkungen einer Lästerung gegen den heiligen Geist.

Was macht es für einen Unterschied, ob ein Mensch gegen den Menschensohn, die Verkörperung des wahren Selbst des Menschen, oder gegen den heiligen Geist lästert? Und wer vergibt ihm oder vergibt ihm nicht? Kann er davon ausgehen, dass Gott es ihm nicht anrechnet, wenn er Jesus schmäht, während ihm eine Beschimpfung des heiligen Geistes nicht verziehen wird? Kennt der Mensch denn den Unterschied zwischen Jesus und dem heiligen Geist, damit er sich in seinen Worten vorsehen könnte?

Versteht man „Lästerung" als bloße Worte und „Vergebung" als bloßes Verzeihen mit Worten, wie es zwischen Menschen üblich ist, macht diese Aussage Jesu wenig Sinn. „Lästerung" ist aber eine Aktivität des ganzen Menschen, so wie auch „Sprechen" im Evangelium häufig eine Aktivität des ganzen Menschen ist. Er drückt sich nicht nur in Worten, sondern auch durch Taten, ja durch sein ganzes Sein aus. „Lästerung" von Personen oder Gesetzen bedeutet daher, gegen ihren Willen zu verstoßen. Wer diesen Willen befolgt, „ehrt" Person oder Gesetz, wer dagegen verstößt, „lästert" sie. Ebenso ist der Vorgang, dass einem Menschen verziehen wird, eine Wirkung, die den ganzen Menschen betrifft, nicht nur ein Entgegennehmen verzeihender Worte. Durch eine „Lästerung", einen Verstoß gegen den Willen von Person oder Gesetz, bringt sich der Mensch in einen Zustand, der anders ist als dieser Wille. Er trennt sich strukturell von Person oder Gesetz. Vergebung bedeutet, dass er in einen Zustand gelangt, der mit dem Willen von Person oder Gesetz übereinstimmt. So wird er mit Person oder Gesetz wieder eins. Voraussetzung dafür ist, dass er Person oder Gesetz „ehrt".

„Menschensohn" und „heiliger Geist" beziehen sich auf zwei unterschiedliche Stadien des Schülers auf dem spirituellen Weg. „Menschensohn" bezeichnet das Stadium, in dem das wahre Selbst zwar wach wird und wirkt, aber ihm noch nicht bewusst geworden ist. „Heiliger Geist" dagegen bezeichnet das Stadium, in dem dem Schüler, wie Jesus nach der Taufe am Jordan, das wahre Selbst bewusst geworden ist und die Kräfte des heiligen Geistes bewusst in ihm wirken. Jetzt kann seine Persönlichkeit verändert und zum bewussten Instrument der spirituellen Kräfte werden.

Je nach Stadium auf dem Weg hat aber eine „Lästerung" andere Wirkungen und kann dem Betreffenden „vergeben" werden oder nicht. Im ersten Stadium wird die Ich-Persönlichkeit unbewusst von den Gesetzen des wahren Selbst beeinflusst. Im zweiten erkennt sie diese Gesetze, lässt sich bewusst von ihnen verändern und arbeitet bewusst mit ihnen mit.

Wenn sie im ersten Fall gegen diese Gesetze verstößt, lästert sie den Menschensohn: das wahre Selbst, in das der heilige Geist noch nicht eingetreten ist. Sie verstößt unwissentlich gegen die Gesetze des Geistes. Sie kann daher vom wahren Selbst leicht korrigiert und in die richtige Richtung gelenkt werden, in der wieder Übereinstimmung zwischen ihm und der Persönlichkeit besteht. Die Vergebung ist gewährt. Wenn die Persönlichkeit zum Beispiel eitel ist, wird sie die Wirkung des Gesetzes des wahren Selbst spüren. Sie wird spüren, dass Eitelkeit nicht der wahren Identität des Menschen entspricht, und wird ohne Probleme die Eitelkeit aufgeben können. Damit ist die Einheit zwischen ihr und dem wahren Selbst wieder hergestellt. Ihre Schuld ist ihr vom wahren Selbst vergeben.

Wenn sie dagegen im zweiten Fall gegen die Gesetze des wahren Selbst verstößt, lästert sie den heiligen Geist, das geist-erfüllte wahre Selbst. Sie selbst befindet sich durch die Wirkung des heiligen Geistes in einem anderen Zustand als zuvor. Die Gesetze des wahren Selbst sind ihr bewusst geworden, ja haben sie schon verändert. Sie verstößt wissentlich dagegen. Dieser Verstoß kann nicht vergeben werden. Wie sollen die Gesetze des wahren Selbst die Persönlichkeit korrigieren, wenn sie diese Gesetze kennt, aber wissentlich und willentlich dagegen verstößt? Sie hat zum Beispiel erkannt, dass Eitelkeit der Sachlichkeit, einem Gesetz der wahren Identität, widerspricht. Die Sachlichkeit war schon in ihr wirksam geworden, eine neue Wirklichkeit war in ihr entstanden, sie hatte in diesem Sinn gelebt. Wenn sie jetzt trotzdem ihre Eitelkeit gewähren lässt, verstößt sie wissentlich und willentlich gegen das ihr bewusst gewordene Gesetz des wahren Selbst, gegen den heiligen Geist. Sie macht sogar die spirituellen Kräfte, die schon in ihr wirksam geworden sind, ihrer Eitelkeit dienstbar. Demgegenüber ist das Gesetz des wahren Selbst machtlos.

Ein solches Verhalten kann nicht vergeben werden. Denn durch den wissentlichen Missbrauch der Kräfte des heiligen Geistes schneidet sich der Betreffende selbst von der Möglichkeit ab, durch diese Kräfte geläutert und damit wieder in die Einheit mit der Ordnung des Geistes zurückgeführt zu werden. Er hindert die Kräfte des Geistes dadurch, dass er sie in Ichbezogenheit wissentlich missbraucht, daran, eben diese Ichbezogenheit aufzulösen. Diesem Menschen wird nicht vergeben werden. Er kann sich nur selbst vergeben: Indem er aufhört, die Kräfte des heiligen Geistes im Dienst seiner Ichbezogenheit zu missbrauchen.

Wer sich aber positiv zum heiligen Geist verhält und ihn in sich wirken lässt, kann darauf vertrauen, dass ihm die Erkenntnisse zuteil werden, die ihn auf jede Situation richtig reagieren lassen. Wessen Bewusstseins-Auge vom heiligen Geist erleuchtet und „lauter" ist, dem wird sich die Wirklichkeit zeigen, wie sie ist, und es werden ihm die Handlungsmöglichkeiten einfallen, die in der aktuellen Situation der Wahrheit dienen. Das gilt insbesondere für Schüler, die in Zeiten der Verfolgung vor Richter und Behörden geführt werden. Würden sie mit dem irdischen Verstand überlegen, wie sie sich verteidigen und Schwächen beim Gegner ausnützen, oder auch, wie sie ihre Erfahrungen auf dem spirituellen Weg möglichst überzeugend darstellen sollten, so würden sie doch stets Fehler machen. Sie würden sich auf der Ebene des Gegners bewegen und Angriffsflächen bieten.

Sprechen sie aber aus der Einheit mit der geistigen Welt heraus, so sprechen sie auf einer anderen Ebene. Sie berühren das wahre Selbst im Anderen, erkennen problematische Situationen und reagieren richtig darauf. Es handelt sich dabei nicht um eine Ausschaltung des Denkens und ein blindes Vertrauen darauf, dass der heilige Geist einem schon die richtigen Worte eingeben wird. Im Gegenteil: Das Denken ist sehr aktiv. Aber es wird jetzt vom heiligen Geist erleuchtet, und der Mensch handelt und spricht bewusst in der Erkenntnis weit größerer Zusammenhänge, als sie der bloße Intellekt erfassen könnte.

Damit ist der dritte Gegensatz dieser Rede Jesu ausgeführt: Wer positiv aus dem heiligen Geist lebt und spricht, dem wird dieser alle benötigten Kräfte und Erkenntnisse zuführen. Wer aber den heiligen Geist „lästert" und sich seiner Kräfte zum eigenen Nutzen bedient, der befindet sich in einer Lage, in der ihn der Geist nicht mehr korrigieren kann.

Die drei Gegensätze beschreiben Gefahren, denen der Schüler ab einem bestimmten Stadium des spirituellen Weges besonders ausgesetzt ist. Die Kräfte des heiligen Geistes wirken bewusst in ihm. Jetzt kommt es darauf an, ein Leben im Einklang mit diesen Kräften zu führen und sich vor Gefahren für diese Entwicklung zu hüten. Die erste Gefahr ist, dass die alten Kräfte der Ichbezogenheit in und außerhalb des Schülers das spirituelle Leben wieder zerstören. Vor ihnen hütet euch, sagt Jesus, das wahre Selbst, zu seinen Schülern. Die zweite Gefahr ist die Angst vor der Meinung anderer. Jesus schärft seinen Schülern ein: Bleibt, trotz der Angst vor der Meinung anderer, eurem Weg treu. Die dritte Gefahr ist, dass der Schüler der Versuchung erliegt, die Kräfte des heiligen Geistes für seine eigenen Interessen des Besitzes, der Ehre und der Macht einzusetzen. Damit hindert er diese Kräfte an ihrer Funktion, nämlich den Schüler immer wieder zur Einheit mit der Ordnung des Geistes zurückzuführen und ihn aus dieser Einheit heraus handeln zu lassen.

Außerhalb irdischer Konflikte

__12__ __13__ Es sagte aber einer aus dem Volk zu ihm: Meister, gebiete meinem Bruder, das Erbgut mit mir zu teilen! __14__ Er jedoch sprach zu ihm: Mensch, wer hat mich zum Richter oder Erbteiler über euch eingesetzt? __15__ Darauf sagte er zu ihnen: Seht zu und hütet euch vor aller Habsucht! denn [auch] wenn einer Überfluss hat, beruht sein Leben nicht auf seinem Besitz.

Diese Worte Jesu richten sich nicht nur an Schüler auf dem spirituellen Weg. Sie beziehen alle Menschen mit ein. Die Maßstäbe der Ordnung des Geistes sind denen der irdischen Ordnung des Diesseits und Jenseits gänzlich fremd. In der Ordnung der geistigen Welt sind alle Wesen kraft ihres wahren Selbst miteinander eins. Sie sind frei und erfüllen frei ihre jeweilige Aufgabe in der göttlichen Ordnung. Alle ergänzen einander harmonisch. Und alle fördern einander in Liebe. Wie könnte es da Konflikte geben, die eines Schiedsrichters bedürften? Besitzstreben, Machtstreben, Geltungsstreben gibt es dort nicht, und das Verhältnis der Wesen untereinander regelt sich nach ihrer inneren Art.

Die irdischen Menschen aber wollen den Botschafter der geistigen Welt in eine Funktion drängen, die ihm wesensfremd ist. Er ist nicht zum „Richter oder Erbteiler" in der irdischen Welt eingesetzt. In der geistigen Welt gibt es keine Schiedsrichter. Dort regeln sich die Dinge und Beziehungen nach dem den Wesen eingeschriebenen inneren Gesetz. Sie brauchen nicht geregelt zu werden. Jesus gehört der geistigen Welt an. Wie könnte er also Schiedsrichter sein? Und würde er als Schiedsrichter in der irdischen Welt auftreten, so würde sich schnell herausstellen, dass seine spirituellen Eigenschaften nicht als Maßstäbe zur Regelung der irdischen Belange taugen.

Ebenso ist das wahre Selbst jedes Schülers auf dem spirituellen Weg schon kraft seines Wesens kein Schiedsrichter. Er weiß, dass sich seine Beziehungen zu anderen Schülern so entfalten werden, wie es dem spirituellen Wesen aller Beteiligten entspricht. Er muss dieser Entfaltung nur Spielraum lassen. Und er wird erkennen, dass es ganz verfehlt wäre, in irdische Konflikte mit Maßstäben, die der geistigen Welt angehören, einzugreifen.

Die einzige Maxime, die aus der geistigen Ordnung für die Regelung der irdischen Verhältnisse abzuleiten wäre, lautet: Regelt die irdischen Verhältnisse so, dass sie eurer Bestimmung möglichst wenig im Weg stehen, ja schenkt ihnen nur gerade so viel Aufmerksamkeit, als sie brauchen, um euch nicht hinderlich zu sein. Dann hat die Ordnung des Geistes Spielraum, sich in euch zu entfalten, und euer wahres Selbst hat Spielraum, in der Ordnung des Geistes aufzugehen.

Erbteilungen, Besitzansprüche und ihre Regelung werden ungeheuer wichtig, wenn die Menschen ihr Heil von der irdischen Welt erwarten. Konflikte um Besitz werden immer verbissener und bösartiger ausgetragen, je mehr die Menschen all ihre Sicherheit und ihren Lebenssinn vom Besitz erwarten. Wer seine eigentliche Bestimmung vergisst und die irdische Welt verabsolutiert, wird sich am Besitz festklammern. Das ist Habsucht. Es ist eine Überschätzung der Zuverlässigkeit der irdischen Verhältnisse.

Der reiche Kornbauer: Falsches Vertrauen auf irdische Verhältnisse

12 16 *Er sagte aber ein Gleichnis zu ihnen: Das Land eines reichen Mannes hatte*
gut getragen. ***17*** *Und er dachte bei sich selbst: Was soll ich tun, da ich keinen Raum*
habe, wohin ich meine Früchte sammeln kann? ***18*** *Und er sagte: Das will ich tun: ich*
will meine Scheunen abbrechen und größere bauen und dorthin all mein Getreide
und meine Güter sammeln ***19*** *und will zu meiner Seele sagen: Seele, du hast viele*
Güter auf viele Jahre da liegen; ruhe aus, iss, trink, sei fröhlich! ***20*** *Aber Gott sprach*
zu ihm: Du Tor! In dieser Nacht fordert man deine Seele von dir; was du aber bereit-
gelegt hast, wem wird es zufallen? ***21*** *So geht es dem, der für sich Schätze sammelt*
und nicht reich ist vor Gott.

Die Erzählung wird als „Gleichnis" bezeichnet. Doch ist sie das nicht in dem Sinn wie die bisherigen Gleichnisse des Lukasevangeliums, die mögliche oder unmögliche irdische Verhältnisse als Analogie für spirituelle Verhältnisse verwendet hatten. Die Geschichte vom reichen Kornbauern ist keine Analogie für spirituelle Verhältnisse. Sie ist einfach ein Beispiel, exemplarisch für Verhalten und Schicksal jedes Menschen, der sich, sei er reicher Gutsbesitzer wie in dieser Erzählung, sei er Besitzer von Wertgegenständen, Immobilien, Waren, Wertpapieren oder Sparbüchern, auf seinen irdischen Besitz verlässt und nicht um spirituellen Besitz kümmert. Gleichnis ist die Erzählung höchstens insofern, als Gott, Inbegriff der Grundgesetze des Lebens, als handelnde und sprechende Person auftritt.

Der Reiche verlässt sich auf irdischen Besitz und hält sich dabei für besonders klug. Aber im Hinblick auf die Grundgesetze des Lebens, „vor Gott", ist er ein Tor. Die Grundgesetze des Lebens besagen: Das irdische Leben ist vergänglich. Das spirituelle Leben ist unvergänglich. Deshalb ist das spirituelle Leben das Entscheidende. Irdischer Besitz schafft Sicherheit nur für das irdische Leben. Für das spirituelle Leben, das doch entscheidend ist, schafft er keine Sicherheit. Für das spirituelle Leben ist anderer, spiritueller Besitz notwendig. Du, Mensch, kannst spirituell nur leben, wenn du spirituellen Besitz sammelst. Das irdische Leben wird enden, und dann spätestens wird sich zeigen, ob du spirituell leben kannst.

Hast du keinen spirituellen Besitz gesammelt – was ist dann mit der Seele, wenn sie vom Leib getrennt ist und nichts mehr von all den irdischen Reichtümern, an denen sie so hing, genießen kann? Da sie sich nicht auf die Welt des Geistes besonnen, da sie sich nicht dafür geöffnet hat, ist das unvergängliche wahre Selbst, das in der Helligkeit und Kraft des Geistes leben könnte, nicht erwacht und gewachsen. Es wird in Dunkelheit und Ohnmacht umherirren. Und was wird mit den irdischen Gütern, die du angesammelt hast, nach deinem Tod? Sie gelangen in die Hände anderer Menschen, du selbst hast nichts mehr davon. Also, so lautet die Schlussfolgerung, sei bestrebt, dich für die Welt des Geistes zu öffnen und der irdischen Welt nur so viel Aufmerksamkeit wie nötig zu schenken. Denn dann wird das wahre Selbst wachsen. Es werden ihm spirituelle Kräfte, Erkenntnisse und Bewusstheit zufließen, ein spiritueller Besitz, der unvergänglich ist. Du wirst die Unvergänglichkeit und unerschütterliche Sicherheit der spirituellen Gesetze und Kräfte erleben und „reich sein vor Gott", ob vor oder nach dem Tod.

Spirituelles Vertrauen

12 ***22*** *Er sprach aber zu seinen Schülern: Deshalb sage ich euch: Sorgt euch nicht*
um das Leben, was ihr essen sollt, noch um den Leib, was ihr anziehen sollt! ***23***
Denn das Leben ist mehr als die Speise und der Leib mehr als die Kleidung. ***24***
Betrachtet die Raben: Sie säen nicht und ernten nicht, sie haben weder Vorratskam-
mer noch Scheune, und Gott ernährt sie [doch]. Wie viel mehr wert seid ihr als die
Vögel! ***25*** *Wer aber von euch kann durch sein Sorgen seiner Lebenslänge eine Elle*
zusetzen? ***26*** *Wenn ihr nun auch nicht das Geringste vermögt, was sorgt ihr euch um*
das übrige? ***27*** *Betrachtet die Lilien, wie sie weder spinnen noch weben; ich sage*
euch aber: Auch Salomo in all seiner Pracht war nicht gekleidet wie eine von diesen.
28 *Wenn aber Gott das Gras auf dem Feld, das heute steht und morgen in den Ofen*
geworfen wird, so kleidet, wie viel mehr euch, ihr Kleingläubigen! ***29*** *Und ihr – fragt*
[doch] nicht, was ihr essen und was ihr trinken sollt, und seid nicht in Unruhe! ***30***
Denn nach allen diesen Dingen trachten die Völker der Welt; euer Vater aber weiß,
dass ihr dieser Dinge bedürft. ***31*** *Vielmehr sucht sein Reich, dann wird euch dies hin-*
zugefügt werden. ***32*** *Fürchte dich nicht, du kleine Herde! Denn es hat eurem Vater*
gefallen, euch das Reich zu geben. ***33*** *Verkauft euren Besitz und gebt ihn als Almo-*
sen; macht euch Beutel, die nicht veralten, einen unverschöpflichen Schatz in den
Himmeln, wo kein Dieb sich naht und keine Motte Zerstörung anrichtet! ***34*** *Denn wo*
euer Schatz ist, da wird auch euer Herz sein.

Die Worte Jesu über die Sorg-losigkeit richten sich an den Schüler auf dem spirituellen Weg. Denn sie beschreiben einen Zustand des wahren Selbst, der im Schüler allmählich heranwachsen soll. Es ist das Erleben der unerschöpflichen Fülle der geistigen Kräfte, die unaufhörlich fließen und schenken. Aus diesem Erleben wird es dem Schüler dann auch möglich, sein irdisches Leben angstfrei, sorg-los, aber verantwortlich zu gestalten.

Die Worte Jesu sind zugleich eine Warnung an den Schüler, sich diesen Zustand der Sorg-losigkeit nicht rauben zu lassen. Der Schüler würde dessen beraubt werden, sobald die Begierde, etwas zu erreichen, und damit die Sorge, das Gewünschte nicht zu bekommen, wieder in ihm aufstiege. Diese Begierde und die damit notwendig verknüpfte Sorge ist der Normalzustand des irdischen Menschen, der „Völker der Welt" (Vers 30).

Die Warnung wird ausgesprochen, weil der Zustand der Sorg-losigkeit der Bestimmung des Menschen entspricht und ihm das Glück der Übereinstimmung mit seiner wahren Identität gibt. Wollt ihr, fragt Jesus seine Schüler, diesen Zustand immer wieder aufs Spiel setzen? In der Bergpredigt (6,29) war es darum gegangen, den Zustand der spirituellen Ruhe und Offenheit nicht durch Zorn und Rachsucht immer wieder aufs Spiel zu setzen. Deshalb sollte der Schüler, bildlich gesprochen, auch die andere Backe hinhalten, wenn ihm jemand auf die eine Backe schlägt. Jetzt ist es der Zustand des Erlebens spiritueller Kräfte und ihres unerschöpflichen Fließens, der durch die irdische Begierde und die damit einhergehende Sorge nicht immer wieder zerstört werden soll.

Jesus bringt Gleichnisse aus der Natur für diesen Zustand des wahren Selbst. Denn ursprünglich sind die geistige Welt und die Menschheit aus der Fülle des Geistes hervorgegangen und war die Natur im Einklang mit der geistigen Welt. Geistige Welt und Natur lebten aus der Fülle der Gottheit, des „Vaters" (Vers 30). Alles Leben, alle Eigenschaften werden auch jetzt noch den Geschöpfen geschenkt, nichts davon haben sie selbst erzeugt. Und wenn sie die Natur fortentwickeln und zu ihrem Nutzen verarbeiten, sollten sie es tun, um die Geschenke der Natur im Einklang mit deren Gesetzen zu benutzen, nicht um immer neue Begierden zu befriedigen. Weil dieser schenkende Strom des „Vaters" die ganze Natur durchzieht, obwohl sie auch vom Prinzip der Ichbezogenheit durchsetzt ist, kann Jesus Beispiele aus der Natur für seine Lehren nehmen.

Er sagt: Macht euch keine Sorgen um die Nahrung für euer Leben. Könnt ihr etwas für euer Leben? Habt ihr es selbst entwickelt? Es ist euch geschenkt worden. Atmung, Vitalität, Organfunktionen – alles ist euch ohne euer Zutun geschenkt worden. Macht euch einmal klar, was für ein herrliches Geschenk dieses Leben ist! Es könnte ja auch so sein, dass ihr nicht lebtet, keine Erfahrungen machen, nichts lernen, nicht euch entwickeln, nicht Schmerzen und Freuden durchleben könntet, um euch schließlich eurer Bestimmung bewusst zu werden und sie zu erfüllen. Die Nahrung für euer Leben aber ist weniger als das Leben selbst. Wenn ihr euch also um die Entstehung eures Lebens keine Sorgen machen musstet, braucht ihr euch auch um die Nahrung für euer Leben keine Sorgen zu machen. (Jesus spielt hier auf das Naturgesetz an, dass Lebewesen und Umwelt in gegenseitiger Beziehung existieren. Gäbe es keine Umwelt, die dem Lebewesen die Existenz ermöglicht, hätte es gar nicht entstehen können. Der Mensch muss zwar die Produkte seiner Umwelt verarbeiten, er muss säen und ernten. Aber prinzipiell sind die Möglichkeiten seiner Ernährung von vornherein gegeben und im großen Lebenszusammenhang für ihn vorgesehen.)

Dasselbe gilt für euren Leib, so fährt Jesus fort. Macht euch keine Sorgen um ihn. Was für eine Kostbarkeit ist er: Organ der Wahrnehmung, der Fortbewegung, der Handlung, Ausdruck der Gefühle, Gedanken und Strebungen, geeignet, alle eure Erkenntnisse umzusetzen. All dies ist euch geschenkt worden, ohne dass ihr euch Sorgen darum zu machen brauchtet. Die Kleidung für euren Leib aber ist geringer als der Leib selbst. Wenn ihr euch also um die Entstehung eures Leibes keine Sorgen machen musstet, so erst recht nicht um die Kleidung für euren Leib. (Auch hier wieder spielt Jesus auf das Naturgesetz an, dass die Natur nur einen Leib entwickelt, für dessen Bedürfnisse in der Umwelt prinzipiell auch die Mittel zur Befriedigung bereitstehen. Nur wenn solche Mittel bereitstehen, entwickelt sich auch ein Leib, der ihrer bedarf. Deshalb hat im Prinzip jeder Leib eine ausreichende Existenzgrundlage. Der Mensch muss die Mittel der Natur zwar verarbeiten. Aber prinzipiell stehen sie ihm zur Verfügung.)

Weiter sagt Jesus zu seinen Schülern: Betrachtet die Raben. Es ist für sie, wie für jedes Geschöpf, vorgesehen, dass sie Nahrung aus ihrer Umwelt bekommen. Sie säen und ernten nicht wie der Mensch. Aber dass die Natur für sie sorgt, ist ein Lebensgesetz, ein Geschenk der Natur, und damit letzten Endes des „Vaters". Der

Mensch bearbeitet zwar seine Umwelt. Er sät, erntet und hält sich Vorräte. Das ist seine Art der Nahrungsbeschaffung. Aber dass die Natur überhaupt für Nahrung sorgt, das ist ein Geschenk der Natur, also des „Vaters". Umso mehr gilt dieses Gesetz für den Menschen, als er ein höher entwickelter Organismus ist als die Raben. Sollte der „Vater" für die höher entwickelten Organismen weniger sorgen als für die niedrigeren? Auch jede Höherentwicklung ist ja überhaupt nur dadurch möglich, dass in der Umwelt Mittel dafür bereitstehen.

Ihr könnt also darauf vertrauen, erklärt Jesus, dass euch, als den höchstentwickelten Lebewesen der Erde, solche Mittel prinzipiell zur Verfügung stehen, und zwar ohne euer Verdienst. Sie sind euch geschenkt, ihr habt sie im Prinzip nicht selbst geschaffen.

Sorgen sind sinnlos, weil euch doch alles Leben und alles Lebensnotwendige prinzipiell gratis zur Verfügung gestellt sind. Sie sind aber sinnlos auch aus dem Grund, dass ihr an den Naturgesetzen prinzipiell nichts ändern könnt. Sterben müsst ihr eines Tages. Ändert ihr durch Sorgen etwas daran? Könnt ihr eurem Leben eine Elle zusetzen? Schicksalsschläge werden kommen. Ändert ihr durch Sorgen etwas daran? Damit meint Jesus nicht, dass man sorglos mit seinem Leben und seiner Gesundheit umgehen solle. Er meint nur, man solle sich klarmachen, dass man nicht Herr seines Lebens und seines Schicksals ist. Dann wird man sorg-los dem Tod und dem Schicksal gegenüberstehen und verantwortlich mit seinem Leben und seiner Gesundheit umgehen können.

Ihr vermögt doch im Grunde nicht das Geringste, fährt Jesus fort. Könnt ihr auch nur ein einzelnes Atom bauen? Könnt ihr die Schönheit einer Lilie, ihr samtenes, reines Weiß, hervorbringen? Könnt ihr das leuchtende Grün des Grases auf der Wiese hervorbringen? Nur die Natur kann es, ihr könnt höchstens ihre Gesetze nachahmen und variieren. All diese Herrlichkeit in der Natur ist ein Geschenk des „Vaters" an euch Menschen, hervorgegangen aus der Fülle seiner Gaben, aus Licht, Erde, Luft und Wasser, unter Beihilfe aller Formen des Tier-, Pflanzen- und Mineralreichs, aufgebaut aus milliardenfacher Information, die ihr nicht erfunden habt. Die Lilien, die Gräser auf dem Feld haben ihre Herrlichkeit umsonst bekommen. So freut euch doch auch ihr darüber, dass euch euer Äußeres geschenkt wurde: die Schönheit eurer Haut, eurer Augen, eurer Gestalt!

Jesus vergleicht die Kleider des Menschen mit dem Äußeren der Pflanzen. Die Lilien spinnen und weben nicht und bekommen trotzdem ein so herrliches Äußeres. Wenn ihr eure Kleider durch Spinnen und Weben hervorbringt, bedenkt dann, dass ihr nichts so Herrliches hervorbringt wie Gott für seine Geschöpfe. Was ihr durch Anstrengung hervorbringt, ist nicht so herrlich wie das, was die Lilien gratis empfangen. Nehmt also, das ist die Schlussfolgerung Jesu, eure Anstrengungen, Mühen und Sorgen nicht so wichtig. Ihr seid, ebenso wie die Lilien, eingebettet in den Strom der Geschenke Gottes. Ihr Kleingläubigen glaubt nur nicht an diese Einbettung.

Seid nicht in Unruhe. Nehmt die Dinge hin, die guten wie die schlechten. Wann aber seid ihr in Unruhe? Wenn ihr nach den irdischen Dingen trachtet wie die Völker der Welt. Wenn ihr sie begehrt. Denn dann seid ihr in Angst und Sorge, ob das Begehrte auch erreichbar ist. Dann ist euch der spirituelle Zustand der Einbettung in den Strom der Geschenke Gottes geraubt. „Euer Vater weiß, dass ihr dieser Dinge bedürft": Es sind Vorkehrungen getroffen, dass ihr leben könnt. Die Gesetze der Natur und des Geistes haben die Dinge so eingerichtet.

„Sucht das Reich": Lebt in der Erkenntnis und im Erleben der Gesetze des wahren Selbst, erlebt die spirituelle Fülle. Dann werdet ihr auch die irdischen Verhältnisse sorg-los gestalten können. All dies – die irdischen Dinge – wird euch, ohne Sorgen, „hinzugefügt werden". Damit ist nicht gemeint, dass all dies dem Menschen dann in den Schoß fallen werde. Auch die Raben müssen fliegen und suchen, um ihre Nahrung zu finden. Auch die Lilien auf dem Feld müssen Licht und Minerale verarbeiten, um Kleider, schöner als die Salomos, zu bekommen. So muss auch der Mensch mit den Fähigkeiten, mit denen geistige Welt und Natur ihn ausgestattet haben, im Schweiß seines Angesichts für seinen Lebensunterhalt arbeiten. Aber er kann es im Vertrauen darauf tun, dass geistige Welt und Natur genügend Mittel dafür zur Verfügung gestellt haben.

Sorg-losigkeit ist nicht Sorglosigkeit. Nicht umsonst wendet sich Jesus hier ausdrücklich an seine Schüler. Voraussetzung für den Zustand der Sorg-losigkeit ist, dass die ichbezogenen Wünsche und Befürchtungen ihre Kraft verlieren. Die „Völker der Welt" aber, die irdischen Menschen, verstehen die Worte Jesu gerne als Aufforderung zum Leichtsinn. Das Ich sagt sich dann, ohne seine Wünsche reduzieren zu wollen: Alles ist in Gottes Hand, er wird mich führen. Er wird mir meine Wünsche schon erfüllen. Und wenn er es nicht tut, bin ich auch zufrieden. Das ist nonchalante Lebenskunst, aber nur die Nachahmung eines spirituellen Zustands der Einbettung und des Mitbewegens mit den Gesetzen und Kräften der geistigen Welt. Das wahre Selbst hingegen gestaltet die irdischen Belange verantwortlich, ohne Ichbezogenheit und daher ohne Angst und Sorge.

Die Wurzel der Sorge ist die Ichbezogenheit des Menschen. Die gegenwärtige Ordnung der irdischen Welt ist vor allem von dieser Ichbezogenheit geprägt. Die „Völker der Welt" trachten nach „all diesen Dingen", ja ausschließlich nach diesen Dingen der Existenzsicherung und -steigerung. Notwendig leben sie daher auch in Unruhe. Stets müssen sie befürchten, dass ihre Wünsche durchkreuzt, ihre Bedürfnisse nicht befriedigt, ihre scheinbare Sicherheit untergraben wird. Gerade in dieser Furcht treffen sie überdimensionale Sicherheitsvorkehrungen, die die Verhältnisse nur noch mehr aus dem Gleichgewicht bringen, wodurch weitere Sorge hervorgerufen wird. Die „Völker der Welt" werden auch stets um ihr Leben fürchten, Alter und Krankheit fürchten. Sie haben nichts anderes als dieses irdische Leben und diesen irdischen Leib und machen sich nicht klar, dass Leben und Leib, wie sie geschenkt wurden, auch wieder genommen werden, und dass sie zu einem bestimmten Zweck geschenkt wurden. Ein Schüler des Geistes aber wird im Bewusstsein, dass ihm das Leben gesetzmäßig wieder genommen wird, darin einwilligen, besitzt er doch mehr als dieses Leben. Und er wird im Bewusstsein, dass dieses Leben dazu dienen soll, ihn seiner Bestimmung näherzubringen, das „Reich des Vaters" suchen.

Aber hat Jesus eigentlich Recht? Werden die Raben von Gott ernährt, obwohl sie keine Vorratskammern haben? Es braucht nur ein harter Winter zu kommen, und sie verhungern. Oder der Mensch reduziert ihren Lebensraum derart, dass ihre Existenz als Art in Frage gestellt ist.

Und sind die Menschen mehr wert als die Vögel, so dass sie sicher sein können, dass Gott für sie sorgt? Arme verhungern zu Millionen, weil Reiche ihnen Land und Arbeitsmöglichkeiten vorenthalten. Bürgerkriege und Kriege zehren alle Mittel zum Lebensunterhalt auf. Sollten sich da die Menschen nicht sorgen? Ist es nicht ein Gebot der Notwehr und Klugheit, selbst die Dinge in die Hand zu nehmen, um Gerechtigkeit und Sicherheit zu schaffen?

Jesus weiß wie jeder Mensch, dass überall in der Natur Mangel und Katastrophen auftreten und einer den andern frisst. Er weiß, dass die Menschen durch ihre Ichbezogenheit und ihre Begierden die Verhältnisse immer noch chaotischer machen. Die ursprüngliche Harmonie zwischen Natur und geistiger Welt ist durch das Prinzip der Ichbezogenheit in Natur und Mensch bis in den Kern gestört. Dieses Prinzip hindert Natur und Mensch daran, reiner Ausdruck der geistigen Gesetze zu sein und aus der Fülle der geistigen Kräfte sorg-los zu leben.

Trotzdem gelten auch unter diesen Umständen die geistigen Gesetze noch prinzipiell und zeigen sich auch im Chaos. Jedes Geschöpf erhält sein Leben umsonst, ohne sein Zutun, und wird in eine Umwelt hineingeboren, die ihm prinzipiell sein Auskommen gewährt. Auf diesen Aspekt der Wirklichkeit konzentriert sich Jesus, um seinen Schülern die Tatsache ihrer Einbettung in das Strömen der geistigen Kräfte klarzumachen und den spirituellen Zustand des Mitbewegens mit diesen Strömen zu bestärken. Denn durch diesen inneren Zustand und seine Folgen auch für die irdische Welt wird das Prinzip der Ichbezogenheit außer Kraft gesetzt. Auf lange Sicht ändert sich dadurch der Mangel- und Katastrophenzustand in Natur und Menschenwelt. Jesu Worte sind weit entfernt davon, unrealistisch zu sein und chaotische Zustände zu verschweigen, die zu berechtigter Sorge Anlass geben. Sie bestärken vielmehr einen harmonischen spirituellen Zustand, der die chaotischen Zustände auf lange Sicht aufhebt.

Das gilt sogar für Verhältnisse, die noch chaotischer sind, als man sie sich zu Jesu Zeiten hätte vorstellen können. Heute greift der Mensch nicht nur mit den Begierden seines Ich in Natur und Gesellschaft ein. Seine Zielsetzungen gehen viel weiter. Er möchte die Grundstrukturen des Lebens und des Leibes erkennen und manipulieren. Er will nicht mehr wahrhaben, dass ihm Leben und Leib ohne sein Zutun gegeben sind. Er möchte nicht von spirituellen und Naturgesetzen und -kräften abhängig sein, schon gar nicht von Tod und Schicksal. Er kann keine Geschenke mehr annehmen, möchte sich selbst seine Lebensgrundlagen schaffen und scheinbare Mängel korrigieren.

Dass er durch diese dämonischen Tendenzen noch weit mehr Unheil anrichtet als durch bloße Begierden, stellt sich mehr und mehr heraus. Er will nicht wahrhaben, dass die in Jahrmilliarden entstandenen Strukturen der Natur ihre Existenz spirituellen Impulsen, höchster Intelligenz und Liebe, verdanken. Ohne Überblick über den Gesamthaushalt der Natur experimentiert er drauflos und weiß nicht, welche Störungen er anrichtet. Die dämonische Tendenz, Herr über Leben und Tod sein zu wollen, wird dann noch durch die Begierde, reich und berühmt zu werden, überlagert. „Nach allen diesen Dingen trachten die Völker der Welt.“ Die Sorgen um die Zukunft von Welt und Menschheit müssen angesichts dieser Entwicklungen ins Ungeheure wachsen.

Wie immer, so benutzen auch hier die Dämonen spirituelle Kräfte zu ihren eigenen Zwecken. Denn es ist tatsächlich die Bestimmung des wahren Selbst, auf lange Sicht die Grundlagen der Natur zu erkennen und an ihrer Entwicklung selbstständig mitzuarbeiten. Aber es weiß trotzdem immer, dass es nichts aus sich selbst ist, sondern in der Welt des Geistes verankert ist, und nur mitvollzieht und mitentwickelt, was in der geistigen Welt angelegt ist und in der Natur zum Ausdruck kommen soll.

Auch in dieser besorgniserregenden Situation liegt somit der einzige Ausweg in der Lehre Jesu, des wahren Selbst des Menschen: Nur wenn ihr euch dem wahren Selbst öffnet und seine Gesetze verwirklicht, werdet ihr die dämonischen Tendenzen und deren chaotische Auswirkungen überwinden können. Wenn euch bewusst wird, dass alles, auch ihr selbst, in spirituellen Gesetzen und Kräften eingebettet seid und ihnen eure Existenz verdankt, wenn ihr, in diesem spirituellen Zustand, ohne Sorge seid, werden die besorgniserregenden dämonischen Tendenzen keine Nahrung mehr erhalten.

Wenn ein Einzelner so auf das „Reich" ausgerichtet lebt, lebt er mit dem wahren Selbst ohne Angst in einer Welt der Freiheit und Liebe, und mit seiner Persönlichkeit, die zunehmend von Ichbezogenheit frei und zu einem Instrument der geistigen Welt wird, mehr und mehr angst- und sorgenfrei in der irdischen Welt. Je mehr solcher Menschen existieren, desto eher wird eine solche Lebensgestaltung gelingen und desto geringer werden die kollektiven Störungen werden. Und sei es auch nur eine „kleine Herde": Es hat dem Geist, „eurem Vater", gefallen, euch das Reich zu geben, sagt Jesus. Der Geist hat euch ermöglicht, indem er in euch wirkte, euch für die Kräfte aus dem Reich zu öffnen, bis dessen Ordnung in euch Wurzel schlug. Das wahre Selbst in euch hat sich entfaltet. Ihr könnt euch, eingebettet in die unvergängliche geistige Welt, nicht mehr fürchten. Und ihr braucht euch auch in der irdischen Welt nicht mehr zu fürchten, da ihr das, worum ihr fürchten müsstet, als zweitrangig erkannt und eure Ichbezogenheit, Ursache eurer Furcht, weitgehend aufgelöst habt.

Aus der göttlichen Ordnung lebend, könnt ihr auch mit eurem Besitz auf neue Weise umgehen. „Verkauft euren Besitz und gebt ihn als Almosen". Das ist die Aufforderung Jesu an alle Menschen, sich von ihren egoistischen Bindungen an den Besitz zu lösen und ihre Reichtümer sinnvoll einzusetzen. Würden immer mehr Besitzende sich auf die spirituelle Bestimmung des Menschen besinnen, so würden sie erfahren, wie frei es sich ohne die Bürde der Sorge lebt und wie produktiv es wäre, freiwillig den Reichtum so zu verwenden, dass er allen zugute kommt, die ihn erwirtschaftet haben. So würde sich herausstellen, dass Jesus doch der realistischere Denker war. Das Leben aller Beteiligten entspricht immer besser der Bestimmung des Menschen, je mehr sich der Mensch von seiner Habsucht und Sorge löst und die Kräfte des Geistes in sich und im Leben wirken lässt.

Glücklich ist nur der Mensch, der seiner Bestimmung entspricht. Ihm fließen neue Kräfte zu, Kräfte der Freiheit, der Freude und der Arbeit für andere. Es entwickelt sich ein Zustand in ihm, der in die geistige Welt eingebettet und daher unvergänglich ist, vor und nach dem Tod. Er erwirbt sich einen unzerstörbaren, „unerschöpflichen Schatz in den Himmeln". Entscheidend für euer ganzes Leben ist, welches Ziel ihr habt und welchen Schatz ihr anstrebt, sagt Jesus. Ihr könnt irdische Schätze anstreben: materiellen Reichtum oder immaterielle Güter wie hohe Bildung und hohe Moral. Ihr könnt aber auch himmlische Schätze anstreben: einen Zustand frei von jeder Ichbezogenheit, der Offenheit für die Kräfte der geistigen Welt und des unerschöpflichen Austauschs dieser Kräfte zwischen dem wahren Selbst und der geistigen Welt. Strebt ihr nach irdischen Schätzen, so wird euer Herz bei diesen Schätzen sein. Es wird sich daran festklammern und sich voller Habsucht und Sorge gegenüber der geistigen Welt verschließen. Strebt ihr aber nach Schätzen im Himmel, so wird euer Herz, das bei diesen Schätzen ist, sich ihnen öffnen. Es wird von Freude und Sorg-losigkeit erfüllt sein.

Wachsamkeit

12 35 *Eure Lenden seien umgürtet und eure Lichter brennend!* ***36*** *Und ihr sollt Menschen gleich sein, die auf ihren Herrn warten, wann er vom Gastmahl aufbrechen wird, damit sie, wenn er kommt und anklopft, ihm alsbald auftun.* ***37*** *Wohl jenen Knechten, die der Herr, wenn er kommt, wachend finden wird! Wahrlich, ich sage euch: Er wird sich umgürten und sie heißen, sich zu Tische setzen, und wird hinzutreten und sie bedienen.* ***38*** *Und wenn er in der zweiten und wenn er in der dritten Nachtwache kommt und sie so findet, wohl ihnen!* ***39*** *Das aber merkt: Wenn der Hausherr wüsste, zu welcher Stunde der Dieb kommt, würde er nicht in sein Haus einbrechen lassen.* ***40*** *Auch ihr sollt bereit sein; denn der Sohn des Menschen kommt zu einer Stunde, wo ihr es nicht meint.*

Wachsamkeit gegenüber den Impulsen der geistigen Welt von innen und außen ist eine notwendige Tugend des Schülers. Auf dem spirituellen Weg gibt es weder Gewöhnung noch Gewohnheiten. Stets können neue spirituelle Anforderungen und Wirkungen von innen oder außen ins Leben des Schülers einbrechen und seine Einstellungen, Auffassungen und Reaktionsweise auf Situationen in Frage stellen. Also muss er immer aufbruchsbereit sein – mit „umgürteten Lenden“ – und immer hellwach erkennen, was sich in ihm und um ihn herum ereignet – mit „brennenden Lichtern“.

Diese Wachsamkeit in Bezug auf neue spirituelle Herausforderungen hat zwei Aspekte. Der Schüler muss erstens spontan erkennen lernen, unter welchen „Krankheiten“ er selbst und die Menschen um ihn herum leiden und von welchen „Dämonen“ er und sie beherrscht werden. Denn nur durch dieses Erkennen kann er ihnen helfen. Dieser Aspekt der Wachsamkeit bezieht sich auf Möglichkeiten der Wirksamkeit des wahren Selbst im irdischen Leben. Wachsamkeit ist zweitens erforderlich, weil sich das wahre Selbst direkt im Bewusstsein des Schülers und anderer Menschen manifestieren will. Denn nach vielen Erfahrungen wird es so weit sein, dass dem Schüler die Ordnung und Kräfte der geistigen Welt unmittelbar bewusst werden.

Beides: das ständige Auftreten von Wirkungen aus der Welt des Geistes und die allmähliche Bewusstwerdung dieser Welt selbst – ist das Kommen des Menschensohnes. Denn so macht sich das wahre Selbst, das Ebenbild Gottes, für den Einzelnen bemerkbar. Ja in der ganzen Menschheit drängt das wahre Selbst des Menschen zur Entfaltung und ins Bewusstsein der Menschen. Auch für kollektive Erscheinungen, etwa neue spirituelle Bewegungen, muss daher der Schüler wach sein, um entsprechend mitarbeiten zu können. Zugleich muss er deutlich unterscheiden lernen, was unmittelbare Wirksamkeit des Geistes und was Verrat und Verfälschung dieser Wirksamkeit in der Gesellschaft ist. Auch dies ist ein Aspekt seiner Wachsamkeit, die ihm sagt, welchen Bewegungen er seine Mitarbeit zu verweigern hat.

So gibt es zwei Möglichkeiten, dass der Menschensohn beim Schüler „anklopft" und dieser ihm „auftun" kann. Wenn innere und äußere Probleme neue Formen des Denkens, Fühlens, Wollens und Handelns erfordern, darf der Schüler nicht im Althergebrachten verharren, sondern muss geeignete Formen schaffen und anwenden. Und wenn sich neue spirituelle Bewegungen abzeichnen, darf er sich nicht in alten Bewusstseinsformen verschließen. Er wird sich, wenn ein Sturm neuer Kräfte durch die eigene Seele und durch die Menschheit geht, weder an alten Strukturen festklammern, noch diese neuen Impulse durch seine Ichbezogenheit verfälschen.

Einen solchen Schüler findet der „Herr", das wahre Selbst, wachend, wenn er kommt. Der Schüler lässt zu, dass ihm das wahre Selbst und dessen Wirkungen bewusst werden, wenn die Zeit dafür gekommen ist. Und solche Menschen wird der Herr auch bei Tisch bedienen. Denn ihnen fließen, da sie sich für die Impulse aus der geistigen Welt in jedem Augenblick öffnen, auch in jedem Augenblick geistige Kräfte und Einsichten in Fülle zu: geistige Nahrung.

Diese Wachheit des Schülers ist erforderlich nicht nur, wenn er die Verbindung mit der Welt des Geistes innerlich spürt und sich im Einklang damit fühlt. Der „Herr" kann auch in der zweiten oder dritten Nachtwache kommen: in einer Zeit der individuellen und kollektiven Finsternis, der schwarzen Nacht, der noch schwärzeren Nacht, in der der Schüler sich von allem Trost und aller Einsicht aus der geistigen Welt abgeschnitten glaubt. Doch gerade dann sind Resignation und Trauer nicht angebracht. Denn gerade in solchen Zeiten der Finsternis versucht sich der Menschensohn, das noch unbewusste wahre Selbst, ins Bewusstsein des Menschen heraufzuarbeiten.

Der Schüler glaubt manchmal, selbst das Kommen des Menschensohns herbeirufen zu können. Aber er hat keinen unmittelbaren Einfluss darauf. Der Geist weht, wo und wann er will. Deshalb kann der Schüler nichts anderes tun, als sein Leben immer so einzurichten, dass er, wenn der Menschensohn kommt, nicht gerade in einer Verfassung ist, die ihn daran hindert, den Menschensohn aufzunehmen, das heißt, sein wahres Selbst ins Bewusstsein treten zu lassen. Diesen Sachverhalt stellt Jesus durch ein Gleichnis dar, das zunächst nicht sehr glücklich gewählt scheint. Ist der Menschensohn mit einem Dieb zu vergleichen? Einen Dieb möchte man aussperren, während doch der Menschensohn eingelassen werden will! Aber das Gleichnis hebt nur hervor, wie unvorhergesehen der Herr kommt, unvorhergesehen wie ein Dieb. Wie ein wachsamer Hausherr den Dieb bemerken wird, um dann die entsprechenden Maßnahmen zu ergreifen, so wird ein wacher Schüler den Sohn des Menschen bemerken, um richtig auf ihn zu reagieren.

Was ist Wachsamkeit?

12 41 *Petrus aber sagte: Herr, sagst du dieses Gleichnis zu uns oder auch zu allen*
[andern]? ***42*** *Und der Herr sprach: Wer ist also der kluge, treue Haushalter, den*
sein Herr dazu über sein Gesinde setzen wird, [ihnen] zur rechten Zeit ihr Maß Spei-
se zu geben? ***43*** *Wohl jenem Knecht, den sein Herr, wenn er kommt, bei solchem Tun*
finden wird! ***44*** *Der Wahrheit gemäß sage ich euch: Er wird ihn über sein ganzes Be-*
sitztum setzen. ***45*** *Wenn aber jener Knecht in seinem Herzen sagt: Mein Herr ver-*
zieht zu kommen, und anfängt, die Knechte und die Mägde zu schlagen, und zu essen
und zu trinken und sich zu berauschen, ***46*** *so wird der Herr jenes Knechtes an einem*
Tag kommen, an der er es nicht erwartet, und zu einer Stunde, die er nicht weiß, und
wird ihn in Stücke hauen lassen und ihm sein Teil unter den Ungläubigen geben. ***47***
Jener Knecht aber, der den Willen seines Herrn gekannt und nichts nach seinem Wil-
len bereitgemacht oder getan hat, wird viele Schläge erhalten; ***48*** *der jedoch, der ihn*
nicht gekannt, aber etwas getan hat, was Schläge verdient, wird wenige erhalten. Von
jedem aber, dem viel gegeben ist, wird viel gefordert werden, und wem man viel an-
vertraut hat, von dem wird man [desto] mehr verlangen.

Petrus fragt Jesus, ob sein Gleichnis vom klugen Hausherrn sich auf jeden Menschen oder auf den Schüler im Besonderen bezieht. Die Antwort findet sich indirekt in den folgenden Sätzen Jesu. Der kluge Haushalter ist über des Herrn Gesinde gesetzt, um ihnen „zur rechten Zeit ihr Maß Speise zu geben". Also bezieht sich das Gleichnis auf den Schüler. Der Schüler auf dem spirituellen Weg steht in einer besonderen Beziehung zum Geist, dem er sich auf seinem Weg bewusst öffnet. Er wird deshalb auch zu den „Kranken" und von „Dämonen" Besessenen gesandt, um ihnen durch die Lehre vom „Reich Gottes" zur rechten Zeit und im richtigen Maß seelische und geistige Nahrung zu geben. So ist der Schüler vom Herrn, dem Geist selbst, über das „Gesinde" gesetzt und hat die Verantwortung dafür.

Jetzt wird noch einmal deutlich, worin die jederzeitige Bereitschaft des Schülers (des Hausherrn von Vers 39) in Bezug auf das Kommen des Menschensohns besteht. Sie besteht in der Treue zu seiner Aufgabe als Schüler für sich selbst und für andere. Wenn er in der Ordnung der geistigen Welt lebt und seine Gedanken, Gefühle und Handlungen für andere danach ausrichtet, wird er jederzeit in der richtigen Verfassung für das Kommen des Menschensohns sein. Der Herr kann kommen, wann er will – neue geistige Impulse aus dem wahren Selbst können kommen, wann sie wollen, sie können ins Bewusstsein einzudringen versuchen, wann sie wollen: Der Menschensohn wird immer auf eine gute Ausrichtung und Verfassung des Schülers treffen. Die geistigen Kräfte werden in der Persönlichkeit des Schülers ein gutes Instrument finden, um sich seiner zu bedienen, und sein Bewusstsein wird, frei von ablenkenden Eindrücken, vom Geist erleuchtet werden können. Das wird dem Geist im Schüler den erforderlichen Spielraum geben, und der Schüler wird über das „ganze Besitztum" des Geistes gesetzt werden. Wer gelernt hat, in bestimmten, noch begrenzten Situationen nach der Ordnung des Geistes zu handeln, wird einst überall in der Ordnung des Geistes mitarbeiten und sie in großem Maßstab mitvollziehen können.

Anders ist es, wenn der Knecht, der Haushalter, der Schüler, nicht klug und nicht bereit ist. Warum ist er möglicherweise nicht bereit? Weil er die Geduld verliert. Er wartet auf die Erleuchtung, aber sie kommt nicht, obwohl er bisher seine Aufgaben als Schüler gewissenhaft erfüllt hat. Er vergisst, dass der Geist weht, wo und wann er will, und sich nicht nach der Leistung des Schülers richtet. Der Schüler tue seine Pflicht. Ob sich der Geist in ihm manifestiert oder nicht, ist nur Sache des Geistes.

Der ungeduldig gewordene, enttäuschte Schüler aber vernachlässigt seine Aufgaben auf dem spirituellen Weg. Wenn der Herr ja doch nicht kommt, warum sich solche Mühe geben? Der Schüler fängt an, „Knechte und Mägde zu schlagen". Er behandelt die Menschen, denen er Kraft zur Genesung und Befreiung von Dämonen schenken sollte, wieder nach seinen ichbezogenen Interessen, beutet sie aus und manipuliert sie. Er selbst berauscht sich wieder an Illusionen und geht in den Genüssen der irdischen Welt auf. Dennoch hat er auf seinem bisherigen Weg die Tür für die spirituellen Impulse aus dem wahren Selbst geöffnet. Und es kann sein, dass solche Impulse unvorhergesehen aus dem wahren Selbst hervorbrechen. Sie treffen jetzt aber auf in ganz andere Richtungen gehende Gedanken, Gefühle und Gewohnheiten, ungeeignete Instrumente für spirituelle Aufgaben. Das Bewusstsein des Betreffenden ist mit allen möglichen Eindrücken angefüllt, die dem Geist Widerstand leisten. Er versteht nicht mehr. Der Strom des Geistes findet kein Strombett, in dem er ungehindert fließen könnte. Daher wird ein solcher Mensch in Verwirrung geraten, Fehler machen, den Drang des Geistes auf unsinnige Weise abreagieren. Sein Leben und er selbst werden jede innere Konsequenz verlieren und „in Stücke gehauen" werden. So wird er unfähig sein, den spirituellen Weg weiter zu gehen, wird sich gegen den Geist, der ihm so furchtbare Erfahrungen bringt, verschließen und fortan wieder zu den „Ungläubigen" gehören. Das sind die, die sich für den Geist weder öffnen können noch wollen.

Es gilt also das Gesetz: Wer seine Persönlichkeit in einer der geistigen Ordnung entsprechenden Verfassung hält, wird, wenn der Geist in ihm zu wirken beginnt, harmonisch darauf reagieren können. Wird diese Verfassung nicht aufgebaut, entsteht Disharmonie. Sie wird um so größer sein, je mehr ein Mensch sich seiner Bestimmung schon genähert hat. Ein Schüler auf dem Weg, der die geistige Ordnung, den „Willen des Herrn", kennt und trotzdem keine entsprechende Verfassung der Persönlichkeit aufbaut, wird „viele Schläge" erhalten: Er wird in große innere Zerrissenheit geraten. Er weiß, was er tun und wie er sein sollte, handelt aber nicht danach. Das führt zu Depression und Selbstaggression, und äußerlich zu Disharmonie mit der Umwelt. Denn die Umwelt wird spüren, was im Anderen an Möglichkeiten steckt und wie er sich verhalten müsste, und wird Entsprechendes von ihm erwarten. In ihrer Enttäuschung wird sie ebenfalls „viele Schläge" austeilen. Wer dagegen den „Willen des Herrn" nicht kennt und deshalb keine entsprechende Persönlichkeitsverfassung aufbaut und nicht entsprechend handelt, wird wenigstens mit sich selbst und mit der Umwelt, die ihrem irdischen Willen folgt, im Einklang sein, mag er auch die wenigen Schläge erhalten, die jeder irdische Mensch auf Grund seines von der geistigen Ordnung abweichenden Verhaltens verdient. (Diese Vorgänge sind übrigens eine gute Illustration für den Unterschied zwischen einer „Lästerung" gegen den Menschensohn und einer gegen den heiligen Geist.)

Und noch ein zweites Gesetz gilt: Wer viele Fähigkeiten hat, wer insbesondere als Schüler auf dem spirituellen Weg viele geistige Kräfte empfängt, hat auch die Pflicht, diese Fähigkeiten anzuwenden und diese Kräfte verantwortlich umzusetzen. Man fordert viel von ihm. Er empfängt diese Kräfte, um sie zum eigenen Wohl und zum Wohl anderer umzusetzen. Willigt er in diese Verantwortung nicht ein, so stagniert seine Entwicklung und die Entwicklung der mit ihm in Verbindung stehenden Menschen. Das wiederum bedeutet Diskrepanz zwischen den die Entwicklung fördernden Impulsen aus der geistigen Welt und seinen Reaktionen darauf. Er gerät in einen Zustand der Unlust und Mattigkeit.

„Feuer“: Wirksamkeit des wahren Selbst

Wachsamkeit, Treue zur Aufgabe, Bewusstsein vom „Willen des Herrn“, freudige Übernahme spiritueller Verantwortung – das alles sind Eigenschaften des Schülers, mit denen er dem „Feuer“ des Geistes entspricht.

12 49 *Ein Feuer auf die Erde zu bringen, bin ich gekommen, und wie sehr wünschte ich, es wäre schon entfacht!*

Jesus spricht von der Notwendigkeit, die zu vollziehen er gekommen ist. „Ein Feuer auf die Erde zu bringen, bin ich gekommen.“ Ist dieses Feuer der Glaube der Menschen, erlöst zu sein? Ist Jesus auf die Erde gekommen, um die Menschen durch Tod und Auferstehung zu erlösen und Glauben an ihn als Erlöser zu wecken? Was wäre Feuriges an diesem Glauben? Und würde er milliardenfach über die Erde verbreitet: Er würde doch nur das Gefühl der Geborgenheit wecken, das Gefühl, von aller Schuld und Sünde befreit zu sein. Das wäre Beruhigung, nicht Feuer, Aufbruch, Bewegung. Was also ist das Feuer, das Jesus auf die Erde bringt? Es ist das Feuer des Bewusstseins, dass eine ungeheure Kluft zwischen dem gegenwärtigen Zustand des Menschen und seiner eigentlichen Bestimmung besteht. Das ist ein Feuer, das verzehrt und brennt! Das Bewusstsein im Menschen wird entfacht, was sein eigenes wahres Wesen von ihm verlangt, und wie jämmerlich weit er von diesem Anspruch entfernt ist. Feuer ist dann auch die aus dieser Erkenntnis entstehende Sehnsucht, sich zu ändern, sich vom armseligen gegenwärtigen Zustand zu lösen und den Zustand der wahren Identität an die Stelle der falschen zu setzen. Und Feuer ist schließlich der Wille und Entschluss, Schritte zur Änderung zu unternehmen, beginnend bei sich selbst: in die alten Gewohnheiten, Vorurteile und Illusionen einzugreifen und den alten Schlendrian zu beenden, damit Neues entstehen kann.

Dieses Feuer der Erkenntnis, der Sehnsucht und des Willens bringt Jesus auf die Erde. Würde es entfacht, ginge ein allgemeines Aufwachen aus dem Schlaf der Gewohnheiten, Illusionen und Glaubensgewissheiten, der so verheerende Folgen hat, durch die Menschheit. Ohne zu hinterfragen, was sie tun und was sie dazu veranlasst, führen die Menschen Kriege, beuten einander aus, jagen ihren Vergnügungen nach. Sie sind versklavt an Gewohnheiten, Triebe und Vorurteile, und merken es nicht einmal. Auf ihrem Besitzstand beharrend, halten die Wenigen die Vielen in Abhängigkeit und verfehlen damit ihre Bestimmung. Mit ihrem Los dumpf zufrieden, gelegentlich aufbegehrend, gehorchen die Vielen den Wenigen und verfehlen ebenfalls ihre Bestimmung.

Wie sehr wünschte ich, sagt das vom Feuer des Geistes erfüllte wahre Selbst, dieses Feuer wäre auf Erden schon entfacht! Erkennten doch die Menschen endlich, in welcher Unfreiheit sie sich befinden, ob als Herrschende, ob als Beherrschte, und in welchem Unglück sie ihr Leben verbringen! Dabei könnten sie frei sein im Geist und glücklich im Streben nach ihrer innersten Bestimmung. Sehnten sie sich doch nach dieser Freiheit und diesem Glück! Und unternähmen sie doch entschlossen die Schritte zur eigenen Läuterung und Veränderung, die sie zu Freiheit und Glück, für sich selbst und untereinander, führen würden!

Sind nicht die Schüler Jesu schon in diesem Feuer entflammt? Ja, aber das ist nur eine „kleine Herde", das ist noch kein die ganze Erde überziehender Brand, kein großes Aufbegehren gegen die Unwahrheit und den Glauben, das Leben im Diesseits sei das einzig Erstrebenswerte, oder das Leben im Jenseits bringe Kompensation für alle Leiden im Diesseits. Das ist noch kein allgemeines Abwerfen der Resignation, dass sich doch nichts ändern lasse und alles beim Alten bleiben müsse.

Jesus ist ein Mensch, in dem das Feuer der Erkenntnis, Sehnsucht und Entschlusskraft angefacht ist. Er ist ja der mit dem Feuer des Geistes Gesalbte. Und dieses Feuer möchte dasselbe Feuer, das als Funke in jedem Menschen glimmt, auch in allen anderen entfachen. *So* will Jesus die Menschen erlösen, nicht durch einen stellvertretenden Tod, durch den der „Zorn" Gottes besänftigt wird, und durch eine Auferstehung, an der der Mensch durch seinen Glauben Anteil hat. Das wäre eine Erlösung von außen, eine Illusion, die vom Feuer der Erkenntnis gerade verzehrt werden soll. Jesus will andere dadurch erlösen, dass er das Feuer in ihnen entfacht, damit dieses Feuer sie läutert und ihr wahres Selbst erlöst, bis schließlich die ganze Menschheit erlöst ist.

Folgen der Arbeit mit „Feuer"

12 50 *Mit einer Taufe aber muss ich getauft werden, und wie ist mir so bange, bis sie vollendet ist!* ***51*** *Meint ihr, dass ich gekommen sei, Frieden auf der Erde zu schaffen? Nein, sage ich euch, sondern Entzweiung.* ***52*** *Denn von jetzt an werden fünf in einem Haus entzweit sein, drei mit zweien und zwei mit dreien.* ***53*** *Es werden entzweit sein der Vater mit dem Sohn und der Sohn mit dem Vater, die Mutter mit der Tochter und die Tochter mit der Mutter, die Schwiegermutter mit ihrer Schwiegertochter und die Schwiegertochter mit der Schwiegermutter.*

Wie armselig ist es, wenn sich Menschen von anderen erlösen lassen, die stark und mit göttlichem Geist gesalbt sind! Ja, diese Gesalbten sind stark. Aber müssen sie nicht bis aufs Äußerste kämpfen und leiden? Jesus hätte sich weigern können, das Feuer zu empfangen und weiterzugeben. Er wusste, was auf ihn zukommen würde. Zuerst die Versuchungen von innen, dann die Verfolgungen von außen, Spott und Erniedrigung, bis zum Tod. Die Überwindung solcher Herausforderungen kommt nicht von selbst, sie ist höchste Mühsal und Aufopferung. Und das sollten andere, dankbar nickend und selbst untätig, für sich geschehen lassen, weil Gott so voller Liebe für die Menschen ist? Tatsächlich, Jesus hat das Feuer in sich entfacht und nimmt die Konsequenzen daraus auf sich. Aber nur, um es auch in anderen zu entfachen, die nach ihren schwächeren Möglichkeiten ebenfalls die Konsequenzen auf sich nehmen müssen. Anders werden sie nicht erlöst, anders wird die Menschheit nicht erlöst.

Die „Taufe", von der Jesus hier spricht, ist das Untertauchen im Spott, in der Erniedrigung und in der Gewalttätigkeit der Menschen. Sie ist die Folge dessen, dass er ein Feuer auf die Erde bringt, das die Gewohnheiten und Besitzstände der Menschen stört. Er ist, wie prinzipiell jeder Mensch, der Sohn des Menschen, und das Feuer des Geistes, das ihn berührt und salbt, bedeutet für ihn inneren und äußeren Kampf mit den Eigenschaften des irdischen Menschen. Er ist als Gottessohn, als in besonderer Weise mit dem Geist verbundener Mensch, keineswegs privilegiert und geschützt. Es ist ihm bange vor dieser Taufe. Damit gibt Jesus Einblick in die Seele jedes Sohnes des Menschen, der die aus dem Feuer des Geistes folgende Aufgabe übernimmt. Kann jemand angesichts dieser Taufe Jesu darin einwilligen, sich passiv erlösen zu lassen und weiter in seinen Gewohnheiten zu verharren, im bequemen Glauben, schon erlöst zu sein? Wird er nicht das Feuer in sich anfachen lassen, alle falsche Glaubensgewissheit über Bord werfen und die Folgen des Feuers, die eigene Taufe in der Gewalttätigkeit der Menschen, auf sich nehmen, um wirklich erlöst zu werden und zur Erlösung anderer beizutragen?

Die Taufe in der Gewalttätigkeit der Menschen ist immer die Folge des Feuers, weil das Feuer des Geistes Entzweiung bringt. Welcher Art ist diese Entzweiung? Diejenigen Menschen, in denen das Feuer des Geistes entfacht wird, geraten in Gegensatz zu jenen, in denen es nicht entfacht wird und die weiter in ihren alten Gewohnheiten und Einstellungen verbleiben. Es ist der unüberbrückbare Gegensatz zwischen der Ordnung des Geistes, dem „Reich Gottes" einerseits, und der sich dagegen empörenden, in Ichbezogenheit verharrenden irdischen Ordnung andererseits. Die Menschen der irdischen Ordnung suchen ihren Vorteil, die Menschen, die sich an der geistigen Ordnung orientieren, wirken mit den Kräften des Geistes mit. Die Menschen der irdischen Welt brennen im Feuer der Triebe und Empörung gegen den Geist, oder sind schon tote Schlacke geworden. Die auf die geistige Welt gerichteten Menschen brennen im Feuer der Erkenntnis, der Sehnsucht und eines neuen Strebens, das alles Unwahre verzehrt, um das wahre Selbst, die Kraft Gottes, an seine Stelle zu setzen. Durch dieses Feuer wird die irdische Ordnung angegriffen, das irdisch Gute als bloße Reaktion auf das Böse entlarvt, und das Böse in seinem Kern bloßgestellt: als Ichbezogenheit und Trieb zur Selbsterhaltung.

Das Irdische wird vom Geist keineswegs so unmittelbar zum Frieden geführt: nicht zu höherer Geistigkeit und Ethik im Zeichen einer Verbrüderung aller Religionen; nicht zu individueller Fortentwicklung durch Psychotraining oder Frömmigkeit, wobei der Geltungstrieb unangetastet bleibt; nicht zu sozialer Gerechtigkeit bei uneingeschränktem Besitztrieb; nicht zu Konfliktfreiheit durch internationalen Interessenausgleich, wobei der Machttrieb nur im Zaum gehalten wird.

Im Gegenteil: Die Kräfte des Geistes tasten die Grundlagen des irdischen Lebens an, und es entstehen Konflikte und Kriege unter Vertretern der unterschiedlichen religiösen, kulturellen, sozialen und politischen Interessen. Es entsteht Entzweiung zwischen unterschiedlichen irdischen Interessen.

Die grundsätzliche Entzweiung aber entsteht zwischen jenen Menschen, die erkennen, dass alles bloß Irdische nicht der Bestimmung des Menschen entspricht, und jenen, die ihre Bestimmung in der irdischen Welt suchen. Diese Entzweiung wird als Riss durch alle sozialen Gruppen gehen. In jeder Gruppe, in jedem „Haus", in den religiösen, politischen und kulturellen Institutionen, werden sich Untergruppen bilden – zwei gegen drei, drei gegen zwei –, von denen die einen das Streben nach dem Geist, die anderen das Beharren im Irdischen vertreten. Am auffälligsten wird dieser Riss in den irdischen Gruppen mit den engsten zwischenmenschlichen Beziehungen sein: den Familien. Die Frage nach der Bestimmung des Menschen und nach dem eigentlichen Lebenssinn kann jeden, auch den innigsten, verwandtschaftlichen Zusammenhalt sprengen. Sogar im einzelnen Menschen wird sich diese Entzweiung bemerkbar machen. Der Schüler auf dem spirituellen Weg ist stets zwischen dem Ruf des Feuers der geistigen Welt und dem Triebfeuer der irdischen Welt hin- und hergerissen.

Ein wirklicher Friede wird erst entstehen können, wenn die Menschheit im Zustand der Einheit mit dem Geist zur Ruhe gekommen, die konflikterzeugende Ichbezogenheit auf der Grundlage des wahren Selbst aufgelöst ist und neue zwischenmenschliche Beziehungen gewachsen sind. Bis dahin wird Entzweiung auf Erden herrschen, und alle vom Feuer berührten Menschen werden vom Brand der Läuterung beunruhigt und von irdischen Konflikten verfolgt werden.

Vorbereitung auf das „Feuer"

12 54 *Er sprach aber auch zu der Volksmenge: Wenn ihr im Westen eine Wolke aufsteigen seht, sagt ihr alsbald: Es kommt Regen; und es geschieht so.* ***55*** *Und wenn ihr den Südwind wehen seht, sagt ihr: Es wird Gluthitze geben; und es geschieht.* ***56***
Ihr Heuchler, das Aussehen der Erde und des Himmels wisst ihr zu beurteilen; wie kommt es aber, dass ihr diese Zeit nicht beurteilt?

Jesus wendet sich wieder an das Volk, das die irdischen Kräfte des Menschen versinnbildlicht, und wundert sich, dass es nicht bemerkt, was „in der Luft liegt". Die Leute kümmern sich um die äußeren, physischen Dinge und Lebensumstände, erforschen sie genau und stellen Zukunftsprognosen. Aber von der inneren Dimension des Geistes wenden sie sich ab. Von ihr wollen sie nichts wissen. Dass das Feuer des Geistes auf der Erde und in den Menschen brennen will, dass das Reich Gottes, das Feuer des Geistes, genaht ist, wollen die Leute nicht bemerken.

Das galt nicht nur zur Zeit Jesu, das gilt zu allen Zeiten. Ihr Wissenschaftler, sagt das wahre Selbst des Menschen, habt großartige Fähigkeiten. Und scheinheilig tut ihr so, „ihr Heuchler", als wendetet ihr diese Fähigkeiten mit all eurer Kraft und höchstem Einsatz an. Aber in Wirklichkeit wendet ihr sie gerade dort nicht an, wo sie am dringendsten gebraucht würden: im Bereich der Erforschung der geistigen Welt und ihrer aktuellen Wirkungen, bei der Frage nach der Bestimmung des Menschen, nach dem Sinn seines Lebens, nach dem Weg, der zur Erfüllung dieser Bestimmung führt. Bei eurer eifrigen Erforschung der äußeren Welt umgeht ihr diese Frage. Ihr lasst eurer Wissenschaft von Besitz-, Macht- und Geltungstrieb die Grenzen vorschreiben. Denn die Erforschung der inneren Welt, ausgelöst durch den Erkenntnisdrang des geistigen Feuers, würde den irdischen Besitzstand und die scheinbare Sicherheit der irdischen Verhältnisse antasten. Deshalb trifft jeder, der sich erfahrungswissenschaftlich den entscheidenden Problemen zuwendet und öffentlich nach dem Sinn des Lebens fragt, auf eine Mauer beharrlichen, betretenen oder höhnischen Schweigens.

Schuld und Gericht

Die Rede Jesu, die mit drei dichotomischen Aussagen über das Verhalten des Schülers auf dem spirituellen Weg begann, dann den Zustand spiritueller Sorg-losigkeit beschrieb und die Einstellung zum „Kommen des Menschensohns" thematisierte, endet jetzt mit drei Aussagen Jesu, die sich alle auf das Problem von Schuld und Gericht beziehen.

Eigenes Urteil

12 57 *Warum aber urteilt ihr nicht auch von euch selbst aus darüber, was recht ist?* ***58*** *Denn wenn du mit deinem Gegner zum Beamten gehst, so gib dir unterwegs Mühe, gütlich von ihm loszukommen, damit er dich nicht etwa vor den Richter schleppt und der Richter dich dem Gerichtsdiener übergibt und der Gerichtsdiener dich ins Gefängnis setzt.* ***59*** *Ich sage dir: Du wirst von dort nicht herauskommen, bis du auch den letzten Heller bezahlt hast.*

Die erste Lehre Jesu in Bezug auf dieses Problem lautet: Urteilt selbst, und unterwerft euch nicht dem Urteil anderer. Denn wenn ihr euch dem Urteil anderer unterwerft, bleibt ihr Sklaven und werdet alle Folgen dieser Sklaverei erdulden müssen. Urteilt ihr aber selbst, so erhebt ihr euch über die Sklaverei, könnt nach euren inneren Maßstäben entscheiden und dadurch frei werden. Man kann diese Regel auf den vorhergehenden Teil der Rede Jesu beziehen. Dann besagt sie: Urteilt selbst, ob das Reich Gottes genaht ist, und entscheidet euch selbst, wie ihr auf das Feuer des Reiches reagieren müsst – „was recht ist". So urteilt ihr aus eurem Herzen und folgt eurem Herzen. Dann könnt ihr euch auch frei mit eurem weltanschaulichen Gegner auseinandersetzen, könnt ihn gelten lassen und euch selbst gelten lassen. Und so kommt ihr „gütlich von ihm los" und könnt frei euren Weg weiterverfolgen. Lasst ihr euch aber von eurem Gegner beurteilen und räumt ihm das Recht ein, euch vor den Richter – das heißt die Maßstäbe anderer, was recht und unrecht ist –, zu schleppen, so werdet ihr euch in diesen Maßstäben verstricken und den Argumenten des Gegners euren Tribut entrichten müssen – unaufhörlich, bis alles ausdiskutiert ist. Und wann käme man auf diese Weise je zu einem Ende?

Die Regel lässt sich auf das Verhältnis des Menschen zum Schicksal übertragen. Ihr könnt euch dem Schiedsspruch des Gesetzes von Ursache und Wirkung – dem

Richter – unterwerfen und alle Schicksalsschläge dumpf hinnehmen, bis sich das Schicksal voll ausgewirkt hat, bis ihr den „letzten Heller bezahlt“ habt. Stellt euch daher lieber frei in die Ordnung des Geistes, die in eurem wahren Selbst angelegt ist. So gewinnt ihr Spielraum gegenüber den Schicksalsschlägen – eurem Gegner. Ihr müsst sie hinnehmen, aber ihr könnt euch über sie erheben und sie dadurch entkräften. Ihr kommt „gütlich von eurem Gegner los“.

Der Tod als Folge der Trennung von Gott

13 1 *Es waren aber zu eben dieser Zeit einige zugegen, die ihm über die Galiläer berichteten, deren Blut Pilatus mit ihren Opfern vermischt hatte.* ***2*** *Und er antwortete und sprach zu ihnen: Meint ihr, diese Galiläer seien mehr als alle [andern] Galiläer Sünder gewesen, weil sie dies erlitten haben?* ***3*** *Nein, sage ich euch, sondern wenn ihr nicht Buße tut, werdet ihr alle auf die gleiche Weise umkommen.* ***4*** *Oder jene achtzehn, die der Turm am [Teich von] Siloah bei seinem Einsturz tötete, meint ihr, sie seien schuldiger gewesen als alle [andern] Menschen, die in Jerusalem wohnen?* ***5*** *Nein, sage ich euch, sondern wenn ihr nicht Buße tut, werdet ihr alle auf dieselbe Weise umkommen.*

Die zweite Aussage Jesu über das Problem von Schuld und Gericht knüpft an ein aktuelles Ereignis seiner Zeit an. Pilatus, der römische Statthalter der Provinz Judäa, hatte eine Schar galiläischer Pilger, die im Tempel zu Jerusalem ihre Tieropfer brachten, aus im Evangelium nicht genannten Gründen an Ort und Stelle niedermetzeln lassen, so dass sich ihr Blut mit dem ihrer Opfertiere vermischte. Die Auffassung so manches Beobachters dieses Ereignisses war offenbar, dass die Getöteten besonders schuldig vor Gott gewesen seien, so dass diese entsetzliche Strafe über sie verhängt wurde. Aber, so korrigiert Jesus, im Vergleich zu den Maßstäben der göttlichen Welt ist jeder irdische Mensch, da in Ichbezogenheit gegen die göttliche Ordnung lebend, dem Tod verfallen. Der Tod ist die Folge dessen, dass der Mensch nicht im bewussten Einklang mit der ewigen göttlichen Ordnung lebt. Und in der existenziellen „Sünde“, der Trennung von Gott, leben *alle* irdischen Menschen, eben als irdische Menschen. Es gibt hier keine größere oder kleinere Trennung: Die Dimension der irdischen Welt ist der der göttlichen Welt inkommensurabel. Deshalb sind alle Menschen ohne Ausnahme dem Tod als der Folge dieser Trennung unterworfen. Die Unterschiede zwischen ihnen liegen nur in der Art und Weise und dem Zeitpunkt, in denen sich das Gesetz von Ursache und Wirkung auswirkt. Einige trifft das Gericht schon jetzt, andere erst später. Einige erleiden einen grausamen Tod, andere einen sanften. Aber dem Tod unterworfen sind sie alle, es sei denn, sie wenden sich wieder der Welt des Geistes zu und „tun Buße“. Denn „Buße tun“ heißt: die Verstrickungen in die irdische Welt aufzulösen, wodurch das wahre ewige Selbst auflebt und bewusst seine Einheit mit der göttlichen Welt erlebt. Das Ebenbild Gottes im Menschen gehört der selben Dimension an wie die göttliche Welt und ist unvergänglich wie sie.

Derselbe Sachverhalt wird durch das Ereignis illustriert, dass achtzehn Menschen in Jerusalem beim Einsturz des Stadtmauerturmes am Teich von Siloah erschlagen wurden. Es zeigt sich an diesem Beispiel noch einmal, dass alle irdischen Menschen gleichermaßen außerhalb der Ordnung des Geistes leben und daher mit dem Tod rechnen müssen. Jerusalemer Juden, die sich für besonders fromm hielten, sind diesem Gericht genauso unterworfen wie die Galiläer – aus dem ersten Beispiel –, die als nicht ganz so fromm galten. Und auch die Unterschiede in Frömmigkeit oder Schuld unter den Jerusalemer Juden zählen nicht. Als moralische Sünder oder Fromme sind die Menschen tatsächlich verschieden. Doch der Grad der moralischen Frömmigkeit oder Schuld hebt die Tatsache, dass der irdische Mensch aus der irdischen Ordnung der Dinge lebt und existenziell ein „Sünder" ist, nicht auf.

Verlasst euch also nicht, sagt Jesus, auf eure Frömmigkeit oder moralische Integrität. Sterben müsst ihr trotzdem. Nur wenn ihr „Buße tut" und dadurch das ewige wahre Selbst aufleben lasst, überwindet ihr den Tod.

Der Feigenbaum: Was ist „Sünde"?

***13* 6** *Er sagte aber dieses Gleichnis: Es hatte jemand einen Feigenbaum, der in seinen Weinberg gepflanzt war; und er kam und suchte Frucht an ihm und fand keine.* 7
Da sprach er zu dem Weingärtner: Siehe, drei Jahre sind's, seit ich komme und an diesem Feigenbaum Frucht suche und keine finde. Haue ihn um! Wozu soll er noch das Land unbrauchbar machen? **8** *Doch der [Weingärtner] antwortete und sagte zu ihm: Herr, lass ihn noch dieses Jahr, bis ich um ihn her gegraben und Dünger gelegt habe;* **9** *und wenn er in Zukunft Frucht bringt [, so ist's gut] – sonst magst du ihn umhauen lassen.*

Was existenzielle „Sünde" ist, und worüber Gericht gehalten wird, das wird durch das Gleichnis vom Feigenbaum illustriert. Wer ist der Feigenbaum? Jeder Mensch als Ebenbild Gottes. Jeder Mensch ist als Ebenbild Gottes in die Welt, den Weinberg, gepflanzt, um Frucht zu bringen. Frucht bringen heißt nicht, dass der irdische Mensch Erfolg hat oder etwas Nützliches leistet, auch nicht, dass er besonders anständig und fromm ist. Frucht bringen heißt, dass das wahre Selbst, der spirituelle Mensch, die Ordnung und Kraft des Geistes, die wie ein Same in ihm angelegt sind, entfaltet und offenbar macht. Dadurch wird Gott selbst entfaltet und offenbar gemacht, erstens im Wesen des Betreffenden, zweitens für andere Menschen, denen die Liebe Gottes auf diese Weise fördernd entgegenkommt, drittens für die dem Menschen anvertrauten und ihn ermöglichenden Reiche der Natur: Tierwelt, Pflanzenwelt und Mineralwelt. Frucht bringen heißt, dass die dem Bewusstsein des irdischen Menschen verborgenen Eigenschaften des Ebenbildes Gottes, die auch die Eigenschaften Gottes sind, zum Vorschein und zur Wirkung kommen. Und da das Ebenbild Gottes wie Gott selbst unendlich ist, können immer neue Eigenschaften Gottes aus immer größeren Tiefen und in unendlicher Progression zum Vorschein kommen. So wächst das Ebenbild Gottes im Menschen, so fördert es das Ebenbild Gottes in anderen Menschen, indem es ihm Kraft zur Entfaltung zuführt. So bringt der Feigenbaum Frucht.

Existenzielle „Sünde" ist: In diesem Wachstum zu stagnieren, sich durch Ichbezogenheit im irdisch Guten und Bösen vom Ebenbild Gottes abzuschneiden und es an seiner Entfaltung zu hindern. Ein solcher Mensch, ein solcher Feigenbaum bringt keine Frucht. Er wirkt nicht in der allgemeinen spirituellen Entwicklung der Welt mit. Er bremst diese Entwicklung, die vom Geist, den Menschen bewusst oder unbewusst, vorangetrieben wird. Er macht dadurch das Land, die Welt, „unbrauchbar". Sie wird durch sein Verhalten unempfänglicher für den Geist und die spirituelle Entwicklung.

Die geistige Welt aber, die das Ebenbild Gottes in die Welt gepflanzt hat, damit es Frucht bringe, sucht diese Frucht. Sie möchte sich mit dem entfalteten, bewusst gewordenen Ebenbild Gottes vereinigen. „Drei Jahre" lang sucht sie nach Frucht. Drei Möglichkeiten hatte dieser Mensch, auf die Impulse aus der geistigen Welt zu reagieren, den spirituellen Weg zu erkennen und zu gehen. Der „Weingärtner", vom Besitzer des Weinbergs zur Pflege des Feigenbaums bestellt, sind die mit der Menschheit arbeitenden, mit der Welt des Geistes besonders verbundenen Menschen, wie etwa Johannes der Täufer und Jesus. Solange noch eine Chance besteht, dass der Feigenbaum Frucht bringt, bemühen sich diese Menschen durch Lehre und Predigt um den Menschen. Sie geben ihm noch eine vierte Chance, sie rütteln ihn durch die Kraft ihrer Worte und Taten wach – der „Weingärtner" gräbt den Boden um –, und führen ihm noch einmal neue spirituelle Nahrung zu – es wird Dünger gelegt. Haben jedoch all diese Maßnahmen keine Wirkung, so wird der Feigenbaum umgehauen. Der „Weingärtner" stellt seine Bemühungen ein, wodurch der betreffende Mensch von den Impulsen aus der geistigen Welt getrennt wird und das Ebenbild Gottes in dieser Inkarnation keine Möglichkeit mehr hat, sich zu entfalten. Ein solcher Mensch muss auf eine neue Inkarnation warten, in der, unter neuen Bedingungen, seitens der Welt des Geistes und ihrer Botschafter neue Bemühungen unternommen werden, sich ihm zu nähern. Aber bis dahin hat er keinen Anteil an der spirituellen Gesamtentwicklung der Menschheit und stagniert schmerzhaft in seiner Entwicklung. Er hat sich selbst das Urteil gesprochen und sich selbst auf Grund seiner Unempfänglichkeit für das „Reich Gottes" für die Zeitdauer der aktuellen Inkarnation von der Ordnung des Geistes ausgeschlossen.

Vom Gesetz der Inkarnation ist freilich in diesem Textstück, wie im ganzen Evangelium, nicht ausdrücklich die Rede. Jesus nimmt immer nur auf das gegenwärtige Leben des Menschen Bezug und schärft ihm ein, dieses Leben mit aller Kraft zu nutzen. Es ist unwiederbringlich, mag das wahre Selbst auch weitere Leben vor sich haben, um sich doch noch zu entfalten.

Alle drei Aussagen Jesu über Schuld und Gericht appellieren an den Menschen, sich dieser Zusammenhänge bewusst zu werden und entsprechend zu reagieren. Macht euch frei von den Verstrickungen in irdischen Streit und ins Schicksal. Gebt dem eigenen Urteil, der Ordnung des Geistes in euch, Spielraum. Erkennt, dass ihr als irdische Menschen prinzipiell von der Welt des Geistes abgeschnitten und deshalb dem Tod unterworfen seid. Wendet euch daher der Dimension des Geistes zu, um so der „Strafe" des Todes zu entgehen. Und nehmt eure Chance wahr, den wiederholt an euch ergehenden Ruf des Geistes zu beantworten. Antwortet ihr nicht, wird nach einer bestimmten Zeit die Gelegenheit zum spirituellen Weg vertan sein.

Die „Wanderung nach Jerusalem": zweiter Tag

Mit dem Gleichnis vom Feigenbaum ist der erste Abschnitt, der erste „Tag" der Wanderung Jesu nach „Jerusalem" abgeschlossen. Mit Kap. 9,51 begann diese „Wanderung", ein Teil des spirituellen Weges, den Jesus, und parallel zu ihm seine Schüler, gehen. Die Ereignisse auf diesem ersten Abschnitt der Wanderung nach Jerusalem und die damit verbundenen Reden Jesu bezogen sich vor allem auf die Lösung des Schülers von der irdischen Welt und die Hinwendung zur göttlichen Welt. Jetzt, nach dem Gleichnis vom Feigenbaum, beginnt der zweite Abschnitt, der zweite „Tag" der Wanderung nach Jerusalem. Und die Ereignisse und Reden Jesu an diesem „Tag" haben vor allem das Reich Gottes und seine Eigenschaften sowie die Art und Weise, wie man es betritt, zum Thema.

Heilung der verkrümmten Frau: Das religiöse „Über-Ich"

13 10 *Er lehrte aber in einer der Synagogen am Sabbat.* ***11*** *Und siehe, da war eine*
Frau, die achtzehn Jahre einen Krankheitsdämon hatte, und sie war verkrümmt und
nicht im Stande, sich ganz aufzurichten. ***12*** *Als Jesus diese sah, rief er sie herbei und*
sprach zu ihr: Weib, du bist von deiner Krankheit erlöst! ***13*** *Und er legte ihr die Hän-*
de auf, und sie wurde sofort gerade und pries Gott. ***14*** *Der Vorsteher der Synagoge*
aber, unwillig darüber, dass Jesus am Sabbat heilte, begann und sagte zum Volk: Sechs
Tage gibt's, an denen man arbeiten soll; an diesen nun kommt und lasst euch heilen
und nicht am Sabbattag! ***15*** *Da antwortete ihm der Herr und sprach: Ihr Heuchler,*
bindet nicht jeder von euch am Sabbat seinen Ochsen oder seinen Esel von der Krippe
los und führt ihn zur Tränke? ***16*** *Diese aber, eine Tochter Abrahams, die der Satan, sie-*
he, achtzehn Jahre lang gebunden hielt, musste sie am Sabbattag nicht von dieser Fes-
sel befreit werden? ***17*** *Und als er dies sagte, wurden alle seine Widersacher beschämt;*
und alles Volk freute sich über alle die herrlichen Dinge, die durch ihn geschahen.

Eingeleitet wird dieser Abschnitt der Wanderung nach Jerusalem durch eine Heilung Jesu. Eine Frau in der Synagoge ist verkrümmt und kann sich nicht aufrichten. Ein Dämon, ein seelischer Komplex, hat sie im Griff. Die „Verkrümmung" ist in erster Linie ein seelischer Zustand, der sich aber auch körperlich manifestieren kann, wodurch die körperliche Verfassung zum Bild für die seelische wird.

Um welchen seelischen Komplex, welchen Dämon handelt es sich hier, der in der Synagoge, dem Haus der religiösen Verehrung, sein Wesen treibt? Es ist das religiöse Über-Ich, die Last starrer religiöser und dogmatischer Gesetze, unter der die Seele gebeugt geht, so dass sie sich nicht mehr frei aufrichten kann. Sie kann den dogmatischen Forderungen nicht genügen, und die damit verbundenen Schuldgefühle und Selbstvorwürfe haben ein Eigenleben in ihr gewonnen, das ihr wie ein fremdes Wesen, ein Dämon, im Nacken sitzt. Jesus aber legt ihr „die Hände auf": Wenn die geistigen Kräfte, die Selbstständigkeit und Freiheit sind, in einen Menschen einströmen – und das muss nicht durch die persönliche Verbindung mit einem geist-erfüllten Menschen wie Jesus, es kann auch allein durch die Offenheit für die in der Welt und im Menschen selbst wirkenden geistigen Kräfte geschehen –, wird dieser Griff des Dämons gebrochen. Es strömen die Kräfte geistiger Selbstständigkeit und Freiheit durchs Bewusstsein. Der Mensch erkennt den Sinn seines Lebens und fasst neuen Lebensmut. Er richtet sich auf, sein seelisches Rückgrat wird gerade. Er kann wieder frei denken, fühlen und handeln. Er erkennt die dogmatisch starren Gesetze als das, was sie sind: Menschensatzungen, und hat die Kraft, sie als nicht für sich verbindlich abzuweisen. Dadurch verschwinden auch seine Schuldgefühle. Und unter Umständen können auch psychosomatische Folgen, etwa Verkrümmung des Rückgrats, zurückgehen.

Der Vorsteher der Synagoge ist der Vertreter der starren religiösen Gesetze. Sie beziehen sich in diesem Fall insbesondere auf die Heiligung des Feiertags, des Sabbats. Der Sabbat ist ein Zeichen für ein Leben im Einklang mit Gott. Er verweist auf dieses Leben, das die Bestimmung jedes Menschen ist. Der irdische Mensch soll sich an diesem Tag so verhalten, dass er sich auf das Leben im Einklang mit Gott besinnen und einen Vorgeschmack davon spüren kann. Er soll nicht arbeiten und sich nicht den irdischen Belangen widmen, sondern den geistigen. Aber dieses an sich sinnvolle Verhalten ist von den religiösen Führern im Lauf der Zeit so sehr reglementiert und so sehr zum Selbstzweck geworden, dass das geistige Leben darunter erstickt und der Sinn des Sabbats ins Gegenteil verkehrt worden ist.

Jesus ist das geistige Leben selbst. Er heilt die Folgen der das geistige Leben erstickenden starren Regelungen. Diese Heiltätigkeit fällt aber gerade unter die Verbote, durch die der Sabbat geheiligt werden soll, und der Vorsteher mahnt dieses Verbot an. Doch Jesus führt den Widerspruch des Vorstehers ad absurdum. Er bricht nicht nur, als das personifizierte geistige Leben, die Erstarrung durch menschliche Gesetze auf. Er zeigt den Menschen auch, dass sie ja selbst dort, wo sie den gesunden Menschenverstand gelten lassen, dem Leben den Vorzug vor sinnloser Gesetzlichkeit geben. Sie heben die Fesselung ihres Ochsen oder Esels am Feiertag auf, um dem Tier physische Nahrung zu geben. Ebenso löst Jesus die dämonische Fesselung einer Seele am Feiertag, um ihr die geistige Nahrung der Freiheit zu schenken.

Der Gegensatz zwischen geistiger Freiheit und Unterdrückung wird in dieser Erzählung noch deutlicher, weil er gerade am Tag der geistigen Freiheit auftritt, am Sabbat, dem Gott geweihten Tag, der ein Zeichen für das geistige Leben und ein Schritt auf dieses Leben hin sein sollte. Gerade an diesem dem Leben geweihten Tag sind die lebensfeindlichen Gesetze am drückendsten geworden. Gerade hier heilt aber das Leben die Folgen der Lebensfeindlichkeit. „Musste sie am Sabbattag nicht von dieser Fessel befreit werden?“ Das Leben gerät jedoch durch diese Heilung erst recht in Gegensatz zur Lebensfeindlichkeit. Trotzdem behält es den Sieg.

Auch heute gibt es religiöse Gruppen, wo Menschen unter zu strengen dogmatischen Regelungen gebeugt gehen. Und auch der Schüler auf dem spirituellen Weg kann sich selbst unter Druck setzen, indem er sich starre Gesetze auferlegt oder bestehende Gesetze asketisch auf sich anwendet. So baut er sich selbst einen Dämon im eigenen Wesen auf. Nur das wahre Selbst, der innere Jesus, kann von diesem Druck erlösen, indem es dem Bewusstsein ermöglicht, die Unmenschlichkeit dieses Dämons zu erkennen und sich für die Freiheit des Geistes zu öffnen. So findet der

Mensch sich selbst, so heilen ihn die geistigen Kräfte, und so kann er wieder aufrecht gehen.

Ein wahres Kunstwerk ist diese kleine Erzählung. Die Kranke leidet unter dem Dämon, den seelischen Folgen der starren Gesetzlichkeit der religiösen Institution. Indem Jesus die Kranke heilt, gerät er in Gegensatz zur religiösen Institution als solcher, so wie das geistige Leben immer in Gegensatz zur Starrheit des Dogmas gerät. Das Ganze geschieht am Sabbat und spielt sich somit in einem Rahmen ab, der den selben Gegensatz zwischen Leben und starrem Gesetz abbildet: der Sabbat als Zeichen für das Leben, die menschlichen Sabbatgesetze als Ausdruck der Starrheit. Sehr würdig steht diese Erzählung am Anfang des zweiten Abschnitts der „Wanderung nach Jerusalem", der das „Aufrechtstehen", das Eintreten ins Himmelreich und den Charakter des Himmelreichs beschreibt: von der Fesselung durchs Irdische in die Freiheit des Geistes.

Art des Reiches Gottes I

13 18 *Er sprach nun: Wem ist das Reich Gottes gleich, und womit soll ich es vergleichen?* ***19*** *Es ist gleich einem Senfkorn, das ein Mensch nahm und in seinen Garten legte, und es wuchs und wurde zum Baum, und die Vögel des Himmels nisteten in seinen Zweigen.* ***20*** *Und wiederum sprach er: Womit soll ich das Reich Gottes vergleichen?* ***21*** *Es ist gleich einem Sauerteig, den eine Frau nahm und unter drei Scheffel Mehl mengte, bis es ganz durchsäuert war.*

Die Beschreibungen des Himmelreiches beginnen mit zwei Gleichnissen. Das Reich Gottes ist ein Zustand im Menschen und in der Menschheit. Es ist zuerst ein Same, ein noch unentfaltetes wahres Selbst. Wie ein Same fängt es zu „keimen" an. Eine Ahnung, eine leise Hoffnung, ein Aufatmen, eine Beunruhigung macht sich bemerkbar. Ein neues Leben zeichnet sich ab, eine Möglichkeit, den immer gleichen Verstrickungen, dem unaufhörlichen Wechsel von Leben, Tod und wieder Leben, zu entrinnen. Dieser Lichtblick wird, wenn ihm Nahrung gegeben wird, zur Erfahrung der Freiheit und zur Verwirklichung eines neuen Lebens, das allmählich das ganze Sein des Menschen durchdringt. Der Same wächst zum Baum heran, der allen Kräften des Himmelreiches – den Vögeln des Himmels – Wohnung gewährt.

Diese Entwicklung kann sich in einem einzelnen Menschen vollziehen, aber auch in mehreren, die sich in der gemeinsamen Hoffnung, im gemeinsamen Erwachen und in der gemeinsamen Arbeit an der Realisierung der neuen Lebensmöglichkeit zusammenfinden. Neue Menschen kommen hinzu, es werden immer mehr, die Erfahrungen wachsen an Intensität, die Gruppe wächst an Qualität und Quantität, bis alle für die Impulse aus der Geistwelt empfänglichen Menschen erreicht und mit ihr verbunden sind. Auch für diese Entwicklung ist das Wachstum des winzigen Samens bis zum mächtigen Baum ein Bild. Die sich ausbreitende Schülerschar Jesu ist ein gutes Beispiel für einen Vorgang, der sich zu allen Zeiten und in allen Kulturen bis zur Gegenwart immer von neuem wiederholt.

Denn im Samen, im noch unentfalteten Ebenbild Gottes, ist wie in einem spirituellen Genom die Struktur des wahren Menschen, die Struktur der geistigen Welt enthalten, die sich mit unwiderstehlicher Kraft entfalten will. Der Mensch braucht nicht gentechnisch verändert zu werden. Das Genom seines wahren Selbst ist schon, als Anlage, in Vollkommenheit vorhanden. Diese Anlage ist es, die den Menschen seiner Bestimmung entgegendrängt. Sie veranlasst ihn zur Suche nach Wahrheit und Freiheit, ermöglicht ihm, alle irrtümlichen Versuche als solche zu erkennen, trotz aller Enttäuschungen nicht den Mut zu verlieren und schließlich den einzigen und letzten Versuch zu unternehmen, der zum Ziel führt: das ichbezogene Leben zu verlieren um des Ebenbildes Gottes willen. Der Garten, in den das kleine Senfkorn gelegt wird, das zum großen Baum heranwächst, ist die irdische Persönlichkeit des Menschen und sein irdisches Umfeld, in denen seine wahre Identität reifen kann.

Gibt das erste Gleichnis vom Himmelreich die Gesetzmäßigkeit und Unwiderstehlichkeit wieder, mit dem sich das wahre Selbst des Menschen entfalten kann, so charakterisiert das zweite das Verhältnis von „Reich Gottes“ und Persönlichkeit bei dieser Entfaltung. Die drei Scheffel Mehl lassen sich als Bild für drei Hauptaspekte der Persönlichkeit des Menschen auffassen: für Denken, Fühlen und Wollen. Normalerweise versucht sich der Mensch zu entwickeln, indem er sich „Kultur“ gibt. Er versucht seine Triebe zu zähmen, seine „guten“ Eigenschaften zu fördern und seine „bösen“ zu bekämpfen. Was dabei „gut“ und „böse“ ist, definieren Gesellschaft und Tradition.

Das Reich Gottes aber ist etwas anderes als ein so hochgezüchteter Zustand und kommt auf andere Weise zustande. Durch seine Kultivierungsversuche gibt der Mensch seinen Eigenschaften nur eine andere Form und Ordnung, aber er verändert sie nicht substanziell. Das Reich Gottes sind geistige Kräfte, dem Menschen unverfügbar und doch in ihm wirksam, die alle irdischen Eigenschaften von innen her aufbrechen, läutern und verändern, so wie Sauerteig das Mehl von innen her durchdringt und völlig verändert. Das ichbezogene Denken löst sich in diesen Kräften auf, an seine Stelle tritt allmählich eine bewusste Erkenntnis der Struktur der geistigen Welt und ihrer Kräfte. Das ichbezogene Fühlen löst sich auf, an seine Stelle tritt ein neues Fühlen, das die Kräfte des Geistes empfängt und anwendet. Und die alten Willensenergien erhalten eine neue Qualität und Richtung, so dass sie als neue Energien dazu dienen, den Geist im Leben auszudrücken. Von innen her, vom Samen des Ebenbildes Gottes her, das im Menschen schlummert, vollzieht sich diese Läuterung und Veränderung, ja der Neuaufbau seiner ganzen Persönlichkeit. Die Durchsäuerung von Mehl mit Sauerteig ist ein gutes Bild dafür.

Gewöhnlich versucht die Persönlichkeit, sich selbst zu verbessern und so das Reich Gottes zu verwirklichen. Das Reich Gottes entsteht aber nur dadurch, dass sich die Persönlichkeit von den spirituellen Kräften aus dem wahren Selbst läutern und verändern lässt, um schließlich, neu geworden, Ausdruck des Geistes zu sein.

Bedingungen zum Eintritt ins Reich Gottes

13 ***22*** *Und er wanderte lehrend durch Städte und Dörfer und machte [so] die Reise*
nach Jerusalem. ***23*** *Jemand aber sagte zu ihm: Herr, sind es wenige, die gerettet wer-*

den? Da sprach er zu ihnen: ***24*** *Ringt danach, dass ihr durch die enge Tür hineingeht! Denn viele, sage ich euch, werden hineinzugehen suchen und es nicht vermögen.* ***25*** *Sobald der Hausherr aufgestanden ist und die Tür verschlossen hat und ihr anfangen werdet, draußen zu stehen und an die Tür zu klopfen und zu sagen: Herr, tue uns auf! da wird er antworten und zu euch sagen: Ich weiß von euch nicht, woher ihr seid.* ***26*** *Dann werdet ihr anfangen zu sagen: Wir haben vor deinen Augen gegessen und getrunken, und auf unsern Straßen hast du gelehrt.* ***27*** *Und er wird sagen: Ich sage euch: Ich weiß nicht, woher ihr seid. „Weicht von mir, ihr alle, die ihr die Ungerechtigkeit übt!“* ***28*** *Dort wird Heulen und Zähneknirschen sein, wenn ihr Abraham und Isaak und Jakob und alle Propheten im Reich Gottes sehen werdet, während ihr hinausgestoßen seid.* ***29*** *Und sie werden von Morgen und Abend und von Mitternacht und Mittag kommen und sich im Reich Gottes zu Tisch setzen.* ***30*** *Und siehe, es sind Letzte, die werden Erste sein, und es sind Erste, die werden Letzte sein.*

Der Meister und seine Schüler sind weiter unterwegs nach „Jerusalem“. Ihr Ziel ist die geistige Welt, das Reich Gottes, für das Jerusalem Symbol ist. Sie wollen die geistige Ordnung und Kraft erfahren. Die beiden ersten Gleichnisse vom Reich Gottes hatten seine Entfaltung im Menschen und die Art der Entfaltung ganz allgemein beschrieben. Jetzt entsteht im Schüler die Frage, durch welches Verhalten er ins Reich Gottes gelangt, durch welches Verhalten er „gerettet“ wird. Wie wird das wahre Selbst dem Mahlstrom von Leben und Tod, dem Gefängnis und der Finsternis der vergänglichen Welt enthoben und bewusst in die Freiheit und ins Licht der unvergänglichen geistigen Welt erhoben und dort aufgehoben?

Wie wird es gerettet? Dadurch, dass der Mensch durch „die enge Tür“ geht. Was ist diese enge Tür? Wenn es dem Menschen gelingt, alle Ichbezogenheit, alle Vorsätze zur Beförderung des Guten und zur Bekämpfung des Bösen preiszugeben, entsteht ein Zustand der Gelassenheit und Ruhe in ihm. Es ist ein Zustand des aufmerksamen Hörens auf den Ruf im Innern, der intensiven Empfangsbereitschaft für die Wirkungen aus dem wahren Selbst. Dieser Zustand ist die „enge Tür“, durch die sein Bewusstsein in die geistige Welt, oder eigentlich umgekehrt: durch die die geistige Welt in sein Bewusstsein eindringen kann. Im Vergleich dazu ist der gewöhnliche Zustand einer zerstreuten Empfänglichkeit für die Eindrücke aus der vergänglichen Welt eine „breite Tür“, die in die irdische Welt führt. Aber die „enge Tür“, die intensive, eindeutig auf die geistige Welt ausgerichtete Empfänglichkeit, finden nur wenige, öffnen nur wenige, und nur wenige gehen hindurch. Zu groß ist die Ablenkung durch die Reize der vergänglichen Welt.

Auch besteht die Möglichkeit, diese enge Tür zu finden, zu öffnen und hindurchzugehen, in einem Menschenleben nicht für unbeschränkte Zeit. Wenn jemand nicht mit völliger Gelassenheit auf die Regungen des wahren Selbst zu reagieren lernt, wenn er trotz der Berührung durch den Geist doch ununterbrochen nach den Dingen der vergänglichen Welt strebt oder sich seinen ichbezogenen, vorsätzlichen Weg zur Gelassenheit sucht, kommt der Zeitpunkt, dass der Geist aus dem wahren Selbst nicht mehr in ihm wirken kann, weil die selbsterrichteten Blockaden zu dicht geworden sind. Dann verschließt der Hausherr, der Geist, die Tür, und der Strebende wird draußen stehenbleiben müssen. Er hat die Gelegenheit versäumt.

Und wenn er dann doch „anklopft“ und die Verbindung mit dem Geist sucht, und sagt: Ich muss eingelassen werden. Ich habe mich doch stets mit Esoterik befasst und „vor deinen Augen“ die Lehren über spirituelle Entwicklung in mich aufgenommen, sie „gegessen und getrunken“, und diesen Lehren auf den Straßen, in öffentlichen Vorträgen und in Büchern, gelauscht. Oder wenn er sagt: Ich muss eingelassen werden. Ich habe doch stets an die religiösen Dogmen geglaubt und „vor deinen Augen“ die Lehren und Rituale der Religion „gegessen und getrunken“, bin den Geboten der Religion gehorsam gewesen und habe regelmäßig Predigten gehört und die Bibel gelesen. Dann wird doch das Gesetz des wahren Selbst gelten und ihm antworten: Du hast bei allem religiösen und esoterischen Eifer die Ichbezogenheit nicht aufgelöst und nur „Ungerechtigkeit“ geübt. Du hast auf deine ichbezogene Weise den Zustand der Offenheit für den Geist herzustellen versucht, statt auf Rezepte und Berechnungen zu verzichten. Deshalb bist du nicht in den Zustand gelangt, in dem das Reich zu dir kommen und du in das Reich eingehen könntest, ja dein Ichzustand hat sich allmählich derart verfestigt, dass in diesem Leben die Tür für dich endgültig verschlossen ist. Der Geist sagt: „Ich weiß nicht, woher ihr seid.“ Er kann die ichbezogen nach ihm Suchenden nicht erkennen, keine Verbindung mit ihnen aufnehmen und sie keine Verbindung mit sich aufnehmen lassen, da kein auf den Geist bezogenes Bewusstsein in ihnen entwickelt ist. „Weicht von mir“, ihr von Ichbezogenheit und Berechnung erfüllten Seelen!

Ein derart abgewiesener Wahrheitssucher weiß nur noch, dass das Reich Gottes als Möglichkeit in ihm existiert, und bemerkt auch, dass andere von allen Enden der Erde die enge Tür gefunden haben und hindurchgegangen sind. Sie, unter anderem die Erzväter und die Propheten, waren dem Geist geöffnete Menschen, deren Seelenzustand so frei von aller Ichbezogenheit und so intensiv auf den Ruf des Geistes gerichtet war, dass sie durch diese enge Tür ins Reich Gottes eintreten konnten und seitdem, vom Geist erfüllt und erleuchtet, darin leben. Aber für ihn selbst ist diese Möglichkeit in diesem Leben verschlossen. Er ist „hinausgestoßen“, verurteilt, weiter in der vergänglichen Welt mit ihren Leiden und Verstrickungen zu leben. Da werden ihn Reue und Trauer erfassen – aber wer weiß: Vielleicht öffnet sich gerade dadurch die enge Tür doch noch für ihn.

Denn das Gleichnis soll dem Wahrheitssucher nicht Angst einjagen. Es will ihm nur die geltenden Gesetzmäßigkeiten bewusst machen und ihn zu richtiger Reaktion anspornen. Beachtet diese Gesetzmäßigkeiten und richtet euch danach, so ist die Botschaft. Sie gelten ja auch sonst im irdischen Leben. Wer eine günstige Gelegenheit verpasst und eine Entwicklung nicht beginnt, für die er jetzt noch kräftig genug wäre, wird, wenn er schwächer geworden ist, das Versäumte nicht mehr nachholen können. Seid also wachsam.

Der Spruch von Letzten, die Erste, und von Ersten, die Letzte sein werden, besagt in diesem Zusammenhang: Nach irdischen Maßstäben Letzte werden Erste im Reich Gottes sein, und nach irdischen Maßstäben Erste werden Letzte im Reich Gottes sein. Gerade die irdisch Erfolgreichen, die vielleicht auch esoterisch und religiös den Ton angeben, finden am wenigsten die Tür der Gelassenheit, Hingabe und ichfreien Empfänglichkeit für das Drängen des wahren Selbst. Sie werden als Letzte ihre Bestimmung erfüllen. Als Letzte werden sie sich vom Sauerteig der Geistkräfte durchdringen, erneuern und erleuchten lassen. Umgekehrt werden die nach irdischen Maßstäben Letzten, die Stillen, die nicht viel Aufhebens von sich machen, sich ruhig den Einflüssen des Geistes zuwenden und scheinbar wenig esoterische und religiöse Ausstrahlung haben, die ersten sein, die durch die enge Tür ins Reich des Geistes eintreten.

Situation des Botschafters aus dem Reich Gottes

„Jerusalem" ist Symbol für das Reich des Geistes, in das der Mensch durch die „enge Tür" eintreten kann, aber auch Symbol für eine extreme Degeneration, bei der die geistlichen Führer, die das Reich des Geistes besonders bewusst erfahren sollten, gerade das Reich des Ungeistes vertreten und alle töten, die den Weg ins Reich des Geistes zeigen wollen. Daher wird die Wanderung nach Jerusalem für Jesus – oder Lukas – auch zum Anlass, die Situation des Botschafters aus dem Reich des Geistes, der andere in dieses Reich einlädt, darzustellen.

Vollendung in „Jerusalem"

13 ***31*** *Zu eben dieser Stunde kamen einige Pharisäer herbei und sagten zu ihm: Geh*
fort und zieh von hier weg, denn Herodes will dich töten. ***32*** *Und er sprach zu ihnen:*
Geht hin und sagt diesem Fuchs: Siehe, ich treibe Dämonen aus und vollbringe Hei-
lungen heute und morgen, und am dritten Tag werde ich vollendet. ***33*** *Doch ich muss*
heute und morgen und am folgenden Tag wandern; denn es geht nicht an, dass ein
Prophet außerhalb Jerusalems umkomme.

Jeder „Prophet", jeder Botschafter aus dem Reich des Geistes durchläuft eine notwendige, gesetzmäßige innere Entwicklung, der auch eine notwendige, gesetzmäßige Entwicklung seines Schicksals in der Welt entspricht. Immer lässt sich diese Entwicklung, ob innen oder außen, in eine Phase der Vorbereitung, der Arbeit und der Vollendung einteilen. Für die Phase der Arbeit, des „Wanderns" auf dem spirituellen Weg, steht hier „Galiläa". Es ist die Phase der Wirkungen der Kräfte des Geistes im irdischen Leben. Sie heilen die seelischen Krankheiten und beseitigen die seelische Unfreiheit der irdischen Persönlichkeit. Jesus und seine Schüler befinden sich derzeit in dieser Phase der Arbeit. Sie müssen „heute und morgen und am folgenden Tag" wandern. Der dritte Tag aber bringt die „Vollendung" in „Jerusalem". Vollendung bedeutet: Auferstehung im spirituellen „Jerusalem". Ihr geht das Getötetwerden im degenerierten Jerusalem, dem Symbol aller geistfeindlichen Kräfte, voraus.

Nur in Jerusalem ist die Vollendung des Schicksals und der Aufgabe eines Botschafters aus dem Reich des Geistes möglich. „Jerusalem" *ist* diese Vollendung. Nur in Jerusalem nämlich werden sich Wesen und Kräfte des Botschafters voll entfalten, werden sich aber auch das Wesen und die Kräfte der Feinde des Geistes voll formiert haben. In Jerusalem stehen erst die eigentlichen Gegner. In der Phase der Arbeit, in „Galiläa", gab es zwar auch schon Gegner. Aber sie stellten nicht die Quintessenz der Feindschaft gegen den Geist dar und konnten auch den Strom des Geschehens, das gesetzmäßig seinem Höhepunkt zulief, nicht aufhalten.

Deshalb ist Jesus klar, dass Herodes ihn nicht töten kann: Die Zeit der Vollendung ist noch nicht gekommen. Herodes ist ein Gegner in Galiläa auf der Ebene der irdischen, diesseitigen Macht, obzwar beeinflusst durch die traditionelle Religion. Aber erst in Jerusalem treten die Gegner auf der Ebene der irdischen, jenseitigen Macht auf, die geistlichen Führer, die die Werkzeuge der jenseitigen Mächte sind. Erst sie sind das Aufgebot der irdischen Welt, in dem die Essenz der irdischen Welt deutlich sichtbar und fassbar wird. Erst muss der Botschafter des Geistes dieses Aufgebot abwarten, ehe er sich dem Tod stellt.

Es wird hier eine spirituelle Gesetzmäßigkeit beschrieben: „Es geht nicht an, dass ein Prophet außerhalb Jerusalem umkomme." Sie wird mit Symbolen beschrieben, die in anderem Zusammenhang andere Bedeutung haben. Bei den an Markus angelehnten Stellen des Lukas-Evangeliums ist der „Prophet" derjenige Botschafter aus der Welt des Geistes, der speziell der Phase der Vorbereitung – die bei Markus durch „Galiläa" symbolisiert wird – entspricht. Deshalb wird an diesen Stellen der Prophet Johannes der Täufer, der Vorläufer, durch Herodes in Galiläa getötet. Der Lukas-Einschub der Wanderung nach Jerusalem dagegen kennt den Propheten Johannes den Täufer gar nicht und macht deshalb auch keinen Unterschied zwischen Vorläufer und Verwirklicher. Sonst wäre es ganz unverständlich, dass Jesus hier von der Tötung aller Propheten in Jerusalem spricht, obwohl er doch – laut der Markus-Passagen bei Lukas – weiß, dass Johannes von Herodes in Galiläa hingerichtet worden ist. Jesus stellt hier jedenfalls ein spirituelles Gesetz dar, das für jeden Botschafter aus der Welt des Geistes gilt. Erst am Punkt der Vollendung seines Weges, wo sich sein Wesen und das seiner Gegner voll entfaltet haben – in „Jerusalem" – kann er getötet werden.

Klage über „Jerusalem"

***13 34** Jerusalem, Jerusalem, das die Propheten tötet und die steinigt, die zu ihm gesandt sind, wie oft habe ich deine Kinder sammeln wollen wie eine Henne ihre Küchlein unter ihre Flügel, und ihr habt nicht gewollt! **35** Siehe, euer Haus wird euch öde gelassen. Ich sage euch aber: Ihr werdet mich nicht sehen, bis die Zeit kommen wird, wo ihr sprecht: „Gepriesen sei, der da kommt im Namen des Herrn!"*

Jesu Klage ist wieder eine der wenigen Stellen des Evangeliums, die Einblick in seine Seelenlage, die Seelenlage überhaupt jedes Botschafters aus der Welt des Geistes, gewähren. Jeder Botschafter aus dem Reich des Geistes will nichts anderes, als alle „Kinder Jerusalems", alle vom Geist Berührbaren und für ihn Empfänglichen, zu sammeln, und im Schutz seiner Kräfte zur Erlösung und Erfüllung ihrer Bestimmung zu führen. Sein Kommen und Wirken auf der Erde haben kein anderes Ziel als dieses. Das vollkommene wahre Selbst des Menschen möchte das wahre Selbst aller einzelnen Menschen wecken und in sich aufnehmen, „wie eine Henne ihre Küchlein unter ihre Flügel" sammelt. Das ist eine innere Notwendigkeit für jeden Botschafter des Geistes.

Und doch kann Jesus nicht mehr tun, als diese Möglichkeit anbieten. Ob die für den Geist Empfänglichen sie annehmen und ihr wahres Selbst nach dem Muster des wahren Selbst, das Jesus verkörpert, wachsen lassen wollen oder nicht, liegt nicht in seiner Macht. Das bleibt dem freien Spiel der geistig-seelischen Kräfte überlassen. Er überredet nicht, er zwingt nicht. Er erklärt, er stellt dar, er stellt Kraft zur Verfügung. Wer sich dieser Kraft öffnet, wird in die Entfaltung des wahren Selbst miteinbezogen. Wer nicht will, kann nicht miteinbezogen werden und verfehlt seine Bestimmung. Das ist die Klage Jesu: „Ihr habt nicht gewollt!" Es ist die Klage darüber, dass die für den Geist Empfänglichen ihr Glück ausschlagen. Es ist der Schmerz dessen, der sowohl den Zustand des Getrenntseins von Gott als auch den der Einheit mit Gott kennt. Der Zustand der Getrenntheit bedeutet Unrast und Unseligkeit, der Zustand der Einheit Mitwirken mit den Kräften des Geistes und Seligkeit. Denn er ist die Verwirklichung der wahren Identität des Menschen. Wer den himmelweiten Unterschied zwischen diesen beiden Zuständen kennt, deren einer „Zu-Tische-Sitzen im Reich Gottes" (Vers 29), deren anderer „Heulen und Zähneknirschen" (Vers 28) ist, kann nicht anders, als allen in der „Hölle" befindlichen Menschen die Hand zum Eintritt in den „Himmel" zu reichen. Es schmerzt ihn, wenn sie diese Hand ablehnen, ja ihn, der ihre wahre Bestimmung verkörpert, sogar töten, so wie sie alle Propheten gesteinigt und getötet haben.

An dieser Stelle wird besonders deutlich, dass das Evangelium nicht die Schilderung historischer Ereignisse an sich beabsichtigt. „Wie oft" war denn Jesus schon in Jerusalem gewesen und hatte dessen Einwohner sammeln wollen? Der Text berichtet nichts darüber. Alle Versuche, aus Zeitangaben des Evangeliums die Dauer und die Ereignisse von Jesu biografischem Leben zu bestimmen, werden angesichts solcher Stellen hinfällig. Der Evangelist benützt historische und scheinbar historische Tatsachen als Bilder zur Darstellung spiritueller Vorgänge. Er gebraucht die Wanderung Jesu nach Jerusalem als Bild für eine Phase der Wirksamkeit Jesu. Solange Jesu Werk sich auf der Ebene der Heilungen und Dämonenaustreibungen vollzieht, durchzieht er „Galiläa", gleichgültig, wie oft er vorher schon im wirklichen Jerusalem gewesen sein mag. Und wenn er sein Werk endgültig bekrönt, befindet er sich in „Judäa" und „Jerusalem", das heißt am Ende seines Weges, wo sich Tod und Auferstehung ereignen.

Wenn die Feinde des Geistes den Botschafter des Geistes töten und damit auch ihr eigenes wahres Selbst „töten", wird ihr „Haus", ihr Bewusstsein und Sein, ihr ganzes individuelles und kollektives Leben öde. Denn kein lebendiger, befruchtender Impuls aus dem wahren Selbst wird mehr in ihr Leben durchdringen und es von den starren Gewohnheiten und Zwängen der Tradition befreien. Das wahre Selbst wird erst wieder wirksam und bemerkbar werden, das heißt, die Kinder Jerusalems werden Jesus, das Muster des wahren Selbst, erst wieder sehen, wenn sie sich ihm zuwenden und sprechen: „Gepriesen sei, der da kommt im Namen des Herrn!" Erst wenn sie erkennen und voll Dankbarkeit anerkennen, dass das bewusst werdende wahre Selbst den „Namen des Herrn", das Wesen Gottes, darstellt – wenn sie das Kommen dieses wahren Selbst in ihrem Leben begrüßen und damit das Ebenbild Gottes willkommen heißen, wird wieder Leben in die Wüste ihres Daseins einkehren.

Heilung des Wassersüchtigen: das religiöse „Über-Ich"

***14 1** Und es begab sich, als er an einem Sabbat in das Haus eines der Oberen der Pharisäer kam, um an der Mahlzeit teilzunehmen – und sie gaben acht auf ihn – **2** siehe, da war ein wassersüchtiger Mensch vor ihm. **3** Und Jesus begann und sprach zu den Gesetzeskundigen und Pharisäern: Ist es erlaubt, am Sabbat zu heilen, oder nicht? **4** Sie aber schwiegen. Da fasste er ihn an, heilte ihn und entließ ihn. **5** Und zu ihnen sprach er: Wer unter euch, dem sein Sohn oder sein Ochse in einen Brunnen fällt, wird ihn am Sabbattag nicht alsbald heraufziehen? **6** Und sie vermochten darauf nicht zu erwidern.*

Die kleine Erzählung von der Heilung des Wassersüchtigen, die eine Diskussion zwischen Jesus und den Pharisäern darüber auslöst, ob am Sabbat geheilt werden darf oder nicht, scheint eine Doublette zur Heilung der verkrümmten Frau zu sein (13,10–17). Hier wie dort wird die Übermacht menschlicher religiöser Gesetze illustriert, hier wie dort wird gezeigt, dass das geistige Leben diese Übermacht brechen und eine darunter leidende individuelle oder kollektive Seele heilen kann. Übermacht der Gesetze und Heilung durch das geistige Leben zeigen sich beide Male gerade am Sabbat, dem Tag, der Zeichen für das geistige Leben sein und es vorbereiten soll, dessen Funktion jedoch durch die Übermacht der Gesetze ins Gegenteil verkehrt ist. Jesus, Verkörperung des wahren Selbst, stellt durch seine Heilung die richtige Ordnung wieder her.

Der Unterschied zur früheren Erzählung besteht in der Art der Krankheit, die geheilt wird. Hatte sich damals die Übermacht der Gesetze in drückender Starre des Dogmas manifestiert, die dem Menschen wie ein Dämon im Genick saß und ihn nicht frei und aufrecht leben ließ, so wirkt sie jetzt wie eine anschwellende Flut, in der die Seele jeden Halt verliert und zu ertrinken droht. Gesetze können wie ein starres Korsett wirken, das die Seele nicht mehr atmen lässt. Eine Seele kann aber auch das Gefühl haben, durch eine Unzahl von äußeren Gesetzen nicht mehr zu sich selbst kommen zu können. Sie verliert ihre Kontur. Das wird durch die „Wassersucht" angedeutet. Vorher Erstarrung, jetzt das Gegenteil: Zerfließen. Beide extreme Möglichkeiten des Krankwerdens durch die Übermacht der Gesetze will Lukas der Reihe nach darstellen, beide Extreme können durch das wahre Selbst geheilt werden. Und auch in dieser Erzählung entspricht der Vorgang, dessen sich Jesus in seiner Argumentation als Gleichnis bedient, der Art der Krankheit. Jeder vernünftige Mensch wird seinen Ochsen, wenn dieser am Sabbat ins Wasser fällt und zu ertrinken droht, ohne Rücksicht auf Sabbatgesetze herausziehen. Ebenso wird das wahre Selbst, wenn eine Seele ins „Wasser" der unzähligen zeitlichen Gesetze „fällt" und darin zu ertrinken droht, sie ohne Rücksicht auf menschliche Konventionen herausziehen.

Art des Reiches Gottes II

Wiederum folgen der konkreten Heilung einige Gleichnisse, die die Eigenschaften des Reiches Gottes, den Zustand der in der geistigen Welt lebenden oder in sie eintretenden Seele beschreiben.

Das wahre Selbst kennt keinen Geltungstrieb

14 *7 Er sagte aber den Eingeladenen ein Gleichnis, da er darauf achtgab, wie sie die*
obersten Plätze auswählten, und sprach zu ihnen: ***8*** *Wenn du von jemandem zu einem*
Gastmahl eingeladen bist, so setze dich nicht an den obersten Platz; es könnte sonst
ein Vornehmerer als du von ihm eingeladen sein, ***9*** *und der, welcher dich und ihn ein-*
geladen hat, könnte kommen und zu dir sagen: Mach diesem Platz! und du müsstest
dann beschämt den untersten Platz einnehmen. ***10*** *Sondern wenn du eingeladen bist,*
so geh und setze dich an den untersten Platz, damit, wenn der kommt, welcher dich
eingeladen hat, er zu dir sage: Freund, rücke weiter hinauf! Dann wirst du Ehre
haben vor allen deinen Tischgenossen. ***11*** *Denn der, der sich selbst erhöht, wird er-*
niedrigt werden, und wer sich selbst erniedrigt, wird erhöht werden.

Jesus beobachtet eine Situation im irdischen Leben, und sogleich wird sie ihm, der Verkörperung des wahren Selbst, dessen Imaginationskräfte stets lebendig sind, zum Gleichnis für ein Gesetz im spirituellen Leben. Im irdischen Leben, so erklärt er seinen Zuhörern, bestimmt der tatsächliche Rang, nicht die Eitelkeit, die Sitzordnung bei Tisch. Ein Gastgeber weist seinen Gästen ihre Plätze entsprechend ihrem tatsächlichen Rang an. Die Eitelkeit aber verführt den Menschen, sich auf den obersten Platz zu setzen und sich einzubilden, dorthin gehöre er. Sehr peinlich ist es für ihn, wenn er dann vom Gastgeber nach unten verwiesen wird. Klugheit dagegen würde den Gast veranlassen, sich unten hin zu setzen. Denn dann würde er, falls sein Rang diesem Platz nicht entspricht, vom Gastgeber nach weiter oben gebeten werden und Ehre damit einlegen. Dieser gegenläufige Wechsel zwischen Oben und Unten in der irdischen Welt fällt Jesus auf, und er sieht eine Analogie zum spirituellen Weg. Wer sich über andere erhöht, sich für etwas Besonderes hält und seinen Geltungstrieb auslebt, verliert zunehmend die Verbindung zur geistigen Welt, hindert die geistigen Kräfte am Strömen und fällt auf seinem Weg zurück. Der Geist, der Gastgeber im Gleichnis, verweist ihn nach unten. Der Betreffende nimmt im Reich Gottes eine niedrigere Stelle ein als vorher. Wer dagegen, frei vom Geltungstrieb, reine Funktion ist, andere höher achtet als sich selbst und dem Geist in ihnen dient, bleibt offen für die Kräfte des Geistes. Diese strömen in ihn ein und erheben ihn. Er wächst an Freude, Erkenntnis und Liebe zur geistigen Welt. Der Gastgeber bittet ihn weiter nach oben.

Das ehrgeizige Streben nach geistigen Kräften behindert deren Wirkung, denn sie sind dem menschlichen Willen unverfügbar. Das von Ichbezogenheit freie Umsetzen der schon empfangenen geistigen Kräfte dagegen hat zur Folge, dass immer noch mehr Kräfte ungehindert nachströmen. Je mehr der Mensch sich der Unverfügbarkeit der geistigen Kräfte bewusst wird und dennoch im Sinn dieser Kräfte handelt, desto mehr stehen ihm zur Verfügung.

Man könnte dieses Gleichnis leicht missverstehen. Die Analogie zwischen irdischen und spirituellen Verhältnissen erstreckt sich nicht auch auf das Vorteilsdenken hier oder dort. Jesus fordert seine Hörer nicht auf, die kluge Berechnung, die im irdischen Leben vorteilhaft ist, aufs spirituelle Leben zu übertragen. Er sagt nicht: Sei möglichst bescheiden, dann kommst du im Reich Gottes am weitesten.

Und wenn du ehrgeizig bist, bleibst du am weitesten zurück. So würde er nur den Geltungstrieb bestärken und demjenigen, der die besten Leistungen im Fach Bescheidenheit erbringen würde (auch dies eine Art Ehrgeiz), den höchsten Platz im Reich Gottes in Aussicht stellen. Er würde dem Gesetz, worauf er mit dem Gleichnis aufmerksam machen will, geradezu widersprechen. Er möchte ja seinen Zuhörern erklären, dass im spirituellen Leben der Geltungstrieb überhaupt nicht zählt. Da zählt nur das *Sein*. Wer dem Geltungstrieb folgt, und sei es, um in der Tugend Bescheidenheit der Erste zu sein, wird spirituell zurückfallen. Wer ihm nicht folgt, wird spirituell wachsen.

Wer sich selbst erhöht – wer dem Geltungstrieb folgt –, wird erniedrigt werden. Wer sich selbst erniedrigt – wer dem Geltungstrieb nicht folgt –, wird erhöht werden.

Das wahre Selbst spekuliert nicht auf die Folgen seiner Taten

14 12 *Er sagte aber auch zu dem, der ihn eingeladen hatte: Wenn du eine Mittag- oder Abendmahlzeit veranstaltest, so rufe nicht deine Freunde noch deine Brüder, noch deine Verwandten, noch reiche Nachbarn, damit nicht etwa auch sie dich wieder einladen und dir Vergeltung zuteil wird.* ***13*** *Sondern wenn du ein Gastmahl veranstaltest, so lade Arme, Krüppel, Lahme, Blinde ein,* ***14*** *und du wirst glückselig sein, weil sie es dir nicht vergelten können; denn es wird dir vergolten werden bei der Auferstehung der Gerechten.*

Auch diese Worte Jesu sind ein Gleichnis. Oder sollte Jesus empfohlen haben, dass Gastgeber nicht mehr ihre Freunde und Verwandten einladen, sondern Krüppel und Arme, um selbstloses, von Belohnungserwartungen freies Verhalten zu erlernen und zu praktizieren? Und sollte er ihnen das empfohlen haben, weil sie sich dadurch die Aussicht auf einen Lohn im Jenseits eröffneten? Wollte er ihnen also sagen: Spekuliert bei allem irdischen Verhalten nicht auf die positiven Folgen im Diesseits. Verzichtet auf diese Spekulation, so werdet ihr positive Folgen im Jenseits erleben? Hieße das nicht, auf die positiven Folgen im Jenseits spekulieren? Das wäre nur eine Verlagerung des Zieles der Spekulation.

Nein, es handelt sich bei dieser Szene um ein Gleichnis, und zwar eines, das durch Paradoxie wirkt. Kein Gastgeber in der irdischen Welt, so meint Jesus, wird doch statt seiner Freunde und Verwandten Krüppel und Lahme einladen. Aber, so sagt Jesus zu seinen Schülern – und diese sind hier als der Gastgeber angesprochen –, verhaltet euch auf dem spirituellen Weg wie ein Gastgeber, der Krüppel, Lahme und Blinde einlädt. Seid immer, wenn ihr Menschen zu euch ladet und sie mit Lehre und Predigt nährt, frei von Erwartungen auf Gegenleistungen, wie ein Gastgeber in der irdischen Welt, der Krüppel, Lahme und Blinde einlädt. Die Folge wird sein, dass ihr „glückselig" seid.

Der irdische Mensch richtet sein Verhalten gewöhnlich so ein, dass er positive Folgen für sich erwarten kann. Das gilt für Spekulationen auf das Diesseits genauso wie für Spekulationen auf das Jenseits. Er sagt: Wenn ich mich in der irdischen Welt selbstlos und anständig verhalte, bekomme ich meinen Lohn in Form von Glückseligkeit im Jenseits, bei der „Auferstehung der Gerechten".

Der Mensch aber, in dem das Reich Gottes zu wirken beginnt, spekuliert nicht auf positive Folgen, weder im Diesseits, noch im Jenseits, noch in der geistigen Welt. Er tut einfach das, was aus den geistigen Anlagen, die sich in ihm entfalten, folgt. Durch dieses unspekulative, erwartungsfreie Verhalten bleibt sein Herz frei für Einflüsse aus der Welt des Geistes. Und diese Freiheit, diese Einflüsse erlebt er als Glückseligkeit. Freiheit von spekulativen Erwartungen *ist* Freude und Glückseligkeit. Damit vollzieht sich die „Auferstehung der Gerechten", das „Aufstehen" des wahren Selbst, schon jetzt, im Augenblick der Erwartungsfreiheit und wirklichen Selbstlosigkeit. Das Reich Gottes beginnt immer dann, wenn ein Mensch von der Last der Ichbezogenheit befreit wird. So beschreibt dieses Gleichnis, wie das von der hingehaltenen Backe und dem überlassenen Rock in der Bergpredigt, ein wieder anderes Paradox: Gerade wenn der Mensch im Handeln für andere keinen Lohn erwartet, wird ihm der Lohn großer Freude und Glückseligkeit, die „Auferstehung der Gerechten", das „Aufstehen" des wahren Selbst, zuteil.

Ein weiteres Missverständnis wäre die Annahme, Jesus würde das Einladen von Krüppeln und Armen als Mittel empfehlen, die Spekulation des Gastgebers auf Belohnung zu verhindern. Er würde dann voraussetzen, dass sich der Mensch durch geschickte Wahl der Umstände seines Handelns zu Selbstlosigkeit und Erwartungslosigkeit erziehen könnte. Es wäre die pädagogische Ausnutzung des Zusammenhangs: Wo nichts ist, kann auch nichts erwartet werden. Das wäre aber auch wieder Berechnung und Spekulation. Es wäre ein nur äußerliches Mittel, das gewiss nicht garantieren würde, dass das Herz des Gastgebers wirklich frei von Erwartungshaltung würde. Bei nächster Gelegenheit würde sie sich wieder einstellen.

Jesus empfiehlt kein geschicktes irdisches Verhalten, er empfiehlt auch nicht, dass Menschen einmal das Unübliche täten und Arme und Krüppel verköstigten statt ihresgleichen. Dagegen wäre sicher nichts einzuwenden, es wäre eine schöne Geste. Aber Jesus, als Verkörperung des wahren Selbst, beschreibt ein Verhalten, das der Mensch auf dem spirituellen Weg allmählich entwickelt. Der aus dem wahren Selbst lebende Mensch ist frei von Erwartungen. Er gibt und wirkt nicht, um Lohn zu erhalten oder um positive Folgen für sich zu bewirken, sondern weil es das Wesen des wahren Selbst ist, geistige Kräfte als Liebe und Freude zu verschenken.

Damit spricht Jesus im Gleichnis zu seinen Schülern: Lasst überall und stets Menschen an den geistigen Kräften, die ihr empfangen habt, teilnehmen. Und tut dies ohne Spekulation auf Belohnung. Ein solches Verhalten, dem wahren Selbst entspringend, ist Glückseligkeit. Es ist Grundlage der „Auferstehung der Gerechten".

Unterschiedliche Bereitschaft der Menschen zum Leben im Reich Gottes

14 15 *Als aber einer der Tischgenossen dies hörte, sagte er zu ihm: Selig ist, wer am*
Mahl im Reich Gottes teilnehmen wird. ***16*** *Er aber sprach zu ihm: Ein Mann veran-*
staltete ein großes Gastmahl und lud viele ein. ***17*** *Und zur Stunde des Gastmahls*
sandte er seinen Knecht, den Eingeladenen zu sagen: Kommt, denn es ist nun bereit!
18 *Und alle fingen gleichermaßen an, sich zu entschuldigen. Der erste sagte zu ihm:*

Ich habe einen Acker gekauft und muss notwendig hinausgehen und ihn besichtigen; ich bitte dich, sieh mich als entschuldigt an! ***19*** *Und ein anderer sagte: Ich habe fünf Joch Ochsen gekauft und gehe hin, um sie zu prüfen; ich bitte dich, sieh mich als entschuldigt an!* ***20*** *Noch ein andrer sagte: Ich habe eine Frau genommen und kann deshalb nicht kommen.* ***21*** *Und der Knecht kam und berichtete dies seinem Herrn. Da wurde der Hausherr zornig und sagte zu seinem Knecht: Geh schnell hinaus auf die Straßen und Gassen der Stadt und führe die Armen und Krüppel und Blinden und Lahmen hier herein!* ***22*** *Und der Knecht sagte: Herr, es ist geschehen, was du befohlen hast, und es ist noch Raum vorhanden.* ***23*** *Da sagte der Herr zu dem Knecht: Geh hinaus auf die Landstraßen und an die Zäune und nötige sie, hereinzukommen, damit mein Haus voll werde!* ***24*** *Denn ich sage euch: Keiner jener Männer, die eingeladen waren, wird mein Gastmahl zu kosten bekommen.*

Auch bei diesem Textstück ist deutlich, dass Jesus ein irdisches Geschehen als Bild und Gleichnis für eine Gesetzmäßigkeit im Reich des Geistes nimmt. Das geht schon daraus hervor, dass das Gleichnis mit der Bemerkung eines Hörers Jesu eingeleitet wird: „Selig ist, wer am Mahl im Reich Gottes teilnehmen wird.“ Was ist dieses Mahl im Reich Gottes? Durch welche Speisen wird der Speisende selig, wirklich glückselig? Die Speisen der irdischen Welt, die der irdische Mensch tagtäglich zu sich nimmt, sind Angst und Unruhe, Rücksichtslosigkeit, Täuschung, Ausbeutung, Enttäuschung und Trauer. Speisen liebevollen, ehrlichen, rücksichtsvollen Verhaltens bekommt er nur selten zu essen, und weiß außerdem, dass sie in ihren Wirkungen nicht lange vorhalten. Als Speisen der göttlichen Welt aber nimmt der Schüler unzerstörbare Ruhe zu sich, Erkenntnis der Tiefen der Welt und Gottes, Liebe als Fähigkeit zur geduldigen Förderung aller Menschen und Dinge und eine unvergängliche Freude auf dem Grund seines Wesens. Dieses Mahl macht ihn glückselig.

Aber es ist so – und dieses Gesetz beschreibt das Gleichnis –, dass die Menschen unterschiedliche Bereitschaft mitbringen, dem Ruf zu diesem Mahl im Reich des Geistes zu folgen. Die göttliche Welt verlangt als im Menschen angelegte Bestimmung eine positive Reaktion. Doch die Reaktionen der Gerufenen fallen unterschiedlich aus. Es werden im Gleichnis drei Typen beschrieben. Die ersten Eingeladenen sind die Freunde, Verwandten und Bekannten des Gastgebers. Im Vergleich zu den Armen, Krüppeln, Blinden und Lahmen sind es Reiche und Gesunde – oder Menschen, die sich für reich und gesund halten. Es sind die kulturell, esoterisch und religiös „Hochstehenden“ und Etablierten, Gesättigte, die sich im Glauben, schon erlöst zu sein, selbst den Zugang zum Reich Gottes verschließen und seinen Ruf nicht beantworten wollen. Sie haben keinen Hunger nach der Mahlzeit im Reich Gottes. Dabei wären gerade sie, durch ihre Nähe zum „Hausherrn“, die für das Reich Prädisponierten, da sie mit den Lehren der Botschafter des Reiches am besten vertraut sind. Aber als von diesen Lehren zu sehr Gesättigte gehen sie ihren Interessen in der irdischen Welt nach und haben kein Bedürfnis, durch die enge Tür ins Reich einzutreten.

Ihre Interessen werden durch ihre Entschuldigungen dargestellt. Sie reichen durch alle Gebiete der irdischen Welt, von der Ebene des Mineral- und Pflanzenreichs – dem Acker –, über das Reich des Animalischen, der Sinne und psychischen Bestrebungen – die fünf Joch Ochsen – bis zum Reich des Menschen – den zwischenmenschlichen Beziehungen. In allen Bereichen der irdischen Welt liegen mögliche Bindungen, die von der Zuwendung zur Welt des Geistes abhalten.

Der zweite Typus der Menschen, die auf die Einladung antworten, und nun zustimmen, sind die Armen, Krüppel, Lahmen und Blinden der „Stadt". (Die Funktion dieser Armen und Krüppel für das Gleichnis ist eine andere als im vorhergehenden Gleichnis. Dort hatten sie Menschen veranschaulicht, denen gegenüber gewiss keine Erwartungshaltung angebracht ist. Hier sind sie Bild für ein bestimmtes Verhältnis des Menschen zur religiösen Tradition und zur Spiritualität.) Auch sie gehören, als Bewohner der „Stadt", den gewöhnlichen kulturellen, religiösen und esoterischen Einrichtungen an. Aber sie sind nicht völlig darin zu Hause und entsprechen nicht ganz der Norm. Sie sind arm an Lebenssinn, nicht gesättigt durch die traditionellen Lehren. Sie führen eine Existenz als spirituell Lahme, Blinde und Verkrüppelte. Gerade deshalb haben sie spirituellen Hunger, sehnen sich nach geistiger Gesundheit und sind für den Ruf der Einladung aus dem Reich Gottes offen.

Die dritte Gruppe der Eingeladenen sind die Außenseiter, die geistig Heimatlosen und Wandernden, die außerhalb der „Stadt" leben und nicht vom „Zaun" des Dogmas umgeben sind. Auch sie haben spirituellen Hunger und sehnen sich nach der Speise des Geistes.

Der Knecht des Hausherrn ist der Bote aus dem Reich des Geistes, wie Jesus und seine Schüler, die die Kraft und Lehre aus dem Reich des Geistes bringen. Der Hausherr ist der Geist selbst. Er durchforscht mittels seiner Boten wie eine Antwort suchende Stimme die Welt, eine Stimme, die ans Ohr jedes Menschen trifft. Wenn dieser Schall ein geschlossenes und ablehnendes Ohr trifft, prallt er zurück. Der Geist ist nicht zornig wie ein enttäuschter Mensch. Er ist „zornig" wie ein Strom, der auf ein Hindernis trifft und sich aufbäumt.

Die in der Nähe des Geistes Befindlichen sind es gewohnt, „eingeladen" zu werden. Die nicht Etablierten und Außenseiter dagegen sind auf eine solche Einladung nicht gefasst, halten sie sich ihrer doch nicht für würdig. Gerade deshalb wirkt sie auf sie um so dringlicher und beunruhigender, ja sie fühlen sich überwältigt. Diese Wirksamkeit des Geistes auf nicht darauf Gefasste beschreibt das Gleichnis mit den Worten: „Nötige sie, hereinzukommen."

Das Gleichnis stellt ein Lebensgesetz in Bezug auf das Reich Gottes dar. Der Ruf des Geistes trifft zunächst die mit den geistigen „Gütern" Vertrauten. Aber gerade diese Menschen, von denen man am ehesten eine positive Antwort erwarten würde, lehnen ab. Sie sind durch ihren Eigendünkel zu verschlossen und zu sehr beschäftigt mit ihren irdischen Interessen. Hierauf wendet sich der Ruf des Geistes den Armen an geistigen „Gütern" und Außenseitern zu. Sie können zum Mahl zugelassen werden, da sie frei von behinderndem Ballast und nach geistiger Speise hungrig sind.

Eigenschaften des Schülers auf dem spirituellen Weg

14 ***25*** *Es zog aber eine große Volksmenge mit ihm, und er wandte sich um und sprach zu ihnen:* ***26*** *Wenn jemand zu mir kommt und nicht seinen Vater und seine Mutter und* *sein Weib und seine Kinder und seine Brüder und seine Schwestern und dazu auch sein Leben hasst, kann er nicht mein Schüler sein.* ***27*** *Wer nicht sein Kreuz trägt und mit mir geht, kann nicht mein Schüler sein.*

28 *Denn wer von euch, der einen Turm bauen will, setzt sich nicht zuerst hin und berechnet die Kosten, ob er genug habe zur Ausführung?* ***29*** *damit nicht etwa, wenn er den Grund gelegt hat und es nicht zu vollenden vermag, alle Zuschauer anfangen, über ihn zu spotten:* ***30*** *Dieser Mensch fing an zu bauen und vermochte es nicht zu vollenden.* ***31*** *Oder welcher König, der ausziehen will, um mit einem andern König Krieg zu führen, wird sich nicht zuerst hinsetzen und Rat halten, ob er imstande sei, mit zehntausend dem entgegenzutreten, der mit 20 000 gegen ihn anrückt?* ***32*** *Wenn aber nicht, so schickt er, während jener noch fern ist, eine Gesandtschaft und bittet um Frieden.* ***33*** *So nun kann keiner von euch, der nicht allem entsagt, was er hat, mein Schüler sein.*

34 *Das Salz nun ist etwas Gutes; wenn aber sogar das Salz seine Schärfe verliert, womit soll es wieder kräftig gemacht werden?* ***35*** *Es ist weder für das Erdreich noch für den Dünger tauglich; man wirft es hinaus. Wer Ohren hat, zu hören, der höre!*

Diese Aussprüche Jesu bringen noch einmal auf den Punkt, was notwendig ist, um der Einladung des Geistes folgen zu können. Sie beschreiben unabdingbare Eigenschaften des Schülers auf dem spirituellen Weg.

Unbedingte Konsequenz

Die erste Eigenschaft ist eine unbedingte Konsequenz des Schülers in Bezug darauf, dass er sein ganzes Leben der Ordnung der irdischen Interessen entzieht und der spirituellen Ordnung unterstellt. Der Mensch, der nicht seine nächsten Verwandten und sein eigenes Leben „hasst", kann nicht Schüler des Geistes sein. „Hassen" – das klingt unüberbietbar scharf, radikal und lieblos. Ist denn nicht gerade die Liebe das Merkmal des spirituellen Weges?

Der Schüler auf dem spirituellen Weg hasst nicht seine Verwandten als Personen und sich selbst als Person. Das wäre ein Missverständnis. Er hasst vielmehr seine ichbezogenen Erwartungen und Bindungen an sie. Diese Bindungen werden durch die Personen nur verkörpert. Der von Jesus gemeinte „Hass" ist auch keine Leidenschaft und Aggressivität des Ich. Jesus meint nicht, dass der Schüler auf dem spirituellen Weg seine Nächsten als Hindernis für seine eigene Entwicklung auffassen, sie deshalb hassen und sich lieblos von ihnen abwenden solle. Auch nicht, dass der Schüler als religiös orientierte Persönlichkeit seinen Glauben und die Bindung an Jesus als höchstes Ziel ansehen solle, dem alle anderen Bindungen untergeordnet werden müssten. „Hassen" wäre dann das Hintanstellen aller anderen Interessen der Persönlichkeit.

Bei dem von Jesus gemeinten „Hass" handelt es sich vielmehr um die Erkenntnis, ja das Erlebnis, dass Ichbezogenheit und Spiritualität unvereinbar sind, und um die daraus folgenden Konsequenzen. Das wahre Selbst erkennt und erlebt in den Kräften des Geistes, der Freiheit und Liebe ist, dass alle Beziehungen des irdischen Menschen zu seinen Mitmenschen und sich selbst ichbezogen sind und daher im Widerspruch zur Bestimmung des Menschen, zum spirituellen Menschen, der Freiheit und Liebe ist, stehen. Der irdische Mensch liebt seine Nächsten, weil sie ihm und seinem Leben Halt geben und Geborgenheit vermitteln. Er liebt sie, weil ihn die Wärme gleicher Interessen, der Erinnerungen, des Blutes und der Ideale mit ihnen verbindet. Er liebt sie, weil er die Erfüllung seiner Bedürfnisse nach Glück, Erfolg und Anerkennung von ihnen erwartet. Er liebt sie, weil sie für ihn vielleicht alles verkörpern, was er für wertvoll und erstrebenswert hält. Und er liebt sie und sich selbst, weil sein Ich und sie wesentlich irdisch sind und sich Gleichartiges zueinanderfindet.

Das in ihm lebendig werdende wahre Selbst ist aber von anderer Qualität als das Irdische. Es lässt den Schüler mit Schrecken erkennen und empfinden, dass unter dem Gesichtspunkt der unvergänglichen geistigen Welt alles Irdische für sich selbst keine Daseinsberechtigung besitzt. Hält es sich selbst, ohne Bezug auf den Geist, für daseinsberechtigt, wird es zum Hindernis für die Ströme des Geistes. Diese Erkenntnis und Erfahrung des Schülers, geboren aus dem Kontrast zwischen der von Ichbezogenheit freien Liebc des wahren Selbst und der ichbezogenen Liebe der irdischen Persönlichkeit, ist das „Hassen", das Jesus meint. In dieser einschneidenden Erfahrung lässt der Schüler all seine Erwartungen an andere und an sich selbst, seine Sehnsucht nach Geborgenheit in irdischen Beziehungen, die doch vergänglich sind, sein Haften an der irdischen Natur, die doch vergänglich ist, von den Kräften des wahren Selbst auflösen, während er in der Selbstständigkeit der von Ichbezogenheit freien Liebe zu leben lernt. Auch dieses Auflösen- und Durchtrennenlassen ichbezogener Erwartungen und Haftungen ist das von Jesus gemeinte „Hassen".

Die Auflösung dieser Erwartungen des Schülers berührt seine Pflichten gegenüber Verwandten, Freunden, Bekannten und sich selbst in keiner Weise. Denn die irdischen Bindungen zu den Nächsten und die Liebe des Menschen zu sich selbst haben ihre Berechtigung. Der irdische Mensch braucht diese Bindungen. Aber der Schüler auf dem spirituellen Weg erkennt ihre Relativität. Das wahre Selbst lebt aus spirituellen Kräften und Gesetzen. Es steht seinen Nächsten und sich selbst frei gegenüber, nicht durch Erwartungen und Sehnsüchte bestimmt. Auf diese Weise kann der Schüler die ichbezogene Grundlage, die bisher seine irdischen zwischenmenschlichen Beziehungen bestimmt hat, durch eine neue, spirituelle Grundlage ersetzen.

Der Schüler auf dem spirituellen Weg erkennt seine Bestimmtheit durch irdische Bedürfnisse nach Geborgenheit, Halt und Wärme als Fessel für das wahre Selbst. Sie ist, angesichts der Bestimmung des Menschen, der Freiheit des wahren Selbst, tatsächlich eine solche Fessel. Wer sie liebt und nicht „hasst", wer sie nicht erkennt und konsequent durchtrennt, kann nicht Schüler des Geistes sein. Damit knüpft dieser Ausspruch Jesu folgerichtig an die vorhergehenden Gleichnisse an. Ins Reich Gottes gelangt nur der, der durch die „enge Tür" eingeht: der die Ebene der irdischen Beziehungen in ihrer Relativität erkennt, sich allein von der geistigen Ebene leiten lässt und von da aus auch die Ebene der irdischen Beziehungen neu gestaltet.

Wenn der Schüler in dieser neuen Freiheit seine Erwartungen an die ihm Nächststehenden durchtrennt und umgekehrt ihre Ansprüche auf seine Loyalität gegenüber ihren Lebenszielen zurückweist, wird er sich unter Umständen ihr Unverständnis und ihren Hass zuziehen. Dieser Hass geht jetzt wirklich von der Ich-Persönlichkeit der Betreffenden aus, die ihre Erwartungen durchkreuzt sehen. Die Verfolgung und der Hass seitens anderer Menschen ist das „Kreuz", das der Schüler auf dem spirituellen Weg tragen muss. Wenn er es nicht tragen will, in den alten Beziehungen verharren und sie nicht durch neue der Freiheit, Selbstständigkeit und Liebe ersetzen will, geht er den spirituellen Weg nicht, kann er kein Schüler Jesu, des wahren Selbst, sein. Deshalb prüfe jeder, der den spirituellen Weg betreten will, ob er die Voraussetzungen dafür mitbringt. Die Voraussetzungen sind zum einen Erfahrungsreife, zum andern genügend Kraft und Entschlossenheit.

Erfahrungsreife

Auf die Erfahrungsreife bezieht sich das Gleichnis vom Turmbau. Hat der Schüler, der sich auf den Weg begibt, genügend Erfahrungen gesammelt, die ihm zeigen, dass die gewöhnliche Lebensgrundlage der irdischen Beziehungen wirklich nicht haltbar ist? Nur wenn das der Fall ist, kann er den spirituellen Menschen wie einen Turm erbauen. Die in ihm wirkenden spirituellen Kräfte selbst ermöglichen ihm den Aufbau einer neuen Persönlichkeit auf neuer, spiritueller Grundlage. Der beginnende Schüler prüfe also, sagt Jesus, ob er den „Kosten" des Baues, nämlich der Anforderung, alte Erwartungen und Gewohnheiten aufzulösen, gewachsen ist. Wer den Ruf in sich verspürt, den spirituellen Weg zu gehen, der schätze ab, ob die Liebe zum Geist in ihm größer ist als die Liebe zur Welt.

Es geht bei diesem Abschätzen nicht darum, dass jemand prüft, ob seine moralischen Kräfte und seine Willenskraft stark genug für den spirituellen Weg sind. Sie wären ganz gewiss nicht stark genug. Auch kann er, wenn der Ruf an ihn ergeht, unmöglich abschätzen, welche Schwierigkeiten ihm auf dem Weg begegnen werden. Er kann aber, auf der Grundlage seiner Lebenserfahrungen und Selbsterkenntnis, abschätzen, ob er aus Neugierde, Begeisterung, Nachahmung anderer, Langeweile, Gefälligkeit für andere, Sicherheitsbedürfnis oder Ehrgeiz einen solchen Weg ins Auge fasst. Sind solche Motive nicht entscheidend, und sieht er keinen anderen Weg mehr, als dem Ruf zu folgen, weil er ans Ende seiner irdischen Klugheit gekommen ist, dann kann er davon ausgehen, dass die notwendige Erfahrungsreife da ist. Dann kann er schrittweise aus den ihm aus der geistigen Welt zufließenden Substanzen und Kräften den „Turm" erbauen: neue Gedanken, neue Gefühle, neue Strebungen und neues Handeln werden aus dem wahren Selbst hervorgehen und eine neue, auf den Geist abgestimmte Persönlichkeit aufbauen.

Entschlossenheit

Neben der Erfahrungsreife muss der Schüler auch über genügend Kraft und Entschlossenheit verfügen, um den spirituellen Weg beginnen und durchhalten zu können. Es handelt sich wiederum nicht um moralische Qualitäten, sondern um aus der Erfahrungsreife folgende Eigenschaften. Wenn der Schüler immer von neuem erkennt, wie sehr seine Erwartungen an andere und seine interessenbedingte Liebe zu sich selbst der Erkenntnis der Wahrheit hinderlich sind und den Zustand innerer Freiheit blockieren, werden Kraft und Entschlossenheit seines Wesens wachsen, diese

Hindernisse auch aufzulösen. Er wird über die Kräfte verfügen, all diesen Erwartungen zu „entsagen“. Nur so kann er Schüler des Geistes sein. Denn nur durch Auflösung aller Erwartungen an Menschen und Dinge bekommt das wahre Selbst Entfaltungsspielraum.

Ist im Schüler die Erkenntnis noch nicht herangereift, dass alle irdischen Möglichkeiten keinen Halt bieten und keinen Ewigkeitswert besitzen, werden immer neue Erwartungen in ihm entstehen und ihn vereinnahmen. Der „König“, das Prinzip der irdischen Ichbezogenheit, wird ihm die Dinge der irdischen Welt als notwendig und begehrenswert erscheinen lassen. Mit „20 000 Mann“, mit all den unzähligen Einflüssen der irdischen Welt, der vom Geist getrennten Welt der Zweiheit, wird er heranrücken. Und wenn der Schüler den Unwert dieser Einflüsse mit Hilfe spiritueller Erkenntnis noch nicht genügend durchschaut, wird er ihnen erliegen. Er wird also die Prüfung seiner Kräfte auf dem spirituellen Weg immer von neuem vornehmen müssen. Immer von neuem wird er den Wert der Verlockungen, die ihm aus der irdischen Welt entgegentreten, untersuchen. Er wird die Widerstände klar ins Auge fassen, aber sich auch deutlich bewusst machen, dass eine Kraft zu neuem Leben in ihm wirkt. Merkt er in einer Situation, dass die Liebe zum neuen Leben und der Hass gegenüber dem alten zu schwach sind, dass sie nur halb so stark sind wie die Kräfte des „Königs“, dann hilft es ihm nichts, die Überwindung der Widerstände gewaltsam, als moralischen Willensakt, zu versuchen. Dann ist es nur möglich, abzuwarten, bis ihm genügend spirituelle Kräfte zufließen, die die Überwindung des Königs erlauben. Doch auch dieses Abwarten erfordert Entschlossenheit.

„Salz“: spirituelle Dynamik

Das „Salz“ ist einerseits die durch die Wirksamkeit des Geistes im Schüler entstehende Kraft und Dynamik zur Auflösung der alten Fesseln, zur Überwindung des „Königs“, andererseits auch die Kraft und Dynamik zum Aufbau neuer Strukturen, zum Bau des „Turmes“. Im Schüler tauchen neue Gedanken auf, die alles Gewohnte in Frage stellen, neue Empfindungen, die die gewohnten Lebensziele und irdischen Interessen unerträglich finden und „hassen“, und neue Bestrebungen, die diese alten Fesseln radikal auflösen, damit die neuen Möglichkeiten aus dem wahren Selbst sich entfalten können. Das Salz ist die scharfe Kraft, die das überlebte Alte vom drängenden Neuen scheidet und die Entwicklung des Neuen vorantreibt. Reagiert der Schüler aber nicht mehr auf den Geist, so wird seine Erkenntnis stumpf, seine Empfindung dumpf, sein Wille kraftlos, und er versinkt wieder im täglichen Einerlei. Seine Dynamik, sein Salz, wirkt weder als „Dünger“: nämlich das Wachstum des Neuen, des wahren Selbst, fördernd, noch das Erdreich auflockernd: die alten irdischen Gewohnheiten auflösend.

Das „Salz“ symbolisiert nicht nur die vom Geist bewirkte Dynamik im Schüler, sondern auch die Menschen, die in der Welt im Sinn dieser Dynamik wirken. Sie stecken an mit ihrer Dynamik, reißen die starre Kruste der Konventionen und Gewohnheiten auf und fördern das Wachstum des wahren Selbst. Durch solche Menschen entstehen spirituelle Gemeinschaften, in denen Schüler einen spirituellen Weg gehen. Jesus und seine Schüler sind ein Beispiel dafür.

Neben solchen Wirkungen auf das wahre Selbst anderer haben derartige „Salz"-Menschen aber auch Wirkungen auf die Ich-Persönlichkeit anderer. Sie beeinflussen das irdische Leben. Sie geben neue Lebensperspektiven und heilen dadurch psychische Krankheiten, sie vermitteln neue Lebenskraft und treiben dadurch „Dämonen" aus, Wahnvorstellungen, die das eigenständige Denken der Menschen verhindern. Neue Philosophien bilden sich auf diese Weise heraus, neue Weltbilder und Paradigmen, neue Staatsauffassungen, Religionen, Kulturen, Kunststile – alles Elemente, die auch das Gesicht der irdischen Welt verändern und es bis zu einem gewissen Grad den spirituellen Entwicklungen anpassen.

Wenn aber dieses „Salz" seine Schärfe verliert: Was hätte das für Wirkungen auf die Welt? Deshalb fordert Jesus seine Schüler auf, wachsam zu bleiben und scharfes Salz zu bleiben. Seid stets den Impulsen aus der geistigen Welt geöffnet, „hasst" stets in der Kraft dieser Impulse aus der Ewigkeit eure irdischen Fesseln, gebt entschlossen veralteten Konventionen und bindenden Gewohnheiten den Abschied, damit die Dynamik eurer eigenen Entwicklung und der der irdischen Welt erhalten bleibt.

Mit der Schilderung der Wirkungen, die von einem konsequenten Verhalten des Schülers auf dem spirituellen Weg ausgehen, ist wieder ein Abschnitt der Rede Jesu über die Verhältnisse im Reich Gottes zu Ende. Er hatte mit Gleichnissen über die Art und Weise, wie sich das Reich Gottes ausbreitet, begonnen, hatte dann auf die Notwendigkeit hingewiesen, durch die enge Tür des Abschieds von allen irdischen Interessen ins Reich einzugehen, hatte die Absichtslosigkeit und Erwartungslosigkeit des wahren Selbst beschrieben, einige typische Reaktionen auf den Ruf der geistigen Welt illustriert, klargestellt, dass eine ernsthafte Prüfung der Voraussetzungen erfolgen muss, bevor jemand sich auf den Weg begibt, und schließlich den Zuhörern eingeschärft, spirituell lebendig zu bleiben. Wer Ansätze zu einem Bewusstsein hat, das aus dem wahren Selbst entsteht – „wer Ohren hat, zu hören" –, der wird diese Ausführungen über das Reich Gottes verstehen können. Er sei auch bereit, sie zu verstehen. „Wer Ohren hat, zu hören, der höre!"

Reaktion der geistigen Welt auf die Umkehr des „Sünders"

15 1 *Es nahten ihm aber fortwährend alle Zöllner und Sünder, um ihn zu hören.*
2 *Und die Pharisäer und die Schriftgelehrten murrten und sagten: Dieser nimmt*
Sünder an und isst mit ihnen. ***3*** *Da sagte er zu ihnen dieses Gleichnis:*

Ein neuer Abschnitt der Gleichnisreden Jesu beginnt. Diesmal erzählt er drei Gleichnisse, die das Verhalten der geistigen Welt in Bezug auf „Sünder" zum Thema haben. Ausgangspunkt der Erzählungen ist, dass Jesus, Botschafter der geistigen Welt, sich besonders intensiv mit „Sündern" beschäftigt und mit ihnen Gemeinschaft hält. Damit fordert er die Kritik der Pharisäer und Schriftgelehrten heraus, die der Meinung sind, der Ort des Botschafters der geistigen Welt sei im Gegensatz dazu bei den „Gerechten". Denn ein wirklich „Gerechter" sei auf die Ordnung des Geistes ausgerichtet, und nur bei ihm finde der Geist würdigen Empfang.

Was ist ein „Sünder“? Nach Auffassung der Pharisäer und Schriftgelehrten ist es ein Mensch, der gegen die Gebote der Religion und Moral verstößt, etwa ein „Zöllner“, der gemeinsame Sache mit den Besatzern macht. Das ist der moralische „Sünder“. Ein „Gerechter“ ist dann ein Mensch, der die Satzungen und Gebote seiner Religion treu erfüllt. Wenn die Pharisäer und Schriftgelehrten Jesus tadeln, so ist die Voraussetzung, dass sie sich selbst für „Gerechte“ halten. Sie sind aber gerecht nur, insofern sie die Satzungen der Religion und Moral halten. Sie sind moralisch gerecht. Doch wissen sie nicht, dass es Sünde und Gerechtigkeit auch im existenziellen Sinn gibt und dass sie, trotz ihrer moralischen Gerechtigkeit, im existenziellen Sinn Sünder sind. Dieses Nichtwissen hindert sie an der Erlangung der existenziellen Gerechtigkeit.

Was ist ein „Sünder“ im existenziellen Sinn? Es ist der irdische Mensch überhaupt, der, obwohl er dem Ebenbild Gottes Ausdruck geben sollte, nach den Gesetzen der vergänglichen irdischen Welt lebt. Er ist getrennt von der Erfahrung der Welt des Geistes, daher sterblich und allen Übeln der irdischen Welt ausgesetzt. Jeder irdische Mensch, auch der moralisch beste, ist in diesem Sinn ein Sünder: einer, der sich vom Reich Gottes getrennt, „gesondert“ hat. Wer diesen Zustand erkennt, kann sich von den irdischen Verstrickungen ab- und wieder Gott zuwenden: Er kann „Buße tun“. Es gibt aber viele, die sich schon für gerecht halten, weil sie religiösen, esoterischen oder moralischen Standards genügen. Sie sind den Pharisäern und Schriftgelehrten vergleichbar, die im Grund ebensolche Sünder sind wie alle anderen, nur es nicht wissen – und daher vom Reich Gottes weiter entfernt sind als jemand, der sich seiner Trennung bewusst ist.

Die Gleichnisse Jesu beziehen sich auf existenziell „Gerechte“, Menschen, die tatsächlich im Einklang mit ihrer Würde als Ebenbild Gottes leben, und existenzielle „Sünder“, die es nicht tun.

Gleichnisse vom Schaf und von der Drachme

15 3 *Da sagte er zu ihnen dieses Gleichnis:* ***4*** *Welcher Mensch unter euch, der hun-*
dert Schafe hat und eins von ihnen verliert, lässt nicht die 99 in der Wüste zurück und
geht dem verlorenen nach, bis er es findet? ***5*** *Und wenn er es gefunden hat, legt er*
es voll Freude auf seine Schultern; ***6*** *und wenn er nach Hause kommt, ruft er seine*
Freunde und seine Nachbarn zusammen und sagt zu ihnen: Freut euch mit mir! denn
ich habe mein Schaf gefunden, das verloren war. ***7*** *Ich sage euch: So wird im Him-*
mel mehr Freude sein über einen Sünder, der Buße tut, als über 99 Gerechte, die der
Buße nicht bedürfen.

8 *Oder welche Frau, die zehn Drachmen hat, zündet nicht, wenn sie eine Drachme*
verliert, ein Licht an und kehrt das Haus und sucht mit Fleiß, bis sie sie findet?
9 *Und wenn sie sie gefunden hat, ruft sie ihre Freundinnen und Nachbarinnen zu-*
sammen und sagt: Freut euch mit mir! denn ich habe die Drachme gefunden, die ich
verloren hatte. ***10*** *So, sage ich euch, ist bei den Engeln Gottes Freude über einen*
Sünder, der Buße tut.

Die Pharisäer und Schriftgelehrten sind der Ansicht, der Ort des Botschafters aus dem Reich des Geistes sei bei den Gerechten. Diese allein könnten ihn würdig empfangen. Demgegenüber betont Jesus, gerade der Sünder habe den Botschafter weit nötiger als der Gerechte. Der Sünder hat sich weit vom Reich des Geistes entfernt. Allein findet er nicht mehr zurück. Deshalb muss der Botschafter ihm nachgehen und ihn zurückholen. Das ist seine eigentliche Aufgabe in der Welt. Deshalb hält sich Jesus bei den Sündern auf und isst mit ihnen.

Diese Notwendigkeit schildert Jesus in den beiden Gleichnissen vom verlorenen Schaf und der verlorenen Drachme. Zugleich zeigt er, warum die Freude des Botschafters über einen zurückkehrenden Sünder größer ist als über viele Gerechte.

Alle Menschen werden unterschiedslos von der geistigen Welt und ihren Botschaftern „betreut". Die Menschheit befindet sich in Entwicklung. Sie hat die Bestimmung, zur bewussten Einheit mit der geistigen Welt zu gelangen. Alle Religionen sind aus der geistigen Welt entstandene Einrichtungen, die den Menschen bei ihrer Entwicklung behilflich sein wollen. Die Menschen sind wie Schafe, geführt von den Bewohnern und Botschaftern der geistigen Welt als ihren Hirten. Der Gerechte hält sich an die Lehren der Botschafter und befindet sich bereits auf dem Rückweg in die Welt des Geistes. Er bietet keinen Anlass zu besonderer Aufmerksamkeit. Der Sünder dagegen, der sich von der geistigen Welt entfernt hat und immer noch weiter entfernt, ist wie ein verlorenes Schaf allen nur denkbaren Gefahren ausgesetzt. Wilde Tiere – eigene und fremde Leidenschaften – können ihn „zerreißen". Auch kann er Hungers sterben. Denn die irdische Seelennahrung ist im Vergleich zur Seelennahrung aus der geistigen Welt unzureichend und unvermeidlich durch Hass und Manipulationsabsichten vergiftet.

Die geistige Welt aber folgt dem Sünder ununterbrochen wie der Hirte dem verlorenen Schaf. Sie ist ihm nahe und wartet liebevoll darauf, dass er sich ihr wieder zuwende. Sie „sucht" ihn. Ihre Botschafter bemühen sich um ihn mittels ihrer Lehren und spirituellen Impulse. Sie empfinden Schmerz, wenn der Sünder sich immer noch weiter abwendet und in den irdischen Verstrickungen verlorenzugehen droht.

Umso größer ist die Freude, wenn sich ein solcher Mensch der geistigen Welt wieder zuwendet und „Buße" tut. Alle „Engel im Himmel", alle Bewohner des Himmels, freuen sich dann mit den Boten des Himmels.

Sie freuen sich mehr als über 99 Gerechte. Auch über diese ist Freude angebracht. Aber sie haben keine Veranlassung zu besonderer Bemühung seitens der geistigen Welt gegeben, sie haben, eben weil sie im Einklang mit der geistigen Welt leben, keinen Schmerz verursacht. Deshalb rufen sie auch keine besondere Reaktion der Freude hervor. Das bedeutet nicht, dass sie der geistigen Welt weniger lieb wären als der Sünder. Das Gleichnis stellt nur die Gesetzmäßigkeit dar, dass als Reaktion auf besondere Mühe und besonderen Schmerz besondere Freude folgt, wenn Mühe und Schmerz aufhören.

Das Gleichnis von der Frau und der verlorenen Drachme bezieht sich auf denselben Sachverhalt. Jeder Mensch ist der geistigen Welt und ihren Botschaftern gleich viel wert, ob er ein Gerechter oder ein Sünder ist. Der Sünder aber, der Mensch, der sich von der geistigen Welt getrennt hat und verlorenzugehen droht, zieht ihre besondere Aufmerksamkeit und die ihrer Botschafter auf sich. Wie die Frau im Gleichnis zünden die Botschafter ein Licht an: Sie bringen eine spirituelle Lehre in die Welt, reinigen die Menschen durch läuternde Kräfte vom Staub der irdischen Interessen und suchen das Verlorene. Der Geist bleibt dem von ihm getrennten, unbewusst gewordenen wahren Selbst immer nahe und wartet auf eine positive Reaktion der Sehnsucht und neuen Zuwendung. Und wenn diese erfolgt, das Getrennte sich den geistigen Kräften wieder öffnet und sich mit ihnen vereinigt, ist es gefunden. Die Freude über seine Rückkehr ist groß. Je größer die Entfernung des Sünders vom Geist, je größer die Spannung des Bandes zwischen dem Geist und dem seine eigenen Wege gehenden Menschen, desto größer die Intensität, mit der das Getrennte, wenn wiedergefunden, empfangen wird. Diese Intensität ist die „Freude" des Geistes über den Fund.

Mit diesen Gleichnissen erklärt Jesus den Pharisäern und Schriftgelehrten, die sich für Gerechte halten, seine Zuwendung zu den Sündern, wie sie sie definieren. Damit hat er ihre Kritik entkräftet und zugleich ein Gesctz beschrieben, das sich in erster Linie auf existenzielle Sünde und Gerechtigkeit, nicht so sehr auf moralische, bezieht. Denn Jesus ist die Verkörperung der existenziellen Gerechtigkeit, nicht der moralischen.

Von dieser Warte aus betrachtet, ist es reine Ironie, dass er die Selbsteinschätzung der Pharisäer und Schriftgelehrten als Gerechte scheinbar übernimmt. In Wirklichkeit sind sie die existenziellen Sünder, ohne es zu wissen. Auch ihnen geht der Botschafter des Geistes wie dem verlorenen Schaf im Gleichnis nach, weil ihn ihre Verstrickung in Selbstgerechtigkeit, ihre existenzielle Sünde, schmerzt. Aber zurückholen könnte er sie erst, wenn sie sich als Sünder erkennen und Buße tun würden. Sie dagegen werden ihn in ihrer Unwissenheit verfolgen und töten, weil er ihre vermeintliche Gerechtigkeit entlarvt.

Gleichnis vom verlorenen Sohn

15 11 *Er aber sprach: Ein Mann hatte zwei Söhne.* ***12*** *Und der jüngere von ihnen sag-*
te zum Vater: Vater, gib mir den Teil des Vermögens, der mir zukommt! Der aber ver-
teilte seine Habe unter sie. ***13*** *Und nicht viele Tage danach nahm der jüngere Sohn*
alles mit sich und zog hinweg in ein fernes Land, und dort vergeudete er sein Vermö-
gen durch ein zügelloses Leben. ***14*** *Nachdem er aber alles durchgebracht hatte, kam*
eine gewaltige Hungersnot über jenes Land, und er fing an, Mangel zu leiden. ***15*** *Und*
er ging hin und hängte sich an einen der Bürger jenes Landes; der schickte ihn auf
seine Felder, Schweine zu hüten. ***16*** *Und er begehrte, seinen Bauch mit den Schoten*
zu füllen, die die Schweine fraßen; und niemand gab sie ihm. ***17*** *Da ging er in sich*
und sprach: Wie viele Tagelöhner meines Vaters haben Brot im Überfluss, ich aber
komme hier vor Hunger um. ***18*** *Ich will mich aufmachen und zu meinem Vater gehen*
und zu ihm sagen: Vater, ich habe gesündigt gegen den Himmel und vor dir; ***19*** *ich bin*
nicht mehr wert, dein Sohn zu heißen; stelle mich wie einen deiner Tagelöhner! ***20***
Und er machte sich auf und ging zu seinem Vater. Als er aber noch fern war, sah ihn
sein Vater und fühlte Erbarmen, lief hin, fiel ihm um den Hals und küsste ihn. ***21*** *Der*
Sohn aber sprach zu ihm: Vater, ich habe gesündigt gegen den Himmel und vor dir; ich

bin nicht mehr wert, dein Sohn zu heißen. ***22*** *Doch der Vater sagte zu seinen Knechten: Bringt schnell das beste Kleid heraus und zieht es ihm an und gebt ihm einen Ring an die Hand und Schuhe an die Füße,* ***23*** *und holt das gemästete Kalb, schlachtet es und lasst uns essen und fröhlich sein!* ***24*** *Denn dieser mein Sohn war tot und ist wieder lebendig geworden, er war verloren und ist wiedergefunden worden. Und sie fingen an, fröhlich zu sein.*

25 *Sein älterer Sohn aber war auf dem Feld; und als er kam und sich dem Haus näherte, hörte er Musik und Reigentanz.* ***26*** *Und er rief einen der Knechte herbei und erkundigte sich, was das sei.* ***27*** *Der aber sagte ihm: Dein Bruder ist gekommen, und dein Vater hat das gemästete Kalb geschlachtet, weil er ihn gesund wiedererhalten hat.* ***28*** *Da wurde er zornig und wollte nicht hineingehen. Doch sein Vater kam heraus und redete ihm zu.* ***29*** *Er aber antwortete und sagte zum Vater: Siehe, so viele Jahre diene ich dir und habe nie ein Gebot von dir übertreten; und mir hast du nie einen Bock gegeben, damit ich mit meinen Freunden fröhlich wäre.* ***30*** *Nun aber dieser dein Sohn gekommen ist, der deine Habe mit Dirnen aufgezehrt hat, hast du ihm das gemästete Kalb geschlachtet.* ***31*** *Da sagte er zu ihm: Kind, du bist allezeit bei mir, und alles, was mein ist, ist dein.* ***32*** *Du solltest aber fröhlich sein und dich freuen; denn dieser dein Bruder war tot und ist lebendig geworden, und [war] verloren und ist wiedergefunden worden.*

Auch das Gleichnis vom verlorenen Sohn unterstreicht noch einmal die Gesetzmäßigkeit, dass, je größer der Schmerz um einen Sünder, desto größer die Freude bei seiner Rückkehr ist. Es bringt einen zusätzlichen Aspekt ins Spiel, nämlich die Reaktion des „Gerechten“ anlässlich der Behandlung, die dem zurückgekehrten Sünder zuteil wird.

Das Gleichnis ist ein Bild für die Menschheitsentwicklung überhaupt. Es beruht auf Überlieferungen des Alten Testaments und des esoterischen Judentums. Nach diesen Überlieferungen sind die Menschen als Ebenbild Gottes aus Gott entstanden – eine unendliche Anzahl von Funken des göttlichen Feuers. Diese Ebenbilder Gottes, anfangs noch unbewusst in Einheit mit dem kosmischen Geist ruhend, hatten die Aufgabe, ihre Eigenschaften in Gestalt ihrer Handlungen in der Erscheinungswelt aus sich herauszusetzen und zu betrachten, wie ein Künstler im Werk seine Eigenschaften aus sich heraussetzt und betrachtet. Dadurch war Bewusstwerdung ihrer Eigenschaften und ihres Wesens als Ebenbilder Gottes möglich, ja diese Bewusstwerdung, diese Selbst-Bewusstwerdung, war und ist die Bestimmung des Menschen.

Ein Teil dieser ursprünglichen Menschen, versinnbildlicht durch den älteren Sohn im Gleichnis, folgte und folgt dieser Bestimmung, ohne jemals die Einheit mit dem Vater, der geistigen Welt, zu verlieren. Diese Menschen waren und sind Bewohner des Himmels, unsterblich, und entwickeln kontinuierlich ein Bewusstsein von ihrem wahren Selbst, ein Selbst-Bewusstsein, in dem Maß, wie sie ihre Eigenschaften in Gestalt ihrer Handlungen aus sich heraussetzen. Zu diesen Bewohnern der geistigen Welt gehören auch die Botschafter des Geistes, die, wie Johannes der Täufer und Jesus, freiwillig inkarnieren, um den irdischen Menschen von der Existenz dieser geistigen Welt zu berichten. Sie sind „von Mutterleib an“ auf besondere Weise mit dem Geist verbunden.

Ein anderer Teil der ursprünglichen Menschen dagegen, im Gleichnis versinnbildlicht durch den jüngeren Sohn, „fiel“ aus dem Himmel. Diese Menschen verloren sich an die Handlungen, die Werke, die sie aus sich herausgesetzt hatten, und verloren dadurch die bewusste Verbindung mit der geistigen Welt. Ihr wahres Selbst wurde latent. Stattdessen entwickelte sich ein Ich-Bewusstsein, das ihrer Bindung an die Erscheinungswelt entspricht. Die Welt dieser Menschen, die irdische Welt unserer Menschheit, ist das „ferne Land“, von dem das Gleichnis spricht. Der jetzt in der irdischen Welt lebende Mensch hat all sein geistiges Vermögen durch seine zu große Zuwendung zur irdischen Welt „vergeudet“. Er leidet Hunger, da die irdischen Kräfte und Erscheinungen nicht ausreichen, seine Sehnsucht nach der verlorenen Welt des Geistes zu stillen. Er muss sich mit der Nahrung der „Schweine“ zufriedengeben, animalischer Nahrung der Leidenschaften, Wünsche und Empfindungen, statt das Brot des Geistes essen zu können. Ja er kommt immer wieder vor Hunger um, denn sein Ausdrucksmittel in der irdischen Welt, seine Ich-Persönlichkeit, ist in Folge seiner Trennung von den Kräften der geistigen Welt sterblich. Daher muss er in einer Kette von Reinkarnationen immer wieder eine neue Ich-Persönlichkeit ausbilden.

Auf Grund dieser Erfahrungen jedoch kann der existenzielle Sünder, wie der verlorene Sohn im Gleichnis, zur Einsicht in seine fatale Situation kommen, den Grund dafür erkennen und den Entschluss fassen, die Trennung vom Vater, vom Geist, aufzuheben, um wieder zur Einheit zurückzukehren. Ein solcher Mensch entschließt sich, einen spirituellen Weg zu gehen, auf dem das Ich-Bewusstsein durch ein Bewusstsein des wahren Selbst ersetzt wird: Das Ebenbild Gottes wird ihm wieder bewusst, und dadurch entsteht Einheit mit der geistigen Welt. So erfüllt er auf dem Umweg der Trennung von Gott doch noch seine Bestimmung. Was der ältere Sohn in ununterbrochenem Einklang mit der geistigen Welt entwickelt hat: ein individuelles Bewusstsein seines wahren Selbst, das entwickelt der jüngere Sohn erst, nachdem er die Katastrophe der Trennung von Gott, des getrennten Ich-Bewusstseins und der Sterblichkeit in der irdischen Welt durchlebt hat.

Sobald sich aber der Mensch dem Vater, dem Geist, wieder zuwendet und sich ihm öffnet, kommt ihm dieser schon entgegen. Denn die geistige Welt ist immer bestrebt, sich mit dem ihr Gleichen, dem wahren Selbst, wieder zu vereinigen. Und in dieser Umarmung durch den Geist, der ihn durchflutet, erkennt der zurückkehrende Mensch umso deutlicher, dass er sich vom Geist und von der geistigen Welt getrennt, gegen den „Vater“ und den „Himmel“ gesündigt hatte, und grundsätzlich in seinem jetzigen irdischen Zustand unwürdig ist, sich mit dem Geist zu vereinigen. Aber in der Verbindung mit dem Geist wird alles Sterbliche aufgelöst, und der Sohn des Vaters wird wieder mit Eigenschaften ausgestattet, die seinem wahren Selbst entsprechen und ihn der geistigen Welt würdig machen. Eine neue Geist-Persönlichkeit, hervorgehend aus der Struktur der geistigen Welt, die auch die Struktur seines wahren Selbst ist, wird ihm geschenkt – ein neues Kleid, das nicht mehr sterblich ist. Sein wahres Selbst ist jetzt bewusst mit der geistigen Welt verbunden – das wird durch den Ring an der Hand symbolisiert –, und lebt aus einer neuen Verfassung – den Schuhen an den Füßen –, dem ihm eingeschriebenen Gesetz des Geistes. Gerade in der ersten Begegnung mit der geistigen Welt nach seiner Trennung fließen die

Ströme der geistigen Kräfte umso stärker und in so größerer Fülle in den Zurückgekehrten ein, als sie so lange, wie aufgestaut, auf den Empfang durch ihn hatten warten müssen. Er bekommt geistige Speise im Überfluss, was durch das gemästete Kalb angedeutet wird. Das wahre Selbst war „tot" – unbewusst und unwirksam – gewesen und ist jetzt wieder lebendig – bewusst und wirksam – geworden. Es war dem Einflussbereich des Geistes entglitten – verlorengegangen, hat sich ihm jetzt aber wieder geöffnet – ist wieder gefunden worden.

Eine solche Rückkehr des „verlorenen Sohnes" ereignet sich immer, wenn einzelne Menschen sich für die geistige Welt öffnen, ihre Ichbezogenheit und Verstrickung in die irdische Welt auflösen und dadurch die bewusste Wiedervereinigung des individuellen Geistes in sich mit dem kosmischen Geist feiern können. Sie ereignet sich auch, wenn einmal die ganze irdische Menschheit diesen Prozess der Re-ligio, der Wiederverbindung mit Gott, vollziehen wird.

All diese Vorgänge aber werden auch von dem Teil der Menschheit – dem älteren Bruder – wahrgenommen, der in stetigem Einklang mit der Welt des Geistes, ohne jemals den Kontakt mit ihr zu verlieren, seine Entwicklung zum individuellen Selbst-Bewusstsein vollzogen hatte und weiter vollzieht. Diese dem irdischen Menschen unsichtbaren Wesen bauen, indem sie sich ihre Eigenschaften durch Handlungen vor Augen stellen, langsam eine unsterbliche Geist-Persönlichkeit auf, die ein genaues Ausdrucksmittel für das sich entfaltende wahre Selbst ist. Aber auch sie sind, obwohl sie in ihrer Entwicklung stets in die Ordnung der geistigen Welt eingebettet bleiben, noch nicht vollkommen. Auch sie müssen lernen, darin besteht ja ihre Entwicklung zu Selbst-Bewusstsein.

In der Erzählung wird der ältere Sohn zornig, als er von der Rückkehr des Jüngeren erfährt, und will das zunächst nicht akzeptieren: Er will nicht hineingehen. Er beschwert sich bei seinem Vater darüber, dass für den Rückkehrer ein großes Freudenfest veranstaltet wird, während ihm, dem älteren Sohn, dergleichen niemals zuteil wurde. Das hält er für ungerecht.

Soll man annehmen, dass ein Wesen, das, obwohl noch unvollkommen, doch in bewusster Verbindung mit der geistigen Welt steht, zornig und neidisch wird wie ein irdischer Mensch? Die Erzählung ist ein Gleichnis, Zorn und Beschwerde über die Ungerechtigkeit müssen gleichnishaft aufgefasst werden. Der ältere Bruder, Bild für jene ursprünglichen Menschen, die sich zu Selbst-Bewusstsein entwickeln, ohne jemals den Einklang mit der Welt des Geistes zu verlieren, lebt gleichmäßig in den ihn belebenden Kräfteströmen der geistigen Welt. Werden diese Wesen mit der Möglichkeit der Abweichung, gar der Empörung gegen diese Ströme konfrontiert, wie sie der jüngere Sohn verkörpert, so werden sie das als befremdlich, als der regulären Entwicklung nicht konform empfinden und entsprechend erregt sein. Sie werden diese Möglichkeit der Irregularität nicht akzeptieren wollen. Das ist der „Zorn" des älteren Bruders. Ebenso wird es ihnen nicht einleuchten, dass die Aufhebung einer solchen Abweichung gerade eine gesteigerte Intensität der geistigen Ströme zur Folge haben soll. Das empfinden sie als ungerecht. Sie fragen den Vater, warum sie selbst eine ähnlich gesteigerte Intensität, ein solches „Fest", niemals erlebt haben.

Aber der „Vater“, der Geist, erklärt ihnen: Ihr habt ja stets gleichmäßig an allen Kräften und Eigenschaften der geistigen Welt teilgehabt – „alles, was mein ist, ist dein“ –, während die von der ursprünglich vorgesehenen Entwicklung abweichenden Menschen durch die größten Gefahren hatten gehen und, ohne spirituelle Nahrung, hatten darben müssen. Und statt über eine gesteigerte Intensität der spirituellen Ströme überrascht zu sein und euch darüber zu beschweren, dass sie euch niemals zuteil geworden ist, solltet ihr an dieser gesteigerten Intensität teilnehmen. Ihr solltet euch über die Rückkehr des jüngeren Sohnes mitfreuen.

Die Gesetze des Reiches Gottes sind tatsächlich paradox. Der ältere Sohn muss lernen, dass im Reich Gottes nicht nur das Reguläre seine Gültigkeit hat, sondern auch das Irreguläre. Abweichung und Empörung gegen die geistigen Gesetze sind zwar nicht im Sinn dieser Gesetze, die der Entwicklung des ursprünglichen Menschen, des Ebenbildes Gottes, zu Grunde liegen. Er sollte und konnte sich, wie der ältere Sohn, stets im Einklang mit diesen Gesetzen zu Selbst-Bewusstsein und Freiheit entwickeln. Kommt es aber doch zu Abweichung und Empörung, so besitzt die geistige Welt Möglichkeiten, auch Abweichung und Empörung in die Gesamtentwicklung zu integrieren und auch aus einer Katastrophe einen Umweg werden zu lassen, der zum Ziel führt. Voraussetzung ist, dass der Mensch Abweichung und Empörung als solche erkennt und sich auf den Weg zurück begibt.

Nicht die Schuld eines Menschen ist entscheidend, sondern die Rückkehr zum Geist. Kehrt er zum Geist zurück, so ist ja die Schuld der Abweichung getilgt. Der Mensch lebt dann wieder im Einklang mit der Ordnung des Geistes. Und die „Freude“ der geistigen Welt über die Rückkehr ist, als Ausgleich des „Schmerzes“ über den Verlust, tatsächlich größer, als wenn die Entwicklung in stetigen Bahnen verlaufen wäre. Das ist es, was der ältere Sohn auf einer bestimmten Stufe seiner Entwicklung zu lernen hat.

Gleichnis vom Schuldenerlass: bewusste Schuldtilgung

16 ***1*** *Er sagte aber auch zu den Schülern: Es war ein reicher Mann, der hatte einen*
Haushalter; und dieser wurde bei ihm verklagt, dass er ihm den Besitz verschleude-
re. ***2*** *Und er ließ ihn rufen und sagte zu ihm: Was höre ich da über dich? Lege Re-*
chenschaft ab über deine Verwaltung! Denn du kannst nicht mehr Haushalter sein.
3 *Da sagte der Haushalter bei sich selbst: Was soll ich tun, da mein Herr mir die Ver-*
waltung nimmt? Graben kann ich nicht; zu betteln schäme ich mich. ***4*** *Ich weiß, was*
ich tun will, damit sie, wenn ich von der Verwaltung abgesetzt bin, mich in ihre Häu-
ser aufnehmen. ***5*** *Und er ließ jeden einzelnen der Schuldner seines Herrn zu sich*
rufen und sagte zu dem ersten: Wie viel bist du meinem Herrn schuldig? ***6*** *Der ant-*
wortete: hundert Bath Öl. Da sagte er zu ihm: Nimm hier deinen Schuldschein, setz
dich schnell hin und schreibe: fünfzig. ***7*** *Danach sagte er zu einem andern: Du aber,*
wie viel bist du schuldig? Der antwortete: hundert Kor Weizen. Er sagte zu ihm:
Nimm hier deinen Schuldschein und schreibe: achtzig. ***8*** *Und der Herr lobte den un-*
gerechten Haushalter, dass er klug gehandelt habe. Denn die Söhne dieser Welt sind
ihrem Geschlecht gegenüber klüger als die Söhne des Lichts. ***9*** *Und ich sage euch:*

Macht euch Freunde mit dem ungerechten Mammon, damit sie, wenn er [euch] ausgeht, euch aufnehmen in die ewigen Hütten!

Die Schuld des Menschen, der von der Ordnung des Geistes abgewichen und dadurch in irdische Verstrickungen geraten ist, wird gelöscht und existiert nicht mehr, sobald er sich als Geistwesen in die Ordnung des Geistes zurückbegibt. Der in der irdischen Welt lebende Mensch kann, indem er bewusst seine Schuldverstrickungen löst, die Einheit mit der geistigen Welt wiederherstellen. Das ist die Botschaft des Gleichnisses vom Schulden erlassenden Verwalter. Dieses Gleichnis benützt eine – eigentlich unmögliche – Situation in der irdischen Welt, um auf Gesetzmäßigkeiten im Verhältnis des Menschen zur geistigen Welt, zum Reich Gottes, hinzuweisen. Dass es sich um einen solchen Hinweis handelt, geht deutlich aus den Bemerkungen Jesu am Ende des Gleichnisses hervor, wo er von den „Söhnen des Lichts" im Vergleich zu den „Söhnen dieser Welt" und von den „ewigen Hütten" spricht, die die Analogie zu den „Häusern" aus Vers 4 darstellen.

Wen versinnbildlichen der „reiche Mann", der Verwalter und die Schuldner dieses Gleichnisses? Der Verwalter erscheint in zwei Beziehungen: zum reichen Mann, seinem Herrn, und als Stellvertreter des Herrn gegenüber den Schuldnern des Herrn.

Wer ist der Verwalter? Es ist der Mensch, jeder Mensch. Vom „reichen Mann", von Gott, der die Fülle ist, hat er Gaben bekommen, reichen Besitz, um ihn zu verwalten: spirituelle Fähigkeiten, seelische Kräfte und Eigenschaften, körperliche Vermögen. Seine Aufgabe wäre es, diese Gaben nach der Ordnung der geistigen Welt und zur Förderung der Mitmenschen anzuwenden. Er sollte deren Einsicht, was ihre Bestimmung ist, fördern und ihnen bei der Auseinandersetzung mit den Hindernissen, die dieser Bestimmung im Weg stehen, behilflich sein. Eine solche Verwaltung des dem Menschen von Gott verliehenen Besitzes würde sowohl dem Verwalter als auch dem „reichen Mann" Nutzen bringen. Denn der Besitz würde sich, indem er sinnvoll gebraucht wird, unablässig vermehren, zur Verherrlichung des Gebers der Gaben.

Stattdessen verschleudert der Verwalter den Besitz. Der Mensch missbraucht seine Gaben zur Unterdrückung und Ausbeutung anderer oder zum bloßen Genuss. Vielleicht lässt er sie überhaupt ganz brach liegen, wodurch sie verderben. Letzten Endes führen diese Verschleuderung und dieser Missbrauch zum Tod. Würde der Mensch nämlich das Ebenbild Gottes, das in ihm schlummert, mittels seiner Gaben entwickeln, so würden ein den Tod des physischen Körpers überdauerndes Bewusstsein des wahren Selbst und eine dementsprechende Geistpersönlichkeit entstehen. Da er aber die Gaben Gottes – und sein ganzes Leben ist eine Gabe Gottes – für ichbezogne Ziele einsetzt, stirbt er, ohne eine unvergängliche geistige Grundlage entwickelt zu haben. Sein Ich-Bewusstsein, an die Erscheinungswelt gebunden, erlischt mit dem aus der Erscheinungswelt aufgebauten Körper, und sein wahres Selbst bleibt unbewusst.

In diesem Sinn kündigt Gott dem Menschen die „Absetzung" an. Dem Menschen wird eines Tages mit Schrecken bewusst: Ich muss, weil ich nicht im Einklang mit der göttlichen Ordnung lebe, sterben. Meine Taten schreien zum Himmel und klagen mich an. Mein Auftrag als Verwalter der göttlichen Gaben wird mir entzogen. Was wird nach dem Tod sein? Kann ich mein Los nach dem Tod doch noch verbessern?

Das Gleichnis rät dem Menschen, wie er sich im Leben verhalten sollte, um die Situation nach dem Tod, nach der „Absetzung", günstig zu gestalten. Er muss sich den Schuldnern des Herrn gegenüber, dessen Stellvertreter er ist, „geschickt" verhalten. Jeder Mensch ist Stellvertreter Gottes gegenüber den Schuldnern Gottes. Was Menschen einem anderen Menschen, dem Ebenbild Gottes antun, das tun sie Gott an. Jeder Mensch könnte, als Ebenbild Gottes, von anderen Menschen Liebe, Anerkennung und Verständnis erwarten. Die Menschen bleiben aber dem Ebenbild Gottes, und damit Gott selbst, Liebe, Anerkennung und Verständnis schuldig. So werden sie zu Schuldnern Gottes. Jeder Mensch ist Mittelsmann zwischen Gott und den Menschen, da er die Unterlassungen anderer Menschen gegenüber Gott am eigenen Leib erlebt – und da er diese Schulden auch, wenn er es will, erlassen kann.

Erlässt er seinen Schuldnern die Schulden, lässt er sie frei und wird dadurch selbst frei. Verzichtet er auf seine Erwartungen gegenüber anderen und besteht nicht mehr auf seinen Rechten ihnen gegenüber, entsteht ein neues Verhältnis zwischen ihnen. Im Gleichnis, auf der irdischen Ebene, sind die Schuldner dem Verwalter dankbar, und der Verwalter kann darauf hoffen, dass sie ihn, wenn er abgesetzt ist, bei sich aufnehmen werden. Ebenso ist es auf der spirituellen Ebene, im Reich Gottes. Wenn ein „Sohn des Lichtes", ein Ebenbild Gottes, anderen ihre Schulden erlässt und auf seine Erwartungen an deren Verständnis, Liebe und Anerkennung verzichtet, werden sie frei und wird er selbst frei. Es entsteht eine Beziehung des Vertrauens und der Dankbarkeit zwischen ihnen, eine Beziehung zwischen wahrem Selbst und wahrem Selbst, die vorher, da das wahre Selbst von den ichbezogenen Erwartungen und der daraus entstehenden Schuldverstrickung überlagert war, nicht möglich war. Eine solche Beziehung zwischen wahrem Selbst und wahrem Selbst ist ewig. Der die Schulden Erlassende kann darauf vertrauen, in die „ewigen Hütten" seiner bisherigen Schuldner aufgenommen zu werden: einen Platz in ihrem vom Geist erfüllten Herzen zu finden, der ewig ist. Ja dieser Platz, diese neue spirituelle Beziehung unter Menschen entsteht schon im Augenblick des Schuldenerlasses. Die Entlassung aus dem Schuldverhältnis bringt sofort Freude und Freiheit für beide Teile. Sie bedeutet den Eintritt ins „Reich Gottes", in die „ewigen Hütten", in einen unirdischen Zustand. Erst recht wird die neue spirituelle Beziehung nach dem Tod des Menschen, nach der „Absetzung", fortbestehen.

Sogar die Angaben im Gleichnis, dass der abgesetzte Verwalter nicht „graben" kann und sich schämt, zu „betteln", haben auf der spirituellen Ebene ihre Entsprechung. Wenn der Mensch einmal „abgesetzt" und tot ist, kann er nicht mehr bewusst an seiner Entwicklung arbeiten. Er kann nicht „graben", da ihm das Instrumentarium für bewusste Seelenarbeit, eine bewusste Persönlichkeit, fehlt. Die nachtodliche Phase ist, falls kein spirituelles Bewusstsein aufgebaut wurde, eine rein reaktive Phase, in der die Erfahrungen des Lebens ausschwingen wie beim nächtlichen Traum die Tageserlebnisse. Und im Jenseits zu „betteln" schämt sich jeder selbstverantwortliche Mensch. Er könnte, auch ohne ein spirituelles, unvergängliches Bewusstsein aufgebaut zu haben, die Auflösung seines Ich-Bewusstseins im Jenseits hinauszögern, indem er seine Beziehungen zu Lebenden im Diesseits weiter aufrechterhält, die ihn verehren oder ihm „helfen" wollen. Auf diese Weise könnte er von ihnen psychische „Nahrung" beziehen, um dem gesetzmäßigen Auflösungsprozess seines Ich-Bewusstseins im Jenseits entgegenzuarbeiten. Doch würde dessen Ende, das ja nur hinausgezögert wird, unwiderruflich kommen. Ein bewusstes, unvergängliches Leben nach dem Tod ist nur dem wahren Selbst und der Geistpersönlichkeit möglich, also nur dann, wenn der Mensch schon im irdischen Leben, zum Beispiel durch Schuldenerlasse, eine spirituelle Beziehung zu den Mitmenschen aufgebaut hat. Sie enthebt ihn nach dem Tod sowohl einer bloß unbewussten Reaktion auf die Erfahrungen des irdischen Lebens als auch einer unverantwortlichen „Bettelexistenz", die beide ohnehin ein Ende haben müssen. Nur die spirituelle Beziehung, die Aufnahme in die „ewigen Hütten" des Reiches Gottes, ist unvergänglich.

Damit sagt das Gleichnis: Du, Mensch, versagst als Verwalter Gottes und verschleuderst deinen spirituellen Besitz in der irdischen Welt. Deshalb musst du sterben. Was solltest du angesichts dieser Gewissheit tun? Erlasse deinen Schuldnern, die primär die Schuldner Gottes sind, ihre Schulden. Erlasse ihnen, was du von ihnen erwartest, ob zu Recht oder Unrecht. Dadurch lässt du sie frei und wirst, auf einer neuen spirituellen Grundlage, wo es keine Schuldverstrickungen mehr gibt, selbst frei. So wirst du schon vor und erst recht nach dem Tod im Reich Gottes, in den „ewigen Hütten" leben.

Und Jesus unterstreicht die Nutzanwendung des Gleichnisses noch ausdrücklich. Die Söhne der Welt sind klug. Ihr, Söhne des Lichtes, Schüler auf dem spirituellen Weg, macht es doch genauso! Wie die Söhne der Welt materielle Schulden erlassen, um sich Vorteile zu verschaffen, erlasst doch auch ihr, Söhne des Lichtes, immaterielle Schulden, um mit euresgleichen in den „ewigen Hütten" zu wohnen, um im Reich Gottes in neuer Einheit bei euresgleichen zu leben.

Hier ist ein Missverständnis möglich: Jesus fordere den Schüler auf dem spirituellen Weg auf, sich ebenso berechnend zu verhalten wie der irdische Mensch und zu sagen: Wenn ich meinen Mitmenschen ihre Schulden erlasse, komme ich ins Reich Gottes. Deshalb erlasse ich ihnen ihre Schulden. Jesus fordert nicht zur Berechnung auf, sondern beschreibt eine Gesetzmäßigkeit, die das wahre Selbst vollzieht. Der Mensch auf dem spirituellen Weg wird seine Ichbezogenheit auflösen. Die Auflösung der Erwartungen an die Schuldner ist ja nichts anderes als die Auflösung der Ichbezogenheit, die unter anderem aus diesen Erwartungen besteht. Löst er die Ichbezogenheit auf, tritt er im gleichen Augenblick in die „ewigen Hütten" ein. Seinerzeit im Gleichnis mit den Lahmen und Krüppeln war es genauso: Lernt Erwartungslosigkeit, damit ihr, frei von Ichbezogenheit, einen Schatz im Himmel habt. Hier lautet die Botschaft: Lernt Erwartungslosigkeit, damit ihr, der Ichbezogenheit ledig, frei aus dem wahren Selbst leben könnt. Vielleicht haben in diesem Zusammenhang sogar die Zahlen: Statt 100 Bath Öl 50, und statt 100 Kor Weizen 80, ihre Bedeutung. Es handelt sich um seelische Vorgänge, um Preisgabe seelischer Erwartungen. 50 ist eine Zahl der Seele, und wenn ein *Fünftel* der Weizenschulden (20 Kor) erlassen wird, wird auch dadurch auf „Seelenschulden" angespielt.

Dass der Herr den ungerechten Haushalter lobt, weil er klug gehandelt habe, ist auf der irdischen Ebene eine Unmöglichkeit, zumindest Unwahrscheinlichkeit. Kein irdischer Herr wird seinen Verwalter ausdrücklich wegen eines solchen Verhaltens loben, es sei denn, dass er ihn insgeheim für seine Klugheit bewundert. Aber gerade durch diese Unwahrscheinlichkeit macht das Gleichnis darauf aufmerksam, dass auf der spirituellen Ebene andere Gesetze gelten. Der himmlische Herr wird den Verwalter seiner Gaben durchaus loben, wenn dieser seinem Schuldner die Schulden erlässt, um dadurch ins Reich Gottes einzutreten.

Der „ungerechte Mammon" bezieht sich nicht nur auf materielle Tauschmittel, sondern ist Bild für irdische Tauschmittel überhaupt, einschließlich immaterieller „Tauschmittel", wie Ansprüche und Erwartungen auf Gedanken, Gefühle und Taten anderer. „Macht euch Freunde mit dem ungerechten Mammon" heißt daher einfach und fasst die Botschaft des Gleichnisses noch einmal zusammen: Erlasst anderen die Schulden, die sie in Gestalt von Verständnis, Anerkennung und Liebe euch gegenüber haben. Damit schafft ihr euch einen Platz in ihrem wahren Selbst, in ihrem Herzen. Das ist die Beschreibung einer Gesetzmäßigkeit, keine Aufforderung zur Spekulation auf die Folgen geschickten Verhaltens. Wenn ihr Schulden, materielle oder immaterielle, vergebt und „ungerechten Mammon" erlasst, schafft ihr Freiheit von irdischen Verstrickungen und gebt dem wahren Selbst Spielraum zu freien Beziehungen zu seinesgleichen, schon jetzt, und sobald alle irdischen Beziehungen im Tod aufhören: wenn der „ungerechte Mammon ausgeht".

Verhältnis von Innen und Außen

16 10 *Wer im Kleinsten treu ist, der ist auch im Großen treu; und wer im Kleinsten ungerecht ist, der ist auch im Großen ungerecht.* ***11*** *Wenn ihr nun mit dem ungerechten Mammon nicht treu wart, wer wird euch das wahre Gut anvertrauen?* ***12*** *Und wenn ihr mit dem fremden Gut nicht treu wart, wer wird euch das eure geben?* ***13*** *Kein Knecht kann zwei Herren dienen; denn entweder wird er den einen hassen und den andern lieben, oder er wird dem einen anhangen und den andern verachten. Ihr könnt nicht Gott dienen und dem Mammon.*

Dem Gleichnis vom Schulden erlassenden Haushalter folgen Darstellungen von Lebensgesetzen, die sich auf das Verhältnis beziehungsweise auf den Gegensatz zwischen dem Irdischen – Stichwort „ungerechter Mammon" – und dem Göttlichen beziehen.

Irdisches als Voraussetzung für Geistiges

Das wahre Selbst lebt zwar aus anderen Gesetzen und Kräften als die irdische Ichpersönlichkeit. Aber auf dem spirituellen Weg verliert diese Persönlichkeit ihre Ichbezogenheit zunehmend und wird zu einem guten Instrument für das wahre Selbst. Sie wird immer die Situationen schaffen und aufsuchen, in denen das wahre Selbst Ausdrucksmöglichkeiten findet. Umgekehrt wirkt die Qualität der Persönlichkeit wieder auf das wahre Selbst zurück. Es gewinnt Festigkeit, wenn die Persönlichkeit seinen Kräften und Gesetzen handelnd Ausdruck gibt. Daher könnte der Schüler ohne gut vom wahren Selbst angeleitete und ihm treu dienende Persönlichkeit den Weg nicht gehen und durchhalten.

Alle Qualitäten der Persönlichkeit aber, die sie im Umgang mit irdischen Aufgaben – mit dem „ungerechten Mammon“ – entwickelt, kommen auch ihrem Dienst an den spirituellen Aufgaben zugute, die sie als Instrument des wahren Selbst ausführt. Das gilt in Bezug auf den Einzelnen selbst, auf seine Mitmenschen und auf Gemeinschaften, denen er angehört.

Wenn er im irdischen Leben seine Pflichten gegen sich selbst erfüllt, ohne sich über Gebühr in den Vordergrund zu stellen, wird er als Schüler auch die Pflichten gegen sein wahres Selbst erfüllen und ihm die Entfaltungs- und Wirkungsmöglichkeiten im äußeren Leben geben, deren es bedarf. Wenn er im irdischen Leben aus Liebe zu seiner Aufgabe sorgfältig, ausdauernd, selbstständig, ehrlich und zielstrebig ist, wird er auch im Dienst am wahren Selbst sorgfältig mit spirituellen Begriffen, Symbolen und Lehren umgehen, Ausdauer auf dem einmal eingeschlagenen Weg zeigen, selbstständig Aufgaben übernehmen, sich keine Illusionen über eventuellen spirituellen „Fortschritt“ machen und sich nicht unaufhörlich ablenken lassen.

Wenn er im irdischen Leben seine Pflichten gegen andere erfüllt und die Bedürfnisse des Kunden, Klienten oder Abhängigen über sein Gewinn- und Prestigestreben stellt, wird er als Schüler auch die Pflichten gegen andere Wahrheitssucher erfüllen, indem er sie spirituell fördert. Wenn er irdischen Menschen gegenüber aufrichtig, gerecht und rücksichtsvoll ist, wird er auch Mitschülern und Wahrheitssuchern gegenüber in spirituellen Belangen aufrichtig, gerecht und rücksichtsvoll sein.

Wenn er im irdischen Leben seine Pflichten gegen eine Firma oder Behörde, der er angehört, erfüllt, wird er sich auch einer spirituellen Gemeinschaft gegenüber, der er angehört, so verhalten. Wenn er die Belange seiner irdischen Gemeinschaft achtet, auf Grund dieser Achtung ihre Betriebsmittel pfleglich behandelt, ihre Zielsetzungen klar formuliert und ihre Hausordnung so einhält, wie es dem Ziel der Gemeinschaft dienlich ist, wird er auch die Belange seiner spirituellen Gemeinschaft achten, ihre Einrichtungen in ansprechendem Zustand halten, ihre Lehren klar formulieren und ihrer Hausordnung entsprechen. Immer kommen also irdische Qualitäten einer Persönlichkeit auch dem wahren Selbst zugute, dessen Träger diese Persönlichkeit ist, und der gesamten spirituellen Entwicklung der Menschheit, der sie als Mitglied einer spirituellen Gemeinschaft dient. Deshalb haben diese irdischen Qualitäten, der „ungerechte Mammon“, ihren Wert. Sie haben ihn nicht als Selbstzweck, etwa weil sie die irdische Persönlichkeit zu einem besonders guten Menschen machten. Sie haben ihn auch nicht zu dem Zweck, um ungerechten irdischen Instanzen und Zielsetzungen möglichst gut zu dienen. Sie haben ihren Wert, weil sie der spirituellen Bestimmung des Menschen zugutekommen.

Dreifach wird von Jesus auf diesen Sachverhalt hingewiesen, indem er das Irdische dem Göttlichen in drei Hinsichten gegenüberstellt. Das Irdische ist erstens das Kleinste im Vergleich zum Großen, dem Göttlichen. Wer also im Kleinsten, im Irdischen, treu ist, der ist auch im Großen, im Göttlichen, treu. Und wer im Irdischen ungerecht ist, wird es auch im Göttlichen sein. Das Irdische ist zweitens das unwahre Gut im Vergleich zum wahren Gut, dem Göttlichen. Und es ist drittens das fremde Gut im Vergleich zum eigenen Gut. Denn vergänglich und damit unwahr sind das irdische Leben und aller irdische Besitz im Vergleich zum unvergänglichen spirituellen Leben und spirituellen Besitz, der unvergänglich „währt". Und unangemessen, fremd sind dem Ebenbild Gottes, dem wahren Selbst, irdische Verhältnisse und Güter. Eigen dagegen sind ihm spirituelle Verhältnisse und Kräfte. Sie sind, als die Welt des Geistes, seine Heimat. Trotzdem eignen sich das „Kleinste", das „unwahre Gut" und das „fremde Gut" als Erfahrungsschule und Feld der Bewährung, auf dem sich die Persönlichkeit Eigenschaften erwirbt, die sie dann auch für das „Größte", das „wahre Gut" und das „eigene Gut" des Menschen einsetzen kann.

Nicht nur unfähig zum Dienst an spirituellen Kräften und Gütern wird die irdische Persönlichkeit sein, wenn sie nicht gelernt hat, mit irdischen Kräften und Gütern richtig umzugehen. Ein mit einer solchen Persönlichkeit ausgestattetes wahres Selbst wird spirituelle Kräfte und Güter auch nicht einmal erhalten. Wer wird ihm das wahre und das ihm gehörige spirituelle Gut anvertrauen, wenn es über kein Instrument verfügt, das die Eigenschaften der Treue und Sorgfalt entwickelt hat? Durch Untreue und Oberflächlichkeit der Persönlichkeit wird es in einen Zustand der Unruhe und mangelnden Festigkeit versetzt, der das Einströmen spiritueller Kräfte und Gaben ausschließt.

Scheinbar im Gegensatz zu dieser Lebensregel steht das folgende Lebensgesetz, dass der Mensch nicht zwei Herren dienen kann. Bedeutet nicht Treue im Irdischen, dass der Mensch auch wirklich dem Irdischen dient? Und kann, ja muss er nicht, wenn er den spirituellen Weg geht, gleichzeitig auch seine Pflichten im Irdischen treu erfüllen? Sehr notwendig steht die Aussage über die Unmöglichkeit, zwei Herren zu dienen, gleich nach der Aussage über die Treue im Irdischen als Voraussetzung für Treue im Spirituellen. Denn Treue im Irdischen bedeutet nicht, sich vom Irdischen beherrschen zu lassen. Es bedeutet nicht, im Irdischen aufzugehen und zu glauben, durch anständige Erfüllung irdischer Pflichten erfülle man seine spirituelle Bestimmung. Dann wäre wirklich das Irdische Herr. Und dies würde die Treue im Spirituellen, den Dienst an Gott als dem Herrn, ausschließen.

Entweder dient einer dem Mammon. Dann dient er den Gesetzen der irdischen Welt und schließt den Dienst an Gott aus. Denn die Gesetze des wahren Selbst sind andere als die der irdischen Welt. Oder es dient einer Gott. Dann kann er dem Mammon frei gegenüberstehen, ist Herr über ihn und kann ihn Gott dienstbar machen. Die Bestimmung des Irdischen ist, Ausdruck des Spirituellen zu sein. Wenn es sich selbst verabsolutiert, schließt es das Spirituelle aus und verdirbt selbst. Treue im Irdischen heißt daher, es als Voraussetzung und Ausdrucksmöglichkeit für das Spirituelle zu sehen und unter diesem Vorzeichen damit umzugehen. Darum: „Ihr könnt nicht Gott dienen und dem Mammon."

Scheinheiligkeit

16 14 *Dies alles hörten aber die Pharisäer, die geldgierig sind, und sie höhnten über ihn.* ***15*** *Und er sprach zu ihnen: Ihr seid es, die sich selbst als gerecht hinstellen vor den Menschen, aber Gott kennt eure Herzen; denn was bei den Menschen als etwas Hohes gilt, das ist ein Gräuel vor Gott.*

Die Pharisäer sind die Verkörperung der Zuwendung zum Irdischen. Sie werden als „geldgierig" bezeichnet. Aber darin wird die Liebe zum Irdischen nur in ihrer grobschlächtigsten Art gekennzeichnet. Geld ist das Instrument der Ichbezogenheit, mit Geld lassen sich alle, auch die feinsten, immateriellen Genüsse des Irdischen beschaffen. Wer dem Irdischen, dem Mammon, dient, wird jeden verhöhnen, der seiner Bestimmung, das Ebenbild Gottes zu entfalten, folgt. Er muss es tun, ist doch der ichbezogene Dienst am Irdischen zugleich Empörung gegen das Göttliche.

Aber die Pharisäer verkörpern nicht nur die Zuwendung zum Irdischen. Sie verkörpern außerdem die Scheinheiligkeit. Ihrer Zuwendung zum Irdischen folgen sie unter dem Anschein, Gott zu dienen und gerecht, im Einklang mit der Ordnung des Geistes, zu sein. Damit sind sie auch die Verkörperung dieser Tendenz in jedem Menschen, auch im Schüler auf dem spirituellen Weg, der sich vor anderen oder vor sich selbst ebenfalls mitunter den Anschein gibt, Gott zu dienen, in Wirklichkeit aber am Irdischen hängt und seinen Weg nur zur Befriedigung seines Ehrgeizes oder um vor sich selbst und anderen gut dazustehen, verfolgt. Aber Gott kennt die Wahrheit im Herzen des Menschen. Der Mensch selbst, als wahres Selbst, kennt sein Herz. Er weiß, dass bei der irdischen Persönlichkeit Reichtum „als etwas Hohes gilt", dass aber bei Gott Reichtum, der in Ichbezogenheit angehäuft und angewendet wird, ein „Gräuel" ist. Er weiß auch, dass der Schein äußerer Gerechtigkeit und Gesetzestreue, wobei doch in Wirklichkeit im Herzen die Ungerechtigkeit herrscht, von Menschen vielleicht nicht durchschaut, von Gott und vom wahren Selbst aber durchaus erkannt – und als Gräuel erkannt wird.

Der Ersatz der inneren Entwicklung durch den äußeren Anschein ist das Schlimmste, was einem Menschen passieren kann. Er dient dem Mammon, scheint aber Gott zu dienen. Durch diesen äußeren Schein überredet und belügt er sich selbst, auf dem Weg seiner Bestimmung zu sein. Umso verführerischer ist diese Lüge, als sie ihm ermöglicht, den Schwierigkeiten der inneren Entwicklung aus dem Weg zu gehen. Und er erhält, während er dem äußeren Schein dient, die Anerkennung durch andere. Sie stützt die Lebenslüge ununterbrochen. Diese Unehrlichkeit und Feigheit sind ein Gräuel vor Gott, auch deshalb, weil in dieser Verstrickung die Klarheit und Wahrheit des Ebenbildes Gottes bis zur Unkenntlichkeit verzerrt wird. Es bedarf des Mutes und der Ehrlichkeit, diesen Gräuel zu zerreißen.

Gesetz und Freiheit

16 16 Das Gesetz und die Propheten galten bis zu Johannes; von da an wird das Evangelium vom Reich Gottes verkündigt, und jeder drängt sich mit Gewalt hinein. 17 Es ist aber leichter, dass der Himmel und die Erde vergehen, als dass ein Strichlein des Gesetzes dahinfalle.

Ebenfalls auf das Verhältnis von Innen und Außen beziehen sich diese Worte Jesu. Es geht um das Verhältnis von äußerem Gesetz zu innerer Freiheit in der Entwicklung des Menschen und der Menschheit, hier dargestellt am Werdegang des Volkes Israel.

In der äonenlangen Menschheitsentwicklung kam der Zeitpunkt, wo ein Teil der aus Gott hervorgegangenen menschlichen Ebenbilder Gottes die bewusste Bindung mit der Welt des Geistes verlor und sich mit einem sterblichen Körper verband. Es ist der Teil der ursprünglichen Menschheit, der durch den jüngeren Sohn aus dem Gleichnis vom „verlorenen Sohn" dargestellt wird. Das wahre Selbst wurde dadurch latent und konnte sich nicht zu Selbst-Bewusstsein entwickeln. Dagegen entwickelte sich in dem irdisch gewordenen Menschen mit sterblichem, irdischem Körper allmählich ein Ich-Bewusstsein.

Vor der Entstehung dieses Ich-Bewusstseins, zu Beginn seiner biologischen Evolution auf der Erde, war der irdische Mensch wie ein Tier in die ihn umgebende Natur eingebettet und instinktgebunden. Er lebte aus dem „Es", den Trieben, Leidenschaften und Instinkten, ohne Verantwortlichkeit und überlegtes Handeln, ohne bewusste Individualität und Einsicht.

Doch das wahre Selbst strebte nach Selbst-Bewusstwerdung. Es wollte zur Freiheit gelangen, die es durch die Trennung von Gott und die Bindung an die vergängliche Welt verloren hatte. Der erste Schritt in diese Richtung war die Entwicklung eines Ich mit Ich-Bewusstsein: einer wenigstens in der vergänglichen, irdischen Welt bewusst operierenden, zu Verantwortung fähigen Instanz. Das setzte voraus, dass die Instinktgebundenheit des Menschen aufgelöst und durch freies Handeln ersetzt wurde. Und damit war ein erhebliches Risiko verbunden. Denn die Auflösung der Instinktgebundenheit setzte die Kräfte des bisher gebundenen Es frei – die Triebe und Leidenschaften. Das neu aufzubauende Ich, das selbstverantwortlich denken, fühlen, wollen und handeln sollte, musste diese Triebe und Leidenschaften zügeln lernen, sie organisieren und mit den Anforderungen der Umwelt in Ausgleich bringen. Was vorher die Instinkte geleistet hatten, musste allmählich das Ich leisten. Zwar war dieses Ich ebenso von Bezogenheit auf sich selbst und Selbsterhaltungstrieb durchsetzt wie das Es. Aber es war eine sich ihrer selbst bewusste Individualität. Und insofern war es ein Schritt in Richtung auf ein bewusstes wahres Selbst. Denn die Freiheit des wahren Selbst setzt Individualität und Bewusstheit voraus.

Wie wurde dieses verantwortliche Ich aufgebaut? Durch das von Botschaftern aus der geistigen Welt der Menschheit übertragene „Gesetz". Das „Gesetz", das in der alttestamentarischen Phase des Volkes Israel wirkte, hatte die Funktion, die üppig wuchernden Triebe des Es einzudämmen, zu organisieren und mit der Umwelt in Ausgleich zu bringen. Die zehn Gebote, die Mose auf dem Sinai erhielt, sind Ausdruck dieser Funktion. Die ersten drei Gebote beziehen sich auf die Notwendigkeit der Individualisierung und Bewusstwerdung der menschlichen Persönlichkeit, auf die Ausrichtung und Zentrierung ihrer Kräfte, auf den Aufbau eines Ich, das dem Ich-Bin, dem kosmischen Prinzip der Selbstständigkeit und Bewusstheit, entsprach. Die anderen sieben Gebote bezwecken die Unterwerfung der Triebe und Leidenschaften, z. B. des Aggressions- und Sexualtriebs („du sollst nicht töten", „du sollst nicht ehebrechen"), unter die Herrschaft des bewussten Ich. Dieses Ich entwickelte ein Bewusstsein von „Gut" und „Böse". Was dem äußeren Gesetz entsprach, war gut, was ihm nicht entsprach, war böse.

Das Gesetz wirkte von außen auf den Menschen ein und prägte sein Verhalten in Gesellschaft und Natur. Es wurde allmählich zum Über-Ich, zu einem den Menschen von außen beherrschenden, internalisierten Regelwerk.

Aber der Aufbau des Ich durch das äußere Gesetz war nicht Selbstzweck. Es war nur dazu gedacht, dem wahren Selbst zu gegebener Zeit bewusste Ausdrucksmöglichkeit zu verschaffen. Deshalb wiesen die Propheten des Alten Testaments stets auf einen, der kommen sollte, hin: auf das wahre Selbst, das eines Tages das Ich und Über-Ich in deren Herrschaft über den Menschen ablösen würde. Wenn der Mensch in Gestalt seines Ich ein bewusstes Individuum geworden wäre, würden die Voraussetzungen für die freie, bewusste Entfaltung des wahren Selbst gegeben sein. Die Herausbildung des verantwortlichen Ich durch das äußere Gesetz war die notwendige Vorbereitung für die eigentliche Bestimmung des Menschen, bewusst und individuell seinem wahren Selbst Ausdruck zu geben. Bis zu Johannes dem Täufer galten das Gesetz und die Propheten. Von da an aber wird das Evangelium des Reiches Gottes, der bewussten Entfaltung des aus Gott stammenden, dem Reich Gottes, der Welt des Geistes angehörenden wahren Selbst, verkündigt, dessen vollkommene Verkörperung Jesus ist.

Wenn das wahre Selbst sich individuell und bewusst ausdrücken kann, wird der Mensch wahrhaft frei sein. Bis dahin lebte er unter dem äußeren Gesetz, und was Gut und Böse ist, wurde ihm von außen vorgegeben, damit er lerne, sich danach zu richten. Darin lag eine gewisse Freiheit der moralischen Wahl. Das wahre Selbst aber ist wahrhaft frei. Als Ebenbild Gottes enthält es in sich die Struktur der geistigen Welt. Und diese Struktur ist nichts anderes als sein inneres Gesetz, nach dem es angetreten ist. Sie ist Liebe statt Aggression, Einheit statt Libido, Freiheit statt Unterwerfung unter äußere Regeln. Ein Wesen ist frei, wenn es in der Lage ist, seine innere Struktur, sein inneres Gesetz, zu entfalten. Das wahre Selbst entfaltet die in ihm angelegte Struktur im Einklang mit der Struktur der geistigen Welt, aus der es hervorgegangen ist und lebt. Es ist unbegrenzt und allbewusst wie die geistige Welt. Seiner Individualität aber gibt es Ausdruck durch die vom Ich erworbene Fähigkeit, bewusst zu denken und zu entscheiden. Das ist die Freiheit des Evangeliums im Unterschied zum äußeren Gesetz des Alten Testaments. Voraussetzung dafür ist, dass das Ich die Bezogenheit auf sich selbst aufgibt und die Fähigkeit zu individueller Bewusstheit und Verantwortung dem wahren Selbst zur Verfügung stellt. Das Ich muss zum Instrument werden, durch das sich das wahre Selbst ausdrücken kann. Es muss im wahren Selbst aufgehen.

Doch diese Voraussetzung wird häufig vom Menschen nicht erfüllt. Auf jeder Stufe seiner Entwicklung in der irdischen Welt hat er die Tendenz, gerade diese Stufe als Endziel zu betrachten und auf ihr zu beharren, statt der nächsten Stufe Entwicklungsspielraum zu geben. So hat auch das Ich des Menschen, das ja dem Gesetz der eigenen Erhaltung unterworfen ist, die Tendenz, sich selbst absolut und als Endpunkt der Entwicklung zu setzen. Eben mit dieser Tendenz der Beharrung des Ich, der Ich-Bezogenheit, muss sich das wahre Selbst auseinandersetzen. Das Ich hat die Aufgabe, als solches zurückzutreten, um seine Errungenschaften: individuelle Bewusstheit und Verantwortung, dem wahren Selbst zur Verfügung zu stellen. Stattdessen hindert es durch seine Beharrungstendenzen das wahre Selbst an der Entfaltung.

Genau so verhalten sich die Pharisäer und Schriftgelehrten in ihrer Selbstgerechtigkeit und Ichbezogenheit. Sie hindern das lebendige wahre Selbst, verkörpert durch Jesus, an der Entfaltung. Sie verharren auf der Stufe des Alten Testaments, die als Vorbereitungsstufe notwendig war, dem Neuen aber Raum geben muss, wenn der Zeitpunkt der Erfüllung gekommen ist. Wenn die Raupe das Stadium der Verpuppung erreicht hat, muss sie dem Schmetterling Platz machen, der in ihr gereift ist. Der Schmetterling, das wahre Selbst, seufzt nach Freiheit. Es sucht mit Gewalt seine Fesseln zu sprengen, die ihm das sich absolut setzende Ich auferlegt. Es bricht durch die Decke der verhärteten Ichstrukturen hindurch, wie ein Keim durch die Erddecke hindurchbricht. Das wahre Selbst drängt mit Macht danach, sich seiner selbst – mittels der Errungenschaften des Ich: bewusste Individualität und Verantwortung – bewusst zu werden und sich damit der geistigen Welt bewusst zu werden. Es drängt sich mit Macht ins Reich Gottes hinein.

Mit Jesus ist dieser Zeitpunkt der Bewusstwerdung des wahren Selbst in der Menschheitsentwicklung gekommen, und deshalb sagt er: „Jeder drängt sich mit Gewalt ins Reich Gottes hinein." Das wahre Selbst sprengt mit Gewalt die Selbstherrlichkeit des Ich, benutzt aber die vom Ich bereitgestellten Möglichkeiten der individuellen Bewusstwerdung und des individuellen Ausdrucks zur Bewusstwerdung seiner selbst und der geistigen Welt.

Dieses gewaltsame Aufbrechen des Alten, das nicht freiwillig weichen und sich dem Neuen zur Verfügung stellen will, dieser gewaltsame Drang des wahren Selbst zur Selbstentfaltung und zur Bewusstwerdung in der geistigen Welt, ist eine Revolution im Menschen. Was bisher herrschend war, das begrenzte, auf die irdische Welt bezogene Ich, wird entthront, und an seine Stelle tritt das auf die geistige Welt bezogene unbegrenzte Selbst, das jedoch die vom zurücktretenden Ich zur Verfügung gestellten Ausdrucksmöglichkeiten benützt.

Der Zeitpunkt für diese Revolution, für diesen Übergang vom Alten zum Neuen Testament, ist für jeden Menschen verschieden. Für einige ist er schon angebrochen. Viele aber leben noch in der Zeit der Vorbereitung, in ihrer alttestamentarischen Phase der Außenleitung durch ein äußeres Gesetz, gleichgültig, welche Religion ihnen dieses Gesetz vertritt. Aber für jeden kommt einmal der Punkt, wo das wahre Selbst in seiner äonenlangen Entwicklung durch die Kruste des äußeren Gesetzes hindurchbricht, wobei das Ich mehr oder weniger freiwillig zurücktritt, um als Instrument des wahren Selbst zu dienen. Auch für die gesamte Menschheit wird einmal dieser Punkt kommen. Bis dahin, bis der Zeitpunkt der Ablösung des Ich durch das wartende wahre Selbst gekommen ist, gilt das alttestamentarische Gesetz, und „kein Strichlein des Gesetzes wird dahinfallen". Und es gilt, in gewandelter Gestalt, unerschütterlich weiter. Denn das äußere Gesetz – soweit es nicht von Menschen gemacht ist – ist ja nur die grobe Formulierung des inneren Gesetzes des wahren Selbst, der Struktur des wahren Selbst. Diese Struktur ist ewig, und dauert, auch wenn der irdische Himmel, das Jenseits, und die irdische Erde, das Diesseits, vergehen sollten.

Insbesondere wird das äußere Gesetz fortdauern, wenn der Mensch den Übergang vom Zustand der Herrschaft des äußeren Gesetzes zur Wirksamkeit des inneren Gesetzes nicht in richtiger Weise vollzieht. Denn leicht verwechselt er das Drängen des wahren Selbst mit dem Drängen der Leidenschaften des „Es", das ebenfalls gegen die Herrschaft des Ich und Über-Ich aufbegehrt. Die starre Ichbezogenheit muss aufgelöst werden, wenn das wahre Selbst zur Entfaltung kommen soll. Bei dieser Auflösung drängen sich aber die bisher vom Ich notdürftig gebändigten Triebe und Leidenschaften ebenfalls wieder in den Vordergrund. Es kommt darauf an, dass die Kräfte des wahren Selbst diese Es-Kräfte durchdringen, sie läutern und ihnen unter Mitarbeit des bewussten, verantwortlichen Ich eine neue Richtung geben, in der sie der Entfaltung des wahren Selbst förderlich sind. Lässt der Mensch ihnen aber freies Spiel, so wird er über kurz oder lang das äußere Gesetz wieder zu spüren bekommen. Es wird ihm, mittels der inneren und äußeren Folgen, die der Mensch durch die Abweichung von ihm verursacht, Zügel anlegen: Kein Strichlein des Gesetzes wird dahinfallen.

Eine andere Form des missglückten Übergangs von der Herrschaft des äußeren Gesetzes zur Wirksamkeit des inneren Gesetzes ist, dass das beharrende Ich die Impulse des wahren Selbst, statt ihnen Gefäß zu sein, zu beherrschen versucht. Es projiziert sie auf die irdische Welt und sucht sie dort zu verwirklichen. Ideologien jeder Art sind die Folge. Der Mensch versucht, das Reich Gottes, das nur in der Entfaltung des wahren Selbst erfahren und verwirklicht werden kann, in der begrenzten irdischen Welt zu verwirklichen: indem er sein irdisches Ich zu einem vollkommenen Wesen zu machen versucht, oder indem er gewaltsam Gesellschaften aufbaut, die den inneren Gesetzen der geistigen Welt entsprechen sollen. All diese Versuche werden an der Begrenztheit der irdischen Möglichkeiten scheitern und ebenfalls das äußere Gesetz provozieren, das korrigierend dafür sorgt, dass die irdischen Bäume nicht in den Himmel wachsen. Auch hier wird kein Strichlein des Gesetzes dahinfallen.

Die Ehe

16 18 *Jeder, der seine Frau entlässt und eine andre heiratet, begeht Ehebruch, und wer eine von ihrem Mann Entlassene heiratet, begeht Ehebruch.*

Eine konkrete Anwendung dieser Aussagen über die Wirksamkeit des äußeren und inneren Gesetzes ist der Ausspruch Jesu über die Ehe. Zur Zeit des Alten Testaments – oder in einem Entwicklungszustand des Menschen und der Gesellschaft, der dem Alten Testament entspricht – galten und gelten strikte äußere Ehenormen. Jesus weist auf diese Normen zum Beispiel im Matthäus-Evangelium hin (Kap. 19,4): „Von Anfang an“ hat der Schöpfer den Menschen als Mann und Frau geschaffen und sie zusammengefügt. Eine Ehe ist daher untrennbar. Wenn Mose, der Gesetzgeber des Alten Testaments, so fährt Jesus an dieser Matthäus-Stelle fort, die Möglichkeit der Scheidung vorgesehen hat, so nur mit Rücksicht auf „die Härte eures Herzens“, mit Rücksicht also auf die Triebe, die gegen diese Normen unwiderstehlich aufbegehren (Matth. 19,8). Jesus selbst aber unterstreicht die Gültigkeit dieser Normen ausdrücklich. „Wer seine Frau entlässt und eine andre heiratet, begeht Ehebruch, und wer eine von ihrem Mann entlassene Frau heiratet, begeht Ehebruch.“ Scheidung ist nach Auffassung Jesu also nicht möglich, mit Ausnahme des Falles, dass ein Partner „Unzucht treibt“ (wie bei Matthäus noch ergänzt wird). Vielleicht suchen sich, solange das äußere Gesetz gilt, die Individuen auch nicht frei ihre Ehepartner, sondern diese werden von äußeren Instanzen, Priestern oder Eltern, für sie ausgesucht.

Warum diese Regelung der lebenslangen Ehe und der überaus strengen Restriktionen im Fall eines Verstoßes?

Das äußere Gesetz dient zum Aufbau eines einheitlichen, selbstständigen Ich gegenüber den Trieben und Leidenschaften, eines Ich, das lernen kann, was für die Entwicklung des Menschen förderlich – „gut" – und hinderlich – „böse" – ist und entsprechend handelt. Das Gebot der Treue eines Menschen zu einem einzigen Partner das ganze Leben hindurch dient dabei dem Zweck, dass er Treue zu einem unverbrüchlichen Ziel lernt: zum Ich-Bin, zum Aufbau des Ich. Zuwendung zu mehreren Partnern, gleichzeitig oder nacheinander, entspricht im Alten Testament einer Zuwendung zu den „Götzen", Verkörperungen der menschlichen Leidenschaften und Triebe. Aber der Mensch soll einen selbstständigen, alle Eigenschaften zentral organisierenden Punkt in sich aufbauen, ein Ich, das Herr über die Leidenschaften ist. Er wird daher zur Verehrung des Ich-Bin, des zentralen Organisationsprinzips in der irdischen Welt, angehalten und ist ihm treu. Zuwendung zu einem einzigen Partner entspricht somit der Zuwendung zum Ich-Bin. Deshalb vergleichen die Propheten die Treue des Menschen – oder „Israels" – zum einen Gott häufig mit der Treue der Frau zu ihrem einzigen Mann (was umgekehrt auch für die Treue des Mannes zu einer einzigen Frau gilt). Durch Treue zu einem einzigen Partner baut der Mensch eine eigene Ich-Persönlichkeit auf, lernt Treue zum Ich-Bin, zu diesem Ich-Prinzip, und stärkt es. Dieses irdische Ich steht über allen Eigenschaften und Leidenschaften, zähmt und integriert sie, ja der Mensch erhält durch Treue zu seinem Ich erst ein Bewusstsein von ihm.

In der Phase des Ich-Aufbaus gilt das äußere Gesetz. Das Ehegesetz hat dabei die Funktion, die Herausbildung eines Ich mit zu ermöglichen. Es kommt aber die Zeit, wo Mensch, Gesellschaft und Menschheit lernen müssen, von der Unfreiheit unter dem äußeren Gesetz zur Freiheit aus dem inneren Gesetz überzugehen. Das Ich war nur zu dem Zweck aufgebaut worden, dass das wahre Selbst sich der Ich-Errungenschaften bewusster Individualität und verantwortlichen Handelns bedienen konnte.

In der neutestamentarischen Phase der Entwicklung wird daher der Mensch allmählich erkennen, dass, was ihm bisher als äußeres Gesetz gegenübertrat, als Wesensstruktur in ihm selbst liegt und sich als sein inneres Gesetz entfalten will. Damit gewinnt der Ausspruch Jesu: „Wer seine Frau entlässt und eine andere heiratet, begeht Ehebruch, und wer eine von ihrem Mann entlassene Frau heiratet, begeht Ehebruch" eine neue Dimension. Was bisher äußere Norm war, wird jetzt durch Erfahrung gedeckte, durch Einsicht begründete freie Lebenspraxis. Denn der Mensch wird erleben, dass lebenslange Treue der irdischen Persönlichkeit zu einem einzigen Partner dem wahren Selbst die besten Möglichkeiten gibt, sich seiner selbst bewusst und verantwortlich wirksam zu werden.

In der neutestamentarischen Phase dient die lebenslange Beziehung nicht mehr der Entwicklung eines verantwortlichen Ich, sondern der Überwindung der Ichbezogenheit, der Überwindung aller Erwartungen an den Partner, aller Idealisierung des Partners, und damit schließlich der Wahrnehmung des wahren Selbst im anderen. Denn wer, frei von Ichbezogenheit, den Partner ganz frei lässt, wird in ihm – und damit auch in sich selbst – das wahre Selbst entdecken. Damit führt die lebenslange

Beziehung im Idealfall zur Freiheit des wahren Selbst, zu freiem Verhalten gegenüber dem Partner und anderen Menschen und zur freien Zusammenarbeit zwischen wahrem Selbst und wahrem Selbst.

Voraussetzung für das Gelingen einer solchen durch Einsicht und Erleben begründeten Lebenspraxis ist, dass der Mensch immer besser erkennen lernt, welcher Art seine eigene Ich-Persönlichkeit ist und welche andere Ich-Persönlichkeit zu ihm passt. Ohne dieses Erkennen könnte keine harmonische Einheit zwischen den Partnern zustande kommen.

Überhaupt wird er im Lern- und Erfahrungsprozess beim Übergang von der Unfreiheit im äußeren Gesetz zur Freiheit im inneren Gesetz auch im Bereich von Partnerwahl und Ehe viele Fehler machen, ehe sich ihm das innere Gesetz zeigt und er bewusst daraus leben kann. Er wird z. B. zunächst das äußere Gesetz als Joch auffassen, das es abzuwerfen gilt, um sich frei verschiedene Partner zu wählen, gleichzeitig oder nacheinander. Die Leidenschaften und Triebe werden vielleicht wieder die Herrschaft über ihn gewinnen. Aber dann wird sich zeigen, dass tatsächlich kein Strichlein des Gesetzes dahinfällt. Ein solches Verhalten des Menschen wird zerstörerische Wirkungen für ihn und die Partner haben, die Integrität seiner Persönlichkeit und die seiner Partner wird gefährdet sein.

Aus diesen Erfahrungen kann er allmählich lernen, wie aus dem inneren Gesetz gelebt wird. Auch wenn er den Leidenschaften nicht die Zügel schießen lässt, wird er in der neuen Freiheit noch suchen müssen, welche Art der Partnerschaft dem inneren Gesetz am besten entspricht. Wenn es ihm aber gelingt, seine Persönlichkeit zu erkennen und zu erkennen, welche Persönlichkeit zu ihm passt, wird er die Erfahrung machen, dass eine lebenslange Ehe die beste Voraussetzung für die Entfaltung seines wahren Selbst ist, und dass das innere Gesetz korrigierend eingreift, wenn er in der Hoffnung auf größeres irdisches Glück oder bessere Entfaltung seiner irdischen Persönlichkeit eine gewachsene Beziehung aufs Spiel setzt. Diese Lernprozesse werden sich in der Menschheit sicher noch über Jahrhunderte hinziehen, bevor genügend Erfahrungen gemacht und Einsichten ins innere Gesetz gewonnen sind.

Reicher Mann und armer Lazarus: Was du säst, das wirst du ernten

16 19 *Es war aber ein reicher Mann, der kleidete sich in Purpur und kostbare Lein-*
wand und lebte alle Tage herrlich und in Freuden. ***20*** *Ein Armer aber mit Namen La-*
zarus lag vor seiner Tür; der war mit Geschwüren bedeckt ***21*** *und begehrte sich von*
dem zu sättigen, was vom Tisch des Reichen abfiel; dagegen kamen die Hunde und
beleckten seine Geschwüre. ***22*** *Es begab sich aber, dass der Arme starb und dass er*
von den Engeln in Abrahams Schoß getragen wurde. Aber auch der Reiche starb und
wurde begraben. ***23*** *Und als er im Totenreich, von Qualen geplagt, seine Augen er-*
hob, sah er Abraham von ferne und Lazarus in seinem Schoß. ***24*** *Und er rief mit lau-*
ter Stimme: Vater Abraham, erbarme dich meiner und sende Lazarus, damit er die
Spitze seines Fingers ins Wasser tauche und meine Zunge kühle; denn ich leide Pein
in dieser Flamme. ***25*** *Abraham aber sprach: Kind, gedenke daran, dass du in deinem*

Leben dein Gutes empfangen hast und Lazarus gleichermaßen das Böse; jetzt dagegen wird er hier getröstet, du aber leidest Pein. ***26*** *Und bei alledem besteht zwischen uns und euch eine große Kluft, damit die, welche von hier zu euch hinübergehen wollen, es nicht vermögen, noch die, welche dort sind, zu uns herübergelangen können.*

27 *Da sagte er: So bitte ich dich denn, Vater, dass du ihn in das Haus meines Vaters sendest –* ***28*** *denn ich habe fünf Brüder –, auf dass er ihnen sichere Kunde bringe, damit nicht auch sie an diesen Ort der Qual kommen.* ***29*** *Abraham aber sprach: Sie haben Mose und die Propheten; sie sollen auf sie hören!* ***30*** *Der jedoch sagte: Nein, Vater Abraham, sondern wenn einer von den Toten zu ihnen geht, werden sie Buße tun.* ***31*** *Da sprach er zu ihm: Wenn sie auf Mose und die Propheten nicht hören, werden sie sich auch nicht gewinnen lassen, wenn einer von den Toten aufersteht.*

Den Abschluss des Abschnitts der Rede Jesu über das Gesetz bildet ein Gleichnis, das den gesetzmäßigen Zusammenhang zwischen dem Verhalten des Menschen im Diesseits und seinen Erfahrungen im Jenseits beziehungsweise im Reich des Geistes darstellt. Das Gesetz lautet: „Was du säst, das wirst du ernten." Kein Strichlein von diesem Gesetz wird dahinfallen. Jede Handlung des Menschen ist eine Ursache, die eine genau entsprechende Wirkung nach sich zieht. Dieses Gesetz kann vom Menschen zwar als Strafe empfunden werden, dient aber der Bewusstwerdung seines gegenwärtigen Zustandes. Er lernt dadurch: Wenn ich von der Ordnung der geistigen Welt abweiche, entstehen schmerzhafte Folgen. Er erkennt durch diese Korrekturen schrittweise das Gesetz der geistigen Welt, das auch das in ihm angelegte Gesetz ist, und kann sich ihm frei fügen.

Das Gleichnis knüpft an die frühere Aussage Jesu an: „Was bei den Menschen als etwas Hohes gilt, das ist ein Gräuel vor Gott" (16,15). Lazarus ist auf Erden dem Inneren nach in Übereinstimmung mit dem Gesetz des Geistes, dem Äußeren nach ist er elend. Den Menschen, die das Äußere sehen, gilt er als niedrig, vor Gott, der das Herz kennt, ist er gerecht. Der Reiche dagegen ist auf Erden dem Inneren nach hartherzig, daher nicht in Übereinstimmung mit der göttlichen Ordnung und ein „Gräuel vor Gott", dem Äußeren nach aber lebt er herrlich und in Freuden und gilt bei den Menschen als hoch. Nach dem Tod, nach dem Wegfall der sichtbaren, äußeren Dimension des Lebens, zeigt sich die innere Realität, es zeigen sich ihre Wirkungen. Lazarus liegt, den damaligen Essgewohnheiten gemäß, während des Mahles in der geistigen Welt direkt an „Abrahams Schoß". Er lebt bewusst im Reich Gottes, da er schon im irdischen Leben im Einklang mit dem Reich Gottes gelebt hatte. Der Reiche aber befindet sich in den höllischen Gebieten des Jenseits, die seiner inneren Realität entsprechen. Er leidet Pein. Denn seine Hartherzigkeit steht im Widerspruch zu den Kräften der geistigen Welt und wird von diesen angegriffen, so wie Feuer verzehrt, was ihm in den Weg tritt. In Wirklichkeit liegt Lazarus schon vor dem Tod, trotz des äußeren Elends, in Abrahams Schoß, wird er doch von den Kräften der geistigen Welt durchdrungen und ernährt. Nur bemerkt er es auf Grund der Übermacht der äußeren Umstände nicht. Ebenso befindet sich auch der Reiche schon vor dem Tod in der Flamme der Qual, mag es ihm, betäubt wie er von den äußeren Umständen ist, auch nicht bewusst sein. Denn seine Hartherzigkeit wird immer wieder aufs Neue von den Impulsen aus dem wahren Selbst angegriffen, und er erlebt diese Aufforderungen zur Umkehr, da er ihnen nicht folgt, zumindest unbewusst als Qual.

Dieses Gesetz ist unerbittlich und muss es sein, damit der Zusammenhang zwischen Ursache und Wirkung vom Menschen tatsächlich auch erfahren wird. Deshalb lehnt Abraham die Bitte des Reichen um Milderung seiner Pein ab und weist ihn noch einmal auf die Verkehrung der Werte im Leben vor und nach dem Tod hin. Lazarus hat im Äußeren Böses empfangen, war aber im Inneren gut. Deshalb empfängt er im Leben nach dem Tod das Gute. Der Reiche dagegen hat im Äußeren Gutes empfangen und war im Inneren böse. Daraus folgt, dass er im Leben nach dem Tod das Böse empfängt.

Außerdem zeigt das Gleichnis, dass nach dem Tod, nach dem Wegfall des materiellen Körpers, jeder Mensch sich in dem Gebiet aufhält, das seiner inneren Beschaffenheit entspricht, und keine Übergänge dazwischen möglich sind. Im irdischen Leben kann der innerlich Böse mit dem innerlich Guten Wand an Wand wohnen. Da sie auf Grund ihres materiellen Körpers beide der Dimension der Materie angehören, ist das möglich. Ihre Körper sind von gleicher Schwingung. Nach dem irdischen Leben aber, wenn dieses Äußere wegfällt, befindet sich jeder in dem Schwingungsbereich, der seinem inneren Zustand entspricht. Es gibt keine Brücke vom Schwingungsbereich des Reiches Gottes zu dem des Totenreiches mit seinen himmlischen und höllischen Gebieten. Es besteht eine „große Kluft“ dazwischen.

Und auf einen dritten Zusammenhang zwischen dem Leben vor und nach dem Tod geht das Gleichnis ein. Die Einsicht in das Gesetz von Ursache und Wirkung, der Entschluss, auf diese Einsicht zu reagieren, und die Reaktion selbst sind für den im Diesseits lebenden Menschen immer möglich. Denn er erfährt dieses Lebensgesetz stündlich und augenblicklich im Leben. Er lebt ja, da Diesseits, Jenseits und Reich Gottes keine räumlich getrennten Sphären sind – es sind nur unterschiedliche Schwingungszustände – ununterbrochen im Einflussbereich von Diesseits, Jenseits und Reich Gottes. Nur ist sein Bewusstsein meist ganz vom Diesseits absorbiert. Und zusätzlich wird ihm dieses Gesetz durch alle Religionen vor Augen geführt, durch „Mose und die Propheten“. Diese Erfahrungen und Lehren müssten ausreichen, ihn zur Orientierung auf die geistige Welt, zur „Buße“, zu veranlassen. Der Reiche aber bezweifelt dies und möchte Abraham, die geistige Welt, dazu bewegen, noch intensiver auf den Menschen und seine Seele einzuwirken. Denn der Reiche kennt die Seele des Menschen – seine fünf Brüder (fünf ist die Zahl der Seele). Sie pflegt sich wenig Gedanken über den Sinn des Lebens und Todes zu machen, gerade wenn sie im Überfluss lebt. Vielleicht aber kann ein Schock sie aufrütteln? Wäre die Rückkehr eines Menschen aus dem Totenreich, der von den dortigen Verhältnissen erzählt, ein solcher Schock? Das Gleichnis sagt: Wenn im Menschen nicht ohnehin eine Bereitschaft da ist, sich dem Reich des Geistes zuzuwenden, sind alle Schocktherapien vergeblich. Ist aber die Bereitschaft da, reichen die vorhandenen Möglichkeiten, durch das Leben selbst und durch die Lehre der religiösen Tradition Einsicht zu gewinnen, aus.

Einstellungen des Schülers auf dem spirituellen Weg

Die folgenden Worte Jesu richten sich wieder an die Schüler auf dem spirituellen Weg und beschreiben besondere Einsichten und Einstellungen dieser Schüler.

Verhältnis des Entwickelten zum weniger Entwickelten

17 1 Er sprach aber zu seinen Schülern: Es ist unmöglich, dass die Verführungen ausbleiben; doch wehe dem, durch den sie kommen! 2 Für ihn wäre es besser, wenn ihm ein Mühlstein um den Hals gelegt und er ins Meer versenkt wäre, als dass er einen dieser Kleinen verführte. 3 Habt acht auf euch!

Die erste Einsicht bezieht sich auf das Verhältnis von geistig, religiös, esoterisch oder intellektuell weiter entwickelten Menschen zu weniger Entwickelten. Diese weniger Entwickelten sind die „Kleinen". Es sind die Menschen, in denen eine Ahnung von der Bestimmung des Menschen aufblitzt, in denen eine gewisse Empfänglichkeit, ein „Glaube", für die Möglichkeiten des Lebens aus dem Geist auftritt, die aber noch nicht wissen, wie sie diese Erfahrungen einordnen und weiter entwickeln sollen. Sie sind noch klein an Glauben und spiritueller Erfahrung und bedürfen wie Kinder der Orientierung und Führung durch andere. Gerade deshalb können sie leicht verführt werden.

Der intellektuell Fortgeschrittene, materialistisch Eingestellte und Aufgeklärte wird ihnen sagen: Deine sogenannten Ahnungen von einer vollkommenen Existenz sind nur Kompensationen. Du kompensierst deine und der Welt Unvollkommenheit, die du nicht ertragen kannst, durch solche Fantasien. Eine geistige Dimension der Vollkommenheit gibt es nicht. Richte dich in der unvollkommenen irdischen Welt ein. Oder er sagt: Genieße die Freuden dieser Welt. Denn ein Weg, wie du ihn einschlagen willst, wäre unmenschlich asketisch. Denke auch daran, dass du, schlägst du diesen Weg ein, die Anerkennung der Umwelt verlieren und ausgestoßen werden wirst. So appelliert der Verführer an den Zweifel und die Angst des „Kleinen". Und dieser verdrängt den leisen Ruf aus dem wahren Selbst.

Auch gibt es in dogmatischen religiösen Traditionen verwurzelte Verführer, die dem Ahnenden sagen: Deine Ahnungen sind Eingebungen des satanischen Hochmuts. Du willst besser wissen als eine durch jahrhundertealte Erfahrungen geprüfte Institution, was die Bestimmung des Menschen ist? Wenn du dich ihren Richtlinien nicht fügst, bist du auf alle Ewigkeit verdammt. Und der „Kleine" verdrängt auf Grund mangelnden Selbstvertrauens und Angst den Ruf aus dem Innern.

Andere Verführer knüpfen an der Sehnsucht des „Kleinen" nach der Welt des Geistes an, nützen sie aber für ihre eigenen Zwecke aus. Oder sie bieten, absichtlich oder unwissend, Methoden zur Entwicklung des wahren Selbst an, die dem Ich des Betreffenden schmeicheln und keineswegs halten, was sie versprechen. Auch auf diese Weise wird der im „Kleinen" drängende Impuls zur Erfüllung der Bestimmung des Menschen erstickt.

Und schließlich gibt es „Führer", die den „Kleinen" dazu veranlassen, als selbstherrliches Ich die Impulse aus dem wahren Selbst umzusetzen, und ihn somit wirklich zu satanischem Hochmut verführen. Sie versprechen dem „Kleinen“, ihn zum Magier oder Meister zu machen, statt ihm den Weg zu zeigen, wie das Ich seine Ichbezogenheit aufgibt und zum Diener für das wahre Selbst wird. Sie versuchen den „Kleinen“ mit den Versuchungen, die Jesus in der Wüste bestanden hatte.

Unzählig sind die Verführer und Verführungen für den „Kleinen“, zur Zeit Jesu und erst recht in den Zeiten nach ihm. Solche Verführungen *müssen* kommen. Denn überall in der Menschheit drängt zwar das wahre Selbst zur Entfaltung. Doch überall besitzen die Menschen noch zu wenig Bewusstsein und Unterscheidungsvermögen, um zu erkennen, welchem Ziel das wahre Selbst tatsächlich zustrebt und auf welchem Weg allein dieses Ziel zu erreichen ist. Dieses Unterscheidungsvermögen fehlt nicht nur den „Kleinen“, sondern zum großen Teil auch den Führern. Erst weitere Erfahrungen durch die unausbleiblichen Korrekturen falscher Ziele und falscher Wege werden dieses Unterscheidungsvermögen hervorbringen.

Aber jeder Führer mit mangelndem Unterscheidungsvermögen wird die Korrekturen seines Verhaltens schmerzhaft erfahren. Das folgt schon daraus, dass die falschen Führer in den Prüfungen auf ihrem eigenen Weg scheitern werden. Sie werden erfahren, dass das von ihnen angestrebte Ziel nicht der Bestimmung des wahren Selbst entspricht, und dass die von ihnen angewendeten Methoden zu ganz anderen Ergebnissen führen als den erwarteten. Und noch schwerer werden die Korrekturen sein, wenn die Führer Andere, Schwächere, die „Kleinen“, in ihren Sturz mit hineingerissen haben. Sie werden an die Verführten gebunden bleiben und mit ihnen in den Zweifeln und Zuständen versinken, die sie selbst gesät und hervorgerufen haben. Sie werden auch den Schmerz der „Kleinen“ darüber mittragen müssen, dass eine vielversprechende Möglichkeit abgeschnitten wurde. Diese Last der Gebundenheit an die Verführten liegt ihnen wie ein Mühlstein um den Hals, und sie versinken mit ihr im Meer der irdischen Zweifel, Täuschungen und Schmerzen. Da wäre es besser, sie würden seelisch frei bleiben, aber mit einem Mühlstein um den Hals körperlich im Meer versinken. Denn was bedeutet schon der körperliche Tod, wenn nur die Seele frei bleibt und das wahre Selbst seiner Bestimmung folgen kann? Das Bild vom Mühlstein ist von Jesus nicht zufällig gewählt. Die Last der Gebundenheit an die Verführten fesselt die Betreffenden tatsächlich wie ein Mühlstein um den Hals und zieht sie ins Meer des irdisch Vergänglichen hinab. Im Vergleich dazu wären ein physischer Mühlstein und physisches Ertrinken das bessere Los.

Die Gebundenheit an die Verführten bleibt bestehen, ob die Verführer in bestem Glauben und unwissend gehandelt haben oder ihrer Gewinnsucht, ihrem Macht- und Geltungstrieb erlegen sind, obwohl sie ahnten oder wussten, dass ihre Lehren und Methoden falsch waren. In letzterem Fall werden sie, da sie gegen den heiligen Geist gesündigt haben, noch zusätzliche Schmerzen erdulden müssen. Wie auch immer – all diese Erfahrungen der Verführer bringen Unterscheidungsvermögen dafür mit sich, was die eigentliche Bestimmung des Menschen ist und wie sie verwirklicht werden muss. Aber durch welches Leiden führt dieser Erfahrungsweg, Leiden sowohl der Verführten als auch der Verführer! Wäre es nicht besser, wenn sich ein „Lehrer“ und „Führer“, der gutgesinnt und davon überzeugt ist, andere führen zu können, gründlicher prüfen würde, bevor er zu arbeiten beginnt? Wie viel Schaden für sich selbst und für die „Kleinen" würde dadurch vermieden! Und wäre es nicht ein Gebot der Klugheit, dass sich „Lehrer" oder „Führer", die ihre Lehren und Methoden der Gewinnsucht, dem Geltungs- oder Machttrieb unterordnen, lieber andere Tätigkeitsfelder suchten, auf denen Besitz-, Macht- und Geltungstrieb weniger Schaden anrichten können? Habt also acht auf euch, mahnt Jesus seine Schüler, die prädestinierten Lehrer und Führer der „Kleinen".

Umgang der Schüler untereinander

***17 3** … Wenn dein Bruder sündigt, so weise ihn zurecht und wenn es ihn reut, so vergib ihm. **4** Und wenn er siebenmal des Tages wider dich sündigt und siebenmal sich wieder zu dir wendet und sagt: Es reut mich, so sollst du ihm vergeben.*

Die zweite von Jesus seinen Schülern vermittelte Einsicht bezieht sich auf ihren Umgang untereinander. Ihr seid eine Gruppe von Menschen, so sagt er, die gemeinsam auf einer geistigen Grundlage ihr wahres Selbst entfalten und für andere arbeiten. Dabei könnt ihr euch gegenseitig fördern oder behindern. Wenn ihr auf der gemeinsamen geistigen Grundlage steht, so ist wahres Selbst mit wahrem Selbst verbunden, und geistige Ströme fließen zwischen euch.

Dein Bruder kann sündigen. Er kann die Einheit mit der geistigen Welt verlassen und dadurch die gemeinsame geistige Grundlage verlassen. Dadurch unterbricht er den Stromfluss zwischen sich und der Gemeinschaft. Er stellt sich existenziell außerhalb, und lebt in existenzieller Sünde. Diese existenzielle Trennung kann auch durch eine moralische Verfehlung hervorgerufen werden.

Du kannst nun aber dem getrennten Bruder bewusst machen, wie es um ihn steht. Das ist das „Zurechtweisen": die Bewusstmachung der existenziellen Trennung. Das kann die Bewusstmachung einer eventuellen moralischen Verfehlung mit einschließen.

Wenn dein Bruder „bereut", so bedeutet das, dass er seine Trennung von der geistigen Welt und seiner spirituellen Gemeinschaft rückgängig macht. Er stellt von seiner Seite die Verbindung wieder her und ermöglicht den Stromfluss geistiger Kräfte wieder. Du kannst, da die Verbindung wiederhergestellt ist, die geistigen Ströme wieder fließen lassen und ihn dadurch wieder in die Gemeinschaft aufnehmen. So „vergibst" du ihm. Du beseitigst die Trennung und stellst die Einheit wieder her. Nichts anderes ist Vergeben. Es ist kein anstrengender Akt der Selbstüberwindung. Der Strom wartet in dir. Er möchte fließen. Sobald der andere die Verbindung wieder herstellt, kann der Strom von dir zu ihm fließen, die Einheit ist wieder gegeben.

Wesentlich dabei ist, so fährt Jesus fort, dass du, der du auf der gemeinsamen geistigen Grundlage stehen bleibst, stets im Zustand der Bereitschaft und Offenheit verharrst. Das wahre Selbst ist ununterbrochen bereit, die geistigen Ströme, die von ihm ausgehen wollen, fließen zu lassen. Sobald ein Bruder, der durch seine Trennung von der gemeinsamen Grundlage den Stromkontakt unterbrochen hat, ihn wieder herstellt, wird diese Bereitschaft des wahren Selbst aktualisiert, und die Ströme fließen wieder: Der Bruder wird wieder aufgenommen, ihm wird vergeben. Diese ununterbrochene Bereitschaft des wahren Selbst wird von Jesus durch das „sieben Mal am

Tag“ angedeutet. Was hätte es für einen Sinn, wenn sich Brüder ihre Offenheit für einander durch Vorwürfe selbst zerstörten? Sie würden sich ja selbst schaden und vergiften. Nein, diese Offenheit für das wahre Selbst im Anderen muss ununterbrochen, „sieben Mal am Tag“, gegeben sein, mag sich der Andere auch noch so häufig, „sieben Mal am Tag“, von der gemeinsamen geistigen Grundlage abwenden. Und wenn diese Offenheit da ist, wird stets sofort die Gemeinschaft wieder hergestellt sein, sobald der andere „bereut“ und sich ihr wieder zuwendet.

Glaube

17 5 Und die Apostel sagten zum Herrn: Mehre uns den Glauben! 6 Der Herr aber sprach: Wenn ihr Glauben hättet [auch nur so groß] wie ein Senfkorn, so würdet ihr zu diesem Maulbeerfeigenbaum sagen: Entwurzle dich und pflanze dich ins Meer, und er würde euch gehorchen.

Die dritte von Jesus hier betonte Einstellung eines Schülers auf dem spirituellen Weg ist die Offenheit gegenüber der Welt des Geistes: der „Glaube“. Unter Glauben versteht Jesus nicht ein Fürwahrhalten von Dogmen oder etwa die Überzeugung des irdischen Menschen, aufgrund dieses Fürwahrhaltens erlöst und für die Ewigkeit gerettet zu sein. Eine solche Überzeugung kann zwar Geborgenheit und Sicherheit vermitteln. Doch da sie nicht auf eigener Erfahrung beruht und durch Tradition oder Erziehung von anderen übernommen ist, muss sie stets gegen geheime Zweifel verteidigt werden. Glaube ist in diesem Stadium der Entwicklung der Schüler auch weniger eine Eigenschaft des irdischen Menschen, zum Beispiel eine bewusste Hingabe an das Ziel des spirituellen Weges. Glaube im hier von Jesus gemeinten Sinn ist primär eine Eigenschaft des wahren Selbst. Es ist die motorische Kraft des wahren Selbst, dessen Drang, sich zu entfalten, dessen Sehnsucht, sich seiner selbst und seiner Heimat, der geistigen Welt, bewusst zu werden und darin zu wirken. So stark kann dieser Glaube sein, dass das wahre Selbst die Behinderungen der irdischen Ichbezogenheit entwurzelt und mit Gewalt ins Reich Gottes eindringt. Das im irdischen Erdreich wurzelnde selbstherrliche Ich wird wie ein Maulbeerbaum aus diesem Erdreich gerissen und ins Meer der göttlichen Fülle gepflanzt. Das wahre Selbst, eins mit der göttlichen Fülle, nimmt diesen „Maulbeerbaum“ in sich auf. Die begrenzte Ich-Identität des Menschen wird durch die motorische Kraft des wahren Selbst, den Glauben, aus der irdischen Welt gelöst und, erneuert, als Instrument in die wahre Identität des Menschen eingepflanzt.

Der Maulbeerbaum und seine Versetzung sind Bilder für geistig-seelische Vorgänge im Innern des Menschen. Die Schüler des Geistes sind gewohnt, in Bildern zu denken, und verstehen die gleichnishafte Rede Jesu ohne weiteres als solche, auch wenn Jesus nicht ausdrücklich betont, es handle sich um ein Gleichnis. Er versteht unter der Kraft des Glaubens keine auf äußere Gegenstände, etwa Bäume, einwirkende magische Kraft. Wo ist jemals ein Mensch, Schüler oder Meister des Geistes, gesehen worden, der so ein magisches Kunststück vollbracht hätte? Glaube ist eine Kraft des wahren Selbst und damit der geistigen Welt im Menschen, die nicht auf Zauberkunststücke aus ist, sondern danach strebt, die Bestimmung des Menschen zu verwirklichen.

Die geistige Kraft ist stärker als jede dämonische und jede irdische Kraft. Alles Dämonische und Irdische wird in der Kraft des Glaubens entwurzelt. So wie der Kleinste im Himmelreich größer ist als der Größte in der irdischen Welt, so ist die kleinste Kraft aus der göttlichen Welt stärker als die größte in der irdischen und kann diese entwurzeln. Deshalb spricht Jesus vom Glauben klein wie ein Senfkorn, wie der kleinste unter den Samen. Denn dieser Glaubens-Same birgt die Kraft des Geistes in sich, und mag sie auch gering sein, so ist sie doch allen anderen Kräften überlegen. Sie wird im wahren Selbst wirken, bis die Entwurzelung und Versetzung des „Maulbeerbaumes" zur Tatsache geworden ist.

Durch dieses Bild mehrt Jesus den Glauben seiner Schüler. Er stellt ihnen eine Gesetzmäßigkeit vor Augen und regt dadurch diese Gesetzmäßigkeit in ihnen an. Sie haben ja das Senfkorn des Glaubens in sich und können darauf vertrauen, dass der Glaube, sei er auch noch so klein, als geistige Kraft stärker ist als alle irdischen Hindernisse.

Keine Selbstüberschätzung

17 *7 Wer aber von euch, der einen Knecht beim Pflügen oder auf der Weide hat, wird zu ihm, wenn er vom Feld heimkommt, sagen: Komm sogleich her und setz dich zu Tisch?* ***8*** *Wird er nicht vielmehr zu ihm sagen: Bereite mir etwas zu essen, umgürte dich und bediene mich, bis ich gegessen und getrunken habe, und nachher magst du essen und trinken?* ***9*** *Weiß er etwa dem Knecht Dank dafür, dass er getan hat, was ihm befohlen war?* ***10*** *So sollt auch ihr, wenn ihr alles getan habt, was euch befohlen war, sagen: Wir sind unnütze Knechte; wir haben [nur] getan, was wir zu tun schuldig waren.*

Die Macht eines Schülers auf dem spirituellen Weg ist tatsächlich sehr groß. Aber er muss sich dessen bewusst sein, dass es die Macht des in ihm wirkenden Geistes ist, nicht die Macht seines Ich. Deshalb schließt sich an die Aussage Jesu über die Macht des Glaubens sogleich eine Warnung vor Selbstüberschätzung. Durch das wahre Selbst wird der Schüler in die Höhen des Geistes getragen, aber nur, wenn sein Ich in den Tiefen der Dienstbarkeit gegenüber dem wahren Selbst verharrt. Das Bewusstsein der irdischen Persönlichkeit und all ihre Fähigkeiten sind dazu da, der Ordnung und den Kräften des Geistes als ein gutes Instrument zu dienen. Die irdische Persönlichkeit wird lernen, nichts für sich selbst zu wollen, sondern als guter Diener zu erkennen und auszuführen, was ihr aus der geistigen Welt übertragen wird. Sie wird nicht verlangen, mit dem „Herrn" zu Tisch zu sitzen. Denn die Sphäre des „Herrn", des wahren Selbst, ist nicht die ihre. Sie wird sich ihrer Dienste auch nicht rühmen. Denn dieses Geltungsstreben würde ihr das Licht des Geistes wieder verdunkeln. Auch wird sie für ihre Arbeit keinen Dank erwarten, weil solche Erwartung ebenfalls den Fluss der geistigen Kräfte hemmen würde. Sie ist einfach unauffällig da, jedes Winks des „Herrn", des wahren Selbst, gewärtig, und tut, was für dieses wahre Selbst und das anderer Menschen erforderlich ist. In dieser Haltung: „Ich bin ein unnützer Knecht. Ich tue nur, was ich schuldig bin", verharrt sie und stellt keine Ansprüche.

Wieder koppelt Lukas hier eine Fähigkeit des wahren Selbst, der Höhe, mit einer sie bedingenden Eigenschaft des irdischen Ich, der Tiefe, und zeigt, wie das Hohe auf das Tiefe angewiesen ist. Der Schüler, der sich seinem wahren Selbst nach im Hohen befindet, achte darauf, dass er seinem Ich nach im Tiefen bleibe.

Dankbarkeit

17 11 *Und es geschah auf der Wanderung nach Jerusalem, als er [längs der Grenze]*
zwischen Samarien und Galiläa hinzog, ***12*** *da kamen ihm beim Betreten eines Dor-*
fes zehn aussätzige Männer entgegen, die in der Ferne stehenblieben. ***13*** *Und sie er-*
hoben ihre Stimme und riefen: Jesus, Meister, erbarme dich unser! ***14*** *Und als er sie*
sah, sagte er zu ihnen: Geht und zeigt euch den Priestern! Und es begab sich, wäh-
rend sie hingingen, wurden sie rein. ***15*** *Einer aber von ihnen, der sah, dass er geheilt*
worden war, kehrte zurück, indem er mit lauter Stimme Gott pries, ***16*** *warf sich aufs*
Angesicht zu seinen Füßen und dankte ihm: und das war ein Samariter. ***17*** *Da ant-*
wortete Jesus und sprach: Sind nicht die Zehn rein geworden? Wo sind aber die
Neun? ***18*** *Haben sich keine gefunden, die zurückgekehrt wären, um Gott die Ehre zu*
geben, als nur dieser Fremde? ***19*** *Und er sprach zu ihm: Steh auf und geh hin! Dein*
Glaube hat dich gerettet.

Der Schüler erfüllt auf seinem Weg unauffällig seine Pflicht und erwartet keinen Dank. Sind nicht das Entscheidende auf dem spirituellen Weg die Kraft und Ordnung des Geistes, die dem wahren Selbst zur Entfaltung verhelfen? Und werden nicht alle Hilfestellungen, die die Ich-Persönlichkeit für diese Entfaltung geben kann, ebenfalls durch die Kraft und Ordnung des Geistes ermöglicht? Aber der Schüler wird selbst Dankbarkeit empfinden. Die ihm auf seinem Weg zuteil werdende Kraft ist ein unverdientes Geschenk, auf das er nicht den geringsten Anspruch und über das er keine Macht hat. Deshalb wird er für alles, was ihm widerfährt, „Gott die Ehre" geben. Nicht alle Menschen, nicht alle Schüler, ja die wenigsten, haben die Fähigkeit zu solchem Dank. Den meisten wird gar nicht bewusst, welche Gnade ihnen widerfährt. Ihre Einbildung, sich machten schon alles richtig, macht sie blind. Der „Samariter" aber ist der Fremde, jener Mensch und Schüler, der diesen Eigendünkel der Selbstgerechtigkeit, die Überzeugung, die richtige Religion zu haben, den richtigen Weg eingeschlagen zu haben, und das Gefühl, wegen seines Wohlverhaltens eigentlich nur das ihm Zukommende zu empfangen, nicht besitzt. Er ist daher fähig, zu erkennen, wie unverdient ihm die Erfahrungen auf dem spirituellen Weg zuteil werden. Deshalb ist er dankbar.

Jeder Schüler auf dem Weg wird vom Aussatz geheilt. Aussatz bewirkt den Ausschluss aus der Gemeinschaft der Menschen. Heilung vom Aussatz bedeutet Wiedereingliederung in die Gemeinschaft der Menschen. Bildlich betrachtet sind alle irdischen Menschen Aussätzige – vom Aussatz der Ichbezogenheit befallen, die von der spirituellen Gemeinschaft aller Menschen ausschließt. Aber durch die Wirksamkeit der spirituellen Ordnung und Kräfte, personifiziert durch Jesus, verlieren sie diese Ichbezogenheit und erfahren die Gemeinschaft mit allen Menschen auf der Grundlage ihrer Einheit mit der geistigen Welt. Diese Befreiung vom „Aussatz" und das Erlebnis des „Reiches Gottes“, eines Zustandes der Einheit mit dem Geist und dadurch mit allen Menschen als Ebenbildern des Geistes, ist wahrhaftig Grund genug zu danken. Und die Erkenntnis, aus irdischen Kräften nur wenig zu dieser Heilung beitragen zu können, ist wahrhaftig Grund, Gott die Ehre zu geben. Aber nur einer von zehn ist zu dieser Erkenntnis und zu diesem Verhalten fähig: derjenige, der nicht von Selbstgerechtigkeit verblendet ist – der „Samariter“.

Wie kommt das Reich Gottes?

Gegen Ende der Reden Jesu auf der „Wanderung nach Jerusalem“ wird in mehreren Aussprüchen und Bildern die Frage behandelt, was eigentlich das Reich Gottes ist und wie und wann es kommt.

Das Reich Gottes ist durch Vorstellungen nicht fassbar

17 20 *Als er aber von den Pharisäern gefragt wurde, wann das Reich Gottes komme, antwortete er ihnen und sprach: Das Reich Gottes kommt nicht so, dass man es beobachten könnte.* ***21*** *Man wird auch nicht sagen: Siehe, hier! oder: dort! Denn siehe, das Reich Gottes ist in eurer Mitte.*

Der irdische Mensch, hier die fragenden Pharisäer, macht sich Vorstellungen vom Reich Gottes. Sein Denken ist ein Denken in Vorstellungen, ein von äußeren Sinneswahrnehmungen veranlasstes Verknüpfen von Bildern und Begriffen. Er stellt sich vor, dass er nach dem Tod das Reich Gottes als „Gottesstaat“ im Jenseits erlebe, mit Jesus als König, den Heiligen als seinen Räten und Beauftragten, und den Seligen und Erlösten als den Bürgern, die in unsterblichen Leibern Jesus und seinen Vater mit Palmzweigen ehren und ihm zujubeln. Oder er stellt es sich als einen „Gottesstaat“ im Diesseits vor: eine Theokratie mit Jesus – oder einem Stellvertreter – als irdischem König, der ein Reich des Friedens, der Freiheit und der Gerechtigkeit errichtet, wobei seine Apostel seine Räte und Helfer und die Gläubigen die Bürger dieses Reiches sind. Andere, nicht Gläubige, planen Reiche des Friedens und der Gerechtigkeit auf Erden und versuchen sie als Einheit aller Angehörigen einer Rasse oder aller Angehörigen einer Klasse zu verwirklichen. So aber, sagt Jesus ausdrücklich, kommt das Reich Gottes nicht. Es ist keine neue soziale Ordnung im Sinn irdischer Vorstellungen, keine äußere Gemeinschaft der Gläubigen in Diesseits oder Jenseits, im „Hier“ oder im „Dort“. Es hat mit den Vorstellungen irdischer Menschen nichts zu tun, „es kommt nicht so, dass man es beobachten könnte“.

Daraus folgt, dass man es nicht „machen“ kann. Der irdische Mensch kann es weder durch Gebote noch durch Revolution „machen“. Denn das Reich Gottes ist ein Zustand, der alle äußeren Vorstellungen übersteigt und außer Kraft setzt. Es ist das wahre Selbst, bewusst und wirksam geworden, ein Bewusstsein und ein Sein, das allen Vorstellungen unzugänglich ist, das, wenn es erfahren wird, als mit diesseitigen und jenseitigen Vorgängen unvergleichliche Qualität erlebt wird. Römer 14,17 wird es als Leben im heiligen Geist beschrieben. Daher war die frühere Übersetzung von

Vers 21: „Denn siehe, das Reich Gottes ist inwendig in euch“, die der griechische Urtext näher legt, sehr treffend. Das Reich Gottes ist das bewusst und wirksam gewordene wahre Selbst, das Ebenbild Gottes im Menschen, erfüllt vom heiligen Geist, etwas Inneres im Vergleich zu den Vorstellungen des von äußeren Sinneswahrnehmungen abhängigen Denkens. Es ist nicht Mystik als höchste Blüte irdischer Gefühle, nicht Scholastik als höchste Blüte irdischen Denkens, nicht Magie und Humanität als höchste Blüte menschlichen Strebens. Es ist nicht die moralisch vollkommene oder ganzheitliche Persönlichkeit. Es ist etwas Unirdisches, nicht Diesseitiges, nicht Jenseitiges, bewusstes Eingehen des Menschen in die Fülle des Geistes.

Damit ist das Reich Gottes auch eine neue Gemeinschaft von Menschen, in denen das Ebenbild Gottes bewusst und im heiligen Geist wirksam ist. Solche Menschen sind ihrer wahren Identität nach miteinander verbunden, eins in einer Identität, identisch mit dem vollkommenen wahren Selbst des Menschen, und doch, auf dieser Grundlage, unterschiedliche Individualitäten mit unterschiedlichen spirituellen Funktionen. Darum ist auch die heute übliche Übersetzung: „Das Reich Gottes ist in eurer Mitte“, treffend. Das Reich Gottes ist die spirituelle Kraft, die alle Ebenbilder Gottes verbindet, die Struktur der geistigen Welt, die als Struktur jedes wahren Selbst Einheit zwischen allen Ebenbildern Gottes stiftet. Diese Gemeinschaft beruht nicht auf der Gemeinsamkeit von Vorstellungen, diesseitigen und jenseitigen Zielen und Interessen, auf keinem gemeinsamen dogmatischen Glauben, gemeinsamer mystischer Bewegtheit und humanitärer Aktion. Deshalb kann eine solche Gemeinschaft nicht „gemacht“ werden. Sie ist kein Ergebnis irdischer Planungen, sondern Ausdruck der Wirksamkeit der Ordnung und Kraft des heiligen Geistes. Doch kann sie äußerlich in Form von Symbolen und Zeichen dargestellt werden. Sie kann auch eine neue soziale Organisation im Irdisch-Sichtbaren hervorbringen. Aber sie ist nicht diese soziale Organisation.

Die Übersetzung „Das Reich Gottes ist in eurer Mitte“ wird in den heutigen Bibelausgaben bevorzugt, weil sie die Interpretation zulässt, dass das Reich Gottes in der Person Jesu sichtbar inmitten der Menschen existiert habe und weiter existiere. Aber mit dieser Auffassung würde man sich wieder in der Dimension der räumlich-zeitlichen Vorstellungen bewegen. Das Reich Gottes ist weder „hier“, noch „dort“, und also auch nicht sichtbar „in der Mitte“.

Nimmt man aber Jesus als vollkommenes wahres Selbst des Menschen, nach dem das wahre Selbst aller Menschen gebildet ist, so gewinnt die „Mitte“ wieder den bildhaften Sinn, dass die Struktur der geistigen Welt, vollkommen in Jesus anwesend, geistige Mitte für das wahre Selbst aller Schüler Jesu und aller Menschen ist. Dann ist die „Mitte“ kein zeitlich-räumlicher Begriff mehr, sondern beschreibt den geistigen Sachverhalt, dass alle Ebenbilder Gottes konzentrisch ineinander liegen und das Reich Gottes manifestieren.

Man hat Vers 20 auch übersetzt mit: „Das Reich Gottes kommt nicht mit äußerlichen Gebärden“, womit ebenfalls klar wird, dass die innere Erfahrung das Entscheidende ist. Das Reich Gottes ist ein Zustand des Inneren, nicht des Äußeren – obwohl es sich im Äußeren ausdrücken kann –, wobei das Innere nicht die sterbliche irdische Seele in Diesseits oder Jenseits ist, sondern das wahre Selbst, die unsterbliche Seele, die mit dem unsichtbaren Vater, der geistigen Welt, eins ist.

„Kleine Endzeitrede“: Ereignisse beim Kommen des Reiches Gottes

*17 22 Er sprach aber zu den Schülern: Es werden Tage kommen, wo ihr begehren
werdet, auch nur einen von den Tagen des Sohnes des Menschen zu sehen, und ihr
werdet ihn nicht sehen. 23 Und man wird zu euch sagen: Siehe, dort! Siehe, hier!
Geht nicht hin und lauft nicht nach! 24 Denn wie der Blitz aufblitzt und von einer
Gegend unter dem Himmel zur andern unter dem Himmel leuchtet, so wird der Sohn
des Menschen an seinem Tag sein. 25 Zuvor aber muss er vieles leiden und verwor-
fen werden von diesem Geschlecht. 26 Und wie es in den Tagen Noahs zuging, so
wird es auch in den Tagen des Sohnes des Menschen sein: 27 Sie aßen, sie tranken,
sie heirateten, sie wurden verheiratet, bis zu dem Tag, da Noah in die Arche ging und
die Sintflut kam und alle vertilgte. 28 Ebenso wie es in den Tagen Lots zuging: Sie
aßen, sie tranken, sie kauften, sie verkauften, sie pflanzten, sie bauten; 29 an dem
Tag aber, da Lot aus Sodom hinausging, regnete es Feuer und Schwefel vom Himmel
und vertilgte alle. 30 Auf gleiche Weise wird es an dem Tag sein, da der Sohn des
Menschen sich offenbart. 31 Wer an jenem Tag auf dem Dach sein wird und seinen
Hausrat im Haus hat, soll nicht hinabsteigen, um ihn zu holen; und wer auf dem Feld
sein wird, soll gleichfalls nicht zurückkehren. 32 Denkt an Lots Frau! 33 Wer sein
Leben zu erhalten sucht, der wird es verlieren, und wer es verliert, der wird es [neu]
gewinnen. 34 Ich sage euch: In dieser Nacht werden zwei auf einem Bett sein; der
eine wird angenommen und der andre zurückgelassen werden. 35 Zwei werden am
gleichen Ort mahlen, die eine wird angenommen, die andere aber zurückgelassen
werden. 37 Und sie antworteten und sagten zu ihm: Wo, Herr? Er aber sprach zu
ihnen: Wo die Leichen sind, da sammeln sich auch die Adler.*

Der nur dem Lukas-Evangelium eigene Abschnitt über die „Wanderung nach Jerusalem“ nähert sich seinem Ende. Er enthält an dieser Stelle eine kleine „Endzeitrede“, die in ihrer Funktion – und auch inhaltlich zum Teil – der großen Endzeitrede in Kapitel 21 entspricht. Sie beschreibt vorwegnehmend die siebte Phase des spirituellen Weges Jesu, seine Wirksamkeit nach Auferstehung und „Himmelfahrt“. Auf die Kreuzigung und Auferstehung, die fünfte Phase seines Weges, wird in Vers 25 angespielt. Das vollkommene wahre Selbst des Menschen, verkörpert durch Jesus, wirkt in dieser siebten Phase seines Weges, ohne von einem irdischen Körper umkleidet zu sein, von der Welt des Geistes aus in die irdische Welt hinein. Was bedeutet das?

Das wahre Selbst Jesu ist in der siebten Phase des spirituellen Weges von der Gefangenschaft in den Verstrickungen der Ichbezogenheit und des Selbsterhaltungstriebes frei geworden. Es lebt bewusst und unabhängig aus der ihm eingeschriebenen Struktur, die zugleich die Struktur der Welt des Geistes ist. Es ist auferstanden, bewusst ins Reich Gottes eingetreten, und handelt mittels einer Geistpersönlichkeit und eines Geistleibes in diesem Reich Gottes. Es wirkt nicht mehr gebunden an einen sichtbaren Körper, wie es während der Lebenszeit Jesu der Fall war. Es wirkt jetzt in der gesamten Menschheit, im Organismus dieser Menschheit. Es stellt die Information des wahren Selbst im Organismus Menschheit dar und wirkt als solche auf Sein und Bewusstsein aller Menschen ein – ob sie sich dessen bewusst sind oder nicht. Es stärkt das wahre Selbst jedes Menschen und beunruhigt die ichbezogene Persönlichkeit jedes Menschen. Es ist wie eine Spannung in der Menschheit, eine Spannung zwischen „unten“ und „oben“. „Oben“ ist das vollkommene wahre Selbst des Menschen, verkörpert durch den in die Dimension des Geistes eingegangenen Jesus, „unten“ sind die ichbezogenen Persönlichkeiten der Menschen und das in ihnen eingeschlossene wahre Selbst der Einzelnen. „Unten“ sehnt sich das wahre Selbst Einzelner nach Bewusstwerdung und Freiheit und antwortet auf die drängenden Einflüsse des wahren Selbst der Menschheit, während sich die ichbezogene Persönlichkeit Einzelner gegen diese Einflüsse sperrt. Von „Oben“ drängt das vollkommene wahre Selbst mit Macht nach Vereinigung mit dem wahren Selbst Einzelner und versucht, die Widerstände der ichbezogenen Persönlichkeit aufzubrechen.

Kommt eine bewusste Verbindung zwischen dem vollkommenen wahren Selbst des Menschen und dem wahren Selbst einzelner Menschen, ja vieler, aller Menschen zustande, so ist das der „Tag, da der Sohn des Menschen sich offenbart“. Dann weicht die Spannung zwischen „Oben“ und „Unten“ der Vereinigung beider Pole: Das vollkommene wahre Selbst des Menschen, die Struktur des Geistmenschen, des Ebenbildes Gottes, verbindet sich mit der Struktur des wahren Selbst der einzelnen Menschen und wird diesen dadurch bewusst. Der „Sohn des Menschen“ offenbart sich ihnen. Dieser Tag der Offenbarung kann sich bei einzelnen Menschen, in ganzen Gruppen, oder in der Menschheit ereignen.

Solange aber die Spannung zwischen „oben“ und „unten“ anhält, ergeben sich, je nach Reaktion der lebenden Menschen, besondere Umstände auf der Erde. Diese Umstände beschreibt die kleine „Endzeitrede“.

Sie beziehen sich einerseits auf die Schüler Jesu, andererseits auf alle Menschen. Die Schüler Jesu sind nach Auferstehung und „Himmelfahrt“ Jesu in einer schwierigen Lage. Sie hatten den spirituellen Weg unter Anleitung und mit Hilfe des Meisters bis zur vierten Phase zurückgelegt. Wie sich noch herausstellen wird, konnten sie aber die Prüfungen der fünften Phase nicht bestehen: die endgültige Überwindung der Ichbezogenheit und des Selbsterhaltungstriebes als Voraussetzung für den bewussten Eintritt ins Reich des Geistes. Ihr wahres Selbst ist bis zu einem gewissen Grad entfaltet. Aber der Meister hat sie, so weit er in einem sichtbaren Körper wirkte, verlassen. Sie sind jetzt allein und hilflos und wissen nicht mehr, wie es weitergehen soll.

Sie sehnen sich nach den Kräften des vollkommenen wahren Selbst des Menschen, die sie, in Jesus verkörpert, bisher geführt und gestärkt hatten. Sie begehren, auch nur *einen* von den Tagen des Sohnes des Menschen zu sehen, auch nur einen Aspekt des vollkommenen wahren Selbst des Menschen im Bewusstsein zu erfahren – da sie dieser Erfahrungen bisher doch so reichlich teilhaftig geworden waren. Aber die geistige Welt lässt sie scheinbar allein. Sie wird durch die Kräfte des Ich-Bewusstseins an ihrer Wirksamkeit gehindert. Und doch drängt das wahre Selbst der Schüler nach Verbindung mit der geistigen Welt. Es will mit Gewalt ins Reich Gottes eindringen, mit der Gewalt unerträglicher Sehnsucht.

Gerade in dieser Sehnsucht nach spiritueller Erfahrung und Erfüllung, gerade in dieser kritischen fünften Phase des Schülertums ist die Gefahr besonders groß, dass die Schüler nach Ersatzlösungen Ausschau halten und ihnen erliegen. Man wird ihnen unzählige Scheinwerte anbieten und sagen: „Siehe dort, siehe hier!" Siehe „dort", im Jenseits wird die Erfüllung kommen: Entwickelt euer Ichbewusstsein so weit, dass ihr die „göttlichen Energien" des Jenseits aufnehmen könnt. Werdet als irdische Menschen so gut, dass ihr nach dem Tod ins „Reich Gottes", ins Jenseits, eingeht. Oder siehe „hier", im Diesseits, wird die Erfüllung kommen: Durch politische, ökonomische und soziale Strukturen wird sich das Reich Gottes sichtbar manifestieren. Geht dann nicht hin, lauft nicht nach, sagt Jesus zu seinen Schülern, solange er noch in einem sichtbaren Körper wirkt. Seid euch im Klaren: Das Reich Gottes, das wahre Selbst, der Sohn des Menschen kommt als Licht, als Erkenntnis, als neues Bewusstsein in eurem eigenen Wesen zu euch, und so, dass er euer ganzes Wesen ausfüllt, wie ein „Blitz aufblitzt und von einer Gegend unter dem Himmel zur andern unter dem Himmel leuchtet".

Der Sohn des Menschen, das Ebenbild Gottes, wird, wenn er „an seinem Tag" – in einer kritischen Phase des Schülertums – durch die Finsternis des Ich-Bewusstseins hindurchbricht, ein Bewusstsein von der unendlichen und allgegenwärtigen geistigen Welt sein, Erkenntnis hell wie der Blitz, die den unendlichen Horizont der ganzen geistigen Welt, des „Himmels", umfasst. Diese Erkenntnis ist das wahre geistige Wesen des Menschen, das sich seiner selbst und der geistigen Welt, in der es lebt, bewusst wird. Es ist das Innerste und Eigenste des Menschen, seine wahre Identität. Sie braucht nicht nach außen zu schauen, um sich zu finden, weder ins Jenseits, noch ins Diesseits. Alle Projektionen des Reiches Gottes ins Jenseits und ins Diesseits sind nur Vorstellungen des alten Ich-Bewusstseins, dem wahren Selbst fremd. Sie hindern den Menschen an der Erfahrung des wahren Selbst.

Von den Wirksamkeiten der geistigen Welt aber wird zugleich ein „Gericht" ausgelöst. Es manifestiert sich kollektiv oder individuell und ist nicht auf eine bestimmte Zeit beschränkt. Es kann sich immer wieder manifestieren. Im Lukas-Evangelium wird es unter kollektivem Vorzeichen beschrieben, zunächst an Hand von zwei im Alten Testament geschilderten Situationen der Menschheitsentwicklung. Das kollektive Ich-Bewusstsein der Menschen war zu den Tagen Noahs vollauf mit den irdischen Genüssen beschäftigt und den irdischen Gewohnheiten hingegeben. Nur Noah war orientiert auf das wahre Selbst und löste sich von den irdischen Gewohnheiten. Er baute eine „Arche", ein von der irdischen Welt gelöstes und auf die geistige Welt bezogenes Bewusstsein. Überraschend für alle kam dann die „Sintflut" über die Menschheit. Die kollektiven besitzergreifenden und sentimentalen Gedanken-, Gefühls- und Triebäußerungen der Menschen, durch Jahrhunderte angehäuft, hatten sich im jenseitigen „Himmel", im kollektiven Unbewussten, konzentriert. Wenn die Wirksamkeit der geistigen Kräfte einen bestimmten Grad erreicht, wird alles im Jenseits Befindliche von ihnen daraus vertrieben, so wie Jesus schon gesehen hatte, dass der Satan wie ein Blitz vom Himmel fiel (10,18). Die konzentrierten Gedanken-, Gefühls- und Triebäußerungen der Menschen regnen wie Wasserfluten vom Himmel und vernichten alle Eigenständigkeit und Vernunft der Ichpersönlichkeit. In den Strudeln des kollektiven Wahnsinns und der Triebhaftigkeit verliert der Mensch seine Ich-Identität. Er ertrinkt darin.

Noahs Arche dagegen, das von der irdischen Welt gelöste und auf die geistige Welt bezogene Bewusstsein, schwamm auf den Wogen dieser Fluten und konnte nicht von ihnen vertilgt werden. Sein neues Bewusstsein, seine geistige Identität war unangreifbar. Für das Ich-Bewusstsein, ob kollektiv oder individuell gesehen, bedeutet die Manifestation der geistigen Welt stets Gericht und Untergang. Das Gericht, ausgelöst von der gesteigerten Wirksamkeit der geistigen Welt, ist die Folge der Ichbezogenheit des Menschen, deren langfristige Auswirkungen wie Wasserfluten über ihm zusammenschlagen. Für das wahre Selbst aber bedeutet dieselbe Manifestation der geistigen Welt Bestätigung. Deshalb ist der Mensch klug, der, wie Noah, beizeiten eine „Arche" baut.

Ebenso war es in den Tagen Lots. Die Einwohner Sodoms, das kollektive Ich-Bewusstsein, widmeten sich voller Hingabe und Eifer ihren irdischen Interessen und Geschäften. Lot aber, vom wahren Selbst inspiriert, verließ Sodom. Er allein blieb verschont vom Gericht. Die Einwohner Sodoms wurden durch das Feuer des Himmels vertilgt. Die im Lauf vieler Jahrhunderte von Menschen entwickelten zornigen, rachsüchtigen Leidenschaften und aggressiven Willensäußerungen vergehen nicht im Moment ihres Erscheinens. Sie leben fort und konzentrieren sich wie Wolken im jenseitigen Himmel, im kollektiven Unbewussten. Zu gegebener Zeit werden sie von den Kräften der geistigen Welt daraus vertrieben und wirken wie verzehrendes Feuer, das die Ich-Identität vieler Menschen vernichtet und sie vor dem Nichts stehen lässt.

Genauso wird es immer wieder sein, wenn der Sohn des Menschen, sei es in einem einzelnen Menschen, sei es in einer Gemeinschaft, sei es in der ganzen Menschheit, kommt. Es kommt in der Menschheit immer wieder der Zeitpunkt, wo die Sehnsucht vieler Menschen nach der geistigen Welt so groß, ihr wahres Selbst so gereift und die Auflösung ihrer Bindungen an die irdische Welt so weit fortgeschritten ist, dass die geistige Welt, der „Sohn des Menschen" als vollkommenes wahres Selbst des Menschen, auf diese Sehnsucht antwortet. Dann offenbart sich der Sohn des Menschen, wie ein Blitz von einem Ende des Himmels zum andern, im Bewusstsein der Menschen. Dann wird sich zeigen, welche Menschen ihr Heil allein von der irdischen Welt erwartet und welche sich auf die geistige Welt ausgerichtet haben. Für erstere wird ein „Gericht" erfolgen: Alle irdischen Zielsetzungen erweisen sich als nichtig. Leere bleibt zurück, Enttäuschung, die Selbstherrlichkeit des Ich wird durch die psychischen Folgen eben dieser Selbstherrlichkeit vernichtet. Wer sich aber der geistigen Welt geöffnet und alle Versuchungen zu Ersatz-Gottesreichen abgewiesen hatte, der kann positiv auf den Sohn des Menschen reagieren. Er kann als wahres Selbst eins mit dem sich manifestierenden vollkommenen wahren Selbst des Menschen werden.

So jemand wende sich dann aber auch wirklich mit aller Kraft der geistigen Welt zu und lasse ruhig alle Errungenschaften und Gewohnheiten der irdischen Welt zurück. Er ist schon unterwegs zur geistigen Welt, schon „auf dem Dach" seines „Hauses" (ein Ausgang aus den Häusern des Orients ging über das Dach; das Bild sagt: Er ist schon beim Auszug aus seinem irdischen Wesen, dem „Haus"), und sollte sich nicht mehr um den „Hausrat", die irdischen Bedürfnisse und Errungenschaften, kümmern. Und wer schon auf dem „Feld" ist und das Haus des irdischen Bewusstseins verlassen hat, sollte auf keinen Fall mehr ins irdische Bewusstsein zurückkehren. Klammert er sich trotzdem an irdischen Vorstellungen und Gewohnheiten fest, so wird er, wie Lots Frau, die sich wieder nach Sodom zurückwandte, zur „Salzsäule" erstarren. Die irdische, noch der irdischen Materie verhaftete Persönlichkeit Lots, symbolisiert durch seine „Frau", erlebte bewusst die gewaltsame Vernichtung aller Ich-Werte. Sie konnte, wie unter einem Schock stehend, fortan weder im Bereich der irdischen noch in der geistigen Welt Fuß fassen. Das irdische Leben konnte sie nicht mehr leben, das geistige noch nicht – und so musste sie bewegungslos verharren, starr wie eine Salzsäule in der Wüste.

Wer, von der geistigen Welt gerufen, sein ichbezogenes Leben zu erhalten sucht, wird es verlieren. Ihm werden in der Umwertung aller Werte die Lebensgrundlagen entzogen werden. Wer aber bewusst sein ichbezogenes Leben in den geistigen Strömen verliert, der wird das geistige Leben des wahren Selbst, die wahre Identität, gewinnen. In der wahren Identität des Ebenbildes Gottes löst sich die Schein-Identität des alten selbstherrlichen Ich auf. So gewinnt der Mensch seine wahre Identität – und eine neue spirituelle Ichpersönlichkeit obendrein, die dieser Identität Ausdruck verleiht.

Die Menschen werden auf die Manifestation der geistigen Welt ganz unterschiedlich reagieren. Alle ichbezogenen irdischen Gemeinsamkeiten werden ihre Kraft und Gültigkeit verlieren. Es kann sich um eine Beziehung in der Ruhe der Nacht, vielleicht eine Liebesbeziehung zwischen Partnern oder Eheleuten handeln: Der eine hat sein individuelles wahres Selbst entwickelt und wird vom Sohn des Menschen angenommen. Der andere hat es, stets aufs irdische Leben gerichtet, nicht entwickelt. Er wird in der großen Entwicklung der Menschheit zurückgelassen. Er kommt nicht mit, da er nichts aufgebaut hat, womit er auf den geistigen Entwicklungsstrom reagieren könnte. Oder es geht um eine Beziehung in der Bewegung des Tages, eine durch geschäftliche Interessen verbundene Partnerschaft zum Beispiel: Die eine unsterbliche Seele wird in die geistige Menschheitsentwicklung aufgenommen, da sie die entsprechenden Voraussetzungen erfüllt, die andere unsterbliche Seele muss, da sie latent geblieben ist, zurückbleiben.

Die Schüler fragen schließlich: Wo werden sich diese Dinge ereignen? Auch hier lautet die Antwort: Die Begegnung zwischen dem Sohn des Menschen und dem wahren Selbst der einzelnen Menschen, oder das Gericht über das selbstherrliche Ich des Menschen, finden nicht an sichtbaren Orten statt. Sie ereignen sich nicht „dort" oder „hier". Es kommt nur auf den Zusammenhang zwischen Bereitschaft und Sehnsucht des Menschen einerseits, den Impuls der geistigen Welt andererseits an. Das ist eine nicht zeiträumliche Gegebenheit. Wo ein für die Erfahrung der geistigen Welt bereites wahres Selbst ist, da wird ihm der Sohn des Menschen begegnen. Wo Empfänglichkeit für die geistige Welt ist, da wird auch Erfüllung in Form von Erkenntnis sein, die wie ein Blitz das Bewusstsein von Horizont zu Horizont erleuchtet. Dieser Zusammenhang wird in das Bild von den Leichen und den Adlern gefasst. (Besser würde man hier den griechischen Ausdruck nicht mit „Leiche", sondern mit „lebendiger Körper“ übersetzen, denn Adler suchen lebendige Beute). Wo etwas ist, das Anziehung auf die geistige Welt ausübt: ein sich sehnendes, lebendiges wahres Selbst, da zeigen sich auch die Kräfte der geistigen Welt – die Adler –, die stets nach etwas suchen, das sie an sich nehmen können. Gott selbst sucht sein Ebenbild, das sich nach ihm sehnt.

Wann tritt diese Endzeit ein? Endzeit ist immer, seit das vollkommene wahre Selbst des Menschen im Organismus Menschheit als Kraft von „oben“ auf das wahre Selbst und das Ich-Bewusstsein Einzelner „unten“ einwirkt. Endzeit ist immer, seit sich das wahre Selbst Einzelner nach bewusster Vereinigung mit dem Sohn des Menschen sehnt, das Ich-Bewusstsein Einzelner sich aber dagegen sträubt. Im Leben jedes Einzelnen kann, nach dem „Gericht“ über die widerstrebenden Tendenzen, der „Tag des Menschensohns“ kommen. Er kann auch, nach dem „Gericht“, für ganze Gruppen von Menschen oder, zu gegebener Zeit, für die ganze Menschheit kommen. Wann das für den Einzelnen oder für ein Kollektiv geschieht, hängt von den Erfahrungen der Betreffenden, ihrer Vorbereitung und ihrer Sehnsucht ab. Es ist nicht an Jahreszahlen gebunden. Es zeigt sich ja, dass die bei Lukas beschriebenen Umstände durch alle Jahrhunderte aktuell waren und auch in der Gegenwart aktuell sind.

Die hartnäckige Witwe: Sehnsucht nach dem Reich Gottes

18 1 *Er sagte ihnen aber ein Gleichnis, um ihnen zu zeigen, dass sie allezeit beten*
und nicht müde werden sollten, ***2*** *und sprach: Es war ein Richter in einer Stadt, der*
Gott nicht fürchtete und sich vor keinem Menschen scheute. ***3*** *Und eine Witwe war*
in jener Stadt, die kam [immer wieder] zu ihm und sagte: Schaffe mir Recht gegen-
über meinem Gegner! ***4*** *Und er wollte eine Zeitlang nicht; doch nachher sagte er*
bei sich selbst: Wenn ich auch Gott nicht fürchte und mich vor keinem Menschen
scheue, ***5*** *so will ich doch, weil mir diese Witwe Mühe macht, ihr Recht schaffen, da-*
mit sie nicht schließlich kommt und mich ins Gesicht schlägt. ***6*** *Weiter sprach der*
Herr: Hört, was der ungerechte Richter sagt! ***7*** *Gott aber sollte seinen Auserwähl-*
ten, die Tag und Nacht zu ihm rufen, ihr Recht nicht schaffen und sollte bei ihnen
Langmut [gegen ihre Gegner] üben? ***8*** *Ich sage euch: Er wird ihnen ihr Recht*
schaffen in Bälde. Wird jedoch der Sohn des Menschen, wenn er kommt, auf Erden
den Glauben finden?

Gott findet sein Ebenbild nur dann, wenn es sich nach ihm sehnt. Nur unter der Voraussetzung der Sehnsucht des wahren Selbst, der Offenheit des wahren Selbst, sei es des Einzelnen, sei es der Menschheit, können die geistigen Kräfte, die „Adler“ vom Himmel, Verbindung mit dem wahren Selbst aufnehmen und sich damit vereinigen. Deshalb betont Jesus vor seinen Schülern so nachdrücklich, dass ihre Sehnsucht niemals erlahmen solle. Denn nichts anderes bedeutet „beten und nicht müde werden“. „Beten“ ist die Ausrichtung und Abstimmung des wahren Selbst auf die göttliche Welt, so dass deren Kräfte den Menschen erfüllen können. Ja so stark soll diese Sehnsucht sein, dass sie „mit Gewalt" die Kruste der Ich-Bezogenheit durchdringt und ins Reich Gottes eindringt (16,16). Wenn jedoch die Sehnsucht stark und anhaltend genug ist, wird Gott darauf antworten. Das ist die Botschaft des Gleichnisses von der hartnäckigen Witwe und vom ungerechten Richter. Je stärker und nachhaltiger die Sehnsucht, desto sicherer die Erfüllung.

Dieses Gesetz gilt nicht nur in der geistigen, sondern auch in der irdischen Welt. Im irdischen Leben stößt die Sehnsucht nach irdischer Gerechtigkeit, die aus dem irdischen Ich stammt, häufig auf Desinteresse. Und doch überwindet sie unter Umständen dieses Desinteresse, wenn sie nur stark genug ist. Umso sicherer führt die Sehnsucht nach göttlicher Gerechtigkeit, die aus dem wahren Selbst stammt, zum Ziel, da doch Gott, die geistige Welt, das höchste Interesse an der Erfüllung dieser spirituellen Sehnsucht hat. Gott wird seinen „Auserwählten", den Menschen, in denen das Ebenbild Gottes nach Entfaltung drängt, „Recht schaffen", wenn sie Tag und Nacht rufen. Er wird sie in die geistige Ordnung aufnehmen, die dem wahren Selbst entspricht. Und er wird sie von ihren Gegnern befreien: Er wird ihnen Kraft geben, die Ichbezogenheit und die daraus folgende Gebundenheit an die irdische Welt zu überwinden – die Kruste zu durchbrechen, die das wahre Selbst am Eintritt in die geistige Welt hindert.

Doch das große Problem ist, ob der Sohn des Menschen unter den Menschen überhaupt eine solche Sehnsucht finden wird, die es ihm ermöglicht, Verbindung mit ihnen aufzunehmen. Das ist die große „Sorge" der Botschafter aus der geistigen Welt. Die geistige Welt sucht nach der spirituellen Sehnsucht der Menschen, um sich mit deren wahrem Selbst verbinden, es zu sich heranziehen und von seinen Gegnern befreien zu können. Wie aber, wenn die Menschen keine spirituelle Sehnsucht haben? Dann ist es nicht möglich, Verbindung mit ihnen aufzunehmen. Dann bleiben sie in ihren Verstrickungen in die irdische Welt, in Leiden, Kriegen, Schmerzen und Tod gefangen. Deshalb schaut der Sohn des Menschen so sehnsuchtsvoll nach sich sehnenden Seelen aus, deshalb ist er so „betrübt", wenn „Jerusalem" nicht „will" (13,34). Und deshalb ist es so wichtig, dass ein Mensch, in dem diese spirituelle Sehnsucht aufflammt, darauf achtet, dieser Flamme Nahrung zu geben und „nicht müde zu werden" – seiner selbst wegen, und der Menschheit wegen. Denn wenn die Verbindung der geistigen Welt mit auch nur einer einzigen Seele hergestellt werden kann, kommt das der ganzen Menschheit zugute.

Bedingungen zum Eintritt ins Reich

Die Sehnsucht des Menschen nach dem Eintritt ins Reich Gottes ist Voraussetzung dafür, dass sich der Geist mit dem wahren Selbst verbindet: dass die „Adler" ihre „Beute" finden. Der Eintritt selbst ist aber erst möglich, wenn der Mensch, in dieser Sehnsucht und mit Hilfe der Kräfte des Geistes, die Hindernisse der Ich-Bezogenheit beseitigt hat und die Eigenschaften des wahren Selbst lebensbestimmend geworden sind. Drei dieser Eigenschaften werden im Folgenden dargestellt: Freiheit von Selbstgerechtigkeit, Freiheit von Konditionierungen, Freiheit von Bindungen an Irdisches.

In allen drei Fällen wird gezeigt, dass die Ich-Bezogenheit immer auch moralische Vervollkommnung sucht. Der Wunsch nach moralischer Vervollkommnung kann zwar ein Ausdruck des Strebens nach der geistigen Welt sein, bezieht sich aber auf die irdische Welt. Es soll ja das irdische Ich vervollkommnet werden. Die Verbindung zur göttlichen Welt erfordert mehr als nur Streben nach moralischer Vervollkommnung. Sie ist erst möglich, wenn der Mensch die Dimension der irdischen Welt verlässt und sich in die Dimension der göttlichen Welt stürzt, wo das wahre Selbst, Ebenbild Gottes, sich mit Gott vereinigen kann.

Freiheit von Selbstgerechtigkeit

18 9 *Er sagte aber auch zu etlichen, die sich selbst zutrauten, gerecht zu sein, und die übrigen verachteten, dieses Gleichnis:* ***10*** *Zwei Menschen gingen hinauf in den Tempel, um zu beten, der eine ein Pharisäer und der andre ein Zöllner.* ***11*** *Der Pharisäer stellte sich für sich allein hin und betete so: O Gott, ich danke dir, dass ich nicht bin wie die übrigen Menschen, Räuber, Ungerechte, Ehebrecher oder auch wie dieser Zöllner.* ***12*** *Ich faste zweimal in der Woche, ich gebe den Zehnten von meinem ganzen Einkommen.* ***13*** *Der Zöllner aber stand von ferne und wollte nicht einmal seine Augen zum Himmel erheben, sondern er schlug an seine Brust und sprach: O Gott, sei mir Sünder gnädig!* ***14*** *Ich sage euch: Dieser ging mehr gerechtfertigt in sein Haus hinab als jener. Denn jeder, der sich selbst erhöht, wird erniedrigt werden; wer sich aber selbst erniedrigt, wird erhöht werden.*

Der Pharisäer im Gleichnis vom Pharisäer und vom Zöllner führt tatsächlich ein moralisch und ethisch einwandfreies Leben. Er hält die zehn Gebote – bricht nicht die Ehe, stiehlt nicht, mordet nicht, übt keine Ungerechtigkeit und kennt keine anderen Götter neben dem Gott Israels, dient er doch nicht, wie der Zöllner, der heidnischen Besatzungsmacht. Er wirkt auch aktiv für die Stärkung seines Glaubens und die Ausbreitung seiner Kirche. Denn er „fastet zwei Mal die Woche", womit er seinen irdischen Bedürfnissen Zügel anlegt und zahlt seine Kirchensteuer – nicht nur 8 % seines Steueraufkommens, sondern 10 % seines gesamten Einkommens. Er wäre, so scheint es, für den Eintritt ins Reich Gottes prädestiniert, im Vergleich zum Zöllner, der eins der Hauptgebote des Gesetzes, nur dem Gott Israels und keinem fremden Herrn zu dienen, verletzt.

Was den Pharisäer dennoch am Eintritt ins Reich Gottes hindert, ist seine Selbstgerechtigkeit. Sie erwächst gerade aus seinen hohen ethischen Standards. Er ist stolz auf seine moralischen Leistungen. Sein Geltungstrieb drückt sich in ihnen aus. Deshalb „stellt er sich für sich allein hin", wie es in der Erzählung heißt. Durch seinen Stolz grenzt er sich von anderen ab. Die Kehrseite des Stolzes aber ist Verachtung dessen, der all diese Leistungen nicht vollbringt. Ja Stolz und Verachtung prägen sogar die Beziehung des Pharisäers zu Gott und seine Vorstellung von ihm. Er dankt Gott für sein moralisch einwandfreies Leben und macht ihn damit zum Komplizen seines Stolzes, zum Knecht seines Ich, der ihm seinen Stolz ermöglicht. Durch diese Selbstgerechtigkeit schneidet er sich trotz aller moralischer Leistungen von Gott, von der Einheit mit der göttlichen Welt, ab. Erkenntnis, diesem Stolz erlegen zu sein,

Erkenntnis, trotz aller moralischen Leistungen als irdischer Mensch von Gott getrennt und somit existenziell ein „Sünder" zu sein, wäre Voraussetzung für die Verbindung mit Gott.

Der Zöllner dagegen ist wirklich ein moralischer Sünder. Er weiß das auch. Dieses Wissen bewahrt ihn vor Stolz und Verachtung anderer und bringt ihm seine prinzipielle Trennung von Gott, seine existenzielle Sünde, zu Bewusstsein. Dadurch erst, durch die Erfahrung der Trennung, kann die Sehnsucht nach Vereinigung wirksam werden und hat die geistige Welt Gelegenheit, sich mit dem wahren Selbst zu verbinden. Das Bewusstsein, von Gott getrennt zu sein, ist Voraussetzung für die Sehnsucht, die sich beim Zöllner in Form der Bitte um Gnade äußert.

Dem Pharisäer fehlt diese Sehnsucht, da er davon überzeugt ist, überhaupt nicht von Gott getrennt zu sein. Seine Selbstgerechtigkeit ist die Barriere, die eine solche Sehnsucht gar nicht erst aufflammen und daher auch keine Verbindung mit dem Reich Gottes zu Stande kommen lässt, geschweige denn den Eintritt ins Reich Gottes.

Gleichnis ist diese Erzählung deshalb, weil jeder Mensch dem Pharisäer gleicht, doch auch dem Zöllner gleich werden kann. Jeder Mensch ist ein „Pharisäer", pocht selbstgerecht auf seine moralischen Leistungen und seinen rechten „Glauben". Trotzdem ist er als irdischer Mensch existenziell ein Sünder, von Gott getrennt, mag er auch nach moralischen Maßstäben der gerechteste Mensch sein. Jeder Mensch kann andererseits zum „Zöllner" werden, indem ihm seine prinzipielle Trennung von Gott bewusst wird. Damit steht er in seiner „Niedrigkeit" vor Gott, und dadurch wird in ihm die Sehnsucht des wahren Selbst erwachen, ins Reich Gottes einzutreten. Der Mensch als Pharisäer ist sogar geneigt, den Spruch: „Wer sich selbst erniedrigt, wird erhöht werden", als Aufforderung zur Demut aufzufassen, als Aufforderung zur moralischen Leistung, auf die er stolz sein kann. „Sich selbst erniedrigen" bedeutet aber nicht, angestrengt Demut zu üben, sondern zu erkennen, dass der irdische Mensch in seiner Ichbezogenheit und Selbstgerechtigkeit ungeeignet ist, ins Reich Gottes einzutreten. Wenn diese Erkenntnis wirksam wird, kann der spirituelle Mensch ins Reich Gottes eintreten: „erhöht werden". Wenn sich aber der irdische Mensch, von Geltungstrieb erfüllt, auf Grund seiner moralischen Leistungen „erhöht", bleibt der spirituelle Mensch latent und „erniedrigt".

Freiheit von Konditionierung

18* *15 *Sie brachten aber auch die Kindlein zu ihm, damit er sie anrühren möchte. Als die Schüler das sahen, schalten sie sie.* ***16*** *Jesus aber rief sie zu sich und sprach: Lasst die Kinder zu mir kommen und wehrt es ihnen nicht; denn solchen gehört das Reich Gottes.* ***17*** *Wahrlich, ich sage euch: Wer das Reich Gottes nicht annimmt wie ein Kind, wird nicht hineinkommen.*

Freiheit von Konditionierung ist eine zweite Eigenschaft, die der Mensch braucht, um ins Reich Gottes eintreten zu können. Der Vergleich mit einem Kind hebt diese Eigenschaft ins Bewusstsein.

Auch hier wird diese Eigenschaft im Kontrast zur moralischen Leistung deutlich. Denn warum schelten die Schüler Jesu die Menschen, die ihm ihre Kinder bringen? Sie schelten sie, weil sie glauben, Jesus sei ein Gesetzeslehrer. Seine Aufgabe sei, sich mit den verantwortlichen, dem Gesetz dienenden, nach Treue zum Gesetz strebenden Erwachsenen zu beschäftigen, mit denen, die sich bewusst um Gerechtigkeit bemühen können. Kinder sind zu dieser Verantwortung des Erwachsenen noch nicht fähig, und deshalb, so meinen die Schüler Jesu, keine ernstzunehmenden Partner für Jesus.

Doch Jesus liebt die Kinder gerade deshalb, weil sie noch keine durch das Gesetz konditionierten Erwachsenen sind. Sie sind Gleichnisse für eine Eigenschaft des wahren Selbst, das sich jenseits aller Gesetze und Gesetzestreue nach seiner Heimat im Reich des Geistes sehnt. Ein Kind blickt unbefangen in die Welt, weil es sich noch keine Wertmaßstäbe gebildet hat, die die spontane Wertung und Wahrnehmung verstellen. Es nimmt die Welt wahr, wie sie ist. Es ist wie ein Auge ohne eigene Farbe, das die Farbenwelt ungefiltert sieht, wie eine Zunge ohne eigenen Geschmack, die die Geschmackseindrücke unverfälscht wahrnimmt. Ein unkonditionierter Mensch ist einem Kind vergleichbar. Er hat keine Vorstellungen von Gott und vom Reich Gottes. Er ist nicht durch Bezugspersonen und Traditionen auf einen Glauben festgelegt, wie Gott, wie das Reich Gottes und wie der Weg dorthin aussehen mögen. Von diesen Konditionierungen muss sich das wahre Selbst befreien, wenn es Welt und Menschen ohne Vorurteile wahrnehmen und sich dem Reich Gottes unbefangen öffnen will.

Auch hat das Kind noch keine von übernommenen Wertvorstellungen oder eigenen Erfahrungen geprägten Absichten. Es manipuliert die Welt noch nicht im Sinn bestimmter Erwartungen. Es wünscht sich die Welt nicht leidensfrei, enttäuschungsfrei, den eigenen Bedürfnissen entsprechend. Es wird zwar bald erfahren, dass die Welt seinen Bedürfnissen keineswegs entspricht, um dann, wie alle Erwachsenen, auch Gegenmaßnahmen zu ergreifen. Aber zuvor wird es absichtslos die Welt an sich herankommen lassen. So auch wird das wahre Selbst nicht manipulieren und sich kein Reich Gottes nach seinen Vorstellungen zurechtzimmern. Der ichbezogene Machttrieb im Menschen versucht das zwar ununterbrochen, aber das wahre Selbst wird sich von diesem Machttrieb befreien. Denn er hindert das Reich Gottes daran, sich zu offenbaren.

Freiheit vom Besitztrieb

18 18 *Und es fragte ihn ein Vorsteher: Guter Meister, was muss ich tun, damit ich*
das ewige Leben ererbe? ***19*** *Jesus aber sprach zu ihm: Was nennst du mich gut? Nie-*
mand ist gut außer Gott allein. ***20*** *Du kennst die Gebote:*
„Du sollst nicht ehebrechen, du sollst nicht töten, du sollst nicht stehlen,
du sollst nicht falsches Zeugnis reden, ehre deinen Vater und deine Mutter!“
21 *Er aber sagte: Dies alles habe ich gehalten von Jugend auf.* ***22*** *Als Jesus das*
hörte, sprach er zu ihm: Eins mangelt dir noch: Verkaufe alles, was du hast, und ver-
teile es an Arme, so wirst du einen Schatz in den Himmeln haben; und komm, folge
mir nach! ***23*** *Der aber wurde tief betrübt, als er dies hörte; denn er war reich.*

24 Als ihn aber Jesus [so traurig] sah, sprach er: Wie schwer kommen die Begüterten in das Reich Gottes! 25 Denn es ist leichter, dass ein Kamel durch ein Nadelöhr geht, als dass ein Reicher in das Reich Gottes kommt. 26 Da sagten die, welche es gehört hatten: Wer kann dann gerettet werden? 27 Er aber sprach: Was unmöglich ist bei den Menschen, ist möglich bei Gott.

Freiheit vom Besitztrieb ist die dritte Bedingung zum Eintritt des Menschen ins Reich Gottes. Die entsprechende Erzählung beginnt mit einer Erörterung darüber, wer „gut" ist. Wieder zeigt sich, dass kein irdischer Mensch in seiner Ichbezogenheit „gut" ist: „Gut" ist nur Gott, und, so lässt sich ergänzen, das Ebenbild Gottes, das wahre Selbst. Auch Jesus in seiner Eigenschaft als Gesetzeslehrer ist ein irdischer Mensch und daher nicht „gut". Der „Vorsteher", ein nach irdischen Begriffen besonders guter Mensch, sieht Jesus als Gesetzeslehrer, als „Meister" des Gesetzes. In dieser Dimension des irdischen Gesetzes gibt es keinen wahrhaft guten Menschen, so klärt Jesus den Vorsteher auf. Denn alle irdischen Menschen, der Vorsteher, der das Gesetz „von Jugend auf" gehalten hat, und sogar Jesus als „Meister" des Gesetzes sind von Gott getrennt. Ihr Ich ist vom Geltungs-, Macht- und Besitztrieb durchsetzt, entsprechend ist auch die moralische Vervollkommnung von diesen Trieben durchsetzt und motiviert. Wie könnte ein derart „vollkommener" Mensch wahrhaft gut sein?

Es kommt darauf an, so erklärt Jesus dem Fragesteller weiter, diese Ebene der irdischen Triebe, samt der durch sie motivierten moralischen Vervollkommnung, zu verlassen und in eine andere Dimension, die des Reiches Gottes, einzutreten. Denn dort ist Gott, und Gott ist gut. Dort ist auch das Ebenbild Gottes, und es ist gut. Wie tritt man in diese geistige Dimension ein? „Was muss ich tun, damit ich das ewige Leben ererbe?" Der Vorsteher hält zwar alle Gebote, ist aber nicht frei vom Besitztrieb. Die Freiheit vom Besitztrieb ist eine entscheidende Bedingung zum Eintritt ins Reich Gottes.

In der Antwort Jesu wird der Vorsteher aufgefordert, all seinen Besitz zu verkaufen und den Armen zu geben. Das ist ein Bild für das Sich-Freimachen vom Besitztrieb. Das Sich-Freimachen besteht darin, innerlich von allen Bindungen an seinen Besitz frei zu werden. Man kann seinen Besitz verkaufen und den Erlös den Armen geben, und trotzdem blutenden Herzens weiter am Besitz hängen. Man kann sich einbilden, innerlich auf jeden Besitz verzichtet zu haben, um beim realen Verlust des Besitzes bemerken zu müssen, dass man doch noch mit tausend Fasern daran gebunden ist. Wie auch immer: Entscheidend ist, dass der Mensch, der das Reich Gottes sucht, vom Haften am Besitz frei wird. Das ermöglicht ihm auch, seinen Reichtum richtig zu verwenden – so, dass das Reich Gottes, die Sehnsucht nach dem Reich Gottes in anderen gefördert wird. Das wäre Liebe für andere, das würde bedeuten, all seine Reichtümer, ob materielle oder immaterielle, nicht ichbezogen für sich zu behalten, sondern sie in Liebe für andere einzusetzen – an die „Armen" zu verteilen. Ein solches Verhalten verändert den Menschen, befreit ihn von Ichbezogenheit und lässt die Liebe in ihm wachsen. Geben statt Nehmen. Das ist der „Schatz in den Himmeln", den er sich durch ein solches Verhalten erwirbt: ein von Liebe erfülltes Wesen, das der Liebe der geistigen Welt entspricht und in sie eingebettet ist.

Ein solches Verhalten bedeutet zugleich, Jesus nachzufolgen. Auch dies ist nicht unbedingt als konkrete Wanderschaft mit Jesus zu verstehen, wie sie seine Schüler erlebt haben, sondern es ist die Ausrichtung auf das wahre Selbst, das durch Jesus verkörpert wird: Ausrichtung auf das wahre Selbst, statt auf den Reichtum der irdischen Welt. Diese Ausrichtung auf das wahre Selbst bedeutet, es wirken zu lassen, und es wirken zu lassen, bedeutet, materielle und immaterielle Reichtümer anderen zu Gute kommen zu lassen. Das ist wieder „sein" Leben verlieren um des wahren Selbst willen; sein Kreuz auf sich nehmen statt ein bequemes Leben in Wohlstand zu führen.

Dies aber – all seinen Reichtum für andere einzusetzen, um so den Impulsen des wahren Selbst zu folgen –, kann der reiche Vorsteher noch nicht. Warum wird er „tief betrübt"? Weil die Sehnsucht nach der geistigen Welt, nach dem „ewigen Leben", in ihm lebt, wegen seiner Bindungen an die irdische Welt aber keine Erfüllung zu finden vermag. Sein Besitztrieb zielt ja nicht nur auf die materiellen Reichtümer. Er richtet sich auch auf die geistigen Schätze, die sich der Vorsteher durch die Erfüllung des Gesetzes und durch moralische Leistungen erworben zu haben glaubt. Diese Art Besitztrieb wird in der Erzählung indirekt angesprochen: Der Reiche hat durch seine Gesetzestreue von Jugend auf auch moralische Schätze angesammelt, an denen er hängt. Aber auch vom immateriellen Reichtum muss sich der Mensch lösen, der das „ewige Leben ererben" will.

Wie schwer ist der Besitztrieb zu überwinden, sei er auf materiellen oder immateriellen Reichtum gerichtet! Aus eigener, irdischer, moralischer Kraft ist das nicht möglich. Die irdische Liebe des Menschen zum Leben, zu sich selbst und zu den materiellen wie immateriellen Gütern der Erde ist zu groß. Der Mensch würde, alleingelassen, in diesen Bindungen an irdische Güter untergehen. „Gerettet" zu werden, aus diesen irdischen Bindungen gelöst und in die Dimension des Geistes, wo das wahre Leben ist, aufgenommen zu werden, ist nur „bei Gott möglich". Nur Gott, die geistige Welt, kann das wahre Selbst so stärken, dass es sich aus der Umklammerung durch den irdischen Besitztrieb befreit, um so ins Reich Gottes einzutreten.

Erfüllung dieser Bedingungen

***18 28** Petrus aber sagte: Siehe, wir haben unser Eigentum verlassen und sind dir nachgefolgt. **29** Da sprach er zu ihnen: Wahrlich, ich sage euch: Es ist niemand, der Haus oder Weib oder Brüder oder Eltern oder Kinder um des Reiches Gottes willen verlassen hat, **30** der es nicht vielfältig empfangen würde in dieser Zeit und in der zukünftigen Welt das ewige Leben.*

Dass die Möglichkeit der Preisgabe des Besitztriebes besteht, wird durch die Schüler Jesu bestätigt, die all ihr Eigentum, ja Brüder, Eltern, Kinder und Partner „um des Reiches Gottes willen verlassen" haben. Auch hier ist nicht ein physisches Verlassen aller Dinge und Menschen gemeint. Gemeint ist, alle irdische Liebe zum Leben, zu Personen und Gütern durch die Liebe zu Gott zu ersetzen, die eine andere Qualität als die irdische Liebe besitzt und dieser erst ihre eigentliche Stellung anweist. Die Schüler Jesu sind dem wahren Selbst nachgefolgt. Gott hat es ihnen ermöglicht. Und dadurch werden sie einen Schatz im Himmel haben, ja sie haben ihn schon jetzt – „in dieser Zeit“ – und erst recht nach dem Tod – „in der zukünftigen Welt“. Das „ewige Leben“, das der reiche Vorsteher ererben will, ist ein Zustand des wahren Selbst: Freiheit von Konditionierungen, Selbstgerechtigkeit und Besitztrieb, Liebe zu allen Menschen und dadurch Einheit mit der göttlichen Ordnung. Dieser Zustand tritt schon jetzt ein, wenn der Mensch die drei großen Bedingungen zum Eintritt ins Reich Gottes erfüllt, und er wird ewig dauern.

Die „Wanderung nach Jerusalem“: dritter Tag

Schicksal des Menschensohns in der irdischen Welt III

18 31 *Er nahm aber die Zwölf an seine Seite und sprach zu ihnen: Siehe, wir ziehen hinauf nach Jerusalem, und alles wird vollendet werden, was durch die Propheten auf den Sohn des Menschen hin geschrieben ist.* ***32*** *Denn er wird den Heiden ausgeliefert und verspottet und misshandelt und angespien werden,* ***33*** *und sie werden ihn geißeln und töten, und am dritten Tag wird er auferstehen.* ***34*** *Und sie erfassten nichts von diesen Dingen, und dieses Wort war vor ihnen verborgen, und sie begriffen das Gesagte nicht.*

Die „Wanderung nach Jerusalem” tritt in ihren dritten „Tag“ ein, den Abschnitt, in dem der spirituelle Weg Jesu durch Tod und Auferstehung ans Ziel gelangt. Das ist der Anlass für Lukas, hier einzuschieben, wie Jesus zum dritten Mal ankündigt, er müsse getötet werden und am dritten Tag auferstehen. Dies wird in „Jerusalem“ geschehen, der Stadt, die als „Stadt des Friedens“ eigentlich ein Bild des Reiches Gottes auf Erden sein sollte. Ihre Funktion ist jedoch durch die Ichbezogenheit der Menschen ins Gegenteil verkehrt worden: Die Menschen töten den, der den göttlichen Frieden bringt. Die „Heiden“ sind die weltliche Macht, die nicht-jüdischen Römer, die, getrieben von der jüdischen Geistlichkeit, das Urteil über Jesus vollziehen. Dennoch ersteht das wahre Selbst, Jesus, aus dem Tod seiner irdischen Hülle am dritten Tag wieder auf.

Zum dritten Mal verstehen die Schüler Jesu diese Ankündigung nicht. Alles in ihnen blockiert diese Einsicht. Sie glauben ja, der lang erwartete Erlöser werde über seine Feinde triumphieren und ein irdisches Gottesreich errichten. Sie können daher nicht einsehen, dass die Auferstehung des wahren Selbst die Auflösung aller Ichbezogenheit voraussetzt. Sie können nicht einsehen, dass der Weg zur Auferstehung des wahren Selbst Verfolgung durch die irdischen Mächte, ja Tötung mit sich bringt. Sie wollen zwar Nachfolger Jesu sein. Aber im Augenblick sträubt sich ihre Ichbezogenheit gegen die Auflösung und gegen die Gefahr für Leib und Leben, die mit dem spirituellen Weg verbunden ist. Sie haben Angst. Und deswegen „begriffen sie das Gesagte nicht". Erst wenn Jesus ihnen auf diesem Weg vorausgegangen ist, die Ichbezogenheit überwunden, die Verfolgung und Tötung seines Körpers in den Kräften des wahren Selbst bewusst ertragen hat, und sein wahres Selbst mit einem neuen Geistleib auferstanden ist, werden sie fähig sein, ihrerseits diesen Weg nachzuvollziehen – und dann auch zu verstehen.

Fruchttragen: Vierte Phase des spirituellen Weges der Schüler

Jesus gelangt über Jericho nach Jerusalem. Hier beginnt die vierte Phase des spirituellen Weges der Schüler. Und damit verläuft nun ihre spirituelle Entwicklung nach Maßgabe ihrer geringeren Möglichkeiten phasengleich zur Entwicklung Jesu. Denn Jesus befindet sich seit seiner „Verklärung" in der vierten Phase des spirituellen Weges.

Die dritte Phase der Schüler hatte darin bestanden, dass ihnen ihr wahres Selbst bewusst geworden war, wodurch sie die Verkörperung des erleuchteten wahren Selbst, Christus, den Gesalbten, erkennen konnten. Aus dieser Bewusstwerdung ergaben sich innere Konsequenzen, vielerlei Einsichten in das Wesen des Reiches Gottes, in die Bedingungen zum Eintritt darin und in die Art seines Kommens. Bei Markus, der Vorlage des Lukas, werden die Konsequenzen aus dieser Bewusstwerdung sehr zusammenhängend und folgerichtig dargestellt. Lukas löst diesen Zusammenhang auf und stellt die Ereignisse in den Rahmen der „Wanderung nach Jerusalem". Wenn das wahre Selbst „sein Angesicht nach Jerusalem wendet", so heißt das, dass es sich bewusst auf die Stadt des Friedens" das Reich Gottes, richtet, das ihm in „Galiläa," dem Bereich der spirituellen Arbeit, bewusst geworden war. Und alle Einsichten und Erfahrungen der Schüler in der dritten Phase standen unter dem Vorzeichen dieser bewussten Ausrichtung auf „Jerusalem". Es galt für sie, die Konsequenzen aus dieser Ausrichtung zu ziehen, nämlich die Ichbezogenheit zu erkennen und zu erkennen, welche neuen Einstellungen und Verhaltensweisen entwickelt werden müssen, damit der Mensch in die „Stadt des Friedens", das Reich Gottes, eintreten kann.

In der vierten Phase des spirituellen Weges dagegen entsteht eine neue Wechselwirkung zwischen Jesus mit seinen Schülern und der Welt. Die von ihnen anderen Menschen zur Verfügung gestellten Kräfte, die Heilung, Befreiung von „Dämonen" und neue Einsichten bewirken, wirken nun auf Jesus und seine Schüler als Echo zurück. Jesus und seine Schüler empfangen die „Früchte" ihrer Arbeit: Dankbarkeit, Hingabe und Begeisterung schlagen ihnen entgegen. Das ist die vierte Phase ihres Weges.

Ab jetzt lehnt sich Lukas wieder eng an die Vorlage des Markus-Evangeliums an. Ab Kap. 18,35 zeigt sich, dass die Wirksamkeit Jesu und seiner Schüler inzwischen tatsächlich das ganze Volk erfasst hat. Seine Reden beziehen sich auf Themen, die das gesamte Volk und dessen politische und religiöse Situation betreffen. Jesus wird als „Sohn Davids" bezeichnet, als Repräsentant der besten Kräfte des Volkes Israel, die seinerzeit im Königtum Davids kulminiert hatten. Auch „Jericho" ist charakteristisch für diese vierte Phase des spirituellen Weges. „Jericho", letzte Etappe auf dem

Weg nach Jerusalem, ist die „Stadt der Palmen“. Die Palme ist Symbol für Hoffnung, Wachstum, Kraft und Herrlichkeit.

Der blinde Bettler: Manifestation des Sohnes Davids

18 35 *Es begab sich aber, als er sich Jericho näherte, da saß ein Blinder am Weg und bettelte.* ***36*** *Und als dieser das Volk vorüberziehen hörte, erkundigte er sich, was das sei.* ***37*** *Da teilten sie ihm mit, Jesus der Nazoräer gehe vorüber.* ***38*** *Und er rief: Jesus, du Sohn Davids, erbarme dich meiner!* ***39*** *Und die Voranziehenden bedrohten ihn, er solle schweigen; er schrie jedoch noch viel mehr: Sohn Davids, erbarme dich meiner!* ***40*** *Da blieb Jesus stehen und befahl, man solle ihn zu ihm führen. Als er aber nahe herangekommen war, fragte er ihn:* ***41*** *Was willst du, dass ich dir tun soll? Er antwortete: Herr, dass ich wieder sehen kann.* ***42*** *Und Jesus sprach zu ihm: Werde wieder sehend! Dein Glaube hat dich gerettet.* ***43*** *Und sofort wurde er wieder sehend, und er folgte ihm nach und pries Gott. Und alles Volk, das zusah, gab Gott die Ehre.*

In Jericho macht Jesus einen blinden Bettler sehend. Zu diesem Zeitpunkt ihrer spirituellen Entwicklung können er und seine Schüler ein Höchstmaß an spirituellen Kräften freisetzen. Deshalb wird Jesus von dem Bettler „Sohn Davids“ genannt. Als spiritueller König besitzt er spirituelle Kräfte in Fülle – und er gibt sie, als wahrer König, in Fülle. Jesus ist außerdem ein „Nazoräer“, einer, der von Mutterleib und Geburt an mit der geistigen Welt verbunden ist (vgl. Richter 13,5–7), so dass er in besonderem Maß der Weg ist, auf dem die geistigen Kräfte zur Menschheit fließen.

Der blinde Bettler dagegen ist Bild für die Seele des Volkes, die arm an geistigen Kräften ist und sehnsüchtig danach hungert.

Die Wechselwirkung zwischen der Sehnsucht des darbenden Volkes und der Erfüllung durch die Kräfte des geistigen Königs hat zur Folge, dass der blinde Bettler „sehend“ wird. Es wird dem „Blinden“ durch die außerhalb und innerhalb von ihm wirkenden Kräfte des wahren Selbst Einsicht in den Zustand der Menschheit, in seinen eigenen Zustand, in seine Bestimmung und die Bestimmung der Menschheit geschenkt. Jetzt „sieht“ er, was das Ziel seines Lebens und des Lebens der Menschheit ist, und jetzt kann er seine Schritte auf dieses Ziel hin lenken.

Wenn auf die irdische Seele eines Einzelnen oder eines Volkes ein Impuls aus dem wahren Selbst einwirkt, so wie Jesus an dem blinden Bettler „vorüberzieht“, kann sich diese Seele ihrer Armut und Blindheit bewusst werden und sich diesem Impuls öffnen. Das ist der „Glaube“. Ihre Sehnsucht nach Erkenntnis und Sinn flammt auf, sie fleht um Erleuchtung. Es kommt zu einer intensiven Auseinandersetzung und Wechselwirkung zwischen ihr und dem wahren Selbst. Dieser Vorgang der konzentrierten Begegnung zwischen beiden wird in der Erzählung durch die Frage Jesu: „Was willst du, dass ich dir tun soll?“, und die Antwort des Blinden: „Herr, dass ich wieder sehen kann!“ ausgedrückt. Und durch nichts, durch keine Intervention irgendeines Menschen, der „Voranziehenden“, lässt sich diese Seele von ihrer Sehnsucht abbringen.

Der Oberzöllner Zachäus: Freude über das Heil

***19 1** Und er kam nach Jericho hinein und wollte hindurchziehen. **2** Und siehe, da*
*war ein Mann mit Namen Zachäus, der war Oberzöllner und war reich. **3** Und er*
suchte Jesus zu sehen, wer er sei, und er vermochte es nicht wegen der Volksmenge,
*weil er von Gestalt klein war. **4** Da lief er voraus und stieg auf einen Maulbeerfei-*
*genbaum, um ihn zu sehen; denn er sollte auf jenem Weg hindurchziehen. **5** Und als*
Jesus an den Ort kam, blickte er zu ihm auf und sprach: Zachäus, steig eilends her-
*ab! denn heute muss ich in deinem Haus bleiben. **6** Und er stieg eilends herab und*
*nahm ihn mit Freuden auf. **7** Und als sie es sahen, murrten sie alle und sagten: Bei*
*einem sündigen Mann ist er eingekehrt, um Herberge zu nehmen. **8** Zachäus aber*
trat hin und sagte zum Herrn: Siehe, Herr, die Hälfte meines Besitzes gebe ich [nun-
mehr] den Armen, und wenn ich von jemandem etwas erpresst habe, gebe ich es vier-
*fach zurück. **9** Da sprach Jesus zu ihm: Heute ist diesem Haus Heil widerfahren, wie*
*denn auch er ein Sohn Abrahams ist. **10** Denn der Sohn des Menschen ist gekommen,*
um das Verlorene zu suchen und zu retten.

Die Begeisterung und Freude, die charakteristisch für die vierte Phase des Weges ist, kommt in der Erzählung vom Oberzöllner Zachäus zum Ausdruck. Die Geschichte ist nur dem Lukas-Evangelium eigen und weist die besonderen Merkmale des Evangelisten Lukas auf: den Kontrast zwischen Gegensätzen und den Jubel über das Heil, das der irdischen Welt durch die erlösenden Kräfte aus der geistigen Welt zuteil wird. Der Bettler in der „Stadt der Palmen“ war blind und ist sehend geworden. Aber es gibt in der „Stadt der Palmen“ auch Menschen, die schon Augen haben zu sehen und den Bringer des Heils, die Verkörperung des wahren Selbst, bewusst sehen wollen. Die Sehnsucht nach dem Geist ist entfacht, das Feuer, das Jesus auf Erden anzünden wollte, brennt in einzelnen Menschenseelen.

Des Zachäus Sehnsucht, das Reich Gottes und seinen Boten zu schauen, ist so groß, dass er sich, obwohl klein von Gestalt, über die Menge erhebt, die seinen Blick behindert, und einen Maulbeerfeigenbaum erklettert: ein schönes Bild für eine irdische Seele, die, obwohl nicht zu den Großen im Reich des Denkens gehörend, doch die höchsten Möglichkeiten ihres Ich-Bewusstseins ausschöpft, um Kontakt mit dem wahren Selbst zu gewinnen. Mit einem klaren, von Konventionen und Interessen frei gewordenen Verstand arbeitet sie sich durch alle Zweifel an der Möglichkeit eines geistorientierten Lebens empor. Durch nichts lässt sie sich den Blick auf die geistige Welt verstellen. Und tatsächlich: Zachäus erblickt das wahre Selbst, und das wahre Selbst erblickt ihn. Es entsteht ein bewusster Kontakt zwischen der geistigen Welt und dem Ich-Bewusstsein des sich sehnenden Menschen. Und noch mehr: Zachäus fühlt sich durch diesen Kontakt aufgefordert, die höchsten Möglichkeiten seines Verstandesdenkens wieder zu verlassen und der geistigen Welt in seinem Wesen Einlass zu gewähren. Denn eine unmittelbare Begegnung des Menschen mit dem wahren Selbst ist nur auf der Ebene des wahren Selbst möglich. Um zu dieser Begegnung zu gelangen, muss er von den Höhen des Verstandesdenkens, die ihn bis zum Blick auf die neue Lebensmöglichkeit geführt hatten, wieder herabsteigen und der Kraft der Intuition folgen. Jesus, das wahre Selbst, will heute noch „in seinem

Haus“, in seinem Wesen, einkehren. Und mit „Freuden“ nimmt die Zachäus-Seele das wahre Selbst, die Impulse aus der geistigen Welt, in sich auf.

Sie kann es, weil sie die Bedingungen zum Eintritt ins Reich Gottes erfüllt. Sie ist frei vom Besitztrieb und frei vom Machttrieb geworden. Die Hälfte seines Besitzes gibt Zachäus den Armen, so wie es Jesus seinerzeit vom reichen Vorsteher verlangt hatte; Zachäus erwirbt sich durch die Anwendung seiner Güter für andere einen „Schatz im Himmel“, einen inneren Zustand, der dem Sohn des Menschen erlaubt, in seiner Seele zu wohnen. Andere Teile seines Besitzes verwendet der Zöllner zur Wiedergutmachung von Unrecht, das er, in Ausübung seiner Machtfunktionen, anderen zugefügt hatte. Auch dadurch entsteht ein Zustand seiner Seele, durch den sie sich mit dem Sohn des Menschen verbinden kann.

Dabei ist Zachäus ein „Oberzöllner“, ein besonders großer „Sünder“ nach bürgerlichen und religiösen Begriffen. Aber es ist keine Spur von Selbstgerechtigkeit in ihm. Er weiß, dass er ein Sünder ist, nicht nur moralisch, sondern auch existenziell. Er weiß, dass er von Gott getrennt ist. Und eben dieses Bewusstsein lässt die Sehnsucht nach dem Heil und den Wunsch, es zu erblicken, in ihm entstehen – woraus wiederum die Möglichkeit folgt, die Trennung von Gott, die existenzielle Sünde, zu überwinden. So groß seine Sünde ist, so groß sind sein Sündenbewusstsein und seine Sehnsucht nach Überwindung der Trennung. So groß ist dann aber auch die Freude, wenn das wahre Selbst in sein Bewusstsein einkehrt und die Trennung von Gott der Einheit mit Gott gewichen ist. Ein Fest ist diese Aufhebung der Trennung, vergleichbar dem Fest, das im Gleichnis vom verlorenen Sohn dem Zurückgekehrten gegeben wird. „Diesem Haus“, diesem Menschen, ist Heil, Heilung des Bruches zwischen Gott und Mensch, widerfahren.

Der Sohn des Menschen, vollkommenes wahres Selbst des Menschen, hat sich in der irdischen Welt inkarniert und ist Fleisch in einem irdischen Menschen geworden. Dieser Mensch geht selbst, in seiner besonderen Verbindung mit der geistigen Welt, als Nazoräer, den spirituellen Weg der Auflösung der irdischen Ichbezogenheit, so dass ihm das wahre Selbst bewusst werden kann. Dadurch ermöglicht er allen anderen Menschen, die aus eigener Kraft für diesen Prozess zu schwach wären, den spirituellen Weg. Ihr wahres Selbst ist unter den Ansprüchen der Ichbezogenheit verloren, wie der verlorene Sohn bei den Schweinen. In der Kraft des Sohnes des Menschen kann es gesucht und gefunden werden. Es kann wieder erwachen und die Ansprüche der Ichbezogenheit zurückweisen. Genau dies widerfährt Zachäus. Denn auch er ist ein „Sohn Abrahams“, einer, der wie Abraham an die Bestimmung des Menschen, an die Verheißung des „gelobten Landes“, den Eintritt in die geistige Welt, „glaubt“. Er ist für die geistige Welt empfänglich. Das ist entscheidend, nicht seine sündige Beschaffenheit.

Unvermeidlich treten auch hier wieder die Gesetzestreuen auf, die sich für gerecht halten. Sie kritisieren Jesus wegen seiner Gemeinschaft mit dem „Sünder“, da sie nicht begreifen, dass gerade das Sündenbewusstsein und die daraus entstehende Sehnsucht nach dem Geist die Verbindung des Geistes mit dem wahren Selbst des Menschen ermöglichen. Für sie kann sich der Geist nur mit dem „Gerechten“ verbinden. Und das ist ja auch die Wahrheit: Nur mit dem auf die geistige Welt „ausgerichteten“ wahren Selbst kann er sich verbinden. Aber mit dem Gerechten, wie sie ihn verstehen, mit dem nur nach moralischen Maßstäben Gerechten, der zugleich selbstgerecht ist, kann er sich nicht verbinden. Bei ihnen ist keine Sehnsucht nach dem Geist, weil kein Bewusstsein ihrer Trennung vom Geist vorhanden ist, und daher werden sie auch die Freude der wiedergewonnen Einheit mit dem Geist nicht erleben können.

Auch in jedem einzelnen Menschen wirken diese „Pharisäer" und „Schriftgelehrten", diese selbstgerechten Verstandeskräfte, der Verbindung zwischen sich sehnender Seele und Geist entgegen. Aber gerade das Gefühl der Seele, des Heils unwürdig zu sein, ist es, das dem Geist erlaubt, Wohnung in ihr zu nehmen.

Gleichnis von den Pfunden: Ernte der spirituellen Arbeit

19 11 *Als sie aber dies hörten, fuhr er fort und sagte ein Gleichnis, weil er nahe bei*
Jerusalem war und sie meinten, das Reich Gottes werde sofort sichtbar werden. ***12***
Er sagte also: Ein Mann von vornehmer Abkunft begab sich in ein fernes Land, um
sich ein Reich zu erwerben und [dann] zurückzukehren. ***13*** *Er rief aber zehn seiner*
Knechte, gab ihnen zehn Pfund und sagte zu ihnen: Treibt Handel, während ich fort
bin! ***14*** *Seine Mitbürger jedoch hassten ihn, schickten eine Gesandtschaft hinter ihm*
her und ließen sagen: Wir wollen nicht, dass dieser über uns König werde.
15 *Und es begab sich, als er wiederkam, nachdem er sich das Reich erworben hat-*
te, da ließ er die Knechte, denen er das Geld gegeben hatte, zu sich rufen, um zu er-
fahren, was jeder bei seinen Geschäften gewonnen habe. ***16*** *Da kam der erste und*
sagte: Herr, dein Pfund hat zehn Pfund hinzuerworben. ***17*** *Und er sprach zu ihm:*
Recht so, du guter Knecht! weil du in etwas ganz Geringem treu gewesen bist, sollst
du über zehn Städte Macht haben. ***18*** *Und der zweite kam und sagte: Dein Pfund,*
Herr, hat fünf Pfunde eingebracht. ***19*** *Er sprach aber auch zu diesem: Und du sei*
über fünf Städte gesetzt! ***20*** *Und der andre kam und sagte: Herr, siehe, da ist dein*
Pfund, das ich in einem Schweißtuch verwahrt hielt. ***21*** *Denn ich fürchtete dich, weil*
du ein harter Mensch bist; du nimmst, was du nicht hingelegt hast, und erntest, was
du nicht gesät hast. ***22*** *Er sprach zu ihm: Aus deinem Mund will ich dir das Urteil*
sprechen, du böser Knecht! Du wusstest, dass ich ein harter Mensch bin, dass ich
nehme, was ich nicht hingelegt habe, und ernte, was ich nicht gesät habe? ***23*** *Und*
warum hast du mein Geld nicht auf die Bank gegeben? Dann hätte ich es bei meiner
Rückkehr mit Zinsen eingefordert. ***24*** *Und zu den Dabeistehenden sprach er: Nehmt*
ihm das Pfund weg und gebt es dem, der die zehn Pfunde hat! – ***25*** *Und sie sagten zu*
ihm: Herr, er hat [schon] zehn Pfunde. ***26*** *Ich sage euch: Jedem, der hat, wird gege-*
ben werden; dem aber, der nicht hat, wird auch das genommen werden, was er hat.
27 *Doch diese meine Feinde, die nicht wollten, dass ich über sie König würde, führt*
hierher und macht sie vor meinen Augen nieder.

Sehr schön illustriert das „Gleichnis von den anvertrauten Pfunden" die vierte Phase des spirituellen Weges.

Was sind die „Pfunde", die der Vornehme seinen Knechten anvertraut? Jeder Mensch, der als Ebenbild Gottes aus dem „Vater", dem Geist, gezeugt wird, beginnt seine äonenlange Wanderschaft durch die irdische Welt mit einer spirituellen „Ausstattung", einer spirituellen Anlage. Der Sinn dieser Ausstattung ist, dass sie entwickelt und bewusst wird, dass sie sich unter den Verhältnissen der irdischen Welt bewährt, um einst eine bewusste Verbindung mit der geistigen Welt, ja den Eintritt in das Reich des Geistes zu erleben. Diese spirituelle Anlage ist das „Pfund", das dem Menschen anvertraut ist. Auch begegnen jedem Menschen auf seiner äonenlangen Reise durch die irdische Welt immer wieder Botschafter aus der geistigen Welt, die durch ihr Wirken, etwa in Form einer Religion, das Ebenbild Gottes in ihm zur Wirksamkeit anregen. Diese empfangenen Anregungen gehören ebenfalls zu dem „Pfund", mit dem der Mensch arbeiten soll. Durch Anwendung der ihm verliehenen spirituellen Einsichten und Kräfte soll er das wahre Selbst entwickeln und Frucht bringen. Welcher Art diese Frucht ist, das zeigt sich, wenn die geistige Welt sich in die Menschheit oder den einzelnen Menschen herabsenkt: Wenn das Reich Gottes kommt.

Das Gleichnis spricht von einem vornehmen Mann mit zehn Knechten, denen er vor seiner Reise jeweils ein Pfund anvertraut. Der „Mann von vornehmer Abkunft" ist entweder Gott, der „Vater" selbst, der dem Menschen vor Beginn der Zeiten sein Ebenbild einprägt, oder ein Botschafter aus der geistigen Welt, der durch Lehre und Predigt, Heilung von Krankheiten und Befreiung von Dämonen das Ebenbild Gottes im Menschen wachruft. Wenn es heißt, dass der Mann in ein fernes Land reist, um sich dort ein Reich zu erwerben, so verweist das darauf, dass Gott nach der Erschaffung der Menschheit nicht ruht, sondern weitere Wesen und Reiche aus sich hervorbringt, oder darauf, dass geistige Botschafter wie Jesus nach dem Verlassen der irdischen Welt in den geistigen Welten wirken, bis sie als „Söhne des Menschen" wiederkommen.

Die zehn Knechte des Mannes sind diejenigen Menschen, die sich an der geistigen Welt orientieren und ihr ihr Leben widmen. Neben ihnen treten die den Vornehmen hassenden „Mitbürger" auf. Es ist die große Mehrzahl der Menschen, die in ihren irdischen Gewohnheiten aufgehen, diese als Lebensinhalt und -ziel ansehen und auf keinen Fall von spirituellen Einflüssen gestört werden wollen. Deshalb „hassen" sie den Geist, ob im Vater aller Dinge oder in Botschaftern der geistigen Welt verkörpert, und wünschen nicht, „dass er König über sie werde". Denn dies würde eine Umwertung ihrer Werte und eine völlige Umstellung ihres Lebens bedeuten.

Die Knechte des Herrn erzielen mit dem ihnen jeweils anvertrauten Pfund unterschiedliche Resultate. Der erste Knecht, der erste Typ Mensch, entwickelt sein wahres Selbst im Lauf der Äonen zu schöpferischer Potenz. Das wird durch die Zahl zehn ausgedrückt. Eins ist die Zahl des Geistes, zehn, die Eins mit einer Null, die geistige Kraft im Stadium der Wirksamkeit. Der Typ Mensch, der zehn Pfunde aus dem einen macht, ist der geistig schöpferische Mensch, der der Menschheit neue spirituelle Impulse bringt. Es kann sich um Künstler handeln, die durch ihre Werke einen Vorgeschmack von der göttlichen Welt vermitteln, um religiöse Menschen, die, aus dem Geist lebend, geistige Kräfte freisetzen, um inspirierte Forscher, Denker und Philosophen, die den Abglanz Gottes in Natur und Mensch zeigen, oder um Staatsmänner, Erzieher und Sozialreformer, die das Zusammenleben der Menschen nach neuen, spirituell begründeten Prinzipien gestalten. Die Menschen dieses Typs haben ihr Pfund unter großen Mühen und Opfern vermehrt. Viele von ihnen sind der Welt bekannt, von vielen anderen weiß sie nichts. Vielleicht haben sie im Verborgenen gearbeitet, vielleicht sind sie auch scheinbar gescheitert. Trotzdem haben sie ihr „Pfund" schöpferisch weiterentwickelt.

Der Typ Mensch, der fünf Pfunde aus dem einen macht, ist der Mensch, der selbst nicht spirituell schöpferisch ist, aber dem Geist seine Seelenkräfte zur Verfügung stellt. Fünf ist die Zahl der Seele, und die fünf erworbenen Pfunde bedeuten, dass die Seele dieser Menschen, vom wahren Selbst inspiriert, die von anderen, schöpferischen Menschen ausgehenden geistigen Impulse weitervermittelt hat. Es sind die Interpreten der schöpferischen Geister, die Ausführenden neuer spiritueller Impulse und Prinzipien in allen Bereichen der Kunst, Religion, Wissenschaft und Gesellschaft.

Schließlich gibt es noch den Menschentyp, dessen wahres Selbst als Entwicklungsmöglichkeit in ihm ruht, der diese Möglichkeit aber nicht realisiert. Er hat ein Pfund empfangen, eine spirituelle Anlage, entwickelt sie jedoch nicht aktiv. Warum entwickelt er sie nicht? Der betreffende Knecht im Gleichnis erklärt dem Herrn: „Du erntest, was du nicht gesät hast." In ihm macht sich die Ichbezogenheit geltend. Das wahre Selbst verströmt sich für andere, dient der spirituellen Entwicklung anderer und damit dem Geist. Es wünscht nichts anderes, als die ihm geschenkten Möglichkeiten zu nutzen, nicht für sich, sondern für die geistige Welt, für den „Herrn". Das irdische Ich aber möchte nicht für andere arbeiten. Deshalb sagt der Knecht in dem Gleichnis zum Herrn: „Du erntest, was du nicht gesät hast." Es will nicht Diener einer Entwicklung sein, die scheinbar nicht ihm selbst zugute kommt. Es empfindet den Herrn auch als „hart". Denn das wahre Selbst wird dem Menschen nur deshalb anvertraut, damit er es im irdischen Leben unter vielen Mühen und Opfern entwickle. Aber das irdische Ich empfindet diese Bestimmung als Last, als harte Forderung, der es nicht genügen will.

Alle drei Menschentypen werden vom Geist geprüft, wenn er in der „Endzeit" als „Sohn des Menschen" wiederkommt. Der erste, geistig schöpferische Typ steht im Einklang mit der Ordnung der geistigen Welt und dem Strom ihrer Kräfte. Weil er sich im irdischen Leben so verhalten hat, wird es möglich, dass ihm die Ströme der geistigen Welt, wenn sie sich in die Menschheit ergießen, bewusst werden und er mit ihnen schöpferisch zusammenarbeitet. Er hat dann weit größere Möglichkeiten und Aufgaben als vorher in der irdischen Welt. Er wird, als treuer Knecht im Reich des Geistes, über „zehn Städte" gesetzt. Es werden ihm spirituelle Aufgaben (Symbol dafür ist wieder die Zahl 10) anvertraut, die der von ihm entwickelten schöpferischen Potenz entsprechen.

Der zweite Typ, der seine Seelenkräfte im Einklang mit der Ordnung des Geistes entfaltet hat, bekommt ebenfalls Anteil am Strom der geistigen Kräfte, wenn sie sich in die Welt ergießen. Er dient als geringerer Knecht in den seelischen Bereichen der geistigen Welt: Er wird über fünf Städte gesetzt. Der dritte Typ aber, der sein wahres Selbst nicht entfaltet hat, ja sein irdisches Ich darüber hat dominieren lassen, kann den Strömen des Geistes, wenn sie sich ergießen, nicht bewusst begegnen und nicht mit ihnen mitarbeiten. Sein Organ dafür hat sich nicht entwickelt. Seine prinzipiell schöpferische Anlage wird deshalb seinem eigenen Einfluss entzogen und dem Einfluss des schöpferischen Menschen unterstellt. Sein Pfund wird dem Knecht mit den zehn Pfunden übergeben. Der Unschöpferische wird fortan vom Schöpferischen als unselbstständiges Werkzeug gebraucht, was die Kraft und die Früchte des Schöpferischen noch vermehrt, die eigenständige spirituelle Entwicklung des Unschöpferischen aber vorläufig unmöglich macht.

Der untätige Knecht hätte seine spirituellen Anlagen übrigens doch, und ohne große Mühe, fruchtbar werden lassen können. Hätte er ohne jeden Trotz gegen die Gesetze der geistigen Welt seine Ichbezogenheit wenigstens schweigen lassen und seine Anlagen anderen spirituell arbeitenden Menschen freiwillig zur Verfügung gestellt, so wären seine spirituellen Kräfte anderen Menschen – und damit indirekt ihm selbst – zugute gekommen, ohne dass er selbst besondere innere Fortschritte gemacht hätte. Auf diese Möglichkeit wird in dem Gleichnis durch die Frage des Herrn, warum der Knecht das Geld nicht auf die Bank gegeben habe, angespielt. Auch ohne selbstverantwortliche spirituelle Aktivität kann das wahre Selbst „Zinsen“ tragen.

Die Beobachter dieser geistig-seelischen Vorgänge finden es ungerecht, dass der Knecht mit den zehn Pfunden auch noch das Pfund des trägen Knechtes zur Betreuung und Nutzung erhält. Ihnen entgegnet der „Herr“, indem er auf ein überall geltendes Lebensgesetz verweist: Jedem, der hat, wird gegeben werden; dem aber, der nicht hat, wird auch das genommen werden, was er hat. Wo irdische Fähigkeiten sind, da werden sie, klug ausgeübt, gesteigert werden. Wo keine oder nur wenige sind, da werden sie, weil nicht ausgeübt, verkümmern. Wo irdische Reichtümer sind, da werden sie, klug angewendet, leicht vermehrt werden können. Wo Armut ist, da wird, weil nichts da ist, was Reichtum hecken könnte, auch noch der letzte Sparpfennig genommen. Im spirituellen Bereich besagt dieses Lebensgesetz: Wo spirituelle Anlagen sind und entwickelt werden, da wird die geistige Welt fördern und Kräfte hinzufügen. Wo spirituelle Anlagen nicht entwickelt werden, da wird sich die geistige Welt zurückziehen und nicht fördern können. Die vorhandenen spirituellen Kräfte werden eines Tages, vielleicht gegen den Willen des Betreffenden, von anderen, schöpferischen Menschen benutzt werden, und seine eigene spirituelle Entwicklung wird stagnieren und verkümmern.

Die Ichbezogenheit der großen Mehrzahl der Menschen aber wird, wenn die Ströme der geistigen Welt in die irdische Welt einfließen, entwurzelt werden. Die Menschen werden erfahren, dass all ihr Fortschrittsglaube, ihr Streben nach irdischer Vervollkommnung und nach irdischem Glück eitel sind. Sie werden sich innerlich leer fühlen und vor dem Nichts stehen, da nichts in ihnen ist, was auf die geistigen Impulse antworten könnte. Es sind die „Feinde“ des Geistes, die nicht wollten, dass er König über sie würde. Und sie werden „vor den Augen“ des Geistes, konfrontiert mit den Werten des Geistes, die sie nicht erfahren und begreifen können, „niedergemacht“, das heißt, all ihrer Lebensgrundlagen beraubt werden.

Ankunft vor Jerusalem

Nach dem Durchzug durch die „Stadt der Palmen“ nähert sich Jesus über Betfage – das „Haus der Feigen“ – und Betanien – das „Haus der Armen“ – Jerusalem. Jerusalem ist die „Stadt des Friedens“, in der der Tempel Gottes steht, gleichzeitig auch die Umkehrung dieser Identität, die „Stadt des Unfriedens". Hier erfüllt Jesus seine eigentliche Aufgabe. Er wird als Ichpersönlichkeit von den Kräften des Unfriedens getötet werden, aber als wahres Selbst und Geistpersönlichkeit in den Kräften des göttlichen Friedens auferstehen.

Einzug in Jerusalem: Strömen der neuen Kräfte

19 28 *Und nachdem er dies gesagt hatte, wanderte er weiter, um nach Jerusalem hinaufzuziehen.* ***29*** *Und es begab sich, als er in die Nähe von Betfage und Betanien an den Berg kam, der der Ölberg heißt, da sandte er zwei von den Schülern* ***30*** *und sagte: Geht in das gegenüberliegende Dorf, und wenn ihr hineinkommt, werdet ihr darin ein Füllen angebunden finden, auf dem noch nie ein Mensch gesessen hat; das bindet los und führt es her!* ***31*** *Und wenn euch jemand fragt: Warum bindet ihr es los? sollt ihr so sagen: Der Herr bedarf seiner.* ***32*** *Da gingen die Abgesandten hin und fanden es, wie er ihnen gesagt hatte.* ***33*** *Als sie aber das Füllen losbanden, sagten seine Herren zu ihnen: Warum bindet ihr das Füllen los?* ***34*** *Sie antworteten: Der Herr bedarf seiner.* ***35*** *Und sie führten es zu Jesus, warfen ihre Kleider auf das Füllen und ließen Jesus aufsteigen.* ***36*** *Während er aber dahinzog, breiteten sie auf dem Weg ihre Kleider hin.* ***37*** *Als er sich aber schon der Stelle näherte, wo man vom Ölberg [nach Jerusalem] hinabsteigt, fing die ganze Menge der Schüler voll Freude an, Gott mit lauter Stimme zu loben, wegen all der machtvollen Taten, die sie gesehen hatten,* ***38*** *und sie sprachen:*

„Gepriesen sei, der da kommt",
der König, „im Namen des Herrn!"
Im Himmel Friede
und Ehre in den Höhen!

39 *Und aus dem Volk heraus sagten etliche der Pharisäer zu ihm: Meister, verweise es deinen Schülern!* ***40*** *Da antwortete er und sprach: Ich sage euch: Wenn diese schweigen, werden die Steine schreien.*

Vor dem scheinbaren Untergang des wahren Selbst zeigt sich, dass auf dem spirituellen Weg alle dafür in Frage kommenden Kräfte der Seele und des Körpers der Ordnung des Geistes dienstbar gemacht worden sind. Im Bild der Erzählung: Alle positiven Kräfte des Volkes – der irdischen Seele – strömen dem König – dem wahren Selbst – zu. Vermittler zwischen beiden sind die Schüler, die geist-orientierten Bewusstseinskräfte des Menschen. Dieses Wechselspiel wird durch die Beschaffung des „Esels" dargestellt. Jesus sendet zwei Schüler aus. Das wahre Selbst im Einzelnen schickt Impulse des Willens aus, um seelische und körperliche Kräfte der irdischen Persönlichkeit zu mobilisieren. Jesus weiß mit Selbstverständlichkeit, dass ihm die Besitzer des Füllens das Tier überlassen werden. Und diese sind tatsächlich ohne Wenn und Aber bereit, als sie hören: Der Herr bedarf seiner. Denn der Zeitpunkt der Mobilisierung aller Kräfte des Volkes bzw. der Seele des Einzelnen ist gekommen, und das wahre Selbst kann selbstverständlich mit ihrer Dienstbarkeit rechnen. Die irdische Persönlichkeit ihrerseits spürt die Notwendigkeit, sich ganz zur Verfügung zu stellen, und überlässt dem wahren Selbst ihre Kräfte bereitwillig.

Das Eselsfüllen ist ein Motiv aus dem Propheten Sacharja, wie überhaupt der Einzug in Jerusalem eine Stelle aus Sacharja zum Vorbild hat (Sach. 9,9–10). Das Eselsfüllen wird dort den „Streitrössern" gegenübergestellt. Das wahre Selbst, die spirituellen Möglichkeiten des Menschen, bedienen sich der Hingabe, Dankbarkeit und freiwilligen Unterordnung der Persönlichkeit – diese Eigenschaften werden durch das Eselsfüllen symbolisiert –, nicht der aggressiven, stolzen, selbstherrlichen Tendenzen, der „Streitrösser". Und auf diesem Füllen hat noch nie ein Mensch gesessen: Die Kräfte der Persönlichkeit sind frei von Konventionen und Konditionierungen. Sie tragen das wahre Selbst, ohne durch irgendwelche Erfahrungen, Vorstellungen und Traditionen geprägt zu sein.

Ein Bild dafür, dass sich die spirituellen Möglichkeiten auch aller Bewusstseinskräfte des Menschen bedienen können, sind die Kleider, die die Schüler Jesu auf das Eselsfüllen legen, damit Jesus bequem reiten kann, und die sie vor ihm auf den Weg breiten, damit er ebene Bahn findet. Mit all ihren bewussten Gedanken, Empfindungen und Strebungen, den „Gewändern" des Ich, unterstützen sie das wahre Selbst.

Alle Schüler aber jubeln und loben Gott mit lauter Stimme, als Jesus sich der „Stadt des Friedens" nähert. Sie haben Jesus als den „Gesalbten", den „Christus" erkannt, der „im Namen des Herrn", im Namen Gottes, der geistigen Welt, kommt und der den Frieden des Geistes und die Herrlichkeit Gottes in die irdische Welt bringt. Jetzt schließt sich der Kreis. Als Jesus geboren wurde, sangen die Kräfte des Geistes das Lob des Gesalbten, der aus der „Stadt Davids" kommen und den Menschen das Heil bringen würde. Mittlerweile hat sich der Gesalbte das Herz des Volkes erobert und kann mit dessen Unterstützung rechnen. Die Freude, die damals nur in wenigen Erkennenden aufsprang, hat sich einem großen Kreis von Schülern mitgeteilt, die den Sohn Davids, den König und Gesalbten Gottes, lobpreisen.

Doch auch die Feinde des wahren Selbst sind immer anwesend. Mögen sie im Augenblick gegenüber der Begeisterung, die Volk und Schüler ergriffen hat, ins Hintertreffen geraten sein: Ihre Skepsis bringt sich doch zur Geltung. Sie erkennen das Wesen Jesu nicht, sie verstehen nicht, warum die Schüler das Lob Gottes singen. Sie sind die Vertreter des Dogmas und der starren Tradition, die Repräsentanten des irdischen Verstandes. Für sie ist Jesus höchstens ein „Meister des Gesetzes". Deshalb verlangen sie von ihm, er möge seinen Schülern verbieten, ihn „König" zu nennen, der „im Namen des Herrn" kommt. Jesus aber verweist sie auf die Macht, die das geist-erfüllte wahre Selbst in der vierten Phase der spirituellen Entwicklung gewonnen hat. Die geistigen Kräfte laufen in der Seele und im Körper des ganzen Volkes um, ja sie beeinflussen und durchdringen die ganze unbewusste Natur, die ebenfalls eine Schöpfung des Geistes ist. Gegen einen solch mächtigen Strom, gegen eine derart mächtige Antwort, die der Ruf des Geistes in den dafür Empfänglichen und in der ganzen Natur ausgelöst hat, gibt es kein Mittel – selbst wenn Jesus es wollte. Würden auch seine Schüler den Ausbruch der Begeisterung und Freude in sich unterdrücken – der Geist würde sich seine Bahn suchen, und sei es in der Natur: „Wenn diese schweigen, werden die Steine schreien." Die ganze belebte und unbelebte Natur strahlt zurück, was aus der geistigen Welt in sie eingestrahlt wurde. Ist einmal der Sturm des Geistes entfesselt und das Feuer auf Erden entfacht, ist dieser Brand stärker als alle Eindämmungsversuche.

Weinen über Jerusalem

19 41 *Und als er näher kam und die Stadt sah, weinte er über sie* ***42*** *und sprach:*
Wenn doch auch du an diesem Tag erkannt hättest, was zu deinem Frieden dient!
Jetzt aber ist es vor deinen Augen verborgen. ***43*** *Denn es werden Tage über dich*
kommen, da werden deine Feinde einen Wall gegen dich aufwerfen und dich ringsum
einschließen und dich von allen Seiten bedrängen ***44*** *und dich dem Erdboden gleich-*
machen und deine Kinder in dir [zu Boden schmettern] und keinen Stein in dir auf
dem andern lassen darum, weil du die Zeit deiner [gnadenvollen] Heimsuchung
nicht erkannt hast.

Das überholte Alte kann sich indessen noch lange behaupten und das Feuer des Neuen bekämpfen. Das Alte konzentriert sich in der „Hauptstadt“, in den Pharisäern und Priestern, den Vertretern des traditionellen Gesetzes, die das Volk führen, wie der ichbezogene Verstand im Haupt des Menschen führt. Eigentlich wäre gerade der Verstand berufen, auf die Impulse des Geistes zu reagieren. Doch steht er in der Regel im Dienst der Ichbezogenheit, des Macht-, Besitz- und Geltungsstrebens, und verschließt sich in Selbstgerechtigkeit dem Geist. Die Gemeinschaft der Berufenen – Jerusalem –, erkennt nicht, was zu ihrem Frieden dient. Es ist, wegen ihrer Selbstgerechtigkeit und Hartnäckigkeit, vor ihren Augen verborgen. Deshalb „weint“ Jesus über die Stadt. Sein Bestreben ist es, alle Menschen und alle Elemente im Menschen, die sich von der geistigen Welt getrennt haben, wieder zur Einheit mit dem Geist und dadurch in den göttlichen Frieden zurückzuführen. Wenn aber keine Empfänglichkeit für den Geist da ist und die Menschen ihm und ihrer Bestimmung gegenüber blind sind, läuft dieses Bestreben des Geistes ins Leere. Das ist ein Schmerz für den Geist selbst und für jeden, der als wahres Selbst im Strom des Geistes mitarbeitet. Um so größer ist dieser Schmerz, als alle, die sich gegen ihre Bestimmung sperren, über kurz oder lang zum Untergang verurteilt sind.

Dabei handelt es sich um ein spirituelles Gesetz, das zum Beispiel auch im Rahmen der gesamten Menschheitsentwicklung gilt. Nimmt ein zur geistigen Führung bestimmtes Volk neue geistige Impulse auf und setzt sie um, so werden andere Völker seine Führungsrolle anerkennen und ihm folgen. Versagt das führende Volk jedoch, werden die anderen Völker enttäuscht revoltieren und zu feindseligen Aktionen übergehen. So auch im Fall Jerusalems, das damals eine geistige Führungsrolle hätte übernehmen müssen. War nicht das Volk Israel durch die Bemühungen der Propheten zu besonderen Aufgaben in der Menschheitsentwicklung vorbereitet worden? Hätte es nicht zur Zeit Jesu die „Heimsuchung“ durch den Geist erkennen und sich an die Spitze der Entwicklung setzen müssen, die zur Bestimmung des Menschen führt? Hätte es nicht das irdische Ich der geistigen Ordnung des wahren Selbst unterordnen müssen? Da es diese „Heimsuchung“ nicht erkannt hat, werden seine Feinde, die sonst seine Führungsrolle hätten anerkennen müssen, es dem Erdboden gleichmachen. Diese Folgen der Blindheit „Jerusalems“ sieht Jesus voraus. Er, der die Entfaltung des Menschen, jedes Volkes und der Menschheit zu ihrer spirituellen Bestimmung befördern möchte, empfindet Schmerz über diese Folgen.

Reinigung der alten Religion

19 ***45*** *Und nachdem er in den Tempel hineingegangen war, fing er an, die Verkäufer*
hinauszutreiben, ***46*** *und sprach zu ihnen: Es steht geschrieben:*
„Und mein Haus soll ein Bethaus sein!“
Ihr aber habt es zu einer Räuberhöhle gemacht.
47 Und er lehrte täglich im Tempel; die Hohenpriester aber und die Schrift-
gelehrten und die Vornehmsten des Volkes suchten ihn ins Verderben zu bringen, ***48***
und sie fanden nicht, was sie tun sollten; denn das ganze Volk hing ihm an und hörte
auf ihn.

Am Tempel, dem Zentrum Jerusalems, lässt sich die Verderbnis, die das Beste ergriffen hat, am deutlichsten ablesen. „Mein Haus soll ein Bethaus sein“: Der Tempel soll die Begegnungsstätte zwischen Gott und wahrem Selbst sein, wo sich der Mensch auf die Ordnung des Geistes abstimmt und von ihr Kraft und Richtung empfängt. Das ist Beten. Geschähe dies im Tempel zu Jerusalem, so würde die Gemeinschaft der Betenden sich auf die Bestimmung des Menschen ausrichten, die Haftung an Tradition und Gesetz überwinden und dem Untergang entrinnen. Jetzt aber ist der Tempel zu einer Räuberhöhle geworden. Es herrscht der Besitztrieb darin, unterstützt vom Macht- und Geltungstrieb. Hohepriester, Schriftgelehrte und Pharisäer missbrauchen Religion und Gesetz für ihre ichbezogenen Interessen. Was im Großen im Argen liegt, liegt auch im Kleinen im Argen. Das Herz des einzelnen Menschen, der zur Erfüllung seiner Bestimmung berufen wäre, sollte der Tempel sein, in dem die Begegnung zwischen Zeit und Ewigkeit stattfindet. Doch ist es zu einer Räuberhöhle geworden, erfüllt von Begierden und Aggressionen. Das geist-erfüllte wahre Selbst, Jesus, der Christus, gelangt in seiner Auseinandersetzung mit den beharrenden Aspekten der Ich-Persönlichkeit des Menschen schließlich auch in dessen „Tempel“, das Herz, wo das Bewusstsein sich der geistigen Welt öffnen sollte. Doch finden die geistigen Impulse dort nur ichbezogene Gedanken und Wünsche vor. Sie vertreiben diese „Händler“ aus dem Tempel.

Die sichtbaren Händler sind nur der Ausdruck der Degeneration des kollektiven Bewusstseins im damaligen Judentum, in das die Impulse des Geistes eindringen. Der „Tempel“ ist das Zentrum der jüdischen Religion. Die Vertreter dieser Religion haben die lebendigen Inhalte der Religion zur käuflichen Ware gemacht und verkaufen sie für ihre eigenen Interessen. Jesus aber, Repräsentant des lebendigen Geistes, vertreibt diese Händler aus dem Tempel. Ein lebendiger Impuls des Geistes reinigt die Religion von aller Degeneration und ermöglicht wieder eine unmittelbare Begegnung des Menschen mit Gott. Die Tempelreinigung durch Jesus ist somit ein geistesgeschichtliches Ereignis: Degenerationserscheinungen einer alten Religion werden durch einen lebendigen spirituellen Impuls beseitigt. Sie ist aber auch Bild für die Tatsache, dass immer wieder eine solche Degeneration der Religion, ob der jüdischen oder einer anderen, eintreten und immer wieder ein neuer spiritueller Impuls diese Degeneration beseitigen kann: in einem Volk oder im einzelnen Menschen.

An dieser Erzählung zeigt sich, dass das geist-erfüllte wahre Selbst, verkörpert durch Jesus, den Gesalbten, kein kraftloses, willenlos duldendcs Wesen ist. Es ist das

Gesetz der geistigen Welt selbst, das unwiderstehlich wirkt. Es wirkt nur nicht im Dienst ichbezogener Interessen. Diese Stärke des Gesetzes der geistigen Welt zeigt sich auch in den vier folgenden Gesprächen Jesu mit den Schriftgelehrten.

Letzte Auseinandersetzung zwischen geistiger und irdischer Welt

Legitimation Jesu

20 1 *Und es begab sich an einem der Tage, als er das Volk im Tempel lehrte und das Evangelium verkündigte, da traten die Hohenpriester und die Schriftgelehrten samt den Ältesten herzu* ***2*** *und sagten zu ihm: Sage uns: In was für einer Vollmacht tust du dies? oder wer ist's, der dir diese Vollmacht gegeben hat?* ***3*** *Da antwortete er und sprach zu ihnen: Auch ich will eine Frage an euch richten. Sagt mir:* ***4*** *Stammt die Taufe des Johannes vom Himmel oder von Menschen?* ***5*** *Sie aber überlegten miteinander: Wenn wir sagen: Vom Himmel, so wird er erwidern: Warum habt ihr ihm nicht geglaubt?* ***6*** *Wenn wir dagegen sagen: von Menschen, so wird uns das ganze Volk steinigen; denn es ist überzeugt, dass Johannes ein Prophet war.* ***7*** *Und sie antworteten, sie wüssten nicht woher.* ***8*** *Da sprach Jesus zu ihnen: So sage auch ich euch nicht, in was für einer Vollmacht ich dies tue.*

Es beginnt die letzte Auseinandersetzung zwischen wahrem Selbst und Ich im Entscheidungszentrum des Einzelnen oder eines Volkes. Jesus lehrt im Tempel – der Geist sucht dem Bewusstsein seine Ordnung in Form von Erkenntnissen mitzuteilen. Aber die ichbezogenen Aspekte des Bewusstseins, die „Hohenpriester, Schriftgelehrten und Ältesten“, beharren auf ihren Privilegien und Gewohnheiten und suchen sich der ihnen drohenden Gefahr zu entledigen.

Im einzelnen Menschen wird der ichbezogene Verstand versuchen, durch Argumente die Wirksamkeit des Geistes, der die Geltung des Ich antastet, zu entkräften. Er wird diese Wirksamkeit als Fantasie, als psychologische Störung, als Aberglauben denunzieren und ihr so ihre Berechtigung nehmen wollen. Ebenso versuchen im Großen die Führungskräfte des Volkes den geistigen Impulsen, durch Jesus verkörpert, ihre Legitimationsgrundlage zu nehmen. Würde ihnen das vor dem Volk gelingen, so hätten sie gewonnenes Spiel. Und daher stellen sie Jesus die Frage nach seiner Vollmacht. Ihre Überlegung ist: Er kann schlecht sagen: „Meine Vollmacht stammt aus mir selbst als irdischem Menschen.“ Damit hätte er seine Legitimationsgrundlage beim Volk, das ihn für einen von Gott gesandten Propheten, ja teilweise für den Messias hält, erschüttert. Sagt er aber: „Meine Vollmacht stammt von Gott, ich bin ein Prophet“, so würde er seine Ichbezogenheit und Hybris unter Beweis stellen. Denn jeder, der tatsächlich aus der Vollmacht des Himmels handelt, legitimiert sich durch seine Taten und Worte, die vom Himmel stammen, nicht durch seine Worte über sich selbst. Wer sich selbst als vom Himmel Gesandten bezeichnet, gibt dadurch zu erkennen, dass sein geltungsbedürftiges Ich spricht, und beweist, dass er nicht vom Himmel gesandt ist. Würde Jesus also wahrheitsgemäß antworten, wäre ebenfalls seine Legitimation in Frage gestellt. (Die Ichworte Jesu im Johannesevangelium haben einen anderen Hintergrund.)

Jesus durchschaut dieses Spiel. Er weiß, dass die Fragesteller nicht aus Erkenntnisdurst fragen, sondern um ihn zu Fall zu bringen. Er stellt ihnen, was nach den damaligen Diskussions-Spielregeln erlaubt und üblich ist, eine Gegenfrage, die sie selbst in jene prekäre Situation bringt, welche sie ihm zugedacht haben. Er fragt nach der Vollmacht Johannes des Täufers. Ihre zwei möglichen Antworten auf diese Frage würden ihre Position beim Volk erschüttern. Sagen sie, Johannes hat seine Vollmacht vom Himmel, müssten sie ihre bisherige Überzeugung und Kampfansage gegen Johannes zumindest nach außen hin aufgeben. Sagen sie, von Menschen, würden sie jeden Kredit beim Volk verlieren.

Auf der Ebene des argumentierenden, nicht die Wahrheit, sondern die Macht suchenden Verstandes wird es immer zu solchen Pattsituationen kommen. Erst die Sehnsucht nach Wahrheit und die Offenheit für die Wahrheit könnten hier Antwort und Entscheidung bringen. Ein nach Wahrheit suchender Mensch würde erkennen, dass Johannes der Täufer wirklich seine Vollmacht vom Himmel hat, und dass er als Vorläufer auf den Gesalbten, Jesus, hinweist, der vom Himmel die Vollmacht besitzt, Erfüllung zu bringen.

Die Antwort Jesu wirft die Fragesteller auf ihre eigene Position zurück. Das wahre Selbst lässt sich durch die Listen des Verstandes nicht irritieren. Es gehört einer anderen Dimension an.

Gleichnis von den Weingärtnern: Verhältnis von Jesus zu Vertretern der alten Religion

20 9 *Er fing aber an, zum Volk dieses Gleichnis zu sagen: Ein Mensch pflanzte einen*
Weinberg und verpachtete ihn an Weingärtner und zog für lange Zeit außer Landes.
10 *Und als die Zeit da war, sandte er zu den Weingärtnern einen Knecht, damit sie*
ihm von der Frucht des Weinbergs [seinen Anteil] geben sollten. Die Weingärtner
aber schlugen ihn und schickten ihn mit leeren Händen fort. ***11*** *Er sandte sodann*
einen anderen Knecht; sie aber schlugen auch den, misshandelten ihn und schickten
ihn mit leeren Händen fort. ***12*** *Darauf sandte er einen dritten; sie aber verwundeten*
auch diesen und stießen ihn hinaus. ***13*** *Da sprach der Herr des Weinbergs: Was soll*
ich tun? Ich will meinen geliebten Sohn senden; vielleicht werden sie sich vor diesem
scheuen. ***14*** *Als ihn jedoch die Weingärtner sahen, überlegten sie miteinander und*
sagten: Dies ist der Erbe; lasst uns ihn töten, damit das Erbgut uns zufällt! ***15*** *Und*
sie stießen ihn zum Weinberg hinaus und töteten ihn. Was wird nun der Herr des
Weinbergs mit ihnen tun? ***16*** *Er wird kommen und diese Weingärtner umbringen und*
den Weinberg anderen geben. Als sie das hörten, sagten sie: Das sei ferne!

Im Gleichnis vom Weinberg und später vom Eckstein enthüllt Jesus dann doch indirekt seine Identität und Vollmacht. Das oben geschilderte Gespräch über die Vollmacht Jesu hatte zwischen ihm und den Hohenpriestern und Schriftgelehrten stattgefunden, wobei es zugleich für die Ohren des Volkes bestimmt war. Die Hohenpriester hatten darauf spekuliert, Jesus seine Legitimationsgrundlage beim Volk zu entziehen. Jetzt, im Gleichnis von den Weingärtnern, richtet sich Jesus unmittelbar an das Volk, in der Hoffnung, von ihm verstanden zu werden, während seine Worte indirekt auch für die Ohren der Hohenpriester bestimmt sind, um ihnen die Rolle Jesu und ihre eigene Rolle deutlich zu machen.

Gott erschafft die irdische Welt, den „Weinberg", setzt die Menschen als „Pflanzen" hinein und bestellt religiöse Führer für sie: Priester und Erzieher, die als „Weingärtner" die Pflanzen betreuen sollen. Sie haben dafür zu sorgen, dass die Menschen unter den Bedingungen der irdischen Welt lernen, was ihre Lebensaufgabe und Bestimmung ist, und dass sie im Sinn des Gelernten auch leben. Ihre mittels des „Gesetzes" erworbenen Einsichten, was Gut und Böse ist, ihre Handlungen entsprechend diesen Einsichten und ihre spirituelle Entwicklung sind die Früchte, die sie mit Hilfe der Weingärtner bringen sollen.

Diese Früchte kommen zum Teil den geistlichen Führern zugute, denn auch sie können Hingabe und Dankbarkeit erwarten. Zum größeren Teil aber gehören sie Gott, dem Besitzer des „Weinbergs". Dafür sind die Pflanzen gesetzt, dafür sollen sie betreut werden: um Früchte nicht in erster Linie für die Betreuer, sondern für den Geist zu bringen. Immer wieder schickt daher Gott Propheten, Botschafter aus der Welt des Geistes, die den geistlichen Führern deutlich machen, dass die Dankbarkeit und Hingabe der von ihnen Betreuten nur zum Teil der religiösen Organisation und ihren Vertretern gehören, zum wesentlichen Teil aber Gott. Ihm gebührt das Opfer des Herzens. Die geistlichen Führer verdienen außerdem Dankbarkeit und Hingabe nur dann, wenn sie wirklich für die Bestimmung der ihnen anvertrauten Menschen arbeiten. Die Weingärtner aber hören nicht auf die Gesandten Gottes, verstoßen sie und behalten die Früchte der Betreuten: Hingabe, Dankbarkeit, Verehrung und physische Leistungen, für sich.

Schließlich schickt Gott seinen „Sohn", das Muster des wahren Selbst, den Gesalbten. Dem wahren Selbst des Menschen wird einst die ganze irdische Welt gehören. Es ist der Erbe der Schöpfung. Es ist die Vergegenwärtigung der göttlichen Ordnung selbst, der alle Früchte des Menschen, sein Ich und dessen Fähigkeiten, gehören sollten. Die Weingärtner aber überlegen: Wenn wir dieses wahre Selbst „töten", dann gehört uns die irdische Welt mit all ihren Herrlichkeiten und Früchten. Und sie töten die Verkörperung des wahren Selbst.

Dieser Mord ist keineswegs ein einmaliger Akt. Denn durch die Jahrhunderte bis zur Gegenwart haben die geistlichen und ideologischen Führer die Impulse aus der geistigen Welt immer wieder „getötet", und dadurch den Christus, die Inkarnation dieser Impulse, immer wieder getötet, um Lebensfrüchte der ihnen anvertrauten Menschen zum eigenen Nutzen zu verwenden. Sie haben sich mit Hilfe der Religion, die der Bestimmung der Menschen dienen sollte, die ihnen Anvertrauten unterworfen und mit deren Hingabe und Leistungen mächtige irdische Reiche aufgebaut. Damit haben sie Gott das Seine vorenthalten. Sie haben ihm die Ergebnisse vorenthalten, für deren Erzeugung das Leben in der irdischen Welt gedacht ist.

Es kann nicht ausbleiben, dass die Ordnung des Geistes, der „Herr des Weinbergs", diese Entwicklung korrigiert. Der „Sohn des Menschen" kommt wieder. Die auf falscher Grundlage beruhenden Reiche brechen zusammen, die sie zusammenzimmernden geistlichen und ideologischen Führer stehen vor dem Nichts. Die religiöse Betreuung der Menschen wird auf andere Gruppen übergehen, in denen die Impulse der geistigen Welt leben und für andere umgesetzt werden.

Auch für jeden Einzelnen gilt das Gleichnis. Jeder ist Weingärtner in seinem eigenen Leben und hat die Aufgabe, seine irdischen Fähigkeiten zu entwickeln. Immer wieder verspürt er aber eine Ahnung als einen „Gesandten Gottes", dass die Ergebnisse seiner Fähigkeiten, die Früchte seines Lebens, nicht allein ihm, sondern Gott und dessen Ebenbild, dem wahren Selbst, gehören. Nur wenn er sie den Weisungen einer höheren Macht in seinem Wesen unterordnet, wird sein Leben sinnvoll und erfüllt er seine Bestimmung. Es kann sein, dass diese Ahnung zu großer Mächtigkeit anwächst, dass sich das wahre Selbst als klare Erkenntnis, das Ich des Menschen gehöre dem Ebenbild Gottes, das aus Gott ist, bemerkbar macht. Dann wirkt der „Sohn" als Gesandter Gottes im Menschen. Und dieser kann, wie die Weingärtner im Gleichnis, den „Sohn" „töten". Er kann die klare Erkenntnis, wem sein Leben und dessen Früchte gehören, total verdrängen, um seine Lebensfrüchte in Ichbezogenheit genießen zu können. Im Lauf der Zeit aber wird ihn das Gefühl der Leere und Sinnlosigkeit ereilen, hat er sich doch selbst von seinen geistigen Wurzeln abgeschnitten. Er wird „umgebracht" werden, und das von ihm Aufgebaute wird sich als nicht tragfähig erweisen.

Ein neuer „Weingärtner" wird eingesetzt werden, der die irdischen Fähigkeiten dieses Menschen im Sinn der Ordnung des Geistes entwickelt und ihr dienstbar macht. Vielleicht ist das eine durch leidvolle Erfahrungen veränderte Persönlichkeit dieses Menschen, die noch in diesem Leben zu einer neuen Handlungsweise übergeht, vielleicht ist es eine neue Inkarnation, die aus den negativen Erfahrungen der vorherigen Inkarnation gelernt hat.

Die Hörer des Gleichnisses rufen aus: „Das sei ferne!" Sagen sie es in Bezug auf die irdische Situation, von der das Gleichnis ausgeht, und sind empört über die Unrechtmäßigkeit der Taten der Weingärtner? Oder verstehen sie das Gleichnis als solches und nehmen innerlich Stellung gegen das Verhalten der geistlichen und ideologischen Führer der Menschheit durch die Jahrhunderte und gegen die Tendenz im eigenen Wesen, das wahre Selbst zu verdrängen? Wird ihnen der Zusammenhang zwischen dieser Verdrängung und der Vernichtung ihrer eigenen Lebensfreude und Lebensinhalte deutlich? Lukas lässt es offen.

Gleichnis vom Eckstein

20 ***17*** *Er aber blickte sie an und sprach: Was bedeutet nun dieses Schriftwort:*
„Der Stein, den die Bauleute verworfen haben,
der ist zum Eckstein geworden?"
18 *Jeder, der auf jenen Stein fällt, wird zerschellen; auf wen er aber fällt, den wird*
er zermalmen. ***19*** *Und die Schriftgelehrten und die Hohenpriester suchten zu eben*
dieser Stunde Hand an ihn zu legen – und fürchteten doch das Volk –, denn sie merk-
ten, dass er gegen sie dieses Gleichnis gesagt hatte.

Jesus fährt fort mit einem zweiten Gleichnis, das ebenfalls die Identität Jesu als des wahren Selbst des Menschen zum Thema hat. Es wird eingeleitet mit den Worten: „Er blickte sie an." Das geist-erfüllte wahre Selbst, die göttliche Wirklichkeit selbst, blickt die geistlichen Führer an und fordert sie auf, diese Wirklichkeit nicht zu verdrängen, das wahre Selbst nicht zu töten, sondern seinem Anspruch und Ernst standzuhalten und vor diesem Anspruch das eigene Leben zu überdenken.

Der Stein, den die Bauleute verworfen haben und der zum Eckstein geworden ist, ein Zitat aus Psalm 118 (Vers 22), ist wiederum das wahre Selbst des Menschen, verkörpert durch Jesus. Die Bauleute sind die Priester und geistlichen Führer der Menschheit. Sie errichten aus den physischen Mühen, den Glaubenskräften und der Begeisterung der ihnen anvertrauten Menschen ihre Bauten ideologischer, theokratischer und physischer Reiche und Systeme. Die Grundlage dieser Reiche sind Traditionen, Religionen und Ideologien, die im Dienst der Ichbezogenheit der Bauenden stehen. Religion und Ideologie sind Machtinstrumente der herrschenden Klasse. Das wahre Selbst jedoch, die Ordnung des Geistes, verwerfen die geistlichen und ideologischen Führer als Grundlage ihrer Bauten. Es widerspricht ihren ichbezogenen Bedürfnissen.

Gerade das wahre Selbst des Menschen aber, die Ordnung des Geistes, ist der Eckstein, auf dem allein dauerhafte, tragfähige Gebäude errichtet werden können. Jedes auf ichbezogenen Bedürfnissen beruhende politische und soziale System muss über kurz oder lang aus Mangel an geistiger Substanz und auf Grund der durch gegensätzliche Interessen entstehenden Spannungen zusammenbrechen. Nur eine auf Einheit im Geist, Freiheit im Geist und begründetem Vertrauen beruhende menschliche Gemeinschaft ist dauerhaft.

Das gilt ebenso für den Lebensentwurf jedes Einzelnen. Die geistige Wirklichkeit im Menschen, ob bewusst oder unbewusst, ist unverrückbar und unwiderstehlich. Stößt das Ichbewusstsein auf diese Wirklichkeit, so wird es in seiner Begrenztheit und Starre entlarvt, und der Mensch sieht sich – sofern er einsichtig ist – gezwungen, seine Ichbezogenheit aufzulösen. Sie zerschellt an der Wirklichkeit der Einheit, Freiheit und Liebe, die ihm aus dem wahren Selbst entgegenblickt. Stößt umgekehrt die Wirklichkeit des wahren Selbst auf das Ichbewusstsein, so erfährt der Mensch die umfassenden und ewigen Kräfte des Ecksteins. Es wird ihm deutlich, dass seine Ichbezogenheit vor dieser Wirklichkeit keine Daseinsberechtigung hat. Sie wird „zermalmt". Ob aber sein Ich der Wirklichkeit des Geistes begegnet – er fällt auf den Eckstein – oder ob die Wirklichkeit des Geistes seinem Ich begegnet – der Eckstein fällt auf ihn –, ist gleichgültig. Es ist ein und derselbe Vorgang mit denselben Konsequenzen.

Die Gleichnisse von den Weingärtnern und vom Eckstein haben im Evangelium nur die Folge, dass sich das Ich der Angesprochenen, von der geistigen Wirklichkeit angeblickt und entlarvt, nur noch mehr aufbäumt. Die Schriftgelehrten und Hohenpriester, ob konkrete Menschen, ob Tendenzen im einzelnen Menschen, versuchen, das wahre Selbst mundtot zu machen. Doch sind die mit der geistigen Wirklichkeit sympathisierenden Seelenkräfte, das „Volk", vorläufig noch stärker.

Die Steuermünze: Verhältnis von geistiger Macht und irdischer Macht

***20** 20 Und sie gaben acht auf ihn und sandten Leute hin, die angestiftet waren, sich*
zu stellen, als wäre es ihnen um die Gerechtigkeit zu tun; die sollten ihn bei einem
Ausspruch fassen, sodass sie ihn der Gewalt und der Macht des Statthalters auslie-
*fern könnten. **21** Und sie fragten ihn: Meister, wir wissen, dass du redest und lehrst,*
was recht ist, und die Person nicht ansiehst, sondern den Weg Gottes nach der Wahr-
*heit lehrst. **22** Ist es uns erlaubt, dem Kaiser Steuer zu geben, oder nicht? **23** Da er*
*aber ihrer Arglist gewahr wurde, sprach er zu ihnen: **24** Zeigt mir einen Denar! Wes-*
*sen Bild und Aufschrift hat er? Sie antworteten: Des Kaisers. **25** Da sprach er zu*
*ihnen: So gebt denn dem Kaiser, was des Kaisers ist, und Gott, was Gottes ist! **26***
Und sie vermochten nicht, ihn vor dem Volk bei einem Wort zu fassen; und sie ver-
wunderten sich über seine Antwort und schwiegen.

Wenn die Verkörperung des wahren Selbst in die irdische Welt kommt, deklarieren sich vor seiner geistigen Ordnung sämtliche irdischen Verhältnisse und Missverhältnisse, und zwar nicht nur einmal, sondern unaufhörlich. Unaufhörlich versuchen die irdischen Strömungen und Tendenzen die Verkörperung der Wahrheit zu vereinnahmen oder zu Fall zu bringen. So war auch die Frage der Hohenpriester und Schriftgelehrten nach Jesu Vollmacht nur die aktuelle Konkretisierung einer stets andauernden Situation gewesen: Der Vertreter der geistigen Ordnung wird von den Vertretern der irdischen Ordnung auf seine Legitimation hin geprüft. Sie versuchen immer wieder, bei seinen Anhängern seine Legitimationsgrundlage zu erschüttern.

Ebenso ist die Szene mit der Steuermünze nur die aktuelle Zuspitzung einer Situation, in der sich Jesus dauernd befindet. Israel beugt sich der Herrschaft des römischen Kaisers. Nach dem mosaischen Gesetz ist das ein Verbrechen. Israel dürfte als einzigen Herrscher, dessen Gesetz alle politischen und sozialen Belange regelt, nur Gott anerkennen. Jeder andere Herrscher neben Gott ist ein Götze, und wenn Israel einem Götzen dient, verrät es den Bund mit dem einen Gott. In dieser Situation gab es zwei mögliche Reaktionen: Die Zeloten – Eiferer – beharrten darauf, dass man dem Kaiser nicht gehorchen dürfe und ihm die Steuern verweigern müsse – um den Preis fortwährenden Guerillakrieges. Die andere, gemäßigte Partei, zu der die geistlich führenden Kreise gehörten, machte gute Miene zum bösen Spiel, passte sich an, hoffte aber auf einen Umschwung der Verhältnisse in der Zukunft.

Vor diesem Hintergrund ist die Szene mit der Steuermünze zu sehen. Jesus, Vertreter der geistigen Ordnung, befindet sich stets in Gefahr, von der einen oder anderen Partei vereinnahmt oder ausgespielt zu werden. Hätte er den von den Hohepriestern angestifteten Leuten geantwortet: Ja, es ist uns erlaubt, dem Kaiser Steuern zu geben, so hätte er, jedenfalls in den Augen der Hohenpriester und Zeloten, bewiesen, nicht auf dem Boden des mosaischen Gesetzes zu stehen – er hätte als Lehrer jede Autorität verloren. Hätte er mit Nein geantwortet, wäre er der Gewalt des römischen Statthalters ausgeliefert worden. Und die Fragesteller versuchen ihn noch besonders auf dieses Nein festzulegen. Denn wenn er wirklich „den Weg Gottes nach der Wahrheit" lehrt, muss er, entsprechend den Forderungen des Gesetzes, das verlangt, nur Gott zu dienen, mit Nein antworten.

Es geht den Hohepriestern nicht um das Problem, wie der Mensch sich zwischen den Anforderungen der göttlichen und der irdischen Welt entscheiden soll. Sie versuchen nur, eine aktuelle, gefährliche Situation auszunützen, um Jesus in eine tödliche Falle zu locken.

Die Steuermünze, die sich Jesus zeigen lässt, ist Indiz für den prekären Zustand, in dem Israel derzeit lebt, und zugleich Entlarvung der Fragesteller. Denn sie beweist schlagend, dass Israel und seine geistlichen Führer einem Götzen, dem Kaiser, dienen und somit unaufhörlich das erste Gebot des Gesetzes übertreten. Wer eine solche Münze besitzt und sich ihrer bedient, erkennt den auf ihr abgebildeten Götzen an. Wie kann so einer es wagen, jemanden auf ein Nein gegen diese Übertretung zu verpflichten? Noch mehr: Israel und seine geistlichen Führer verstoßen auch gegen das zweite Gebot des Gesetzes: Du sollst dir kein Götzenbild machen.

Die Antwort aber, die Jesus auf ihre Frage gibt, beleuchtet das Problem von einer übergeordneten Ebene aus, löst es dadurch und entzieht Jesus, Vertreter der geistigen Welt, den Parteilichkeiten der irdischen Welt. Jesus sagt: Gebt Gott, was Gottes ist, und dem Kaiser, was des Kaisers ist. Entscheidend ist hier, zu erkennen, was Gottes, und was des Kaisers ist.

Was ist Gottes? Gottes sind sowohl das Ebenbild Gottes im Menschen als auch dessen irdische Fähigkeiten und Bedürfnisse. Auch die irdischen Bedürfnisse und Belange – das, was des Kaisers ist – sollen der geistigen Ordnung untergeordnet sein und ihr dienen. Immer hat das Geistige Vorrang vor dem Irdischen. Denn nur dann bekommt das Irdische seinen Sinn, während beim Vorrang des Irdischen vor dem Geistigen das Geistige kraftlos wird und auch das Irdische seinen Sinn verliert. Darum hat das erste Gebot des Gesetzes seine volle Gültigkeit. Jede Verselbstständigung des irdischen Ich in Macht-, Geltungs- und Besitztrieb läuft auf die Schaffung und Verehrung eines Götzen hinaus. Das hieße, dem Kaiser geben, was ihm nicht gebührt.

Damit fällt durch die Antwort Jesu auch ein Licht auf die Ursache der Fremdherrschaft, unter der Israel seufzt, und auf die Möglichkeit, diese Fremdherrschaft wieder zu beseitigen. Israel hat das erste Gebot des Gesetzes verletzt. Es hat seine eigentliche Identität, die auf dem Bund mit der göttlichen Welt beruht, aufgegeben, indem es sich allen möglichen Götzen zugewandt hat. Die Propheten haben unzählige Male diesen Abfall Israels gegeißelt und vorausgesagt, dass der Verlust seiner Identität auch die Herrschaft der „Heiden" nach sich ziehen würde. Wäre Israel dem ersten Gebot und damit seiner Identität treu geblieben, hätten es die „Heiden" respektiert. Da es aber selbst dem Götzen der Macht verfiel, stieß es auf der Ebene der Auseinandersetzung um irdische Macht auf einen Mächtigeren und wurde unterjocht.

Jesu Antwort besagt daher auch: Gebt Gott *wieder*, was Gottes ist, dann findet ihr eure Identität als Ebenbild Gottes wieder, dann verlasst ihr die Ebene irdischer Macht und der Auseinandersetzung um Macht, beseitigt damit die Ursache der Fremdherrschaft und damit diese selbst. Bis dahin aber gebt dem Kaiser, was des Kaisers ist: Nehmt die Folgen eures Fehlers und des Verlustes eurer eigentlichen Identität an. Nehmt die Tatsache der Fremdherrschaft an, solange sie eine Tatsache ist. Wenn ihr sie durch Kampf zu ändern versucht, wie die Zeloten, begebt ihr euch auf die Ebene der irdischen Auseinandersetzung um Macht, dient wieder dem Götzen der Macht und werdet den kürzeren ziehen. Aber ihr könnt die Tatsache der Fremdherrschaft ändern, wenn ihr wieder Gott gebt, was Gottes ist, eure spirituelle Identität wiederfindet und euch dadurch die Achtung und den Respekt der „Heiden" erwerbt. Selbst wenn dann die politische Abhängigkeit von Rom bestehen bleiben sollte, wäre es nur eine Abhängigkeit auf Verwaltungsebene, die von kultureller und geistiger Überlegenheit mehr als ausgeglichen würde. Dann wäre das richtige Verhältnis zwischen der geistigen und der irdischen Ebene – ob diese vom Kaiser oder von eigenen politischen Führern repräsentiert wird – wiederhergestellt.

Oberstes Ziel jeder politischen Gemeinschaft ist die Ermöglichung und Förderung der Bestimmung des Menschen. Der Bestimmung des Menschen, der Entfaltung des Ebenbildes Gottes, nachzustreben, heißt, Gott geben, was Gottes ist. Alle Regelungen der irdischen Bedürfnisse stehen dann unter dem Vorzeichen dieses großen Ziels, und wenn sie es nicht unmittelbar befördern, können sie doch so gestaltet werden, dass sie es ermöglichen und begünstigen. Das gilt für die Verfassung einer Gemeinschaft ebenso wie für die Lebensgestaltung eines Einzelnen. Dann steht das, was dem Kaiser, den irdischen Bedürfnissen, gegeben wird, unter dem Vorzeichen dessen, was Gott gegeben wird. Deshalb ist wichtig, auch zu erkennen, was des Kaisers ist.

Was ist des Kaisers? Des Kaisers ist nicht das Recht, Leben und Denken des Menschen zu vereinnahmen. Damit würde er absolut gesetzt und zum Götzen der Macht erhoben. Des Kaisers ist nur eine dienende Rolle. Das irdische Leben und die irdischen Fähigkeiten des Menschen sind der Boden, auf dem das spirituelle Leben und die spirituellen Fähigkeiten, im Licht der geistigen Welt, gedeihen. Der Boden braucht geeignete Pflege dafür, und so gestalte der Mensch seine irdischen Verhältnisse.

Dass des Kaisers nur eine dienende Rolle ist, heißt nicht, dass er den geistlichen Führern dienen und dass die geistlichen Führer ihn beherrschen sollten. Wollten sie das, so befänden sie sich schon auf der Ebene der irdischen Macht und hätten ihren Auftrag, Gott zu dienen, verraten. Aufgabe sowohl des Kaisers als auch der geistlichen Führer ist, Gott zu dienen, jeder in seinem Bereich. Aufgabe der geistlichen Führer ist insbesondere, ihr wahres Selbst zu entfalten und anderen bei dem selben Prozess behilflich zu sein. Wenn sie das tun, werden sie erkennen, welche Verfassung der irdischen Gemeinschaft dieser Aufgabe am besten dient, und können ihre Erkenntnisse dem Kaiser und den ihnen geistlich Anvertrauten zur Verfügung stellen.

Auch der Einzelne wird, wenn er Gott nicht gibt, was Gottes ist, und dem Kaiser nicht gibt, was des Kaisers ist, unter „Fremdherrschaft" geraten. Wenn er Gott nicht gibt, was Gottes ist, und sich seiner spirituellen Bestimmung nicht zuwendet, wird er seine eigentliche Identität verlieren. Er wird dem Kaiser geben, was nicht des Kaisers ist, nämlich sein Ich absolut setzen, sich damit allein auf der Ebene des irdischen Daseinskampfes bewegen und über kurz oder lang den kürzeren ziehen. Er wird innerlich von seinen Vorgesetzten, von staatlichen Regelungen und von autoritären Persönlichkeiten abhängig werden, weil er nicht in sich selbst ruht. Die äußere Abhängigkeit wird nach Maßgabe der inneren steigen. Wendet er sich aber seiner spirituellen Bestimmung zu, wird seine wahre Identität wachsen, er wird in der geistigen Ordnung verankert sein, und dadurch wird seine Umwelt spüren, dass sie es mit einem in sich ruhenden, selbstständigen Menschen zu tun hat. Er kann dann gelassen den irdischen Belangen, dem Kaiser, das geben, was des Kaisers ist, ohne seine innere Selbstständigkeit zu verlieren.

Mit seiner Antwort hat Jesus das prinzipielle, zeitlose Verhältnis von geistiger Welt und irdischer Welt beleuchtet. Er hat weiter gezeigt, welche Folgen auftreten, wenn dieses Verhältnis gestört ist, und dass diese Folgen wieder beseitigt werden können, wenn der Vorrang des Geistigen über das Irdische wiederhergestellt wird. Zugleich hat er sich der Gefahr entzogen, in die ihn die Fragesteller gebracht haben.

Die Sadduzäer: Gesetze der geistigen und der irdischen Welt

20 *27 Es kamen aber etliche der Sadduzäer hinzu, welche bestreiten, dass es eine*
Auferstehung gebe, und fragten ihn: ***28*** *Meister, Mose hat uns vorgeschrieben:*

> *„Wenn jemandes verheirateter Bruder stirbt und kinderlos ist, soll sein Bruder die Frau nehmen und seinem Bruder Nachkommen schaffen."*

29 *Nun waren sieben Brüder. Und der erste nahm eine Frau und starb kinderlos.* ***30***
Und der zweite ***31*** *nahm sie und der dritte, ebenso aber auch die [übrigen der] sie-*
ben. Sie hinterließen keine Kinder und starben. ***32*** *Zuletzt starb auch die Frau.* ***33***
Die Frau nun – welchem von ihnen wird sie in der Auferstehung als Frau angehören?
Die Sieben haben sie ja [alle] zur Frau gehabt. ***34*** *Da sprach Jesus zu ihnen: Die*
Söhne dieser Welt heiraten und werden verheiratet. ***35*** *Die aber, welche gewürdigt*
worden sind, jener Welt und der Auferstehung von den Toten teilhaft zu werden, hei-
raten nicht und werden nicht verheiratet. ***36*** *Sie können ja auch nicht mehr sterben;*
denn sie sind Engeln gleich und sind Söhne Gottes, indem sie Söhne der Auferste-
hung sind. ***37*** *Dass aber die Toten auferweckt werden, hat auch Mose bei der Ge-*
schichte vom Dornbusch angedeutet, indem er den Herrn „den Gott Abrahams und
den Gott Isaaks und den Gott Jakobs" nennt. ***38*** *Gott aber ist nicht ein Gott von*
Toten, sondern von Lebendigen; denn für ihn sind alle lebendig. ***39*** *Da antworteten*
einige der Schriftgelehrten und sagten: Meister, du hast trefflich geredet. ***40*** *Denn*
sie wagten nicht mehr, ihn etwas zu fragen.

Mit einer mächtigen theologischen Strömung seiner Zeit musste sich Jesus unaufhörlich auseinandersetzen. Das Gespräch mit den Sadduzäern zieht diese Auseinandersetzung in eine dramatische Szene zusammen. Diesmal geht es um ein theologisches Problem, scheinbar ohne Bezug zum praktischen Leben. Aber mit ihrem Einwand versuchen die Sadduzäer in Wirklichkeit Ziel und Berechtigung des Wirkens Jesu, ja Ziel und Berechtigung des spirituellen Weges überhaupt, zu bestreiten. Wenn Jesus diesem Einwand erliegen sollte, wäre seine ganze Sendung in Frage gestellt.

Denn was ist die Auferstehung von den Toten? Das wahre Selbst ist in den allermeisten Menschen „tot", nämlich unbewusst und unwirksam. Die Menschen sind, mögen sie auch als irdische Persönlichkeiten leben, geistig, ihrem wahren Wesen nach, tot. Die Auferstehung von den Toten aber ist das Bewusstwerden des wahren Selbst und das Wirksamwerden des wahren Selbst durch eine neue, ihm entsprechende Geistpersönlichkeit.

Die Auferstehung von den Toten läuft somit darauf hinaus, dass der Mensch seine Bestimmung erfüllt: das in ihm unbewusste und unwirksame, „tote" Ebenbild Gottes zum Leben zu erwecken, um wieder bewusst in Einheit mit dem Gott des Lebens, mit der Welt des Geistes, zu leben. Das ganze Evangelium des Lukas und der anderen Evangelisten ist nichts anderes als eine Darstellung des spirituellen Entwicklungsweges, auf dem diese Auferstehung von den Toten erfolgt. Jesus lebt diesen Weg unter den besonderen Voraussetzungen seiner Verbindung mit der geistigen Welt vor, und er sammelt diejenigen Menschen um sich, die diesen Weg nachleben können. Das ist Sinn und Berechtigung seiner Sendung, seiner Inkarnation.

„Welche gewürdigt worden sind, jener Welt und der Auferstehung von den Toten teilhaftig zu werden", sind jene Menschen, die in den durch Jesus und andere vermittelten Kräften der geistigen Welt den spirituellen Weg gegangen sind, deren wahres Selbst durch diese Kräfte – nicht durch eigene Leistung und Kraft – bewusst und wirksam geworden ist und die nun ins „Reich Gottes", in „jene Welt", eingetreten sind. Mit dem lebendig gewordenen wahren Selbst, das ein geistiges Wesen ist, sind sie sich der geistigen Welt bewusst geworden und leben darin. Sie sind wieder vereint mit Gott, unvergänglich, da sowohl das wahre Selbst als auch die ihm entsprechende Geistpersönlichkeit in den unvergänglichen Strukturen der Geistwelt verankert sind. Sie sind damit den „Engeln gleich", geistigen Wesen einer höheren Schöpfung Gottes, die ebenfalls unvergänglich aus den unvergänglichen Strukturen der geistigen Welt leben.

Und sie sind „Söhne Gottes". Denn wenn das wahre Selbst vom heiligen Geist erfüllt und sich dadurch seiner und der geistigen Welt bewusst wird, wird es zum „Sohn Gottes". Jesus wird zum Christus, zum „Gesalbten", zum „Sohn" des „Vaters", gezeugt vom „Vater": Der göttliche Geist zeugt in der göttlichen Kraft des heiligen Geistes ein spirituelles Bewusstsein, den „Sohn" des Geistes. Das ist schon Auferstehung. Denn damit ist das wahre Selbst, das „tot" war, wieder lebendig und sich seiner selbst bewusst geworden. Was wie tot darniederlag, ist aufgestanden. Menschen, die einen spirituellen Weg bis zum völligen Aufstehen ihrer wahren Identität gegangen sind, sind „Söhne der Auferstehung", und dadurch „Söhne Gottes".

Deutlicher lässt sich nicht sagen, dass die Auferstehung von den Toten kein Vorgang ist, der *jedem* Menschen, etwa am „jüngsten Tag", ohne sein Zutun zuteil wird. Söhne Gottes, Söhne der Auferstehung, sind nur jene, „welche gewürdigt worden sind, jener Welt und der Auferstehung von den Toten teilhaftig zu werden". Es sind nur jene Menschen, die sich ihrem wahren Selbst nach aus der Gefangenschaft in der irdischen Welt befreien und bewusst ins Reich Gottes eintreten. Jeder Mensch wird eines Tages dieser Auferstehung seines wahren Selbst gewürdigt werden. Aber vorläufig sind es immer nur wenige. Und diese Auferstehung von den Toten ist kein automatischer Prozess, etwa wie ein Schläfer von einem Hinzutretenden aufgeweckt wird. Es ist eine Frage der Erfahrungsreife und Empfänglichkeit für die geistige Welt. Denn nur empfängliche Menschen können „gewürdigt werden" und dann auch auf die Kräfte der geistigen Welt reagieren, die das wahre Selbst zum Leben erwecken. Weit entfernt davon, eine automatische Auferstehung aller Menschen am „jüngsten Tag" zu behaupten, spricht hier das Evangelium selbst von einer Auferstehung von den Toten, die nur den „Würdigen" zuteil wird.

Daraus ergibt sich zudem, dass das Reich Gottes nicht das Jenseits ist, in das der Mensch nach dem physischen Tod gelangt. „Jene Welt", von der Jesus spricht, ist die Welt des Geistes, weder das Diesseits, in dem der Mensch, physisch lebend, als geistig Toter existiert, noch das Jenseits, in dem er, physisch tot, als geistig Toter fortexistiert. Gerade aus diesem Zustand des geistigen Todes in Diesseits oder Jenseits erhebt er sich ja durch die Auferstehung des wahren Selbst. Diese Auferstehung des wahren Selbst kann sich ereignen, während der Mensch noch im Diesseits lebt, also vor dem physischen Tod. Ja sie muss sich im Diesseits ereignen oder zumindest begonnen werden, da nur hier die Möglichkeit einer bewussten Begegnung mit der geistigen Welt und einer bewussten Reaktion darauf besteht.

Dass eine solche Auferstehung von den Toten für jeden Menschen prinzipiell möglich ist, erläutert Jesus in seinem Gespräch mit den Sadduzäern noch durch ein weiteres Argument, dem seine Gesprächspartner besonders zugänglich sind. Denn wenn sie auch die Auferstehung des Menschen von den Toten leugnen, glauben sie doch an die Existenz eines ewigen Gottes und damit einer unvergänglichen geistigen Welt. Aus dieser Existenz eines ewigen Gottes folgt aber nach Jesus die Auferstehung von den Toten für jeden Menschen.

Für Gott „sind alle lebendig": Das wahre Selbst ist, als Ebenbild Gottes, von gleicher Art wie Gott und prinzipiell lebendig. Aktuell lebendig geworden ist es bei so manchem Menschen im Lauf der Geschichte: Abraham, Isaak und Jakob z. B. sind solche Menschen, die „gewürdigt worden sind, jener Welt und der Auferstehung von den Toten teilhaftig zu werden". Gott ist lebendig. Das wahre Selbst jedes Menschen ist aus Gott und daher prinzipiell lebendig. Also wird es, wie das wahre Selbst Abrahams, Isaaks und Jakobs, auch aktuell lebendig werden und von den Toten auferstehen können. So ist die Argumentation Jesu.

Das Argument der Sadduzäer gegen die Möglichkeit einer Auferstehung von den Toten entstammt der Sicht des irdischen, an die Sinnenwelt gebundenen Verstandes. Sie übertragen irdische, raumzeitliche Verhältnisse auf Verhältnisse in „jener Welt", im Reich Gottes. Jesus aber stellt klar, dass in der geistigen Welt andere Gesetze herrschen. Da braucht niemand zu heiraten. Denn dort ist Fortpflanzung nicht mehr notwendig, sind doch jene, deren wahres Selbst von den Toten auferstanden ist, unsterblich. Die Fortpflanzung in der irdischen Welt ist eine der Tatsache des physischen Todes entspringende Notwendigkeit. Wird der physische Tod durch die Auferstehung des wahren Selbst und einer unsterblichen Geistpersönlichkeit überwunden – was Ziel des spirituellen Weges ist –, bedarf es dieser Einrichtung nicht mehr.

So klar diese Stelle ist, hat sie doch vielfach zu Missverständnissen Anlass gegeben. In der Frühzeit des Christentums gab es Menschen, die glaubten, schon durch das Ritual der Erwachsenentaufe zu den „Söhnen Gottes" zu gehören und deshalb nicht mehr heiraten zu brauchen oder zu dürfen. Später dachten Menschen so, die sich durch Mönchs- oder Priesterweihe in ein besonderes Verhältnis zur geistigen Welt gesetzt fühlten. Aber Rituale ändern nichts an der Beschaffenheit eines Menschen. Durch ein Ritual dieser Art bekundet ein Mensch höchstens, dass er sich auf den spirituellen Weg begeben oder ihn auf einer höheren Stufe fortsetzen will. Er gehört trotzdem weiter zu den „Söhnen dieser irdischen Welt“ und muss den Bedürfnissen und Pflichten der „Söhne dieser Welt“ Rechnung tragen. Verhält er sich anders, läuft das auf forcierte Askese mit entsprechenden Folgen hinaus.

Erst ein Mensch, der seiner Beschaffenheit nach kein „Sohn der irdischen Welt“ mehr ist, sondern ein „Sohn Gottes“, braucht nicht mehr zu heiraten. Er braucht sich aber auch nicht zur Askese zu zwingen. Denn er lebt als bewusst gewordenes wahres Selbst, das, erfüllt vom Geist, als Seele und Geist, als „Braut“ und „Bräutigam“, in sich zweipolig und autark ist und eine unsterbliche Geistpersönlichkeit als Ausdrucksmittel besitzt. Er ist nicht mehr abhängig von irdischen Bedürfnissen des Geschlechts.

Jesus nimmt die Frage der Sadduzäer, die sein Wirken in Frage stellen soll, zum Anlass, einerseits die Verhältnisse in der geistigen Welt zu beschreiben und hervorzuheben, dass sie völlig andere sind als die in der diesseitigen oder jenseitigen Welt. Der an die Sinne gebundene Verstand stellt sich die Ewigkeit analog zur Sinnenwelt vor und muss dadurch notwendig auf Widersprüche stoßen. Andererseits beschreibt Jesus die Tatsache der Auferstehung von den Toten und betont ihren Charakter, ihre Notwendigkeit und ihre Möglichkeit. Denn da Gott ein Gott der Lebenden ist, müssen alle Menschen, mit ihrem ewigen wahren Selbst aus Gott hervorgegangen, einst dem wahren Selbst nach wieder lebendig und „Söhne Gottes“ werden – und werden können. In diesem Ziel gehen das Wirken und die Sendung Jesu als der Verkörperung des wahren Selbst des Menschen auf.

Wie die Sadduzäer damals pflegt der irdische Verstand zu allen Zeiten die Möglichkeit einer Auferstehung von den Toten, ja einer geistigen Welt überhaupt zu bestreiten, deren Existenz die Sadduzäer immerhin noch anerkannten. Mit Argumenten des irdischen Verstandes lässt sich umgekehrt die Existenz einer geistigen Welt und die Möglichkeit einer Auferstehung von den Toten auch nicht beweisen. Die Kompetenz des Verstandes bezieht sich nur auf die Sinnenwelt, aus der er hervorgegangen ist. Deshalb muss ihm das Recht abgesprochen werden, überhaupt über die Existenz einer geistigen Welt und die Möglichkeit der Auferstehung zu urteilen, sei es bestreitend, sei es beweisend. Die geistigen Tatsachen können nur von einem geistigen Organ, dem wahren Selbst, erfahren werden. Wer dieses geistige Organ nicht gelten lassen will, wird in der Dunkelheit der Sinnenwelt verharren müssen. Wer aber sein wahres Selbst in sich sprechen lässt, wird zumindest ahnungsweise diese geistigen Tatsachen akzeptieren können. In diesem Sinn sagen einige der Schriftgelehrten: „Meister, du hast trefflich geredet.“

Rangverhältnis von geistiger und irdischer Welt

20 41 *Er sprach aber zu ihnen: Wie kann man sagen, der Christus sei Davids Sohn?*
42 *David selbst sagt ja im Buch der Psalmen:*
„Der Herr sprach zu meinem Herrn:
Setze dich zu meiner Rechten,

43 bis ich hinlege deine Feinde
als Schemel für deine Füße!"
44 David also nennt ihn „Herr"; wie kann er dann sein Sohn sein?

Jesus als Verkörperung des wahren Selbst des Menschen wird in der vierten Phase des spirituellen Weges mit allen großen Strömungen und Mächten des Diesseits und Jenseits konfrontiert und macht sein Verhältnis zu ihnen deutlich. Zuerst werden seine Herkunft und Legitimität überhaupt hinterfragt. Dann wird sein Verhältnis zur politischen Macht, sodann sein Verhältnis zur irdischen Philosophie bzw. Theologie thematisiert. Und schließlich wirft Jesus selbst die Frage nach dem Verhältnis der geistlichen Macht zum wahren Selbst auf. All diese Klärungen sind wichtig. Denn das wahre Selbst jedes Menschen auf dem spirituellen Weg muss sich über sein eigenes Wesen und das der irdischen Strömungen klar werden. Das ist ein Aspekt seiner Entfaltung. Geschähe das nicht, stünde es immer in Gefahr, Beute dieser Strömungen zu werden. So aber erkennt es sie und kann sie an den ihnen zukommenden Ort stellen.

Die Frage nach dem Verhältnis von geistlicher Macht und wahrem Selbst wird im Evangelium in die Frage nach der Rangordnung von David und Christus gekleidet. David ist der Inbegriff der theokratischen geistlichen Macht, die mittels Religion und Moral regiert. Er ist König und Prophet in einem. Der Christus als Davids Sohn ist Sinnbild für die Vorstellung und Hoffnung der damaligen Menschen, dass der Messias ein moralisch und religiös verstandenes Reich Gottes auf Erden errichten werde. Das schlösse mit ein, dass die römische Fremdherrschaft beseitigt würde. Denn neben Gott und seinem Gesetz, so die Auffassung, kann es keinen anderen Herrscher geben. Sowohl die Schriftgelehrten, Hohenpriester und Pharisäer, als auch das Volk haben diese Vorstellung vom Christus-Messias. Ja selbst die Schüler Jesu sind dieser Auffassung, haben sie doch drei Mal nicht verstanden, als Jesus ihnen erklärte, dass der Messias in Jerusalem würde leiden und getötet werden müssen.

Aber das Reich des Christus-Messias ist ein Reich des Geistes. Es kann sich zwar in politischen Strukturen ausdrücken, ist jedoch nicht damit identisch. Es gehört zu einer Dimension, die der irdischen Welt des Diesseits und Jenseits mit ihren Machtprinzipien nicht nur entgegengesetzt, sondern auch übergeordnet ist. Diese Tatsache drückt sich in dem Umstand aus, dass David den Christus-Messias seinen „Herrn" nennt (Psalm 110,1). David kannte die richtige Rangordnung. Die geistige Welt, das wahre Selbst, ist das Höchste. Sie hätte die Funktion, allem Irdischen, auch der geistlichen Macht, ihren Sinn und ihre Legitimation zu geben und das irdische Leben entsprechend zu ordnen. Umgekehrt hätten die geistlichen Führer die Aufgabe, der geistigen Welt zu dienen, deren Impulse in ihren eigenen Reihen umzusetzen und anderen bei dieser Umsetzung behilflich zu sein. Die geistige Welt ist ein unsichtbares, ungreifbares Reich, das nur in den Herzen und Häuptern der Menschen leben, von da aus aber auch das irdische Leben einschließlich der politischen Gemeinschaft ordnen kann. Somit regt Jesus durch seine Fragestellung seine Hörer an, über ihre Rolle als geistliche Elite nachzudenken.

Er regt sie aber auch zum Nachdenken über die Funktion des Christus-Messias an. Dieser ist kein besonders begabter Repräsentant der geistlichen und politischen

Macht. Er ist vielmehr ein Repräsentant der geistigen Welt, beansprucht keine irdische Macht, sondern ist Verkörperung des wahren Selbst, der Ordnung der geistigen Welt, die in ihnen selbst entstehen müsste. Wenn diese Ordnung in ihnen entsteht, vollziehen sie frei das ihnen eingeschriebene Gesetz des Geistes.

Dasselbe gilt im Leben des Einzelnen. Das Ich des Menschen stellt sich in den Mittelpunkt, ordnet sein Leben nach religiösen und moralischen Gesetzen und macht daraus unter Umständen eine private Theokratie. Das wahre Selbst jedoch, der Spross der Welt des Geistes, gehört zum Ursprung und zur Grundlage allen Lebens. Es ist allen religiösen und moralischen Regelungen übergeordnet. Diese beziehen ihre eigentliche Legitimation nur aus dem spirituellen Gesetz. Daher muss das Ich lernen, all seine Aktivitäten dem Gesetz des wahren Selbst unterzuordnen. Das wahre Selbst lebt frei aus dem ihm eingeschriebenen Gesetz, das Ich wird zu seinem Ausdruck und Instrument.

Charakterisierung der geistlichen Macht

20 ***45*** *Während aber das ganze Volk zuhörte, sprach er zu den Schülern:* ***46*** *Hütet*
euch vor den Schriftgelehrten, die gern in langen Gewändern einhergehen und die
Begrüßungen auf den Märkten und den Vorsitz in den Synagogen und die obersten
Plätze bei den Mahlzeiten lieben, ***47*** *die die Häuser der Witwen aufzehren und [da-*
bei] zum Schein lange Gebete sprechen; diese werden ein [um so] strengeres Gericht
empfangen.

David war immerhin noch ein König gewesen, der seine Herrschaft an die Gebote Gottes band und soziale Gerechtigkeit anstrebte. Die Schriftgelehrten zur Zeit Jesu dagegen haben diesen Weg längst verlassen. Sie lieben die Macht – den Vorsitz in den Synagogen –, die Ehre – die Begrüßungen auf den Märkten und die obersten Plätze bei den Mahlzeiten – und den Besitz: Sie pressen das Volk aus und zehren die „Häuser der Witwen" auf. Dabei tun sie noch so, als seien sie vollkommen im Einklang mit den Geboten Gottes, und sprechen zum Schein lange Gebete. Der Christus-Messias charakterisiert diese theokratische Schicht seiner Tage noch einmal schonungslos und warnt seine Schüler, ihr irgend Vertrauen zu schenken. Dieselbe Tendenz zu Macht, Ehre und Reichtum steckt in jedem Menschen, ebenso die Tendenz, sie mit dem Mantel der Frömmigkeit und Moral zu umgeben, um das eigene Leben und das anderer umso besser beherrschen zu können. Nur das wahre Selbst, seine Ehrlichkeit und Erkenntnisklarheit sind in der Lage, diese Verhältnisse bloßzulegen.

Die arme Witwe: Verhältnis zwischen geistiger und irdischer Welt

21 ***1*** *Als er aber aufblickte, sah er die Reichen, die ihre Gaben in den Opferstock*
legten. ***2*** *Er sah aber eine arme Witwe, die dort zwei Heller einlegte;* ***3*** *und er sprach:*
Der Wahrheit gemäß sage ich euch: Diese arme Witwe hat mehr eingelegt als alle. ***4***

Denn jene haben alle aus ihrem Überfluss zu den Gaben eingelegt; diese aber hat aus ihrem Mangel heraus all ihr Gut eingelegt, das sie hatte.

Wie ein Mensch handelt, in dem die geistige Welt Lebensgrundlage ist, wird durch die Szene mit der armen Witwe dargestellt. Jesus „blickte auf“: Er wandte seinen Blick vom Unteren zum Oberen, vom Äußerlich-Irdischen zum Innerlich-Geistigen, vom äußeren Verhalten zum Herzen, in dem die innersten Motive des Menschen wirken. Von außen betrachtet sind die Gaben der Reichen den armseligen Hellern der Witwe weit überlegen. Von innen betrachtet aber zeigt sich, dass die Witwe all ihre Habe gibt, die Reichen nur einen geringen Teil ihres Überflusses. Darin zeigt sich auch das Verhältnis der Geber zur geistigen Welt. Die Witwe gibt alles, was sie hat, der geistigen Welt und damit ihr ganzes Ich, das gewöhnlich an die irdische Habe gebunden ist. So ermöglicht sie der geistigen Welt, in ihr zu wirken. Die Reichen jedoch behalten den Großteil ihrer Habe – und damit ihr ganzes, an diese Habe gebundenes Ich. Sie lassen die geistige Welt nicht in sich wirken. Vielleicht fühlen sie sich ihr moralisch verpflichtet, vielleicht denken sie, sie könnten sich durch ihre Gabe bei Gott einen Stein im Brett verschaffen. Jedenfalls lieben sie ihn nicht, wie die arme Witwe, und können sich ihm deshalb nicht hingeben.

Damit wird die vierte Phase des spirituellen Weges Jesu und seiner Schüler, die durch Fruchtbringen charakterisiert ist, mit einer Szene abgeschlossen, welche zeigt, wie wirkliches Fruchtbringen aussieht. Die ichbezogenen Reichen opfern Gott Teile ihres Reichtums, um Vorteile für ihr Ich zu erzielen. Das Gott liebende Ich aber opfert ihm alles, einschließlich sich selbst, weil es bestrebt ist, in ihm aufzugehen.

Zeitlose Bedeutung dieser Vorgänge

In der vierten Phase des spirituellen Weges wirken die Kräfte des wahren Selbst ungehindert im Menschen. In der dritten waren ihm seine ichbezogenen Interessen bewusst geworden. Er hatte sie schrittweise aufgelöst. Deshalb haben die spirituellen Kräfte jetzt Gelegenheit, frei in ihm und durch ihn zu wirken und sich seiner irdischen Kräfte wie eines Instrumentes zu bedienen. Ja seine ganze irdische Persönlichkeitsstruktur wird in der vierten Phase dadurch, dass er bewusst aus den spirituellen Kräften handelt und sie strömen lässt, verwandelt. Neue, aus der Welt des Geistes geborene Gedanken leiten sein Leben, neue, aus der Welt des Geistes geborene Empfindungen geben ihm Kraft, neue Zielsetzungen ergeben sich aus Gedanken und Empfindungen, und sein Handeln ist ganz auf diese Voraussetzungen abgestimmt. Die „Kleider“ seiner spirituellen Seele, seines wahren Selbst: die Organisation seiner Gedanken, Gefühle und Strebungen werden vom Geist „verklärt“. In der Verklärung auf dem Berg war dieser Zustand Jesu dargestellt worden.

So ein Zustand hat auch Wirkungen auf die Umwelt. Alle Menschen, die Affinität zur Welt des Geistes haben, wenden sich, unwiderstehlich von einem solchen

Meister oder Schüler angezogen, ihm zu und stellen sich ihm zur Verfügung. Er holt die Ernte seiner bisherigen Arbeit ein. Alle Menschen andererseits, die in den alten, ichbezogenen Strukturen verharren wollen, reagieren mit Feindschaft auf ihn. Doch werden sie mit Macht auf sich selbst zurückgeworfen. Sie erfahren, dass sie der Dimension des Geistes nicht habhaft werden und nicht in sie eindringen können, ja sie werden in ihrer spirituellen Armut entlarvt. Beide Aspekte zeigen sich im Evangelium deutlich: Bei Jesu Einzug in Jerusalem schlagen ihm alle Kräfte der Hingabe und Dankbarkeit seiner Anhänger entgegen. Und indem er die Händler aus dem Tempel vertreibt, weist er ihm feindliche Kräfte zurück. Das wahre Selbst, die Ordnung und Kraft des Geistes, zeigt in dieser Phase seine unwiderstehliche Macht. Alle irdischen Kräfte sind fruchtbar nur, wenn sie sich ihm unterordnen. Diesen Sachverhalt demonstrieren die Gespräche über die Steuermünze, die Auferstehung von den Toten und das Verhältnis von David und Christus.

Auch die vielen Gleichnisse, die Lukas im Rahmen der vierten Phase des spirituellen Weges erzählt, kreisen um das Verhältnis von irdischer und spiritueller Dimension. Einige Gleichnisse berichten von den Bedingungen zum Eintritt ins Reich des Geistes, andere von im Reich des Geistes geltenden Gesetzen. Die Früchte des Weinbergs: alle irdischen Eigenschaften und Fähigkeiten, die der Mensch, angeleitet durch geistliche Führer, im Lauf der Jahrhunderte entwickelt hat, gehören in erster Linie Gott, nicht den geistlichen Führern. Das anvertraute Pfund, das wahre Selbst, muss im Lauf der Jahrhunderte vom Einzelnen und von der ganzen Menschheit entwickelt werden. Das ist die Bestimmung des Menschen. Nur so verhält er sich im Einklang mit den Entwicklungsgesetzen, die seinem Dasein zu Grunde liegen.

Die Endzeitrede

An dieser Stelle des Evangeliums schaltet Lukas eine große Rede Jesu über die „Endzeit" ein. Die Verhältnisse der Endzeit sind eine große Ausweitung der Wirksamkeit des Botschafters der geistigen Welt, wie sie in der vierten Phase seines Weges erfolgt – nur mit einem gewichtigen Unterschied. Im Augenblick wirkt Jesus noch über einen materiellen, sichtbaren Körper in der Menschheit. Doch nach der Auferstehung, nach Ablegung seines physischen Körpers, wirken sein wahres Selbst und seine Geistpersönlichkeit unmittelbar aus der geistigen Welt heraus im Organismus der Menschheit. Das kann man als die siebte und letzte Phase seines spirituellen Weges bezeichnen. Der „Menschensohn", das in der geistigen Welt auferstandene wahre Selbst und die in der geistigen Welt lebende Geistpersönlichkeit sind Informationen und Strukturen, die dann den Organismus der Menschheit mit ganz anderer Kraft als bisher durchdringen und entsprechende Reaktionen herausfordern werden. Auch dann werden die Reaktionen positiv oder negativ sein, aber auf Grund der gesteigerten Wirksamkeit des vollkommenen wahren Selbst des Menschen in gesteigerter Intensität. Die Sehnsucht nach dem Geist im wahren Selbst einzelner Menschen, das „Unten", wird das Muster des wahren Selbst des Menschen, den

Sohn des Menschen, das „Oben“, mit Macht anziehen – und umgekehrt. Beide werden bestrebt sein, sich zu vereinigen. Gleichzeitig werden die negativen Ich-Kräfte durch die mächtiger werdenden spirituellen Impulse immer heftiger bedrängt. Sie spüren, dass ihre Tage gezählt sind. Denn je mehr sie sich vom Geist, der alles erhält, abschneiden, desto weniger Kräfte bekommen sie, um sich selbst aufrechterhalten zu können. Deshalb gebärden sie sich immer fanatischer und wüten in ihrer Angst und ihrem Hass gegen die geistige Welt und deren Anhänger immer sinnloser. Für die Menschen, die sich am wahren Selbst orientieren, ist deshalb die „Endzeit“ eine schwere Zeit.

Entwicklung der Menschheit

Solange Jesus noch in einem materiellen Körper lebt und sichtbar unter seinen Schülern wirken kann, erklärt er, kurz bevor er in die fünfte Phase seines Weges eintritt, den Schülern, was nach seiner Auferstehung und Himmelfahrt, wenn er unmittelbar von der Dimension des Geistes aus im Organismus Menschheit wirkt, in der Welt geschehen wird. Die „Endzeitrede“ Jesu vermittelt den Schülern Erkenntnisse über die Entwicklung der Menschheit und ihre eigene Entwicklung – sei es, dass sie von einem äußeren Jesus gelehrt werden, sei es, dass sie den Schülern als Einsichten von innen her, aus dem eigenen wahren Selbst, dem inneren Jesus, kommen.

Was ist der Sinn des Schülerweges, der Sinn des Lebens der Menschheit? Es ist die Entfaltung der eigentlichen Identität des Menschen, des Ebenbildes Gottes, das seit Ewigkeit im Menschen und in der Menschheit angelegt ist. Das muss gegen die Ichbezogenheit des Menschen geschehen, die die chaotischen Verhältnisse der irdischen Welt hervorgerufen hat und das wahre Selbst wie ein Panzer umhüllt und behindert.

Beide Aspekte der Menschheit entwickeln sich: der irdische, ichbezogene Aspekt; und das Ebenbild Gottes. Beide Aspekte sind auch in größere Zusammenhänge eingebettet. Der Zusammenhang, in dem der irdische Mensch und die irdische Menschheit leben, sind die Gesetze des Diesseits und Jenseits. Der Evangelist drückt das durch die Symbole „Erde“ und „Himmel“ aus. „Erde“ ist die mit den Sinnen wahrnehmbare Welt, das Diesseits. „Himmel“ sind die unsichtbaren Kräfte, die Energiefelder oder Strahlungsfelder, die die Erde durchdringen und umgeben, das Jenseits. Wenn es in Vers 26 heißt: Und die „Kräfte der Himmel werden erschüttert werden“, so sind diese energetischen Felder gemeint, die die Erde umgeben und das planetare System, dessen Teil die Erde ist, durchdringen. Die Planetenbahnen sind sinnfälliger Ausdruck für die Kraftlinienstrukturen dieser Felder. In sie sind die Menschen als irdische, diesseitige Wesen eingebettet und werden von ihnen bestimmt wie kleine Magneten von großen Magnetfeldern. Das irdische Bewusstsein und Unbewusste der Menschen bezieht seine Nahrung und Richtung aus diesen Feldern.

Zusätzlich hat die Menschheit im Lauf der Jahrhunderte unzählige Gedanken, Gefühle und Willensimpulse hervorgebracht, die kollektiv immer neu belebt werden und dadurch weiterbestehen. Glaubenssysteme, Ideologien, Rachegefühle, Hoffnungen, Ängste und Erwartungen sind vom Menschen erzeugte Energiefelder, die sich ihm gegenüber verselbstständigen und als „Dämonen" Zwang auf ihn ausüben. Wie stark so ein Zwang sein kann, wird jeder bemerken, der sich von einer Ideologie oder einem Glauben, den er als unwahr erkannt hat, befreien will. Diese Energiefelder – Paulus spricht z. B. von den „Geisterwesen der Bosheit in den himmlischen Regionen" (Eph. 6,12) – sind ebenfalls Bestandteile der „Kräfte der Himmel", von denen Vers 26 spricht. In den Kreisläufen dieser Kräfte, sowohl der menschheitsunabhängigen planetaren Strahlungsfelder als auch der von Menschen hervorgebrachten Ideologiefelder, insgesamt als Jenseits bezeichnet, wird der irdische Mensch mitgeschleift, macht seine Erfahrungen und entwickelt sich.

Andererseits ist die Menschheit von Kraftfeldern der göttlichen Welt umgeben und durchdrungen, die dem Ebenbild Gottes im Innern des Menschen entsprechen. Ob ein Mensch auf diese Einflüsse aus der göttlichen Welt reagieren kann, hängt davon ab, wie weit sein Panzer der Ichbezogenheit aufgebrochen und wie aktiv und wach das wahre Selbst geworden ist. Die göttliche Welt ist unablässig bestrebt, den geistigen Kern im Menschen zu berühren und so den Menschen in eine ganz andere Entwicklung aufzunehmen, als sie die Kraftfelder der irdischen Welt mit dem irdischen Menschen vollziehen.

Nach seiner Auferstehung und Himmelfahrt wirkt Jesus als wahres Selbst und Geistpersönlichkeit in den Kraftfeldern der göttlichen Welt und von dort aus auf die Menschheit ein. Wenn die Zeit reif ist, kommt ein Kontakt zwischen den für die geistige Welt empfänglichen Menschen im Diesseits und den Kraftfeldern der geistigen Welt zu Stande. Der Sohn des „Menschen", die Verkörperung der Struktur der geistigen Welt, kommt als Energie und Information, auf den Wolken des (geistigen) „Himmels", zur Menschheit. „Wolken" sind das Symbol für Energiekonzentrationen, wobei „Himmel" hier für die göttlichen Energiefelder steht.

Der Sohn des Menschen verkörpert sich jetzt nicht mehr in einem irdischen Körper, sondern kommt als Energie und Information zu den Menschen, wie ein „Blitz von Horizont zu Horizont", ein die ganze Erde und Menschheit umfassendes und durchdringendes Energiefeld. Diese Energien werden nicht äußerlich sichtbar, sondern werden als „Licht" im Innern des Menschen erfahren, als erleuchtender „Blitz". Das wahre Selbst und seine Heimat, die göttliche Welt, werden dem Menschen bewusst. Es entsteht eine innere Klarheit, ein bewusstes Erfassen der Struktur der geistigen Welt, und der Struktur des wahren Selbst, die der „Sohn des Menschen" ist. Das ist das Schauen des Sohnes des Menschen, des wiederkommenden Christus. Es wird keine Person erblickt, kein leuchtendes Wesen, das außerhalb des Menschen steht. Man kann vom wiederkommenden Menschensohn nicht sagen: „Siehe dort!, siehe hier!". Man sieht ihn nicht als äußere Erscheinung, weder im Diesseits, noch im Jenseits. Er ist eine die ganze Erde umspannende göttliche Kraft und Information, die das wahre Selbst des Menschen von innen her durchdringen und erhellen, wodurch der Mensch die Welt und sich selbst auf neue Weise sieht und erlebt. Er muss dabei nicht einmal wissen, dass es der Menschensohn ist, der in ihm wirkt. Er wird nur erfahren, dass neue Kräfte und Erkenntnisse in ihm wirksam werden.

Mit der gesteigerten Wirksamkeit der Kraftfelder der geistigen Welt und der Wiederkunft des Menschensohns auf „den Wolken des (geistigen) Himmels" ist zugleich ein Gericht, eine Richtigstellung, verbunden. Diejenigen, die sich durch bewusste oder unbewusste Auflösung ihrer Ichbezogenheit und bewusste oder unbewusste Entfaltung des wahren Selbst auf das energetische Wirksamwerden des Menschensohns, auf seine Wiederkunft in den Wolken des Himmels, vorbereitet haben, werden, da sie den neu wirksam werdenden Informationen und Kräften einigermaßen entsprechen, von ihnen durchdrungen werden und sie als Stärkung erfahren. Reste ihrer Ichbezogenheit werden durch die neuen Kräfte aufgelöst werden. Viele aber haben sich nicht vorbereitet. Sie sind ganz ihrer Ichbezogenheit verhaftet und damit im Griff der energetischen jenseitigen Kraftfelder, der „Kräfte des Himmels" geblieben. Da die Struktur und Kräfte der Ichbezogenheit und der jenseitigen Kraftfelder denen der Kraftfelder des Geistes entgegengesetzt sind, werden, wenn letztere machtvoll wirksam werden, alle ihnen widerstrebenden und widersprechenden Tendenzen und Strukturen aufgelöst, ja aufgebrochen werden. Und wenn der Mensch keine der Struktur der geistigen Welt entsprechenden Eigenschaften entwickelt hat – was bleibt dann übrig? Leere und Nichts, wie im Gleichnis von den anvertrauten Pfunden.

Die dabei entstehenden Turbulenzen und schrecklichen Erfahrungen werden in der Endzeitrede Jesu angesprochen. Wer nur diese Seite der Dinge zur Kenntnis nimmt, wird mit Entsetzen und Schrecken an die Wiederkunft des Menschensohns denken. Die Apokalypse wird ihm als furchtbares Strafgericht erscheinen. Aber in Wirklichkeit handelt es sich um eine Richtigstellung, einen Abbruch aller Strukturen, die vor der Struktur der geistigen Welt keine Daseinsberechtigung haben. Die Richtigstellung hat zum Ziel, den Menschen, die vor die Nichtigkeit und Vergeblichkeit ihres bisherigen ichbezogenen Lebens gestellt werden, einen Neuanfang zu ermöglichen. Sie können sich gerade auf Grund dieser Erfahrung den Kräften des Geistes zuwenden, die als wahres Selbst auch in ihnen anwesend sind.

Die Wiederkunft des Menschensohns, die Endzeit, kann sich auf einen Einzelnen ebenso wie auf eine Gruppe Menschen oder die ganze Menschheit beziehen. Es geht immer darum, dass nach einer Periode der sichtbaren Wirksamkeit des Geistes im Diesseits die Energien der geistigen Kraftfelder, der Wolken des geistigen Himmels, unsichtbar auf den Menschen einwirken. Ein Einzelner oder eine Gruppe Schüler auf dem spirituellen Weg werden plötzlich mit den Kraftfeldern des Geistes konfrontiert. Diese dringen in sie ein, durchbrechen den Panzer der Ichbezogenheit und vereinigen sich mit dem weitgehend entfalteten wahren Selbst des Einzelnen oder der Gruppe. Die dabei auftretenden Reinigungs- und Richtigstellungsprozesse entsprechen den Darstellungen der Endzeitrede. Aber es können auch Zeiten in der Geschichte der Menschheit kommen, wo nach langer Vorbereitung eine solche Wirksamkeit der Kraftfelder des Geistes in der ganzen Menschheit stattfindet. Die oben (Kap. 17) beschriebenen Ereignisse in den Tagen Noahs oder bei der Zerstörung Sodoms sind Beispiele dafür.

Endzeit ist also nichts Einmaliges, keine Zeitperiode, nach der das Leben der Menschheit endgültig ausgelöscht wäre. Endzeit geschieht periodisch immer wieder.

Immer wieder gibt es eine Periode des Neuanfangs in der irdischen Welt, eine Zeit der Vorbereitung und des Aufbaus und eine Zeit des Endes einer Epoche, in der Einzelne, wie Noah oder Lot, oder eine Gruppe Menschen in die geistige Welt aufgenommen werden, während die große Mehrzahl eine Richtigstellung erfährt und eine Vernichtung aller bisherigen Werte erfahren muss – um wiederum einen Neuanfang zu machen.

Für die Schüler Jesu kam die Vereinigung ihres wahren Selbst mit dem Muster des wahren Selbst des Menschen an Pfingsten. An Pfingsten brach für sie die Kraft des Geistes in die irdische Welt ein und verband sich mit ihrem wahren Selbst. An Pfingsten kam der Sohn des Menschen, der die diesseitige Welt verlassen hatte und zum „Himmel" aufgefahren war, in den Wolken des geistigen Himmels wieder und machte sich als heiliger Geist in ihnen bemerkbar. Im heiligen Geist „sahen" sie den Sohn des Menschen, die Struktur des wahren Selbst, und wurde er in ihnen wirksam. Mit Pfingsten begann für sie ein neues Leben in der irdischen Welt. Pfingsten und die Konsequenzen sind ein Teil der fünften Phase ihres spirituellen Weges. Für Jesus ist das Pfingsten seiner Schüler, seine Wiederkunft in den Wolken des Himmels, die siebte Phase des Weges. Die sechste ist sein Aufstieg in den Himmel, die bewusste Verbindung mit dem Reich Gottes und sein Eintritt darin.

Pfingsten, Endzeit, kann sich seitdem für jeden Menschen und jede Gruppe von Menschen ereignen, die sich bewusst auf den Eintritt ins Reich Gottes vorbereiten, um eines Tages die Wiederkunft des Menschensohns zu erleben. Man könnte daher sagen, dass, auf die ganze Menschheit gesehen, ununterbrochen Endzeit ist, da immer wieder Einzelne und Gruppen das Pfingstgeschehen erleben, und die die Erde umgebenden Kräfte des Geistes ununterbrochen die Ichbezogenheit der Menschen angreifen und sie vor das Nichts stellen.

Anlass für die Endzeitrede

21 **5** *Und als einige über den Tempel sagten, dass er mit schönen Steinen und Weihgeschenken geschmückt sei, sprach er:* **6** *Was ihr da anschaut – es werden Tage kommen, wo kein Stein auf dem andern bleiben wird, der nicht zerstört würde.*

Anlass für die Endzeitrede Jesu ist eine Bemerkung einiger Schüler über den Tempel in Jerusalem. Der Tempel ist Symbol für die Wirksamkeit Gottes in der irdischen Welt und die Reaktion der Menschen darauf. Schon einmal in der jüdischen Geschichte, und zwar vor dem babylonischen Exil, war der Tempel zerstört worden. Schon einmal war für das jüdische Volk Endzeit nach einer Periode der vorbereitenden und erfüllenden Wirksamkeit Gottes gewesen. Mit dem Wiederaufbau des Tempels unter Serubbabel war, nachdem das Volk aus der babylonischen Gefangenschaft zurückgekehrt war, ein Neuanfang gemacht worden. Aber auch diese neue Epoche seit der babylonischen Gefangenschaft wird ein Ende finden. Jesus sagt es voraus. Er weiß, dass sich in der irdischen Welt rhythmische Entwicklungen vollziehen und alles Begonnene auch ein Ende haben wird. Er kennt zudem die Ursachen des Endes: Die Menschen reagieren nicht mehr lebendig auf die Wirksamkeit Gottes im Herzen, dem inneren Tempel. Sie machen aus ihrem Tempel des Herzens eine „Räuberhöhle“. Sie ersetzen ihre Hinwendung zu Gott durch eine Hinwendung zur Ich-Persönlichkeit und den ichbezogenen Motiven der Macht-, Ehr- und Besitzsucht. Wenn diese negative Entwicklung, parallel zur positiven Entwicklung des wahren Selbst bei anderen Menschen, bis zu einem gewissen Punkt gelangt ist, müssen gesetzmäßig Rückwirkungen eintreten: Die Endzeit wird eingeleitet, eine Richtigstellung erfolgt.

Beginn der Endzeit

21 *7 Sie fragten ihn aber: Meister, wann wird dies nun geschehen, und was ist das*
Zeichen dafür, wann dies geschehen soll? ***8*** *Er antwortete: Seht zu, dass ihr nicht*
irregeführt werdet! Denn viele werden unter meinem Namen kommen und sagen: Ich
bin's, und: die Zeit ist genaht. Lauft ihnen nicht nach! ***9*** *Wenn ihr aber von Kriegen*
und Aufständen hören werdet, so erschreckt nicht! Denn diese Dinge müssen zuvor
geschehen; aber nicht sofort ist das Ende da. ***10*** *Dann sagte er zu ihnen: Erheben*
wird sich Volk wider Volk und Reich wider Reich, ***11*** *und große Erdbeben werden*
kommen und da und dort Hungersnöte und Seuchen, und Schrecknisse und große
Zeichen vom Himmel her werden kommen.
12 *Vor diesem allem aber wird man Hand an euch legen und euch verfolgen, indem*
man euch an die Synagogen und Gefängnisse überliefert, um euch vor Könige und
Statthalter zu führen um meines Namen willen. ***13*** *Es wird euch dazu ausschlagen,*
dass ihr Zeugnis [für mich] ablegen müsst. ***14*** *Darum prägt es euren Herzen ein,*
nicht zum Voraus darauf zu sinnen, wie ihr euch verantworten sollt!
15 *Denn ich werde euch Mund und Weisheit geben, der alle eure Widersacher nicht*
werden widerstehen oder widersprechen können. ***16*** *Ihr werdet aber auch von Eltern*
und Brüdern und Verwandten und Freunden ausgeliefert werden, und man wird
etliche von euch töten, ***17*** *und ihr werdet um meines Namens willen von jedermann*
gehasst sein. ***18*** *Und nicht ein Haar von eurem Haupt wird verlorengehen.* ***19*** *Durch*
eure Standhaftigkeit gewinnt euer Leben!

Jesus beginnt mit einer Warnung an seine Schüler, die er schon einmal ausgesprochen hatte (17,23): Lauft nicht falschen Lehrern im Diesseits oder Erscheinungen im Jenseits nach! Der wiederkehrende Sohn des Menschen ist eine Erfahrung im Innern des Menschen, eine Begegnung des menschlichen Bewusstseins mit der Struktur und den Kräften der geistigen Welt, woraus sich eine Erhellung und Stärkung dieses Bewusstseins ergibt. Das Muster des wahren Selbst des Menschen verbindet sich mit dem wahren Selbst einzelner Menschen. Dieses wird bewusst und wirksam. Alles Leben und die Welt erscheinen dadurch in einem neuen Licht. Wenn daher falsche Propheten im Diesseits sagen: Ich bin's, ich bin der Sohn des Menschen, kann das nicht richtig sein. Denn der wiederkehrende Sohn des Menschen manifestiert sich im Innern des Menschen. Wenn aus dem Unbewussten, dem Jenseits, geborene Erscheinungen sichtbar werden und von sich behaupten: Ich bin's, ich bin der Sohn des Menschen, kann das unmöglich richtig sein. Denn der Sohn des Menschen ist keine Ausgeburt des unbewussten Jenseits, sondern das bewusst werdende wahre

Selbst. All diese Phänomene und Erscheinungen lenken nur von dem Vorgang ab, der im Menschen geschehen muss: dem Bewusstwerden und Wirksamwerden des wahren Selbst. Erscheinungen in Diesseits oder Jenseits machen den Menschen von äußeren Instanzen abhängig und berauben ihn seiner Selbstständigkeit. Darum: „Lauft ihnen nicht nach!“ Denn man kann nicht sagen: Seht hier! oder Seht dort! Ja sogar das Ich selbst könnte behaupten: Ich bin's. Ich bin der Menschensohn. Es kann sich so geben, als sei es das wahre Selbst, das von Erkenntnis und Kraft des Geistes erfüllte wahre Selbst. Auch dafür gilt: „Lauft ihm nicht nach!“ Die wahre Identität des Menschen ist frei von Macht-, Geltungs- und Besitztrieb, den immer mit dem gewöhnlichen Ich verbundenen irdischen Motiven.

Chaotische Situation

Die Gefahr der Irreführung der Schüler des Geistes wird umso mehr bestehen, als in der Endzeit die Sehnsucht nach der Manifestation des Sohnes des Menschen im eigenen Innern ins Ungemessene wächst. Die äußere und innere Not werden steigen. Wenn sich die Ordnung der geistigen Welt als Kraftlinienstruktur der Menschheit nähert, gerät die Ordnung der irdischen, der diesseitigen wie der der jenseitigen Welt, aus den Fugen. Woran die Menschen geglaubt hatten: Macht, Ehre und Reichtum, und was ihr Leben notdürftig geordnet hatte: Rangordnungen, Machtverhältnisse, Besitzverhältnisse und die sie legitimierenden Glaubensvorstellungen und Ideologien – bricht zusammen. Die Folgen sind politisches und soziales Chaos. Volk erhebt sich wider Volk und Reich wider Reich. Die ausbeuterische Haltung des Menschen gegenüber der Natur führt zu Hungersnöten, Seuchen und Erdbeben. Schrecknisse in Form von durch die Menschheit selbst hervorgerufenen Katastrophen, Verschmutzung der Umwelt, unheimlichen Krankheiten, Klimaveränderungen und Verderbnis der Nahrung bedrängen die Menschen. Große Zeichen vom Himmel geschehen: Damit kann der sichtbare irdische Himmel gemeint sein, an dem sich Zeichen der Störung des Naturhaushalts bemerkbar machen, aber auch der „Himmel“ der energetischen Welt, der durch das kollektive Fehlverhalten der Menschen durcheinander gebracht wird. All dies stürzt die Menschen in äußerste Not und Unsicherheit, so dass die Sehnsucht nach einem Retter unbezähmbar wird. Wie leicht erwarten sie dann einen äußeren Retter, statt sich auf die Kräfte im eigenen Wesen zu besinnen, auf den Sohn des Menschen, der sich im eigenen Wesen manifestiert und dadurch auch eine neue äußere Ordnung aufbaut! Wie leicht können sich dann irdische Menschen und Wesen der jenseitigen Sphären als Retter aufspielen, von sich behaupten: Ich bin's, und Anhänger finden!

Lage der Schüler des Geistes

Der Eintritt einer Endzeit wird dadurch vorbereitet, dass sich in der irdischen Welt das wahre Selbst der dazu reif gewordenen Menschen entfaltet. Auf diese Weise entsteht eine Polarisation zwischen unten und oben, zwischen den für die Kraftfelder des Geistes empfänglichen Menschen in der irdischen Welt und den Kraftfeldern des Geistes, dem Muster des wahren Selbst des Menschen, oben. Irgendwann wird die

Anziehung so stark, dass die geistigen Kräfte wie ein elektrischer Strom sich nach unten entladen – mit den entsprechenden Konsequenzen für die jenseitigen und diesseitigen Kraftfelder. Es entsteht also eine unaufhörlich steigende Spannung, die sich auch bei jenen bemerkbar macht, welche in Ichbezogenheit in Diesseits und Jenseits verharren. Sie spüren den kommenden Blitz. Sie wissen, dass er ihnen feindlich ist, da er ihre ichbezogene Existenz gefährdet. Sie identifizieren instinktiv jene Menschen, die sich der geistigen Welt öffnen, als ihre Gegner, die den Blitz anziehen. Deshalb wächst in der Endzeit die Spannung zwischen Menschen, die sich bewusst oder unbewusst auf dem spirituellen Weg befinden, und Menschen und Institutionen, die in ihrer traditionellen Ichbezogenheit verharren.

Die Lage der Schüler des Geistes unter diesen Umständen schildern die folgenden Verse. Noch können die Schüler öffentlich über ihre Erfahrungen sprechen. Noch ist kein völliges Chaos mit Kriegen und Aufständen ausgebrochen. Aber gerade das öffentliche Auftreten der Schüler macht geistliche und weltliche Machthaber auf sie aufmerksam, und da sie die Schüler als Feinde ihres Lebensstils, ihrer Lebensauffassung und ihrer Privilegien empfinden, verfolgen sie sie. Die geistlichen Führer aller Zeiten – zur Zeit Jesu repräsentiert durch die Vorsteher der „Synagogen" – und die politischen Führer aller Zeiten, Könige und Statthalter, die die „Gefängnisse" füllen können, werden versuchen, die Schüler des Geistes aus- und gleichzuschalten. Sie werfen ihnen Verrat an geheiligten Traditionen vor.

Wie sollen sich die vom Geist berührten Menschen bei solchen Anklagen verhalten? Jesus, das wahre Selbst, lässt sie erkennen: Es hat dann keinen Zweck, sich auf den irdischen Verstand und seine Argumente zu verlassen. Dadurch würde man sich auf der Ebene der irdischen Welt bewegen und sich in sie verstricken. Es ist vielmehr notwendig, sich auf das eigene Innere zu verlassen, das vom Geist des Menschensohns erfüllt ist: „Ich werde euch Mund und Weisheit geben." Kein Widersacher ist dem Geist der Wahrheit gewachsen, denn dieser umschließt und durchschaut alle Ebenen der diesseitigen und jenseitigen Welt und damit auch den rationalen Verstand und seine Argumente. Verlasst euch, sagt Jesus zu seinen Schülern, auf diese Kraft der Wahrheit in euch, die jede Situation und jeden Menschen richtig einschätzt und das Wesen jedes Menschen und jeder Situation ans Licht bringt. Der Wahrheit über das eigene Wesen wird kein Machthaber widerstehen oder widersprechen können. Er kann sich zwar dagegen wehren und jene, die sie aussprechen, töten. Aber auch dann wird sie sich wie ein Widerhaken in ihm festgesetzt haben.

Und wie steht es mit den privaten Beziehungen der Schüler in einer solchen Zeit der Spannungen? Nicht anders als in Bezug zu den öffentlichen Institutionen. Auch hier gerät der Schüler in zunehmenden Gegensatz zu den irdischen Werten und ihren Vertretern. Er wird wegen des wahren Selbst, wegen einer neuen Welt, die in ihm Gestalt annehmen will – „um meines Namens willen" –, von allen Menschen seiner Umgebung, die in der alten Welt beharren wollen, gehasst werden. Er wird im Organismus der Familie, des Freundes- und Bekanntenkreises unter Umständen wie ein Fremdkörper empfunden und instinktiv ausgestoßen werden. Er stellt eine Bedrohung für das gewohnte Leben dar. Man wird vielleicht sogar das Bündnis mit den irdischen Institutionen suchen, die den Fremdkörper unschädlich machen können, und ihn an diese Institutionen ausliefern – gleichgültig, wie stark die verwandtschaftlichen und freundschaftlichen Bindungen sein mögen. Hier erweist sich die Unvereinbarkeit zwischen wahrem Selbst und Ichbezogenheit erneut. Der Schüler auf dem spirituellen Weg wird die Ichbezogenheit „hassen“, nicht die Personen, in denen sie wirkt. Aber diese hassen in ihrer Ichbezogenheit die Person des Schülers, stoßen ihn aus ihrer Gemeinschaft aus und töten ihn unter Umständen.

Doch „nicht ein Haar von eurem Haupt wird verlorengehen“. Diese Verheißung bezieht sich auf den geistigen Menschen und auf dessen Kräfte und Bewusstseinsinhalte. Von diesen geht nichts verloren, da sie ewig sind, und niemand kann sie zerstören – es sei denn, der Schüler selbst. Deshalb die Aufforderung Jesu an seine Schüler, standhaft zu bleiben. Falls der Schüler im Einklang mit seinem Innersten, mit dem Sohn des Menschen, bleibt, bleibt ihm die geistige Welt gegenwärtig und kann sie durch ihn wirken. Falls er aber den Drohungen von Behörden und Bezugspersonen aus Angst vor Ausschluss aus der Gemeinschaft, vor Nachteilen und vor dem Tod nachgibt und sich der alten Lebensweise wieder zuwendet, wird die Verbindung zur geistigen Welt unterbrochen und das Bewusstsein von ihr wird geschwächt, ja ausgelöscht. Damit geht das bewusste Leben in der Ewigkeit wieder verloren. Durch Standhaftigkeit auf der Grundlage seiner wahren Identität aber stärkt er diese und gewinnt so das ewige Leben.

Zerstörung des Tempels

***21 20** Wenn ihr aber Jerusalem von Kriegsheeren umringt sehen werdet, dann merkt, dass seine Verwüstung genaht ist! **21** Dann sollen die in Judäa ins Gebirge fliehen, und die, welche in ihr [in der Stadt Jerusalem] sind, sollen aus ihr entweichen, und die auf dem Land sollen nicht in sie hineingehen. **22** Denn dies sind die Tage der Rache, damit alles erfüllt wird, was geschrieben steht. **23** Wehe den Schwangeren und den Stillenden in jenen Tagen! Denn große Not wird über das Land kommen und ein Zorngericht für dieses Volk, **24** und sie werden durch die Schärfe des Schwertes fallen und unter alle Heiden gefangen weggeführt werden; und Jerusalem wird von Heiden zertreten werden, bis die Zeiten der Heiden vollendet sind.*

Endzeit bedeutet auch, dass ein alter Impuls aus der geistigen Welt, der seine Entwicklung in Form einer Religion durchlaufen hat, seine Kraft verliert, und dass seine Formen zerstört werden. Er verliert seine Kraft, weil die Ichbezogenheit zunimmt und jede Verbindung zur geistigen Welt abschneidet. Diese Zuspitzung wird in der Endzeitrede Jesu dadurch dargestellt, dass „Jerusalem von Kriegsheeren umringt ist“. „Jerusalem“ ist hier Symbol für die traditionelle Religion. Aber es ist mittlerweile zur „Räuberhöhle“ geworden. Ehrgeiz, Gier und Machttrieb haben sich in dieser Religion eingenistet, der Glaube an die Allmacht des Ich und seines Verstandes hat die Wirksamkeit der göttlichen Welt verdrängt. Die nur irdischen Zielen hingegebenen Menschen, die „Heiden“, haben keine Achtung vor Formen, in denen sich kein lebendiger Geist mehr ausdrückt, ja die unter dem Vorwand, Ausdruck des Heiligen zu sein, nur noch Gefäße für Ruhmsucht, Herrschsucht und Habsucht sind. Sie fühlen sich überdies von den materiellen und immateriellen Schätzen angezogen, die sich im Lauf der Jahrhunderte in Jerusalem angesammelt haben.

Das war die Situation im kleineren Rahmen zur Zeit Jesu. Die jüdische Religion war in alten Formen erstarrt. Gleichzeitig wird das von den Heiden belagerte Jerusalem zum Bild für ähnliche Situationen zu allen Zeiten der Geschichte, auch in der modernen Welt, in der die alten, jahrhundertelang gültigen Werte, die durch verschiedene Religionsimpulse gespeist worden waren, ihre Kraft verlieren und ihre Formen hinweggefegt werden.

Jene Menschen, die trotzdem innerlich mit der geistigen Welt verbunden sind – das sind die, die „in Judäa" wohnen –, können sich nur retten, indem sie „ins Gebirge" fliehen – nämlich zu den Bergen des Geistes, in die Stille der inneren Zwiesprache mit Gott, während in den Ebenen des irdischen Lebens der Kampf zwischen dogmatischen Vertretern verschiedener Religionsformen, aus denen der lebendige Geist gewichen ist, tobt und die „Kriegsheere der Heiden", Anhänger des Materialismus und des irdischen Fortschritts, diese überlebten Religionsformen – „Jerusalem" – zerstören.

Alle, die bisher ihre Heimat in den überlebten Religionsformen gefunden hatten, tun besser, diese Heimat, die zerstört werden wird, zu verlassen und sich ebenfalls zu den Bergen des Geistes zu flüchten, und wer sich schon außerhalb „Jerusalems", außerhalb dieser Formen befindet, ist gut beraten, wenn er seine Zuflucht nicht mehr bei ihnen sucht und nicht nach „Jerusalem" hineingeht. Denn die Zerstörung dieser Formen ist unvermeidlich. Sie bieten dem Wahrheitssucher keine Heimat mehr.

Die „Tage der Rache" sind gekommen. Die geistlichen Führer hatten die Aufgabe gehabt, lebendig mit dem Geist in Verbindung zu bleiben und Menschen zur lebendigen Erfahrung des Geistes zu führen. Sie hatten, nachdem sie diese Verbindung längst verloren hatten, immer noch den Anschein erweckt, als lebte der Geist in ihnen und in den Formen der Religion. Doch die nur an irdischen Zielen orientierten Menschen, die „Heiden", spüren mittlerweile, dass hier nur ein Schein aufrechterhalten wird. Vor von lebendigen Inhalten erfüllten Formen waren sie machtlos gewesen. Jetzt aber rücken sie an und zerstören das morsche Gebälk – mit Gewalt und durch Wissenschaft und „Aufklärung". Das ist die „Rache", die unausbleibliche Reaktion, die von den Propheten des Alten Testaments immer wieder vorausgesagt worden war. Denn es handelt sich um gesetzmäßige Vorgänge, man muss nicht die Zukunft lesen können, um sie zu beschreiben. So wird „alles erfüllt, was geschrieben steht".

Jene Menschen, die mit einem neuen, lebendigen Glauben an die geistige Welt schwanger gehen oder ihn soeben „geboren" haben, Menschen, in denen das wahre Selbst unbewusst, wie ein Kind im Mutterleib wächst, oder sich als zaghaft genährte Ahnung von einer anderen Welt im Bewusstsein bemerkbar macht, sind wie „Schwangere" und „Stillende" in so einer chaotischen Zeit besonders gefährdet. Eine Heimat in „Jerusalem", den alten religiösen Formen, können sie nicht finden, sie sind in Gefahr, von den „heidnischen" Impulsen überrannt zu werden, und um zu den Bergen des Geistes zu fliehen, sind sie in ihrem Glauben und Bewusstsein zu schwach, oder kennen die Richtung noch nicht.

Die Vernichtung der alten religiösen Formen durch die „Heiden" kann sich sehr konkret abspielen. Lukas nimmt Bezug auf die Vorgänge vor der babylonischen Gefangenschaft der Juden, als Jerusalem zerstört und die Einwohner nach Babylon ins Exil geführt wurden. Nach 70 n. Chr., nach der Zerstörung Jerusalems durch die Römer, mussten wieder viele Juden ins Exil gehen, und möglicherweise bezieht sich Lukas schon auf diese Ereignisse, falls er sein Evangelium nach 70 n. Chr. verfasst hat. Aber die konkreten Vorgänge sind Ausdruck innerer Tatsachen. Wenn Menschen oder eine Kultur die lebendige Beziehung zur geistigen Wirklichkeit verlieren und das Leben aus den religiösen Formen weicht, die bisher diese Wirklichkeit zum Ausdruck gebracht haben, kommt unbedingt der Augenblick, wo materialistische Tendenzen diese Formen vernichten – gewaltsam oder durch intellektuellen Angriff. Auch heute manifestieren sich solche inneren Vorgänge konkret äußerlich immer dann, wenn revolutionäre Bewegungen im Zeichen materialistischer Ideologien oder zivilisatorischen Fortschritts alte, auf kraftlosen religiösen Traditionen beruhende soziale und politische Strukturen vernichten.

Wirksamkeit der neuen Kräfte

21 25 *Und es werden Zeichen eintreten an Sonne und Mond und Sternen und auf Erden Angst der Völker, so dass sie sich nicht zu raten wissen vor dem Tosen und Wogen des Meeres;* ***26*** *Menschen werden den Geist aufgeben vor Furcht und Erwartung der Dinge, die über den Erdkreis kommen werden; denn „die Kräfte des Himmels werden erschüttert werden".* ***27*** *Und dann wird man „den Sohn des Menschen auf einer Wolke kommen" sehen mit großer Macht und Herrlichkeit.* ***28*** *Wenn aber dies zu geschehen anfängt, so richtet euch auf und hebt eure Häupter empor; denn eure Erlösung naht.*

Bei alledem stehen im Hintergrund die Kraftfelder der geistigen Welt, die einen neuen Impuls des Geistes in der Menschheit manifestieren wollen. Sie wollen das wahre Selbst möglichst vieler Menschen berühren, oder, wenn es schon entfaltet ist, bestärken und sich damit vereinigen, um neues religiöses Leben in den Völkern mit neuen Ausdrucksformen zu wecken. Diese Kraftfelder wirken ungeheuer stark aufs Bewusstsein der Menschen ein und schwächen die bisherigen Denk- und Fühlmuster. Das rationale Bewusstsein, das „Tagesbewusstsein", das sich verabsolutieren und sämtliche Bereiche der Gesellschaft und der Natur organisieren will, verliert unter dem Druck neuer Denkmuster, die sich im Menschen, angeregt durch die geistige Welt, zu Wort melden, seine Überzeugungs- und Orientierungskraft. Die Menschen spüren, dass eine rein rationale Weltbetrachtung der Struktur der Wirklichkeit nicht gerecht wird.

Ist es nicht ein sehr treffendes Symbol, wenn dieser Vorgang dadurch beschrieben wird, dass Zeichen „an der Sonne" eintreten? Bei Markus heißt es in diesem Zusammenhang, die „Sonne" wird „verdunkelt". „Sonne" ist das Bild für das rationale Bewusstsein, das den „Tag" des Menschen, seine sichtbare Welt, erhellt. Diese rationale Weltbetrachtung wird nun durch die im Menschen ins Bewusstsein drängende neue, umfassende geistige Weltsicht verdunkelt und relativiert.

Ebenso „verdunkelt" wird der „Mond", das Licht, das das Unbewusste des Menschen, seine „Nacht", erhellt. Es ist seine auf dem Instinkt, dem unhinterfragten Glauben und dem Gefühl beruhende Orientierung in der Welt. Auch diese Orientierung verliert ihre Tragfähigkeit. Es erscheinen Zeichen „am Mond" und verdunkeln ihn. Ja auch der Lauf der „Sterne" wird gestört: Die Schicksalszusammenhänge, astrologisch erforschbar, werden durch den Einfluss der geistigen Kraftfelder beeinflusst. Sie sind nicht mehr exakt berechenbar, und so entfällt auch diese Orientierungsmöglichkeit. Die neue, durch die geistigen Kraftfelder ins Bewusstsein gehobene Weltsicht setzt alle bisherige Weltsicht außer Kraft, sei diese rational, emotional oder „magisch" unterbaut. Damit geraten auch alle Institutionen und Einrichtungen, die auf solcher alten Weltsicht beruhten, ins Zwielicht. Sie brechen zusammen, und die Menschen wissen sich nicht mehr zu raten. Denn zugleich beginnen die Triebe und Leidenschaften, bis dahin durch die alten Orientierungsmuster einigermaßen in Schach gehalten, wie das „Tosen und Wogen des Meeres" ihre Fesseln zu sprengen. Sie beanspruchen nach dem Verlust aller Zusammenhang stiftenden rationalen oder irrationalen Ordnungen die Herrschaft über den Menschen, und ungezügelte Aggression und Triebhaftigkeit, Verbrechen und Anarchie überschwemmen die Gesellschaft wie eine Flut.

In dieser chaotischen Verwirrung wissen die Menschen nicht mehr aus noch ein, die Angst und der Schrecken steigen ins Ungemessene. Viele „geben den Geist auf". Das muss nicht heißen, dass sie physisch sterben. Es kann auch bedeuten, dass sie, dem ungeheuren Druck der Verwirrung und Orientierungslosigkeit nicht mehr gewachsen, total abstumpfen und in dumpfe Resignation verfallen. Im Extremfall verlieren sie sogar ihren gewöhnlichen Ich-Verstand, vielleicht als unbewusste Selbstschutzmaßnahme, um sich den Anforderungen der Umwelt nicht mehr aussetzen müssen. Denn alle diese Schrecken sind Ausdruck dessen, dass „die Kräfte der Himmel erschüttert werden". Die Kraftfelder des Geistes stören die durch Ichbezogenheit charakterisierten energetischen, jenseitigen Kraftfelder der irdischen Welt, die die Menschen umgeben und deren diesseitiges Dasein steuern und nähren. „Sonne", „Mond" und „Sterne", die von den jenseitigen Kraftfeldern bestimmten Erkenntnisorgane des Menschen, werden „verdunkelt". So werden durch den Einfluss der geistigen Kraftfelder die Ichbezogenheit der Menschen und die von ihr bestimmten Ordnungsmuster erschüttert. Die Menschen werden aus den das diesseitige Dasein steuernden und nährenden jenseitigen Zusammenhängen gerissen.

Dies ist eine Voraussetzung dafür, dass die geistigen Kraftfelder, den Panzer der Ichheit in den irdischen Kraftfeldern und in den Menschen durchbrechend, das wahre Selbst der Menschen erreichen können. Der „Sohn des Menschen", das Muster des wahren Selbst des Menschen, berührt das unter dem Panzer der Ichbezogenheit schlummernde wahre Selbst der Menschen. So bedeutet gerade das Chaos, das durch die Auflösung aller alten Ordnungen entsteht, die Chance, dass die neue Ordnung des Geistes in der Menschheit Wurzel schlägt. Die Orientierungslosigkeit ist ein notwendiges Durchgangsstadium zu einer neuen Orientierung, die dem Wesen und der Bestimmung des Menschen entspricht. Mag auch für viele dieses Erscheinen des

Menschensohns „auf einer Wolke“ zunächst eine Richtigstellung, eine Vernichtung der auf Ichbezogenheit beruhenden Formen und Denkweisen mit aller damit verbundenen Orientierungslosigkeit und Angst bedeuten: Dadurch wird doch ein neuer Anfang aus dem wahren Selbst möglich. Und alle, die, bewusst oder unbewusst, das wahre Selbst sich haben entfalten lassen, können sich trotz aller Angst und Orientierungslosigkeit „aufrichten“ und „ihre Häupter erheben“. Sie können die Struktur ihres wahren Selbst in die Struktur des sich nahenden Musters des wahren Selbst erheben und erleichtert in dieser dem Wesen des Menschen gemäßen Ordnung des Geistes aufatmen. Sie werden von den Fesseln der dem Menschen nicht gemäßen Ordnung der Ichbezogenheit gelöst. Ihr wahres Selbst wird erlöst.

Gesetzmäßigkeit dieser Vorgänge

21 29 *Und er sagte ihnen ein Gleichnis: Schaut auf den Feigenbaum und alle Bäu-*
me! ***30*** *Wenn sie bereits ausschlagen und ihr seht es, merkt ihr von selbst, dass der*
Sommer schon nahe ist. ***31*** *So sollt auch ihr, wenn ihr dies geschehen seht, merken,*
dass das Reich Gottes nahe ist. ***32*** *Wahrlich, ich sage euch: Dieses Geschlecht wird*
nicht vergehen, bis alles geschehen sein wird. ***33*** *Der Himmel und die Erde werden*
vergehen, meine Worte aber werden nicht vergehen.

All diese „Zeichen“: Vernichtung alter religiöser und kultureller Formen, Auflösung aller bisherigen Ordnung, Aufstand der primitiven Leidenschaften, Vormarsch des materialistischen Denkens, Hunger nach Erlösung von diesen Zuständen und Ausnützung dieses Hungers durch unzählige Irrlehrer – charakterisieren das Herannahen des Endes einer Kulturperiode oder eines Abschnitts der Menschheitsentwicklung. Solche Perioden sind organische, gesetzmäßige Prozesse, vergleichbar den organischen Entwicklungen in der Natur.

Jeder Winterstarre folgt ein Frühling, in dem der Feigenbaum und alle Bäume neu ausschlagen. Daraus lässt sich ersehen, dass der Sommer nahe ist. Genauso folgt jedem Ende einer Religion mit all den damit verbundenen Schrecknissen ein Neuanfang. Keime eines Lebens aus dem Geist zeigen sich, und jeder Beobachter weiß, dass sie zu voller Blüte im Reich des Geistes heranwachsen werden. Jedes Ende bedeutet zugleich das Auftreten von neuen Impulsen aus der geistigen Welt. Wenn die Bindungen der Menschen an die alte irdische Ordnung sich auflösen, entsteht Freiheit für das Erleben der geistigen Ordnung. Dann ist allerdings entscheidend, ob ein Wahrnehmungsorgan für diese Ordnung wenigstens rudimentär entwickelt worden ist. Wenn nicht, stehen die Menschen nach dem Zusammenbruch der alten Ordnung vor dem Nichts.

Immer wieder offenbart sich auf diese Weise das „Reich Gottes“ am Ende bestimmter Entwicklungsperioden der irdischen Welt. Es offenbart sich Einzelnen, ganzen Kulturen und der ganzen Menschheit, je nach Zeitdauer und Ausdehnung dieser Perioden. Und da durch diese Offenbarungen und ihre Umsetzung die Empfänglichkeit der Menschen für die Welt des Geistes aufs Ganze gesehen immer größer wird, werden im Lauf der Menschheitsgeschichte immer mehr und tiefere Aspekte der geistigen Welt offenbar. Es kommt der Punkt, wo sich das wahre Selbst des Menschen, das Ebenbild Gottes, in Vollkommenheit offenbart. In Jesus geschah diese Offenbarung. Sie geschah seitdem, weniger vollkommen, in vielen seiner Nachfolger, ob Christen oder nicht. Das Reich Gottes ist nahe, es kann den Menschen, Kulturen oder der ganzen Menschheit, seit es einmal in seiner ganzen Fülle erschienen ist und sich in der Menschheit verankert hat, immer wieder erscheinen, je nach Offenheit der Menschen dafür. Seit Jesus ist Endzeit für die ganze Menschheit. Im Rahmen dieser „großen" Endzeit sind wie kleinere Wellen in einem großen Wellenzug immer wieder kleinere Endzeiten möglich, Endzeiten für bestimmte Gruppen von Menschen, einzelne Völker oder Individuen.

Für die Generation Jesu war ihre Endzeit angebrochen. Die für die geistige Welt empfänglichen Menschen dieser Generation erlebten die Offenbarung des wahren Selbst. In einer Endzeit vergehen immer die bisher gültigen Ordnungen im Diesseits oder Jenseits. Es vergehen „Himmel" und „Erde". Aber die geistige Ordnung, deren Ausdruck das wahre Selbst ist, die alles erschafft und allem Leben gibt: das göttliche Wort, vergeht niemals. „Meine Worte", die geistigen Kraftlinien, die den Kraftlinien der geistigen Welt entsprechen und mit dem Erscheinen des Reiches Gottes in der irdischen Welt alles Diesseitige und Jenseitige aufbrechen „werden nicht vergehen".

Bewahrung der Empfänglichkeit für die spirituellen Kräfte

21 34 *Habt aber acht auf euch, damit nicht etwa eure Herzen durch Rausch und Trunkenheit und Sorgen um den Lebensunterhalt beschwert werden und jener Tag unversehens an euch herantritt* ***35*** *wie ein Fallstrick; denn er wird über alle hereinbrechen, die auf dem ganzen Erdboden wohnen.* ***36*** *Wacht aber zu jeder Zeit und bittet darum, dass ihr im Stande seid, diesem allem, was geschehen soll, zu entfliehen und vor den Sohn des Menschen gestellt zu werden!*

Wesentlich ist, dass der Mensch empfänglich ist, wenn die Kraftlinien des Reiches Gottes beim Zusammenbruch aller bisher gültigen irdischen Ordnungen wirksam werden. Ist er empfänglich, wird er sich harmonisch auf die geistige Ordnung abstimmen und in ihr aufgehen können. Was dann noch an irdischen Eigenschaften und Bindungen in ihm lebt, kann er von den Kräften des Reiches Gottes ohne große Schmerzen auflösen lassen. Anders wäre es, wenn jemand Empfänglichkeit besäße, sie aber dadurch blockierte, dass er sich an irdischen Freuden und Hoffnungen berauschte oder sich in Existenzsorgen zu sehr in die irdische Welt verstrickte. Dann wäre er auf das Reich Gottes, das in ihm wirksam werden will, nicht gefasst. Es würde seinen Rauschzustand und seine irdischen Bindungen zerstören und ihn damit vor das Nichts stellen.

Deshalb die Aufforderung Jesu an seine Schüler, darauf zu achten, dass ihr Herz für den Geist offen bleibt und sich nicht durch Illusionen oder Sorgen gegen ihn verschließt. Es kommt auch darauf an, genügend Kraft aus dem wahren Selbst zu besitzen, um in den chaotischen Zusammenbrüchen der Endzeit zu bestehen. Aus eigener, irdischer Kraft ist es nicht möglich, sich der allgemeinen Orientierungslosigkeit und Angst, den allenthalben ausbrechenden Konflikten und dem Aufstand der Leidenschaften zu entziehen. Nur Kräfte aus der geistigen Welt und eine feste Verankerung in ihr, eine „Flucht“ zu den Bergen des Geistes, ein Ruhen im Mittelpunkt des wahren Selbst, helfen dem Menschen, dem Chaos und der Verwirrung zu entkommen. Deshalb der Rat Jesu an seine Schüler, um die Kraft zu bitten, diese Herausforderungen zu bestehen. Das heißt: Erkennt, dass ihr nicht aus eigener Kraft dazu in der Lage seid, sondern richtet euch auf die Berge, von welchen die Hilfe kommt.

So entzieht sich der Schüler durch Wachsamkeit den Illusionen und Sorgen, die ihn in die irdische Ordnung verstricken, und verharrt in der Ausrichtung auf das Reich Gottes, die geistige Ordnung, um von dieser Grundlage aus das Chaos und die Verwirrung der Endzeit wie ein Gewitter an sich vorüberziehen zu lassen. Dadurch wird er genügend Bewusstsein und einen auf die geistige Ordnung abgestimmten inneren Zustand entwickeln, um „vor den Sohn des Menschen gestellt zu werden“. Ohne Wachsamkeit, Seelenstärke und Bewusstsein würde ein Mensch den „Sohn des Menschen“, die Struktur des wahren Selbst, entweder gar nicht bemerken, oder er würde dem Anblick des wahren Selbst und seiner Ordnung nicht standhalten. Die alte Ordnung, die ihm Halt bot, würde vernichtet werden, und er würde fallen, da er der neuen Ordnung innerlich nicht entspräche und von ihr nicht aufgerichtet werden könnte. Wachsamkeit und ständige Ausrichtung auf die Kraft und Struktur des Geistes aber werden in ihm einen Seelenzustand erzeugen, der dem „Sohn des Menschen“ kongruent ist. Er wird im Stande sein, „vor den Sohn des Menschen gestellt zu werden“, den Anblick der Ordnung des Reiches Gottes zu ertragen und sich von ihr aufrichten zu lassen. Denn des Menschen Sohn „ist gesetzt zum Fall und Aufstehen vieler in Israel“.

Abschluss der vierten Phase des spirituellen Weges

21 *37 Er lehrte aber die Tage über im Tempel, des Nachts dagegen ging er hinaus und übernachtete an dem Berg, der der Ölberg heißt.* ***38*** *Und alles Volk machte sich früh zu ihm auf, um ihn im Tempel zu hören.*

Am Ende der vierten Phase seiner Entwicklung hat Jesus, das Muster des wahren Selbst, sein Haus, den Tempel Gottes, in Besitz genommen. Er wirkt im Zentrum der Hauptstadt Jerusalem, der „Stadt des Friedens“. Denn er ist der göttliche Frieden, der in Haupt und Herz der Menschheit und des Einzelnen herrschen und von da aus in den ganzen Organismus der Menschheit und des Menschen einströmen kann. In diesem Sinn kommt das „Volk“ zu Jesus in den Tempel, um ihn zu hören. Und es kommt „früh“, so begierig ist es, ihn zu hören. Es stellt alle anderen Dinge zurück.

In den Stunden des Tages, den Stunden des wachen Bewusstseins, bewegt sich das wahre Selbst im Menschen und ist aktiv. In der Nacht aber, den Stunden der Ruhe und des schlafenden Bewusstseins, zieht es sich auf den Berg des Geistes zurück, den „Ölberg“. Ein harmonisches Wechselspiel zwischen Ruhe und Tätigkeit, zwischen Rückzug in die Sphäre des Geistes und geistiger Wirksamkeit in der Sphäre des Tempels, wo sich Gott und irdische Welt begegnen, findet statt. So machtvoll und harmonisch diese Tätigkeit des wahren Selbst am Ende der vierten Phase ist, so gewaltig ist im Gegensatz dazu der scheinbare Sturz in Elend und Ohnmacht, der unter anderem die fünfte Phase des spirituellen Weges charakterisiert.

V.

Fünfter Markstein des Lukas-Evangeliums: Tod und Auferstehung

Was geschieht in der fünften Phase der Wirksamkeit des spirituellen Impulses in der Menschheit, oder, auf den Einzelnen bezogen, in der fünften Phase des spirituellen Weges?

Der spirituelle Impuls hatte die Welt berührt, war in ihr verankert worden, war in einigen Menschen bewusst geworden, hatte die Welt mit seinen Kräften heilend und befreiend durchdrungen. Er hatte positive und negative Reaktionen hervorgerufen. Jetzt, in der fünften Phase seiner Entwicklung, überwindet er die Welt und überwindet er den Tod.

Er überwindet die Welt. Er zieht die für ihn empfänglichen Menschen zu seiner Höhe hinauf und macht sie der Ordnung und Kraft des Geistes gleich: Er wird ihnen zu einem „Aufstehen". Und er entlarvt die ihm feindlichen Menschen in ihrer irdischen Art und wird ihnen zu einem „Fall", was auf lange Sicht doch auch für sie die Möglichkeit eines Neuanfangs und einer positiven Reaktion bedeutet.

Und er überwindet den Tod. Scheinbar wird der spirituelle Impuls von seinen Feinden ausgeschaltet und „getötet". Aber es zeigt sich, dass er die Ursache des Todes, den Selbsterhaltungstrieb des irdischen Lebens, und damit den Tod selbst, überwindet. Er ersteht kraftvoll wieder auf, und wirkt seitdem, unabhängig von den Gesetzen der irdischen Welt, auf der Basis der geistigen Welt, als Struktur des wahren Menschen, als Information im Organismus Menschheit fort.

Auf den Einzelnen bezogen heißt das, dass das wahre Selbst in ihm jetzt, in der fünften Phase seines Weges, so stark geworden und so eng mit der Welt des Geistes verbunden ist, dass er, im Bewusstsein und in der Kraft der geistigen Welt, die irdische Welt verändern und überwinden kann. Das wahre Selbst im Einzelnen hebt die für seine Wirkungen empfänglichen Kräfte der Ich-Persönlichkeit auf seine Höhe und macht sie zu seinem Instrument. Es überwindet aber zugleich die Wurzel der Ichbezogenheit, den im materiellen Körper verankerten Selbsterhaltungstrieb. Dieser Selbsterhaltungstrieb stirbt, es stirbt scheinbar auch das wahre Selbst, das bisher an die irdische Persönlichkeit als sein Ausdrucksmittel gebunden war. Aber es ersteht in den Kräften des Geistes wieder auf, mit einem neuen Ausdrucksmittel, einer vollständigen Geistpersönlichkeit. Es lebt seitdem, unabhängig von einem irdischen materiellen Körper, in der geistigen Welt und drückt sich darin aus. Es hat die Ursache des Todes, den Selbsterhaltungstrieb, und damit den Tod selbst, überwunden.

Wieder wird auch bei diesem fünften Markstein des Evangeliums die Dimension des Geistes konkret und anschaulich gemacht. In Gethsemane, wo Jesus den Selbsterhaltungstrieb und damit die Ursache des Todes überwindet, erscheint ihm ein Engel und stärkt ihn. Und am leeren Grab, das zeigt, dass Jesus die Dimension des Irdischen verlassen hat und in die Dimension des Geistes eingetreten – also auferstanden ist, treten zwei Männer in weißen Kleidern, Lichtboten aus der Welt des Geistes, auf.

Dass der spirituelle Impuls, das wahre Selbst, die für ihn empfänglichen Menschen zu seiner Höhe hinaufziehen will, und wie sie dabei reagieren, das schildert im Wesentlichen Kapitel 22. Thema des Kapitels 23 ist vor allem die Auseinandersetzung des wahren Selbst mit seinen Gegnern. Das wahre Selbst überwindet die Welt. Und Thema des 24. Kapitels ist die Überwindung des Todes durch das wahre Selbst. Ein neues Bewusstsein, nicht mehr an den irdischen materiellen Körper gebunden und mit einer neuen Ausdrucksmöglichkeit, einem Geistleib versehen, macht sich geltend.

Das Passahfest: Einbettung des Geschehens in die Menschheitsgeschichte

22 1 *Es nahte aber das Fest der ungesäuerten Brote, welches Passah heißt.*

Das ganze Geschehen wird vom Evangelisten in die Menschheitsgeschichte eingebettet, indem er Bezug aufs Alte Testament nimmt. Im Alten Testament ist das Geschehen des Neuen Testaments bereits präfiguriert. Was wird durch das Passahfest gefeiert? Der Auszug des Volkes Israel aus Ägypten, der Auszug des wahren Selbst, Israel, aus der Gefangenschaft in „Ägypten“, der irdischen Welt. Und diesem Auszug folgt der Einzug ins „Gelobte Land“, ins Reich Gottes. Es werden gefeiert die Überwindung der Knechtschaft in der irdischen Welt und die Überwindung des Todes durch das wahre Selbst, der die Auferstehung des wahren Selbst, seine Bewusstwerdung im Reich Gottes folgt. Ermöglicht wird der Auszug durch das Opfer des Lammes. Die Familien Israels opferten, nach Anweisung Gottes, jede ein Lamm, weshalb sie vom Gericht, das Gott über die Ägypter verhängt hatte, verschont blieben. So konnten sie heil aus dem Land ausziehen, während das Gericht über die Ägypter erging und deren hartnäckigen Widerstand, Israel ziehen zu lassen, endgültig brach.

Die Opferung des „Lammes“ ist also ein entscheidender Vorgang im Prozess des Auszugs und Einzugs bzw. des Sterbens und Auferstehens. Das Lamm ist Symbol für zwei völlig voneinander verschiedene Sachverhalte, die begrifflich getrennt werden müssen, damit sie verstehbar werden. Ein Symbol kann ja voneinander verschiedene, sogar gegensätzliche Tatbestände veranschaulichen. Im ersten Fall symbolisiert das Lamm das vollkommene wahre Selbst des Menschen, das unschuldig ist, sich aber der von Gott getrennten, ichbezogenen Menschheit opfert (und von ihr immer wieder getötet wird), damit das individuelle wahre Selbst der einzelnen Menschen in der Kraft des Musters des wahren Selbst auferstehen kann.

Im zweiten Fall symbolisiert das Lamm gerade das Gegenteil, nämlich das Tierhafte im Menschen, die animalische Ichbezogenheit, den Selbsterhaltungstrieb, den der Mensch freiwillig „töten“ muss, damit der Auszug aus Ägypten möglich wird.

Wenn Jesus mit dem Passahlamm identifiziert wird, ist er Träger dieser beiden vom Lamm symbolisierten, entgegengesetzten Funktionen. Er repräsentiert erstens das Muster des wahren Selbst, das sich freiwillig in die schuldig gewordene Menschheit inkarniert, um den Menschen die Kräfte der göttlichen Welt zur Verfügung zu stellen. Als geist-erfülltes wahres Selbst ist er zugleich ein Gottessohn, ein Gesalbter. Und damit wirkt in ihm auch das göttliche Licht als der einzige Sohn Gottes. Diese drei Aspekte: Jesus als wahres Selbst, Jesus als Christus und Jesus als Träger des in ihm wirksamen einzigen göttlichen Lichtes opfern sich wie ein unschuldiges Lamm der schuldigen Menschheit, tragen ihre Schulden und lassen sich von ihr hassen, verfolgen und verdrängen, das heißt „töten“. Aber gerade dadurch können sie allmählich das wahre Selbst jedes einzelnen Menschen ergreifen und stärken, bis dieses durch die harte Schale der Ichbezogenheit ins Bewusstsein des Menschen durchbricht. Jesus als wahres Selbst, Jesus als Christus und Jesus als Träger des einzigen göttlichen Lichtes ist somit das unschuldige Opferlamm, das von der Menschheit immer wieder getötet, das heißt ins Unbewusste verdrängt wird. Es nimmt im „Tod“ allen Hass der Menschen auf sich. Es erkennt diesen Hass und wirkt trotz dieses Hasses im Unbewussten der Menschen weiter. So nimmt es durch seine freiwillige Inkarnation in einer irdischen Persönlichkeit die „Sünden der Welt“ auf sich und ermöglicht den Menschen schließlich, in den Kräften des Geistes diese Sünden zu erkennen und zu überwinden. Das ist die eine vom Lamm symbolisierte Funktion Jesu.

Bei der anderen symbolisiert das Lamm das Tierhafte im Menschen: die Ichbezogenheit. Beim Auszug aus Ägypten müssen die Israeliten ihr tierhaftes Ich, ihre tierhafte „Erstgeburt“, freiwillig töten – anders können sie die von Ichbezogenheit geprägte irdische Welt – Ägypten – nicht verlassen. Und wenn sie es töten, gelangen sie zur Einheit mit Gott und stehen im Einklang mit den göttlichen Kräften. Die Ägypter dagegen opfern ihr tierhaftes Ich, ihre tierhafte „Erstgeburt“, nicht freiwillig. Ihr tierhaftes Ich wird von Gott, von den Kräften des Geistes, gegen ihren Willen getötet. Ihr Widerstand gegen den Auszug des wahren Selbst wird dadurch gewaltsam gebrochen. Wenn Jesus sich selbst verleugnet und „sein“ Leben, seine Ichbezogenheit, freiwillig um des wahren Selbst willen verliert, so tut er damit nichts anderes, als was seinerzeit die Israeliten beim Auszug aus Ägypten taten und was sie durch die Opferung des Lammes symbolisierten.

Beide Funktionen des Lammes werden in der Kreuzigung Jesu manifest. Einerseits ist die Kreuzigung Ausdruck der Tatsache, dass die Feinde des wahren Selbst dieses unschuldige Selbst „töten“ und dass sich das wahre Selbst wie ein unschuldiges Lamm töten lässt, um die göttlichen Kräfte in der Welt, auch in den Feinden des Geistes, zu verankern. Andererseits verliert Jesus im Augenblick der Kreuzigung endgültig seine alte Ichbezogenheit. Er opfert freiwillig sein Tierhaftes, so wie die alten Israeliten ein Lamm beim Auszug aus Ägypten geopfert hatten, und ermöglicht so die Auferstehung seines wahren Selbst, den Einzug ins gelobte Land.

So entgegengesetzt beide Funktionen des Lammsymbols sind, bedingen sie sich doch auch wieder gegenseitig. Denn nur dadurch, das sich die göttlichen Kräfte für den Menschen opfern, ist dieser in der Lage, freiwillig die Opferung des Tierhaften, seiner Ichbezogenheit, zu vollziehen. Aber auch das Umgekehrte gilt: Nur dadurch, dass der Mensch freiwillig seine Ichbezogenheit opfert, gibt er den göttlichen Kräften die Möglichkeit, in ihn einzufließen und seine Schulden auf sich zu nehmen. Die Bedingung ist jeweils auch das Bedingte, und das Bedingte die Bedingung.

Durch die Einbettung der im Folgenden geschilderten Ereignisse ins Passahfest wird ihr Sinn deutlich. Vers 1 dieses Kapitels ist wie eine Einleitung und Interpretation der folgenden Ereignisse.

Die Situation der Beteiligten

22 2 Und die Hohenpriester und Schriftgelehrten trachteten danach, wie sie ihn umbringen könnten; denn sie fürchteten das Volk.

Um die Ereignisse, die sich im folgenden zwischen Jesus und seinen Gegnern abspielen, besser zu verstehen, ist es sinnvoll, die Situation und Motive der Beteiligten zu untersuchen.

Motive des Volkes

Im Volk gab es zwei Motive, Jesus zu folgen. Das eine Motiv bewegte diejenigen, die sich von Jesus in erster Linie eine gerechte soziale Ordnung erwarteten, sowie eine neue, von der römischen Herrschaft freie politische Ordnung, vielleicht in Form einer Theokratie. Es waren die Anhänger des mosaischen Gesetzes, das verlangte, dass im sozialen Bereich Gerechtigkeit herrschte – Rücksicht auf die Armen, Witwen und Waisen – und dass im politischen Bereich nur Gott und kein fremder Götze das Volk regierte. Diese Eiferer für das Gesetz, „Zeloten", glaubten oder hofften, dass Jesus der Messias nach ihrem Herzen sei: Der von Gott Gesandte, der einerseits als Volkstribun gegen die Schriftgelehrten, Ältesten und Hohenpriester auftrat und ihre Ungerechtigkeit anprangerte, andererseits als politischer Revolutionär das Reich Davids wieder aufrichtete. Er würde die Römer vertreiben und dem entwürdigenden, dem Gesetz Gottes Hohn sprechenden Zustand der Herrschaft durch die „Heiden" ein Ende machen. Niemand würde mehr dem römischen Kaiser Steuern zahlen müssen. Diese Zeloten sahen also in Jesus, irrtümlich, einen Sozialrevolutionär und politischen Revolutionär. Und diese Eigenschaften besaß für sie, ebenfalls irrtümlich, der verheißene Messias. Jesus war daher nach ihrer Vorstellung dieser verheißene Messias – oder konnte es zumindest sein –, und was er tat, war durch diese Messianität gedeckt.

Andererseits gab es im Volk Menschen, die, von Jesus mit einer neuen, inneren Lebensmöglichkeit konfrontiert, von „Krankheiten" geheilt und von „Dämonen" befreit worden waren. Sie hatten in ihm die Kräfte des Reiches Gottes gespürt, und diese Kräfte waren ihnen durch ihn und seine Schüler übertragen worden – sie waren „gespeist“ worden. Sie konnten ahnen, was das Reich Gottes war: ein innerer Zustand, nicht primär gerechte äußere Lebensverhältnisse, die allerdings aus dem inneren Zustand folgen mochten – irgendwann, in einer unklaren Zukunft.

Motive der Schüler Jesu

Manche aus dem Volk hatten sogar, als engere Schüler Jesu, einen spirituellen Weg betreten, auf dem sie Jesus als den „Gesalbten“, der das Reich Gottes als innere Wirklichkeit brachte, erkannten. Sie hatten Schritte unternommen, bewusst die Eigenschaften der Ichbezogenheit und Selbstgerechtigkeit, die der inneren Erfahrung des Reiches Gottes im Weg standen, aufzulösen. Aber auch sie waren noch davon überzeugt, dass Jesus irgendwie, wenn auch wohl nicht mit Gewalt, das Reich Davids als äußeres Reich sozialer Gerechtigkeit und politischer Unabhängigkeit wieder aufrichten würde.

Motive der geistlichen Führer

Der Hass der Hohenpriester, Ältesten und Schriftgelehrten auf Jesus hatte in dem Maß zugenommen, als Jesus ihre Motive und Verhaltensweisen entlarvte und beim Volk Anhänger gewann.

Sie erwarteten, wie das Volk, einen Messias als Sozialrevolutionär und politischen Revolutionär. Aber sie bestritten Jesus die Messianität. Nach der Vorstellung der geistlichen Führer würde nämlich der Messias auf dem Boden des mosaischen Gesetzes stehen. Doch für sie stand Jesus nicht auf dem Boden des mosaischen Gesetzes. Wie konnte er da der Messias sein? Heilte er nicht am Sabbat und verstieß so gegen das Gesetz? Stellte er nicht die mosaischen Fasten-, Essens- und Reinheitsgebote in Frage? Hielt er sich nicht zu den „Sündern“, was eines Gesetzeslehrers unwürdig war?

Und griff er nicht sie selbst, die durch Tradition legitimierten Vertreter des Gesetzes an? Die Weherufe Jesu über die Schriftgelehrten und Pharisäer und seine Gleichnisse von den ungetreuen Weingärtnern und den Bauleuten, die den Eckstein verwerfen, zeigten zur Genüge, wie er sie einschätzte.

Zwar besaß er charismatische Kräfte, das war nicht zu leugnen. Aber sie konnten auch von Beelzebul sein, ja sie mussten von Beelzebul sein. Das Gespräch Jesu mit den Schriftgelehrten über die Herkunft seiner Kräfte anlässlich einer Dämonenaustreibung zeugt von dieser ständigen Auseinandersetzung mit den geistlichen Führern über seine Legitimität, ebenso sein letztes Gespräch mit ihnen über das Verhältnis von David und Christus.

Jesus gelang es nicht, den geistlichen Führern deutlich zu machen, was er selbst unter dem Messias verstand, und sie von der Wahrheit dieser Auffassung zu überzeugen. Zu sehr waren sie in ihrer Selbstgerechtigkeit und ihrer dogmatischen Auffassung der mosaischen Gesetze erstarrt. Jesus verkörperte das wahre Selbst des Menschen. In ihm war das Reich Gottes als Erfahrung der Einheit mit dem Geist verwirklicht. Damit erfüllte er objektiv die Kriterien des Gesalbten, des lang erwarteten

Christus-Messias. Diese objektiven Kriterien waren aber nicht die subjektiven Kriterien der geistlichen Führer. Sie konnten nicht verstehen, dass das Reich Gottes ein innerer Zustand war, gelöst von der Fixierung auf äußere Gesetzesvorschriften und soziale Formen, ein Zustand der Freiheit, der Verwirklichung der Gesetze des wahren Selbst.

Es mag unter den geistlichen Führern zwei Gruppen gegeben haben. Die einen glaubten vielleicht wirklich, entsprechend dem mosaischen Gesetz, an die Notwendigkeit sozialer Gerechtigkeit und politischer Selbstständigkeit. Sie verstanden jedoch nicht, dass das Reich Gottes nicht primär in äußeren Ordnungen besteht und auch durch Etablierung äußerer Ordnungen nicht errichtet werden kann. Trotz ihrer ehrlichen Gesetzestreue und ihrem ehrlichen Wunsch nach Gerechtigkeit und Freiheit erkannten sie daher Jesus nicht als Messias an. Ihre Selbstgerechtigkeit und ihr Dogmatismus machten es ihnen unmöglich, die Freiheit des Reiches Gottes zu erkennen.

Die zweite Gruppe machte sich und anderen vor, an das mosaische Gesetz zu glauben, war aber in Wirklichkeit nicht an dessen Realisierung im sozialen und politischen Bereich interessiert. Eine Realisierung im sozialen Bereich hätte die Vernichtung ihrer Privilegien bedeutet, die Abschaffung von Ungerechtigkeit und Ausbeutung, auf denen, neben ihrer traditionellen Autorität als geistlichen Führern, ihr Besitz, ihr Prestige und ihre Macht beruhten. Eine Realisierung im politischen Bereich hätte das bequeme Arrangement mit der römischen Besatzungsmacht gestört. Sollte man Frieden und Wohlstand der herrschenden Klasse, die unter dem Schutz der Römer doch immerhin gediehen, aufs Spiel setzen?

Diese Mentalität war es, die Jesus so unnachsichtig geißelte, die er als Heuchelei und Scheinheiligkeit brandmarkte: Im Mund führt man das mosaische Gesetz, im Handeln aber verstößt man dagegen und rechtfertigt das Handeln vor sich selbst und vor anderen mit der Autorität der geistlichen Führung. Solche Angehörigen der geistlichen Elite konnten und wollten noch viel weniger verstehen, was Jesus war und brachte: ein inneres Reich der Einheit mit dem Geist, der inneren Wahrhaftigkeit, aus der auch integres Handeln im Äußeren folgt. Ihre Interessen standen, abgesehen von ihrer Selbstgerechtigkeit, einem solchen Verständnis massiv im Weg. So wirkten ihr Selbstverständnis als von Gott eingesetzte Verwalter des mosaischen Gesetzes und ihre Interessen zusammen. Ideologie und Interessen unterstützten sich gegenseitig. Dass hier ein Verständnis dessen, was der Messias wirklich war, ganz unmöglich sein würde, hatte Jesus schon am Anfang seiner öffentlichen Wirksamkeit in Nazareth bekundet. Er hatte die wahre Art des Messias an Hand einer Schriftstelle aus Jesaja erläutert und anschließend erklärt, dass man diese Art, wegen Selbstgerechtigkeit und Interessengebundenheit, gewiss nicht verstehen würde.

Vielleicht gab es noch ein drittes Motiv bei den geistlichen Führern, Jesus zu hassen und zu bekämpfen, wenigstens bei einigen von ihnen. Vielleicht spürten sie, dass Jesus Recht hatte: dass tatsächlich alle Hoffnung, Gerechtigkeit vor Gott durch äußeres Verhalten und äußere Formen zu erlangen, eitel war; dass die bisherige Grundlage ihres Lebens und ihrer Führung nicht mehr gültig war, und dass wirklich neue Verhältnisse – ein inneres Reich Gottes – kommen mussten. Trotzdem war aber die Macht der alten Verhältnisse stärker. Sollten sie, die geistlichen Führer, all das bisher Geglaubte, ihre Sicherheit, ihre Legitimation durch diesen Glauben, aufgeben? Jesus forderte sie durch Lehre und Leben dazu auf. Aber diese Bedrohung ihrer bisherigen Lebensordnung konnten sie nicht hinnehmen. Und dieser Zwiespalt, und das geheime schlechte Gewissen deshalb, mussten ihren Hass auf Jesus und ihren Kampf gegen ihn noch intensivieren.

Aus all diesen Motiven erkannten die geistlichen Führer Jesus die Messiaswürde nicht zu. Ja sie betrachten ihn als Gotteslästerer, als „Ketzer", weil er sich diese Würde selbst zuschrieb, ohne sie, ihrer Meinung nach, zu besitzen. Doch das Volk stand hinter Jesus. Für die geistlichen Führer war er demnach ein Volksverführer, und war das Volk so dumm, sich verführen zu lassen. Es erkannte nicht, so stellte sich der Sachverhalt für sie dar, dass Jesus nicht der Messias sein konnte, weil er nicht auf dem Boden des mosaischen Gesetzes stand.

Je mehr Anhänger Jesus hinter sich brachte, desto gefährlicher wurde er für die geistlichen Führer. Sie sahen, dass das Volk ihn als messianischen Sozialrevolutionär betrachtete. Sie mussten annehmen, dass er sich selbst als solchen sah. Sie mussten, selbst in machtpolitischem Denken befangen, ihm ebensolches machtpolitisches Denken unterstellen. Und deshalb fürchteten sie ihn. Aber ein falscher Messias durfte die soziale Struktur auf keinen Fall antasten – so dachten auch diejenigen geistlichen Führer, die gerechte soziale Strukturen wünschten. Und erst recht dachten so die geistlichen Führer, die die Aufrechterhaltung ihrer sozialen Privilegien wünschten. Jesus war keiner der Ihren, er stand nicht auf dem Boden des mosaischen Gesetzes. Wie konnten sie zulassen, dass er das Sozialsystem veränderte?

Die geistlichen Führer sahen auch, dass das Volk Jesus als messianischen politischen Revolutionär betrachtete, und glaubten, er selbst sehe sich in dieser Rolle. Wiederum mussten sie ihm, ihrer eigenen Art entsprechend, gefährliches machtpolitisches Denken unterstellen. Aber ein falscher Messias durfte die Rolle eines Befreiers von fremder Herrschaft auf keinen Fall spielen. Jesus war keiner der Ihren, ein Emporkömmling, ein Außenseiter. So jemand durfte kein theokratisches Friedensreich mit ihm selbst an der Spitze errichten, vielleicht obendrein unabhängig von Rom. Sie fürchteten Jesus als Konkurrenten. Sie konnten ihm einen Erfolg nicht gönnen. Und abgesehen davon war noch fraglich, in was für Abenteuer der politisch Unerfahrene sie selbst hineinziehen würde. Wer weiß, so mögen sie gedacht haben, was geschähe, wenn Jesus eines Tages das Signal zum Aufstand gegen die Römer gäbe? Ein solcher Aufstand würde ein ungeheures Blutbad anrichten und Wohlstand und Bequemlichkeit der Etablierten vernichten. Konnte jemand das wollen? Das musste verhindert werden. Auch aus politischer Klugheit, ja Verantwortungsbewusstsein dem Volk gegenüber musste der unberechenbare Volksführer unschädlich gemacht werden.

Dazu musste man vor allem einen Keil zwischen das Volk und ihn treiben und die Messiasgläubigkeit des Volkes zerstören. Schon die Szene mit der Steuermünze beweist einen Versuch der geistlichen Führer, Jesus beim Volk – oder bei den Römern – zu kompromittieren. Jetzt aber, kurz vor dem Passahfest, waren die Dinge so weit gediehen, dass man ihn unschädlich machen musste, koste es was es wolle. Man musste ihn verhaften. Damit hätte man ihn als Volksführer unschädlich gemacht. Und damit hätte man zugleich bewiesen, dass Jesus nicht der Messias war: Der Messias würde sich nicht verhaften lassen. So konnte man dem verblendeten Volk die Augen öffnen und es in den Schoß der Tradition und Autorität der Geistlichkeit zurückführen.

Seiner habhaft zu werden, war jedoch schwierig, da bei einer öffentlichen Gefangennahme durch die Tempelwache – die Verfügung über dieses Vollzugsorgan hatte der Geistlichkeit die römische Besatzungsmacht eingeräumt – das Volk ihn wahrscheinlich verteidigt und die Tempelwache vielleicht überwunden hätte. Zumal zum bevorstehenden Passahfest, wo unzählige Pilger, darunter auch Anhänger Jesu, nach Jerusalem strömten, wäre eine Festnahme in der Öffentlichkeit problematisch gewesen. „Denn sie fürchteten das Volk“ (Vers 2) bezieht sich auf dieses voraussichtliche Verhalten des Volkes bei einer öffentlichen Verhaftung Jesu. In dieser Situation kam den Hohenpriestern der Verrat des Judas sehr gelegen. Er bot ihnen die Möglichkeit, Jesus „ohne Volksauflauf“ (22,6), nachts und heimlich, zu verhaften. Und war er einmal verhaftet, würde, das wussten die Hohenpriester, die Stimmung im Volk schnell umschlagen. Denn ein ohnmächtiger Messias war kein Messias.

Die Rechnung der Hohenpriester ging auf. Die Begeisterung des Volkes wich nach der Verhaftung Jesu tatsächlich blindestem Hass, wie er nur aus enttäuschter Liebe entstehen kann. Alle Hoffnungen auf Befreiung vom Druck der Besatzungsmacht und vom Druck der ungerechten religiösen Führer waren zunichte gemacht. Richtig war auch die Spekulation der Hohenpriester, dass sich nach Jesu Verhaftung das Volk wieder an die bisherigen religiösen Führer halten würde, die offensichtlich Recht in der Beurteilung dieses Emporkömmlings und falschen Messiasprätendenten gehabt hatten, mochten sie auch selbst mit der Besatzungsmacht paktieren und das Volk unterdrücken.

Auch die engeren Schüler Jesu befanden sich nach seiner Verhaftung im Zustand äußerster Irritation. Was war aus ihrer Vision einer Wiedererrichtung des Reiches Davids geworden? Sie hatten die Kraft Jesu als des Gesalbten erfahren und in sich die Wirkungen dieser Kraft erlebt. Warum versagte Jesus jetzt offensichtlich und war nicht in der Lage, den geistlichen und politischen Machthabern zu widerstehen und sich triumphierend als der Überlegene zu erweisen? Die innere Lage dieser Anhänger Jesu war nach seiner Verhaftung die völliger Orientierungslosigkeit und Lähmung. Auch sie hatten, trotz ihrer inneren Erfahrung des Reiches Gottes, noch falsche Vorstellungen vom Christus-Messias und seiner Funktion gehabt und konnten sein passives Verhalten mit ihren Erwartungen nicht in Einklang bringen. Daraus lässt sich ihr Verhalten erklären. Petrus z. B. versuchte während der Verhaftung Jesu zu retten, was nach seiner Meinung gerettet werden musste. Er zog das Schwert, um die Gefangennahme Jesu zu vereiteln und die Errichtung des Davidsreiches durch Jesus doch noch zu ermöglichen. Als aber die Verhaftung erfolgt und damit das Davidsreich endgültig unmöglich geworden war, flohen die Schüler, ja verleugneten ihren Meister. Zur Irritation kam die Angst, selbst wie Jesus gefangengenommen, vor Gericht gestellt und verurteilt zu werden. Dieser Angst um ihr Leben waren sie nicht gewachsen.

Motive des Pilatus

Die geistlichen Führer warfen Jesus vor, sich selbst als Messias zu proklamieren. Da sie der Auffassung waren, er sei es nicht, weil er, so wie sie ihn sahen, nicht auf dem Boden des mosaischen Gesetzes stand, war er für sie ein Gotteslästerer, ein „Ketzer". Sie fürchteten ihn trotzdem als Sozialrevolutionär und politischen Revolutionär. Denn nach ihrer Meinung folgte aus Jesu messianischem Anspruch unbedingt die revolutionäre Aktion. Ihrer Definition nach brachte ja der Messias soziale Gerechtigkeit und Befreiung von Fremdherrschaft.

Daher klagten die Mitglieder des Rates Jesus vor Pilatus als einen an, „der unser Volk verführt und es abhalten will, dem Kaiser Steuern zu geben" (also als politischen Revolutionär), „und sagt: er sei der Christus-Gesalbte (der Messias), der König" (also als Gotteslästerer), sowie als einen, der „das Volk aufwiegelt, indem er lehrt" (also als Sozialrevolutionär).

Pilatus war die „Ketzereigenschaft" Jesu gleichgültig. Ob Jesus auf dem Boden des mosaischen Gesetzes stand oder nicht, war für ihn eine uninteressante, vielleicht sogar unzugängliche theologische Frage. Ihm musste nur wichtig sein, ob Jesus wirklich ein Volksaufwiegler und Rebell gegen den Kaiser war. Das wäre in seinen Augen ein todeswürdiges Verbrechen gewesen.

Aber Pilatus stellte im Verhör fest, Jesus sei unschuldig. „Ich habe an diesem Menschen keinen Grund für eure Anklagen gefunden" (23,14). Jesus war weder Sozialrevolutionär noch politischer Revolutionär, als den ihn die Ankläger hinstellten. Und wenn er der Messias und „König der Juden" zu sein beanspruchte, so nicht in politischem Sinn, was tatsächlich ein todeswürdiges Verbrechen gewesen wäre, sondern in einem anderen, Pilatus wohl wirklich unzugänglichen spirituellen Sinn. Jesus stand zu seinem Titel „König der Juden". Doch soviel verstand Pilatus: Jesus war kein politischer König, der seine Herrschaft mit Gewalt durch Aufruhr und Aufwiegelung des Volkes errichten wollte.

Pilatus war von der Unschuld Jesu überzeugt. Aber er beugte sich dem Druck der geistlichen Führer und der Straße. Er durchschaute die geistlichen Führer, dass sie ihn „aus Neid" überantwortet hatten, wie es bei Markus heißt (Kap. 15,10). Doch erschien es ihm zu gefährlich, die fanatischen Leidenschaften der Ankläger zu enttäuschen. Das hätte ihn in Zukunft im Land selbst in Schwierigkeiten bringen können. Man hätte ihn auch – diese Überlegung berichtet wiederum Markus – beim Kaiser anschwärzen können. Besser also, sich die verachteten Geistlichen und den Pöbel nicht zum Feind zu machen und sich seine Ruhe zu sichern.

Das Wesen Jesu

So lassen sich die Motive der Vertreter der geistlichen und weltlichen Macht, des Volkes und der Schüler Jesu verstehen. Was aber drückt sich im Verhalten Jesu selbst aus? Lassen sich seine „Motive" ergründen?

Jesus ein sozialer oder politischer Revolutionär, der sich als politischer Messias verstand?

Wie die damaligen Zeloten und geistlichen Führer fassten spätere Interpreten der Evangelien Jesus häufig als Sozialrevolutionär, Reformer oder politischen Revolutionär auf, der seine charismatischen Fähigkeiten für seine politischen Ziele einsetzte. Sein Selbstverständnis sei dabei das eines politischen Messias gewesen.

Zur Theorie, Jesus sei ein Sozialrevolutionär gewesen, passt, dass er scharf mit der Scheinheiligkeit der Pharisäer und Schriftgelehrten ins Gericht ging und eine gerechte Gesellschaft forderte, wie vom Gesetz des Mose vorgesehen. Und war er tatsächlich politischer Revolutionär, Aufrührer gegen die Besatzungsmacht? Vielleicht hatte Jesus, nach dieser Theorie, wirklich aufrührerische Motive, nur dass er sie zunächst geschickt verbarg. Er hoffte möglicherweise, allmählich so viele Anhänger im Volk zu gewinnen, dass er eines Tages mit Aussicht auf Erfolg gegen die Römer losschlagen konnte. Sein neutrales Verhalten gegenüber der Besatzungsmacht – wie es etwa die Szene mit der Steuermünze illustriert – wäre dann nur Taktik gewesen. Die Stellen im Evangelium, an denen er seine Schüler auffordert, über seine Messiaseigenschaft zu schweigen, könnten so interpretiert werden, dass er nicht vorzeitig in den Verdacht der Feindschaft gegenüber Rom geraten wollte.

Aber kam nicht Pilatus selbst, der doch über die besten Informationen verfügte, zu dem Schluss, Jesus sei kein Aufwiegler und Rebell? Hätte nicht Pilatus im ureigenen Interesse unbedingt eingegriffen, wenn nur der geringste Verdacht in dieser Hinsicht bestanden hätte?

Und vor allem: Passt diese Theorie zu den vielen Aussprüchen und Gleichnissen Jesu über das Reich Gottes? Passt sie zur Bergpredigt? Passt sie zu den vielen Unterweisungen seiner Schüler und Hörer über das richtige Verhalten in Bezug zum Reich Gottes, Unterweisungen, die sich alle auf Aspekte eines spirituellen Weges beziehen? Selbst wenn die „Wunder“ und die Auferstehung Erfindungen begeisterter und später enttäuschter Anhänger wären: Die Aussprüche und Unterweisungen Jesu, die sich auf den spirituellen Weg beziehen und mehr als die Hälfte des Evangeliums ausmachen, lassen sich nicht als kompensatorische Erfindungen seiner Schüler interpretieren. Sie haben ein Eigengewicht.

Passt diese Theorie vor allem zu den vielen Gesprächen Jesu mit den Schriftgelehrten und Pharisäern, in denen es um seine Legitimation geht und bei denen er unaufhörlich darauf verweist, dass er das Reich Gottes als Zustand im Innern des Menschen bringt? Er ist ein spiritueller, kein politischer Messias. Wehrt er nicht vehement alle Unterstellungen ab, er sei ein politischer Messias? „Das Reich Gottes kommt nicht so, dass man es beobachten könnte. Man wird auch nicht sagen: Siehe, hier! oder: dort! Denn siehe, das Reich Gottes ist in eurer Mitte“ (17,20–21). Äußere soziale Gerechtigkeit ist nur ein Nebenergebnis des inneren Reiches Gottes. „Sucht sein Reich, dann wird euch dies hinzugefügt werden“ (12,31). Christus ist der Herr über David. Das heißt, erst kommt das Innere, das Reich Gottes, dann das Äußere, soziale Gerechtigkeit und politische Selbstständigkeit. Und er, Jesus, bringt das Innere, das wahre Selbst, alles andere ist zweitrangig. Jedenfalls macht er sich nicht zum Vollzugsorgan sozialer und politischer

Visionen und Interessen. „Mensch, wer hat mich zum Richter oder Erbteiler über euch eingesetzt?“ (12,14).

All dies zeigt, zusammen mit einer spirituellen Interpretation der „Wunder“ und der Auferstehung, dass Jesu Verhalten in einem anderen Licht gesehen werden muss. Mit Jesus trat ein neues Menschentum in die Welt ein, ein aus dem geistigen Quell im Menschen hervorbrechendes inneres Leben, das dann auch das äußere Leben gestaltet: das Bewusstwerden und Wirksamwerden der wahren Identität des Menschen, des wahren Selbst, des Ebenbildes Gottes.

Jesus Lehrer einer neuen Ethik?

Dieses neue Menschentum ist keine besonders hochstehende Ethik des irdischen Menschen. Auch in diese Richtung hat man das Evangelium immer wieder interpretiert: Jesus der Lehrer einer hochstehenden Ethik der allgemeinen Menschenliebe, die alle bis dahin geltende Ethik übersteigt. Jesus selbst der vollkommene Ausdruck dieser neuen Ethik, der für die neuen Werte auch in den Tod geht: der ethisch höchststehende irdische Mensch, liebevoll allen Menschen, sogar seinen Feinden gegenüber. Aber schon diese „Feindesliebe“ scheint Jesus selbst durch seine oft sehr harten Worte gegenüber den Schriftgelehrten nicht zu praktizieren. Es muss sich um eine andere Art Liebe handeln.

Jesus ist nicht der freundlichste und gütigste irdische Mensch, auch nicht der schlichteste, kindlichste, unbefangenste irdische Mensch, nicht der spontane, freie, achtsame irdische Mensch, auch nicht der fromme, gottesfürchtige irdische Mensch und nicht der für die Armen und Unterdrückten eintretende irdische Mensch. Die Auseinandersetzungen Jesu mit den Schriftgelehrten über den „Gerechten“ und den „Sünder“ zeigen deutlich: Der ethisch hochstehende irdische Mensch ist nicht primär Inhalt und Ziel der Lehre Jesu und auch nicht vorrangiger Inhalt seines Lebens. Inhalt der Lehre und des Lebens Jesu ist die Entfaltung des Ebenbildes Gottes, des spirituellen Menschen. Die entscheidende Voraussetzung dafür ist, dass der Mensch erkennt, dass er als irdischer Mensch, ob moralisch hochstehend oder tiefstehend, von Gott getrennt ist und das Ebenbild Gottes nicht verwirklicht. Jeder, der ethisch Hochstehende und Tiefstehende, ist, existenziell gesehen, ein „Sünder“. Wer seine Bestimmung als Mensch, das wahre Menschentum, erfüllen und die Einheit mit Gott wiedergewinnen will, muss sich zuerst dieser Tatsache bewusst werden.

Ein Mensch, der das spirituelle Menschentum lebt und dessen wahres Selbst sich zunehmend entfaltet, wird auch als irdischer Mensch hohen ethischen Ansprüchen genügen. Die Gedanken, Gefühle, Bestrebungen und Handlungen seiner irdischen Persönlichkeit werden ja von den spirituellen Gesetzmäßigkeiten allmählich erfasst und zur Geistpersönlichkeit verändert. Aber das ist eine selbstverständliche Folge der Entfaltung seines wahren Selbst, nicht Ergebnis einer moralischen Anstrengung.

Das wahre Selbst: ein neues Menschentum

Die Erfahrung des wahren Selbst ist ein Zustand, gleichbedeutend mit der Erfahrung des Reiches Gottes, gleichbedeutend mit der Verwirklichung des Ebenbildes Gottes, was zugleich die Aufhebung der ichbezogenen Motive des irdischen Menschen bedeutet. Das wahre Selbst ist Einheit mit Gott, die wiedergewonnene Verbindung mit der geistigen Welt. Es ist Freiheit des Menschen, der sein inneres Gesetz, seine eigentliche Identität, verwirklicht. Und es ist Liebe zum Mitmenschen auf der Grundlage der Ordnung und Kräfte des Geistes. Ist ein solcher Zustand in einem Menschen entfaltet, lebt er aus der geistigen Welt, und seine ichbezogenen Motive sind aufgehoben. Dieser Zustand ist z. B. Gewaltlosigkeit. Ein solcher Mensch kann nicht gewalttätig sein, obwohl von großer innerer Stärke erfüllt. Seine Gewaltlosigkeit ist nicht etwa Taktik, um irdische Ziele zu erreichen. Solche Ziele hat er nicht mehr. Er will sich nicht durchsetzen und strebt keinen sozialen und politischen Einfluss an. Er lebt einfach aus der geistigen Ordnung und Kraft und vollzieht sie.

Das neue Menschentum hat Konsequenzen auch für das irdische Verhalten und die irdische Ethik des Betreffenden, geht aber nicht darin auf. Es hat auch Konsequenzen für die Gestaltung der irdischen Gesellschaft, geht aber nicht darin auf. Weil solche ethischen und sozialen Konsequenzen auftreten, wenn ein Mensch wie Jesus das neue Menschentum lebt und lehrt, und weil diese Konsequenzen im Evangelium auch geschildert werden, kann der Anschein entstehen, Jesus habe aus ethisch-moralischen oder revolutionären irdischen Motiven gehandelt .

Doch Jesus *wollte* nichts. Er hatte keine Motive dieser Art, wie sie der irdisch denkende Mensch ihm unterstellt. Jesus war das neue Menschentum in seinem Innern bewusst geworden. Es hatte sich in ihm entfaltet. Er ging einen Weg, der sich folgerichtig aus seinem Wesen, dem wahren Selbst, ergab. Er ging einen Weg, auf dem dieses Menschentum endgültig in der Menschheit verankert wurde. Er wollte nichts erreichen. Er vollzog eine Notwendigkeit.

Sie bestand darin, dass in ihm selbst die Bestimmung der Menschheit verwirklicht und dass die Möglichkeit dazu endgültig in der Menschheit verankert wurde, derart, dass diese „Information" niemals mehr aus dem Organismus Menschheit entfernt werden konnte. *Darum* musste Jesus in die Höhle des Löwen gehen. Darum musste er die „Information" des wahren Selbst durch direkte Konfrontation in alle Teile des Organismus Menschheit tragen, gleichgültig, ob ihm diese feindlich oder freundlich gesinnt waren. *Alle* freundlichen und feindlichen Eigenschaften des Organismus Menschheit mussten mit dieser Information „imprägniert" werden. Gerade im Stadium ihrer höchsten Machtentfaltung mussten die feindlichen Eigenschaften von dieser Information angegriffen werden, damit zumindest der Keim der Überwindung der Feindschaft in sie gelegt wurde. Denn die Struktur des wahren Selbst, auch als flüchtiger Eindruck in einen ihm feindlichen Menschen gelegt, arbeitet in diesem weiter und bricht auf lange Sicht die Struktur der Ichbezogenheit auf.

Aus der Perspektive der Menschheitsentwicklung war der in Johannes dem Täufer und Jesus verkörperte spirituelle Impuls tatsächlich eine Notwendigkeit. Er ermöglichte den entscheidenden Schritt in der Menschheitsentwicklung: nach dem Aufbau eines selbstverantwortlichen irdischen Ich das Wirksam- und Bewusstwerden des wahren Selbst, dem die positiven Eigenschaften des Ich: Selbstständigkeit und Verantwortlichkeit, dienstbar gemacht werden.

Jesus war vom Eintritt in den Mutterleib an mit den Inhalten und Kräften der geistigen Welt verbunden. Die Inhalte der geistigen Welt wurden ihm im Lauf der Zeit bewusst, zugleich wurde ihm die kritische Situation der irdischen Welt und die Notwendigkeit bewusst, der Entwicklung der Menschheit einen neuen Impuls in Richtung auf ihre Bestimmung hin zu geben. Er *erkannte*, dass er die Verkörperung dieses Impulses aus der geistigen Welt war. Und da sich auch die Kräfte der geistigen Welt zu großer Macht in ihm entfaltet hatten und ihm bewusst geworden waren, besaß er die *Kraft*, in diesem kritischen Punkt der Menschheitsentwicklung einzugreifen. Ihm war es möglich, er konnte die Welt überwinden. Er konnte es dadurch, dass er durch sein starkes spirituelles Sein das schwache spirituelle Sein anderer Menschen anregte und stärkte. Er konnte es auch dadurch, dass er sein starkes spirituelles Sein dem irdischen Sein seiner Gegner aussetzte und es auf sie wirken ließ. *Einer* musste sich der Feindschaft der Welt aussetzen und sie durch sein Sein prinzipiell überwinden. Dann konnten andere ihm nachfolgen. Und Jesus wartete den *richtigen Augenblick* für sein Eingreifen ab. Der Augenblick war gekommen, als sich, nach dem Zug durch Galiläa, in Jerusalem die feindlichen Kräfte endgültig formiert hatten.

Erkennen, Kraft besitzen, den richtigen Augenblick abwarten: Jesus erfüllte diese Voraussetzungen. Hätte ein anderer, ohne diese Voraussetzungen, in ähnlicher Situation ähnlich gehandelt, wäre es blinde Lust am Untergang, falsches Heldentum, törichtes Märtyrertum, Selbstüberschätzung und Dummheit gewesen. Ein anderer in ähnlicher Situation, ohne diese Voraussetzungen, hätte sich zurückziehen *müssen*. Bei ihm wäre ein Zug nach Jerusalem reine Provokation gewesen. Hatte nicht Jesus selbst zu seinen Schülern gesagt: Wenn eine Stadt euch nicht hören will, schüttelt ihren Staub von euren Füßen?

So begibt sich Jesus, einer Notwendigkeit folgend und entsprechend „befugt“, bewusst nach Jerusalem, in die Höhle des Löwen, um auch im „Haupt“ des Volkes, im Zentrum der Ichbezogenheit, die durch die geistlichen Führer repräsentiert wird, das neue Menschentum sichtbar zu machen und wirken zu lassen.

Person und Leben Jesu sind eine Offenbarung neuer menschlicher Möglichkeiten, der eigentlichen Möglichkeiten des Menschen. An dieser Offenbarung scheiden sich die Geister. Jesus freut sich, wenn er erkennende Anhänger findet, und ist betrübt, wenn er auf Unverständnis und Feindschaft stößt. Er weiß, dass auf lange Sicht in der Menschheitsentwicklung auch die negativen Reaktionen ein positives Ergebnis haben werden. Aber diese Ergebnisse zu erzielen, ist nicht sein *Motiv*. Er weiß, so wird es kommen. Er opfert sich nicht, um ein Resultat zu erzielen. Er lässt sich töten, weil auch seine Tötung nur Reaktion auf das neue Menschentum ist, das er in die Welt bringt. Er weiß, dass all diese Reaktionen zugelassen werden müssen, wenn das neue Menschentum in der Menschheit verankert werden soll. Auch die Sonne schickt ihre Strahlen auf die Erde und lässt zu, dass sie teils assimiliert, teils reflektiert, teils verschluckt werden. Aber auf diese Weise wirkt ihr Licht in der Erde.

Ein solches Verhalten ist nichts anderes als der Vollzug des spirituellen Weges. Jesus hatte diesen Weg selbst beschrieben: Sich selbst verleugnen, sein Kreuz auf sich nehmen und dem Ebenbild Gottes nachfolgen. Er verleugnet sich selbst, das heißt, in anderer Ausdrucksweise, er verliert sein irdisches Leben der Ichbezogenheit, der Interessen und Motive. Er will nichts erreichen: keine Anhänger für politische Ziele gewinnen, keine neue Religion gründen, sich nicht töten lassen, sich nicht opfern. Das wären alles der Ichbezogenheit entspringende Motive. Diese aber verleugnet er, verliert er, und lässt nur das Ebenbild Gottes in sich wirken, dem er nachfolgt. Das aber ruft zugleich das „Kreuz“ hervor. Denn die Kraft des Ebenbildes Gottes in Jesus bewirkt nicht nur, dass auch in vielen anderen Menschen das Ebenbild Gottes geweckt wird. Sie bewirkt auch, dass viele andere Jesus missverstehen, wieder andere ihn hassen, verfolgen und töten. Dieses „Kreuz“ nimmt er auf sich, weil er dem wahren Selbst in sich folgt, weil das wahre Selbst sich nicht mit Gewalt und List wehrt, sondern nur *ist*. Er ist kein Revolutionär und „scheitert“ daher auch nicht. Er ist nicht primär Lehrer einer hochstehenden Ethik, der die Wahrheit seiner Lehre mit dem Tod besiegelt. Er ist Repräsentant des neuen Menschentums, das er als Gegenwart vor alle ichbezogenen Menschen stellt. Deren Reaktionen nimmt er auf sich.

Damit geht Jesus nicht nur selbst den spirituellen Weg, sondern in ihm geht ihn, vorwegnehmend, die ganze Menschheit. Er ist das Muster des wahren Selbst des Menschen. In ihm verliert die Menschheit prinzipiell ihre Ichbezogenheit, und in ihm nimmt das wahre Selbst der Menschheit sein Kreuz auf sich. Alle nur denkbaren irdischen Kräfte des Hasses und der Gewalt konzentrieren sich auf Jesus, und er erlebt sie bewusst in den Kräften des Geistes. Die Seele der Menschheit erlebt, was er erlebt. Die Bestimmung der Menschheit, die Entwicklung der Menschheit, das Gesetz, nach dem sie angetreten ist, die göttliche Entwicklungslinie, die in ihr angelegt ist, wird durch den Weg Jesu offenbar. Es ist, als ob die ganze Menschheit *ein* Mensch wäre, der diesen Weg geht – in Jesus konzentrieren sich die Erfahrungen, die sie auf diesem Weg künftig machen wird.

Jesus nimmt alle positiven und negativen in der Menschheit wirkenden Kräfte wahr und verarbeitet sie auf der Grundlage des wahren Selbst. Sie werden im Evangelium durch die Schüler, das Volk, die geistlichen und politischen Machthaber dargestellt. Das Leben des wahren Selbst ist bewusster Vollzug von geistigen Gesetzen, die der Mensch innerlich erfährt. Er vollzieht, eins mit dem „Vater“, frei und liebend die Notwendigkeit, die ihm durch sein Wesen vorgegeben ist, und nimmt alle Konsequenzen des inneren Gesetzes bewusst auf sich. Er ist dem inneren Gesetz seiner eigenen Entwicklung und der Menschheitsentwicklung „gehorsam“. Dieses innere Gesetz ist der „Wille Gottes“, und insofern, nicht weil er einem „Heilsplan“ folgt, ist Jesus dem Willen Gottes gehorsam. Der Wille Gottes, das Entwicklungsgesetz der Menschheit, besteht darin, dass sie aus ihrem ichbezogenen Leben in der Dimension des Vergänglichen in ein von Einheit, Freiheit und Liebe geprägtes Leben in der Dimension des Göttlichen überwechselt.

Deshalb bleibt Jesus bei allem, was ihm begegnet: beim Verrat des Judas, der Verleugnung des Petrus, der Gefangennahme, den Verhören, den Verspottungen und schließlich der Kreuzigung ruhig und reagiert nicht mit Abwehr oder Angriff. Er akzeptiert die Reaktionen, die das durch ihn wirkende Reich Gottes in anderen auslöst und lässt sie zu, weil es das Entwicklungsgesetz der Menschheit so verlangt. Seine Gewaltlosigkeit ist keine ethisch hochstehende Eigenschaft oder gar nur ein Einwilligen in das Unvermeidliche, indem er gute Miene zum bösen Spiel macht. Sie ist Eigenschaft des wahren Selbst, der Frieden des Reiches Gottes im Menschen, gepaart mit der Erkenntnis, dass nur so sich die Entwicklung der Menschheit vollziehen kann: indem das wahre Selbst alle Reaktionen der Menschen zulässt und auf sich nimmt.

Weil Jesus das Entwicklungsgesetz der Menschheit, das auch das seine ist, bewusst ist, *weiß* er auch „im Voraus“, was geschehen wird und wie die Beteiligten reagieren werden. Er weiß den Verrat im Voraus, die Verleugnung, die Gefangennahme und die Tötung im Voraus, auch die Auferstehung. Und trotzdem verhindert er die Ereignisse nicht, eben weil sie notwendig im Rahmen der Entwicklung der Menschheit geschehen müssen. Er hatte seinen Schülern seine Verhaftung, seinen Tod und seine Auferstehung dreimal angekündigt. Manche werden sagen, der Evangelist habe Jesus dieses „hellseherische“ Wissen unterstellt, um dessen Allwissenheit als Gottessohn herauszustreichen, und um zu betonen, dass er all sein Leiden freiwillig auf sich nahm, weil er den Heilsplan Gottes erfüllen wollte.

Andere werden sagen, es handle sich nicht um eine Unterstellung des Evangelisten. Allwissenheit und Freiwilligkeit bei der Durchführung des Heilsplans Gottes seien tatsächlich Eigenschaften Jesu als Gottessohn gewesen. Wie auch immer: In beiden Fällen wird das Verhalten Jesu, ja Gottes, ins Reich der Pläne, Motive und Zwecke gezogen. Statt innerer Notwendigkeit ein Plan Gottes, den zu erfüllen Jesu Motiv gewesen sei. Und statt Erkenntnis eines inneren Gesetzes, zu der jeder Mensch gelangen kann, die unfehlbare Allwissenheit eines Gottessohnes.

Jesu Wissen war kein hellseherisches Schauen in die Zukunft, sondern ein Wissen um die Reaktionen, die sich beim Vollzug des spirituellen Weges mit Notwendigkeit und gesetzmäßig einstellen. Deshalb konnten auch die Propheten des Alten Testaments, auf die sich Jesus bei seinen Ankündigungen bezieht, wissen, was geschehen würde, wenn der Christus-Messias auftrat. Auch sie kannten die gesetzmäßigen Entwicklungen. Sie sahen sie nicht hellseherisch voraus.

Das Abendmahl: Jesus und seine Schüler

Kapitel 22 hat, bis Vers 62, zum Thema, wie die Kräfte des wahren Selbst mit den für sie empfänglichen Menschen endgültig verbunden werden und wie sie in Jesus und seinen Schülern in der fünften, der Entscheidungsphase des spirituellen Weges, wirken.

Die Schüler Jesu haben sich den Kräften der geistigen Welt geöffnet. Deshalb kann das neue Menschentum, von Jesus erweckt, durch sie – mit Ausnahme des Judas – weiter in der Menschheit wirken und es auch in anderen Menschen erwecken. Jesu Schüler waren die ersten, in denen er das Reich Gottes verankern konnte. Sie werden es weiter in anderen Menschen verankern und so die Sendung Jesu fortführen. Auf diese Weise beginnt eine Kette der positiven Wirksamkeiten des wahren Selbst der Menschheit. Die Dimension der geistigen Welt wird sich immer deutlicher in der Menschheit manifestieren, und immer mehr Menschen werden ihrem Bewusstsein und Leben nach die Dimension der irdischen, diesseitigen und jenseitigen Welt verlassen und auf die Dimension der geistigen Welt überwechseln. Wie das Muster des wahren Selbst seine Ordnung und Kraft in seinen Schülern verankert, um positiv in der Menschheit weiterzuwirken, zeigt das Passahmahl, das Jesus mit seinen Schülern hält. Es zeigt, wie die Ströme des wahren Selbst des Menschen, Ordnung und Kraft der geistigen Welt, als „Fleisch" und „Blut" Jesu in die Schüler hinüberfließen. Im „Abendmahl" verstärkt Jesus rituell die positiven Reaktionen der Menschen auf das wahre Selbst.

Die Schüler Jesu versagen jedoch in der fünften Phase ihres spirituellen Weges zunächst. Sie verraten und verleugnen das wahre Selbst. Ihre Ichbezogenheit, ihr Selbsterhaltungstrieb und die damit verbundene Angst vor dem Tod sind stärker als das wahre Selbst in ihnen.

Wie aber ein wahres Selbst Selbsterhaltungstrieb und Angst vor dem Tod überwindet, das zeigt die Szene mit Jesus in Gethsemane.

Motive des Judas

22* *3 *Es fuhr aber der Satan in Judas, der Ischarioth heißt und der aus der Zahl der Zwölf war.* ***4*** *Und er ging hin und besprach mit den Hohenpriestern und Befehlshabern, wie er ihn an sie verraten könnte.* ***5*** *Und sie freuten sich und kamen mit ihm überein, ihm Geld zu geben.* ***6*** *Und er sagte zu und suchte eine gute Gelegenheit, um ihn ohne Volksauflauf an sie zu verraten.*

Was mag in Judas vorgegangen sein? Lassen sich seine Motive, den Meister zu verraten, verstehen?

Judas vollzieht einen Positionswechsel. Und Lukas spricht das „Motiv" dafür deutlich aus: „Es fuhr aber der Satan in Judas". Das damit Gemeinte lässt sich verstehen, wenn man die Situation eines Schülers auf dem spirituellen Weg und die damaligen äußeren Umstände ins Auge fasst. Ein Positionswechsel, ein Verrat am wahren Selbst, ist auf dem spirituellen Weg immer möglich. Denn im Schüler sind von Anfang an zwei Tendenzen wirksam. Er fühlt sich einerseits vom wahren Selbst, von einer neuen, spirituellen Lebensmöglichkeit, angezogen und sucht sie zu verwirklichen. Andererseits möchten sich immer noch der irdische Selbsterhaltungstrieb und der dämonische Macht-, Geltungs- und Besitztrieb in ihm behaupten. Aus seinem wahren Selbst möchte die Einsicht in Judas Gestalt annehmen, dass Jesu Reich ein Reich des Geistes ohne Macht-, Geltungs- und Besitztrieb ist. Aber die Ichbezogenheit suggeriert ihm ständig, Jesus könnte doch ein politischer Messias sein. Er, Judas, hätte dann Anteil an Jesu Macht und Herrlichkeit.

Judas ist lange mit seinem Meister gegangen. Er hat geistige Kräfte empfangen und ausgeteilt, hat im Auftrag seines Meisters und gemeinsam mit ihm Kranke geheilt und Dämonen ausgetrieben. Das wahre Selbst hat sich in ihm bis zu einem gewissen Grad entfaltet. Er hat die alte Ichbezogenheit zugunsten seiner wahren Identität aufzulösen begonnen. Die dämonischen, satanischen Kräfte in ihm: Machttrieb, Geltungstrieb, Besitztrieb sind von ihm immer wieder erkannt und dadurch bis zu einem gewissen Grad entmachtet worden.

Jetzt aber ergibt sich eine letzte Zuspitzung. Judas, und die anderen Schüler, spüren die äußerst gespannte Atmosphäre in Jerusalem. Sie spüren die ihrem Meister und ihnen selbst von den geistlichen Führern drohende Gefahr. Wenn sie ihren Weg weiter verfolgen, besteht die Möglichkeit, dass sie mit ihrem Meister verhaftet und einem ungewissen Schicksal ausgeliefert werden. Jetzt zeigt sich endgültig, dass Jesus wirklich kein politischer Messias ist, und dass, wer ihm nachfolgt, jede Hoffnung auf Macht, Ehre und Reichtum fahren lassen muss. Ja die Treue zu ihm könnte sogar den physischen Untergang bedeuten. Dagegen bäumt sich der Selbsterhaltungstrieb, in seinen Wurzeln noch nicht überwunden, in Judas auf, dagegen opponieren Machttrieb, Geltungstrieb und Besitztrieb, der „Satan", in ihm. Die satanischen Kräfte, auf dem spirituellen Weg mühsam in Schach gehalten und noch nicht aufgelöst, benutzen eine Situation der inneren Schwäche und Angst, um wieder Gewalt über den Schüler zu gewinnen. Jetzt herrscht statt des wahren Selbst wieder der Satan – Machttrieb, Geltungstrieb und Besitztrieb – in ihm. Es ist wie in dem früheren von Jesus erzählten Gleichnis: Das vom Dämon freigewordene Haus des Bewusstseins, das noch nicht oder noch nicht ganz von den geistigen Kräften in Besitz genommen war, wird erneut vom Dämon bezogen.

Warum aber liefert Judas Jesus an dessen Feinde aus? Er hätte es doch bei seinem Positionswechsel belassen können. Er liefert Jesus aus, weil er jetzt, in der neuen Position der Ichbezogenheit, die alte Position der Spiritualität als Gefahr erlebt, die beseitigt werden muss. Jesus verkörpert das bisherige, wenn auch noch unklare Lebensziel des Judas, die Stimme des wahren Selbst, das weiter nach Verwirklichung drängt. Diese Stimme muss zum Schweigen gebracht werden. Sie bedeutet einen ständigen Vorwurf. Sie bedeutet auch Angst. Denn eine Rückkehr zum spirituellen Weg könnte Vernichtung durch die Feinde Jesu bedeuten. Jesus als Verkörperung der spirituellen Position, dessen bloßer Anblick schon Vorwurf ist und Angst hervorruft, muss beseitigt werden.

Hinzu kommt ein Rechtfertigungszwang. Der Übertritt und die neue Position müssen gerechtfertigt werden. Jetzt gelten der Wille zur Macht, zur Größe und zum Leben als höchste Werte. Alle Hoffnungen auf ein machtvolles politisches Reich Davids, das stolz seinen Platz unter den Völkern behauptet, im Innern gerecht geordnet ist und Wohlstand für alle bietet, leben in Judas wieder auf. Satan reißt die Herrschaft in Judas' Seele an sich. Demgegenüber werden die spirituellen Werte abgelehnt und, im Rechtfertigungsdrang, schlecht gemacht. Das spirituelle Leben ist minderwertig, verächtlich, hassenswert, eine Gefahr für das irdische, „eigentliche" Leben, ein Betrug am Leben. Es muss ausgemerzt werden. Und wieder wird Jesus als Verkörperung des spirituellen Lebens zum Gegenstand der Verachtung und des Hasses.

Auch persönliche Vorwürfe können in dieser Situation laut werden. Judas sagt sich: Jesus hat mich zu diesem verächtlichen spirituellen Weg verführt. Jahre meines Lebens habe ich einer falschen und schlechten Sache geopfert. Jesus ist ein Betrüger, Rache für den Betrug! Welch eine Dummheit, dass ich ihm geglaubt habe! Rache dafür, dass ich mich für dumm habe verkaufen lassen! Du, Jesus, hast mich betrogen. Jetzt betrüge ich dich!

So wird der Vertrauensbruch, der jeden Verrat begleitet, gerechtfertigt. Einem verächtlichen, verhassten Betrüger gegenüber besteht keine Verpflichtung zur Treue.

Ihm gegenüber darf man sich aller Mittel bedienen. Es ist wie im Gleichnis. Der Dämon, der das leere Haus des Bewusstseins erneut bezieht, bringt noch viele weitere Dämonen mit und wütet mit diesen Gesellen schlimmer als zuvor.

Das von Lukas zusätzlich angegebene Motiv der Geldgier des Judas passt hierzu. Denn wenn einmal alles, was bisher heilig war, verraten und der Mensch wieder von allen irdischen und dämonischen Kräften besetzt ist, wird er keinen Grund mehr sehen, auf seinen materiellen Vorteil, wo er sich ihm bietet, zu verzichten.

So war tödliche Angst die Voraussetzung, dass sich im spirituellen Schüler Judas die Sehnsucht nach dem Reich Gottes, ja die noch schwache Erfahrung dieses Reiches zurückzog und Satan, das Reich der irdischen, diesseitigen und jenseitigen Mächte, wieder die Herrschaft über ihn gewann. Als die Pläne der Hohenpriester, Jesus zu töten, greifbare Form annahmen, wurde die Angst unerträglich, und in der zwiespältigen Seele des Judas siegten die satanischen Kräfte. Sicher wäre Judas gerne ins Reich Gottes eingetreten. Doch aus Angst verriet er dieses Ziel, ging zur Gegenseite über und lieferte die Kräfte des Reiches Gottes den irdischen Kräften aus. Er verriet die eigentliche Bestimmung des Menschen an die irdischen Ziele.

Man kann somit Judas als einen Schüler auf dem spirituellen Weg sehen, eine Seele im Zwiespalt, die sich zunächst für die Kräfte des Geistes geöffnet hatte, dann aber in einer lebensgefährlichen Situation, als sich die praktischen Konsequenzen dieses Weges deutlich abzeichneten, wieder von den Kräften des Satans vereinnahmen ließ.

Eine andere, oft gehörte Deutung der Motive des Judas behauptet, Judas sei von Anfang an einem Irrtum erlegen. Er habe sich als Zelot Jesus angeschlossen, weil er an ihn als den politischen und sozialen Messias glaubte. Zum Verräter sei er geworden, weil er plötzlich erkannt habe, dass Jesus, der in Jerusalem keine Anstalten machte, loszuschlagen, doch nicht der von ihm erwartete politische Messias war. Es erfasste ihn ungeheure Enttäuschung, und er erkannte, dass ein Verbleib bei Jesus höchste Todesgefahr bedeutete – für nichts. Da sagte er Jesus die Gefolgschaft auf.

Die Auslieferung Jesu durch ihn wäre dann durch Enttäuschung motiviert gewesen. Judas hätte Jesus jetzt als Feind seiner Ideale, als Scharlatan, Betrüger, gefährlichen Toren, dem das Handwerk gelegt werden musste, bis aufs Blut gehasst. Dieser Hass wäre der Satan gewesen, der in ihn fuhr und ihn trieb, Jesus auszuliefern.

Dies wäre die weniger tiefe Interpretation. Denn hier würde es sich nicht um einen inneren Positionswechsel handeln. Judas wäre ja seinen bisherigen Wertvorstellungen treu geblieben.

Noch weniger einen eigentlichen Verrat im Sinn eines inneren Positionswechsels hätte Judas nach einigen Interpreten begangen, die ebenfalls davon ausgehen, dass Judas Jesus von Anfang an für einen politischen Messias gehalten habe, ihm aber ein noch „ehrenwertes“ Motiv für den Verrat unterstellen. Er habe Jesus in eine lebensgefährliche Situation bringen und zwingen wollen, endlich Flagge zu zeigen. Er habe ungeduldig die Selbstoffenbarung des Messias beschleunigen wollen. Eine andere Version dieser Theorie lautet, Judas seien Zweifel an der politischen Messianität Jesu gekommen. Er habe diese unerträglichen Zweifel beheben wollen, indem er einen Augenblick der Wahrheit herbeiführte.

Der Satan, der in ihn fuhr, wäre dann Anmaßung gewesen: entweder die Anmaßung, der Selbstoffenbarung Jesu vorzugreifen, oder die Anmaßung, ein Menschenleben aufs Spiel zu setzen, nur um Gewissheit in einer unerträglich undurchsichtigen Situation zu gewinnen.

In beiden Fällen läge kein innerer Positionswechsel vor, nicht einmal der Wunsch, Jesus den Feinden auszuliefern. Judas hätte Jesus, dieser Theorie nach, ja nur in eine lebensgefährliche Situation bringen wollen, in der Jesus Farbe bekennen musste. Wäre Jesus der Messias, würde er sich, so glaubt Judas, nicht ausliefern lassen. Und wenn er es nicht war, wäre Judas' Verhalten sogar fast gerechtfertigt. Jesus wäre dann ja nur ein Scharlatan und Betrüger gewesen, dessen Auslieferung an die Behörden folgerichtig war. Von einem eigentlichen Verrat könnte bei dieser Theorie nicht die Rede sein.

Das Passahmahl

Der Wasserträger

*22 7 Es kam aber der Tag der ungesäuerten Brote, an dem man das Passahlamm schlachten musste. **8** Und er sandte Petrus und Johannes und sprach: Geht und bereitet für uns das Passahmahl, damit wir es essen! **9** Sie antworteten ihm: Wo willst du, dass wir es bereiten? **10** Er aber sprach zu ihnen: Siehe, wenn ihr in die Stadt hineinkommt, wird euch ein Mensch begegnen, der einen Krug mit Wasser trägt; folgt ihm in das Haus, in das er hineingeht, **11** und sagt zu dem Herrn des Hauses: Der Meister lässt dir sagen: Wo ist die Herberge, in der ich das Passahmahl mit meinen Schülern essen kann? **12** Und jener wird euch ein großes Obergemach zeigen, das mit Polstern belegt ist; dort bereitet es zu! **13** Da gingen sie hin und fanden es, wie er ihnen gesagt hatte, und bereiteten das Passahmahl.*

Vor dem Verrat des Judas hält Jesus mit seinen Schülern das Passahmahl. Die Erzählung ähnelt in ihrem Aufbau sehr der seinerzeitigen Beschaffung des Eselsfüllens für den Einzug Jesu in Jerusalem. Auch jetzt schickt Jesus zwei Schüler aus, auch jetzt reagiert der von den Schülern Angesprochene mit Selbstverständlichkeit auf das Ansinnen des „Meisters" – damals des „Herrn". Und auch jetzt weiß Jesus im Voraus, was geschehen wird. Die Szene ist wie die frühere ein Bild, das die realen Beziehungen zwischen Jesus und dem Gesamtorganismus des Volkes in dieser Phase des Geschehens darstellt.

Sehr eigenartige Züge zeigt dieses Bild: einen geheimnisvollen Wasserträger und einen geheimnisvollen Herrn eines geheimnisvollen Hauses. In diesen Personen und Umständen werden besondere spirituelle Kräfte, Kräfte innerhalb des Volkes und Beziehungen zwischen diesen Kräften vorgeführt. Was bedeutet der „Herr des Hauses"? Damals bei der Beschaffung des Esels wurden die Schüler in ein *Dorf* geschickt. Sie nahmen Kontakt auf mit den positiven Gefühlskräften des Volkes: der Dankbarkeit, Hingabe und Begeisterung, die Jesus in dieser Phase seiner Wirksamkeit helfend entgegenkamen. Jetzt treffen die Schüler auf den Herrn eines Hauses in der *Stadt*, in Jerusalem. Es ist die Hauptstadt, in der der Herr eines Hauses Jesus in seiner Wirksamkeit unterstützt. Es handelt sich, nimmt man die Dinge bildlich, um einen Aspekt des „Ich“ des Volkes, um helfende Gedanken des Volkes, die in der Haupt-Stadt wirken. Der Herr des Hauses repräsentiert diejenigen Teile der Führungsschicht des Volkes, die Jesus gewogen sind – später im Evangelium erfährt man z. B. von einem Ratsherrn Joseph von Arimathäa, der „auf das Reich Gottes wartete“ (23,51). Diese Anteile der Führungsschicht des Volkes bilden einen mentalen Bereich, eine „Herberge“, in der Jesus mit seinen Schülern das Passahmahl halten, nämlich bestimmte geistige Kräfte aufnehmen und weitergeben kann. Im Schutz dieser Teile der Führungsschicht hält Jesus das Passahmahl.

Und der Wasserträger? Damit die Schüler Jesu spirituelle Kräfte einer bestimmten Qualität aufnehmen können, bedürfen sie zuvor der Reinigung und Stärkung. Der Wasserträger verkörpert spirituelle Kräfte bestimmter Art, die diese Reinigung und Stärkung vornehmen. Seinerzeit hatte Johannes der Täufer mit dem Wasser der Buße getauft. Ein vorbereitender spiritueller Impuls hatte die Menschen zur Umkehr und zur Vorbereitung auf die Begegnung mit Jesus, mit ihrem wahren Selbst, aufgefordert. Dieser Impuls hatte ihnen ermöglicht, die „Wege recht zu machen“, und sie dem wahren Selbst entgegengeführt. Ebenso führt jetzt der Wasserträger, eine höhere Oktave Johannes des Täufers, die Schüler zu einer neuen Begegnung mit Jesus, einer Begegnung auf einer höheren Stufe der Entwicklung, auf der neue spirituelle Kräfte aufgenommen werden. Das „lebende Wasser“, das die Schüler stärkt, bereitet sie auf den Empfang dieser Kräfte vor. Der Wasserträger in dieser Erzählung zeigt den Schülern den Weg zum Haus, in dem geistige Kräfte aufgenommen werden sollen.

Noch deutlicher wird die Aussage der Szene, wenn sie auf einen einzelnen Menschen bezogen wird. Dann vergegenwärtigt sie das Kräftespiel, das sich in diesem Augenblick der spirituellen Entwicklung im Seelenraum eines Schülers vollzieht. Jesus ist das wahre Selbst, von dem Bewusstseinsimpulse zum Ich, dem Herrn des Hauses im Haupt, ausgehen. Es werden Petrus und Johannes als Boten genannt: Die beiden Bewusstseinsimpulse sind Willens- (Petrus) und Gefühls- (Johannes)wirkungen, die die Botschaft des wahren Selbst zum Ich bringen. Teile des Ich also sind dem wahren Selbst gegenüber aufgeschlossen und stellen ihm Räume der Wirksamkeit auch im Haupt, nicht nur, wie bisher, in den Gefühls- und Energiezentren des Körpers, zur Verfügung. Das „Obergemach“, in dem in der Folge das wahre Selbst und die von ihm geleiteten Bewusstseinsaspekte die Substanzen und Kräfte des Geistes aufnehmen, lässt sich sehr wörtlich nehmen, als „Oberstübchen“, als Bereich im Haupt, der die höchsten Funktionen im Leben des Menschen ausüben und die höchsten Einflüsse verarbeiten kann. In einem „Obergemach“ wohnt im Alten Testament z. B. der Prophet Elia, und in diesem Obergemach erweckt er einen „Toten“ durch seine geistigen Kräfte zum Leben (1. Kön. 17,19). Auch der „Wasserträger“ ist ein Hinweis auf Elia. Denn Elia ist derjenige, der Herr über das Wasser des Lebens ist und im Auftrag Gottes Wasser zu spenden oder zu versagen vermag. Johannes der Täufer, der mit Wasser tauft, ist ja auch ausdrücklich der wiedergekommene Elia, der dem Herrn den Weg bereitet.

Während des Passahmahls sitzen Jesus und seine Schüler auf „Polstern", auch dies keine bloße Ausschmückung der Erzählung und Ausmalung der festlichen Atmosphäre, sondern Bild für die bisherigen Schülererfahrungen auf dem spirituellen Weg. Diese Erfahrungen sind die „Unterlage", die es jedem Schüler ermöglicht, neue geistige Substanzen und Kräfte aufzunehmen.

Dass Jesus all diese Einzelheiten schon im Voraus weiß, ist wieder Ausdruck für den gesetzmäßigen Verlauf der Vorgänge in dieser Phase des spirituellen Weges. Die beteiligten Kräfte, die Beziehungen zwischen diesen Kräften und die Bereiche ihrer Wirksamkeit sind zu allen Zeiten so und nicht anders beschaffen. Die Kräfte des Geistes können jetzt unmittelbar von den im Haupt, der Domäne des Ich, befindlichen Bewusstseinskräften, den „Schülern", aufgenommen werden.

Weitergabe spiritueller Kräfte

22 14 *Und als die Stunde da war, setzte er sich zu Tisch und die Apostel mit ihm.* ***15***
Und er sprach zu ihnen: Mich hat sehnlich verlangt, dieses Passahmahl mit euch zu
essen, bevor ich leide. ***16*** *Denn ich sage euch: Ich werde es nicht mehr essen, bis es*
in seiner Vollendung gefeiert wird im Reich Gottes. ***17*** *Und er nahm den Kelch,*
sprach das Dankgebet darüber und sagte: Nehmt ihn und teilt ihn unter euch! ***18***
Denn ich sage euch: Ich werde von jetzt an vom Gewächs des Weinstocks nicht
[mehr] trinken, bis das Reich Gottes gekommen ist. ***19*** *Und er nahm Brot, sprach das*
Dankgebet darüber, brach es, gab es ihnen und sagte: Das ist mein Leib, der für euch
hingegeben wird; das tut zu meinem Gedächtnis! ***20*** *Und ebenso nach der Mahlzeit*
den Kelch und sagte: Dieser Kelch ist der neue Bund in meinem Blut, das für euch
vergossen wird.

Der Text zeigt, dass es sich um zwei „Mahlzeiten" handelt: zum einen um das Passahmahl (Vers 14–18), zum andern um das Abendmahl (Vers 19 und 20). Mit dem Passahmahl knüpft Jesus ans Alte Testament an und bettet das in Kürze folgende Geschehen seiner Kreuzigung und Auferstehung in die Symbolik des alten Bundes ein. Mit dem Abendmahl verankert er das Geschehen seiner Kreuzigung und Auferstehung rituell in seinen Schülern. Sie sollen das Abendmahl in Zukunft „zu meinem Gedächtnis" halten. Das ist der neue Bund, das Neue Testament.

Passahmahl und Abendmahl sind Aufnahme geistiger Substanzen und Kräfte durch den geistigen Menschen. So wie sich der irdische Mensch durch irdische Substanzen und Kräfte ernähren muss, so lebt der geistige durch spirituelle Nahrung. Aus der irdischen Welt können keine Substanzen und Kräfte bezogen werden, die der Ernährung des geistigen Menschen dienen.

Beim Passahmahl wird ein Lamm gegessen und Wein getrunken. Die Opferung des Lammes und damit das Passahmahl sind Symbol für zwei sehr verschiedene Vorgänge: für das Opfer des eigenen Lebens zu Gunsten anderer; und für das Opfer der eigenen Ichbezogenheit, damit sich das wahre Selbst entfalten kann.

Wenn die Schüler Jesu das Passahlamm essen und den dazugehörigen Wein trinken, ist das zuerst ein Sinnbild dafür, dass sich Jesus, das wahre Selbst, Zeit seines Lebens selbst wie ein Lamm für andere geopfert hatte. Zeit seines Lebens hatte er sein „Leben“ (seine Erkenntnisse und Fähigkeiten) gegeben – symbolisiert durch das Fleisch des Lammes –, und sein „Blut“ (seine Energien und Kräfte) vergossen – symbolisiert durch den Wein –, um anderen Menschen, die positiv auf diese „Nahrung“ reagierten, den spirituellen Weg zu ermöglichen. Der „Tod am Kreuz“ und das „Verströmen des Blutes am Kreuz“ ist nur die letzte Steigerung einer Wirksamkeit, die zeitlebens von Jesus ausgegangen war: eines Austeilens von Lebenssubstanz und Lebensenergie für andere. Damit können der Tod am Kreuz und das Verströmen des Blutes am Kreuz zum Sinnbild für die zeitlebens von Jesus ausgegangene Wirksamkeit werden. Außerdem opfert sich in Jesus, dem wahren Selbst, ein Sohn Gottes, ein Gesalbter, ein geist-erfülltes wahres Selbst. Und damit opfert sich in ihm und durch ihn auch der eingeborene Sohn Gottes, das Licht Gottes selbst, für die Menschheit. Das ist die erste Symbolbedeutung des „Passahlammes“.

Die zweite Symbolbedeutung ist die Opferung der tierhaften Ichbezogenheit, die durch jeden Schüler auf dem spirituellen Weg vollzogen wird. Indem die Israeliten damals freiwillig ihre Ichbezogenheit, das „Lamm“, opferten, machten sie den Weg zum Auszug aus der vergänglichen Welt und zum Einzug ins Gelobte Land, die unvergängliche Welt des Geistes, frei. Ebenso „tötet“ Jesus die tierhafte Ichbezogenheit im eigenen Wesen freiwillig. Indem er sein Leben verliert und seine tierhafte Ichbezogenheit opfert, gewinnt er das wahre Leben.

Dadurch dass Jesus diesen Prozess in sich vollzieht, ermöglicht er ihn für seine Schüler. Er schafft die Bahn, auf der ihm andere folgen können. Das Essen des Passahlammes symbolisiert somit auch, dass die Schüler in diesen Prozess der Opferung ihrer Ichbezogenheit mit aufgenommen werden, den Jesus exemplarisch vorlebt.

Die Aufnahme der geistigen Substanzen und Kräfte durch Jesus und seine Schüler geschieht, bevor Jesus „leidet“. Und beide Male: beim Essen des Passahlammes und beim Trinken des Weines, sagt er, er werde es jetzt nicht mehr essen und den Wein nicht mehr trinken, bevor er es isst und trinkt im Reich Gottes. Seine Auferstehung bedeutet das Wirksamwerden des wahren Selbst im Reich des Geistes und das Handeln des wahren Selbst mittels einer Geistpersönlichkeit im Reich des Geistes. Jetzt besitzt Jesus noch einen irdischen Körper, der den entstehenden Geistleib verhüllt und behindert. Deshalb ist die Aufnahme von geistigen Substanzen und Kräften nur unvollkommen möglich. Ist aber einmal der physische Körper weggefallen, kann der Geistleib in der ihm entsprechenden Dimension des Geistes ungehindert wirken und ungehindert Substanzen und Kräfte des Geistes aufnehmen. Jesus kann im Reich Gottes das „Passahmahl“ in Vollendung feiern und vom Gewächs des Weinstocks in Vollendung „trinken“. Dass er auch selbst isst und trinkt, nicht nur austeilt, zeigt: Er ist sich bewusst, dass er sich selbst nur opfern kann, weil sich in ihm die Ordnung und Kraft des Geistes, der eingeborene Sohn Gottes, opfern.

Aus diesen Worten Jesu ergibt sich auch, dass gewiss das Passahlamm und der Wein nur Symbole sind und nicht die Substanzen und Kräfte des Geistes selbst. Denn soll man sich vorstellen, dass im Reich des Geistes Lämmer geschlachtet und Weinstöcke angepflanzt werden?

Andererseits *darf* aber Jesus die Substanzen und Kräfte des Geistes, „bevor er leidet“, gar nicht mehr aufnehmen. Kurz vor und während seiner Gefangennahme, während seiner Auseinandersetzung mit den Gegnern und bei seinem Tod nimmt er diese Substanzen und Kräfte bewusst nicht mehr auf. Würden sie nämlich in ihm wirken, hätten seine Gegner keinen Zugriff auf ihn. Die spirituellen Kräfte würden ihn vor der physischen Gewalt, die auf der Ebene der irdischen Substanzen und Kräfte wirkt, schützen. Nur dadurch, dass er auf die geistigen Kräfte zeitweise verzichtet, wird seine Gefangennahme und Tötung möglich. Auch dieser Verzicht auf die unmittelbare Verbindung mit der Welt des Geistes und die Ernährung durch sie, wie er sie zeitlebens besaß, gehört zu seinem Selbstopfer. Es ermöglicht, dass auch die Menschen, die negativ auf die von ihm ausgehenden Substanzen und Kräfte reagieren, durch die Wahrheit „getroffen“ und auf diese Weise in den großen Dimensionswechsel der Menschheit mit hineingezogen werden. Auch für sie opfert Jesus, das „Lamm“, Fleisch und Blut, seine Lebenssubstanzen und Lebenskräfte.

Einsetzung des Abendmahls

Jesus liegt alles daran, eine unauflösliche Verbindung zwischen den Substanzen und Kräften der Welt des Geistes und seinen Schülern zu schaffen. Denn nur so ist gewährleistet, dass der Prozess der Veränderung der ganzen Menschheit, der in ihm, Jesus, endgültig seinen Anfang genommen hat, in seinen Schülern fortgesetzt und von ihnen weitergegeben wird. Durch das Passahmahl und das anschließende Abendmahl fließt der Strom der göttlichen Substanzen und Kräfte weiter zu den für ihn Empfänglichen, verankert diese in der Welt des Geistes und kann weiterfließen, bis einst die ganze Menschheit in diesen Strom miteinbezogen ist. Deshalb verlangt es Jesus so sehnlich danach, das Mahl in diesem Augenblick mit seinen Schülern zu feiern. Nach seiner Gefangennahme wird es nicht mehr möglich sein, auf der irdischen Ebene diese Verbindung mit den Schülern herzustellen.

An das gemeinsame Abendmahl knüpft Jesus die Aufforderung an seine Schüler, es in Zukunft auch ohne ihn, „zu seinem Gedächtnis“, zu halten. Jesus meint damit: Wiederholt diesen Vorgang der Aufnahme von geistiger Substanz und Kraft immer wieder und begebt euch dadurch immer wieder auf den spirituellen Weg, den ich für euch gegangen bin und euch ermöglicht habe! Knüpft immer wieder an meinem Vorbild an und vollzieht es nach! *Das* heißt, das Abendmahl zum Gedächtnis Jesu zu vollziehen. Das Brot ist der „Leib“ Jesu, seine Lebenssubstanz, die er schon im Leben stets für die Schüler und Nachfolger geopfert hat. Er hat immer sein Leben für andere verloren, und verliert es auch im Tod für andere. Der Wein ist das „Blut“ Jesu, seine Lebensenergie. Er hat sein Blut schon im Leben stets für andere vergossen und tut es erst recht im Tod für andere. Seine Lebenssubstanz und seine Lebensenergie ermöglichen anderen dafür Empfänglichen, ihrerseits auf dieser Grundlage ihr Leben für andere zu verlieren, im Leben und im Tod. Wie Jesus in der Lebenssubstanz und Lebensenergie der geistigen Welt den spirituellen Weg ging, so ermöglicht er durch Übertragung dieser Lebenssubstanz und Lebensenergie anderen, den spirituellen Weg zu gehen und ihrerseits Lebenssubstanz und Lebensenergie wieder anderen zu übertragen.

Schon zu Beginn der Wirksamkeit Jesu waren viele Menschen durch die geistigen Substanzen und Kräfte Jesu „ernährt“ worden. Durch Lehre und Predigt Jesu, und später seiner Schüler, waren viele von seelischen Krankheiten geheilt und von seelischen Konflikten befreit worden. Die Speisung der 5000 Menschen war ein Bild für diese Stillung des Hungers von für die geistigen Substanzen und Kräfte empfänglichen Menschen im ersten Stadium der Wirksamkeit Jesu gewesen. Die Brote und die Fische hatten geistige Substanzen und Kräfte symbolisiert, die diesem Stadium der Entwicklung der Menschen entsprachen. „Brote“ standen für Lebenssinn, „Fische“ für Lebensmut.

Jetzt, nachdem die Schüler den Gesalbten erkannt und sich auf dem spirituellen Weg neue Möglichkeiten in ihnen entwickelt haben, geht es um eine Ernährung durch geistige Substanzen und Kräfte, die von höherer Qualität sind als das „Brot“ und die „Fische“ der früheren Speisungen. Das sich seiner selbst bewusst gewordene wahre Selbst der Schüler des Geistes lebt nun aus den höheren geistigen Substanzen und Kräften, die durch das Brot und den Wein versinnbildlicht werden. „Brot“ steht für selbstständig und bewusst gewonnene spirituelle Erkenntnisinhalte, „Wein“ für selbstständig und bewusst aufgenommene und weitergegebene spirituelle Kraft.

Die Aufnahme von geistiger Substanz und Kraft ist nur im „Obergemach“ möglich, nachdem der Wasserträger den Menschen dorthin geleitet hat. Nur nach der Vorbereitung und Stärkung durch das „lebendige Wasser“ des Geistes gewinnt der Mensch allmählich auch die Eignung, im „Obergemach“ seines Bewusstseins unmittelbar geistige Nahrung und Kraft aufzunehmen.

Das Brot versinnbildlicht nicht den sichtbaren Leib Jesu, sondern den Geistleib, der aus unerschöpflicher geistiger Lebenssubstanz besteht, der Wein nicht das sichtbare Blut Jesu, sondern die unendliche Energie seines Geistleibes. Auch versinnbildlichen das sichtbare Brot und der sichtbare Wein diese geistige Lebenssubstanz und Lebensenergie nur, sie sind es nicht im buchstäblichen Sinn, ebenso wenig wie das Passahlamm und der Weinstock im Reich Gottes, von denen Jesus spricht, konkrete Dinge sind. Genauso ist das äußere Ritual der Aufnahme von Brot und Wein nur Bestätigung und Anregung eines inneren Prozesses der Aneignung von geistiger Substanz und Kraft, nicht der Prozess selbst. Es kann jemand äußeres Brot und Wein, gesegnet und geheiligt und geweiht, aufnehmen und auch daran glauben, dass es sich um die Lebenssubstanz und Lebensenergie Jesu handelt, und trotzdem im Innern wie ein totes Stück Holz sein, das nichts von den Veränderungen des spirituellen Weges vollzogen hat. Kann das Ritual in einem solchen Menschen irgend etwas bewirken?

Verrat des Judas

22 21 *Doch siehe, die Hand dessen, der mich verraten wird, ist mit mir auf dem Tisch.* ***22*** *Denn der Sohn des Menschen zwar geht dahin, wie es bestimmt ist; doch wehe dem Menschen, durch den er verraten wird!* ***23*** *Und sie fingen an, sich untereinander zu besprechen, wer von ihnen es wohl wäre, der dies tun wollte.*

Die Hand dessen, der Jesus verrät, ist während des Abendmahls „mit ihm auf dem Tisch“. Auch Judas nimmt also Substanz und Kraft des Geistes auf, obwohl schon entschlossen zum Verrat. Die Aufnahme dieser geistigen Kraft aktiviert sogar diesen Entschluss, sie aktiviert die dämonisch-satanischen Kräfte, die jetzt in Judas fahren. Denn die geistige Welt wird von den satanischen Kräften des Jenseits als Herausforderung empfunden.

Was sich in Judas abspielt, kann und wird sich in jedem Schüler auf dem spirituellen Weg abspielen, dessen wahres Selbst noch nicht genügend entwickelt ist, noch nicht genügend Unterscheidungsvermögen in Bezug auf göttliche bzw. dämonische Kräfte und vor allem noch zu wenig Widerstandskraft gegenüber den dämonischen Kräften besitzt, die gerade in zugespitzten, bedrohlichen Situationen sich seiner wieder bemächtigen können. Daher steckt in jedem Schüler auf dem spirituellen Weg ein Judas, der die spirituellen Kräfte im eigenen Wesen, gerade wenn sie besonders gestärkt worden sind, auf Grund einer heftigen Gegenreaktion der dämonischen Kräfte an die Ichbezogenheit und den Selbsterhaltungstrieb verrät. Jeder Schüler auf dem spirituellen Weg kann und wird das von Zeit zu Zeit erleben. Denn der Verrat ist kein einmaliger Akt, sondern kann sich auf dem Weg immer wieder ereignen.

Die Schüler Jesu ahnen etwas von dieser Gefahr und wissen, dass jeder von ihnen zu einem solchen Verrat fähig ist. Deshalb besprechen sie sich untereinander, wer es sein könnte, der Jesus verrät.

„Denn der Sohn des Menschen zwar geht dahin, wie ihm bestimmt ist". Wie sind diese Worte zu verstehen? Das wahre Selbst gerät in die Gewalt der geistlichen und weltlichen Machthaber, die das sich selbst behauptende Ich verkörpern. Das wahre Selbst lässt sich ausliefern, gefangen nehmen und töten. Denn es *ist* nur, es *will* nicht. Es manifestiert sich in der Welt und lässt die gesetzmäßigen Reaktionen zu, die sich aus dieser Manifestation ergeben. Es lässt auch die ihm feindlichen Reaktionen zu, weil nur so das neue Menschentum auch in dessen Feinden verankert werden kann. Denn indem die Machthaber Jesus töten, „imprägnieren" sie sich selbst mit den Inhalten und Kräften der geistigen Welt. In ihrer intensiven Begegnung mit der Wahrheit und ihrem Versuch, sie zu vernichten, hinterlässt sie einen unauslöschlichen Eindruck in ihrem Wesen. Dieser Eindruck wird von da an in ihnen arbeiten und langfristig ihre Ichbezogenheit zerstören. So wird, vielleicht über große Widerstände und Schmerz, auch in ihnen die Möglichkeit für das wahre Selbst frei, sich zu entwickeln. Sie werden, auf lange Sicht, durch das Blut Jesu, das auch für sie vergossen wird und das sie selbst vergießen, erlöst. Diese Folgen der Manifestation des wahren Selbst, für seine eigene irdische Persönlichkeit und für die Entwicklung seiner Gegner, kennt Jesus. Er weiß, dass sie sich gesetzmäßig vollziehen müssen, wenn das neue Menschentum in der ganzen Menschheit verankert werden soll. Er willigt in diese Gesetzmäßigkeit ein und vollzieht sie mit. „Er geht dahin, wie ihm bestimmt ist."

Auch in den Verrat des Judas willigt Jesus ein. Er lässt sich verraten. Ebenso wie er das Verhalten der Machthaber voraussah und sich ihnen hätte entziehen können, sah er auch den Verrat des Judas voraus. Er kannte Judas' zwiespältige innere Verfassung. Weil er sie kannte, hätte er Vorkehrungen gegen den Verrat treffen und sich in Acht nehmen können. Er tat es nicht. Warum? Weil er auch diese Reaktion auf das von ihm verkörperte neue Menschentum zuließ. Denn nur so konnte das, was in

Judas steckte, ans Licht kommen, nur so konnte Judas sich selbst seiner verborgensten Triebe und des Charakters seiner Tat bewusst werden.

Jesus ließ also sowohl die Reaktionen der Machthaber, als auch die des Judas zu, da das wahre Selbst alle Reaktionen annimmt, die durch sein Erscheinen in der irdischen Welt ausgelöst werden, und weiß, dass auch die negativsten Reaktionen letztendlich der Bestimmung der Menschheit dienen. Jesus geht dahin, wie ihm unter diesen Voraussetzungen, unter diesen Bewusstseinsgegebenheiten der Menschen bestimmt ist. Er nimmt an, was unter diesen Voraussetzungen in seinen Schülern und in der Menschheit nicht anders sein kann.

Doch „wehe dem Menschen, durch den der Menschensohn verraten wird!" Judas wird, weil sein spirituelles Bewusstsein noch schwach entwickelt ist, Beute der dämonischen Kräfte und handelt als ihr Opfer. Die Folgen für ihn werden schrecklich sein. Seine wahre Identität hatte sich schon bis zu einem gewissen Grad entwickelt. Die damit verbundene Freiheit und Ruhe war von ihm erlebt worden. Jetzt ist diese Identität wie ausgelöscht, Hass, Geltungsdrang und Unruhe sind an ihre Stelle getreten. Das wahre Selbst hatte das „Haus" der Persönlichkeit schon verändert, nur war es noch nicht eingezogen. Jetzt, wo der Dämon dieses Haus des Bewusstseins wieder besetzt hat, muss Judas die Hölle empfinden. Mit anderen Worten: Judas hat die „Lästerung gegen den heiligen Geist" begangen. Nachdem der heilige Geist in ihm schon gewirkt und Veränderungen in Gang gesetzt hatte, hat ihn Judas wieder vertrieben, und die dadurch entstandene Leere ist von dämonischen Kräften besetzt worden. Ein solcher Zustand kann durch die spirituellen Kräfte allein nicht behoben werden. Sie werden ja verraten und ausgeliefert, sobald sie in Erscheinung treten. Diese Lästerung kann also nicht vergeben werden. Sie kann nur durch die Arbeit des Betreffenden aufgehoben werden. Er muss eine neue Persönlichkeitsstruktur aufbauen, um dann, mit klarerem Bewusstsein, den spirituellen Weg neu betreten zu können. Auch für so einen Menschen gibt es also die Möglichkeit der Regeneration. Sie führt über das Bewusstsein, das aus den vernichtenden Erfahrungen entsteht: das Bewusstsein, dass so ein Verrat die schlimmsten Folgen auch für das eigene Wesen hat. In diesem Bewusstsein kann der Betreffende sich an die Arbeit machen, die zerstörte Persönlichkeitsstruktur wiederherstellen und dann erneut den spirituellen Weg betreten.

Zwar lässt Jesus den Verrat zu und willigt in ihn ein. Denn nur so kann ans Licht kommen, was in Judas steckt. Judas muss so handeln, es folgt aus der Konstellation der in ihm wirkenden Kräfte. Doch eben dadurch bricht das „Wehe" über ihn herein. Der durch Vers 22 beschriebene Zusammenhang ist: Zwar verwehrt der Sohn des Menschen dem Verräter den Verrat nicht, weil der Verrat aus dem Wesen des Verräters folgt, weil nur so das Wesen des Verräters offenbar wird und weil es die Art des Menschensohns ist, dieses Offenbarwerden zuzulassen, selbst wenn er dadurch den Tod erleiden muss. Aber damit ist der Verräter nicht entschuldigt und muss die Konsequenzen seines Verhaltens auf sich nehmen.

Man hat diesen Vers oft anders verstanden. Man hat ihn im Rahmen eines „Heilsplans" sehen wollen, als ob Gott wie ein irdischer Mensch Zwecke hätte und Maßnahmen träfe, um diese Zwecke zu erfüllen. *Damit* Jesus, im Sinn des göttlichen Heilsplans, die Welt erlösen kann, muss er geopfert werden. Damit er geopfert werden kann, muss er verraten werden. *Einer* muss ihn verraten. In diesem Fall war Judas der Verräter. Judas war notwendig und *musste* verraten, damit der Heilsplan Gottes erfüllt wurde. Jesus willigte in den Verrat ein, *damit* der Heilsplan erfüllt werde.

Aber abgesehen davon, dass der Heilsplan auch ohne Verrat hätte erfüllt werden können: Durch eine solche Sichtweise geraten Gott und Jesus in kein günstiges Licht. Mussten sie einen Menschen als Werkzeug für ihre Zwecke benutzen, im Bewusstsein, wie elend es diesem Menschen dadurch ergehen würde? Hätte Gott nicht eine andere Weise finden können, Jesus in die Gewalt der Machthaber geraten zu lassen, etwa dadurch, dass ihn die Machthaber in der Öffentlichkeit verhafteten oder, noch besser, dass sich Jesus freiwillig stellte? Bei einer solchen Sichtweise kommt man in das ausweglose Dilemma, dass das Böse im Plan Gottes notwendig sein soll, dass aber der Vollzieher des Bösen mitleidlos bestraft wird.

Angesichts dieses Dilemmas kam es immer wieder zu der Vorstellung, Judas sei eigentlich ein Held gewesen. Judas habe vom Heilsplan Gottes gewusst und habe freiwillig das Opfer auf sich genommen, zu verraten und sich dafür bestrafen zu lassen, um den Heilsplan zu erfüllen. Er sei somit Jesus mindestens ebenbürtig, wenn nicht ein noch größerer Held gewesen. Denn er habe nichts als Schande davongetragen, während Jesus doch schließlich triumphiert habe.

Denkt man auf dieser Linie weiter, so stellt sich die Frage, woher Judas vom Heilsplan Gottes wusste. Er konnte von Jesus darin eingeweiht worden sein. Aber dann wäre alles noch absurder. Er wäre dann wie der Verteidiger einer Burg gewesen, der dem Feind mit dem Einverständnis des Burgherrn die geheime Pforte öffnet. Das wäre nur die Posse eines Verrats gewesen. Denn Verrat setzt voraus, dass der Verräter glaubt, der Verratene wisse nichts von seiner Aktion. Wenn der Verräter weiß, dass der Verratene vom Verrat weiß, handelt er ja im Einverständnis mit dem Verratenen. Das wäre das Gegenteil eines Verrats.

Bleibt nur, dass Judas den Heilsplan erraten hätte, ohne zu wissen, dass Jesus von seinem Wissen wusste. In diesem Fall hätte Judas zumindest mit Gott im Einverständnis gehandelt. Und Jesus hätte dann dem, der im Einverständnis mit Gott handelte, ein „Wehe“ zugerufen?

Nein, die Voraussetzung eines „Heilsplans“ im Sinn eines Zweckdenkens Gottes und die Unterstellung, Judas habe von diesem „Heilsplan“ gewusst, führt zu absurden Ergebnissen.

Welt und Menschheit werden nicht von einem zweckhaften „Heilsplan“ Gottes geleitet. Sie vollziehen eine Entwicklung, bei der sich immer umfassendere und tiefere Eigenschaften Gottes in seinen Geschöpfen offenbaren, bewusst und wirksam werden. Jesus repräsentiert einen Augenblick dieser Entwicklung, in dem das wahre Selbst des Menschen, als Ebenbild Gottes aus Gott hervorgegangen, in der Menschheit in Vollkommenheit offenbar, bewusst und wirksam wird. Dieses wahre Selbst manifestiert sich und entlarvt durch seine Gegenwart die Ichbezogenheit, die Verabsolutierung des Ich, die bisher in der Menschheitsentwicklung tonangebend war und Trennung von Gott verursacht hatte.

Judas wusste nichts von einem „Heilsplan“. Er wurde Opfer seiner Ichbezogenheit und verriet Jesus, ohne irgendeine Erlösung damit zu beabsichtigen oder vorauszusehen. Ja die dämonischen Kräfte in ihm wollten die Bestimmung der Menschheit dadurch, dass sie ihn als Werkzeug benützten, gerade verhindern. Wenn sein „Fehler“ und dessen Folgen doch indirekt zur Erfüllung der Bestimmung der Menschheit beitrugen, so war das nicht seine Absicht und nicht die Absicht der ihn treibenden Kräfte, sondern die Wirkung eines geistigen Gesetzes, das auch aus Bösem noch Gutes entstehen lässt. Es war die Wirkung des Opfers, das die geistigen Kräfte brachten. Sie opferten sich dem Bösen. Dadurch konnte den Akteuren, den geistlichen und politischen Führern sowie Judas, das Böse, ihre Ichbezogenheit, bewusst werden. So konnten sie sich auf lange Sicht doch für das Gute, die Entfaltung des wahren Selbst auch in ihnen, seinen ehemaligen Feinden, entscheiden.

Abschiedsreden Jesu

Rangverhältnisse in der irdischen und geistigen Welt

22 24 *Es entstand aber unter ihnen auch ein Streit darüber, wer von ihnen als der Größte gelten könne.* ***25*** *Da sprach er zu ihnen: Die Könige der Völker üben die Herrschaft über sie aus, und ihre Gewalthaber lassen sich Wohltäter nennen.* ***26*** *Ihr dagegen nicht so! Sondern der Größte unter euch soll werden wie der Jüngste, und der Hochstehende wie der Dienende.* ***27*** *Denn wer ist größer, der zu Tisch Sitzende oder der Dienende? Ist es nicht der zu Tisch Sitzende? Ich aber bin mitten unter euch wie der Dienende.* ***28*** *Ihr aber seid die, welche in meinen Versuchungen bei mir ausgeharrt haben.* ***29*** *Und wie mir mein Vater ein Königreich bestimmt hat, bestimme ich für euch,* ***30*** *dass ihr an meinem Tisch essen und trinken sollt in meinem Reich und auf Thronen sitzen, um die zwölf Stämme Israels zu richten.*

Auch im seelischen und geistigen Bereich gilt das Gesetz: Actio gleich Reactio. Gerade wenn geistige Kräfte vom Menschen aufgenommen werden und er in neue Höhen des Bewusstseins erhoben wird, formieren sich die irdischen und dämonischen Gegenkräfte um so stärker. Judas geht nach dem Abendmahl wirklich hinaus, um Jesus zu verraten, und die übrigen Schüler Jesu beginnen darüber zu streiten, wer der Größte unter ihnen ist. Es meldet sich ihre Geltungs- und Herrschsucht. Aber eben dadurch, dass die verborgenen Quellen der Ichbezogenheit zum Vorschein kommen, können sie vom Bewusstsein ins Auge gefasst und überwunden werden.

Wenn Jesus zu seinen Schülern spricht, so heißt das, dass das wahre Selbst in ihnen wirksam wird und ihnen zeigt, wie die Seinsweise in der geistigen Welt die Rang- und Machtverhältnisse in der irdischen Welt ablöst. Herrschaft und Gewalt, die sich noch ideologisch verbrämen – die „Gewalthaber lassen sich Wohltäter nennen“ – sind die Seinsweise in der irdischen Dimension. Hier wollen die Wesen Kräfte, und immer noch mehr Kräfte, haben. Der Wechsel des Schülers zur Dimension der geistigen Welt kehrt aber die Verhältnisse um. Die Seinsweise der Wesen in der geistigen Welt ist Dienen. Dort verströmt man seine Kräfte für andere. Daher ist im Reich Gottes der Dienende der Hochstehende, und der Jüngste, das heißt der Kleinste an irdischem Rang, ist der Größte. Im Reich Gottes ist die Ichbezogenheit, die Abgrenzung des Ich von anderen, der Drang des Ich, sich in den Vordergrund zu stellen und die eigene Größe und Macht zu spüren, verschwunden. Im Reich Gottes ist der Mensch in die Ströme und Ordnung der unendlichen geistigen Kräfte eingebettet. Sie wirken in ihm und durch ihn, er wirkt bewusst mit ihnen mit und verströmt sich wie sie für andere – ohne Absichten zu haben, ohne Unterschiede zu machen. Es ist die Natur des wahren Selbst, sich so zu verströmen.

Dieser Sachverhalt wird von Jesus noch einmal anders ausgedrückt. In der irdischen Welt ist der zu Tisch Sitzende der Herr, lässt sich bedienen und ist daher der Größere. Die ihn Bedienenden sind die Kleineren. In der geistigen Welt dagegen ist der Dienende, jener, welcher Kräfte austeilt, der Größere, und jener, der Kräfte empfängt, sich also bedienen lässt – bildlich jener, der zu Tisch sitzt –, ist der Kleinere.

Und deshalb ist, nach den Maßstäben und Gepflogenheiten der geistigen Welt betrachtet, Jesus, der Herr und Menschensohn, unter seinen Schülern „wie der Dienende". Er teilt ihnen Kräfte aus und bedient sie, mag er in der irdischen Welt auch zu Tisch sitzen und von seinen Schülern bedient werden.

Im Reich Gottes ist der Größte der, der am besten dient. Als dieser Größte im Reich Gottes wird Jesus die zwölf Stämme Israels richten. Sind das nicht doch wieder irdische Maßstäbe? Ist nicht der Richter der Herrscher und Gewalthaber? Wer aus der Ordnung und den Kräften des Geistes lebt, wirkt im Sinn dieser Ordnung und arbeitet mit diesen Kräften mit. Das Gesetz der geistigen Welt nimmt in ihm Gestalt an, er *ist* selbst dieses Gesetz. Indem er mit den Kräften des Geistes mitwirkt, als wahres Selbst und als auferstandene Geistpersönlichkeit, durchdringt er das ganze All mit den Kräften des Geistes und mit ihrer Ordnung, so wie ein elektromagnetisches Kraftfeld das All durchdringt. Und wie ein starkes elektromagnetisches Kraftfeld alle von seiner Struktur abweichenden, schwächeren Kraftfelder auflöst oder auf sich selbst abstimmt und ausrichtet, so korrigiert ein in der geistigen Welt wirkendes wahres Selbst alle ihm nicht entsprechenden Ordnungen und richtet sie aus.

Jesus, der Menschensohn, ist als Verkörperung des wahren Selbst des Menschen der größte Dienende in der geistigen Welt, die Mitte, in der Ordnung und Kraft der geistigen Welt sich konzentrieren. Alle anderen Menschen, die wie die Schüler Jesu einst als wahres Selbst ins Reich Gottes eintreten, werden kraft ihres mit der Struktur des Menschensohns kongruenten Wesens mit ihm zusammenwirken. Sie werden dann in den „Versuchungen" des Menschensohns mit ihm ausgeharrt haben: Sie werden mit ihm den spirituellen Weg gegangen sein, mit ihm die Ichbezogenheit und den Selbsterhaltungstrieb ins Auge gefasst und überwunden haben. Sie haben dadurch ihr wahres Selbst und eine Geistpersönlichkeit auferstehen lassen. Deshalb werden sie mit ihm im Reich Gottes an seinem Tisch „essen und trinken": Sie werden die Substanzen und Ströme der geistigen Welt mit ihm aufnehmen, unmittelbar, und ohne noch der Rituale und Symbole Brot und Wein zur Veranschaulichung zu bedürfen. Sie werden mit ihm „auf Thronen sitzen": Sie werden aus den geistigen Kraftfeldern heraus wirken, deren Kraft über allen anderen Kräften ist. Die Kräfte und Strukturen der geistigen Welt sind die Kräfte und Strukturen, aus denen alle Kräfte und Strukturen des Diesseits und des Jenseits erst hervorgegangen sind.

Aus diesen Kraftfeldern des Geistes heraus wird das wahre Selbst der Schüler Jesu, konzentrisch im zentralen wahren Selbst liegend, alle mit der geistigen Welt nicht harmonisierenden Strukturen korrigieren und neu ausrichten. Die Schüler entsprechen als die zwölf Apostel des zentralen wahren Selbst den zwölf Aspekten des Volkes Israel, so weit dieses Volk mit den Strukturen des Geistes im Einklang ist. So weit seine zwölf Stämme, seine zwölf Seelenaspekte, diesen Strukturen nicht entsprechen, werden sie vom zentralen wahren Selbst und seinen zwölf Aspekten korrigiert und neu ausgerichtet. Und da das Volk Israel in diesem Zusammenhang als Vergegenwärtigung der ganzen Menschheit gesehen werden kann, bezieht sich das Gericht der zwölf Aspekte des wahren Selbst auf die gesamte Menschheit.

Dieses Richter-Sein braucht nicht angestrebt zu werden. Es liegt kein Genuss und Machtrausch darin, schon gar keine Sucht nach Vergeltung. Das Gericht vollzieht sich absichtslos, wie ein Naturgesetz. Es erfolgt aus der Einheit mit dem Geist heraus, in der Freiheit des wahren Selbst, und ist Liebe für andere. Denn durch Auflösen falscher Strukturen wird das Wiederaufleben der dem Geist entsprechenden Strukturen in allen zwölf Stämmen Israels und in der ganzen Menschheit möglich. Auch für sie wird dadurch die Einheit mit der geistigen Welt, die Freiheit als Übereinstimmung mit ihrem wahren Selbst und die Liebe als Wirksamkeit ohne Ichsucht für andere möglich.

Jesus erweckt in seinen Schülern anschließend an das Abendmahl eine große Vision von den Verhältnissen im Reich Gottes. Er stellt ihnen nicht Ruhm und Ehre in Aussicht, keine Kompensation für in der irdischen Welt Gedemütigte. Würden sie es so auffassen, wären sie keine Schüler auf dem spirituellen Weg. Sie würden in ihrer Ichbezogenheit nach Geltung und Macht streben und diese Ichbezogenheit gerade nicht auflösen. Diese Auflösung aber ist die Bedingung zum Eintritt ins Reich Gottes. Nur wenn diese Bedingung erfüllt ist, herrscht Übereinstimmung mit der Ordnung und Kraft der geistigen Welt und kann das wahre Selbst die irdische Welt „richten".

Grenzerfahrungen der Schüler

__22 31__ Simon, Simon, siehe, der Satan hat sich euch [von Gott] ausgebeten, um euch im Sieb zu schütteln wie den Weizen; __32__ ich aber habe für dich gebeten, dass dein Glaube nicht aufhöre; und du, wenn du dich einst bekehrt hast, stärke deine Brüder! __33__ Er aber sagte zu ihm: Herr, ich bin bereit, mit dir sogar ins Gefängnis und in den Tod zu gehen. __34__ Da sprach er: Ich sage dir, Petrus: Der Hahn wird heute nicht krähen, bis du dreimal geleugnet hast, mich zu kennen.

Aber noch sind die Schüler Jesu nicht in diesem Zustand, der erst ihren Eintritt ins Reich Gottes ermöglichen würde. Noch sind sie Opfer ihrer Ichbezogenheit, streitsüchtig, geltungssüchtig und nicht fähig, wie sich in Gethsemane zeigen wird, geistig wach zu bleiben und in den Versuchungen Jesu mit ihm auszuharren. Der Satan hat sie sich, wie seinerzeit den Hiob, „von Gott ausgebeten", um sie „im Sieb zu schütteln wie den Weizen". Warum überlässt Gott die Menschen dem Satan? Ist es nicht grausam von ihm, ein schwaches Geschöpf den teuflischen Angriffen des Bösen auszusetzen? Gott lässt den Menschen frei. Er entlässt ihn aus der Obhut der Instinkte, aus der Obhut der alttestamentarischen Gesetze, aus der Obhut der Leitung durch Tradition und Autorität. Das wahre Selbst im Menschen also, das Ebenbild Gottes in ihm, entlässt ihn aus den irdischen Bindungen, ja vertreibt ihn aus der scheinbaren Geborgenheit dieser Bindungen, damit er frei werde. Der Mensch als wahre Identität will selbst diese Freiheit, trotz der Angst vor der Unsicherheit, die sein Ich in dieser Freiheit befällt. Gott entlässt den Menschen in die Freiheit, damit dieser selbstständig erkenne, was wahr und unwahr, göttlich und ungöttlich, Ebenbild Gottes und irdisches und satanisches Wesen ist, damit er in dieser Erkenntnis lerne, bewusst dem Ebenbild Gottes zu folgen und es zu verwirklichen. So wie Hiob, von Gott freigelassen und den Versuchungen des Satans überlassen, Gott mit eigenen Augen sehen lernte (Hiob 42,5) und lernte, sich bewusst den Gesetzen der göttlichen Welt zu überlassen, so werden jetzt die Schüler Jesu von Gott freigelassen und den Versuchungen des Satans überlassen.

In diesen Versuchungen, in Todesangst, Depression und Verzweiflung, werden sie geschüttelt wie im Sieb der Weizen. Durch das Schütteln im Sieb wird der Weizen von der Spreu getrennt. So wird durch die Versuchungen des Satans, durch den sich aufbäumenden Ichtrieb und Selbsterhaltungstrieb angesichts der Todesdrohung und durch die Verzweiflung angesichts des möglichen Untergangs ihres Meisters und ihrer Sache, das Unterscheidungsvermögen der Schüler geschärft. Gerade in ihrer innerlich und äußerlich aufgewühlten Situation, in der auch der Bodensatz ihrer Seele aufgewirbelt wird, erkennen sie, was irdisch, und was göttlich in ihnen ist, was Bestand hat und fruchtbar ist wie Weizen, und was vergeht und unfruchtbar ist wie Spreu. Gerade durch die das innerste Mark erschütternden Schmerzen, Ängste und Bedrohungen, ja sogar dadurch, dass sie den Versuchungen erliegen, wie der Jesus verleugnende Petrus, wird das Innerste der Ichbezogenheit und des Selbsterhaltungstriebs nach außen gekehrt, das Geheimste vors Licht des Bewusstseins gestellt. So wachsen Selbsterkenntnis und Welterkenntnis. Durch das Erliegen in den Versuchungen und die vorübergehende Macht, die Satan über sie gewinnt, durch die innere Finsternis, in die sie durch die Verleugnung des Lichtes gestürzt werden, leuchtet das Ebenbild Gottes schließlich umso heller auf, und sie können ihm folgen. Das gilt für alle, die das wahre Selbst verleugnen, das gilt sogar für alle, die es verraten, obwohl der seelische Aufruhr und die vom Satan im Verräter angerichtete seelische Verwüstung noch weit größer sind als beim verleugnenden Schüler. Aber wenn sich ein solcher Mensch einst wieder regeneriert hat, wird auch sein Bewusstsein von dem, was irdisch und satanisch, und dem, was göttlich ist, gewachsen sein.

So unvermeidlich es für die Bewusstseinsentwicklung des Menschen ist, dass ihm Freiheit gewährt, dass er aus der Obhut ihn von außen leitender Ordnungen entlassen und den Versuchungen der Ichbezogenheit ausgesetzt wird – das wahre Selbst anderer und das eigene wahre Selbst können und werden ihm in diesem Prozess Kraft zuführen, damit er nicht vollends verzweifelt. Seine Offenheit für die geistige Welt, sein „Glaube“, braucht in den ungeheuren Versuchungen nicht zu schwinden. So wie Hiob seinen Glauben an Gott nicht verliert, so brauchen auch die Schüler ihren Glauben, ihre Empfänglichkeit für die geistige Welt, nicht zu verlieren. Jesus, das wahre Selbst, stärkt Petrus, indem er für ihn „betet". In Jesus sind die Kräfte des Ebenbildes Gottes wirksam, er verbindet sich bewusst mit ihnen, er „betet", und so können diese Kräfte das Ebenbild Gottes in Petrus stärken. Wenn Petrus auf dieser Grundlage alle Versuchungen durchlebt hat, sei es auch, dass er ihnen zunächst erliegt, und wenn er sich „einst bekehrt" hat und unerschütterlich der geistigen Welt zugekehrt ist, kann er seinerseits seine Brüder und Nachfolger stärken. Er stärkt sie nicht durch moralische Entschlossenheit. Er stärkt sie durch die Kräfte des Geistes, die in ihm endgültig Wohnung genommen haben.

Vor der letzten Zuspitzung der Versuchungen kennt sich Petrus noch nicht. Er glaubt, in allen Anfechtungen bestehen zu können. Er ist fest entschlossen, sich durch keine Drohung und keine Angst einschüchtern zu lassen. Aber bloßer Glaube an sich selbst und moralische Entschlossenheit vermögen in solchen Situationen nichts. Jesus weiß, was im Menschen steckt, auch in einem Schüler, der schon so lange mit ihm auf dem spirituellen Weg gegangen ist. Der Selbsterhaltungstrieb und die damit verbundene Angst können jeden moralischen Vorsatz und jeden Glauben an die eigene Kraft zu Fall bringen. Das beweist sich in der Verleugnung des Petrus. Und Jesus, der die Seele des Menschen kennt, wie jedes wahre Selbst, bewusst geworden, die Ichbezogenheit und den Selbsterhaltungstrieb im Menschen kennt, weiß, dass die moralischen Kräfte des Menschen in ausweglosen Situationen versagen werden. Er sagt Petrus die Verleugnung voraus. Das ist wiederum keine Hellsichtigkeit, sondern das Wissen um die in der Seele wirkenden Kräfte.

Zeit der Verfolgung

22 35 *Und er sprach zu ihnen: Als ich euch ohne Beutel und Tasche und Schuhe aussandte, habt ihr da an etwas Mangel gehabt? Sie aber sagten: an nichts!* ***36*** *Da sprach er zu ihnen: Aber jetzt, wer einen Beutel hat, nehme ihn, gleichfalls auch [wer] eine Tasche [hat], und wer kein Schwert hat, verkaufe seinen Mantel und kaufe eins!* ***37*** *Denn ich sage euch: Dieses Schriftwort muss sich an mir erfüllen:*

„Und er ist unter die Übeltäter gezählt worden."

Denn was mir bestimmt ist, kommt [jetzt] zu Ende. ***38*** *Sie aber sagten: Herr, siehe, hier sind zwei Schwerter. Er aber sprach zu ihnen: Es ist genug.*

Nach dem Höhepunkt der Wirksamkeit Jesu ist die Zeit der Verfolgung gekommen. Bis jetzt hatten die Kräfte des Geistes, in Jesus und den Schülern wirkend, auch große Teile des Volkes ergriffen. Ein Strom der Dankbarkeit, Hingabe, Hoffnung, Bewunderung und Begeisterung floss vom Volk zu Jesus und seinen Schülern zurück. Die Schüler standen voll im Strom der von Jesus ausgehenden geistigen Kräfte und der darauf antwortenden Kräfte aus dem Volk. In dieser günstigen Situation mussten sie sich auf die spirituelle Arbeit konzentrieren und deren Gesetze beachten. „Beutel" und „Taschen" waren Bilder für ein Vorratsdenken gewesen, das der spirituellen Arbeit hinderlich wäre. Die geistigen Kräfte müssen ununterbrochen fließen und dürfen nicht gehortet werden. „Schuhe" waren Bild dafür gewesen, dass sich der Schüler bei der spirituellen Arbeit zu sehr auf äußere, organisatorische Maßnahmen verlässt. Denn seine Arbeit folgt inneren Gesetzen und darf nicht den Gesetzen äußerer Organisation unterworfen werden.

Außerdem gibt es in einer derart günstigen Arbeitssituation keine Probleme mit den äußeren Mitteln der Arbeit. Jesus hatte damals, als er die 12 oder die 70 aussandte, gesagt: Im Zeichen der günstigen Stunde unserer Sache braucht ihr euch wegen irdischer Nahrung und Kleidung – Beutel und Taschen – und irdischer Möglichkeiten des Auftretens und Fortkommens – Schuhe – keine Gedanken zu machen. Das alles wird euch ohne große Mühe zufallen, und Gedanken daran wären eurer spirituellen Arbeit nur hinderlich.

Jetzt aber sind die Zeiten des günstigen Windes vorbei, die Zeichen stehen auf Sturm. Das Volk ist enttäuscht vom vermeintlich politischen Messias und hasst ihn. „Er ist unter die Übeltäter gezählt worden." Tragt dieser veränderten Situation Rechnung, ermahnt Jesus seine Schüler. Jetzt schützen und versorgen euch der Strom des Geistes und der Rückstrom der Hingabe des Volkes nicht mehr. Jetzt seid ihr ganz auf euch selbst gestellt und müsst mit Entbehrungen und Angriffen rechnen. Bereitet euch innerlich darauf vor. Die Hinweise Jesu: Nehmt jetzt Beutel und Taschen und kauft euch Schwerter, sind Bilder für die Notwendigkeit, sich auf Not und Angriffe gefasst zu machen. Öffentliche spirituelle Arbeit ist jetzt nicht mehr möglich. Jetzt ist es erforderlich, sich um das nackte Überleben zu kümmern. Jetzt ist ein Denken an Vorräte und Sicherung der Existenz, ja sogar an Schutz für Leib und Leben sehr angebracht. Deshalb kaufe man sich auch ein „Schwert", Bild für die Notwendigkeit, Leib und Leben zu schützen.

Wie seinerzeit die Aufforderungen Jesu an seine Schüler, keine Beutel, Taschen und Schuhe zu nehmen, Bilder für eine innere Einstellung waren, die angesichts der günstigen Stunde angebracht war, so sind jetzt die Aufforderungen zum gegenteiligen Verhalten Bilder für eine gegenteilige Einstellung, die unter veränderten Bedingungen notwendig ist.

Die Schüler aber verstehen, wie früher so oft, auch hier wieder die Bilder nicht als Gleichnis. Beim „Schwert" denken sie sogleich an konkrete Schwerter. „Zwei" Schwerter zeigen sie Jesus: Sie könnten andere angreifen oder sich verteidigen. Das sind die beiden Möglichkeiten, Gewalt auszuüben: Angriff oder Verteidigung. Aber Jesus korrigiert sie sofort: „Es ist genug." Lasst von dieser Art des Verhaltens ab. Ihr habt sie lange genug praktiziert. Oder: Es ist genug mit eurer Torheit. Lange genug habt ihr mich und euch selbst mit eurem Unverstand gequält. – Ganz unsinnig wäre es, das „Es ist genug" so aufzufassen, als habe Jesus gemeint, zwei konkrete Schwerter würden zur Verteidigung oder zum Angriff ausreichen. Das würde dem von ihm immer vertretenen Prinzip der Gewaltlosigkeit und seinem tatsächlichen Verhalten bei seiner späteren Verhaftung widersprechen. Als bei dieser Verhaftung einer seiner Schüler mit dem Schwert dreinschlägt, sagt Jesus ebenfalls: „Lasst es damit genug sein!" Er meint damit nicht: Ihr habt jetzt genug euren Mut bewiesen, sondern: Lasst von dieser Art des Verhaltens ab. Ihr habt sie lange genug praktiziert. Oder: Lasst es mit eurer Torheit genug sein. Und wenn er dann dem Knecht des Hohenpriesters das Ohr wieder anheilt, ist auch dies Ausdruck der Tatsache, dass das wahre Selbst sich niemals gewalttätig verhält und nicht anders kann, als produktiv und lebensfördernd zu sein.

Lukas hat dem Abendmahl Jesu mit seinen Schülern, über Markus hinausgehend, eine ganze „Abschiedsrede" folgen lassen. Ihre Themen sind zuerst die Verhältnisse im Reich Gottes, die die genaue Umkehrung der Verhältnisse in den irdischen Reichen sind: Der Höchste ist dort derjenige, der durch seine Übereinstimmung mit den Gesetzen und Kräften des Geistes anderen am besten dienen kann. Und „Richten" im Reich Gottes bedeutet keine Verurteilung nach den Maßstäben der Ichbezogenheit, sondern die wie nach einem Naturgesetz sich vollziehende Neuordnung aller in Unordnung geratenen irdischen Verhältnisse durch die Ordnung des Geistes. Die Abschiedsrede geht sodann auf die kommenden Versuchungen der Schüler ein, die sie durchleben müssen, um innerlich frei zu werden. Ein Aspekt dieser Seelenkämpfe wird die Verleugnung des Petrus sein. Und schließlich wird die Lage und notwendige Einstellung der Schüler in einer Welt geschildert, die, vorher begeistert Jesus und seinen Schülern zugewandt, jetzt zum hassenden Verfolger geworden ist.

Auflösung des Selbsterhaltungstriebes

Jesus und die Schüler befinden sich in der fünften Phase des spirituellen Weges. Jesus hatte bis dahin, von den Schülern dabei begleitet, die Ichbezogenheit in Denken, Fühlen und Wollen ins Auge gefasst, überwunden und aus den Kräften des Ebenbildes Gottes ein neues Denken, Fühlen und Wollen aufgebaut: Diese Aspekte einer neuen „Geistpersönlichkeit" hatten sich in der „Verklärung" gezeigt. Und mit Hilfe dieser neuen Persönlichkeitsaspekte hatte Jesus, nach „Jerusalem" hinaufziehend und in „Jerusalem" einziehend, breite Schichten des Volkes gewonnen und die geistigen Kräfte bis ins Zentrum „Jerusalems", den Tempel, hinein wirken lassen. Jetzt, in der fünften Phase, ist die Aufgabe, auch den Selbsterhaltungstrieb, der im materiellen Körper wurzelt, zu überwinden. Wird der Selbsterhaltungstrieb entwurzelt, so ist die Ursache des Todes überwunden und wird die Auferstehung auch eines feinmateriellen Leibes möglich. Ein Geistleib wird auferstehen. Damit ist die Aufgabe, die Selbstbehauptung des Menschen auf allen Ebenen der irdischen Wirklichkeit aufzulösen, erfüllt. Die Wurzel der vergänglichen Erscheinungen, einschließlich des Selbsterhaltungstriebes im physischen Körper, ist aufgelöst, das wahre Selbst, das Ebenbild Gottes, kann ungehindert wirksam werden und eine Geistpersönlichkeit mit Geistleib aufbauen, die nach Denken, Fühlen, Wollen und Handeln vollkommen den Gesetzen der Welt des Geistes entspricht.

Scheitern der Schüler

Wie sich zeigen wird, sind die Schüler Jesu noch nicht in der Lage, diese Aufgabe in der fünften Phase des spirituellen Weges zu vollbringen und ihren Selbsterhaltungstrieb in den Kräften des Geistes zu entwurzeln. Sie sind zwar im Abendmahl unlösbar mit den spirituellen Kräften des wahren Selbst verbunden worden. Aber gerade diese Verbindung hat die Gegenkräfte der spirituellen Entwicklung besonders intensiv auf den Plan gerufen. Ihnen sind die Schüler nicht gewachsen. Sie scheitern an der Aufgabe, den Selbsterhaltungstrieb aufzulösen.

Eine Möglichkeit des Scheiterns ist der Verrat. In Judas übernimmt, als sein Selbsterhaltungstrieb aufs äußerste bedroht ist, die Ichbezogenheit wieder die Herrschaft und liefert alles, was an wahrer Identität schon zum Vorschein gekommen war, den alten Strukturen des Ich aus.

Eine zweite Möglichkeit des Scheiterns ist die Verleugnung. Petrus steht vor anderen nicht mehr zu seinem spirituellen Ziel, als er erlebt, dass sein öffentliches Bekenntnis zu diesem Ziel Gefängnis und Tod zur Folge haben könnte. Sein Selbsterhaltungstrieb und die daraus resultierende Angst sind stärker als die Ansätze zur wahren Identität, die sich in ihm entwickelt hatten, obwohl er im Innern dieser Identität treu bleibt.

Angesichts dieser beiden Möglichkeiten des Scheiterns gibt Jesus am Ölberg (im Garten Gethsemane, wie aus Markus bekannt ist) ein Beispiel, wie die Aufgabe der Entwurzelung des Selbsterhaltungstriebes erfüllt werden kann.

Am Ölberg

22 39 *Und er ging hinaus und begab sich nach seiner Gewohnheit an den Ölberg.*
Es folgten ihm aber auch die Schüler. ***40*** *Und als er an den Ort gelangt war, sprach*
er zu ihnen: Betet, dass ihr nicht in Versuchung kommt! ***41*** *Und er trennte sich von*
ihnen, ungefähr einen Steinwurf weit, und kniete nieder und betete: ***42*** *Vater, wenn*
du willst, so lass diesen Kelch an mir vorübergehen! Doch nicht mein, sondern dein
Wille geschehe! ***43*** *Es erschien ihm aber ein Engel vom Himmel und stärkte ihn.* ***44***
Und er geriet in angstvollen Kampf und betete noch anhaltender; und sein Schweiß
wurde wie Blutstropfen, die auf die Erde fallen. ***45*** *Und als er vom Gebet aufgestan-*
den war und zu den Schülern kam, fand er sie schlafend vor Traurigkeit. ***46*** *Und er*
sprach zu ihnen: Was schlaft ihr? Steht auf und betet, dass ihr nicht in Versuchung
kommt!

Auch in Jesus drängt sich der Selbsterhaltungstrieb angesichts des drohenden gewaltsamen Todes mächtig in den Vordergrund. Jesus hatte, dem Gesetz der Reinkarnation nicht mehr unterworfen, freiwillig einen irdischen Körper angenommen, um in der irdischen Welt wirken zu können, und vor allem, um den Menschen den spirituellen Weg vorzuleben, auf dem alle Ichbezogenheit der Seele und Selbsterhaltungstendenz des Körpers überwunden und eine neue Geistpersönlichkeit mit Geistleib aufgebaut wird. Mit der Annahme eines irdischen Körpers hatte er aber auch alle Schwächen und Triebe dieses Körpers, ja das Schicksal der irdischen Menschheit angenommen. Ungeheure Angst überfällt ihn jetzt, aufsteigend aus den Eingeweiden, Reaktion des in allen Zellen und Strukturen des physischen Körpers sitzenden Selbsterhaltungstriebes.

Wie besteht er diese Angst? Selbstbeherrschung, Entschlusskraft und Heroismus wären diesem Ansturm nicht gewachsen. Die Triebe sind immer stärker als die moralischen Kräfte des Menschen. Beispiele dafür sind Judas und Petrus. Jesus führt daher keinen moralischen Kampf, bei dem edle irdische Motive niedere Triebe zu überwinden suchen. Er tritt vielmehr in einen Selbstklärungsprozess ein, indem er bewusst die geistigen Kräfte des wahren Selbst aufruft und ihnen überlässt, Angst und Selbsterhaltungstrieb aufzulösen. Beten ist das bewusste Aufrufen der Ordnung und Kräfte der geistigen Welt. Jesus verbindet sich bewusst mit ihnen und lässt sie voll in sich wirken. Er besinnt sich auf seine wahre Identität und lässt ihre Konturen aus dem Grund seines Wesens vor seinem Bewusstsein aufsteigen.

Zugleich stellt er dieser Identität und den daraus sich ergebenden Handlungen sein Ich und die aus ihm sich ergebenden Handlungen gegenüber. Er konfrontiert im Bewusstsein die Ordnung des Ich mit der Ordnung der geistigen Welt. Das wird durch die Worte ausgedrückt: „Vater, wenn du willst, so lass diesen Kelch an mir vorübergehen. Doch nicht mein, sondern dein Wille geschehe!“ Solange die irdische Ordnung der geistigen Ordnung nicht widerspricht, darf das irdische Leben seinen Lauf nehmen. Wenn aber die irdische Ordnung der geistigen Ordnung widerspricht, muss die irdische Ordnung weichen. Die irdische Ordnung bestünde in diesem Augenblick darin, dass Jesus seinem Selbsterhaltungstrieb folgt und der Konfrontation mit den Machthabern der Welt ausweicht. Damit würde er aber seine Sendung, das wahre Wesen des Menschen und die geistige Ordnung in der irdischen Welt zu verankern, nicht erfüllen. Die geistige Ordnung dagegen ist die Erfüllung dieser Sendung, das Akzeptieren des Kreuzes und die Verleugnung der Ichbezogenheit. Indem Jesus beide Ordnungen und die sich aus ihnen ergebenden unterschiedlichen Konsequenzen bewusst vergleicht, kommt er zur Klarheit.

Die geistige Ordnung kann in diesem Fall nicht zulassen, dass die irdische Ordnung ihren Lauf nimmt, also willigt Jesus in die geistige Ordnung ein und verzichtet auf den Vollzug der irdischen Ordnung. Nicht mein, sondern dein Wille geschehe. „Dein Wille geschehe“ heißt nicht, seine Ichbezogenheit und seinen Selbsterhaltungstrieb einer äußeren Autorität zu unterwerfen. Damit wären sie nicht aufgelöst. „Dein Wille geschehe“ heißt, die innere Autorität des wahren Selbst gelten und in ihr Ichbezogenheit und Selbsterhaltungstrieb auflösen zu lassen. „Dein Wille geschehe“ bedeutet, das wahre Selbst in der irdischen Welt zu manifestieren und mit allen irdischen Kräften zu konfrontieren. Es bedeutet, das Kreuz auf sich zu nehmen, nämlich sich auch allen feindlichen irdischen Kräften auszusetzen und sie sich ausleben zu lassen. Und es bedeutet, sich selbst zu verleugnen, das heißt, den eigenen Selbsterhaltungstrieb zu entwurzeln, sein Leben zu verlieren. In zwei Versen (43 und 44), die vielleicht nicht ursprünglich von Lukas sind, betont das Evangelium diesen inneren Kampf zwischen der geistigen Ordnung, die das wahre Selbst des Menschen ist, und der irdischen Ordnung, die das Ich des Menschen ist, und steigert ihn noch. Aber am Ende des inneren Selbstklärungsprozesses, der durch geistige Kräfte geleitet und ermöglicht wird – ein „Engel“, eine geistige Kraft, stärkt Jesus –, ist die innere Ruhe gewonnen, der Selbsterhaltungstrieb und die Angst sind vergangen. Unerschütterlich steht die geistige Ordnung im ganzen Wesen Jesu und durchdringt sein Bewusstsein und seinen Körper.

Man hat, ähnlich wie der Bearbeiter, der möglicherweise die Verse 43 und 44 eingeschoben hat, immer betont, wie unsäglich Jesus in Gethsemane habe leiden müssen und wie groß sein Opfer für die Menschen gewesen sei. Aber entscheidend an dieser Szene sind die Auflösung der Angst in den Kräften des Geistes und die Ruhe, die sich nach dem inneren Kampf einstellt. Der Selbsterhaltungstrieb ist nicht beherrscht, schon gar nicht verdrängt, sondern aufgelöst und durch geistige Kräfte ersetzt. Der bewusste Einklang des ganzen Wesens mit der unerschütterlichen Ordnung des Geistes, die alles umfasst, ist an die Stelle des Ich getreten, das stets Angst hat und kämpfen muss. Im späteren Tod am Kreuz zeigt sich äußerlich, was in Gethsemane innerlich errungen und schon vollbracht wurde.

Jesus fordert die Schüler auf, mit ihm zu beten, damit sie „nicht in Versuchung kommen". Auch sie stehen vor der Aufgabe, in den Kräften des Geistes den Selbsterhaltungstrieb, die Versuchung, aufzulösen. Jeder Mensch ist in so einer Situation ganz auf sich selbst angewiesen. Nur indem er die Kräfte des Geistes in sich selbst aufruft, nur indem er allein die Verantwortung für sich selbst übernimmt, wird ihm der innere Klärungsprozess möglich. Deshalb die Angabe im Evangelium, dass sich Jesus einen Steinwurf weit von seinen Schülern entfernt. Sie ist ein Bild für diese Notwendigkeit, dass der innere Selbstklärungsprozess vom Menschen allein durchgeführt werden muss und dass er sich dabei nicht auf andere verlassen darf. Trotzdem schließt diese Notwendigkeit nicht aus, dass andere ihm helfen. Die Kräfte des Geistes, in den Schülern Jesu freigesetzt, könnten, auf der Ebene des Geistes, zu Jesus hinüberströmen, so wie immer Kräfte des Geistes, in einem Menschen freigesetzt, allen anderen Menschen zugute kommen.

Die Schüler aber beten nicht. Sie rufen die Kräfte des Geistes nicht auf, sondern schlafen „vor Traurigkeit". Das ist kein physischer Schlaf. Vielmehr sind sie nicht wach für ihre Aufgabe und die Situation, in der sie sich mit ihrem Meister befinden. Ihr Bewusstsein „schläft". Statt diese Situation und die darin enthaltene Aufgabe der bewussten Auflösung des Selbsterhaltungstriebes ins Auge zu fassen, sind sie von Ahnungen über das „Scheitern" der Mission ihres Meisters und damit ihrer eigenen Erwartungen erfüllt. So groß sind ihre Depressionen, dass sie innerlich wie gelähmt sind. Das wache Bewusstsein des wahren Selbst, der wache Glaube an die neuen Möglichkeiten, die wache Erkenntnis der neuen Möglichkeiten, die Kraft zur Tat, die daraus erwächst, die Kraft zur Konfrontation mit feindlichen Mächten von außen und innen: all das, was sie auf ihrem spirituellen Weg erfahren und erlernt hatten, wird jetzt durch ihre Traurigkeit erstickt.

Sie „schlafen" also am Ölberg, ähnlich wie damals bei der Verklärung Jesu auf dem Berg. Damals war ihr Bewusstsein der Helligkeit der geistigen Welt zunächst nicht gewachsen gewesen. Jetzt wird es durch ihre Traurigkeit verdunkelt. Jesus weckt sie auf und fordert sie auf „aufzustehen". Sie sollen sich von ihren Depressionen lösen und „aufstehen". Sie sollen sich mutig und wach auf die geistige Welt besinnen, und ihre Aufgabe ins Auge fassen. Verbindet euch mit der geistigen Welt in euch, damit ihr nicht in Versuchung kommt und dem Selbsterhaltungstrieb und der Angst erliegt: So spricht das wahre Selbst in jedem Schüler auf dem spirituellen Weg zu allen Zeiten, wenn der Glaube des Schülers an die neuen Möglichkeiten angesichts der unzähligen Feinde innen und außen zu ermatten droht, wenn Depressionen von ihm Besitz ergreifen, weil alle irdischen Hoffnungen scheitern.

Gefangennahme Jesu: Stunde der Finsternis

22 47 *Während er noch redete, siehe, da kam ein Volkshaufe, und der, welcher Judas*
hieß, einer der Zwölf, ging vor ihnen her und näherte sich Jesus, um ihn zu küssen.
48 *Jesus aber sprach zu ihm: Judas, mit einem Kuss verrätst du den Sohn des Men-*
schen? ***49*** *Als aber die um ihn sahen, was bevorstand, sagten sie: Herr, sollen wir mit*
dem Schwert dreinschlagen? ***50*** *Und einer von ihnen schlug nach dem Knecht des*
Hohenpriesters und hieb ihm das rechte Ohr ab. ***51*** *Da antwortete Jesus und sprach:*
Lasst es damit genug sein! Und er rührte das Ohr an und heilte ihn.
52 *Jesus sagte aber zu den Hohenpriestern und Hauptleuten des Tempels und*
Ältesten, die zu ihm herangekommen waren: Wie gegen einen Räuber seid ihr aus-
gezogen mit Schwertern und Stöcken. ***53*** *Als ich täglich bei euch im Tempel war,*
habt ihr nicht Hand an mich gelegt. Aber dies ist eure Stunde und die Macht der
Finsternis.

Es ist Nacht, und ein „Volkshaufe“ unter Führung des Judas dringt in Gethsemane ein. Auch wird erzählt, dass außerdem Hohepriester und Älteste mit den Hauptleuten der Tempelwache, die offensichtlich die eigentliche Verhaftung durchführt, gekommen sind. Es ist zwar sehr unwahrscheinlich, dass die höchsten geistlichen Führer persönlich bei der Gefangennahme Jesu anwesend waren. Sie hätten sich dadurch kompromittiert. Doch werden sie vom Erzähler in diese Szene eingeführt, damit in ihrer direkten Präsenz ihr Verhältnis zu Jesus und ihre Motive klar werden.

Es kann immer eine Situation auf dem spirituellen Weg eintreten, da in einer entscheidenden Krise die irdischen Kräfte des Diesseits und Jenseits wieder die Oberhand über die geistigen Kräfte gewinnen. Was innen, im einzelnen Menschen, geschieht, kann auch außen, unter Menschen, die die gleichen Kräftekonfigurationen verkörpern, geschehen. Das wahre Selbst aber lässt seine Gefangennahme zu, weil es nicht mit irdischen Mitteln kämpft und alle Reaktionen der irdischen Welt auf seine Wirkungen zulässt. Es lässt die Finsternis vorübergehend ihre Macht ausspielen. Es weiß, dass die Stunde der Finsternis kommen muss.

In Judas war der Satan der Ichbezogenheit gefahren. Er musste das wahre Selbst, dessen Anblick und Stimme er nicht mehr ertragen konnte, unbedingt beseitigen. Daher liefert er jetzt Jesus den Gegnern aus. Sein Kuss ist nicht nur ein Signal, mit dessen Hilfe er Jesus für die Häscher kennzeichnet. Der Kuss ist in erster Linie Bild für die Wechselwirkung zweier Kräfte. Wenn sich in den alten spirituellen Gemeinschaften die Brüder küssten, so hieß das, dass sie einander die Kräfte des Geistes mitteilten. Im Kuss strömt das Wesen des Küssenden auf den Empfänger des Kusses über, und zugleich nimmt der Küssende das Wesen des anderen durch die innigste Berührung in sich auf. Im Kuss, den Judas Jesus aufdrückt, begegnen sich aber nicht Liebe und Liebe, sondern Hass und Liebe. Die Ichbezogenheit vereinnahmt die Kräfte der Liebe und missbraucht sie zu eigenen Zwecken. Die Liebe aber lässt sich von der Ichbezogenheit vereinnahmen, sie lässt sich missbrauchen.

„Mit einem Kuss verrätst du den Sohn des Menschen?“ Die heiligste Beziehung zwischen Menschen: Vertrauen, Treue, Bruderschaft, symbolisiert durch den Kuss, wird zum Mittel, durch das sich das Irdische des Göttlichen bemächtigt. Übertragung der göttlichen Liebe von Mensch zu Mensch wird nur durch rückhaltloses Vertrauen und Offenheit füreinander, symbolisiert durch den Kuss, möglich. Eben dieses Vertrauen macht aber den Vertrauenden auch schutzlos und ermöglicht einem Menschen, falls er das will, die Ausbeutung des Vertrauens und der Liebe. Das gilt schon für Vertrauensverhältnisse auf der irdischen Ebene, umso mehr für Vertrauensverhältnisse auf der geistig-seelischen Ebene, zwischen wahrem Selbst und wahrem Selbst.

Jesus wusste zwar, dass der andere ihn verraten würde, und ist deshalb vom Verhalten des Judas nicht überrascht. Trotzdem hatte er keine Verteidigung aufgebaut – das läge nicht im Wesen des wahren Selbst – und muss den Schmerz über die Untreue und den Missbrauch seines Vertrauens durch den Verräter voll auskosten. Aber gerade dadurch, dass auch in diesem Missbrauch des Vertrauens das wahre Selbst weiter in sich und in der Ordnung des Geistes ruht, wird seine Wirkung auf Judas möglich. Diese Wirkung entsteht nicht unbedingt durch Wort- oder Tatenlosigkeit. Wenn es die Situation erfordert, nennt Jesus die Dinge deutlich beim Namen. Er macht Judas unmittelbar auf den Missbrauch des spirituellen Vertrauens aufmerksam, indem er fragt: „Mit einem Kuss verrätst du den Sohn des Menschen?“ Damit setzt er das „wehe dem Menschen, durch den er verraten wird“ in Gang. Durch die Konfrontation mit dem wahren Selbst wird über kurz oder lang in Judas die schreckliche Erkenntnis aufsteigen, was er selbst ist und was seine Tat bewirkt hat. Wie Feuer wird diese Erkenntnis in ihm brennen und schließlich alle Ichbezogenheit vernichten. Am Ende dieses Prozesses wird für sein Ich zwar das Nichts stehen. Aber damit ist auch die Möglichkeit eines Neuanfangs von Grund auf gegeben.

Bei der Gefangennahme des wahren Selbst und seinem Verrat durch Judas sind auch die anderen Schüler Jesu zugegen. Sie verkörpern andere, dem Geist treue Bewusstseinsaspekte. Sie sind tapfer, überzeugt vom moralischen Recht ihrer Sache, und suchen Rückhalt beim wahren Selbst, beim Meister. Ihre Stärke erwächst also nicht aus dem in ihnen stark gewordenen wahren Selbst. Sie ruhen noch nicht in der geistigen Ordnung im eigenen Innern. Weil sie in ihrer Ichbezogenheit Rückhalt beim wahren Selbst suchen, fragen sie Jesus, nicht, weil sie sich dem wahren Selbst anvertrauen wollen. Und nur deshalb kommen sie überhaupt auf die Idee zu fragen, ob sie mit dem Schwert dreinschlagen sollen. Moralische Überzeugungen sind auf das Ich gegründet, nicht auf das wahre Selbst, das nicht mit Gewalt auf Gewalt antwortet.

Jesus, das wahre Selbst, verwehrt ihnen dies gewalttätige Verhalten und lässt sich gefangennehmen. „Lasst es damit genug sein!“, spricht er zu seinen Schülern. Lasst die Gewalt hinter euch. Ihr habt lange genug aus dem irdischen Ich gehandelt. Lasst endlich das Denken in Kategorien der Gewalt hinter euch und handelt aus dem wahren Selbst! Ob die Schüler fliehen oder von den Häschern, die vor allem Jesus haben wollen, einfach nicht beachtet werden, bleibt bei Lukas offen. Jedenfalls ist den Schülern durch das Gebot Jesu und dadurch, dass er sich verhaften lässt, die Grundlage ihres Handelns genommen. Gewalttat können sie nicht mehr üben, und ihre Stütze am andern ist ihnen entzogen. Sie sind ins Nichts zurückgeworfen.

Wieder wirkt das wahre Selbst ohne Gewalt, allein durch sein Sein, auf seine Feinde. Aber Gewaltlosigkeit bedeutet nicht, über Ungerechtigkeit zu schweigen. Jesus nennt die Ungerechtigkeit deutlich beim Namen. Nur durch diese Konfrontation mit der Wahrheit kann sich die Unwahrheit ihrer selbst und der Wahrheit bewusst werden. Die Hohenpriester und Ältesten haben, als Jesus bei ihnen im Tempel war, nicht gewagt, Hand an ihn zu legen. Kennzeichen eines Machtbewusstseins, das sich gegen die eigentliche Bestimmung des Menschen etabliert, ist immer die Furcht und die daraus entspringende List. Offen arbeitet ein solches Machtbewusstsein nur, wenn es sich seiner Überlegenheit sicher ist. Aber die geistlichen Führer waren sich wegen der Sympathie, die Jesus beim Volk genoss, unsicher. Daher also ihre heimlichen Maßnahmen im Schutz der Dunkelheit. Diese der Feigheit und dem heimlichen Bewusstsein unrechten Handelns entspringende Furcht entlarvt Jesus.

Und er entlarvt, warum die Ältesten, Hohenpriester und Schriftgelehrten zur Gewalt greifen müssen. In der geistigen Auseinandersetzung haben sie gegen Jesus, das wahre Selbst, das neue, geistige Leben, den kürzeren gezogen und würden weiter den kürzeren ziehen. Daher müssen sie Jesus wie einen Räuber behandeln und ihn mit Schwertern und Stöcken unschädlich machen. Da Unwahrheit und Ungerechtigkeit in der geistigen Auseinandersetzung immer unterliegen werden, müssen sie Gewalt anwenden und den geistigen Gegner zum Aufrührer und Gewalttäter stempeln, gegen den Gewaltmaßnahmen legitim sind.

Verleugnung des Petrus

22 54 *Und nachdem sie ihn ergriffen hatten, führten sie ihn ab und brachten ihn in*
das Haus des Hohenpriesters. Petrus jedoch folgte von ferne. ***55*** *Als sie aber mitten*
im Hof ein Feuer angezündet und sich zueinander gesetzt hatten, setzte sich Petrus
mitten unter sie. ***56*** *Da sah ihn eine Magd beim Feuer sitzen, blickte ihn an und sag-*
te: Auch dieser war mit ihm. ***57*** *Er aber verleugnete ihn und sagte: Weib, ich kenne*
ihn nicht. ***58*** *Und kurz nachher sah ihn ein anderer und sagte: Auch du bist einer von*
ihnen. Petrus aber sagte: Mensch, ich bin's nicht. ***59*** *Und ungefähr nach Verlauf*
einer Stunde versicherte ein andrer: In Wahrheit, auch dieser war mit ihm; denn er
ist ein Galiläer. ***60*** *Petrus aber sagte: Mensch, ich weiß nicht, was du meinst. Und*
sofort, während er noch redete, krähte der Hahn. ***61*** *Und der Herr wandte sich um*
und blickte Petrus an. Da erinnerte sich Petrus an das Wort des Herrn, wie er zu ihm
gesagt hatte: Ehe heute der Hahn kräht, wirst du mich dreimal verleugnen. ***62*** *Und*
er ging hinaus und weinte bitterlich.

Verrat ist Positionswechsel. Judas ergreift wieder für die irdische Welt Partei und liefert ihr seine bisherigen Überzeugungen aus. Verleugnung dagegen ist fehlender Bekenntnismut. Petrus steht zwar innerlich zu seinem spirituellen Ziel. Doch da es noch nicht genügend in ihm verankert ist, ist er, von ungeheuren Drohungen umstellt, nicht in der Lage, es nach außen zu vertreten. Was sich bei einer Verleugnung im Innern des Menschen ereignet, wird durch die Szene, in der sich Petrus nach der Verhaftung Jesu befindet, äußerlich illustriert.

Jesus ist im „Haus des Hohenpriesters". Das wahre Selbst ist in die Gewalt der sich selbst behauptenden intellektuellen und dogmatischen Überzeugungen des Menschen, verkörpert durch den Hohenpriester, geraten und wartet auf die Gegenüberstellung. Petrus aber setzt sich im Hof des Hohenpriesters „mitten unter sie", unter die Knechte des Hohenpriesters, die Jesus verhaftet haben. Und er setzt sich ans Feuer. Er möchte nicht allein und in der dunklen Kälte sein, er möchte in einer Gemeinschaft geborgen sein und gewärmt werden. Es ist die Gemeinschaft der alten Religion, mit der Jesus, und damit auch seine Schüler, in Konflikt geraten sind. In dieser Situation blickt eine Magd Petrus an und erkennt ihn als Schüler Jesu, als Anhänger einer neuen, auf dem Geist beruhenden Gemeinschaft. Petrus aber verleugnet seine Zugehörigkeit zu Jesus, zum spirituellen Ziel eines Leben im Geist. Ein anderer Knecht des Hohenpriesters sieht ihn und erkennt ihn als Schüler Jesu. Wieder verleugnet Petrus Jesus. Ein dritter erkennt in Petrus den Galiläer, der zu dem Galiläer Jesus, dem „Neuerer", gehört. Und zum dritten Mal verleugnet Petrus.

Jeder Schüler auf dem spirituellen Weg kommt immer wieder in die gleiche Lage wie Petrus. Das Ziel, das er anstrebt und die Gemeinschaft der Strebenden, der er sich anschließt, sind für Außenstehende, die die traditionellen religiösen Ziele und Gemeinschaften unhinterfragt akzeptieren, unverständlich. Petrus aber stellt die Tradition und das Bestehende in Frage. Er ist ein Ketzer wie sein Herr. Einen solchen schließt die schützende Gemeinschaft der „normalen" Menschen aus. Und das verträgt der Schüler nicht. Dem Ausschluss aus der Geborgenheit der normalen Gemeinschaft, der Isolierung, womöglich Gefängnis und Tod, wäre er nicht gewachsen. Bei der Aussicht auf solche Konsequenzen seines Weges überfällt ihn derartige Angst, dass er nicht wagt, vor Außenstehenden zu seinem Ziel zu stehen. Und immer wieder, drei Mal, geschieht derselbe Vorgang. Mit dem Verstand, mit dem Gefühl und mit dem Willen, den drei Hauptaspekten der irdischen Persönlichkeit, verleugnet der Schüler. Denn die Angst hat sein gesamtes Wesen erfasst. Sie setzt die verstandesmäßige Überzeugung, die emotionale Hingabe und die Entschlossenheit des Willens außer Kraft.

Und „während er noch redete" – nach dem Prinzip der dramatischen Verdichtung verknüpft der Erzähler zueinander gehörende Ereignisse, die zeitlich nicht unbedingt sofort aufeinander folgen müssen –, krähte der Hahn. Der krähende Hahn ist das sich meldende Gewissen, der Bote des wahren Selbst: Der „Herr wandte sich um und blickte Petrus an". Das aus der geistigen Welt lebende wahre Selbst des Schülers wendet sich zum irdischen Bewusstsein um, dieses fühlt sich „angeblickt", und durch und durch erkannt. Petrus erkennt in den Kräften und der Ordnung seines wahren Selbst, was er getan hat. Er erkennt, welche Motive hinter diesem Tun standen: Angst um seinen Platz an der Sonne, um seine Geborgenheit in der bisherigen religiösen Gemeinschaft, um sein Leben. Er erkennt, dass all sein moralischer Mut und sein Vorsatz, sein Ziel treu zu bekennen, im Sturm der Angst zusammengebrochen sind. Er erkennt, dass das wahre Selbst diese Kräftekonstellation in seinem Wesen schon vorhergewusst hatte. Er erkennt, wie er wirklich ist.

Und damit bricht sein moralischer Stolz zusammen. Petrus „ging hinaus und weinte bitterlich". Der Schüler verlässt die Geborgenheit der alten Gemeinschaft und geht mit sich selbst zu Rate. Er weint über seine Schwäche, über seine Unfähigkeit, in einer Krisensituation seinen Vorsätzen treu zu bleiben, über die Lage des Menschen überhaupt, dessen moralische Anstrengungen stets den kürzeren gegenüber dem Selbsterhaltungstrieb ziehen müssen. Die Macht des Selbsterhaltungstriebes ist überwältigend, der Stolz auf moralische Leistungen ist ungerechtfertigt.

Gerade aber in diesem Augenblick der Einsicht in die Natur des Menschen, in diesem Augenblick des Zusammenbruchs des stolzen Ich, das gegen das Es der Triebe verloren hat, verlieren muss, in diesem Augenblick der Wahrheit, da die eigene, durch Angst getriebene Handlung bewiesen hat, wie ohnmächtig der Mensch im Grunde ist, in diesem Augenblick des Weinens und Loslassens aller moralischen Anstrengung und allen Stolzes kann die geistige Welt im Schüler wirken. Er kann sich ihr überlassen und wie Jesus in Gethsemane sagen: Nicht mein Wille, sondern dein Wille geschehe. Dann hat der Schüler gelernt, wie die Aufgabe der fünften Phase des spirituellen Weges gelöst werden kann.

Der Prozess: Jesus und seine Gegner

Die Kräfte der geistigen Welt, die Wahrheit, wirken, wenn positiv aufgenommen, im Menschen weiter. In den Schülern Jesu ermöglichen sie die freiwillige Preisgabe der Ichbezogenheit als Voraussetzung zur Auferstehung des wahren Selbst. Aber auch jede negative Reaktion auf die Wahrheit verbindet den Reagierenden mit der Wahrheit. Der von einer verdrängten Wahrheit ausgehende Einfluss wirkt im Menschen weiter. Auch auf diese Weise wird das wahre Selbst in der Menschheit verankert, auch durch die negativen Reaktionen der Menschheit kommen die Kräfte des Geistes in ihr in Umlauf. Sie werden, vielleicht erst nach langem Kampf der Ichbezogenheit gegen sie, irgendwann vom Unbewussten doch ins Bewusstsein durchbrechen. Sie werden dort unter Umständen erst recht einen Abwehrkampf hervorrufen. Aber auf lange Sicht werden sich alle Widerstände des ichbezogenen Verstandes, Gefühls und Willens als unzureichend erweisen, und diese Menschen werden ebenfalls einen Dimensionswechsel vollziehen. Auf lange Sicht werden in der ganzen Menschheit die starren, vom Ich verteidigten Traditionen und Religionen aufgelöst werden und der lebendigen Erfahrung des Ebenbildes Gottes Platz machen

Die Schüler Jesu nehmen im Abendmahl sein „Fleisch“ und sein „Blut“, die von ihm ausströmende Ordnung und Kraft des Reiches Gottes, freiwillig auf und verändern sich dadurch. Die Gegner Jesu nehmen, indem sie ihn verfolgen und töten, sein „Fleisch“ und sein „Blut“ unfreiwillig auf und werden dadurch verändert. So verändert sein Opfer an „Fleisch“ und „Blut“, das er lebend und auch noch im Tod des physischen Körpers darbringt, Freunde und Feinde und ermöglicht auf lange Sicht die Auferstehung des wahren Selbst in der gesamten Menschheit.

Die Konfrontation des wahren Selbst mit seinen Gegnern ist im Wesentlichen Thema der letzten Verse von Kapitel 22 und des Kapitels 23. Aber Jesus „will“ die Menschen nicht verändern. Er ist das vollkommene wahre Selbst des Menschen. Sein Wesen wirkt nach den ihm eingeschriebenen Gesetzen. Es verbreitet seine

Kraft, ohne dass Jesus es beabsichtigen würde. Es ruft wie das Licht in der Dunkelheit freundliche und feindliche Reaktionen hervor. Jesus kennt diese Wirkungen seines Wesens, und weiß, was notwendigerweise daraus entstehen wird. Dies eben ist der Dimensionswechsel, der von der Menschheit vollzogen werden wird: Dass die begrenzte Welt der Absichten, Pläne und Zwecke, so gut oder so böse sie sein mögen, von der unbegrenzten Welt des Geistes, von der voraussetzungslosen, frei strömenden Kraft und der unergründlichen, lebendig sich entwickelnden Ordnung des Geistes, abgelöst werden wird.

Wenn irgendwo im Evangelium, so gilt das Prinzip der dramatischen Verdichtung in den Szenen der Gefangennahme Jesu, seiner Verhöre und der Kreuzigung. Schon der zeitliche Ablauf wäre ganz unwahrscheinlich: die Gefangennahme in der Nacht, danach vier Verhöre – vor dem Rat der Ältesten und Hohenpriester, vor Pilatus, vor Herodes und dann wieder vor Pilatus –, schließlich die Kreuzigung, und alles an einem Tag, das ist undenkbar. Undenkbar ist weiter, dass die gesetzestreuen Juden am Tag vor dem Sabbat einen derartigen Prozess geführt haben sollten, der eine Entheiligung des kommenden Sabbats bedeutet hätte.

Es werden hier von Lukas in dramatischer Raffung Szenen nebeneinandergestellt, die bewusst ins Passahgeschehen eingebettet sind – um die Parallelität zwischen dem Passahgeschehen und den Taten Jesu sichtbar zu machen – und eine direkte Konfrontation aller beteiligten Kräfte schildern. Dadurch werden das Wesen dieser Kräfte und ihre gegenseitigen Beziehungen deutlich. *Diese* Reaktionen werden dem Leser vor Augen geführt. Es sind die entscheidenden Reaktionen. Im gewöhnlichen Leben sind sie unter allerlei Zufälligkeiten und Alltäglichkeiten verdeckt. Hier im Evangelium aber werden, durch Verdichtung und Straffung, ihre Konturen sichtbar. Jesus, das wahre Selbst, wird der Reihe nach den Aspekten des irdischen Ich gegenübergestellt: den Häschern, den geistlichen Führern, danach den weltlichen Führern Pilatus und Herodes. Diese Gegenüberstellung enthüllt die innerste Natur der Beteiligten. Von der Ordnung und Kraft der geistigen Welt, im Ebenbild Gottes verkörpert, fühlt sich die Natur des Ich herausgefordert und entlarvt sich selbst. Bisher standen die Gedankenwelt, die Gefühlswelt und das Streben der Beteiligten im Vordergrund. Jetzt manifestiert sich die innerste Natur der Menschen, ihr nacktes Wesen, entsprechend der fünften Phase des spirituellen Weges, auf der es um die Verwandlung auch der materiellen, körperlichen Aspekte des Menschen geht.

Rohe Gewalt

22 63 *Und die Männer, die ihn bewachten, verspotteten und schlugen ihn,* ***64*** *und sie verhüllten ihn und fragten ihn: Offenbare: Wer ist's, der dich geschlagen hat?* ***65*** *Und [noch] viele andre Lästerungen sagten sie wider ihn.*

Noch in der Nacht erfolgt die Konfrontation Jesu mit der rohen Gewalt, den allergröbsten, unwissendsten Aspekten der Ichpersönlichkeit. Die rohe Gewalt, verkörpert in den Bewachern Jesu, hat keine eigene Meinung. Sie bezieht ihre Einstellung von den Vorgesetzten. Ein eigenes Urteil über das, was Jesus verkörpert, ist ihr nicht möglich. Himmelweit ist der Unterschied zwischen der Gewalt und dem Geist der Liebe. Im Schutz der von den Vorgesetzten entliehenen Meinung, dass es sich bei Jesus um einen Scharlatan handle, entfaltet sich bei den Bewachern Jesu die Lust an der Gewalttat, am Schlagen eines Wehrlosen, sich nicht Wehrenden, und die Lust am frivolen Spiel. Aber weil sich die Folterer kein eigenes Urteil bilden können, entsteht Unsicherheit angesichts des Verhaltens ihres Gefangenen. Sie wissen nicht, wie sie seine Geduld interpretieren sollen. Und diese Unsicherheit heizt ihre Wut noch an.

Sie wissen, dass es einen Christus, einen Gesalbten gibt. Doch wenn er vor ihnen steht, erkennen sie ihn nicht, haben sie doch die primitivsten Vorstellungen von ihm. Für sie wäre Messianität identisch mit okkulten Fähigkeiten, mit Hellsehen, Wahrsagerei und Zauberei. Ihr Spott bewegt sich auf dieser Ebene. Deshalb ihr Spiel mit dem ihrer Meinung nach falschen Messias. Wäre er der Messias ihrer Vorstellung, müsste er hellsehen, wahrsagen und auch mit verbundenen Augen offenbaren können, wer ihn geschlagen hat. So also charakterisiert diese Szene die rohe Gewalt: kein eigenes Urteil, Unfähigkeit zur Erkenntnis, Sadismus und Spottlust, primitive Vorstellungen von der göttlichen Welt. Das wahre Selbst, das wie ein Spiegel ist, in dem sich diese Eigenschaften der rohen Gewalt zeigen, kann hier nur schweigen.

Die geistlichen Führer

22 66 *Und als es Tag geworden war, versammelte sich der Rat der Ältesten des Volkes, Hohenpriester und Schriftgelehrten, und sie ließen ihn in ihre Versammlung führen* ***67*** *und sagten: Bist du der Christus, so sage es uns! Da sprach er zu ihnen: Wenn ich es euch sage, werdet ihr es nicht glauben;* ***68*** *wenn ich aber frage, werdet ihr nicht antworten.* ***69*** *Doch von jetzt an wird der Sohn des Menschen sitzen zur Rechten der Macht Gottes.* ***70*** *Sie sagten aber alle: So bist du also der Sohn Gottes? Er antwortete ihnen: Ihr sagt es, dass ich es bin.* ***71*** *Da sagten sie: Was bedürfen wir weiter Zeugnis? Wir haben es ja selbst aus seinem Mund gehört.*

Ist Jesus der Messias?

Jesus wird vor den Rat der Ältesten, Hohenpriester und Schriftgelehrten geführt. Der Rat hat die Kompetenz, theologische Streitfragen zu entscheiden. In dieser Funktion sitzt er über Jesus zu Gericht. Die Frage, die entschieden werden soll, ist, ob Jesus „Gottes Sohn“, der Gesalbte, der Messias, ist. Behauptet er fälschlich, es zu sein, macht er sich der Ketzerei, der Gotteslästerung schuldig. Er usurpiert dann einen göttlichen Titel, der ihm nicht zusteht, und tut damit der Majestät Gottes Abbruch. Es geht also um eine Legitimitätsfrage. Die Kriterien, die nach Auffassung der Ratsmitglieder der Messias erfüllen muss, folgen aus dem mosaischen Gesetz. Der Messias muss erstens den Glauben vertreten, dass durch die Erfüllung des Gesetzes der Mensch vor Gott gerechtfertigt ist. Er muss zweitens dieses Gesetz verwirklichen, unter anderem das erste Gebot, welches besagt, dass Gott der einzige Herr des Volkes ist und kein anderer Herr, etwa der römische Kaiser, neben ihm geduldet werden darf. Der Messias muss also das Joch der römischen Fremdherrschaft abwerfen wollen. Außerdem muss er, was ebenfalls aus dem mosaischen Gesetz folgt, für soziale Gerechtigkeit eintreten.

Das erste Kriterium erfüllt Jesus ihrer Meinung nach nicht. Zwar hat er oft geäußert, das Gesetz müsse beachtet werden. Doch bestritt er, dass die genaue, äußere Befolgung des Gesetzes den Menschen vor Gott rechtfertige. Stets legte er Wert darauf, dass das Gesetz seinem Sinn, nicht seinem Buchstaben nach erfüllt werden müsse. Das Reich Gottes sei ein Zustand der Erfüllung eines inneren Gesetzes, aus dem die Erfüllung des äußeren und die Art, wie es erfüllt werden müsse, selbstverständlich folge. Nur so überwinde der Mensch die Trennung von Gott und werde „gerechtfertigt". Aber diese Lehre konnten oder wollten die Schriftgelehrten nicht verstehen. Für sie klang das so, als wolle Jesus das Gesetz aus den Angeln heben. Jedenfalls teilte er ihre Überzeugung nicht, dass der Mensch durch äußere Erfüllung des Gesetzes vor Gott gerecht werde.

Das zweite Kriterium der Messiaswürde erfüllt Jesus nach Auffassung der geistlichen Führer zumindest zum Teil. Ob er einen Aufstand gegen den Kaiser plant, ist fraglich. Doch für soziale Gerechtigkeit tritt er ein. Da er aber das erste Kriterium nicht erfüllt, ist die Erfüllung des zweiten für das Legitimationsproblem unerheblich. Sie ist indessen, politisch gesehen, gefährlich, da er auf diese Weise in den Augen des Volkes als Messias erscheint.

So verläuft die theologische Argumentation der geistlichen Führer. Für sie ist Jesus ein Gotteslästerer und Ketzer, da er ihre Messiaskriterien nicht erfüllt, trotzdem aber behauptet, der Messias zu sein. Diese Auffassung der geistlichen Führer wird sehr nachhaltig durch ihre Interessen, die von Jesus in Frage gestellt werden, unterstützt. Sie neiden ihm seine große Anhängerschaft beim Volk, sie fürchten den Verlust ihrer Privilegien. Ein Nicht-Messias, der bestimmte Funktionen des Messias erfüllt, muss daher unbedingt beseitigt werden. Nur einige wenige haben insgeheim ein schlechtes Gewissen. Sie spüren, dass ihr traditionelles äußerliches Verhältnis zu Gott tatsächlich nicht mehr tragfähig ist und durch eine innere Zuwendung zum Reich Gottes, für die Jesus eintritt, ersetzt werden müsste. Für sie ist die theologische Argumentation im Wesentlichen nur Vorwand, der der Aufrechterhaltung ihrer Privilegien dient. Wie auch immer: Mit Hilfe dieser Argumentation kann der Rat vor sich selbst und vor dem Volk Jesus mit dem Schein des Rechtes als todeswürdig hinstellen.

Auch die geistlichen Führer werden im Spiegel des wahren Selbst, das die Wahrheit ist, entlarvt. Wie lässt sich die Identität des Christus feststellen? Allein dadurch, dass im Menschen das Ebenbild Gottes, das mit dem Christus wesengleich ist, wirksam wird. Ein Mensch, in dem das Ebenbild Gottes nicht wirksam ist, kann den Christus in sich selbst und außerhalb von sich selbst nicht erkennen. Nur Verwandtes kann Verwandtes erkennen.

Was aber sind die innere Verfassung und die Maßstäbe der geistlichen Führer? Ihre Treue zum mosaischen Gesetz, zur Tradition, zum Dogma. An dieses Dogma klammern sie sich, aus ihm beziehen sie ihren Lebenssinn. Hinter dem Dogma verbirgt sich auch der Besitz-, Geltungs- und Machttrieb, ja es wird bei vielen zum Instrument dieser Triebe. Auf Grund dieser inneren Verfassung kann das lebendige

Ebenbild Gottes in ihnen nicht wirksam werden, oder sie unterdrücken es. So haben sie als irdische Menschen keine Möglichkeit, den Christus zu erkennen.

Sie beginnen ihre richterliche Tätigkeit, indem sie Jesus auffordern: „Bist du der Christus, so sage es uns!“ Aber Jesus macht klar, dass hier keine richterliche Befugnis vorliegt. Sie sind nicht kompetent in dieser Sache, da ihre innere Beschaffenheit die für richterliche Funktionen erforderliche Erkenntnisfähigkeit ausschließt. „Wenn ich es euch sage“, wenn Jesus sich als der Christus zu erkennen gibt, werden sie es nicht glauben. Denn sie haben kein Organ zur Wahrnehmung des Christus. „Wenn ich aber frage“, wenn Jesus also an ihre eigene Einsicht appelliert, werden sie nicht antworten. Es ist ihnen in dieser Sache weder glaubende Erkenntnis, von außen erweckt, noch eigenes Urteil, von innen hervorgehend, möglich. Dies stellt Jesus durch seine Antwort klar, und dadurch macht er deutlich, dass sie inkompetent sind. Nicht sie können ihn richten – ihr Verständnis reicht gar nicht an das Wesen des wahren Selbst heran –, sondern sie selbst stehen vor dem Spiegel der Wahrheit und werden durch die Wahrheit in ihrer Begrenztheit entlarvt.

Menschensohn und Gottessohn

Nach dieser Klarstellung beschreibt Jesus die Aufgabe des Menschensohns und Gottessohns. Er spricht nicht direkt aus, dass er selbst es ist. Das würde ihm als Hochmut ausgelegt werden. Und der Messias ist nicht hochmütig. Würde Jesus sich selbst als Messias bezeichnen und sagen: Ich bin der Gottessohn, so würde er dadurch nach traditioneller Ansicht gerade beweisen, dass er es nicht ist. Aber er stellt ihnen das Wesen des Messias vor Augen. Er stellt ihnen die Tatsachen vor Augen, obwohl sie sie als irdische Menschen nicht erkennen können. Die Tatsachen müssen ausgesprochen, die Wahrheit muss offenbar gemacht werden, auch vor inkompetenten, unverständigen Menschen, die sich das Richteramt über die Wahrheit anmaßen. Denn dadurch wird die Unwahrheit und Begrenztheit aller geistlichen Führer der Weltgeschichte, die ihre Dogmen für die Wahrheit halten, offenbar.

Tatsache ist, dass es ein wahres Selbst, den wahren Menschen, den Sohn des Menschen gibt. Tatsache ist, dass er sich immer wieder verkörpern kann und in Vollkommenheit in Jesus als dem Gesalbten verkörpert hat. Tatsache ist, dass Jesus als Sohn des Menschen im Lauf seines Lebens die Ichpersönlichkeit vollkommen aufgelöst und durch eine Geistpersönlichkeit ersetzt hat, mit der er, nach Ablegung des materiellen irdischen Körpers, im „Reich Gottes“, in der geistigen Welt, bewusst leben und handeln wird. „Von jetzt an“: von der Ablegung des irdischen Körpers an, werden Geistpersönlichkeit und Geistleib des Menschensohns ohne Beeinträchtigung durch die Materie in der geistigen Welt leben, so wie sein wahres Selbst schon zu seinen Lebzeiten in der geistigen Welt gelebt hat. Tatsache ist auch, dass dieses wiederauferstandene Ebenbild Gottes, als wahres Selbst und Geistpersönlichkeit, „zur Rechten der Macht Gottes“ sein wird. Der Menschensohn, sich bewusst im Reich Gottes ausdrückend, empfängt unmittelbar die Kräfte des Geistes, die „Macht Gottes“, und wirkt mit ihr in die irdische Welt hinein.

Tatsache ist auch, dass Jesus der Sohn Gottes ist, so wie jeder Mensch der Sohn Gottes ist, in dem das Ebenbild Gottes, vom Geist gezeugt, sich seiner selbst und der geistigen Welt bewusst geworden ist und aus ihr lebt. Jesus war der Mensch, der diesen Status in Vollkommenheit verkörperte und der Notwendigkeit Ausdruck gab, dieses neue Menschentum, diese Gottessohnschaft allen Menschen zu ermöglichen. Nur insofern war er ein besonderer Gottessohn, der „Gesalbte", der Christus. Als irdischer Mensch war er aus Josef und Maria geboren, als geistiger Mensch war er Menschensohn und Gottessohn, das Ebenbild Gottes, geboren aus dem „Vater" und dem „heiligen Geist", aus der Ordnung und der Kraft der geistigen Welt.

Diese Tatsachen stellt Jesus den geistlichen Führern vor Augen. Aber für sie sind es nur Worte, aus denen sie ihm einen Strick drehen können. Sie fragen noch einmal nach, um die Bestätigung des Gesagten aus seinem Mund zu hören. Und er bestätigt, wieder indirekt: Er ist der Sohn Gottes. „Ihr sagt es, dass ich es bin." Er offenbart sein Wesen vor allen geistlichen Führern der Menschheitsgeschichte. Und im Kontrast dazu kommt ihr Wesen zum Ausdruck. Es ist das Wesen des Unverständnisses für die geistige Welt und das daraus folgende Verhalten. Die geistlichen Führer halten Jesus von vornherein nicht für den Christus und Gottessohn, sondern für einen Betrüger oder in Selbsttäuschung befangenen Menschen. Er erfüllt die Kriterien für den Messias ihrer Vorstellung nicht.

Jesus als Ketzer

„Was bedürfen wir weiter Zeugnis?" Wozu die Anklage, Jesus sei ein Betrüger und Gotteslästerer, noch durch Zeugen erhärten? Jesus selbst bestätigt indirekt, dass er sich für den Messias und Gottessohn hält, ohne es doch, nach Meinung der geistlichen Führer, zu sein. Er ist ein Ketzer, der sich außerhalb der Maßstäbe der kirchlichen Dogmatik stellt, ja diese Maßstäbe durch seine Behauptung, entscheidend seien andere, durch ihn verkörperte Maßstäbe, in den Schmutz zieht. Er lästert den wahren, mosaischen Gott. Das ist ein todeswürdiges Verbrechen.

Diese Szene muss nicht real so stattgefunden haben. Ist wirklich vorstellbar, dass solche Sätze von Jesus gesprochen wurden, in aller Öffentlichkeit? Es handelt sich auch hier um eine dramatische Verdichtung. Das neue Menschentum, als Kraft und Muster der geistigen Welt in die irdische Welt hineinwirkend, steht dem alten Menschentum, den beharrenden dogmatischen Kräften und Ordnungen der irdischen Religion gegenüber. Die Personen – hier Jesus, dort die geistlichen Führer – verkörpern den lebendigen Geist und die erstarrten äußeren Formen, von denen sich der Mensch Erlösung erhofft. Die innere Religion steht zu allen Zeiten der äußeren Religion gegenüber. Und die zwischen den Personen gewechselten Sätze deklarieren das Verhältnis zwischen lebendigem Geist und totem Buchstaben. Der tote Buchstabe kann von seiner Warte aus den lebendigen Geist nicht verstehen und muss, in bestem Glauben, einen den Geist verkörpernden Menschen als Ketzer und Gotteslästerer abstempeln.

Insgeheim aber treffen Jesu Worte doch auch das schlummernde wahre Selbst der geistlichen Führer. Ihre Anlage zum neuen Menschentum wird berührt. Ihr wahres Selbst erfährt die Tatsache und den Weg des neuen Menschentums. Es erfährt, dass dieses Menschentum konkret in der Gestalt des Gesalbten in der geistigen Welt weiterexistieren und von dort aus auf die Menschheit einwirken wird. Durch die Worte

Jesu und seine Gegenwart prägt sich die Tatsache des wahren Menschentums in sie ein. Wie ein Blitz hinterlässt sie einen unauslöschlichen Eindruck in ihnen. Mag sie auch im nächsten Moment von ihrem Ich schon wieder verdrängt werden – sie wirkt als Information in ihnen weiter. Das wahre Selbst wird eines Tages die Ichbezogenheit und das daraus resultierende Unverständnis der geistlichen Führer aufbrechen.

Jeder Schüler auf dem spirituellen Weg wird, auf der selben Basis wie Jesus, die Missverständnisse und Widerstände der starren Traditionen im eigenen Wesen und aus der Umwelt erleben. Er wird lernen, auf der Basis des wahren Selbst dem lebendigen Geist in sich selbst auch in bedrohlichen Situationen treu zu bleiben – anders als noch Petrus – und erkennen, von welcher Art die äußeren Religionen der Welt sind, was ihre Kraft ausmacht und dass sie immer, aus Unverständnis, die innere Religion bekämpfen und ausgrenzen müssen. Er wird lernen, unbewegt in dieser Erkenntnis auszuharren, wie Jesus vor dem Hohen Rat der Juden.

Die weltlichen Führer

Pilatus

23 1 *Und die ganze Menge derselben stand auf, und sie ließen ihn abführen zu Pilatus.* ***2*** *Sie fingen aber an, ihn anzuklagen, und sagten: Wir haben diesen erfunden als einen, der unser Volk verführt und es abhalten will, dem Kaiser Steuern zu geben, und sagt, er sei der Christus, der König.* ***3*** *Da fragte ihn Pilatus: Bist du der König der Juden? Er aber antwortete ihm und sprach: Du sagst es.* ***4*** *Pilatus aber sagte zu den Hohenpriestern und der Volksmenge: Ich finde keine Schuld an diesem Menschen.* ***5*** *Sie jedoch behaupteten immer heftiger: Er wiegelt das Volk auf, indem er lehrt im ganzen jüdischen Land von Galiläa an bis hierher.*

Nach der Konfrontation mit den geistlichen Führern sieht sich das wahre Selbst zu allen Zeiten der Geschichte auch den weltlichen Führern gegenübergestellt. Denn die geistlichen Führer werden, wenn sie nicht selbst die physische Macht besitzen, die weltliche Macht dazu bewegen wollen, das von ihnen über den Gotteslästerer gefällte Urteil zu vollziehen. Zu diesem Zweck müssen sie Argumente anführen, die die weltliche Macht, hier Pilatus, versteht. Dass Jesus den mosaischen Gott lästert, indem er sich fälschlich als dessen Sohn bezeichnet – was bei der geistlichen Macht, der Vertretung des mosaischen Gottes, das todeswürdigste Verbrechen ist –, gilt vor Pilatus nicht als Argument. Die weltliche Macht als solche hat keinen Gott, und wenn doch, ist ihr Gott eben die irdische Ichbezogenheit, auf der sie beruht: der „Kaiser“. Sie ist nicht interessiert an theologischen Streitigkeiten. Bei ihr gelten nur Tatsachen, wie sie jetzt die geistlichen Führer Pilatus vortragen: Jesus wiegle das Volk auf und behaupte von sich, er sei der politische König der Juden. Damit wäre er Prätendent auf die politische Königswürde und Revolutionär gegen den Kaiser. Und als solcher müsste er von der weltlichen Macht unbedingt zum Tod verurteilt werden.

Doch beide Vorwürfe sind nicht haltbar. Jesus ist kein Revolutionär. Das erkennt Pilatus, sei es in einem eingehenden Verhör (Vers 14), über das der Evangelist, dem es nur auf Grundsätzliches ankommt, nicht berichtet, sei es, dass er durch Vertrauensleute längst darüber unterrichtet ist. Und Pilatus erkennt weiter, dass Jesus sich als geistiger König der Juden versteht. Er erkennt es an der Antwort, die Jesus ihm auf seine Frage, auch wieder indirekt, gibt. Würde Pilatus Jesus so verstehen, wie ihn die Vorwürfe der Juden beschreiben, nämlich als politischen König der Juden, so müsste er Schuld an ihm finden, so müsste er ihn unbedingt verurteilen lassen. Doch Pilatus „findet keine Schuld an diesem Menschen". Die weltliche Macht kann durchaus erkennen, wenn ein Mensch in anderen Dimensionen lebt als denen der Politik. Mag sie zu diesen Dimensionen selbst auch keinen Zugang haben: dass der geistige Mensch der politischen Sphäre als solcher nicht angehört und keine Gefahr für sie bedeutet, ist ihr bewusst. Das Reich Gottes ist nicht von dieser – politischen – Welt. Daher braucht die weltliche Macht Jesus als geistigen König nicht zu fürchten. Das wird durch das Verhör, von dem in Vers 14 die Rede ist, bestätigt. Jesus hat sich tatsächlich nicht wie ein Prätendent auf die politische Königswürde verhalten und das Volk nicht aufgewiegelt.

Geistiger König

Somit deklariert sich Jesus, das wahre Selbst, auch vor der weltlichen Macht. Er deklariert sich als geistiger König. Vor allen Pilatussen der Weltgeschichte deklariert sich das wahre Selbst auf diese Art. Und alle Pilatusse der Weltgeschichte werden keine Schuld am wahren Selbst finden. Die geistige Königswürde hat nichts mit Gewalttat, Aufruhr, Ehrgeiz und Machtstreben zu tun. Sie kann der weltlichen Macht, solange diese nichts als weltliche Macht ist, nicht gefährlich werden. Die weltliche Macht hat nur die Aufgabe, die irdischen Verhältnisse gerecht zu organisieren und zu verwalten. Geschieht dies, so kann sich auf dieser Basis die Entwicklung des geistigen Menschen vollziehen. Nur wenn sich politische Macht Funktionen der geistlichen Macht anmaßt und so zur Ideologie oder säkularisierten Religion wird, begibt sie sich auf das Feld der geistlichen Macht. Dann würde die Begegnung mit ihr der Begegnung Jesu mit den geistlichen Führern entsprechen.

Obwohl Pilatus als Vertreter der weltlichen Macht den spirituellen Charakter des wahren Selbst, das ihm in Vollkommenheit und nicht irritierbarer Ruhe gegenübertritt, nicht verstehen kann, besitzt doch auch er ein wahres Selbst, schlummernd unter seinen irdischen Interessen und Loyalitäten. Durch die Konfrontation mit dem wahren Selbst der Menschheit wird sein eigenes wahres Selbst berührt, ohne dass er sich dessen bewusst zu werden braucht. Dieser Eindruck wird als Information in ihm weiterwirken und auf lange Sicht auch im Wesen dieses Menschen eine Änderung hervorrufen.

Jeder Schüler auf dem spirituellen Weg wird wie Jesus, auf der Basis des wahren Selbst, der irdischen, weltlichen Gerechtigkeit, verkörpert durch Pilatus, begegnen. Er wird erkennen, welche Funktion die irdische Macht für Organisation und Verwaltung der Gesellschaft hat und wird erfahren, dass diese Sphäre der irdischen Macht der des Geistes wesensfremd ist. Die irdische Macht als solche kann ihm nicht bedrohlich werden – nur als Werkzeug der geistlichen Macht kann sie es. Denn die irdische Macht fühlt sich vom wahren Selbst, das ihr total wesensfremd ist, nicht herausgefordert.

Herodes

23 ***6*** *Als Pilatus das hörte, fragte er, ob der Mensch ein Galiläer sei.* ***7*** *Und als er vernahm, dass er aus dem Gebiet des Herodes sei, sandte er ihn zu Herodes, der in diesen Tagen ebenfalls in Jerusalem war.* ***8*** *Herodes aber freute sich sehr, als er Jesus sah; denn seit geraumer Zeit wünschte er ihn zu sehen, weil er von ihm gehört hatte, und er hoffte, ein Zeichen zu sehen, das von ihm getan würde.* ***9*** *Und er fragte ihn mit vielen Worten; er jedoch antwortete ihm nichts.* ***10*** *Die Hohenpriester und die Schriftgelehrten aber standen da und klagten ihn heftig an.* ***11*** *Doch Herodes samt seinen Truppen trieb Hohn und Spott mit ihm, ließ ihm ein Prunkgewand umwerfen und schickte ihn wieder zu Pilatus.* ***12*** *Herodes und Pilatus aber wurden Freunde miteinander an eben diesem Tag. Zuvor nämlich waren sie in Feindschaft gegeneinander.*

Bei Lukas werden im Unterschied zu den anderen Evangelisten zwei Spielarten der weltlichen Macht vorgeführt, verkörpert durch Pilatus und Herodes. Pilatus repräsentiert die ernst-gerechte Spielart, Herodes die leichtfertig-willkürliche, jene, die an Schauspiel und Prachtentfaltung ihre Freude hat. Pilatus ist Heide, Herodes Jude. Als solcher hat er immerhin an der Tradition des Alten Testaments Anteil und rechnet mit dem Erscheinen eines Messias, eines „Gesalbten", mögen seine Vorstellungen das Wesen des Messias auch weit verfehlen. Für ihn wäre der Messias ein großer Magier, und so hofft er, bei einer Gegenüberstellung mit Jesus ein „Zeichen", ein Zauberkunststück, zu sehen, um sich damit unterhalten zu lassen.

Stets hat es in der Weltgeschichte auch solche Herrscher gegeben. Sie umgeben sich mit Astrologen, Wahrsagern und Zauberern zur Befriedigung ihrer Neugier und Sensationslust, vielleicht auch, um in ein bevorzugtes Verhältnis zur geistigen Welt, wie sie sie verstehen, zu treten. Wenn sie auf einen Menschen treffen, der im Ruf steht, ein „Gesalbter" zu sein, dringen sie „mit vielen Worten" in ihn, doch irgendwelche „Wunder" zu produzieren. Das wahre Selbst, Jesus, würdigt diese Erwartung mit keinem Wort. Erklärungen hätten hier keinen Sinn.

Es kommt Herodes auch nicht, wie Pilatus, auf die Wahrheit an. Er prüft die Anklagen gegen Jesus gar nicht. Er will der Sache, sei es auch mit seinen auf die irdische Welt beschränkten Mitteln, gar nicht auf den Grund gehen. Das entspricht dieser Spielart der weltlichen Macht, der es vor allem auf Unterhaltung und Vergnügen ankommt. Herodes entzieht sich seiner Pflicht zur Prüfung und damit seiner Verantwortung. Die überlässt er Pilatus. Das einzige, was er in seiner Enttäuschung, kein Zauberkunststück gesehen zu haben, tut, ist nur, dass er, wie es vorher die Mitglieder der jüdischen Tempelwache getan haben, Jesus verspottet. Wenn Jesus keine magischen Fähigkeiten besitzt, kann er nicht der Messias sein. Herodes lässt ihm ironisch ein Prunkgewand umwerfen, wie es dem Messias, dem König der Juden, angemessen wäre.

Pilatus und Herodes waren Feinde gewesen: zwei Spielarten der Macht, die auf irdische Gerechtigkeit bedachte Roms und die auf Unterhaltung bedachte, in Aberglauben befangene eines degenerierten Judentums – Brot und Spiele. Dazwischen liegen Welten, weshalb beide Spielarten – Nüchternheit und Leichtsinn – einander unsympathisch sind. Doch jetzt verbindet beide Spielarten das gleiche Interesse. Sie müssen die Anklagen der geistlichen Führer abwehren, die sie, wie sie deutlich erkennen, in eine Falle locken wollen. Die geistlichen Führer wollen sie dazu bringen, einen Unschuldigen zu verurteilen. Pilatus wie Herodes sind von der politischen Ungefährlichkeit des geistigen Prinzips überzeugt, beide fühlen sich von den geistlichen Führern unter Druck gesetzt und wehren sich dagegen. Sie wollen sich nicht als Werkzeug der Interessen anderer benutzen lassen. Diese gleiche Interessenkonstellation macht sie zu Freunden. Beide Aspekte der weltlichen Macht, so unterschiedlich sie relativ zueinander sein mögen, verbünden sich angesichts der korrumpierten geistlichen Macht, die der größere Feind ist. Herodes aber weicht, seiner Mentalität entsprechend, der Entscheidung geschickt aus und überlässt sie Pilatus.

Auch mit der Herodes-Spielart der weltlichen Macht wird das wahre Selbst der Menschheit zu allen Zeiten der Geschichte und in jedem Schüler auf dem spirituellen Weg konfrontiert. Gegenüber diesem Bedürfnis der Macht, den Geist zu Unterhaltungszwecken auszunützen, gibt es nur schweigendes Erkennen und Ertragen. Eine Deklaration als geistiger König, die vor Pilatus, der auf Wahrheit und Gerechtigkeit bedachten irdischen Macht, sinnvoll ist, träfe hier nicht nur auf einen nicht Verstehenden, sondern auch auf einen Unwürdigen.

Ob die Überstellung Jesu durch Pilatus an Herodes und die Begründung mit der galiläischen Herkunft Jesu geschichtlich sind, sei dahingestellt. Dass Pilatus sich so hätte verhalten können, ist eher unwahrscheinlich. Aber der Evangelist will zeigen, dass beide Spielarten der Macht dem König des Geistes gegenübertreten, jede auf ihre besondere Weise, und dass beide dabei einander in die Hände spielen, ob in einem Kollektiv, ob in einem einzelnen Schüler. Durch die Tatsache, dass das wahre Selbst in einem irdischen Körper inkarniert ist, der im Fall Jesu in Jerusalem unter die Botmäßigkeit des Pilatus und, wegen der galiläischen Herkunft Jesu, unter die Herrschaft des Herodes gerät, muss es zwangsläufig mit allen Aspekten der irdischen Dimension, mit Brot und Spielen, in Berührung kommen. Diesem Sachverhalt geben die Erzählungen des Lukas, wenn sie wirklich nicht historisch sein sollten, Ausdruck.

Kampf zwischen geistlichen und weltlichen Führern

23 13 *Pilatus aber rief die Hohenpriester und die Oberen und das Volk zusammen*
14 *und sagte zu ihnen: Ihr habt diesen Menschen zu mir gebracht als einen, der das*
Volk abwendig mache. Und siehe, beim Verhör vor euch habe ich an diesem Men-
schen keinen Grund für eure Anklagen gefunden; **15** *aber auch Herodes nicht, denn*
er hat ihn zu uns zurückgeschickt. Und siehe, es ist nichts von ihm verübt worden,
was des Todes würdig wäre. **16** *Darum will ich ihn freigeben, nachdem ich ihn habe*
züchtigen lassen. **18** *Sie schrien aber insgesamt: Hinweg mit diesem, lass uns*

*dagegen Barabbas frei! **19** Der war nämlich wegen eines in der Stadt entstandenen Aufruhrs und Totschlags ins Gefängnis gesetzt worden. **20** Da redete sie Pilatus wiederum an, weil er Jesus freizulassen wünschte. **21** Sie aber riefen dagegen: Kreuzige, kreuzige ihn! **22** Darauf sagte er zum drittenmal zu ihnen: Was hat denn dieser Böses getan? Ich habe keinen Grund zu einem Todesurteil bei ihm gefunden. Darum will ich ihn freigeben, nachdem ich ihn habe züchtigen lassen. **23** Sie jedoch bestürmten ihn mit lautem Geschrei und begehrten, dass er gekreuzigt würde; und ihr Geschrei drang durch, **24** und Pilatus entschied, ihr Begehren solle ausgeführt werden. **25** Er ließ aber den wegen Aufruhrs und Totschlags ins Gefängnis Gesetzten frei, den sie begehrten; Jesus dagegen gab er ihrem Willen preis.*

Die geistliche Macht hat das Todesurteil gegen Jesus, Verkörperung des lebendigen Geistes, gefällt. Sie verkörpert die tote, erstarrte religiöse Dogmatik und Ideologie, die aus jenseitigen, dämonischen Quellen der Ichbezogenheit gespeist wird, und unter deren Deckmantel sich ihr Macht-, Besitz- und Geltungsstreben auslebt. Aus ihrer Sicht ist Jesus, das wahre Selbst, ein Ketzer, der ihren Gott lästert. Sie braucht nun die weltliche Macht, um das Urteil vollstrecken zu lassen. Mit dem Fanatismus und dem Hass der Hölle dringen die geistlichen Führer, unterstützt durch das vom Messias leidenschaftlich enttäuschte Volk, auf Pilatus, Vertreter der weltlichen Macht, ein.

Pilatus, von der Unschuld Jesu überzeugt, wehrt sich, ist dem Druck der geistlichen Macht aber nicht gewachsen. Drei Mal versucht er sich in einem dramatischen Kampf zu behaupten, und unterliegt. Zuerst erklärt er den Anklägern Jesu noch einmal, er selbst und auch Herodes hätten nichts Todeswürdiges an Jesus feststellen können. Um ihren Blutdurst zu beschwichtigen, bietet er ihnen die Geißelung des Verhafteten an. Aber das reizt sie nur noch mehr. „Hinweg mit ihm!"

Jetzt bringt Pilatus Barabbas ins Spiel. Es besteht traditionell die Möglichkeit, anlässlich des Passahfestes einen Übeltäter zu amnestieren. Pilatus stellt Führer und Volk vor die Wahl zwischen Barabbas, einem gewalttätigen Räuber und Mörder, und Jesus, dem Gewaltlosen, Unschuldigen. Die geistlichen Führer und das Volk entscheiden sich für Barabbas. Pilatus hat sich zum zweiten Mal zu verteidigen versucht, wiederum vergeblich. Die geistlichen Führer und das aufgepeitschte Volk schreien: „Kreuzige ihn!"

Zum dritten Mal appelliert Pilatus an sie, jetzt an ihre Instinkte. Er hofft, durch die Geißelung Jesu ihrer unersättlichen Grausamkeit einen Brocken vorzuwerfen, und hofft weiter, ihr Hass gegen den Gewaltverbrecher Barabbas müsste doch stärker sein als der ihm unverständliche Hass gegen Jesus. Sie aber bestürmen ihn „mit lautem Geschrei", und „ihr Geschrei drang durch". Pilatus resigniert, lässt den Gewalttäter frei und gibt Jesus „ihrem Willen preis".

Die Szene ist ein Lehrstück über die sich angesichts der Wirksamkeit des Geistes in der Menschheit immer bildende Kräftekonstellation zwischen korrupter geistlicher Macht, weltlicher Macht und Volk.

Die weltliche Macht stellt die diesseitige Sphäre der irdischen Welt dar. Sie ist auf Gerechtigkeit und Ordnung der irdischen Verhältnisse, wenn auch im Sinn ihrer ichbezogenen Interessen, bedacht. Aber der geistigen Welt gegenüber ist sie neutral, ja gleichgültig. Tödliche Feindschaft gegenüber der geistigen Welt jedoch hegt die korrupte geistliche Macht, die die jenseitige Sphäre der irdischen Welt verkörpert. In der korrupten geistlichen Macht und dem von ihr gegängelten Volk kommen die Dämonen der jenseitigen Welt zum Ausdruck. Von daher stammt auch die ungeheure Energie, mit der die geistlichen Führer und das Volk gegen die Bestimmung der Menschheit, die Entfaltung des wahren Selbst, opponieren. Denn die Erfüllung dieser Bestimmung hieße Entmachtung der dämonischen Ichbezogenheit, die die Menschen in dogmatischen und ideologischen Systemen gefangenhält.

Die jenseitige Sphäre macht sich das „Volk“, die diesseitigen Seelenkräfte der Menschheit, dienstbar und spielt mit ihnen. Das Volk hat kein klares Unterscheidungsvermögen und keine Standfestigkeit. Es war Jesus in der Ahnung gefolgt, dass in ihm etwas Neues, Zukunftsträchtiges lebte, hatte aber den Unterschied zwischen geistigem und politischem Königtum nicht verstanden und sah sich enttäuscht. Leicht konnte die geistliche Macht es sich in diesem Zustand gefügig machen.

Der jenseitigen Sphäre gelingt es auch, sich die weltliche Macht gefügig zu machen. Pilatus versteht die eigentlichen Motive der korrupten geistlichen Macht nicht, kann sie als Repräsentant der diesseitigen Sphäre der irdischen Welt auch nicht verstehen. Ihm ist die jenseitige Welt unzugänglich, ebenso die geistige Welt, und damit auch die Auseinandersetzung zwischen jenseitiger und geistiger Welt, die sich vor seinen Augen abspielt. Er erkennt nur die politische Unschuld des Repräsentanten der geistigen Welt. Den Dämonen des Jenseits hat er nichts entgegenzusetzen außer sein Gerechtigkeitsempfinden, seine Nüchternheit, seine Appelle an die Vernunft und seine Beschwichtigungsversuche. Und deshalb zieht er den kürzeren. Das diesseitig Irdische ist nicht stark genug in sich selbst. Es ist entweder vom Jenseitigen oder vom Geistigen abhängig. Das Ich kann sich zu behaupten suchen, ist aber dem Es der Triebe und den durch das Über-Ich wirkenden jenseitigen Kräften prinzipiell unterlegen. Es wäre dem Es und dem Über-Ich nur gewachsen, wenn es sich mit der geistigen Welt in Verbindung setzen und von ihr leiten lassen könnte. Denn die geistige Welt ist stärker als die dämonische. Da aber Pilatus, Repräsentant des diesseitigen Ich, keinen Zugang zur geistigen Welt gewinnen kann, muss er dem Ansturm der Leidenschaften und der jenseitigen Sphäre – Es und Über-Ich, Volk und geistlichen Führern – unterliegen.

Rationalität der Irrationalität unterlegen

Dieses Lebensgesetz wird vom Evangelisten dargestellt. Das Ich für sich allein ist dem Dämonischen in Gestalt entfesselter Leidenschaften und fanatischer Ideologien nicht gewachsen. Aufklärung, Vernunft, Liberalität, rationale und gerechte Ordnung der Verhältnisse mögen für eine Weile den Einzelnen oder die Gesellschaft leiten können. Wenn sie aber nicht in der geistigen Welt verwurzelt sind, wird sich in Krisensituationen das fanatisch Dämonische, Ideologie, Dogmatik und Leidenschaften, kurz: das Irrationale, als stärker erweisen. Deshalb beschreibt Lukas die eventuellen Überlegungen und Motive des Pilatus nicht im Einzelnen. Ihm kommt es nur darauf an, zu zeigen, dass das Geschrei gegenüber der Vernunft durchdringt, dass die Kraft des aufgepeitschten Es und des fiebernden Über-Ich größer ist als die Nüchternheit des rationalen Ich. Pilatus fürchtet, die geistlichen Führer und die Menge könnten seiner Kontrolle entgleiten und ihm auf diese Weise gefährlich werden. Seine Vorschläge sind aber angesichts der Fieberhitze der Leidenschaften und des ideologischen Fanatismus völlig unzureichend. Er ist hilflos, und demonstriert auf diese Weise obiges Lebensgesetz.

Dieses Lebensgesetz ist zu allen Zeiten aktuell. Immer wieder setzen sich in Gesellschaften irrationale Strömungen durch, seien sie dogmatisch-religiös orientiert, seien es Ideologien in Form von Fortschritts- und Wissenschaftsgläubigkeit. Demgegenüber versuchen dann die Rationalen, Gutwilligen, Nüchternen und Vernünftigen sich zu behaupten. Aber sie sind, wie sich an Pilatus zeigt, auf Dauer den irrationalen Energien nicht gewachsen. Warum müssen sie immer wieder ihr Scheitern erleben? Weil sie das große Gesetz, das der Entwicklung der Menschheit zu Grunde liegt, nicht kennen. Weil sie glauben, Rationalität, Recht und Vernunft würden auf Dauer siegen. Es seien die ausschlaggebenden Werte. Aber es gibt höhere Werte.

In der Menschheit wirkt das wahre Selbst der Menschheit, eine die Ich-Identität übersteigende und umfassende spirituelle Identität. Es drängt die Menschen ihrer Bestimmung entgegen. Ihre Bestimmung ist, ihr wahres Selbst, ihre spirituelle Identität zu entfalten. Das wahre Selbst müsste und könnte sich die Leidenschaften und die Energien der jenseitigen Sphäre, die „Dämonen", das Irrationale, und auch das rationale Ich dienstbar machen. Nur wenn eine Gesellschaft oder ein Einzelner auf dieses Ziel hin orientiert sind, wird es auf Dauer zu Harmonie und einem Gleichgewicht zwischen den Kräften kommen. Denn dann sind die Menschen und all ihre Energien eingebettet in den spirituellen Kräftestrom, der die Entwicklung der Menschheit leitet. Dann fühlen sie sich im Einklang mit ihrem Innersten. Dann haben sie die Empfindung, ihrer wahren Identität zur Entfaltung zu verhelfen. Würden sie sich nur auf die vernunftmäßige Gestaltung ihres irdischen Daseins beschränken, wären sie immer unzufrieden, würden immer eine ungestillte, vielleicht nicht eingestandene, Sehnsucht empfinden. Und diese Sehnsucht könnte immer von den irrationalen, dämonischen Kräften missbraucht und ausgebeutet werden.

Die irrationalen Energien des Jenseits und ihre Vertreter kennen die Kräfteverhältnisse. Sie wissen, dass die spirituelle Sphäre stärker ist als sie und auf die Dauer ihren Macht-, Geltungs- und Besitzansprüchen ein Ende bereiten wird. Sie fürchten zu Recht, dass die Menschen, sobald sie zu ihrer wahren Identität, zu ihrer eigentlichen Selbstständigkeit finden, ihrem Einfluss entgleiten. Deshalb setzen sie alles daran, die Repräsentanten des wahren Selbst zu vernichten. Deshalb knüpfen sie stets an der Sehnsucht der Menschen an, ihr wahres Selbst zu entfalten, und lenken diese Sehnsucht auf ihre eigenen ideologischen Zwecke um, um sie auf diese Weise unschädlich zu machen.

Es geht im Evangelium und in der ganzen Menschheitsentwicklung also nicht so sehr um einen Machtkampf zwischen geistlicher und weltlicher Macht. Auch den hat es in der Menschheitsgeschichte immer gegeben, und auf beiden Seiten wurde erbittert gekämpft. Es geht nicht so sehr um die Verteilung irdischer Macht zwischen geistlichen und weltlichen Führern. Es geht vielmehr um die Frage, ob Menschen dem Einfluss ichbezogener geistlicher – religiöser oder ideologischer – Führer entgleiten und zu ihrer wahren Identität finden. Es geht um die Gefahr für ichbezogene geistliche Führer, dass die Menschheit ihre Bestimmung erkennt und sie verwirklicht – und sich damit der Herrschaft der jenseitigen Sphäre entzieht. Der Kampf um die Machtverteilung zwischen geistlichen und weltlichen Führern hat im Wesentlichen diesen Hintergrund.

Die ideologischen Führer werden immer siegen, solange sie das „Volk“, die unselbstständigen diesseitigen Seelenkräfte des Menschen, auf ihre Seite bringen können, und solange die Rationalität, die gutwillige Vernunft, sich nur auf sich selbst verlassen will.

Die rational orientierten Menschen, repräsentiert durch Pilatus als Vertreter der weltlichen Macht, müssten Einblick in die Gesetze der Menschheitsentwicklung und die Kräfteverhältnisse der dabei wirkenden Faktoren gewinnen. Sie müssten anerkennen, dass ihre Zielsetzung, die Organisation der Gesellschaft nach Gesichtspunkten des Rechtes und der Freiheit, für sich genommen, noch nicht der Bestimmung des Menschen entspricht. Erst dann könnten sich die Dinge ändern. Die Vertreter des Rationalen müssten erkennen, was das eigentliche Ziel der Menschheitsentwicklung ist, und sich diesem Ziel verschreiben. Das rationale Ich müsste sich dem spirituellen Menschentum verschreiben. Pilatus müsste mit Jesus gemeinsame Sache machen. Nur so wären die irrationalen Energien zu bändigen und könnten allmählich auch in die Gesamtentwicklung eingebunden werden.

Solange dies nicht geschieht, werden die rationalen Kräfte immer unbedingt den kürzeren gegen die irrationalen Kräfte ziehen. Sie werden selbst nicht stark genug sein, weil sie nicht in der Spiritualität verwurzelt sind, und werden, ohne diese Spiritualität, den Charakter des Irrationalen und dessen Motive nicht wirklich erkennen können. Und die der Rationalität verpflichteten Menschen werden obendrein immer mit ihrem Leben unzufrieden sein, weil sie spüren, dass etwas Größeres in ihnen nach Entfaltung drängt.

Das wahre Menschentum, das Geistige im Menschen, sein wahres Selbst, ist in dieser Situation des Kampfes zwischen weltlicher und geistlicher Macht und beider Mächte gegen das Ebenbild Gottes im Menschen völlig isoliert. Die ganze Welt steht gegen Jesus. Die Kräfte der Beharrung in Dogmatik und Ideologie sind ihm ohnehin feindlich, und die an sich neutralen Kräfte der irdischen Vernunft und Gerechtigkeit lassen sich zum Werkzeug dieser Ideologien machen. Die Übermacht des Dämonischen, die Ohnmacht der irdischen Vernunft und Gerechtigkeit, die Gewalt der niederen Leidenschaften: All das erkennt das wahre Selbst in dieser Phase des spirituellen Weges und erträgt es.

Ein weiteres Licht auf das grundsätzliche Verhalten korrupter geistlicher Macht gegenüber dem geistigen Leben des wahren Selbst wirft die Barabbas-Episode. Die geistliche Macht wird unter normalen Umständen stets den Schein der Gerechtigkeit und milden Herrschaft wahren. Aber wenn es hart auf hart geht, wenn nicht nur ihre äußere Machtposition, sondern auch ihre innere Legitimationsgrundlage gefährdet ist – wenn die Möglichkeit besteht, dass die Menschheit durch mit dem Geist verbundene Menschen ihrer Bestimmung einen Schritt nähergebracht wird:

Dann ist der ichbezogenen geistlichen Macht jedes Mittel recht, diesen Schritt zu verhindern.

Dann wird Barabbas, Gewalttäter und Abschaum der Menschheit, dem wahren Selbst vorgezogen. Die geistlichen Führer, die weltlichen Führer und das Volk gehören zur irdischen Welt mit ihrer Ichbezogenheit und sind diesseitig und jenseitig bestimmt. Zur irdischen Welt gehört auch die rohe Gewalt, während das wahre Selbst einer völlig anderen Dimension angehört. Daher entscheiden sich die geistlichen Führer und das Volk für die rohe Gewalt. Sie ist ihrem Wesen vertraut, auf sie ist Verlass, sie sprengt nicht den Rahmen des Irdischen. Das aber täte die geistige Dimension. Sie soll ausgeschlossen und „getötet" werden.

Jesus wird gekreuzigt. Die Hohenpriester, Ältesten und Schriftgelehrten dürften geglaubt haben, damit sei die Sache erledigt. Sie haben eine Gefahr für ihren Besitzstand und ihre Position beseitigt. Das Volk hat, soweit es auf Jesus politische Messiashoffnungen gesetzt hatte und enttäuscht wurde, Genugtuung erhalten. Es hat sich am „falschen" Messias, der solche Erwartungen geweckt und sie enttäuscht hatte, gerächt. Bei den Zeloten herrschen Enttäuschung und Empörung, Zorn und Verachtung, je nachdem. Der Christus-Messias hat versagt. Für sie war er politisch unfähig und ließ sich von den eigenen Schülern verraten. Mit ihm konnte Gott nicht gewesen sein. Soweit aber das Volk mit Jesus liebend verbunden gewesen war, doch ebenfalls unreflektierte Messiashoffnungen gehabt hatte – und dazu gehören auch die engeren Schüler Jesu –, verfällt es in Trauer und Lethargie. Der Bringer lebendiger Seelen- und Geistkräfte ist tot. Die Hoffnung auf weitere Entwicklung ihres eigenen inneren Lebens, auf den Eintritt ins Reich Gottes, ist dahin. Und falls zusätzlich Hoffnungen auf ein politisches Davidsreich bestanden hatten, sind auch sie zunichte gemacht.

Kreuzigung, Tod und Auferstehung

Das wahre Selbst überwindet in der fünften Phase des spirituellen Weges nicht nur die Welt, sondern auch den Tod. Dieser Vorgang wird im letzten Kapitel des Evangeliums geschildert.

Es handelt sich um einen innerseelischen Prozess, der Auswirkungen bis in den physischen Körper hinein hat. Jesus, und in seiner Nachfolge seine Schüler, verleugnet sich selbst, nimmt sein Kreuz auf sich und ersteht dadurch von den Toten auf. Er „verleugnet sich selbst": Er löst bewusst all sein Streben nach Macht, Geltung und Besitz und schließlich auch den Selbsterhaltungstrieb des physischen Körpers auf. Und er „nimmt sein Kreuz auf sich": Der spirituelle Weg provoziert die Feindschaft der diesseitigen und jenseitigen Mächte. Sie kann sich subtil oder in roher physischer Gewalt äußern. Sie ist das „Kreuz", das Jesus auf sich nimmt und seinen Schülern in Aussicht stellt. Sie ist unvermeidliche Begleiterscheinung des spirituellen Weges. „Wer mir nachfolgen will, der verleugne sich selbst, nehme sein Kreuz auf sich und folge mir nach."

Wenn Ichbezogenheit und Selbsterhaltungstrieb „sterben„ und das „Kreuz" akzeptiert wird, bekommt das wahre Selbst Raum, sich zu entfalten. Das ist die Auferstehung. Das wahre Selbst, an seiner Bewusstwerdung und Aktivität durch die Ichbezogenheit und den Selbsterhaltungstrieb des irdischen Menschen gehindert, wird sich, wenn diese Hindernisse wegfallen, seiner Existenz in der geistigen Welt bewusst und kann darin aktiv werden. „Wer *sein* Leben verlieren will um meinetwillen, der wird es behalten." Mit anderen Worten: Wer das Leben der Ichbezogenheit und Selbsterhaltung verlieren will um des wahren Selbst willen und in den Kräften des wahren Selbst, in dem wird das Leben des wahren Selbst auferstehen. Es ersteht vom „Tod" der Latenz auf. Es wird sich seiner selbst und der geistigen Welt bewusst, wird aber allmählich auch wirksam durch neue Gedanken, Gefühle, Willensimpulse und Handlungen. Es baut sich im Lauf der Zeit eine neue Geistpersönlichkeit auf, die schließlich sogar einen feinmateriellen Aspekt, einen „Geistleib", besitzt.

Die irdische Ichpersönlichkeit und ihr Körper haben als Basis die vergängliche Welt. Sie sind daher selbst vergänglich. Das wahre Selbst, seine Geistpersönlichkeit und sein Geistleib aber haben als Basis die unvergängliche Welt und sind daher unvergänglich. Wer „aufersteht", wessen wahres Selbst bewusst und durch die neue Geistpersönlichkeit auch wirksam wird, der ist unsterblich. Er hat die Ursache des Todes, Ichbezogenheit und Selbsterhaltungstrieb, überwunden und damit den Tod überwunden.

Diese Vorgänge sind innerseelische Ereignisse, obwohl mit Auswirkungen bis ins Physische hinein. Sie müssen und können vollzogen und erlebt werden, während der Mensch physisch noch lebt. Wenn sie sich aber vollziehen, wird solch ein Mensch anders durch den physischen Tod gehen als ein gewöhnlicher Mensch.

Was könnte bei einem Menschen, der den spirituellen Weg nicht geht, im Tod oder nach dem Tod auferstehen? Es bleiben bei ihm nach dem Tod des physischen Körpers zwar die irdischen Gedanken, Gefühle und Strebungen noch eine Zeit lang erhalten. Da sie aber nicht im Einklang mit den Gesetzen der geistigen Welt sind, werden sie sich allmählich ebenfalls auflösen, und nichts bleibt von diesem Menschen zurück außer sein latentes, nicht bewusst und wirksam gewordenes wahres Selbst. Es wird sich nach einiger Zeit eine neue Verkörperung suchen müssen, um mit ihrer Hilfe zu versuchen, aus der Latenz zu erwachen und sich seiner selbst bewusst zu werden.

Beim Menschen dagegen, der den spirituellen Weg geht, auch wenn er nur geringe Fortschritte darauf macht, ist beim physischen Tod das wahre Selbst bis zu einem gewissen Grad bewusst und wirksam geworden. Es wird auch nach dem Tod bis zu einem gewissen Grad bewusst und wirksam bleiben, ist es doch Ausdruck der geistigen Welt. Mit ihm wird auch eine, zumindest rudimentäre, neue Geistpersönlichkeit verbunden sein, die im Einklang mit den Gesetzen der geistigen Welt lebt und daher ebenfalls der Auflösung nicht unterliegt. Ihr „Geistleib", ihr feinmaterieller Aspekt, ist vom Tod nicht angreifbar.

Es ersteht also nicht die irdische Persönlichkeit des Schülers auf. Diese ist ja auf dem spirituellen Weg ihrer Ichbezogenheit und ihrem Selbsterhaltungstrieb nach

„gestorben". Sie ist nur noch eine äußere Hülle, in der sich der Schüler während des physischen Lebens, ohne Ichbezogenheit und Selbsterhaltungstrieb, in der vergänglichen Welt ausgedrückt hatte. Innerhalb dieser Hülle jedoch hatte sich die neue Geistpersönlichkeit wie ein Schmetterling in der Puppe gebildet. Sie ersteht im und nach dem Tod und der Auflösung der irdischen Persönlichkeit, zusammen mit dem wahren Selbst auf.

Was im Lukasevangelium über Jesus erzählt wird, ist exemplarisch für jeden Menschen, der wie Jesus den spirituellen Weg geht. Jesus vollzieht die Prozesse, die als Selbstverleugnung, Kreuzigung und Auferstehung beschrieben werden, in seiner besonderen Verbundenheit mit der geistigen Welt und dadurch in den Kräften der geistigen Welt. Aber indem er das tut, ermöglicht er das Gleiche jedem anderen, der es nachvollziehen will. Jesus erlebt exemplarisch, was jeder seiner Nachfolger auch erleben kann. Und was er erlebt, ist die Entfaltung der wahren Identität des Menschen durch den Abbruch der falschen Identität. Es ist ein Dimensionswechsel des Bewusstseins und Seins. Basis des Bewusstseins und Seins des Menschen ist dann nicht mehr die irdische, sondern die geistige Welt. Jesus vollzieht dadurch die Bestimmung des Menschen, das Entwicklungsziel, das in jedem Menschen und in der Menschheit angelegt ist. Sein Erleben ist nicht irgendetwas Abnormes. Es ist etwas „Normales" im Rahmen der Menschheitsentwicklung, etwas, das der Bestimmung jedes Menschen entspricht. Nur wenn ein Mensch prinzipiell dasselbe erlebt wie Jesus, erfüllt er seine Bestimmung. Er verwirklicht dann die Möglichkeit des neuen Menschentums, die Jesus exemplarisch verwirklicht hat.

Karfreitag und Ostern sind daher Feste, die jeder Mensch im eigenen Wesen und als eigenes Erleben feiern kann und feiern muss, wenn er sein eigentliches Lebensziel erfüllen will. Man feiert diese Feste gewöhnlich im Gedenken an Leiden, Tod und Auferstehung eines andern. Man verehrt diesen andern wegen seines Leidens, Todes und seiner Auferstehung. Und diese Art Verehrung ist berechtigt, denn ohne diesen exemplarischen Vollzug des spirituellen Weges könnten ihn die Nachfolger nicht nachvollziehen. Aber entscheidend ist, dass der Mensch diese Feste konkret in sich selbst feiert. Er selbst muss das Leiden, den Tod und die Auferstehung erleben. Nicht indem er sich in Leiden, Tod und Auferstehung Jesu hineindenkt, sondern indem er die selben Prozesse vollzieht wie Jesus. Nicht Leiden, Tod und Sieg eines anderen verehren, sondern selbst leiden, sterben und siegen. Das erst wäre die richtige Verehrung. Denn dadurch erst würde man dem Willen und Wunsch dessen entsprechen, der diese Prozesse vorgelebt hat.

Das Evangelium fordert den Menschen nicht auf, sich mit physischem Leiden und Sterben und einer irgendwie vorgestellten physischen Auferstehung eines anderen zu identifizieren. Es fordert ihn auf, innerseelische Prozesse nachzuvollziehen, die ihre Auswirkungen bis ins Physische hinein haben. Was hat es für einen Sinn, sich mit den körperlichen Schmerzen und dem körperlichen Tod eines anderen zu identifizieren und darin mitzuleiden? Sich mit einer irgendwie vorgestellten Auferstehung des irdischen Körpers zu identifizieren und darin mitzutriumphieren? Dadurch verändert sich der Mensch nicht grundsätzlich. Den spirituellen Weg zu gehen, den Jesus exemplarisch vorgelebt hat, bedeutet, den Prozess eines inneren Sterbens der Ichbezogenheit und des Selbsterhaltungstriebes zu erleben (mit Auswirkungen bis ins Physische hinein), begleitet von äußeren Schwierigkeiten, der Feindschaft einer nicht verstehenden Umwelt, dem „Kreuz". Aber dieser Prozess des inneren Sterbens und der inneren Kreuzigung ist immer schon verbunden mit der Erfahrung der Auferstehung, mit dem Erleben einer anderen Dimension, der geistigen Welt. Der Schüler erlebt vor dem Hintergrund der geistigen Welt, dass nur etwas Unzulängliches in ihm, etwas seiner eigenen Bestimmung Hinderliches „stirbt", etwas, das Leiden und Tod schafft. Was Leiden und Tod schafft, stirbt in ihm, und dadurch entsteht wirkliches, dauerhaftes Glück, das Glück des Lebens in der geistigen Welt. Aus der Perspektive des wahren Selbst ist der Karfreitag etwas Sinnvolles, Notwendiges, da allein das Sterben des Alten zur Auferstehung des Neuen führt. Im Sterben des sinnlosen Alten wird schon das sinnvolle Neue erfahren. Warum sollte ein solcher Mensch den Karfreitag als Trauerfest erleben? Er erlebt Ostern und damit auch den notwendig vorhergehenden Karfreitag als Freudenfeste.

Die unzähligen künstlerischen Darstellungen des leidenden Jesus am Kreuz, die Mitleid und Dankbarkeit für dieses Opfer eines Gottessohnes erregen sollen, führen auf eine falsche Spur. Sie beruhen auf dem Missverständnis, es käme auf Leiden und Tod des physischen Körpers an, und dadurch habe Jesus die Menschheit erlöst. Solche Darstellungen sind vielleicht geeignet, die Wildheit des Betrachters ein wenig zu zähmen. Sie setzen ihn unter Druck: Du bist schuld an diesem Leiden. Sie erschrecken ihn vielleicht auch: Welches Unrecht und Elend gibt es doch auf der Welt! Doch sie lähmen ihn dadurch und halten ihn von seiner eigentlichen Aufgabe ab: den Weg des Sterbens der Ichbezogenheit und des Selbsterhaltungstriebes und der Auferstehung des wahren Selbst als innerseelischen Weg, mit Auswirkungen bis ins Physische hinein, zu erkennen und selbst zu gehen.

Tut er das, wird er auch erkennen, wie spekulativ und seinem tatsächlichen Erleben fremd Vorstellungen sind, die sich im Lauf der Jahrhunderte an das physische Leiden und Sterben Jesu und an seine Auferstehung geknüpft haben. Es sind Konstruktionen: Die Menschen sind schuldig vor Gott. Deshalb ist Gott zornig auf sie. Sie hätten ewigen Tod verdient. Da aber Gott auch Liebe ist, schickt er seinen Sohn und lässt ihn, den Unschuldigen, stellvertretend für die Schuldigen büßen und den Tod erleiden. Er lässt ihn auch den Tod überwinden. Dadurch ist Gottes Zorn Genüge getan, doch auch seine Liebe zu ihrem Recht gekommen. Denn durch Gottes Handeln sind die Menschen vor seinem Zorn gerettet, ja werden von Jesus, dem Auferstandenen, aus Gnade sogar noch am Jüngsten Tag zum ewigen Leben erweckt – vorausgesetzt, sie nehmen sein Opfer und seine Gnade gläubig an.

Wer wie Jesus den spirituellen Weg geht, wird demgegenüber erkennen: Die Menschen sind, durch Ichbezogenheit und Selbsterhaltungstrieb, von Gott getrennt. Ein Wesen aus der geistigen Welt, in Einheit mit Gott lebend, verzichtet auf das Glück dieses Zustandes, umkleidet sich mit einer irdischen Persönlichkeit, einer „Knechtsgestalt" und nimmt alle damit verbundene Trennung von Gott auf sich. Es nimmt die Folgen der Ichbezogenheit und des Selbsterhaltungstriebes auf sich – Krankheiten, Schicksalsschläge und Tod –, unter denen die irdischen Menschen leiden. Diese Folgen sind der „Zorn" Gottes: die schmerzhafte Korrektur dieser Ichbezogenheit und des Selbsterhaltungstriebes durch die Gesetze der geistigen Welt. Was nicht im Einklang mit ihr ist, wird korrigiert. Und Jesus, so heißt dieses Wesen aus der geistigen Welt in seiner irdischen Inkarnation, geht den spirituellen Weg als „Christus", als mit den geistigen Kräften Gesalbter und in besonderer Weise Erfüllter, bis zur wiedergewonnenen Einheit mit Gott, bis zur Auferstehung des wahren Selbst.

Jesus, Jehoschua, bedeutet: „Gott erlöst". Die Erlösung besteht darin, dass Jesus, indem er in den Kräften Gottes den „Zorn" Gottes auf sich nimmt und aufersteht, anderen den Nachvollzug ermöglicht. Sie selbst müssen – und können jetzt – ebenfalls den „Zorn" Gottes auf sich nehmen und wieder zur Einheit mit ihm zurückfinden. Sie tun es, wenn sie freiwillig Ichbezogenheit und Selbsterhaltungstrieb auflösen, die Feindschaft der Welt – das „Kreuz" – auf sich nehmen, als wahres Selbst auferstehen und ewig leben. Sie verwirklichen das neue Menschentum unter Preisgabe des alten. Das ist die einzige Möglichkeit, der Bestimmung des Menschen – das Ebenbild Gottes zu sein – zu genügen. Bei allem anderen bleibt der irdische Mensch, wie er ist, bleibt im Alten stecken und missversteht auch noch, was der Erlöser für ihn getan hat.

Die geistige Welt drängt die Menschheit zur Verwirklichung des Ebenbildes Gottes, des wahren Selbst. Indem sie Fehlentwicklungen schmerzhaft korrigiert, wirkt sie als „Zorn" Gottes. Indem sie in Wesen wie Jesus wirkt und sie zu ihrer Wirksamkeit in der irdischen Menschheit veranlasst, und indem sie dadurch den Menschen ermöglicht, ihre Bestimmung zu erfüllen, ist sie die „Liebe" Gottes, die die Entwicklung der Menschen zum Ebenbild Gottes unmittelbar fördert. Auch die mittelbare Förderung durch Korrekturen von Fehlentwicklungen entspringt der „Liebe" Gottes. Deshalb ist auch sein Zorn Liebe.

Kreuzigung, Tod und Auferstehung sind innerseelische Vorgänge mit Wirkungen bis ins Physische hinein. Wer im Leben diese innerseelischen Vorgänge vollzieht, wird anders durch den physischen Tod gehen als jemand, der sie nicht vollzieht. Lukas schildert im Folgenden an Jesus diese innerseelischen Vorgänge, zugleich aber auch deren Manifestation bei der physischen Kreuzigung und im physischen Tod.

Er tut dies, indem er alle Vorgänge wie historische, äußerlich sichtbare Ereignisse darstellt. Aber dass es sich nicht ausschließlich um sichtbare Ereignisse handelt, beweisen schon die vielen Anspielungen auf die Psalmen und die Passagen, die historisch, in der sichtbaren Welt, unmöglich sind. Lukas verfährt hier also wie auch vorher im ganzen Evangelium. Teils bringt er tatsächlich historische, äußerlich sichtbare Ereignisse, in denen sich innerseelisches Erleben ausdrückt. Sie können dadurch zu Bildern für zeitlose innerseelische Gesetze und Erlebnisse werden, so wie etwa das Ereignis, dass Cäsar den Rubikon überschreitet, zum Bild für jede Situation wird, in der ein Mensch eine unwiderrufliche riskante Entscheidung trifft. Teils erzählt Lukas aber auch nur scheinbar historische und in der sichtbaren Welt unmögliche Vorgänge so, als spielten sie sich in der äußerlich sichtbaren Welt ab. Diese Unmöglichkeiten in der sichtbaren Welt dienen ihm zum Ausdruck für innerseelische Tatsachen, die sich zwar bis ins Physische hinein auswirken, aber auf andere als diese bildhafte Weise nur schlecht darzustellen wären.

In der „Verklärung", der vierten Phase des spirituellen Weges, hatte sich gezeigt, dass Jesus die Ichbezogenheit der irdischen Persönlichkeit in Denken, Fühlen und

Wollen schon überwunden hatte. Prinzipiell war sein wahres Selbst damit bereits auferstanden und verfügte über eine Geistpersönlichkeit – ein neues Denken, Fühlen und Wollen. Aber noch war es an einen irdischen physischen Körper mit dessen Gehirn gebunden. Nur über ihn konnte es sich ausdrücken und bewusst werden. Was jetzt noch bleibt, als Aufgabe der fünften Phase des spirituellen Weges, ist die Auflösung auch des Selbsterhaltungstriebes, der den irdischen Körper und die damit verbundene Ich-Identität bestimmt. Nur so wird das wahre Selbst frei, sich auch einen Geistleib als ihm gemäßes Wahrnehmungs- und Handlungsinstrument aufzubauen. Dadurch wird die Geistpersönlichkeit vollwertig. Sie besitzt dann auch einen feinmateriellen Aspekt, neben Denken, Fühlen und Wollen, als Organ der Wahrnehmung und Handlung.

Die im folgenden von Lukas geschilderten Ereignisse beziehen sich auf die Auflösung des irdischen Wesens insgesamt und die Auferstehung eines geistigen Wesens. Sie gelten somit auch für die Auflösung der Ichbezogenheit und den Aufbau einer Geistpersönlichkeit, wie sie Jesus schon in der vierten Phase seines Weges vollbracht hatte. Sie gelten aber im Besonderen für die Auflösung des Selbsterhaltungstriebes, wodurch der Aufbau und die Auferstehung auch eines Geistleibs möglich werden und der Prozess der Transfiguration der gesamten Persönlichkeit abgeschlossen wird. Sie lassen sich in sieben Stationen einteilen: Kreuztragen, Kreuzigung, Tod, Kreuzabnahme, Grablegung, Ruhe im Grab, und Auferstehung.

Kreuztragen

Jeder Mensch auf dem spirituellen Weg verleugnet sich selbst und trägt sein „Kreuz". Im wahren Selbst lösen sich allmählich Ichbezogenheit und Selbsterhaltungstrieb auf. Das ist die Selbstverleugnung, besser „Ichverleugnung", besser Verleugnung der Ichbezogenheit. Zugleich erlebt dieser Mensch die Feindschaft anderer Menschen, die das Ziel des neuen Menschentums nicht verstehen können oder fürchten, weil es ihren Ich-Interessen zuwiderliefe. Doch erträgt er diese Feindschaft unbewegt, verharrend in dem seelischen Zustand, der das wahre Selbst ist. Das ist Kreuztragen.

Jesu Gang zur Kreuzigung ist somit eine Situation, die jeder Mensch auf dem spirituellen Weg erlebt und die sich auch äußerlich auf mannigfache Weise manifestiert: als Spott, Schikane, betonte Gleichgültigkeit, Bosheit – als Feindschaft und Hass. Diese Feindschaft kann in letzter Zuspitzung bis zur physischen Kreuzigung gehen, wie sie Jesus als historisches Ereignis erlebt. Daher kann das äußere Kreuz Bild für diese Feindschaft werden, und das äußere Kreuztragen Bild für das unbewegte Tragen des Kreuzes durch das wahre Selbst. Dabei macht der Schüler viele bedeutsame Erfahrungen. Drei davon stellt Lukas im Folgenden dar.

Simon von Cyrene: physische Vitalität

23 26 *Und als sie ihn abführten, griffen sie einen gewissen Simon aus Cyrene auf, der vom Feld kam, und legten ihm das Kreuz auf, damit er es Jesu nachtrüge.*

Simon von Cyrene, „der vom Feld kam“, wird von den Soldaten gezwungen, Jesus das Kreuz zu tragen. Das wahre Selbst ist Ziel der Verfolgungen und „Mordabsichten“, die stets auf dem spirituellen Weg auftreten. Aber unmittelbar betroffen davon ist der physische Mensch, in dem sich das wahre Selbst entfaltet. Er ist der äußerlich sichtbare Gegner, den die physische Gewalt überhaupt nur treffen kann. Er zieht stellvertretend die physische Gewalt auf sich, die eigentlich dem wahren Selbst gilt. Deshalb trägt Simon, Bild für den physischen Menschen, Jesus das Kreuz.

Er trägt es gezwungenermaßen. Er ist nicht selbstständig Handelnder im Geschehen. Der physische Mensch hilft, wenn er in diese aufgezwungene Rolle einwilligt, dem wahren Selbst auf seinem Gang zur Kreuzigung. Wenn er mit dem wahren Selbst nicht mitwirkt, wenn Treue, Hingabe, Ausdauer und Pflichtbewusstsein des irdischen Menschen den Schüler auf seinem Weg nicht unterstützen, muss auch das wahre Selbst scheitern.

Beim Einzug in Jerusalem hatte sich Jesus auf die Begeisterung und Hingabe – die Empfindungskräfte im Herzen – des irdischen Menschen stützen können: Ein „Eselsfüllen“ wurde ihm durch Einwohner eines Dorfes zur Verfügung gestellt. Beim Feiern des Passahmahles waren ihm mentale Kräfte im Haupt des irdischen Menschen behilflich gewesen, verkörpert durch den „Hausherrn“ in der Stadt. Und jetzt, bei der größten, auch nervlichen Belastung durch die Verfolgung der Gegner, helfen ihm die biologischen Kräfte des irdischen Menschen beim Tragen des „Kreuzes“. Diese physische Spannkraft und Ausdauer wird verkörpert durch „Simon von Cyrene“, „der vom Feld kam“. „Feld“ ist im Gegensatz zum „Berg“, der die spirituelle Sphäre versinnbildlicht, und zum „See“, der die seelische Ebene darstellt, ein Bild für die Physis, die biologische Vitalität.

In der apokryphen Literatur des Frühchristentums finden sich Stellen, wo berichtet wird, dass Simon Jesus nicht nur das Kreuz nachgetragen habe, sondern sogar an Stelle Jesu gekreuzigt worden sei. Damit wird noch deutlicher zum Ausdruck gebracht: Die physische Gewalt kann nur die physische Hülle des wahren Selbst treffen und zerstören, nicht dieses selbst. Aber die physische Gewalt ist Ausdruck eines psychischen Hasses, der etwas Psychisches, das wahre Selbst, treffen will. Damit wird die physische Hülle, Simon, stellvertretend zur Zielscheibe des psychischen Hasses und wird als solche verfolgt und getötet. Das erlebt ein Schüler in Extremsituationen auf dem spirituellen Weg.

Die Äste am grünen Holz

23 *27 Es folgte ihm aber eine große Menge des Volkes und viele Frauen, die ihn betrauerten und beklagten.* ***28*** *Jesus jedoch wandte sich zu ihnen um und sprach: Ihr Töchter Jerusalems, weint nicht über mich; weint vielmehr über euch und über eure Kinder!* ***29*** *Denn siehe, es kommen Tage, wo man sagen wird: Selig sind die Unfruchtbaren und die Leiber, die nicht geboren haben, und die Brüste, die nicht gestillt haben.* ***30*** *Dann wird man anfangen, „zu den Bergen zu sagen: Fallt auf uns! und zu den Hügeln: Bedeckt uns!“* ***31*** *Denn wenn man dies am grünen Holz tut, was soll am dürren geschehen?*

Es folgen Jesus bei seinem Gang zur Hinrichtungsstätte viele Frauen. Die Soldaten verkörpern die rohe Gewalt, die Frauen das Gegenteil: Mitgefühl und Einfühlsamkeit. Da Lukas als Evangelist die Empfindungsperspektive auf dem spirituellen Weg betont, lässt er auch beim Kreuzigungsgeschehen die Frauen eine wichtige Rolle spielen. Denn nicht nur Feindschaft, auch Mitgefühl schlägt dem Schüler oder Meister, der auf dem spirituellen Weg zur endgültigen Überwindung unterwegs ist und unmittelbar mit dem „Kreuz“ konfrontiert wird, entgegen. In seinem eigenen Wesen entwickeln sich Rücksicht auf das ringende wahre Selbst und Mitgefühl mit ihm, oder sie werden ihm von den Menschen seiner Umgebung erwiesen.

Aber Jesus stellt klar: Das Mitgefühl sollte nicht ihm, dem wahren Selbst, sondern den Feinden des wahren Selbst und den nach seinem Weggang aus der irdischen Welt Alleingelassenen gelten. Geht nicht das wahre Selbst seinen Weg im Einklang mit seiner innersten Bestimmung und mit der Ordnung der geistigen Welt, seinem „Vater“? Bedeutet das nicht höchstes Glück und Sicherheit, Übereinstimmung mit sich und Gott? Können auf dieser Grundlage nicht alle Verfolgungen und Anfeindungen ertragen werden? Zu bedauern sind statt dessen jene, die keinen Wert auf die Verbindung mit dem „Vater“ legen, ja den verfolgen, der ihnen den „Vater“ zeigt. Sie handeln nicht in Übereinstimmung mit ihrem innersten Wesen und der Ordnung des Geistes und werden die Folgen tragen müssen: Unglück und Unsicherheit.

Umso schlimmer werden diese Folgen sein, als es die Äste am „grünen Holz“ sind, die so handeln. Die Äste am „grünen Holz“: Das sind die Bewohner „Jerusalems“, der Stadt, die alle Möglichkeiten der Verbindung zu Gott empfangen hat und sie dennoch nicht erkennt und nutzt. Das Gericht wird über diese Äste am grünen Holz kommen. Die göttliche Ordnung wird alles, was von ihr abweicht, korrigieren. Die sich selbst von Gott abschließende hartnäckige Eigenwilligkeit wird unter Schmerzen aufgebrochen werden, gerade weil sie sich in ihrer Feindschaft dem wahren Selbst so innig genähert und dadurch seinen Einflüssen ausgesetzt hat. Indem die Bewohner „Jerusalems“ das wahre Selbst „töten“, konfrontieren sie sich unausweichlich mit der Wahrheit und der göttlichen Ordnung und werden sie als immer schmerzlicheren Stachel im Fleisch erfahren. Deshalb wird man sagen: „Selig die Unfruchtbaren“, denn die Unfruchtbaren haben keine Kinder des Zorns geboren, über deren Untergang sie weinen müssten, und „selig die Brüste, die nicht gestillt haben“, denn diese Brüste haben keine Kinder des Zorns genährt, über deren Vernichtung sie trauern müssten. Und die Äste am grünen Holz werden sagen: „Berge, fallt auf uns und begrabt uns“, denn der Schmerz der Korrektur durch die göttliche Ordnung wird nicht zu ertragen sein.

„Jerusalem“ versinnbildlicht nicht nur die Jesus feindlichen Juden, sondern alle Menschen, die Äste „am grünen Holz“ sind: alle Menschen, die Kenntnis von den Voraussetzungen und Möglichkeiten spiritueller Entwicklung besitzen, sie aber nicht verwirklichen. Sie verharren in ihrer Dogmengläubigkeit und verfolgen und töten die „Gotteslästerer“. Ja in jedem einzelnen Schüler auf dem spirituellen Weg ergeht dieses Gericht, denn auch jeder Schüler „tötet“ immer wieder das wahre Selbst in sich. Was aber wird erst mit den Ästen „am dürren Holz“ geschehen, den Menschen, in denen die Kraftströme der geistigen Welt noch nicht oder nicht mehr wirken wie die Säfte in einem Baum? Von ihnen ist noch viel weniger zu erwarten, dass sie ihre Möglichkeiten, das wahre Selbst zu entfalten, erkennen und eine Verkörperung des wahren Selbst verschonen. Aber ihnen wird sicher ihre Unwissenheit angerechnet werden. Auch hier wieder, auf dem Weg zur Kreuzigung, ist Jesus ein Mal, errichtet „zum Fallen und zum Aufstehen vieler in Israel“. An ihm scheiden sich die Geister. Wer mit dem wahren Selbst im eigenen Innern geht, erfährt das Glück der Erfüllung seiner Bestimmung. Wer ihm entgegenarbeitet und es verfolgt, verfällt der Degeneration und dem Gericht.

Zwei Übeltäter: Aspekte des irdischen Wesens

23 32 Es wurden aber auch noch zwei Verbrecher abgeführt, um mit ihm hingerichtet zu werden.

Mit Jesus werden zwei Verbrecher abgeführt, die ihm zur Rechten und zur Linken gekreuzigt werden sollen. „Rechts“ bedeutet in diesem Zusammenhang „der Materie zugewandt“, „links“ „der Ideenwelt zugewandt“. Der Verbrecher zur Rechten (Vers 33) verkörpert mithin rebellische Gewalt im Dienst materieller Interessen, der zur Linken rebellische Gewalt im Dienst ideeller Interessen. Alle drei zur Hinrichtung Vorgesehenen: Jesus und die beiden Verbrecher, stehen außerhalb der Normen der irdischen Ordnung. Der Verbrecher zur Rechten greift sie aus Motiven persönlicher Art an. Er will oder kann seine Begierden der irdischen Autorität nicht unterordnen. Der Verbrecher zur Linken greift sie aus ideologischen Gründen an. Die irdische Ordnung entspricht nicht seinen prinzipiellen Vorstellungen von Freiheit, Gerechtigkeit und Wohlstand. Damit bewegen sich beide Verbrecher in der Dimension der irdischen Welt, des Diesseits und des Jenseits, wenngleich sie innerhalb dieser Dimension rebellieren. Jesus jedoch steht außerhalb dieser Dimension. Er steht in der Dimension des Geistes. Dass er sich auf dem Weg zur Kreuzigung in Gesellschaft der beiden Verbrecher befindet, zeigt an, dass er wie diese außerhalb der irdischen Gesetze steht. Er jedoch ist kein Rebell gegen diese, sondern der eigentliche spirituelle Maßstab, dem auch die irdischen Gesetze unterworfen sind. Für seine Feinde aber macht das keinen Unterschied. Für sie ist der Repräsentant der göttlichen Ordnung genauso ein gefährlicher Verbrecher wie die Rebellen gegen die irdische Ordnung, die ihr gleichwohl noch angehören.

All dies erfährt jeder Schüler auf dem spirituellen Weg, besonders wenn er sich der fünften Phase nähert. Er erlebt, wie ihm das Kreuz: Verfolgung, Schmähung, Widerstand, aufgebürdet wird, wie sein physischer Körper – „Simon von Cyrene“ – zur Zielscheibe physischer Gewalt wird, ihm aber hilft, dieses Kreuz zu tragen. Der Schüler erlebt unter diesen Umständen auch das Mitgefühl des irdischen Wesens, verkörpert in den „Frauen“. Und er weiß: Nicht sein wahres Selbst ist zu bedauern. Das Kreuz ist nur die Begleiterscheinung eines Weges, an dessen Ende die Auferstehung des wahren Selbst und die Einheit mit Gott stehen. Zu bedauern sind vielmehr die Mörder des wahren Selbst, die Tendenzen im eigenen Wesen oder die Menschen in seiner Umwelt, die die Verbindung mit Gott erfahren könnten, den Weg dorthin aber in Unwissenheit und Verblendung nicht erkennen. Sie verdrängen und

„töten" gerade die Kräfte, die die Verblendung beseitigen könnten. Und schließlich erfährt der Schüler, dass er mit den Außenseitern und Rebellen der Gesellschaft auf die gleiche Stufe gestellt wird, obwohl sein „Außenseitertum" nur darin besteht, dass er in einer anderen Sphäre verwurzelt ist als die Gesellschaft: in der spirituellen Sphäre.

Kreuzigung

23 ***33*** *Und als sie an den Platz kamen, welcher Schädel heißt, kreuzigten sie dort ihn*
und die Verbrecher, den einen zur Rechten, den andern zur Linken. ***34*** *Jesus aber*
sprach: Vater, vergib ihnen, denn sie wissen nicht, was sie tun! Darauf warfen sie das
Los, um seine Kleider unter sich zu verteilen. ***35*** *Und das Volk stand da und sah zu.*
Aber auch die Oberen höhnten: andre hat er gerettet; er rette sich selbst, wenn er der
auserwählte Christus Gottes ist! ***36*** *Es verspotteten ihn aber auch die Soldaten, in-*
dem sie hinzutraten, ihm Essig brachten ***37*** *und sagten: Wenn du der König der Ju-*
den bist, so rette dich selbst! ***38*** *Es stand aber auch eine Aufschrift über ihm: dies ist*
der König der Juden. ***39*** *Einer der gehenkten Verbrecher aber lästerte ihn: bist du*
nicht der Christus? Rette dich und uns! ***40*** *Der andre jedoch antwortete und sagte*
vorwurfsvoll zu ihm: Hast du [denn] auch gar keine Furcht vor Gott, da du doch dem
gleichen Urteil verfallen bist? ***41*** *Und wir zwar gerechterweise, denn wir empfan-*
gen, was unsre Taten wert sind; dieser aber hat nichts Unrechtes getan. ***42*** *Und er*
sagte: Jesus, gedenke meiner, wenn du mit deiner Königsherrschaft kommst! ***43*** *Und*
er sprach zu ihm: Wahrlich, ich sage dir: Heute wirst du mit mir im Paradies sein.

Außerhalb der Orte des pulsierenden irdischen Lebens, an der „Schädelstätte", dem Ort des Todes, töten die geistlichen Führer und ihre Helfer den Körper des wahren Selbst, in der Absicht, dadurch das wahre Selbst zu töten und endgültig die Gefahr zu beseitigen, die dem sich behauptenden Ich durch die Kräfte des Geistes drohen. In dem äußeren Vorgang kommen die in der Seele des irdischen Menschen wirkenden Kräfte zum Ausdruck. Im Haupt, an der „Schädelstätte", „töten" die sich behauptenden Ichkräfte die Kräfte des wahren Selbst: Sie verdrängen diese vollständig aus dem Bewusstsein.

Bei jedem Menschen auf dem spirituellen Weg, der sich selbst verleugnet und sein Kreuz trägt, wird es zu einer Krise kommen. Die Gewalt der Gegner gelangt zu ihrem Höhepunkt. Die sich behauptenden Ichkräfte in und außerhalb des Menschen bäumen sich zum letzten Mal und mit ungeheurer Intensität gegen das wahre Selbst auf. In dieser Krise wird das wahre Selbst bewegungsunfähig gemacht. Alle Aktionsmöglichkeiten mittels der Persönlichkeit sind blockiert.

Bei Jesus spitzt sich diese Situation so zu, dass er tatsächlich physisch bewegungsunfähig gemacht und gekreuzigt wird. Deshalb kann die physische Kreuzigung zum Bild für die Krisensituation eines Menschen auf dem spirituellen Weg überhaupt werden. Eine feindliche Welt tritt zum letzten Kampf gegen ihn an. Er erlebt das als Lähmung und Fesselung all seiner spirituellen Kräfte, auch wenn er nicht an einem hölzernen Kreuz hängt. Er kann sich als spirituelles Wesen nicht mehr bewegen und fühlt sich wie an die materielle Welt angeschmiedet.

Dass diese Erfahrung zeitlos ist, beweist der 22. Psalm, in dem es Vers 17 heißt: „Sie durchbohren mir Hände und Füße." Auch der Psalmist hat, mehrere hundert Jahre vor Jesus, diese Erfahrung gemacht: Die „Hände", die Handlungsfreiheit, sind ihm durchbohrt, und die „Füße", die Bewegungsfreiheit, sind ihm durchbohrt. Überhaupt sind fast alle Ereignisse am Kreuz, die Lukas schildert, in den Psalmen, vor allem dem 22. Psalm, vorgebildet. Es sind Bilder für Erlebnisse jedes Menschen, der am psychischen oder physischen Kreuz hängt. Jesu Erlebnisse am Kreuz sind exemplarisch für die Erlebnisse jedes Schülers in ähnlicher Situation, nur dass bei Jesus noch Einzelheiten hinzukommen, die sich aus seiner besonderen Verbundenheit mit der geistigen Welt ergeben.

Selbstverleugnung

In der Krisensituation am „Kreuz" muss sich zeigen, ob der Mensch in dieser Phase des spirituellen Weges wirklich seine Ichbezogenheit verleugnet, seinen Selbsterhaltungstrieb aufgelöst und somit sein altes Leben verloren hat und noch verliert. Bei Jesus erweist sich, dass die neue, aus dem wahren Selbst lebende spirituelle Persönlichkeit keine Rachsucht mehr kennt. Die Ichbezogenheit und der Selbsterhaltungstrieb, die auf dem spirituellen Weg immer wieder „verleugnet", das heißt in den Kräften des wahren Selbst erkannt und dadurch entwurzelt worden waren, werden nun endgültig „getötet". Das alte Ich stirbt.

Das historische Ereignis der Kreuzigung kann, zum Beispiel bei Paulus, auch Bild für diese seelische Tatsache werden. Er sagt etwa (Gal. 5,24): „Die aber, welche Christus Jesus angehören, haben ihr Fleisch samt seinen Leidenschaften und Lüsten gekreuzigt." Es vollziehen sich also während der Kreuzigung Jesu zwei Vorgänge parallel. Einerseits wird die Aktionsmöglichkeit des wahren Selbst gewaltsam blockiert und „getötet". Andererseits „tötet" der am Kreuz Hängende, auch unter diesen furchtbaren Bedingungen, *freiwillig* die letzten Reste seiner Ichbezogenheit und seines Selbsterhaltungstriebes. Entsprechend kann die physische Kreuzigung für beide seelischen Vorgänge als Bild dienen.

Jesus hat tatsächlich die „Verleugnung" von Ichbezogenheit und Selbsterhaltungstrieb in den Kräften des Geistes endgültig vollbracht. Statt Aggression und Selbstbehauptung leben in ihm die Klarheit und Ruhe der Welt des Geistes, die es ihm ermöglichen, die Eigenart der augenblicklichen Vorgänge zu erkennen und zu verstehen, warum die Gegner des wahren Selbst so handeln, wie sie handeln: „Sie wissen nicht, was sie tun." Jesus, jeder Mensch in dieser Phase des spirituellen Weges, erkennt, dass die Feinde des Geistes in äußerster Verblendung so handeln. Und aus dieser Erkenntnis kann er ihnen vergeben und den „Vater", den Geist, bitten, ihnen zu vergeben. Sie tun ja sogar besten Gewissens, was sie tun, sie glauben, ihrem Gott einen Dienst zu erweisen, indem sie den „Ketzer" töten. Würden sie, von Einflüssen aus der geistigen Welt berührt, wissen, was sie tun, und trotzdem gegen deren Gesetze handeln, könnte ihnen nicht vergeben werden. Dann würden sie sich bewusst von der geistigen Welt abschneiden. Die Verblendeten aber können, sobald ihre Verblendung aufgehoben ist, wieder mit der geistigen Welt verbunden werden, obwohl sie ihnen unbewusst bleibt.

Psalm 22, Vers 19 heißt es: „Sie teilen meine Kleider unter sich und werfen das Los um mein Gewand." Dasselbe erzählt Lukas. Denn auch dies ist eine zeitlose Erfahrung des wahren Selbst, das endgültig mundtot und handlungsunfähig gemacht werden soll, ob es an einem hölzernen Kreuz hängt oder nicht. Die Hinterlassenschaft eines solchen Menschen – seine Lehre, die von ihm aufgebaute Organisation, seine Habe, die er, in der Öffentlichkeit wirkend, für seine Arbeit eingesetzt hatte – wird nun zerschlagen und fällt seinen Feinden zu, ganz wie es der Zufall fügt. Die Feinde bereichern sich daran und sind sich einig in ihrer Habsucht.

Versuchungen

Psalm 22, Vers 7–9, lautet: „Ich aber bin ein Wurm und kein Mensch, ein Spott der Leute und verachtet vom Volk. Alle, die mich sehen, spotten meiner, verziehen die Lippen und schütteln den Kopf: Er warf's auf den Herrn, der möge ihm helfen; er rette ihn, denn er hat ja Gefallen an ihm!" Ebenso verhöhnen bei Lukas das Volk und die geistlichen Führer Jesus, die Soldaten höhnen, die Verbrecher höhnen, jeder auf seine Weise. Auch dieser Hohn und diese Herausforderungen sind Teil des „Kreuzes", das jeder Mensch in dieser Phase des spirituellen Weges erfährt. Wieder reagiert Jesus nicht auf irdische Weise. Denn sein altes Ich, das in dieser Situation zornig werden und zurückhöhnen würde, ist bereits „gekreuzigt".

Er erliegt auch nicht mehr den in Hohn und Spott enthaltenen Versuchungen. Ein mit den göttlichen Kräften Verbundener könnte diese Kräfte für seine Rettung, ja seinen schließlichen Triumph über alle Feinde ausspielen. Zum letzten Mal treten diese Versuchungen gerade in der Situation äußerster irdischer Ohnmacht an Jesus heran. „Er rette sich selbst, wenn er der Gesalbte Gottes ist!", rufen ihm die geistlichen Führer zu. Wie nahe läge es für einen Menschen, der über geistige Kräfte verfügt, in einer Situation höchster Demütigung seine Fähigkeiten als „Gesalbter Gottes" zu zeigen, damit seine Kompetenz und Größe zu beweisen und sich triumphierend über die Gegner zu erheben! Wäre noch ein Rest Geltungstrieb in ihm, so könnte er dieser Versuchung erliegen. Aber Jesus schweigt, da sein Geltungstrieb in den Kräften des Geistes erloschen ist und er nichts anderes mehr tut, als die Gesetze der geistigen Welt zu vollziehen. Diese „verbieten" es ihm, sich zu retten.

Seine eigene Rettung würde bedeuten, dass er die Rettung der Menschen, die Ziel und Inhalt seines Daseins ist, verhindert. Denn nur, indem er auch in den größten Herausforderungen sein Ich verliert, um das wahre Selbst zu retten, ermöglicht er anderen, ihr Ich zu verlieren, um ihr wahres Selbst zu retten. In Gethsemane hatte er darin eingewilligt, seine eigene Rettung zu verschmähen, da nur so der Wille des „Vaters", die Rettung der Menschen, vollzogen werden könnte. Jetzt manifestiert sich diese Gethsemane-Entscheidung auch äußerlich.

Die Soldaten andererseits, ausführende Organe der Macht, appellieren an den Machttrieb: „Wenn du der König der Juden bist, so rette dich selbst." Die geistigen Kräfte verleihen dem Menschen, der über sie verfügt, Macht, sich zu retten, und Macht über andere. Wäre der irdische Machttrieb in Jesus nicht gänzlich erloschen, könnte ihn die Versuchung irritieren, seine geistige Macht zur Herrschaft über andere und zur eigenen Rettung auszunützen. So aber erliegt er der Versuchung nicht, die an jeden spirituellen Menschen in der Situation äußerster Ohnmacht – auch wenn er nicht an einem hölzernen Kreuz hängt – herantritt.

Und auch die dritte Versuchung, die des Besitzstrebens in Form der Liebe zum Leben, bleibt dem Menschen, der auf Grund seines spirituellen Weges zum Außenseiter und Vogelfreien wird, nicht erspart. Sie steckt in den Worten des einen Verbrechers, der, von Liebe zum irdischen Leben erfüllt, Jesus auffordert, sich und sie, die Übeltäter, zu retten. Der Gesalbte, der über göttliche Kräfte Verfügende, könnte es. Aber er tut es nicht, weil die Liebe zum irdischen Leben in ihm erloschen ist und er das göttliche Gesetz erfüllt.

Mag sein, dass die geistlichen Führer, die Soldaten und der Übeltäter wirklich so spotteten. Es ist eher unwahrscheinlich, dass die geistlichen Führer bei der Kreuzigung persönlich anwesend waren. Aber in der Logik ihres Denkens lag dieser Spott, und deshalb treten sie in dieser Szene auf. Ob jedoch geschichtlich oder nicht, ob Spott durch hörbare Worte oder unhörbare Gedanken: Wenn sie Jesus zu einem „Wunder" auffordern, zum Herabsteigen vom hölzernen Kreuz, so kommt in dieser Aufforderung ein Erleben jedes Menschen auf dem spirituellen Weg zum Ausdruck, der wegen seiner inneren Beschaffenheit und seiner spirituellen Wirksamkeit in äußerste Bedrängnis gerät. Er hätte die Möglichkeit, auf Grund seiner besonderen Kräfte dieser Bedrängnis zu entkommen. Er könnte mit Hilfe seiner Fähigkeiten Eindruck machen und seine Gegner überzeugen. Er könnte irdische Macht anstreben und Anhänger gewinnen. Er könnte auf diese Weise sein irdisches Leben und auch das der Übeltäter retten, die sich ihm eventuell anschließen würden. Doch er setzt seine spirituellen Möglichkeiten nicht für irdische Ziele ein, weil er dem göttlichen Gesetz treu bleibt. Er erliegt den drei Versuchungen, die zum letzten Mal an ihn herantreten, nicht, trotz der äußersten Gefährdung von Leib und Leben, ja nicht einmal im Todeskampf. Die Kreuzigung wird so zum Bild für eine existenzielle Erfahrung, in der diese Versuchungen als Aufforderungen an jeden Nachfolger Jesu herantreten, doch seinem Selbsterhaltungstrieb und seiner Ichbezogenheit nachzugeben.

Warum verhöhnen die Feinde des Geistes einen solchen Menschen? Müsste es ihnen nicht genügen, ihn unschädlich gemacht zu haben? Der Spott entspringt der Erleichterung nach dem Sieg, der Erleichterung, dass man sich nicht doch geirrt hat. Wäre er, so die Vorstellung der Gegner, der Gesalbte oder König der Juden gewesen, so hätte er Macht gehabt, seine Gegner zu vernichten. Dass er sie nicht vernichtet, nehmen sie als Beweis dafür, dass er nicht der Gesalbte und König der Juden sein kann. Jetzt halten sie sich für die geheime Angst schadlos. Vielleicht ist sie auch immer noch nicht ganz verschwunden. Daher hat der Spott durch das mit ihm verbundene Risiko auch seinen Reiz. Dies alles schlägt dem Menschen am „Kreuz", jedem Menschen am „Kreuz", entgegen.

Psalm 69, Vers 22 ist wie bei Lukas die Rede davon, dass sie mir „Essig zu trinken (geben) für meinen Durst". Auch dies ist eine Erfahrung, die jeder am „Kreuz" Hängende macht. Er ist von allen spirituellen Quellen, außer der im eigenen Herzen, abgeschnitten. Er sehnt sich danach, dass ihm von Menschen geistiges Wasser gereicht wird: Verständnis für seine spirituelle Aufgabe, Antwort auf seinen Ruf, spirituell stärkender Zuspruch in seiner Isolation. Aber es werden ihm nur Neugier und Sensationslust, Unverständnis, falsches Mitleid und falscher Trost entgegengebracht, alles

Essig, ein bitteres, ungenießbares Getränk. Psalm 69 könnte ebenso wie Psalm 22 auf das ganze Kreuzigungsgeschehen angewendet werden: „Um deinetwillen trage ich Schande … fremd bin ich geworden meinen Brüdern… Ich harrte auf einen, der mitleidig wäre, aber da war keiner, und auf Tröster, doch ich fand sie nicht …"

Hat der Evangelist all diese Einzelheiten nur den Psalmen entnommen, um Jesus als den vom Propheten David vorausgesagten Gesalbten zu legitimieren? Er hätte dann unredlich gehandelt und nicht der Wahrheit gemäß berichtet. Oder waren in den Psalmen tatsächlich schon die späteren Ereignisse am Kreuz vorausgesagt? Die Fragen sind falsch gestellt. Jesus hat all diese Einzelheiten erlebt, der Psalmdichter hat sie erlebt, jeder erlebt sie, der am „Kreuz" hängt. Nur sind es nicht unbedingt äußere, sichtbare Ereignisse, sondern Bilder für Erfahrungen, die jeder Mensch, der am „Kreuz" hängt, macht. Lukas konnte diese Bilder den Psalmen entnehmen und in seine Schilderung einfügen, weil er wusste, dass sie reale Erfahrungen beschreiben, die sowohl der Psalmdichter als auch Jesus gemacht haben. Er ist somit ein ehrlicher Berichterstatter, auch wenn ein Beobachter des Kreuzigungsgeschehens vielleicht nicht gesehen hätte, dass Soldaten die Kleider Jesu verlosten und ihn mit Essig tränkten.

„König der Juden"

Über dem Kreuz stand die Aufschrift: „Dies ist der König der Juden." Pilatus hatte sie anbringen lassen. War sie wirklich zu sehen oder ist auch sie nur ein Bild? War sie real, so diente sie Pilatus nach außen hin zur Rechtfertigung der Hinrichtung. Er lässt durch sie verkünden: Jesus war der politische König der Juden, der Thronprätendent, der der Macht Roms den Kampf angesagt hatte. Er selbst weiß jedoch, dass diese Begründung des Urteils falsch ist, denn er hatte die Unschuld Jesu erkannt. Zugleich zeigt die Inschrift, welche Anschuldigung die geistlichen Führer vor Pilatus gegen Jesus erhoben hatten: Jesus habe behauptet, König der Juden zu sein. Pilatus weiß, dass sie diesen Anspruch Jesu vehement bestritten hatten, daher ist die Inschrift auch ihnen zum Hohn am Kreuz angebracht. Er lässt ihren „König" hinrichten, und er reizt sie um so mehr, als sie Jesus diesen Titel am allerwenigsten gegönnt hatten. Insofern ist dieser Zug der Erzählung Teil des Lehrstücks über das Verhältnis von politischer und geistlicher Macht.

All diese falschen Begründungen und Ironien durchkreuzt aber die objektive Wahrheit: Jesus ist „König der Juden", spiritueller König aller Menschen, in denen sich das wahre Selbst entfaltet, das wahre Selbst der Menschheit. Die Inschrift besagt objektiv: Der hier Hängende ist, wenn auch seine Erfahrungen allen anderen in ähnlicher Situation gleichen, doch ein besonderer Mensch, einer, in dem die Eigenschaften des wahren Menschen in besonderer Weise und Kraft zum Ausdruck kommen. Jesus als wahres Selbst ist die Konzentration der geistigen Kräfte der „Juden", des „auserwählten Volkes", das in besonderer Weise mit der göttlichen Welt in Verbindung steht, als fortgeschrittenster Zweig am Baum der Menschheit. Die „Juden" sind, wie auch „Jerusalem", ein ambivalentes Symbol. Sie versinnbildlichen einerseits die mit Gott verbundene Menschheit, das „grüne Holz", andererseits den Verlust dieser Verbindung durch selbstgerechte Beharrung auf alten Traditionen. In der objektiven Bedeutung der Inschrift sind sie die Repräsentanten der mit Gott verbundenen Menschheit, und Jesus als ihr spiritueller König ist das Herz der Menschheit, ihr wahres Selbst, das mit Gott verbunden ist. Diese Aussage steht über dem ganzen Kreuzigungsgeschehen, und das bedeutet die Inschrift, selbst wenn sie nicht real gewesen sein sollte.

Reue des Übeltäters

Auf dem Weg zur Kreuzigung hatte Jesus den geistlichen Führern, die das wahre Selbst töteten, das Gericht angesagt: „Weint über euch und eure Kinder." Denn hart wird dieses Gericht werden. Am Kreuz hängend aber sagt er: „Vater, vergib ihnen." Das wahre Selbst weiß wohl um die Zusammenhänge zwischen Tat und Tatfolge und weist darauf hin. Aber es schwelgt nicht in Rachegefühlen und Feindschaft gegenüber dem Täter, sondern es selbst vergibt ihm und bittet auch den Vatergeist, ihm zu vergeben. Es ist frei von allen Aggressionen, ja besitzt trotz aller Beraubung der äußeren Bewegungsfreiheit und trotz allen Hohnes die Kraft, sich mit anderen, ebenfalls der geistigen Welt aufgeschlossenen Menschen zu verbinden und ihnen dadurch zu helfen. Dies kommt durch die Worte Jesu zum bereuenden Verbrecher zum Ausdruck: „Heute wirst du mit mir im Paradies sein." Die äußere Aktivität des am „Kreuz" hängenden Menschen ist gelähmt, die innere Aktivität, die innere Verbindung zu anderen Menschen, ist weiter gegeben.

Der Verbrecher „bereut". Er erkennt, dass er ein „Sünder" ist und bekommt, was er verdient hat. Diese Einsicht ist Voraussetzung für die Offenheit der geistigen Welt gegenüber, für den „Glauben", Voraussetzung für die Erkenntnis, dass Jesus der Gesalbte und geistige König ist, und für die Bitte, in die Ordnung und Kraft der geistigen Welt mit aufgenommen zu werden.

Damit schlägt Lukas auch hier noch einmal das für ihn typische Thema des „Sünders" an. Der Sünder, der weiß, dass er ein Sünder ist, der sich in dieser Einsicht von der irdischen Welt abwendet und der geistigen Welt zuwendet, wird gerettet. Wer in „Sünde", d. h. in der Trennung von Gott, lebt, es aber nicht weiß oder im selbstgerechten Vertrauen auf seine moralischen Leistungen nicht wissen will, kann, solange dies der Fall ist, nicht gerettet werden. Diesen Typus des selbstgerechten und verstockten Menschen stellt der andere Verbrecher dar. Der erste ist der Jesus zu Rechten Hängende. Er gehört zur materiellen, diesseitigen Welt. Er ist frei von den „Dämonen" der jenseitigen Welt, den fixen Ideen und Ideologien, und daher leichter zur Einsicht in seinen Zustand fähig. Der zur Linken Hängende aber, der ideologisch geprägte Verbrecher, ist von Einflüssen aus der jenseitigen Welt beherrscht. Ihm ist die Einsicht in seine Lage nicht möglich. Er kann nicht bereuen und wird zu denen gehören, die von der geistigen Welt gerichtet, neu ausgerichtet werden müssen.

Die „Königsherrschaft" des Geistes beginnt nicht erst am jüngsten Tag, auch nicht erst nach dem physischen Tod, sondern: „Heute wirst du mit mir im Paradies sein". Durch die Überwindung seines Selbsterhaltungstriebes öffnet Jesus die Pforten ins Paradies. Während Ichbezogenheit und Selbsterhaltungstrieb „sterben", öffnet sich das Reich Gottes. Damit wird der Weg für alle anderen Menschen, die die Voraussetzungen erfüllen, zum Eintritt ins Reich Gottes gebahnt. Der „Verbrecher zur Rechten“ erfüllt sie, er wird mit Jesus ins Paradies eintreten. Er wird mit Jesus die Auferstehung erleben: das bewusste Leben im Paradies. Entscheidend für den Eintritt ins Reich Gottes ist die Begegnung mit dem wahren Selbst, die daraus folgende „Reue“, die Offenheit für die Einflüsse aus dem wahren Selbst – der Glaube –, die Bewusstwerdung des wahren Selbst und die Bereitschaft, das alte Leben zu verlieren, um das wahre Leben im Reich Gottes zu retten.

Auch im Wesen des einzelnen Schülers sind die beiden „Verbrecher“ in der fünften Phase des Weges präsent. Es sind die Ichbezogenheit des irdischen, von diesseitigen Interessen bestimmten Menschen – der Verbrecher zur Rechten – und die ideologische Hartnäckigkeit des jenseitsbestimmten Menschen – der Verbrecher zur Linken. Die von Ichbezogenheit befreiten Aspekte des irdischen Ich können mit dem wahren Selbst in der Ordnung der geistigen Welt aufgehen. Die sich gegen die geistige Welt beharrlich empörenden Kräfte des Ich dagegen, die mit dem Jenseits in Verbindung stehen, können nicht in die geistige Welt mit eingehen.

Dies alles wird vom Schüler auf dem spirituellen Weg schon vor dem physischen Tod erfahren. Der Tod, die Trennung des wahren Selbst und der feineren Persönlichkeitsaspekte vom physischen Körper, ist nicht entscheidend. Entscheidend ist, dass das Muster des wahren Selbst des Menschen dem Schüler die Bahn für den Eintritt ins Reich Gottes öffnet, und dass der Schüler diese Bahn, sobald sie sich vor ihm auftut, betritt.

Tod

23 44 *Und es war schon ungefähr die sechste Stunde, da kam eine Finsternis über die ganze Erde bis zur neunten Stunde,* ***45*** *indem die Sonne ihren Schein verlor; der Vorhang im Tempel aber riss mitten entzwei.* ***46*** *Und Jesus rief mit lauter Stimme und sprach: Vater, „in deine Hände befehle ich meinen Geist!“ Und als er dies gesagt hatte, verschied er.* ***47*** *Als aber der Hauptmann sah, was geschehen war, pries er Gott und sprach: Dieser Mensch war wirklich ein Gerechter.* ***48*** *Und die ganze Volksmenge, die zu diesem Schauspiel mitgekommen war, schlug sich beim Anblick dessen, was geschehen war, an die Brust und kehrte zurück.* ***49*** *Es standen aber alle seine Bekannten von ferne und die Frauen, die ihm von Galiläa her nachgefolgt waren, und sahen dies.*

Tod der alten Ich-Identität

Die entscheidende Aufgabe des Schülers in der fünften Phase des spirituellen Weges ist, dass er den Selbsterhaltungstrieb des grobmateriellen Körpers in den Kräften des wahren Selbst auflösen lässt – „ersterben“ lässt. Der Selbsterhaltungstrieb, der „Lebenshunger“, ist es, der den physischen Körper aufbaut und erhält. Er baut ihn aus den Elementen der Materie auf. Die Sinnes- und Handlungsorgane des physischen Körpers sind aus Materie aufgebaut, können daher nur Materie wahrnehmen und in der Materie handeln. Das Ich aber ist die Summe dieser Wahrnehmungen und Erfahrungen in der Materie. Daher bestimmt der physische Körper die Ich-Identität des irdischen Menschen, seine Wahrnehmungen und seine Handlungsart.

Auch das wach und bewusst gewordene unbegrenzte wahre Selbst, die wahre Identität des Menschen, ist vorläufig an diese begrenzte Ich-Identität und den Körper als deren Grundlage gebunden. Es hat noch kein eigenes, ihm gemäßes Wahrnehmungs- und Handlungsinstrument, noch keinen Geistleib. Es ist, um wahrzunehmen und sich auszudrücken, an ein ihm nicht gemäßes Instrument gebunden. Wenn es sich im Menschen bemerkbar macht und ausdrückt, drückt es sich über das Gehirn und das Nervensystem des grobmateriellen Körpers aus. Auch die erneuerten Gedanken, Gefühle und Willensimpulse, die höheren Aspekte der neuen Geistpersönlichkeit, werden dem Schüler durch sein Gehirn und Nervensystem vermittelt. Er erlebt sich noch nicht unmittelbar als unbegrenztes wahres Selbst, sondern immer noch als begrenztes Ich. Für das wahre Selbst mit den höheren Aspekten der Geistpersönlichkeit ist der materielle Körper zwar ein notwendiges Instrument – es hat noch kein eigenes, ihm gemäßes. Doch als dem wahren Selbst nicht gemäßes Instrument ist dieser Körper zugleich auch eine Fessel, eine Behinderung, ein „Kreuz". Vom Selbsterhaltungstrieb durchsetzt, kann er auf Grund seiner Funktionsweise die Eindrücke aus dem wahren Selbst unmöglich rein aufnehmen.

Wenn der Schüler den Selbsterhaltungstrieb ersterben lässt, löst er damit bewusst die an seinem Körper haftende Ich-Identität auf. Er verzichtet auf das bisherige Instrument für sein wahres Selbst. (Der materielle Körper mit seiner Wahrnehmungs- und Handlungsart funktioniert zwar weiter, ohne Selbsterhaltungstrieb, wie mechanisch, soweit es das Leben in der irdischen Welt erfordert. Es ist wie bei Puppe und Raupe. Die Puppe entspricht der grobmateriellen Hülle des Körpers, die weiter in der irdischen Welt funktioniert. Innerhalb dieser Puppe erstirbt aber die Raupe, die der vom Selbsterhaltungstrieb durchsetzten Funktionsweise entspricht.) Was die Ausdrucksmöglichkeiten des wahren Selbst betrifft, so verzichtet also der Schüler darauf, das wahre Selbst über den materiellen Körper wahrnehmen und wirken zu lassen. Er befreit es dadurch von einer Fessel, vom „Kreuz" einer ihm nicht gemäßen Wahrnehmungs- und Ausdrucksart. Er lässt es frei, sich ein eigenes, ihm gemäßes Instrument aufzubauen.

Genau das tut Jesus in Gethsemane: Er lässt seinen Selbsterhaltungstrieb „sterben". Indem Jesus ihn in den Kräften der geistigen Welt „sterben" lässt, lässt er auch seine an den Körper geknüpfte Ich-Identität „sterben" – „nicht mein Wille geschehe". Damit lässt er das wahre Selbst frei, nach seinen Gesetzen zu leben und sich auszudrücken – „dein Wille geschehe".

Das wahre Selbst löst sich auf diese Weise vom „Kreuz" des ihm nicht gemäßen Instruments. Das ist die Voraussetzung dafür, dass es sich selbst unmittelbar erleben und dass der Schüler sich unmittelbar als wahres Selbst erleben kann. Doch tritt dieses Erleben nicht sogleich nach dem „Tod" der bisherigen Ich-Identität ein. Das wahre Selbst braucht erst noch ein neues Ausdrucksinstrument, einen feinmateriellen Geistleib, den „Schmetterling", durch den es sich, unabhängig vom grobmateriellen Körper und dessen Gehirn, unmittelbar manifestieren kann. Solange dieses neue Instrument noch nicht zur Verfügung steht, empfindet der Schüler die Auflösung des Selbsterhaltungstriebes und der damit verbundenen Ich-Identität als einen Verlust, einen wirklichen Tod. Es ist vorläufig völlige Leere in ihm, nichts, auf das er sich stützen, nichts, in dem er Geborgenheit finden könnte. Die Ich-Identität ist aufgelöst, und das wahre Selbst, das sich bisher mittels des Körpers und seiner Ich-Identität bemerkbar gemacht hatte, hat noch kein neues Instrument, sich bemerkbar zu machen. Dadurch hat der Schüler das Gefühl, auch sein wahres Selbst sei „gestorben". Trotzdem weiß er, dass ein wahres Selbst in ihm ist und lebt. Er hat es ja, vermittelt durch ein grobmaterielles Gehirn und Nervensystem, in Bildern, die in ihm aufstiegen, und Wirkungen, die ihn veränderten, immer wieder erlebt.

Was jeder Schüler in der fünften Phase seines Weges als innerseelischen Vorgang erlebt, hat Jesus in Gethsemane erlebt. Wenn Jesus physisch stirbt, lösen sich nur noch der vom Selbsterhaltungstrieb frei gewordene grobmaterielle Körper und das Gehirn auf, also nur die „Puppe", die für das Leben in der irdischen Welt noch notwendig gewesen war.

Seelisch aber besiegelt Jesus im Tod nur noch einmal, was er in Gethsemane erlebt hatte. Der Selbsterhaltungstrieb, der den grobmateriellen Körper und dessen Gehirn durchsetzt hatte, stirbt. Damit wird auch die Auflösung der an diesen Körper gebundenen Ich-Identität vollzogen. Der physische Tod ist nur noch die Auflösung der physischen Grundlage dessen, was psychisch schon aufgelöst war.

Da Jesus aber noch kein neues Instrument zur unmittelbaren Wahrnehmung der Eindrücke aus dem wahren Selbst, also kein Geistleib, zur Verfügung steht, herrscht völlige Leere in ihm. Die alte Ich-Identität ist erloschen, das wahre Selbst kann noch nicht auf neue Weise wahrgenommen werden und wirken. Dennoch weiß Jesus, dass es in ihm lebt.

Er vertraut nun die künftige Entwicklung des wahren Selbst ganz der geistigen Welt an. Er kann vorläufig, da ihm das bisherige Wahrnehmungsinstrument für das wahre Selbst fehlt, keinen Einfluss auf dessen Entwicklung mehr nehmen. Wenn er ruft: „Vater, in deine Hände befehle ich meinen Geist", so ist das kein bloßes Gebet. Es ist die Schilderung einer Tatsache. Jesus übergibt sein wahres Selbst, seinen „Geist", bewusst der geistigen Welt, in die „Hände" des Vaters, und übergibt auch die vom wahren Selbst aufgebaute Geistpersönlichkeit in die „Hände" des „Vaters". Das wahre Selbst mit der Geistpersönlichkeit war auch während des Lebens Jesu stets mit der geistigen Welt verbunden gewesen, ja hatte aus ihr seine Kraft empfangen und aus ihr gelebt. Aber es konnte doch immer nur indirekt vom Bewusstsein des physischen Körpers wahrgenommen werden und nur indirekt über den Körper wirken. Jetzt, bei der endgültigen Trennung vom groben Körper und dem an ihn geknüpften Sinnenbewusstsein, geht es mit der Geistpersönlichkeit, die es im Lauf des Lebens Jesu aufgebaut hatte, in die geistige Welt ein. Das wahre Selbst Jesu und seine Geistpersönlichkeit ruhen von nun an im Schoß der geistigen Welt. Dort erbaut es sich ein neues Wahrnehmungs- und Handlungsinstrument, einen Geistleib, durch den es sich unmittelbar ausdrücken kann und der, da ihm völlig gemäß, keine Fessel mehr für das wahre Selbst darstellt.

Weil Jesus die innerseelischen Vorgänge des Sterbens der alten Ich-Identität und der Übergabe des wahren Selbst an die geistige Welt auch im Tod des physischen Körpers erlebt und besiegelt, kann sein physischer Tod zum Bild und Beispiel für die innerseelischen Vorgänge werden, die jeder Schüler in der fünften Phase des spirituellen Weges erlebt und vollbringt, auch wenn er keines gewaltsamen physischen Todes stirbt. Das „Kreuz" ist Bild einerseits für die gewalttätige Feindschaft einer nichtverstehenden Welt, andererseits Bild für den materiellen Körper, der eine drückende Behinderung für das wahre Selbst darstellt. Das wahre Selbst braucht den materiellen Körper zwar vorübergehend als Ausdrucksinstrument, leidet aber unter ihm wie an einem „Kreuz" hängend. Denn die begrenzte Wahrnehmungs- und Handlungsart des materiellen Körpers sind dem unbegrenzten wahren Selbst nicht gemäß. Stirbt jedoch der Selbsterhaltungstrieb und die an ihn geknüpfte Ich-Identität an diesem „Kreuz", so wird das wahre Selbst frei. Dem Schüler freilich mag es zunächst so scheinen, als würde es ebenfalls „sterben", da er die indirekte Art, in der er es bisher erlebt hat, jetzt preisgibt und es noch nicht auf direkte Art erfährt. Aber er übergibt es der Obhut der geistigen Welt.

Zwei Arten des Sterbens

Was geschieht normalerweise während des Sterbens?

Es trennen sich die feinen Teile des Menschen: Gedanken, Gefühle und Strebungen vom groben Körper, der dann im Lauf der Zeit zerfällt. Die bisher an den Körper gebundene Ich-Identität erlischt ebenfalls im Lauf der Zeit in dem Maß, wie sich auch Gedanken, Gefühle und Strebungen des Menschen auflösen. Zurück bleibt nur das in der Regel nicht bewusst gewordene und deshalb unwirksam gebliebene wahre Selbst, verbunden mit den im vergangenen Leben gemachten Erfahrungen dieses Menschen. Es muss sich, um überhaupt ein Ausdrucks- und Erfahrungsinstrument zu besitzen, mit einem neuen irdischen Körper verbinden – es muss reinkarnieren. Die neue irdische Persönlichkeit leitet dann vielleicht einen Prozess ein, in dessen Verlauf das wahre Selbst erwacht und sich ein ihm gemäßes, unsterbliches Instrument aufbaut.

Beim Sterben eines Menschen aber, der im Leben das wahre Selbst hat bewusst und wirksam werden lassen und dessen Gedanken, Gefühle und Strebungen wenigstens zum Teil – als Geistpersönlichkeit – Ausdruck des unvergänglichen wahren Selbst geworden waren, bleiben dieses wahre Selbst und die Geistpersönlichkeit wirksam. Der materielle Körper und der an ihn gebundene Teil der Gedanken, Gefühle und Strebungen lösen sich zwar im Lauf der Zeit auf. Aber das wahre Selbst braucht sich nicht in einer neuen irdischen Persönlichkeit zu inkarnieren. Es wird sich einen Geistleib, ein ihm entsprechendes Ausdrucksinstrument aufbauen und unmittelbar, bewusst, in der geistigen Welt leben. Das ist seine Bestimmung.

Das Gehen des spirituellen Weges bedeutet somit, dass der Tod überwunden und die Ursache des Todes außer Kraft gesetzt wird. Paradoxerweise ist die Ursache des

Todes gerade der Trieb des irdischen Lebens, sich unter allen Umständen zu behaupten. Dieser Trieb erzeugt einen Körper und eine daran gebundene Ich-Identität, die nicht im Einklang mit den Gesetzen der geistigen Welt stehen und daher über kurz oder lang von diesen Gesetzen aufgelöst werden. Eine Geistpersönlichkeit und ein Geistleib dagegen leben ohne Selbsterhaltungstrieb aus den Kräften des wahren Selbst und im Einklang mit den geistigen Gesetzen. Sie werden von den Gesetzen der geistigen Welt nicht mehr aufgelöst.

Mit den Vorgängen beim Tod Jesu und bei seiner gleichzeitigen Überwindung des Todes sind zwei besondere Ereignisse verbunden: „eine Finsternis kam über die ganze Erde", und „der Vorhang im Tempel riss mitten entzwei". Es sind Folgen der „Ersterbung" der alten Ichbezogenheit jedes Schülers auf dem spirituellen Weg, wenn das wahre Selbst bewusst in die „Hände des Vaters", der geistigen Welt, übergeben wird. Da aber Jesus das Muster des wahren Selbst verkörpert, beziehen sich diese Aspekte in seinem Fall auch auf das gesamte Leben der Menschheit.

Die Finsternis: Aussetzen der Wirksamkeit des wahren Selbst

Solange das wahre Selbst sich dem Ich über das stoffliche Gehirn indirekt mitteilte, waren dem Schüler die Gesetze der geistigen Welt auch nur indirekt bewusst geworden. Aber er konnte sein Leben wenigstens nach dieser Helligkeit richten. In seinem Ich-Bewusstsein schien das Licht des wahren Selbst – indirekt. Jetzt aber löst er den Selbsterhaltungstrieb und damit auch das alte Ich auf. Er hat darum vorübergehend kein Organ mehr, in dem das wahre Selbst wenigstens mittelbar scheinen und sein Leben erleuchten könnte. Das wahre Selbst, die geistige Sonne, verliert seinen Schein.

Beim Sterben Jesu ist der Selbsterhaltungstrieb schon aufgelöst. Zusätzlich wird der Körper gewaltsam zerstört. Jetzt ist erst recht kein Instrument für das wahre Selbst mehr da, mit dessen Hilfe es scheinen und das Leben erhellen könnte.

Jesus ist das vollkommene wahre Selbst des Menschen. Mit dem Sterben seines Körpers und des daran gebundenen Ich wird prinzipiell vorweggenommen, was aktuell einmal die ganze Menschheit erleben wird. Bis dahin scheint das wahre Selbst indirekt mittels des irdischen Ich-Bewusstseins in die Welt. Die Einflüsse aus der geistigen Welt gelangen mittelbar in Gestalt von Philosophie, Kunst und Religion in die irdische Welt und erhellen sie. Aber es wird der Tag kommen, wo die Menschen diesen indirekten Weg des Lichtes über das Ich-Bewusstsein als Behinderung empfinden werden. Sie werden ihn aufgeben, um das Licht auf direktem Weg zu erfahren. Dann wird vorübergehend die Sonne des wahren Selbst ihren Schein verlieren – solange noch kein neues Bewusstsein aufgebaut ist, das die geistige Sonne direkt wahrnimmt.

Die Finsternis dauert von der sechsten bis zur neunten Stunde. Die zwölf Stunden des Tages sind Abschnitte eines Kreislaufs, der auch sonst überall in der Natur auftritt. Er zeigt den Vorgang vom Wachstum eines Samens bis zur endgültigen Ablösung von der Mutterpflanze. Die erste bis dritte Stunde versinnbildlichen die Entstehung, die vierte bis sechste Stunde die Reifung des Samens. Von der siebten bis zur neunten

Stunde löst sich der fertige Same von der Mutterpflanze, deren Lebenskraft allmählich erstirbt, und von der zehnten bis zur zwölften wird er zur neuen Aussaat bereitgemacht. Ebenso vollzieht sich die Reifung des Bewusstseins des wahren Selbst. Das neue Bewusstsein, der neue Same, der sich im alten Organismus des Ich-Bewusstseins herausbildet, gewinnt ab der sechsten Stunde allmählich Eigenständigkeit, und das alte Ich-Bewusstsein, die Mutterpflanze, geht unter. Dieser Prozess dauert drei Phasen, von der „sechsten bis zur neunten Stunde". In dieser Zeit hat der neue Same noch keine eigene Ausdrucksmöglichkeit, während die alte Ausdrucksmöglichkeit in der Mutterpflanze schrittweise schwindet. Er muss sich dann – von der zehnten bis zur zwölften Stunde – eine eigene Ausdrucksmöglichkeit schaffen.

Die Finsternis ist somit keine furchtbare Erscheinung. Sie ist bedingt durch das Erlöschen eines alten, nicht mehr geeigneten Ausdrucksinstruments der geistigen Sonne und notwendige Voraussetzung für das Entstehen eines neuen, geeigneten Ausdrucksinstruments.

Zerreißen des Vorhangs im Tempel: unmittelbare Gotteserfahrung wird möglich

Zugleich „riss der Vorhang im Tempel mitten entzwei". Dies ist ebenfalls ein Bild für einen verheißungsvollen inneren Vorgang. Denn was bedeutet der Vorhang im Tempel vor dem Allerheiligsten? Er bedeutet, dass sich der Mensch Gott, dem Allerheiligsten, nicht unmittelbar nähern und nicht mit ihm eins werden kann. Solange der Mensch – oder die Menschheit – ausschließlich in seinem auf die Erscheinungswelt gerichteten Ich-Bewusstsein gefangen ist, hat er keine Möglichkeit, Gott, den Geist, unmittelbar zu erfahren. Diese unmittelbare Erfahrung, ohne Vermittlung durch ein materielles Gehirn, ist nur möglich, wenn sich das wahre Selbst, der Geist im Menschen, ein eigenes Wahrnehmungsorgan, einen Geistleib, aufgebaut hat.

Vor dem Allerheiligsten hängt ein Vorhang, der den Menschen von der unmittelbaren Erfahrung Gottes ausschließt. Nur durch Gleichnisse, Bilder und Symbole kann der ausschließlich von seinem Ich-Bewusstsein bestimmte Mensch Gott erahnen und erfährt er von seiner Gegenwart. Das Ich-Bewusstsein ist selbst der Vorhang, der dem Menschen die unmittelbare Erfahrung Gottes im wahren Selbst unmöglich macht.

Jetzt aber, in Jesus, reißt dieser Vorhang mitten entzwei. Das Ich-Bewusstsein löst sich auf. Das Bewusstsein des wahren Selbst, ermöglicht durch den Geistleib, wird an seine Stelle treten. Es wird eins mit der geistigen Welt, mit Gott, sein. Durch das Sterben des alten Ich-Bewusstseins gewinnt das wahre Selbst sein Leben, das Leben in Gott. Wer sein Leben verliert um des Geistes willen, der wird es retten. Was sich in Jesus vollzieht, vollzieht sich prinzipiell, wenn auch noch nicht aktuell, in der ganzen Menschheit. Das wahre Selbst jedes Menschen wird von Jesus, der Möglichkeit nach, unmittelbar mit Gott verbunden. Die tatsächliche Verbindung kann jedoch von jedem Menschen nur dadurch hergestellt werden, dass er wie Jesus den Weg der Ersterbung des Selbsterhaltungstriebes geht.

Damit ist prinzipiell die Phase des Alten Testaments zu Ende und die Phase des Neuen Testaments angebrochen. Die Macht des Selbsterhaltungstriebs und des Ich-

Bewusstseins ist prinzipiell gebrochen: Der Vorhang im Tempel, im Menschen, der der Tempel des wahren Selbst ist, ist entzweigerissen. Der Mensch hat nun, wenn ihm sein wahres Selbst nicht mehr durch ein materielles Gehirn, sondern durch einen feinmateriellen Geistleib bewusst wird, unmittelbar Zugang zum Allerheiligsten, er wird eins mit Gott.

Beobachter des Geschehens

Diese Vorgänge werden beobachtet, und zwar von drei Parteien: dem römischen Hauptmann, dem Volk und den Frauen.

Der römische Hauptmann „sah, was geschehen war, und pries Gott“. Er stellt den selbstständigen irdischen Verstand dar, frei von dogmatischen und ideologischen Einflüssen. Dieser unverdorbene irdische Verstand, weder von Fanatismus noch von Hass verdunkelt, kann erkennen, was im Tod eines „Gerechten“ und in der Endphase des spirituellen Weges geschieht: Das wahre Selbst geht in die geistige Welt ein und wird eins mit Gott, während das an die äußeren Sinnesorgane gebundene Bewusstsein entweder völlig erlischt – im Tod –, oder, auf dem spirituellen Weg, endgültig die Herrschaft über das wahre Selbst verliert.

Dieser irdische Verstand kann einem Außenstehenden gehören, der die Vorgänge, die ein anderer, ihm Nahestehender, auf dem spirituellen Weg erlebt, aus nächster Nähe beobachtet. Es kann aber, solange der Mensch auf dem spirituellen Weg noch lebt, auch dessen eigener von jedem Selbsterhaltungstrieb frei gewordener Verstand sein. Dieser Verstand registriert neutral, was sich, ohne sein Zutun, im Wesen des Schülers abspielt: Die Auflösung des Selbsterhaltungstriebes durch Kräfte der göttlichen Welt und die Befreiung des wahren Selbst vom irdischen Körper und seinen Gesetzen.

Die Menge andererseits „schlug sich an die Brust“. Die von den geistlichen Führern aufgepeitschten Leidenschaften sind verebbt. Ruhe tritt ein, die Möglichkeit ist gegeben, wieder klar zu empfinden. Mit Betroffenheit registriert das Volk, was, auch unter seiner Mitwirkung, geschehen ist. Es bereut, was es getan hat, aber nicht mehr rückgängig machen kann. Die „Volksmenge“ ist ein Bild für die irdische Persönlichkeit eines Menschen, welcher den spirituellen Weg geht. Sie hat gemeinsame Sache mit den dem wahren Selbst feindlichen Einflüssen gemacht, kehrt aber, nachdem der entscheidende Vorgang der Auflösung des Selbsterhaltungstriebs vollzogen ist, zur Ruhe zurück.

Und schließlich sind da noch die Frauen und die Bekannten Jesu, jene Empfindungskräfte im irdischen Menschen, die dem wahren Selbst und seiner Entwicklung bewusst zugetan sind. Sie nehmen ebenfalls die Vorgänge in der Endphase des spirituellen Weges wahr: das Erlöschen des irdischen Bewusstseins, die Verbindung des spirituellen Bewusstseins mit Gott. Aber sie nehmen sie nur „von ferne“ wahr. Denn für eine Teilnahme am Geschehen sind sie noch nicht stark genug, wie sich am Verhalten der Schüler Jesu in Gethsemane und an der Verleugnung des Petrus gezeigt hatte. Sie können nur beobachten und registrieren, was sich ohne ihr Zutun im Wesen des Menschen abspielt: Die Kräfte des Geistes ziehen sich aus der Sphäre der irdischen Welt zurück, zugleich erlischt die alte Ich-Identität.

Kreuzabnahme

***23*50** *Und siehe, da war ein Mann mit Namen Joseph, der ein Ratsherr war, ein guter und gerechter Mann (**51** der hatte ihrem Rat und Tun nicht beigestimmt), aus Arimathäa, einer Stadt der Juden, der auf das Reich Gottes wartete.* **52** *Dieser ging zu Pilatus und erbat sich den Leib Jesu.* **53** *Und er nahm ihn herab, …*

Der Schüler auf dem spirituellen Weg hat erlebt, dass sein Selbsterhaltungstrieb und sein Ich „erstorben" sind. Das wahre Selbst ist dadurch von der Herrschaft des materiellen Körpers und von der Notwendigkeit, sich durch ihn auszudrücken, frei geworden. Jetzt erlebt der Schüler, wie sich sein wahres Selbst, ein Zustand der Unbegrenztheit und Einbettung in die geistige Welt, tatsächlich auch von den letzten Einflüssen der irdischen Welt und des irdischen Körpers frei macht. Das ist Voraussetzung dafür, dass es selbst ein ihm gemäßes Instrument, einen Geistleib entwickelt.

Die „Herabnahme" Jesu ist Bild für diesen innerseelischen Vorgang. Das wahre Selbst, der Kern eines neuen Bewusstseins, löst sich vom „Kreuz". Es löst sich einerseits von den Schmerzen des Kampfes mit der ihm feindlichen Welt, andererseits von der Fessel der durch den irdischen Körper vorgegebenen Wahrnehmungs- und Handlungsart. An fünf Stellen war es an den Körper und das vom Körper bestimmte Ich gebunden gewesen: an der „Stirn", an den beiden Händen und den beiden Füßen. Die Dornenkrone und die Nägel, aus dem Johannesevangelium bekannt, versinnbildlichen diese Bindungen. Denken, Handeln (zwei Hände) und Wollen (zwei Füße) des wahren Selbst waren fest an den irdischen Körper und damit an die Feindschaft und Gewalt der irdischen Welt „genagelt" gewesen. Jetzt wird diese Annagelung an den fünf Stellen gelöst, und Denken, Handeln und Wollen erhalten Spielraum, sich nach den Gesetzen der geistigen Welt zu entfalten.

Es ist gut vorstellbar, dass Joseph von Arimathäa eine geschichtliche Gestalt gewesen ist und dass auch seine Vorsprache bei Pilatus historisch war. Doch auch er und seine Bitte sind zugleich Bilder für einen innerseelischen Vorgang, der sich auf dem spirituellen Weg bei der „Kreuzabnahme" immer ereignet.

Genauso wie das wahre Selbst dem Hass seiner Feinde entzogen werden muss, so muss es auch bewusst der Jurisdiktion der irdischen Welt, das heißt den Gesetzen und Bedürfnissen des irdischen Körpers, entzogen werden. Es unterliegt einem anderen Gesetz als dem der irdischen Welt. Es hat sein neues, geistiges Gesetz. Dies erlebt der Schüler, in dem das wahre Selbst selbstständig zu werden beginnt, sehr deutlich. Deshalb sorgt er, als Joseph von Arimathäa, bewusst dafür, dass sein wahres Selbst von den irdischen Gesetzen des Wahrnehmens, Handelns und Organisierens, die durch Pilatus verkörpert werden, nicht mehr gestört wird. Denn auch nach dem Erlöschen des Selbsterhaltungstriebes muss ja das irdische Leben des Schülers weitergehen. Pilatus, Verkörperung der Gesetze des irdischen Lebens, gibt das wahre Selbst frei und wendet sich seinen irdischen Obliegenheiten zu. Damit ist die weitere Entwicklung des wahren Selbst gesichert.

Vermittler bei diesem Vorgang ist Joseph von Arimathäa: auch er ein Prinzip des irdischen, aber dem wahren Selbst zugewandten Bewusstseins, wie der „Hausherr" beim Passahmahl. Er ist ein „guter und gerechter Mann, der auf das Reich Gottes wartete". Er verkörpert die Einsicht im Schüler, dass das wahre Selbst jetzt, nach den Leiden unter den irdischen Feinden, auch der Jurisdiktion der irdischen Verhältnisse entzogen werden muss.

Grablegung

23 53 *... wickelte ihn in Leinwand und legte ihn in eine ausgehauene Gruft, worin*
noch niemand gelegen hatte. ***54*** *Und es war Rüsttag, und der Sabbat leuchtete auf.*
55 *Es waren aber die Frauen, die ihn von Galiläa her begleitet hatten, mitgegangen*
und beschauten die Gruft und wie sein Leib hingelegt wurde. ***56*** *Nachdem sie aber*
zurückgekehrt waren, bereiteten sie Balsam und Salben.

Die fünfte Phase des spirituellen Weges ist Auflösung des Selbsterhaltungtriebes mit der daran geknüpften Ich-Identität einerseits, Auferstehung des wahren Selbst und des Geistleibs andererseits. Doch liegt zwischen diesen beiden Vorgängen eine Zeit der Regeneration des wahren Selbst. Das wahre Selbst wird am „Rüsttag", nach der Erfahrung der „Kreuzigung" und des „Todes", endgültig von der irdischen Welt getrennt – das ist die „Kreuzabnahme". Dann ruht es für eine Weile, am zweiten Tag, in einer Zwischensphäre zwischen irdischer Welt und geistiger Welt. Dieser Tag ist der Sabbat. Während dieser Zeit – es ist die Zeit im „Grab" –, werden wahres Selbst und der bis dahin noch unentfaltete Geistleib von den Kräften des Geistes durchdrungen und belebt, bis sie stark genug sind, um am dritten Tag, dem ersten Tag der neuen Woche, bewusst in der Dimension der geistigen Welt aufzuerstehen.

Nachdem der Schüler bewusst sein Innerstes, sein sich entfaltendes wahres Selbst, von allen alten Einflüssen der irdischen Welt gelöst hat – Bild dafür ist die „Kreuzabnahme" – schirmt er es, wiederum bewusst, von allen eventuellen neuen Einflüssen der irdischen Welt ab. Es soll bei seiner Regeneration und Neubelebung weder durch Eindrücke aus der irdischen Welt noch aus dem eigenen irdischen Körper gestört werden. Das ist der innerseelische Vorgang in diesem Stadium der Entwicklung. Bild dafür ist die „Grablegung" Jesu.

Joseph von Arimathäa, der schon dafür gesorgt hatte, dass die äußeren Obliegenheiten des Schülers, verkörpert durch Pilatus, ihren geregelten Gang gehen können und nicht mehr störend in die Prozesse des wahren Selbst eingreifen, verkörpert auch die Kraft im Schüler, die in diesem Entwicklungsstadium wie ein Wächter vor dem vom „Kreuz" abgelösten wahren Selbst steht, es durch geeignete Maßnahmen von Einflüssen aus der irdischen Welt und dem irdischen Körper abschirmt und ihm seine Regeneration ermöglicht.

Es spricht alles dafür, dass das Grab und die Grablegung Jesu durch Joseph von Arimathäa historisch waren. Der Leichnam Jesu wird mit Leinwand umwickelt, er wird in eine „frisch ausgehauene Gruft" gelegt, in der noch niemand gelegen hatte, ein Stein wird vor diese Gruft gewälzt, und später soll der Leichnam einbalsamiert werden. Dies alles sind im Evangelium aber zugleich Bilder für Dienste, die Freunde eines Verstorbenen, der den spirituellen Weg gegangen ist, für ihn leisten können. Denn Totenrituale sind, wie jedes Ritual, äußere Bilder für innere Handlungen. Die zurückbleibenden Freunde eines Abgeschiedenen können ihn – nicht seinen Körper, sondern das, was sich vom Körper getrennt hat – auf geeignete Weise versorgen.

Im Fall Jesu ist das, was sich vom Körper getrennt hat, das entfaltete wahre Selbst mit dem noch rudimentären Geistleib. Die Zurückbleibenden können, wenn sie wie Joseph von Arimathäa „gut und gerecht" sind, das heißt aus der Ordnung und Kraft des Geistes leben, das wahre Selbst des Verstorbenen mit schützenden Gedanken und Gefühlen umgeben. Das ist die „Leinwand", mit der Joseph von Arimathäa den Leib Jesu umwickelt. Sie können auch einen „Raum" aus Gedanken und Empfindungen bilden, eine Sphäre, die der Ordnung des Geistes entspricht und alle Einflüsse der jenseitigen Welten, die sich dem wahren Selbst des Verstorbenen noch nähern könnten, abwehren. Diese Sphäre wird im Fall Jesu ausschließlich für diesen Verstorbenen gebildet. Deshalb sagt der Evangelist, in dieser „Gruft" sei noch niemand gelegen. Und Joseph von Arimathäa verschließt das Grab mit einem „Stein". Die um den Verstorbenen gelegte schützende Sphäre aus Gedanken und Empfindungen wird noch durch eine Formel, einen Willensakt, versiegelt, ähnlich wie zum Beispiel die Wirksamkeit eines Gebetes durch die Formel „Amen" – es werde wahr – bekräftigt und versiegelt wird.

Was im Fall Jesu für einen wirklich Verstorbenen geschieht, in dem sich das wahre Selbst entfaltet hatte, das kann auch für einen Schüler, dessen innerer Werdegang dieses Stadium erreicht hat, von seinen Gesinnungsfreunden getan werden. Sie können ihm, seine Entwicklung begleitend, durch schützende Gedanken, Empfindungen und Willensimpulse Hilfsdienste erweisen. Ja der einzelne Schüler kann in sich selbst diese schützende Sphäre des „Grabes" schaffen, indem er das wahre Selbst im Stadium der Regeneration mit schützenden Gedanken und Gefühlen umgibt und das Ganze mit einem Willensakt bekräftigt.

Dies ereignet sich am „Rüsttag". Es kommt dem Evangelisten darauf an, zu zeigen, dass es sich hier um Ereignisse der Vorbereitung auf die Ruhe, den „Sabbat", handelt, um Ereignisse also, die am „Rüsttag" stattfinden müssen, wie lange sie in der zeiträumlichen Wirklichkeit auch dauern mögen. Der „Rüsttag" ist die Phase, in der der neue Same, der sich vom alten Organismus gelöst hat, seinerseits auf die Aussaat wartet.

Ruhe im Grab

23 56 *Und den Sabbat über ruhten sie nach dem Gesetz.*

In einer geschützten Sphäre, in die keine störenden und feindlichen Einflüsse mehr eindringen können, in einem „Grab", regeneriert sich das wahre Selbst des Schülers und wird von den Kräften des Geistes durchdrungen. Das geschieht am Sabbat. Der Sabbat ist der Tag der Heiligung, der Durchdringung aller Wesen und Dinge mit den Kräften des Geistes. Auch die Frauen, die das wahre Selbst pflegenden Kräfte des irdischen Menschen, ruhen am Sabbat, am siebten Tag. Er ist Symbol für die Vollendung der Schöpfung und damit auch Symbol für die Vollendung der Schöpfung des wahren Selbst und des jetzt aus ihm hervorgehenden Geistleibs.

Das wahre Selbst des Schülers, ein Zustand des Aufgehens ins Unbegrenzte der geistigen Welt, verarbeitet die in der irdischen Welt und am „Kreuz“ gemachten Erfahrungen. Das ist vergleichbar dem Vorgang, dass die Seele nachts im Traum, ungestört vom rationalen Verstand, den Sinneseindrücken und dem Trubel des Tages, die Erlebnisse des Tages verarbeitet. Das wahre Selbst taucht noch einmal ein in Hass und Versuchung, Bosheit und Leidenschaft der geistlichen und politischen Führer und des Volkes. Bis in die tiefsten Tiefen der erlebten Feindschaft, bis in die Abgründe der kollektiven Leidenschaften und Wahnvorstellungen, steigt es hinab. Deshalb sagten die ersten Christen – Lukas erwähnt es in seinem Evangelium nicht –, dass Jesus während dieser Zeit im Grab zur Hölle niedergefahren sei und die dort Verdammten, die sich für seine Kräfte empfänglich zeigten, gerettet habe (1. Petrusbrief 3,19).

Das wahre Selbst des Schülers lässt sich in diesem Stadium der Ruhe außerdem, wie die Seele im Schlaf, von neuen Kräften durchdringen und stärken. Es ruht im Schoß der geistigen Welt. Deren Kräfte heilen seine Wunden.

Drittens geschieht während dieser Ruhe im Grab etwas Entscheidendes. Das wahre Selbst hatte sich vom Einfluss des irdischen Körpers und des damit verknüpften Ich-Bewusstseins gelöst. Es hat dadurch sein bisheriges Wahrnehmungs- und Handlungsinstrument verloren. Doch ist es jetzt frei, sich ein neues, ihm gemäßes Instrument aufzubauen, einen „Geistleib“, der unbegrenztes Bewusstsein und unbegrenzten Aktionsradius ermöglicht. Während es im „Grab“ wie im Stadium der Verpuppung, wie in einem Kokon, ruht, wächst der Geistleib heran: Ausdrucksorgan eines wahren Selbst mit unbegrenztem Bewusstsein und Aktionsradius in der geistigen Welt, ein „Schmetterling“, der im Vergleich zur „Raupe“ ein völlig anderes Wesen ist. Das Ich mit seinem in der irdischen Welt begrenzten Bewusstsein, die „Raupe“, wird dann verschwunden sein und ein Selbst mit einem unbegrenzten „geflügelten“ Bewusstsein und Aktionsradius wird aus dem „Grab“ hervorgehen.

All dies – Verarbeitung, Regeneration und Wachstum eines Geistleibs – geschieht, während der Schüler als irdischer Mensch weiter in seinem Alltag lebt. Er kann, wie eine Mutter, in der ein Kind heranreift, all seine Lebenspflichten erfüllen, während doch seine geheime, freudige, hoffnungsvolle Aufmerksamkeit ungeteilt der heranwachsenden neuen Daseinsmöglichkeit gilt.

Bei Jesus vollziehen sich diese innerseelischen Prozesse der Verarbeitung, Regeneration und des Wachstums eines Geistleibes auch nach dem physischen Tod, in einer von seinen Gesinnungsfreunden gebildeten schützenden Sphäre, dem „Grab“. Das wirkliche Grab, in dem sein Leichnam liegt, kann deshalb zum Bild für diese schützende Sphäre werden. Die wirkliche Leinwand, mit der sein wirklicher Leichnam umwickelt und der wirkliche Stein, mit dem das wirkliche Grab verschlossen ist, sind zugleich Bilder für die schützenden Gedanken und Impulse, mit denen sein wahres Selbst, das nach dem Tod seines physischen Körpers lebendig fortexistiert, aber sich noch im Stadium der Verpuppung befindet, umgeben ist. In dieser Sphäre warten nun das wahre Selbst und sein Geistleib, abgeschirmt vor allen negativen Einflüssen aus Diesseits und Jenseits, auf ihre Auferstehung.

Auferstehung

24 1 *Am ersten Tag der Woche aber kamen sie am frühen Morgen zur Gruft und*
brachten den Balsam, den sie bereitet hatten. ***2*** *Da fanden sie den Stein von der*
Gruft weggewälzt. ***3*** *Als sie aber hineingingen, fanden sie den Leib des Herrn Jesus*
nicht. ***4*** *Und es begab sich, während sie darüber ratlos waren, siehe, da traten zwei*
Männer in blitzendem Gewand zu ihnen. ***5*** *Als sie aber in Furcht gerieten und das*
Angesicht zur Erde neigten, sprachen sie zu ihnen: Was sucht ihr den Lebendigen bei
den Toten? ***6*** *Er ist nicht hier, sondern er ist auferweckt worden.*

Die Auferstehung ereignet sich am ersten Tag der neuen Woche, am achten Tag. Das wahre Selbst wird, nach der Zeit seiner Regeneration am Sabbat, nach seinem Durchdrungenwerden mit den Kräften des Geistes, selbstständig und handlungsfähig. Es ersteht auf. Ein neues, nicht mehr an den irdischen Körper und dessen Gehirn gebundenes unbegrenztes Bewusstsein bricht im Schüler durch. Das kann geschehen, während er noch lebt. Es gibt zahlreiche Beispiele in der Weltliteratur für einen solchen Durchbruch eines neuen Seins und Bewusstseins. Bei Jesus wird dieser Durchbruch in und nach dem physischen Tod manifest. Er hätte nicht geschehen können, hätte er sich nicht im Leben schon ereignet.

Die scheinbar konkrete, scheinbar im sichtbaren Diesseits spielende Situation, dass die Frauen den Stein vom „Grab" weggewälzt, das Grab leer, und zwei Männer in blitzendem Gewand darin finden, ist Bild für eine Situation in der geistig-seelischen Welt. Es ist ähnlich wie damals bei der Verklärung Jesu auf dem Berg. Auch der Berg war kein konkreter Berg, sichtbar im Diesseits, gewesen, sondern Bild für eine erhabene Sphäre des Geistes, in der den Schülern Jesu, deren geistige Augen dafür geöffnet waren, die Bewohner der Welt des Geistes – Mose und Elia – und Jesus in seiner Eigenschaft als geistig-seelisches Wesen erschienen. Dass es sich bei der Szene im Grab um eine geistig-seelische Situation handelt, ergibt sich aus der Anwesenheit der Männer in blitzendem Gewand, Bewohner der Welt des Geistes. Bei Markus (16,4) war dieser Sachverhalt noch dadurch verdeutlicht worden, dass die Frauen „aufblickten", nämlich ihren Blick in eine höhere, geistig-seelische Dimension erhoben. Dieser Zug fehlt in der Erzählung des Lukas, doch zeigen die beiden Männer deutlich genug, dass hier von Vorgängen in der geistig-seelischen Welt die Rede ist.

Wie könnte ein Erzähler die Tatsache, dass ein bisher an die Gesetzmäßigkeit der Erscheinungswelt gebundenes Bewusstsein und Sein diese Gesetzmäßigkeit verlässt und als völlig verwandeltes Bewusstsein und Sein in die Gesetzmäßigkeit einer anderen, geistigen Welt eintritt, besser ausdrücken als dadurch, dass die Dimension der Erscheinungswelt plötzlich leer ist? Das nun einer neuen Gesetzmäßigkeit gehorchende Bewusstsein und Sein Jesu hat sich der Gesetzmäßigkeit der irdischen Welt entzogen. Es ist nicht mehr darin. Das „Grab", die von den Hinterbliebenen gebildete Schutzsphäre zur Regeneration des wahren Selbst und seines Geistleibs, gehört zur Dimension der irdischen Welt. Nachdem aber das wahre Selbst Jesu und der Geistleib während des Sabbats, dem Tag der Heiligung, von den Kräften des Geistes voll durchdrungen worden waren, konnten sie in die Dimension der geistigen Welt eintreten, so wie ein Neugeborenes in die Luft und das Licht der Welt eintritt und selbständig darin zu atmen und zu leben beginnt. Wie ein Embryo waren das wahre Selbst und der Geistleib Jesu im dunklen Schoß der irdischen Welt, im „Grab", herangereift und treten jetzt aus diesem Schoß in die helle Welt der Luft und des Lichtes des Geistes, um selbstständig darin zu atmen und zu sein.

Die Frauen sehen diese Tatsache mit geistigen Augen. Sie sehen, dass der „Stein" weggewälzt ist und dass das „Grab", die irdische Dimension, leer ist. Das wahre Selbst Jesu und sein Geistleib sind nicht mehr darin. Der Erzähler konzentriert sich auf diese Tatsache. Die Frauen blicken mit geistigen Augen in die irdische Welt, und sehen, dass wahres Selbst und Geistleib Jesu daraus verschwunden sind. Der „Stein" ist weggewälzt. Das neue Sein und Bewusstsein, wahres Selbst und Geistleib, haben die schützende Sphäre aus Gedanken und Empfindungen der Hinterbliebenen, die noch durch einen Willensakt, versinnbildlicht durch den Stein, versiegelt worden war, von innen her gesprengt. Sie haben die Puppenhülle aufgebrochen und verlassen, wie der Schmetterling seine Puppenhülle verlässt.

Die Frauen sehen mit ihren geistigen Augen auch zwei Boten aus der geistigen Welt „in blitzendem Gewand". Das blitzende Gewand ist der geistige Leib dieser Boten, der Wahrnehmungs- und Handlungsorgane für die geistige Welt besitzt, weder aus der Substanz der irdischen Welt aufgebaut ist, noch deren Gesetzmäßigkeit unterliegt. Und diese Boten aus der geistigen Welt erklären den Frauen noch einmal, was diese mit geistigen Augen sehen, ohne es sich selbst erklären zu können. Das wahre Selbst mit dem unvergänglichen Geistleib ist das Lebendige. Die Ewigkeit, die geistige Welt, ist das Lebendige. Die irdische Welt, Diesseits und Jenseits, ist das Tote, das dem Tod Unterworfene.

Die „Toten", von denen die Männer reden, sind nicht nur die Bewohner des Jenseits, die Verstorbenen, in denen das wahre Selbst noch nicht erwacht ist, sondern auch die im Diesseits lebenden, dem Tod unterworfenen, nicht aus dem lebendigen Geist lebenden Menschen. In dieser Dimension der Toten aber, des Diesseits und des Jenseits, ist Jesus nicht mehr. Er hat sie, als wahres Selbst mit unvergänglichem Geistleib, verlassen und ist in die Dimension des Lebendigen eingetreten. Daher die Frage der Boten: „Was sucht ihr der Lebendigen bei den Toten?" Und ihre Antwort: „Er ist nicht hier", nicht mehr in dieser Dimension des vergänglichen Diesseits und Jenseits. Er ist „auferweckt worden". Die Ordnung und Kraft der geistigen Welt haben sein wahres Selbst und seinen Geistleib so durchdrungen, dass diese jetzt frei von der Gesetzmäßigkeit der Welt der Toten geworden sind und selbstständig und wach in der Welt des Geistes leben können. Was bisher latent gewesen war, wie schlafend: das wahre Selbst und der Geistleib, das ist durch den spirituellen Weg, auf dem die Kräfte des Geistes immer stärker wirken konnten, auferweckt worden.

Es ist nicht etwa der alte Leib oder das alte, vom Selbsterhaltungstrieb beherrschte Gehirnbewusstsein wieder auferweckt worden, durch einen Gnadenakt Gottes. Das wäre ja die Zunichtemachung all dessen gewesen, was sich Jesus Zeit seines

Lebens erkämpft und wozu er seine Schüler immer wieder aufgefordert hatte: Sein Leben verlieren um des Geistes willen. Was hätte es für einen Sinn, sein Leben, das Leben in der Vergänglichkeit, zu verlieren, nur damit es dann wieder auferweckt würde? Nein, auferweckt worden sind das wahre Selbst Jesu und der Geistleib, das wahre Leben, und Voraussetzung dafür waren Kreuz und Selbstverleugnung, bewusste Preisgabe des Lebens der Vergänglichkeit. Würden das alte Leben und der alte Leib wieder auferweckt werden, die zur Dimension der Vergänglichkeit gehören, dann wäre Jesus ja noch „hier", in der Erscheinungswelt oder im Jenseits. Er wäre noch, oder wieder, „bei den Toten". Aber die Boten aus der geistigen Welt sagen ausdrücklich: Der Lebendige ist nicht bei den Toten. Er ist beim Gott der Lebendigen, in der unvergänglichen geistigen Welt. Er ist nicht „hier".

Die Frauen blicken mit geistigen Augen in das „Grab" der Erscheinungswelt und finden es leer. Das wahre Selbst und der Geistleib Jesu haben die irdische Dimension verlassen und sind in die geistige Welt eingegangen. Würden die Frauen mit irdischen Augen in das wirkliche Grab blicken, so würden sie wirklich den Leichnam Jesu sehen. Denn der irdische Leib mit seinen Organen ist aus den Kräften und Substanzen der irdischen Welt aufgebaut, bleibt nach dem Tod noch für eine Weile intakt und löst sich wieder in seine irdischen Bestandteile auf. Das gilt auch für den irdischen Leib eines Menschen wie Jesus, der während des irdischen Lebens einen geistigen Leib mit rudimentären geistigen Sinnesorganen aufgebaut hatte.

Betrachtet man die Erzählung vom leeren Grab und vom weggewälzten Stein als Beschreibung von Tatsachen in der irdischen Welt, so ist der weggewälzte Stein ein „Wunder" und ist das leere Grab ein „Wunder". Aber diese Szene ist eine Beschreibung von Tatsachen in der geistigen Welt, und diese Tatsachen sind, unter den in der geistigen Welt herrschenden Bedingungen, keine Wunder, sondern nachvollziehbare, verstehbare Vorgänge. Der „Stein" wird weggewälzt: Die schützende Sphäre, in der das wahre Selbst mit dem Geistleib zu Selbstständigkeit herangewachsen war, wird gesprengt. Und das „Grab" ist leer: Das wahre Selbst mit dem Geistleib, einem neuen geistigen Bewusstsein, tritt in Verbindung mit der geistigen Welt und verlässt das Grab der Erscheinungswelt. Das ist Ostern. Das kann jeder Mensch erleben, der auf dem spirituellen Weg zur fünften Phase gelangt. Jeder solche Mensch kann sein eigenes Ostern erleben. Denn was die Frauen anlässlich des physischen Todes Jesu „sehen", würden sie auch an einem Menschen „sehen", der die fünfte Phase des spirituellen Weges, während er noch lebt, vollbringt. Sie muss nicht mit dem physischen Tod zusammenfallen. Im noch lebenden Menschen auf dem spirituellen Weg wird ebenfalls der „Stein" vom „Grab" weggewälzt. Und sein wahres Selbst mit dem Geistleib tritt in bewusste Verbindung zur geistigen Welt und verlässt das „Grab" der Erscheinungswelt. Das geschieht also schon vor dem Tod, während der irdische Körper noch lebendig ist, und wird im physischen Tod nur besiegelt.

Auch Jesus hat diese innerseelischen Vorgänge schon vor dem physischen Tod vollbracht. Sie werden im physischen Tod nur noch einmal manifest und vom Evangelisten an Hand der physischen Ereignisse von Kreuzigung, Tod und Grab dargestellt. Der Evangelist zeigt, wie ein Mensch, der im Leben den spirituellen Weg gegangen ist, durch den physischen Tod geht. Dadurch werden die äußeren Vorgänge auch zu Bildern für die inneren. Das innerseelische Mysterium des Verlierens des alten Lebens um des Geistes willen, wodurch das neue wahre Leben gerettet wird, wird von Jesus auch im physischen Tod vollzogen. Er zeigt, dass die inneren Vorgänge tatsächlich physische Auswirkungen haben, und dass durch den inneren spirituellen Weg der physische Tod überwunden wird. Zugleich wird dadurch das innerseelische Mysterium anschaubar und manifest.

Dabei ist der Evangelist auch in der Darstellungsart sehr konsequent. Kreuzigung, Tod und Grab sind äußere Realitäten und werden auch als Bilder für innerseelische Realitäten benutzt. Der Auferstehung aber entspricht keine äußere Realität. Sie kann nur durch das Bild des leeren Grabes beschrieben werden. Wäre die Auferstehung ein zeiträumlicher, fotografierbarer Vorgang, hätte der Evangelist den Auferstandenen in dieser Szene konkret auftreten lassen. Er kann die Auferstehung aber nur so darstellen, dass das Grab leer ist. Er zeigt, dass das wahre Selbst und der Geistleib in eine andere als die zeiträumliche Dimension eintreten.

Auferstehung ist nicht nur die Auferstehung der Lehre Jesu in seinen Schülern. Sie ist eine Realität für denjenigen, der den spirituellen Weg geht. Sie findet in Jesus selbst statt, wie später in seinen Schülern. Sie ist ein Dimensionswechsel. Das wahre Selbst des Menschen und sein Geistleib, die innerhalb des irdischen Körpers herangewachsen sind, verlassen, durchdrungen von geistigen Kräften, die irdische Dimension und gehen in die Dimension der geistigen Welt ein. Dieser Dimensionswechsel ist Ziel des spirituellen Weges, die wahre Bestimmung des Menschen und der Menschheit. Er macht den „Sündenfall" des Menschen, das Verlassen der Dimension der geistigen Welt und das Eintreten in die Dimension der Erscheinungswelt, rückgängig. Er ist die zentrale Forderung und der zentrale Inhalt jeder ursprünglichen Religion. Im Christentum wird dieser Dimensionswechsel als Sterben des alten, irdischen Menschen und Auferstehung des in ihm „toten" Ebenbildes Gottes dargestellt, und zwar am Beispiel Jesu als der Verkörperung des wahren Selbst des Menschen.

Der Dimensionswechsel wird im Christentum mit allen Aspekten der Persönlichkeit vollzogen. Denn in Jesus überwindet das wahre Selbst nicht nur die Bindung an die Gedanken-, Gefühls- und Willensebene der Erscheinungswelt, sondern auch die an die Materie selbst, und baut sich nicht nur eine Geistpersönlichkeit mit neuen Gedanken, Gefühlen und Energien, sondern auch einen Geistleib mit geistigen Sinnes- und Handlungsorganen auf, die wahrnehmen und handeln können, also Bestandteil einer verwandelten materiellen Welt sind.

Diese Vorgänge sind keine Wunder. Es sind nachvollziehbare Tatsachen und Erfahrungen. So wird aus Religion Naturwissenschaft. Die Auferstehung ist ein entscheidender Schritt in der Evolution des Menschen, der Schritt aus der bisherigen Evolution in der Erscheinungswelt heraus, hinein in die geistige Welt. Die bisherige Evolution des Lebens und des Menschen vollzog sich in der Erscheinungswelt. Das geistige Prinzip der Form schuf sich den Kristall, um sich darin auszudrücken. Das Prinzip des Lebens schuf sich die Pflanze, um sich darin auszudrücken. Das Prinzip der bewussten Wahrnehmung schuf sich das Tier, um sich darin auszudrücken. Das Prinzip des denkenden Ich-Bewusstseins schuf sich den Menschen, um sich in ihm auszudrücken. Jetzt war der irdische Mensch als Organismus da, in dem sich das

Prinzip der Form, des Lebens, der bewussten Wahrnehmung und des denkenden Ich-Bewusstseins ausdrücken konnten. Das aber war nur die Verstrickung des geistigen Menschen hinein in die Dimension der Erscheinungswelt, der „Fall" des Menschen in die Erscheinungswelt, wie es die Genesis beschreibt. Es war aber auch gleichzeitig die Vorbereitung für die Möglichkeit, den „Fall" rückgängig zu machen. Denn jetzt konnte sich, nachdem im irdischen Menschen ein Ich-Bewusstsein seiner selbst und der Welt, in der er lebte, entstanden war, die geistige Welt wieder in ihm bemerkbar machen. Das „tote" Ebenbild Gottes, durch den „Fall" latent geworden, konnte wieder erwachen und zur Evolution aus der Erscheinungswelt übergehen. Anknüpfend an das wahre Selbst konnte sich die geistige Welt innerhalb des irdischen Menschen und dessen Ich-Bewusstsein ein neues Bewusstsein und Sein, einen Geistleib als Organ zur Wahrnehmung der geistigen Welt und zum Wirken in der geistigen Welt aufbauen. Voraussetzung war, dass der Mensch mit seinem Ich-Bewusstsein die Relativität der irdischen Welt erkannte und sich von ihrer Bevormundung befreite.

So wird der Mensch in der geistigen Dimension bewusst und handlungsfähig. Das ist die Auferstehung. Das ist Ostern. Er löst die Wurzel des Selbsterhaltungstriebes, der ihn an die irdische Dimension bindet, auf: Das ist das „Sterben" des alten Menschen. Das ist Karfreitag. Als Geistwesen mit geistigem Leib kann und wird er sodann in die Erscheinungswelt hineinwirken und sie zunehmend verändern, bis ein „neuer Himmel" und eine „neue Erde" entstanden sind. Das ist die Endzeit.

Die Erscheinungen Jesu

Wenn Jesus nach der Auferstehung seinen Schülern erscheint, so sind das Vorgänge in der geistigen Welt. Sie hätten nicht fotografiert werden können. Alles, was in diesem Zusammenhang vom Evangelisten berichtet wird, zum Beispiel dass Jesus „Brot bricht" oder „gebratenen Fisch isst" oder seine Wunden zeigt, ist Vorgang in der geistigen Welt, aber darum nicht minder wirklich als die zeiträumliche Realität. Jesus hat das Grab der irdischen Dimension verlassen und lebt bewusst, mit einer Geistpersönlichkeit, die denkt, fühlt und will, und einem wahrnehmenden und handelnden Geistleib in der Dimension der geistigen Welt. Nur ein Mensch, der für die geistige Welt geöffnete Bewusstseinsaugen hat, kann ihn sehen.

Weder die Hohenpriester, Ältesten und Schriftgelehrten, noch irgendwelche Nicht-Schüler aus dem Volk erblicken den auferstandenen Jesus. Sie verharren im alten irdischen Bewusstsein und Sein und sind deshalb nicht in der Lage, das wahre Selbst und den Geistleib, Erscheinungen aus der geistigen Welt, wahrzunehmen. Aber Jesu Schüler haben Erscheinungen. Denn sie sind, in der Nachfolge des Meisters, den spirituellen Weg gegangen, und ihr wahres Selbst ist zumindest bis zu einem gewissen Grad bewusst geworden. Mit diesem neuen Bewusstsein leben sie in der Dimension der geistigen Welt und nehmen Ereignisse in dieser Dimension wahr.

Jesus erscheint seinen Schülern, um ihnen zu erklären, was geschehen ist. Drei Mal hatte er ihnen schon erklärt, dass der Sohn des Menschen viel würde leiden müssen, um schließlich vom Tod aufzuerstehen. Sie hatten nicht verstanden und sich „gefürchtet, ihn zu fragen". Warum? Weil ihnen ihr irdisches Bewusstsein mit seiner

Ichbezogenheit und seinem Selbsterhaltungstrieb im Weg stand. Sie hatten von Jesus in ihrem Besitz-, Geltungs- und Machttrieb erwartet, dass er das Reich Gottes in der irdischen Welt errichten würde, als mit irdischem Bewusstsein erkennbares politisches und soziales Königreich Davids. Sie hatten erwartet, dass sie als seine Vasallen in diesem Reich herrschen würden. Auch manch heutiger Schüler Jesu erwartet, dass einst sein toter irdischer Körper wiederauferweckt und ewig leben wird. Die Schüler Jesu konnten und können diese Erwartungen nicht preisgeben, solange ihre Ichbezogenheit und ihr Selbsterhaltungstrieb nicht preisgegeben sind. Und diese konnten sie nicht preisgeben, solange Jesus sie in seinen größeren geistigen Kräften nicht preisgegeben hatte. Wenn in einem Menschen eine bestimmte psychologische Verfassung nicht gegeben ist, wird er die dieser Verfassung entsprechenden Ereignisse nicht verstehen können. Jesus hatte die Bahn für die Auferstehung des wahren Selbst mit seinem Geistleib noch nicht geschaffen. Jetzt ist sie geschaffen, jetzt kann das wahre Selbst mit dem Geistleib prinzipiell auch in den Schülern auferstehen, jetzt können sie in der Nachfolge Jesu auch endgültig ihre Ichbezogenheit und ihren Selbsterhaltungstrieb überwinden und ihr „Kreuz" auf sich nehmen. Dadurch wird es ihnen möglich, diese Vorgänge auch zu verstehen.

Sie verstehen jetzt, dass das Königreich Gottes in einer anderen Dimension als der der irdischen Welt liegt. Sie verstehen, dass das wahre Selbst und der damit verbundene Geistleib in dieser geistigen Dimension liegen, und dass Auferstehung nicht die Wiedererweckung des irdischen Körpers, sondern das Bewusstwerden und Wirksamwerden des wahren Selbst mittels einer Geistpersönlichkeit ist. Sie lernen außerdem, dass der spirituelle Weg in der irdischen Welt Verleugnung aller Ichbezogenheit und des Selbsterhaltungstriebes bedeutet, dass er außerdem auch das „Kreuz" bedeutet. Denn da die Dimension des Irdischen der des Geistigen prinzipiell feindlich ist, wird ein neues, spirituelles Menschentum stets Feindschaft, Hass und Verfolgung der im Irdischen beharrenden Menschen auf sich ziehen. Deshalb wird der „Sohn des Menschen", Verkörperung des wahren Selbst und des neuen Menschentums, erniedrigt und schließlich gekreuzigt. Deshalb ist es unmöglich, dass er, zusammen mit im Irdischen beharrenden Menschen und als ihr Führer, ein Reich Gottes in der irdischen Welt errichtet und in ihr triumphiert.

Diese Gesetzmäßigkeiten werden den Schülern vom auferstandenen Jesus erklärt. Aber sie werden ihnen zugleich aus ihrem eigenen wahren Selbst, das sich für die geistige Welt geöffnet hat, klar, ebenso wie sie seinerzeit von den Propheten, die sich der geistigen Welt geöffnet hatten, erkannt werden konnten. Dreimal hatten die Schüler vor der Auferstehung nicht verstanden. Dreimal erscheint ihnen Jesus nach der Auferstehung und erklärt ihnen die Zusammenhänge. Und jetzt verstehen sie.

Die Frauen

24 ***6*** *Erinnert euch, wie er zu euch geredet hat, als er noch in Galiläa war,* ***7*** *indem*
er sagte: Der Sohn des Menschen muss ausgeliefert werden in die Hände sündiger
Menschen und gekreuzigt werden und am dritten Tag auferstehen. ***8*** *Und sie erinner-*
ten sich seiner Worte. ***9*** *Und sie kehrten von der Gruft zurück und verkündigten dies*
alles den Elfen und allen übrigen. ***10*** *Maria aus Magdala und Johanna und Maria*

des Jakobus und die übrigen mit ihnen sagten dies zu den Aposteln. ***11*** *Und diese Worte kamen ihnen vor wie leeres Gerede, und sie glaubten ihnen nicht.*

Als erste schauen die Frauen diese Vorgänge mit geistigen Augen und erhalten eine Erklärung durch geistige Kräfte. Die Frauen entsprechen den dem wahren Selbst am nächsten stehenden irdischen Gefühlskräften des Menschen. Sie schauen zwar noch nicht den Auferstandenen selbst. Aber sie erblicken mit geistigen Augen den Dimensionswechsel, der stattgefunden hat. Der Menschensohn und der zu ihm gehörige geistige Leib haben das „Grab" der Erscheinungswelt verlassen und leben im „Reich Gottes". Das „Grab" der Erscheinungswelt ist leer. Dieser Eindruck, den die Frauen erleben, wird ihnen von den Boten aus der geistigen Welt, einer in ihnen selbst neu entspringenden Erkenntnisquelle, erklärt. Sie verstehen jetzt, was die Aufgabe des Menschensohns und des wahren Selbst in jedem Menschen ist. Es ist die Bewusstwerdung dieses wahren Selbst und der damit einhergehende Aufbau eines geistigen Leibes. Es ist das Gehen des spirituellen Weges, wie ihn Jesus gegangen ist. Das aber ist notwendig begleitet vom Hass und der Feindschaft all jener, die das wahre Selbst im eigenen Wesen und seine Entfaltung nicht wollen, da ihnen die Aufrechterhaltung des ichbezogenen Wesens lieber ist. Es sind die „sündigen Menschen", die sich des Menschensohns bemächtigen und ihn kreuzigen. Die Kreuzigung ist die letzte Konsequenz aus ihrem Hass, den das wahre Selbst auf sich nimmt, ohne wieder zu hassen. Sie können aber nur den physischen Körper zerstören. Dem wahren Selbst und dem geistigen Leib können sie nichts anhaben. Wahres Selbst und geistiger Leib stehen „nach drei Tagen" auf. Am ersten Tag lösen sie sich vom Hass der Erscheinungswelt, vom „Kreuz". Am zweiten Tag, einer Phase der Ruhe und der Verarbeitung der erlebten Angriffe, werden sie von geistigen Kräften durchdrungen. Und am dritten Tag verlassen sie das Grab der Erscheinungswelt endgültig wie ein Schmetterling den Kokon, und treten ins Licht des Reiches Gottes ein, um selbstständig darin zu atmen und zu leben.

Dieser ganze Prozess ist notwendig, wenn der Mensch seine Bestimmung erfüllen soll. Er muss auch notwendig von einem Menschen vorgelebt werden, wenn andere, schwächere Menschen, in der Lage sein sollen, ihn nachzuvollziehen. Diese beiden Notwendigkeiten zu vollbringen, war die Aufgabe Jesu, des Menschensohns. Deshalb das „muss" in der Erklärung der Boten. Diese Notwendigkeiten verstehen jetzt die Frauen. Und sie eilen, um ihre Erfahrung und ihre Erkenntnis den Schülern mitzuteilen. Die Schüler entsprechen den in nächster Nähe des wahren Selbst stehenden irdischen Bewusstseinskräften. Sie erfahren den Eindruck, den die Frauen gewonnen haben, sind aber immer noch nicht so weit, um selbst die spirituelle Gesetzmäßigkeit des Sterbens und Auferstehens zu erfassen. Die Worte der Frauen kommen den Schülern vor „wie leeres Gerede".

Andere Textvorlagen des Lukasevangeliums haben als Vers 12 dieses Kapitels:
12 *Petrus aber machte sich auf und lief zur Gruft; und wie er sich hineinbeugt, sieht er nur die leinenen Binden. Und er ging heim voll Verwunderung über das Geschehene.*

Simon Petrus macht sich also auf, um selbst das leere Grab in Augenschein zu nehmen, und sieht nur die „leinenen Binden". Auch er erkennt also mit geistigen Augen, dass das wahre Selbst und der Geistleib das „Grab" der Erscheinungswelt verlassen haben. Zurückgeblieben sind nur die Reste der schützenden Gedankensphäre, die Joseph von Arimathäa, ein Gesinnungsfreund des Verstorbenen, für ihn aufgebaut hatte. Diese Reste sieht Petrus, ebenfalls mit geistigen Augen.

Emmaus

24 13 *Und siehe, zwei von ihnen wanderten an eben dem Tag nach einem Dorf, das*
von Jerusalem sechzig Stadien entfernt ist, namens Emmaus; **14** *und sie redeten mit-*
einander über alle diese Ereignisse. **15** *Und es begab sich, während sie miteinander*
redeten und sich besprachen, da nahte sich Jesus selbst und ging mit ihnen. **16** *Ihre*
Augen jedoch wurden gehalten, damit sie ihn nicht erkannten. **17** *Er sprach aber zu*
ihnen: Was sind das für Reden, die ihr unterwegs miteinander wechselt? Und sie blie-
ben traurigen Blicks stehen. **18** *Einer aber mit Namen Kleopas antwortete und sprach*
zu ihm: Bist du der einzige, der in Jerusalem weilt und nicht erfahren hat, was da-
selbst in diesen Tagen geschehen ist? **19** *Und er sagte zu ihnen: Was? Sie antworteten*
ihm: Das mit Jesus von Nazareth, der ein Prophet war, mächtig in Tat und Wort vor
Gott und allem Volk, **20** *und wie ihn unsre Hohenpriester und unsre Oberen zum To-*
desurteil ausgeliefert und ihn gekreuzigt haben. **21** *Wir aber hofften, er sei es, der Is-*
rael erlösen sollte. Aber bei dem allem ist es schon der dritte Tag, seit dies geschehen
ist. **22** *Aber auch einige Frauen aus unsrer Mitte haben uns in Bestürzung versetzt.*
Nachdem sie früh am Morgen bei der Gruft gewesen waren **23** *und seinen Leib nicht*
gefunden hatten, kamen sie und sagten, sie hätten gar eine Erscheinung von Engeln
gesehen, die sagten, er lebe. **24** *Und einige der Unsrigen gingen hin zur Gruft und*
fanden es so, wie es die Frauen gesagt hatten; ihn selbst aber haben sie nicht gesehen.
25 *Und er sprach zu ihnen: O ihr, die ihr unverständig und zu trägen Herzens seid, um*
zu glauben an alles, was die Propheten geredet haben! **26** *Musste nicht der Christus*
dies leiden und [dann] in seine Herrlichkeit eingehen? **27** *Und er begann bei Mose*
und bei allen Propheten und legte ihnen in allen Schriften aus, was über ihn handelt.

28 *Und sie näherten sich dem Dorf, wohin sie wanderten, und er stellte sich, als*
wolle er weitergehen. **29** *Und sie nötigten ihn und sagten: Bleibe bei uns, denn es*
will Abend werden, und der Tag hat sich schon geneigt! Und er ging hinein, um bei
ihnen zu bleiben. **30** *Und es begab sich, als er mit ihnen zu Tisch saß, nahm er das*
Brot, sprach das Dankgebet darüber, brach es und gab es ihnen. **31** *Da wurden ih-*
nen die Augen aufgetan, und sie erkannten ihn; und er entschwand ihren Blicken. **32**
Und sie sagten zueinander: Brannte nicht unser Herz in uns, wie er auf dem Weg mit
uns redete, wie er uns die Schriften erschloss? **33** *Und sie standen in eben der Stun-*
de auf und kehrten nach Jerusalem zurück und fanden die Elf und ihre Genossen
versammelt, **34** *die sagten: Der Herr ist wirklich auferweckt worden und dem Simon*
erschienen. **35** *Und sie selbst erzählten, was auf dem Weg geschehen und wie er von*
ihnen beim Brechen des Brotes erkannt worden war.

Zum zweiten Mal kommen Menschen mit den Vorgängen des Sterbens und der Auferstehung schauend in Beziehung und erkennen, was es damit für eine Bewandtnis hat. Diesmal sind es zwei Schüler Jesu, nicht aus seinen Elfen. Diesmal sehen sie mit geistigen Augen nicht mehr nur das leere Grab, sondern das wahre Selbst und seinen geistigen Leib in der Dimension des Geistes. Die Voraussetzung dieser Erzählung von den beiden nach Emmaus wandernden Schülern, die Jesus begegnen, ist klar: Das wahre Selbst Jesu und sein geistiger Leib sind in die geistige Welt eingetreten. Wenn zwei Schüler Jesus „sehen“, so sehen sie mit geistigen Augen in der geistigen Welt. Ihnen haben sich auf ihrem spirituellen Weg die geistigen Augen geöffnet. Kein gewöhnlicher Mensch aus dem Volk und kein Pharisäer hätten Jesus „sehen“ können. Sie sehen ja nur mit Sinnesaugen.

Die ganze Erzählung vom Gang der beiden Schüler nach Emmaus bezieht sich auf die Dimension des Geistes. Man kann es sich so vorstellen, dass sich ihre Begegnung und ihr Gespräch mit Jesus in ihrem „Seelenraum“ abspielen. Doch handelt es sich um keine subjektiv erzeugten Fantasien oder Träume, sondern um objektive seelisch-geistige Realitäten, die sich in den Schülern bei voller Klarheit ihres Bewusstseins, ja in Überklarheit, ereignen. Das kann durchaus auf einer wirklichen Wanderung nach Emmaus geschehen sein, so wie Paulus seine Erscheinung Jesu auf dem Weg nach Damaskus hatte. Aber auch die Wanderung selbst kann als Sinnbild für den Zustand der Schüler aufgefasst werden. Denn „Emmaus“ heißt „warme Quelle“: Die Schüler verlassen Jerusalem, den Schauplatz aufwühlender Ereignisse – auch im eigenen Bewusstsein –, deren sie noch nicht Herr werden konnten, um 60 Stadien – 60 ist die Zahl des Zweifels und der Verzweiflung – zur „warmen Quelle“ inneren Trostes zurückzulegen. Auf diesem Gang durch Verzweiflung und Niedergeschlagenheit begegnen sie in ihrem Seelenraum einer neuen Gewissheit, die aus dem wahren Selbst in ihnen aufsteigt, zuerst nur schwach, dann immer deutlicher werdend. Sie erkennen zunächst nicht, dass, was da in ihnen aufsteigt, das wahre Selbst und der Geistleib Jesu sind, der spirituelle Urquell selbst. Zunächst ist es nur eine Ahnung, eine Möglichkeit neuer Einsicht. Mit dieser Quelle im eigenen Innern unterhalten sie sich.

Das wird durch die Erzählung nachvollzogen. Erst „redeten sie miteinander über diese Ereignisse“, d. h. sie geben ihrem Unverständnis, ihrer Unsicherheit, ihrer Verzweiflung Ausdruck. Jetzt aber „nahte sich Jesus selbst und ging mit ihnen“: In ihnen selbst öffnete sich eine neue Erkenntnismöglichkeit, ein Hoffnungsschimmer wurde wach. Sie erkannten noch nicht, dass es die spirituelle Quelle, der Menschensohn selbst war, der da aus ihrem eigenen wahren Selbst sprach. Aber mit diesem Hoffnungsschimmer in der eigenen Seele, mit dieser sich öffnenden Erkenntnisquelle, unterhalten sie sich. Im Licht dieser Hoffnung und Erkenntnis wird ihnen ihre Trauer und Verzweiflung erst richtig bewusst. Sie rekapitulieren, was in ihnen seit der Kreuzigung Jesu vorgegangen ist. Sie schildern ihre innere Situation. Sie hatten gehofft, Jesus werde Israel erlösen. Doch war ihnen diese Hoffnung durch die Hohenpriester und Oberen grausam zerschlagen worden. Denn sie hatten sich diese Erlösung äußerlich vorgestellt, vielleicht so, dass Jesus die Römer vertreiben, die Hohenpriester ablösen und eine neue Gesellschaftsordnung, in der Gerechtigkeit herrschte, errichten würde. Sie schildern weiter, dass sie von anderen Schülern und den Frauen erfahren hätten, das Grab des vom Kreuz Abgenommenen sei leer gewesen, und Engel hätten den Frauen davon gesprochen, dass Jesus lebe. Dies sei ihnen nun aber ganz unverständlich und sie seien bestürzt.

Im Zwiegespräch mit der in ihnen wirkenden spirituellen Erkenntniskraft wird ihre Verwirrung geklärt. Sie erfahren, was das leere Grab bedeutet und was Erlösung bedeutet. Der Gesalbte, der Christus, kann nur in seine Herrlichkeit eingehen, wenn er sich selbst verleugnet und sein Kreuz auf sich nimmt. Wenn er alle Ichbezogenheit preisgibt, setzt er sich den Instrumenten der Ichbezogenheit, den Feinden des wahren Selbst aus und muss „leiden“. Aber nur durch diese Preisgabe der Ichbezogenheit, dieses „Sterben“ der ichhaften Motive, und durch das Erdulden der Feindschaft der irdischen Welt, des „Kreuzes“, wird das wahre Selbst bewusst und baut sich einen Geistleib auf. Nur so gehen wahres Selbst und Geistleib in die Herrlichkeit des Reiches Gottes ein. Damit erlöst der Christus sein wahres Selbst, das Ebenbild Gottes, aus der Gefangenschaft der ichbezogenen Motive und physischen Sinneseindrücke. Damit geht er allen anderen voraus, die ihm auf diesem Weg nachfolgen wollen und stellt ihnen die Kräfte zur Erlösung zur Verfügung. So erlöst er Israel, soweit es für diesen Weg empfänglich ist, und so erlöst er die Menschheit, soweit sie dafür empfänglich ist. Das haben schon Mose und die Propheten in den Schriften erklärt (Jesaja 53), nur dass es die Menschen damals noch nicht verstehen konnten. Sie waren einerseits ganz in ihren irdischen Vorstellungen darüber, was Erlösung ist, befangen, andererseits war die Bahn für ein wirkliches Verständnis der Erlösung noch nicht geschaffen. Jetzt aber, da Jesus das Sterben und Auferstehen auf dem spirituellen Weg vorgelebt hat, sind neue geistig-seelische Tatsachen geschaffen, die mit geistigen Augen angeschaut werden können. Damit ist auch das Verständnis dieser Tatsachen und ihr Nachvollzug möglich.

Und endlich werden den beiden Schülern die geistigen Augen geöffnet, und sie sehen die Tatsache der Auferstehung, den geistigen Leib Jesu, und verstehen. Sie erkennen, dass das, was in ihnen „gesprochen“, ihnen Hoffnung gegeben und ihnen die Notwendigkeit von Sterben und Auferstehen erklärt hatte, Jesus selbst war, das Muster des wahren Selbst des Menschen, das durch ihr eigenes wahres Selbst zu ihnen sprach. Das Muster des wahren Selbst und der dazugehörige Geistleib waren in der geistigen Welt selbstständig und handlungsfähig geworden und konnten sich, durch das empfängliche wahre Selbst der Schüler, ihren geistigen Augen mitteilen. Woran erkennen sie Jesus? An der Art, wie er die geistigen Tatsachen erklärt. Nichts anderes ist die „Art, wie er das Brot brach“. Denn das wahre Selbst nimmt die Substanz der geistigen Welt, das „Brot“, dankend entgegen, so wie Jesus bei der Speisung der 5000 und beim Passahmahl das geistige Brot dankend entgegengenommen hatte. Und das wahre Selbst fasst die Eindrücke, die es aus der geistigen Welt empfangen hat, in Symbole und Begriffe, die dem Fassungsvermögen der Menschen angepasst sind: Es bricht das Brot, es „setzt die geistigen Impulse auseinander“. So wie das wahre Selbst, verkörpert durch Jesus, „erklärt“ kein anderer. An dieser Erklärung, die von der Wahrheit kommt und zur Wahrheit führt, erkennt der Mensch die Wahrheit, das Ebenbild Gottes. Und nachdem die Schüler Jesus erkannt haben, entschwindet er ihren geistigen Augen wieder. Die Augenblicke der unmittelbaren Schau und der damit verbundenen Erklärungen sind vorbei.

Jetzt wird ihnen erst deutlich, in welchem Zustand sie sich während des Zwiegesprächs mit der Quelle des Geistes befunden hatten. Ihr Herz „brannte“ in ihnen. Es war ein Zustand intensivster Wahrnehmung unter Beteiligung aller Gefühls- und Bewusstseinskräfte. Auch war ein unwiderstehliches Verlangen nach der Gegenwart der geistigen Quelle in ihnen wirksam gewesen, eine Sehnsucht, ganz zu umfangen, was da in ihnen zu sprechen begann. Deshalb spricht Lukas davon, dass sie ihn „nötigten zu bleiben“, als es ihnen so schien, als wolle sich die spirituelle Erkenntnisquelle wieder zurückziehen. Sie hatten erkannt, dass es Abend geworden war, nicht nur an diesem Tag, sondern auf ihrer ganzen Lebensreise. Das Licht ihres Verstandes wollte ihnen nicht mehr leuchten, sie waren am Ende ihrer irdischen Erkenntnismöglichkeiten angekommen. Daher mussten und wollten sie die Quelle der spirituellen Erkenntnis bei sich haben und von ihr lernen. Und diese Quelle ging auch wirklich zu ihnen hinein und blieb bei ihnen, weil sie so innig nach ihr verlangten. In Emmaus floss wirklich ein warmer Quell, der sie tröstete, lehrte und ihnen Hoffnung gab. Es war die spirituelle Quelle in ihrem Innern, gespeist von der spirituellen Quelle des Christus.

Die beiden Schüler wandern nach Jerusalem zurück und erzählen dort den Elfen und deren Genossen das Erlebte. Sie erfahren, dass Jesus auch dem Simon Petrus schon erschienen sei – ein Ereignis, über das Lukas nicht weiter berichtet. Denn ihm kommt es nur darauf an, in Entsprechung zur dreimaligen Ankündigung der Ereignisse durch Jesus und zum dreimaligen Unverständnis der Schüler, die geschehenen Ereignisse und deren Erklärung drei Mal darzustellen. Dabei wird das Erleben der geschehenen Ereignisse durch die Schüler bzw. Frauen immer intensiver, und das Verständnis wächst bis zum vollen Verstehen.

Die Schüler

24 36 *Während sie aber dies redeten, trat er selbst mitten unter sie.* ***37*** *Da gerieten sie in Bestürzung und Furcht und meinten, einen Geist zu sehen.* ***38*** *Und er sprach zu ihnen: Was seid ihr erschrocken, und warum steigen Bedenken in eurem Herzen auf?* ***39*** *Seht meine Hände und Füße, dass ich es selbst bin! Rührt mich an und seht! denn ein Geist hat nicht Fleisch und Bein, wie ihr seht, dass ich es habe.* ***40*** *Und als er dies gesagt hatte, zeigte er ihnen die Hände und die Füße.* ***41*** *Da sie aber in ihrer Freude noch nicht glaubten und sich verwunderten, sagte er zu ihnen: Habt ihr etwas zu essen hier?* ***42*** *Da reichten sie ihm ein Stück von einem gebratenen Fisch.*
43 *Und er nahm es und aß vor ihren Augen.*

44 *Er sprach aber zu ihnen: Dies sind meine Worte, die ich zu euch geredet habe, als ich noch bei euch war: Alles müsse erfüllt werden, was im Gesetz des Mose und in den Propheten und Psalmen über mich geschrieben steht.* ***45*** *Da öffnete er ihnen den Sinn, damit sie die Schriften verständen,* ***46*** *und sprach zu ihnen: Es steht geschrieben, dass der Christus auf diese Weise leiden und am dritten Tag von den Toten auferstehen werde* ***47*** *und dass auf seinen Namen hin Buße zur Vergebung der Sünden gepredigt werden solle unter allen Völkern, beginnend mit Jerusalem.* ***48*** *Ihr seid Zeugen dafür.* ***49*** *Und siehe, ich sende die Verheißung meines Vaters auf euch; ihr aber bleibt in der Stadt, bis ihr angetan sein werdet mit Kraft aus der Höhe!*

Zum dritten Mal begegnen jetzt Menschen aus dem Kreis um Jesus dem Sachverhalt der Auferstehung und erkennen, was darunter zu verstehen ist. Die Frauen hatten mit geistigen Augen gesehen, dass das Grab der Erscheinungswelt leer war und wahres Selbst und Geistleib Jesu in die Welt des Geistes übergewechselt waren. Ihn selbst hatten sie noch nicht gesehen. Die Emmaus-Schüler hatten wahres Selbst und Geistleib Jesu unmittelbar mit geistigen Augen im eigenen Innern erblickt, hatten ihn zunächst nicht erkannt, dann aber als die ihnen bekannte Quelle der Erkenntnis und Kraft des Geistes identifiziert. Auch hatte er sich ihnen nur leise genähert, ganz allmählich war die Erscheinung in ihr Bewusstsein gedrungen. Die elf Schüler aber sehen ihn sofort, und er tritt plötzlich „mitten unter sie". Wahres Selbst und Geistleib Jesu zeigen sich ihren geistigen Augen mit großer Intensität. Aber auch sie erkennen ihn noch nicht sofort.

Es geht in dieser Szene um den „Wirklichkeitsstatus" des Erscheinenden. Ist er ein Gespenst, ein Geist aus dem Jenseits, dem Reich der Toten? Diese Auffassung haben die Schüler zunächst. Aber der Sinn der ganzen Erzählung ist, dass diese Auffassung korrigiert und dass klargestellt wird: Jesus, als wahres Selbst und geistiger Leib, ist kein Gespenst aus dem Reich der Toten. Er ist kein feinstofflicher Leib eines gewöhnlichen Menschen, der nach dem Tod, nach der Trennung vom physischen Körper, noch eine Weile fortexistiert, um sich dann in den feinstofflichen Gebieten der Erde aufzulösen, so wie sich der physische Körper in den physischen Gebieten auflöst. Der Geistleib Jesu hat vielmehr „Fleisch und Bein": Er besteht aus geistig-materieller Substanz, so wie der Körper des irdischen Menschen aus irdisch-materieller Substanz besteht. Man kann sich das so vorstellen, dass irdische Materie Energie bestimmter Schwingung ist, während geistige „Materie" Energie höherer, feinerer Schwingung ist, so dass sie mit irdischen Augen, die ebenfalls aus irdischer Materie aufgebaut sind, nicht wahrgenommen werden kann. Ja der Geistleib Jesu enthält auch die Erinnerungen an alles im Leben Erlebte, nicht nur in seinen Gedanken und Gefühlen, sondern auch in Form von Spuren der Verletzungen, die dem irdischen Körper zugefügt worden waren. Da der Geistleib bis zum Ende mit dem irdischen Körper verbunden war – dieser war ja das unvollkommene Werkzeug des wahren Selbst, mit dem es sich in der irdischen Welt ausdrücken konnte –, hinterließen alle Erlebnisse des irdischen Körpers kraft dieser Verbindung Eindrücke auch im geistigen Leib.

Zudem ist der geistige Leib ein in der Geistwelt wahrnehmender und handelnder Leib. Er besitzt also auch einen „Stoffwechsel". Er nimmt Eindrücke aus der Geistwelt auf und wirkt in die Geistwelt hinein. Er nimmt Substanzen aus der Geistwelt auf: Gedanken, Gefühle, Strebungen und Energien, um sie, verwandelt, wieder abzugeben. Das ist der Unterschied zur Geisterwelt der Verstorbenen, die nicht mehr bewusst handeln können und keinen Stoffwechsel mehr vollziehen. Daher lösen sie sich ja allmählich auf. Dass der Geistleib Jesu einen solchen „Stoffwechsel" besitzt und geistige Substanzen aufnimmt, wird dadurch dargestellt, dass Jesus „gebratenen Fisch" isst, den ihm die Schüler reichen. All dies geschieht in einem Bewusstseins- und Seinszustand der Schüler, der in diesen Augenblicken der geistigen Welt entspricht. Sie stehen mit Jesus auf der Ebene der geistigen Welt in Kontakt, sehen ihn mit geistigen Augen und reichen ihm geistige Speise. Der „gebratene Fisch" ist, wie die Fische bei der Speisung der 5000, geistige Speise, Nahrung für die Seele. Sie besteht in der Dankbarkeit, Hingabe und Freude, mit der die Schüler die Erscheinung Jesu beantworten, auch in ihrem Verständnis dessen, was er ihnen nun erklärt.

Denn jetzt öffnet ihnen Jesus den Sinn für die Worte, die er seinerzeit dreimal zu ihnen gesprochen hatte, und für die Worte in den Schriften, die die Vorgänge auf dem spirituellen Weg erklären: Dass das eigene Leben der ichbezogenen Motive um des wahren Selbst willen verloren werden muss, wenn das wahre Leben im Einklang mit der geistigen Welt gerettet werden soll. Die Worte in den Schriften erklären weiter, dass der Menschensohn, Jesus, diesen Weg in besonderen Kräften gegangen ist, um diese Möglichkeit allen dafür empfänglichen Menschen zu erschließen. Er hat freiwillig einen irdischen Körper angenommen und all die damit verbundenen ichbezogenen Motive, Ängste und Verschuldungen auf sich genommen, um, indem er dieses ichbezogene Leben verlor und das wahre Leben fand, allen anderen Menschen diese Möglichkeit der Erlösung zu eröffnen. Das ist der Sinn von Jesaja, Kap. 53, eines der Propheten, auf deren Worte sich die Erklärungen Jesu beziehen:

53 ***1*** *Wer hat dem geglaubt, was uns verkündet wurde, und der Arm des Herrn, wem*
wurde er offenbar? ***2*** *Er [d.i. der Knecht des Herrn] wuchs auf vor uns wie ein*
Schoss, wie eine Wurzel aus dürrem Erdreich; er hatte weder Gestalt noch Schönheit,
dass wir nach ihm geschaut, kein Ansehen, dass er uns gefallen hätte. ***3*** *Verachtet war*
er und verlassen von Menschen, ein Mann der Schmerzen und vertraut mit Krankheit,
wie einer, vor dem man das Antlitz verhüllt; so verachtet, dass er uns nichts galt.
4 *Doch wahrlich, unsre Krankheiten hat er getragen und unsre Schmerzen auf sich ge-*
laden; wir aber wähnten, er sei gestraft, von Gott geschlagen und geplagt. ***5*** *Und er*
war doch durchbohrt um unsrer Sünden, zerschlagen um unsrer Verschuldungen wil-
len; die Strafe lag auf ihm zu unsrem Heil, und durch seine Wunden sind wir genesen.
6 *Wir alle irrten umher wie Schafe, wir gingen jeder seinen eignen Weg; ihn aber ließ*
der Herr treffen unser aller Schuld. ***7*** *Er wurde misshandelt und beugte sich und tat*
seinen Mund nicht auf wie ein Lamm, das zur Schlachtbank geführt wird, und wie ein
Schaf, das vor seinen Scherern verstummt. ***8*** *Aus Drangsal und Gericht war er hin-*
weggenommen, doch sein Geschick – wen kümmert es? Denn aus dem Land der
Lebenden war er getilgt, ob der Sünde meines Volkes zum Tod getroffen. ***9*** *Und man*
gab ihm sein Grab bei den Gottlosen und bei den Übeltätern seine Stätte, wiewohl er
kein Unrecht getan und kein Trug in seinem Mund war. ***10*** *Aber dem Herrn gefiel es,*
ihn mit Krankheit zu schlagen. Wenn er sein Leben zum Schuldopfer einsetzte, sollte
er Nachkommen sehen und lange leben und die Sache des Herrn durch ihn glücken.
11 *Um der Mühsal seiner Seele willen wird er sich satt sehen; durch seine Erkenntnis*
wird er, der Gerechte, mein Knecht, vielen Gerechtigkeit schaffen, und ihre Verschul-
dungen wird er tragen. ***12*** *Darum soll er erben unter den Großen, und mit Starken soll*
er Beute teilen, dafür dass er sein Leben in den Tod dahingab und unter die Übeltäter
gezählt war, da er doch die Sünde der Vielen trug und für die Schuldigen eintrat.

Das wahre Selbst der Menschheit hat „unsre Krankheiten getragen und unsre Schmerzen auf sich geladen". Indem Jesus freiwillig einen irdischen Körper, eine „Knechtsgestalt" annahm, nahm er all die damit verbundenen ichbezogenen Motive, Ängste und Verschuldungen, sowie die daraus folgenden sozialen Übel, physischen Krankheiten und den Tod auf sich – schuldlos. Indem er dies alles auf sich nahm und als Gesalbter in den Kräften der geistigen Welt überwand und auflöste, schuf er die Möglichkeit für alle anderen, denselben Weg zu gehen.

„Wir aber", die selbstgerechten Schriftgelehrten und Pharisäer, „wähnten", er sei ein Ketzer, von Gott zu Recht mit dem Kreuz „geschlagen und geplagt". Doch er ließ sich freiwillig, „um unsrer Sünden willen", am Kreuz durchbohren und freiwillig, „um unsrer Verschuldungen willen", zerschlagen. Er tat es, damit wir die Möglichkeit hätten, unsre Sünden und Verschuldungen, unsre Trennung von Gott mit all den damit verbundenen Übeln, durch den spirituellen Weg zu überwinden. „Die Strafe lag auf ihm zu unsrem Heil": durch seine Kreuzigung und Auferstehung sind wir in der Lage, ebenfalls Kreuzigung und Auferstehung zu vollziehen. „Durch seine Wunden sind wir genesen": dadurch, dass er Welt und Tod überwand, sind wir in der Lage, ebenfalls Welt und Tod zu überwinden.

Durch Jesu Kreuzigung, Tod und Auferstehung ist auch unser Tod prinzipiell überwunden. Das Muster des wahren Selbst des Menschen ist den spirituellen Weg für das wahre Selbst aller Menschen gegangen. Aber wer den Tod auch aktuell überwinden will, muss, auf der vom Sohn des Menschen gelegten Grundlage, selbst den spirituellen Weg gehen und die vom Sohn des Menschen gegebene „Information" verwirklichen.

„Er wurde misshandelt und beugte sich und tat seinen Mund nicht auf wie ein Lamm, das zur Schlachtbank geführt wird." Auch Jesaja verwendet das Bild des Lammes, um das Leiden des Messias zu charakterisieren. Mit der „Opferung des Lammes" ist zweierlei Sinn verknüpft. Das „Lamm" wird als Verkörperung des Tierhaften im Menschen getötet, damit das wahre Selbst auferstehen kann. Dem entspricht die Selbstverleugnung, die Tötung des Selbsterhaltungstriebes. Andererseits wird das „Lamm" als Verkörperung des wahren Selbst geopfert. Es lässt sich von der Feindschaft der irdischen Menschheit töten, um wieder aufzuerstehen und der Menschheit die Möglichkeit zu geben, den gleichen Prozess zu vollziehen. Es opfert sich also das wahre Selbst Jesu, und mit ihm opfert sich die Kraft Gottes, die Kraft, mit der Jesus gesalbt ist, die ihn zum „Christus" macht. Auf diese zweite Symbolbedeutung des Lammes spielt Jesaja an.

Beide Symbolbedeutungen sind mit den zwei Symbolbedeutungen der Kreuzigung, wie sie im frühen Christentum lebendig waren, identisch. Bei Paulus zum Beispiel musste die Ichbezogenheit, das Tierhafte im Menschen, gekreuzigt werden, damit das Geistige im Menschen auferstehen konnte (Gal. 5,24). Und ebenfalls bei Paulus wurde Jesus als Sohn Gottes von der ihm feindlichen Menschheit gekreuzigt, um doch wieder aufzuerstehen (1. Kor. 2,8).

Die Schüler verstehen nun endgültig. Denn der spirituelle Weg ist von *einem* Menschen vollzogen, wodurch er als geistig-seelische Tatsache, als „Information" im Organismus Menschheit, verankert ist. Auf dieser Basis können die Schüler mit geöffneten geistigen Augen anschauen, erfahren und somit auch verstehen. Sie werden nicht von einem „Wunder" überzeugt. Sie verstehen die Gesetzmäßigkeit eines Vorgangs, der von Jesus vollzogen wurde und daher jetzt auch von ihnen nachvollzogen werden kann. „Ihr seid Zeugen dafür", sagt Jesus zu ihnen. Ihr habt erlebt, wie ich den spirituellen Weg gegangen bin. Ihr könnt ihn jetzt auch selbst gehen und dadurch die Gesetzmäßigkeit dieses Vorgangs bezeugen. Wenn jemand den spirituellen Weg geht, erfüllt er die Bestimmung des Menschen.

Der spirituelle Weg beginnt mit der „Buße auf Jesu Namen hin": mit der Abkehr von den Verstrickungen in die irdische Welt und der Zuwendung zum „Namen" des Christus, zum geist-erfüllten wahren Selbst, zur wahren, geistigen Identität des Menschen. Er endet mit der „Vergebung der Sünden“, mit der Aufhebung der Trennung von Gott, der Sonderung von Gott. Am Ende des spirituellen Weges ist das Ebenbild Gottes im Menschen, das vorher durch die ichbezogene Art des irdischen Menschen von der bewussten Erfahrung Gottes abgeschnitten war, mit Gott bewusst wieder eins. Es ist auferstanden und ins Reich Gottes eingetreten.

Wer diesen Weg geht, wie die Schüler Jesu, verkündigt diesen Weg schon allein dadurch, dass er ihn geht. Er kann ihn außerdem mit Worten anderen Menschen darstellen. Er kann unter allen Völkern „predigen“, ja er ist verpflichtet, die Information über diese Möglichkeit allen Menschen weiterzugeben, „beginnend mit Jerusalem“. Im Volk der Juden, in „Jerusalem“, in dem damals die Spitze der Entwicklung der Menschheit lag, war der Weg von Jesus gegangen worden. Von da aus kann diese Möglichkeit jetzt zu allen anderen Völkern weitergetragen werden. Denn was die Spitze des Menschheitsbaumes erreicht hat, kann und muss allen anderen Zweigen und Ästen des Baumes zuteil werden. „Die Verheißung meines Vaters“ ist, dass jeder Mensch das Ebenbild Gottes in sich bewusst werden lassen und befreien kann, wodurch er seine Bestimmung erfüllt.

Vor den Schülern Jesu, die bereits eine lange Strecke auf dem spirituellen Weg zur Bestimmung des Menschen gegangen sind, liegt noch die Aufgabe, die fünfte Phase des spirituellen Weges, bei der sie bis jetzt gescheitert waren, zu vollbringen. Deshalb werden sie aufgefordert, „in der Stadt“ zu bleiben, in Jerusalem, dem Sinnbild für die Kraft des Geistes, bis sie mit „Kraft aus der Höhe“ erfüllt werden, die ihnen den Vollzug auch dieser Phase des Weges ermöglicht. Was sie noch nicht haben erfüllen können – die Auflösung des Selbsterhaltungstriebes –, das können sie mit der Kraft aus der Höhe erfüllen. Dann werden sie vor aller Welt Zeugen für den Weg und für Jesus sein, der den Weg vorausgegangen ist und ihn seinen Nachfolgern ermöglicht.

Himmelfahrt Jesu und Pfingsten

24 50 *Er führte sie aber hinaus bis in die Nähe von Bethanien und erhob seine*
Hände und segnete sie. ***51*** *Und es begab sich, während er sie segnete, entschwand er*
ihnen und wurde in den Himmel emporgehoben. ***52*** *Und sie warfen sich anbetend*
vor ihm nieder und kehrten mit großer Freude nach Jerusalem zurück. ***53*** *Und sie*
waren allezeit im Tempel und priesen Gott.

In der sechsten Phase seines Weges wird Jesus „in den Himmel emporgehoben“. Der „Himmel“ ist nicht räumlich zu verstehen. Er ist eine hohe Sphäre der geistigen Welt, die gleichwohl die ganze Erscheinungswelt durchdringt. Er ist eine Sphäre, in die die geistigen Augen der Schüler Jesus noch nicht folgen können. In diese Sphäre geht Jesus ein – er „entschwand ihnen“. Dabei segnete er sie noch einmal. Er teilte ihnen seine seelischen und geistigen Kräfte mit und schuf erneut eine unauflösliche Bindung zwischen sich und ihnen, mochte er auch ihren geistigen Augen entzogen sein. Und sie erkannten die Kraft und Höhe seines Seins und Bewusstseins, weit höher im Vergleich zu ihrem Sein und Bewusstsein, und gaben dieser Erkenntnis Ausdruck, indem sie sich anbetend niederwarfen.

Sie waren von „großer Freude“ erfüllt, ein Zug, auf den der Evangelist Lukas wiederum besonderen Wert legt. Es ist nicht die Freude über die Erfüllung eines irdischen Wunsches nach Erlösung, oder des Stolzes auf ihre vor ihnen liegende Aufgabe. Sie sind vielmehr von den Kräften des Geistes erfüllt, die ihnen Mut zu ihrem Weg machen und die Gewissheit geben, ihrerseits das letzte große Hindernis, den Selbsterhaltungstrieb, zu überwinden. Diese Kräfte des Geistes sind eine neue Vitalität, ein Überfluss an Leben, ein innerer Zustand, der noch weitere Merkmale hat. Die Schüler sind nämlich „allezeit im Tempel“ und preisen Gott. Wer von den spirituellen Kräften erfüllt ist, ist stets mit allen anderen, die sich im gleichen Zustand befinden, verbunden und befindet sich „im Tempel“. Der Tempel vergegenwärtigt das Reich Gottes in der irdischen Welt. Durch den Tempel ragt es in die irdische Welt hinein. Der Tempel ist die Ausrichtung des Bewusstseins und Lebens eines Menschen auf die geistige Welt, wodurch sie sich mit ihm verbindet. Und wenn ein Leben in Ausrichtung auf die geistige Welt geführt wird, so ist das gleichbedeutend mit „Gott preisen“. Dabei kann ein Schüler durchaus seinem Beruf und seinen gesellschaftlichen und familiären Verpflichtungen nachgehen. „Gott preisen“ und sich im „Tempel aufhalten“ sind keine enthusiastischen Stimmungen, bei denen alles andere vernachlässigt würde. Es ist eine Grundeinstellung, die das ganze praktische Leben des Alltags durchzieht, eine innere Verbundenheit mit den Kräften des Geistes, die dem ganzen Leben sein Gepräge gibt.

Die siebte Phase des Weges aber ist, dass Jesus, das nun im „Himmel“, in der geistigen Welt, weilende wahre Selbst, die ganze Erscheinungswelt mit seiner Information und Schwingung durchdringt und umfasst. Er wirkt im Organismus Menschheit als diese Information und Schwingung. Manche Menschen reagieren positiv darauf, andere negativ. Es ist die Phase der „Endzeit“, die in Kapitel 21 geschildert wurde, eine Phase der intensivsten Einwirkung des bewusst gewordenen wahren Selbst, das über einen wahrnehmenden und handlungsfähigen Geistleib verfügt, auf die in der irdischen Welt lebenden Menschen.

Seit der Auferstehung und Himmelfahrt Jesu ist Endzeit, und immer wieder erleben einzelne Menschen oder Gruppen von Menschen bewusst die Wiederkunft des Christus. Der „Sohn des Menschen“ manifestiert sich immer wieder auf der Erde – in all denjenigen Menschen, in denen das wahre Selbst zusammen mit einem geistigen Leib aufersteht. Der Menschensohn kommt auf den „Wolken des Himmels“, in den energetischen Sphären der Erde und verbindet sich mit dem für ihn empfänglichen Selbst zahlloser Menschen. Das neue Menschentum drängt in vielen zur Verwirklichung.

Jeder kann einen Anfang damit machen. Wenn er die im Lukasevangelium erzählten Ereignisse liest, wird ihm klar werden, was eigentlich der Sinn des menschlichen Lebens ist: die großen spirituellen Zusammenhänge der Entwicklung des Einzelnen, der Menschheit und der Welt zu erkennen, sich darin einzuordnen und sie mit zu verwirklichen. Erkennt er diesen Sinn, werden sich neue Perspektiven für sein Leben ergeben. Er wird sich von vielen sinnlosen Zielen, Bemühungen und Gefühlen trennen können, die ihn bisher geleitet und sein Leben in Unordnung gebracht haben. Sein Leben wird eine neue Ordnung erhalten und zur Ruhe kommen. Er wird von „Jesus", dem Bringer des eigentlichen Lebenssinns, geheilt werden. Und viele unbewussten fixen Ideen und Komplexe, aus dem eigenen Inneren erzeugt oder von außen übernommen, die ihm wie Dämonen im Nacken saßen, werden seinen Einfluss auf ihn verlieren. Sie werden von „Jesus", dem Bringer des Lebenssinns, ausgetrieben werden. Er wird ruhig und frei, kann wieder selbstständig denken, fühlen und wollen, und kann sich den zahllosen Einflüssen aus der eigenen Vergangenheit und der gesellschaftlichen Gegenwart, die neue Unordnung und Unfreiheit in sein Leben bringen wollen, nüchtern entziehen. Immer von neuem wird er mit diesem Lebenssinn und der daraus folgenden neuen Kraft gespeist werden – wie die Hungernden aus dem „Volk" im Evangelium.

Vor allem wird er bemerken: Die großen spirituellen Zusammenhänge gehen über ihn als Ich-Persönlichkeit weit hinaus. Sie beziehen sich vor allem auf sein wahres Selbst, eine ihm bis dahin noch unbewusste spirituelle Anlage im eigenen Wesen. Sein wahres, unsterbliches Selbst ist es, das erlöst werden muss, nicht in erster Linie sein begrenztes, sterbliches Ich. Dieses Ich kann geheilt und frei werden, wenn es den eigentlichen Lebenssinn erkennt. Aber das ist nur eine Voraussetzung für die eigentliche Lebensaufgabe des Menschen: das wahre Selbst sich so entwickeln zu lassen, dass es bewusst in den Zustand eintritt, der im Evangelium „Reich Gottes" genannt wird, und die Einheit mit dem Reich Gottes erlebt. Wenn der Mensch dies erkennt, werden ihm Heilung und Befreiung der Ich-Persönlichkeit erst wirklich gelingen. Denn dann wird er sein Ich, sich selbst, nicht mehr an die erste Stelle setzen, sich selbst nicht mehr so absolut wichtig nehmen. Er wird sein Heil von anderen, spirituellen Kräften im Innersten erwarten, nicht vom eigenen Denken, Fühlen und Wollen, die nur eine dienende, obgleich unverzichtbare, Rolle beim Selbstverwirklichungsprozess spielen. Nur wenn er diese Einstellung gewinnt, kann die neue Lebensperspektive ihre eigentliche Kraft entfalten. Nur dann wird die Würde des Menschen als eines spirituellen Wesens zu ihrem Recht kommen.

Der Leser des Lukasevangeliums wird weiter verfolgen können, wie Menschen als „Schüler" des wahren Selbst – ob er selbst dazugehört oder nicht – bewusst ihre Bestimmung verwirklichen. Wie sie sich den Impulsen aus dem spirituellen Kern im eigenen Wesen – verkörpert durch Jesus – öffnen und sie akzeptieren: Glaube. Wie sie diese Impulse in sich umlaufen lassen und anderen mitteilen, indem sie ihnen den spirituellen Lebenssinn vermitteln und zu ihrer Heilung und Befreiung von Dämonen beitragen: innerseelische Arbeit. Wie sie durch diese Arbeit sich der geistigen Welt, des wahren Selbst in ihnen, allmählich bewusst werden, und sich zugleich der Ichbezogenheit im eigenen Wesen bewusst werden, die die Entfaltung des wahren Selbst behindert. Wie sie unzählige Einsichten darüber gewinnen, was eigentlich das „Reich Gottes" ist, welcher Zustand des Menschen, des wahren Selbst, durch dieses Symbol beschrieben wird. Die vielen Gleichnisse und Lehren Jesu im Evangelium beschreiben diesen Zustand des wahren Selbst. Und wer ihn in seinen unzähligen Aspekten nachempfindet, legt schon den Keim dafür, ihn einst selbst zu erleben. Weiter erfährt der Leser, wie Schülerschaft, die Entfaltung des wahren Selbst, zu immer größerer Veränderung auch der Gedanken, Gefühle und Strebungen der Persönlichkeit führt, die so zu einem immer besseren Instrument und Ausdruck des wahren Selbst wird. Er erfährt aber auch, dass unter Umständen das Unverständnis in Bezug auf die eigentlichen Erfordernisse des Schülerweges und die Unfähigkeit, sie zu erfüllen, ein totales Scheitern hervorrufen können – als Verleugnung des Zieles oder gar als Verrat am Ziel.

Insbesondere wird der Leser bemerken, dass es sich bei den im Evangelium geschilderten Ereignissen tatsächlich um einen „Weg“ in einer Schule handelt, um innere Seelenarbeit, die bewusst verrichtet werden muss und den Menschen verändert – nicht um einen Glauben an Dogmen, durch den der Mensch als Ichpersönlichkeit erlöst würde. Es geht um eine „Wanderung nach Jerusalem“ unter Leitung eines Meisters, um eine immer herrlichere Entfaltung des wahren Selbst, bei gleichzeitiger Bewusstwerdung und dadurch Schwächung der Ichbezogenheit. Denn nur wer sein Leben der Ichbezogenheit verliert um des wahren Selbst willen, wird das Leben im Reich Gottes, das spirituelle Leben des wahren Selbst, retten. Es ist ein Weg, der im Evangelium durch die Lebensstationen und Handlungen der Schüler und Jesu bis in jede Einzelheit beschrieben wird. Damit zeigt sich, dass das Christentum, nicht anders als etwa der Buddhismus, eine Erfahrungsreligion und Religion der inneren Seelenarbeit ist, zugeschnitten jedoch auf den westlichen, stark in der Materie verankerten Menschen. Deshalb erfolgen im Christentum die Veränderungen auf diesem Weg bis ins Physische hinein, bis zur Auflösung der Ichbezogenheit auch im materiellen Körper und zum Aufbau eines feinmateriellen Körpers.

Die Schüler Jesu erleben auf diesem Weg, dass sie ihre Ichbezogenheit, ihr altes Wesen, für ihre wahre Identität, ihr eigentliches Selbst, verlieren, nicht für eine äußere Instanz oder Autorität – auch nicht für ihren Meister. Das erst führt zu wahrer Selbst-ständigkeit und Freiheit, zur Verwirklichung der im Menschen angelegten spirituellen gesetzmäßigen Ordnung, welche die Grundlage und Struktur seines wahren Wesens ist. Sie erleben trotzdem, dass nicht ihre eigene Leistung entscheidend ist, sondern die Hingabe an die spirituellen Kräfte aus dem eigenen Innern – oder des Meisters, der sie anleitet –, durch die ihre Ichbezogenheit aufgelöst und ihre Persönlichkeit nach Denken, Fühlen und Wollen in eine Geistpersönlichkeit transfiguriert werden kann, die genauer Ausdruck des wahren Selbst ist. Sie können sich nicht selbst erlösen, müssen aber alles in ihren eigenen Kräften Stehende tun, um ihre Erlösung durch die spirituellen Kräfte zu ermöglichen.

Schließlich wird die Lektüre des Lukasevangeliums dem Leser zeigen, dass der spirituelle Weg jedes Menschen nicht beim spirituellen Schülertum Halt machen, sondern letzten Endes in die spirituelle Meisterschaft münden wird, mag sie auch in weiter Ferne liegen. Jesus hat unter den spirituellen Meistern zwar eine Sonderstellung, da er schon von Mutterleib an mit dem heiligen Geist erfüllt war und freiwillig einen ihm nicht gemäßen Leib annahm. Trotzdem illustriert sein Weg deutlich den Weg jedes spirituellen Meisters. Er beginnt mit der „Erleuchtung“: Nach der Wassertaufe am Jordan wird Jesus mit dem spirituellen Feuer getauft. Sein wahres Selbst, seine unsterbliche Seele, erfährt bewusst die Ordnung und Kräfte der geistigen Welt und wird in sie aufgenommen. Sie wird zu einer Geist-Seele, das wahre Selbst wird zu einem geist-erfüllten wahren Selbst, der Menschensohn zu einem Gottessohn. Dieser Erleuchtete erlebt die Versuchungen durch die Ichbezogenheit, besteht sie endgültig und beginnt mit seiner Arbeit, indem er eine Schule aufbaut und heilend und befreiend für andere wirkt. In der „Verklärung auf dem Berg“ zeigt sich, welche Folgen seine Arbeit für ihn selbst gehabt hat: Aus seiner Ich-Persönlichkeit ist eine Geist-Persönlichkeit geworden. Nach Gedanken, Gefühlen und Strebungen ist das Instrument seiner Geistseele – die Persönlichkeit – von der göttlichen Liebe durchdrungen und transfiguriert worden. Diese göttliche Liebe wirkt jetzt für die ihr Geöffneten zum Aufstehen, für die sich ihr Verschließenden zu einem Fall. Dennoch kann gerade aus diesem Fall auf lange Sicht Erkenntnis und dadurch Offenheit für die göttliche Liebe entstehen. Der Mensch kann aus seinen Fehlern lernen. So entspringt dem Bösen dennoch das Gute. Aber dadurch wird das Böse nicht gut, der Fehler nicht zum erwünschten Umweg. Nur wenn dem Menschen das Böse als böse, der Fehler als Fehler bewusst wird, kann er daraus lernen und kann Gutes daraus entspringen.

Noch wartet die schwierigste Aufgabe auf den Meister: auch die Ichbezogenheit des materiellen Körpers, den Selbsterhaltungstrieb, aufzulösen, damit ein neues feinmaterielles Organ für das wahre Selbst entstehen kann. Tod und Auferstehung schildern diese Vorgänge, die jeder Mensch in der Endphase seiner spirituellen Entwicklung erleben wird, auch wenn er keines gewaltsamen Todes stirbt. Es stirbt in ihm der Selbsterhaltungstrieb bewusst und endgültig. Damit stirbt auch die ichbezogene Funktionsweise seines körperlichen Erkenntnis- und Handlungsapparats, der bis jetzt dem wahren Selbst nur notdürftig und indirekt als Ausdrucks- und Handlungsorgan hatte dienen können. Der Mensch erlebt das als totale Leere und Finsternis, da er nun nicht einmal mehr indirekt Eindrücke aus der geistigen Welt wahrnimmt. Er erlebt es als „Tod“.

Die „Kreuzigung“ ist Begleiterscheinung dieses Weges: Immer werden dem Geist feindlich gesinnte Menschen (meist sind sie es aus Unverständnis) den Bringer der Wahrheit bekämpfen und vielleicht sogar töten.

Im weiteren Verlauf des Prozesses löst sich der Mensch von den schmerzhaften Eindrücken der „Kreuzigung“ – das ist die „Kreuzabnahme“ – und wird ins „Grab“ gelegt: Er durchlebt eine Periode der Regeneration und Neubelebung. Am Ende ersteht ein feinmaterieller Leib auf, ein dem wahren Selbst entsprechendes Ausdrucks- und Handlungsorgan. Der Mensch tritt voll bewusst und mit einer vollständigen Geistpersönlichkeit in die geistige Welt ein: Geist, Geistseele und Geistpersönlichkeit mit Geistleib. Das ist die Erfüllung seiner Bestimmung. Von der Geistwelt aus wirkt er nun als spirituelle Ordnung und Kraft in die irdische Welt hinein.

All dies tut der Meister, weil es seine eigene Bestimmung ist, aber zugleich, weil er, indem er selbst diesen Weg geht, ihn anderen ermöglicht. Darin besteht das Wirken jedes Meisters: die göttliche Liebe in sich selbst freizusetzen, um anderen Menschen zu ermöglichen, sie ihrerseits in sich freizusetzen. Sie können dadurch ihrerseits den Tod ihrer Ichbezogenheit und ihres Selbsterhaltungstriebs erleben, um zugleich die Auferstehung ihres wahren Selbst und einer neuen Geistpersönlichkeit zu erleben. So werden sie ihrerseits Meister und wirken ebenfalls aus und mit der göttlichen Liebe. Auf diese Weise entstehen ein neuer Himmel und eine neue Erde: durch Mitwirken aller Menschen, ob sogleich oder erst in ferner Zukunft.

Literatur

Der Autor hat bewusst darauf verzichtet, sich im Text explizit mit der Literatur zum Lukasevangelium und zu Jesus auseinanderzusetzen. Das hätte den Rahmen des Buches gesprengt. Im Folgenden werden Bücher angegeben, die einen Eindruck vermitteln können, mit welchen und wie unterschiedlichen Sichtweisen gewöhnlich an das Lukasevangelium und die Gestalt Jesu herangegangen wird.

Lukasevangelium

Braumann, Georg (Hrsg.), *Das Lukas-Evangelium. Die redaktions- und kompositionsgeschichtliche Forschung*, Darmstadt 1974

Caird, G. B., *The Gospel of St. Luke*, New York 1963

Conzelmann, Hans, *Die Mitte der Zeit*, Tübingen 1960

Creed, John Martin, *The Gospel According to St. Luke*, London 1965

Ernst, Josef, *Das Evangelium nach Lukas* (übersetzt und erklärt), Regensburg 1977

Gollwitzer, Helmut und Lapide, Pinchas *Ein Flüchtlingskind. Auslegungen zu Lukas 2*, München 1981

Goulder, Michael D., *Luke – A New Paradigm*, Sheffield 1989

Krämer, Michael, *Das Rätsel der Parabel vom ungerechten Verwalter* (Lk 16,1–13), Zürich 1972

Kremer, Jakob, *Lukasevangelium*, Würzburg 1992

Stöger, Alois, *Das Evangelium nach Lukas*, Düsseldorf 1967

Thielicke, Helmut, *Die Bergpredigt*, Stuttgart 1950

Vögtle, Anton, *Was Weihnachten bedeutet. Meditation zu Lukas 2*,1–20, Freiburg 1977

Evangelien allgemein

Bornkamm, Günther, *Studien zum Neuen Testament,* München 1985

Bultmann, Rudolf, *Theologie des Neuen Testamentes,* Tübingen 1984

Iber, Gerhard und Timm, Hermann (Hrsg.) *Neues Testament,* Heidelberg 1973

Kümmel, Werner Georg, *Einleitung in das Neue Testament,* Heidelberg 1973

Schmithals, Walter, *„Evangelien“. In: Theologische Realenzyklopädie X,* Berlin 1982

Zur Gestalt Jesu

Alt, Franz, *Jesus, der erste neue Mann,* München 1989

Augstein, Rudolf, *Jesus Menschensohn,* Gütersloh 1972

Biser, Eugen, *Der Helfer* – eine Vergegenwärtigung Jesu, München 1973

Beilner, Wolfgang, *Jesus ohne Retuschen*, Graz 1974

Bornkamm, Günther, *Jesus von Nazareth,* Stuttgart 1956

Bultmann, Rudolf, *Jesus*, Tübingen 1958
Carmichael, Joel, *Leben und Tod des Jesus von Nazareth,* München 1966
Dibelius, Martin, *Jesus*, Berlin 1960
Drewermann, Eugen, *Jesus von Nazareth*, Zürich 1996
Drews, Arthur, *Die Christusmythe,* Jena 1910
Flusser, David, *Jesus*, rowohlts monographien, 1968
Herbst, Karl, *Der wirkliche Jesus*, Olten 1988
Jeremias, Joachim, *Jesus und seine Botschaft*, Stuttgart 1976
Lüdemann, Gerd, *Die Auferstehung Jesu*, Göttingen 1994
Machoveč, Milan, *Jesus für Atheisten*, Stuttgart 1972
Mackay, James P., Jesus. *Der Mensch und der Mythos. Eine zeitgemäße Christologie,* München 1981
v. Mendelssohn, Harald, Jesus – *Rebell oder Erlöser*, Hamburg 1981
Rosenberg, Alfons, *Jesus der Mensch*, München 1986
Schweitzer, Albert, *Geschichte der Leben-Jesu-Forschung*, Tübingen

Der Text des Lukasevangeliums wurde nach der Zürcher Bibel zitiert, nur dass das Wort „Jünger“ immer durch „Schüler“ ersetzt wurde. Das griechische Originalwort bedeutet „Schüler“ und bezeichnet jemanden, der etwas lernen will und lernt, sich vertrauensvoll einem Lehrer oder Meister anschließt, um sich mit dessen Hilfe durch eigene Arbeit zu entwickeln. Bei „Jünger“ denkt man an einen unselbstständigen Menschen, der seinem Lehrer oder Meister blind ergeben ist und ihn verehrt, ohne ihn zu erkennen. Solche „Jünger“ aber sind die „Schüler“ der Evangelien gerade nicht.

Seit dem „Spirituellen Weg des Christentums. Das Markusevangelium als Modell“ hat sich der Autor weiterentwickelt. Das macht sich vor allem im letzten Teil von „Die Geburt des wahren Selbst im Menschen“ bemerkbar, wo Tod und Auferstehung Jesu differenzierter gesehen werden und manches Symbol anders interpretiert wird als im vorhergehenden Buch.

Franziskus von Assisi

Der Weg eines Gott Liebenden

James Cowan

Hardcover, 184 Seiten – ISBN 3-936486-24-7

Wie ergründet man das Leben eines Mannes, der einen solch starken Einfluss auf Katholiken und Nicht-Katholiken gleichermaßen ausgeübt hat? Franziskus ist kein gewöhnlicher Heiliger. Er zieht sich nicht, wie zu damaliger Zeit üblich, in ein Kloster zurück, sondern macht die Straße zu seinem Wohnsitz. Er trägt seine Spiritualität und seinen Glauben zu den Menschen. Im vorliegenden Buch vollzieht der Verfasser den Weg des Heiligen nach und erforscht dabei das Leben und die Wesensnatur dieses wahrhaft außergewöhnlichen Mannes. Die Reise auf seinen Spuren wird für den Autor selbst zu einer Wallfahrt. Zugleich schlägt er aber auch eine Brücke in die heutige Zeit des Überflusses und der Abhängigkeit von materiellen Dingen und vergleicht sie mit der Besitzlosigkeit und Armut, die Franziskus zu seinem Credo machte, um sich von der „Tyrannei der Dinge" zu befreien. Durch die ungewöhnliche Sicht des Verfassers hat auch der Leser die Möglichkeit, einen ungewöhnlichen Blick auf einen der größten Heiligen aller Zeiten zu werfen.

Geh den Weg der Mystiker

Meister Eckharts Lehren für die spirituelle Praxis im Alltag

Peter Reiter

Hardcover, 304 Seiten – ISBN 3-936486-37-9

Noch nie war Mystik so spannend, so aufregend! Zeitgemäß, lebendig und alltagsorientiert vermittelt der Meister-Eckhart-Experte Peter Reiter die Lehre des größten deutschen Mystikers – exemplarisch für alle mystischen Traditionen. Die Kraft und Inspirationen der Lehre Meister Eckharts werden hier so vermittelt, dass sie direkt ins Herz des Lesers fließen. Schritt für Schritt begleitet Peter Reiter den Suchenden an den Ort, wohin der alte Meister schon seine Zuhörer führte: zur unmittelbaren Erfahrung des All-Eins-Seins inmitten der Welt, ins Hier und Jetzt! In allen Lebensbereichen kann das Göttliche geahnt, gefühlt und erfahren werden. Der Weg zum Ziel führt mit entsprechenden Übungen über verschiedene Etappen: Mitgefühl mit allem Sein, leben in Gelassenheit, Widerstand aufgeben, die Welt annehmen, Verantwortung übernehmen, Altes bereinigen, Bewerten und Verurteilen sein lassen, mit Trauer und Leid umgehen und die Liebe leben. Die Übungen im Geiste Eckharts stammen aus verschiedenen mystisch-esoterischen Schulen und geistigen Traditionen oder wurden vom Autor im Rahmen seiner Seminartätigkeit entwickelt und haben sich in der Praxis bewährt. Vom gleichen Verfasser ist im Verlag Via Nova *„Die Kunst der Lebensfreude"* erschienen.

Die Freude

Das Angesicht Gottes im Menschen

Alphonse Goettmann

Hardcover, 176 Seiten – ISBN 3-936486-33-6

Goettmanns „Die Freude" ist ein Buch gegen den Trend unserer Zeit, der Glück und Freude entweder von äußeren Dingen abhängig macht oder sie als etwas Selbstverständliches betrachtet, als hätten wir ein verbrieftes Recht darauf, ohne unser Zutun immer glücklich und froh zu sein. Und zugleich ist es die Korrektur eines Bildes, das viele Menschen unserer Zeit – Christen wie Nichtchristen – vom Christentum haben, einer Religion, in der Schuldgefühle, Angst vor Strafe, Askese, Verklemmtheit über Freude und Glück dominieren und diese gewissermaßen mies machen. Der Verfasser macht überzeugend bewußt: Gott hat in das Herz des Menschen eine Sehnsucht nach Glück eingepflanzt. Diese Urfreude wurde in die Gene unserer Zellen eingegeben. Sie ist das „Ja" zum Leben, der höchste Sieg des Menschen über das Schicksal, das stärkste Mittel zur Wandlung. Das ist auch die Erfahrung der großen christlichen Mystiker, und aus ihr erwachsen tief innerlich Freude und Glück. Das Buch verkündet die Botschaft: Es gibt nur eine einzige Pflicht: die Pflicht zum Glücklichsein und nur einen Verrat: nicht glücklich zu sein.

Das Vaterunser

Ein Weg für die persönliche und die globale Transformation

C. G. Weeramantry

272 Seiten, Paperback – ISBN 3-928632-63-9

Dieses Buch ist eine Darstellung richtungsweisender Lebensregeln und zugleich eine Antwort, wie in einer Zeit ohne verbindliche Orientierung religiöse – und das heißt für den Autor: in allen Kulturen wirkende – Prinzipien und Werte im praktischen, alltäglichen Leben und auf dem Gebiet der Rechtsprechung verwirklicht werden können. Im christlichen Kulturkreis sind diese in allen Weltreligionen gültigen Prinzipien besonders prägnant im Vaterunser zusammengefasst. Es ist faszinierend, dem Autor zu folgen, wie er in diesem logisch-sachlich aufgebauten Werk zeigt, dass das Vaterunser nicht nur **das** Gebet des Christentums ist, sondern zugleich auch eine unerschöpfliche Schatzkammer an allgemein menschlichen und juristisch fassbaren Regeln und Rechten enthält. Ziel des Autors ist es, die hohen und zugleich einfachen Prinzipien des Vaterunsers in Regeln praktischen Verhaltens umzusetzen.

Gott, Mensch und Welt

Die Drei-Einheit der Wirklichkeit

Raimon Panikkar

Herausgegeben von Roland R. Ropers

224 Seiten, gebunden – ISBN 3-928632-40-X

Einer der großen Wegweiser der Menschheit in das neue Jahrtausend ist Raimon Panikkar. Dieses Buch des universalen Gelehrten, des hochangesehenen Philosophen und spirituellen Meisters bringt dem Leser die bahnbrechende Theologie und Spiritualität für ein neues Verstehen der *einen* Wirklichkeit nahe, die sich in Zeit und Ewigkeit, in Diesseits und Jenseits manifestiert. Der in drei Fächern promovierte Wissenschaftler, Gastprofessor an über hundert Universitäten, hat mehr als 40 Bücher in sechs Sprachen geschrieben. In diesem Buch kommt in den hochaktuellen Beiträgen und Ausschnitten aus dem Lehrwerk Panikkars die Dialogfähigkeit zum Audruck, die östliche und westliche Spiritualität miteinander verbindet. Die bedeutenden Erkenntnise des genialen Wissenschaftlers und spirituellen Lehrers Raimon Panikkar sind eine Hilfe und geistige Wegbegleitung für die Herausforderungen des Menschen im kommenden Jahrhundert und des Christentums im dritten Jahrtausend.

HOLOS – die Welt der neuen Wissenschaften

Ervin Laszlo

208 Seiten, Hardcover – ISBN 3-928632-94-9

In den Wissenschaften findet eine Revolution statt. Es ist keine technologische Revolution – es ist eine Revolution des Weltbildes. Prof. Laszlo verfolgt diese Entwicklung und macht sie jedem zugänglich, der an den neuesten Erkenntnissen darüber teilhaben möchte, wer und was wir sind, was die Welt ist, die uns umgibt, und auf welche Weise wir in Beziehung zueinander und zu dieser Welt stehen. Zunächst unternimmt der Leser eine faszinierende Reise durch die neuen Wissenschaften. Er erfährt in einfacher Sprache, was Wissenschaftler bereits wissen und vor welchen Rätseln sie im Hinblick auf den Kosmos, das Quantum, den lebenden Organismus und das menschliche Bewusstsein immer noch stehen. Dann erforscht der Verfasser diese Welt, indem er Fragen stellt, auf die er nun zuversichtliche, wenn auch überraschende Antworten geben kann – Fragen, bei denen es um Ursprünge und Bestimmung des Universums und um Ursprung und Evolution des Lebens und des Bewusstseins geht –, um dann die größten der „großen Fragen" zu stellen: Fragen der Unsterblichkeit, zum Bewusstsein im Kosmos und zu einem Bewusstsein, das eine wissenschaftlich basierte Schau als den Geist Gottes erfassen kann.

Ken Wilber – Denker aus Passion

Eine Zusammenschau

Frank Visser

312 Seiten, Hardcover – ISBN 3-936486-00-X

Im Werk des Philosophen Ken Wilber gehen alle bedeutenden Themen der großen philosophischen und spirituellen Traditionen der Menschheit eine eindrucksvolle Synthese ein. Wilber ist ein passionierter Sucher nach der Wahrheit und einer der letzten großen Systemphilosophen, der Wissenschaft und Religion, Kunst und Kultur, Ost und West miteinander verbindet und in eine umfassende Perspektive der Evolution stellt. Der Autor dieses Buches zeichnet nicht nur das Entstehen und den Werdegang der Bücher von Wilber auf, er stellt nicht nur das Gesamtwerk des großen Bewusstseinsforschers dar, sondern beleuchtet auch die Geschichte hinter seinen Gedanken und Erkenntnissen. Er beschreibt eindringlich den Lebenslauf von Wilber bis in die Gegenwart, die Motive, die Wilber zur Auswahl seiner Themen veranlasst haben, die intellektuellen und persönlichen Krisen seines Lebens und nicht zuletzt seine persönliche spirituelle Erfahrung. Frank Visser hat Wilber in der Vorbereitungszeit zu diesem Buch einige Male persönlich besucht und ausführliche Interviews mit ihm geführt.

Unterwegs nach innen

Eine spirituelle Lebenshilfe

Joseph Zapf

256 Seiten, gebunden, acht farbige, ganzseitige Bilder
ISBN 3-928632-04-3

Dieses Buch lädt zur Reise nach innen ein, führt in die Meditation ein, weckt Sehnsucht nach einem bewussteren Leben, das aus den Urquellen des Seins gespeist wird. Wichtige spirituelle Lebenshilfen bieten die Ausführungen über die Bildung des Geistes in seinen drei Entwicklungsstufen als Intelligenz, Vernunft und Intuition. Bei der Formung der Seele setzt der Verfasser für die spirituelle Lebenshilfe zwei Schwerpunkte: die Klärung der Gefühle und deren Verwandlung zu höheren Stufen und die Ausformung des Charakters aus spirituell-psychologischer Sicht nach dem Modell des Enneagramms, einer Typenlehre von neun Charakterstrukturen, die auf islamische Mystiker aus dem Mittelalter, den sog. Sufis, zurückgeht. In dem Kapitel über die Erfüllung des Menschen in der Liebe werden alle wesentlichen Reifungsstufen der Liebe beschrieben. Ihre Grundelemente, Eigenschaften und Kräfte werden bewusst gemacht und auf den Verwandlungsprozess des inneren Weges bezogen.

Kontemplation und Mystik

48 Seiten, Paperback, zwei Ausgaben: Frühjahr und Herbst

ISSN 1610-2185

Kontemplation und Mystik ist eine **Zeitschrift** zu Praxis und Theorie kontemplativen Lebens. Ihr Anliegen ist, den alten, fast vergessenen christlichen Gebetsweg der Kontemplation wieder bekannt zu machen, der in den Raum mystischer Erfahrungen führt. So möchte diese Zeitschrift all jenen als Forum dienen, die sich der mystischen Tradition verbunden fühlen und konkrete Anregungen und Impulse für den eigenen spirituellen Weg suchen. Damit dient die Zeitschrift dem Dialog sowohl innerhalb der christlichen Tradition sowie zwischen den verschiedenen mystischen Erfahrungswegen der Religionen, als auch den angrenzenden Wissensgebieten und Forschungsfeldern, insbesondere der transpersonalen Psychologie.
Die Beiträge in **„Kontemplation und Mystik"** sind aus der Erfahrung heraus für die Erfahrung transpersonaler, mystischer Bewusstseinsräume geschrieben. Sie berücksichtigen gleichermaßen die mystische Tradition sowie deren Verwirklichung im spirituellen Alltag. So ist diese Zeitschrift ein wichtiger Begleiter auf dem Weg nach innen.